Wolfenbütteler Forschungen

Herausgegeben von der
Herzog August Bibliothek

Band 50

In Kommission bei
Otto Harrassowitz · Wiesbaden 1990

Pierre-André Bois

Adolph Freiherr Knigge
(1752 - 1796)

De la "nouvelle religion" aux Droits de l'Homme

L'itinéraire politique d'un aristocrate allemand
franc-maçon à la fin du dix-huitième siècle

In Kommission bei
Otto Harrassowitz · Wiesbaden 1990

A la mémoire de Pierre Bertaux

CIP-Titelaufnahme der Deutschen Bibliothek

Bois, Pierre-André: Adolph Freiherr Knigge : (1752 -1796); de la "nouvelle religion"
aux Droits de l'Homme ; l'itinéraire politique d'un aristocrate allemand franc-maçon à la fin du 18. siècle / Pierre-André Bois. – Wiesbaden : Harrassowitz, 1990
   (Wolfenbütteler Forschungen ; Bd. 50)
   ISBN 3-447-03040-2
NE: GT

© Herzog August Bibliothek Wolfenbüttel 1990
Photomechanische und photographische Wiedergabe nur mit ausdrücklicher Genehmigung der Bibliothek
Gedruckt auf BO Offsetpapier der Papierfabrik Scheufelen, Lenningen, alterungsbeständig, säurefrei
Satz: TYPODATA Gesellschaft zur typographischen Aufbereitung von Computerdaten mbH, Hannover
Druck: Druckerei Th. Schäfer GmbH, Hannover
Printed in Germany

REMERCIEMENTS

Cet ouvrage présente la version remaniée d'une thèse de doctorat d'Etat soutenue en avril 1987 à l'Université de Provence.

Le Professeur Pierre Bertaux, qui m'en avait suggéré le sujet, est mort brutalement au moment où aboutissaient à leur terme des recherches auxquelles il avait constamment apporté le soutien de son enthousiasme, de son expérience et de son amitié. Qu'il me soit permis de le dédier à sa mémoire.

Ma reconnaissance s'adresse tout naturellement au Professeur Alain Ruiz, qui a très simplement accepté la charge de diriger la fin de mes recherches dans l'esprit qui avait guidé leur conception et leur mise en peuvre. Il me plaît aussi de rappeler tout ce que je dois aux maîtres dont l'enseignement m'a initié à l'étude du dix-huitième siècle, en particulier Monsieur le Doyen Pierre Grappin et le Professeur Roger Ayrault.

Mais ce livre n'aurait pu être réalisé sans de précieux concours qui en font également le témoignage d'une coopération internationale. Le Professeur Dr. Paul Raabe, Directeur de la Herzog August Bibliothek de Wolfenbüttel, a mis à ma disposition sans aucune réserve la très riche documentation sur Knigge qu'il a rassemblée avec son équipe en vue de l'édition en *reprint* des œuvres complètes du baron hanovrien. M. Claus Ritterhoff a su, avec beaucoup de gentillesse, me guider dans l'utilisation de ce fonds et me faciliter les contacts les plus enrichissants. M. Ernst Otto Fehn, spécialiste des questions maçonniques, m'a donné communication de documents qu'il avait découverts. M. Manfred Grätz a bien voulu m'indiquer les articles de Knigge qu'il avait retrouvés. A tous je tiens à dire ma reconnaissance.

Je veux également remercier les responsables du Programme de recherche de la Bibliothèque Ducale, le Professeur Dr. Walther Killy et le Dr. Sabine Solf, grâce à qui j'ai pu profiter pleinement de l'atmosphère et des conditions de travail exceptionnelles qu'elle offre au chercheur. Je salue aussi la mémoire du Dr. Hans-Heinrich Solf, avec lequel j'ai échangé de très nombreux entretiens qui ont permis d'introduire dans l'univers maçonnique le non-initié que je suis.

Je dois à la générosité de trois institutions, le Land de Basse-Saxe, la Fondation Volkswagen et le DAAD, d'avoir pu financer une partie de mes nombreux séjours en Allemagne. Qu'elles trouvent ici le témoignage de ma gratitude.

Je remercie enfin mon collègue et ami le Professeur Roland Krebs, qui a eu la patience de relire mon manuscrit.

TABLE DES MATIERES

Remerciements	5
Table des matières	7
Introduction générale	11
Première partie: Adolph, baron de Knigge	27
I. Sa vie	29
1. Le courtisan	30
2. Le franc-maçon et l'Illuminé A. Le franc-maçon (33). B. L'Illuminé (35)	33
3. L'écrivain au service des Lumières	37
4. Le publiciste au service des Droits de l'Homme	40
II. Son milieu	45
1. L'Electorat de Hanovre A. Le cadre naturel (47). B. Les institutions (51)	46
2. L'aristocratie hanovrienne A. Une "caste exclusive et fermée" (58). B. Codes et genres de vie (67). C. La sociabilité aristocratique (73) D. L'univers moral et spirituel (76).	58
3. Les petites cours allemandes A. Le landgraviat de Hesse-Cassel (80). B. La cour de Hanau (89).	79
III. Knigge reflet des aspirations de son temps	97
Deuxième partie: Knigge et les sociétés secrètes	105
I. Knigge et la franc-maçonnerie	109
1. Les débuts d'une carrière maçonnique A. Le milieu familial (114). B. Le milieu universitaire (116) C. Les débuts dans la Stricte Observance (123).	114
2. Une "nouvelle religion" A. La tentation occultiste (126). B. Un "système universel pour le peuple" (131).	126

3. L'impossible réforme
   A. L'échec du projet présenté à Charles de Hesse (141). B. La dernière tentative de réforme. Le mémorandum de Knigge aux chefs de la Stricte Observance (144). 141

II. Knigge et l'Ordre des Illuminés 155

   1. De la franc-maçonnerie à l'Illuminisme
   A. Les projets de Knigge (157). B. Knigge pamphlétaire de l'Ordre (160). C. Knigge réorganisateur de l'Ordre (167). 157

   2. Philosophie de l'Histoire et gouvernement universel de la morale
   A. Une philosophie de l'Histoire (178). B. La disparition de l'Etat (185). C. Nouvelle religion et sociétés secrètes (188). D. Le "gouvernement de la morale" (194). 177

   3. La franc-maçonnerie illuminée, nouvelle Eglise d'une religion de l'Humanité
   A. La "nouvelle Eglise" et son rituel (202). B. Illuminés et francs-maçons: l'offensive de l'Ordre à Wilhelmsbad (205). C. Le projet d'une Confédération des loges maçonniques (218). D. L'Alliance Eclectique (225). E. La rupture entre Knigge et les Illuminés (230). 201

   4. Résultats. Implantation de l'Ordre. Esquisse d'une étude de la structure sociale de l'Ordre. Illuminisme et politique
   A. Implantation de l'Ordre (238). B. Esquisse d'une étude de la structure sociale de l'Ordre (242). C. Illuminisme et politique (250). 236

III. Knigge et les sociétés secrètes après 1784 261

   1. Knigge historien et juge des sociétés secrètes
   A. Le traducteur de Beyerlé (262). B. La *Contribution à l'Histoire de l'Ordre des Francs-Maçons (1786)* (266). C. La condamnation de l'action secrète: *L'Histoire de Ludwig von Seelberg* (271). D. La *Déclaration de Philo* (283) 262

   2. Knigge et l'Union allemande de Karl-Friedrich-Bahrdt
   A. L'Union allemande (286). B. Knigge membre de l'Union allemande (293). 286

   3. L'œuvre de Knigge reflète dans son ensemble l'idéal et les thèmes de l'Illuminisme
   A. Les mots de l'idéal (300). B. Une conception de l'homme (304). C. Une conception de la société (310). D. Le "mouvement circulaire de la culture humaine" (316). 299

   Conclusion: Franc-maçonnerie et Lumières 333

Troisième partie: Knigge et la Révolution française 343

I. Knigge écrivain politique 353

   1. L'écrivain et son public
      A. Quelques aspects du développement de la lecture dans la seconde moitié du dix-huitième siècle (354). B. Vivre de sa plume? (359). C. Contrefaçon et diffusion des Lumières (365). 354

   2. La littérature au service des Lumières
      A. La variété des genres (375). B. Knigge et l'*Allgemeine deutsche Bibliothek* (396). C. Qu'est-ce que la littérature? (402). D. Knigge et le problème de la censure (410). 375

   3. Un livre connu et méconnu: *Du Commerce avec les Hommes*
      A. Knigge et le problème de la communication sociale avant 1788 (415). B. *Du Commerce avec les Hommes:* un livre neuf? (420). C. Le *Commerce:* un livre au service de l'émancipation bourgeoise (426). D. La fortune de l'oeuvre (436). 415

   4. Knigge en 1790 ou les ambiguïtés du libéralisme
      A. Les "équivoques de Knigge" dans le *Commerce* (441). B. La polémique entre Knigge et Campe (446). 441

II. L'utopie de la raison pratique au service des Droits de l'homme . 459

   1. Révolution française et régénération allemande
      A. Knigge et la France avant 1789 (462). B. Régénération et rassemblement (465). 462

   2. Le nouveau contrat social: l'utopie du *Noldmann*
      A. Raison, liberté et souveraineté populaire (474). B. L'utopie entre Lumières et absolutisme (477). C. Le problème de l'égalité (482). D. L'Etat utilitaire (489). E. La religion des Droits de l'Homme dans un Etat laïc (494). 471

   3. Knigge à Brême: l'Administration au service des Lumières
      A. Le défenseur des intérêts hanovriens (498). B. Les Lumières au service du bien public: Knigge et les affaires scolaires (502). C. Les Lumières au service de la tolérance: Knigge et les affaires religieuses (506). 498

III. Le problème de la violence 511

   1. L'analyse du processus révolutionnaire
      A. *Les Papiers de M. de la Crétinière* (514). B. Comprendre la Révolution française (520). C. Eviter la révolution en Allemagne (525). 514

2. La campagne contre Knigge
  A. La réaction de la Régence et de l'armée hanovrienne (531).
  B. La campagne de presse contre Knigge à partir de 1792 (535). C.
  Le procès Knigge-Zimmermann (543). D. Une révolution menace-t-elle l'Allemagne? (552). 530
  3. Le problème de la guerre et de la paix
  A. Caractères généraux de la guerre révolutionnaire (560).
  B. *Considérations sur la fin prochaine [...] de la guerre pour l'Allemagne* (563). L'exil de Knigge à Stade (569). 560
  4. A la recherche de nouvelles formes d'action
  A. La franc-maçonnerie allemande au service des monarchies (576). B. Knigge et son projet de "société très publique": le testament politique d'un "homme de la liberté" (581). 575

Conclusion générale 595

Sources et bibliographie 603

I. Sources et ouvrages de référence 605
  1. Sources manuscrites 605
  2. Sources imprimées 607
  3. Ouvrages de référence 609

II. Œuvres de Knigge 613
  1. Bibliographie chronologique 613
  2. Editions et imitations citées de
     Ueber den Umgang mit Menschen 618

III. Ouvrages et articles de revues
     des XVIIè et XVIIIè siècles 621
  1. Problèmes politiques, sociaux et culturels 621
  2. Les sociétés secrètes 626
  3. Textes se rapportant à Knigge 628

IV. Ouvrages modernes 631
  1. Etudes sur Knigge 631
  2. Autres ouvrages 634

Index des noms de personnes 650

INTRODUCTION GENERALE

Etrange destin que celui du baron Adolph Franz Friedrich Ludwig de Knigge, dont presque tous les Allemands connaissent le nom, mais dont si peu d'entre eux, si l'on excepte quelques spécialistes heureusement chaque année plus nombreux, savent réellement qui il fut et ce qu'il fut. En 1977, la Bibliothèque Ducale de Wolfenbüttel commémorait le 225e anniversaire de la naissance de Knigge par une exposition présentant plus de trois cents pièces, portraits, livres et documents empruntés à des fonds d'archives et à des bibliothèques ou prêtés par les descendants du baron hanovrien. L'objet de cette manifestation était de redresser auprès du public l'image traditionnelle, rassurante mais fausse, d'un homme de lettres considéré comme l'éducateur mondain d'une société dans laquelle chacun occupe la place et exerce les fonctions que lui assigne un ordre considéré comme immuable et intangible. Image truquée, léguée par une critique littéraire prétendument "apolitique", en réalité asservie depuis le dix-neuvième siècle aux valeurs dominantes d'une Allemagne de plus en plus conservatrice, image véhiculée en relais par des éditeurs avisés, mais peu scrupuleux, qui firent du nom de Knigge une sorte d'article publicitaire: c'est ainsi qu'aujourd'hui encore, le commerce est inondé de vade-mecum aux titres provocants: "Knigge pour automobilistes", "Knigge pour le couple", "Knigge pour sportifs", "Knigge" pour toutes les situations de la vie, y compris l'usage du téléphone !

A l'origine de cette image se trouve le traité que Knigge publiait en 1788 à Hanovre, *Du Commerce avec les Hommes*, qui est depuis deux siècles en Allemagne le livre de référence d'une bourgeoisie d'abord soucieuse d'apprendre les convenances: Knigge ne se proposait-il pas d'enseigner "l'art de se plier aux moeurs, au ton et aux humeurs d'autrui"[1] ? Aujourd'hui encore, "il ne connaît pas le *Commerce avec les Hommes*, de Knigge" signifie purement et simplement: "il n'a aucun savoir-vivre"[2]. L'usage courant dit plus brièvement: "il ne connaît pas *son Knigge*". Le *Commerce* est devenu au fil des années une sorte de Bible de l'identification sociale, le livre de chevet d'une bourgeoisie comblée d'honneurs dans un système qu'elle n'a pas voulu détruire.

---

1 *Ueber den Umgang mit Menschen*, éd. 1788, I, 24.
2 "Er kennt Knigges Umgang mit Menschen nicht = Hat wenig Lebensart, ist tölpisch, ungeschliffen", cité par K.F.W. WANDERS, *Deutsches Sprichwörter-Lexikon*, Leipzig, 1870, réimpr. Darmstadt, 1964, II, 1432.

Or il s'agit là d'une interprétation volontairement déformée des intentions de Knigge, obtenue grâce à des suppressions et à des falsifications pratiquées dès le début du dix-neuvième siècle, Il faudra attendre 1962 pour que soit publiée par Iring Fetscher une réédition de l'oeuvre qui restitue fidèlement, bien que sous forme d'extraits, le texte écrit par Knigge[3]. En 1976 parut un *reprint* photomécanique de l'édition de 1788[4]. En 1977 était offert au public le texte complet de l'édition de 1790, à laquelle étaient aussi empruntés les extraits publiés par I. Fetscher, et qui contient quelques passages directement inspirés par la Révolution française[5]. Enfin, depuis 1978 est en cours, sous la direction de Paul Raabe, une édition en fac-similé de l'ensemble de l'oeuvre de Knigge[6].

Une fois replacé dans son contexte, celui de cet intense bouillonnement d'idées qui, en Allemagne comme en France, précéda la dernière décennie du siècle, une fois aussi éliminés les ajouts, les coupures, voire les modifications apportées à la lettre du texte, le *Commerce* apparaît comme un livre au service de l'émancipation du tiers-état. Il se proposait de briser des cloisonnements sociaux devenus anachroniques, et, en cela, posait un acte révolutionnaire, en opposition radicale avec la tradition héritée de Luther, qui faisait depuis plus de deux siècles de la société allemande une juxtaposition de corps étanches, repliés sur eux-mêmes, sans communication possible les uns avec les autres. Knigge restait certes dans les limites de la pensée morale et politique de l'*Aufklärung*, et c'est dans une sociabilité fondée sur l'harmonie des rapports humains qu'il entendait que se résorbât la division sociale. Mais en montrant que l'avènement de cette sociabilité exigeait une révision radicale des comportements traditionnels, il fournissait *a contrario* une critique des structures mêmes de la société de son temps, et non plus seulement des abus qui en déréglaient le fonctionnement.

Un révolutionnaire, le baron de Knigge? En février 1792, il publiait *La Profession de foi politique de Joseph von Wurmbrand [...], avec des réflexions concernant la Révolution française et ses conséquences*[7]. En juillet, la Régence de Hanovre, qu'il servait depuis 1790 comme Inspecteur des Ecoles à Brême, lui infligeait un blâme sévère, lui reprochant en particulier d'avoir, dans son ouvrage, attaqué "tant l'ordre public et les institutions que la religion"[8]. Il lui

---

3 *Über den Umgang mit Menschen*, ausgewählt und eingeleitet von I. FETSCHER, Frankfurt a.M., 1962.
4 *Ueber den Umgang mit Menschen*, in zwey Theilen, Hannover, 1788, *reprint* Darmstadt, 1976.
5 *Über den Umgang mit Menschen*, hg. von G. UEDING, Frankfurt a. M., 1977.
6 *Sämtliche Werke*, 20 volumes parus, Nendeln (Lichtenstein), à partir de 1978. L' *Umgang* (éd. de 1795), constitue le tome 10.
7 *Joseph von Wurmbrand (...) politisches Glaubensbekenntnis, mit Hinsicht auf die französische Revolution und deren Folgen*, Frankfurt a. M./Leipzig, 1792.
8 Arnswaldt à Knigge, 2 juillet 1792, texte in: H. KLENCKE, *Aus einer alten Kiste: Originalbriefe, Handschriften und Documente aus dem Nachlasse eines bekannten Mannes*, Leipzig, 1853, 195 sq.

était désormais interdit de publier quoi que ce soit, en Hanovre ou à l' "étranger", avec ou sans nom d'auteur, qui n'ait auparavant reçu l'accord de la censure.

Il s'agissait d'une mesure encore assez exceptionnelle en Hanovre, où régnait une relative liberté d'expression, favorisée par l'influence du libéralisme anglais et, plus encore, par l'indolence des Conseillers qui gouvernaient l'Electorat au nom de leur souverain, à la fois Electeur du Saint-Empire et roi d'Angleterre. Mais entre février et juillet 1792 était intervenue la déclaration de guerre de l'Assemblée Législative au "roi de Bohême et de Hongrie", et le bouleversement qui agitait depuis trois ans le vieux royaume des Bourbons devenait une affaire européenne. D'autre part, c'est dans ce contexte historique d'une sorte d' "invasion idéologique" de l'Allemagne que s'inscrit une très violente campagne contre Knigge menée, précisément à partir de 1792, par la presse monarchiste, en particulier la *Wiener Zeitschrift* de Leopold Aloys Hoffmann. Le célèbre Johann-Georg Zimmermann – un transfuge des Lumières qui ne cessait, depuis 1788, de flairer la piste de comploteurs assoiffés de sang bleu – n'avait-il pas traité Knigge, dans un article publié au début de 1792 dans cette revue, de "prédicateur de la révolution" (*Revolutionsprediger*) et d' "agitateur du peuple" (*Volksaufwiegler*)[9]?

En mars 1795, Knigge sera, sous un prétexte futile, envoyé à Stade par la Régence, et il y sera retenu jusqu'au 30: le 5 avril, allait être signé le premier traité de Bâle, qui mettait fin à la guerre entre la France et la Prusse. La paix générale semblait proche, et on pouvait espérer que la pression de Pichegru sur l'Allemagne du Nord allait se relâcher. A la fin de 1795 enfin, la police viennoise ourdit une machination qui aurait pu lui permettre, si Knigge n'était mort brutalement le 6 mai 1796, de s'emparer de lui.

Décidément, à la fin du dix-huitième siècle, le nom de Knigge ne rassurait pas. Il faisait peur. Sa mémoire n'était-elle pas saluée dans les revues favorables à la Révolution? Du très modéré *Genius der Zeit* de Hennings [10] au très engagé *Niedersächsischer Merkur* de Rebmann[11], en passant par la *Schildwache*, publiée à Paris[12], on rappelait le combat incessant de cet homme pour la liberté. Aucune de ces revues n'était imprimée dans un territoire allemand. Seul un de ses amis, l'instituteur et maître de chapelle Wilhelm Christian Müller, osait faire paraître, sur une seule feuille, une notice nécrologique qui

---

9 J. G. ZIMMERMANN, *Adolph Freiherr Knigge als deutscher Revolutionsprediger und Demokrat*, in: *Wiener Zeitschrift*, II, 1792, 317-329.

10 G.A. von HALEM, *An Kniggens Grab. Gedicht*, in: *Genius der Zeit*, Altona 8/1796, 654 sqq. Le poème se terminait sur ces vers: "Lange stählet mit Mut sein Name den kämpfenden Weisen; Lang' erbebet beim Wort: Knigge! der Heuchler und Thor!"

11 A.G.F. REBMANN, *An Knigges Geist*, in: *Neuer Niedersächsischer Merkur, als Beylage zum Neuen Grauen Ungeheuer*, H. 1, Upsala, 1797, 10 sq.

12 (Anonyme), *Knigge*, in: *Die Schildwache*, hg. von A.G.F. REBMANN, H. 1, Paris, 1796, 59 - 66.

saluait "l'ami du citoyen, l'homme des Lumières, l'instituteur des peuples" qui venait de disparaître[13]. La *National-Zeitung der Teutschen* de Rudolf Zacharias Becker rendait compte de la mort de Knigge, mais en termes soigneusement pesés: on regretterait sa bonne humeur et son sens aigu de la sociabilité; seule la "liberté de penser" qui régnait à Brême avait empêché qu'il ne fût poursuivi par ses nombreux ennemis; mais le public lui rendrait justice, en particulier pour avoir su unir dans l'exercice de sa charge le sens du devoir à un esprit de conciliation[14].

Mais des voix haineuses se faisaient aussi entendre. On allait même jusqu'à mettre en doute la réalité de son décès, sugggérant qu'il en avait lui-même fait courir le bruit avant de reparaître lorsque ses amis auraient réussi, avec son aide, à mener à bien leurs ténébreux projets contre les monarchies[15]. La presse contre-révolutionnaire, à sa tête la revue viennoise *Eudämonia*, le présentait comme le symbole d'une vaste conspiration, menée dans l'ombre depuis des années, visant à renverser les trônes et à détruire le christianisme. En 1798, l'abbé Barruel lui accordait une place d'honneur dans le panthéon maçonnique dont il dénonçait l'entreprise prétendument subversive[16].

Knigge avait été en effet non seulement franc-maçon, mais aussi, de 1781 à 1784, l'un des chefs de l'Ordre des Illuminés de Bavière, fondé en 1776 par Adam Weishaupt, professeur de droit canon à l'Université d'Ingolstadt. Dissous en 1785, l'Ordre n'avait pas pour autant disparu complètement. Certains de ses membres, comme le traducteur de renom Johann Joachim Christoph Bode, avaient essayé d'en maintenir l'existence hors des frontières bavaroises. D'autres *Aufklärer*, par exemple le théologien de Halle Karl Friedrich Bahrdt, fondaient des associations secrètes qui en reprenaient les objectifs, voire les structures. En 1787, le gouvernement bavarois publiait deux gros volumes de documents saisis lors de perquisitions chez des Illuminés. Un regroupement soigneux de ces papiers devait en faire ressortir le caractère séditieux, en même temps qu'il attirait l'attention sur un certain Philo, qui, aux côtés de Weishaupt, avait donné à l'Ordre ses structures, ses grades et ses rituels définitifs. Peu après, l'Allemagne apprenait que ce Philo était en réalité le baron de Knigge. Bien que celui-ci affirmât, dès 1788, avoir définitivement rompu avec toutes les sociétés secrètes, son nom était prononcé dès qu'était révélée au public une nouvelle tentative pour recréer l'Ordre dissous ou soutenir une entreprise poursuivant les mêmes objectifs. De plus, ces informations n'étaient pas toujours sans fondement. Et lorsqu'il

---

13 "Bürgerfreund, Aufklärer, Völkerlehrer", W.C. MÜLLER, *Nachruf auf Knigge*, Bremen, 12. Mai 1796 (Universitätsbibliothek Bremen).
14 Nécrologie anonyme in: *National Zeitung der Teutschen*, hg. von R.Z. BECKER, Gotha, Jg. 1796, 20. St., 19 mai 1796, Sp. 441 sq.
15 *Ob Baron Knigge auch wirklich todt ist?* in: *Magazin der Kunst und Literatur*, Jg. 4, Bd. 3, Wien, 1796, 100 - 106.
16 A. BARRUEL, *Mémoires pour servir à l'histoire du jacobinisme*, Londres, 1797 - 1798, 4 vol., rééd. Chiré-en- Montreuil, 1973, 2 vol.

mourut, Knigge s'apprêtait à faire fonctionner une société qu'il affirmait "très publique", mais dont bien des traits évoquent l'Ordre des Illuminés. Or cette société devait contribuer à propager en Allemagne les idéaux de la Révolution française. Il n'en fallait pas davantage pour donner de la consistance à ce que les historiens appellent la "thèse du complot maçonnique" contre les monarchies.

*

La première intention de ce travail est d'opérer une révision de l'image de Knigge. Cette tâche comporte cependant un certain nombre d'écueils, que met en lumière un bref survol de la littérature critique qui lui est consacrée.

De 1800 à 1945, Knigge est de moins en moins souvent évoqué dans les manuels allemands d'histoire littéraire. Une étude menée en 1972 sous la direction de P. Raabe a montré que le pourcentage des "Histoires de la littérature" mentionnant son nom passe de 57 % au XIXè siècle à 48 % entre 1900 et 1932, puis à 8 % pendant la période hitlérienne. Entre 1945 et 1972, il remonte à 14 % pour des manuels publiés en Allemagne Fédérale, mais atteint près de 100 % pour des manuels parus en RDA. Sur 95 ouvrages mentionnés pour l'ensemble de la période considérée, 38 (soit 40 %) citent Knigge[17].

Si l'image de Knigge que transmettent ces manuels est, dans les premières années du dix-neuvième siècle, assez positive[18], elle se dégrade dès la fin de la troisième décennie du siècle. On commence d'abord par taire que Knigge a été l'un des chefs de l'Ordre des Illuminés: Heinrich Laube mentionne seulement qu'il en a fait partie[19]. Hermann Hettner, tout en s'intéressant de près à l'Ordre, se borne à dire de Knigge lui-même qu'il était "extrêmement versé et expérimenté dans les affaires maçonniques"[20]. Si Gervinus prend encore la peine d'évoquer l'ensemble de sa production littéraire, fort abondante, il le réduit au statut de simple "polygraphe"[21]. Au fil des années, seul le

---

17 Ces chiffres se trouvent dans le travail trè documenté de G. SABATHIL, *Knigge in der Literaturgeschichtsschreibung des 19. und 20. Jahrhunderts*, Referat im Rahmen des Hauptseminars Dr. Paul Raabe: Adolph Freiherr Knigge. Quellenkunde und Wirkungsgeschichte, Sommersemester 1972, Universität Göttingen, inédit, auquel nous empruntons la plupart des renseignements donnés ici. Nous devons à l'obligeance du Professeur Raabe d'avoir pu consulter ce travail.

18 Par exemple dans F. HORN, *Die Poesie und Beredsamkeit* (sic) *der Deutschen von Luthers Zeit bis zur Gegenwart*, 4 Bde, Berlin, à partir de 1822, qui reconnaît aux romans de Knigge "de l'esprit et de la connaissance de l'homme", cité par SABATHIL, *op. cit.*, 3 sq.

19 H. LAUBE, *Geschichte der deutschen Literatur*, 3 Bde, Stuttgart, à partir de 1839 (II, 153).

20 H. HETTNER, *Geschichte der deutschen Literatur im 18. Jahrhundert*, 4 Bde, éd. de 1928, publiée par G. MITKOWSKI, Leipzig, 205.

21 G.G. GERVINUS, *Geschichte der deutschen Dichtung*, 5 Bde, 5. Aufl., bearb. von Karl BARTSCH, Leipzig, à partir de 1871, IV, 473.

Commerce justifie quelques lignes sur Knigge. Les jugements portés sur cet ouvrage vont de l'éloge[22] à la condamnation[23], mais tous ne l'examinent que sous l'aspect d'un essai de morale pratique. Ce point de vue restera perceptible jusqu'à une époque récente, ainsi, par exemple, dans l'*Histoire de la littérature allemande* de De Boor et Newald, qui voient dans le *Commerce* "un art de vivre assez superficiel [...], tissé sur le canevas d'un 'esprit de conduite' acquis"[24].

Après la première guerre mondiale, on redécouvre l'écrivain politique. Karl Borinski l'appelle "le démocrate baron de Knigge"[25], tandis que Richard Moritz Meyer l'évoque comme un "agitateur zélé au sein de l'association maçonnique politico-culturelle des Illuminés"[26]. Mais la période national-socialiste interdit toute recherche consacrée aux partisans allemands de la Révolution française, surtout s'ils étaient francs-maçons. On ne sera pas surpris de constater que Nadler ne cite même pas son nom.

La coupure idéologique accompagnant, après 1945, la division de l'ancien Reich ne pouvait manquer de se refléter dans l'image qui allait être donnée de Knigge dans chacun des deux Etats allemands. En République Fédérale, les jugements que formula la recherche littéraire n'apportèrent d'abord aucune modification au point de vue traditionnel. Il n'en fut pas de même en République Démocratique. Désireux de disputer à la République Fédérale une légitimité historique que celle-ci lui refusait, l' "Etat ouvrier et paysan" se devait de montrer que l'Allemagne avait eu, elle aussi, des révolutionnaires, même si elle n'avait pas eu de révolution. Dès 1956, Paul Reimann présentait Knigge comme un "démocrate sincère", "un des représentants les plus purs et les plus progressistes des Lumières allemandes"[27]. Il rappelait la lutte de Knigge contre la presse contre-révolutionnaire et soulignait qu'il avait considéré la Révolution française comme un événement historiquement nécessaire, exprimant la volonté d'un peuple entier. A quelques variantes près, c'est l'image que donnent de Knigge tous les manuels est-allemands d'histoire littéraire. Le Knigge mondain a fait place à un Knigge politique.

---

22 Par exemple: "ein Sammelplatz des Scharfsinns und der psychologischen Genauigkeit", in: HORN, *op. cit.*, 396 (cité par SABATHIL, *op. cit.*, 9).
23 Par exemple: "ein auf Selbstsucht begründetes Buch", in W. WACKERNAGEL, *Geschichte der deutschen Literatur. Ein Handbuch*, 2 Bde, 2. Aufl., Basel, 1884, 448 (cité par SABATHIL, *op. cit.*, 10).
24 H. DE BOOR und R. NEWALD, *Geschichte der deutschen Literatur von den Anfängen bis zur Gegenwart*, München, 1959, VI, 386.
25 "der demokratische Freiherr von Knigge", K. BORINSKI, *Geschichte der deutschen Literatur von den Anfängen bis zur Gegenwart*, 2 Bde, Leipzig, 1921, II, 34.
26 R.M. MEYER, *Geschichte der deutschen Literatur*, 2 Bde. 2. Aufl., Berlin, 1920, I, 409.
27 P. REIMANN, *Hauptströmungen der deutschen Literatur 1750 - 1848*, Berlin/DDR, 1956, 305.

Ces études générales reflètent évidemment les résultats présentés par des travaux spécialisés. Jusqu'à une époque très récente, le chercheur désireux de s'informer sur la biographie de Knigge devait se contenter de l'ouvrage publié en 1844 par Karl Gödeke, *La vie et les écrits de Knigge*[28]. Ce travail, en près de deux cents pages, n'en dit guère plus que la *Brève biographie* de trente pages écrite vraisemblablement par la fille de Knigge et placée en introduction à une réédition du *Commerce* parue en 1830[29]. Gödeke passe sous silence des épisodes importants de la vie du baron hanovrien et, lorsque les sources authentiques lui font défaut, il tire des romans des allusions qu'il élève au rang de faits réels. La même absence de rigueur préside à la nouvelle édition qu'il donne du *Commerce* la même année[30], et qu'il n'hésite pas à qualifier d' "originale" après avoir pratiqué coupures, ajouts et falsifications de toute sorte. S'il n'était pas, comme nous le verrons, le premier à procéder de cette manière, Gödeke est certainement l'un des principaux responsables de l'image déformée de Knigge si longtemps entretenue.

Le gros volume de documents retrouvés et publiés par Hermann Klencke en 1853 – une centaine de lettres et de pièces diverses[31] – apportait bien des preuves de l'intérêt de Knigge pour la Révolution française, en particulier une correspondance suivie avec les Reimarus de Hambourg. Mais ces sources n'ont jamais été exploitées à fond. Le véritable Knigge a été, au dix-neuvième siècle et pendant une bonne partie du vingtième, délibérément méconnu.

Il est inutile d'évoquer ici les quelques études qui, jusque vers 1955, s'inscrivent dans une interprétation purement esthétique ou moralisante d'une oeuvre au demeurant très inégale[32]. Plus intéressantes sont celles qui l'abordent dans le cadre d'une histoire culturelle de l'*Aufklärung*. En 1933, Barbara Zaehle consacrait au *Commerce* un livre qui le situait dans une longue tradition menant des romans courtois du moyen âge aux hebdomadaires moraux du dix-huitième siècle, et visant à codifier les règles de la sociabilité aristocratique, puis bourgeoise[33]. En 1979, le germaniste italien Emilio Bonfatti a mis en lumière l'influence de l'érudit Stefano Guazzo, dont la *Civil conversazione* (1574) fut traduite en allemand en 1599, sur l'émergence dans la bourgeoisie de la conscience d'un statut social que ne lui reconnaissaient pas les institutions politiques, et dont le *Commerce* constitue le témoignage

---

28 K.GÖDEKE, *Knigges Leben und Schriften*, Hannover, 1844.
29 Ph. von REDEN, *Kurze Biographie des Freiherrn Adolph Knigge*, (Hannover, 1823), in: *Ueber den Umgang mit Menschen von Adolph Freiherrn Knigge*, 11. Original-Ausgabe, durchgesehen und aufs Neue stark vermehrt von F.P. WILMSEN, Hannover, 1830.
30 *Ueber den Umgang mit Menschen*, 12. Originalausgabe in Einem Bande, durchgesehen und eingeleitet von K. GÖDEKE, Hannover, 1844.
31 KLENCKE, *op. cit.*, (voir *supra*, n. 8).
32 Nous indiquons dans la Bibliographie générale tous ces articles.
33 B. ZAEHLE, *Knigges Umgang mit Menschen und seine Vorläufer. Ein Beitrag zur Geschichte der Gesellschaftskritik*, Heidelberg, 1933.

exemplaire[34]. Ces ouvrages demandent cependant à être complétés par une analyse replaçant le *Commerce* dans l'ensemble de l'œuvre de Knigge, afin de faire apparaître que celui-ci essayait en 1788 de réaliser par la littérature des intentions liées à une réflexion politique.

La redécouverte d'un "Knigge politique" s'est opérée dans le cadre d'une recherche systématique, menée d'abord en France et en RDA, puis, à partir des années 1960, en RFA sur le "jacobinisme" allemand[35]. Certes, avant la prise du pouvoir par les nationaux-socialistes, deux travaux universitaires avaient été consacrés à une étude des idées de Knigge. Mais ils sont aujourd'hui dépassés.

Le premier, celui de Joseph Popp[36], tente de dégager de l'ensemble de l'œuvre une "philosophie" finalement assez plate, où voisinent conception de l'homme, de l'histoire et de la nature avec l'intérêt pour les grands problèmes du temps, qu'il s'agisse de liberté, de religion ou de franc-maçonnerie. Les écrits politiques y trouvent leur place, à côté des romans, des pièces de théâtre, des satires et des essais moraux. Mais l'analyse se limite trop souvent à une terne paraphrase, dont le résultat est de présenter Knigge comme une sorte de "philosophe populaire" dont on voit mal en quoi il se distingue de tant de contemporains à juste titre oubliés. Constater que Knigge ne saurait être comparé à Goethe ou à Schiller tout en le créditant d'un "système philosophique" visant à concilier dans une sorte de timide préclassicisme les valeurs de l'*Aufklärung* et du *Sturm und Drang*, est à la fois banal et insuffisant.

Le second ouvrage, consacré spécialement aux écrits politiques de Knigge[37], ne tient pas ses promesses. C'est en fait une sorte de catalogue dans lequel sont énumérés les abus que Knigge condamne, ainsi que les jugements qu'il porte sur la Révolution française. Mais ces considérations ne font pas réellement apparaître la nature profonde de son engagement ni l'originalité, et aussi, parfois, les contradictions, que reflètent ses positions.

---

34 E. BONFATTI, *La "civil conversazione" in Germania. Letteratura del comportamento di Stefano Guazzo a Adolph Knigge 1574 - 1788*, Udine, 1979.

35 Voir pour les travaux publiés en France la *Bibliographie générale* de notre travail. Pour la période allant jusqu'en 1983, voir J.R. SURATTEAU, *Sur les travaux des historiens des deux Allemagnes intéressant la Révolution française. Essai d'historiograhie comparée et tendances actuelles*, in: Annales Historiques de la Révolution française, numéro spécial consacré au *Mouvement révolutionnaire dans les pays allemands*, n° 255 - 256, janv.-juin 1984. On se reportera aussi, bien sûr, à I. STEPHAN, *Literarischer Jakobinismus in Deutschland*, Stuttgart, 1976, Sammlung Metzler. L'instrument bibliographique essentiel est aujourd'hui la revue annuelle publiée par H. REINALTER, *Aufklärung – Vormärz – Revolution* (Mitteilungen der internationalen Forschungsgruppe "Demokratische Bewegungen in Mitteleuropa 1770 - 1850" an der Universität Innsbruck), Innsbruck, à partir de 1981.

36 J. POPP, *Weltanschauung und Hauptwerke des Freiherrn Adolph Knigge*, Diss., Zeulenroda/Leipzig, 1931.

37 K. SPENGLER, *Die publizistische Tätigkeit des Freiherrn Adolph von Knigge während der französischen Revolution*, Diss., Bonn, 1931.

Un article de Paul Reimann[38] allait ouvrir la voie à une interprétation radicalement nouvelle des intentions de Knigge. S'appuyant essentiellement sur les écrits postérieurs à 1789, il développait la thèse que le baron hanovrien était l'un de ceux qui, en Allemagne, avaient lancé et animé le débat sur la signification profonde du bouleversement intervenu en France. Il affirmait que Knigge, dépassant les conceptions modérées de l'*Aufklärung* politique, souhaitait pour l'Allemagne une révolution analogue, qui mît fin aux régimes de droit divin. Ce point de vue a, depuis, été repris, et même amplifié, par tous les historiens est-allemands, en particulier Hedwig Voegt et Gerhard Steiner, qui rééditèrent des textes parus entre 1784 et 1796[39].

En RFA, le renouvellement des générations entraînait à partir du début des années 1960 un renouvellement non seulement des méthodes d'investigation et de critique, mais aussi de l'objet même des études historiques et littéraires. Dès 1960, le politologue Iring Fetscher, spécialiste de la pensée politique de Rousseau, publiait un article sur *Le baron de Knigge et ses héritiers*[40], dont il reprenait les conclusions dans sa réédition partielle du *Commerce* en 1962. Quelques années plus tard, il procurait la première réimpression d'un pamphlet politique que Knigge avait fait paraître en 1792, *Les Papiers de M. de la Crétinière*[41].

Dès lors, Knigge devenait un objet d'étude important pour tous ceux qui s'intéressaient au mouvement "jacobin" allemand ou, plus généralement, à la pensée politique de l'*Aufklärung*. En 1971, un article de Jürgen Walter, partant du roman de Knigge *L'histoire des Lumières en Abyssinie par Benjamin Noldmann* (1791), analysait le rapport dialectique entre la satire, qui critique une société inadaptée à l'évolution de l'histoire, et l'utopie, qui propose un nouveau modèle de contrat social, après qu'une révolution a permis le passage de l'"état despotique" à l'"état démocratique"[42]. Poussant à l'extrême, et dans un sens à notre avis exagéré, le schéma de J. Walter, Jörg-Dieter Kogel faisait quelques années plus tard du *Noldmann* la matière d'un ouvrage dans

---

38 P. REIMANN, *Über den Umgang mit Knigge*, in: *Neue Deutsche Literatur*, 1956, 103-110.
39 H. VOEGT, *Adolph Freiherr Knigge. Der Traum des Herrn Brick. Essays. Satiren. Utopien*, Berlin/DDR, 1968 (rééd. d'une partie de *Geschichte Peter Clausens*, de *Benjamins Noldmanns Geschichte der Aufklärung in Abyssinien*, de *Wurmbrand*, de *Schaafskopf* et du *Manifest*); G. STEINER (Hg), *Adolph Freyherr Knigge, Josephs von Wurmbrand politisches Glaubensbekenntnis (...)*, Frankfurt a. M., 1968. Les titres complets sont indiqués dans la Bibliographie générale.
40 I. FETSCHER, *Der Freiherr von Knigge und seine Erben*, in: *Der Monat*, 13/1960, 63-75.
41 *Des seligen Etatsrats Samuel Conrad von Schaafskopf hinterlassene Papiere*, mit einem Nachwort von I. Fetscher, Frankfurt a. M., 1965.
42 J. WALTER, *Adolph Freiherrn Knigges Roman "Benjamin Noldmanns Geschichte der Aufklärung in Abyssinien". Kritischer Rationalismus als Satire und Utopie im Zeitalter der deutschen Klassik*, in: *Germanisch-Romanische Monatsschrift*, Neue Folge, 1971, XXI, 153-180.

lequel il entendait démontrer que Knigge ne croyait possible la réalisation des objectifs de l'*Aufklärung* qu'à travers une révolution sociale radicale[43].

A l'étranger aussi, les recherches sur Knigge étaient lancées. Le *Noldmann* faisait en 1969 l'objet d'un article de Jean-Paul Barbe, qui montrait comment un récit de voyage fictif pouvait servir de canal à un message révolutionnaire[44]. Nous avons pour notre part essayé de contribuer par deux articles à une connaissance de Knigge en France[45]. En Italie enfin, Marino Freschi consacrait à Knigge un ouvrage dans lequel il établissait une continuité entre son engagement maçonnique et son engagement politique[46].

Nul ne met plus en doute aujourd'hui que Knigge a été un écrivain engagé dans le combat du tiers-état pour son émancipation politique. Pourtant, la révision à laquelle étaient soumis non seulement Knigge, mais aussi un certain nombre d'autres avec lui, en particulier Forster, qui constitue l'exemple de référence, rencontra quelques résistances qui n'étaient pas sans fondement. C'est ainsi qu'en 1975, Gerhard Kaiser reprochait aux historiens qui, en RDA bien sûr, mais aussi en RFA, s'attachaient à tirer de l'oubli une pensée révolutionnaire en Allemagne, de s'appuyer sur des citations isolées de leur contexte et de s'en servir pour projeter sur le passé des théories reflétant les débats du présent[47]. Au-delà de son caractère violemment polémique, l'étude de G. Kaiser soulève un problème tout à fait réel.

*

A ne considérer que les écrits publiés en 1791 et 1792, on peut avoir en effet l'impression que Knigge se prononce en faveur d'une révolution radicale en Allemagne. Certaines formules du moins le donneraient à penser, dans lesquelles il condamne, avec une violence qui dépasse de loin les timides critiques ou les envolées enthousiastes de la plupart des *Aufklärer* en 1790, les régimes de droit divin. A cela s'ajoute la continuité de son engagement: ni la Terreur, ni la guerre ne le conduiront à se renier.

---

43 J.D. KOGEL, *Knigges ungewöhnliche Empfehlungen zu Aufklärung und Revolution*, Berlin, s. d. (1979)

44 J.P. BARBE, *Fingierte Reiseberichte und revolutionäre Propädeutik. Zu Knigges Geschichte der Aufklärung in Abyssinien*, in: *Beiträge zur romanischen Philologie*, 8/1969, H. 1, 5 - 9.

45 P.-A. BOIS, *Franc-Maçonnerie et jacobinisme en Allemagne. Le baron de Knigge (1752 - 1796)*, in: *Dix-huitième siècle*, 12/1980, 427 - 442, et: *Le roman de Knigge "L'Histoire des Lumières en Abyssinie" ou l'Allemagne éclairée par la Révolution française*, in: *De Lessing à Heine. Un siècle de relations littéraires et intellectuelles entre la France et l'Allemagne*. Mélanges offerts à Pierre Grappin, publiés sous la direction de J. MOES et J.-M. VALENTIN, Paris/Metz, 1985, 191 - 204.

46 M. FRESCHI, *Dall' occultismo alla politica. L'itinerario illuministico di Knigge (1752 - 1796)*, Napoli, 1979.

47 G. KAISER, *Über den Umgang mit Republikanern, Jakobinern und Zitaten*, in: *Deutsche Vierteljahrsschrift für Literaturwissenschaft und Geistesgeschichte*, Sonderheft "18. Jahrhundert", Stuttgart, 226 - 242.

Mais si l'on s'en tient à ces formules extrêmes, on risque de donner de Knigge une image presque aussi fausse que celle que l'on veut réviser. Certains chercheurs l'ont d'ailleurs senti, par exemple J. D. Kogel, qui, après avoir analysé l'*Histoire des Lumières en Abyssinie* comme un appel à la révolution en Allemagne, est obligé de constater que Knigge, dans les écrits postérieurs à 1792, en revient à une conception politique modérée, proche de l'absolutisme éclairé.

En fait, il convient de faire intervenir dans une appréciation juste de la pensée politique de Knigge un facteur essentiel, que les spécialistes connaissent évidemment, mais qu'ils n'ont jamais intégré à une analyse globale de son itinéraire politique.

Si le lecteur de Rousseau qu'il était refusait l'idée d'une monarchie de droit divin, d'autres influences l'amenaient à essayer de trouver des voies de régénération qui ne seraient pas celles de la violence. Après avoir parcouru une carrière maçonnique dans la Stricte Observance, Knigge s'était affilié à l'Ordre des Illuminés de Bavière, dont il était rapidement devenu, à côté du fondateur Adam Weishaupt, l'un des chefs. Depuis la magistrale étude que René Le Forestier a consacrée à l'Ordre[48], à laquelle il faut maintenant ajouter le livre de Richard Van Dülmen[49], son histoire est connue, et le rôle que Knigge y a joué a été mis en lumière. Un article d'Ernst-Otto Fehn établit d'autre part un parallèle entre l'action de Knigge dans l'Ordre et sa tentative, interrompue par la mort, de fonder une "société très publique" au service de ses idéaux politiques[50].

Pourtant, l'engagement de Knigge dans la franc-maçonnerie et dans l'Ordre des Illuminés n'a jamais, pensons-nous, été replacé dans son véritable contexte. Si la plupart des articles que nous avons cités le mentionnent, ils le réduisent trop souvent au rang de simple curiosité historique, expression d'une mode qui incitait nombre d'aristocrates et de bourgeois, d'intellectuels et de marchands, à s'affilier à une loge parce que cela leur donnait l'occasion de relations plaisantes. Ou bien les études très sérieuses qui, depuis quelques années, sont consacrées aux sociétés secrètes, voient en elles une forme privilégiée d'organisation visant à donner à l'*Aufklärung* une structure d'expression d'autant plus nécessaire qu'il n'en existait pas d'autres, si l'on excepte les sociétés de lecture. Ces recherches sont évidemment très intéressantes, car elles ont permis une différenciation assez précise des divers courants idéologiques qui s'exprimaient à travers les sociétés secrètes, permettant de voir en

---

48 R. LE FORESTIER, *Les Illuminés de Bavière et la franc-maçonnerie allemande*, thèse, Paris, 1915.

49 R. VAN DÜLMEN, *Der Geheimbund der Illuminaten. Darstellung, Analyse, Dokumentation*, Stuttgart/Bad Cannstatt, 1975 (2è éd. 1977).

50 E. - O. FEHN, *Knigges "Manifest". Geheimbundpläne im Zeichen der Französischen Revolution*, in: P.C. LUDZ (HG.), *Geheime Gesellschaften*, Heidelberg, 1979, 369 - 398.

celles-ci l'un des champs où se déroulait le combat, particulièrement violent en Allemagne, entre rationalisme et irrationalisme.

Une question restait posée, à laquelle ce travail voudrait tenter d'apporter quelques éléments de réponse. On peut la formuler très simplement: quel est le lien entre engagement maçonnique et engagement politique?

La réponse, elle, ne peut être que complexe. Elle doit en particulier s'appuyer sur un examen libre de tout parti pris, qu'il soit hostile ou favorable à la maçonnerie. L'accusation insensée, lancée dès fin du dix-huitième siècle par Robison et Barruel, et visant à faire des francs-maçons les promoteurs conscients de la Révolution française, a trouvé des défenseurs jusqu'à nos jours. Elle a pourtant été réfutée avec une telle rigueur scientifique qu'il ne devrait plus être possible de lui accorder le moindre crédit[51]. Mais il est non moins solidement établi que de nombreux maçons, en France mais aussi en Allemagne, ont cru revivre dans l'engagement révolutionnaire l'idéal qui les avait poussés à entrer dans la maçonnerie.

Pourtant, il ne suffit pas de constater que certains clubistes mayençais étaient d'anciens Illuminés et qu'ils avaient des contacts avec les milieux maçonniques[52] pour comprendre comment un engagement maçonnique pouvait déboucher sur un engagement politique. Pour apporter un peu de clarté dans ce problème, il convient de définir l'idéal maçonnique et de déterminer avec autant de précision que possible de quelle manière francs-maçons et Illuminés entendaient le traduire dans la réalité concrète. Il faut ensuite analyser les raisons qui ont amené certains d'entre eux à considérer qu'ils avaient échoué, puis à retrouver dans la Révolution la réalisation de cette grande espérance de la "régénération" qui était au centre de l'engagement maçonnique[53].

L'idée de "régénération" domine les deux premières années de la Révolution française: les Français n'étaient-ils pas ces "Francs régénérés", ces *Neufranken* que célébrait Klopstock et qu'évoquaient les gazettes favorables aux principes nouveaux? Or elle a sa source dans une aspiration à laquelle la philosophie des Lumières avait donné une expression puissante. En Allema-

---

51 Voir J. DROZ, *La légende du complot illuministe et les origines du romantisme politique en Allemagne*, in: *Revue Historique*, CCXVI, oct. - déc. 1961, 313 - 338, repris avec quelques modifications in: *Le romantisme politique et l'Etat*, Paris, 1966, 20 - 35. Voir aussi J. ROGALLA von BIEBERSTEIN, *Die These von der Verschwörung 1776 - 1945. Philosophen, Freimaurer, Juden, Liberale und Sozialisten als Verschwörer gegen die Sozialordnung*, Bern/Frankfurt a. M., 1976.

52 Voir J. DROZ, *L'Allemagne et la Révolution française*, Paris 1949, 195; W. DOTZAUER, *Freimaurergesellschaften am Rhein. Aufgeklärte Sozietäten auf dem linken Rheinufer vom Ausgang des Ancien Regime bis zum Ende der napoleonischen Herrschaft*, Wiesbaden, 1977, *passim*, en partic. 23 - 33.

53 Dans sa préface à l'ouvrage posthume de R. LE FORESTIER, *La franc-maçonnerie templière et occultiste aux XVIIIè et XIXè siècles*, Paris/Louvain, 1970, Antoine FAIVRE écrit: "Malgré les divergences, la 'régénération' demeure l'idée essentielle; elle est ce vers quoi il faut tendre" (p. 10).

gne, c'est Lessing, avec ses *Dialogues maçonniques* et son *Education du genre humain*, "l'une de ses oeuvres les plus audacieuses et les plus maçonniques"[54], qui l'avait formulée comme devant être la clé du "nouvel Evangile" qu'il prophétisait[55].

Lessing: il fut le maître vénéré de Knigge, celui auquel ramène constamment l'adhésion du baron hanovrien aux idéaux de la franc-maçonnerie. Cette source essentielle de son engagement n'a jamais été véritablement mise en lumière. Seul Marino Freschi la mentionne, mais il n'en dégage pas suffisamment la force. Et pourtant, elle nourrit une conviction fondamentale de Knigge, autour de laquelle s'orientent l'unité et la cohérence de son itinéraire politique: les temps sont venus de fonder une religion nouvelle.

Dans son livre *Hölderlin ou le temps d'un poète*, Pierre Bertaux note "qu'à l'époque, l'idée de fonder une religion nouvelle était si répandue que c'en était une banalité"[56]. Knigge était certes bien incapable de concevoir cette "religion poétique" qui est celle de l'auteur d'*Hyperion*. Mais il se croyait, lui aussi appelé à être un "fondateur de religion" – une religion de l'humanité, qui restaurerait l'unité perdue et ferait disparaître les divisions de toutes sortes qui l'affligeaient.

Un des objectifs principaux de notre travail est de décrire l'itinéraire qui mena Knigge de l'enseignement de Lessing aux idéaux proclamés par l'Assemblée Constituante. L'adhésion aux principes des droits de l'homme sera, à partir de la Révolution française, la forme que prendra pour lui son espoir de voir s'instaurer une religion nouvelle. La nation rassemblée le 14 juillet 1790 sur le Champ de Mars donnera une image réelle de cette nouvelle Eglise qu'il avait, quelques années plus tôt, échoué à créer avec l'Ordre des Illuminés. La Révolution lui apparaît comme une tentative pour transformer l'utopie maçonnique en réalité politique.

En même temps, il comprend que, pour agir efficacement, il ne faut plus rester confiné dans l'espace clos d'une loge secrète: il devient un écrivain politique, et tente inlassablement, à partir de 1790, d'expliquer à ses compatriotes le sens profond du bouleversement qui a englouti une monarchie séculaire. Expliquer: c'est l'attitude d'un intellectuel. Décrire l'itinéraire politique de Knigge, c'est donc aussi constater l'entrée des intellectuels allemands dans la politique.

L'itinéraire de Knigge révèle une singulière cohérence. Mais celle-ci ne peut être saisie que si l'on évite de fixer son attitude tant au sein des sociétés secrètes que face à la Révolution dans des schémas idéologiques trop rigides. Il ne faudrait pas qu'à l'image falsifiée d'un Knigge mondain succède celle, tout aussi inexacte, d'un Knigge sans-culotte. Ce n'est pas, comme le croit P.

---

54 J. D'HONDT, *Hegel secret*, Paris, 1968, 300. Traduit en allemand sons le titre *Verborgene Quellen des Hegelschen Denkens*, Berlin, 1972.
55 "Sie wird gewiss kommen, die Zeit eines neuen ewigen Evangeliums", in: G.E. LESSING, *Die Erziehung des Menschengeschlechts*, § 86.
56 P. BERTAUX, *Hölderlin ou le temps d'un poète*, Paris, 1983, 112.

Reimann[57], suivi en cela par H. Voegt et G. Steiner, en supprimant la particule qui précédait son nom que Knigge marquait son adhésion aux principes de 1789: il s'agit là en effet d'un usage ancien qui s'inscrit dans tout un système de codes propres à la noblesse allemande, et en particullier hanovrienne.

*

Après une évocation de la biographie de Knigge, nous présenterons cette caste aristocratique hanovrienne, "exlusive et fermée", qui le rejettera, et qu'il rejettera à son tour, sans parvenir pourtant à s'en détacher jamais. Nous évoquerons aussi le milieu des petites cours allemandes, qu'il fréquente de 1772 à 1780, et dont il a subi les intrigues, accédant ainsi, en quelque sorte de l'intérieur, à une connaissance profonde des rouages de l'absolutisme. En cela, son témoignage revêt une incontestable originalité que n'ont pas toujours ceux des *Aufklärer* bourgeois, pour qui l'absolutisme restait souvent une théorie avant d'être une pratique.

Mais en décrivant l'itinéraire politique de cet aristocrate franc-maçon, nous ne voulons pas seulement rétablir la vérité – ou du moins une part de vérité – sur un personnage à la fois connu et méconnu. La portée d'une révision de ce genre serait limitée si elle n'était pas l'occasion de dégager quelques conclusions sur des aspects encore mal explorés de la période conservée.

Knigge est situé à la conjonction de tous les courants qui, dans leur diversité et leurs contradictions, constituent l'*Aufklärung*. Disciple de Lessing, il est à la recherche d'une religion de la raison. Lecteur de Rousseau, il voudrait qu'elle se concilie avec une religion du coeur. Partisan, en 1790, d'institutions républicaines dans leur esprit, sinon dans leur forme, il observera à l'égard de son souverain un loyalisme qui ne se démentira jamais. Comprenant, voire excusant la Terreur jacobine, il ne cessera d'espérer que l'évolution des institutions allemandes se fasse dans l'ordre et l'harmonie. S'agit-il d'une absence de fermeté dans ses convictions? d'une contradiction dans sa pensée? C'est en fait la diversité de l'*Aufklärung* qui se reflète en lui. De cette diversité, les luttes qui dechirèrent la maçonnerie allemande apportent le meilleur témoignage.

Les intentions de Knigge s'inscrivaient dans un combat dont l'enjeu était gigantesque, puisqu'il s'agissait d'aider l'époque à accoucher de valeurs nouvelles. La deuxième partie de notre étude analysera dans le détail les efforts de Knigge pour aider à cette émergence d'une humanité nouvelle en utilisant les structures que lui offraient les sociétés secrètes, d'abord la Stricte Observance Templière, puis l'Ordre des Illuminés. Au terme de cette enquête, la franc-maçonnerie apparaîtra comme un des canaux majeurs de la diffusion des Lumières. Nous verrons que bien des philosophes, des poètes, des hommes d'Etat dont l'action ou le verbe ont contribué à faire entrer l'Allemagne dans l'ère moderne doivent à la maçonnerie, ou à des sociétés qui,

---

57 P. REIMANN, *Hauptströmungen...*, *op. cit.*, 302.

comme l'Ordre des Illuminés, s'en inspiraient, leur premier contact, celui qui était déterminant, avec des intuitions, des formes des pensée, des idéaux qui, ensuite, nourriront leur oeuvre[58].

Mais pour beaucoup d'entre eux, c'est l'expérience vécue de la Révolution française qui permettra de fixer, au sens chimique du terme, dans une vision cohérente du monde, les intuitions qu'ils avaient reçues par le canal maçonnique. La dernière partie de notre travail traitera de l'attitude de Knigge face à cet événement que Michelet, un demi-siècle plus tard, définissait comme, "l'avènement de la Loi, la résurrection du Droit, la réaction de la Justice" – une formule que Knigge aurait pu faire sienne. Nous comprendrons mieux ce moment de la prise de conscience allemande au seuil du dix-neuvième siècle. Certes, beaucoup de maçons mettront alors l'enthousiasme novateur de leur jeunesse au service de leur monarque, essayant de concilier l'efficacité et la "modernité", forme affadie et pragmatique qu'avait prise l'espérance de régénération. Il serait vain de spéculer sur l'attitude que Knigge aurait adoptée s'il n'était mort prématurément en 1796. Mais son itinéraire politique, inspiré par son idéal maçonnique, a été jusqu'à cette date celui d'une fraction importante des milieux qui souhaitaient la régénération de l'Allemagne. Que beaucoup se soient reniés ensuite importe peu. Knigge a peut-être eu, de ce point de vue, la chance de disparaître trop tôt.

*

Pour mener à bien cette recherche, nous avons pu disposer d'abord de l'édition en fac-similé des oeuvres compètes de Knigge, publiée par le Professeur P. Raabe[59]. Il manque cependant encore trois volumes importants. L'un d'eux constituera le second tome des écrits maçonniques et comportera, outre des textes accessibles en bibliothèque, un inédit, un document que Knigge rédigea en 1780 à l'intention des Supérieurs de la Stricte Observance. Nous avons pu en prendre connaissance grâce à l'obligeance de M. Ernst-Otto Fehn, qui l'a retouvé. Un autre volume doit donner les lettres de et à Knigge. Le troisième proposera des notes et des commentaires.

Mais pour retracer dans le détail l'itinéraire politique de Knigge, décrire avec précision les milieux très divers qu'il fréquenta, suivre d'une manière aussi exacte que possible le destin de son projet de "nouvelle religion", apprécier enfin avec suffisamment de nuances son attitude à l'égard de la Révolution française, nous avons eu recours à une masse importante de documents d'archives, imprimés ou manuscrits. La majeure partie de cet ensemble est répertoriée au Centre de documentation sur Knigge, actuellement hébergé par la Bibliothèque Ducale de Wolfenbüttel[60].

---

58 L'ouvrage de J. D'HONDT (cf. n. 54 ci-dessus) constitue une remarquable incitation à l'exploration de ce sujet.
59 Voir Bibliographie générale de ce travail.
60 Knigge Arbeitsstelle in Wolfenbüttel (indiqué KAW dans les notes). Nous signalerons toujour par ce sigle les documents dont ce centre détient une copie.

La source principale est constituée par la correspondance de Knigge. Aux lettres publiées par H. Klencke en 1853 s'ajoutent celles qui sont dispersées dans une multitude d'ouvrages parus principalement au dix-neuvième siècle, ainsi que des lettres manuscrites détenues par la Bibliothèque Preussischer Kulturbesitz (correspondance avec Nicolai) et la Bibliothèque universitaire de Leipzig (correspondance avec l'acteur Grossmann). Une partie de la correspondance maçonnique a été publiée au dix-neuvième siècle par la revue *Asträa*. Une source capitale est également constituée par les deux volumes de documents saisis en 1785 par le gouvernement bavarois et publiés en 1787. Quelques lettres ou fragments de lettres échangées par Knigge et d'autres maçons se trouvent au dépôt des Archives de Basse-Saxe à Wolfenbüttel, à côté de pièces ayant trait à l'activité de Knigge au service de la cour de Hesse-Cassel de 1772 à 1776 et des brouillons des comptes rendus qu'il rédigea pour l'*Allgemeine Deutsche Bibliothek* de Nicolai de 1779 à 1796.

Le dépôt des Archives de Basse-Saxe à Stade détient le registre de service tenu par Knigge alors qu'il était Inspecteur des Ecoles à Brême de 1790 à 1796, ainsi que des pièces conscernant son activité dans cette ville, en particulier les traces d'un conflit qui l'opposa au Sénat de la Ville libre à propos de la nomination d'un maître d'école. Le dépôt principal de Hanovre renferme des documents relatifs à l'exil dont les autorités électorales frappèrent Knigge en mars 1795. Malheureusement, l'incendie consécutif au bombardement de la ville dans la nuit du 8 au 9 octobre 1943 a entraîné la destruction d'un nombre considérable de documents. Plusieurs pièces intéressantes se trouvent au Kestner Museum à Hanovre : quelques lettres de Knigge à sa fille, mais surtout des brouillons évoquant la mise en oeuvre de son dernier projet, celui d'une "société très publique". Un érudit autrichien a d'autre part publié en 1912 le dossier que la police viennoise avait ouvert à ce propos contre Knigge.

. A ces sources principales s'en ajoutent d'autres qui sont relatives à des points de détail. Nous les indiquons toujours en note, et la Bibliographie générale de ce travail en propose le recensement précis.

Il faut signaler en terminant ces quelques remarques que pour mener à bien notre enquête, nous avons bénéficié des fichiers du Centre de documentation sur Knigge à Wolfenbüttel, qui fournissent non seulement les noms des personnages avec lesquels il a été en contact, mais aussi un nombre considérable de références qui nous ont grandement facilité l'accès aux documents que nous venons de mentionner.

PREMIERE PARTIE

ADOLPH, BARON DE KNIGGE

I

Sa vie

1. Le courtisan. 2. Le franc-maçon et l'Illuminé. 3. L'écrivain au service des Lumières. 4. Le publiciste au service des droits de l'homme.

Le matériel auquel ramènent les recherches sur la vie de Knigge est assez mince, et il est surtout très dispersé. Outre les lettres qui se rapportent à l'activité du baron hanovrien au sein des sociétés secrètes, quelques lettres à sa fille, au libraire Nicolai et à l'acteur Grossmann, et les pièces éparses d'une correspondance (dont la plus grande partie n'a malheureusement pas été retrouvée) avec les intellectuels de son époque, nous disposons d'une courte biographie, écrite sans doute par sa fille en 1823[1], d'un récit que Knigge rédigea en 1788 et qui retrace son rôle dans l'Ordre des Illuminés[2], et du registre de service qu'il tint quotidiennement alors qu'il était Inspecteur des Ecoles à Brême, de 1790 à 1796[3]. Il faut y ajouter les traces qu'ont laissées dans la presse du temps des polémiques bruyantes. Entre 1853 et 1912 ont été publiés les actes d'un procès contre Johann Georg Zimmermann et le dossier d'une provocation montée contre lui par la police viennoise[4]. Enfin, les dépôts d'archives de Hanovre, de Stade, de Brême et de Wolfenbüttel renferment des documents concernant sa carrière administrative à Cassel et à Brême.

A Wolfenbüttel se trouvent des lettres, souvent incomplètes, concernant les relations de Knigge avec quelques francs-maçons. Mais l'essentiel de la documentation actuellement accessible sur les activités de Knigge dans les sociétés secrètes est constitué par des sources imprimées, les archives manuscrites des loges maçonniques s'étant trouvées depuis 1945 sous scellés dans l'attente d'un accord culturel entre les deux Etats allemands permettant de les consulter.

---

1 *Kurze Biographie, op. cit.* Sauf indication précisée en note, les faits que nous citons sont empruntés à cet ouvrage.
2 *Philos endliche Erklärung und Antwort auf verschiedene Fragen, die an ihn ergangen, die Verbindung mit dem Orden der Illuminaten betreffend*, Hannover, 1788.
3 *Tagebuch über meine Amtsverrichtungen als Oberhauptmann in Bremen, angefangen bey Antritt meines Dienstes, im September 1790*, inédit, exemplaire dactylographié à la KAW.
4 H. KLENCKE, Hg., *op. cit.* 236 - 292; A. FOURNIER, *Knigge und Blumauer*, in: *Historische Studien und Skizzen*, hg. von A. FOURNIER, 3. Reihe, Wien/Leipzig, 1912, 17 - 29.

La *Brève Biographie* publiée par la fille de Knigge mentionne aussi un journal intime rédigé par son père, mais il n'a pu malheureusement être retrouvé jusqu'à présent.

Si toute cette documentation, ajoutée aux écrits de Knigge, nous permet de décrire l'itinéraire qui le mena de l'engagement maçonnique à une participation active aux efforts de ceux qui tentèrent de diffuser en Allemagne le message de la Révolution française, elle est néanmoins insuffisante pour établir une véritable biographie du baron hanovrien. Nous n'avons pas cru devoir pousser trop loin les investigations concernant ce champ de recherche, préoccupé que nous étions de mettre surtout en lumière la signification profonde du passage de l'engagement maçonnique à l'engagement politique dans ce bouillonnement qui caractérise le dernier tiers du dix-huitième siècle allemand. Pourtant, il est utile de retracer dans leurs grandes lignes les étapes d'une vie qui, si elle fut courte, fut riche en rencontres de toute sorte, révélant ainsi une unité certaine de l'idéal qui en guide le déroulement.

Courtisan, membre de sociétés secrètes, écrivain au service des Lumières, puis de la Révolution française: ce sont les aspects successifs sous lesquels nous apparaît cette personnalité avide avant toute chose de vivre les mutations de son époque et de participer à toutes les batailles du temps. Chaque période se nourrit, comme ce fut aussi le cas chez Forster[5], des expériences accumulées dans la précédente. Malgré les ruptures et les déceptions qui en marquent les différents degrés, l'évolution de Knigge témoigne d'une fidélité remarquable à un engagement qui fut le sien dès la fin de l'adolescence, auquel tour à tour la franc-maçonnerie, puis l'Illuminisme, enfin la Révolution française, apportent la révélation d'une tâche dont il ne reniera jamais le sens, tout en essayant légitimement d'échapper à ses dangers.

1. Le courtisan

Adolph Franz Friedrich Ludwig, baron de Knigge, naquit le 16 octobre 1752 à Bredenbeck près de Hanovre. Sa famille appartenait à l'aristocratie la plus ancienne du pays[6].

Philipp Carl, son père, rude gentilhomme campagnard, n'était pas dépourvu d'une certaine culture, puisqu'il était docteur en droit et en théologie. Conseiller aulique et représentant la petite noblesse de la principauté de Calenberg aux Etats provinciaux, il dépensait de grosses sommes en plaisirs et dans la pratique des sciences occultes. Il fit éduquer son fils par des précepteurs privés, comme c'était l'usage dans son milieu. Dès l'enfance, Adolph, qui avait l'esprit fort vif et ne perdait rien des propos que son père échangeait avec

---

5 Voir M. GILLI, *Georg Forster. L'oeuvre d'un penseur allemand réaliste et révolutionaire (1754 - 1794)*, Paris, 1975.

6 Voir F.W.F.B. von dem KNESEBECK, *Historisches Taschenbuch des Adels im Königreich Hannover*, Hannover, 1840, 178.

ses nombreux amis, francs-maçons comme lui, s'amusait à coucher par écrit les règlements d'une société secrète imaginaire.

La mère d'Adolph meurt en 1763, et son mari la suit en 1766. Ils laissent un héritage en principe important, puisqu'il comprend la terre de Bredenbeck, les domaines de Leveste et de Pattensen, non loin de là, et une maison à Hanovre. Mais les biens de Philipp Carl sont hypothéqués par une dette de 100 000 thalers et Adolph ne pourra jamais en toucher les revenus. Ce fait pèsera sur toute son existence[7].

Les créanciers commencèrent par lui accorder une rente annuelle de 500 thalers, ce qui permit à ses tuteurs, deux conseillers secrets hanovriens, de faire compléter son éducation. A l'étude du français, de la musique, de la danse, il joint celle de l'histoire, qui le passionne. Il est soumis à une discipline sévère, et ses dernières années d'enfance sont très austères.

Le 23 octobre 1769, il s'inscrit à l'Université de Göttingen comme étudiant en droit. Ses créanciers ont porté sa rente à 650 thalers, ce qui lui permet de s'offrir les compensations dont il avait été privé jusqu'alors. Nous retrouvons l'écho de ses dissipations dans tous ses romans. Mail il ne néglige pas sa formation intellectuelle. A l'étude du droit, il ajoute la lecture de Voltaire, de Rousseau, de Sterne, de Richardson, de Fielding, se dotant ainsi d'une solide culture moderne, qu'il élargira encore par la lecture des Anciens. Un de ses maîtres fut le juriste Georg Ludwig Böhmer[8], un autre le célèbre Johann Stephan Pütter[9].

En mars 1771, il se rend à Cassel, où vivait une de ses tantes qui avait épousé un ministre du landgrave Frédéric II. Présenté au souverain, Knigge est nommé "gentilhomme de la cour" et assesseur à la Chambre des Domaines avec voix consultative. Il reçoit en outre un congé qu'il met à profit pour terminer ses études à Göttingen et entreprendre quelques petits voyages, en particulier dans le Harz. De retour à Cassel en 1772, il sait s'insinuer dans les bonnes grâces du landgrave, qui le récompense en lui confiant la direction de la Manufacture hessoise de tabac, et en lui accordant, le 26 novembre 1773, le droit de vote à la Chambre des Domaines. Knigge devient en même temps membre de la Société pour l'encouragement de l'agriculture, dont il rénove les statuts et qu'il finit par diriger. La fortune lui souriant décidément, il épouse une demoiselle d'honneur de la landgravine[10]. De cette union naît une fille, Philippine.

---

7 Knigge au pseudo-Blumauer, in: A. FOURNIER, *op. cit.*, 22 sqq.

8 Knigge évoque avec émotion Böhmer dans *Briefe auf einer Reise aus Lothringen nach Niedersachsen*, 1793, 124 sq.

9 Pütter mentionne Knigge dans sa *Selbstbiographie zur dankbaren Jubilfeier seiner 50jährigen Professorstelle zu Göttingen*, 2 Bde, Göttingen, 1798, I, 518.

10 Le landgrave lui adresse un billet de félicitations, signé de sa main, le 26 avril 1773 (Niedersächsisches Staatsarchiv Wolfenbüttel, VI Hs, 11 Nr. 137).

Mais Knigge fait alors l'amère expérience de la fragilité des faveurs princières. Les intrigues de la cour[11], sa position auprès du landgrave, sa démesure aussi, le contraignent à demander son congé, que le landgrave, après quelques hésitations, finit par lui accorder[12], en des termes d'ailleurs très élogieux[13]. Knigge se retire à Nentershausen, non loin de Cassel, chez sa belle-mère.

Suivent alors trois années de voyage. En quête d'un emploi de cour, il se rend à Gotha, à Weimar, à Berlin. Carl-August lui accorde le titre, purement honorifique, de chambellan. Il frappe à toutes les portes, mais essuie partout des refus. L'un des plus humiliants lui est opposé par Friedrich Karl von Moser[14]. Knigge s'en souviendra toujours, alors qu'il ne tiendra pas rigueur à Frédéric II de Prusse d'une fin de non-recevoir analogue[15].

De retour à Nentershausen, il essaie de gagner quelque argent en s'adonnant à des activités littéraires et artistiques, compose de la musique, des drames[16], des poèmes médiocres[17]. A la demande de l'acteur hambourgeois Schröder, il traduit *Le Juge*, de Louis-Sébastien Mercier[18].

De nouveau, il voyage, souvent à pied. Il visite le Hanovre, la Lorraine, l'Alsace, la Haute-Saxe. C'est à ce moment qu'il prend l'habitude de noter ses impressions au jour le jour. Sa fille nous apprend qu'il s'intéresse particulièrement au développement des fabriques, aux institutions sociales, judiciaires, fiscales. On peut penser que c'est à cette époque qu'il prend conscience de l'inadaptation des structures politiques à la mutation que vit le siècle, et de la nécessité de les changer. Mais il avait pu constater à Cassel l'inertie de la bureaucratie territoriale, le poids de la tradition, des intrigues, des rivalités. Il ne met pas encore en doute les bonnes intentions des princes, mais il est convaincu que ceux-ci ont besoin de conseillers actifs, honnêtes, on dit à cette époque "éclairés", et il croit pouvoir jouer ce rôle.

Dans l'été de 1777, il est accueilli de fort bonne grâce à la cour de Hanau. Pourtant, il n'est chargé d'aucun emploi officiel. Il tue le temps en se consacrant aux menus plaisirs du souverain, le comte Guillaume, en fondant

---

11 Knigge à Greve et à Richers, 28 septembre 1779, in: ASTRÄA, *Taschenbuch für Freimaurer*, Sondershausen, 21, 1859 - 1860, 256.

12 Un billet en français dicté et signé par le landgrave est reproduit in: KLENCKE, *op. cit.*, 195.

13 Cf. le billet que lui adresse, le 29 mars 1775, le Conseiller secret Wakenitz (ms, Nieders. Staatsarch. Wolfenbüttel, VI Hs 11, Nr 137, Bl. 25).

14 Friedrich Karl von Moser à Knigge, 30 mars 1776, in: K. von HOLTEI, Hg., *Dreihundert Briefe aus zwei Jahrhunderten*, Hannover, 1872, I, 182 sq.

15 Lettre en français dictée et signée par Frédéric II, 17 avril 1775 (ms Nieders. Staatsarch. Wolfenbüttel, VI Hs 11, Nr 137, Bl. 32).

16 Les deux drames de Knigge que nous connaissons, *Warder* (1779) et *Louise* (1780), ont été publiés in: *Theaterstücke*, 2 Theile, Hanau/Offenbach, 1779 - 1780.

17 Ils ont été réunis dans *Gesammlete poetische und prosaische kleinere Schriften*, 2 Theile, Frankfurt a. M., 1784 - 1785.

18 *Der Richter*, ein Drama in drey Aufzügen aus dem Französischen des Herrn Mercier, in: *Theaterstücke*, *op. cit.*, II.

et en dirigeant un théâtre d'amateurs. Cette situation dure jusqu'en 1780. Mais de nouveau, il doit fuir devant des intrigues, auxquelles il n'est d'ailleurs pas étranger. Il va s'établir à Francfort, dans une maisonnette située près du Bockenheimer Tor.

Lorsqu'il quitte Hanau, l'existence de Knigge est déjà riche en expériences. Il n'a pas trente ans. Déjà il a compris qu'un individu peut être rejeté par sa caste au nom de sordides intérêts: ses créanciers continuent à piller ses biens et n'augmentent plus sa rente. Il sait aussi que le pouvoir politique s'exerce au sein de structures incapables d'évoluer, que les princes sont souvent les jouets d'aventuriers, que le mérite ne préside pas à l'attribution des places. En un mot, le monde n'est pas ce qu'il devrait être. Il est la proie d'une corruption morale qui menace les bases mêmes de la société. Il n'est pas fraternel. Les hommes sont divisés.

Or il existe des associations qui ont pris conscience de la nécessité de régénérer ce monde corrompu: ce sont les sociétés maçonniques.

2. *Le franc-maçon et l'Illuminé*

A. Le franc-maçon

Dès son enfance, Knigge entendait parler dans la maison paternelle de sciences occultes et de sociétés secrètes[19]. A Göttingen, il avait appartenu à un ordre d'étudiants[20]. L'affiliation à la franc-maçonnerie, véritable mode de l'époque, apparaissait comme un aspect normal de la sociabilité aristocratique. Mais Knigge croyait aussi, comme beaucoup d'autres, qu'elle détenait des secrets sublimes et mystérieux. Aussi se fait-il recevoir le 20 février 1773 apprenti dans une loge de Stricte Observance de Cassel[21]. Il espérait également y nouer des contacts utiles pour sa carrière.

Pourtant, il ne put dépasser le grade d'apprenti. En vain il essaya de monnayer des reseignements sur la Stricte Observance que lui avait fournis un "traître". Il cessa de fréquenter la loge.

En 1777, il était à Hanau. Une loge, Wilhelmine Caroline, venait de s'y constituer, et les Supérieurs de la Stricte Observance pensèrent que l'amitié du comte Guillaume pour Knigge pouvait les servir. Ils lui permirent de franchir rapidement les différents degrés de l'initiation: Knigge devint, sous le nomen Eques a cygno albo, l'un des principaux personnages de ce système maçonnique, qui avait alors à sa tête le duc Ferdinand de Brunswick. Il rencontra le duc au Convent réuni en 1778 à Brunswick et à Wolfenbüttel.

Peu à peu, il attend de la franc-maçonnerie autre chose que la simple satisfaction d'ambitions personnelles. Il se demande si elle ne peut être

---
19 *Philos endliche Erklärung*, op. cit., 17.
20 G. von SELLE, *Ein akademischer Orden in Göttingen um 1770*, Göttingen, 1927 (liste des membres. Knigge figure sous le numéro 62).
21 *Philo*, 18.

l'instrument par lequel se fera la régénération de l'humanité. Ce qu'il trouve dans la Stricte Observance le déçoit: "Il y a là peu de nourriture pour notre coeur", écrit-il à un ami[22]. Il entre en relation avec les rose-croix, par l'intermédiaire d'un médecin de Marbourg, Friedrich Joseph Wilhelm Schröder, qui publiait des recueils traitant d'alchimie, de théosophie, de magie. Peut-être songe-t-il même à s'affilier à la Fraternité, mais Schröder meurt en octobre 1778, et il doit y renoncer.

C'est à cette époque qu'il publie *Système Universel pour le peuple*[23], que nous pouvons considérer comme le premier manifeste de son projet de régénération de l'humanité. S'éloignant de plus en plus des conceptions religieuses de l'orthodoxie luthérienne, Knigge est persuadé que l'humanité a besoin d'une "religion populaire" (*Volksreligion*) capable de satisfaire toutes les croyances, religieuses et philosophiques, scientifiques et morales, afin de la conduire peu à peu vers les voies du bien et de restaurer le lien fraternel brisé par les divisions politiques, sociales et religieuses. Son aspiration est certes encore teintée de mysticisme, et il n'assigne pas à sa démarche des fins politiques. Mais l'idée est lancée, qui va devenir le fil conducteur de toute sa vie: il faut rassembler les hommes. Le courtisan est devenu un "fondateur de religion", comme il y en eut tant à cette époque. Mais Knigge est un de ceux qui essaieront de traduire dans la réalité cette idée de "religion nouvelle".

En 1780, il apprend qu'un Convent maçonnique est appelé à se pencher sur les problèmes d'un Ordre en plein chaos et divisé en systèmes hostiles. Depuis deux ans, Knigge cherche à faire de la Stricte Observance une sort d'"Eglise" qui porterait le message de sa "nouvelle religion". Il essaie d'intéresser à son projet Charles de Hesse[24]. Celui-ci ne suit pas: seul l'intéresse le côté "mystique" de l'engagement maçonnique. Or Knigge est de plus en plus influencé par le rationalisme de Lessing. En 1778, il avait rendu visite au directeur de la Bibliothèque Ducale et avait pu prendre connaissance des cinq *Dialogues maçonniques*, dont les deux derniers n'avaient pas encore été publiés[25]. Dès lors, il ne cessera d'admirer Lessing, et il essaiera de concilier dans sa conception de la "nouvelle religion" les exigences de la raison et celles du coeur, qu'il retrouvait chez son autre maître à penser, Rousseau.

Knigge est convaincu que la franc-maçonnerie doit mettre fin aux luttes stériles qui la déchirent. C'est ce qu'il propose en novembre 1780 dans un mémorandum à l'intention des Supérieurs de la Stricte Observance[26]. Mais

---

22 Knigge à Greve, 26 mars 1779, in ASTRÄA, 17/1853, 315.

23 *Allgemeines System für das Volk zur Grundlage aller Erkenntnisse für Menschen aus allen Ständen und Religionen in einem Auszuge herausgegeben*, Nicosia, 1873 [= Hanau, 1779 ?].

24 Sa correspondance avec Charles de Hesse est reproduite dans ASTRÄA, 16/1850, 159 - 185 et 16/1852, 176 - 189.

25 Knigge à Greve, 15 janvier 1779, in: ASTRÄA, 17/1853, 313.

26 *Entwurf derjenigen Vorschläge, welche auf dem hier zu veranstaltenden allgemeinen Freymaurer-Convent zum Vortrag gebracht werden könnten*, Frankfurt a. M., 18.

ceux-ci, apès avoir couvert son projet d'éloges, s'empressent de l'oublier. Le Convent, qui se réunit à Wilhelmsbad en 1782, ne règle pas les vrais problèmes, et Knigge se détache de la franc-maçonnerie, qu'il acuse d'être surtout occupée de querelles de hiérarchie et incapable de dépasser l'horizon des intérêts privés[27]. Il cherche de nouvelles voies d'action. A ce moment se présente à lui un homme qui lui affirme qu'il existe un Ordre secret répondant à ses préoccupations.

B. L'Illuminé

Cet homme, le marquis de Constanzo, était envoyé par les Illuminés de Bavière. Il devait effectuer des recrutements en Allemagne du Nord pour le compte de l'Ordre. Knigge le rencontre en janvier 1780[28]. Il dit au marquis son intention de créer de sa propre initiative une société apte à satisfaire son besoin d'action. Constanzo lui répondit qu'une telle société existait déjà, indépendante de la franc-maçonnerie. C'était le secret qui assurait son efficacité, et les progrès de l'*Aufklärung* en Autriche prouvaient que celle-ci était grande. Knigge se fit aussitôt admettre dans l'Ordre, où il reçut le nom de Philo. Constanzo lui remit les cahiers des grades inférieurs.

Knigge fut tout d'abord déçu. Il y trouvait surtout des conseils de lecture bien dépassés pour l'Allemagne protestante. Il demanda des explications, mais ce n'est qu'en novembre que Weishaupt, le fondateur de l'Ordre, entra directement en contact avec lui, sans toutefois le mettre dans le secret de l'histoire de l'association. Il lui disait seulement que l'Ordre voulait former des homnmes capables de "lier les mains au despotisme". Lui-même n'avait-il pas reçu le nom de Spartacus? Il demandait à Knigge de recruter de nouveaux adhérents.

Knigge gagna alors à l'Illuminisme les maçons de son entourage avec lesquels il avait espéré réformer la Stricte Observance, ainsi que quelques personnages importants, grâce auxquels l'Ordre s'implantait en Allemagne du Nord et en Allemagne moyenne. En même temps, il acceptait de publier dans la *Correspondance* de Schlözer des pamphlets injurieux contre les jésuites.

Mais Weishaupt ne lui avait rien révélé de l'organisation de l'Ordre, et Knigge était incapable de répondre aux questions de plus en plus pressantes que lui posaient les nouveaux adhérents. Il menaça de se retirer s'il n'en apprenait pas davantage. Le "Général" (c'était le titre que Weishaupt s'était donné) se décida alors à lui révéler que l'Ordre, fondé par lui, n'avait pas

---

Nov. 1780, ms inéd. retrouvé par Ernst Otto Fehn dans les archives de la Grande Loge Danoise de Copenhague.
27 *Philo*, 30, ainsi que la Correspondance.
28 Knigge donne dans *Philo* (p. 32) la date de juillet 1780. Mais Weishaupt parle de "Philo" dans une lettre du 28 février 1780 (*Einige Original-Schriften des Illuminaten-Ordens*, München, o. D. [1787], 353). D'autre part, il est établi que Constanzo était à Francfort en janvier 1780.

encore reçu son organisation définitive. Il avouait qu'il ne parvenait pas à rédiger les cahiers des grades supérieurs. Si Knigge voulait bien ...

Knigge n'attendait au fond que cela. L'occasion lui était offerte de construire la société dont il rêvait depuis si longtemps[29]. A l'invitation de Weishaupt, il se rendit en Bavière en novembre 1781. Il fut magnifiquement reçu. Mais il remarqua aussi le caractère autoritaire du Général, qui rendait ses relations avec ses compagnons très délicates. La première tâche de Knigge fut de réconcilier Weishaupt avec les "Aréopagites" (ainsi appelait-on ceux qui connaissaient l'histoire de l'Ordre).

Il fut également chargé de rédiger les cahiers des grades supérieurs, à partir de matériaux que lui enverraient les Frères bavarois. Rentré à Francfort en janvier 1782, il se mit à l'ouvrage. Il donnait à la société des structures collégiales qui limitaient le pouvoir de son chef: pour la première fois, une société secrète échappait au pouvoir occulte et incontrôlable de prétendus "Supérieurs Inconnus". D'autre part, il élaborait un enseignement progressif qui devait ouvrir peu à peu la conscience politique de l'Illuminé. Mais il tenait à ce que cette initiation fût accompagnée de cérémonies de style chrétien destinées à en souligner le caractère symbolique. Le Bavarois Weishaupt professait au contraire un anticléricalisme violent que Knigge, tout en aspirant à une laïcisation absolue de la vie politique, rejetait. Les deux hommes, aussi vaniteux et orgueilleux l'un que l'autre, s'affrontèrent dès 1783. Weishaupt modifia les textes rédigés par Knigge et les diffusa sans lui en avoir référé. Ulcéré, Knigge tenta de soulever les Aréopagites contre le Général, mais en vain. Ne voulant pas se soumettre, il se démit.

Il le fit le 1er juillet 1784, non sans avoir auparavant rédigé un long mémoire justificatif exposant par le menu l'histoire de ses relations avec l'Ordre[30]. Un compromis fut signé entre Knigge et les dirigeants bavarois: Knigge restituait tous les documents en sa possession et s'engageait à ne rien trahir des secrets de l'Ordre. En échange, les Aréopagites faisaient savoir à tous les membres de l'Ordre que le Frère Philo avait servi celui-ci avec le plus grand zèle.

Une nouvelle fois, Knigge rompait avec un milieu qu'il tenait pour incapable de sécréter les hommes qu'il fallait pour servir une grande cause, celle, à laquelle il croyait toujours, de la régénération morale d'un monde corrompu. En 1780, il savait que les princes ne seraient pas l'instrument de ce processus. En 1784, il sait que son idéal ne peut être transmis par une société secrète. Mais il reste une ressource, immense, et dont il va se servir pleinement: la littérature est, elle aussi, un canal.

---

29 *Philo*, 56 sq.
30 *Vertheidigung meines Betragens in Ansehung des Ordens der Illuminaten*, 1784. Ce mémoire, qui ne fut jamais imprimé, semble perdu. Des extraits en sont donnés par F. KISTNER, *Aus dem Archiv der Loge zur gekrönten Säule*, in: *Hamburger Logenblatt*, 1904, Bd. 37, 280 - 285 et 306 - 310.

3. L'écrivain au service des Lumières

Knigge fut certes un polygraphe impénitent. Une part de son oeuvre contient des productions qui, tels certains de ses romans, par exemple, s'étalent sur plusieurs années. Ou bien il s'agit d'essais sur des sujets de morale ou d'éducation d'inspiration assez banale. Ou de sermons fort ennuyeux. Ou de poésies très médiocres et à juste titre oubliées. Ou de méchants drames. Si dans tout cet amas surnagent quelques oeuvres majeures, comme le *Commerce* ou les écrits politiques, il faut avouer que la lecture de l'ensemble requiert parfois une singulière patience.

Pourtant il faut dire à la décharge de Knigge qu'il était parfaitement conscient de sa prolixité, comme il en fait lui-même l'aveu le 4 avril 1790[31], énumérant 44 titres et suppliant qu'au jour du Jugement, on n'attende pas de lui qu'il rende des comptes à propos de chacun d'eux. De 1790 à sa mort, il allait en ajouter encore 15 autres, sans compter des articles et des traductions.

En réalité, Knigge fut obligé d'écrire pour ne pas mourir de faim. Il ne fut jamais le maître de ses terres. S'il vécut, de 1783 à 1786, des années heureuses à Heidelberg[32], il alla ensuite s'établir à Hanovre dans l'espoir, étant sur place, d'accélérer le règlement de la succession paternelle. Mais il ne put rien contre l'inertie de la justice ni contre les avocats véreux acquis aux intérêts de ses créanciers – et, davantage encore, aux leurs propres[33]. Il en appela en vain à Georges III. Toute sa vie, Knigge eut besoin d'argent. Il l'écrit à Grossmann[34]. Le 5 octobre 1789, il avoue au Conseiller Arnswaldt qu'une partie de sa production de plume est destinée à lui donner "du pain"[35]. Il demande à Nicolai de s'entremettre pour lui procurer le poste de résident ... prussien à Hambourg[36]. Il est prêt à emprunter 80 000 thalers à 4%[37]. Il demande à Campe de lui procurer un travail de traduction[38]. Le 6 février 1789, il écrit au trésorier des Etats provinciaux de Calenberg pour obtenir le privilège des

---

31 *Aufrichtiges Geständniss meiner Poligraphie*, vom 4. April 1790, ms. à la Bibliothèque municipale de Hanovre, cote 40.3903, reproduit in: *Kurze Biographie*, XXIV - XXIX.
32 Knigge à Nicolai, 8 mars 1788, ms. Nicolai-Nachlass, Berlin, KAW.
33 Knigge au Conseiller Arnswaldt, 5 octobre 1789, ms. au Kestner Museum, Hanovre, KAW.
34 Knigge écrit à Grossmann qu'il compose des "travaux alimentaires" ("ökonomische Arbeiten"), 17 février 1789, ms. Bibliothèque Universitaire de Leipzig, KAW.
35 "Ich habe nie aus elender Autor-Sucht, sondern mit Unlust, *ums Brod*, geschrieben", Knigge à Arnswaldt, *lettre citée*.
36 Knigge à Nicolai, *lettre citée*.
37 Knigge à Grossmann, 22 février 1789, ms. Bibl. Univ. de Leipzig, KAW.
38 Knigge à Grossmann, 14 septembre 1788, ms. Bibl. Univ. de Leipzig, KAW.

Hannoversche Anzeigen: il lui sera refusé[39]. Depuis 1780, il a en pension des jeunes filles de bonne famille.

Knigge fut jusqu'en 1790 ce qu'il faut appeler un "pauvre hère". Il était obsédé par l'idée que, s'il venait à disparaître, sa fille serait sans ressources[40]. A cette inquiétude s'en ajoutait une autre: la déficience d'un état de santé qui ne cessa de s'aggraver à partir de 1788. On ne sait exactement de quoi il souffrait. Dans la nécrologie que publia au lendemain de sa mort la *National-Zeitung der Teutschen*, il est question d'un mal qui "avait son siège dans les organes urinaires"[41]. En fait, des allusions disséminées dans ses lettres à Grossmann et à Nicolai laissent penser qu'il avait des calculs de la vésicule biliaire et de la vessie[42]. A partir de décembre 1791, il ne pourra plus quitter le lit que quelques heures par jour[43]. Plusieurs cures à Pyrmont et à Bad-Driburg ne lui procurèrent qu'un soulagement passager. Au début de mai 1796, il fut atteint d'un abcès à la face, et son organisme délabré ne put résister à l'infection: il mourut le 6 mai. Il n'avait pas quarante-quatre ans.

La littérature était donc pour lui, au moins en partie, une source de revenus. Dès 1779, il avait proposé à Nicolai, qui l'avait acceptée, sa collaboration à l'*Allgemeine deutsche Bibliothek*[44]. Jusqu'à sa mort, il rédigera plus de 1200 comptes rendus.

Mais en même temps, il entendait que la littérature témoignât de son engagement au service de l'*Aufklärung*. L'ensemble de son oeuvre, quelle qu'en soit la qualité, reflète son idéal d'homme des Lumières. Dans son premier roman, il développe l'idée qu'un "honnête homme" ne peut vivre dans une cour princière[45]. L'*Histoire de Peter Claus* (1783 - 1785) propose une première critique théorique de l'absolutisme et l'utopie d'un Etat fondé sur le contrat social[46]. L'Histoire de Ludwig von Seelberg[47] retrace les "égarements du philosophe" qui veut réformer le monde, mais dans un sermon publié en 1783, il s'en prenait expressément au "despotisme"[48]. En avril 1784, il assiste à

---

39 Knigge an das Calenbergische Schatz-Collegium, 6 février 1789 (Briefentwurf, ms. Kestner Museum, Hanovre, KAW).
40 Knigge à Grossmann, 2 mars 1789, ms. Bibl. Univers. de Leipzig, KAW.
41 *National-Zeitung der Teutschen*, Jg 1796, 20. St., 19 mai 1796.
42 En particulier Knigge à Nicolai, 10 janvier 1791 et 21 septembre 1791, ms. Nicolai-Nachlass, Berlin, KAW.
43 Knigge à Bürger, 11 décembre 1791, in: A. STRODTMANN, Hg, *Briefe von und an Bürger*, Berlin, 1874, IV, 140; Knigge à Nicolai, 18 décembre 1791, ms. Nicolai-Nachlass Berlin, KAW; Knigge à Grossmann, 23 mars 1794, ms. Bibl. Univ. de Leipzig, KAW.
44 Knigge à Nicolai, 10 avril 1779, ms. Nicolai-Nachlass Berlin, KAW. La réponse de Nicolai, datée du 10 juin 1779, in: KLENCKE, *op. cit.*, 76 sq.
45 *Roman meines Lebens*, 4 Theile, Riga, 1781 - 1783.
46 *Geschichte Peter Clausens*, 3 Theile, Frankfurt a. M., 1783 - 1785.
47 *Die Verirrungen des Philosophen oder Geschichte Ludwigs von Seelberg*, 2 Theile, Frankfurt a. M., 1787.
48 *Sechs Predigten gegen Despotismus, Dummheit, Aberglauben, Ungerechtigkeit, Untreue und Müssiggang*. Frankfurt a. M., 1783.

Mannheim à la troisième représentation de *Kabale und Liebe* sur l'invitation personnelle de Schiller[49]. Il utilise aussi la parodie, afin de mieux ridiculiser les adversaires des Lumières, par exemple Johann Georg Zimmermann[50].

Mais l'oeuvre capitale de cette époque, c'est le traité *Du Commerce avec les Hommes*, dont la première édition paraît à Hanovre en 1788. Lui, l'aristocrate hanovrien, expliquait à la bourgeoisie allemande les secrets du comportement, l'aidant ainsi à assimiler les manières qui lui permettront de fixer, au dix-neuvième siècle, son statut social. Ce n'est pas la bourgeoisie qui allait à la noblesse, mais l'inverse: cette démarche était nouvelle en Allemagne.

Dans certains domaines, cependant, Knigge se trouvait en retrait sur les idées nouvelles. Au début de 1789, une polémique l'opposa aux deux pédagogues "novateurs" qu'étaient Joachim Heinrich Campe et Ernst Christian Trapp. Knigge développe en matière d'éducation des conceptions singulièrement rétrogrades[51]. En opposition totale avec Rousseau, que pourtant il admire, il explique que la discipline et la contrainte sont la condition essentielle d'une bonne éducation[52], alors qu'il refuse au prince le droit de se considérer comme le "propriétaire" de son peuple[53].

En réalité, cette contradiction est inhérente à l'*Aufklärung*. Knigge reste un homme d'ordre, malgré la hardiesse de sa pensée. Il ne veut pas être considéré comme un conspirateur. Cela l'amène à minimiser son rôle dans l'Ordre des Illuminés. En 1787. le gouvernement bavarois avait publié deux volumes de documents saisis[54]. Les activités du Frère Philo y apparaissaient en pleine lumière. Or l'année suivante, un autre Illuminé, le baron de Bassus, dévoilait l'identité de Philo et de Knigge[55]. Knigge publia aussitôt une autojustification destinée à prouver que l'Ordre n'avait aucune visée séditieuse[56]. Il ajoutait qu'il avait rompu avec les sociétés secrètes. Il le répétait dans *Seelberg* et dans le *Commerce*. Pourtant, il acceptait au même moment (été 1788) de travailler avec Karl Friedrich Bahrdt pour l'Union allemande[57]. Mais Bahrdt sera arrêté

---

49 Voir un billet de Schiller à Knigge, 14 avril 1784, in: KLENCKE, *op. cit.*, 37.
50 *Ueber Friedrich Wilhelm den Liebreichen und meine Unterredung mit Ihm*, von J. C. Meywerk. Churf. Hannöverschen Hosenmacher, Frankfurt a. M./Leipzig, 1788.
51 Knigge se servira du *Jahrbuch für die Menschheit*, de C. F. Beneken, Campe lui répondra par l'intermédiaire de son *Braunschweigisches Journal*.
52 *Journal aus Urfstädt*, Frankfurt/Leipzig, 3 Stücke, 1785 - 1786.
53 L'expression se trouve dans *Geschichte des armen Herrn von Mildenburg*, 3 Theile, Hannover, 1789 - 1790, II, 112.
54 *Einige Originalschriften, op. cit., Nachtrag von weiteren Originalschriften [...]*, München, 1787.
55 T.F.M. von BASSUS, *Vorstellungen an denen hohen Standeshäuptern der Erlauchten Republik Graubünden in Ansehung des Illuminaten-Ordens*, o. O., 1788.
56 *Philos Erklärung, op. cit.*
57 Les lettres de Knigge à Bahrdt sont reproduites in: D. POTT, *Briefe angesehener Gelehrten [...] an [...] Karl Friedrich Bahrdt*, V. Theil, Leipzig, 1798. Les originaux n'ont pas été retrouvés.

peu après, et Knigge écrira à Nicolai en 1792 qu'il n'a jamais eu aucun contact avec lui, ni par lettre ni autrement[58].

Avant la Révolution française, Knigge apparait donc comme un authentique *Aufklärer*. S'il critiquait l'absolutisme, il n'avait nullement rompu avec les princes. En 1790, sa situation matérielle se stabilise, et c'est un prince qu'il va servir. Il avait posé le 27 février sa candidature au poste d'Inspecteur des Ecoles dans l'enclave hanovrienne que formaient la cathédrale de Brême et ses environs[59]. Le 30 septembre, il prenait ses fonctions, qu'il exerça jusqu'à sa mort. Ainsi acceptait-il de se dévouer à un régime dominé plus que tout autre en Allemagne par la noblesse. Si Knigge n'était pas, en 1790, un "valet des princes" (*Fürstenknecht*), il n'était pas non plus ce qu'on appelait alors un "esprit agité" (*ein unruhiger Kopf*), avant d'avoir recours à d'autres termes qui se voulaient infiniment plus injurieux.

4. Le publiciste au service des Droits de l'Homme

Pour la période qui va de mai 1789 à mai 1790, nous possédons une quarantaine de lettres de Knigge, la plupart à sa fille, quelques-unes à Nicolai et à Grossmann. Jamais il n'y fait allusion aux événements de France. On peut penser qu'il craignait peut-être la censure, encore que celle-ci ne devînt plus rigoureuse qu'à partir de 1791. Ne s'intéressait-il pas à la Révolution? On ne peut le penser. Mais il ne s'engageait pas aux côtés de ceux qui, dans la presse, prenaient la défense des Constituants français.

Son attitude change brusquement au printemps de 1790. Le 17 juin, il négocie avec le libraire Dieterich de Göttingen les conditions de publication d'un nouveau roman, l'*Histoire des Lumières en Abyssinie par Benjamin Noldmann*[60]. Une lettre que lui écrit Bürger montre qu'il semble en avoir eu l'idée dès avril ou mai[61].

Directement inspirée par la Révolution française, cette oeuvre exprime une pensée beaucoup plus hardie que tout ce que Knigge avait publié jusqu'alors, y compris *Peter Claus*: il y décrit comment une révolution permet le passage de l'absolutisme à un régime fondé sur le contrat social, dans lequel le "roi" est élu par les citoyens pour un temps limité. Il admet donc que la violence peut légitimement accompagner un processus de régénération politique.

Si cette évolution est liée à l'espèce d'euphorie avec laquelle les intellectuels allemands virent approcher la Fête de la Fédération, elle a aussi d'autres

---

58 Knigge à Nicolai, 1er mars 1792, ms. Nachlass Nicolai, Berlin, KAW.
59 Knigge au Gouvernement de Stade, 27 février 1789, ms. Kestner Museum, Hanovre, 1914.70, KAW; Knigge aux Conseillers von Ende, von Deken et von Uslar, 28 février 1790, ms. ibid., 1914.70 (28), KAW.
60 *Benjamin Noldmanns Geschichte der Aufklärung in Abyssinien*, 2 Theile, Göttingen, 1791. Voir lettre de Dieterich à Knigge, 17 juin 1790, in: KLENCKE, *op. cit.*, 40 sq.
61 Bürger à Knigge, 27 mai 1790, in: *ibid.*, 38.

causes. En mars 1790, Knigge est à Hambourg. Il y reste jusqu'au début de mai, puis y retourne en juillet, et encore en octobre. Jusqu'à sa mort, il s'y rendra aussi souvent que le lui permettent ses loisirs, et ses lettres se feront l'écho du plaisir que lui procurent ces séjours.

Or il fréquente à Hambourg un petit groupe de personnalités libérales qui se réunissaient autour du ménage Reimarus. Johann Albrecht Heinrich Reimarus était le fils de l'auteur des *Fragments de Wolfenbüttel* que Lessing avait publiés. Il avait épousé en secondes noces la soeur d'August Hennings, qui bientôt fera paraître le *Genius der Zeit*. Chez eux se rencontraient des médecins, des négociants, des publicistes, des professeurs d'université, des hommes de lettres. Les uns, comme Klopstock, vivaient à Hambourg. D'autres, comme Karl-Friedrich Cramer, ne feront qu'y passer, avant d'aller s'établir en France. Sophie Reimarus tenait une correspondance abondante, et les lettres qu'elle écrivit à Knigge sont une source importante pour l'étude de ce milieu libéral[62].

Le 14 juillet 1790, le négociant Sieveking organisait à Harvestehude, près de Hambourg, une fête en l'honneur de la Révolution française. Knigge y participa, buvant "à l'abolition du despotisme et à l'imitation de la France par l'Allemagne"[63]. A partir de cette date, il est un partisan enthousiaste des idéaux de 1789. Contrairement à beaucoup d'autres, il le restera.

Sa vie offre dès lors une image nouvelle, qui n'est pas exempte de contradictions. Il proclame sans faiblir son attachement aux conquêtes révolutionnaires. En 1792, il ridiculise dans une satire les partisans de l'ancien régime[64], puis publie la *Profession de foi politique de Joseph Wurmbrand*[65], où il démonte le mécanisme même de la Révolution, montrant que celle-ci était inévitable et qu'elle est irréversible. Mais en même temps, il refuse de "conspirer" contre les princes. Il reste à Brême un fonctionnaire modèle. S'il veut que le peuple soit éclairé sur ses droits, il explique sans relâche aux princes que c'est à eux de prendre l'initiative des évolutions devenues nécessaires. En fait, son souci majeur, c'est de contribuer à éviter à l'Allemagne les horreurs de la violence. Agir, c'est d'abord, pour Knigge, expliquer.

Cette tâche n'est plus, à partir de 1792, de tout repos. Le *Wurmbrand* lui vaut, en juillet, un blâme sévère de la part de la Régence, qui lui rappelle les dispositions de la censure. La presse monarchiste, menée par la *Wiener Zeitschrift*, se déchaîne contre lui, le qualifiant de "jacobin" et de "démocrate", de "prédicateur de la révolution" et d'"agitateur du peuple". Knigge

---

62 Elles se trouvent dans KLENCKE, *op. cit.*, et n'ont pas encore été véritablement exploitées.
63 Il en fait le récit dans une lettre à sa fille du 15 juillet 1790, reproduite in: KLENCKE, *op. cit.*, 221 sq.
64 *Des seligen Herrn Etatsraths Samuel Conrad von Schaafskopf hinterlassene Papiere*, Breslau, 1792.
65 *Josephs von Wurmbrand [...] politisches Glaubensbekenntnis [...]*, *op. cit.*

contraindra par un procès l'auteur de ces articles à reconnaître qu'il s'agissait de termes "injurieux"⁶⁶.

En 1795, il brave la censure en publiant un opuscule dans lequel il somme les puissances européennes de faire la paix avec la République⁶⁷. Le chef de l'armée hanovrienne, le général Freytag, ayant fait occuper Brême, Knigge est convoqué à Stade sous le prétexte de se voir confier des tâches nouvelles: en réalité, il s'agit d'un véritable exil. Il ne pourra retourner à Brême que le 30 mars. Il lui est formellement interdit de participer à des activités susceptibles de nuire à l'ordre public⁶⁸.

Furieux, il lance alors le *Manifeste d'une société [...] très publique [...]*⁶⁹, invitant ceux qui sont victimes des l'"oppression" à se faire connaître et à se regrouper. Il affirmait sa volonté de rester dans le cadre de la légalité. Pourtant, la police viennoise tenta d'obtenir le nom de ses correspondants, en utilisant le nom d'un *Aufklärer* notoire, ancien Illuminé de surcroît, Aloys Blumauer. Knigge mourut avant que cette provocation n'eût porté ses fruits.

Ainsi la dernière entreprise de cet homme remuant était-elle interrompue par la seule force capable de le faire taire. A Vienne, on refermait simplement le dossier. Mais une légende allait naître, qui ferait de ce personnage aux multiples facettes d'abord le symbole de la "conspiration maçonnique et jacobine" contre les trônes, puis, par un retournement stupéfiant, le guide auquel se référerait à partir du XIXè siècle une bourgeoisie avide de tenir une place brilante dans un système politique qu'elle n'avait pas détruit.

Itinéraire singulier que celui de cet aristocrate issu d'une des plus anciennes familles du Hanovre, qui tenta de s'emparer de la franc-maçonnerie allemande pour traduire dans la réalité le message proclamé par Lessing, celui d'une éducation du genre humain à la liberté et à la fraternité. Lorsque la Révolution éclate, il ne réagit pas. Mais voici le 14 juillet 1790, cette Fête du rassemblement et de la patrie – et Knigge voit soudain se réaliser son rêve de toujours, celui d'une alliance de tous ces hommes que jadis tout séparait. Il retrouve dans la Révolution les valeurs auxquelles il avait cru. De tout son être, il s'engage dans la bataille. Mais son arme reste la plume, au service d'une réflexion fondée sur la raison: Knigge est un écrivain politique, un intellectuel.

Pourtant cet itinéraire est rempli de contradictions multiples. Lui que parfois on croirait deviner athée, il a conçu son projet de régénération sous les espèces d'une "nouvelle religion". Ce rationaliste disciple de Lessing a pratiqué les sciences occultes et l'alchimie. Cet aristocrate a proclamé dans le

---

66 Les pièces principales du procès in: KLENCKE, *op. cit.*, 223 - 292.
67 *Rückblicke auf den, wenn Gott will, für Teutschland nun bald geendigten Krieg*, Coppenhagen, 1795.
68 Note de Knigge, 16 avril 1795, reproduite in: KLENCKE, *op. cit.*, 305.
69 *Manifest einer [...] sehr öffentlichen Gesellschaft ächter Freunde der Wahrheit [...]*, Wien [= Braunschweig], 1795.

Commerce les valeurs bourgeoises. Ce défenseur de la Révolution a exécré la "populace" (*Pöbel*). Il n'est pas possible d'isoler son engagement politique de l'ensemble de son itinéraire, qui reflète en fait les contradictions mêmes de l'époque qui fut la sienne.

C'est toute l'*Aufklärung* qu'on retrouve dans Knigge. Mais en assimilant les valeurs bourgeoises qui caratérisent la prise de conscience allemande à la fin du dix-huitième siècle, il était en rupture totale avec son milieu. Peu d'*Aufklärer* furent dans ce cas.

II

Son milieu

1. L'Electorat de Hanovre. 2. L'aristocratie hanovrienne. 3. Les petites cours allemandes.

Dans l'*Introduction* au traité *Du Commerce avec les Hommes,* Knigge décrit le mal profond dont souffre, selon lui, la société allemande à la fin du dix-huitième siècle:

> Dans aucun pays d'Europe il n'est peut-être aussi difficile que dans notre patrie allemande de recueillir l'approbation générale lorsqu'on fréquente des gens issus de toutes les classes, venant de toutes les régions, appartenant à toutes les conditions; de se sentir à l'aise dans chacun de ces milieux; d'agir comme on le désire, avec naturel, sans fourberie, sans se rendre suspect et sans souffrir soi-même, sur le prince comme sur le gentilhomme et le bourgeois, sur le marchand comme sur l'ecclésiastique".

L'obstacle majeur à la communication sociale est constitué par

> la distance considérable qui, en Allemagne, sépare les classes, entre lesquelles des préjugés surannés, l'éducation et en partie aussi l'organisation politique ont tracé des limites beaucoup plus marquées que dans d'autres pays[1].

La "fourberie", Knigge en avait fait l'humiliante expérience à la cour de Cassel et à celle de Hanau; les "préjugés", c'étaient d'abord ceux de la caste à laquelle il appartenait; l'"éducation", celle qu'il avait reçue; l'"organisation politique", celle du Saint-Empire Romain Germanique, dont la structure garantissait aux Etats qui le composaient leur indépendance, mais favorisait aussi l'isolement réciproque de classes sociales figées dans leur particularisme régional. L'aristocrate hanovrien, ancien courtisan devenu homme de lettres, qui avait fréquenté les grands de ce monde, mais aussi, notamment au sein des loges maçonniques et illuminées, ceux qui les critiquaient, ne pouvait-il à bon droit s'interroger:

> Où, plus qu'en Allemagne, l'idée de seize quartiers de noblesse[2] exerce-t-elle une influence morale et politique essentielle sur notre manière de penser et

---
1 *Umgang,* éd. 1788, I, 9 sq.
2 Littéralement: "ancêtres" (*Ahnen*). En France les "quartiers de noblesse" ne se déterminaient que par filiation masculine directe, tandis qu'en Allemagne, la

notre formation? [...] Où, plus qu'ici, le corps des courtisans constitue-t-il une espèce tout-à-fait particulière, à laquelle ne peuvent s'agréger [...] que des personnages d'une certaine naissance et d'un certain rang?[3]

Ces barrières qu'une société aux structures héritées d'un autre âge maintenait entre la bourgeoisie et la noblesse, Knigge voulait les abattre. Ses études et sa culture historique, le cercle étendu de ses relations – princes, écrivains, journalistes, savants, pasteurs, négociants, acteurs, pédagogues, membres des sociétés secrètes –, le caractère mouvementé, précaire aussi, de son existence, sa nature enfin, dont la sensibilité aiguë le rendait réceptif aux transformations profondes que vivait l'époque, concouraient à le convaincre qu'il serait vain d'espérer jamais que l'Allemagne devînt une *patrie* tant que l'unité politique n'aurait pas été préparée par un rapprochement entre les classes dirigeantes de la société.

Noble, Knigge connaissait la morgue de sa caste, les privilèges abusifs dont elle jouissait. Homme de lettres "éclairé", il savait qu'une nouvelle élite, dominée par la bourgeoisie, était en train de se constituer et qu'elle devrait tôt ou tard occuper le rang qui lui revenait. Luthérien, et de surcroît, à partir de 1790, fonctionnaire modèle, il souhaitait que la transition entre les deux états de l'évolution sociale fût aussi harmonieuse et ordonnée que possible. Francmaçon et Illuminé, il lui semblait que le cours de l'Histoire devait être dirigé par l'homme, sans que celui-ci eût toutefois le droit de le détourner au profit d'ambitions et de passions personnelles. Quand il s'apercevra que les sociétés secrètes sont devenues le champ clos de querelles partisanes et mesquines, il s'en détournera. C'est alors que les événements de France mettront en évidence, avec brutalité, la contradiction entre l'attachement à son milieu d'origine et l'idéal qui l'en éloigne de plus en plus. La mort viendra avant qu'il n'ait pu la résoudre.

1. L'Electorat de Hanovre

Le voyageur qui parcourt aujourd'hui la campagne hanovrienne ne peut manquer d'être frappé par le contraste entre la monotonie des paysages et le charme tranquille de ces étendues mollement ondulées, au contact de la grande plaine d'Allemagne du Nord et des montagnes du Harz. La chimie a

---

"preuve de noblesse" (*Adelsprobe* ou *Ahnenprobe*) était aussi exigée des femmes. Dans les deux cas, il s'agit donc d'une noblesse constatée sur quatre générations. Voir J.O.SALVER, *Proben des hohen teutschen Reichs-Adels*, Würzburg, 1775, 3. Hauptst., 33 sqq. Suivant les charges à pourvoir, on exigeait en Allemagne 4, 8 ou 16 "ancêtres", plus rarement 32. Certaines familles présentaient même 64 "ancêtres", mais la "preuve de noblesse" restait alors difficile à établir: voir C.F. PAULI, *Einleitung in die Kenntnis des Deutschen Hohen und Niedern Adels*, Halle, 1753, 105 - 109.

3 *Umgang*, éd. 1788 I, 10 sq.

fait naître de vastes champs de cultures maraîchères, d'immenses vergers et de grasses prairies sur un sol qui, à la fin du dix-huitième siècle, était encore en grande partie "sablonneux et stérile"[4]. Les grands et vieux manoirs en pierre grise ou en brique rouge, entourés de murs que perce une large entrée, sont devenus le siège de prospères entreprises agricoles ou d'importants centres d'élevage, dont les propriétaires sont encore souvent les descendants des anciennes familles nobles qui s'étaient fixées dans le pays à partir du treizième siècle. Plus opulent aujourd'hui que naguère, ce décor présente cependant ce caractère immuable que donne, au-delà des ruptures de l'Histoire, la permanence relative des structures sociales.

Certes, après 1848, les multiples liens juridiques qui attachaient le paysan au domaine seigneurial ont été définitivement brisés. Mais la législation économique qui fut alors mise en place a empêché le démantèlement des grands domaines. Leurs propriétaires ont su aussi en adapter l'exploitation aux conditions nouvelles[5]. Si certains d'entre eux furent, en 1918, contraints d'abandonner quelques hectares, il n'y eut pas de redistribution générale des biens fonciers. En 1945, ils surent prévenir le coup qu'une réforme agraire éventuelle aurait porté à leur position économique et à leur statut social, en mettant volontairement quelques-unes de leurs terres à la disposition de la collectivité : c'est ainsi qu'un baron de Knigge, membre du "Conseil allemand de l'Economie forestière" (*Deutscher Forstwirtschaftsrat*), président du "Comité de l'Administration forestière" au sein de la Chambre d'Agriculture de Basse-Saxe et fondateur, en 1946, de l'"Union Forestière Régionale Hanovrienne" (*Hannoverscher Landesforstverband*), fournit le terrain nécessaire à la construction d'un lotissement pour réfugiés de l'Est, à Bredenbeck, où son ancêtre Adolph était né le 16 octobre 1752[6].

A. Le cadre naturel

Petit village situé au sud-ouest de Hanovre sur un minuscule affluent de la Leine, le Deister, Bredenbeck appartenait à l'ancienne principauté de Calenberg, berceau de l'Electorat de Hanovre[7].

---

4 [Anon.], *Mémoire sur le Pays d'Hanovre*, an 4 [= 1796], ms., Arch. du Min. des Aff. Etr., Corresp. pol.: Brunswick et Hanovre 1786 - 1808, pièces div., vol. 54, pièce 33, 4 (cité désormais *Mémoire I*).

5 Voir W. TREUE, *Niedersachsens Wirtschaft seit 1760*. Hannover, 1964.

6 G. GEWECKE, *Reise in Kniggen Land. Bredenbecker Chronik 1255 - 1970*, Bredenbeck 1970, 304 et 396.

7 L'expression "Electorat de Hanovre" est commode, mais elle est employée surtout par les historiens. Le territoire s'appela officiellement jusqu'en 1803 "duché de Brunswick-Lunebourg". on disait aussi parfois "Electorat de Brunswick" (voir le fameux *Guide de l'Allemagne* de Hans Ottokar Reichard). Il ne faut pas le confondre avec le "duché de Brunswick", Etat indépendant du Saint-Empire où régnait la branche des Brunswick- Wolfenbüttel. L'Electorat de Hanovre se composait des

Ce territoire, formé surtout de basses montagnes pierreuses, de marécages et de plaines sablonneuses, n'était pas très fertile. Mais lorsque'au sable se mêlait un limon gras et humide, il y poussait toutes sortes de fruits, des céréales, des légumes, du tabac, du houblon, du chanvre. De beaux arbres, chênes, hêtres, aulnes, pins rouges, bouleaux, trembles, fournissaient de la matière première pour le chauffage, l'industrie du bâtiment et la construction de bateaux[8]. De tous les territoires constituant l'Electorat, la principauté de Calenberg était celui dont le développement économique était le plus avancé. Il était favorisé par un assez bon réseau routier qui faisait du pays un lieu de passage pour les produits saxons expédiés à Hambourg, que les lourdes taxes de transit détournaient du territoire prussien. La Leine, navigable depuis Hanovre, permettait de rejoindre l'Aller et, de là, la Weser jusqu'à Brême. Un assez grand nombre de manufactures et de fabriques, principalement autour de Göttingen, travaillaient la laine, le lin, le coton, le tabac. Hanovre était la capitale du cuir et ses chaussures s'exportaient dans l'Europe entière.

L'aisance relative de la principauté de Calenberg ne se retrouvait guère dans les autres parties de l'Electorat. Certes, affirme Büsching, "pris dans leur ensemble, ces pays ont en suffisance tout ce qui est nécessaire à la satisfaction des besoins de la vie": produits agricoles, bétail, gibier, bois, sel; fer, plomb, cuivre, zinc, cobalt, argent; des manufactures d'amidon, de tabac, de cuirs, de pipes; des entreprises métallurgiques et des ateliers de construction de bateaux. On exportait de l'argent, des céréales, du miel, de la cire, du bois. On importait des produits manufacturés[9]. Si l'on excepte les métaux du Harz,

---

principautés de Calenberg, Grubenhagen et Lunebourg, des duchés de Brême (à l'exclusion de Brême même, qui avait obtenu en 1731 le statut de Ville libre d'Empire), de Verden et de Lauenbourg, des comtés de Hoya, de Hohnstein, de Diepholz, de Bentheim et de Sternberg, du baillage de Wildeshausen, du "pays" de Hadeln et de quelques territoires de moindre importance. Göttingen constituait avec son territoire, anciennement principauté, une enclave hanovrienne dans la principauté ecclésiastique d'Hildesheim et était rattaché à la principauté de Calenberg. Voir A.F. BÜSCHING, *Neue Erdbeschreibung, des dritten Theils dritter Band, [...]*, 6e éd., Hamburg, 1779. Pour une description détaillée de la principauté de Calenberg, voir L.T. SPITTLER, *Geschichte des Fürstenthumes Calenberg seit den Zeiten der Reformation bis zu Ende des siebenzehnten Jahrhunderts*, 2 Theile, Göttingen, 1786. Les seules études "modernes" dont nous disposons pour le Hanovre sont celles de O. von HEINEMANN, *Geschichte von Braunschweig und Hannover*, 3 Bde, Gotha, 1892 (réimpr. New-York/ Hildesheim 1976 - 1977), et surtout E. von MEIER, *Hannoversche Verfassungs- und Verwaltungsgeschichte 1680 - 1866*, 2 Bde, Leipzig, 1898 - 1899 (réimpr. New-York/Hildesheim, 1973). Il faut ajouter à ces ouvrages le livre de R. OBERSCHELP, *Niedersachsen 1760 - 1820. Wirtschaft, Gesellschaft, Kultur im Land Hannover und Nachbargebieten*, Hildesheim, 1982, qui est une mine de renseignements concrets et pratiques sur la vie quotidienne dans l'Electorat, la vie économique, la société, les moeurs, la vie culturelle etc.

8 BÜSCHING, *op. cit.*, 209 sqq.
9 *Ibid.*, 56 sqq.

c'est donc l'agriculture qui fournissait à l'industrie ses matières premières essentielles et au commerce ses principaux produits d'exportation[10]. Elle seule a bénéficié de l'engouement que l'Electeur, comme tant d'autres en cette seconde moitié du siècle, manifestait pour un domaine auquel commençait aussi de s'intéresser la science. Encore les résultats en furent-ils limités à quelques productions privilégiées, comme celle de la pomme de terre, introduite en Hanovre dès 1720, mais dont la culture ne prit un véritable essor qu'à partir de 1764. Les efforts de Georges III pour augmenter la surface cultivable et améliorer les méthodes d'exploitation ne furent efficaces que dans le duché de Brême, où les marais furent en partie asséchés. Si la création à Celle en 1764 d'une "Société d'Agriculture" (*Königlich-Grossbritannisch-und Churfürstlich-Braunschweigisch-Lüneburgische Landwirtschaftsgesellschaft*) témoigne de la sollicitude du souverain désireux d'étendre au Hanovre les bénéfices de la modernisation que connaissait alors l'agriculture anglaise, elle n'eut pas de résultats pratiques importants avant le dix-neuvième siècle[11].

On peut d'ailleurs se demander si c'est vraiment à l'Angleterre, et à l'Electeur-roi, que le Hanovre doit de s'être familiarisé avec les innovations anglaises. Cette thèse, longtemps admise[12], est aujourd'hui contestée. Une étude récente, appuyée sur l'examen approfondi de nombreux documents d'archives, aboutit à la conclusion que le relais entre l'Angleterre et le Hanovre a été la Prusse, ce qui explique que l'agriculture hanovrienne ait eu en réalité, par rapport à plusieurs Etats allemands, trente ans de retard[13]. Et il semble bien que, contrairement aux affirmations optimistes de Büsching, elle n'était plus en mesure, à la fin du dix-huitième siècle, de nourrir la population du pays. Au reste, le problème n'était pas seulement celui des modes de culture et de la nature des productions. L'insuffisance de l'agriculture hanovrienne était liée aussi à la structure de la propriété, qui reposait sur le principe de la "seigneurie" (*Grundherrschaft*)[14]. Ce n'est pas la Prusse qui y mettra fin, mais la France.

---

10 "L'agriculture fait la base principale des richesses de l'Electorat", écrit en français le ministre hanovrien Gerlach von Münchhausen à Georges III le 2 juillet 1765 (cité par MEIER, *op.cit.*, I, 227). Ce jugement est confirmé par C.L.A. PATJE, *Kurzer Abriss des Fabriken-, Gewebe- und Handlungszustandes in den Braunschweigisch-Lüneburgischen Landen*, Göttingen, 1796.
11 TREUE, *op. cit.*, 17.
12 Voir entre autres TREUE, *ibid.*, 13 sq.
13 O. ULBRICHT, *Englische Landwirtschaft in Hannover in der zweiten Hälfte des 18. Jahrhunderts. Ansätze zu historischer Diffusionsforschung*, Berlin, 1980. Le célèbre médecin et agronome Albrecht Thaer, membre de la Société depuis 1780, quitta en 1804 le Hanovre pour la Prusse.
14 TREUE, *op.cit.*, 16. Il s'agissait d'un système de propriété foncière hérité du moyen âge. Le domaine était administré par le "seigneur" ou son intendant. Une grande partie des terres étaient mises à la disposition des paysans qui, en échange de leur exploitation, payaient au propriétaire des redevances et exécutaient pour lui des corvées. En outre, ils étaient directement soumis à la juridiction seigneuriale. Voir E. BAYER, *Wörterbuch zur Geschichte*, Stuttgart, 1965, 2. erw. Aufl., 192 sqq.

D'une manière générale, l'ensemble de l'économie hanovrienne souffrait de somnolence. L'absence du souverain avait empêché le développement du mercantilisme, dont le fonctionnement eût exigé que l'Electeur prît lui-même les initiatives économiques nécessaires et en surveillât la mise en oeuvre. Ce système, pour bureaucratique et replié sur lui-même qu'il fût, avait tout de même obtenu, dans les Etats où il avait été appliqué, des résultats certains, contribuant notamment à l'essor de la production industrielle. Or les conseillers qui gouvernaient le Hanovre au nom de l'Electeur s'intéressaient peu à l'économie. Quant à la population, elle se méfiait des nouveautés[15]. Aussi l'activité industrielle se réduisait-elle à la fabrication de produits qui étaient ensuite consommés sur place. Seules la brasserie et la fabrique de chaussures de Hanovre travaillaient pour l'exportation. Comme l'agriculture, l'industrie hanovrienne ne se développera qu'avec l'occupation française[16].

Le Hanovre devait importer la plupart des produits manufacturés dont il avait besoin, tandis que ses exportations se heurtaient, comme celles des autres Etats allemands, au protectionnisme anglais pour qui les marchandises en provenance de l'Electorat étaient réputées étrangères. Le commerce extérieur hanovrien était d'autant plus déficitaire que l'Electorat restait fidèle à la doctrine du libre-échange. En outre, le Hanovre ne disposait pas, malgré sa situation géographique favorable, de place commerciale comparable à Brême ou à Hambourg, auxquelles Stade ne pouvait prétendre faire une concurrence sérieuse. Le projet d'une sorte de "Compagnie des Indes" anglo-hanovrienne, formé en 1721 et repris, avec quelques modifications, à l'initiative de négociants hambourgeois en 1736, puis une dernière fois en 1740, échoua devant les réticences des Conseillers. Ce n'est qu'en 1767 que des navires hanovriens se risquèrent à la pêche de haute mer, et en 1787 qu'une société par actions fut créée pour exploiter les bancs de poissons des eaux groënlandaises[17].

D'une population estimée à environ un million d'habitants, l'Electeur parvenait à tirer un revenu de 3 millions de thalers[18].

Très inégalitaire, le système fiscal reposait essentiellement sur l'impôt indirect. A côté d'une multitude de taxes, droits, péages et redevances de toutes sortes, dont les nobles étaient en général exemptés, l'essentiel des ressources était fourni par le produit de l'accise et du licent. L'accise frappait la

---

15 Le voyageur français A.M. MANGOURIT décrit le Hanovre comme "un pays où l'on pèse toute innovation" (*Voyage en Hanovre fait dans les années 1803 et 1804*, Paris, An XIII-1805, 135).

16 TREUE, *op. cit.*, 42 sq.

17 W. RÖHRBEIN/A. von ROHR, *Hannover im Glanz und Schatten des britischen Weltreichs, [...], Hannover*, 1977, 69 sq.

18 BÜSCHING, *op. cit.*, 76. En 1793, ce revenu s'élevait selon H.O. REICHARD, *Guide de l'Allemagne*, 1793 (*reprint* Paris, 1971, VII, 1, s.p.), à 4 millions de thalers, celui de l'Ectorat de Saxe à 7,5 millions, celui de la Bavière à 9 millions, celui de la Prusse à 27,5 millions.

circulation des céréales et l'importation d'alcool. Le licent était un impôt de consommation sur le grain, la bière, le pain, les vêtements et autres produits de première nécessité[19].Créé en 1686 dans les principautés de Calenberg, Göttingen et Grubenhagen pour se substituer à la "contribution", qui ne pesait que sur les roturiers, il devait être payé par tous, y compris par l'Electeur. Mais devant la protestation élevée par la noblesse, l'Electeur avait dû accepter de la dispenser du licent des produits qu'elle fabriquait et consommait sur ses propres terres, ce qui signifiait en fait une reconduction de son privilège fiscal[20].

Les deux-tiers de ces revenus étaient affectés aux dépenses civiles et militaires de l'Electorat. Le reste, soit environ un million de thalers, était à la disposition personnelle de l'Electeur[21]. Or, les besoins financiers de ce prince, à la fois souverain allemand et roi d'Angleterre, étaient énormes: aux guerres franco-anglaises et à la guerre de Sept ans (qui avait durement éprouvé le Hanovre)[22], avait succédé la lutte contre les *Insurgents* américains, qu'allaient bientôt suivre les entreprises menées contre la France révolutionnaire. Aussi les sommes dévolues à l'Electeur étaient-elles dépensées surtout à Londres, qui drainait également une partie des recettes fournies par le commerce extérieur, ce qui contribuait à maintenir le Hanovre en état de somnolence économique[23], sans que d'ailleurs l'opinion publique de l'Electorat, dans la mesure où elle existait, songeât à s'en émouvoir[24].

B. Les institutions

En aucun cas pourtant les Hanovriens n'eussent admis que l'accession de leur souverain au trône de Grande-Bretagne eût fait d'eux des sujets de Sa Majesté.

---

19 BÜSCHING, *op. cit.*, 218 sq.; E.D. von LIEBHABER *Beiträge zur Erörterung der Staatsverfassung der Braunschweigisch-Lüneburgischen Chur-Lande*, Gotha, 1794, 129, ainsi qu'une liste de tous les impôts existant dans la principauté de Calenberg, 231 - 234. Le système fiscal hanovrien, avec les sommes qu'il produisait, est décrit en détail par OBERSCHELP, *op. cit.*, 128 - 140.
20 Cf. U.F.C. MANECKE, *Kur- und fürstlich Braunschweig- Lüneburgisches Staatsrecht, bearbeitet bis zum Jahr 1800*, Celle, 1859, 383 - 416.
21 *Mémoire I, op. cit.*, 5.
22 BÜSCHING, *op. cit.*, 215.
23 *Mémoire I, op. cit.*, pp. 5 et 6.
24 Ce n'est qu'à partir de 1794 que cette question fera l'objet de polémiques publiques. Mais c'est en 1803, lorsque les Français occuperont l'Electorat, qu'elle interviendra dans l'argumentation opposant les partisans d'une rupture de l'Union personnelle à ceux qui souhaitaient qu'elle fût maintenue. En 1796, l'agent du Directoire en Hanovre affirmait que Londres utilisait largement l'argent hanovrien (*Mémoire I, op. cit.*, 6). Voir aussi *Mémoire sur la direction qu'il importe à la France de donner à l'existence politique de l'Electorat de Hanovre*, s.l.n.d. [très probablement 1796], ms., Arch. du Min. des Aff. Etr., Paris, *op. cit.*, 38 - 48 (cité dorénavant *Mémoire II*)

Le statut politique du Hanovre était celui d'une "Union personnelle" entre l'Electorat et le roi d'Angleterre[25]. L'Acte de Dévolution (*Act of Settlement*) de 1701, qui établissait les droits de l'Electeur à la succession anglaise et en précisait les conditions (notamment religieuses), n'affectait pas la qualité du Hanovre en tant qu'Etat du Saint-Empire, auquel continuaient de le lier les dispositions fixées par les traités de 1648. Un article capital de ce texte précisait que, pour exercer des fonctions gouvernementales ou occuper des emplois publics dans le royaume, il fallait être né en Angleterre, ce qui excluait *de facto* les Hanovriens de la possibilité d'être traités en sujets britanniques. Le cas du nouveau roi fut réglé par l'Acte de Naturalisation (*Act of Naturalization*).

Le Règlement de Gouvernement du 29 août 1714[26], édicté lorsque la succession devint effective, ne concernait pas les rapports anglo-hanovriens. Il visait uniquement à limiter autant que faire se pouvait l'intervention directe du souverain dans les affaires du Hanovre, non pas dans le but de s'opposer au caractère absolutiste du pouvoir, mais bien pour empêcher que l'Electeur devenu roi ne traitât le Hanovre en colonie de l'Angleterre. Le Collège Secret des Conseillers (*Geheimes Raths-Collegium*), qui existait déjà avant 1714, recevait des pouvoirs plus étendus[27]. Il avait en charge les affaires étrangères, l'administration et la législation. Il gouvernait, certes, au nom du roi, qu'il devait régulièrement informer. Mais comme il fallait de une à trois semaines pour qu'un rapport expédié de Hanovre en revînt revêtu de l'avis royal, il était prévu que les Conseillers pouvaient, si l'urgence l'exigeait, prendre les initiatives nécessaires, y compris en matière de politique étrangère. C'était également le Conseil qui, dorénavant, convoquait les Etats provinciaux.

En allant s'installer à Londres, l'Electeur avait donc accepté de se dépouiller d'une partie des prérogatives de sa souveraineté. Ne restaient de son ressort exclusif que deux domaines, à vrai dire très importants: les affaires militaires

---

25 Il n'existe pas d'étude moderne sur l'Union personnelle. Mais l'ouvrage d'A. WARD, traduit en allemand par K. WOLTERECK sous le titre *Gross-Britannien und Hannover. Betrachtungen über die Personalunion. Vorlesungen gehalten an der Universität zu Oxford*, Hannover/Leipzig, 1906, reste utilisable.

26 *Unser p.p. des Königs von Grossbritannien und Churfürsten zu Braunschweig und Lüneburg Reglement, Nach welchem in Unserm Abwesen nach Unsern Königreichen jetzt und künftig bis zu anderweiter Verordnung Unsere allhier hinterlassende Geheimte Räte wegen der Regierung Unserer Braunschweig-Lüneb. und dazu gehörigen Lande sich zu achten*. L'original de ce texte, qui était conservé à Hanovre, a été détruit lors du bombardement de la nuit du 8 au 9 octobre 1943. Il en reste une copie datant du XVIIIè siècle aux archives de la *Ritterschaft* de la principauté de Lunebourg, à Celle (cote Hs. e. 14). Le texte est d'autre part reproduit *in extenso* dans SPITTLER, *op. cit.*, 2. Theil, Beilage XIII, 120 - 132 et dans R. DROGEREIT, *Quellen zur Geschichte Kurhannovers im Zeitalter der Personalunion mit England 1714 - 1803*, Hildesheim, 1949, 5 - 14.

27 Pour les renseignements qui suivent, voir MEIER, *op. cit.*, I, 156 - 170.

(organisation des forces armées, nominations, justice militaire)[28] et la nomination des fonctionnaires. Pour le reste, son intervention n'était requise que dans les cas "de quelque importance"[29], formulation assez vague qui avait l'avantage de garantir la primauté du principe absolutiste tout en ménageant les susceptibilités hanovriennes. D'autres dispositions vinrent renforcer la séparation entre les deux Etats. C'est ainsi que le Hanovre continuait d'être représenté à Londres par un ambassadeur, au même titre que les autres pays étrangers. Une ordonnance du 14 mai 1734 faisait même défense aux Hanovriens de s'adresser à l'Electeur-roi ou aux tribunaux anglais pour obtenir réparation d'une injustice.

Le résultat de ce compromis fut assez étrange. La logique qui règle les comportements lorsqu'il s'agit de pouvoir aurait voulu que l'Electeur-roi considère comme "de quelque importance" toutes les affaires, même les plus futiles; et que, de son côté, la Régence (ainsi appelait-on en France le gouvernement hanovrien) qualifie d' "urgentes" toutes les situations, même les plus banales – en un mot que chacune des parties essaie de toutes les manières possibles d'élargir le champ de son influence.

Pourtant, la rivalité qui, selon certains observateurs, opposait le roi et la Régence[30] n'a jamais dégénéré en une véritable crise. Un des membres de la Régence était délégué en permanence auprès du roi, afin de lui soumettre les affaires hanovriennes et de rédiger, au nom du souverain, les instructions et les réponses qu'elles appelaient. Ce délégué, qui avait rang de ministre, était assisté d'un secrétariat peu nombreux qui constituait la Chancellerie allemande (*Deutsche Kanzlei*) et disposait de locaux particuliers au palais de Saint-James, mais ne devait entretenir aucun contact direct avec les autorités anglaises[31]. Ainsi le roi ne pouvait-il, l'eût-il voulu, faire de la politique britannique l'instrument d'ambitions allemandes ni subordonner les intérêts hanovriens aux intérêts anglais. Il semble que Georges II ait supporté difficilement cette limitation de son pouvoir[32]. En revanche son successeur, malgré son caractère autoritaire, s'en accommoda et ne chercha jamais à porter atteinte à l'indépendance du pays de ses pères.

---

28 Les effectifs de l'armée hanovrienne étaient de 12 000 hommes en temps de paix, mais pouvaient atteindre 22 0000, et même 25 000 hommes en temps de guerre (BÜSCHING, *op. cit.*, 76; *Mémoire I, op. cit.*, 5). S'y ajoutait une milice de 5 000 hommes environ, répartis en 31 compagnies. Sur l'armée hanovrienne, nous ne pouvons que renvoyer à l'ouvrage du General-Lieutenant von SICHART, *Geschichte der Königlich-Hannoverschen Armee*, 5 Bde, Hannover, 1866 - 1871.
29 "von einiger Importanz", art. 22 du *Regierungsreglement*.
30 Cf. *Mémoire II*: "Une jalousie constante règne entre elle et le gouvernement de Londres", *op. cit.*, 39 recto.
31 Sur le rôle de la *Deutsche Kanzlei*, voir MEIER, *op. cit.*, I, 170 - 189; WARD, *op. cit.*, 64 - 69. L'expression "Deutsche Kanzlei", utilisée dans quelques documents, ne fut officiellement reconnue qu'en 1824.
32 MEIER, *op. cit.*, I, 184; WARD, *op. cit.*, 70.

En fait, le personnage central dans le fonctionnement du système était le ministre hanovrien délégué à Londres[33]. Certes, sa signature ne valait qu'autant qu'elle figurait au-dessous de celle du roi. Mais son rôle ne se bornait pas à la rédaction des documents envoyés à Hanovre. Il était aussi le rapporteur, au sens juridique du terme, des décisions soumises par la Régence à l'approbation du souverain. Or les Conseillers hanovriens étaient gens d'excessive prudence. C'est par milliers que se comptent les questions sur lesquelles ils ne pensaient pouvoir agir sous leur propre responsabilité[34]. Mais, du fait que la décision royale était en général inspirée par l'avis du représentant de la Régence, c'est, en fin de compte, celle-ci qui, dans la réalité, gouvernait le Hanovre, tout en respectant le principe absolutiste qui confondait l'Etat avec la personne du souverain. Ce système était, on le voit, fort subtil. Le délégué hanovrien à Londres exerçait, sans en avoir le titre, les fonctions d'un premier ministre, tandis que l'éloignement du souverain avait peu à peu entraîné dans l'Electorat un déplacement du pouvoir politique au profit de la Régence.

Or celle-ci était dominée par la noblesse. Les sept Conseillers étaient nobles[35]. Cinq étaient nommés par l'Electeur, les deux autres étaient élus par les Etats provinciaux (*Landstände*) en leur sein. Aussi le Hanovre offrait-il l'exemple d'un territoire où l'absolutisme s'incarnait collectivement dans les représentants d'une classe sociale privilégiée, et non individuellement dans le prince. Ce trait s'ajoute au système de l'Union personnelle pour faire du Hanovre à la fin du dix-huitième siècle un Etat particulièrement conservateur, dans la mesure où l'absolutisme n'y était pas individuel, mais collectif.

L'absolutisme du prince présentait en effet, malgré tout, des aspects que, pour utiliser un langage actuel, nous pourrions qualifier de "progressistes". Le plus important était la lutte contre les résistances féodales à la création d'un Etat centralisé. Non qu'il faille surestimer la volonté de maint potentat

---

33 MEIER, *op. cit.*, I, 181 sq; WARD, *op. cit.*, 67 sq.
34 Selon MEIER, *op. cit.*, I, 168, et WARD, *op. cit.*, 66, plusieurs dizaines de milliers de documents concernant la période de l'Union personnelle ont été déposés aux Archives d'Etat de Hanovre. Mais ils ont en grande partie été brûlés lors du bombardement d'octobre 1943.
35 Voir J. LAMPE, *Aristokratie, Hofadel und Staatspatriziat in Kurhannover*, 2 Bde, Göttingen, 1963, II, 1 - 5, où est donnée la liste complète des membres du Conseil et de tous les fonctionnaires de l'Electorat entre 1714 et 1760. Parmi les Conseillers, on relève les noms de Bernstorff, Bülow, Alvensleben, Hardenberg, Münchhausen, etc. Au fur et à mesure que l'on descend dans la hiérarchie des fonctions, on trouve des noms de personnes appartenant à la haute bourgeoisie. Les charges de la Cour, maintenues malgré l'absence de l'Electeur, étaient exercées exclusivement par des nobles, sauf celles de "Secrétaire de la Cour" (*Hofsecretair*), de "Secrétaire des Forêts" (*Forstsecretair*), de "Médecin personnel" (*Leibmedicus*) et de "Médecin de la Cour" (*Hofmedicus*). Selon les agents du Directoire qui se trouvaient à Hanovre en 1796, la Régence était à cette date toujours dominée par la noblesse (voir *Mémoire I*, *op. cit.*, 8).

allemand, petit ou moyen, de créer les structures étatiques modernes que requérait l'évolution politique et économique de l'époque. Même en Saxe ou en Bavière, les souverains n'avaient guère en tête de briser le cadre politique traditionnel au profit d'un pouvoir administratif fort sans lequel il n'est pas d'Etat[36]. Seuls l'ont vraiment tenté Frédéric II et Joseph II. Mais la célèbre formule: "Le souverain est le premier serviteur de l'Etat" proclamait en même temps d'une manière éclatante que le pouvoir politique ne pouvait émaner que d'une source unique, et que nulle assemblée, qu'elle représentât l'ensemble du peuple ou seulement une fraction privilégiée de celui-ci, n'était habilitée à le restreindre. Jamais, depuis Louis XIV, l'absolutisme princier n'avait trouvé de lui-même une définition aussi péremptoire[37].

Dans les Etats où ils fonctionnaient encore (une trentaine au total), les Etats provinciaux constituaient un pouvoir intermédiaire parfois efficace entre le prince et ses sujets dont, éventuellement, ils défendaient avec succès les intérêts: ce fut le cas en Bavière, où ils purent, en 1767, contraindre l'Electeur à annuler une ordonnance prise en 1765, qui renforçait les douanes intérieures et augmentait les droits de péage[38]. Mais souvent, prince et Etats provinciaux se livraient une guerre constante, encore que souvent larvée, sans que la victoire appartînt définitivement à l'un ou à l'autre pouvoir: le cas du Wurtemberg est connu. Quant aux Etats des petits territoires qui en possédaient encore, leur rôle se bornait en général à empêcher le prince de les dépouiller du privilège de négocier avec lui les conditions exigées en échange de leur consentement à la levée de nouveaux impôts. Quelle que fût leur position, les Etats provinciaux, lorsqu'ils existaient, représentaient donc une force d'opposition, réelle ou potentielle, à l'absolutisme du prince. Mais ils n'utilisaient pas ce pouvoir pour défendre les intérêts du peuple, dont ils se souciaient peu. Ce qu'ils entendaient maintenir face au prince, c'était l'existence politique et économique de la classe dont la majorité, pour ne pas dire parfois la totalité, de leurs représentants étaient issus. Un prince fort était la marque d'un Etat tourné vers l'avenir. Des Etats provinciaux puissants étaient

---

36 Sur le rôle des *Landstände* au XVIIIè siècle, voir l'analyse nuancée de K.O. von ARETIN, *Heiliges Römisches Reich 1776 - 1806. Reichsverfassung und Staatssouveränität*, 2 Bde, Wiesbaden, I, 26 - 34. Voir aussi R. VIERHAUS, *Ständewesen und Staatsverwaltung in Deutschland im späteren 18. Jahrhundert*, in: *Dauer und Wandel der Geschichte*, Festgabe für Kurt Raumer, 1966, 337 sqq.

37 Sur l'interprétation de la formule de Frédéric II comme une reprise, "sur un mode adapté aux exigences du siècle de la philosophie", du mot de Louis XIV "L'Etat, c'est moi", voir R.AYRAULT, *La Genèse du romantisme allemand*, 4 vol., Paris, 1961 - 1976, I, 70 sq. Une opinion opposée est émise par E. WEIS, *Absolute Monarchie und Reform im Deutschland des späten 18. und des frühen 19. Jahrhunderts*, in: Franklin KOPITZSCH (Hg), *Aufklärung, Absolutismus und Bürgertum in Deutschland*, München, 1976, 192 sq.

38 ARETIN, *op. cit.*, I, 33.

au contraire le signe d'un conservatisme parfaitement rétrograde. Le Hanovre en était l'un des meilleurs exemples en Allemagne.

Les Etats du Hanovre[39] avaient su obtenir de l'Electeur la confirmation de droits importants. C'est ainsi qu'ils étaient consultés lorsque le souverain, ou plutôt la Régence en son nom, exerçait le pouvoir législatif, ce qui au demeurant était assez rare, dans un pays où le cours des choses était réglé surtout par l'usage[40]. Toute création d'impôts nouveaux devait recevoir leur assentiment: cette disposition avait, avec l'introduction du licent en 1686, fait apparaître comment une réforme fiscale, juste dans son principe, pouvait être détournée au profit d'une seule classe sociale[41]. Ils étaient associés au fonctionnement de l'ensemble du système judiciaire hanovrien, les juges étant dans presque tous les cas choisis parmi les membres de la noblesse désignés par la *Ritterschaft* de chaque territoire de l'Electorat[42]. Dans le règlement des affaires ecclésiastiques enfin, les *Landtage* devenaient des synodes exerçant conjointement avec la Régence des prérogatives qui allaient souvent au-delà de ce que prescrivait le droit canon, même luthérien[43]. D'autre part, la position des Etats était encore renforcée par la présence dans la Régence des deux Conseillers élus par eux en leur sein.

En réalité, la Régence et les Etats n'étaient que les deux faces d'un même pouvoir, celui de la noblesse qui, détentrice de tous les postes de Conseillers et majoritaire dans les Etats[44], était maîtresse de la totalité de l'appareil d'Etat hanovrien. Les nobles "sont les seuls souverains du pays", constatait, encore en 1796, un agent du Directoire[45], tandis qu'un autre informateur notait: "La

---

39 Les Etats du Hanovre se composaient de sept *Landschaften*: Calenberg, Grubenhagen, Lunebourg, Hoya, Lauenbourg, Brême et Verden. Les autres territoires hanovriens avaient également des assemblées réunissant les différents "ordres", mais ils n'étaient pas représentés aux Etats provinciaux (voir MEIER, *op. cit.*, I, 225).
40 *Ibid.*, 260 - 269. Frédéric II parlait avec dédain des "perruques d'Hanovre".
41 La réforme du licent fut une des revendications essentielles des démocrates hanovriens à partir de 1792, et pas seulement des démocrates: dans une lettre (confidentielle, il est vrai), de Brandes à Girtanner, on peut lire que "dans plus d'un Etat allemand, et en particulier ici (en Hanovre), la noblesse est, en matière d'impôts, plus favorisée qu'elle ne l'a jamais été, jadis, en France" (cité par MEIER, *op. cit.*, I, 284).
42 *Ibid.*, II, 288 - 309.
43 *Ibid.*, II, 309 - 312.
44 Chaque *Landschaft* comprenait des représentants de la noblesse (*Ritterschaft*), du clergé (*Prälatur*), des villes et quelquefois des paysans aisés. Le travail se faisait surtout en commissions (*Ausschüsse*), la convocation de l'ensemble des Etats de chaque territoire (*allgemeiner Landtag*) étant devenue rare, sauf pour la principauté de Calenberg (MEIER, *op. cit.*, I, 225 - 259).
45 *Mémoire I*, *op. cit.*, 7. En 1803, B.C. von SPILCKER écrit encore: "Der Adel nimmt einen wesentlichen Antheil an der Regierung des Landes" (*Ueber den Hannöverischen Adel und die Hannöverschen Secretarien*, o. O., 1803).

noblesse et la Régence sont prodigieusement aristocrates"⁴⁶. A l'absolutisme princier de la Prusse ou de l'Autriche, à la coexistence parfois orageuse du prince et des Etats provinciaux ailleurs, s'opposait l'absolutisme nobiliaire de l'Electorat de Hanovre. Le statut qui faisait de l'Electeur une sorte de souverain *in partibus* avait permis à la noblesse de conserver intactes les fonctions administratives, fiscales, judiciaires et religieuses que lui avait dévolues l'ordre féodal.

L'absolutisme princier, surtout lorsqu'il se voulait "éclairé", n'était pas à proprement parler conservateur, en ce qu'il impliquait que l'intérêt de l'Etat, c'est-à-dire une forme de l'intérêt général, vînt se substituer aux intérêts particuliers d'une classe privilégiée. Dans les territoires où le prince, tout en étant obligé de tenir compte des Etats provinciaux, essayait de procéder néanmoins à quelques réformes, le conservatisme était contraint aux premières concessions. Mais le système de gouvernement, unique en Allemagne, auquel était soumis le Hanovre, livrait ce territoire à la fois à l'absolutisme et au conservatisme politique et social. Tandis que dans les autres Etats allemands le pouvoir exécutif était en conflit avec les structures héritées de la féodalité, qu'il avait même ici et là réussi à briser, en Hanovre il en assurait lui-même la survie au profit d'une classe que seul intéressait le maintien de sa position sociale.

Cette situation ne nécessitait pas que l'Etat hanovrien fût fortement structuré. Le Conseil ne se réunissait jamais en formation plénière, et aucun de ses membres n'avait une vision globale des affaires. L'Electorat était administré par une multitude de Secrétaires (*Secretarien*) issus de la haute bourgeoisie, qui avaient acquis à l'Université de Göttingen une culture essentiellement juridique et qui, de plus, y avaient fréquenté les fils de cette noblesse a laquelle leur classe témoignait une immense admiration⁴⁷. Les article d'un Brandes dans la *Berlinische Monatsschrift*⁴⁸ ou les livres d'un Rehberg⁴⁹ montrent à l'évidence combien le conservatisme hanovrien pro-

---

46 *Mémoire II, op. cit.*, 48 verso.
47 Selon MEIER, *op. cit.*, 272 sq., le fonctionnement de l'Université de Göttingen coûtait 16 400 thalers par an, dont 12 400 étaient payés par les Etats, le reste étant versé par un fonds ecclésiastique privé. Sur les rapports entre bourgeoisie et noblesse au sein des organes gouvernementaux hanovriens, voir LAMPE, *op. cit.*, I, 269 - 276.
48 Par exemple: *Ist es dem deutschen Staate vorteilhaft, dass der deutsche Adel die ersten Staatsbedienungen besitzt?*, in: *Berlinische Monatsschrift*, X, juillet - décembre 1787, 395 - 439. Brandes répond positivement. Sur Ernst Brandes (1758 - 1810) voir *Allgemeine Deutsche Biographie*, III, 241 - 242. Sa pensée est examinée par K. EPSTEIN, *Die Ursprünge des Konservativismus in Deutschland. Der Ausgangspunkt: Die Herausforderung durch die Französische Revolution 1770 - 1806*, aus dem Englischen von J. ZISCHLER, Frankfurt a. M./Berlin/Wien, 93 - 97 et 272 - 276.
49 Entre autres, citons *Ueber den deutschen Adel*, Göttingen, 1803, où Rehberg affirme que l'orgueil nobiliaire n'est pas mauvais en soi et condamne les mariages "mixtes", qualifiés par lui de "mésalliances" (*Missheiraten*). Sur August-Wilhelm Rehberg

fitait de la passivité d'une bourgeoisie vouée, dans le sillage d'une noblesse qui au fond la méprisait, à faire fonctionner sans gloire un système politique devenu parfaitement anachronique.

Au conservatisme intérieur correspondait, en matière de politique extérieure, la volonté de la Régence d'observer, face aux rivalités qui divisaient le Saint-Empire d'une part, les grands Etats européens d'autre part, une protectrice neutralité. Ce n'est pas sans avoir tout fait pour l'éviter que le Hanovre fut entraîné dans la guerre de Sept ans ou, pire encore, dans les guerres de la Révolution[50]. En ces questions comme en toutes choses, la Régence laissait faire la force d'inertie: tout changement visant à modifier les rapports de force à l'intérieur ou à l'extérieur de pays risquait aux yeux des Conseillers (et certes, ils n'avaient pas tort!) de porter atteinte à la position de ces anciennes familles qui, depuis le treizième siècle, s'étaient peu à peu emparées de la direction du pays.

2. L'aristocratie hanovrienne

A. Une "caste exclusive et fermée"

La famille Knigge est attestée dès 1135[51]. Probablement originaire de la région de Brême[52], elle alla s'établir en Basse-Saxe, où sa présence est mentionnée dans de nombreux documents à partir du treizième siècle[53]. Elle fut anoblie en 1239[54]. Au début du quatorzième siècle (la date exacte n'est pas connue), deux chevaliers de Knigge, Hermann et son fils Heinrich, achetèrent, non loin de Hanovre, le château de Bredenbeck, qu'en juillet 1338 ils obtinrent des ducs Otto et Wilhelm de Brunswick-Lunebourg l'autorisation de fortifier[55]. Au cours des années suivantes, leurs possessions s'arrondirent. Ils acquirent des

---

(1757 - 1836), voir *Allgemeine Deutsche Biographie*, XXVII, 571 - 583. Sa pensée est étudiée par EPSTEIN, *op. cit.*, *passim*, en particulier 633 - 687.
50 Sur la politique étrangère du Hanovre, voir ARETIN, *op. cit.*, I, *passim*. Cf. aussi *Mémoires* I et II, *op cit.*, précisément rédigés par des agents qui devaient essayer de voir sur place si le Directoire pouvait tirer parti d'une éventuelle volonté hanovrienne de neutralité.
51 KNESEBECK, *Historisches Taschenbuch* [...], *op. cit.*, 178, qui indique aussi des documents de 1233, 1239 et 1269. Le *Urkundenbuch der Stadt Hannover*, hg. von C.L. GROTENFEND und G.F. FIELER, Hannover, 1860, cite comme document le plus ancien une charte du 26 juin 1241.
52 KNESCHKE, *Deutsches Adelslexikon*, 1864, V, 159 sq.
53 Voir notamment l'imposant ouvrage de H. SUDENDORF (Hg), *Urkundenbuch zur Geschichte der Herzöge von Braunschweig und Lüneburg und ihrer Lande*, 11 Bde, Hannover, 1859 – Göttingen, 1883: I, Nr. 28, 164, 184, 244, 428, 462, 493, 542, 570, 592, 628, 629, 688, 691, 766; II, Nr. 71, 477, 562; III, Nr. 7, 51, 160, 395; IV, Nr. 170, 262; V, Nr. 41; VI, Nr. 10, 23, 109; VII, Nr. 132, 263; X, Nr. 130.
54 F.G.A. SCHMIDT, *Beiträge zur Geschichte des Adels und zur Kenntnis der gegenwärtigen Verfassung desselben in Teutschland*, Braunschweig, 1794, 203.
55 SUDENDORF, *op. cit.*, I, 323, Nr. 629.

forêts, des prairies et des fermes, ainsi qu'une propriété à Hanovre même, où ils pouvaient se réfugier en cas de troubles on de guerres privées entre seigneurs locaux[56]. En 1354, ils achetèrent une terre à Pattensen, village voisin de Bredenbeck, et, en 1370, une autre à Leveste, quelques lieues plus loin. Ce n'est pas sans une naïve fierté que l'auteur d'une *Chronique de Bredenbeck* constate en 1977: "Dans de nombreux villages situés entre le Deister et la Leine, les paysans ont été les fermiers des chevaliers de Knigge"[57].

En 1361, le domaine de Bredenbeck avait été érigé en fief[58]. On sait que l'investiture (*Belehnung*) était, dans le système féodal, l'acte fondamental par lequel s'établissait, pour reprendre l'expression de Max Weber, la "souveraineté traditionnelle"[59]. Elle impliquait entre le suzerain et le vassal un lien de fidélité réciproque, concrétisé par le serment que se prêtaient mutuellement les deux parties, le second fournissant au premier, en échange de sa protection, le "service de cour" (assistance d'ordre honorifique, mais aussi administratif), et, surtout, le "service d'ost": ce dernier consistait en une assistance militaire en hommes, animaux et fourrages, dont l'importance était proportionnelle aux ressources que le vassal pouvait tirer de la terre reçue en fief[60]. C'est ainsi que les chevaliers de Knigge résidant à Bredenbeck devaient tenir en permanence à la disposition de leur suzerain six chevaux, ceux de Leveste quatre[61]. Il arrivait que le suzerain s'assurât, par des tournées d'inspection, du respect de cette obligation[62]. D'autre part, l'investiture n'était pas conférée à une terre, mais à une famille. Elle devait être renouvelée au décès du chef de famille[63]. Même après que les fiefs eurent été rendus héréditaires, la cérémonie d'investiture devait être célébrée à chaque entrée en possession de

---

56 GEWECKE, *op. cit.*, 41., d'après des documents tirés de SUDENDORF, *op. cit.*, et du *Calenberger Urkundenbuch*, hg. von W. von HODENBERG, Hannover, 1855 - 1858.

57 GEWECKE, *op. cit.*, 41.

58 G. STOLTING-EIMBECKHAUSEN und B. Freiherr von MÜNCHHAUSEN-MORINGEN, *Die Rittergüter der Fürstentümer Calenberg, Göttingen und Grubenhagen. Beschreibung, Geschichte, Rechtsverhältnisse*. Neudruck der Ausgabe 1912, Osnabrück, 1980, 26. L'ouvrage indique également la filiation complète des Knigge de Bredenbeck entre 1270 et 1803 (p. 29).

59 M. WEBER, *Wirtschaft und Gesellschaft*, 5. rev. Aufl., Tübingen, 1972, 130 - 140 et 148 - 155 (définitions), et 625 - 653 (sociologie de la souveraineté traditionnelle).

60 BAYER, *op. cit.*, 318. Voir aussi O. BRUNNER, W. CONZE, R. KOSELLECK (Hg), *Geschichtliche Grundbegriffe. Historisches Lexikon zur politisch-sozialen Sprache in Deutschland*, Stuttgart, à partir de 1972, II, 343 sq.

61 SPITTLER; *op. cit.*, I, Beilage I, 6. Ces chevaux étaient dits *Lehen- und Schutzpferde*. Cette obligation était encore en vigueur au XVIIIè siècle.

62 Ainsi, le 19 août 1617, le duc Friedrich Ulrich de Brunswick-Lunebourg, selon un document des archives personnelles de la famille Knigge à Bredenbeck, cité par GEWECKE, *op. cit.*, 56.

63 BAYER, *op. cit.*, 318, ainsi que pour les indications qui suivent.

l'héritage. Peu à peu, cet usage fut remplacé par la délivrance, contre argent, d'une "lettre d'investiture" (*Lehnbrief*). Le dernier document de ce type en faveur des Knigge fut signé le 17 décembre 1853 par Georges V, dernier roi de Hanovre[64]. En 1855, les fiefs furent transformés en "biens patrimoniaux" (*Stammgüter*).

Les Knigge appartiennent donc à une petite, mais très ancienne noblesse feudataire de Basse-Saxe. L'investiture leur avait été conférée par le comte Adolf VII de Holstein et Schaumburg[65]. Mais par suite de l'incroyable complexité qui présidait aux rapports de souveraineté qu'entretenaient entre eux les seigneurs féodaux, du fait aussi que ceux-ci, en proie à de fréquents besoins d'argent, mettaient parfois en vente les fiefs dont ils étaient les suzerains, les Knigge avaient reçu des lettres d'investiture des évêques de Minden et d'Hildesheim, des comtes d'Oldenbourg, de Hoya, de Wunstorf et d'Hallermund, des abbés de Loccum, de Wülfinghausen, de Barsinghausen et de Wenningsen. En outre, les seigneurs étaient souvent eux-mêmes vassaux d'un suzerain plus puissant, le suzerain suprême étant l'Empereur. Les Knigge se trouvaient ainsi être les vassaux des ducs de Brunswick-Lunebourg, exception faite d'une période de 157 ans (1370 - 1527), pendant laquelle ceux-ci avaient donné leurs fiefs en gage à l'évêque d'Hildesheim[66].

Le lien féodal créait donc un tissu serré de relations sociales, économiques et politiques qui unissaient la noblesse aux détenteurs de la souveraineté. L'investiture ne consacrait pas seulement une situation de fortune, elle introduisait son bénéficiaire dans l'environnement d'un pouvoir. De nombreux documents des treizième et quatorzième siècles attestent le rôle joué par les Knigge dans des tractations conclues par les ducs de Brunswick-Lunebourg avec les ducs de Saxe, et même avec l'Empereur Charles IV. En 1356 - 1357, quelques années donc avant que le domaine de Bredenbeck ne fût érigé en fief, plusieurs Knigge avaient été membres du Conseil privé du duc Ludwig, où ils avaient représenté les villes de Lunebourg, Hanovre et Uelzen[67]. En juin 1651, le duc régnant Georg et son frère, le duc Ernst-August, honorèrent de leur présence le baptême d'un enfant Knigge[68]: de nature juridique et politique, le lien féodal recèle également un aspect affectif, impliqué d'ailleurs aussi par le serment.

A tout cela s'ajoutaient les alliances établies par les mariages. Une épouse bien dotée apportait de l'argent et des terres, mais surtout, elle faisait entrer son mari dans le cercle des relations de sa propre famille, ce qui entraînait ainsi l'extension d'un réseau de solidarités multiples dont il faut absolument tenir compte si l'on veut comprendre la nature de l'orgueil nobiliaire. Dans leur parentèle, les Knigge pouvaient être fiers de compter des Lenthe, des

---

64 GEWECKE, *op. cit.*, 44.
65 STOLTING, *op. cit.*, 26.
66 GEWECKE, *op. cit.*, 43.
67 SUDENDORF, *op. cit.*, III, 5, Nr. 7.
68 STOLTING, *op. cit.*, 28.

Reden, des Hattorf, dont les familles avaient souvent fourni de fidèles serviteurs au gouvernement hanovrien[69].

En 1543, le duché de Brunswick-Lunebourg adhéra à la Réforme, et les Knigge devinrent luthériens, mais apparemment sans fanatisme, puisque l'un d'entre eux, Friedrich-Ulrich (l'arrière-grand-père d'Adolph), se reconvertit au catholicisme en 1654[70]. Colonel dans l'armée impériale et chambellan de l'Electeur de Cologne, il fut élevé le 19 juin 1665 à la dignité de baron d'Empire et honoré du titre de *Wohlgeboren*, en même temps que son frère Jobst Hilmar, qui servait dans la même armée avec le grade de colonel-major[71]. Tous deux moururent en 1683. A cette date, les Knigge redevinrent luthériens.

Tel est le monde auquel appartient la famille Knigge. Avant d'être une "classe", la noblesse est une "caste", c'est-à-dire, selon Littré, une "classe de la société que l'on considère alors comme exclusive et fermée".

Exclusive et fermée, la noblesse, et singulièrement celle du Hanovre, l'était à un double point de vue. Biologiquement d'abord, les mariages entre familles nobles, règle infrangible pendant plusieurs siècles, aboutissant à la création d'une communauté fondée sur le sang. En Hanovre, comme d'ailleurs dans l'Allemagne entière, l'isolement généalogique de la noblesse était particulièrement accusé par le fait que, depuis toujours, était exigée une absolue égalité de naissance lors de l'union de deux familles[72], alors que cela n'était le cas ni en France, ni en Angleterre. On comprend dès lors que le concept de "mésalliance" (*Missheirat*) ait été au centre des réflexions de ceux qui, aux dix-huitième et dix-neuvième siècles, s'interrogeaient sur la noblesse[73], et ce n'est certainement pas un hasard si l'un des thèmes des *Années d'apprentissage de Wilhelm Meister* est le "mélange des classes sociales par le mariage".

Exclusive et fermée, la noblesse hanovrienne l'était aussi quant à sa fonction politique et sociale. Les Conseillers de la Régence, les principaux chefs de l'administration, de la justice, des finances, de l'armée, étaient choisis dans quelques grandes familles: les Bothmer, les Münchhausen, les Reden[74], les Benningsen, les Berlepsch, les Grote, les Hardenberg, les Wallmoden etc., dont les membres constituaient de ce fait de véritables dynasties investies des

---

69 GEWECKE, *op. cit.*, 92 et LAMPE, *op. cit.*, II 3 sq.
70 GEWECKE, *op. cit.*, 70.
71 *Gothaisches Taschenbuch der Freiherrlichen Häuser*, Limburg a. d. Lahn, 1966, 302. Voir dans GEWECKE, *op. cit.*, 71, le texte du rescrit impérial. KNESEBECK nous apprend, *op. cit.* 178, que Jobst Hilmar avait arraché aux Turcs six drapeaux et deux grosses-caisses, qui étaient dans la *Marktkirche* de Hanovre encore en 1840.
72 LAMPE, op. cit., I, 4.
73 Ainsi, par exemple, A.W. REHBERG, *Ueber den deutschen Adel*, Göttingen, 1803, 145 sq.
74 En 1798, la fille de Knigge épousera un von Reden, nom que portent encore aujourd'hui les descendants directs d'Adolph.

hautes charges de l'Etat[75], et aussi de la Cour qui, jusqu'à l'occupation française au début de la guerre de Sept ans, conserva un certain éclat, se tenant prête à accueillir le souverain lorsque celui-ci honorait l'Electorat de sa visite[76]. D'autre part, la position de la noblesse dans les Etats provinciaux, sans être absolument identique dans chacune des Assemblées (*Landschaften*) qui les composaient, avait été renforcée par le déclin politique des villes et la soumission du clergé au pouvoir temporel, deux phénomènes que la Réforme avait favorisés[77]. Le *Landtag* de Calenberg pratiquait encore le vote par ordre, alors que les autres *Landtage* de l'Electorat avaient, dès le dix-septième siècle, instauré le vote par tête[78]. Mais contrairement à ce que cette mesure devait, en 1789, signifier pour les Etats Généraux de France, la noblesse hanovrienne en tirait avantage, du fait que le nombre de ses représentants n'était pas limité par une élection préalable: tout noble possédant un domaine était autorisé à paraître au *Landtag*. Le *Landtag* de Calenberg admettait en outre que siège sur le banc de la *Ritterschaft* le propriétaire bourgeois d'un bien autrefois noble, mais celui-ci ne pouvait être élu dans les commissions[79].

C'est par l'exercice de la justice patrimoniale que se manifestait le plus visiblement, et aussi le plus durement, le pouvoir féodal. Le tribunal seigneurial de Bredenbeck fonctionna jusqu'en 1849, date à laquelle il fut supprimé à la demande même des Knigge[80]. En 1823, ils avaient cependant été dessaisis du droit de haute justice, qu'avait, jusqu'en 1800, matérialisé l'existence d'un gibet[81]. Le privilège judiciaire des Knigge de Bredenbek était particulièrement étendu, puisqu'il leur donnait le droit, reconnu par des lettres d'investiture spéciales, d'y posséder un "tribunal fermé" (*geschlossenes Gericht*), c'est-à-dire de rendre la justice non seulement sur leurs domaines, mais aussi dans le village, sans être subordonnés à l'administration judiciaire de l'Electorat. Cela faisait de Bredenbeck une espèce de principauté au sein du baillage de Calenberg. C'est en vain que les autorité électorales essayèrent, avant le dix-neuvième siècle, d'en restreindre la compétence[82].

---

75 LAMPE, *op. cit.*, I, 3. Entre 1714 et 1760, par exemple, sur 82 fonctionnaires nobles, 49 (c'est-à- dire 60%) appartenaient au lignage Münchhausen.
76 Voir dans LAMPE, *op. cit.*, II 3 - 15, la liste des foctionnaires de l'administration centrale et de la cour hanovrienne entre 1714 et 1803.
77 MEIER, *op. cit.*, I, 233 - 248.
78 *Ibid.*, I, 249 - 250.
79 *Ibid.*, I, 233 sq. Vers 1790, il y avait 189 biens nobles donnant droit à une représentation au *Landtag* (*landtagsfähige Rittergüter*) à Calenberg (y compris la région de Göttingen), 9 à Grubenhagen, 195 dans le Lunebourg, 79 à Hoya, 57 à Brême, 18 à Verden, 30 dans le Lauenbourg – soit 577 (*ibid.*, 231).
80 GEWECKE, *op. cit.*, 155.
81 *Ibid.*, 53.
82 *Ibid.*, 51. Le *Geschlossenes Gericht* de Bredenbeck est mentionné dans BÜSCHING, *op. cit.*, 240. Pour la définition précise de ce terme, voir OBERSCHELP, *op. cit.*, II, 101.

Comme tous les nobles détenteurs d'un fief, les Knigge étaient d'ailleurs de véritables petits souverains. Le statut féodal soustrayait la noblesse terrienne (*landsässige Ritterschaft*) à la sujétion proprement dite. Non seulement elle ne payait pas d'impôts et n'était pas soumise à la corvée, non seulement elle fabriquait l'essentiel des produits (alimentaires, textiles etc.) qu'elle consommait, voire revendait, mais elle seule avait le droit de lever des contributions et d'exiger des paysans le travail gratuit dès lors que ceux-ci vivaient sur ses terres. En 1670 par exemple, Friedrich Ulrich von Knigge souligne, dans une lettre, que les paysans de Bredenbeck n'ont pas à obtempérer aux réquisitions du duc, qui prétendait les assujettir aux redevances et à la corvée[83].

Face au reste du corps social, la noblesse formait donc un bloc protégé par une multitude de privilèges politiques, économiques, judiciaires, fiscaux, militaires etc.

Il pouvait arriver, en des temps de détresse, que le souverain lui demande quelques sacrifices. Mais ceux-ci ne portaient pas atteinte à sa position sociale, ni, évidemment, à sa situation de fortune. C'est ainsi qu'en 1763, pour renflouer un trésor que la guerre de Sept ans avait sérieusement mis à mal, le gouvernement décida de lever dans la principauté de Calenberg une contribution exceptionnelle frappant toutes les personnes, sans tenir compte des exemptions habituelles. Les nobles y furent donc astreints. Son montant était fixé en référence à la profession du contribuable. En tête venaient les Conseillers de la Régence, qui devaient verser 50 Reichsthalers. Le taux minimum, qui correspondait à la profession de servante, était de 9 Mariengroschen, soit 1/4 Reichsthaler[84]. Le rapport d'imposition entre la plus basse et la plus haute classe était donc de 1 à 200. Encore tous les nobles n'étaient-ils pas Conseillers et hauts fonctionnaires. Celui qui se contentait de vivre sur son domaine était taxé à 8 Reichsthalers.

Or cette échelle fiscale ne reflète nullement celle des revenus, ni même celle des salaires. En 1783, une servante (logée et nourrie, il est vrai...) gagnait 8 Reichsthalers par an. Dans le même laps de temps, ses maîtres dépensaient la même somme pour la chandelle et l'huile d'éclairage[85]. Un édit du 22 avril 1743, qui resta en vigueur jusqu'en 1831, fixait le traitement d'un Conseiller à 4000 Reichsthalers annuels, auxquels s'ajoutait généralement un casuel qui pouvait le tripler[86].

Quant aux revenus que les nobles tiraient de leurs domaines, ils sont évidemment difficiles à calculer avec précision, puisqu'ils se composaient à la

---

83 GEWECKE, *op. cit.*, 58. Protestation de même nature en 1685, *ibid.*, 84.
84 Le texte de l'ordonnance instituant cet impôt fut publié dans les *Hannoverische Anzeigen von allerhand Sachen, deren Bekanntmachung dem gemeinen Wesen nöthig und nützlich*, Hannover, 1763, 74. - 75. St., Sp. 951 - 956 et 967 - 974. Un index alphabétique (Sp. 983 - 998) récapitule l'ensemble des professions et de l'impôt correspondant.
85 OBERSCHELP, *op. cit.*, I, 288.
86 *Ibid.*, I 267.

fois de sommes en argent et d'avantages en nature[87]. Si la noblesse hanovrienne, comparée à celle d'Allemagne du sud ou du sud-est, n'était pas immensément riche, elle l'était néanmoins suffisamment pour assurer son indépendance face au souverain. La valeur d'un domaine, estimée par exemple en vue d'une vente, se situait souvent entre 20 000 et 40 000 Reichsthalers-or. En 1797, une propriété qui rapportait chaque année, tous frais déduits, 6700 Reichsthalers, fut offerte au prix de 160 000 Reichsthalers[88].

La terre que les Knigge possédaient à Bredenbeck était riche. Le sol, recouvert d'une couche de loess qui pouvait atteindre une épaisseur de deux mètres, y était d'une fertilité comparable à celle de la *Magdeburger Börde*[89]. Il produisait en suffisance céréales, légumes, fruits, fourrages. Friedrich Ulrich avait même introduit... la vigne en 1657! Les grasses prairies nourrissaient un bétail nombreux (vaches laitières, moutons, porcs). Cours d'eau et étangs abondaient en poissons. Les forêts et une carrière de pierres fournissaient des matériaux de construction[90].

Nous ne savons pas à combien se montaient les revenus des barons de Knigge. Dans une lettre écrite peu de temps avant sa mort, Adolph évoque, sans autres précisions, sa fortune, qu'il qualifie de "considérable"[91]. Au domaine de Bredenbeck s'ajoutaient en effet deux terres à Pattensen et à Leveste non loin de Hanovre, qu'avait héritées Adam-Christoph, le grand-père paternel d'Adolph[92], ainsi que la maison que la famille possédait à Hanovre depuis le quatrorzième siècle. Mais de cette fortune "considérable", Adolph n'eut jamais la jouissance: lorsque Philipp Carl, son père, mourut (1766), il laissait une dette de 100 000 thalers. Un penchant excessif pour "le faste, l'éclat, les distractions enivrantes"[93], mais aussi un entourage nombreux "de gens qui parlaient de la pierre philosophale et autres petites choses du même genre"[94] avaient englouti des sommes énormes, et les créanciers s'empressèrent de faire mettre l'héritage du baron sous séquestre. Ce fait a pesé sur toute l'existence de Knigge, ainsi qu'en témoigne la lettre que nous avons citée, dans laquelle il évoque avec amertume la "bande de coquins" qui,

---

87 Encore que beaucoup de droits féodaux aient été convertis en rentes versées régulièrement au propriétaire (LAMPE, *op. cit.*, I, 77). Les redevances perçues par celui-ci sont décrites en détail par OBERSCHELP, *op. cit.*, I, 110 - 119.
88 OBERSCHELP, *op. cit.*, I, 266.
89 GEWECKE, *op. cit.*, 12 sq.
90 *Ibid.*, 73 - 83, d'après des lettres appartenant à la famille Knigge.
91 Lettre de Knigge datée du 21 janvier 1796, à un correspondant qu'il croyait être l'*Aufklärer* viennois Aloys Blumauer, mais qui était en réalité un indicateur de la police, citée par August FOURNIER, *op. cit.*, 23. Knigge écrit: "meine Güter, mein sehr ansehnliches Vermögen..." Cf. également une lettre à Friedrich Nicolai, datée du 8 mars 1788. Knigge écrit: "Ich bin im Ueberflusse zeitlicher Güter erzogen" (KAW, ms. in: Nicolai-Nachlass à Berlin).
92 GEWECKE, *op. cit.*, 92.
93 *Kurze Biographie*, X.
94 *Philos endliche Erklärung [...]*, 17.

utilisant toutes les ressources qu'un appareil juridique compliqué et désuet mettait à leur disposition, administraient et pillaient ses biens[95]. Ses créanciers lui accordèrent une rente annuelle de 500 thalers, ce qui correspondait au revenu d'une famille bourgeoise moyennement aisée[96], mais ne lui permettait pas de tenir le rang auquel sa naissance lui donnait le droit de prétendre. Cette situation, nous l'avons dit, n' a pas été étrangère à la nécessité dans laquelle il s'est trouvé d'ajouter les revenus que lui procurait sa plume au traitement souvent modeste qui était attaché à ses fonctions successives.

Nous pouvons même nous demander si elle n'est pas, au moins en partie, à l'origine de l'aversion qu'il finit par nourrir pour un système politique et juridique qui n'était plus en mesure de protéger ceux au profit desquels il aurait dû fonctionner. Adolph n'avait qu'une fille. Or, en droit féodal, les fiefs ne pouvaient être transmis aux femmes. Les banquiers savaient donc qu'à la mort d'Adolph (et la santé chancelante du baron, depuis 1788, pouvait la leur faire croire proche), c'est un cousin éloigné, issu d'une branche établie en Courlande, qui deviendrait seigneur de Bredenbeck. Aussi refusèrent-ils de prêter à Knigge les sommes qui lui auraient peut-être permis de faire patienter ses créanciers, tandis que "dans les meilleures formes du droit, sous la protection de la sainte Justice"[97], l'avocat Vogel, être retors et sans scrupule, exploitait, pour le compte de ceux-ci, mais aussi dans son propre intérêt, les rentables domaines du baron. Il était d'autre part interdit, en droit féodal, de vendre un fief endetté ou de le mettre en gage[98]. Knigge ne pouvait donc hypothéquer son domaine. En Prusse, les fiefs pouvaient être transformés en terre de franc-alleu (*Allodifikation*), devenant alors libres de toute contrainte féodale. Dans le Lunebourg, un institut de crédit permettait aux nobles de régler les dettes grevant un héritage. Rien de tout cela n'existait dans la principauté de Calenberg:

> Lorsque, dans cette province, un domaine est mis en faillite, il est perdu pour la famille pendant plusieurs années[99].

Bien malgré lui, l'aristocrate Knigge était donc victime des structures féodales de la société dans laquelle il vivait. Il est frappant de constater que la première édition du *Commerce* coïncide avec les premières démarches sérieuses, et qui pourtant devaient se révéler vaines, qu'il entreprit pour rentrer en possession de ses biens. C'est en effet en 1787 - 1789 qu'il essaya d'intéresser à son sort non seulement la justice hanovrienne, mais aussi la Régence et même, bien que ce fût en principe interdit, le roi Georges III[100]. Or, si le thème du

---

95 Knigge au pseudo-Blumauer, 21 janvier 1796; lettre à Nicolai du 8 mars 1788.
96 OBERSCHELP, *op. cit.*, I, 277.
97 Knigge au pseudo-Blumauer, 21 janvier 1796.
98 SPILCKER, *op. cit.*, 54.
99 *Ibid.*, 56 sq.
100 Lettre du 21 janvier 1796, op. cit., 23, Dans une lettre datée de 1788 adressée au Conseiller Johann Friedrich Carl von Alvensleben, alors représentant de la Régence à Londres, Knigge le prie de faire parvenir à Georges III "en mains

propriétaire spolié par des aventuriers et pressuré par les avocats revient comme un leitmotiv dans l'ensemble de son oeuvre[101], c'est dans le *Commerce* qu'il met pour la première fois véritablement en cause non seulement les manoeuvres dilatoires et même la vénalité des avocats et des juges, mais aussi la nature et le fonctionnement de la justice, ainsi que le droit romain, soutien essentiel de l'absolutisme moderne[102]. Un an avant que n'éclate la Révolution française, Knigge était déjà un écrivain politique. Sans être en totale rupture avec son milieu, il avait compris, parce qu'il le vivait, que celui-ci n'hésitait pas à rejeter l'un des siens pour de sordides questions d'argent, et que le caractère anachronique des structures politiques et sociales ne permettait plus à l'individu de se faire rendre justice. La féodalité ne garantissait plus le droit: c'est là un enseignement que Knigge tirait d'abord de sa situation personnelle.

La mise de ses biens sous séquestre lui imposait aussi l'obligation d'un tuteur[103]: simple formalité sans doute, et qui ne concernait que sa situation de fortune, mais combien humiliante pour ce descendant d'une des plus anciennes familles du Hanovre!

August Wilhelm Rehberg a noté le rôle essentiel que la détention d'un fief a joué dans le développement de l'orgueil nobiliaire[104]. Le fief témoignait de la

---

propres" un "placet" (*Bittschrift*) exposant sa situation. Il lui envoie en même temps un exemplaire du *Commerce*. Il adresse, sur le même sujet, à la même époque, une lettre au Conseiller Carl Heinrich von Hinüber, qui se trouvait également à Londres. N'ayant reçu aucune réponse de l'un ni de l'autre, il écrit au chef de la Chancellerie à Hanovre, le Conseiller secret Wilhelm August Rudlof, le 22 octobre 1788, à qui le dossier avait été transmis. Il y évoque une requête concernant un prêt (*mein unterthäniges Gesuch in Ansehung eines Darlehens*) qui lui permettrait de libérer ses domaines, et exprime la crainte que, s'il venait à mourir, sa femme et sa fille soient sans ressources. Enfin, le 5 octobre 1789, il écrit au Conseiller Christian Ludwig August von Arnswaldt, à Hanovre, soulignant que celui-ci est "le seul à s'être montré constamment favorable à (son) affaire". Les brouillons manuscrits de ces lettres se trouvent au Kestner-Museum à Hanovre (cote 1914. 70 7 ff.) et sont en partie reproduits dans *Ob Baron Knigge auch wirklich todt ist?*, Ausstellungskatalog der Herzog August Bibliothek Wolfenbüttel, Braunschweig, 1977, 28 - 30 et 33. Le texte complet nous a été communiqué par la KAW. Knigge évoque aussi les raisons de son retour à Hanovre en 1787 et les procès que sa mort éventuelle entraînerait entre sa fille et les héritiers du fief, dans une lettre à Nicolai du 3 mars 1787 (KAW).

101 Par exemple *Roman meines Lebens*, II, Brief 3; *Geschichte Peter Clausens*, I, 3, 55, 71; III, 5 et 76; *Die Verirrungen des Philosophen oder Geschichte Ludwigs von Seelberg*, I, 12, 181 sqq., 231, 275; *Geschichte des armen Herrn von Mildenburg*, I, 285; *Benjamin Noldmanns Geschichte der Aufklärung in Abyssinien [...]*, II, 218; *Das Zauberschloss oder Geschichte des Grafen Tunger*, Hannover, 1791, 17.
102 *Umgang*, éd. 1788, II, 113 - 120.
103 Un document établi au nom de Georges III par la Chancellerie hanovrienne le 7 août 1771 désigne le comte Carl Rudolf von Kielmannsegg comme seul tuteur (*Vormund*) de Knigge (cité par GEWECKE, *op. cit.*, 48).
104 REHBERG, *op. cit.*, 130 sq.

pérennité du lignage, de son pouvoir sur l'environnement social, de son attachement à un sol, à des traditions, à des êtres aussi, que le seigneur faisait vivre et qu'il lui arrivait d'aimer. Et Johann Michael von Loen, le grand-oncle de Goethe, soulignait en 1752 (l'année de la naissance d'Adolph) que les nobles qui vivaient d'emprunts et gaspillaient leurs revenus en banquets et au jeu, non seulement précipitaient dans la misère eux-mêmes et leurs proches, mais dépouillaient ceux qui leur avaient avancé argent et denrées, et, ce qui était encore plus grave, "souillaient" leur noblesse et s'en rendaient indignes par un comportement "infamant"[105].

L'inconduite et la prodigalité paternelles avaient eu pour conséquence de faire de Knigge un déraciné ou, plus exactement, un déclassé. Rejeté par sa caste, il allait à son tour prendre ses distances par rapport à elle. Frustration, humiliation: combien d'itinéraires révolutionnaires n'ont-ils pas eu là leur point de départ?

B. Codes et genres de vie

L'orgueil de la caste nobiliaire hanovrienne a été souligné par de nombreux observateurs de l'époque. Même Brandes, qu'on ne peut accuser d'hostilité à son égard, remarquait qu'avant 1789, les propos des nobles hanovriens étaient souvent "offensants"[106]. Et encore en 1796, l'agent du Directoire écrivait: "Il est certain que la noblesse hanovrienne surpasse en orgueil et en insolence le reste de la noblesse allemande, ce qui n'est pas peu dire"[107].

Cependant, pas plus que la bourgeoisie ou la paysannerie, la noblesse ne constituait une classe homogène. L'origine, la fonction, la fortune, les alliances: autant de facteurs qui déterminaient des droits, des privilèges, des statuts différents[108], dont la variété, qui impliquait une savante hiérarchisation, n'était guère perçue par le peuple roturier.

Les nobles usaient entre eux d'un langage particulier, véritable code qui permettait aux initiés de marquer les distances qui les séparaient, tout en préservant la cohésion de la caste face au reste du corps social. Ce n'est pas au hasard que s'employaient, par exemple, les termes de *Hochgeboren, Wohlgeboren, Hochwohlgeboren*, ou de *Durchlaucht* et *Erlaucht*, ou encore les expressions *edler Herr* ou *vester Freund*[109].

Au dix-huitième siècle, les usages étaient encore scrupuleusement respectés: lorsqu'en 1792 le Conseiller Arnswaldt écrivit à Knigge pour lui repro-

---

105 J.M. von LOEN, *Der Adel*, Ulm/Stettin, 1752, 407. Sur Loen, voir *Allg. d. Biog.*, XIX, 86 sqq.
106 *Annalen der Braunschweig-Lüneburgischen Churlande*, III, 1789/4, 778 sq.
107 *Mémoire II, op. cit.*, 60 recto.
108 Un exemple: pour avoir le droit d'être membre d'un hapitre religieux (*stiftsfähig*), un noble devait pouvoir justifier de 32 "quartiers", c'est-à-dire de cinq générations (SCHMIDT, *op. cit.*, 53). Sur les différents types de noblesse, voir *Geschichtliche Grundbegriffe, op. cit.*, I, 21 sq.
109 SCHMIDT, *op. cit.*, 84.

cher d'avoir, dans la *Profession de foi de Joseph Wurmbrand*, attaqué la société, l'Etat et la religion, il commença sa lettre par ces termes: "Unsere freundlichen Dienste zuvor, Edler, Vester, Günstiger, Guter Freund!" La traduction littérale de cette formule donne ceci: [Recevez] auparavant [l'assurance de] nos services amicaux, noble, ferme, favorable et bon ami. En fait, aucun de ces mots n'est l'expression d'un sentiment de courtoisie. Il s'agit ici uniquement d'une formule chiffrée, dont le sens n'apparait qu'aux membres d'une même caste, tout en indiquant à chacun sa place. Elle correspond très exactement à la manière dont un *Conseiller de la Régence*, issu par définition de la *noblesse*, devait s'adresser à un *fonctionnaire* appartenant lui-même à une *petite*, mais très *ancienne noblesse du pays*. Si la lettre avait été signée de Georges III, Knigge n'aurait eu droit qu'au titre de "Bester Freund", et non à celui de "Edler, Vester Freund"[110].

Autre exemple: les Knigge avaient été élevés au rang de barons (*Freiherren*) par l'Empereur lui-même, et non par leur souverain territorial. De ce fait, ils avaient le droit de porter leur titre sous sa forme française de "Baron"[111]. Mais qui pouvait saisir la différence entre un simple *Freiherr* et un *Baron*, à moins d'appartenir lui-même à la caste nobiliaire?

Mieux encore: les Knigge étaient l'une des quelques familles d'Allemagne qui possédaient (et possèdent encore aujourd'hui...) l'insigne privilège de ne pas faire précéder leur nom de la particule. *Adolph Freiherr Knigge*: l'absence du *von* ne peut en aucun cas être considérée comme le signe d'un engagement politique aux côtés des roturiers. C'est même l'inverse qui est vrai. Elle marque l'origine particulièrement ancienne de la famille[112].

Plus visibles aux simples mortels étaient les distinctions qui résultaient du genre de vie, elles-mêmes liées à la différenciation des fonctions.

Pour la période allant de 1714 à 1760, J. Lampe divise la noblesse hanovrienne en deux groupes: la noblesse de cour (*Hofadel*) et l'aristocratie (*Aristokratie*). A partir de 1760, seul le second groupe a une réelle importance sociologique, la noblesse de cour perdant sa raison d'être au fur et à mesure que les années passaient sans que Georges III, qui régna soixante ans (1760 - 1820), ne se rendît dans l'Electorat[113]. La famille Knigge appartenait à

---

110 Lettre d'Arnswaldt à Knigge, 2 juillet 1792, *lettre citée*. L'original se trouve au Kestner- Museum de Hanovre, cote 1914.70 (52). Sur les "codes" de la noblesse, voir SPILCKER, *op. cit.*, 19. Voir aussi LAMPE, *op. cit.*, I, 9.

111 *Deutsche Encyclopädie oder Allgemeines Real- Wörterbuch aller Künste und Wissenschaften*, von einer Gesellschaft Gelehrten, Frankfurt/M., à partir de 1778, I, art. *Adel*, 220.

112 Les ouvrages que Knigge a publiés sous son nom indiquent celui-ci tantôt sans la particule, tantôt avec elle, sans doute au gré des éditeurs, qui n'étaient pas forcément au courant des usages de la noblesse.

113 Sur la définition de la noblesse de cour, voir LAMPE, *op. cit.*, I, 143 - 147. Recrutée dans des familles moins anciennes que l'aristocratie, mais surtout qui ne disposaient pas de fiefs ou de biens terriens importants, la noblesse de cour était en

l'aristocratie, c'est-à-dire à cette fraction de la noblesse hanovrienne qui non seulement détenait tous les leviers du pouvoir, mais aussi portait en elle, à un degré inégalé ailleurs, le sentiment de constituer une catégorie d'êtres supérieurs, d'une essence autre que celle du commun, appelée par là-même à occuper dans l'Etat et la société une place voulue par l'ordre divin et immuable de toutes choses. Rien n'exprime mieux cet orgueil profond, essentiel, plus soigneusement entretenu en Hanovre que partout ailleurs, que la coutume – attestée pour la famille Bernstorff, mais qui devait être répandue ailleurs – qui exigeait d'un jeune aristocrate que, parvenu à l'âge de sa majorité, il prête serment d'obéissance au "statut familial", faute de quoi il était impitoyablement rejeté par les siens, voire contraint de s'exiler. Ce texte ne se bornait pas à énumérer de vagues préceptes de moralité ou d'économie ménagère, il faisait également ressortir la mission, au sens quasi religieux du terme, qu'une famille de l'aristocratie assignait à ses membres: assurer la pérennité de la lignée, non seulement physiquement, mais aussi (et les deux choses étaient évidemment étroitement liées) socialement. Un accent particulier était mis sur la nécessité de choisir les épouses dans les familles de la meilleure noblesse, les ancêtres de la mère étant aussi importants que ceux du père pour garantir l'existence d'une "bonne race"[114]!

Mais un aristocrate hanovrien ne se devait pas seulement à lui-même et à son lignage: il se devait aussi à sa "patrie", entendons à l'Etat territorial et à son souverain, qu'il avait à servir "soit comme officier, soit comme fontionnaire"[115]. Tandis que la noblesse française avait été confinée par les Bourbons dans la fonction militaire ou courtisane, à moins qu'elle ne vécût sur ses terres, parfois plus misérable que ses paysans, tandis que Frédéric-Guillaume Ier et Frédéric II avaient réservé à la noblesse prussienne un rôle surtout militaire, la noblesse hanovrienne, elle, avait conservé à la fois ses privilèges et sa fonction politique et administrative.

---

général méprisée par l'aristocratie, dont elle n'avait pas la "solidité" matérielle ni morale. Beaucoup de nobles de cour étaient, du reste, d'origine étrangère (française ou italienne). Certains étaient issus, par les femmes, de familles de l'aristocratie, souvent ruinées. Au total, il était rare qu'un noble de cour pût faire état de huit "ancêtres".

114 Pour ce développement, voir LAMPE, *op. cit.*, I, 5 sq. Le terme de "race" se trouve dans plusieurs documents du temps: par exemple, dans le "statut familial" des Bernstorff cité ici, mais aussi dans un texte du margrave Karl Friedrich von Baden, qui affirme: "Gibt es Tierrassen, so gibt es auch Menschenrassen. Und wer zweifelt an Tierrassen? Gibt es Menschenrassen, so müssen sich die vorzüglichen hervortun vor anderen, sich untereinander durch Heuraten verbinden und die Rassen rein fortsetzen: das ist der Adel", cité par EPSTEIN, *op. cit.*, 221. LOEN (*op. cit.*), 307) considère comme une "tache" (*Flecken*) le mariage d'un noble hors de l'aristocratie. Les théoriciens du racisme au XIXè siècle n'ont rien inventé…

115 Johann Hartwig von Bernstorff à Andreas Peter von Bernstorff, cité par LAMPE, *op. cit.*, I, 10.

Si la notion de "dérogeance" existait, en Hanovre comme en France[116], elle ne s'appliquait pas aux "emplois civils" (*bürgerliche Ämter*), qu'un noble non seulement pouvait exercer, mais auxquels il convenait qu'il se prépare. Aussi la noblesse hanovrienne ne souffrait-elle pas de l'ennui et du sentiment d'inutilité qui affligeaient si profondément une grande partie de l'aristocratie française.

Le jeune aristocrate recevait d'abord, dispensée par des précepteurs privés, une éducation de base comprenant, outre la lecture, l'écriture et le calcul, l'enseignement des langues vivantes (en premier lieu le français, et non l'anglais) et mortes (le latin), et des éléments de mathématiques, d'histoire et de morale. Puis il était envoyé à l'Université de Göttingen, créée précisément pour dispenser aux fils de la noblesse le savoir qui leur était nécessaire pour bien servir l'Etat, où jurisprudence, sciences politiques, statistique, économie et histoire tenaient la première place. Enfin, le "grand tour", un voyage à travers les principaux pays d'Europe (la France, les Pays-Bas, l'Angleterre, l'Italie, le reste de l'Allemagne) venait très souvent compléter cette formation[117].

Aussi le niveau d'instruction de l'aristocratie était-il sensiblement plus élevé en Hanovre qu'en France, si l'on excepte quelques cas célèbres. Il arrivait même qu'un noble hanovrien soit titulaire d'un doctorat ou qu'il se pique de littérature ou de poésie. C'était le cas de Philipp Carl von Knigge, le père d'Adolph: après des études à Halle (avec Wolff) et à Göttingen, il soutint une thèse de droit et une thèse de théologie, devenant ainsi *Doctor beyder Rechte*[118]. Il est intéressant de constater ici que, dans le second ouvrage, Philipp Carl, tout en affirmant que la religion est chose nécessaire, proclame bien haut que nul peuple ne peut en imposer une à un autre peuple, et que la religion ne donne pas le droit de disposer des royaumes et des empires[119]. En 1763, la mort de sa femme inspira à Philipp Carl d'émouvantes déplorations qu'il tint aussitôt à faire éditer[120]. Les contemporains ont relevé l'érudition de Philipp Carl et l'étendue de ses lectures. Ils y mettaient sans doute quelque

---

116 Voir SPILCKER, *op. cit.*, 54. Sur les métiers interdits à la noblesse allemande en général, voir LOEN, *op. cit.*, 422 sq., et C.F. PAULI, *Einleitung in die Erkenntnis des teutschen hohen Adels*, Halle, 1753, §§ 31 - 34.

117 LAMPE, *op cit.*, I, 17 - 44, décrit en détail l'éducation que recevait, chez lui et à l'Université, le jeune aristrocrate hanovrien.

118 Philippi Caroli L.B. de KNIGGE, I.V.D. S.R.I. Equitis Domini in Bredenbeck, Pattensen, Leveste et Thale *De Natura et indole Castrorum in Germania*, Göttingen, 1747, et *Commentatio Academica de habitu religionis ad gentes* auctore D. Philippo Carole L.B. de KNIGGE, S.R.I. Equite Domino in Bredenbeck, Pattensen, Leveste et Thale, Göttingen, 1747.

119 "In statu civili nemo ad religionem cogi est", *Commentatio*, et "Religio non dat ius disponendi de regnis et imperiis", *ibid.*, 39.

120 Philipp Carl von KNIGGE, *Klagen eines gebeugten Wittwers, bey dem am 8ten Julius 1763 erfolgten Tode seiner geliebten Ehegattin Louisen Wilhelminen Freyin von Knigge, aus dem Hause Thale*, Hannover, o. D. (1763).

complaisance[121], mais il faut souligner néanmoins que si on peut faire au milieu social de Knigge grief de son arrogance, on ne saurait lui reprocher une totale inculture.

Mais surtout, ce qui distingue la noblesse hanovrienne de la noblesse française, c'est que la première s'instruisait en vue de servir l'Etat, tandis que la seconde ne le faisait que pour passer le temps. Considérés de ce point de vue, les privilèges dont jouissait la noblesse hanovrienne, bien qu'exorbitants et anachroniques, pouvaient apparaître comme des compensations aux services qu'elle continuait de rendre, tandis que les privilèges de la noblesse française ne pouvaient que choquer une opinion publique qui ne voyait pas quels services ils devaient rémunérer. C'est du moins le raisonnement que firent, à la fin du dix-huitième siècle, les conservateurs allemands qui tentèrent de prendre la défense de la noblesse[122].

Les ancêtres d'Adolph avaient occupé des charges plus ou moins importantes dans la principauté de Calenberg. Adam Christoph, le père de Philipp Carl était Conseiller provincial (*Oberlandrat*) et Conseiller du Trésor (*Schatzrat*), tandis que sa mère, née von Hattorf, était la fille d'un membre du Conseil secret, ministre d'Etat[123]. Philipp Carl était lui-même Assesseur à la Cour supérieure de Justice (*Hofgerichts-Assessor*), avec le titre (intraduisible) de *Oberhauptmann*[124]. Tout naturellement, une carrière de même type devait s'offrir à Adolph.

Les deux conseillers secrets hanovriens qui, à la mort de son père (1766), acceptèrent de lui servir de tuteurs, lui firent donner l'éducation qui conve-

---

121 Sur Philipp Carl, voir C. WEIDLICH, *Geschichte der jetztlebenden Rechts-Gelehrten in Teutschland [...]*, 2 Theile, Merseburg, 1748 - 1749, I, 459 - 463, et J.C. STRODT, *Beyträge zur Historie der Gelahrtheit worinnen die Geschichte der Gelehrten unserer Zeiten beschrieben werde*, 5 Theile, Hamburg, 1748 - 1750, II, 59 - 75. Voir aussi ROTERMUND, *Allgemeines Gelehrten-Lexikon*, III, Sp. 556 f.
122 Ainsi SPILCKER, *op. cit.*, 3, 13 sq., 50. Mais aussi Rehberg, Brandes, et une foule d'autres, moins talentueux et aujourd'hui oubliés, et qui souvent reprenaient ce que ceux-ci avaient dit. Il ne faut cependant pas penser que l'aristocratie était surchargée de travail: certains emplois, y compris militaires, n'exigeaient pas de leurs titulaires une assiduité telle qu'ils n'aient pas le temps de se consacrer à la danse ou à la mode (cf. OBERSCHELP, *op. cit.*, I, 268).
123 WEIDLICH, *op. cit.*, I, 460. Le *Oberlandrat* représentait le pouvoir central dans les territoires composant l'Electorat. Le *Schatzrat* était chargé de surveiller la perception des impôts. Il est difficile de dommer une bonne traduction de ces titres, qui ne signifient pas la même chose aujourd'hui, et qui, par ailleurs, correspondaient à une réalité locale, ou, au mieux, territoriale, mais ne pouvaient avoir leur équivalent en France, où le système administratif était fondamentalement différent. Nous nous sommes aidés du *Neues vollständiges deutsch-französisches und französisch-deutsches Wörterbuch [...] bestimmt von F.E.H.*, Augsburg, 1783.
124 WEIDLICH, *op. cit.*, I., 463. *Oberhauptmann* était le titre honorifique que portait le directeur d'un département administratif lorsqu'il était d'ancienne noblesse (cf. SPILCKER, *op. cit.*, 46 sq.).

naît à son rang. En 1769, Adolph s'inscrivit à l'Université de Göttingen[125]. Mais avant même la fin de ses études, dès mars 1771, il entrait au service du landgrave Frédéric II de Hesse-Cassel.

Il n'est pas possible, les documents faisant défaut, d'expliquer les raisons qui ont pu pousser Knigge à quitter le Hanovre, où aurait dû l'attendre une situation sûre, bien rémunérée et honorable, pour accepter l'emploi précaire, et déjà tant décrié, de courtisan d'un prince étranger. Coup de tête d'un jeune ambitieux, ébloui par les brillantes perspectives que devait offrir la cour de Cassel, assez prestigieuse à l'époque[126]? Besoin impérieux d'indépendance, de fêtes, de luxe, de jeu, que pouvait satisfaire l'exil provisoire hors de l'univers rigide et froid que constituait le milieu aristocratique hanovrien[127]? Revanche sur une éducation sévère, que la brutalité du père, puis l'austérité imposée par les tuteurs[128] n'avaient pu que rendre frustrante? Cela est tout à fait possible: pourquoi Knigge, qui n'a jamais caché combien lui avaient pesé ses dures années d'adolescence, aurait-il mené à la cour de Cassel, puis, plus tard, à celle de Hanau, une vie différente de celle qu'il prête aux courtisans dans ses romans[129]?

Mais une autre hypothèse peut être envisagée, que suggère, sans constituer, il est vrai, une preuve absolue, une phrase tirée de la *Brève biographie du baron de Knigge* publiée par sa fille. L'auteur écrit:

> Lorsque Knigge, pendant son séjour à Göttingen, alla à Cassel pour rendre visite à une tante qui avait épousé le ministre hessois von Althaus, *on le persuada* de postuler un emploi à la cour du landgrave Frédéric[130].

Qui était "on"? A la demande de qui ce personnage l'avait-il "persuadé"? Il ne semble pas absurde de chercher la réponse dans la situation de fortune d'Adolph, et dans ses conséquences tant morales que matérielles. La honte que l'inconduite et l'endettement de Philipp Carl von Knigge avaient projetée

---

125 L'Université de Göttingen possède encore un album dans lequel Adolph a noté lui-même, le 1er décembre 1769, quelques lignes (Niedersächsische Staats- und Universitätsbibliothek Göttingen, Cod. Ms. hist. lit. 48n).

126 Sur la cour de Cassel au XVIIIè siècle, voir E. VEHSE, *Geschichte der deutschen Höfe seit der Reformation*, XXIII, 4. Abtheilung: *Geschichte der Höfe der Häuser Baiern, Würtemberg, Baden und Hessen*, V Theile in 2 Bänden, s.l.n.d., II, 1 - 325.

127 En Hanovre, même le jeu devait être pris au sérieux. A en croire OBERSCHELP, *op. cit.*, 57 - 60, le Hanovre n'était guère un pays où l'on s'amusait. Philipp Carl était sans doute de ce point de vue une exception.

128 Philipp Carl ne semble pas avoir beaucoup aimé Adolph, qu'il trouvait trop chétif à son gré, et qu'il tenait pour peu doué. Les précepteurs qu'il choisit pour son fils ne paraissent pas avoir été fort savants eux-mêmes. Aussi, le *Kammersecretair* Augspurg, à qui les tuteurs confièrent l'enfant après la mort de son père, le soumit-il à un régime d'études extrêmement dur (voir GÖDEKE, *Adolph Freiherr Knigge, op. cit.*, 18 sq.).

129 Voir *Roman meines Lebens*, Peter Claus, Seelberg, passim.

130 *Kurze Biographie*, XII. C'est nous qui soulignons "on le persuada".

sur cette très ancienne famille ne constituait-elle pas un obstacle à l'entrée d'Adolph au service du gouvernement électoral? Les Knigge n'avaient-ils pas failli à l'obligation de "vertu", dont Loen disait qu'elle était inséparable de l' "état de noblesse"[131], et que soulignent avec tant de force tous les aristocrates hanovriens dont J. Lampe a étudié le statut social?

A cette première raison pourrait s'en ajouter une seconde. On ignore les noms des créanciers de Philipp Carl. Mais il n'est pas absurde de penser qu'il s'agissait de gens de sa caste, bien introduits auprès du gouvernement hanovrien, et qu'ils avaient obtenu de celui-ci qu'il ne fasse rien pour aider Adolph à rentrer en possession de terres dont l'exploitation était si profitable. Comment expliquer sinon que Knigge se soit si souvent heurté à des portes closes lorsque, à partir de 1787, il tentera d'intéresser la justice hanovrienne à sa cause[132]? Dans l'*Histoire de Peter Claus*, il raconte comment, à la mort du père de Peter, un cousin de celui-ci, prétextant une dette qui n'avait pas encore été remboursée, use de sa position de maire du village pour faire mettre les scellés sur la maison des Claus, et finit par s'emparer de tout l'héritage[133]. Certes, les faits sont ici transposés dans un milieu tout différent, mais Knigge n'avait certainement pas intérêt à être trop explicite! L'hypothèse que nous avançons ne saurait être contredite par le fait qu'en 1790, Knigge fut pourtant nommé Inspecteur des Ecoles à Brême: il pouvait paraître à cette époque aux Conseillers prudent de disposer d'un moyen de pression sur un homme dont les idées politiques commençaient à inquiéter les monarchies.

C. La sociabilité aristocratique

Etre noble, en Hanovre ou ailleurs, ce n'était pas seulement appartenir à un lignage, ni embrasser une carrière déterminée par un ordre antique et immuable. C'était aussi se distinguer par ses manières et son comportement. C'est par le comportement que l'esprit de caste se traduit de la manière la plus apparente.

"Exclusive et fermée" aux plans biologique, politique et professionnel, la noblesse hanovrienne l'était aussi dans sa pratique de la sociabilité, de ce que l'allemand apelle la *Geselligkeit*. C'est surtout à Hanovre même, où elles avaient coutume de passer les mois d'hiver, que les familles de l'aristocratie se rencontraient, au cours de dîners, de soirées, de bals que réglait une étiquette aussi rigide que scrupuleusement observée. A en croire le médecin suisse établi à Hanovre Johann Georg Zimmermann, ces réunions, qui pouvaient

---

131 LOEN, *op. cit.*, 407.
132 Dans la *Kurze Biographie* sont évoquées les "cabales" (*Cabalen*) de ses adversaires, ce qui laisse entendre que ceux-ci avaient de solides appuis en haut lieu (p. XIX). Cela est confirmé par de nombreuses allusions que Knigge fait à ses "ennemis" à Hanovre même, y compris au sein de la Régence, dans les lettres qu'il écrivit à l'acteur Grossmann entre 1787 et 1790.
133 Peter Claus, I, 8.

comprendre jusqu'à 80 personnes, et se tenaient chaque semaine, n'étaient ni ennuyeuses ni tristes. On y parlait exclusivement français, on y cultivait l'esprit français, les manières françaises. On y faisait de la musique, on jouait aux cartes, on bavardait. Les femmes s'y faisaient remarquer par leurs parures et leurs robes à la dernière mode de Paris[134].

Mais Brandes note que la vie mondaine hanovrienne était marquée par une rigoureuse séparation des classes sociales[135]. Sociables, les aristocrates hanovriens l'étaient incontestablement, mais entre eux. Prêts à se soutenir mutuellement, ils exigeaient en échange que chacun d'entre eux s'identifie totalement avec sa caste, en adopte le langage, les habitudes, les goûts, les idéaux. Ceci était perceptible jusque dans le vêtement. En 1779, la *Ritterschaft* du duché de Brême fut autorisée à porter un "uniforme civil" lors des sessions des Etats, à la cour ou lors de diverses festivités. En 1789, celle de Calenberg obtint le droit à un uniforme de gala et à un uniforme de tous les jours. Une mesure semblable fut prise pour le duché de Lunebourg[136].

Le conformisme du comportement (on disait en allemand *die Konvention*) devenait pour les nobles une seconde nature, inculquée dès l'enfance, comme une espèce de révélation qui n'avait pas à faire l'objet d'une démonstration rationelle, mais qu'il suffisait de transmettre par les manières. C'était là la fonction essentielle de l'éducation aristocratique[137].

A la fin du dix-huitième siècle, les préjugés de la caste nobiliaire hanovrienne étaient restés particulièrement vivaces, malgré les timides efforts entrepris par quelques aristocrates plus ouverts à l'esprit du temps pour briser le cloisonnement social: en 1752, le *Hofgerichtsassessor* von Wüllen avait ouvert, dans un établissement appelé la *Neue Schenke*, un "club" comme ceux qui existaient en Angleterre, où se rencontraient les membres de l'aristocratie et de la haute bourgeoisie[138]. A la fin du dix-huitième siècle, les clubs dominaient la vie mondaine hanovrienne. Mais au lieu de contribuer à un véritable rapprochement des classes sociales, ils ne faisaient que maintenir, sous une forme moderne, les barrières existantes: lorsque le club donnait une fête, par exemple, les dames, présentations faites, étaient invitées à danser par ceux qui les connaissaient, c'est-à-dire ceux qui appartenaient au même

---

134 Lettre de Zimmermann au Conseiller Schmid, à Brugg (Suisse), Hanovre, 25 novembre 1769, citée par E. BODEMANN, *Johann Georg Zimmermann. Sein Leben und bisher ungedruckte Briefe an denselben*, Hannover, 1878, 56 sq.
135 Cité par F.W. ANDREAE, *Chronik der Residenzstadt Hannover von den ältesten Zeiten bis auf die Gegenwart*, Hildesheim, 1859, 265.
136 OBERSCHELP, *op. cit.*, II, 39. Des uniformes pour la noblesse existaient aussi en Prusse, en Mecklembourg-Schwerin, dans le duché de Brunswick, en Hesse et dans la petite principauté de Lippe-Detmold (*ibid.*).
137 Voir SPILCKER, *op. cit.*, 53; LOEN, *op. cit.*, 314 - 317.
138 ANDREAE, *op. cit.*, 265.

milieu qu'elles. En fait, la différenciation sociale subsistait, mais la mode avait pris le relais de la tradition[139].

En été, la plupart des aristocrates hanovriens vivaient sur leurs terres. La vie qu'ils y menaient offrait ce double caractère de dureté seigneuriale et de patriarcale bienveillance que l'on pouvait rencontrer aussi dans la noblesse campagnarde de France. Les manières devenaient alors familières, tandis que le pouvoir seigneurial exerçait durement ses prérogatives. C'est ainsi que les barons de Knigge ne dédaignaient pas, à l'occasion, de consacrer deux journées à la noce d'un de leurs paysans[140], tout en exigeant de ceux-ci que les redevances soient ponctuellement payées et les corvées exécutées sans retard[141]. De même, les distances sociales devaient toujours être perceptibles dans le langage. En 1680, Friedrich Ulrich Knigge admoneste son intendant:

> Ecrivez-moi dorénavant lisiblement et avec une encre de bonne qualité, abstenez-vous de vous adresser familièrement à moi en français et donnez-moi, en tant que votre seigneur, le titre auquel j'ai droit, en bon allemand![142]

Pas plus à la campagne qu'à la ville, pas plus avec les paysans qu'avec les bourgeois, il n'était question pour la noblesse de renoncer à sa conscience de caste. S'il arrivait aux barons de Knigge de prendre la défense de leurs paysans[143], c'était pour marquer au pouvoir territorial que l'investiture avait fait d'eux les maîtres de la terre et des gens. Leur réaction était essentiellement conservatrice, elle se référait à l'ordre féodal traditionnel, et non à l'évolution des structures sociales. Les premiers coups portés au statut féodal à Bredenbeck le furent non par les Knigge, mais par leurs paysans qui, à partir du dix-huitième siècle, s'adressèrent de plus en plus à la justice électorale lors de procès contre leurs maîtres, obtenant assez souvent que leurs droits soient reconnus[144]. Il est vrai qu'à partir de 1766, ce n'est pas un Knigge qui régnait à Bredenbeck, mais l'avocat Vogel. Adolph put cependant, comme en fait foi une lettre du 19 février 1795, contraindre Vogel à renoncer à exiger des corvées supplémentaires. Il avait même, en vue du procès, mis à la disposition des paysans les documents établissant leurs obligations exactes[145].

---

139 LAMPE, *op. cit.*, I, 75 sq. Knigge évoque (*Briefe auf einer Reise aus Lothringen nach Niedersachsen geschrieben*, Hannover, 1793) les timides essais entrepris par les femmes de l'aristocratie hanovrienne pour inviter des membres de la bourgeoisie (p. 121). Il mentionne aussi les clubs (p. 122).
140 GEWECKE, *op. cit.*, 79. Fidèle à la tradition, Knigge accepte d'être le parrain du fils de l'administrateur de sa terre de Leveste, bien que "cela (lui) coûte au moins six écus", écrit-il à sa fille (en français) le 5 septembre 1789, KAW, original au Kestner-Museum à Hanovre, cote 1914.70 (15 - 16).
141 *Ibid.*, 73 - 83; 110.
142 GEWECKE, *op. cit.*, 81 sq.
143 Cf. note 83 ci-dessus.
144 GEWECKE, *op. cit.*, 99.
145 *Ibid.*, 100.

D. L'univers moral et spirituel

Les Knigge, comme beaucoup d'autres, n'étaient pas, comme on dit, "insensibles à la misère": leurs dispositions testamentaires comportaient fréquemment un legs pour les nécessiteux[146]; Philipp Carl avait introduit l'usage d'une quête dominicale, faite dans toutes les maisons du village, en faveur des pauvres; à Holtensen, non loin de Bredenbeck, un hospice (*Armenhaus*) avait été construit dès avant 1700, où les paysans pouvaient habiter gratuitement et dont le jardin potager était à leur disposition[147]. Mais surtout, cet établissement était proche de l'église: la charité toute seigneuriale des Knigge s'exerçait en fait dans les limites d'un christianisme pratique dont l'une des fonctions était de contribuer au maintien de l'ordre social existant.

A côté d'une réelle tolérance à l'égard des dogmes (dont la thèse de théologie de Philipp Carl porte témoignage), l'aristocratie hanovrienne faisait preuve d'une piété qui ne se bornait pas aux manifestations extérieures, mais qui, prenant sa source dans les antiques valeurs féodales de fidélité et de service, était un élément fondamental de la structure interne de cette caste[148].

De génération en génération, elle transmettait à ses membres le sentiment de son humilité devant le Dieu tout-puissant, d'où, paradoxalement, elle tirait celui de sa supériorité sur les autres classes de la société: mais le luthéranisme n'avait-il pas contribué, en figeant la société dans des hiérarchies selon lui voulues par Dieu, à assigner à chacun une place qui, parce qu'elle était "voulue par Dieu", devait lui être chère?

Knigge avait eu pour directeur de son éducation religieuse le pasteur Johann Adolf Schlegel, père de Friedrich et d'August Wilhelm et frère du dramaturge Johann Elias Schlegel[149].

Johann Adolf Schlegel n'était pas inconnu en Allemagne. Ancien élève de Pforta, partagé entre l'intérêt pour la théologie, qu'il avait étudiée à Leipzig, et l'amour des belles-lettres, auxquelles il consacrait des heures de loisirs qu'il savait rendre nombreuses, il avait collaboré de 1744 à 1748 aux *Nouvelles Contributions au plaisir de l'intelligence et de l'esprit,* plus connues sous le nom de *Bremer Beiträge,* fondées par Karl Christian Gärtner[150]. Il poursuivit ainsi une double carrière d'homme de lettres et de théologien, composant des poèmes, des fables, des odes, des contes, ne dédaignant pas de polémiquer

---

146 Ainsi Henning Johann en 1722 (200 thalers); Adam Christoph en 1732 (50 thalers) (GEWECKE, *op. cit.*, 101).
147 *Ibid.*, 102.
148 Ceci a été très bien montré par LAMPE, *op. cit.*, II, 1. Teil, Kap. 7.
149 Sur Johann Adolph Schlegel (1721 - 1793), voir *Allgemeine Deutsche Biographie*, XXXI. 835 - 387; SCHLICHTEGROLL, *Nekrolog auf das Jahr 1793*, Gotha, 1794, II, 71 - 121.
150 *Neue Beyträge zum Vergnügen des Verstandes und des Witzes* (dits Bremer Beiträge), fondés par Karl Christian GÄRTNER en 1774. Sur Gärtner, voir *Allgemeine Deutsche Biographie*, VIII, 381 - 384.

avec Gottsched dans un ouvrage sur *Le Naturel dans les poésies pastorales*[151], traduisant l'essai de Batteux sur *Les beaux-arts réduits à un même principe*[152] – mais occupant aussi une chaire de prédicateur à Pforta (1751 - 1754), puis devenant en 1754 professeur de théologie et de métaphysique au gymnase de Zerbst. En 1764, le minstre hanovrien Münchhausen, séduit par sa réputation d'éloquence, lui offrit une chaire de théologie à l'Université de Göttingen, que Schlegel déclina, préférant devenir pasteur à Hanovre. En 1782, il fut nommé superintendant général à Hoya, puis, en 1787, à Calenberg. Malgré ses charges administratives et une santé fragile, il continua de s'occuper de littérature. Ses cantiques, dont il publia trois recueils[153] témoignent des efforts de Schlegel pour rendre accessibles à un public qui commençait à s'en détourner de plus en plus les enseignements et les dogmes du christianisme. Mais à l'expression indéniable d'une piété profonde se mêle l'influence rationaliste. C'est peut-être cette concession à l'esprit du temps qui contribua au succès des *Cantiques*.

En 1765, il fut appelé par Philipp Carl à compléter l'instruction religieuse du jeune Adolph. Apparemment, celui-ci n'était pas complètement ignorant en la matière, puisque, dès le début de 1765, il avait envoyé à celui qui allait devenir en quelque sorte son directeur un mémoire sur *La doctrine de Dieu*[154]. Dans sa réponse, datée du 30 mai 1765, Schlegel félicite l'enfant de ses bonnes dispositions religieuses, constatant avec satisfaction qu'il est de ceux "qui ont la religion en leur coeur". Mais il le blâme d'avoir voulu prouver l'existence de Dieu par la raison, et d'avoir insisté trop longuement sur la nécessité, pour être sauvé, de vivre "selon les voies de Dieu" ("*gottselig*"), alors que c'est en premier lieu la foi qui constitue la condition du salut. Et Schlegel termine sa critique par quelques phrases qui donnent la mesure de sa naïve piété: l'excellence de la doctrine de l'Ecriture

> ne réside-t-elle que dans le fait qu'il ne s'y trouve aucune contradiction et qu'il n'y a dans la Bible que des choses raisonnables? Comme nous aurions beaucoup, infiniment beaucoup de livres divins, si cela était un signe sûr de leur divinité! Non, mon cher chevalier, l'important, c'est que la doctrine contenue dans la Sainte Ecriture soit par nature si excellente qu'il est impossible qu'elle soit d'invention humaine[155].

---

151 *Vom natürlichen in Schäfergedichten*, écrit sous le pseudonyme de Nisus, publié sous le second pseudonyme de Hanns GORGE, Zurich, 1746.

152 Ch. BATTEUX, *Les beaux-arts réduits à un même principe*, Paris, 1746. La traduction de Schlegel parut à Leipzig en 1751 sous le titre *Einschränkungen der schönen Künste auf Einem Grundsatz*. Une 2è édition fut publiée *mit einem Anhang einiger eigenen Abhandlungen versehen*, Leipzig, 1759.

153 J.A. SCHLEGEL, *Sammlung geistlicher Lieder zur Förderung der Erbauung*, Leipzig (2è éd. 1772), 1769, 1772.

154 Die Lehre von Gott. L'existence de ce texte, qui n'a pas été retrouvé, est attestée par KLENCKE, *op. cit.*, 50, qui publie la réponse de Schlegel au jeune Knigge (*ibid*. 50 - 60).

155 *Ibid.*, 59.

A vrai dire, ces lignes nous intéressent plus pour ce qu'elles nous révèlent de Knigge que de Schlegel. Certes, la position religieuse de Knigge n'est pas définitivement fixée: il n'avait pas treize ans! Mais les reproches que lui adresse Schlegel indiquent déjà chez lui le besoin, qui ne le quittera jamais, de concilier la foi et la raison, et d'accorder la religion aux exigences d'une morale pratique qui conduit le chrétien à assurer son salut non seulement par la foi, mais aussi par les oeuvres. On peut naturellement penser que celles-ci se réduisaient encore, pour le jeune Adolph, aux pratiques charitables dont il était le témoin dans la maison paternelle. Mais lorsque la maturité sera venue et que sa réflexion embrassera le destin de l'homme en tant qu'être social, il assignera à la religion de toutes autres fins, la pratique des oeuvres s'intégrant alors au fonctionnement d'une société de citoyens, plus soucieuse de morale pratique que de théologie pure.

Knigge portera toute sa vie l'empreinte d'une éducation religieuse à laquelle son milieu attachait assez d'importance pour la confier à l'un des prédicateurs les plus en vue du Hanovre. Mais on peut se demander si l'influence que Johann Adolph Schlegel exerça sur le jeune homme (qui reçut de lui la confirmation)[156] correspondait à ce que le milieu aristocratique hanovrien attendait d'un ecclésiastique luthérien. Il est impossible de croire que Johann Adolf Schlegel ait pu lui transmettre de la religion et de l'Eglise qui la servait une image aussi austère que celle qui, par exemple, accompagnait les méditations du ministre hanovrien von Diede, qui pensait que sa femme devait l'aimer assez pour désirer qu'il n'atteigne pas l'âge de cinquante ans et parvienne ainsi plus tôt aux félicités éternelles[157]. Il est vrai que les préoccupations intellectuelles de Philipp Carl, et aussi son genre de vie, ne le prédisposaient pas à ces morbides contemplations. Il est probable aussi qu'il était lui-même assez tolérant pour trouver bon que la théologie et les belles-lettres ne soient pas considérées comme incompatibles. Pourquoi aurait-il hésité à faire appel au pasteur Schlegel, qui cultivait ces deux domaines avec un égal dévouement?

Tel était le milieu social et moral au sein duquel Adolph baron de Knigge avait grandi, et dont il se détournera peu à peu, sans cesser pourtant de lui vouer secrètement cet attachement qui subsiste souvent après les ruptures lorsque celles-ci sont sentimentales.

Sentimentale, la rupture de Knigge avec son milieu le fut assurément. Avant de proclamer, contre l'éducation qu'il avait reçue, que la noblesse devait descendre du piédestal où elle se maintenait malgré l'esprit du temps, avant d'affirmer, contre Luther, que les hiérarchies sociales ne sont pas immuables, il fallut une série de circonstances humiliantes, où vînt se briser la haute opinion que, de son propre aveu, il avait de lui-même[158], et qui n'était qu'un

---

156 *Kurze Biographie*, X.
157 LAMPE, *op. cit.*, I, 92, n. 413.
158 Cf. *Philo*, 18 sq.

legs de sa caste. La première fut l'impossibilité de disposer de sa fortune. La seconde fut l'échec de sa carrière de courtisan.

3. Les petites cours allemandes

Si le thème du propriétaire spolié par ses créanciers revient constamment dans les romans de Knigge, il n'en fournit cependant jamais la matière. Il n'y constitue en général qu'un épisode intégré au récit de la vie de quelques personnages, destiné non pas à structurer une véritable critique des systèmes judiciaires, mais à montrer comment la constance et la générosité finissent par triompher de tous les obstacles [159].

Au contraire, la vie des petites cours allemandes y est évoquée à travers d'innombrables descriptions, véritables tableaux de moeurs n'épargnant ni les courtisans ni les princes, et qui forment la toile de fond sur laquelle le récit prend tout son sens.

Dans *Sincère Aveu de ma polygraphie*, Knigge avoue avoir écrit le *Roman de ma vie* pour se venger des "désagréments" qu'il avait essuyés "auprès de quelques cours". C'est, dit-il, pour protéger sa réputation contre les "calomnies" qu'il a donné de mainte scène dont il avait été le témoin une description "telle qu'elle fût compréhensible à certaines personnes". Il affirme que son roman reçut, malgré ses défauts de composition, un accueil favorable "en partie à cause de diverses allusions dont beaucoup de gens crurent avoir la clef"[160].

Ces lignes nous invitent à voir dans les tableaux qu'il nous présente autre chose qu'un simple produit de son imagination ou une concession à la mode du temps. Ce n'est plus un bourgeois qui invente, pour le plaisir de son lecteur, des scènes parfois hautes en couleur, comme l'avait fait, par exemple, Johann Gottwerth Müller dans *Siegfried von Lindenberg* [161]; ou qui imagine une fiction destinée à provoquer la réflexion, voire une réaction indignée: pensons à Lessing ou à Schiller. Avec Knigge, c'est un noble qui décrit *son* propre milieu, qui parle de personnes qu'*il* a rencontrées, d'événements qu'*il* a vécus. Chez lui, la littérature et le journalisme ne sont pas deux genres très éloignés l'un de l'autre.

Knigge ne pouvait se permettre de nommer les gens et les choses par leur nom. Aussi était-il contraint de déguiser la réalité. Essayons de nous servir de quelques-unes des "clefs" qu'il nous propose pour ouvrir les portes de ces

---

159 C'est un des thèmes du *Roman meines Lebens*: le baron de Leidthal, chassé de ses terres par von Wallitz, le descendant de leurs anciens propriétaires, se réfugie à Hambourg, où il mène une vie simple, mais paisible, jusqu'au jour où Wallitz mourant se réconcilie avec lui et lui rend ses biens, en échange de quoi Leidthal adopte le fils naturel de Wallitz, que son père, du temps de sa prospérité, avait renié.
160 *Aufrichtiges Geständniss meiner Poligraphie*, in *Kurze Biographie, op. cit.*, XXV.
161 J.G. MÜLLER, *Siegfried von Lindenberg*, Leipzig, 1779

châteaux et les grilles de ces parcs dont, pendant près de dix ans, il va hanter les galeries et les allées.

A. Le landgraviat de Hesse-Cassel

Selon le mot du ministre Schlieffen, le landgrave de Hesse-Cassel passait, parmi les princes allemands de second rang, pour le plus riche[162]. Par la superficie, son territoire se situait entre le duché de Brunswick-Wolfenbüttel, plus petit, et l'Electorat de Hanovre[163]. Durement ravagée pendant la guerre de Sept ans, à laquelle elle avait pris part du côté prussien, la Hesse-Cassel était, vers 1770, dans une phase de reconstruction économique, que le landgrave Frédéric II menait en s'inspirant du modèle prussien[164]. Il pratiquait une politique de repeuplement et de colonisation, accueillait des étrangers (et parmi eux de mombreux Français) qui bénéficiaient de toutes sortes de subventions et de privilèges militaires et fiscaux. Il introduisait des méthodes de culture et des productions nouvelles, encourageait l'usage des engrais, fondait des villages, accordait aux paysans des moratoires pour le paiement de l'impôt, surveillait les achats de blé, de fruits et de bétail, créait des manufactures (surtout textiles et métallurgiques), soutenait le commerce par des mesures protectionnistes et la régulation des prix et des salaires, par l'organisation de foires destinées à concurrencer celles de Brunswick, de Francfort et de Leipzig, par la réfection d'un réseau routier que les guerres avaient détruit. Il fondait en 1771 une compagnie commerciale, la *Carlshafener Handlungs-Compagnie*. En un mot, il essayait de développer l'économie de son territoire selon les principes qui guidaient son homonyme prussien[165].

Les résultats ne furent cependant pas à la mesure de la bonne volonté du prince qui, comme le souverain prussien, était assez ignorant en matière d'économie, ce qui l'amenait à commettre les mêmes erreurs. Ainsi l'agriculture, faute d'une solution moderne au problème des structures de la propriété foncière, ne connut pas l'essor qu'avait espéré le landgrave[166]. La création de manufactures de porcelaine et autres produits de luxe pour lesquels n'existait

---

162 C. von STAMFORD, *Geschichte von Hessen, vom Tode Landgraf Philipps des Grossmütigen an mit Ausschluss der abgetrennten Lande*, Kassel, 1866, 401.
163 Le Landgraviat de Hesse-Cassel est décrit par BÜSCHING, *op. cit.*, VIII.
164 Dans *Roman meines Lebens*, Knigge note cette imitation du modèle prussien, IV, 176. Le landgrave avait servi dans l'armée de Frédéric II, qu'il admirait fort.
165 Il n'existe pas d'étude d'ensemble de qualité sur la Hesse au XVIIIè siècle. Les renseignements que nous donnons sont empruntés au livre (bien insuffisant!) de STAMFORD déjà cité, et au catalogue intitulé *Aufklärung und Klassizismus in Hessen-Kassel unter Landgraf Friedrich II. 1760-1785*, Kassel, 1979, publié à l'occasion d'une exposition qui se tint à Kassel du 7 juillet au 7 octobre 1979 (dorénavant cité *Aufklärung und Klassizismus*). Sur l'économie, voir *ibid.*, 23 - 31, la contribution d' I. FEES, *Wirtschaft und Wirtschaftsreformen*.
166 *Aufklärung und Klassizismus*, art. cit., 25.

aucun marché fut, comme en Prusse, un échec[167]. La foire de Cassel ne parvint pas à dépasser une importance locale. Enfin, Carlshafen ne put attirer le trafic qui continuait à emprunter le port hanovrien de Münden [168].

En réalité, l'économie hessoise souffrait du même mal que l'économie prussienne: en plein milieu du dix-huitième siècle, le prince, préoccupé avant tout d'établir un pouvoir central fort, agissait par l'intermédiaire d'une réglementation détaillée qui brisait toute liberté et enfermait le pays dans un système quasi autarcique, alors que l'époque eût exigé, notamment en ce qui concerne le commerce, une plus grande ouverture aux risques qu'implique le développement de l'initiative privée et de la libre circulation des marchandises[169]. Les barrières de péage, par exemple, étaient une des plaies de la Hesse-Cassel.

Admirateur de la pensée économique de Frédéric II, le landgrave entendait également structurer son Etat à la manière prussienne. Dès son avènement (1760), il entreprit de regrouper des départements (*Ämter*) jusqu'alors relativement autonomes. La Chambre des Finances (*Rentkammer*) se vit affecter (sous la dénomination prussienne de Chambre de la Guerre et des Domaines, *Kriegs- und Domainenkammer*) à l'administration de tout ce qui relevait à l'époque de la fiscalité: postes, salines, mines, commerce, manufactures, bâtiments publics[170]. En 1772 fut créé le Directoire Général (*Generaldirektorium*, encore un terme emprunté à la Prusse), responsable sous l'autorité du landgrave de l'ensemble de l'administration centrale (finances, économie, guerre). Imitation de la Prusse encore que l'institution d'Inspecteurs des Impôts (*Steuerräte*) et de *commisarii loci* chargés de surveiller la gestion des finances communales et de stimuler le commerce et les manufactures. Enfin, des *Landräte*, choisis parmi les nobles, furent commis au maintien de l'ordre dans les campagnes.

Des réformes furent aussi introduites dans le domaine de la Justice, copiées sur ce qui se faisait alors en Prusse. La torture fut abolie, le droit rendu plus humain, la peine de mort peu appliquée[171], les procédures accélérées, la qualification des juges et des avocats améliorée, en même temps qu'un timide essai était tenté pour séparer Justice et Administration. Frédéric II eut même, comme son homonyme, l'intention de codifier le droit de son pays, mais il ne put mener cette réforme à son terme.

---

167 *Ibid.*, 29.
168 *Ibid.*, 20.
169 Une analyse pénétrante et très dense des inconvénients du système prussien est celle d'AYRAULT, *op. cit.*, I, 72 - 82. Elle s'applique aussi à beaucoup de petits territoires allemands, dans la mesure où leurs souverains, admirateurs de Frédéric II, pensaient que l'imitation du modèle prussien ferait d'eux des Etats florissants et puissants.
170 H. PHILIPPI und F. WOLF, *Staat und Verwaltung*, in: *Aufklärung und Klassizismus, op. cit.*, 15 - 21.
171 Knigge note ce fait dans *Roman meines Lebens*, I, 53.

Si le traitement des affaires de l'Etat requérait le sérieux prussien, c'est vers la France que se tournait le landgrave lorsqu'il s'agissait de donner à sa cour l'éclat dont il la croyait digne. Il connaissait d'ailleurs Paris, où il avait séjourné durant l'hiver 1749 - 1750. Voulant faire de Cassel, suivant l'expression d'E. Vehse, "une résidence de premier rang"[172], il s'attacha à l'embellir, faisant construire devant le château une vaste place entourée de colonnades, édifiant un opéra et un musée. Sur la recommandation de Voltaire, il accueillit des Français, le marquis de Luchet et le chevalier de Nerciat, auxquels il confia la charge d'"intendants des spectacles". Un orchestre de musiciens français, italiens et allemands accompagnait des opéras français et italiens, et aussi des ballets. Ainsi Cassel devint entre 1760 et 1780 une des cours allemandes les plus brillantes, où les fêtes le disputaient en splendeur à celles que, dans l'Allemagne du sud, offrait le duc de Wurtemberg. Knigge se plaît, dans le *Roman de ma vie*, à évoquer les "magnifiques monuments, les palais, les jardins enchanteurs, la musique, la peinture, le théâtre"[173] qui font le charme de Cassel, rendant cette ville infiniment plus agréable que Göttingen, dit-il. Il note aussi que "la cour est brillante et nombreuse", que "le château de l'Orangerie et le grand parc sont magnifiques"[174], et que le mobilier du château révèle un "goût noble et simple"[175].

Plus que francophile – après tout, le landgrave avait combattu la France lors de la guerre de Sept ans –, la cour de Cassel était, comme quasiment toutes les petites cours allemandes, ce qu'on pourrait appeler "francomane". Knigge écrit: "Ici à Cassel, tout est taillé sur le modèle français. La moitié des habitants est sans doute originaire de cette nation, et le ton qui règne dans tous les milieux et à la cour est accordé là-dessus"[176].

Dans un domaine cependant, elle était nettement prussienne: comme le roi Frédéric-Guillaume Ier, le landgrave de Hesse-Cassel aimait faire manoeuvrer lui-même ses soldats[177] – et il en avait beaucoup: 16 000 hommes de troupe en temps de paix, pour 350 000 habitants, soit plus que l'armée hanovrienne! Le goût du landgrave pour tout ce qui touchait à l'armée a été souligné par l'historien Stamford, qui constate que sous son règne, la Hesse-Cassel est devenue plus que jamais un "Etat militaire"[178]. Le recrutement se faisait, depuis 1762, sur le modèle prussien du système des cantons. Prussien

---

172 VEHSE, *op. cit.*, XXIII/2, 165.
173 *Roman meines Lebens*, I, 48.
174 *Ibid.*, 55.
175 *Ibid.*, 57.
176 *Ibid.*, 55. Voir aussi *Lothringen*, 88. Sur l'influence française à Cassel à cette époque, cf. J. SCHLOBACH, *Der Einfluss Frankreichs in Hessen-Kassel*, in: *Aufklärung und Klassizismus, op. cit.*, 98 sqq.
177 VEHSE, *op. cit.*, 171, d'après le témoignage d'un voyageur anglais. Dans *Roman meines Lebens*, Knigge note: "[Der Landgraf] liebt den Soldatenstand", I, 53. Voir aussi *Lothringen*, 88.
178 STAMFORD, *op. cit.*, 408.

aussi était l'entraînement, extrêmement dur. La ville de Cassel fourmillait de soldats.

En réalité, Frédéric II de Hesse-Cassel offre un bon exemple de ce qu'étaient nombre de petits potentats allemands en cette seconde moitié du dix-huitième siècle. Se voulant souverains à la fois absolus et éclairés, ils n'étaient bien souvent que des despotes dont les actes démentaient des principes pourtant parfois proclamés à la face du monde. On sait assez que Frédéric II de Prusse mettait l'intérêt de son Etat au-dessus de la morale. On peut dire que le landgrave Frédéric imita le roi de Prusse jusque dans cette duplicité. Lui qui, en 1774, composait des *Pensées diverses sur les princes*[179], dont Voltaire voulut bien faire l'éloge[180], ne dut-il pas la prospérité de ses finances à cet odieux "traité des subsides" (*Subsidienvertrag*) qu'il signa à Cassel avec l'Angleterre le 15 janvier 1776, par lequel il vendit entre 1776 et 1784 17 000 de ses sujets à son beau-frère Georges III, pour la somme totale 21 millions de thalers – un peu plus de 1235 thalers pour un homme[181]?

"Eclairé", le landgrave l'était certainement. Comme l'étaient tous ces petits princes qui aimaient les arts, la littérature, les beaux monuments; qui essayaient de développer l'instruction, surtout lorsqu'il s'agissait d'assigner à celle-ci des fins utiles à l'Etat, ainsi que le montre l'exemple du *Carolinum* de Cassel, réformé en 1773, et qui devint ce que nous appellerions en France une "grande Ecole", dispensant un enseignement très supérieur à celui des universités hessoises de Rinteln et de Marbourg. Les études y duraient deux ans et embrassaient un champ très vaste: langues anciennes, littérature et philologie, droit, médecine, anatomie, chirurgie, botanique, philosophie, physique, mathématiques, histoire. On y enseignait même l'architecture militaire et les principes de l'artillerie [182]. Les cours étaient donnés par des

---

179 *Pensées diverses sur les Princes*, 1774, publiées anonymement à Lausanne en 1776.
180 Voltaire au landgrave Frédéric II de Hese-Cassel, 18 mai 1776, in *Oeuvres Complètes de Voltaire*, éd. Voltaire Foundation, CXXVII, 153 sq-
181 Frédéric II de Prusse affecta de condamner ce trafic de chair humaine. Mais pour s'embarquer à Brême, ces troupes devaient traverser le territoire prussien: la douane prussienne perçut sur chaque homme la taxe de transit appliquée au bétail (VEHSE, *op. cit.*, 176). Que certains historiens du XIXè siècle, hessois sinon allemands, aient, par tous les artifices possibles de style et de raisonnement, tenté d'excuser ce commerce (auquel le landgrave de Hesse-Cassel était loin d'être le seul à se livrer!), on le comprendrait presque (voir STAMFORD, *op. cit.*, 401 - 407). Mais quand on lit, en 1979, que l'accusation qui pèse sur le landgrave n'a pas la gravité que lui ont accordée certains contemporains, allemands ou étrangers, et qu'elle a été grossie par des historiens nationaux-libéraux pour justifier moralement l'annexion de 1866, on reste rêveur... Cf. K.H. WEGNER, *Landgraf Friedrich II.: ein Regent der Aufklärung*, in *Aufklärung und Klassizismus*, *op. cit.*, 11.
182 [F. GROSSCHUF], *Versuch einer genauen und umständlichen Beschreibung der Hochfürstlich-Hessischen Residenz- und Hauptstadt Cassel*, Cassel, 1767, *367sq*.

professeurs renommés, Tiedemann (littératures latine et grecque), Mauvillon (philosophie et mathématiques), Dohm (finances et statistique), Runde (droit allemand), Höpfner (droit romain), Sömmering (médecine), sans oublier, de 1778 à 1784, Forster (histoire naturelle) et, de 1781 à 1783 Johannes von Müller (histoire) [183].

Mais à côté de ces réussites indéniables, auxquelles on peut ajouter la création d'une Société des Antiquités en 1773, d'une Académie des Arts en 1777, d'un Gymnase et d'un Musée en 1779, combien de projets abandonnés, comme celui d'une Académie des Sciences, ou qui ne connurent qu'un succès éphémère, comme la création de la *Carlshafener Handlungs- Compagnie*, qui ne témoignent pas tant de l'esprit "éclairé" du souverain que de sa volonté de se hausser à la hauteur des modèles que constituaient à la fois la Prusse et la France?

Toute l'ambiguïté de l'absolutisme éclairé est là. La vraie question n'est pas de savoir si les souverains du dix-huitième siècle étaient ou non ouverts à l'idée de progrès que développait partout l'esprit "philosophique", mais s'ils étaient capables d'en détourner les manifestations et les résultats vers leurs fins propres, à savoir avant tout la consolidation d'un pouvoir que cette idée, en en montrant le caractère anachronique, commençait précisément à ébranler fortement. L'exemple de la Hesse-Cassel montre bien le côté parfois un peu ridicule de ces tentatives, dont le succès eût exigé que le pays disposât de possibilités économiques qu'il n'avait pas, et d'une importance politique mesurée autrement qu'à l'aune de l'intérêt qu' offrait son alliance pour telle ou telle grande puissance. Sur l'échiquier européen, la Hesse- Cassel n'était qu'un pion: les joueurs s'appelaient la Prusse, la France, l'Angleterre ou l'Autriche- et, bientôt, la Russie[184].

Rien ne révélait mieux ce désir des petits princes allemands de s'identifier à ce que représentait, quant aux symboles de la puissance, la Cour de France, que l'étiquette à la fois rigide et minutieuse qu'ils avaient peu à peu introduite chez eux. Ils pouvaient bien, au fond d'eux- mêmes, abhorrer le souvenir de Louis XIV, auquel ils ne pardonnèrent jamais la dévastation du Palatinat, ils n'en étaient pas moins convaincus que celui-ci avait su faire du cérémonial l'instrument du droit divin et, par une multiplication extrême des hiérarchies, enfermer chacun de ses serviteurs dans une fonction dont souvent le titre épuisait le contenu, n'ayant d'autre objet au fond que de témoigner de leur soumission et de leur inutilité puisque le roi, selon ses propres mots, était seul à incarner l'Etat[185].

---

183 VEHSE, *op. cit.*, 172.
184 La disproportion entre le rôle que voulaient jouer les petits princes allemands et leur situation réelle a été notée (dans une perspective "nationale"), par K. BIEDERMANN, *Deutschland im 18. Jahrhundert*, 3 Bde, 2. Aufl. 1880, II, 64 et 142.
185 Voir BIEDERMANN, *op. cit., ibid.*, 63 sq.

Le 13 mars 1762, le landgrave avait signé une ordonnance qui précisait dans les moindres détails le rang de tous ceux qui exerçaient une charge, "qu'ils soient de haute ou de basse condition"[186].

Ce texte établissait douze classes représentant au total 140 fonctions, chacune affectée d'un numéro d'ordre. Son intérêt ne réside pas tant dans leur énumération que dans les hiérarchies que celle-ci fait apparaître. Ce n'est pas (en plein dix-huitième siècle...) le critère rationnel de leur utilité pour l'Etat qui les déterminait, mais celui de l'importance qu'elles avaient par rapport à la personne même du prince.

La première classe comprenait donc les chefs de l'armée (lieutenants-généraux de cavalerie, puis d'infanterie), les membres du Conseil Secret, le Grand Maréchal de la Cour (*OberHofmarschall*) et le Grand Chambellan (*OberKammerherr*). Les Présidents de la Cour d'appel (*Präsidenten bei dem OberAppellationsgericht*) et ceux des différents départements de l'administration appartenaient à la seconde classe, ansi que le Maréchal de la Cour (*Hofmarschall*), le Grand Echanson (*Oberschenk*) et le "Maître d' Hôtel héréditaire" (*Erbküchenmeister*). Dans la troisième classe, on trouvait le Grand Précepteur (*OberHofmeister*), le Grand Veneur du Pays (*LandJägermeister*) et le Grand Veneur de la Cour (*HofJägermeister*); dans la quatrième les Chambellans (*Kammerherrn*), les Vice-Chanceliers des Universités, les Précepteurs des princes du sang, le Superintendant de Cassel; dans la cinquième, les Gentilshommes de la Chambre (*KammerJunker*) et les membres de la Chambre de la Guerre et des Domaines (*Kriegs- und Domänenräte*). Les professeurs de théologie et de droit se trouvaient dans la sixième classe, ceux de médecine et de philosophie dans la septième. Venaient ensuite les Prédicateurs de la Cour, ceux de Cassel, de Rinteln et de Marbourg, ainsi que le Maître d'Hôtel Ordinaire (huitième classe), les chirurgiens (dixième classe), les maires de villes, etc. On descendait ainsi jusqu'aux Gardes forestiers à pied (*gehende Förster*). A côté des emplois de l'armée, de l'administration, de la Justice, des Eglises, des écoles et universités, des archives et des bibliothèques, des douanes et du fisc, étaient donc recensés ceux de la cour, qu'ils fussent affectés au service du landgrave et de sa famille, à ses écuries ou à ses cuisines.

Il est frappant de constater que ce texte, édicté en plein milieu du dix-huitième siècle par un prince qui passe pour "éclairé", reconduisait des hiérarchies devenues anachroniques, qui ne reflétaient plus une société réelle, mais une société figée dans des cloisonnements issus d'une tradition immémoriale, maintenus artificiellement par l'existence d'une multitude d'emplois inutiles[187].

---

186 *Hessen-Kasselsche RangOrdnung* du 13 mars 1762, texte in: SCHLÖZERs *Briefwechsel*, 1780, Heft XLII, 364 - 370.
187 La nature et la fonction de l'étiquette et du cérémonial ont été étudiées par N. ELIAS, *Etikette und Zeremoniell: Verhalten und Gesinnung von Menschen als Funktionen der Machtstrukturen ihrer Gesellschaft*, in: *Die höfische Gesellschaft [...]*, Neuwied und Berlin, 1969, 120 - 177. Les analyses d'Elias portent sur la cour de Versailles, mais elles sont valables aussi pour les cours allemandes.

Une ordonnance du 11 mars 1773 vint renforcer le caractère visible des distinctions sociales, en spécifiant pour chaque profession la nature et le prix des étoffes que ses membres étaient autorisés à utiliser pour la confection de leurs vêtements. L'or, l'argent et le velours étaient réservés aux Conseillers et aux Secrétaires. Les tailleurs et les orfèvres qui enfreignaient ces dispositions étaient passibles de quatre semaines de prison. En cas de récidive, ils perdaient leurs droits dans la cité et dans la corporation dont ils étaient membres. Le prétexte de cet édit était de lutter "contre le luxe abusif dans le vêtement"[188]. Mais il s'agissait en réalité de maintenir la société à l'intérieur des barrières d'un statut féodal que l'absolutisme ne cherchait pas tant à détruire qu'à détourner à son profit.

Knigge avait été nommé "Gentilhomme de la Cour" (*Hofjunker*) le 19 mars 1771, et le 22 assesseur "sine voto" à la Chambre de la Guerre et des Domaines. Le landgrave lui accorda en même temps un congé qui lui permit de terminer ses études à Göttingen et d'entreprendre quelques petits voyages. En 1772, il était de retour à Cassel. Le 28 juin 1773, il prenait ses fonctions à la Chambre de la Guerre et des Domaines, et il y recevait le droit de vote le 26 novembre[189]. Ces fonctions le situaient dans la cinquième classe définie par l'ordonnance du 13 mars 1762[190].

Il se trouvait ainsi en contact avec deux univers profondément différents: l'administration, où régnait le style prussien, la cour, où tout était à la mode française. D'un côté le sérieux, la ponctualité, la tâche quotidienne remplie, le dévouement absolu aux intérêts de l'Etat. De l'autre, la légèreté, la galanterie, l'intrigue, les manières raffinées, mais aussi l'hypocrisie des scandales étouffés, les ragots, les pièges constamment tendus par chacun à chacun. Knigge allait apprendre à ses dépens qu'un emploi à la cour, qui s'obtenait par recommandation, était par nature très fragile. Il ne dépendait pas seulement de la faveur dont jouissait celui (ou celle) qui avait appuyé la demande. Il supposait aussi chez celui qui l'avait obtenu une totale maîtrise de son comportement et de ses propos. Se surveiller constamment, telle était la dure discipline à laquelle devait se soumettrre le courtisan. La hiérarchisation extrême des rangs et des fonctions entraînait la multiplication des intrigues et des rivalités. Pour ne pas en être victime, il fallait beaucoup de souplesse: "Marcher avec les autres et se taire, voilà le mot d'ordre! Remplir ses devoirs et observer la plus grande réserve": c'est ainsi que R. Th. Grabe, auteur d'une

---

188 *Verordnung wegen des zu sehr eingerissenen Kleiderprachts*, STAMFORD, *op. cit.*, 409 sq.

189 Les lettres de nomination se trouvent aujourd'hui au Niedersächsisches Staatsarchiv, dépôt de Wolfenbüttel.

190 En fait, l'ordonnance ne mentionne pas expressément la fonction de "gentilhomme de la cour" (*Hofjunker*), mais celle de "gentilhomme de la chambre" (*Kammerjunker*). Mais c'est ainsi que Knigge est désigné dans tous les billets que lui adresse, en allemand ou en français, le landgrave. Un de ces billets est reproduit dans KLENCKE, *op. cit.*, 195.

biographie de Knigge, romancée mais scrupuleuse quant aux faits rapportés, fait définir le comportement du courtisan par le ministre d'Etat, Grand Chancelier et Grand Maître des Ecuries von Wittorff, qui accueillit Knigge à son arrivée à Cassel[191].

Knigge travailla sous les ordres du ministre Sigismund Jakob Waitz, Reichsfreiherr von Eschen[192], qui dirigeait alors la Chambre de la Guerre et des Domaines. Celle-ci, contrairement à ce que l'on pourrait croire, ne s'occupait pas des affaires militaires, réservées au Commisariat général à la Guerre (*Generalkriegskommissariat*), mais, nous l'avons dit, des revenus du territoire et des impôts, notamment les taxes produites par les douanes, l'accise, le licent, les droits de pêches et de chasse, les dîmes, les péages (routes et voies navigables), les moulins, les salines[193]. Lorsque, dans ses romans, Knigge évoque les charges qui écrasent les paysans, il ne décrit pas seulement un résultat: il sait comment procède le prince pour tirer le maximum de ses sujets[194]. Pourtant, il dut prendre son travail assez au sérieux, puisque c'est sur ses "représentations" que le landgrave lui accorda le droit de vote dans cet organisme[195].

Mais le zèle de Knigge ne se limita pas à sa collaboration avec des ministres. Le 3 septembre 1773, il avait été aussi chargé de la direction de la manufacture hessoise de tabac. En 1774, il devint membre de la Société pour l'encouragement de l'Agriculture (*Gesellschaft zur Beförderung des Ackerbaues*), qui allait prendre le nom de Société d'Agriculture et des Arts (*Gesellschaft des Ackerbaues und der Künste*), ce qui marquait qu'à Cassel, on était conscient de la nécessité de rapprocher l'agriculture des sciences et techniques[196]. Knigge y prononça un discours où il faisait l'éloge de la culture de la chicorée[197],

---

191 R. Th. GRABE [= H.G. BRENNER], *Das Geheimnis des Adolph Freiherrn von Knigge. Die Wege eines Menschenkenners*, Hamburg und Leipzig, 1936, 15. Contrairement à ce que la date de publication de cet ouvrage pourrait laisser penser, il ne s'agit pas d'un livre hostile à l'Aufklärung. Ainsi que l'indique l'auteur, les matériaux lui en ont été fournis par le germaniste Werner Milch, très hostile au nazisme.

192 Knigge à Nicolai, 8 mars 1788. Renvoyé en 1772, Waitz (1698 - 1776) entra au service de la Prusse en 1773. Knigge n'a donc été que très peu de temps sous ses ordres.

193 GROSSCHUF, *op. cit.*, 278 sq.

194 Voir par exemple *Roman meines Lebens*, I, 161; II, p. 87; *Peter Claus*, I 97; II, 9 sq.

195 "Vu la représentation que vous m'avez faite hier, je Vous ai donné la Voix à ma Chambre des Domaines en vous accordant en même temps un appointement annuel de Cent cinquante Ecus", billet ms. en français du landgrave, Niedersächsisches Staatsarchiv, Wolfenbüttel, cote VI Hs 11 Nr 137.

196 FEES, in: *Aufklärung und Klassizismus*, art. cit., 25 sq.

197 Dans *Aufrichtiges Geständnis*, Knigge affirme qu'il a rédigé cet essai à Hanau en 1779. Mais il s'agit, selon Gödeke, de la date de sa publication, bien que ce texte n'ait jamais pu être retrouvé depuis lors.

destinée à remplacer le café, dont la consommation avait été interdite aux "basses classes" par un édit du 11 mars 1773[198]. L'imitation de la Prusse allait jusque-là...

S'il est incontestable que s'occuper des affaires de l'Etat était aussi une manière de faire sa cour, il est évident également que Knigge acquit à Cassel une connaissance réelle des problèmes politiques, économiques et sociaux que posait le gouvernement d'un pays, si petit fût-il, dans cette époque de mutations de toutes sortes qu'était le dix-huitième siècle. D'ailleurs, ses études à Göttingen l'avaient préparé à aborder ces questions dans un esprit de modernité. L'agilité naturelle de son esprit aidant, il fit preuve dans son travail de connaissances et d'aptitudes que récompensa la faveur croissante que lui témoigna le landgrave.

Mais il n'était pas seulement un serviteur consciencieux de l'Etat. Il était aussi un bon courtisan. Aimable et bavard, sachant conduire une conversation, il avait l'art de s'insinuer dans les bonnes grâces des puissants. Le landgrave lui fit l'honneur d'assister à son mariage avec une dame d'honneur de la cour en 1773. La fille qui naquit de cette union reçut le prénom de Philippine, que portaient des parentes d'Adolph, mais qui était aussi celui de la seconde épouse du landgrave.

Pourtant, il ne semble pas que Knigge sut mettre à profit les sages conseils du ministre von Wittorff. Il se laissa compromettre dans des intrigues dont les documents dont nous disposons ne nous permettent pas de renouer les fils et que, dans sa correspondance, il évoque seulement à mots couverts, soulignant que si on pouvait lui reprocher une certaine arrogance doublée d'un esprit de raillerie évidemment peu convenable dans ce milieu, il ne s'abaissa cependant jamais à agir par méchanceté ou malhonnêteté. C'est ainsi qu'il écrit le 28 septembre 1779 à deux amis qu'à Cassel, "une cour pleine d'intrigues", la faveur de ses maîtres, son zèle à "faire tomber" (*stürzen*) les "mauvaises gens", les "favoris", les "envieux" et les "faiseurs de projets" (*Projektmacher*) de toute sorte, son acharnement contre les "vices", les "extravagances" et la "bêtise" firent de lui "un homme important". Mais il restait un "étranger, sans protection, sans malice ni expérience", et il se vit "tout à coup entouré d'ennemis et de calomniateurs, mis à l'écart et sans espoir de pouvoir exécuter un plan quelconque". Il finit par "abandonner la place"[199]. Et dans une lettre du 3 mars 1788 à Nicolai, il note que la chute de Waitz, en même temps que son "comportement imprudent", le contraignirent à demander son congé "précipitamment et d'une manière provocante"[200].

Nous n'aurons pas la naïveté de croire tout ce que raconte Knigge: la suite de son existence allait montrer qu'il avait bien tort de railler les "faiseurs de projets". Mais ces lettres font ressortir ce qu'était, à cette époque, une petite cour allemande: un monde clos, isolé du reste de la société, n'ayant d'yeux que

---

198 STAMFORD, *op. cit.*, 409.
199 Knigge à Greve et à Richers, 28 septembre 1779, in: ASTRÄA, XXI, 254 - 259.
200 Knigge à Nicolai, 3 mars 1788, lettre citée.

pour un prince dont tout dépendait, mais qui semblait, lui aussi, tenir un rôle dans une comédie dont il n'était pas en son pouvoir de faire jouer à sa guise les ressorts, un monde livré aux jeux stériles, mais cruels, de l'égoïsme, de la vanité, de l'arrivisme, un monde où ni l'amitié ni la sincérité n'avaient leur place, "un décor de théâtre qui cache mal l'infâmie des coulisses"[201]. Son séjour à Cassel révélera à Knigge bien des replis du coeur humain, et la "connaissance de l'homme" (*Menschenkenntnis*) sera, avec la vie dans les petites cours d'Allemagne, l'un des grands thèmes de tous ses romans. C'est d'ailleurs de leur combinaison que naîtront chez lui les premiers éléments d'une pensée politique.

B. La cour de Hanau

Le départ de Knigge ne fut pas aussi prompt que le laissent entendre les lettres que nous citons. Il dut remettre plusieurs fois sa démission au landgrave avant de l'obtenir. Quand il eut, enfin, la permission de quitter le prince, le 29 mars 1775, celui-ci lui fit savoir par le Conseiller Secret Wakenitz qu'il était prêt à le reprendre à tout moment à son service [202]. Mais Knigge préféra se retirer à Nentershausen, près de Cassel, où les parents de sa femme possédaient une terre. Il n'était pourtant pas guéri de ses ambitions courtisanes, et, surtout, il avait besoin d'argent: on lui avait bien fait sentir, à Cassel, que ses manières prétentieuses n'étaient pas en rapport avec ses maigres revenus, et on ne manquait pas de souligner que "le gentilhomme dépossédé"[203] ne disposait que d'une rente de 650 thalers, à laquelle s'ajoutait un traitement annuel de 150 thalers, ce qui ne permettait guère à un aristocrate, fût-il hanovrien, de tenir un rang convenable[204]!

Aussi Knigge entreprit-il plusieurs démarches auprès de différents princes d'Allemagne. Il s'adressa d'abord à Frédéric II de Prusse [205]. Celui-ci lui

---

201 J. D'HONDT, *op. cit.*, 132.
202 Le Conseiller secret Wakenitz à Knigge, 29 mars 1775, billet ms., Niedersächsisches Staatsarchiv Wolfenbüttel, VI Hs 11 Nr 137, Bl. 25. Sur les réticences du landgrave à accorder son congé à Knigge, voir le billet en français qu'il lui adresse le 28 mars 1775, dans lequel il se déclare "très content" du baron, reproduit in: KLENCKE, *op. cit.*, 195.
203 "der depossedierte Junker", GRABE, *op. cit.*, 26 et 49. Selon GRABE, *op. cit.*, 46, l'épouse et la belle-mère de Knigge ne lui pardonnaient pas sa pauvreté et affectaient de ne voir en lui qu'un "gentilhomme par la grâce du séquestre" (*Junker von Sequester Gnaden*). La correspondance entre Knigge et l'acteur Grosmann à partir de 1788 montre en tout cas que Knigge et son épouse ne s'entendaient pas.
204 Les crésanciers avaient consenti en 1769 à augmeter de 150 thalers la pension qu'ils lui accordaient, primitivement fixée à 500 thalers. Sur le traitement annuel de Knigge, voir le billet du landgrave contresigné par Bose, le 25 mars 1774, KAW (Hessisches Staatsarchiv).
205 Lettre en français, adressée de Cassel le 14 avril 1775, dont une copie, établie par Knigge lui-même, se trouve au Niedersächsisches Staatsarchiv Wolfenbüttel, VI Hs 1 Nr 137, Bl. 31.

répondit le 17 avril 1775, avec l'ironie caustique qui lui était propre, que "les grands talents et les génies préfèrent toujours l'étendue à des bornes étroites pour se faire valoir" (voilà qui était aimable pour la Hesse-Cassel...et aussi pour le Hanovre), et qu'il avait très bien compris que c'était là précisément la "situation" du baron, mais qu'il n'était que juste que, père de ses sujets, il "donne la préférence aux génies et aux talents" qu'il trouvait parmi eux, "avant de recourir aux étrangers"[206]. Pour aimable qu'elle fût, cette fin de non-recevoir, parfaitement fallacieuse du reste, n'en était pas moins nette.

Un voyage à Gotha ne fut pas davantage couronné de succès. Knigge proposa alors ses services à la cour de Darmstadt, par une lettre envoyée le 31 janvier 1776 à Friedrich Karl von Moser[207]. La réponse, négative, de Moser est un chef d'oeuvre de style et d'hypocrisie: après avoir souligné combien il était sensible à l'honneur que la requête de Knigge constituait pour la maison princière de Darmstadt et prétendu qu'il avait longtemps nourri l'espoir de pouvoir la satisfaire, il l'informait "avec un sentiment vraiment douloureux" que le landgrave n'avait "pu se décider à accepter des services gratuits" et que pour le moment, il n'existait "dans les ministères aucune place que l'on pouvait convenablement offrir à (Sa) Seigneurie". Mais surtout, Moser faisait une allusion très bien tournée mais aussi très perfide, aux extravagances de Knigge à Cassel, soulignant la "considération" (*der gute Geruch*) avec laquelle on prononçait encore "constamment" son nom dans cette ville[208]. Knigge, qui ne pratiquait pas aussi facilement que les héros de ses romans la vertu chrétienne du pardon des offenses, se vengera de Moser par des remarques désobligeantes insérées dans l'*Histoire des Lumières en Abyssinie*[209] et le *Voyage à Fritzlar*[210].

La lettre de Moser montre que les ennemis que Knigge s'était faits à Cassel ne désarmaient pas. Lui-même écrit: "Mes ennemis me poursuivirent partout, sauf à Weimar, parce qu'ils ne savaient pas que je me rendrais là-bas"[211]. Il s'y rendit, en effet, au printemps 1776: le 9 mars, il adressa, de cette ville, au duc lui-même, une lettre en français, dans laquelle il présentait sa situation

---

206 Réponse (en français) de Frédéric II, signée par lui, 17 avril 1775 (ms, Nieders. Staatsarch. Wolfenbüttel, VI HS 11, Nr. 137, Bl. 32)
207 Friedrich Karl Freiherr von Moser (1723 - 1798) fut ministre du landgrave Louis VIII de Hesse-Darmstadt de 1770 à 1780.
208 Friedrich Karl von Moser à Knigge, le 30 mars 1776, texte in: HOLTEI (Hg), *op. cit.*, I/2, 182 sq.
209 *Noldmann*, I, 47. Il évoque "den Titel des sehr interessanten, grossen Werkes [...], welches der Freyherr von Moser in Quarto heraus gegeben hat, und das die Beantwortung der wichtigen Frage enthält: ob die Gesandten vom zweyten Range den Titel Excellenz fordern dürfen oder nicht?" Il est vrai qu'il rend plus loin hommage à Moser lorsque celui-ci refuse au prince le droit de congédier arbitrairement ses ministres (*ibid.*, 243).
210 *Reise nach Fritzlar im Sommer 1794*, o.O., 1794, 63.
211 Knigge à Greve et à Richers, 28 septembre 1779, *lettre citée*.

sous les aspects les plus favorables, n'hésitant pas, d'ailleurs, à déguiser quelque peu la réalité:

> L'ambitieux désir de me vouer au service de V[otre] A[ltesse] m'enhardit à mettre ces lignes à Ses pieds [...] Sans être riche, pour le présent, il me reste une petite (sic) fortune, qui me met à l'abri des pressants besoins[212].

Il sollicitait en même temps le titre de Chambellan. Le 1er juin 1776, il priait von Kalb de placer pour lui un "mot d'intercession" et ajoutait: "Puis-je prendre la liberté de joindre une obéissante recommandation à M. le Dr Göthe (sic)?"[213]. Le même jour, il remerciait le baron de Fritsch d'avoir soutenu sa requête.

Maniant avec la plus parfaite aisance le langage de la flatterie, il ajoutait:

> Mais je sais aussi que Votre Seigneurie fait le bien volontiers et sans vanité, et que ma gratitude, aussi cordiale et sincère soit-elle, serait une maigre récompense pour Elle [214].

Enfin, il adressait quelque temps après une nouvelle lettre à Karl August, en allemand cette fois, pour le remercier de la grâce qu'il venait de lui accorder: il s'agissait du titre de Chambellan (*Kammerherr*). Finement, il ajoutait:

> Comme je serais heureux si, au lieu de ma gratitude, Votre Altesse daignait accepter une vie tout entière vouée au service de Sa Grâce et remplie de la plus fervente vénération! [215].

Mais Sa Grâce ne daigna pas... A moins que Knigge, comme il le prétendit plus tard, n'eût fini par changer d'avis, parce que la vie à Weimar était trop chère, parce qu'il craignait les envieux que lui ferait son nouveau titre, enfin parce qu'il ne voulait pas aliéner sa liberté[216]. Mais la dernière raison est démentie par le fait qu'il continua à proposer ses services à qui voudrait bien les accepter, et c'est ainsi qu'il finit par se rendre en janvier 1777 à Hanau, où régnait le comte Guillaume, fils du landgrave Frédéric II.

Hanau n'était pas, à l'époque, rattachée à la Hesse-Cassel. Plus exactement, ce comté avait été provisoirement retiré à souveraineté du landgrave. Frédéric s'était en effet converti au catholicisme en 1749, et les puissances protestantes craignaient que son avènement n'entraînât une rupture de l'équilibre entre Etats protestants et Etats catholiques en Allemagne. Aussi le landgrave avait-il dû accepter de signer un "acte d'assurance" (*Assekurations-Akte*),

---

212 L'original n'a pas été retrouvé. Il s'agit ici d'un brouillon raturé conservé au Kestner-Museum, qui nous a été communiqué par KAW. Cote 1914.70 (3).

213 Knigge au baron von Kalb, 1er juin 1776, KAW. L'original se trouve au Kestner Museum à Hanovre, cote 1014.70 (1).

214 Knigge au baron von Fritsch, 1er juin 1776, KAW, orig. au Kestner-Museum, cote 1914.70 (2).

215 Knigge à Karl August, s. d. (1776), KAW, orig. au Kestner Museum, cote 1914. 70 (4).

216 Knigge à Greve et à Richers, 28 septembre 1779, *lettre citée*.

garanti par les puissances protestantes, en particulier la Prusse et l'Angleterre. Les conditions en étaient très dures. Outre que le landgrave devait s'engager à respecter la "liberté religieuse" de ses sujets (c'est-à-dire à ne rien tenter pour introduire le catholicisme dans ses Etats), le comté de Hanau avait été placé sous la régence de son épouse Marie, fille de Georges II. Marie avait emmené avec elle ses enfants, dont l'éducation avait été retirée au landgrave. Il semble d'ailleurs que les liens entre Frédéric et Marie se soient relâchés très tôt; leur séparation fut en tout cas prononcée dès 1755, et Marie ne revit jamais son époux. Elle mourut en 1772, mais dès 1764 elle avait transmis le gouvernement du comté à son fils Guillaume, à qui devait par ailleurs revenir le landgraviat de Hesse-Cassel à la mort de son père [217].

On a affirmé que Marie avait communiqué à ses enfants et à ses sujets une haine profonde pour tout ce qui venait de Cassel, et que pour cette raison, un courtisan tombé en disgrâce chez le landgrave ne pouvait qu'être bien accueilli à Hanau. Aussi Knigge aurait-il joui à Hanau d'une sorte de prestige douteux, ses querelles avec les courtisans de Cassel lui conférant en quelque sorte l'auréole du martyre [218]. Ici encore, aucun document sérieux venant à l'appui de cette affirmation n'a pu être retrouvé. Knigge écrit en 1779 que, Hanau lui ayant plu, il décida de s'y établir avec sa famille [219]. En 1788, il prétendit qu'il s'était laissé attirer par le comte Guillaume, qui lui aurait fait "les plus douces promesses"[220]. Nous ignorons malheureusement en quoi consistaient ces promesses. Nous savons seulement qu'il attendit en vain que lui fût confiée une charge officielle.

Aussi sa position à la cour de Hanau fut-elle très différente de celle qu'il avait occupée à Cassel. Il n'y exerçait aucune fonction précise et n'avait part ni aux affaires de l'Etat ni au service personnel du prince. Mais un bon courtisan – et Knigge avait toutes les qualités requises pour ce rôle – ne manque pas d'imagination. Il remarqua très vite que l'ennui constituait le revers inévitable d'une étiquette rigide, surtout lorsque le prince, comme c'était le cas, prenait très au sérieux les tâches que lui imposait le gouvernement de son territoire, tout minuscule fût-il, dont il visitait fréquemment les bourgs et les villages. Il décida donc, en attendant mieux, de consacrer ses loisirs forcés à la distraction de tous ces grands personnages qu'il avait l'occasion de fréquenter quotidiennement, son titre de Chambellan du duc de Saxe-Weimar lui donnant libre accès au château comtal.

A Nentershausen, il s'était essayé à l'art dramatique, traduisant pour la troupe de l'acteur hambourgeois Schröder *Le juge* de Louis-Sébastien Mer-

---

217 STAMFORD, *op. cit.*, 398 sqq.
218 Voir Ph. LOSCH, *Knigge in Hanau*, in: *Hessische Blätter*, Kassel, Nr. 4252, 2 mars 1918, 70. Voir aussi GRABE, *op. cit.*, 52.
219 Knigge à Greve et à Richers, 28 septembre 1779, *lettre citée*.
220 "unter den süssesten Versprechungen", Knigge à Nicolai, 8 mars 1788, *lettre citée*.

cier[221] et *Les deux avares* de Falbaire de Quingey[222], et composant lui-même un drame, *Warder* [223].

Le comte s'étant absenté, Knigge eut l'idée d'organiser pour son retour une fête que couronnerait une représentation théâtrale. Il trouva suffisamment de courtisans pour monter une petite troupe d'amateurs, et poussa le zèle jusqu'à arranger, en novembre 1777, un voyage à Mannheim, auquel presque toute la cour prit part, afin de s'informer sur les techniques scéniques[224].

Il avait d'abord eu l'intention de faire jouer *Warder*, mais Madame von Gall, la Grande Maîtresse de la Cour (*Oberhofmeisterin*), lui déconseilla une pièce qui évoquait le repentir d'un père, sujet qui à Hanau rappelait trop les rapports entre Guillaume et son père le landgrave, qui étaient détestables. Knigge n'insista pas et fit répéter à sa troupe *Le Fils reconnaissant* de Johann Jakob Engel[225]. La première représentation eut un tel succès que le comte félicita vivement le baron, sans toutefois le nommer à quelque emploi que ce soit.

Il lui céda cependant une aile de son château, où Knigge put développer l'activité de son théâtre d'amateurs, faisant jouer des drames français et allemands, des opérettes, des ballets qu'il composait parfois lui-même[226], au total 27 représentations pendant l'hiver 1777 - 1778, un peu moins ensuite, car il eut à soutenir la concurrence de la troupe de Hartmann, qui amenait avec lui la Neuhaus, une actrice alors très en vogue[227].

---

221 Schröder le remercie dans une lettre élogieuse qu'il lui adresse le 12 décembre 1775, reproduite in: KLENCKE, *op. cit.*, 177 sq.
222 Ch.-G. FENOUILLOT de FALBAIRE de QUINGEY, *Les deux avares, comédie en prose, mêlée d'ariettes*, Paris, 1770. La traduction de Knigge s'institule *Die beiden Geizigen, ein Lustspiel in 2 Aufzügen und ungebundener Rede mit Ariettten, aus dem Französischen übersetzt. Die Musik ist von dem Herrn Gretri*, Frankfurt/M., 1771. Une nouvelle traduction, publiée à Hanau et à Offenbach, in: *Theaterstücke, Zweiter Teil*, porte le titre *Die beyden Geizigen, eine comische Oper aus dem Französischen*.
223 Voir *supra*, I, n. 16
224 GRABE, *op. cit.*, 62 sq.
225 J.J. ENGEL, *Der dankbare Sohn, ein ländliches Lustspiel in einem Aufzuge*, 1770 (Leipzig, 1771). Il s'agit d'une pièce à succès, émaillée de quelques impertinences à l'égard des princes, mais qui ne saurait être pour autant considérée comme porteuse d'un message politique. Sur Knigge à Hanau, voir aussi H.O. REICHARD (Hg), *Theaterjournal für Deutschland*, 1779, 12. St., 62 sq. Reichard prétend que la première représentation fut celle d'une comédie française. Mais il est sûr que la troupe joua la pièce de Engel.
226 Selon GRABE, *op. cit.*, 67, et LOSCH, *op. cit.*, 71, la troupe a joué entre autres des pièces de Voltaire (*Alzire, L'Ecossaise, Nanine*), de Laharpe *(Warwick)* et de Beaumarchais *(Eugénie)*.
227 *Theater Journal für Deutschland*, 63; Knigge à Grossmann, 3 janvier 1779, KAW, original à la Bibliothèque Universitaire de Leipzig.

Le comte Guillaume eut malheureusement l'idée de faire au baron la grâce de monter en personne sur les planches. Ce fut un désastre, la mémoire de Son Altesse s'étant trouvée en défaut au milieu de la représentation[228]. Cet incident n'entraîna pas la disgrâce de Knigge, mais sa carrière de "maître de plaisir" était terminée. Ses ressources n'avaient pu en couvrir les frais, il avait dû emprunter, et il n'est pas sûr que, si à cette époque il se mit à s'occuper d'alchimie, ce ne fut pas dans l'espoir d'apprendre à fabriquer de l'or![229].

Il resta à Hanau jusqu'en 1780[230]. Les documents qui permettraient d'éclaircir les circonstances exactes de son départ nous font encore une fois défaut. R. Grabe assure que la cause directe en fut l'impossibilité dans laquelle était Knigge de régler ses dettes, en particulier son loyer[231]. Cette explication est évidemment tout à fait possible. Mais Knigge lui-même en propose une autre, ou plutôt il la suggère sans toutefois y insister, dans la lettre du 8 mars 1788 à Nicolai que nous avons déjà citée: le comte, écrit-il, "m'accusa [...] d'avoir voulu conduire son épouse au Danemark"[232]. Selon Grabe, Knigge aurait tenté de convaincre la comtesse Caroline, que les infidélités de son époux humiliaient profondément, de se séparer de celui-ci et de rejoindre sa famille au Danemark. Un certain nombre de hauts personnages auraient été mêlés au complot, qui n'aurait échoué qu'à cause des indiscrétions de la brave, mais peu intelligente Madame von Gall, dont le mari fut d'ailleurs arrêté. Knigge n'aurait pas été inquiété, parce qu'il était "étranger" et protégé par son titre de Chambellan du duc de Saxe-Weimar. Mais le Conseiler Cancrin, qui le détestait, savait le nom de tous les conspirateurs[233].

Knigge s'abstint dès lors de se mêler des intrigues de la cour. Dans sa lettre à Nicolai, il évite soigneusement de retracer le détail de cette affaire, qui aurait pour le moins prouvé qu'il s'était mêlé de ce qui ne le regardait pas. Mais en 1788, il lui importait surtout de se poser en victime de l'arbitraire, ce qui ne pouvait que donner du poids à la requête qui constituait le véritable objet de sa lettre, qui était d'obtenir de Nicolai qu'il intercède à Berlin (on ne sait auprès de qui) pour lui obtenir le poste de résident de Prusse à Hambourg.

---

228 GRABE, *op. cit.*, 68 sq.
229 C'est l'hypothèse émise par GRABE, *op. cit.*, 75.
230 Knigge à Nicolai, 15 avril 1780, KAW, original au Nachlass Nicolai à Berlin.
231 GRABE, *op. cit.*, 77.
232 Knigge à Nicolai, 8 mars 1788, *lettre citée*. Dans *Mildenburg*, il imagine une scène dans laquelle son héros est accusé de vouloir séparer une princesse de son mari et de préparer son retour chez ses parents (I 251 - 253).
233 GRABE, *op. cit.*, 70 - 74. Voir aussi LOSCH, *op. cit.*, 72. Knigge était certainement ulcéré, comme en témoigne cette appréciation que, dans une lettre à Richers, il porte sur le comte Guillaume, désigné par les lettres E[rbprinzen] v[on] H[essen]: "ich kann nicht leugnen, dass es mich heimlich kitzelt, dass [...] der erbärmliche Pinsel, der E. v. H., mich für einen Schurken hält", Knigge à Richers, 20 octobre 1779, in: ASTRÄA, 16/1852, 177 sq.

C'est peut-être pour cette raison qu'il feint de regretter d'avoir transposé ses sentiments dans un roman:

> Je publiai alors (certes, j'eusse agi plus noblement en m'en remettant au temps pour me défendre), non pour me venger, mais pour me justifier, les deux premières parties du *Roman de ma vie*. Je ne voulais pas briller comme écrivain. Le livre ne devait être compréhensible que pour quelques-uns[234].

On sait qu'il répète cette affirmation deux ans plus tard dans le *Sincère Aveu de ma Polygraphie*[235]. Et avec quelque insolence, il note dans l'avant-propos de la quatrième partie du *Roman de ma vie*:

> Que l'on veuille bien considérer que j'ai voulu épargner les gens de bien. C'est pourquoi j'ai rendu, par des ajouts, plus d'une anecdote méconnaissable[236].

Le roman n'en fut pas moins accueilli avec des protestations indignées, ce qui eut d'ailleurs, constate Knigge avec une ironique satisfaction, un effet très heureux sur la vente.

Pourtant, la cour de Hanau n'y est directement mentionnée qu'une fois, et en des termes qui ne laissent pas de surprendre: "Si j'ai jamais vu une cour où tout m'a si bien plu, ce fut celle-ci"[237].

Mais ce qu'écrit Knigge doit très souvent être lu entre les lignes. En fait, la page qu'il consacre à la description de Hanau et de sa cour constitue le modèle de ce que nous pourrions appeler un "texte codé", dont le sens réel se cache derrière un discours d'apparence très inoffensive.

Tout d'abord, il situe son récit en 1770, c'est-à-dire à une époque où les moeurs de la cour de Hanau étaient marquées par l'austérité de l'existence que menait la princesse Marie, la mère du comte, depuis qu'elle avait quitté la Hesse-Cassel. Or c'est elle, précisément, que Knigge évoque, et elle seule: "La landgrave-mère a sa propre Maison, où tout homme de bien et sensé est le bienvenu". Du comte Guillaume, il dit pas un mot, sinon pour noter, sur le mode de l'allusion, "l'harmonie domestique et la concorde" qui rendent cette cour si aimable[238].

Mais chacun savait à l'époque que Guillaume et sa femme, la comtesse Caroline, ne s'entendaient pas, et que seule l'influence morale de la sévère Marie empêchait le comte d'afficher trop ouvertement son penchant pour le beau sexe[239]. Knigge portrait donc, en réalité, une condamnation très nette, et en même temps très perfide, de la cour de Hanau telle qu'il l'avait connue cinq ans après la mort de Marie. Il est douteux qu'une telle page ait pu ravir Guillaume, si tant est qu'il l'ait jamais lue. Mais elle est d'un grand intérêt pour l'historien qui essaie de comprendre par quels canaux un *Aufklärer*

---

234 Knigge à Nicolai, 8 mars 1788, *lettre citée*.
235 Voir *supra*, p. 79.
236 *Roman meines Lebens*, 4. Th., X.
237 *Ibid.*, I, 227.
238 *Ibid.*, 228.
239 *Knigge in Hanau*, in: *Hessische Blätter*, art. cit., 71.

pouvait, sans prendre trop de risques, faire passer un message politique: Knigge suggérait que le monde de la cour n'est qu'un monde d'apparences, que ce qu'on y voit ne correspond pas à ce qu'il est en réalité [240]. En outre, le "codage", en rendant le message uniquement compréhensible à un nombre restreint de destinataires, en limitait nécessairement l'extension et la portée, ainsi que le danger éventuel qu'il aurait pu représenter pour son auteur.

Pourtant, il est remarquable que, malgré sa haine pour la société courtisane et le mépris dont, à partir de 1781, il va accabler les princes dans la plupart de ses livres, Knigge vouera toujours à certains d'entre eux une sorte d'affection, parfois d'ailleurs un peu condescendante, comme en témoigne par exemple le portrait que, dans le *Roman de ma vie*, il trace du landgrave Frédéric: aimé de ses sujets, homme de goût et de culture (il lit les livres de sa bibliothèque!), le coeur sensible (il gracie les condamnés à mort), peu enclin à la rancune, ce prince a le sens de l'amitié[241]. Mais "on peut aussi supposer qu'il a des faiblesses, parce qu'il est un homme"[242].

Dix ans plus tard, Knigge sera plus sévère: le landgrave, écrit-il dans les *Lettres rédigées lors d'un voyage de Lorraine en Basse-Saxe*,

> était timide, craintif, faible, n'avait aucune confiance en soi ni dans sa dignité intérieure, fuyait tout ce qui exigeait de l'effort et du sacrifice, tombait souvent dans les mains de méchants conseillers et favoris qui le rendaient méfiant envers les gens de valeur[243].

Mais c'était en 1792. Le landgrave était mort en 1785. La comparaison des jugements portés dans les deux ouvrages montre qu'en 1781, Knigge n'avait pas encore dépouillé totalement sa peau de courtisan: dans le *Roman de ma vie*, il fait l'éloge des monuments de Cassel[244], mais dans les *Lettres rédigées lors d'un voyage de Lorraine en Basse-Saxe*, il avoue que le successeur de Fédéric, le landgrave Guillaume (l'ancien comte de Hanau) a, en architecture, beaucoup plus de goût que son père[245]. Il souligne aussi (ce qu'il n'avait pas fait en 1781) que le landgrave Frédéric, malgré les richesses que lui procuraient les subsides anglais, avait laissé régner "le besoin et la misère dans toutes les régions du pays"[246].

La critique est devenue plus dure, plus précise aussi. Mais l'idéal au nom duquel elle est formulée est le même en 1792 et en 1781. Et il reflète très exactement les aspirations profondes de l'époque.

---

240 Dans *Peter Claus*, il évoque "jene leere, conventionelle Höflichkeits- und Falschheitssprache", III, 220. Il parle aussi de l'air qu'on respire à la cour: "pestilenzianische Hofluft", *ibid.*, 214. Voir encore *ibid.*, 98 sq. On pourrait accumuler des citations semblables tirées de toute son oeuvre.
241 *Roman meines Lebens*, I, 53 sq., 62 sq., 75 sq.
242 *Ibid.*, 54.
243 *Lothringen*, 89.
244 *Roman meines Lebens*, I, 55.
245 *Lothringen*, 90 sq.
246 *Ibid.*, 89.

III

Knigge reflet des aspirations de son temps

Les pages qui précèdent nous ont révélé un double aspect de la personnalité de Knigge: d'une part un jeune homme ambitieux qui essaie, malgré les obstacles auxquels il se heurte, de se frayer un chemin dans le milieu où il est né; de l'autre un être très sensible qui, rejeté par ce milieu, garde à jamais en lui une blessure profonde.

Knigge avait-il, dès 1780, renoncé à poursuivre une carrière de courtisan? La cour était le lieu où un aristocrate sans fortune, plus ou moins indésirable dans son pays d'origine, pouvait espérer accéder à une position sociale que les revers subis par sa famille avaient compromise, en quelque sorte à un statut social de substitution. Les lettres que Knigge avait écrites pour tenter d'obtenir une charge à la cour de Weimar montrent qu'il ne reculait pas devant la flagornerie, à laquelle il joignait les assurances d'une humilité qui n'était certainement pas le trait principal de son caractère. Peut-être s'en amusait-il au fond de lui-même? Rien n'est moins sûr. Il a beau prétendre que les cours lui sont devenues odieuses parce que la naissance, la flatterie et la faveur y obtenaient ce qui était refusé au mérite[1], il est permis de penser, comme le fait R. Grabe, que ce qui, d'abord, fut blessé en lui, c'est l'orgueil de caste qui lui venait de son milieu et de son éducation d'aristocrate hanovrien[2], cette fierté, dont il note chez l'un de ses héros le caractère légitime, de se savoir "le seul rejeton d'une famille considérée"[3].

Pourtant, le sentiment de frustration qu'il a toujours ressenti devant le destin qui a été le sien, et qui transparaît encore en 1792 dans une réaction spontanée[4], ne l'a pas rendu aveugle aux réalités de son temps. Une force irrésistible le poussa à agir sur elles, dès l'époque où il entra au service du landgrave de Hesse-Cassel. Son oeuvre, dont nous allons brièvement esquisser les thèmes principaux, fait de lui un témoin à travers lequel se révèlent à la fois les espérances et les contradictions de l'*Aufklärung*. Ce témoignage est

---

1 *Peter Claus*, III, 42. Voir aussi Knigge à Greve, 28 septembre 1779, *lettre citée*.
2 GRABE, *op. cit.*, 23.
3 *Seelberg*, I, 76 sqq.; *Roman meines Lebens*, IV, 240.
4 Au dos la lettre de blâme que lui adresse Arnswaldt après la publication du *Wurmbrand*, Knigge écrit d'une plume rageuse: "NB dass sie mich ein andermal nicht *Ihr* nennen, da der König befohlen hat, dem Oberhauptmann in Bremen *Denselben* zu geben", KLENCKE, *op.cit.*, 195. Souligné par Knigge.

d'autant plus intéressant qu'il est fourni par un homme que ses origines sociales auraient dû rejeter aux côtés de ceux qui refusaient les évolutions entraînées par les mutations de toute sorte qui marquent cette période.

La première aspiration de Knigge, celle qui revient comme un leitmotiv dans l'ensemble de son oeuvre, c'est le bonheur. Comme tous les *Aufklärer*, Knigge pense que l'homme est sur la terre pour être heureux. Il peint dans tous ses romans des héros que la quête du bonheur conduit à travers des aventures qui, toutes, se ressemblent: après une rupture brutale avec leur milieu d'origine, ils doivent surmonter les égarements provoqués par les passions et se dégager des pièges tendus par une société corrompue. Quelques-uns n'y parviennent pas et se brisent, par exemple "le pauvre sire de Mildenburg"[5]. Mais en général, une issue heureuse marque la fin de ces tribulations.

On sait que le bonheur constitue l'un des grands thèmes d'un siècle qui croyait qu'une organisation rationnelle de l'existence individuelle et des rapports politiques et sociaux entraînerait la fin des divisions de toute nature auxquelles l'humanité paraissait vouée faute de "lumières" suffisantes. Que Knigge, qui va, à partir de 1781, mettre sa plume au service des Lumières, voie dans la quête du bonheur la vocation de l'homme, n'a rien d'original. Pourtant, il ne parle pas du bonheur tout à fait de la même façon que beaucoup d'autres. C'est que son oeuvre comporte une large part d'autobiographie, et que cette autobiographie est celle d'un homme qui ne fut jamais heureux.

Le premier roman de Knigge porte le titre significatif de *Roman de ma vie*. Un avertissement "A quelques lecteurs" permet de préciser immédiatement de quelle période il va être plus particulièrement question: Knigge va retracer en partie sa vie à Cassel et à Hanau. La peinture qu'il en propose est très sombre, et il se présente comme un homme à qui on a fait du mal, qui a "beaucoup vécu, beaucoup vu, beaucoup souffert"[6]. Les réminiscences de toutes sortes abondent: description de la cour de Cassel[7], des intrigues autour des princes[8], de la vie estudiantine à Göttingen[9]. Mais surtout, il évoque, à travers le destin du "baron de Leidthal" (le nom est significatif), sa propre vie: orphelin à quatorze ans[10], dilapidations paternelles[11], fortune considérable, mais qui est aux mains de créanciers avides[12]. Ce dernier aspect le hante littéralement. On le trouve dans tous ses romans, parfois associé à une description douloureuse de son enfance. Dans l'*Histoire de Ludwig von Seelberg*, il consacre une quarantaine de pages à la peinture du milieu familial

---

5 *Mildenburg, op. cit.*
6 *Roman meines Lebens*, I, 9.
7 *Ibid.*, 53.
8 *Ibid.*, IV, 57; 126 sqq.
9 *Ibid.*, I, 70.
10 *Ibid.*, 186 sq.
11 *Ibid.*, 188.
12 *Ibid.*, 101.

de Seelberg, qui est en fait, une fois de plus, le sien: l'enfant reçoit de sa mère, une personne pleine de douceur, une éducation morale soignée; le père, qui aime les fêtes, le jeu et le cotillon, accumule les dettes; il rudoie son fils, qu'il trouve trop chétif et qu'au fond il n'aime pas; il lui choisit de mauvais précepteurs, sauf pour la musique. Lorsqu'il meurt, le petit Ludwig a à peine quatorze ans[13]. Tous ces détails sont exactement recoupés par ceux que donne la *Brève biographie du baron de Knigge*. Knigge développe également dans le roman le thème des créanciers malhonnêtes[14]. On y trouve aussi l'écho du refus que lui opposa Frédéric II de Prusse lorsqu'il sollicita un emploi à la cour de Berlin[15]. En somme, Knigge confie dans ses romans tout ce qui l'a peiné ou humilié.

Au fil des années, l'autobiographie s'enrichira de nouveaux détails, toujours pénibles: ainsi, dans l'*Histoire de pauvre sire de Mildenburg*, il insiste sur le mauvais état de santé de Mildenburg, qui l'oblige à se déplacer dans une voiture faisant fonction à la fois de carosse et de lit. Knigge lui-même, à partir de 1791, ne pourra plus se déplacer que dans un véhicule de ce genre[16]. *Mildenburg* porte la marque d'un profond pessimisme. Le héros finit par mourir, encore jeune, après avoir connu un amour malheureux, la pauvreté absolue, la maladie, les procès perdus, la séquestration arbitraire, en un mot tous les malheurs possibles.

L'aspiration au bonheur n'est donc pas seulement chez Knigge un thème inscrit dans son coeur d'homme des Lumières. Elle est aussi une sorte de contrepoint à ce que lui offrait sa propre existence. Il n'est pas étonnant, dès lors, que le bonheur se présente, dans son oeuvre, d'abord sous la forme d'une quête de la tranquillité, d'une vie paisible. Dans le *Roman de ma vie*, il décrit l'état du gentilhomme campagnard comme le plus heureux qui soit[17]. Il dit sa nostalgie d'un "tranquille bonheur domestique"[18], tout en constantant que le bonheur parfait n'existe pas[19]. Peter Claus, lui aussi, se retire sur un domaine qu'il a pu acheter avant d'être disgracié par un prince qu'il servait. Ludwig von Seelberg rêve du même idéal[20].

Nous retrouvons l'écho de ce désir d'une vie paisible dans la correspondance de Knigge. Au pseudo-Blumauer, il écrit le 21 janvier 1796, évoquant quelques années passées à Heidelberg de 1783 à 1787, et qui furent les plus

---

13 *Seelberg*, I, 1 - 43.
14 *Seelberg*, I 181 sq.
15 *Ibid.*, II 81 sq.
16 *Mildenburg*, III. 190. Ce véhicule, appelé par Knigge "Bettwagen", est mentionné dans sa correspondance. Voir Knigge au Gouvernement de Stade, 11 mars 1795, KAW, ms. au Niedersächsisches Hauptstaatsarchiv Hannover, Hann. 9 f. Nr. 22, Bl. 8 - 10.
17 *Roman meines Lebens*, I, 216.
18 *Ibid.*, 249.
19 *Ibid.*, II, 119.
20 *Seelberg*, I, 116; II, 162.

heureuses de sa vie: "Je cherchai dans les belles contrées rhénanes une petite place où je pusse mener tranquillement une vie consacrée aux sciences et à mes devoirs de père de famille"[21]. De retour à Hanovre, il retrouve soucis et agitation: "Là non plus, je ne pus connaitre la paix".

Le bonheur, la tranquillité, la paix: ces trois concepts peuvent s'exprimer par un seul, celui de "sagesse". La sagesse, pour Knigge comme pour les *Aufklärer*, c'est la vertu première de l'individu heureux, car c'est par elle qu'est créée la condition du bonheur, qui est la résolution raisonnable des conflits. Etre heureux, c'est savoir gouverner ses passions au moyen de la raison, qui est le principe d'ordre par lequel les conflits, signes de désordre, sont éliminés d'un univers où seule doit régner l'harmonie. Dans l'*Histoire des Lumières en Abyssinie*, Knigge formule cet idéal, qui est pour lui celui des "vraies" Lumières:

> Les hommes doivent-ils donc devenir plus vicieux au fur et à mesure qu'ils forment leurs aptitudes intellectuelles? ou tout ceci n'est-il que la conséquence de demi-lumières? Est-ce-que, pourtant, ces biais et ces détours ne conduiront pas enfin au grand but ultime, au triomphe des Lumières, à cette vérité, appuyée sur l'expérience: que le degré le plus élevé de sagesse repose dans le degré le plus élevé de vertu, et que seul l'homme modéré, de sens rassis, dégagé des passions qui l'agitent, peut pleinement goûter la vie, jouir de toutes ses forces intellectuelles et physiques, et du bonheur domestique et des avantages de la vie en société?[22]

Tous les thèmes de l'idéal des Lumières sont réunis ici: mesure, éducation des aptitudes intellectuelles, sagesse, raison, vertu, bonheur. Cet idéal, c'est aussi celui de Knigge.

On pourrait être tenté de considérer qu'il exprime une fuite hors des responsabilités imposées par la vie sociale. La fin de la phrase que nous avons citée montre qu'il n'en est rien: le bonheur est, pour Knigge, certes, celui de l'individu, mais un individu ne peut être parfaitement heureux s'il ne travaille pas au bonheur des autres. Il formule nettement cette conviction dans le *Roman de ma vie*:

> Le but mes travaux est de promouvoir la prospérité de mes frères, de me connaître et de connaître la nature, pour m'approcher du créateur[23].

Nous verrons que certains des termes utilisés ici révèlent l'influence maçonnique[24]. Mais ils correspondent en même temps à l'engagement de l'*Aufklärer* au service d'une société meilleure, où la "prospérité" (*Wohlfahrt*) ne signifie pas seulement la satisfaction des besoins matériels, mais aussi l'absence de conflits. La raison joue, dans le bonheur social, le même rôle que dans le bonheur individuel: elle permet la paix avec autrui, comme elle permet la paix avec soi-même.

---

21 Knigge au pseudo-Blumauer, 21 janvier 1796, *lettre citée*.
22 *Noldmann*, I, 245.
23 *Roman meines Lebens*, I, 252.
24 Voir *infra*, IIe partie, III, 3.

Aussi l'idéal du bonheur social est-il intimement lié à la volonté d'éducation, qui, pour l'*Aufklärung*, constituait le moyen par lequel l'idéal devait se traduire en actes. "Agir sur les hommes"[25], tel est le projet de l'*Aufklärer*. Mais en agissant sur les individus, il espère transformer la société. Dans le *Commerce*, Knigge montre que seule l'éducation peut "faire de nous des hommes plus sages, meilleurs et plus heureux", et il ajoute: "Le moindre instituteur de village, s'il remplit fidèlement ses devoirs, est un personnage plus important et plus utile dans l'Etat que le ministre des Finances"[26]. Knigge s'essaiera lui-même au métier de pédagogue et recevra, pendant quelques années, des pensionnaires qu'il aura la tâche non seulement de nourrir et de loger, mais aussi d'éduquer.

La paix avec les autres, c'est d'abord par la tolérance qu'elle s'impose. L'idéal de tolérance est présent dans toute l'oeuvre de Knigge. Il lui consacre en 1785 un "sermon", dont on ne sait d'ailleurs s'il a été réellement prononcé: mais n'importait-il pas davantage qu'il fût publié[27]? La tolérance est à ses yeux un droit imprescriptible de la conscience et, en tant que tel, elle n'a même pas à être garantie par l'Etat. Lorsque Knigge, dans la *Profession de foi de Joseph Wurmbrand*, énoncera, en 1792, les principes devant constituer la base raisonnable d'une constitution politique, il se refusera à faire de la tolérance un objet de législation[28]. La liberté de conscience est un droit naturel, et il ne convient pas que l'Etat légifère sur les croyances. Tout au plus doit-il assurer à chacun la possiblilité de croire ce qu'il veut. Ici, Knigge, rejoint la pensée de deux des plus éminents esprits du temps, Thomas Paine et Mirabeau.

Dans la première partie de ses *Rights of Man*, publiée en 1791, Paine avait souligné que la Constituante avait, selon lui à juste titre, préféré proclamer les "droits universels de la conscience" plutôt que le droit à la tolérance. Il justifiait ainsi sa position:

> La tolérance n'est pas le contraire de l'intolérance, mais sa contrefaçon. L'une et l'autre sont du despotisme. L'une s'attribue le droit de faire obstacle à la liberté de conscience, l'autre celui de la garantir[29].

Quelques mois auparavant, Mirabeau s'était opposé à ce que le mot "tolérance", qu'il jugeait trop restrictif, figurât dans la *Declaration des Droits de l'Homme et du Citoyen*:

---

25 *Umgang*, éd. 1796, I, 142.
26 *Ibid.*, II, 201.
27 *Sechs Predigten über Demut, Sanftmut, Seelenfrieden, Gebet, Wohlthätigkeit und Toleranz*, Heidelberg, 1785, 143 - 166.
28 *Wurmbrand*, 97 sq.
29 "Toleration is not the opposite of Intolerance, but is the conterfeit of it. Both are despotism. The one assumes to itself the right of withholding Liberty of Conscience, and the other of granting it", Thomas PAINE, *Rights of Man, beeing an Anwer to Mr. Burke's Attack on the French Revolution* (1791 - 1792), London, éd. 1842, I, 36.

> La liberté la plus illimitée de religion est à mes yeux un droit si sacré que le mot tolérance, qui voudrait l'exprimer, me parait en quelque sorte tyrannique lui-même, puisque l'existence de l'autorité qui a le pouvoir de tolérer attente à la liberté de penser, par cela même qu'elle tolère, et qu'ainsi, elle pourrait ne pas tolérer[30].

Knigge prend ainsi implicitement position non seulement contre les prétentions de l'orthodoxie religieuse, mais aussi contre l'attitude de beaucoup d'*Aufklärer*, pour qui la tolérance s'épuisait dans la conviction que l'on devait supporter ceux qui n'étaient pas dans le vrai, tout en continuant à penser qu'ils étaient dans le faux. Pour Knigge, la tolérance n'est pas "le droit d'avoir tort", c'est le "droit de penser autrement". Cet idéal est le sien dès 1781: "pourquoi chacun devrait-il penser comme toi?", fait-il dire, dans le *Roman de ma vie*, par le pupille du baron de Leidthal[31].

Mais la paix de chacun avec les autres lui semble menacée par un autre danger, dont l'intolérance n'est que l'un des aspects: c'est la division de la société en classes (*Stände*) qui ne se haïssent pas (Knigge n'a jamais pensé en termes de luttes de classes), mais qui s'ignorent parce qu'il existe entre elles des barrières établies au long des siècles par les préjugés. Nous avons vu que le cloisonnement social était particulièrement présent dans la société hanovrienne, mais Knigge avait vite compris qu'il affectait l'ensemble de la société allemande. Et surtout, il s'était rendu compte que la division territoriale, avec ses particularismes politiques, linguistiques, religieux et sociaux, ne pouvait que contribuer à son aggravation[32]. Aussi l'idéal de sociabilité (*Geselligkeit*), dont le *Commerce* constituera, à partir de 1788, en quelque sorte le programme, est-il l'un des plus constamment présents dans son oeuvre. Dans *Ludwig von Seelberg*, il déclare qu'elle est un "besoin"[33]. Tous ses personnages sont en quête d'une forme de sociabilité qui leur permette à la fois de s'épanouir et de vivre utilement pour la société.

Knigge a senti très tôt que la revendication d'une nouvelle "sociabilité" avait des implications politiques, et qu'elle ne pouvait être satisfaite dans le cadre de l'absolutisme. Dans le *Roman de ma vie*, il constate que là où règne un "bon" prince, une vraie sociabilité existe[34]. Mais c'est à partir de 1788, avec le *Commerce*, qu'il va dénoncer l'absolutisme comme l'obstacle majeur à la sociabilité. Il le fera par le biais d'une réflexion sur le mérite, qui doit se substituer au système féodal des privilèges. Les princes, selon lui, doivent être les premiers, dans l'Etat, à honorer le "vrai mérite" et à donner leur place dans

---

30 Cité dans *Les Constitutions de la France depuis 1789*, présenté par J. GODECHOT, Paris 1970, 24.
31 "Warum soll denn auch eben jeder so denken wie Du?", *Roman meines Lebens*, II, 38.
32 *Umgang*, éd 1796, I, 10; 17 - 24.
33 *Seelberg*, I, 230.
34 *Roman meines Lebens*, IV, 237.

la société à ceux que leurs talents qualifient pour la faire fonctionner[35]. Sociabilité, mérite, ces idéaux sont liés.

Et lorsqu'éclate la Révolution française, qui proclame à la face du monde que la France est devenue une patrie par le consentement de tous les citoyens, Knigge prend conscience de ce que doit être une sociabilité nouvelle: le creuset d'une authentique communication sociale, mais celle-ci ne sera possible que si naît enfin une patrie allemande, qui, tout en respectant les particularités régionales, verra s'abolir les divisions sociales.

L'idéal de Knigge est celui d'un homme des Lumières. Il reprend à son compte toutes les aspirations de l'époque, qui peuvent se résumer à une recherche de l'harmonie universelle: abolir ce qui divise l'homme avec lui-même, et les hommes entre eux, voilà ce qui définit l'humanitarisme de la raison pratique.

L'évocation du milieu social de Knigge et de sa fréquentation des petites cours allemandes nous a permis de mieux cerner le processus qui fit de lui, peu à peu, un *Aufklärer*, c'est-à-dire un homme qui voyait que certaines réalités de son époque n'étaient plus adaptées à la mutation qu'elle était en train de vivre. Knigge a lui-même respiré cet "air pestilentiel" des cours allemandes qu'il évoque dans *Peter Claus*. Il a compris, parce qu'il l'a vécu, que le courtisan n'avait pas d'autre alternative que de rester un courtisan – et de perdre, sinon son âme, du moins sa dignité d'homme –, ou de rester un honnête homme – et de perdre sa place[36]. Courtisan ou honnête homme: on ne peut être les deux à la fois.

Cette constatation n'a en soi rien de très original. Elle est devenue un lieu commun dans la plupart des romans bourgeois de l'époque. Pourtant, chez Knigge, elle n'est plus un simple "topos" littéraire. Elle repose sur une expérience vécue, et si elle fournit en partie la matière de ses romans, elle débouchera aussi sur un effort concret pour tenter de résoudre la contradiction qu'elle exprime. Knigge ne se contentera pas d'être un observateur lucide de la société de son temps. Il essaiera de contribuer à la changer, parce qu'il en a été la victime. Pour que s'impose à lui l'évidence d'une nécessaire évolution, il lui avait fallu subir de profondes humiliations, au sein de la caste d'où il était lui-même issu, et aussi auprès de ces despotes qu'un moment il avait cru pouvoir servir. Son échec à Cassel et à Hanau, s'ajoutant à l'impossibilité de disposer de sa fortune, lui ont fait comprendre qu'une société aux structures héritées du moyen âge n'était plus une société juste ni fraternelle, qu'elle brisait l'individu dès lors que celui-ci n'acceptait plus ses règles, en somme dès lors qu'il réfléchissait, qu'il osait, comme Kant devait bientôt le formuler, être "majeur" et se servir de son intelligence.

---

35 *Umgang, éd. 1796*, III, *passim*, en part. 30 - 32.
36 *Peter Claus*, III, 98.

C'est en réfléchissant à ses propres expériences que Knigge prendra conscience d'un problème qui dépassait de beaucoup sa situation personnelle, qui est celui de la nature du pouvoir et du système dans lequel il fonctionne.

Les petites cours allemandes mettaient en évidence deux aspects surannés de la société allemande: le divorce entre les sujets et le prince et la séparation des classes sociales. Ces deux aspects étaient liés, et Knigge comprendra bientôt que la division territoriale ne pouvait, tant qu'elle durerait, que les conforter mutuellement, puisqu'elle garantissait, en quelque sorte, son emploi à chaque potentat local, et qu'elle empêchait, en même temps qu'une libre circulation des hommes, des marchandises et des techniques, celle des comportements sociaux. Une telle société ne pouvait offrir à l'individu le bonheur, ce bonheur qui semblait, lorsqu'il serait enfin atteint, devoir signifier la fin de toutes les divisions, sociales, politiques, et même nationales. Cela, Knigge le sentait d'autant mieux qu'il avait fréquenté, à Göttingen, à Cassel et à Hanau, les milieux maçonniques, qui rêvaient de rassembler l'humanité dans une vaste famille de "citoyens du monde".

DEUXIEME PARTIE

KNIGGE ET LES SOCIETES SECRETES

"De l'occultisme à politique": tels sont, d'après un ouvrage publié en 1979 par le germaniste italien Marino Freschi, le point de départ et l'aboutissement de l' "itinéraire illuminé" de Knigge[1]. Le dix-huitième siècle, singulièrement en Allemagne, est caractérisé par la coexistence de préoccupations spirituelles (piétisme) ou hermétiques (ésotérisme) et de l'engagement des Lumières en faveur d'une émancipation intellectuelle et morale. La crise de la franc-maçonnerie allemande vers 1780 s'explique par la difficulté qu'éprouvaient les esprits de l'époque à concilier le besoin irrationnel de symboles et l'aspiration rationnelle à se libérer de tous les despotismes, religieux et politique. Le parcours maçonnique de Knigge témoigne des efforts de certains intellectuels pour surmonter les contradictions qu'impliquent ces deux tendances, vouées par leur nature profonde à se combattre.

Certes, la maçonnerie pouvait d'abord offrir à l' "aristocrate refoulé"[2] des perspectives de revanche sur les humiliations qu'il avait subies: rejeté par la noblesse hanovrienne, privé de la jouissance de son patrimoine par les manigances des gens de chicane, empêtré dans les intrigues d'une cour brillante, mais mesquine, quel baume bienfaisant pouvait verser sur sa plaie d'orgueil la fréquentation des grand seigneurs et des princes qui peuplaient les loges de la Stricte Observance!

Mais Knigge, personnage à muliples facettes, était aussi un idéaliste. Lecteur de Rousseau[3], il pensait qu'il fallait changer le monde. Lecteur de Lessing[4], il croyait possible le perfectionnement et l'amélioration de l'homme. Pour cela, il fallait restaurer l'unité entre le genre humain et la nature, retourner aux sources authentiques du Divin, qu'un christianisme confisqué par les prêtres, instruments d'un clergé oppressif et sclérosé, avait polluées. En un mot: l'homme avait besoin d'une *nouvelle religion*, qui fût au service du genre humain et non d'une caste, et dont le culte n'eût plus pour fonction d'imposer sa pompe et ses certitudes à des masses éblouies et écrasées, mais de faire communier dans un hommage au Créateur une humanité régénérée et rassemblée.

De cette nouvelle religion, la maçonnerie ne pouvait-elle devenir la nouvelle Eglise? Peu à peu, cette immense idée fait son chemin dans l'esprit de

---

1 M. FRESCHI, *Dall'occultismo alla politica, op.cit.*
2 *Ibid.*, 10.
3 Nous verrons que la pensée de Rousseau est très présente dans les traités politiques de Knigge. Retraçant, dans *Le château enchanté*, la vie du "comte Tunger", il écrit: "Wir verachteten den faden, glattzüngigen, geschwätzigen Persiffleur Voltaire und nährten uns mit der männlichen Weisheit des markichten J. J. Rousseau", *Zauberschloss*, 82.
4 Knigge lui emprunte à partir de 1778 ses idées sur la "vraie" maçonnerie. Il cite nommément Lessing dans plusieurs de ses oeuvres, qu'il s'agisse des romans, des traités maçonniques ou des traités politiques. Dans une lettre à l'officier hanovrien Greve, datée du 15 janvier 1779, il indique qu'il vient de lire les premiers *Dialogues maçonniques* et a eu entre les mains le manuscrit des autres (ASTRÄA, XVII, 313).

Knigge. Il va essayer de la faire passer dans la Stricte Observance, de convaincre les chefs de la maçonnerie allemande qu'il y a là une partie à jouer dont l'enjeu est cette humanité nouvelle que portent elles les Lumières.

Mais Knigge devra se rendre à l'évidence: la maçonnerie allemande n'est pas en mesure de mener à bien un tel dessein. Peut-être même ne le désire-t-elle pas: le Convent de Wilhelmsbad sonnera en 1782 le glas des espoirs que Knigge avait mis en elle. Lorsqu'on veut changer le monde, il faut des hommes nouveaux, travaillant dans des organisations nouvelles: l'Ordre des Illuminés, auquel il appartient depuis deux ans, lui semble investi de cette mission que la maçonnerie s'est révélée incapable de remplir. Il voit de plus en plus grand: l'Ordre ne pourrait-il réunifier l'ensemble de la maçonnerie allemande, la régénérer en quelque sorte malgré elle, pour constituer enfin cellte Eglise éclairée dont les temps nouveaux ont besoin?

Et de nouveau, ce sera l'échec, par la faute d'un Weishaupt arrogant et obstiné, incapable d'imaginer autre chose qu'un monde sans jésuites et devenu "pour de longs siècles un immense collège où le pédagogue est roi"[5], alors qu'il faudrait travailler à "restaurer la haute dignité de l'humanité"[6]! D'ailleurs, le secret ne sert qu'à couvrir les manoeuvres de petits esprits. A l'issue de son itinéraire maçonnique et illuminé, Knigge aura compris que "les bonnes œuvres n'ont pas à craindre la lumière"[7]. Le nouvel Evangile n'est pas réservé à quelques initiés, il est destiné à tous. C'est désormais à l'opinion publique que Knigge s'adressera. Quand il quittera l'Ordre, en 1784, il sera prêt à devenir un écrivain politique. Mais son idéal n'aura pas changé.

---

5 LE FORESTIER, *Illuminés*, 556.
6 "die hohe Würde der Menschheit wieder herzustellen", Knigge à Charles de Hesse, 16 octobre 1779 (ASTRÄA, XVI, 183).
7 "daß gute Werke nicht nöthig haben das Licht zu scheuen", *Seelberg*, II, 267.

I

Knigge et la franc-maçonnerie

1.Les débuts d'une carrière maçonnique. 2. Une "nouvelle religion". 3. L'impossible réforme.

Si la thèse qui voit dans la Révolution française le résultat d'un complot maçonnique est complètement absurde, il est tout aussi faux de réduire l'engagement maçonnique à une simple affaire de mode et de n'y voir que l'agitation ludique de personnages désoeuvrés se donnant, dans des cercles fermés, l'illusion de relations sociales égalitaires qu'ils étaient souvent éloignés de vouloir établir dans les faits. Daniel Ligou écrit justement: "le fait essentiel est que le second dix-huitième siècle a baigné dans une atmosphère maçonnique – que le vocabulaire, les formes musicales, celles de l'art empruntent, à l'insu même parfois de ceux qui les utilisent, les choses de la Maçonnerie"[8]. Sur un plan plus étroit, il est impossible de ne pas s'interroger sur les raisons qui ont poussé, en France ou en Allemagne, tant de francs-maçons à adhérer avec enthousiasme à l'idéal révolutionnaire.

A quoi croyaient les francs-maçons? Quel rôle a joué la maçonnerie dans les grands débats de l'époque? L'étude de l'engagement de Knigge dans les sociétés secrètes permet d'apporter à ces deux questions des éléments de réponse.

Lorsque Knigge devient, en 1773, membre de la Stricte Observance Templière, la franc-maçonnerie allemande est au seuil d'une crise très grave, qui la mènera en 1782 au bord de la décomposition.

L'histoire de la franc-maçonnerie[9] est celle de divisions successives qui aboutirent à la naissance d'obédiences, de sectes et de rites souvent violemment opposés. Lorsque nous évoquons la franc-maçonnerie moderne, il s'agit des systèmes qui se sont organisés et développés à partir de la fondation, en

---

8 D. LIGOU, *Sur l'Histoire de la Franc-Maçonnerie: Une "maçonologie" scientifique est-elle possible?* In *Dix-Huitième Siècle*, 4/1972, 76 sq.
9 D'une immense bibliographie, on peut retenir: P. CHEVALLIER, *Histoire de la Franc-maçonnerie française*, 3 vol., Paris, 1974 - 1975; L. ABAFI, *Geschichte der Freimaurerei in Österreich-Ungarn*, 5 Bde, Budapest, 1890 - 1893; H. BOOS, *Geschichte der Freimaurerei. Ein Beitrag zur Kultur- und Literaturgschichte des 18. Jahrhunderts*, 2. Ausg. 1906, reprint 1979; C. C. F. W. von NETTELBLADT, *Geschichte Freimaurerischer Systeme in England, Frankreich und Deutschland*, Berlin, 1979, rémpr. Wiesbaden, 1962; F. RUNKEL, *Geschichte der Freimaurerei in Deutsch-*

1717, de la Grande Loge de Londres et de Westminster. C'est en France que la maçonnerie anglaise recruta dès 1725 ses premiers adeptes sur le continent. En Allemagne, la première loge fut fondée à Hambourg le 6 décembre 1737. En 1754, il existait vingt loges en Allemagne et en Autriche.

Comme le constate P. Chevallier, "dès le début de son histoire, la Maçonnerie était pour les Maçons eux-mêmes [...] objet de contradiction et de division"[10]. Cette remarque vaut particulièrement pour la franc-maçonnerie allemande qui, dès 1752, était divisée en systèmes rivaux. A côté des loges "régulières" (c'est-à-dire rattachées officiellement, par une patente constitutive délivrée par elle, à la Grande Loge de Londres ou à une loge agréée par elle)[11], existèrent en nombre important des loges fondées par des émigrés, des marchands ou militaires français qui introduisirent en Allemagne la maçonnerie dite "écossaise"[12], système pourvu d'une multitude de "hauts grades" qui alimentaient l'imagination de ceux qui y aspiraient en prétendant les faire accéder à des "secrets" d'importance capitale et à toutes sortes de "connaissances sublimes" empruntées aux "doctrines mystiques les plus aventurées", voire aux "plus incroyables légendes"[13].

L'Allemagne devint rapidement un champ clos où allait se livrer une lutte acharnée entre une maçonnerie d'inspiration rationaliste héritée de la *Freemasonry* anglaise, et les systèmes venus de France. L'image qu'offre, au milieu du dix-huitième siècle, la franc-maçonnerie allemande est véritablement celle d'un "chaos des systèmes"[14]. A côté des loges d'obédience anglaise (dont celle de Francfort, L'Union, sut le plus longtemps préserver la pureté de ses

---

land, 3 Bde, Berlin, 1931 - 1932; A. WOLFSTIEG, *Werden und Wesen der Freimaurerei*. Zwei Abteilungen: 1. *Ursprung und Entwicklung der Freimaurerei*, 3 Bde, Leipzig, 1921; 2. *Die Philosophie der Freimaurerei*, 2 Bde, Leipzig, 1922; W. BEGEMANN, *Vorgeschichte und Anfänge der Freimaurerei in England*, 2 Bde, Berlin, 1909; R. F. GOUD, *The History of Freemasonry*, 6 vol., London, 1882 - 1887 (3è éd. revue et complétée, London, 1951). Enfin, l'ouvrage de C. A. THORY, *Acta Latomorum ou Chronologie de la Franche-Maçonnerie française et étrangère*, Paris 1815, reprint Genève/Paris, 1980, rend encore bien des services.
10 CHEVALLIER, *op. cit.*, I, 4.
11 E. LENNHOFF/O. POSNER, *Internationales Freimaurer-Lexikon*, unveränd. Nachdruck der Ausgabe 1932, Wien/München, 1975, art. *Regulär*, Sp. 1294
12 Les historiens ne sont pas d'accord sur l'origine de ce terme appliqué à la maçonnerie. Voir LE FORESTIER, *Franc-maçonnerie*, 51. On sait seulement que le système dit "franc-maçonnerie écossaise", apparu en France vers 1740, n'avait aucune relation avec la Grande Loge d'Ecosse, d'obédience anglaise. L'appellation est devenue classique pour distinguer la franc-maçonnerie née sur le continent de la maçonnerie venue d'Angleterre, dite aussi "maçonnerie bleue" ou "symbolique" ou "johannite". Le grade de "Maître Ecossais" apparu en France en 1742, a été introduit en Allemagne la même année (LENNHOFF-POSNER, *op. cit.*, art. *Schottische Maurerei*, Sp. 1402 - 1405).
13 LE FORESTIER, *op. cit.*, 24.
14 LENNHOFF-POSNER, *op. cit.*, art. *Deutschland*, Sp. 351.

origines) et des loges "écossaises", pullulèrent des sectes qui se réclamaient, la plupart du temps à tort, de l'organisation maçonnique. Certaines disparurent rapidement[15]. Mais le goût des rêveries et des mystères que les hauts grades ne faisaient qu'aviver sans les satisfaire jamais, avaient rendu la maçonnerie allemande réceptive à des légendes dont le redoutable pouvoir de suggestion pouvait devenir une arme extrêmement dangereuse au service d'un combat impitoyable contre l'esprit de progrès.

C'est ainsi que, vers 1750, se répandit une fable inventée de toutes pièces faisant revivre la légende selon laquelle le Grand-Maître de l'Ordre des Templiers, Jacques Molay, avait avant son exécution transmis à son neveu le secret de "connaissances sublimes"[16]. Deux systèmes, qui n'appartenaient pas à la maçonnerie proprement dite, allaient fonder leur existence sur cette "légende templière.

Le premier fut celui des Rose-Croix d'Or, dont les origines demeurent obscures[17], mais qui tissa en quelques années, de l'Autriche à l'Allemagne du Nord, un réseau serré de cercles dont l'organisation restait aussi mystérieuse aux initiés qu'aux profanes. La doctrine qu'ils professaient mêlait de la manière la plus hétérogène des traditions empruntées à tous les courants mystiques qui avaient vu le jour depuis le moyen âge. En fait, la Rose-Croix d'Or offrait un refuge à ceux que le rationalisme des Lumières frustrait des satisfactions qu'ils attendaient d'illuminations mystiques ou, plus simplement, d'une chaude piété du coeur. Mais si, dans cette période de crise religieuse, intellectuelle et politique qu'est la deuxième moitié du dix-huitième siècle[18], il était rassurant de se rattacher à un enseignement qui disait s'appuyer sur une tradition de plusieurs siècles, ce besoin de sécurité spirituelle et de stabilité intellecuelle était utilisé par les chefs Rose-Croix dans un but avant tout politique. L'action de Wöllner en Prusse indique clairement dans quelle direction tendaient leurs efforts.

De tous les systèmes inventés au dix-huitième siècle, ce fut la Stricte Observance qui eut en Allemagne l'exitence la plus longue, en même temps qu'elle domina tous les autres. Ses origines, comme celles de la Rose-Croix

---

15 Ainsi l'Ordre des Abélites, ceux de la Félicité, des Pélerins, des Mopses.
16 LE FORESTIER, *op. cit.*, 68 sqq. Le "testament de Molay" est reproduit dans E. LENNING [= F. Mossdorf], *Encyclopädie der Freimaurerei [...]*, 3 Bde, Leipzig, 1822 - 1828, II, 502 - 508.
17 Sur cette secte, voir A. MARX, *Die Gold- und Rosenkreuzer. Ein Mysterienbund des ausgehenden 18. Jahrhunderts in Deutschland*, Diss., Zeulenroda/Leipzig, 1929, rééd. avec des compléments dans le t. 5 de la coll. "Das Freimaurermuseum", Leipzig, 1930; H. MÖLLER, *Die Gold- und Rosenkreuzer. Struktur, Zielsetzung und Wirkung einer anti-aufklärerischen Geheimgesellschaft*, in LUDZ, *Geheime Gesellschaften*, *op. cit.* 153 - 202, reprod. in H. REINALTER, Hg, *Freimaurer und Geheimbünde im 18. Jahrhundert in Mitteleuropa*, Frankfurt/M., 1983, 199 - 239.
18 AYRAULT, *op. cit.*, t. 1 et 2. Ayrault a parfaitement mis en lumière le rôle des Rose-Croix dans la décomposition de l'Etat frédéricien (I, 64 sq.).

d'Or, sont mal connues[19]. Fondée sans doute vers 1750 par le baron Karl Gotthelf von Hund und Altengrotkau, richement possessionnée en Lusace, elle prit, après la guerre de Sept ans, une extension rapide. En 1782, il existait 131 loges de Stricte Observance dans le Saint Empire.

Le but de l'Ordre était, dans l'esprit de Hund, de réunir les fonds nécessaires au rachat des biens qu'avait autrefois possédés l'Ordre du Temple. Hund lui-même se qualifiait de vingt-et-unième successeur de Jacques Molay.

Très solidement structurée selon un principe hiérarchique très strict, la société exigeait de ses membres une obéissance absolue à des "Supérieurs Inconnus" que nul (et pour cause) ne voyait jamais, ainsi qu'un certificat de "rectification", c'est-àdire une attestation selon laquelle le Frère nouvellement recruté abjurait les erreurs qu'il avait commises en adhérant à d'autres systèmes, qualifiés dédaigneusement de "late observance"[20]. Il y avait sept grades en tout. Les Frères des deux grades supérieurs constituaient un "Orient" ou "Ordre intérieur" auquel était réservée la direction suprême de l'Ordre, et qui était également censé détenir les "vrais mystères". Le gouvernement de la Stricte Observance s'appuyait sur un centralisme rigoureux, qui s'accompagnait d'une surveillance permanente non seulement de l'activité des divisions administratives de l'Ordre (Provinces, Diocèses, Préfectures), mais aussi de celle des Frères, auxquels d'ailleurs la croyance aux "Supérieurs Inconnus" devait enlever toute velléité de révolte. Un rituel auquel Hund avait consacré quatre années de laborieux travaux, associait symbolisme maçonnique et légende templière, et était conçu de façon à exciter de grade en grade la curiosité des Frères assoiffés de connaissances surnaturelles.

Lorsque Knigge, en 1773, adhéra à la Stricte Observance, celle-ci était menacée de décomposition. A l'incapacité de régler le problème de ses finances s'ajoutaient de graves oppositions de personnes que n'arrivaient pas à résoudre les Convents de Kohlo (1772), de Brunswick (1775) et de Leipzig (1777). Mais surtout, l'Ordre ne parvenait pas à définir la voie d'un idéal clair, susceptible de réunir autour d'un projet précis ceux qui, comme Knigge, Bode ou Ditfurth, assignaient à la maçonnerie une fonction essentielle dans la diffusion des Lumières. Un certain nombre de Frères se livraient aux délices de l'occultisme, tendance qui avait d'ailleurs été formellement admise par l'Ordre comme objet du travail maçonnique.

En 1780 parut un ouvrage qui dévoilait tous les secrets de l'Ordre, en même temps qu'il faisait planer un doute quant à la loyauté politique des Frères[21]. La

---

19 Sur cet Ordre, voir LE FORESTIER, *op. cit.*; A FAIVRE, *L'ésotérisme au XVIIIè siècle en France et en Allemagne*, Paris, 1973.
20 LE FORESTIER, *op. cit.*, 125.
21 [J. A. STARCK], *Stein des Anstosses und Fels der Ärgernis allen meinen teutschen Mitbürgern, in und ausser der siebenten Provinz, entdeckt von Ich weiss nicht, von wem*, gedruckt in Teutschland [Berlin], 1780. L'ouvrage a été aussi attribué au futur

Stricte Obsevance apparaissait publiquement dans toute sa faiblesse. Elle était même dénoncée comme une entreprise d'escroquerie. Les chefs de l'Ordre se virent alors contraints de convoquer un Convent de réforme, qui après bien des difficultés, put se réunir en 1782 à Wilhelmsbad. Son échec provoqua la rupture de Knigge avec la franc-maçonnerie. Elle lui fut d'autant plus facile qu'il adhérait à une autre société secrète, récente celle-ci, l'Ordre des Illuminés de Bavière d'Adam Weishaupt.

Le mouvement maçonnique reflète certaines préoccupations essentielles du siècle dit des Lumières, et aussi, ce qui est capital, ses contradictions.

Les luttes qui opposent les différents systèmes, et, à l'intérieur des systèmes, les hommes eux-mêmes, s'inscrivent dans le processus qui accompagne la gestation d'un monde nouveau. On a longtemps considéré qu'à l'intérieur de la maçonnerie allemande, les Rose-Croix représentaient le courant mystique et la seule maçonnerie "johannite" (c'est-à-dire celle qui n'admettait que les trois grades de la *Freemasonry*) le courant rationaliste. Les travaux de Le Forestier montrent que les choses étaient infiniment plus complexes, et que l'occultisme était ce qu'on pourrait appeler la grande tentation de ce siècle éclairé. L'exemple de Knigge prouve d'ailleurs que ce furent parfois les mêmes hommes qui représentèrent les deux tendances, comme s'ils étaient partagés entre le désir d'agir pour l'émergence d'un monde nouveau, et la nostalgie d'un retour aux sources les plus pures de la connaissances, selon eux polluées par le développement, surtout à partir de la Renaissance, de l'analyse rationnelle. Mais au-delà de cette contradiction, cette attitude ne trahit-elle pas ce qui finalement donne tout de même au dix-huitième siècle son unité, ce besoin de critique de ce qui existait, le refus de s'accommoder aussi bien de ce qui était admis comme vérité officielle par l'orthodoxie religieuse que des formes de vie sociale que le cloisonnement entre les classes imposait ? En ce sens, la franc-maçonnerie participe de la fermentation générale des esprits au dix-huitième siècle.

La crise de la maçonnerie allemande nous révèle encore autre chose. Le dix-huitième siècle n'est pas seulement l'époque d'un gigantesque combat d'idées. C'est aussi celle où l'on prend conscience du lien étroit entre idées et pouvoir. A cet égard, le rôle des Rose-Croix d'Or est exemplaire: les buts ésotériques de la Fraternité, qui ne sont pas en soi de nature réactionnaire, ont servi d'instrument à Wöllner pour faire une carrière politique au service de la réaction. Mais tous les systèmes maçonniques n'avaient-ils pas, d'une manière ou d'une autre, des visées politiques ? A condition de ne pas attribuer au concept de "politique" une acception qu'il n'avait pas nécessairement: un engagement politique ne signifiait pas forcément le désir de changer les structures des Etats. Il pouvait au contraire impliquer de vouloir le servir, à condition que ce fût au nom des Lumières et non, comme on disait alors, au

---

Illuminé Ditfurth et au maçon August Ferdinand Cranz. La paternité de Starck est la plus probable. Voir A. W. WOLFSTIEG, *Bibliographie der Freimaurerischen Literatur*, réimpr. Hildesheim, 1964, II, Nr. 33444.

profit du "despotisme". C'est du moins l'espoir que Knigge nourrissait alors qu'il était encore membre de la Stricte Observance.

1. Les débuts d'une carrière maçonnique

A. Le milieu familial

Dès son enfance, Knigge a baigné dans une atmosphère maçonnique. Dans la *Déclaration de Philo*, il évoque la maison familiale, dans laquelle il entendait "parler tous les jours avec enthousiasme de franc-maçonnerie et de sciences secrètes"[22]. Son père, Philipp Carl, avait été initié à Halle[23]. Lors d'un voyage à Hambourg, il avait reçu plusieurs hauts grades[24]. Etant allé poursuivre ses études à Göttingen, il était, le 24 juillet 1747, chargé par les Frères de Halle, d'y fonder une loge. En septembre, il devenait Maître en Chaire de la loge Frédéric de Hanovre[25].

Il est plus que probable que l'activité maçonnique de Philipp-Carl fut, au moins en partie, à l'origine de sa mauvaise situation financière. Knigge note avec amertume dans une lettre à Charles de Hesse: "Malheureusement, il se mit plus en quête de sciences et de connaissances que de simplicité, de sagesse

---

22 *Philo*, 17.
23 *Allgem. Handb. der Freimaurerei*, 2 Bde, Leipzig, 1909, I, 548. Knigge confirme ce renseignement dans une lettre du 16 octobre 1779 à Charles de Hesse (citée in: ASTRÄA XVI, 182). Ni cette lettre ni l'article de l'*Allgem. Handb. der Freim.* ne précisent l'année exacte. Mais ce fut avant 1747. Philipp Carl avait étudié à Halle de 1744 à 1747 (voir WEIDLICH, *op. cit.*, I, 460 sq. ; STRODT, *op. cit.*, II, 61). Il existait à cette époque deux loges à Halle. La première avait été créée le 10 novembre 1743 par de jeunes nobles étudiant à l'Université. Le 6 décembre, elle recevait de la loge Aux Trois Globes de Berlin une patente de constitution régulière et commençait ses travaux dès le 14 sous le nom Aux Trois Clefs d'Or (*Zu den drei goldenen Schlüsseln*). Très vite, elle recruta, outre des nobles, des prédicateurs (Galafré), des commerçants (le gantier Arbaletier), des professeurs de l'Université (J. G. Krüger, Daniel Nettelbladt, Andreas Weber), des médecins, mais pas de militaires. La seconde loge fut créée le 4 décembre 1745 en vertu d'une patente délivrée par la loge berlinoise L'Union. Elle cultivait les hauts grades et travaillait en allemand, alors que la loge Aux Trois Clefs d'Or utilisait le français. Cette dernière fonda la loge Aux Trois Roses à Iéna et une loge à Göttingen (*Allgem. Handb. der Freimaurerei*, art. *Halle*, I, 404). Philipp Carl appartenait à la loge Aux Trois Clefs d'Or (voir E. G. GEPPERT, *Die Herkunft, die Gründer, die Namen der Freimaurerlogen in Deutschland seit 1737*, Bayreuth, 1976, 30).
24 Knigge à Charles de Hesse, *lettre citée*.
25 GEPPERT, *op. cit., loc. cit.* Cette loge n'eut qu'une existence éphémère, puisqu'elle disparut entre 1751 et 1753 (*ibid.* et *Allg. Handb. der Freim.*, art. *Hannover*, I, 420). Du 10 août 1757 au 1er février 1758, Philipp Carl dut accepter de loger des militaires français sur son domaine de Bredenbeck (STÖLTING, *op. cit.*, 29 sq.). Il n'est pas interdit de penser qu'il y avait des maçons parmi eux. Leur chef était le duc de Chaulnes, dont le fils exerça à Paris des fonctions maçonniques (cf. CHEVALLIER, *op. cit.*, 103).

et de bonté"²⁶. En 1788, il raconte avec ironie que son père, "qui certes n'a pas dû réussir à fabriquer de l'or, était pourtant entouré d'une foule de gens qui parlaient de la pierre philosophale et autres fariboles"²⁷.

Philipp Carl n'était cependant pas Rose-Croix. La loge de Hanovre à la tête de laquelle il se trouvait était régulière, elle n'appartenait donc pas non plus à la Stricte Observance²⁸. En principe, il aurait donc dû cultiver uniquement les trois grades de la maçonnerie johannite, c'est-à-dire ceux qui reflétaient le mieux les idéaux rationalistes et humanitaires du siècle. Mais on sait que l'occultisme avait des adeptes dans tous les systèmes maçonniques. D'autre part, rien n'interdisait à un maçon de recevoir l'initiation dans des rites différents. La réception par Philipp Carl de hauts grades cultivés à Hambourg prouve l'attrait exercé par les rêveries, les mystères et les cérémonies chevaleresques qui constituaient l'arrière-plan du rite "écossais"²⁹.

Mais l'affiliation de Philipp Carl à une loge écossaise revêtait une signification importante à un autre point de vue. Elle illustrait en effet un aspect fondamental de la franc-maçonnerie allemande, l'exclusivisme social. En effet, ce n'est pas le contenu doctrinal qui différencie la maçonnerie johannite de la maçonnerie écossaise. Tous les maçons s'accordent sur le fait que les trois grades symboliques épuisent ce contenu. La création des hauts grades traduisait l'intention d'établir, à l'intérieur d'un corps maçonnique dont l'accès était ouvert à tous, une classe de Frères spécialisés dans l'approfondissement philosophique des doctrines que les trois premiers grades proposaient sous une forme élémentaire³⁰. Ainsi se dégageait l'idée que la franc-maçonnerie devait regrouper une élite spirituelle et intellectuelle appelée à guider l'Ordre dans l'accomplissement de sa mission telle que la décrivaient les *Constitutions* d'Anderson: rassembler une humanité jusqu'alors divisée³¹. Mais les inventeurs des hauts grades, qui appartenaient à la noblesse, avaient tout naturellement assigné cette fonction à leur caste. Un esprit nouveau avait alors envahi les loges. De bourgeoise qu'elle était à l'origine, la franc-maçonnerie était devenue aristocratique, en particulier en Allemagne. Peuplées en majorité de nobles, les loges écossaises étaient dans la réalité très éloignées de

---

26 Knigge à Charles de Hesse, *lettre, citée*, 183.
27 *Philo*, 17.
28 *Allg. Handb. der Freim.*, art. *Hannover*, I, 425. L'histoire de cette loge in: H. WANNER, *Geschichte der Freimaurererloge Friedrich zum weissen Pferde im Orient von Hannover*, Hannover, 1896. Elle ne rejoignit la Stricte Observance que le 25 novembre 1766. Philipp Carl était mort.
29 Voir LENNHOFF-POSNER, *op. cit.*, art. *Hochgrade*, Sp. 701 sqq. et *Schottische Maurerei*, Sp. 1402 - 1405.
30 *Ibid.*, art. *Hochgrade*, Sp. 701 sq.
31 "Hierdurch wird die Maurerei ein Mittelpunkt der Vereinigung und ein Mittel, treue Freundschaft unter Personen zu stiften, welche sonst in ständiger Entfernung voneinander hätten bleiben müssen", *Constitutions*, cité dans la traduction figurant in: LENNHOFF-POSNER, *op. cit.*, 15.

l'idéal qu'elles étaient censées défendre: l'égalité y était vécue comme une sorte de jeu, qui séduisait les quelques roturiers admis à recevoir les hauts grades, et dont la présence était surtout fonction des services qu'on attendait d'eux. Mais si l'on examine la structure du pouvoir à l'intérieur de ces systèmes, on constate qu'elle reproduit les hiérarchies de la société aristocratique profane, dont les loges adoptaient aussi les pompes et les cérémonies, l'étiquette et les usages, enfin le ton et les manières.

Knigge recevait donc de l'univers familial une empreinte maçonnique parfaitement conforme à l'idéologie de sa caste. Lorsqu'il envisagera sérieusement de persuader la noblesse de la nécessité de briser les cloisonnements sociaux en Allemagne, il essaiera d'abord de le faire par l'intermédiaire des organisations maçonniques, pour deux raisons évidentes. D'une part parce que le monde maçonnique reflétait le milieu social auquel il voulait s'adresser: en agissant sur le premier, il devait atteindre le second. Et aussi parce qu'une action sur la noblesse ne pouvait qu'être vouée à l'échec si elle ne s'appuyait pas sur une action menée au sein des organisations dans lesquelles celle-ci se retrouvait et qu'elle prétendait dominer. Mais dès l'enfance, le fait maçonnique s'impose à Knigge comme une forme naturelle de la sociabilité aristocratique.

B. Le milieu universitaire

A l'automne de 1769, Knigge s'inscrivait à l'Université de Göttingen[32]. Conformément à la tradition de sa caste, il devait y poursuivre des études juridiques qui le prépareraient à exercer des fonctions dans l'Etat hanovrien.

Mais il organise sa formation intellectuelle dans l'esprit d'indépendance qui caratérise son tempérament. Plus que le droit, c'est la littérature qui l'intéresse, en particulier Rousseau et les romans anglais alors à la mode. N'est-ce pas d'ailleurs le début de ce "temps des génies" dont Göttingen, et singulièrement le milieu universitaire, va vivre avec intensité les révoltes? Knigge n'appartiendra pas au groupe du *Göttinger Hain*, qui se constituera en 1772, alors qu'il aura définitivement quitté la ville pour Cassel. Mais il loge chez le libraire Dieterich qui, à partir de 1770, éditera le *Göttinger Musenalmanach* de Boie.

Gödeke affirme qu'il n'a eu aucun contact avec les jeunes poètes du groupe[33]: comment le croire, même si nous ne possédons aucun témoignage direct permettant d'établir le contraire avec certitude? En 1791, Knigge publiera *Le château enchanté*, un roman dans lequel il retrace "l'histoire du

---

32 ROTERMUND, *Allgemeines Gelehrten-Lexicon*, III, Sp. 554 - 555; GÖDECKE, *op. cit.*, 19, d'après une copie du registre d'immatriculation de l'Université, portant la date du 23 octobre 1769.

33 GÖDECKE *op. cit.*, 20. Selon GRABE, *op. cit.*, 17, Knigge n'a pas fréquenté non plus Lichtenberg ni Kästner, qui à l'époque, dominaient la vie intellectuelle des milieux estudiantins de Göttingen.

comte Tunger", à laquelle il prête de nombreux traits autobiographiques. Les pages qu'il consacre aux années que Tunger passe à l'Université de Leipzig nous éclairent sur son propre état d'esprit vers 1770, et aussi sur cet univers nouveau qu'il découvrait, si différent de celui où il avait vécu jusqu'alors: il évoque "la foule de jeunes gens venus de toutes les régions de l'Europe", parmi lesquels il se faisait des amis qui, aussi "enthousiastes" que lui, se disaient prêts à partager ses "idées hardies, chimériques" – et aussi à "jouer les mêmes mauvais tours"[34].

Il décrit cette quête de l'amitié, sujet qui l'obsédera toute sa vie, et qui occupe une place centrale dans l'idéal maçonnique. Disciple de Rousseau, Tunger pratique avec quatre amis "une sorte de communauté des biens", nourrit son imagination "d'images magnifiques de l'avenir", méprise les arts, dans lesquels il ne voit que "jeux indignes, efféminés, énervants". Avec Yorick, il apprend à observer "le coeur humain dans ses replis les plus secrets" – et le thème de la "connaissance de l'homme" (*Menschenkenntnis*) reviendra comme un leitmotiv dans tous les romans de Knigge. Il sera aussi au centre de la pédagogie illuminée. Enfin, le jeune homme dévore des oeuvres "qui [...] enseignaient des vérités libres de toute contrainte conventionnelle et de tous préjugés"[35]. Ces oeuvres, il ne les cite pas: mais comment ne pas songer à Lessing, dont la pensée sera toujours si vivante en Knigge? L'allusion est ici évidente.

En 1791, Knigge a quitté bien des chimères. Il fait dire au comte Tunger que la jeunesse nourrit volontiers "l'illusion de liaisons du coeur, éternelles et désintéressées, qui ensuite disparaît trop tôt"[36]. A partir de 1780, il n'a pas de mots assez durs pour tourner en dérision les "génies privilégiés"[37], qui pensent que pour changer le monde, il suffit d'en mépriser les lois. Pourtant, c'est à Göttingen, au contact de ces "enthousiastes" qu'il prend conscience d'une valeur que son milieu d'origine ne cultivait guère: l'amitié fraternelle qui devait unir les hommes au-delà des oppositions de caste. C'est à cette époque aussi qu'il apprend "que l'homme doué des dons les meilleurs peut tout ce qu'il veut, s'il sait s'y prendre"[38]. Certes, il fait d'abord de ces dons un

---

34 *Das Zauberschloss, oder Geschichte des Grafen Tunger*, op. cit., 80. "Enthusiasten": le terme a pour Knigge, dès 1780, des connotations négatives. L' "enthousiaste" est celui qui se laisse porter par un idéal certes généreux, mais incapable de déterminer un comportement social utile, parce qu'il n'est pas tempéré par la raison et la réflexion. En posant en ces termes le problème de l'utilité sociale, Knigge est un véritable *Aufklärer*.
35 *Ibid.*, 81 sq.
36 *Ibid.*, 82.
37 "privilegierte Genies": ce terme revient souvent lorsque Knigge décrit la jeunesse de ses héros: voir *Peter Claus, Ludwig von Seelberg, Zauberschloss, passim*. Il entend par là des jeunes gens qui se croient au-dessus des lois au nom d'un "génie" qui les pousse à mépriser les convention sociales.
38 *Zauberschloss*, 84.

usage peu convenable, et se livre à des facéties d'un humour douteux, qu'il évoquera plus tard dans ses romans[39]. Mais l'idée essentielle, celle qui déterminera sa conduite jusqu'à la fin de sa vie, n'est-elle pas que le talent donne un pouvoir? et que ce pouvoir est légitime? Il sera devenu un "démocrate" lorsqu'il aura définitivement affirmé les droits du talent contre ceux de la naissance.

L'idéal d'une amitié fraternelle qui unissait des jeunes gens issus de milieux sociaux différents, Knigge le rencontra concrètement dans une société secrète à laquelle il s'affilia avant même de quitter Hanovre pour Göttingen, l'Ordre indissoluble de la Concorde (*Unzertrennlicher Concordien-Orden*)[40]. Il s'agissait d'une de ces associations, en principe interdites, qui, dans de nombreuses Universités d'Allemagne du Nord, se constituèrent surtout à partir de la fin de la guerre de Sept ans, et furent une première ébauche de cette forme si particulière de la sociabilité estudiantine allemande que furent, à partir du dix-neuvième siècle, les *Associations d'étudiants* (*Studentenverbindungen*)[41].

---

39 En particulier dans *Seelberg*, I, 74 et 190 - 193, et *Zauberschloss*, 86 sq. Certains de ces mauvais tours sont racontés, malheureusement sans indication des sources, par C. G. von MAASSEN, *Von ein paar Eigentümlichkeiten des Freiherrn Knigge*, in: *Die Bücherstube. Blätter für Freunde des Buches und der zeichnenden Künste*, München, 1926 - 1927, Jg. 5, H. 1, 40 - 43.

40 Sur cet Ordre, voir G. von SELLE, *Ein akademischer Orden in Göttingen um 1770*, op. cit.. A notre connaissance, il n'existe pas d'autre étude sur cet Ordre. LE FORESTIER, *Illuminés*, 208, n. 1, le confond avec un Ordre fondé en 1759 à Hambourg.

41 Voir [H. A. OPPERMANN], *Die Studentenverbindungen auf deutschen Universitäten*, in: *Deutsche Vierteljahrsschrift*, 1841, H. 2, 191 - 244; W. FABRICIUS, *Die Studentenorden des 18. Jahrhunderts und ihr Verhältnis zu den gleichzeitigen Landmannschaften*, Jena, 1891. En 1819, Benjamin Constant écrivait: "Il a existé de tout temps, dans les universités allemandes, des associations entre les étudiants; elles sont nombreuses et variées dans leurs statuts. Un désir d'importance, une fantaisie d'imitation, choses assez naturelles dans de jeunes têtes, et conséquemment très-innocentes, ont revêtu ces associations de formes importantes empruntées à la maçonnerie. La police des universités a parfois travaillé à les détruire, non pour des raisons d'état, l'état n'avait rien à en craindre, mais parce qu'elles étaient des causes accidentelles de querelles et de duels. Elle n'a jamais pu y réussir" (*De l'état de l'Europe sous le point de vue constitutionnel*, in: *La Minerve française*, 78è livraison, t. VI, Paris, 1819, 600). Une opinion contraire est émise par F. VALJAVEC, *Die Entstehung der politischen Strömungen in Deutschland 1770 - 1815*, unveränd. Nachdruck der Erstausgabe von 1951, Kronberg/Ts und Düsseldorf, 1978, 235 sqq. Valjavec considère que ces associations ont été un important foyer de politisation, à partir des années 1780 il est vrai, c'est-à-dire dix ans après l'époque où Knigge était étudiant. F. J. SCHNEIDER, *Die Freimaurerei und ihr Einfluss auf die geistige Kultur in Deutschland am Ende des XVIII. Jahrhunderts*, Prag, 1909, les considère comme du "studentischen Unfug" (p. 115). La vie des ordres d'étudiants à l'Université de Göttingen au XVIIIè siècle est évoquée par E. BRANDES, *Ueber den gegenwärtigen Zustand der Universität Göttingen*, Göttingen, 1802, 305 - 311. Brandes considère

Elles n'étaient pas liées à la franc-maçonnerie. Pourtant, leur structure rappelait celle des ordres maçonniques. Elles étaient organisées en "Provinces" et avaient à leur tête un "Grand-Maître". Elles cultivaient des "grades", pratiquaient le "secret" et se servaient de "signes de reconnaissance". Leurs statuts et leurs symboles étaient imités de ceux de la maçonnerie[42]. Mais surtout, elles faisaient de l'amitié et de l'amour fraternel l'objet essentiel de leur recherche, rejoignant ainsi ce qui aurait dû constituer la grande préoccupation de la maçonnerie symbolique si elle s'en était tenue à l'idéal suggéré par les *Constitutions*. Les membres de ces associations s'engageaient à se prêter mutuellement assistance leur vie entière[43]. Il n'est pas possible, évidemment, de savoir dans quelle mesure ce serment fut vraiment respecté par tous. Mais l'importance, pour la vie professionnelle future, des relations nouées dans les Ordres d'étudiants a été attestée, par exemple, par Johann Anton Leisewitz, admis le 24 décembre 1770 dans la loge du *Concordien-Orden* à Göttingen[44].

Le *Concordien-Orden* avait été fondé à Iéna, sans doute au début des années 1760[45]. En décembre 1762, il créait à Göttingen la loge Gustave. Un registre matricule donnant la liste complète des membres de cette loge entre 1762 et 1774 fournit un certain nombre d'indications intéressantes que la recherche a jusqu'à maintenant négligé d'exploiter[46]. La première concerne l'extension de l'Ordre: de nombreuses notations marginales font apparaître l'existence de loges à Halle, Erlangen, Helmstedt, Kiel, Marbourg, mais aussi à Berlin, Cassel, Erfurt, Hanovre. Il semble donc que l'Ordre ait rapidement débordé le cadre strictement estudiantin pour s'implanter aussi dans des villes qui n'avaient pas d'Université. D'autre part, un certain nombre de membres habitaient dans des villes où l'Ordre n'avait pas de loge, notamment à Brunswick, Lunebourg, Celle, Stade, Verden et Halberstadt, mais aussi en Allemagne du Sud (Ulm, par exemple) ou dans les pays baltes. D'autres enfin venaient des grands ports du Nord, Brême, Lübeck. L'affiliation à l'Ordre

---

leur existence comme "ein altes Uebel auf deutschen Universitäten" (p. 305). Selon lui, aucun de ces Ordres n'a été fondé à Göttingen même. Ceux qui y existaient avaient été créés ailleurs, et aucun n'eut une existence très longue. Ces associations, ajoute-t-il, n'avaient pour résultat que de dresser les étudiants les uns contre les autres. Souvent, elles étaient victimes d'escrocs qui en dérobaient la caisse (p. 306). Voir aussi O. DENECKE, *Göttinger Studentenorden*, Göttingen, 1938. Denecke retrace brièvement l'histoire d'une quinzaine d'Ordres, mais n'évoque pas celui qui nous occupe ici, le *Unzertrennlicher Concordien-Orden*.

42 LENNHOFF-POSNER, *op. cit.*, art. *Studentenorden*, Sp. 1528 - 1530.
43 SELLE, *op. cit.*, 19.
44 *Ibid.*, 39. Sur Johann-Anton Leisewitz (1752 - 1806, voir, *Allgemeine Deutsche Biographie*, XVIII, 223 sqq.
45 SELLE, *op. cit.*, 12, ne donne pas d'indications plus précises à ce sujet.
46 Retrouvé par Selle, il est publié en appendice à son ouvrage, *op. cit.*, 21 - 50. La Loge Gustave tenait son nom de son fondateur, Gottfried Gustav Fahrenholz *ibid.*, 21).

était donc à l'origine d'un réseau de relations nouées par des jeunes gens au cours de leurs études universitaires et qui pouvaient, ensuite, leur être de quelque utilité dans leur carrière.

Celle-ci, lorsqu'elle est indiquée, est presque toujours juridique ou administrative. Après leurs études, les membres de l'Ordre sont avocats, assesseurs auprès des tribunaux de leur territoire, courtisans quelquefois, mais aussi secrétaires de chancellerie, conseillers dans les innombrables organismes, chambres, départements ou autres collèges faisant fonctionner la bureaucratie territoriale. D'une manière générale, l'Ordre comprenait en majorité des étudiants en droit, quelques théologiens (encore de futurs administrateurs, en pays luthérien), quelques étudiants en médecine, et très peu d'étudiants en lettres[47].

La composition sociale de l'Ordre témoigne de l'attrait qu'exerçaient les sociétés secrètes sur la bourgeoisie: sur les 144 noms que contient le registre, 26 seulement, soit moins de 20%, sont des noms nobles. Il est vrai que parmi ceux-ci, on trouve parfois les représentants de très anciennes familles hanovriennes, par exemple Gerhard Friedrich von Hinüber, Clamor Werner Otto von dem Busche – et Adolph baron de Knigge. Mais les nobles n'occupaient pas nécessairement les postes élevés de la hiérarchie de l'Ordre. C'est ainsi que, de 1762 à 1774, se succédèrent 17 Grands Maîtres (*Großmeister*): deux seulement furent des nobles, Ernst Carl von Reiche et Adolph von Knigge[48].

Le *Concordienorden* offre donc un exemple de mélange des classes sociales, mais un mélange qui s'opère au sein d'un milieu intellectuellement homogène, constitué par des jeunes gens qui poursuivent les mêmes études en vue des mêmes carrières... ou presque: les nobles accédaient en effet aux postes-clefs, tandis que les bourgeois devaient se cantonner dans des emplois subalternes, alors qu'ils avaient acquis une formation rigoureusement identique. Ainsi le passage de l'Université à la vie professionnelle pouvait-il apparaître à certains d'entre eux comme une sorte de régression par rapport à l'expérience de coexistence sociale qu'ils avaient vécue au sein de l'Ordre. Pourquoi fallait-il que ce fût, paradoxalement, un noble qui, près de vingt ans plus tard, se décidât à poser concrètement, sur le plan politique, le problème de la division des classes sociales?

Knigge lui-même ne semble pas avoir attaché une très grande importance à son affiliation au *Concordienorden*. Dans les lettres qui nous sont parvenues, il n'en parle pas. Dans la *Déclaration de Philo*, il lui consacre une seule phrase, formulée dans les termes les plus vagues, se bornant à souligner qu'il avait "mainte intention louable", mais que ses projets manquaient de "solidité"[49].

---

47 *Ibid.*, 19. L'un de ces étudiants en médecine était le célèbre Albrecht Thaer, originaire de Celle. Un autre, Johann Dietrich Philipp Christian Ebeling, alla s'établir à Strasbourg en 1774.
48 *Ibid.*, 13.
49 *Philo*, 17 sq.

Il omet également de signaler qu'il avait gravi assez rapidement les échelons de la hiérarchie de l'Ordre, puisqu'il était initié au deuxième grade en juillet 1770 et au troisième un mois plus tard, avant de devenir peu après le secrétaire de la loge de Göttingen, puis le trésorier de la loge de Cassel, enfin le Grand-Maître de cette loge[50].

Cette réserve s'explique par les circonstances dans lesquelles Knigge fut amené à rédiger la *Déclaration de Philo*. Nous verrons que cet ouvrage est écrit en partie dans une perspective de justification, à une époque où l'opinion publique venait d'apprendre l'identité de Philo et de Knigge, après avoir été "informée" par les *Ecrits Originaux* et le *Supplément aux Ecrits Originaux* des intentions prétendument subversives de l'Ordre des Illuminés. Knigge, dont toute l'Allemagne découvrait en 1788 qu'il avait été un des chefs de l'Ordre, n'avait pas intérêt à souligner que déjà lorsqu'il était étudiant, il avait été à la tête d'une société secrète interdite.

En 1796, la revue contre-révolutionnaire *Eudämonia* saluait à sa manière la mort de Knigge, survenue le 5 mai de la même année, en publiant un article anonyme, *Regards sur la jeunesse de Philo*, qui confirme cette interprétation[51]. L'auteur part de l'idée que c'est dans la jeunesse d'un homme célèbre qu'il faut rechercher "les dispositions qui, en s'épanouissant pleinement, firent de lui ce qu'il est devenu". Selon lui, le trait principal du tempérament de Knigge était le besoin de domination, et il ne rêvait que de "gouverner le monde". Il devait donc créer l'instrument de ce projet, et c'est à quoi il s'employa "dès ses années de jeunesse", s'affiliant dans ce but à un Ordre d'étudiants (*Burschenorden*), désigné d'ailleurs à tort sous le nom de *Concordia et Constantia*[52]. L'auteur anonyme expose ensuite le plan que Knigge, parvenu au sommet de la hírarchie de l'Ordre, aurait élaboré en vue de faire des Concordistes, une fois entrés dans la vie professionnelle, des espions surveillant les ministères, et même les cours étrangères. Le résultat de leurs activités devait être envoyé chaque mois au chef de l'Ordre: cette précision évoque évidemment la

---

50 SELLE, *op. cit.*, 85.
51 [Anon.], *Blicke in Philo's früheres Leben*, in: *Eudämonia, oder deutsches Volksglück, ein Journal für Freunde von Wahrheit und Recht*, Frankfurt a. M./Nürnberg, 6 Bde, 1795 - 1798, ici 3/1796, 438 - 449.
52 *Ibid.*, 437 - 440. L'article dit "Concordia et Constantia, der sogenannte Constantisten- Orden". Il existait bien une association d'étudiants appelée les Constantistes (*Constantisten*), fondée à Halle en 1777. A Vienne également, on trouvait des Frères de la Constance (*Brüder der Beständigkeit*) (voir LENNHOFF-POSNER, *op. cit.*, art. *Constantisten*, Sp. 301.) L'*Allgem. Handb. der Freimaurerei* prétend que les Constantistes ne furent connus en Allemagne qu'en 1786 (I, art. *Constantisten*, 161). En réalité, l'auteur de l'article de l'*Eudämonia* mêle le nom de l'Ordre (*Concordien*) et un des mots figurant dans sa devise (*Constantia et Taciturnitas*, cf. SELLE, op. cit., 8). Mais il évoque un des membres du *Concordien-Orden* dont nous retrouvons le nom dans le registre publié par Selle: il s'agit de Richard Heinrich Theodor Rieseberg, qui fut un moment "gouverneur" (?*Hofmeister*) de Knigge (SELLE, *op. cit.*, 32).

pratique du "quibus licet", rapport mensuel que les Illuminés devaient adresser à Weishaupt. Le but final de l'entreprise était de mettre en oeuvre un projet résumé dans trois commandements:
>   élimine la religion chrétienne; chasse les princes et renverse les constitutions existantes[53].

Et l'auteur de "démontrer", au long d'une dizaine de pages, que ces intentions et ces projets trouvèrent un début de réalisation dans l'Ordre des Illuminés.

Ce texte fournit un des premiers exemples de déviation d'un discours politique dont la fonction n'est pas de mettre le citoyen en présence des divers choix qui peuvent s'offrir à son jugement, mais de guider son comportement et de l'amener à rejeter un engagement au profit d'un engagement contraire. Pour arriver à ses fins, l'auteur de l'article mêle à la calomnie des faits réels (appartenance de Knigge à un Ordre d'étudiants, pratique des "quibus licet" etc.), afin de lui donner une apparence d'objectivité capable d'entraîner la conviction du lecteur non informé. Dans le cas présent, le propos de l'*Eudämonia* était clair. Il s'agissait d'amener les monarchies à réagir contre les Ordres d'étudiants, considérés (non sans raison d'ailleurs), comme des foyers d'idées révolutionnaires[54]. L'histoire du *Concordien-Orden* devait être "un exemple qui saute aux yeux de ce à quoi un Ordre d'étudiants peut être utilisé lorsque derrière lui se tient un esprit entreprenant et retors"[55]. L'Ordre des Illuminés n'était-il pas, lui aussi, à l'origine un Ordre d'étudiants? L'auteur de l'article appelle à une vigoureuse répression de ces associations, conformément à l'édit impérial qui les interdisait.

En 1788, lorsque Knigge rédigeait la *Déclaration de Philo*, l'atmosphère n'était déjà guère plus sereine. Depuis trois ans, le gouvernement bavarois organisait une véritable chasse aux Illuminés et tentait d'amener les princes de toute l'Allemagne à agir de même. La prudence s'imposait donc à Knigge, et c'est certainement à dessein qu'il n'était pas très explicite sur ses activités dans le *Concordien-Orden*, s'abstenant même d'en citer le nom.

Mais on peut se demander aussi s'il avait, dès 1770, des intentions politiques précises. Les associations étudiantes du temps ne s'occupaient pas de politique. Pouvons-nous imaginer que Knigge, qui bientôt allait s'engager dans la très conformiste carrière de courtisan, ait conçu au même moment le projet d'une société secrète visant à détruire l'absolutisme? Aucun document ne permet de le penser. Certes, il évoque dans *Le Château enchanté* un petit cercle d'amis qui, autour du comte Tunger, défont et refont le monde, au moins en

---

53 "vertilge die christliche Religion, verdränge die Fürsten und stürze die bestehenden bürgerlichen Verfassungen!", *Eudämonia, op. cit.*, 447.
54 Par exemple l'Ordre des Frères Noirs d'Iéna. Sur cet Ordre, voir LENNHOFF-POSNER, *op. cit.*, art. *Harmonistenorden*, Sp. 673; art. *Studentenorden*, Sp. 1529 sq. Voir aussi K. SCHUFFELS, *Hyperion de Friedrich Hölderlin, reflet des aspirations révolutionnaires de son temps*, thèse 3è cycle Paris III dactyl., 1980, 65 - 81.
55 *Eudämonia op. cit.*, 441.

paroles, et se croient autorisés à agir en marge des lois et de la morale que prêchent, sans la pratiquer, tant de "marionnettes graves et solennelles"[56], elles-mêmes manipulées par des illusionnistes qui restent dans l'ombre. Mais ce texte a été écrit en 1791, et il s'inscrit dans une condamnation alors générale des débordements commis au nom du "génie". Il serait d'ailleurs imprudent de tirer d'un roman ce que les archives ne livrent pas, et d'imaginer ce qu'il faut se résigner à ne pas savoir.

Si les intentions exactes de Knigge vers 1769 - 1770 nous restent inconnues, nous pouvons en revanche affirmer que son affiliation au *Concordien-Orden* lui a révélé la coexistence possible de deux mondes dont son éducation lui avait au contraire fait croire qu'ils devaient s'ignorer: la noblesse et la bourgeoisie. Mieux: la seconde y dominait la première, et cela dans celle des Universités d'Allemagne qui semblait vouée, par ses origines mêmes, à donner à la noblesse les moyens intellectuels qui lui permettraient de préserver un statut que la seule naissance ne garantissait plus aussi bien que par le passé.

Il n'est pas nécessaire que Knigge ait eu, dès cette époque, une conscience nette de l'importance de cette découverte. L'essentiel, c'est qu'elle ait eu lieu. Or la composition sociale de l'Ordre devait au moins la lui suggérer, puisque ceux de sa caste y constituaient une très petite minorité. Ainsi Knigge s'enrichissait-il, peut-être sans trop le savoir encore, d'une expérience qui, plus tard porterait ses fruits.

C. Les débuts dans la Stricte Observance (1773 - 1778)

C'est à Cassel que commença la véritable carrière maçonnique de Knigge. Carrière d'abord sans éclat: reçu le 20 février 1773 apprenti dans la loge de Stricte Observance Au Lion Couronné (*Zum gekrönten Löwen*)[57], il n'avait toujours pas, cinq ans plus tard, dépassé ce grade[58]. Il avoue dans la *Déclaration*

---

56 "die ernsthaften, feierlichen Puppen", *Zauberschloss*, 83.

57 *Allg. Handb. der Freim.*, I, p. 548 et W. KOLBE, *Zur Geschichte der Freimaurerei in Kassel 1766 - 1824*, Berlin 1883, 10. Dans *Philo*, Knigge indique à tort la date de 1772 (*op. cit.*, 18). Fondée le 13 octobre 1771 par des maçons qui s'étaient fait "rectifier" (cf. supra) à Brunswick, la loge Au Lion Couronné était peuplée de représentants de la noblesse (dont Waitz von Eschen, le ministre de tutelle de Knigge) et du monde des arts et des lettres (les peintres J. H. et F. A. Tischbein, les professeurs Dohm, Runde, Casparson, Stein). A son apogée, vers 1778, la loge comptait 75 membres (dont quatre chanoines de Cologne). Elle reçut la visite de nombreux membres de familles princières, comme les ducs de Brunswick, de Meiningen, de Gotha, des princes de Darmstadt, de Cassel, de Philippsthal. Le 5 décembre 1778, elle accueillait le "célèbre Frère Forster, de Londres" (KOLBE, *op. cit.*, 9 sq.). Sur la franc-maçonnerie à Cassel, voir aussi A. KALLWEIT, *Die Freimaurerei in Hessen-Kassel. Königliche Kunst durch zwei Jahrhunderte von 1743 - 1965*, Baden-Baden, 1966.

58 Une liste des membres de la loge établie le 11 août 1778 indique que Knigge est toujours apprenti (*ASTRÄA*, XV, 160). Ce renseignement est confirmé dans *Philo*,

de Philo que son "impertinence" et son "absence d'esprit de subordination"⁵⁹, auxquelles s'ajoutèrent des imprudences dans son comportement avaient indisposé les Supérieurs de la loge. Mais il indique deux autres raisons qui ont certainement pesé davantage dans la méfiance dont il semble avoir été alors l'objet.

La première est sa "situation politique singulière"⁶⁰. Il était, à cette époque, nous le savons, au service du landgrave de Hesse-Cassel, et nous avons évoqué dans quelles conditions il le quitta en 1775. Bien en cour, mais bavard, Knigge n'était pas un allié sûr. Disgracié, il n'était plus recommandable.

Mais surtout, Knigge fait allusion à sa mauvaise situation de fortune. Or les grades de la Stricte Observance coûtaient fort cher.⁶¹. L'impécunieux baron n'était pas en mesure de les acheter, et sa position au sein d'une caste qui le rejetait n'incitait pas les Frères à le dispenser de ces taxes, en échange de services qu'il était incapable de rendre. Knigge, que les scrupules de conscience n'ont pas toujours étouffé, songea un instant à se procurer par la ruse un avancement gratuit: il s'informa de l'organisation du système, en lisant plusieurs des innombrables ouvrages qui prétendaient révéler tous les secrets de la maçonnerie, et en déliant, à l'aide d'une bonne bouteille, la langue d'un traître qui le mit au courant des grades de l'Ordre et lui parla avec enthousiasme des Supérieurs Inconnus. Il essaya aussitôt de monnayer ces renseignements. A l'époque, la prétendue filiation templière de la Stricte Observance faisait encore partie des secrets jalousement gardés par ses chefs. Aussi les Supérieurs de Knigge le laissèrent-ils libres de tenir ce qu'il avait appris pour vrai ou faux. Il cessa alors de fréquenter la loge⁶².

En 1777, Knigge résidait à Hanau. A la fin de la même année, une loge de Stricte Observance y fut fondée par le frère du comte Guillaume, Charles de Hesse⁶³. Personnellement, Guillaume n'avait pas de penchant particulier

---

18: "Ich blieb immer Lehrling". Il est vrai qu'en 1778, Knigge avait quitté Cassel depuis trois ans.
59 "Naseweisigkeit" et "Mangel an Subordinations-Geist", *Philo*, 18 sq.
60 *Ibid.*, 19.
61 LE FORESTIER, *Franc-Maçonnerie*, 144. Le grade d'apprenti coûtait, à lui seul, 350 thalers, c'est-à-dire plus de la moitié de la somme annuelle que Knigge recevait de ses créanciers. Il est vrai que les grades suivants valaient "seulement" de 35 à 120 thalers...
62 *Philo*, 19.
63 Charles de Hesse (1744 - 1836), frère du landgrave Guillaume Ier (l'ancien comte de Hanau), s'occupa toute sa vie de sociétés secrètes. Adepte convaincu des théories mystiques, il pratiquait assidûment l'alchimie. Elevé au Danemark et ayant épousé une princesse danoise, il contribua à l'essor de la maçonnerie das ce pays. Ses archives se trouvent aujourd'hui dans le fonds de la Grande Loge Danoise. Il participa à Paris à la fondation de la Loge des Philalètes (1773). Ses *Mémoires de mon temps, dictés par le landgrave Charles de Hesse* (en français) ont été publiés en 1861. Sur lui, voir *Allg. Handb. der Freimaurerei*, 448 sqq.; LENNHOFF-POSNER, *op. cit.*, Sp. 816 sq.; LE FORESTIER, *Franc-Maçonnerie*, *passim*, en partic. 560 - 609.

pour la maçonnerie. Il accepta cependant d'accorder sa protection à la loge, qui avait pris le nom de Wilhelmine Caroline[64]. Knigge a-t-il participé à cette création? Nous n'en savons rien. Mais les maçons n'étaient pas si nombreux à Hanau que le prince Charles ne dût faire appel à tous ceux qui avaient quelque expérience en la matière. Knigge était de ceux-là. Dans une lettre à l'officier hanovrien Greve, il évoque les difficultés qu'éprouvait la loge, encore un an après sa fondation, à recruter des membres: "Notre loge prend chaque jour un aspect plus misérable. Nous recevons tout ce qui a le droit de porter l'épée, c'est notre ligne de conduite"[65]. Cette fois, la carrière de Knigge dans la Stricte Observance prend un cours beaucoup plus rapide. Il ne le doit pas seulement à sa position auprès de Guillaume: à Cassel, une position analogue ne l'avait pas servi. Mais il a maintenant un atout important: l'amitié de Charles de Hesse, dont témoigne l'abondante correspondance qu'il échangea avec le prince[66]. Or celui-ci était intimement lié avec le duc Ferdinand de Brunswick, chef de la Stricte Observance allemande depuis 1772. Charles et Ferdinand se voyaient souvent, unis par un commun penchant aux rêveries mystiques[67]. Knigge, nous le verrons, s'intéressait à cette époque beaucoup à l'alchimie et à l'ésotérisme. Il sut plaire à Charles de Hesse, et, ce qui était encore plus important, à Ferdinand de Brunswick lui-même, qu'il rencontra lors d'un voyage qu'il entreprit au cours de l'été 1778 afin d'assister au Convent de Wolfenbüttel[68]. Knigge reçut l'assurance qu'on lui confierait des charges importantes. Six mois plus tard, il avait atteint le cinquième grade[69]. Toutefois, ce n'est qu'en été 1779 qu'il fut admis dans l'Ordre Intérieur de la Stricte Observance, sous le nomen Eques a cygno[70]. Les Supérieurs de l'Ordre

---

64 La lettre du comte Guillaume accordant cette protection est reproduite dans KOLBE, *op. cit.*, 14 sq. Elle souligne que la fondation de la loge est due à l'initiative de Charles de Hesse, qui en demeura longtemps le protecteur. Il y a donc lieu de corriger sur ce point LE FORESTIER, *Illuminés*, 209, qui affirme que le comte Guillaume avait "voulu fonder une loge à Hanau où les Maçons étaient peu nombreux". L'indifférence du comte à l'égard de la maçonnerie est notée par KOLBE. Sur cette loge, voir *Geschichte der Freimaurerei i. O. Hanau.* [...], Hanau, 1897, 5 sqq.
65 Knigge à Greve, 15 janvier 1779 (*ASTRÄA*, XVII, 312).
66 Nous connaissons ce qu'en publia la revue *ASTRÄA, Taschenbuch für Freimaurer*, à partir de 1850 (volume 15). Le reste n'a pas été retrouvé. Cette correspondance est d'abord menée par Knigge sous le voile de l'anonymat. Nous verrons plus loin pour quelles raisons. Cela n'exclut pas que Knigge ait fait personnellement la connaissance de Charles de Hesse à Hanau, où le prince se rendait souvent.
67 LE FORESTIER, *Franc-Maçonnerie*, 561.
68 Knigge à Greve, 7 septembre 1778 (*ASTRÄA*, XVII, 306 sq.) et 1er décembre 1778 (*ibid.*, 309).
69 "Diesen 5. [Grad] habe ich kürzlich bekommen", Knigge à Greve, 26 mars 1779 (*ASTRÄA*, XVII, 315).
70 *Philo*, 21. Dans la lettre du 26 mars 1779, Knigge affirme qu'il devra encore "attendre un peu" avant d'être admis dans l'Ordre Intérieur. A l'automne 1779, il en faisait partie. Sa nomination se situe donc entre mars et septembre 1779.

avaient même poussé la bonne volonté jusqu'à accepter que Knigge fixât lui-même le montant de ses cotisations[71].

Rien ne s'opposait plus à ce que Knigge, que son tempérament portait naturellement à échaufauder projets et combinaisons de toutes sortes, pût jouer enfin un rôle à la mesure de ses ambitions. Mais bientôt, l'engagement maçonnique, qui avait d'abord été pour lui une sorte de jeu, allait devenir quelque chose d'incomparablement plus profond, la voie par laquelle il pouvait être donné à l'homme de restaurer ce sentiment religieux de fraternité que les Eglises officielles semblaient avoir brisé.

2. Une "nouvelle religion"

A. La tentation occultiste

Les mêmes raisons qui avaient incité Knigge à évoquer dans la *Déclaration de Philo*, sans y insister, son affiliation au *Concordien-Orden*, l'amènent à présenter son engagement dans la Stricte Observance comme une manifestation anodine de la crise que traversait un jeune homme ambitieux et oisif, accessible à toutes les chimères que la mode du temps pouvait offrir en pâture à des esprits que ne satisfaisaient ni la rigidité sclérosée de l'orthodoxie religieuse ni la sécheresse d'une religion purement rationnelle. Ce témoignage vaut, malgré sa longueur, d'être cité, car il met parfaitement en lumière le désarroi de cette génération née autour de 1750, qui cherchera passionnément, à travers les expériences parfois les plus folles, à échapper aux contraintes que faisait peser sur elle une société qui ne correspondait pas à ses rêves. Knigge écrit:

> Je n'avais pas d'occupations précises, mis à part une direction des spectacles, sans importance; j'étais plein d'un besoin d'activité; assoiffé de sagesse; les systèmes philosophiques habituels ne me satisfaisaient pas; j'étais à un âge où l'on a vite fait d'édifier et de détruire un système philosophique; j'étais chatouillé par l'idée vaniteuse que je pouvais m'occuper de choses plus élevées que le commun des gens, jouer un grand rôle dans le monde des francs-maçons et ainsi acquérir de l'influence dans la société civile, où au-delà de quelques lieues, j'étais une personne assez insignifiante; en ce qui concerne la religion, je balançais entre la foi et l'incroyance, je n'étais pas satisfait des systèmes religieux, ni apaisé par une religion de la seule raison; j'étais plein de doutes sur la vérité de quelques propositions révélées, j'aspirais ardemment à une illumination meilleure, surnaturelle. Les grades supérieurs de la Stricte Observance semblaient si nettement l'offrir, il m'apparaissait si vraisemblable que tant d'adhérents sensés et généreux de ce système ne se bornaient pas au but mesquin et secondaire consistant à restaurer l'éclat extérieur d'un ancien Ordre chevaleresque, mais qu'au contraire, s'ils s'adonnaient à cet enfantillage, c'est qu'il cachait en arrière-plan des objets sans doute plus sublimes. De vieux manuscrits me tombèrent entre les mains. J'eus l'occasion de prendre connaissance des grades

---

[71] *Philo*, 20.

supérieurs, grades en vérités très rares, d'autres branches maçonniques – tout cela aboutit aux sublimes sciences secrètes⁷².

En 1788, Knigge veut faire croire que son affiliation à la Stricte Observance n'avait été en quelque sorte qu'un péché de jeunesse, fruit d'un tempérament généreux, certes, mais insatisfait, et brouillon de surcroît. En justifiant son engagement maçonnique par un désir individuel de s'élever au-dessus du "commun des gens", il ôtait leurs armes à ceux qui, après l'interdiction de l'Ordre des Illuminés, commençaient à parler d'un "complot maçonnique" structuré, organisé et patiemment mis en oeuvre. En somme, Knigge serait devenu franc-maçon pour libérer son "génie". Quoi de plus pardonnable en ces années de Sturm und Drang? Quant à la quête des "sciences sublimes", n'avait-elle pas été une manie de l'époque, et singulièrement de la maçonnerie allemande? Knigge n'avait fait que suivre la mode...

Pourtant, il mit à pratiquer les sciences occultes plus d'acharnement qu'il ne l'avoue. Il ne se borna pas à fréquenter des charlatans prétendant "évoquer les morts et faire jaillir des ombres de tombeaux"⁷³. En réalité, il traversa une véritable crise mystique, qui l'amena à entrer également en relation avec des Rose-Croix.

En 1778, il était en correspondance avec un certain Wendelstadt, médecin à Wetzlar, Rose-Croix et membre de la Stricte Observance⁷⁴. A une lettre qu'il lui écrit le 23 août, Knigge joint un "questionnaire rose-croix de préparation ou d'épreuve"⁷⁵, contenant les questions adressées aux postulants des trois classes. L'alchimie y est nommément désignée comme une des sciences propres à donner à l'homme les moyens d'assurer son bonheur "ici-bas"⁷⁶. La fabrication de l'or y est évoquée comme difficile, mais non impossible. Et lorsque Knigge écrit, le 15 janvier 1779, à Greve: "Nous étudions, Wendelstadt et moi [...], toutes les petites opérations", il est évident qu'il fait allusion à l'alchimie⁷⁷.

Mais surtout, il fit la connaissance du médecin Joseph Wilhelm Schröder, de Marbourg, dont il avait lu avec passion les volumes composant la *Nouvelle*

---

72 *ibid*, 21 sq.
73 *Ibid.*, 23. Dans une lettre à Greve (15 janvier 1779, *ASTRÄA*, XVII, 313), il évoque un certain "Père Joseph": "Er ist ein Pfaffe [...]. Er will uns Todte citieren".
74 Il appartenait à l'Ordre Intérieur, sous le nomen Eques a Serpente J. L. F. MERZDORF, Hg, *Verzeichnis sämtlicher innern Ordensbrüder der strikten Observanz*, Oldenburg, 1846, 67). Il s'établit ensuite à Francfort-sur-le-Main, puis à Neuwied (*ASTRÄA*, XVI, 177; XVII, 295 et 307; XXI, 271).
75 *R[osische] [Rosenkreuzerische] Vorbereitungs- oder Probe-Fragen*, Knigge à Wendelstadt, 23 août 1778 (*ASTRÄA*, XVII, 300 - 304).
76 "Hier in dieser Zeitlichkeit", *ibid.*, 303.
77 "Wir arbeiten (Wendelstadt und ich [...]) alle die kleinen Processe durch", *ASTRÄA*, XVII, 313. Ce sens de "Process" est attesté dans le *Neues Teutsches und Französisches Wörter-Buch* de François ROUX, Halle, 1780: "Process (in der Chemie): procès, opération" (p. 474).

Bibliothèque alchimique[78]. Il lui rendit visite en août 1778[79]. Schröder, qui avait été recruté par les Rose-Croix, avait longtemps reçu d'eux des subventions destinées à soutenir ses recherches, à charge pour lui d'attirer de nouveaux adeptes[80]. Il sut communiquer à Knigge la flamme qui l'animait[81] et celui-ci se prépara à entrer dans la Fraternité[82].

Mais il n'avait pas pour autant l'intention de quitter la Stricte Observance. Cette attitude pose un problème que les biographes de Knigge et les historiens de la franc-maçonnerie ou de l'illuminisme ont jusqu'à présent résolu trop rapidement, accusant Knigge de légèreté, voire de duplicité[83]. Or rien ne prouve que Knigge ait joué un double jeu. C'est même le contraire qui est probable.

Il faut d'abord remarquer qu'à son époque, l'alchimie du moyen âge est bien morte. Même si les alchimistes croient encore possible la transmutation des métaux, ils ne parlent plus guère de "pierre philosophale". L'alchimie est pour eux avant tout de la chimie appliquée[84]. Elle relève de la science, elle n'est plus aussi inaccessible aux conquêtes de la raison qu'il y paraît. Goethe, par exemple, s'intéressait à elle. En pratiquant l'alchimie avec les Rose-Croix, Knigge n'avait pas l'impression de se lancer dans des recherches condamnables du point de vue de la raison.

Il ne croyait pas non plus trahir la Stricte Observance. Sa conscience était d'autant moins torturée que les Rose-Croix et la Stricte Obervance étaient

---

78 [F. J. W. SCHRÖDER], *Neue Alchymistische Bibliothek für den Naturkündiger (!) unsers Jahrhunderts* ausgesucht von S[chröder]. Le premier recueil parut à Francfort et Leipzig, chez Ludwig Brönner, un éditeur maçon, en 1771, puis réuni au second recueil, publié en 1772. Ils furent suivis d'un troisième en 1773 et d'un quatrième en 1774. La même année, un second volume offrit les recueils 3 et 4. C'est dire le succès de ce genre de littérature en plein siècle des Lumières. Ces textes sont analysés par K. R. H. FRICK, *Die Erleuchteten. Gnostisch-theosophische und alchemisch-rosenkreuzerische Geheimgesellschaften bis zum Ende des 18. Jahrhunderts*, Graz, 1973, 339 - 346. Sur F. J. W. Schröder, voir R. Christian ZIMMERMANN, *Das Weltbild des jungen Goethe. Studien zur hermetischen Tradition des deutschen 18. Jahrhunderts*, 2 Bde, München, 1979, II, 373 - 379, où est reproduit un extrait de l'autobiographie écrite par Schröder en 1770 et publiée par E. G. BALDINGER, *Biographien jetztlebender Ärzte*, Jena, 1770.
79 Knigge à Wendelstadt, 23 août 1778 (*ASTRÄA*, XVII, 300). Très malade (on dit qu'il pratiquait sur lui-même certaines de ses expériences), Schröder n'avait plus que quelques semaines à vivre. Il mourut en octobre 1778.
80 H. KOPP, *Die Alchemie in älterer und neuerer Zeit. Ein Beitrag zur Culturgeschichte*, 2 Bde, Heidelberg, 1886, II, 41. Mais à la fin de sa vie, Schröder avait été abandonné par les Rose-Croix, qui n'avaient plus besoin de ses services.
81 *Philo*, 22 et 24.
82 Knigge à Wendelstadt, *lettre citée*. C'est Schröder qui avait communiqué à Knigge le questionnaire rose-croix.
83 En particulier LE FORESTIER, *Illuminés*, 210 sq.
84 "praktische Chemie", GRABE, *op. cit.*, 82.

proches l'une de l'autre par plusieurs aspects. Le premier était la croyance templière. Le second était l'idée que la sagesse qu'affirmaient détenir les deux Ordres devait permettre à leurs adeptes d'accéder à des connaissances spéciales, en général désignées par le terme de "connaissances sublimes" (*höhere Kenntnisse*)[85]. Il ne s'agissait pas tant d'évoqer les esprits (encore que, le témoignage de Knigge le souligne, cela fît aussi partie des pratiques auxquelles se livraient bien des maçons) que de pénétrer au coeur des mystères les plus profonds de la nature. En 1786, Knigge notera que la quasi totalité des francs-maçons s'adonnaient avec rage à la "quête des grands secrets, ceux de la nature et les autres", ce qui attirait évidemment les charlatans. Mais pas seulement eux: des "esprits réellement spéculatifs" ("speculative Köpfe", c'est-à-dire, au sens où il l'entend, orientés vers la réflexion scientifique) s'intéressent à ces recherches et à ces opérations[86]. De ce point de vue, la pratique de l'alchimie apparaissait comme un moyen de dispcipliner l'esprit du "chercheur", de le mettre dans une communication toujours plus étroite avec les secrets de la nature.

En 1778, Knigge n'est certainement pas encore acquis totalement au rationalisme. Le sera-t-il d'ailleurs jamais? L'occultisme l'attire alors fortement. Mais la pratique des sciences occultes lui semble un premier pas dans la voie de la sagesse, qui permettra à l'homme de retrouver l'unité avec le Divin. C'est le sens de la réflexion qu'il communique à Wendelstadt:

> Dieu a fait don à l'Ordre des Templiers des mystères et de sa présence immédiate, qu'il avait retirés aux juifs. Seul ce petit groupe, cet Ordre [...] gouvernera la monde d'une manière théocratique, comme Dieu l'a promis.

Et il ajoute une phrase qui nous éclaire sur ses intentions:

> C'est pourquoi nous ne devons pas quitter la Stricte Observance, mais la réformer[87].

Réformer la Stricte Observance: l'idée est lancée. Knigge ne se sent pas seul pour la réaliser. Dans la même lettre, il se dit soutenu par de nombreux

---

85 Décrivant le système de Hund (c'est-à-dire la Stricte Observance), Knigge écrit dans *Beytrag zur neuesten Geschichte des Freymaurerordens*, Berlin, 1786: "Sein System war von der Art, dass jeder etwas darinn fand, das seine Neigungen schmeichelte. Der Geldgeizige: Hofnung, einst den Stein der Weisen zu finden; der Ehrgeizige Gelegenheit zu herrschen, eine hohe Befehlshaberstelle in einem militarischen Ritterorden zu bekleiden; der rangsüchtige Bürger: den Vorzug, mit einem Ritterorden geziert, unter den Adelichen in gleicher Reihe zu stehen; der Wissbegierige: Aussicht, höhere Kenntnisse zu erlangen; der Schwärmer: in die Tiefe mystischer Weisheit zu dringen." (p. 67).
86 *Beytrag*, 118.
87 Knigge à Wendelstadt, *lettre citée*. Knigge était à cette époque, semble-t-il, un fervent admirateur des anciens Templiers. A Grossmann, il écrit le 3 janvier 1779 qu'il envisage d'écrire une tragédie sur Jacques Molay. Mais il y renonça.

maçons, en particulier par Charles de Hesse. L'un d'eux, précise-t-il, "espère bientôt une révolution"[88].

Que reproche-t-il à cette Stricte Observance dans laquelle, pourtant, sa carrière a maintenant pris bonne tournure? Knigge ne met pas en cause la sincérité ni l'honnêteté des Frères. Seulement, la Stricte Observance, maintenant qu'il la connaît de l'intérieur, lui apparaît pour ce qu'elle est: un système qui ne sait ni d'où il vient ni, ce qui est encore plus grave, où il va: "Dans la Stricte Observance, personne ne sait rien", écrit-il à Wendelstadt[89]. Sa seule utilité consiste à réunir "argent et puissance". Mais c'est la Rose-Croix, véritable héritière de l'Ordre du Temple, pense-t-il, qui est dépositaire de l'authentique idéal maçonnique.

Schröder mourut en octobre 1778. Avec lui disparaissait pour Knigge l'espoir de devenir Rose-Croix. Nous ne savons pas pourquoi il ne fut pas admis dans l'Ordre. Mais il en garda une blessure profonde. Dans la *Déclaration de Philo*, il prétend qu'il tenait les Rose-Croix allemands pour "ignorants et sans authenticité"[90] et qu'il n'avait jamais cherché à les rejoindre. Les textes que nous avons cités démentent cette affirmation. Les raisins étaient sans doute trop verts...

La confession de Knigge dans la *Déclaration de Philo* offre pourtant un indéniable accent de sincérité et nous révèle combien son adhésion à l'idéal maçonnique avait pour lui la valeur d'une recherche de l'absolu: il s'agissait de combler le vide que laissait béant la critique rationaliste des systèmes religieux. Fils du dix-huitième siècle, il ne croit plus à la religion révélée telle que la transmettent des prêtres brandissant leurs "livres symboliques". Les fameux *Fragments d'un Anonyme* n'ont-ils pas été publiés, justement, entre 1774 et 1778? Mais comment ce lecteur de Rousseau se satisferait-il d'une religion de la sèche raison? Il lui faut autre chose – comme il faudra, quelques années plus tard, autre chose à un Hegel, à un Hölderlin. Il a besoin d'un "système" qui concilie la foi et la raison, qui réconcilie la tête et le coeur, et qui, ou lieu de diviser l'humanité en lançant des anathèmes, lui offre l'espérance de la fraternité. Fraternité: c'est l'un des maitres mots de l'idéal maçonnique[91]. C'est dans le cadre d'une maçonnerie régénérée que Knigge va essayer de travailler à sa mise en oeuvre.

---

88 "hofft bald eine Revolution", Knigge à Wendelstadt, *lettre citée*. Knigge entend par là une réforme radicale de l'Ordre.

89 *Ibid.*, Le 8 août 1779, dans une lettre à Charles de Hesse, Knigge note la préoccupation majeure de la Stricte Observance: "Untersuchen, in welche Zeiten der Ursprung der wahren M[aure]rei zu sehen sei; wo die Oberen sind, welche man sucht, und womit sie sich beschäftigen", *ASTRÄA*, XV, 176. La dernière phrase est une allusion au voyage que Wächter, envoyé par la Stricte Observance, avait entrepris en Italie, à la recherche des Supérieurs Inconnus (cf. LE FORESTIER, *Franc-Maçonnerie*, 263 sqq.)

90 *Philo*, 24.

91 Voir le développement de ce thème dans D'HONDT, *op. cit.*, en particulier 168 sq.

B. Un "Système universel pour le peuple"

Le 20 janvier 1780, Knigge écrivait à Greve: "Je vous envoie aussi le petit ouvrage que je ne livre au monde que pour apprendre comment on raisonne et on déraisonne sur ces matières, et si je serai compris"[92].

Phrase obscure, en vérité, mais le contexte de la lettre permet de penser avec une quasi certitude qu'il s'agit d'un petit livre qu'il avait publié anonymement, sans doute quelques mois plus tôt, sous le titre *Système universel pour le Peuple, afin de servir de fondement à toutes les connaissances, destiné aux hommes de toutes les nations, de toutes les classes et de toutes les religions*[93].

Dans la *Déclaration de Philo*, Knigge parle de cet ouvrage comme d' "un mélange de saine et lucide raison, et de sottises, de déisme et de rêveries"[94]. Dans le *Sincère Aveu de ma Polygraphie*, il le place, à côté d'un article sur les avantages de la culture de la chicorée et de "quelques pièces de théâtre misérables et insipides", parmi ses productions dignes de figurer dans les épiceries pour servir de papier d'emballage. Mais une fois de plus, Knigge s'enveloppe dans une fausse modestie qui frise même la mauvaise foi. En 1790, il ne faisait pas bon s'avouer "fondateur de religion"!

Car c'est bien ainsi que Knigge apparut à ceux qui lurent le livre. Un compte rendu publié par les *Frankfurter Gelehrte Anzeigen* en 1780 commence par ces mots: "Voici donc encore un réformateur de la religion" (*Religionsverbesserer*)[95]. La suite ne laisse aucun doute sur le sens de ce jugement: l'auteur du

---

92 Knigge à Greve, 20 janvier 1780, *ASTRÄA*, XXI. 265.
93 *Allgemeines System für das Volk zur Grundlage aller Erkenntnisse für Menschen aus allen Nationen, Ständen und Religionen in einem Auszug herausgegeben.* Il n'en existe plus aujourd'hui que deux exemplaires connus, qui se trouvent à la Bibliothèque Royale de Copenhague. Le premier porte comme lieu et date d'édition "Nicosia, 1873". Il se peut que "Nicosie" soit une référence implicite à un des lieux chers à la légende templière. La date de "1873" place l'ouvrage au rang des utopies dont le XVIIIè siècle offre de nombreux exemples (pensons à MERCIER et à son "An 2440"). Il ne s'agit pas non plus d'une faute d'impression ("1873" pour "1783"): cf. lettre de Knigge à Nicolai, 15 avril 1780, KAW. Le second exemplaire est daté de 1783 et ne porte pas de lieu d'édition. En fait, l'ouvrage fut publié à Hanau, comme Knigge l'indique, sans toutefois préciser la date, dans *Aufrichtiges Geständnis meiner Poligraphie*. L'éditeur fut le maçon Gotthelf David Schulz (Knigge à Nicolai, 6 juin 1780: "H[err] Schulz ist bis itzt der Verleger meiner sehr unbedeutenden literarischen Arbeiten gewesen" [KAW]). C'est l'édition de "Nicosie" qui a été utilisée dans le *reprint* publié chez Kraus/Thomson, où elle constitue une partie du tome 12. Gödecke croit que l'ouvrage fut publié en 1778 (*Grundriss*, 3. Aufl., 1916, IV/1, 615). Mais les *Frankfurter Gelehrte Anzeigen* en donnent un compte rendu en 1780. D'autre part, Knigge demande à Nicolai, dans une lettre du 15 avril 1780, de ne pas éreinter le *Système* dans l'*Allgemeine Deutsche Bibliothek* (KAW). C'est aussi en janvier 1780 qu'il l'envoie à Greve. Enfin, l'ouvrage correspond précisément aux préoccupations de Knigge dans la seconde moitié de l'année 1779.
94 *Philo*, 26.
95 *Frankfurter Gelehrte Anzeigen vom Jahr 1780*, 100.

Système y est qualifié de "séducteur du peuple" (*Verführer des Volkes*) et la condamnation définitive est lancée : "il fait donc partie de nos libres penseurs, pour le nommer par le nom le plus amène". "Ses concepts [sont] plats, souvent vagues et confus"[96].

Le *Système universel* constitue en réalité un document d'un immense intérêt, pourtant jusqu'ici négligé par les spécialistes de Knigge[97]. Il est vrai que le thème développé n'est plus, à cette époque, d'une grande originalité : un groupe de quelques personnes honnêtes et sages, ayant réussi à échapper à l'anéantissement général et à se réfugier dans une île, organisent une petite république et se donnent des règles sociales contraignantes leur assurant une existence heureuse et sans conflit. L'ouvrage est présenté comme la réédition d'un extrait du "système" qui, dans l'île, régit l'enseignement donné aux enfants[98]. Le *Système universel* s'inscrit donc dans la série de ces utopies qui, depuis Thomas More, avaient pour cadre une île, espace protégé où l'homme pouvait redevenir soi-même et la société se débarrasser de la corruption moderne. Or nous verrons que Knigge allait essayer, à la même époque, de donner à cette utopie un début de réalisation.

Plus que le thème, c'est d'abord l'intention de Knigge qui importe. A l'officier hanovrien Richers, il écrit :

> Comme il devait s'agir de l'ébauche d'un système u n i v e r s e l, rien ne devait y être enseigné à quoi chacun ne pût acquiescer, rien ne devait être nié de ce à quoi n'importe qui (pourvu qu'il pense) pût croire"[99].

Comment ne pas évoquer ici Lessing qui, entre 1778 et 1780, publie les trois premiers *Dialogues maçonniques*, *L'Education de Genre humain* et les deux derniers *Dialogues* ? Lors de son voyage à Wolfenbüttel en 1778, Knigge avait rendu visite au directeur de la Bibliothèque ducale. Il avait alors pris connaissance du manuscrit des quatrième et cinquième *Dialogues*, que Lessing ne fera paraître qu'en 1780[100]. La réflexion de Knigge sur le sens de l'idéal maçonnique est en fait très proche de celle de Lessing.

Il est tout d'abord frappant de constater que c'est à son retour de Brunswick et de Wolfenbüttel que se précise en lui dans le détail le projet de réformer la Stricte Observance et, à travers elle, la maçonnerie tout entière, menacée de ruine. Dès le 1er décembre 1778, il soumet à Greve les grandes lignes d'un plan visant à améliorer le système[101]. Mais c'est vers Charles de Hesse qu'il va, bientôt, se tourner. Il s'adresse à lui en avril 1779, sous le couvert de l'anonymat.

La Stricte Observance, écrit-il, s'épuise en "futilités" (*Kleinigkeiten*), "plans économiques" (nous dirions aujourd'hui plans de redressement financier) qui

---

96 *Ibid.*, 108.
97 Sauf par M. FRESCHI, *op. cit.*, 61 sq.
98 *Allgemeines System*, Vorrede, 7 sq.
99 Knigge à Richers, s. l. n. d. (vers le 20 janvier 1780), *ASTRÄA*, XXI, 266.
100 Knigge à Greve, 15 janvier 1779, *ASTRÄA*, XVII, 313.
101 Knigge à Greve, 1er décembre 1778, *ASTRÄA*, XVII, 310.

favorisent l'esprit de lucre, ou "rêveries politiques". Mais elle s'éloigne chaque jour davantage "de l'unique et grand chemin qui conduit à la grande perfection". Les grades de l'Ordre reposent sur de creuses chimères, et il est parfaitement illusoire d'espérer que les princes et les potentats qui ont, jadis, confisqué les possessions des Templiers, accepteront de les rendre. Mieux: ils profiteront de leur position dans l'Ordre pour accroître encore ces richesses. Les fonds recueillis grâce à des cotisations trop élevées ne sont pas utilisés dans des buts de bienfaisance. Enfin, la Stricte Observance reproduit les structures de la société civile, puisque dans l'Ordre "la distinction des classes a une grande influence"[102]. L'égalité censée régner dans les loges n'est qu'un mirage.

C'est donc un véritable réquisitoire que Knigge dresse contre la Stricte Observance et la maçonnerie allemande, beaucoup plus sévère que les critiques qu'il avait formulées un an plus tôt dans une lettre à Wendelstadt[103].

Or ce réquisitoire correspond sur plusieurs points aux attaques que Lessing, singulièrement dans le quatrième *Dialogue*, portait contre les systèmes maçonniques existants, et qui ont peut-être été à l'origine du "conseil" qui lui fut donné en haut lieu d'en suspendre la publication[104]. Faisant une allusion transparente aux membres de la Stricte Observance, Falk s'interrogeait brutalement: "Que veulent-ils donc? Veulent-ils aussi devenir une éponge gonflée, que les grands presseront un jour?"

Et il ajoutait, en quelques phrases où se résume le dégoût que provoquait en Lessing la contradiction entre l'idéal maçonnique et les préoccupations des loges à son époque:

> Avoir une caisse; accumuler des capitaux; placer ces capitaux; chercher à leur faire produire le meilleur rendement; vouloir acheter des biens; se faire donner des privilèges par des rois et des princes; utiliser le crédit et le pouvoir de ceux-ci pour persécuter ceux qui appartiennent à une autre observance qu'à celle dont

---

102 Knigge à Charles de Hesse, avril 1779, *ASTRÄA*, XV, 161 - 164.
103 Voir n. 89 ci. dessus.
104 Les quatrième et cinquième *Dialogues* furent publiés sans nom d'auteur en 1780, précédés d'un *Avant-Propos d'un tiers* (*Vorrede eines Dritten*) qui commence ainsi: "Der Verfasser der ersten drey Gespräche hatte diese Fortsetzung, wie man weiss, im Manuscripte, zum Druck fertig liegen, als derselbe *höheren Ort's* einen bittenden Wink bekam, dieselbe nicht bekannt zu machen", LESSING, *Sämtliche Schriften*, éd K. Lachmann/F. Muncker, XIII, Leipzig, 1897, 389. Sur l'accueil fait par Ferdinand de Brunswick, dédicataire des *Dialogues* et oncle du duc régnant, des documents (lettres échangées entre Lessing et le duc, notamment) dans RUNKEL, *op. cit.*, II, 158 - 164. Sur Lessing et la franc-maçonnerie, *ibid.*, 141 - 174. Sur les *Dialogues maçonniques*, voir l'introduction de P. GRAPPIN à l'édition bilingue, Paris, 1976; G. L. FINK, *Lessings Ernst und Falk.Das moralische Glaubensbekenntnis eines kosmopolitischen Individualisten*, *Recherches Germaniques*, 10/1980, pp. 18 - 64. Sur Lessing et la maçonnerie, cf. P. MÜLLER, *Untersuchungen zum Problem der Freimaurerei bei Lessing,Herder und Fichte*, Bern 1965, 25 - 49.

on voudrait tant faire l'essence de la Cause – croyez-vous qu'à la longue, cela marchera! Comme j'aimerais que ma prophétie soit fausse!"[105]

On imagine aisément que le Magnus Superior Ordinis Ferdinand de Brunswick, à qui Lessing avait dédié les *Dialogues*, n'ait pas trouvé ces lignes de son goût!

Knigge reprenait donc à son compte l'idée, déjà formulée par Lessing, qu'une des raisons essentielles de la décomposition qui menaçait la Stricte Observance était l'avidité avec laquelle les Frères, et singulièrement les princes, se lançaient à la poursuite de richesses matérielles, en opposition absolue avec les buts spirituels ou philanthropiques de l'Ordre.

A la fin de sa lettre, il suggérait pourtant à Charles de Hesse de se mettre à la tête de l'entreprise nécessaire de réforme. Il prenait soin, en bon courtisan qu'il était toujours, de souligner que ce prince se distinguait de ses collègues par un noble désintéressement. Mais surtout, il savait trouver les mots propres à convaincre le mystique qu'était Charles de Hesse: "C'est peut-être à vous qu'il est réservé de prévenir le déclin complet et de faire que nous ne perdions pas la lumière à la possession de laquelle nous devons prétendre"[106].

Pourquoi Knigge, qui écrivait (et pensait) tant de mal des princes, demande-t-il son concours à l'un d'entre eux? Certainement, d'abord, parce que Charles de Hesse, maçon de haut vol, occupait, tant dans l'Ordre que dans la "société civile" une place en vue[107]. D'autre part, la naïveté du prince était de notoriété publique, et Knigge, qui dès sa jeunesse manifestait des dispositions certaines dans l'art de manipuler son prochain, pouvait espérer profiter de l'influence de Charles tout en restant maître du jeu. Le 20 octobre 1779, il avouait sans honte à Richers et à Greve, à qui il soumettait son plan, qu'il y avait introduit une certaine dose de mysticisme afin de séduire le prince, et il constatait avec satisfaction que cela avait donné de bons résultats[108].

Il était donc assuré, grâce à Charles de Hesse, de pouvoir nouer de nouvelles relations dans le monde maçonnique. Mais surtout, il attendait de lui un autre service. Dans une lettre non datée, écrite vraisemblablement vers la fin de juillet 1779, le duc lui mandait: "Je crois pouvoir vous procurer le lieu d'asile que vous cherchez"[109]. Or il s'agissait là d'un élément particulièrement important du projet de Knigge.

Ce projet, il le développe en détail dans la correspondance qu'il échange avec Charles de Hesse, puis avec les deux officiers hanovriens Greve et Richers entre avril 1779 et mai 1780. Les indications qu'elle fournit sont suffisamment précises pour qu'il soit possible d'affirmer que la publication du

---

105 LESSING, *Gespräche, Sämtl. Schriften*, XIII, 396.
106 Knigge à Charles de Hesse, avril 1779, *ASTRÄA*, XV, 165.
107 Frère du comte Guillaume, il allait assez souvent le voir à Hanau. Il s'y trouvait en 1778.
108 Knigge à Richers et à Greve, 20 octobre 1779, *ASTRÄA*, XVI, 177.
109 Charles de Hesse à Knigge, s. d. (avant le 29 juillet 1779), *ASTRÄA*, XV 184.

Système universel coïncide chronologiquement avec l'élaboration de ce plan, dont il constitue en quelque sorte la vulgarisation.

Knigge commence par retracer l'histoire de la maçonnerie. En même temps, il s'interroge sur ses buts. Comme Lessing dans les *Dialogues*, il fonde sa réflexion sur une théorie de l'histoire de l'humanité. Critiquant le contenu des grades de la Stricte Observance, il écrit:

> Le deuxième grade de notre système me semble beaucoup trop vide de sens pour quelqu'un qui n'a pas l'idée de chercher l'explication du petit nombre de symboles dans l'Histoire, de même que je ne saurais trop répéter combien il me semble nauvais que tous nos grades ne soient greffés que sur l'histoire d'un certain Ordre, et que l'on y perde de vue le projet principal, beaucoup plus intéressant pour l'univers, qui est la formation progressive d'un homme honnête, aimant, au caractère noble, qui serait aussi citoyen du monde, philosophe, sage et maître de la création[110].

Si la franc-maçonnerie enferme ses adeptes dans le monde clos d'un système déterminé, elle ne sert à rien. Le franc-maçon appartient à la communauté des hommes, il est celui qui, ayant compris le sens de la création, peut agir sur elle pour qu'y règnent sagesse et harmonie. Citoyen du monde, il est aussi l'éducateur du genre humain. Knigge se fait ainsi l'auxiliaire de Lessing, en essayant de traduire dans la réalité l'idéal du Maître.

L'engagement maçonnique mène donc Knigge bien au-delà de la simple pratique d'une certaine convivialité au sein des loges. Il est maintenant, à ses yeux, lié à une conception de l'histoire humaine, qui doit aboutir à la régénération d'un monde divisé. L'histoire de l'Ordre du Temple, dans laquelle la Stricte Observance entend situer sa légitimité, est une simple image de l'histoire universelle.

C'est d'abord celle d'une décadence, de la rupture d'une intime union avec la nature. De cette union, qui était en fait une union avec le Divin, l'histoire de Moïse ne nous transmet plus que le souvenir, sous forme de fables et d'images[111]. L'imperfection de nos sens, nos passions, le développement d'une civilisation fondée sur l'assouvissement des besoins, nous ont éloignés de Dieu. Le préjugé a endurci nos coeurs et paralysé notre volonté. Des prêtres trop savants ont édifié des systèmes rigides qui ont rendu impossible une véritable communication des hommes avec le Divin, et des hommes entre eux. Les premiers Chevaliers du Temple, "hommes de toutes les classes"[112] ont pu un instant enrayer cette décadence. Mais le monde les a corrompus à leur tour. Et les systèmes maçonniques ont, eux aussi, subi le même destin.

Cette conception de l'histoire, où se reconnaît la méfiance luthérienne à l'égard du corps et du monde, Knigge la développe aussi dans les premières pages du *Système universel*. Dans l'avant-propos, il brosse un tableau affreux

---

110 Knigge à Charles de Hesse, juin 1779, *ASTRÄA*, XV, 167 sq.
111 Knigge à Charles de Hesse, 8 août 1779, *ASTRÄA*, XV, 176.
112 "Männer aus allen Ständen", *ibid.*, 179.

des progrès de l'immoralité et du vice, qui sont le résultat d'une "mollesse du corps"[113], elle-même provoquée par le développement de la civilisation. Mais Knigge y désigne plus nettement encore que dans ses lettres ceux qu'il tient pour responsables de ce processus: "ce sont les prêtres" qui ont provoqué "la dégénérescence de la vraie religion"[114]. Il ne s'en prend pas, comme Rousseau, à la civilisation en tant que telle. L'adversaire de Knigge, c'est l'orthodoxie religieuse, qui a imposé croyances et exégèses. Les doctrines théologiques, "qui étaient pour une part très mystiques", faute de pouvoir être comprises par des êtres simples, ont été mises en doute. Comme tout l'édifice reposait sur elles, il s'est écroulé, et "ainsi tomba, en même temps qu'une religion devenue artificielle, la morale – dignité de l'homme".

Que faire – sinon fonder une *nouvelle religion*, qui prenne la place de celle qui a si piteusement échoué? C'est là le grand projet qu'il expose à ses amis, et dont le *Système universel* constitue le bréviaire. Pas plus que Lessing, Knigge n'est un pessimiste. Il pense que tout homme porte en lui le désir du bien, puisque c'est le seul moyen d'accéder au bonheur. Mais comme il est, par nature, un être faible, il faut qu'il reçoive l'*enseignement* du bien. Les vrais sages, écrit Knigge, savent que le mal n'existe que parce que "la grande masse des hommes" ne sait utiliser les forces du bien qui, pourtant, existent en lui d'une manière innée[115].

Plus qu'un maître, le franc-maçon est un accoucheur, il aide l'homme à donner vie à cette aspiration au bien qui est en lui. C'est bien ainsi que Lessing concevait, lui aussi, l'éducation du genre humain. Mais chez lui, Dieu était le grand Educateur. Knigge, sans nier que cette tâche est conforme au plan divin, préfère cependant l'assigner à des hommes, soulignant leur responsabilité propre dans le processus du progrès moral.

La "nouvelle religion" n'est pas une révélation qui viendrait se substituer à celle que propose l'Ecriture, c'est la "bonne nouvelle" que l'humanité est sur la voie du perfectionnement qui lui permettra de renouer le contact avec le Divin.

Une bonne nouvelle: on dit aussi un Evangile. Le franc-maçon tel que le conçoit maintenant Knigge, en se faisant l'annonciateur de cet Evangile, est en quelque sorte le nouveau prêtre de l'humanité régénérée. Dans la *Déclaration de Philo*, Knigge avouera:

> Naturellement, l'idée d'un sacerdoce était devenue un de mes concepts favoris[116].

---

113 "Weichlichkeit des Körpers", *Allgemeines System*, 4. A Charles de Hesse, il écrit le 16 octobre: "Die Zerrüttung fing erst beim Cörper an, der allein die Grundursachen aller Laster ist", *ASTRÄA*, XVI, 183.
114 "die Ausartung der wahren Religion", *Allg. System*, 5.
115 Knigge à Charles de Hesse, 8 août 1779, *ASTRÄA*, XV, 179.
116 "Natürlicher Weise war auch die Idee eines Priesterthums einer meiner Lieblings-Begriffe geworden", *Philo*, 24 sq.

Restaurer la "vraie maçonnerie", c'est donc donner au mot "religion" son vrai sens: un culte, pourvu de son rituel et de sa liturgie, certes, mais dont la fonction serait de rassembler, de "relier" ce que les prêtres avaient désuni, de recréer les liens fraternels qui doivent unir les hommes entre eux, et les hommes à une nature elle-même confondue avec le Divin. En juin 1779, Knigge exposait à Charles de Hesse ce qui, à ses yeux, devait constituer le contenu du quatrième grade de la Stricte Observance, celui de "Chevalier écossais" (*Schottischer Ritter*): les degrés préparatoires avaient un objet moral; mais il ne suffit pas d'être devenu un "honnête homme" (*ein rechtschaffener Mann*); le récipiendaire doit maintenant s'efforcer d'atteindre à la "haute sagesse" (*hohe Weisheit*), c'est-à-dire de pénétrer dans les secrets de la nature, de "chasser abus et préjugés de la religion, de la morale et de la philosophie", et de restaurer l'antique pureté d'une "religion dont la prêtraille [*die Pfaffen*] a fait une science"[117].

L'idée d'une nouvelle religon s'impose donc à lui, comme elle s'était imposée à Lessing quand il rédigeait les *Dialogues maçonniques*[118]. La "vraie maçonnerie" doit se révéler capable de prendre en charge le besoin religieux que les religions positives, et en premier lieu le christianisme, n'ont pas su satisfaire:

> L'idéal d'une religion universelle devrait aussi convenir à ceux qui ne croient pas au Christ,

écrit Knigge à Richers[119].

Que "chacun doit avoir de la religion", Knigge s'en dit persuadé. Mais il ne s'agit pas de celle que transmet la théologie, qui n'est en vérité qu'un discours sur la religion. La vraie religion est un élan qui vient du coeur:

> Dans la religion, ce qui importe, ce ne sont pas les opinions, mais l'élévation de l'âme et la bonté du coeur devant Dieu[120].

Cette phrase n'est-elle pas la transcription des propos du Vicaire savoyard:

---

117 Knigge à Charles de Hesse, juin 1779, *ASTRÄA*, XV 169.
118 Voir G. PONS, *Gotthold Ephraim Lessing et le christianisme*, Paris 1964, 213 - 216.
119 "Das Ideal einer allgemeinen Religion müsste auch für die passen, die nicht an Christum glauben", Knigge à Richers, s. d. [après le 20 janvier 1780], *ASTRÄA*, XXI, 266. A aucun moment, Knigge ne se dira panthéiste, alors qu'il avouera à plusieurs reprises être proche du déisme. Mais il lui arrive pourtant d'utiliser dans le *Système Universel* des formules qui rappellent le panthéisme. Evoquant, par exemple, la première des tâches des l'homme, la connaissance de la nature, il explique: "Die Naturwissenschaft [...] handelt [...] in der Lehre vom göttlichen Wesen von demjenigen, was etwa der gewöhnliche Mensch von diesem grossen, alles erfüllenden Wesen, sich für einen Begriff machen darf", *Allg. System*, 10 sq.
120 *Allg. System*, 13.

> Dès que les peuples se sont avisés de faire parler Dieu, chacun l'a fait parler à sa mode et lui a fait dire ce qu'il a voulu. Si l'on n'eût écouté que ce que Dieu dit au coeur de l'homme, il n'y aurait jamais eu qu'une religion sur la terre[121] ?

La nouvelle religion a besoin d'un culte. Le 8 août, Knigge l'écrit à Charles de Hesse: il faut "un culte communautaire, détaché de toutes les autres associations"[122]. Il veut créer une "association retreinte"[123], et cette idée lui est si chère qu'il la formule dans les mêmes termes le 28 septembre dans une lettre à Greve et à Richers, puis le 16 octobre dans un document intitulé *Résumé sommaire et explication de mon projet*, joint à une nouvelle lettre à Charles de Hesse[124]. Un groupe de maçons, peu nombreux, choisis pour la pureté de leur coeur[125] et leur vertu[126] se retireront dans un "calme lieu d'asile"[127], où ils pourront, affranchis de toutes les contraintes extérieures, pratiquer le culte nouveau.

Les spécialistes de Knigge ont en général interprété ce qu'ils appellent "l'idée d'un monastère" (*Klosteridee*) comme l'expression d'une aspiration à la sagesse plus ou moins teintée de piétisme, aboutissement d'un processus mystique de purification qui ouvrirait à quelques élus l'accès aux vérités fondamentales[128]. Selon eux, Knigge aurait voulu se retrancher d'un monde qui le décevait. Mais ils omettent de rapprocher le plan de Knigge de l'utopie qu'il présente dans le *Système universel*. Il est instructif aussi de comparer les lettres que Knigge écrit à Charles de Hesse d'une part, à Greve et à Richers de l'autre. Knigge ne livrait pas au prince le fond de sa pensée. Espérant obtenir de lui non seulement l'appui de ses relations, mais aussi le local nécessaire à son projet, il flattait le goût de Charles pour les rêveries mystiques et lui proposait réellement un idéal de vie monastique:

> Une diète appropriée et le conseil de sages médecins doivent nous préparer. La tranquillité du sage, l'éloignement des distractions, l'élévation de l'âme, le commerce de grandes choses, l'exploration de la nature, la correspondance, le

---

121 J.J. ROUSSEAU, *Emile*, Livre quatrième. Dans le *Système Universel*, on lit encore: "F[rage]: Welche Religion ist denn die rechte? A[ntwort]: Es giebt nur Eine Religion, wenn man sie als einen Inbegriff aller heiligen Pflichten ansieht, die dem Menschen, nach allen Verbindungen worinn ihn der Schöpfer gesetzt hat, obliegen", *Allg. System*, 36.
122 Knigge à Charles de Hesse, 8 août 1779, *ASTRÄA*, XV, 181.
123 "eine engere Verbindung", *ibid.*, 182.
124 Knigge à Greve et à Richers, 28 septembre 1779, *ASTRÄA*, XXI, 259, et à Charles de Hesse, 16 octobre 1779, pièce jointe: *Summarische Wiederholung und Erläuterung meines Plans*, *ASTRÄA*, XVI, 187.
125 "Unser Orden beruht [...] auf Reinigkeit des Herzens", écrit-il à Richers le 20 octobre 1779, *ASTRÄA*, XVI, 178.
126 Voir lettres de juin 1779 et du 8 août 1779 à Charles de Hesse.
127 Knigge à Charles de Hesse, 16 octobre 1779, *ibid.*, 188.
128 Ainsi J. POPP, *op. cit.*.

rejet de tous les oripeaux que le monde nomme érudition – une noble simplicité doit nous conduire¹²⁹.

Mais à Greve, il précisait le 20 janvier 1780 qu'il ne songeait nullement à vivre enfermé dans un couvent qui eût rappelé ceux du papisme. Et c'est à la même lettre qu'il joignait le *Système universel* afin, disait-il, de mieux faire comprendre sa pensée.

En fait, la démarche de Knigge signifie le contraire d'un repliement sur soi. Il ne s'agit pas pour lui de fuir le monde, mais d'éduquer le genre humain. Publier un *livre*, c'était déjà agir en ce sens. Tandis que les lettres à ses amis s'adressaient au cercle restreint formé par les membres d'une société secrète, le *Système universel* constituait une tentative concrète pour vulgariser l'idéal maçonnique au sein d'une élite élargie, débordant les cadres nationaux, sociaux et religieux, dont les représentants n'auraient pas besoin d'être "nommément" des francs-maçons¹³⁰ pour agir en commun en vue de la régénération de l'humanité.

Le nouveau culte, dont Knigge donne dans le *Système* la description détaillée, est dépouillé de tout présupposé mystique ou spéculatif. C'est une liturgie du comportement moral, qui ne réclame pas un certificat de baptême, mais une disposition du coeur à servir le prochain:

> Question: Quels sont les éléments principaux de cette religion?
>
> Réponse: Absolument aucune doctrine. Mais notre culte est le suivant: les hommes les meilleurs, les plus sages parmi nous, qui ont longtemps fréquenté le monde [...], et qui aussi ont lontemps, et de mainte manière, servi leurs frères et la société, entrent, lorsque leur coeur aspire avec l'âge à la tranquillité, dans la communauté de notre prêtrise [...]. Nos prêtres sont de nobles amis de l'Humanité. Ils sont nos conseillers, nos consolateurs dans l'adversité [...]. Ils ne demandent pas à se mêler aux affaires publiques, mais ils gouvernent sans le vouloir, parce qu'ils règnent sur nos coeurs. Ils vivent dans la simplicité et la mesure, non de notre graisse, mais de ce que leur travail leur a procuré lors de leur carrière dans le monde"¹³¹.

Ces lignes n'impliquent pas l'appel à l'action, ni politique, ni religieuse. Knigge pose même assez nettement le principe d'une séparation entre le temporel et le spirituel. Mais leur sens profond s'éclaire à la lumière d'une conception nouvelle de la fonction assignée à la religion dans la société. Si l'idéal maçonnique s'impose comme une nouvelle religion, c'est que, tout en étant dépouillé des attributs spéculatifs des religions traditionnelles, ainsi que de leur intolérance dogmatique, il reprend néanmoins à son compte l'exigence d'absolu qui est impliquée par l'adhésion à des principes de morale

---

129 Knigge à Charles de Hesse, *lettre citée*, 185.
130 G. E. LESSING, *Gespräche für Freimaurer*, 3. Gespräch: "auch ohne Freimaurer zu heissen", que P. Grappin traduit: "même sans que tu sois nommément un franc-maçon", *op. cit.*, 77. Voir l'introduction de P. Grappin, *ibid.*, 15 sq.
131 *Allg. System*, 44 sq.

posés comme le fondement nécessaire de la vie sociale. La tâche essentielle, sinon unique, des prêtres de la nouvelle religion est de présider de simples, mais édifiantes cérémonies, où grâces seraient rendues pour le bien accompli *sur cette terre*. Les derniers mots du livre, au-delà de leur grandiloquente naïveté, définissent parfaitement l'essence de cette religion de l'humanité qui se substitue à l'ancienne religion de la Révélation:

> Agis comme tu le dois, ainsi aucune illumination ne te sera refusée et la félicité sera ta part[132].

Dieu existe. Peut-être...: Knigge n'osera jamais écrire le contraire. Mais l'univers, c'est l'homme qui le peuple. Il en est le centre. C'est d'abord envers l'homme que l'homme a des devoirs[133]. Si l'idéalisme moral, comme cela n'a cessé d'être souligné depuis bien longtemps, est très éloigné d'un engagement politique révolutionnaire, il est légitime de rappeler qu'il constitue une étape capitale dans la *laïcisation* de la pensée politique. Knigge avouait avoir, dans le *Système*, fait profession de "déisme"[134]. Ne voulait-il pas ainsi masquer des tendances à l'athéisme? Question redoutable, sur laquelle, comme on le conçoit aisément, il ne s'est jamais réellement prononcé[135]. Qu'il soit au moins permis de la poser. Et aussi d'affirmer que la nouvelle religion mériterait peut-être le nom de "laïque", à condition de donner à ce mot les connotations qui sont les siennes en France depuis la fin du dix-neuvième siècle, et que l'allemand ignore. Knigge n'est pas hostile au *sentiment* religieux, au contraire. Mais il rejette les enseignements de l'orthodoxie, et sa nouvelle religion est une religion de l'humanité et de la nature avant d'être celle d'une soumission à un Dieu qui exige avant tout une obéissance aveugle. Knigge se soucie peu du

---

132 "Handle, wie du sollst; so soll dir einst keine Art von Erleuchtung versagt werden, und Seligkeit wird dein Theil seyn", *ibid*, 47. Hölderlin pensait que "la gratitude est la forme la plus élevée de la piété: merci à l'Etre, merci d'être!" (BERTAUX, *op. cit.*, 33).

133 *Allg. System*, 36; l'exposé de ces devoirs occupe la plus grande partie du livre (pp. 14 - 36).

134 Cela n'exclut pas, comme nous l'avons dit, les tendances panthéistes. Ces contradictions sont un des aspects de l'*Aufklärung*.

135 M. FRESCHI, *op. cit.*, 50 et 61, surestime, à notre avis, ce que le *Système universel* doit au mysticisme rose-croix. Pour notre part, nous serions plutôt tenté de penser que Knigge se sert d'images ou de motifs chers aux Rose-Croix (par exemple le lieu d'édition "Nicosie" rappelle que les Templiers prétendaient que c'était à Chypre qu'étaient conservés les hauts grades authentiques), pour attirer le public qu'il visait avant tout, les maçons adeptes des "sublimes connaissances". La dernière phrase du *Système* citée plus haut évoque également la possibilité de la métempsychose, mais Knigge précise aussitôt avec ironie que "cette doctrine est trop subtile, trop élevée pour un non-initié, livré aux sens" (p. 47). Il n'est pas inintéressant de noter que Knigge utilise, pour désigner l'être humain, à plusieurs reprises le très matérialiste terme de "machine" (p. 25, 35, 45)., Quant au mot "universel" ("*allgemein*") du titre, ne rappelle-t-il pas d'Holbach et son traité sur la *Morale Universelle* (1776)?

péché. Ce qui le préoccupe, c'est le mal que les hommes se font les uns aux autres. Sa nouvelle religion vise à la restauration de l'harmonie sociale. C'est là qu'est le vrai progrès, c'est là le but que doivent atteindre les Lumières. Pour porter ses fruits, il aurait fallu que l'idéal qui animait Knigge fût porté par l'ensemble de la maçonnerie allemande, à commencer par ceux auxquels il demandait de soutenir son projet. Ce ne fut pas le cas.

3. *L'impossible réforme*

A. L'échec du projet présenté à Charles de Hesse

Le 28 septembre 1779, Knigge informe Greve et Richers de sa décision d'aller s'établir à Francfort [136]. Il n'a pas encore dévoilé son plan à ses deux amis: seul Charles de Hesse est, à cette date, au courant de son projet. Mais il se renseigne discrètement sur les relations maçonniques des deux Hanovriens. Il leur fait part, sous le sceau du secret, de son intention d'effectuer un bref voyage à Cologne [137], afin de sonder les dispositions des Frères rhénans, soupçonnés d'être partisans des "Clercs" [138]. Ensuite, il évoque des entretiens menés avec plusieurs maçons de Hanovre, en particulier Osten et Spörken [139]. D'autre part, il s'inquiète des progrès réalisés dans cette ville par un autre système, celui de Zinnendorf [140]. Enfin, il laisse entendre qu'il s'est entretenu avec Canitz des buts de la "vraie maçonnerie" [141], insistant notamment sur l'urgente nécessité de restaurer "une authentique classe de prêtres" (*einen ächten Priesterstand*). Il ajoute qu'il peut compter aussi sur le concours du professeur Forster, le seul homme, selon Canitz, "qui soit encore capable de considérer sa personne et le monde sans préjugés et de sentir la valeur de la destination de l'homme" [142].

---

136 *ASTRÄA*, XXI, 257.
137 *Ibid.*. Aucun document relatif à ce voyage n'a pu être retrouvé.
138 Il s'agit d'un système que Starck avait édifié à l'intérieur même de la Stricte Observance. Il prétendait que les "Clercs" (*Clerici*) étaient les seuls dépositaires des "vraies connaissances" maçonniques. Voir LE FORESTIER, *Franc-Maçonnerie*, 155 - 171 et RUNKEL, *op. cit.*, I, 254 - 350.
139 Otto Carl von Osten était membre de la Stricte Observance sous le nom Eques ab Aurora (MERZDORF, *op. cit.*, 47). Avec Spörken, il avait fondé la loge Zum schwarzen Bär à Hanovre, en 1774. Mais seule la loge Zum weissen Pferde était rattachée à la Stricte Observance, ce qui témoigne bien de la confusion et de la désunion qui régnaient dans la société.
140 Voir LENNHOFF-POSNER, *op. cit.*, Sp. 1751 sqq. et *Allg. Handb. d. Freim.*, II, 581 - 585.
141 Knigge à Greve et à Richers, *lettre citée*, ASTRÄA, XX, 258. Dans *Philo*, 28, il indique que son souci était d'oeuvrer pour le rassemblement des maçons, afin qu'ils soient en mesure de "travailler en commnun au bien du monde". Il portait le nom Eques a Templo aperto (MERZDORF, *op. cit.*, 20).
142 Knigge avait fait lui-même à Cassel la connaissance de Forster, à une époque où celui-ci s'occupait d'alchimie. Selon Kolbe, *op. cit.*, II, 95, c'est Knigge qui aurait

Le 16 octobre, Knigge peut écrire à Charles de Hesse qu'il a envoyé son plan à un certain nombre d'amis sûrs, et que Canitz et Forster ont donné leur accord à sa mise en oeuvre[143]. Il ajoute qu'il connaît "des hommes dignes de [leur] association"[144] à Cassel, Hanovre, Brunswick, Strasbourg, Francfort-sur-le Main, Mayence, Wetzlar, Schleswig, Stuttgart "et autres endroits en Allemagne"... mais ne se vantait-il pas? Les traces de ces contacts, s'ils ont existé, n'ont pu être retrouvées.

Enfin, le 20 octobre, il envoie son plan à Greve et à Richers, assorti de commentaires quelque peu insolents sur le mysticisme de Charles de Hesse[145]. Il cite de nouveaux noms, précisant qu'il s'agit de personnes susceptibles d'être recrutées, et non de recrues déjà faites[146]: à Hanovre, Rüling et Falke; à Francfort, le libraire Brönner, et peut-être Ehrmann. Il refuse énergiquement d'associer à son entreprise Wendelstadt (par l'intermédiaire de qui il avait pourtant fait la connaissance de l'alchimiste Schröder), et le prince Frédéric de Hesse-Cassel, major-général au service de la Hollande[147].

Ainsi, Knigge agissait. Réformer la Stricte Observance n'était pas pour lui seulement un rêve. Il y travaillait aussi activement qu'il pouvait, en mettant à contribution toutes les relations que sa situation lui avait permis de se faire.

Pourtant, son projet n'aboutit pas. Les seules indications que nous possédions sur les raisons de cet échec sont celles que fournit sa correspondance, à partir desquelles il est possible de formuler quelques hypothèses.

Dès octobre 1779, Greve avait fait part à Knigge de son scepticisme quant à la possibilité de réformer la Stricte Observance avec l'aide de Charles de Hesse[148]. Le 20 janvier suivant, Knigge se plaint de n'avoir reçu des Frères

---

 poussé Forster à entrer chez les Rose-Croix. M. GILLI, *op. cit.*, 117, conteste cette affirmation. Dans la correspondance de Knigge qui nous est parvenue, rien ne permet d'étayer l'affirmation de Kolbe.
143 Knigge à Charles de Hesse, 16 octobre 1779, *ASTRÄA*, XVI, 182. Le texte envoyé par Knigge est la *Summarische Wiederholung und Erläuterung meines Plans*, jointe à sa lettre (cf. *supra*, n. 124).
144 *Ibid.*, 186.
145 Voir *supra*, n. 108.
146 Knigge dit "Männer für uns", Knigge à Richers et à Greve, 20 octobre 1779, *ASTRÄA*, XVI, 177.
147 Tous, sauf Ehrmann, appartenaient à l'Ordre Intérieur de la Stricte Observance. Georg Ernst von RÜHLING (Armiger a Spelunca) était conseiller de chancellerie à Hanovre (MERZDORF, *op. cit.*, 54); Friedrich Ernst Hector FALKE (ou FALCKE) (Eques a Rostro) était conseiller du Consistoire et maire de Hanovre (*ibid.*, 25); Johann Carl BRÖNNER (Eques a Epitaphio) était libraire et sénateur à Francfort-sur-le Main (*ibid.*, 18). Frédéric de Hesse-Cassel portait le nomen Eques a septem Sagittis (*ibid.*, 33).
148 La réaction de Greve nous est connue indirectement par les reproches que Knigge lui adresse le 28 novembre: "Das thut mir innigst leid, bester Greven! dass Sie glauben, aus meinem Breifwechsel mit dem Prinzen Carl könne nichts Gutes erwachsen!", Knigge à Greve, 28 octobre 1779, *ASTRÄA*, XVI, 178.

auxquels il s'est adressé que de vagues promesses[149]. Quelques jours plus tard, il croit nécessaire d'expliquer à Richers le sens de son *Système Universel*. Cette lettre[150] est importante, car elle nous renseigne sur la nature des objections que non seulement Richers, mais très certainement aussi d'autres maçons, ont faites à Knigge, et qui ont dû, à côté d'autres considérations, contribuer à son échec. Knigge doit se défendre sur deux fronts. D'une part, il ne veut pas qu'on lui reproche d'être athée, de l'autre il ne veut pas être accusé de vouloir livrer la Stricte Observance aux Rose-Croix.

Si l'idéal d'une religion universelle doit satisfaire ceux "qui ne croient pas au Christ"[151], il ne s'ensuit pas qu'il doive choquer les croyants. Que signifierait sinon l'exigence d'universalité? Avec une grande habileté, Knigge fait de la foi le principe de la tolérance:

> Chacun construit les assises de son propre bonheur sur sa propre foi; mais réclamer qu'un autre construise essentiellement son bonheur sur ma foi, je tiens cela pour injuste[152].

Non seulement il n'est pas interdit de croire, mais chacun doit pouvoir croire à sa façon. La tolérance n'impose pas ses dogmes. Si elle se borne à reconnaître à autrui le *droit d'avoir tort*, elle n'est qu'une intolérance renversée. La vraie tolérance admet le droit de *penser autrement* – et tout d'abord de *croire* ou de *ne pas croire* [153]. Cette position permet à Knigge d'échapper au reproche d'athéisme. Et pourtant... Si quelqu'un, ajoute-t-il, est "assez bête" pour se représenter Dieu sous les traits d'un écureuil, "qu'il soit le bienvenu à Nicosie!"[154]. Le Christ n'aurait pas célébré la Cène avec lui (Knigge est prudent...), mais il l'aurait aimé. La référence au Christ et à la doctrine de l'amour ne pouvait que rassurer ceux que la "nouvelle religion" effrayait. Mais Knigge tient à souligner que

> dans la religion de Jésus, on doit toujours distinguer ce qui devait être un système immuable et ce qui devait être un moyen d'imposer ce système à l'époque où il se situait.

On peut penser que les tenants de l'orthodoxie religieuse n'avaient pas la même notion de la relativité de l'histoire que Knigge, qui, d'ailleurs, ne faisait ici que reprendre une idée développée par Lessing dans *L'Education du Genre humain*.

La seconde raison de la méfiance dont semblent avoir fait preuve les membres de la Stricte Observance tient certainement au choix que Knigge avait fait, pour le seconder, de la personne de Charles de Hesse. Charles

---

149 Knigge à Greve, 20 janvier 1780, *ASTRÄA*, XXI, 264.
150 Knigge à Richers, s. l. n. d., vraisemblablement fin janvier 1780, *ASTRÄA*, XXI, 266 sq.
151 Voir supra, n. 119.
152 Knigge à Richers, *lettre citée*.
153 Une dizaine d'années plus tard, Paine dira la même chose.
154 Knigge à Richers, *lettre citée*. Nicosie est le lieu d'édition fictif du *Système*.

n'était pas Rose-Croix, mais son mysticisme et, disons-le, son penchant pour les chimères de toute sorte, pouvaient laisser craindre qu'il n'en fût l'instrument. C'est peut-être pour parer à cette objection que Knigge refuse de mettre Wendelstadt au courant de son projet. Dans la lettre à Richers que nous avons citée, il souligne qu'il n'a nullement l'intention d'édifier un système rose-croix :

> Mon système ne devait pas être authentiquement rose-croix, parce qu'il est pour le peuple ; et certes, il est très authentiquement rose-croix de se réserver de ne dire à chacun, au sujet des vérités de la religion, qu'autant qu'il est nécessaire pour qu'il soit en paix[155] -

phrase contournée pour le moins, mais qui oppose nettement l'intention vulgarisatrice de Knigge aux pratiques obscures des Rose-Croix, tout en justifiant la petite dose de "mysticisme" que, de son propre aveu, il avait introduite dans son plan pour le rendre plaisant à Charles de Hesse.

Si Knigge ne peut réaliser son projet d'"ermitage", c'est donc d'abord parce que les membres de la Stricte Observance le trouvaient inquiétant. Les uns pensaient que Knigge malmenait par trop les fondements mêmes du christianisme. Les autres semblaient craindre que son plan ne fût qu'une nouvelle tentative des Rose-Croix pour s'emparer de la Stricte Observance. D'ailleurs, pouvait-on faire fond sur la fermeté d'âme d'un Frère qui, au moment même où il prenait ses distances par rapport aux Rose-Croix et au mysticisme, se plongeait de nouveau avec une sorte de délectation dans les entreprises alchimiques ?

En effet, dès son installation à Francfort, au printemps de 1780, Knigge loua une petite maison près du Bockenheimer Tor. Dans une tour attenante, il se livra à des expériences qu'il évoque avec quelque ironie dans la *Déclaration de Philo*, affirmant y avoir consacré "une demi-douzaine de petites cuillers à café en argent"[156]. Mais ce regain de crise mystico-alchimique ne dura pas. Une occasion allait bientôt s'offrir d'intéresser l'ensemble de la maçonnerie allemande à la réalisation de son projet, présenté d'ailleurs sous des formes fort différentes.

B. La dernière tentative de réforme. Le mémorandum de Knigge aux chefs de la Stricte Observance.

Cette occasion, c'était le Convent auquel le Magnus Superior Ordinis Ferdinand de Brunswick avait convié la Stricte Observance. L'idée de réunir les délégués allemands et étrangers de la Stricte Observance afin de sauver l'Ordre qui menaçait ruine, se précisa au tournant des années 1778 - 1779. La première circulaire officielle de convocation fut lancée en septembre 1780, mais elle avait été précédée de plusieurs échanges de lettres entre Ferdinand et les hauts dignitaires de l'Ordre. La situation était cependant si confuse que

---

155 *Ibid.*
156 *Philo*, 23.

l'ouverture du Convent fut repoussée à plusieurs reprises. On hésitait aussi sur le lieu où il devait se tenir. Finalement, il fut décidé que l'Assemblée se réunirait à partir du 16 juillet 1782 à Wilhelmsbad [157].

Au moment où Knigge élaborait son projet d'une nouvelle religion, le monde maçonnique était donc en pleine effervescence. Knigge était trop lié aux chefs de la Stricte Observance pour ne pas avoir été informé de leurs intentions avant la publication de la première circulaire de convocation.

Dès le printemps de 1780, sa correspondance montre que, s'il n'a pas abandonné son projet de religion populaire, il ne compte plus, pour le réaliser, sur la seule aide que pourrait lui apporter une association ne regroupant que quelques élus. Le 13 Mai 1780, il écrit à Greve une lettre qui révèle l'évolution de son attitude[158]. Il résume d'abord le sens de son *Système universel*. Reprenant la dernière phrase du livre, il écrit: il faut qu'il soit permis au peuple non de *discuter sur des doctrines*, mais *d'agir*, seule voie permettant l' "illumination" (*Erleuchtung*). La "science" doit rester un objet d'étude réservé aux prêtres, ne jouant en somme d'autre rôle que celui d'un simple exercice d'érudition. Aucune croyance ne devra être niée, "afin que personne ne soit troublé, qu'il croie à la Bible ou à autre chose". Enfin, "le culte doit être rendu plus agissant sur les sens". En même temps, une préoccupation nouvelle se fait jour, dont nous pouvons penser qu'elle était suscitée par l'annonce d'un débat de fond au sein de l'Ordre. Knigge assigne en effet à son projet un objectif que n'avaient évoqué jusqu'alors ni ses lettres ni le *Système universel*: il faut que soit ouverte "une perspective de réunir toutes les sectes sous un même chapeau". Jamais il n'avait formulé aussi nettement l'accord profond qui unissait sa conception de la nouvelle religion à l'idéal maçonnique de Lessing. *Perfectionnement* et *rassemblement*: c'est cela, la régénération, la *religion de l'humanité*.

Le Convent annoncé semblait devoir offrir à la Stricte Observance une chance, qui serait la dernière, de prendre la direction de ce processus. Les Supérieurs de l'Ordre invitèrent les membres à communiquer leurs idées et leurs propositions. Knigge rédigea donc, en novembre 1780, un mémorandum et le leur transmit [159].

---

157 L. HAMMERMAYER, *Der Wilhelmsbader Freimaurer- Konvent von 1782*, Heidelberg, 1980, 12 sq.
158 Knigge à Greve, 13 mai 1780, *ASTRÄA*, XXI, 268 sq.
159 *Entwurf derjenigen Vorschläge, welche auf dem, hier zu veranstaltenden allgemeinen Freymaurer Convent zum Vortrag gebracht werden könnten*, Frankfurth am Mayn, den 18ten Novbr: 1780. Ce texte de 30 pages, inédit, sera publié dans le volume 13 de l'édition en *reprint* des oeuvres de Knigge par Paul Raabe. Le manuscrit se trouve dans les archives de la Grande Loge Nationale Danoise à Copenhague, où il à été trouvé par M. E. O. Fehn qui, après l'avoir retranscrit, a très aimablement accepté de nous le communiquer avant sa parution. Knigge évoque ce texte dans *Philo*, 28 sqq. Il en parle également à Weishaupt dans une lettre qu'il lui adresse le 23 novembre 1782, reproduite par Th. F. M. von BASSUS, *Vorstellungen denen*

Ce texte traduit la volonté de son auteur de donner à l'ensemble de la maçonnerie une base idéologique réaliste qui lui permît de se consacrer au service de l'humanité. L'idéal maçonnique, dit Knigge, ne saurait se résumer à la pratique d'une convivialité qui, parce qu'elle ne s'applique qu'à des personnages socialement très proches les uns des autres, reste superficielle[160]. Il faut que la maçonnerie soit le creuset où viennent se fondre des classes sociales que la "société civile" sépare – à condition toutefois qu'elle n'en réunisse que les représentants "les meilleurs"[161] : à l'élitisme de la naissance, Knigge entend substituer celui de la culture, du savoir, de l'éducation, de la moralité, c'est-à-dire les valeurs bourgeoises d'émancipation dont était porteuse l'*Aufklärung*. Pour lui, la franc-maçonnerie est l'un des instruments par lesquels l'idéal de la raison pratique se fait agissant, dans le but de servir "l'humanité entière"[162].

Aussi la réforme de la Stricte Observance n'est-elle pas considérée par Knigge comme une fin en soi. Elle n'a de sens à ses yeux que si elle aboutit à l'unification du mouvement maçonnique. Il s'agit là d'une revendication fondamentale, et qui déterminera aussi son attitude au sein de l'Ordre des Illuminés. L'ancienne religion s'est fractionnée en sectes ennemies, et la franc-maçonnerie risque de subir le même destin si elle continue dans la voie qui est la sienne depuis une vingtaine d'années. Mais si les différents systèmes maçonniques acceptaient de mettre en commun ce qui les unit, au lieu de

---

hohen Standeshäuptern der Erlauchten Republik Graubünden in Ansehung des Illuminaten Ordens, o. O., 1788, 39 - 45. L. HAMMERMAYER, *op. cit.*, 25, lui consacre une phrase, mais visiblement il n'a pas eu l'original entre les mains. Nous citerons ce document en lui donnant la pagination du tapuscrit que nous a communiqué M. Fehn.

160 *Entwurf*, 2. Dans le quatrième *Dialogue maçonnique*, Lessing avait violemment reproché à la Stricte Observance de ne vouloir admettre ni des juifs, ni des cordonniers, ni des domestiques. Il faisait dire ironiquement aux membres de l'Ordre: "Wir sind unter uns so gute Gesellschaft" et il faisait dire à Ernst, déçu par ce qu'il avait vu dans l'Ordre: "Prinzen, Grafen, Herrn von, Officiere, Räthe von allerley Beschlag, Kaufleute, Künstler – alle die schwärmen freilich ohne Unterschied des Standes in der Loge unter einander durch – Aber in der Tat sind doch alle nur von Einem Stande", *Gespräche*, éd. Lachmann/Muncker, *op. cit.*, 397 sq. On se rappelle que Knigge formulait des reproches analogues dans la lettre qu'il écrivait à Charles de Hesse en avril 1779.

161 *Ibid.*, 3.

162 *Ibid.*, 3 . Egalement 4. Dans une lettre du 22 octobre 1782 au maçon berlinois Andreas von Rüdinger, Knigge écrit: "So habe ich [...] manche Vorschläge gethan, wie man das sinkende Gebäude hätte stützen können, wenigstens ein Institut für die Menschheit daraus machen", cité par C. C. F. W. von NETTELBLADT, *Geschichte Freimaurerischer Systeme in England, Frankreich und Deutschland*, Berlin 1879, 738. Dans *Philo*, 28, il indique que son souci était d'oeuvrer pour le rassemblement de maçons, afin qu'ils soient en mesure de "travailler en commun au bien du monde".

cultiver leurs différences, ils deviendraient capables de diriger le processus de régénération qui mettra fin à la corruption générale.

Knigge ne proposait pas pour autant à la Stricte Observance de se dissoudre dans une sorte de vaste confédération maçonnique au sein de laquelle elle n'aurait occupé qu'une place secondaire. Son projet de réforme visait au contraire à lui faire prendre quasiment à l'insu des autres systèmes la tête d'une vaste entreprise de réforme qui se serait appliquée, également, au domaine politique. Certes, Knigge savait que son mémorandum serait lu par des princes. Aussi devait-il observer sur cette question une grande prudence. Néanmoins, il semblait suffisamment convaincu de la pureté des intentions d'un Charles de Hesse ou d'un Ferdinand de Brunswick pour oser dévoiler sa pensée en cette matière. Mais il le faisait d'une manière telle que, pensait-il, les Altesses auxquelles il s'adressait n'en fussent pas heurtées.

La franc-maçonnerie, dit-il, embrassant les intérêts de l'humanité entière, ses préoccupations sont multiples. Il les divise en cinq "plans" (au sens de "projets"), qui correspondent à autant de champs d'activité:

1) les "plans moraux" (*moralische Plane*), c'est-à-dire la formation progressive du maçon, par laquelle il devient un homme "meilleur" et "utilisable". Tous les systèmes, dit Knigge, sont d'accord sur cet objectif.

2) les "plans concernant la sociabilité" (*gesellige Plane*): il s'agit ici d' "une certaine pratique de l'égalité entre les classes sociales qui règne entre les Frères lorsqu'il se rencontrent". Grâce à elle se développe chez les Frères un "esprit de corps"[163] dont, malheureusement, quelques systèmes ne donnent pas l'exemple, parce qu'ils ont mal choisi leurs membres.

3) les "plans économiques" (*oeconomische Plane*): Knigge entend par là l'usage que l'Ordre doit faire des sommes qu'il recueille. D'une part, il faut les utiliser pour soutenir les Frères que frappe la misère. Mais il faut aussi les investir dans des entreprises utiles à l'humanité ou récompensant le travail[164].

4) les "plans politiques" (*politische Plane*): l'Ordre doit aider les Frères dont les talents et le travail le justifient à obtenir les places auxquelles ils ont droit dans la "société civile". Ici, Knigge se fait le porte-parole des valeurs sociales que véhiculait l'*Aufklärung*, qui demandait que le mérite et le travail eussent leur juste récompense dans la cité.

Mais Knigge ajoute une revendication qui, pour prudemment formulée qu'elle fût, ne pouvait guère être appréciée des princes: il demande aux maçons d'unir leurs forces "lors des grands événements et révolutions politiques" (claire allusion à la guerre d'Amérique) pour "faire obstacle à la tyrannie et à l'injustice" et "faire régner la paix, la liberté et une égalité raisonnable, non utopique", bref, ce qu'il appelle les "principes maçonniques"[165].

163 *Ibid.*, en français dans le texte.
164 *Ibid.*, 5.
165 *Ibid.*

Une égalité "non utopique": on ne saurait se tromper sur le sens de cette expression. Elle portait une condamnation très nette de la fausse égalité qui, jusqu'alors, régnait dans les loges. L'égalité que Knigge appelle de ses voeux, c'est celle qui, à la même époque, est en train de s'instaurer en Amérique, chez ces *Insurgents* qui bafouaient le pouvoir de Georges III, aussi Electeur de Hanovre, et que combattaient des troupes vendues par son ancien maître le landgrave de Hesse-Cassel. Et Knigge, est-ce inconscience, provocation ou naïveté, de souligner que très peu de systèmes maçonniques ont pensé à agir dans ce domaine, bien que certains d'entre eux aient été, à leur insu, poussés à jouer un rôle plus important "qu'ils ne le savent eux-mêmes". Il est vrai que Lessing avait, dans *Ernst und Falk*, laissé entendre que beaucoup d'Européens voyaient dans le Congrès américain "une Loge", ce qu'il qualifiait d'ailleurs de "chimère" (*Grille*) [166].

5) les "plans scientifiques" (*wissenschaftliche Plane*). Ce point reflète les préoccupations qu'il avait exposées dans sa lettre du 13 mai à Greve: si l'idéal maçonnique recherche la "purification de la religion qui a été profanée" et l'"élévation de l'homme à sa dignité originelle"[167], il englobe aussi la "recherche des connaissances et des arts cachés et en partie perdus, l'exploration des voies invisibles de la nature". En fait, il s'agit ici de ce que Knigge, dans la *Déclaration de Philo*, appellera "la spécialité mystique"[168], objet d'étude à ses yeux légitime, mais qui doit être réservé à quelques Frères regroupés dans une classe particulière, "dont les travaux, les principes et les opinions n'auraient pas d'influence sur les actes de l'Ordre". En d'autres termes, Knigge séparait spéculation et action. Assez tolérant pour admettre que le maçon se livrât à la première, c'est de la seconde qu'il attendait qu'il oeuvrât avec efficacité. Lorsque, évoquant pour Weishaupt sa tentative de réforme, il insistera sur le caractère exceptionnel, bien que légitime, des recherches mystiques pour le franc-maçon, il ajoutera que celles-ci avaient trop contribué à le détourner de sa véritable tâche: "Ce qui était à nos pieds, nous l'avons cherché dans la lune"[169].

Ce souci de séparer spéculation et action détermine le projet de réorganisation maçonnique qu'il présente ensuite aux Supérieurs de la Stricte Observance. Il établit le plan d'un système divisé en sept grades. Les trois premiers sont destinés à parfaire l'éducation morale du Frère, en particulier en déve-

---

166 Dans le cinquième *Dialogue maçonnique*, Falk, désignant à Ernst un de ses invités, maçon lui aussi, dit: "Er ist von denen, die in Europa für die Americaner fechten". Ernst répond: "Das wäre nicht das Schlimmste an ihm". Et Falk ajoute: "Und hat die Grille, dass der Congress eine Loge ist; dass da endlich die Freymäurer ihr Reich mit gewafneter Hand gründen", *Gespräche*, éd. Lachmann/Muncker, *vol. cit.*, 400.
167 *Ibid.*, 6.
168 "das mystische Fach", *Philo*, 29.
169 Knigge à Weishaupt, 23 novembre 1782, cité dans BASSUS, *op. cit.*, 43.

loppant en lui l'art de "connaître les hommes"[170]. Le quatrième fait de lui "un homme droit, lucide, avisé, sans préjugés"[171], grâce à des travaux exerçant son intelligence et augmentant ses connaissances pratiques et scientifiques. Parvenu au cinquième degré de l'initiation, "le maçon est maintenant un sujet que l'on peut utiliser à la réalisation de grandes choses". Il se trouve, selon le mot allemand, "geadelt", c'est-à-dire à la fois "anobli" et "ennobli". "Anobli" parce qu'il a droit au titre de Chevalier (*Ritter*), cher aux francs-maçons allemands. "Ennobli" parce qu'il s'agit d' une "noblesse qu'il doit à ses mérites"[172]. Le sixième grade, qu'on peut appeler Templier (*Tempelherr*) ou autrement[173] remplit la fonction d'une sorte de diplôme attestant que le Frère peut être placé "à des postes très élevés dans l'Etat, car il est un homme complètement formé"[174]. Enfin le septième grade est réservé aux amateurs de mysticisme.

Ce document nous permet de mesurer l'ampleur de la réforme que Knigge envisageait. Il nous fait aussi comprendre comment, peu à peu, son projet d'une nouvelle religion revêt des implications politiques. Lorsque ce projet s'était formé en lui, Knigge en avait fait l'expression d'une espérance, celle de régénérer une humanité divisée et décadente. Mais au fil des années, il avait compris qu'un idéal ne se réalise pas sans une volonté agissante. L'annonce d'un Convent de la Stricte Observance lui avait permis d'envisager le passage de l'idéal à l'acte qui en assurerait la réalisation. "Agir" est le mot qui rythme les pages qu'il adresse aux Supérieurs de l'Ordre, dont les multiples variations que sont les termes de "tun", "Tat", "tätig sein", "handeln", "wirken", "wirksam" sont reprises comme un leitmotiv. Et c'est bien son incapacité à agir qu'il reprochait à la franc-maçonnerie de cette époque, incapacité qui se manifestait par les luttes opposant les systèmes, mais aussi par le caractère parfois puéril des recherches auxquelles se livraient trop de maçons. Dans le quatrième *Dialogue maçonnique*, Lessing avait exprimé la cruelle déception qui avait été celle d'Ernst après son initiation. Knigge, en rédigeant son mémorandum, tentait d'agir pour que fût mis un terme à l'anarchie qui paralysait le monde maçonnique.

En même temps, ce texte constitue une première tentative pour utiliser la maçonnerie et le formidable appareil qu'elle représentait afin de faire passer

---

170 "Menschenkenntniss", *Entwurf*, 9. Ce thème, qui est développé par tous les *Aufklärer*, sera au centre de la pédagogie illuminée.
171 *Ibid*, 13.
172 *Ibid*. 14.
173 Knigge ne voulait pas provoquer trop ouvertement les membres de la Stricte Observance en leur demandant brutalement de rompre avec la filiation templière. Mais il précise que les Français ont déjà donné à l'Ordre un autre nom. Le terme de "Templier" peut, dit-il, être conservé pour ses connotations sentimentales, qui rattachent le système à une tradition respectable. Mais l'objectif de l'Ordre n'est pas de restaurer l'empire des Chevaliers du XIIIè siècle.
174 *Ibid*., 15

dans la réalité politique certains des idéaux fondamentaux de l' *Aufklärung*. En cela, il préfigure ce que sera l'action de Knigge dans l'Ordre des Illuminés. En premier lieu, la division des tâches que Knigge assigne à la maçonnerie (projets moraux, projets concernant la sociabilité, projets politiques et économiques), reflète une rationalisation de la réflexion sur le rôle de l'individu dans la société, en même temps qu'elle exprime la volonté de substituer à l'ancienne élite de la naissance une élite définie par des critères intellectuels et moraux. Les différents degrés de l'initiation envisagés par Knigge correspondent à autant d'étapes dans un processus de sélection d'où se dégageront des personnalités supérieures que leur culture, leur savoir, leur moralité désigneront pour le gouvernement du monde. L'"égalité raisonnable" qu'il réclame est une revendication dirigée contre l'exclusivisme aristocratique des loges de la Stricte Observance et, d'une manière générale, des systèmes à hauts grades. Mais elle s'accommode, et même se nourrit d'une vision sociale qui veut promouvoir l'émergence d'une élite.

Cette démarche va pourtant incontestablement dans le sens d'une démocratisation des institutions: la maçonnerie telle que Knigge l'envisage en 1780, c'est le foyer où devraient se rencontrer pour agir ceux qui sont conscients de la nécessité de changer l'ordre ancien, fondé sur le privilège de la naissance.

Ce projet témoigne aussi de l'impression produite en Allemagne par la guerre d'Indépendance américaine[175]. L'Amérique exerçait une véritable fascination sur tous ceux qui rêvaient d'une société sans aristocratie, où seuls le travail et le mérite justifiraient la richesse – ou du moins une aisance qui, peut-être, n'excluait pas une certaine austérité dont le puritain général Washington donnait lui-même l'exemple et qui n'était certainement pas pour déplaire aux *Aufklärer* protestants[176]. Et lorsque Knigge écrit que les "plans politiques" ne pourraient être imposés sans danger "dans une Europe aussi corrompue", mais qu'il se trouvera "bientôt" un pays "où ils pourraient être réalisés", il est visible qu'il pense à l'Amérique. A propos des "plans économiques", il écrit, cette fois sans détours, que les francs-maçons devraient fonder des établissements identiques à ceux qui existent aux "Indes Orientales" et il précise que l'Amérique serait "le pays qu'il faut pour cela", que la paix y régnant, elle deviendrait le refuge de ceux qui veulent fuir "l'Europe corrompue" et "fonder un empire comme il n'en a jamais existé"[177]. N'était-ce pas là un acte de foi dans la possibilité de réaliser l'utopie en ce monde? Le

---

175 Sur cette question, voir U. WERTHEIM, *Der amerikanische Unabhängigkeitskampf im Spiegel der zeitgenössischen deutschen Literatur*, in: *Weimarer Beiträge*, 3/1957, 429 - 470.
176 *Entwurf*, 17.
177 *Ibid.*, 18. Les Illuminés semblent avoir un moment songé à réaliser un projet de ce genre, mais ils ne purent y donner suite, peut-être en raison de l'interdiction brutale de l'Ordre.

mythe américain, nous le retrouvons dans *Les années de voyage de Wilhelm Meister*...

Enfin, il propose aux francs-maçons de s'emparer des institutions de l'Etat en plaçant des hommes à eux aux postes de ministres, dans les établissements d'enseignement et dans les organismes de bienfaisance. Cette ambition n'est pas à proprement parler révolutionnaire, dans la mesure où de nombreux personnages de haut rang appartenaient déjà à la Stricte Observance. D'autre part, c'étaient souvent des maçons qui fondaient ou faisaient fonctionner les instituts d'éducation ou les établissements charitables[178]. Mais ils n'agissaient pas nécessairement en tant que maçons. Knigge, lui, considère que l'idéal maçonnique doit, en tant que tel, engager le maçon dans les domaines de l'administration, de l'éducation et de la bienfaisance.

Le plan qu'il soumettait aux Supérieurs de la Stricte Observance visait donc à tirer la Franc-maçonnerie allemande de la crise qu'elle traversait. Tandis que la plupart des maçons, ainsi que ceux qui, comme Nicolai, écrivaient sur la maçonnerie, se querellaient au sujet des origines de l'Ordre, Knigge pose la question, fondamentale à ses yeux, de savoir à quoi l'Ordre peut servir. Il ne garde des légendes qui prétendent établir la filiation templière de l'Ordre que juste ce qu'il faut pour lui donner quelque attrait auprès des frères épris de mystère, et que le grade de "Templier" doit suffire à combler. Pour lui, l'essentiel n'est pas le passé, mais l'avenir. C'est aussi pour cette raison qu'il recommande aux maçons de ne pas faire des "sublimes connaissances" l'objet principal de leurs travaux. Dans le monde en mutation qu'est cette fin du dix-huitième siècle, qui de surcroît voit naître cette république moderne et sans Histoire qu'est l'"Amérique", il y a mieux à faire. Son projet est une tentative pour fonder concrètement cette nouvelle religion dont il rêvait depuis 1778.

Cette religion, c'est en fait celle du bonheur de l'Humanité. Elle n'est ni métaphysique, ni poétique, elle est politique. Mais ce terme ne signifie pas que Knigge ait eu l'intention de bouleverser les structures de l'Etat. La politique, c'est, tout simplement, le service de la cité, c'est-à-dire l'application d'un ordre pratique rationnel à l'organisation des sociétés en vue du bonheur de l'homme. La nouvelle religion de Knigge ne repose pas tant sur la foi en Dieu (principe qui n'est même pas discuté), que sur la croyance au bonheur humain. Mais le bonheur humain, il faut le construire, c'est-à-dire qu'il faut agir. La nouvelle religion est aussi une religion de l'action. Et la franc-maçonnerie, pense-t-il, est appelée à donner aux hommes le goût, et aussi le pouvoir d'agir.

Knigge espérait qu'ainsi réorganisée, "la grande armée des francs-maçons"[179], soudée par l'esprit de corps unissant "des hommes de toutes les classes"[180], disposant de la sagesse, de la richesse, de la puissance, saurait

---

178 Lessing lui-même en cite plusieurs dans les *Dialogues maçonniques*.
179 "das grosse Heer von Freymaurern", *Philo*, 28.
180 "Männer aus allen Ständen", *ibid*.

"tirer de la poussière le vrai mérite, le soutenir, promouvoir par leur influence secrète tout ce qui est bien et grand"[181] – en un mot, agir sur les princes pour les amener à gouverner selon l'esprit de leur temps.

Mais les Princes n'aimaient pas qu'on leur dictât leur conduite, le "libéral" Ferdinand de Brunswick et l'affable Charles de Hesse pas plus que d'autres. Knigge fut remercié dans des lettres bien polies, on lui promit de tenir compte de ses avis – et son plan fut mis dans un tiroir pour n'en plus ressortir[182]. Sa déception fut à la mesure de ses espoirs. Nous en trouvons l'écho dans une lettre qu'il adressa en octobre 1782, après le Convent de Wilhelmsbad, au maçon berlinois Rüdinger :

> On lut mes propositions avec plaisir, mais on continua cependant de suivre le chemin de l'intérêt et de l'ambition. Lorsque je m'en aperçus, je n'apparus point au Convent et me détachai de la société que formait cette maçonnerie de princes"[183].

Dans la *Déclaration de Philo*, il est moins sévère pour les princes (mais c'était, rappelons-le, en 1788). Il écrit :

> Je crus voir bientôt combien les intentions philanthropiques et désintéressées des hauts personnages qui protégeaient et dirigeaient la franc-maçonnerie étaient peu soutenues par un zèle pur et véritable [...] de la part des autres Frères de l'Ordre ; combien les intentions particulières s'y mêlaient et attiraient l'esprit de secte [...] et combien il serait impossible de rassembler toutes ces têtes sous un même chapeau [184].

Partagée entre des tendances inconciliables, occupée surtout par des querelles de hiérarchie, en proie aux manoeuvres souterraines d'intérêts privés, la franc-maçonnerie allemande se révélait inférieure à sa tâche. Et quoi qu'il en dise en 1788, cet échec était bien aussi, aux yeux de Knigge, un échec des princes et des nobles, incapables de s'adapter aux mutations de la société. Les princes ne pouvaient voir d'un regard favorable un projet consistant à former des élites qui, un jour, devraient occuper dans l'Etat les postes dont ils pensaient pouvoir disposer à leur gré. De même, ceux qui, parmi les nobles, restaient attachés au préjugé de la naissance, ne pouvaient imaginer sans inquiétude l'ascension d'une classe qui, au nom du mérite et du talent, viendrait occuper des places qu'ils considéraient depuis si longtemps comme leur propriété.

En refusant l'unification des différents systèmes, en continuant d'assigner à l'Ordre la vaine poursuite de connaissances surnaturelles, les princes détournaient la maçonnerie de l'idéal transmis par les *Constitutions* de 1723, que

---

181 "das wahre Verdienst aus dem Staube hervorziehen, jedes Gute und Grosse durch ihren geheimen Einfluss befördern", *ibid.*, 29.
182 *Ibid.* 30.
183 Knigge à Rüdinger, 22 octobre 1782, cité par NETTELBLADT, *op. cit.*, 738. Knigge ne faisait d'ailleurs pas partie de la délégation allemande au Convent (voir la liste dans HAMMERMAYER, *op. cit.*, 91 - 94).
184 *Philo*, 30.

Lessing avait si magnifiquement intégré à son rêve d'éducation du genre humain. Disciple de Lessing, Knigge ne pouvait rester proche des princes. Le hasard voulut qu'il rencontrât alors le marquis de Constanzo, émissaire d'un Ordre encore inconnu, qui n'était lié ni à la maçonnerie, ni aux princes.

II

Knigge et l'Ordre des Illuminés (1780 - 1784)

1. De la franc-maçonnerie à l'Illuminisme. 2. Philosophie de l'Histoire et gouvernement universel de la morale. 3. La franc-maçonnerie illuminée, nouvelle Eglise d'une religion de l'Humanité. 4. Résultats. Implantation de l'Ordre. Esquisse de sa structure sociale. Illuminisme et politique.

Nous ne retracerons pas l'histoire générale de l'Ordre des Illuminés de Bavière. Celle-ci est maintenant connue. Aux travaux anciens de Wolfram, d'Engel, mais surtout de René Le Forestier, est venu s'ajouter l'ouvrage de Richard Van Dülmen, qui propose en outre un abondant appendice documentaire[1], et que peut compléter, malgré des lacunes sensibles, un recueil de textes édité par Jan Rachold en 1984[2]. Il existe même une traduction française des *Ecrits originaux* de l'Ordre publiés en 1787 par le gouvernement bavarois[3]. Il ne reste plus rien à apprendre sur la structure de l'Ordre, ses statuts, les querelles qui l'ont déchiré. Des études centrées sur l'histoire régionale permettent d'autre part d'arriver à une appréciation plus fine de l'influence de l'Ordre sur le développement des Lumières dans les différentes aires cultu-

---

1 L. WOLFRAM, *Die Illuminaten in Bayern und ihre Verfolgung. Auf Grund aktenmäßigen Befundes dargestellt*, 2 Theile, Erlangen, 1899 - 1900; L. ENGEL, *Geschichte des Illuminaten-Ordens. Ein Beitrag zur Geschichte Bayerns*, München, 1906; R. LE FORESTIER, *Illuminés*, op. cit..: R. VAN DÜLMEN, *Der Geheimbund der Illuminaten*, op. cit., 1975 (2. unver. Aufl. 1977) à compléter par les observation d'E.O. FEHN, *Zur Wiederentdeckung des Illuminatenordens. Ergänzende Bemerkungen zur Richard Van Dülmens Buch*, in P. LUDZ, *Geheime Gesellschaften*, op. cit., 231 - 264. Voir aussi L. HAMMERMAYER, *Illuminaten in Bayern. Zu Geschichte, Fortentwicklung und Legende des Geheimbundes*, in H. GLASER, Hg., *Krone und Verfassung. König Max I. Joseph und der neue Staat*, München/Zürich, 1980 (*Beiträge zur Bayerischen Geschichte und Kunst 1799-1825*, in *Wittelsbach und Bayern*, III/1, 146 - 173, avec une abondante bibliographie).

2 J. RACHOLD, Hg., *Quellen und Texte zur Aufklärungsideologie des Illuminatenordens (1776 - 1785)*, Berlin/DDR, 1984.

3 [Anon.], *Originalschriften*, op. cit., (trad. franç. par H. COSTON, sous le titre *La conjuration des Illuminés*, Paris, 1979. Précédée d'un *Avertissement* dans la ligne de Barruel, destiné à conforter la thèse absurde du "complot"!)

relles allemandes, tandis qu'on commence aussi à s'intéresser à l'extension de l'Illuminisme hors d'Allemagne[4].

Le Forestier et Dülmen ont parfaitement mis en lumière le rôle que Knigge joua dans l'Ordre de 1780 à 1784. Ils ont bien montré, en particulier, que sans Knigge, l'Ordre, qui n'était à l'origine guère autre chose qu'une association d'étudiants bavarois menés à la baguette par un professeur de l'Université d'Ingolstadt, ne serait pas devenu une société étendant ses ramifications dans l'Allemagne entière, et aussi dans plusieurs pays d'Europe. Et même si, en 1784, les Illuminés ont préféré faire allégeance à Weishaupt plutôt qu'à Knigge, qui venait de rompre avec lui, c'est Knigge qui, dès 1788, allait symboliser l'Illuminisme et les intentions subversives que ses adversaires lui prêtaient.

Si les travaux que nous citons nous informent sur l'*histoire* de l'Ordre, il reste cependant nécessaire de confronter, plus nettement que cela n'a été fait, l'*idéal* qui animait Knigge et ses amis avec la *pratique* illuminée. Il s'agit de savoir si les sociétés secrètes ont su réaliser leurs aspirations et pourquoi certains de leurs membres, comme Knigge, s'en sont détournés. L'histoire des rapports entre Knigge et les sociétés secrètes est l'histoire d'une déception difficilement assumée. La décrire, c'est essayer de mieux comprendre le processus qui a entraîné, dans les années 1780 - 1785, une fracture dans la maçonnerie allemande, certains de ses adhérents se tournant bientôt vers l'engagement révolutionnaire, sans que celui-ci, nous ne saurions assez le répéter, soit l'aboutissement d'un "complot maçonnique" qui n'a jamais existé.

L'idéal maçonnique est le reflet d'une histoire des mentalités, elle-même liée à l'histoire sociale. Une étude de la structure sociale de l'Ordre des Illuminés apporte à ce sujet des éclaircissements précieux. De tous les membres de l'Ordre, Knigge est celui qui a compris le plus nettement quel

---

[4] De telles études manquent cependant pour l'Allemagne du Nord. Pour l'Allemagne du Sud, voir notamment L. MAENNER, *Bayern vor und in der Französischen Revolution*, Stuttgart, 1927; H. GRASSL, *Aufbruch zur Romantik, Bayerns Beitrag zur deutschen Geistesgeschichte 1765 - 1785*, München, 1968; M. BRAUBACH, *Neue Funde und Beiträge zur Kulturgeschichte Kurkölns im ausgehenden 18. Jahrhundert*, in *Annalen des Historischen Vereins für den Niederrhein*, 172/1970, 155 - 177. Sur l'Illuminisme en Italie: C. FRANCOVICH, *Storia della Massoneria in Italia dalle origini alle Rivoluzione Francese*, Firenze, 1974. Pour la Hongrie: M. KATJAR, *German Illuminati in Hungary*, in *Studies in eighteenth Century Literature*, éd. par M.J. SZANCZI/L. FERENCZI, Budapest, 1974, 325 - 346. Pour l'Europe: L. HAMMERMAYER, *Zur Geschichte der europäischen Freimaurerei und der Geheimgesellschaften im 18. Jahrhundert. Genese – Historiographie – Forschungsprobleme*, in E.H. BALAZS/L. HAMMERMAYER/ H. WAGNER/J. WOJTOWICZ, Hg., *Beförderung der Aufklärung in Mittel- und Osteuropa*, Berlin, 1979, 9 - 68 (très abondante bibliographie); H. REINALTER, *Zur Aufgabenstellung der gegenwärtigen Freimaurerforschung*, in *Freimaurerei und Geheimbünde im 18. Jahrhundert in Mitteleuropa*, hg. von H. REINALTER, Frankfurt a. M., 1983, 9 - 83.

était l'enjeu du combat pour les Lumières. Il est aussi l'un de ceux qui ont cru un moment qu'elles pourraient se réaliser dans la mise en oeuvre de l'idéal maçonnique. Son action au sein de l'Ordre des Illuminés visait avant tout à faire de l'ensemble de la maçonnerie une force unifiée au service de cette grande cause. Son échec le contraignit à chercher d'autres voies, tout en restant fidèle à son idéal.

1. De la franc-maçonnerie à l'Illuminisme

A. Les projets de Knigge

Lorsque s'ouvrit l'année 1780, Knigge était en plein désarroi. Il continuait de fréquenter les milieux maçonniques de Francfort, en particulier le libraire Brönner, membre de la loge l'Union[5]. Dévoré par le besoin d'agir, il se demandait si, "avec un cercle de Frères, (ses) bons amis intimes, dispersés dans toute l'Allemagne"[6], il n'allait pas fonder un système indépendant. C'est alors que Constanzo lui révéla qu'il existait une société qui répondait en tout point à ses désirs et qui tirait sa force du profond mystère dont elle s'entourait. C'était à elle notamment, ajoutait le marquis, qu'étaient dus les progrès "presque miraculeux", dont les journaux de l'époque se faisaient l'écho, des Lumières "dans les Etats impériaux"[7].

Il n'en fallait pas davantage pour que Knigge sollicitât et obtînt son admission dans l'Ordre des Illuminés, où il reçut le nom de Philo[8]. Constanzo lui remit en même temps les cahiers de la classe minervale, ainsi que l'adresse d'un Frère munichois.

---

5 Knigge fréquenta la loge l'Union, restée, une des rares en Allemagne, fidèle au rite anglais, du 5 juillet 1778 au 16 septembre 1781 (G. KLOSS, *Annalen der Loge zur Einigkeit der Englischen Provincial-Loge so wie der Provincial- und Directorial-Loge des electischen Bundes zu Francfurt am Main 1742 - 1811*, Frankfurt a. M., 1842, 135. Voir aussi K. DEMETER, *Die Frankfurter Loge Einigkeit 1742 - 1955*, Frankfurt a. M., 1967, 96sqq.) Le Grand-Maître Provincial de cette loge était le négociant Gogel, le père du protecteur de Hegel, ami aussi de Hölderlin (voir D'HONDT, *op. cit.*, 283 sq., et BERTAUX, *op. cit.*, 99 sqq.).
6 *Philo*, 32 sq.
7 *Ibid.*, 34. Knigge rencontra Constanzo dans la loge L'Union.
8 Nous avons préféré garder la forme allemande "Philo" plutôt que le français "Philon". L'histoire connaît plusieurs Philon. Aucun document ne permet de savoir auquel se référait le nomen attribué à Knigge. On peut hésiter entre deux noms: Philon le Juif, philosophe platonicien né vers 30 avant J.C., dont les œuvres avaient été publiées en deux volumes à Londres en 1742, par Thomas Mangey. En théologie, Philon le Juif expliquait la Bible par des allégories; en philosophie, il voulait concilier la doctrine de Platon avec le judaïsme. Ou Publius Philo, qui vécut au VIè siècle av. J.C. Il fut le premier plébéien romain à devenir préteur. En 339, il fit adopter des lois prescrivant la soumission des patriciens aux plébiscites, la ratification préalable des actes du peuple par le Sénat et l'obligation de choisir un des Censeurs parmi les plébéiens.

Si nous en croyons Knigge, la lecture de ces cahiers le déçut d'abord. La Société lui semblait plutôt remplir le rôle d'une école primaire, donnant d'abondants conseils de lecture qui, selon lui, pouvaient être adaptés aux besoins d'un pays "catholique obscurantiste", mais point à ceux de pays protestants, beaucoup plus pénétrés de l'esprit de progrès. Il jugeait en outre que le style dans lequel étaient rédigés ces cahiers était "terriblement barbare", voire incorrect, et reflétait de surcroît un ton de commandement qui fleurait le despotisme, "auquel nous, hommes libres, n'étions nullement habitués", précise-t-il[9]. Knigge envoya de nombreuses lettres à Munich pour obtenir de plus amples détails. En novembre, il reçut enfin une réponse rédigée par Weishaupt, qui se disait chargé par les Supérieurs de l'Ordre de devenir son correspondant. Knigge ne devait plus écrire à Munich, mais à Ingolstadt[10].

Sans dévoiler le secret de la fondation de l'Ordre, Weishaupt exposait le but de la Société en des termes propres à enflammer l'imagination de Knigge. Il parlait de triomphe de la vertu et de la sagesse sur la bêtise et la méchanceté, de découvertes capitales dans tous les domaines de la science, de perfectionnement de l'individu, de "l'éducation qui devait faire des membres de la Société des personnages nobles et grands", ajoutant qu'elle travaillait "à leur assurer dès ce bas-monde le prix certain de leur perfection" et qu'elle les protégeait contre les persécutions, les coups du sort et les oppressions, en luttant pour "lier les mains à tous les despotismes". En un mot, Weishaupt promettait "un nouveau ciel, une nouvelle terre; un système embrassant le monde et les hommes [...]; une alliance des plus nobles; une sainte légion d'invincibles militants de la sagesse et de la vertu"[11].

Weishaupt crut remarquer, au cours de la correspondance qui suivit sa première lettre, le penchant de Knigge pour les "sciences sublimes". Dans ce domaine aussi, lui affirmait-il, l'Ordre était en mesure de satisfaire ses aspirations. Il l'assurait également de sa certitude quant à l'immortalité de l'âme, la doctrine de l'Ordre l'ayant conforté dans cette espérance après la mort de son épouse. Mais, précisait-il cependant, Knigge ne devait "pas tant penser à ces choses qu'à agir efficacement pour l'Ordre"[12]. En un mot, il devait recruter des disciples, en particulier des francs-maçons.

En quelques mois, Knigge avait gagné à l'Ordre "un grand nombre d'hommes de haute condition, savants et importants"[13]. Dans une lettre à l'Illuminé Zwack, écrite le 20 janvier 1783, il affirme avoir eu à s'occuper de

---

9 *Philo*, 36 Outre Knigge, Constanzo avait recruté parmi les membres de la loge l'Union les Frères Schmerber (Agathocles) et Küstner (Avicenne), et, hors des la loge, un certain Herophilus (KLOSS, *op. cit.*, 135).
10 La seule trace qui subsiste de toute cette correspondance est constituée par les extraits qu'en donne Knigge dans *Philo*, 37 sqq.
11 *Ibid.*, 38 sq.
12 *Ibid.*, 39 sq.
13 *Philo*, 41

500 personnes[14]. R. Van Dülmen accepte ce chiffre[15], mais Le Forestier le trouvait exagéré et soulignait que, de l'aveu même de Knigge, beaucoup désertèrent aussitôt[16]. Parmi ceux qui restèrent, se trouvaient Jakob Mauvillon, alors professeur à Cassel, Nicolai, le comte Stolberg-Rossla[17], ainsi qu'une foule d'importants personnages, chanoines, médecins, professeurs, conseillers auliques: en un mot des ecclésiastiques, des intellectuels, des fonctionnaires[18].

L'activité de Knigge entraînait donc une modification de la structure sociale de l'Ordre. Jusqu'alors, celui-ci comprenait essentiellement des étudiants de Weishaupt, quelques fonctionnaires bavarois comme le baron Franz Xaver von Zwack, secrétaire de la Loterie d'Etat[19] ou le comte Savioli, membre du Conseil de Censure, le baron de Bassus, podestat de Tirano dans les Grisons et possessionné à Sandersdorf en Bavière[20], un médecin (Ferdinand Baader), un recteur d'école et des professeurs (Joseph Socher, Fronhofer et Bucher).

C'était principalement l'anticléricalisme qui les unissait. Mais grâce aux efforts de Knigge, l'élément protestant faisait une entrée en force dans l'Ordre, et il allait marquer de son empreinte le débat qui, bientôt, s'y instaurerait au sujet de la religion. L'extension de l'Ordre à partir de 1780 confirme cette constatation: il s'implantait à Hanovre, à Göttingen, à Wetzlar, à Berlin, à Neuwied[21]. Or dans ces villes, surtout dans les deux dernières,

---

14 NOS, 101
15 DÜLMEN, *op. cit.*, 44
16 LE FORESTIER, *Illuminés*, 220, n. 2
17 Johann Martin Stolberg-Rossla, qu'il ne faut pas confondre avec les comtes de Stolberg-Stolberg, était Maître en Chaire de la loge Aux Trois Paons de Neuwied. Il joua un rôle important dans le développement de cette ville comme foyer de l'Illuminisme. Il s'opposa au recrutement dans l'Ordre du prince héritier de Prusse, le futur Frédéric-Guillaume II, et de l'archevêque-Electeur de Cologne Maximilien François. Voir LENNHOFF-POSNER, *op. cit.*, art. *Stolberg-Rossla*, Sp. 1515 sq.
18 LE FORESTIER, *op. cit.*, 220, n. 2
19 OS, 4. Zwack était ouvertement matérialiste et athée. Le 30 octobre 1777, il faisait part de son intention de se suicider, sans toutefois la mettre à exécution. Il rédigeait des *Pensées sur le suicide (Gedanken über den Selbstmord*, OS, 111 - 114) qui n'étaient qu'un verbeux plagiat d'un passage de Werther. Son matérialisme s'exprime surtout dans un essai qu'il rédigea pour l'ordre, *Abhandlung über die Errichtung einer Gesellschaft überhaupt*, OS 119 - 163, où il faisait l'éloge de l'athéisme. Sur Zwack, voir A. KLEINSCHMIDT, *Karl Theodor, Friedrich zu Salm und Xaver von Zwack*, in: *Neue Heidelberger Bücher*, Heidelberg, 1897, 199 - 216.
20 DÜLMEN, *op. cit.*, 31
21 Voir NOS, 24, 28, 69. En l'état actuel des sources, on ne peut en dire davantage. Elles ont été practiquement épuisées par les travaux de LE FORESTIER et de DÜLMEN. A Francfort, Knigge recruta Brönner (Arcadius) le 15 octobre 1781. Le 31 octobre, se tint la première Assemblée Minervale, présidée par Schmerber. En 1782, s'affilièrent Hetzler (Aristides), Carneades, Zalmoxis, Wanzel (Gratipus), Leonhardi (Anacharsis), puis Pascha (Strabo), Peter Clemens Müller (Osmandyas),

régnait une assez grande tolérance religieuse, et l'anticléricalisme de Weishaupt et de ses compagnons bavarois pouvait y apparaître désuet. Il risquait même de faire obstacle à l'idéal d'une "nouvelle religion" dont rêvait Knigge.

D'autre part, la moyenne d'âge des nouveaux Illuminés était sensiblement supérieure à celle des anciens membres. Weishaupt était attaché à l'affiliation de "jeunes gens" (moins de quarante ans), qu'il jugeait plus malléables et disposés à lui obéir que des hommes d'âge mûr. Or Nicolai, par exemple, était né en 1733, et beaucoup avaient dépassé cet âge de quarante ans. On pouvait penser qu'ils chercheraient dans l'Ordre autre chose que l'occasion de rédiger les belles dissertations que le professeur d'Ingolstadt, pédagogue jusqu'aux moëlles, exigeait d'eux. En fait, ils appartenaient à cette élite de l'esprit et de la fonction que la perspective d'obtenir par leur mérite une position plus élévée dans l'Etat, objectif que l'Ordre affirmait vouloir les aider à réaliser, ne pouvait qu'attirer. Cela, Knigge le comprenait mieux que Weishaupt: grâce à l'Ordre, il pouvait espérer prendre sa revanche sur les humiliations qu'il avait subies à Hanovre, à Cassel et à Hanau.

B. Knigge pamphlétaire de l'Ordre

Weishaupt ne voyait pas en Knigge uniquement un recruteur. Il entendait aussi mettre à profit ses talents de plume pour intéresser l'ensemble de l'Allemagne à sa lutte contre les jésuites.

Quelle revue se prêtait mieux à l'exécution de ce projet que la *Correspondance* de Schlözer? Knigge n'avait de sa vie jamais parlé sciemment à un jésuite[22]. Pourtant, il fit insérer dans la revue, toutefois sans les signer, des articles dont la matière lui fut fournie par des documents qu'on lui envoya de Munich[23].

---

le major von Behmen (Attilius Regulus), Johann Nicolaus Schmidt (Titus Livius), Willemer (Rousseau), du Fay (Aristippus). Ehrmann et Faber furent aussi très certainement Illuminés. En Illuminisme, Francfort s'appelait Edessa. D'autres Assemblées Minervales se tinrent jusqu'en 1785. Mais dans l'ensemble, Francfort ne fut pas un foyer important de l'illuminisme. Le nombre des affiliés n'atteint pas la vingtaine. La raison de cette méfiance tient sans aucun doute à la solidité des convictions "anglaises" de la loge L'Union. Tous les Illuminés de Francfort quittèrent d'ailleurs l'Ordre bavarois lorsque fut constituée l'Union éclectique (KLOSS, *op. cit.,* 135 sq.).

22 *Philo*, 48
23 *Urtheil einiger katholischer Geistlicher über die Lehrsätze des Professors Wirl am Gymnasium zu Baden,* in: SCHLÖZER's *Briefwechsel,* 1781; *Herrn Ex-Jesuit Gruber, Zaupser, und Censur Collegium in München, ibid.; Ex-jesuitische Versuche, die Barbarei in Deutschland wieder einzuführen, ibid.; Ex-jesuitische Versuche, die Barbarei und den Jesuiter Orden in Baiern wieder herzustellen. Eingelaufen den 11. Mai 1771, ibid.,* 1782; *Abermaliger Bericht der theologischen Facultät in Ingolstadt vom 20. August 1788: die dortigen ExJesuiten betreffend, ibid.* Knigge évoque ces pamphlets dans *Philo,* 48.

L'un d'eux mettait les lecteurs en garde contre *Les tentatives des ex-jésuites pour réintroduire la barbarie en Allemagne*. Knigge le publia également sous la forme d'une brochure, anonyme aussi, intitulée *Dernières contributions à l'histoire des jésuites, tirées de documents authentiques*[24]. Ce factum contenait de violentes attaques contre trois anciens jésuites, les professeurs Sattler et Sailer et le Père Frank, qui allaient devenir les ennemis acharnés des Illuminés. Knigge révélait également les intrigues menées à l'Université d'Ingolstaddt pour faire envoyer Weishaupt à Heidelberg[25]. Mais surtout, les jésuites y étaient présentés comme des partisans du molinisme et du probabilisme, doctrines que le catholicisme officiel tenait pour quasi hérétiques[26]. Enfin, l'auteur "rappelait", sous la forme d'une dédicace plaisamment signée "Judas Iscariote, Societatis Jesu", que les jésuites avaient été en mesure "d'expédier hors de ce monde les papes, les cardinaux et les rois qui se mettaient en travers de (leur) route"[27]. Il réclamait une véritable épuration de l'Université d'Ingolstadt, ainsi que le bannissement des anciens jésuites[28]. Weishaupt fut enchanté par le zèle de son nouvel adepte.

Décidément infatigable, Knigge faisait encore paraître la même année deux autres brochures: *Lettre d'un voyageur, publiée pour servir d'avertissement et de mise en garde aux princes allemands contre le poison et le poignard des Jésuites*[29] et *Des jésuites, des francs-maçons et des Rose-Croix allemands*[30]. Dans la seconde, les pages concacrées aux jésuites sont intitulées: *Remarques sur les principes pervers et dangereux de l'ancienne Compagnie de Jésus, tirées de son histoire, de ses écrits, et d'autres sources dignes de foi*[31]. Ces "sources", Knigge les indique: à côté de pamphlets contemporains rédigés en allemand, en français, en italien ou en latin, il cite les *Lettres Provinciales* de Pascal, et "L'examen des Jésuites" de La Chalotais[32]. Il en tire tous les arguments qui avaient été utilisés pour

---

24 *Neueste Beyträge zu der Geschichte der Jesuiten aus wahrhaften Urkunden gezogen*, Hamburg, 1781
25 *Ibid.*, 26
26 *Ibid.*, 12 - 15 et 44 sq.
27 *Ibid.*, 5. On sait que le bruit avait couru que Clément XIV, le pape qui avait supprimé la Compagnie de Jésus en 1773, et était mort l'année suivante, avait été empoisonné. La formule de Knigge fait également allusion à l'assassinat d'Henri IV.
28 *Ibid., passim*, en partic. 47.
29 *Brief eines Reisenden, herausgegeben zur Warnung an die deutschen Fürsten, Jesuitengift und -dolch betreffend*, Amsterdam, 1781. Des extraits ont été publiés par SCHLÖZER's, *Briefwechsel*, Th. 10, 1782, H. 60, 341 - 344.
30 *Über Jesuiten, Freymaurer und Deutsche Rosencreutzer*, herausgegeben von Joseph Aloisius Maier, der Gesellschaft Jesu ehemaligem Mitgliede, Leipzig, 1781
31 *Bemerkungen über die boshaften und gefährlichen Grundsätze der zerstöhrten Gesellschaft Jesu, aus ihrer Geschichte, ihren Schrifften und andern sichern Quellen gezogen*, *ibid.*, 11 - 72.
32 *Ibid.*, 15. Le dernier ouvrage est en fait le *Compte rendu des Constitutions des Jésuites*, publié par L. R. de CARADEUC de LA CHALOTAIS en 1762.

pousser Clément XIV à céder à l'instance de plusieurs souverains temporels et à prononcer la suppression de la Compagnie de Jésus[33]. Le principal était qu'elle avait formé un Etat dans l'Etat, notamment en Bavière, dans le Palatinat, à Augsbourg, à Lucerne et à Fribourg[34]. Sa constitution, reposant sur des principes cachés et arbitraires, ne pouvait que menacer le pouvoir civil[35]. Elle était d'essence "despotique" et le Général de la Compagnie disposait même d'une "puissance temporelle sur les rois"[36]. Elle jouissait de privilèges insupportables, principalement en matière d'éducation, et les utilisait au profit du fanatisme[37]. Knigge insinuait aussi que la suppression de la Compagnie n'avait pas éliminé le danger qu'elle constituait: les jésuites, habitués à rester dans l'ombre, continuaient à quadriller les villes et les cours[38]. Enfin, il mettait une nouvelle fois l'accent sur le caractère hérétique de leur doctrine, reprenant les accusations de molinisme et de probabilisme qu'il avait déjà portées dans son premier article[39]. Il n'oubliait pas non plus de répéter qu'ils étaient favorables au tyrannicide[40], qu'ils hésitaient pas, le cas échéant, à commettre des meurtres afin d'assurer leur puissance[41]. Il les accusait, cette fois expressément, d'avoir fait assassiner le pape Clément XIV pour se venger de la dissolution de la Compagnie[42].

Mais aux reproches qui visaient la volonté de puissance de la Compagnie il en ajoutait d'autres qui mettaient en cause l'hostilité des jésuites (et, à travers eux, du catholicisme) aux Lumières. Non contents de faire de la raison un mauvais usage, en particulier par leur art de l'interprétation spécieuse de n'importe quelle réalité[43], ils s'emparent, dit-il, des esprits pour mieux lutter contre la diffusion des Lumières et maintenir les hommes dans l'ignorance, la bêtise et la superstition[44]. En portant cette accusation, Knigge ne servait pas seulement la cause des Illuminés bavarois. Il exprimait aussi parfaitement la nature du combat des Lumières: la proclamation de l'idéal n'a de sens que si elle est accompagnée de la volonté de le réaliser. Le combat des Lumières n'était rien, à ses yeux, s'il n'était qu'un débat d'idées. Il devait être aussi une lutte pour le pouvoir. Et celui-ci passait par la conquête des intelligences. En acceptant de servir aux Illuminés de pamphlétaire attitré, Knigge engageait

---

33 Sur l'histoire de la Compagnie de Tésus, voir H. BÖHMER, *Die Jesuiten*. Stuttgart, 1957. Sur les jésuites au XVIIIe siècle voir H. BECHER, *Die Jesuiten, Gestalt und Geschichte des Ordens*, München, 1951, 286 – 328.
34 *Ueber Jesuiten...*, 14
35 *Ibid.*, 25.
36 *Ibid.*, 27.
37 *Ibid.*, 30 et 34.
38 *Ibid.*, 59 sq; 64.
39 *Ibid.*, 47.
40 *Ibid.*, 43.
41 *Ibid.*, 50 sqq.
42 *Ibid.*, 65.
43 *Ibid.*, 58.
44 *Ibid.*, 60.

l'Ordre dans une direction qui dépassait singulièrement le cadre étroit des querelles bavaroises, universitaires ou autres.

Cette analyse est confirmée par le fait que Knigge ne limitait pas ses attaques aux seuls jésuites. Il leur associait les Rose-Croix, qu'il qualifiait de "peste de la société humaine"[45], et dont il présentait l'histoire dans la troisième partie de son opuscule, sous le titre *Nouvelles véridiques sur l'authenticité des Rose-Croix allemands modernes*[46].

Knigge nourrissait à l'égard des Rose-Croix une haine tenace depuis qu'en 1778 il n'avait pu s'affilier à la Fraternité. Telle est du moins l'opinion des chercheurs qui ont étudié son itinéraire maçonnique[47]. Pourtant, les reproches que, dans son opuscule il formule contre cette secte, vont bien au-delà de ceux que pourraient susciter de simples ressentiments personnels. En 1781, Knigge a compris que son idéal d'une religion universelle, ouverte à toutes les croyances particulières pourvu qu'elles fussent au service de l'homme, ne pouvait trouver une expression adéquate dans l'enseignement et les rites ésotériques d'un Ordre qui, loin de réunir les hommes en une Eglise fraternelle rassemblée autour de "prêtres" qu'elle connait parce qu'elle peut les voir, agit au contraire dans l'ombre, maniant les fils de toutes sortes d'intrigues afin d'asseoir et de maintenir un pouvoir occulte sur l'Etat. En cela, les Rose-Croix ne sont guère, pense Knigge, différents des jésuites. Il les accuse de "pêcher en eau trouble"[48], les traite de "coquins" (*Bösewichte*) et de "nouvel obstacle aux Lumières"[49].

Afin de mieux dénoncer la secte, Knigge retrace avec sympathie l'histoire des anciens Rose-Croix, avec lesquels la société qui se donne le même nom "aujourd'hui" n'a rien de commun. Il lui oppose les intentions pures et fraternelles que reflètent la *Fama Fraternitatis*, les *Noces chimiques*, la *Reformatio* et la *Confessio Fraternitatis*, qu'il analyse longuement[50]. Sans se pro-

---

45 *Ibid.*, 94.
46 *Zuverlässige Nachrichten über die Ächtheit der heutigen deutschen Rosencreutzer, ibid.*, 91 - 129. Un extrait de ces pages fut publié sous le même titre dans les *Oberrheinische Mannigfaltigkeiten. Eine gemeinnützige Wochenschrift*, 3. Vierteljahr, Basel, 1781, 663 - 669 avec référence à la brochure de "J.A. Maier".
47 Le dernier en date qui défend ce point de vue est M. Freschi, *op. cit.*, 60.
48 *Über Jesuiten...*, 125.
49 *Ibid.*, 94.
50 *Ibid.*, 102 - 117. Il s'agit des ouvrages publiés par J.V. ANDREAE, *Chymische Hochzeit Christiani RosenCreutz*, Strasbourg, 1616, *Allgemeine und General Reformation der ganzhen Welt*, 1616; *Fama Fraternitatis: Des löblichen Ordens des Rosenkreutzes an die Gelehrte und Häupter Europas geschrieben*, Cassel, 1614; *Confession oder Bekanntnis derselben Fraternitet an alle Gelehrte und Häupter in Europa geschrieben*, Danzig, 1614. Certains de ces textes ont été traduits en français par B. GORCEIX, *La Bible des Rose-Croix*. Traduction et commentaire des trois premiers écrits rose-cruciens (1614 - 1615 - 1616), Paris, 1970. Voir R. EDIGHOFFER, *Rose-Croix et société idéale selon J.V. ANDREAE*, Paris, 1981.

noncer sur l'authenticité du personnage de Christian Rosencreutz[51], il souligne les intentions "nobles et grandes" de l'ancienne Fraternité. Curieusement, cet idéal est, tel qu'il le décrit, très proche de celui qui semblait animer les Illuminés. Les anciens Rose-Croix, dit-il, voulaient "mettre un terme à la corruption du monde dans les domaines politique, moral, scientifique et religieux"[52]. L'Ordre devait être "le lieu de rassemblement de tous les savants", où ils échangeraient, loin des "chimères" et des "préjugés", des connaissances utiles à tous. Enfin, les membres de la Fraternité se promettaient une aide mutuelle, afin que chacun pût tirer le bénéfice de son talent. C'était là la "vraie pierre philosophale", qui récompensait chacun selon son mérite et son besoin. Quant au mysticisme, il ne s'agissait que d'une "enveloppe" destinée à solliciter l'attention, l'homme étant ainsi fait qu'il "réclame toujours quelque chose de surnaturel pour être captivé". Et Knigge d'ajouter, non sans une certaine naïveté que peu d'esprits percevaient sans doute à cette époque: "Un stratagème que presque tous les réformateurs ont utilisé"[53]. Lui le premier, avec Charles de Hesse.

La lecture que Knigge fait, en particulier, de la *Confessio Fraternitatis* mérite d'être citée entièrement, parce qu'elle correspond très exactement au projet illuminé tel qu'il l'avait compris:

> La Confession, parue à Francfort-sur-le-Main en 1617, contient plus d'une bonne chose, par exemple: le projet de purifier les sciences; la sélection et l'examen sévère des membres; l'intention de donner progressivement à notre continent une direction complètement différente dans les domaines intellectuel et politique; de sorte qu'un nouveau paradis serait établi sur terre; l'idée que jusqu'à maintenant on a compris complètement de travers et dénaturé la Bible et qu'on ne l'a pas adaptée comme il convenait aux [différentes] époques; que l'intention de l'Ordre n'est pas de prendre, mais de donner, très exactement de donner l'or véritable, c'est-à-dire la sagesse; enfin qu'il n'y a pas d'autre moyen de parvenir à la possession de ses trésors que par l'application, les Lumières et la vertu[54].

Ce programme, c'est, comme nous le verrons celui dont il attendra des Illuminés qu'ils le réalisent. Mais c'est aussi celui des Lumières. Il vise à restaurer une sorte d'âge d'or, non en renversant les institutions (sauf la Papauté, de toutes façons honnie aussi bien des esprits anticléricaux bavarois que du Hanovrien luthérien), mais en enseignant et en pratiquant la vertu, seule source de la sagesse. Et il ne s'adresse pas aux masses (on disait alors la "populace", *Pöbel*), mais à une élite soigneusement recrutée et formée.

---

51 En fait, il est clair que Knigge ne croit pas à son existence, mais il préfère ne pas creuser la question. Ce qui lui tient à coeur, c'est de montrer que les Rose-Croix de son époque sont les ennemis des Lumières (*idid.*, 93).
52 *Ibid.*, 106.
53 *Ibid.*, 107.
54 *Ibid.*, 117 sq.

Le tableau que Knigge dresse de l'idéal de l'ancienne Fraternité a en réalité une double fonction. D'une part il lui permet de dénoncer les Rose-Croix de son époque comme des usurpateurs, de "pitoyables imitateurs" qui, n'ayant pas compris les écrits de l'authentique Fraternité, ont "d'une honteuse façon tout interprété dans le sens de l'alchimie et de la magie"[55].

Les nouveaux Rose-Croix présentent tous les caractères qui font d'eux une association dangereuse pour les Etats et pour le genre humain: leurs chefs restent inconnus; ils espionnent les personnes et les administrations; ils exercent d'affreuses représailles contre les traîtres; ils attirent des adeptes par le charlatanisme; ils se servent du poison; pratiquent ce que nous appellerions aujourd'hui la médecine parallèle; prétendent être les vrais chefs de la maçonnerie – et vendent les grades à des tarifs exorbitants. Dans le monde entier ils ont leurs émissaires, leurs correspondants, qui, partout, abusent de la crédulité des hommes[56]. A la lecture de ces pages, il est impossible de ne pas penser à Voltaire pourchassant l'infâme, encore que l'humour du baron hanovrien n'ait pas la finesse de celui de l'auteur de *La maladie du jésuite Berthier*.

Mais l'éloge que Knigge faisait de l'ancienne fraternité avait aussi une autre fin, directement en rapport avec la mission qu'il avait, à la même époque, reçue de l'Ordre des Illuminés. Sans nommer jamais l'Ordre, Knigge laissait entendre qu'il existait une autre société où les idéaux des anciens écrits rosicruciens étaient devenus une réalité. Déjà dans la partie du pamphlet consacrée aux jésuites, il se demandait avec une fausse naïveté à quels résultats ne pourrait pas parvenir "une société des meilleurs individus (qui) formerait ses élèves à la vertu de la même manière que les jésuites dressent les leurs en vue de la méchanceté"[57]. Par quelques phrases volontairement énigmatiques, il laissait croire qu'il avait "peut-être" trop parlé et conviait le lecteur à "réfléchir" sur ses propos. Et il ajoutait: "Si cela a pris racine, venez me trouver – nous en parlerons plus en détail"[58]. Cette invitation pouvait ressembler à une clause de style, le pamphlet étant publié sous un pseudonyme. Mais Knigge ne devait pas se faire faute de développer les mêmes thèmes devant ceux qu'il s'efforçait de gagner à l'Ordre[59]. En fait, le combat

---

55 *Ibid.*, 107.
56 *Ibid.*, 122-129.
57 *Ibid.*, 33.
58 *Ibid.*, 90.
59 Knigge fut vite reconnu comme l'auteur de *Ueber Jesuiten...* Les Rose-Croix ripostèrent l'année suivante, par la plume d'un des leurs, J.F. GÖHRING; qui publia un volume de plus de 200 pages: *Die Pflichten der G[old]. und R[osen]. C[reuzer]. alten Sistems in Juniorats-Versammlungen abgehandelt von Chrysohiron, nebst einigen beigefügten Reden anderer Brüder*, o. O., 1782. On pouvait lire dans la *Vorrede*: "Merken Sie also auf, [...] dass die R[osen] C[reutzer] ohne Anwendung und Misbrauch ihrer gottgeheiligten Magie durch ganz natürliche Mittel folgendes von Ihnen wissen: 1. Dass Sie nicht Joseph Aloisius Maier heissen, sondern

dont ces textes étaient l'une des armes ne devait être mené que par des initiés, c'est-à-dire par ceux qui, ayant compris tous les sous-entendus et toutes les allusions que cachaient les lignes qu'ils lisaient, seraient en mesure, par les contacts qu'ils entretenaient avec quelques élus, de s'associer à l'entreprise à laquelle s'était voué l'Ordre. En aucun cas il n'était question de lancer des manifestes en direction des masses. La littérature pamphlétaire de l'époque n'est pas destinée à la "populace" (*Pöbel*): elle est écrite pour un public restreint, averti, en quelque sorte, capable de déchiffrer le "code" constitué par les allusions, les pseudonymes etc. C'est une "élite" que les Illuminés, comme les francs-maçons, veulent atteindre. Il est significatif que l'invitation que Knigge adresse à "ceux qui auront réfléchi" se trouve, précisément, à la fin de la partie de son opuscule consacrée à la franc-maçonnerie, sous le titre *Une lettre sur la franc-maçonnerie, écrite par un membre expérimenté de cet Ordre à un ami profane*[60].

Des trois "sectes" envisagées dans le pamphlet – Compagnie de Jésus, franc-maçonnerie et Rose-Croix –, la seconde est la seule que Knigge n'attaque pas. Il cherche au contraire à détruire les préventions qu'elle suscite: on lui reproche, à elle aussi, de constituer un Etat dans l'Etat; d'abuser du secret pour servir des desseins ténébreux, d'être inutile au développement des sciences, des arts et, d'une manière générale, des Lumières; de se perdre dans les querelles internes[61]. Knigge s'attache à démontrer que les francs-maçons ne sont nullement des fauteurs de troubles. Le secret, dit-il, est nécessaire parce que le franc-maçon appartient à un tout petit cercle qui ne peut agir que contre l'intérêt du plus grand nombre, constitué par "la grande masse des méchants"[62]: ici transparaît une nouvelle fois cette idée qui lui est chère, que la franc-maçonnerie doit regrouper une élite intellectuelle et sociale, qui tire des "Lumières" qu'elle possède la légitimité d'un pouvoir. Mais les francs-maçons n'ont jamais été à l'origine de révolutions politiques[63]. L'idéal maçonnique est de "former des hommes de telle sorte qu'ils n'aient pas besoin de juges". Il revendique l'autonomie morale de l'individu. La franc-maçonnerie authentique n'enseigne pas de dogmes. Elle agit en mettant en évidence, d'une manière concrète, la vérité. Mais elle détient cependant quelques connaissances particulières, parce qu'il y a "une foule de choses qui ne servent à rien à la grande masse, à la populace, de haute ou de basse condition, et dont la conservation est pourtant hautement nécessaire"[64]. Cette dernière phrase est très importante, car elle implique à la fois ce que nous appellerions

---

eigentlich Baron von Kn[igge]; 2 Dass Sie zu F[rankfurt] am M[ain] leben [...]. Mein H[er]r Bar[on] v[on] Kn[igge] – Sie sind gewarnet" (XXXVII sq.).

60 *Ein Brief über die Freymaurerey von einem erfahrnen Mitgliede dieses Ordens an einen profanen Freund geschrieben*, 73 - 90.
61 *Ibid.*, 76 sq.
62 *Ibid.*, 79.
63 *Ibid.*, 80.
64 *Ibid.*, 83.

aujourd'hui l' "élitisme" et la "démocratisation". "Elitisme" parce que seuls quelques-uns ont le pouvoir d'accéder à certaines connaissances. "Démocratisaton" parce que la "populace" peut être "de haute ou de basse condition" : ce n'est pas la naissance qui crée l'élite, mais le mérite. Ce thème reviendra d'une manière quasi obsessionnelle dans toute l'oeuvre de Knigge. Mais il est aussi un des éléments fondamentaux de l'idéal des Lumières, et la franc-maçonnerie en est l'un des véhicules privilégiés.

Cependant, Knigge n'oubliait pas de préciser qu'une seule loge en Allemagne était restée en contact avec "la source authentique" de l'idéal maçonnique[65]. Par cette allusion, transparente pour tous les maçons, à la loge l'Union de Francfort, qui était l'une des rares en Allemagne à ne cultiver que les trois grades de la maçonnerie anglaise et dont Knigge cherchait alors à attirer les membres à l'Illuminisme, il laissait entendre, sans la nommer, que la Stricte Observance n'appartenait pas à la "vraie maçonnerie".

"Il y a encore très peu de francs-maçons en Allemagne, de même qu'il y a très peu de chrétiens"[66] : par cette adroite formule, il jetait le discrédit à la fois sur le christianisme officiel et sur les systèmes maçonniques à hauts grades, en fait la Stricte Observance. Il le faisait à un moment historiquement très favorable, où beaucoup d'esprits, hostiles à l'orthodoxie religieuse et au spectacle lamentable que donnait la Stricte Observance, étaient prêts à adhérer à un système qui ne prétendrait pas établir des doctrines rigides ni s'épuiser à la poursuite de chimères. En servant la cause des Illuminés, Knigge avait bien conscience de servir aussi celle des Lumières.

C. Knigge réorganisateur de l'Ordre

En janvier 1781, Weishaupt avait dû confesser à Knigge qu'il était le fondateur de l'Ordre. Knigge devenait ainsi Aréopagite[67]. L'aveu de Weishaupt ne le mit nullement dans l'embarras[68]. Au contraire, il saisit très vite la possibilité qui lui était offerte de construire la société dont il rêvait depuis si longtemps. Weishaupt, incapable de rédiger, et même sans doute de concevoir, les grades supérieurs du système, lui demandait en effet d'élaborer, à partir de matériaux qu'il allait lui envoyer, l'ensemble du système, promettant même d'accepter toutes les modifications que Knigge jugerait bon d'apporter aux schémas qu'il avait préparés.

---

65 *Ibid.*, 86 sq.
66 *Ibid.*, 85.
67 Entre le 6 janvier et le 13 février 1781, LE FORESTIER, *op. cit.*, 227, n. 1, d'après des documents se trouvant en 1914 à la Bibliothèque Universitaire de Munich, devenue depuis Bayerische Staats- und Universitätsbibliothek. Le 27 janvier, Weishaupt écrit aux Aréopagites qu'il a chargé Knigge de mettre au point la Géographie de l'Ordre (NOS, I, 5).
68 Contrairement à ce qu'il prétend dans *Philo*, 55. En 1788, Knigge n'avait pas intérêt à faire figure de charlatan prêt à n'importe quelle manipulation.

Trois documents nous permettent de nous faire une idée assez exacte de l'importance que revêtit pour l'Ordre l'exploitation des talents d'organisateur de Knigge.

Le premier, intitulé *Statuts généraux de l'Ordre*[69], entra en vigueur en 1781 et resta valable jusqu'en 1785. Rédigé en 1780, il se substituait à un texte qui avait déjà subi depuis 1778 trois remaniements successifs, témoignages de la peine que coûtait aux Aréopagites munichois et à leur chef la mise en oeuvre concrète de leur projet[70].

Les buts de l'Ordre tels que les définissaient les rédactions antérieures au texte de 1780 trahissaient la préoccupation essentielle de Weishaupt et de ses amis bavarois: pour eux, l'Ordre était d'abord une machine de guerre contre les jésuites. On y trouvait bien, au détour d'une phrase, l'évocation furtive des "droits de l'humanité"[71], de la vertu, du bonheur, de la vérité – bref, de tout ce qui faisait partie d'une conception "éclairée" du monde, mais les idées étaient alignées les unes au bout des autres dans le plus grand désordre, et il semblait que le seul fil conducteur qu'avaient pu imaginer les Aréopagites bavarois était la fidélité absolue que devrait observer le nouvel affilié envers un Ordre qui, d'autre part, se présentait simplement comme une "société érudite" permettant à chacun de ses membres d'acquérir les connaissances dont l'avait privé l'obscurantisme[72].

Plus inquiétante pouvait par ailleurs sembler l'insistance des auteurs de ces documents à persuader l'Illuminé que l'égalité qui devait régner entre les membres de l'association ne signifiait nullement familiarité[73], mais qu'elle allait au contraire de pair avec une attitude réservée et déférente envers les Supérieurs de l'Ordre. On exigeait même une discipline qui pouvait facile-

---

69 *Allgemeine Ordensstatuten*. L'original se trouvait dans les papiers de Zwack. Il est reproduit dans ENGEL, *op. cit.*, 97 - 103. A quelques insignifiantes différences près, il correspond au texte reproduit dans J.H. FABER (Hg), *Der ächte Illuminat oder die wahren unverbesserten Rituale der Illuminaten*, Edessa [= Frankfurt a. M.], 1788, 25 - 37. Knigge atteste dan *Philo* (96) l'authenticité des grades reproduits dans cet ouvrage. DÜLMEN donne ce texte, *op. cit.*, 152 - 158. Il indique comme source ENGEL et, à tort, le livre de Weishaupt *Apologie der Illuminaten*, Frankfurt und Leipzig, 1786.
70 ENGEL, *op. cit.*, 90. Le premier état de ce texte de 1778 semble perdu. Nous connaissons son existence par les allusions de Zwack dans *Beurkundete Geschichte des Illuminaten-Ordens (1787)*, aujourd'hui perdu, mais que Engel a eu entre les mains et dont il cite de larges extraits. La second a été rédigé par Baader et et publié dans OS, 12 - 26, sous le titre *Statuten der Illuminaten*. La troisième rédaction porte le titre *Reform der Statuten der I. Klasse* et se trouve dans OS, 26 - 37, et dans ENGEL, *op. cit.*, 91 - 97.
71 "Rechte der Menschheit", *Statuten*, OS, 13.
72 *Ibid.*, 14. Dans la version de 1780, il est précisé: "Ueberhaupt ist kein Buch ausgeschlossen, so zur Bildung des Herzens dienet", *Allg. Ordensstatuten*, in: ENGEL, *op. cit.*, 100.
73 *Ibid.*, 13 et 24.

ment rappeler les usages en vigueur dans la Compagnie de Jésus, pourtant si détestée, et dont les sociétés maçonniques, elles, ne donnaient aucun exemple, à part celle des Rose-Croix. Les statuts illuminés opéraient en particulier une sorte de laïcisation du concept catholique de "correction fraternelle", visant à faire accepter au nouvel élu toutes les observations et admonestations que, dans leur grand amour, les Supérieurs jugeraient convenable de lui adresser[74]. Le Supérieur était une sorte de "directeur de conscience", et l'Illuminé devait lui envoyer chaque mois, sous pli cacheté, un *Quibus licet*, c'est-à-dire un rapport sur son comportement et ses activités destiné à compléter la biographie qu'il avait dû rédiger en entrant dans l'Ordre. L'Illuminé était en outre invité à formuler le cas échéant, sur une feuille séparée et cachetée, ses remarques sur son Supérieur. Le pli était alors transmis à Munich. Enfin, toutes les précautions étaient prises pour que chaque Illuminé ne connaisse personnellement que son Supérieur immédiat, afin qu'un revirement éventuel du Frère, voire une dénonciation, ne pussent livrer l'ensemble de l'organisation à la police. En cela, l'Ordre de Illuminés présente un des facteurs structurels qui caractérisent les associations secrètes politiques[75]. Les Rose-Croix, déjà avaient obéi aux mêmes principes de précaution lorsqu'ils avaient fait de leur Fraternité une association visant à conquérir les postes de l'Etat.

Les *Statuts généraux* de 1780 apportent aux rédactions antérieures des modifications de forme, non de fond. Les buts de l'Ordre y restent définis en termes très généraux, qui reprennent presque mot pour mot les formulations de 1778 et de 1779:

> Ses efforts ne visent qu'à rendre intéressante et nécessaire aux hommes l'amélioration de leur caractère moral; à leur insuffler des dispositions à l'humanité et à la sociabilité; à empêcher les mauvaises intentions; à assister la vertu opprimée et souffrante contre les torts [qu'on lui porte]; à penser à la promotion de personnes de mérite, et à vulgariser des connaissances utiles et cachées[76].

---

74 *Ibid.*, 22 - 26 (quatre pages sur le sujet...!)
75 *Reform der Statuten der I. Klasse, ibid.*, 35. L'un des premiers à avoir dit nettement que l'Ordre des Illuminés était une organisation politique est E. LENNHOFF, *Politische Geheimbünde*, Zürich, Leipzig und Wien, 1931. Lennhoff range également parmi les sociétés secrètes politiques l'Ordre "réactionnaire" des Rose-Croix d'Or. Il est aussi le premier à avoir remarqué que la technique du cloisonnement a été reprise au XIXè siècle par les Carbonari. Avant eux, les membres de la Société des Egaux de Babeuf et Buonarroti s'en inspirèrent aussi. Elle prévalait également chez les Rose-Croix. Cette technique aura pour résultat que les autorités bavaroises ne sauront que très tard que Weishaupt et Knigge étaient les deux chefs véritables de l'Ordre. En 1787, elles pensaient seulement que les deux hommes étaient des membres importants de l'organisation, sans plus.
76 *Allg. Ordensstatuten*, in: ENGEL, *op. cit.*,97. A quelques variantes près, le même texte in: FABER, *op. cit.*, 25.

D'autre part, les prescriptions qui sont faites au nouvel Illuminé sont présentées dans un ordre plus logique: après avoir exposé les buts de l'Ordre et les moyens propres à les atteindre ("amour de l'humanité, vertu et droiture"[77]), les rédacteurs du texte développent en près de 30 paragraphes les obligations du nouvel Illuminé envers l'Ordre, reprenant celles que les rédactions précédentes formulaient et qui visaient à obtenir de lui une obéissance absolue, en même temps qu'elles l'invitaient à une sorte d'espionnage de ses supérieurs immédiats.

En un mot, il semblait que, jusqu'à ce que Knigge vînt à leur secours, les chefs Illuminés n'aient guère su travailler à d'autres questions qu'à celles que posait le maintien de leur autorité sur les jeunes gens qu'ils réussissaient à recruter. Deux traits surtout faisaient de cette société secrète une organisation dont la structure était, par son caractère centralisé et le pouvoir qu'elle donnait à ses dirigeants, sans commune mesure avec celle des autres sociétés maçonniques: les chefs de l'Ordre avaient entre les mains, grâce à la biographie que rédigeait l'Illuminé à son entrée dans l'Ordre et aux *quibus licet* qu'il remettait régulièrement, un immense moyen de pression sur lui, destiné principalement à protéger la société contre les dénonciations venues de Frères déserteurs. L'efficacité de cette protection ne fut pas complète, puisque ce sont d'anciens Illuminés qui révélèrent aux autorités bavaroises le nom des principaux membres de l'Ordre. Le second trait est l'espionnage mutuel des membres de l'Ordre, que les premiers rédacteurs des statuts, obéissant aux instructions de Weishaupt, n'avaient pas hésité à considérer comme essentiel à sa sécurité. Or il y avait là un facteur de décomposition pour l'Ordre, beaucoup d'Illuminés supportant très mal l'idée que leurs actes pouvaient être observés et notés pratiquement jour et nuit.

On trouve cependant dans ces *Statuts* de 1780 des éléments qui, déjà, constituent le fond de l'engagement des Illuminés au service des Lumières: la volonté de faire de l'Ordre un institut de diffusion des connaissances contemporaines, l'importance de l'éducation morale, le soin apporté au recrutement des Illuminés, l'idée que le mérite doit trouver sa récompense ici-bas. Mais ces notions ne sont pas intégrées à un système idéologique cohérent, elles représentent plus des aspirations que des objectifs méthodiquement poursuivis.

Le second document témoigne d'un net progrès dans la conception que l'Ordre, à partir de 1781, s'est faite de son rôle dans le développement des Lumières. Il s'agit d'un texte daté du 9 juillet 1781, signé par les dix Aréopagites munichois et le "général" Weishaupt. Il est intitulé *Décision commune de l'Aréopage au sujet du but, des moyens et de l'organisation de la Société*[78]. Knigge ne l'a pas signé, sans doute parce que ses collègues avaient

---

77 *Allg. Ordensstatuten*, ENGEL, op. cit., 98.
78 *Gemeinschaftlicher Schluss des Areopagus über den Zweck, die Mittel und die Einrichtung der Gesellschaft*, München, 9. Juli 1781. Ce texte porte la signature de Weishaupt, de Hoheneicher (conseiller aulique à Freisingen), Michel (prêtre),

jugé inutile de le lui envoyer, étant donné qu'il devait lui-même se rendre bientôt en Bavière. Nous verrons qu'au cours du séjour qu'il y fit, en novembre et en décembre 1781, des décisions furent alors prises qui rendirent inutile de revenir sur le document adopté en juillet.

Pourtant, Knigge est très certainement l'inspirateur de la *Décision commune*. Depuis janvier 1781, il était en correspondance régulière avec les autres Aréopagites, et leur communiquait les remarques et les propositions que lui suggéraient des papiers qu'on lui envoyait de Munich[79]. Si les principes posés dans l'accord du 9 juillet ne présentent pas de contradiction avec les intentions qui avaient présidé à la fondation de l'Ordre, ils sont néanmoins amendés dans le sens des préoccupations auxquelles Knigge, depuis 1778, essayait de donner un tour pratique.

Le texte se présente sous la forme d'un procès-verbal en onze points[80]. Le premier définit une nouvelle fois les objectifs que l'Ordre se propose d'atteindre. Mais, contrairement aux formulations imprécises des textes précédents, il s'agit maintenant d'un véritable programme de diffusion des Lumières, dans lequel les affirmations théoriques sont suivies de l'exposé d'une stratégie pratique.

Le but principal de l'Ordre, est-il dit, est d'offrir à la jeunesse des perspectives assez attrayantes pour la détourner du "vice", de procurer à "chaque honnête homme, sans distinction, comme étant notre frère", protection et soutien dans le malheur, et de rendre l'humanité "plus parfaite et plus heureuse" par la diffusion des "connaissances utiles" et de l'enseignement des "bonnes moeurs"[81].

Moralité, bonheur, sciences utiles à l'humanité, amour du prochain, bienfaisance: c'est tout le projet auquel souscrivait un siècle pour lequel la raison pratique devait se mettre au service de l'utopie du bonheur universel. Les rédacteurs du texte sont parfaitement conscients de travailler à la "diffusion des Lumières" (*die Aufklärung befördern*) – et pas seulement en Bavière.

Si cette définition du projet illuminé reflétait évidemment les intentions de Weishaupt, qui quelquefois savait voir plus loin que la seule perspective de combattre les jésuites, un élément capital semble en revanche avoir été inspiré par Knigge: l'Ordre se propose en effet de "répandre les connaissances utiles [...] dans les classes supérieures ou inférieures qui jusqu'à présent en ont été exclues": nous sommes ainsi ramenés au titre du *Système Universel*, destiné à

Merz (ancien secrétaire du ministre impérial à Copenhague), baron de Bassus, comte Cobenzl (prévôt du Chapitre d'Eichstädt), Zwack, Baader (Professeur à Munich), et Berger (Conseiller des Comptes à Munich). Il faisait partie des papiers de Zwack et est reproduit dans ENGEL, *op. cit.*, 108 - 113.

79 ENGEL, *op. cit.*, 115.
80 Du moins sous la forme publiée par ENGEL à partir du manuscrit de Zwack. Mais Engel affirme qu'une seconde partie, qu'il juge inutile de reproduire, traitait du "pouvoir législatif et exécutif au sein de l'Ordre", *ibid.*, 112.
81 *Ibid.*, 108.

"servir de fondement à toutes les connaissances pour les hommes de toutes les nations, de toutes les classes et de toutes les religions". Cela veut dire que Knigge espérait trouver dans l'Ordre des Illuminés ce qu'il avait en vain cherché depuis si longtemps, une organisation qui prît en charge son projet d'une nouvelle religion. Nous verrons que cette hypothèse, que nous déduisons ici du rapprochement de deux formules, est confirmée par l'orientation que Knigge essaiera bientôt de donner à l'Ordre.

Mais un second élément du texte contribue déjà à la renforcer. En effet, l'Ordre rejette maintenant toute visée hostile à la religion. Cette idée est exprimée de la manière la plus nette: "Les explosions publiques d'incrédulité religieuse sont l'effet de la corruption des moeurs, et aussi en sont la cause"[82]. L'Ordre proclame son intention d'observer une parfaite tolérance envers toutes les religions – y compris la religion catholique, donc: à aucun moment, il n'est question de lutter contre les jésuites, et encore moins contre le christianisme. Cette attitude, c'était bien Knigge qui l'imposait aux Aréopagites bavarois et au Général[83]. Il oubliait, en vérité, que l'encre de ses pamphlets était à peine sèche... En fait, il comprenait parfaitement que l'anticléricalisme sommaire des Illuminés bavarois risquait de heurter la conscience des protestants du Nord que l'Ordre voulait attirer dans ses rangs.

De même, ils pouvaient être effrayés par les intentions politiques des Supérieurs de l'Ordre. Non que celles-ci eussent jamais été énoncées avec précision. Mais enfin, Weishaupt et ses amis évoquaient assez souvent dans leurs lettres l' "égalité"; ils recommandaient aussi nombre de livres hostiles au "despotisme". Et la lutte contre les jésuites n'était-elle pas, au moins en Bavière, aussi une lutte politique? Knigge, qui voulait recruter dans l'Ordre des hommes "de toutes conditions", c'est-à-dire aussi des aristocrates, et même des princes, comprit qu'il fallait être prudent en cette matière: on pouvait bien lutter contre le despotisme sans pour autant inquiéter les princes "éclairés". Du moins il le croyait: la *Décision commune* précise que l'Ordre s'abstient de toute activité contraire aux institutions étatiques. On exigeait même des membres qu'ils fussent des sujets fidèles et on affirmait vouloir "s'opposer aux actions cruelles et chimériques qui détruisent les institutions de l'Etat, l'ordre public et la tranquillité des princes"[84].

L'Ordre ne renonçait pas pour autant à s'infiltrer dans les principales institutions de l'Etat. Non seulement il voulait travailler à "soutenir et à améliorer les établissements s'occupant d'éducation et d'administration générale"[85], mais il voulait aussi s'emparer de l'enseignement primaire en faisant pourvoir "les écoles populaires de maîtres capables"[86]. L'action poli-

---

82 *Ibid.*, 111.
83 Voir *Philo*, 72.
84 ENGEL, *o. cit.*, 111.
85 *Ibid.*, p. 108.
86 "die Volks-Schulen mit tauglichen Lehrern zu besetzen", *ibid.*, 109.

tique est donc clairement envisagée, même si elle n'est pas révolutionnaire. Elle est, aux yeux de ces pédagogues "éclairés", le corollaire naturel de l'éducation.

Le document signé le 9 juillet portait d'une autre façon l'empreinte de Knigge: il jetait les bases de nouveaux rapports entre le Général Weishaupt et les autres Aréopagites. Jusqu'en 1780, Weishaupt avait gouverné l'Ordre en monarque absolu, exigeant de voir tous les papiers rédigés par chaque membre, donnant ses ordres, refusant de recevoir de ses collègues conseils et observations, ne supportant pas la moindre contradiction. Maintenant, il devait admettre que les Aréopagites eussent leur mot à dire lorsque l'Ordre aurait à prendre des décisions importantes, notamment lorsqu'il s'agirait de fixer définitivement l'organisation et les grades du système.

Weishaupt devait en outre accepter que l'Ordre ne limitât pas son recrutement à des jeunes gens à l'esprit malléable, mais acceptât aussi des hommes d'âge mûr, pourvu qu'ils fussent "honnêtes et éclairés"[87]. C'était pour Knigge un point important, car ainsi l'Ordre pouvait s'ouvrir davantage, en particulier, sur le monde maçonnique.

Ainsi, dès qu'il est en possession de l'ensemble des documents qui concernent l'Ordre des Illuminés depuis sa fondation, Knigge entreprend de le réformer. La première étape consistait à affirmer ses assises idéologiques, à intégrer le combat qu'il entendait mener dans l'objectif général poursuivi par les Lumières. Knigge n'abandonne pas pour autant son projet de nouvelle religion. Au contraire, celui-ci prend peu à peu une forme plus réaliste, où l'utopie dont Lessing avait fait s'épanouir en lui le rêve, trouvait pour la première fois la possibilité de devenir réalité.

La *Décision* du 9 juillet ne réglait pas le problème des grades supérieurs. Il était uniquement prévu que l'Ordre serait divisé en deux classes: les petits et les Grands Mystères. Seuls les petits Mystères faisaient l'objet d'un schéma. Ils comprenaient cinq grades: le Minerval, le Petit Illuminé (*Illuminatus minor*), le Grand Illuminé (*Illuminatus major*), l'Illuminé dirigeant (*Illumina-*

---

87 ENGEL, *op. cit.*, 109. Le recutement d'hommes mûrs et expérimentés tenait particulièrement à coeur à Knigge. Il consacre un long développement à cette question dans *Philo*, 63 - 68. Parmi les arguments qu'il expose en 1788, le principal vise à montrer le danger que présente la mainmise intellectuelle et spirituelle sur de jeunes esprits souvent trop prompts à l'enthousiasme et qui se laissent facilement entraîner par des idées, si elles sont généreuses, tandis que ceux qui, dans l'ombre, manient les fils du système peuvent être tentés d'abuser ("comme les jésuites", p. 64) du pouvoir qu'ils détiennent. Le recrutement d'hommes ayant dépassé la quarantaine paraissait en revanche devoir être une garantie contre un éventuel despotisme des Supérieurs (67). Mais il ne faut pas oublier que cette autojustification a été écrite en 1788: il importait pour Knigge de ne pas être accusé d'avoir participé à une entreprise de subversion de la jeunesse. En 1781, il était beaucoup plus soucieux, comme nous le verrons, d'utiliser au profit de l'ordre les relations qu'il avait dans le monde maçonnique.

tus dirigens), le "grade scientifique"[88]. Seuls le grade minerval et celui de Petit Illuminé existaient réellement à cette époque. Encore les colonies illuminées ne pratiquaient-elles que le grade minerval. En fait, Weishaupt n'arrivait pas à avancer dans l'élaboration de l'ensemble du système. Le voyage en Bavière auquel il convia Knigge à la fin de 1781 avait pour objet principal de régler ce problème.

Le résultat de ces travaux fut le troisième document, le *Recès conclu entre les Aréopagites au mois d'Adarmeh 1151* [= décembre 1781][89]. Cette fois, le texte est revêtu de la signature de Knigge, à côté de celle de Marius (chanoine Hertel), Cato (Zwack) et Celse (Baader). Il est remarquable que celle de Weishaupt n'y figure pas. En effet, il se trouvait définitivement dépouillé du pouvoir absolu qu'il avait exercé si longtemps, et que déjà l'accord du 9 juillet avait commencé à mettre en question. Le Recès de décembre (appelé aussi "*Convention d'Athènes*") précisait en effet que l'Ordre "était dirigé par les Aréopagites et ceux-ci par Spartacus"[90]. Cette formule maladroite était explicitée par cinq paragraphes qui stipulaient que les décisions prises par un convent illuminé ne pouvaient être modifiées avant la tenue du convent suivant; que Spartacus et les Aréopagites s'engageaient à ne pas faire de nouveaux Aréopagites sans l'accord général; que les Aréopagites devaient être associés aux décisions de l'Ordre et informés par Spartacus-Weishaupt, une fois par trimestre, de tous les événements importants le concernant.

Ainsi, l'Ordre des Illuminés cessait d'être gouverné selon un système monarchique absolutiste. Weishaupt en restait en quelque sorte le Président, mais il était assisté par l'Assemblée des Aréopagites, auxquels il devait rendre compte régulièrement de son mandat. Il est exagéré de dire que Knigge avait donné à l'Ordre une "constitution républicaine"[91]: l'Aréopage ne procédait pas d'une élection qui aurait permis à tous les Illuminés de donner leur suffrage. Mais c'était la première fois qu'une association secrète était dirigée selon le principe de la collégialité et de la responsabilité du chef devant ses collègues. En ce sens, l'Ordre des Illuminés revêt une importance réelle quant à la pratique de formes institutionnelles modernes, et occupe dans la question des rapports entre Lumières et politique une place éminente. C'est à Knigge qu'il le doit.

Le *Recès* du 20 décembre établissait d'autre part le schéma définitif de l'ensemble du Système, qui devait servir de base à Knigge pour la rédaction des cahiers des grades supérieurs.

---

88 ENGEL, *op. cit.*, p. 110.
89 *Recesse unter den Areopagiten im Monat Adarmeh 1151*, Athen, 20. Adarmeh 1151 [= München, 20. Dezember 1781], NOS, II, 8 - 17. Knigge le résume dans *Philo*, 78 - 82.
90 NOS, II 16.
91 LE FORESTIER, *op. cit.*, 305. Knigge lui-même dit: "eine Art von republikanischer Verfassung", *Philo*, 81. Mais ce terme doit être interprété.

L'Ordre était divisé en trois classes[92]. La classe minervale comportait les grades de *Novice*, *Minerval* et *Minervalis Illuminatus* ou *Illuminatus minor*. La seconde classe, celle des Francs-maçons, comprenait les trois grades maçonniques bleus, *Apprenti*, *Compagnon*, *Maître*. La dernière classe, celle des Mystères, était divisée en deux grades, l'*Illuminatus major* ou Novice écossais, et l'*Illuminatus dirigens* ou Chevalier écossais. Enfin, le texte prévoyait que seraient institués deux grades supérieurs, le *Prêtre* et le *Régent*. Des *Prêtres*, il était dit: "Ceux-ci recueillent et classent les systèmes philosophiques supérieurs et élaborent une religion populaire, que l'Ordre veut sous peu donner au monde"[93].

Deviendraient *Régents* ceux qui "sont propres à gouverner le monde" – le texte se gardait bien d'en dire davantage à ce sujet. Les grades de *Prêtre* et de *Régent* ne devaient être élaborés que plus tard, à partir de matériaux que les Aréopagites rassembleraient et enverraient à Knigge.

Ce schéma, qui reçut d'ailleurs quelques modifications de détail, révèle sur deux points capitaux la part que Knigge a prise à son élaboration.

Le premier, que les historiens de l'Ordre des Illuminés ont d'ailleurs relevé, c'est la place nouvelle qui est faite à la franc-maçonnerie dans l'organisation du nouveau système. Il n'était plus seulement question de recruter des francs-maçons afin d'opérer une conquête clandestine des loges, avec l'intention plus ou moins avouée de détruire au moins la Stricte Observance. Maintenant, l'Ordre conférait lui-même des grades maçonniques, laissant croire ainsi à ses adeptes qu'il constituait une branche de la franc-maçonnerie régulière. Il y avait là une véritable tentative de subversion du monde maçonnique, en même temps qu'une source de recrutement massif pour les Illuminés. Knigge était d'ailleurs chargé d'observer le déroulement du Convent qui allait s'ouvrir à Wilhelmsbad, et de prendre langue avec ceux des membres de la Stricte Observance dont il penserait qu'ils seraient disposés à quitter les chimères que, selon les Illuminés, ils poursuivaient, afin de collaborer à leur entreprise[94].

Mais surtout, cette organisation devait permettre l'édification de cette nouvelle société dont Knigge rêvait depuis si longtemps: l'Eglise de sa nouvelle religion. Le Forestier note, mais sans en tirer toutes les conséquences qu'elle suggère, la parenté entre le terme de "religion populaire", utilisé dans la Convention d'Athènes, et les projets auxquels Knigge consacrait depuis si longtemps toute son énergie. Si Knigge a travaillé avec un tel enthousiasme à l'élaboration d'un système illuminé cohérent, c'est bien parce qu'il croyait qu'enfin l'utopie qui lui était si chère allait pouvoir devenir réalité. L'analyse que nous ferons du contenu idéologique des grades supérieurs prouvera que Knigge assignait au système illuminé cette tâche d'éducation du genre humain qui devait être, selon Lessing, l'objectif de la "vraie maçonnerie", et

---

[92] NOS, II, 9 - 13.
[93] *Ibid.*, 14 sq.
[94] *Philo*, 81 et 116 sq.

qui permettrait à l'humanité de se régénérer par l'adhésion à de nouvelles valeurs qui, sans détruire nécessairement celles du christianisme, en feraient néanmoins un "système philosophique" (on dirait aujourd'hui "idéologique") adapté aux temps modernes. Et il se voyait, à sa grande satisfaction, appelé à élaborer le rituel de cette nouvelle religion que les prêtres de la nouvelle Eglise seraient chargés d'annoncer au monde.

Le schéma établi à Munich fut encore remanié par Knigge après son retour à Francfort, en janvier 1782[95]. Les grades de Novice écossais (*Illuminatus major*) et de Chevalier écossais (*Illuminatus dirigens*) furent rattachés à la deuxième classe, au sein d'une section appelée "Franc-maçonnerie écossaise". La troisième classe, celle des Mystères, était divisée en deux sections : les Petits et les Grands Mystères. Les Petits Mystères comprenaient les grades de Prêtre et de Prince (ou Régent), les Grands Mystères ceux de Mage et de Roi[96]. Ces modifications n'entraînaient aucune conséquence sur l'orientation idéologique de l'Ordre. Elles visaient seulement à améliorer le fonctionnement du Système, en réservant aux seuls Aréopagites les Grands Mystères, tandis qu'ils seraient déchargés de la lourde tâche que constituait la direction des Provinces illuminées. Celle-ci était confiée aux Régents, qui nommaient des Supérieurs provinciaux relevant de leur seule autorité. En fait, comme le souligne Knigge dans la *Déclaration de Philo*, c'était une précaution supplémentaire contre le risque de "despotisme" inhérent à la position et au pouvoir que conférait aux Aréopagites leur situation de Supérieurs inconnus des autres membres de l'Ordre[97]. Knigge introduisait ainsi dans le gouvernement de l'Ordre le principe de la séparation des pouvoirs.

Au printemps de 1782, l'Ordre avait donc reçu sa structure définitive[98]. La tâche à laquelle Weishaupt s'était attelé depuis près de six ans avait pu être menée à bien en quelques semaines, parce que Knigge savait comment fonctionne une société secrète, et aussi, davantage encore, parce que, conrairement à Weishaupt, il savait exactement et depuis longtemps ce qu'il en attendait.

Ainsi réorganisé, l'Ordre devait cesser d'être une simple machine de guere locale contre les jésuites. Knigge entendait en faire l'instrument de la diffusion des Lumières dans l'ensemble de l'Allemagne. C'est à cette préoccupation que répondait l'idée de greffer, par la deuxième classe, l'Illuminisme sur la maçonnerie. Weishaupt n'avait pas réussi à se dégager de l'idée que les Lumières ne pouvaient être diffusées que lentement. En créant l'Ordre, il avait voulu édifier une structure qui prendrait en charge la totalité du

---

95 Cf. LE FORESTIER, *op. cit.*, 249
96 Ces deux grades restèrent toujours à l'état de projet (LE FORESTIER, *op. cit.* 250, n.2 ; *Philo*, 119).
97 *Philo* 81 et 116 sq.
98 LE FORESTIER, *op.cit.*, 251 - 297, présente une étude exhaustive de tous les grades du système, comprenant les cérémonies et rituels, les obligations auxquelles étaient sonmis les Frères, le déroulement des travaux etc.

processus d'éducation qu'il entendait mettre en oeuvre. Mais les résultats n'en pourraient être obtenus qu'après plusieurs générations. Knigge voulait aller plus vite. Plus réaliste que Weishaupt, il était décidé à se servir d'institutions déjà existantes, en l'occurrence la franc-maçonnerie. Ainsi, l'Ordre des Illuminés disposerait de la puissance en principe formidable que constituait l'existence de loges maçonniques implantées depuis longtemps dans l'Allemagne entière.

Knigge pouvait escompter de la réalisation de son projet un double profit: non seulement il ouvrait à l'Ordre un immense champ d'action, mais il permettrait, espérait-il, de contraindre, sans qu'elle s'en doutât, la maçonnerie allemande à s'engager enfin dans la voie d'une réforme qui ferait d'elle autre chose qu'un rassemblement de rêveurs mystiques, d'alchimistes ou d'adeptes du surnaturel. La réorganisation de l'Ordre des Illuminés allait, comme nous le verrons, permettre à Knigge de donner à la nouvelle religion l'Eglise dont elle avait besoin. Aussi la réorganisation structurelle de l'Ordre s'accompagnait-elle d'une nouvelle définition de son projet idéologique.

2. Philosophie de l'Histoire et gouvernement universel de la morale

Les doctrines politiques et religieuses de l'Ordre des Illuminess ont été étudiées par R. Le Forestier et R. Van Dülmen. L'analyse de Le Forestier[99], très détaillée, s'appuie sur les textes qui, aujourd'hui encore, fournissent à l'historien l'essentiel de sa documentation. Elle est pourtant dépassée, en particulier parce que l'auteur se place à un point de vue extérieur au pays dont il parle: constatant que les Illuminés, très violents en paroles, sont restés en actes, comme la plupart des Allemands, très respectueux de l'ordre établi, il dénie à leurs théories politiques toute valeur autre que documentaire. Or la vraie question est plutôt de savoir comment ces théories sont liées à la possibilité réelle du développement d'une pensée politique en Allemagne à cette époque, à quelles aspirations elles répondaient et comment, en fin de compte, elles illustrent une tendance des Lumières allemandes dont l'importance n'a été reconnue qu'à une époque relativement récente[100].

Le livre de Van Dülmen apporte à la perspective de Le Forestier un correctif capital, puisqu'il fait précéder son étude de l'Ordre proprement dit d'une analyse de la structure des Lumières allemandes à la fin du dix-huitième

---

99 *Ibid.*, 298 - 342.
100 On peut dater du début des années 1950 l'étude sérieuse d'une pensée politique en Allemagne, avec l'ouvrage de F. VALJAVEC, *op. cit.*. Avant la seconde guerre mondiale, le seul ouvrage consacré à ceux qu'on appelle maintenant les "jacobins" allemands est celui d'A. STERN, *Der Einfluss der Französischen Revolution auf das deutsche Geistesleben*, Stuttgart und Berlin, 1928, qui reste précieux par la mine de renseignements qu'il constitue. Knigge y est évoqué p. 15 sq.

siècle[101]. Le chapitre qu'il consacre au "Système de l'Ordre des Illuminés"[102] replace les conceptions politiques de l'Ordre dans le contexte d'un projet précis visant à établir l'empire de la raison par l'organisation d'un gouvernement fondé sur la morale. A très juste titre, Van Dülmen essaie en conclusion de faire, dans cette idéologie, la part exacte de l'utopie et du réalisme.

Il restait à poser une troisième question, à laquelle une étude consacrée spécialement à Knigge devrait permettre d'apporter les éléments d'une réponse. Nous constaterons en effet que l'Illuminisme, ce n'est pas seulement une doctrine et une pratique, c'est aussi un legs. En fait, l'Ordre détruit en 1785 a revécu de deux manières. D'abord sous la forme de tentatives concrètes: l'une d'elles, nous le verrons, à laquelle Knigge fut quelque temps associé, c'est celle de Karl Friedrich Bahrdt. L'autre fut plus subtile, au sens chimique du terme: il s'agit des traces, parfois profondes bien que cachées, que l'idéologie illuminée a laissées chez des hommes qui ont essayé de l'intégrer à leur propre projet dans ou sur le monde: écrivains ou philosophes dont elle a enrichi la vision du monde, comme Herder, hommes politiques dont elle a inspiré la pratique tantôt réformiste (comme Montgelas ou Hardenberg), tantôt révolutionnaire (comme certains "clubistes" mayençais). Et nous n'aurons garde d'oublier que certaines associations secrètes politiques emprunteront aux Illuminés quelques-uns des principes autour desquels ils structureront leur organisation.

A. Une philosophie de l'Histoire

Knigge constate, non sans ironie, que lorsqu'il se rendit en Bavière, les Aréopagites en étaient toujours à se demander quels objectifs précis l'Ordre devait poursuivre. Ils savaient seulement qu'il s'agissait

> de promouvoir les Lumières universelles; de se donner mutuellement protection, de s'assister et de faire s'élever dans la vie civile chacun des membres selon son mérite et ses aptitudes[103].

Mais Knigge souligne que "justement, sur ce qu'étaient les Lumières, leurs idées étaient très imprécises". Weishaupt avait-il des conceptions plus claires? Rien n'était moins sûr[104]. Même l'accord de juillet 1781, qu'il avait accepté de

---

101 DÜLMEN, *op. cit.*, 15 - 21.
102 *Ibid.*, 108 - 140.
103 "Allgemeine Aufklärung zu befördern; sich unter einander zu schützen, beyzustehen, und im bürgerlichen Leben jedes Mitglied nach Verdienst und Fähigkeit emporzuheben", *Philo*, 71.
104 L. SONNTAG, *Der Einfluß des jungen Rousseau auf Adam Weishaupt und die Politik des Illuminaten-Ordens*. in: *Wissenschaftliche Zeitschrift der Humboldt Universität zu Berlin. Gesellschafts- und sprachwissenschaftliche Reihe*, 28/1979, Nr. 6, 795 - 800, reconnaît que la pensée politique de Rousseau a influencé Weishaupt, mais que celui-ci n'en a pas tiré de vision personnelle des rapports entre histoire et politique.

signer et qui énonçait plus nettement certains objectifs liés à l'intention concrète de faire de l'Ordre un instrument de diffusion des Lumières, ne suffisait pas à établir les fondements d'une philosophie qui, aux yeux de Knigge, devait avoir pour objet la régénération d'un monde décadent.

Les historiens de l'Ordre attribuent pourtant à Weishaupt un mérite qui, en fait, semble revenir à Knigge, celui d'avoir développé une théorie cohérente de l'Histoire, aboutissant à une conception du rôle que devaient jouer les sociétés secrètes dans le processus d'émancipation de l'humanité[105]. Il est vrai que Weishaupt composa une dizaine de volumineux traités dans lesquels il définit une morale pratique et expose une théorie de la société secrète. Mais ces ouvrages sont tous postérieurs à 1787, sauf un qui fut publié en 1780[106]. Si l'on en croit les affirmations de Knigge dans la *Déclaration de Philo*, Weishaupt n'avait, encore en 1781, pas d'autre projet que celui d'organiser une sorte d'institut pédagogique qui prendrait en charge l'éducation de la jeunesse, sans espérer en récolter les fruits avant plusieurs générations[107]. Rien dans les lettres de Weishaupt qui nous sont parvenues ne permet de contredire ce propos. En réalité, Weishaupt entendait avant tout lutter contre les jésuites sur leur propre terrain: celui de l'éducation. Pour lui, diffuser les Lumières, c'était d'abord s'emparer de l'enseignement. S'il entrevoyait la possibilité d'une éducation politique, celle-ci ne pouvait être que l'aboutissement d'un lent processus de prise de conscience, qui ne visait pas au renversement des trônes, mais à définir pour l'individu devenu citoyen un champ d'action au sein d'un Etat dont les structures se seraient lentement adaptées aux exigences de la raison. Encore cette reconstruction de la démarche de Weishaupt est-elle hasardeuse, et risque-t-elle de porter à son crédit des intentions qu'il n'arrivait pas lui-même à se formuler très nettement. Pour connaître l'état de sa pensée avant 1780, on ne peut que s'appuyer sur les réflexions isolées glanées çà et là dans sa correspondance avec les Aréopagites.

Or le document fondamental pour l'étude des théories politiques et religieuses de l'Ordre date de 1782: il s'agit de l'*Allocution aux nouveaux récipiendaires du grade d'Illuminatus Dirigens*[108]. Ce texte fut ensuite intégré au grade de Prêtre. Il contient, pour la première fois, l'exposé détaillé d'une théorie de l'Histoire, et plusieurs arguments permettent d'avancer que, si

---

105 C'est le cas en particulier chez DÜLMEN, *op. cit.*, 107 sqq.
106 LE FORESTIER les a étudiés et présentés, *op. cit.*, 557 - 612. Il en note le caractère verbeux et diffus, ainsi que "le manque de netteté et de cohérence de sa doctrine" (p. 558).
107 *Philo*, 63 sqq.
108 *Anrede an die neu aufzunehmenden Illuminatos Dirigentes*. Le texte se trouve dans NOS, II, 44 - 121. Avec quelques modifications de détail, l'*Allocution* a été intégrée au grade de *Prêtre*. A ce titre, elle est reproduite dans L.A. von GROLMANN, *Die neuesten Arbeiten des Spartacus und Philo*, o. O., 1794 (*Priestergrad*, 10 - 70).

Knigge ne l'a pas entièrement rédigé, il en a été au moins le principal inspirateur[109]. Le premier est à empruter au style même du texte, à la manière dont est conduit l'exposé, qui révèlent une clarté de pensée et d'expression qu'on ne retrouve pas dans les ouvrages de Weishaupt. Le second est que la théorie qu'il propose développe des thèmes déjà présents dans le *Système universel* et les lettres que Knigge écrivait à Charles de Hesse, à Greve et à Richers. De plus cette théorie sera reprise par lui dans ses moindres détails dans son roman *Histoire des Lumières en Abyssinie*, publié en 1791[110]. L'*Allocution* reflète donc exactement ses propres idées. Nous constaterons qu'elle va parfaitement dans le sens du projet de nouvelle religion dont l'Ordre devait précisément servir la réalisation. Il est d'ailleurs intéressant de noter que c'est autour de ce texte que se cristallisera la discussion qui, dès la publication des papiers de l'Ordre par le gouvernement bavarois, s'instaurera en Allemagne

---

109 Le problème de la paternité littéraire de ce texte n'est pas simple. Un ouvrage anonyme, annexé à la description des grades de Prêtre et de Régent donnée dans les *Neueste Arbeiten*, intitulé *Kritische Geschichte der Illuminaten-Grade*, affirme que l'auteur est bien Weishaupt et développe pour le prouver des arguments liés à la chronologie de la rédaction des différents cahiers (p. 19 sqq.). L'auteur s'appuie également sur une affirmation de Weishaupt dans un ouvrage publié sous son nom, *Nachtrag zur Rechtfertigung meiner Absichten*, Leipzig [=Nürnberg], 1787, qui prétend avoir composé l'*Allocution* en janvier 1782 (p. 89). Mais Weishaupt écrit le 7 août 1793 au duc Frédéric-Christian de Holstein: "Dieser Tage sind unter dem Titel Neueste Arbeiten des Spartacus und Philo im Ill[uminaten]:O[rden], die beide sogenannte letzte Grade des Ill[uminaten]:O[rdens], der Priester- und Regentengrad, im Druck erschienen. Es sind eigentlich Philos Grade, und der ehemalige Orden hat daran so wenig Antheil als ich" (cité in: H. SCHULZ, Hg, *Aus dem Briefwechsel des Herzogs Friedrich Christian zu Schleswig-Holstein*, Stuttgart und Leipzig, 1913, 117). Une chose est sûre: la rédaction des grades de Prêtre et de Régent et celle de l'*Allocution* ont donné lieu à des échanges aigres-doux entre Knigge et Weishaupt (voir *Philo*, 100 et NOS, I, 88 - 92). D'autre part, Knigge atteste que le NOS reproduit les textes tels qu'il les avait rédigés. Faut-il en conclure qu'il y a eu deux rédactions de l'*Allocution*, l'une de Knigge, l'autre de Weishaupt? On serait tenté de le croire lorsque Weishaupt prétend qu'il était prêt à envoyer le cahier de l'*Illuminatus Dirigens* (avec ou sans la *Anrede*?) à l'Electeur de Bavière (*Kritische Geschichte*, 21; lettre aux Aréopagites du 2 février 1785, NOS I, 225). Il écrit aussi à Zwack: "Die von Philo kauderwelsche halb theosophische Anrede [lassen Sie aus]. Statt dessen erhalten sie (sic) dieser Tage eine von mir verfasste sehr zweckmässige wichtige Anrede", s. d., OS, 66 sq. Quoi qu'il en soit, l'analyse du texte tel qu'il nous est parvenu nous permet d'y retrouver beaucoup plus les idées de Knigge que celles de Weishaupt. H. HETTNER considère l'Allocution comme "eines der merkwürdigsten Schriftstücke des achtzehnten Jahrhunderts" (*Geschichte der deutschen Literatur im achtzehnten Jahrhundert*, 2. Buch, 4. verb. Aufl., Braunschweig, 1893, 311).
110 *Noldmann*, I, Kap. 8-13.

au sujet des intentions subversives des Illuminés en matière de politique et de religion[111].

L'intention politique est suggérée dès le début de l'*Allocution*: ils'agit, dit-on au nouvel *Illuminatus Dirigens*, de lui enseigner que

> tenir tête à l'envahissement général de la corruption, répandre partout bénédiction et délices, c'est le chef d'oeuvre de la politique lorsqu'elle est alliée à la morale[112].

Mais la société civile, dont le fonctionnement est fondé sur "la crainte et la contrainte", ne fournit pas les moyens d'exécuter cette tâche. L'Ordre entend donc se substituer aux institutions défaillantes et éduquer des hommes qui apprendront à "se déterminer eux-mêmes pour l'action".

Certes, les principes ici proclamés ne vont pas en apparence au-delà de ce que Weishaupt voulait réaliser, l'éducation de l'individu fondée sur la reconnaissance de l'autonomie de la morale. Il y avait bien là un progrès par rapport aux occupations chimériques auxquelles se livraient les sociétés maçonniques, mais en somme, l'Ordre, s'il s'était arrêté à cette déclaration d'intention, pour "éclairée" qu'elle fût, n'aurait pas constitué un phénomène original dans les Lumières allemandes.

Aussi la signification profonde de l'*Allocution* est-elle ailleurs: elle réside dans l'établissement d'une relation organique entre l'histoire du genre humain et la possibilité offerte à l'homme qui en a compris les ressorts de la dominer et d'en infléchir un cours considéré jusqu'alors comme inéluctable. L'homme ne sera capable d'agir moralement, c'est-à-dire en être raisonnable, que lorsqu'il aura compris que son histoire, c'est lui qui la fait, lui qui en est le centre. La philosophie de l'Histoire que développe l'*Allocution* est un pur produit des Lumières dans la mesure où elle opère une sécularisation des notions, jadis essentiellement théologiques, de destin et de liberté. Cela ne signifie pas que Dieu soit absent de cette vision du monde. Mais il n'occupe plus la place qui, jusqu'alors, avait été la sienne: le centre. La Bible racontait la marche du peuple de Dieu vers son salut, ponctuée par les actes de désobéissance que commettait continuellement ce "peuple à la nuque raide". Les Lumières considèrent l'Histoire d'un point de vue radicalement différent. Il ne s'agit plus pour l'homme de racheter un péché commis à l'origine des âges, mais de retrouver un état de bonheur qu'il a perdu en raison non de sa désobéissance, de son orgueil, mais plus simplement de l'évolution naturelle de la civilisation, évolution qui porte en elle-même sa propre loi.

Dans cette conception, il n'y a plus de place pour le péché. La notion même de mal perd toute valeur absolue et se réduit à la constatation d'un mauvais fonctionnement de la machine sociale, auquel l'homme peut, par ses propres

---

111 Voir les notes dont les éditeurs du NOS émaillent le texte de la *Anrede*, par exemple II, 121, où il est reproché à l'auteur d'avoir faussé la doctrine du Christ afin de "saper les fondements des Etats".
112 *Anrede*, NOS, II, 46.

forces, porter remède s'il en a compris tous les mécanismes. Or il a pour cela l'outil qui convient: la raison.

La raison enseigne que l'Histoire est un processus régi par une loi organique qui fait que toute civilisation, comme l'individu, traverse une phase de naissance, puis de croissance, et enfin de vieillesse[113], réalisant ainsi ce "développement progressif d'un plan infini" qui est ce que nous appelons la "nature"[114]. Cette évolution n'est pas déterminée par une Providence devant laquelle l'homme demeurerait impuissant, mais par l'existence de besoins (*Bedürfnisse*) qui, au fur et à mesure des progrès techniques, changent, se renouvellent, en entraînent d'autres. Elle se fait dans le sens d'un progrès, parce qu'elle résulte d'une tendance qui pousse constamment l'homme à agir pour les satisfaire: c'est en cela qu'elle est l'expression d'un perfectionnement continu[115]. C'est aussi ce qui établit la liberté humaine. Herder qui, en 1784, commencera à publier ses *Idées pour la philosophie de l'histoire de l'Humanité* était devenu Illuminé le 1er juillet 1783[116]. Or lui qui encore en 1774, dans *Voilà aussi une philosophie de l'Histoire*, pensait que les hommes étaient les instruments dont Dieu se servait pour éduquer le genre humain, reconnaît dix ans plus tard les droits de la liberté humaine. Ce haut dignitaire de l'Eglise luthérienne semble repousser un peu Dieu sur les côtés de l'Histoire. Y a-t-il un lien entre cette attitude et son adhésion à l'Ordre? On peut au moins poser la question.

Ayant ainsi défini la loi générale de l'évolution du genre humain, l'*Allocution* en précise les phases. Il y en a trois: l'état de nature, l'état de despotisme, l'état de raison. Comment ne pas penser ici aux *Principes d'une science nouvelle relative à la nature commune des nations*, que le philosophe italien Giambattista Vico fit paraître en 1725? Certes, aucun des textes retrouvés à ce jour n'atteste formellement que les Illuminés, et singulièrement Knigge, aient lu ce livre. Mais on sait que l'influence que peut exercer une pensée n'emprunte pas nécessairement les voies de la connaissance directe. Vico n'était pas un inconnu à l'époque. Il est même l'un de ceux qui ont eu une importance décisive dans la constitution de la philosophie de l'Histoire de Herder[117]. Vico distinguait dans l'histoire de l'Humanité trois âges: l'âge divin, l'âge héroïque et l'âge humain. De l'idolâtrie, les hommes allaient à la glorification égoïste des héros, pour parvenir enfin à l'état de civilisation, qui est essentiellement celui d'une conscience collective. Vico ajoutait que les hommes, après avoir atteint le dernier âge, retournaient au premier. L'Histoire parcourait ainsi un cycle éternel. L'idée de "mouvement circulaire de la civilisation humaine" (*Kreisbewegung der menschlichen Kultur*) est au centre de

---

113 *Ibid.*, 53.
114 *Ibid.*, 52.
115 *Ibid.*, 53.
116 Sous le nom de Damasus Pontifex (LE FORESTIER, *op. cit.*, 396).
117 Voir J. RATHMANN, *Zur Geschichtsphilosophie Johann Gottfried Herders*, Budapest, 1978, 47 - 52.

la conception de l'Histoire chez Knigge – comme aussi elle l'est chez Herder.

Selon l'*Allocution*, l'évolution de l'Humanité part d'un "état de nature" où règne, malgré la "barbarie"[118], l'harmonie de rapports sociaux fondés sur la liberté et l'égalité au sein d'une société dont la structure est uniquement familiale. Les besoins étaient modestes, les passions n'étaient pas enflammées par l'amour du pouvoir, la moralité régnait – le genre humain était heureux:

> Heureux hommes, qui n'étaient pas encore assez éclairés pour perdre leur paix de l'âme ni ressentir les grands et funestes ressorts causes de notre misère, l'amour du pouvoir, le désir de se distinguer et de surpasser les autres, le penchant à la sensualité et le désir des signes représentatifs de tous les biens, ce véritable péché originel de tous les hommes[119].

Il est intéressant de noter qu'ici la notion de péché est entièrement laïcisée: il s'agit d'un défaut dans le fonctionnement social, et non d'un acte de rébellion envers Dieu. Ce qui le détermine, ce sont des causes purement matérielles, en particulier l'environnement économique.

Le second "état" se caractérise par le triomphe de la violence. Il coïncide avec l'apparition de la propriété: les Illuminés ont lu aussi Rousseau, en particulier le *Discours sur l'Inégalité*. La nécessité de défendre la propriété entraîne l'apparition de rapports sociaux fondés sur la soumission de ceux qui ont besoin de protection envers ceux qui détiennent la force. La domination prend successivement plusieurs formes. Elle est d'abord exercée par des personnages choisis par ceux qui les appellent, et qui se qualifient par leur courage, mais aussi par leur désintéressement. Mais peu à peu, un glissement s'opère, et la société est soumise à la caste des prêtres, qui se présentent comme des "envoyés de Dieu"[120], puis à celle des guerriers, enfin à un monarque dont le pouvoir absolu consacre le triomphe de l'arbitraire et l'abaissement du sujet. A ce stade de l'évolution de l'Histoire, la religion est présentée comme un despotisme parmi d'autres. Le divin n'est pas récusé en tant que tel, mais ses ministres se servent de lui dans un but d'oppression, faisant alliance avec le pouvoir civil. Au dix-neuvième siècle, on parlera d'"opium du peuple".

Enfin à l'"état despotique" succède – ou plutôt: succèdera, car l'*Allocution* évoque maintenant les temps à venir, à l'avènement desquels les Illuminés travaillent – l'"état de raison", qui est en réalité une restauration de l'"état de nature". Il ne s'agit pas pourtant d'un retour pur et simple aux origines, contrairement à ce qu'enseignait Vico:

---

118 "Wildheit, rohe Natur", NOS, II, 54. Il s'agit plus ici d'une "brutalité" inhérente à l'absence de civilisation matérielle que de violence.
119 *Ibid.*, 56.
120 "Abgesandte Gottes", *ibid.*, 62.

> Selon nos désirs apparaissent de nouvelles associations, et par celles-ci nous rejoignons le point d'où nous sommes partis: mais non pour parcourir encore une fois l'ancien cercle, mais pour faire l'expérience de notre nouvelle destination[121].

C'est que l'homme, en traversant les trois "états", s'est civilisé. La brute de l'"état de nature" et devenue un individu cultivé, c'est-à-dire un être qui a appris à se servir de sa raison:

> le genre humain deviendra une seule famille, et le monde sera le séjour d'hommes raisonnables[122].

Cette philosophie de l'Histoire, qui emprunte de nombreux éléments à des théories largement répandues en Europe à cette époque, n'est pas tant intéressante en raison de son contenu, que de la forme de pensée qui la détermine, et qu'on doit appeler dialectique. C'est ici le lieu de souligner que celui qui en est, avant Marx, considéré comme le père, Hegel, disposait d'une bibliothèque maçonnique considérable. S'il est absurde de prétendre que sa pensée doit tout à l'Illuminisme, il serait certainement aussi injustifié d'affirmer qu'elle ne lui doit rien. On peut au moins penser que, par le canal de la maçonnerie, Hegel a été introduit à certaines formes de pensée. Que ce canal n'ait certainement pas été le seul, cela n'a guère besoin d'être souligné[123].

Le progrès qui définit l'évolution de l'humanité n'est pas en effet un phénomène continu. Avant que ne triomphe la raison, il faut que l'humanité ait subi la phase despotique, qui est une phase de corruption, de régression. L'*Allocution* formule cette idée, elle aussi présente chez Rousseau, de la manière la plus nette:

> La liberté a engendré le despotisme, et le despotisme ramène à la liberté[124].

Le troisième "état" n'est pas seulement la destruction du second, il lui doit la possibilité d'exister, il serait impossible sans lui. En effet, les princes furent contraints, devant le progrès des Lumières, de faire appel à la raison de leurs sujets afin de justifier leurs actes. Il se produisait alors une "métamorphose inouïe", qui eut pour résultat que les hommes commencèrent à s'interroger sur leurs droits et à lutter pour eux. Peu à peu le pouvoir absolu se fit moins brutal, rendant ainsi sa destruction proche. De l'oppression doit donc naître la liberté. Les chimistes de l'époque ne découvraient-ils pas, de leur côté, que la vie n'est pas un phénomène *ex nihilo*, qu'elle naît de la corruption et de la décomposition? La philosophie historique des Illuminés repose sur le principe de l'unité de l'univers, dont l'*Allocution* transmet une image appliquée à

---

121 *Ibid.*, 61.
122 "das Menschen-Geschlecht wird dereinst eine Familie, und die Welt der Aufenthalt vernünftiger Menschen werden", *ibid.*, 80 sq.
123 Voir J. D'HONDT, *op. cit., passim*. Rappelons qu'à partir de 1787, l'*Allocution* n'était plus un texte confidentiel.
124 "Die Freyheit hat den Despotismus zur Welt gebracht, und der Despotismus führt wieder zur Freiheit", NOS, II, 61.

l'évolution des sociétés humaines. C'est cette unité, que le passage à l'"état despotique" pouvait faire apparaître comme brisée, que l'enseignement de l'Ordre veut contribuer à restaurer.

Comme il s'agit essentiellement d'un processus d'éducation, les modalités en sont déterminées par le degré d'évolution intellectuelle auquel parvient l'humanité – ce que les Illuminés, comme d'autres d'ailleurs, appellent le "degré de Lumières" (*Grad der Aufklärung*), déterminé par les progrès de la raison. C'est une réflexion sur le despotisme qui peut aider à mettre en question celui-ci et, finalement, à le détruire:

> La raison commence à rentrer dans ses droits, là où on veut les repousser [...]. Les lumières de l'un favorisent les lumières de l'autre [...]. Les hommes soumettent à l'examen leurs droits originels[125].

Il s'agit donc avant tout d'une "révolution de l'esprit"[126].

Révolution intellectuelle, et non politique, certes. Mais révolution quand même, dans un pays où la religion, devenue avec Luther essentiellement scripturaire, avait façonné, plus que dans tout autre pays d'Europe, les structures mentales de tout un peuple. Les Illuminés font certes miroiter aux yeux de leurs adeptes un salut de l'Humanité. Mais c'est un salut dont le processus est totalement sécularisé, ou, pour user d'un langage moderne, "laïcisé". La "nouvelle religion" est d'abord une religion de l'Humanité – plus exactement, une religion au service de l'Humanité et non d'un pouvoir, fût-ce celui d'une Eglise officielle. Les rédacteurs de l'*Allocution* sont prêts, nous le verrons, à "rendre grâces" à Dieu, mais non à faire confiance à ses prêtres pour organiser la société humaine. Celle-ci est d'abord l'affaire de l'homme. C'est de lui-même, des propres forces que recèle son intelligence, de sa faculté de raisonner et de réfléchir que l'homme fera sortir la solution du mal qui ronge la société: la division. Et la division aura disparu quand aura disparu l'Etat.

B. La disparition de l'Etat

L'Etat est en effet le signe tangible de la division de l'Humanité. L'Etat, et, avec lui et sans doute plus que lui encore, *les* Etats, les *nations*. Le texte est ici d'une violence qui dépasse de loin ce que des esprits qui passaient alors pour audacieux, Schlözer par exemple, osaient publier. Les Illuminés écrivent:

> Celui qui répand les Lumières universelles crée en même temps, par là-même, une sécurité mutuelle universelle, et les Lumières et la sécurité universelles rendent princes et Etats inutiles. Ou à quoi, dès lors, serviraient-ils?[127]

Dans la phase despotique, qui correspond en fait à l'époque féodale, les princes pouvaient justifier leur fonction par la protection qu'ils accordaient à leurs sujets contre les entreprises extérieures et l'ordre qu'ils faisaient régner à

---

125 *Ibid.*, 78 sqq.
126 *Ibid.*, 80.
127 *Ibid.*, 93.

l'intérieur. Mais l'invention du "droit divin" n'était qu'un abus de pouvoir, au sens fort du terme. Dieu n'a rien à voir avec l'organisation des sociétés. La doctrine du droit divin constitue aux yeux des Illuminés le plus monstrueux des "préjugés"[128]. La raison a été donnée à l'homme pour combattre les préjugés, sous toutes leurs formes, y compris la forme politique. Il y va de sa dignité profonde. La lutte contre le despotisme, l'engagement au service de la liberté, c'est la tâche essentielle assignée à la raison[129].

L'État est le produit direct du despotisme, car il est l'image de l'appropriation de la nation par le prince[130]. Les formes de cet abus sont multiples. Elles vont de la soumission du sujet au bon vouloir d'un seul à la guerre de conquête, à laquelle la politique d'équilibre pratiquée par les Etats modernes ne met fin qu'en apparence. En rejetant l'État, les Illuminés s'opposent au nationalisme et à sa conséquence, le patriotisme, au sens où l'entendaient les monarques absolus:

> Le nationalisme remplaça l'amour de l'Humanité [...]. Alors fut érigé en vertu le fait d'agrandir sa patrie aux dépens de ceux qui n'étaient pas inclus dans nos frontières [...]. Cette vertu s'appela patriotisme: et l'homme qui était injuste contre tous les autres pour être juste envers les siens [...], cet homme reçut le nom de patriote [...][131].

Ce texte est peut-être l'un des premiers, non seulement en Allemagne, mais en Europe, où le mot "nationalisme" apparait, chargé de toutes les connotations négatives que nous lui prêtons encore aujourd'hui[132]. Quelques années plus tard, la notion de patriotisme prendra un tout autre sens: mais la Fête de la Fédération à Paris n'honorait pas les rois! Le patriotisme qu'en 1782 les princes exigent de leurs sujets n'est pas l'expression du rassemblement de la nation, c'est au contraire la forme la plus tragique des divisions de l'humanité, le triomphe de l'égoïsme qui repose sur un postulat contraire à la raison, voulant que

---

128 La lutte contre le "préjugé" (*Vorurteil*) est l'un des éléments de l'engagement maçonnique. Mais la critique du préjugé fait partie, d'une manière générale, de l'appareil philosophique de l'*Aufklärung*. Une étude approfondie lui est consacrée par W. SCHNEIDERS, *Aufklärung und Vorurteilskritik. Studien zur Geschichte der Vorurteilstheorie*, Stuttgart/Bad Cannstatt, 1983.
129 NOS, II, 84 sq.
130 *Ibid.*, 68.
131 *Ibid.*, 63 sq.
132 Voir J.R. SURATTEAU, *Cosmopolitisme au siècle des Lumières*, in: *Annales Historiques de la Révolution Française*, N°253, juillet-septembre 1983, 364 - 389. L'abbé Barruel a utilisé le terme "nationalisme" en 1798. On trouve chez Möser le terme "nationalistisch" en 1765, avec un sens péjoratif. Le dictionnaire d'Adelung stipule d'autre part un sens péjoratif de "patriotisch". Mais c'est tout, semble-t-il.

> l'amour de l'Humanité [soit] exactement proportionnel à la grandeur de [la] patrie [...]. Et c'est ainsi que du patriotisme naquit l'amour de son coin de pays, l'esprit de famille, et à la fin l'égoïsme[133].

Ces phrases font penser à Voltaire qui, dans l'article "Patrie" du *Dictionnaire philosophique* écrivait:

> On soutient par le même amour propre sa ville ou son village, qu'on appelle sa patrie [...]. Il est triste que souvent, pour être bon patriote, on soit l'ennemi du reste des hommes.

Condamner l'égoïsme, c'est donc rejeter l'Etat, incarnation de cette fausse vertu qu'est le patriotisme exigé par le prince.

La critique de l'Etat contenue dans l'*Allocution* dépasse de beaucoup les reproches que la presse de l'époque, lorsqu'elle osait traiter de politique, formulait contre le pouvoir absolutiste et qui, en somme, visaient essentiellement des problèmes d'administration, qu'il s'agit du gaspillage financier, des abus de l'absolutisme en matière de droit, d'une politique étrangère fondée sur la conquête, de l'intolérance, ou même de privilèges contraires à la raison. Ces considérations sont, certes, présentes dans l'*Allocution*[134]. Mais, au-delà, c'est l'Etat dans sa nature même qui est mis en question. L'Etat ne trouve sa légitimation prétendue que dans les divisions qu'il suscite entre les hommes. Entre les classes, mais aussi entre les individus. Ces divisions se reproduisent ensuite d'elles-mêmes à son profit, et l'Etat finit par apparaître pour ce qu'il est, une simple mécanique, dont le fonctionnement échappe à toute impulsion venue du sentiment. Le péché fondamental de l'Etat, son vice (au sens qu'a le mot allemand *Gebrechen*), c'est qu'il réussit à donner aux hommes des raisons de se haïr. En cela, son existence est incompatible avec l'idéal maçonnique de fraternité universelle.

Cet idéal, l'*Allocution* le définit dans une formule qui constitue la négation de la légitimité sur laquelle l'Etat prétend s'édifier:

> Chaque homme raisonnable doit voir que ce qui profite à l'Etat n'est en aucune manière la mesure dernière du juste et de l'injuste, car nous aurions dans ce cas des droits qui se contredisent; qu'il doive exister un droit universel, auquel tous sont soumis, c'est cela qui profite à l'Humanité tout entière[135].

On croirait ces lignes signées de Kant. Le droit ne peut se concevoir qu'en référence à la collectivité humaine, dont il organise rationnellement le fonctionnement. Il n'est pas une fin en soi, tout au plus un moyen qui sera nécessaire tant que les hommes n'auront pas complètement accédé à l'"état de raison", dont l'avènement "entraînera un jour le salut du genre humain"[136].

---

133 NOS, II, 64.
134 *Ibid.*, 67: "Intoleranz"; 68: "Eroberungssucht", "Lehensystem", "Werkzeuge des Despotismus", "stehenden Miliz": tels sont entre autres les abus dont se rend coupable l'Etat. Voir aussi 71 sqq.
135 *Ibid.*, 67.
136 *Ibid.*, 80.

Alors "la raison sera le seul code des hommes"[137] – et les princes et les Etats seront devenus inutiles.

Il faut pourtant se garder d'accorder à ces propos, certes très violents, une portée qu'ils n'ont pas. D'abord, tous les Illuminés ne les recevaient pas à lire, puisque l'*Allocution* a été, finalement, intégrée au grade de Prêtre, auquel ne devaient être admis que des candidats soigneusement séléctionnés après un parcours rigoureux des premiers degrés du système. En fait, si nous retrouvons au dix-neuvième siècle cette idéologie hostile à l'Etat dans des organisations révolutionnaires dont la filiation intellectuelle remonte à l'Ordre des Illuminés, le projet politique auquel les rédacteurs de l'*Allocution* donnent leur adhésion est en réalité celui auquel se rallient les représentants du rationalisme éclairé: le cosmopolitisme. S'il est une forme d'organisation qui peut revendiquer cet idéal comme définissant sa raison d'être, c'est bien la franc-maçonnerie. Mais le cosmopolitisme dont il est question ici n'est pas seulement ce que Georges Gusdorf appelle la "patrie commune de tous les hommes de bonne volonté"[138]. Les Illuminés rêvaient d'un ordre universel sans princes, sans Etat, et aussi sans classes. On sait comment, à partir du dix-neuvième siècle, cet idéal deviendra la justification d'un système politique appelé à remplacer le parlementarisme bourgeois issu de 1789. Les Illuminés ont donc eu, avant les grands théoriciens du socialisme au dix-neuvième siècle, l'intuition de la société sans classe ni Etat.

Il faut pourtant se garder de faire de l'Illuminisme le témoignage d'un premier état de la pensée communiste. Les Illuminés ignorent la notion de "lutte des classes", et ils n'appellent pas à une révolution violente. Le cosmopolitisme auquel est invité à adhérer l'Illuminé qui a franchi les grades inférieurs du système est cependant plus radical que celui que professaient tant de beaux esprits dans le silence de leur cabinet de travail. Il part d'une conception cohérente de l'histoire du genre humain et s'épanouit dans une dimension politique. Si le projet des Illuminés n'a finalement pas abouti, la semence jetée là devait lever un jour, sous des formes qu'ils n'imaginaient pas encore.

Dans le deuxième *Dialogue maçonnique*, Lessing avait déjà dit que l'idéal maçonnique de fraternité universelle se réaliserait contre l'Etat. Une fois encore, c'est donc le philosophe de Wolfenbüttel qui fournissait à Knigge une partie de son inspiration. Pourtant, la démarche n'est plus tout à fait la même. Lessing écrivait pour des lecteurs, qui ensuite étaient libres d'oublier ce qu'ils avaient lu. Knigge, lui, s'adresse aux membres d'une société secrète, auxquels il entend donner des directives d'action. Au vrai sens du mot, il veut les catéchiser, faire d'eux des missionnaires.

---

137 *Ibid.*, 81.
138 G. GUSDORF, *Les principes de la pensée au Siècle des Lumières*, Paris, 1971, 408.

C. Nouvelle religion et sociétés secrètes

Nous avons dit que l'*Allocution*, rédigée d'abord pour être lue au nouvel *Illuminatus dirigens*, avait été finalement intégrée au grade de Prêtre, dont elle constitua "l'enseignement dans le premier appartement"[139]. C'est un argument supplémentaire en faveur de la thèse qui en attribue la paternité à Knigge[140]. La conception générale du grade, dont l'*Allocution* rassemble les thèmes les plus importants, allait être l'une des sources du désaccord qui, dès 1783, devait séparer Knigge et Weishaupt. La raison en était qu'il s'agissait non seulement de politique, mais aussi de religion.

Plus exactement, ce qui était en cause, c'était ce projet de "nouvelle religion" que Knigge caressait depuis si longtemps. Si les historiens de l'Ordre, surtout Le Forestier, ont bien vu que l'anticléricalisme bavarois ne pouvait contracter une alliance solide avec le déisme du Nord, ils n'ont pas mis en évidence le lien qui existe entre l'importance que Knigge, dans l'*Allocution* et le grade de Prêtre, accorde à l'élément religieux, et les intentions qui l'animaient déjà en 1778, quand il projetait de réformer la Stricte Observance. Pourtant, une lecture attentive de la *Déclaration de Philo*, dans laquelle Knigge consacre de longues pages à ce problème, nous permet de saisir la cohérence de son engagement dans l'Ordre, et d'en établir la continuité avec ses projets antérieurs.

Knigge avait parfaitement compris que les objectifs de l'Ordre tels que Weishaupt l'avait conçu ne pouvaient convenir à l'Allemagne du Nord. En Bavière, l'anticléricalisme apparaissait comme une nécessité à la fois intellectuelle et politique à qui voulait promouvoir les Lumières, puisque l'Eglise catholique (et, bien souvent, les seuls anciens jésuites) détenait, grâce à sa position dans les établissements d'enseignement, la clef du pouvoir spirituel, sans lequel le pouvoir temporel n'est rien. En Allemagne du Nord, les princes avaient depuis longtemps réuni les deux pouvoirs dans leurs mains. La liberté n'y trouvait pas totalement son compte, mais une certaine "laïcisation" de la réflexion intellectuelle avait tout de même pu s'opérer, parce que le despotisme religieux ne pesait pas aussi lourdement qu'en Bavière. Aussi l'anticléricalisme ne suffisait-il pas, selon Knigge, à satisfaire les aspirations des nouveaux Illuminés du Nord[141]. Et il était heureux d'être en mesure, en rédigeant lui-même les grades du système, de "mieux l'adapter aux régions protestantes"[142].

---

139 "Unterricht im ersten Zimmer", *Neueste Arbeiten*, 10.

140 Dans *Philo*, Knigge insiste sur l'importance de ce grade et sur les raisons qui l'ont poussé à le rédiger comme il l'a fait. Il ajoute que Weishaupt avait trouvé "le tout de fort mauvais goût, trop religieux, chimérique et théosophique" (p. 100). Le 7 février 1783, Weishaupt écrivait à Zwack que les grades de Chevalier Ecossais (= Illuminatus Dirigens), de Prêtre et de Régent étaient "misérables", NOS, I, 95. Voir aussi BASSUS, *op. cit.*, 54 sq.

141 *Philo*, 52.

142 *Ibid.*, 57.

Mais l'attitude des Aréopagites en matière de religion le heurtait aussi sur un point qui lui tenait particulièrement à coeur. S'il n'est pas certain que Weishaupt fût, personnellement, athée[143], les Aréopagites, eux, et en particulier Zwack, semblent bien avoir été ce que nous appelons des libres penseurs. C'est en tout cas ainsi qu'ils apparurent à Knigge. Ce qui le choquait dans cette attitude, ce n'était pas le fait qu'ils refusaient la foi, mais qu'ils en *parlaient* d'une manière qui devait scandaliser ceux qui l'avaient. Il y avait là le germe d'une nouvelle intolérance, qui n'était pas plus sympathique que l'intolérance des catholiques, parce qu'elle menait au même résultat: elle séparait les hommes. Or Knigge pensait que la valeur d'un individu ne dépendait pas de sa foi ou de son incroyance[144]. Fidèle à l'esprit des *Constitutions* d'Anderson, il voulait au contraire proposer une religion "in which all men agree". Il eut l'idée d'intégrer au système de l'Ordre "une sorte d'explication des doctrines de la religion chrétienne" destinée à satisfaire toutes les parties[145].

Aussi refusa-t-il de faire l'Ordre un bastion de l'antichristianisme[146]. Il revient sur cette idée lorsqu'il décrit les grades tels qu'il les a conçus. Parmi les impératifs qui s'imposaient à lui, dit-il, il y avait celui de "ne choquer personne" – et il précise: ni les "déistes déclarés", ni les "rêveurs en matière religieuse", ni les "songe-creux, les alchimistes, les théosophes", ni ceux "qui trouvaient plaisir aux solennités", ni "d'autres, qui méprisaient tout ce qui s'appelait cérémonie", ni les "philosophes" ni les "philosophâtres", "bref! des gens de toutes les classes, de tous les tempéraments, de toutes les aptitudes et de toutes les dispositions"[147].

Ainsi, nous sommes ramenés à l'intention proclamée dans le *Système universel*. La nouvelle religion veut rassembler, non séparer. Selon la belle expression de G. Gusdorf à propos, justement, de la maçonnerie, elle "présente les avantages, en ce temps du retrait de Dieu, d'une religion laïcisée et d'un sacré non clérical"[148]. Knigge ne rejette pas le sacré, il se détourne des dogmes. Il n'abandonne pas le christianisme, il veut l'épurer, revenir à la Bible, source de l'émotion qui étreint le croyant, mais à une Bible purifiée des commentaires qui, depuis deux mille ans, la souillent. Religion du coeur, celle de Rousseau – mais aussi religion de la raison, celle de Lessing. La *Déclaration de Philo* contient une page qui, au-delà de sa maladresse, vaut d'être citée, car

---

143 Il semble que la position religeuse de Weishaupt ait plusieurs fois oscillé entre les pôles extrêmes du spiritualisme et de l'athéisme. Une biographie moderne de fondateur de l'Ordre des Illuminés pourrait sans doute nous éclairer et lever les contradictions que suggèrent ses oeuvres et son attitude.
144 Philo, 72.
145 *Ibid.*. Knigge reconnaît d'ailleurs honnêtement: "Spartacus war zugleich auf den nemlichen Einfall gerathen".
146 *Ibid.*, 80.
147 *Ibid.*, 87 sq.
148 GUSDORF, *op. cit.*, 407.

elle constitue un hommage à ses deux maîtres, le philosophe de Wolfenbüttel et le citoyen de Genève, l'apôtre de la raison et celui du cœur, dont la religion, pourtant si différente, exprimait le même idéal d'harmonie universelle:

> Les hommes qui ont à cœur le bonheur et la tranquillité de leurs frères doivent s'efforcer de maintenir, à chaque époque, un véritable équilibre entre croire et penser, ainsi qu'une religion positive qui n'apparaisse pas, à celui qui cherche, en conflit avec la saine raison, et qui en même temps apaise le faible, dirige sa moralité et réchauffe son cœur. Or, assurément, parmi toutes les religions positives, il n'en est aucune qui corresponde mieux à cet idéal que la religion chrétienne purifiée des propositions humaines, puisées directement, sans falsification, aux sources de la Bible[149].

Cette religion purifiée, c'est la franc-maçonnerie illuminée qui l'enseignera. Pour maintenir la religion chrétienne, il faut la rendre attrayante "par des cérémonies simples et touchantes" et un rituel qui "représente la franc-maçonnerie comme ce qu'elle devrait être d'après ses origines, un rassemblement des meilleurs chrétiens"[150]. C'était l'objectif visé par le grade de Chevalier écossais, c'est-à-dire encore Illuminatus dirigens. Ensuite, il fallait prouver que "toutes les doctrines du Rédempteur [...] avaient pour objet d'exécuter un plan infiniment grand et noble qui n'était rien d'autre que le plan de notre association et de la maçonnerie supérieure"[151]: cela était expliqué dans le grade de Prêtre. Enfin, la classe des Mystères devait s'attacher à montrer

> que même les mystères de la religion chrétienne n'étaient nullement en opposition avec la raison, mais avaient au contraire le sens philosophique le plus sublime; mais que percer ce sens, travail qui exigeait un zèle studieux, n'était pas utile ni nécessaire à tous les hommes; que donc l'essence de la religion ne consistait pas en spéculations, mais dans la mise en pratique de ses magnifiques doctrines[152].

Il est dommage que les grades des Grands Mystères n'aient pas été rédigés. La définition sommaire que Knigge en donne ici rappelle le mémorandum qu'il avait envoyé aux responsables de la Stricte Observance, dans lequel il prévoyait une classe spéciale à laquelle seraient réservées les études mystiques[153]. Mais surtout, elle met l'accent sur ce qui, pour lui, compte avant tout: l'action, et non la spéculation. Lessing, déjà, avait dit que les francs-maçons se distinguaient avant tout par leurs actes.

La nouvelle religion est donc une religion de l'action. Elle est, dit Knigge, celle que le Christ a enseignée et, avant lui, l'Ancien Testament. Ce sont les prêtres qui, en inventant les dogmes, l'ont figée dans une orthodoxie hostile à

---

149 *Philo*, 104.
150 *Ibid.*, 105.
151 *Ibid.*. Le cahier du grade de Régent reprend cette affirmation (*Regentengrad*, in: *Neueste Arbeiten*, 122 - 124).
152 *Philo*, 105 sq.
153 Voir *supra*, I, 3.

la raison. Cette idée est développée dans l'*Allocution*. Evoquant en Jésus de Nazareth "ce grand et inoubliable Maître qui est le nôtre"[154] et le peuple au milieu duquel il apparut, l'auteur écrit: "A ce peuple il enseigna la doctrine de la raison, et pour la rendre plus efficace, il en fit une religion"[155]. Et à Zwack, Knigge écrivait le 20 janvier 1783: "Jésus n'a pas voulu introduire une nouvelle religion, mais seulement restaurer dans leurs anciens droits la religion naturelle et la raison"[156]. Le Vicaire savoyard ne disait-il pas que la religion naturelle était la seule religion? Et Lessing: "La Révélation n'enseigne au genre humain rien que la raison humaine laissée à elle-même n'aurait pu trouver"[157].

Rousseau, Lessing: ses deux maîtres, toujours. Mais un Lessing qui, maintenant, n'est plus seulement celui des *Dialogues maçonniques*: la religion de Knigge porte peut-être plus encore la trace de l'empreinte laissée par l'*Education du genre humain* qui est, selon J. d'Hondt, une des oeuvres de Lessing "les plus audacieuses, et les plus maçonniques"[158]. Lessing y appelait déjà de ses voeux la venue d'un nouvel Evangile, éternel, qui succéderait aux deux premières étapes de l'évolution du genre humain qu'avaient été la Révélation mosaïque, puis le christianisme. Dans l'*Allocution*, il est dit que la Providence poursuit de tous temps un plan progressif d'éducation, dont les sociétés secrètes, véritables "écoles de sagesse", sont chargées d'assurer le déroulement: les victoires éphémères que les hommes, au cours des quelques révoltes qui ont parsemé leur histoire, ont remportées sur leurs tyrans, seraient impuissantes à empêcher qu'ils ne retournent à l'état despotique si la Providence ne leur avait préparé les voies et offert les moyens "de provoquer le salut du genre humain"[159].

Ainsi l'action des sociétés secrètes s'inscrit-elle dans la théorie de l'Histoire que développe l'*Allocution*. Loin d'être rejeté, le christianisme se voit en quelque sorte réhabilité comme une étape capitale du devenir des sociétés. Mais sous sa forme traditionnelle, il est dépassé. Le temps est venu de le replacer dans la chaîne dont il n'est que l'un des maillons: la franc-maçonnerie. Jésus est présenté comme le successeur de cet Hiram assassiné par les ouvriers cupides qui travaillaient à l'édification du temple de Salomon. Knigge imagine même deux interprétation de son nom, qu'il écrit "Hieram": "*Hic Jesus Est Restituens Amorem Mundi*" ou "*Hic Jesus Est Resurgens A Mortibus*"[160]. Et pour n'être compris que de quelques-uns, le Christ, dit-il,

---

154 NOS, II, 98.
155 *Ibid.*. Voilà qui rappelle étrangement les premiers paragraphes de l'*Education du Genre humain...*
156 Knigge à Zwack, 20 janvier [1783], NOS, I, 105.
157 LESSING, *Die Erziehung des Menschengeschlechts*, trad. de P. Grappin, *op. cit.*, 91.
158 D'HONDT, *op. cit.*, 300.
159 NOS, II, 80.
160 *Ibid.*, 112. Sur la légende d'Hiram, voir LENNHOFF-POSNER, *op. cit.*, art. *Hiram*, Sp. 698 sq.

s'est exprimé en paraboles dont seuls quelques élus perçoivent le sens: ce sont les hiéroglyphes maçonniques[161].

Knigge était certainement sincère lorsqu'il développait son projet de nouvelle religion: il entendait réellement que la franc-maçonnerie surmontât ses divisions et se mît au service de l'Humanité. Pourtant, des considérations tactiques semblent avoir joué également lorsqu'il présentait la maçonnerie comme l'héritière du message du Christ.

Dans la lettre du 20 janvier 1783 à Zwack que nous avons déjà citée, il insiste sur la nécessité de "réfléchir au besoin de chaque époque". Si "la prêtraille" a rendu la religion odieuse, les hommes cherchent pourtant à "se raccrocher à quelque chose". Ils poursuivent "les chimères les plus folles". Il faut donc "trouver une explication de la religion chrétienne qui remette le rêveur chimérique sur la voie de la raison", tout en amenant "le libre penseur à ne pas jeter l'enfant avec le bain". C'est cela, ajoute-t-il, qui doit apparaître comme "le vrai secret de la maçonnerie"[162].

Et il exposait longuement à son collègue que le Christ avait voulu, par son enseignement, unir les hommes plus étroitement, leur enseigner une sage morale, combattre le préjugé, afin de les rendre capables de "se gouverner eux-mêmes". Knigge se faisait fort de prouver tout cela à l'aide de n'importe quel passage tiré de la Bible, et de montrer que la vraie et simple religion avait été profanée par les prêtres, mais que ces doctrines avaient été transmises par la franc-maçonnerie, sous forme des "hiéroglyphes maçonniques"[163]. Et il concluait: "Dans les Mystères Suprêmes on devrait alors a) découvrir cette piam fraudem et b) exposer à partir de tous les écrits l'origine de tous les mensonges religieux et des rapports qui les unissent, c) raconter l'histoire de l'Ordre"[164].

De tels propos peuvent nous déconcerter. Knigge n'aurait-il pas inventé sa nouvelle religion pour tromper son monde ? Mais cette question est, s'agissant du dix-huitième siècle, mal posée. Sa "pieuse fraude" ne porte pas sur la nouvelle religion en tant que telle, mais sur l'affirmation que la franc-maçonnerie serait l'héritière du christianisme, plus précisément que les hiéroglyphes maçonniques rendraient compte de cette filiation. S'il y a supercherie, l'intention l'excuse à ses yeux. Elle était au demeurant, comparée à bien d'autres, fort anodine en cette fin du dix-huitième siècle. Dans la même lettre, Knigge souligne son caractère essentiellement tactique: "Nous avons affaire à des princes. Et tandis que le despotisme augmente chaque jour, se développe partout un esprit général de liberté. Ces deux extrêmes aussi doivent être réunis"[165].

---

161 NOS, II, 102; *Philo*, 102.
162 NOS, I, 104.
163 *Ibid.*, 104 sq.
164 *Ibid.*, 106.
165 *Ibid.*, 105 sq.

La fonction de la nouvelle religion est donc au premier chef politique. Elle vise à restaurer l'état de liberté et d'égalité, mais sans révolution. Le sens secret de l'enseignement de Jésus, ajoute Knigge, était d'"introduire de nouveau parmi les hommes la liberté et l'égalité sans aucune révolution"[166].

La voilà donc, cette société secrète dont Knigge rêvait depuis si longtemps. Il a cru pouvoir réaliser grâce à l'Ordre des Illuminés la nouvelle Eglise qui porterait à l'Humanité le message de la nouvelle religion. Rien n'y manque: elle a son rituel, elle a aussi sa mythologie. Mais c'est une mythologie de la Raison, qui transforme en idées les impulsions venues du coeur. Le "coeur" est à l'origine du besoin qui pousse les hommes à s'aimer. Il permet aux pulsions morales de prendre leur élan, il est source d'enthousiasme. Knigge insistera toute sa vie sur l'importance capitale que revêtent les mouvements du coeur non seulement pour l'individu, mais aussi dans les rapports sociaux. Il a horreur de la sécheresse. Il imagine pour le rituel de sa nouvelle religion des cérémonies "touchantes", bien que simples. La raison seule, dit-il, est trop austère pour la masse[167]. Ces cérémonies, il les avait déjà décrites dans le *Système Universel*.

Pourtant, cette religion du coeur n'est pas une fin en elle-même. Elle n'aboutit pas à l'adoration, mais à l'action. C'est une "religion naturelle" parce qu'elle ne se dessèche pas dans les dogmes. Mais c'est aussi une "religion de la raison" parce que sa finalité, c'est l'organisation de la société. Une organisation qui repose sur un "gouvernement de la morale".

D. Le "gouvernement de la morale"

Les deux premiers états de l'évolution de l'Humanité ont abouti au triomphe de la corruption morale: cette constatation, répétée tout au long de l'*Allocution*, est tout à fait conforme à la vision du monde qu'avaient les esprits "éclairés" d'Allemagne, en particulier dans l'Allemagne protestante. Dans son fameux *Voyage* à travers l'Allemagne et la Suisse, Nicolai ne cesse de fustiger l'appétit de jouissance et la sensualité qu'il croit observer dans les Etats catholiques. Le reproche majeur, sous sa plume, c'est celui de "mollesse" (*Weichlichkeit*). Ce terme se rencontre souvent chez Knigge lorsqu'il décrit, pour en condamner sans appel les modes de vie, les petites cours allemandes, par exemple dans l'*Histoire de Peter Claus* ou dans l'*Histoire des Lumières en Abyssinie*.

La "mollesse" n'est pas seulement un trait du tempérament qui fait qu'un individu est sans énergie physique ou intellectuelle. C'est une tare qui dénature totalement son être moral et qui, au-delà de l'individu, engage la société tout entière. Une nation "molle" est une nation "énervée" au sens que ce mot a dans la littérature française classique. Elle est décadente, livrée à ses tyrans. Trait dominant, chez Montesquieu et Boulanger, la description des

---

166 *Ibid.*, 106.
167 *Philo*, 103.

cours orientales, la "mollesse" caractérise les lieux privilégiés du despotisme. L'*Allocution* déclare avec brutalité: "Les hommes mous sont les plus assujettis de tous. Celui qui veut soumettre une nation libre et farouche, qu'il la rende molle et voluptueuse!"[168]. L'oppression s'accompagne (et se sert) toujours de l'immoralité, et la description des conséquences du despotisme fait une place privilégiée à la corruption des moeurs[169]. Le luxe est le signe le plus apparent de l'immoralité: "Dans la mesure où la mollesse et le luxe gagnent, la morale, les vraies Lumières et la sécurité diminuent" [170].

Cette condamnation du luxe, particulièrement virulente en pays protestant[171], nous fait sourire aujourd'hui par son aspect étroitement moralisateur. En fait, elle exprime la réaction d'intellectuels qui essayaient de trouver une réponse aux questions qu'entraînait la mutation économique et sociale de leur époque. L'*Allocution* souligne à plusieurs reprises que le développement du luxe est la conséquence de l'augmentation des besoins. L'auteur reconnaît que de ce point de vue, "la découverte de l'Amérique a changé la moralité de l'Europe". C'est la gestion des besoins qui détermine les institutions politiques: "Gouverner, c'est éveiller les besoins, prévoir des besoins, étouffer et affaiblir des besoins et satisfaire des besoins"[172]. Au dix-neuvième siècle, cette idée deviendra l'élément central d'une vision du monde de laquelle Dieu aura été totalement exclu. Le matérialisme historique affirmera que les mutations politiques sont déterminées par les données économiques. La citation tirée de l'*Allocution* nous rappelle cependant qu'il a sa source dans certains aspects de la pensée du dix-huitième siècle. Ici encore, l'Ordre transmettait une idée grosse d'avenir. Les Illuminés ont une vision moderne de l'Histoire. Cela les distingue radicalement non seulement de leurs ennemis Rose-Croix, mais aussi des autres sociétés secrètes.

Le monde n'est pas façonné par Dieu. Il n'est pas non plus le produit du jeu de forces psychologiques individuelles. Il est le résultat d'une évolution historique de l'humanité déterminée au moins en partie par des facteurs économiques. Mais comme l'aspect négatif de cette mutation apparaît aux Illuminés sous la forme d'une corruption morale, c'est dans la moralité qu'ils vont chercher le salut. Pour eux, "vrai" christianisme, Lumières et raison concourent à restaurer une valeur essentielle, la "vertu". Et la tâche de la franc-maçonnerie sera, tout simplement, d'enseigner la vertu:

---

168 *Anrede*, NOS, II, 88. Ou encore: "Weichlichkeit macht die Fürsten nothwendig, ein Kunstgriff, den alle Despoten gebraucht, um National-Freyheit zu unterdrükken", *ibid.*, 94.
169 Par exemple, *ibid.*, 72, 73, 89.
170 *Ibid.*, 93.
171 Qu'on se rapelle les goûts opposés de Voltaire et de Rousseau en la matière! Sur l'importance, mais aussi l'ambiguïté de la notion de luxe au dix-huitième siècle, vor GUSDORF, *op. cit.*, 444 - 461.
172 "Regieren heisst Bedürfnisse erwecken, Bedürfnisse vorhersehen, Bedürfnisse unterdrücken und schwächen, und Bedürfnisse befriedigen", NOS, II, 89.

> C'est ainsi que le but de la vraie maçonnerie serait de rendre les hommes aptes à leur liberté par un christianisme actif, par la diffusion de la doctrine de Jésus et par les Lumières de la Raison; d'unir le monde et tous les hommes, séparés par différentes institutions, en une seule famille, et d'amener le royaume des Justes et des Vertueux[173].

La *vertu*: c'est l'un des maîtres-mots des Lumières allemandes. Il sera aussi au centre du discours robespierriste, en pleine Terreur. Il ne peut être question dans le cadre de ce travail d'analyser les multiples variations que subit ce concept dans les domaines les plus divers de la production littéraire ou artistique de l'époque, qu'il s'agisse de la poésie, du roman, du théâtre, de la presse ou de la peinture. Mais nous pouvons tirer de l'importance que lui assignent les Illuminés dans leur projet de régénération des conséquences très importantes quant à la nature de la pensée politique en Allemagne à la fin du dix-huitième siècle.

Pour comprendre la valeur politique que les intellectuels allemands "éclairés" accordent à cette catégorie tirée de la morale, il faut l'opposer à une autre notion, elle-même très courante à l'époque: l'*oisiveté*, qui définit le comportement et les habitudes d'une partie de la noblesse. On sait que Goethe voyait dans l'oisiveté une des causes, avec l'égoïsme, de la Révolution française[174]. Face à la noblesse, classe qui consomme sans produire, la bourgeoisie, dont l'Ordre exprime le besoin d'émancipation, se recommande par l'"application" (*Fleiss*), et par la vertu, qui la détermine à se mettre au service de l'utilité. Et être utile, c'est agir concrètement en vue du bonheur.

C'est en effet à la restauration du bonheur universel que vise la régénération entreprise par l'Ordre. Le terme de *Glückseligkeit* revient comme un leitmotiv dans l'*Allocution*, comme il revient dans toute l'oeuvre de Knigge, qu'il s'agisse de ses romans ou de ses écrits politiques. L'idée de bonheur est impliquée par la laïcisation de la morale. La fin des actions humaines n'est plus de servir Dieu, qui peut vouloir la souffrance de l'homme. C'est d'organiser la société en vue du bonheur de l'homme. Le déisme apparaît ainsi comme l'idéologie permettant de faire accepter cette idée. Dieu existe – oserait-on affirmer le contraire, en Allemagne, à cette époque? Mais Dieu doit être remercié plutôt qu'adoré et servi: l'Illuminé éclairé par la doctrine de l'Ordre saura lui rendre grâces. S'agit-il pourtant d'un Dieu transcendant ou seulement d'une projection de la conscience qui a besoin de communiquer la joie qu'elle éprouve à trouver dans la raison la force d'être vertueuse et de travailler au bonheur commun ? "Il y aura une nouvelle terre et un nouveau ciel", dit l'*Allocution*. Mais elle ajoute aussitôt: "Chez la plupart des hommes, la vraie signification [de ce message] se perdit: ils se querellèrent sur des choses indifférentes à notre bonheur"[175].

---

173 *Ibid.*, 113.
174 GOETHE, *Hermann und Dorothea*, VI, 13.
175 NOS, II, 109.

Ils ont fait un mauvais usage de leur raison, notamment en l'appliquant à des discussions théologiques. Les occupations dont le grade de Prêtre énumère le détail sont destinées à apprendre à l'Illuminé à bien se servir de sa raison, et d'abord à accumuler toutes les connaissances pratiques que l'évolution des sciences permet, en cette fin du dix-huitième siècle, d'acquérir. Une place capitale est faite aux "arts" au sens où l'entendait Diderot, qui englobent tous les aspects du savoir et des techniques. Et on n'a garde, également, d'oublier les langues, la psychologie, les beaux-arts, la médecine, la physique, les mathématiques, l'histoire naturelle[176]. L'encyclopédisme au service du bonheur du genre humain: quel idéal fut plus conforme aux Lumières, dans l'Europe entière? L'instruction au service de la liberté: quelle idée fut appelée à un plus grand avenir? Enfin, la laïcisation du savoir: n'est-ce pas la voie de toute libération, intellectuelle d'abord, politique ensuite?

La raison appliquée à l'organisation de la société permettra à l'Humanité de retrouver l'unité perdue, en redevenant une grande Famille. Ce sera l'oeuvre de la morale que de restaurer le paradis perdu, une sorte de royaume sans rois, dont les vrais prêtres seront les pères de famille:

> Princes et nations disparaîtront sans violence de la terre, le genre humain deviendra une seule famille et le monde sera le séjour d'hommes raisonnables. La morale seule entraînera ces changements sans qu'on s'en aperçoive. Chaque père de famille sera, comme jadis Abraham et les patriarches, le Prêtre et le Seigneur souverain de sa famille et la raison sera le seul code des hommes[177].

N'est-ce pas le programme d'une "religion laïque"? Entre le "nouveau ciel" et la "nouvelle terre", il ne semble pas que la différence ait été bien grande. Knigge a toujours refusé l'hostilité à la religion, c'est-à-dire l'intolérance envers des opinions. Mais son déisme, en mettant Dieu au service de l'homme, opère une démarche radicalement inverse de celle de la religion traditionnelle. Le royaume des cieux ne doit pas faire oublier celui de la terre.

Dans l'Etat despotique, l'homme ne saurait être heureux. Et puisque l'Etat despotique est par essence immoral, c'est par la vertu qu'il faut le combattre. La vertu doit donc rendre possible la modification de conditions politiques inacceptables. C'est ici que se pose la question, soulevée dès la publication des papiers de l'Ordre: les Illuminés voulaient-ils une révolution?

On trouve dans les cahiers des grades de Prêtre et de Régent certaines formules dont la violence apparente allait, quelques années plus tard, nourrir la haine que vouèrent aux Illuminés les partisans de la monarchie. Celle-ci surtout:

---

176 *Priestergrad*, in: *Neueste Arbeiten*, 78 - 98.
   Ces occupations sont présentées en détail par LE FORESTIER *op. cit.*, 281 - 288. Elles sont une mise en oeuvre des principes posés dans l'*Allocution*.
177 NOS, II, 80 sq.

> La morale est [...] l'art qui enseigne aux hommes à être majeurs, à se débarraser de la tutelle, à entrer dans leur âge viril et à se passer des princes[178].

Mais une telle phrase est plus sonore que véritablement révolutionnaire. D'abord, imaginer un état idéal de la société dans lequel les princes seraient inutiles n'est pas identique à un appel au renversement des trônes. Mais surtout, la pratique de la vertu permet de changer un état politique sans faire de politique, du moins directement. Dans l'*Allocution*, les Illuminés soulignent qu'ils n'envisagent nullement de renverser les institutions existantes[179]. Leurs protestations ne suffisent cependant pas nécessairement à nous convaincre, bien qu'on ne puisse les interpréter comme une précaution devant la censure, puisque ce texte n'était pas destiné, à l'origine, à être publié. Plus probante est l'analyse de leurs intentions quant à la possibilité immédiate d'un changement des institutions.

Nous avons vu que les Illuminés concevaient l'Ordre comme un organisme chargé de mener à bien le projet éducatif de la "Providence", c'est-à-dire d'aider l'Histoire à suivre le cours qu'ils disaient être le sien. Pour eux, la révolution essentielle, préalable à toute autre, qui même rend inutile une révolution politique violente, c'est celle des moeurs: "Celui qui veut provoquer des révolutions, qu'il change les moeurs!"[180].

Pour se passer des princes, il est donc inutile de renverser leurs trônes. Il suffit d'agir sur ce par quoi ils nous tiennent, la satisfaction de l'appétit de jouissance: diminuer les "besoins vulgaires", pratiquer des "moeurs austères", cultiver "la modération, la sobriété et l'art d'avoir des besoins raisonnables" [181].

Ces phrases sont-elles réellement aussi révolutionnaires qu'ont affecté de le croire les ennemis de l'Ordre ? Le christianisme n'a-t-il pas, lui aussi, et de tout temps, fait l'éloge de l'austérité sous toutes ses formes, individuelle et collective ? Ces propos sont loin d'annoncer ceux que, quelques décennies plus tard, tiendra le contempteur de l' "opium du peuple". La pensée de Knigge, malgré son modernisme indéniable, reste tributaire de celle des moralistes français du dix-septième siècle, dont la lecture était, d'ailleurs, également recommandée aux membres de l'Ordre.

Malgré la violence de leurs tirades contre les princes, les Illuminés firent preuve d'une très grande prudence en ce qui concerne la lutte à mener contre eux.

Knigge reprenait, certes, l'idée développée par l'*Allocution*, que l'asservissement est lié à l'existence d'Etats soutenus par des prêtres qui ont détourné la religion de son vrai sens. Dans le rituel de l'initiation au grade de Régent, on lit:

---

178 *Ibid.*, 93. Egalement *Priestergrad*, in: *Neueste Arbeiten*, 48.
179 *Anrede*, NOS, II, 119.
180 "Wer Revolutionen bewürken will, der ändre die Sitten", *ibid.*, 94.
181 *Ibid.*, 90.

Question: Qui a asservi l'homme?

Réponse: La société, l'Etat, l'exégèse[182].

Ou encore: les princes "doivent apprendre qu'ils sont des hommes comme nous, et ne sont les maîtres que par convention"[183]. Le récipiendaire était ainsi apostrophé: "Sois un homme libre, c'est-à-dire qui sait se gouverner par lui-même!"[184].

Mais il était aussi inlassablement répété que c'est par la pratique de la vertu que l'homme accède à la liberté. La morale était présentée comme le ressort de l'action. On disait, par exemple, au nouveau Régent:

> Gouverne à l'avenir avec nous les homme opprimés, conduis-les à la vertu, à la liberté! Quelle perspective, lorsqu'un jour règneront de nouveau sur terre le bonheur, l'amour et la paix, lorsque toute misère, tout besoin superflu, tout ce qui aveugle, toute oppression en seront bannis, lorsque chacun à sa place fera ce qu'il peut pour le bien de l'ensemble [...], lorsqu'aucune oisiveté ne sera plus tolérée, qu'on n'enseignera plus tout le fatras de sciences inutiles, mais seulement ce qui rend l'homme meilleur[185].

L'Ordre a l'intention de "présenter la vertu sous un jour plus aimable"[186]. Il veut "procurer la victoire à la vertu et à la sagesse"[187]. Lutter contre les princes? Non, pas directement. Seulement "lutter contre les abus [commis au nom] des institutions de l'Etat, contre la corruption des moeurs"[188]. Mieux: l'initiation des princes n'est même pas interdite: le cahier du grade de Régent demande seulement qu'elle soit exceptionnelle et assortie de précautions[189]. Mais elle reste possible.

On voit donc que ce "gouvernement universel de la morale"[190] qui constitue la véritable fin de la nouvelle religion selon Knigge, vise certes à atteindre un état politique radicalement différent de celui qui existe dans les monarchies absolutistes, mais que les Illuminés refusent de l'imposer par la violence. Knigge a, en 1782, un idéal politique que l'on peut qualifier d' "avancé": il envisage parfaitement l'existence d'une société sans rois ni Etats[191]. Mais il ne franchit pas le pas qui consisterait à recommander la destruction violente des institutions de l'absolutisme. Il n'a plus, et depuis longtemps, d'illusions au

---

182 *Regentengrad*, in: *Neueste Arbeiten*, 119.
183 *Ibid.*, 142.
184 *Ibid.*, 127.
185 *Ibid.*, 128 sq.
186 *Ibid.*, 135.
187 *Ibid.*, 137.
188 *Ibid.*, 120.
189 *Ibid.*, 154. Voir aussi l'*Instruction für Provincialen*, NOS, II, 32 (les princes ne sont acceptés que jusqu'au grade d'Illuminatus major inclus).
190 "ein allgemeines Sittenregiment", *Philo*, 109 sq. Dans le cahier du *Priestergrad*, est prévue la question suivante: "Wie wäre es aber anzufangen, diese selige Periode und ein allgemeines Sittenregiment herbeyzuführen?", in: *Neueste Arbeiten*, 5.
191 *Philo*, 110.

sujet des princes. Mais il croit à la perfectibilité de l'homme, à l'éducation. Son projet de nouvelle religion est autant pédagogique que politique. Knigge croit que seule une société secrète est en mesure de le mener à bien, parce qu'elle seule, en sélectionnant rigoureusement ses membres, arrive à "rassembler les meilleurs". C'est d'ailleurs le sens qu'il faut donner à la hiérarchisation qu'il introduit dans le système de l'Ordre. L'accession aux différents grades se fait par examens de passage successifs. Knigge maintient aussi la pratique des *Quibus licet*[192] et des dissertations, introduites dès l'origine par Weishaupt: ces pensums jouent le rôle de compositions d'examen qui permettent aux Supérieurs de l'Ordre de filtrer, grade après grade, les meilleurs éléments, auxquels peut être confiée, lorsqu'ils ont atteint les grades supérieurs, l'éducation de l'humanité, tâche essentielle, unique et noble, dévolue à la nouvelle religion. Le cahier du grade de Régent définit ceux qui l'ont obtenu comme "les instituteurs et les gouvernants de l'humanité"[193]. On n'en finirait pas de citer les passages où Knigge insiste sur le fait que l'Ordre rassemble "les meilleurs", les plus raisonnables, les plus instruits, les plus sages, les plus moraux. En un mot: l'élite.

En effet, si le projet politique des Illuminés est hardi sans être révolutionnaire, il est avant tout ce que nous appellerions aujourd'hui "élitiste". L' "élitisme" des Lumières a ouvert la voie à la démocratisation politique, dans la mesure où il a mis à la place du privilège de la naissance les droits de l'intelligence et du savoir, désignés par le terme de "mérite". Le mérite se substitue, pour les Illuminés, à la violence qu'ils refusent. Ils sont convaincus qu'il suffira de conquérir les postes-clefs des institutions de l'Etat en y plaçant les "meilleurs" pour que celles-ci soient elles-mêmes transformées. L'époque croit que le problème essentiel est celui des institutions. Les Illuminés pensent que pour que celles-ci soient améliorées, il faut qu'elles soient dirigées par des hommes eux-mêmes meilleurs. Lorsque Knigge écrira le *Commerce*, il se souviendra de cet enseignement qu'il avait voulu, quelques années auparavant, transmettre par le canal des sociétés secrètes.

Telle était la doctrine qui constituait le contenu de la nouvelle religion. Hostile aux dogmes traditionnels du christianisme, elle voulait transmettre un message purifié plutôt que totalement nouveau. La restauration de la dignité de l'homme signifiait le retour aux sources d'un divin authentique, qui exigeait de l'homme plus d'action que de contemplation. Mais les Illuminés sont convaincus qu'il ne faut pas abandonner l'homme à ses seules forces. Il faut le guider, et c'est ce rôle qui est assigné aux sociétés secrètes, et singulièrement à l'Ordre des Illuminés qui, en rassemblant l'élite de ceux qui

---

[192] Le Frère qui ne remettait pas son quibus licet dans les délais imposés était mis à l'amende (NOS, I, 47).
[193] "Die Lehrer und Regierer der Menschheit", *Regentengrad*, in: *Neueste Arbeiten*, 135.

veulent régénérer l'humanité, est destiné à devenir l'Eglise qui portera au monde ce message de la nouvelle religion.

3. La franc-maçonnerie illuminée, nouvelle Eglise d'une religion de l'Humanité

Que la vocation de la franc-maçonnerie fût de rassembler ceux qui voulaient agir pour la régénération d'une humanité dont l'évolution n'avait jusqu'alors conduit qu'aux divisions de toutes sortes, politiques, religieuses, sociales, Knigge en était très profondément convaincu. Quelle puissance, écrivait-il dans la *Déclaration de Philo*, représentait "la grande armée des francs-maçons – des hommes de toutes classes et, parmi eux, tant de personnages généreux, sages, actifs, puissants, riches, liés par l'esprit de corps"[194] !

Pour être efficace, il fallait d'abord que "spéculation" et action fissent l'objet de grades distincts. C'est ce qu'il avait déjà proposé dans son mémorandum aux Supérieurs de la Stricte Observance[195]. L'organisation qu'il avait donnée à l'Ordre des Illuminés tenait compte de cette exigence, puisque la "spéculation" et les "recherches mystiques" étaient réservées à la classe des "Grands Mystères". Mais nous savons que les cahiers n'en furent jamais rédigés [196]. Cela n'est pas, au fond, très surprenant: Knigge s'intéressait bien davantage aux grades qui faisaient de l'Ordre une association de combat au service des Lumières.

Etant donné d'une part l'état de la franc-maçonnerie allemande vers 1780, d'autre part la nature même du projet de Knigge, dont l'idéal d'une "nouvelle religion" impliquait des aspects politiques, il était également tout à fait compréhensible que les francs-maçons que l'Ordre s'efforcerait d'attirer à lui ne dussent pas apprendre tout de suite que celui-ci constituait une société étrangère à la maçonnerie. Ceux qui ne pourraient se résoudre à abandonner la quête des "sublimes connaissances" pourraient, après avoir obtenu les grades maçonniques prévus dans la seconde classe, s'amuser à conquérir des hauts grades dans d'autres systèmes. Mais ils ne seraient, dans ce cas, jamais promus à des grades supérieurs dans l'Ordre des Illuminés[197]. Quant à ceux qui avanceraient dans la hiérarchie illuminée, ils devaient, parvenus au grade de Régent, croire encore qu'ils appartenaient à un système maçonnique

---

194 *Philo*, 28.
195 *Supra*, 3, B ("La dernière tentative de réforme")
196 *Philo*, 119.
197 *Ibid*. Knigge n'était pas le premier à avoir eu cette idée. Weishaupt y avait pensé aussi. On lit dans le *Diarium* de Zwack à la date du 12 novembre 1778: "Erhielt Celsus [Baader] einen Brief von Spartaco; das Wesentliche davon ist [...]: Alles, was nicht zum Arbeiten tauget, bleibt in der M.☐ [= Maurerloge, c'est-à-dire une loge maçonique fondée par l'Ordre, qui tentait d'obtenir à cet effet une patente de Londres ou de Berlin], und avancieret dort, ohne von dem weitern Systeme was zu wissen", OS, 300

réformé[198]. Ces dispositions faisaient honneur au talent d'organisation de Knigge, sinon à sa droiture. Il réussissait ainsi à gonfler les effectifs de l'ordre, lui fournissant une véritable réserve de militants tout en ne dévoilant ses intentions profondes qu'à ceux dont il serait parfaitement sûr.

Mais la question des rapports entre l'Ordre et la franc-maçonnerie ne se réduisait pas à un simple problème d'organisation. Si Weishaupt avait envisagé de détruire la franc-maçonnerie en poussant les Illuminés à s'y faire admettre clandestinement[199], Knigge, lui, nourrissait des projets infiniment plus grandioses. Il espérait que le Convent de Wilhelmsbad, dont l'Ordre lui avait demandé d'observer le déroulement afin d'attirer à l'Illuminisme les éventuels transfuges de la Stricte Observance[200], servirait ses desseins quant à la constitution d'un système maçonnique unifié sur des bases totalement nouvelles. Cette entreprise devait pourtant échouer et provoquer la rupture définitive entre Knigge et l'Ordre des Illuminés.

A. La nouvelle Eglise et son rituel

Knigge et Weishaupt étaient d'accord sur un point: en tant qu'institution, la franc-maçonnerie s'était révélée inférieure à sa tâche, et il ne convenait pas de lui accorder le moindre crédit quant à la réalisation d'un projet qui visait à sortir l'Humanité de la décadence qui la menaçait. Mais les deux hommes avaient tiré de cette constatation une conclusion opposée. Weishaupt considérait que l'Ordre des Illuminés était appelé à prendre la relève de la maçonnerie, à se substituer purement et simplement à elle. C'était l'objectif qu'il poursuivait lorsqu'il avait envisagé d'obtenir de Berlin ou de Londres une patente autorisant les Illuminés (qu'il se gardait bien de présenter comme tels et de désigner par leur nom) à fonder à Munich une mère-loge maçonnique régulière à partir de laquelle ils auraient pu créer autant de loges-filles qu'ils le désireraient. Ainsi, la maçonnerie se serait faite à son insu l'instrument d'une concurrence dont le résultat devait être sa disparition[201].

Les Aréopagites avaient, à la fin de 1780, chargé Zwack de faire part à Knigge des efforts qu'ils déployaient en direction de Londres. Knigge avait accepté de leur donner des conseils sur la meilleure manière de procéder, soulignant même avec complaisance que les Anglais, parfaitement indifférents à ce qui, du moins en ce domaine, se passait sur le continent, ne s'aviseraient pas de poser des questions embarrassantes. Mais dans sa réponse, il émettait aussi l'avis que les Illuminés avaient tort de tant se préoccuper de la maçonnerie régulière. Ils devaient au contraire profiter de la crise qu'elle

---

198 *Instruction für den ganzen Regentengrad*, in: *Neueste Arbeiten*, 143 sq.
199 Voir Weishaupt à Zwack, 16 février 1782, NOS, I, 29.
200 LE FORESTIER, *op. cit.*, 364 sq.
201 OS, 300 sqq. Grâce à Baader, les Illuminés s'étaient emparés de la loge Theodore au Bon Conseil de Munich.

traversait pour opérer de leur côté, sans avoir à craindre aucune espèce d'empêchement[202].

En fait, il ne fallait pas oublier qu'à côté de la *maçonnerie*, il y avait les *maçons*. Un nombre croissant d'entre eux avaient cessé de s'identifier à une société qui leur paraissait avoir trahi son idéal, et ils étaient prêts à chercher ailleurs les possibilités qu'elle ne leur offrait plus de travailler à sa réalisation. Or Knigge qui, contrairement à Weishaupt, connaissait le milieu maçonnique[203], avait compris qu'il pouvait utiliser non seulement ces hommes, mais aussi l'institution, qui disposait de trois atouts irremplaçables: une énorme infrastructure constituée par l'existence, dans toute l'Allemagne, de loges implantées parfois depuis des dizaines d'années, l'appui que leur accordaient des personnages parfois considérables, enfin un rituel minutieux et imposant qui répondait à la soif de symboles qui caratérise l'époque. Ce dernier point concernait particulièrement la Stricte Observance. Et c'est de ce système que viendront la plupart des maçons que Knigge recrutera pour l'Ordre [204].

En greffant l'Illuminisme sur la franc-maçonnerie, Knigge pensait réaliser enfin cette Eglise dont il rêvait depuis si longtemps.

Eglise: le terme n'est pas trop fort. Dans le libelle qu'il avait publié en 1781 sous le pseudonyme d'Aloisius Maier, il parlait de "l'esprit qui repose sur les vrais maçons". L'esprit – ou le souffle: il s'agit d'une force invisible, dont l'origine reste mystérieuse, mais qui anime les volontés, détermine les actes, en un mot pousse l'homme à agir selon ce qu'il croit être sa mission. De la franc-maçonnerie, Knigge dit dans le même ouvrage qu'elle a pour rôle

> de disposer les hommes de telle sorte que, conduits par une main invisible, ils ne manquent pas leur destination, et ne rendent pas plus difficile la réalisation du plan défini par le Grand Architecte[205].

Cette tâche ne pouvait être accomplie que par une "légion d'élus": l'expression apparaît dans l'Allocution[206].

Ce langage semble étrangement irrationnel chez un homme qui se proposait de contribuer à la diffusion des Lumières. Il y a deux explications à cela. La première ramène au tempérament même de Knigge, dont nous avons évoqué la double nature qui le poussait à concilier les exigences du "coeur" et celles de

---

202 Knigge à Zwack, s. d. [fin 1781], OS, 357 sq.
203 Dans *Philo*, Knigge souligne que ni Weishaupt ni les Aréopagites n'avaient réellement l'expérience de ce qu'étaient des sociétés secrètes: "Keiner hatte [...] Erfahrung von andern geheimen Verbindungen, Bekanntschaft mit den maurerischen Systemen, von welchen Spartacus am allerwenigsten wusste", 71.
204 Knigge écrit à Zwack en janvier 1783: "Unsere besten Leute in Neuwied, Göttingen, Mainz, Hannover, Braunschweig, Pfalz sind ehemalige Mitglieder der Stricten Observanz", NOS, I, 115.
205 *Ueber Jesuiten*, 81 et 87.
206 "Legion der Auserwählten", *Anrede*, NOS, I, 116.

la raison, à chercher constamment un compromis entre le rationnel et l'irrationnel [207].

Mais le discours que Knigge développe sur la mission qu'il assigne à la franc-maçonnerie a une origine encore plus profonde dans la nécessité de se faire comprendre de ceux auxquels il s'adressait. Comment pouvait-il espérer attirer les membres d'un système chevaleresque, dans lequel le symbolisme du moindre geste était souligné avec une insistance particulière, s'il ne proposait pas, lui aussi, des symboles, des gestes, des incantations ? La nouvelle *religion* ne pouvait, pensait-il, être proclamée que par cette nouvelle *Eglise* illuminée: mais elle avait besoin d'un *rituel*. C'était là une nécessité à la fois tactique et inscrite dans le projet même de nouvelle religion.

L'organisation des cérémonies d'initiation aux grades supérieurs, ainsi que celle qui accompagnaient les travaux des Illuminés, constitua un important point de désaccord entre Knigge et Weishaupt. Spartacus trouvait qu'elles évoquaient par trop les pratiques du papisme[208]. Or Knigge y tenait beaucoup. Il avouera plus tard dans la *Déclaration de Philo*: "Je reconnais volontiers que mes anciennes idées de sacerdoce et de consécration transparaissaient dans tous les travaux que j'effectuais pour l'Ordre"[209].

Il serait fastidieux de décrire toutes les cérémonies qui marquaient, depuis sa première initiation, l'existence de l'Illuminé. Au reste, R. Le Forestier s'en est chargé, et il n'omet aucun détail [210]. Mais il faut souligner, mieux qu'il ne le fait, leur signification par rapport au projet de nouvelle religion. Si Knigge s'est souvenu des pratiques en usage dans les loges maçonniques, il s'est aussi inspiré de ce qui se faisait dans les assemblées de chrétiens. Il imagine de véritables célébrations cultuelles, auxquelles ne manque aucun symbole. Les célébrants revêtaient des tenues différentes selon la nature de la solennité, de même que dans la messe catholique les ornements sacerdotaux sont de couleur différente selon qu'il s'agit d'un mariage ou d'un enterrement, d'un dimanche "ordinaire" ou de telle fête. Nous trouvons aussi tout l'attirail usuel en de telles occasions, lampes, cierges, vases, calices, encens, pain, etc. Tout se passe parfois devant un véritable autel, derrière lequel officie un Frère assisté de deux ou trois desservants.

Une des cérémonies les plus caractéristiques, et qui choqua particulièrement Weishaupt, était celle des Agapes, qui suivaient la réception de l'Illuminé au grade d'Illuminatus Dirigens, ou Chevalier Ecossais. Elles se déroulaient rigoureusement sur le même schéma que la Cène, les mêmes gestes y étaient faits, les mêmes paroles y étaient dites, la même communion y était donnée. La cérémonie se terminait par ces mots, prononcés par le Préfet:

---

207 Voir *supra*, 2, C.
208 Weishaupt à Zwack, 7 fèvrier 1783, NOS, I, 94.
209 "Ich gestehe übrigens gern, dass meine alten Ideen von Priestertum und Einweyhung, durch alle meine Ordens-Arbeiten hindurch schimmerten", *Philo*, 112 sq.
210 LE FORESTIER, *op. cit.*, 250 - 294.

Allez et soyez en paix, mes Frères! Sacrée soit la nouvelle alliance que nous avons conclue. Soyez bénis si vous restez fidèles et combattez pour la bonne cause!²¹¹.

Le Préfet faisait alors un signe de croix et les Frères s'égaillaient. Le grade de Prêtre invitait, lui aussi, à une communion, sous les espèces du miel et du lait²¹².

R. Le Forestier souligne à juste titre le caractère contradictoire des efforts déployés par Knigge pour orienter la tâche des Illuminés vers une action politique et sociale tout en empruntant à des systèmes mystiques, voire au christianisme, toute une symbolique irrationnelle. La contradiction n'est peut-être pas aussi profonde qu'il le pense, dans la mesure où Knigge veut fonder une nouvelle "religion". Mais l'appareil de rituels, de symboles, de cérémonies dont il l'enveloppe, remplit également une fonction indispensable: c'est par lui que Knigge entendait attirer à la franc-maçonnerie illuminée ceux que décevait la franc-maçonnerie traditionnelle. Le convent de Wilhelmsbad allait lui donner l'occasion de mener en direction de celle-ci une offensive de très grand style.

B. Illuminés et francs-maçons: l'offensive de l'Ordre à Wilhelmsbad

Les travaux du convent de Wilhelmsbad commencèrent le 16 juillet 1782 et durèrent jusqu'au 1er septembre. Ils réunirent 35 délégués représentant les chapitres de Stricte Observance d'Allemagne, de Danemark, de Russie, de Suisse, de France, d'Italie et des Etats habsbourgeois²¹³. Tous appartenaient à l'Ordre Intérieur. Dix d'entre eux seulement n'étaient pas nobles.

---

211 "Gehet hin in Frieden, meine Brüder! heylig sey das neue Bündnis, das wir geschlossen haben! Gesegnet seyd ihr, wenn ihr treu bleibt und für die gute Sache streitet!", Illuminatus Dirigens", op. cit., 58. Knigge aurait emprunté la cérémonie des Agapes à une pratique en usage dans un grade français, celui de Chevalier Rose-Croix (LE FORESTIER, op. cit., 341, n. 1). C'est sans doute exact. Mais l'important est de savoir *pourquoi* il avait introduit cette cérémonie dan un grade illuminé. Il est possible que, consciemment ou non, Knigge ait eu présente à l'esprit l'étymologie que, dans le cinquième *Dialogue maçonnique*, Lessing proposait du mot "free-masonry", qu'il rattachait non pas à "mason" (maçon), mais au vieux mot anglo-saxon "mase" (table), également utilisé par les Goths et les Francs. Cela lui permettait d'affirmer: "Mase also der Tisch, und Masoney eine geschlossene Tischgesellschaft" (éd. Lachmann-Muncker, op. cit., 406), et d'ajouter: "Die Masoney also war eine deutsche Sitte, welche die Sachsen nach England verpflanzten" (*ibid.*, 408). Il est étrange que personne, en particulier ni LE FORESTIER ni DÜLMEN, n'ait opéré le rapprochement entre cette étymologie (au demeurant fantaisiste) et la cérémonie des Agapes.

212 *Priestergrad*, 75.

213 La liste exacte des participants est donnée par L. HAMMERMAYER, *Wilhelmsbader Freimaurer-Konvent*, op. cit., 91-94, et LE FORESTIER, *Franc-Maçonnerie*, 649-652.

Knigge ne faisait pas partie de la délégation. Le seul Illuminé participant au Convent en tant que membre de la Stricte Observance, était Franz Dietrich von Ditfurth, Maître en Chaire de la loge Joseph aux Trois Casques de Wetzlar et assesseur au Tribunal d'Empire [214]. Ditfurth était un adversaire acharné de la "légende templière". Il avait déjà effectué auprès des Supérieurs de l'Ordre des démarches visant à obtenir que celui-ci se bornât à cultiver les trois grades bleus, admettant seulement qu'un quatrième grade, réservé à un petit nombre de Frères, racontât l'histoire de l'Ordre du Temple, mais sans qu'elle fût rattachée à la franc-maçonnerie[215].

Ditfurth était aussi très hostile au "despotisme". Devant ses collègues du Convent, en présence de Ferdinand de Brunswick et de Charles de Hesse, il osera proclamer, le 29 juillet 1782, que

> les princes ont été créés et existent pour les sujets, et non ceux-ci pour les princes, et qu'il est donc de leur devoir de les rendre heureux.[216]

Ditfurth représentait à Wilhelmsbad une tendance nettement rationaliste, qui rejetait à la fois le mysticisme et l'occultisme dont se nourrissait la légende templière, et l'exclusivisme social qui caractérisait la Stricte Observance. Comme Knigge, il était partisan d'une réforme profonde de l'ensemble des systèmes maçonniques d'Allemagne, visant à en simplifier les structures, mais aussi à leur assigner une tâche conforme à l'esprit du siècle, essentiellement concrète et pratique, et dont l'exécution serait l'affaire de tous, et non seulement des princes.

A la fois délégué de la Stricte Observance et membre de l'Ordre des Illuminés, Ditfurth était tout désigné pour porter devant l'assemblée maçonnique quelques propositions inspirées par l'Ordre bavarois, d'autant plus que son idéal personnel était tout à fait conforme aux plans de Knigge.

La partie qui allait se jouer n'était pas facile. Ditfurth pouvait compter sur l'appui d'un autre membre de la Stricte Observance, Johann Joachim Christoph Bode[217]. Comme Ditfurth, comme Knigge aussi, Bode avait rédigé, en

---

214 Sur lui voir *Allg. Handb. d. Freim.*, I, 201, sq.; LENNHOFF-POSNER, *op. cit.*, Sp. 373.
215 Il avait rédigé deux mémoires dans ce sens: *Vorstellungen an Sämmtliche Brüder des letzten Grades im Jahr 1779, worin das T[empel] H[erren] O[rdens]system an und für sich selbst nicht angefochten*, et *Meine, des altschottischen Obermeisters, Proposition an sämmtliche altschottischen Brüder*, dat. 5. Jänner 1780.
216 Cité in: HAMMERMAYER, *op. cit.*, 130. Knigge reprendra cette idée presque mot pour mot dans l'*Umgang* et dans *Geschichte des armen Herrn von Mildenburg*. Voir les Extraits de *Vorstellungen an sämmtliche Brüder...*, cités par HAMMERMAYER, *op. cit.*, 181 sq.
217 Inprimeur à Hambourg et traducteur renommé des oeuvres littéraires anglaises, Johann Joachim Christoph Bode (1730 - 1793) appartenait à la loge de Stricte Observance Anna Amalia, qui initia Goethe. Il était persuadé que les jésuites cherchaient à détruire la maçonnerie. Sur lui, *Allg. Handb. d. Freimaurerei*, I, 114 sq. et LENNHOFF-POSNER, *op. cit.*, Sp. 196 - 198.

vue du Convent, un mémoire dans lequel il proposait une réforme de l'Ordre[218]. Pour lui aussi, la maçonnerie devait se borner à cultiver les trois grades symboliques. Dans un petit opuscule publié anonymement en 1781, il avait pris à partie les charlatans qui profitaient de "l'épidémie qui règne de nos jours, cette soif de signes et de miracles"[219] pour duper les naïfs et leur vendre les secrets les plus fabuleux. Bode était également très hostile aux catholiques, qu'il accusait d'avoir inventé la légende templière en vue de restaurer en Grande-Bretagne l'absolutisme des Stuarts.

Face à ces deux hommes, que soutenaient quelques délégués, par exemple Ernst Traugott von Kortum[220], les partisans de l'occultisme, de l'ésotérisme ou du mysticisme, sous toutes les formes et dans toutes les variation que peuvent présenter ces notions qui ne sont nullement synonymes, formaient la majorité de l'assemblée. Si plusieurs d'entre eux étaient également hostiles à la légende templière, ils n'avaient pas pour autant rejoint le camp rationaliste, comme le prouve l'exemple du ministre saxon von Wurmb, qui était rose-croix[221].

En gros, le Convent se partageait en trois tendances: les déistes rationalistes, peu nombreux, autour de Ditfurth; les partisans de traditions hermétistes et alchimistes, aux côtés desquels se rangeaient quelques Allemands, la plupart des délégués des Etats des Habsbourg, et les Français Chefdebien d'Amand, de Montpellier, et Chappe de la Henrière, de Metz; enfin les partisans du système lyonnais martiniste [222], avec Willermoz, Ferdinand de Brunswick et Charles de Hesse, suivis par les délégués suisses, italiens et danois.

Chacun de ces groupes avait des affinités idéologiques avec d'autres systèmes qui n'avaient pas été invités à participer aux travaux de Wilhelmsbad.

Les délégués représentant les Etats de Habsbourg appartenaient à une loge liée au système de Zinnendorf. Le duc Ernest II de Saxe-Gotha était membre

218 J.J.Chr. BODE, *Anbefohlenes pflichtmässiges Bedenken über das höchst verehrlich-provisorische Circulare Sr. Herzogl. Durchl. M[agni] S[uperioris] O[rdinis] a Victoria [= Ferdinand von Braunschweig], sub dato den 19. September, einen allgemeinen O[rdens] Convent betreffend*, 1780.
219 [J.J.Chr. BODE], *Ein paar Tröpflein aus dem Brunnen der Wahrheit, Ausgegossen von dem neuen Thaumaturgen Cagliostros*, Am Vorgebürge, 1781, 35.
220 Ernst Traugott von KORTUM, né en 1742, conseiller aulique et staroste à Varsovie, représentait au Convent le comte de Brühl. Il est l'auteur de *Beiträge zur philosophischen Geschichte der heutigen geheimen Gesellschaften*, Leipzig, 1786. Il fut professeur à Lemberg (aujourd'hui Lwow, en URSS), et eut comme élève le futur réformateur de la maçonnerie, Ignaz Fessler. Sur lui, voir HAMMERMAYER, *op. cit.*, 180, n. 3 et LENNHOFF-POSNER, *op. cit.*, Sp. 864.
221 HAMMERMAYER, *op. cit.*, 25.
222 Sur ce système, dirigé, entre autres, par le soyeux lyonnais Jean-Baptiste Willermoz (1732 - 1824), voir LE FORESTIER, *Franc-Maçonnerie*, 498 - 532 et 726 - 761, et FAIVRE, *op. cit.*, 151 - 177.

de la Grande Loge Nationale des Francs-Maçons d'Allemagne, créée par le même Zinnendorf. Le marquis de Chefdebien rêvait d'unir la Stricte Observance au système français des Philalètes, ce qui aurait permis la naissance d'une puissance maçonnique dominée par la France. Les Rose-Croix avaient, grâce aux tenants des traditions alchimistes, leurs espions à Wilhelmsbad. L'un d'eux était Carl Gerhard Schwarz, professeur de philosophie à Reval, initié à Berlin. Les rationalistes enfin, se tournaient vers l'Ordre des Illuminés[223].

On comprend que le choc entre ces diverses tendances ait transformé le Convent, selon l'expression de R. Le Forestier, en un véritable "champ clos"[224]. En fait, la lutte allait surtout opposer les rationalistes et les mystiques, et, à travers eux, leurs alliés respectifs, les Illuminés de Bavière d'un côté, de l'autre les martinistes du système lyonnais, les partisans du système de Zinnendorf et, dans une moindre mesure, les Rose-Croix.

Grâce à Knigge et à Ditfurth, Weishaupt était très exactement informé de ce qui se passait à Wilhelmsbad. Le 31 juillet 1782, il décrivait à Zwack le rôle joué par les différents partis en présence, et il ressort de sa lettre qu'il avait parfaitement compris le double enjeu des débats, d'une part la lutte opposant mystiques et rationalistes, d'autre part la rivalité entre les princes et ceux qui, parmi les maçons, désiraient une véritable réforme du système[225]. Aussi les Illuminés étaient-ils en mesure de mener leur offensive en direction de la Stricte Observance.

Knigge avait mis au point une tactique dont il espérait les meilleurs résultats. Tandis que Ditfurth défendrait devant le Convent les idées des Illuminés, mais sans faire, bien entendu, aucunement allusion à l'Ordre, Knigge s'emploierait, soit par des conversations menées dans les coulisses du Convent, soit en recevant, dans sa retraite de Francfort, les Frères auxquels Ditfurth aurait communiqué son adresse, à enrôler ceux que la Stricte Observance ne satisfaisait plus[226]. Que de nombreux Frères fussent prêts à

---

223 HAMMERMAYER, *op. cit.*, 40 sqq.
224 LE FORESTIER, *Franc-Maçonnerie*, Livre III, chap. IV: "Le champ clos de Wilhelmsbad", 610 - 648.
225 Weishaupt à Zwack, 31 juillet 1782, reproduit par HAMMERMAYER, *op. cit.*, 219, n. 237. Une traduction française en est donnée par LE FORESTIER, *Illuminés*, 362 sq., n. 2.
226 Knigge prenait une part active à la vie maçonnique de Francfort. Il essayait d'y introduire les préoccupations intellectuelles des Illuminés. Depuis 1765, deux loges rivales existaient à Francfort: L'Union (qui cultivait les trois grades symboliques), et Aux Trois Chardons, ralliée à la Stricte Observance. Knigge avait tenté de les rapprocher en fondant un "club", sorte de cercle réunissant, dans des soirées, les maçons des deux loges. Ce cercle compta rapidement près de 50 membres. On y lisait aussi bien des journaux que les livres les plus récents. Chaque membre cotisait pour 6 florins par semestre, ce qui permettait d'acheter des livres. Le catalogue de la bibliothèque qui, ainsi, se constitua peu à peu, a été rédigé par Knigge. On y trouvait la *Deutsche Enzyclopädie* en 18 volumes (don du libraire-

quitter la franc-maçonnerie, ressort du rapport que Ditfurth adressa, en août 1782, aux Illuminés[227].

Selon Knigge, les Illuminés devaient soumettre au Convent six propositions: 1) unir les systèmes maçonniques sur la base des trois grades symboliques "bleus", de sorte que toutes les loges qui les cultiveraient pussent, à condition de recruter leurs membres avec rigueur et discernement, se reconnaître mutuellement comme régulières; 2) la maçonnerie ne devait plus se soucier des hauts grades ni des Supérieurs Inconnus; 3) les versements d'argent aux Supérieurs devaient cesser; 4) un nouveau code maçonnique devait être élaboré; 5) les membres des loges devaient élire leurs Maîtres, et les loges leur Directoire; 6) enfin, celui qui prétendrait détenir un haut grade ne devait jouir d'aucun avantage spécial dans la maçonnerie ordinaire[228].

Ces propositions rappellent ce que Knigge avait envisagé dans son *Mémorandum* de novembre 1780, dans lequel, à côté d'une analyse des objectifs que devait poursuivre la maçonnerie, étaient formulées des suggestions concernant l'unification des systèmes maçonniques et l'administration de la caisse de l'Ordre. Mais elles ramènent aussi aux attaques que l'*Allocution aux Illuminatos Dirigentes*, devenue dans le cahier du grade de Prêtre l'*Instruction dans le Premier Appartement*, lançait contre le "despotisme". Ici, il n'est pas directement question des princes. Mais en précisant que les loges devraient élire elles-mêmes leur Directoire, Knigge rappelait que, pour lui, une réforme de la maçonnerie n'aurait de sens que si les Princes cessaient de la dominer. L'Ordre des Illuminés devait être l'instrument d'un processus de démocratisation de la franc-maçonnerie allemande, en même temps que celui de sa régénération.

Il est évident qu'à ses yeux, l'une n'allait pas sans l'autre, à condition de limiter le champ sémantique du terme moderne de "démocratisation". Il

---

imprimeur Brönner), les poèmes d'Ossian, des oeuvres de Klopstock, Lessing, Wieland, Klein, Gellert, Goethe, Haller, Hagedorn, Uz, Ramler etc., ainsi que de nombreux ouvrages d'histoire, de géographie, de philosophie, la plupart en langue française. La blibliothèque était riche aussi en ouvrages sur la maçonnerie, les Rose-Croix et les Illuminés. Ce "club" témoigne à la fois des efforts de Knigge pour mettre en pratique le but illuminé de diffuser le Lumières et du haut niveau intellectuel de ceux que ces efforts intéressaient. En 1785, le "club" organisa même un concert de musique pour piano et orchestre. Voir KLOSS, *op. cit.*, 159 sq. et DEMETER, *op. cit.*, 90 sqq, d'après un ms rédigé en 1834 par G. KLOSS.

227 DITFURTH, *Bericht über den Wilhelmsbader Konvent 1782*, Wetzlar, vers les 5 - 14 août 1782, dont de larges extraits sont publiés par HAMMERMAYER, *op. cit.*, 114 - 133. Le ms a été publié pur la première fois par G. KLOSS, in: *Freimaurer-Zeitung*, Leipzig, 1847, Nr. 5 und 6, 33 - 48. Le ton général de ce rapport traduit une véritable haine a l'égard des princes et du despotisme. Mais Ditfurth écrivait pour les Illuminés. D'autre part, ce propos ne sont pas exempts de ressentiment personnel.

228 *Philos Bericht über Jonien* [= Obersachsen], Monat Dimeh 1132 [= janvier 1783], NOS, I, 210 sq.

s'agit, en l'espèce, de la volonté d'abattre la barrière séparant deux élites sociales différemment définies: d'une part celle de la naissance, d'autre part celle de la culture et du savoir, éventuellement de la fortune. En cette fin du dix-huitième siècle, la première repose sur des bases de plus en plus étroites, parce qu'elle ne peut plus se justifier par ce qui, à l'origine, avait légitimé son pouvoir: la vaillance militaire et le service exclusif du prince. Elle doit se fondre avec la seconde, dont la conscience sociale se précise au fur et à mesure que sa situation de culture et de fortune l'amène à occuper une place de plus en plus importante au service non du prince, mais de l'Etat, et, pour certains, de la société et du genre humain. Les attaques lancées par Ditfurth et Knigge contre la "maçonnerie de princes" étaient en réalité l'expression d'une lutte politique et idéologique. La nouvelle religion que Knigge voulait fonder, sous la bannière de laquelle il voulait rassembler une maçonnerie régénérée, est un témoignage de l'évolution d'une conscience politique et sociale. Cette analyse sera confirmée par l'étude des listes d'Illuminés qui nous sont parvenues, qui, malgré leur caractère incomplet, voire incertain parfois, nous permettront d'esquisser une approche sociologique de l'Ordre[229].

Pourtant, les interventions de Ditfurth devant le Convent nuisirent plus à la cause des Illuminés qu'elles ne la servirent. Homme de tempérament fougueux et au caractère entier[230], il commença par provoquer Ferdinand de Brunswick lui-même, exigeant de celui-ci qu'il mît sous les yeux des membres du Convent un document écrit prouvant la filiation templière de la Stricte Observance et authentifiant sa position de Grand Maître de l'Ordre. Il le fit en termes insultants pour l'orgueil du duc, mettant en doute sa sincérité. Il termina sa harangue par un défi: "Finalement, nous sommes venus ici pour être informés, mais non pour entendre exprimer des sentences autoritaires au sujet de nos opinions"[231].

Les propos de Ditfurth signifiaient plus que le rejet de la légende templière. Ils visaient à travers elle les prétendus Supérieurs Inconnus, accusant presque le Magnum Superiorem Ordinis d'utiliser cette fiction pour exercer sur l'Ordre un pouvoir incontrôlé, parce qu'incontrôlable. Charles de Hesse ayant invité Ditfurth à apporter lui-même la preuve que le duc de Brunswick ne possédait pas les secrets qu'il disait détenir, Ditfurth reconnut qu'il ne pouvait présenter aucune preuve d'ordre juridique. Mais il lança à la face des deux Altesses une phrase qui, au-delà de son insolence, situait le débat sur son véritable terrain:

> Cela ne règle pas le problème, car, d'après la saine raison, celui qui affirme quelque chose doit, si cette chose est niée, en faire l'exposé, et celui qui nie peut l'exiger et n'a pas besoin de prouver que cette chose n'est pas. Personne

---

229 Voir *infra*, "Résultats".
230 "Minos [= Ditfurth] ist zu hitzig", écrit Knigge à Zwack le 26 mars 1783, NOS, I, 126.
231 Ditfurths Bericht, in: HAMMERMAYER, *op. cit.*, 119 sq.

> n'entend, je pense, bannir la raison de cette société ? Car qu'aucune chicane ou argutie juridique n'ait à y être développée, voilà mon opinion[232].

Ce n'est plus seulement le chef de la Stricte Observance qui était ainsi apostrophé, c'était le "despote".

Quelques jours plus tard, Ditfurth allait, par ses propos, attaquer de front non plus seulement les princes, mais la quasi-totalité des maçons rassemblés à Wilhelmsbad. Le prétexte du nouvel éclat fut la question de savoir ce que devait être la "vraie maçonnerie". Ditfurth ne se faisait aucune illusion sur les tendances qui dominaient l'assemblée. Dans son rapport aux Illuminés, il divisait l'assemblée en trois catégories de Frères: les "rêveurs" (*Schwärmer*), qu'il accusait de se conduire en "valets des princes" (*Fürstenknechte*); un groupe de Frères raisonnables, mais "qui sont complètement dégoûtés de la maçonnerie et à qui il est indifférent qu'elle soit supprimée demain"; enfin ceux qui, raisonnables aussi, l'aimaient encore et souhaitaient "greffer un Ordre conventionnel nouveau sur la maçonnerie"[233]. A ces derniers, Ditfurth voulut montrer qu'il existait une "vraie maçonnerie". L'occasion de sa démontration lui fut fournie lorsque le Convent aborda la question du contenu de la doctrine maçonnique. Willermoz lut un mémoire plein d'un mélange confus "de bonnes choses et de mysticisme"[234]. Un autre Frère, le Français marquis de Virieu, parla de la bienfaisance. Ditfurth, lui, traita de la religion.

Nous ne connaissons le contenu de son exposé que par les indications que donne son rapport aux Illuminés. Celui-ci fait état de la réaction indignée de la plupart des participants. Le docteur Diethelm Lavater (le frère du fameux physiognomoniste) accusa Ditfurth d'avoir nié l'existence non de Dieu, mais, ce qui était peut-être encore plus grave, du diable et des fantômes, et d'avoir expliqué l'histoire de la Création comme s'il s'agissait d'une allégorie. Willermoz s'écria:

> Le Frère ab Orno [= Ditfurth] vient de nous tenir un discours scandaleux, impie, contraire à la foi chrétienne et séditieux, indigne d'être ouï par des Maçons et par de bons sujets[235],

et il le somma de se rétracter. Le médecin Giraud, de Turin, déclara que le discours de Ditfurth n'était "qu'hérésie et rébellion". Seuls quelques Frères, parmi eux le comte Szapary, de Presbourg, Henrich von Rosskampf et Th. Bauer, de Stuttgart, et Chappe de la Henrière, manifestèrent leur approbation, par leur mimique plus que par des mots, il est vrai. Seul de la Henrière prit la parole pour expliquer que Ditfurth, qui s'était exprimé en français, n'avait peut-être pu peser exactement ses termes, et que la tolérance maçonnique exigeait qu'on ne le condamnât point sans l'avoir entendu une nouvelle fois.

---

232 *Ibid.*, 120.
233 *Ibid.*, 122.
234 *Ibid.*, 124.
235 En français dans le texte, *ibid.*, 125.

Mais Ditfurth, loin d'atténuer les propos qu'il avait tenus, répondit par un nouveau discours, dans lequel il s'exprimait encore plus nettement:

> Mes Frères, je croyais être parmi des Frères dans un Convent maçonnique et non dans une assemblée ecclésiastique du huitième siècle.

Il expliquait ensuite que la plus élémentaire tolérance, vertu maçonnique par excellence, eût exigé qu'on le corrigeât par des arguments, non qu'on le condamnât sans appel. Mais surtout, il exprimait l'idée que le Convent était rempli d'espions:

> Je m'aperçois maintenant qu'il pleut, et ce qui s'est passé aujourd'hui prouve que les vérités que j'ai exposées ici ne sont faites que pour un petit nombre, car l'assemblée ici réunie, le noyau de la maçonnerie rectifiée, était déjà trop grande et ses membres n'ont pas été choisis avec un soin suffisant[236].

C'était déclarer une guerre ouverte à la Stricte Observance, en se servant comme armes des principes qu'elle prétendait cultiver, en particulier la tolérance. Ditfurth concluait sa harangue par une profession de foi dont les arguments rappellent nettement les positions développées dans l'*Allocution*:

> Je dois pourtant vous dire encore que je n'ai rien dit contre la religion chrétienne, que je vénère et considère comme la seule vraie et authentique religion, mais que ce que telle ou telle secte, ou plusieurs sectes enseignent dans un système fabriqué de bric et de broc par la la prêtraille, n'est pas nécessairement du vrai christianisme [...]; que je dois donc m'étonner de m'entendre déclarer mauvais chrétien, dans une société de maçons, dont le but ne saurait nullement être de défendre l'orthodoxie d'une ou de plusieurs sectes chrétiennes parmi tant d'autres, de lancer des anathèmes et d'exiger des rétractations par des sentences autoritaires [237].

---

236 *Ibid.*, 126. "Il pleut" signifie en langage maçonnique codé: "on nous écoute". Cette expression se trouve, comme on sait, dans la chanson populaire "il pleut bergère", où elle est, ainsi que l'ensemble de la chanson, à double sens. Cela n'est pas étonnant si l'on se rappelle que l'auteur en est Fabre d'Eglantine, lui-même maçon. C'est Fabre d'Eglantine qui donna leurs noms aux mois du calendrier républicain. La "maçonnerie rectifiée" est la Stricte Observance.

237 *Ibid.* Les réactions de Willermoz aux propos de Ditfurth, consignées par lui dans un mémoire intitulé *Réponse aux assertions contenues dans l'ouvrage du R[espectable] F[rère] a Fascia [= Louis de Beyerlé], 1784*, sont cité longuement par A. VIATTE, *Les sources occultes du romantisme. Illuminisme, théosophie 1779 - 1820*, réimpr., Paris, 1969, I, 148 sq., et reproduites dans HAMMERMAYER, *op. cit.*, 222 sq., n. 248. HAMMERMAYER cite aussi l'extrait du mémoire rédigé par Ditfurth en 1780 (cf. n. 218 ci-dessus), où celui-ci expose une véritable profession de foi d'un déisme confinant à l'athéisme. On y lit par exemple: "Die Religion muß das Herz und die Überzeugung bestimmen, sie gehöret nicht in die Loge"; il affirme qu'un "nachdenkender Christ" ne peut croire tout ce qu'enseigne l'orthodoxie; que l'enseignement du Christ se trouve déjà chez les auteurs grecs et romains, et qu'il vise uniquement la perfection morale etc., *ibid.*

Il est possible que Ditfurth ait été, dans son rapport aux Aréopagites, plus violent qu'il ne l'avait été réellement à Wilhelmsbad. Pourtant, Knigge ne fut pas du tout satisfait de la tournure qu'il avait donnée aux débats. Il évoque à plusieurs reprises le comportement imprudent de Ditfurth [238]. En fait, il lui adresse deux reproches essentiels, qui concernent plus la manière dont Ditfurth avait abordé les problèmes que le fond de sa position.

D'abord, il regrette que la violence du ton adopté par Ditfurth à l'égard de Ferdinand de Brunswick et de Charles de Hesse lui ait aliéné la sympathie des deux princes. Or Knigge, tout en voulant leur enlever la direction de la maçonnerie, entendait par ailleurs essayer de s'en faire des alliés en les convertissant à sa cause. Contradiction avec son discours hostile au "despotisme"? Illusion inhérente à une admiration, qu'il ne réussira jamais à cacher, pour l'absolutisme éclairé, et dont les jugements que, tout au long de son oeuvre, il portera sur Frédéric II et Joseph II portent témoignage [239]? Ou, plus vraisemblablement, simple tactique? En tout cas, il constate que Ditfurth "s'est privé des moyens d'attirer les princes"[240].

Mais le reproche essentiel s'adressait aux propos que Ditfurth avait tenus sur la religion. Knigge écrit dans son rapport d'août 1782 aux Aréopagites:

> La manière déraisonnable dont Minos [= Ditfurth] déballe en tous lieux et sans distinction le déisme ne pouvait faire bonne impression sur aucun des membres du Convent, et il était conforme au moins à la prudence de ne point adhérer, e n c e l i e u, à ce qu'il exposait"[241].

Cette affirmation indique suffisamment que Knigge ne condamnait pas au fond les convictions religieuses de Ditfurth. Tout ce que nous avons dit de sa conception d'une nouvelle religion prouve même le contraire. Ce qui est en cause ici, c'est la tactique utilisée. La suite du rapport que nous venons de citer

---

238 *Bericht vom Monat Thirmeh 1152* [= juillet 1782], NOS, I, 192 sq. et rapport de janvier 1783, *ibid.*, 211.
239 Il dédicacera à Joseph II ses *Sermons contre le Despotisme...* en 1783. Et encore en 1792, dans *Wurmbrand*, il fera l'éloge de "Frédéric l'Unique".
240 *Bericht vom Monat Thirmeh 1152, op. cit.*, p. 193. Il est évident qu'ici Knigge ne pense pas à *tous* les princes, mais uniquement à Ferdinand de Brunswick et à Charles de Hesse. Cette interprétation est imposée par son action depuis 1778.
241 *Bericht vom Monat Merdemeh 1152* [= August 1782], NOS, I, 200. Knigge fait ici allusion à la réaction du comte Kolowrat-Liebstein, délégué des chapitres de Vienne et d'Hermannstadt, et qu'il vient, ainsi qu'il l'annonce au début de son rapport, de recruter dans l'Ordre des Illuminés. En réalité, Kolowrat était Rose-Croix, mais Knigge l'ignorait à cette époque. Selon Knigge, Ditfurth le considérait seulement comme "bigott". Knigge écrit au début du rapport de juillet 1782, toujours à propos des interventions de Ditfurth: "Die Politic erforderte es, dass man ihn nach Herlesung desselben zum Ketzer machen musste; und ich selbst, wenn ich gegenwärtig gewesen wäre, würde mich seiner nicht haben annehmen dürfen", *Bericht vom Monat Thirmeh* [= Juli], NOS, I, 193.

éclaire parfaitement les raisons profondes des réserves formulées par Knigge. Ditfurth avait en effet chargé un autre Illuminé, le Frère Spinoza[242], de procéder à des recrutements en Basse-Saxe. Or l'activité de Spinoza, que Ditfurth tenait en haute estime, risquait d'entraîner la défection d'un certain nombre d'Illuminés hanovriens, en particulier celles du conseiller de consistoire Falcke et des professeurs à l'Université de Göttingen Koppe et Feder, que choquaient ses positions religieuses. Knigge constatait: "Dès que Minos, Spinoza et le déisme opèrent là-bas, tout est gâché"[243]. Et il ajoutait, furieux: "L'intolérance d'un déiste est tout aussi détestable que celle d'un curaillon"[244].

Knigge ne pouvait définir plus nettement ce que devait être, à ses yeux, la tolérance. Personnellement adepte d'une religion qui conciliait celle de Rousseau et celle de Lessing, il admettait parfaitement que d'autres fussent athées, ou au contraire, partisans de l'orthodoxie. Ce qu'il condamnait, ce n'étaient ni les idées ni les croyances. C'étaient les comportements, lorsque ceux-ci se transformaient en pouvoirs absolus, en contraintes exercées sur les corps ou sur les esprits. Ditfurth se rendait coupable d'absolutisme intellectuel, et cela suffisait à rendre inacceptable l'attitude provocante qu'il avait adoptée à Wilhelmsbad. Il ne faut jamais perdre de vue cette opposition qui, en 1782, sépare deux hommes qui au fond étaient très proches par les idées. Tandis que Ditfurth attaquait de front, brutalement, ses adversaires, Knigge essayait de trouver un compromis acceptable pour toutes les parties. Lorsque, en 1792, il ne s'agira plus de sociétés secrètes, mais de politique, lorsque les débats mettront en cause des nations entières, Knigge adoptera une attitude semblable, essayant de concilier idéal et respect de l'adversaire, conformément à l'idée qu'il se faisait de la tolérance.

L'attitude de Ditfurth lui paraissait donc condamnable au nom même de l'idéal que celui-ci prétendait défendre. D'autre part, elle constituait une imprudence tactique évidente, qui risquait de réduire à néant les patients efforts de Knigge pour attirer à l'Illuminisme les transfuges de la Stricte Observance. Il souligne par exemple dans son rapport que si Ditfurth charge Spinoza de recruter des "gens" en Basse-Saxe, tout son plan risque d'être détruit.

Ce plan, il le développe dans le même texte, du moins en partie, car il n'exposait pas dans ses rapports le fond de sa pensée et ne dévoilait pas toutes les tractations auxquelles il se livrait.

Son premier souci était que l'Ordre des Illuminés fût assez solidement structuré pour accueillir les transfuges de la Stricte Observance déliquescen-

---

242 Sans doute un procureur de Hanovre, Münter, qu'il ne faut pas confondre avec le théologien de Copenhague Friedrich Christian Münter, également ami de Knigge et de Weishaupt. Spinoza est mentionné par A. BARRUEL, *op. cit.*, II, 383.
243 *Bericht vom Monat Merdemeh 1152, op. cit.*, 105.
244 "Die Intolleranz (!) eines Deisten ist eben so arg, als der (!) eines Pfaffen, *ibid.*.

te. C'est la raison pour laquelle il avait travaillé sans désemparer à l'élaboration des cahiers contenant les grades du système. Les nouvelles recrues devaient être en mesure de trouver dans l'Ordre les réponses que la Stricte Observance ne leur fournissait pas, et Knigge ne voulait pas qu'elles se trouvassent dans la situation qui avait été la sienne avant que Weishaupt ne lui avoue que le système illuminé n'en était qu'à la première phase de sa conception.

Mais l'efficacité de l'Ordre exigeait aussi que son implantation ne fût pas anarchique. Knigge voulait donner à chaque Province illuminée une structure hiérarchique solide. Chaque Province devait avoir son Provincial, et il était établi un Inspecteur pour trois Provinces[245]. L'Allemagne, qui recevait le nom d'*Assyrie*, était divisée en trois Inspections: l'*Achaïe* (Bavière, Franconie, Souabe), l'*Éthiopie* (Cercles du Bas-Rhin et du Haut-Rhin, Westphalie), et l'*Abyssinie* (Haute-Saxe et Basse-Saxe). L'Autriche (appelée *Egypte*) ne comprenait, outre *Rome* (Vienne), qu'une seule Province, le *Péloponèse* (Tyrol)[246]. En ce qui concerne une éventuelle implantation de l'Ordre à l'étranger, Knigge se montrait très réservé. Il conseillait de ne rien entreprendre en France, "même en Alsace et en Lorraine"[247], où existaient pourtant des loges de Stricte Observance. En Hollande, il se contenta de recruter le capitaine von dem Busche, un Allemand qui servait dans les armées du stathouder. Enfin, Knigge souhaitait que chaque Préfecture de l'Ordre[248] eût à sa tête "d'importants Supérieurs locaux, qui mettraient en marche toute la machine"[249].

Knigge entreprenait au fond de donner à l'Ordre des Illuminés une structure assez comparable à celle de l'Eglise Evangélique luthérienne, fractionnée en Eglises territoriales qu'unissait non pas l'obéissance à un pontife ayant puissance sur l'ensemble de ceux qui adhéraient à la même foi, mais précisément cette foi elle-même. Il est remarquable que le catholique Weishaupt, de surcroît ancien élève des jésuites, ne concevait pas que l'Ordre dût se priver d'une direction assurée par une seule personne – la sienne, évidemment. Le luthérien Knigge construit au contraire la nouvelle Eglise sur un

---

245 *Ibid.*, 194.
246 Sur la géographie illuminée, voir le tableau complet, comprenant les noms illuminés de toutes les provinces, préfectures et villes, dans LE FORESTIER, *Illuminés*, 295 sqq., ainsi que dans DÜLMEN, *op. cit.*, 49 sqq., établi à partir de sources manuscrites et imprimées. L'une d'elles est le tableau de la Direction Nationale d'Allemagne, reproduit in: NOS, I, *in fine*. Voir aussi le bon résumé donné par HAMMERMAYER, *Der Gemeinbund der Illuminaten in Regensburg*, in: *Verhandlungen des Hist. Ver. f. Oberpfalz u. Regensburg*, 110/1970, 61 - 92, ici 68 sq. et n. 31.
247 "sogar [...] in Elsass und Lothringen", *Bericht vom Monat Thirmeh*, *op. cit.*, 194.
248 Les Préfectures étaient les sous-divisions d'une Province.
249 *Bericht vom Monat Thirmeh 1152*, *op. cit.*, 199.

modèle à la fois décentralisé et fortement hiérarchisé. De même que les pasteurs luthériens devaient se soumettre aux "visitations" opérées par leurs supérieurs locaux, de même les loges illuminées devaient-elles accepter d'être "visitées" par des Provinciaux disposant du pouvoir de les remettre, si besoin en était, dans le droit chemin. Mais cette nouvelle Eglise ne connaissait ni pape ni curie. Les Aréopagites n'en devaient plus être les maîtres. Knigge souligne dans la *Déclaration de Philo* que l'Ordre devait être dirigé par les Régents, parmi lesquels seraient choisis les Provinciaux. Soigneusement sélectionnés, ces hommes, "les plus nobles, les plus éclairés, en un mot les mieux formés", "mériteraient alors d'être des hommes tout à fait libres et de n'avoir pour maîtres que la raison et la vérité intimement reconnue"[250].

Il est clair que la franc-maçonnerie offrait pour Knigge l'immense avantage de pouvoir fournir à la fois le personnel et, grâce aux loges, les lieux d'implantation nécessaires à l'édification de cette nouvelle Eglise. Aussi l'attitude de Ditfurth à Wilhelmsbad constituait-elle réellement, par son agressivité contre la Stricte Observance, un obstacle important à la réalisation de ses projets.

La défaite des Illuminés au Convent fut scellée par le résultat du vote qui détermina la composition d'une commission chargée d'élaborer les grades du système issu des débats du Convent, celui des Chevaliers Bienfaisants[251]. Ditfurth n'en fit pas partie. En revanche, y fut élu le Frère Bode qui, tout en ayant refusé de prendre publiquement parti pour Ditfurth, était lui aussi partisan d'une réforme de l'Ordre dans le sens du rationalisme.

Knigge, qui avait recruté Bode dans l'Ordre des Illuminés[252], fait de lui un éloge significatif, louant son caractère ouvert et son désintéressement. Bode promit son appui aux Illuminés. Mais il ne pouvait plus être question de défendre une nouvelle fois devant le Convent des thèses que celui-ci avait déjà rejetées. Bode joua pour les Illuminés le rôle d'espion, les informant de tout ce qui ce qui se passait à Wilhelmsbad après le départ de Ditfurth. En même temps, il devait essayer d'amener à l'Ordre de nouvelles recrues. Bode accepta, après s'être assuré que les Illuminés n'étaient pas dirigés en sous-main par les jésuites, qu'il avait, comme Nicolai, tendance à voir partout. Il vérifia également que l'Ordre n'entreprenait "rien de dangereux pour l'humanité"[253]. Mais surtout, Bode s'engageait à faire placer des Illuminés à la tête des loges qui adhéreraient au nouveau système mis en place à Wilhelmsbad. Ce que le fougueux Ditfurth n'avait pu obtenir, une nouvelle orientation idéologique de la maçonnerie allemande, Knigge voulait essayer de le réaliser par une patiente conquête des postes-clefs des loges écossaises qui constitueraient le système des Chevaliers Bienfaisants. Knigge se révèle ici non

---

250 *Philo*, 116.
251 HAMMERMAYER, *Konvent*, 72.
252 *Bericht vom Monat Merdemeh 1152, op. cit.*, 206: *Bericht vom Monat Dirmeh, op. cit.*, 213.
253 *Bericht vom Monat Dirmeh, op. cit.*, p. 215.

seulement comme un intellectuel qui sait manier des idées, mais aussi comme un tacticien qui sait mettre à profit une situation favorable. En cela, il doit être considéré comme une personnalité de premier plan dans l'histoire de la maçonnerie allemande à cette époque.

L'affiliation de Bode permettait de réparer sur un autre plan les bévues commises par Ditfurth. C'est grâce à lui que, finalement, Charles de Hesse fut, le 28 février 1783, attiré dans l'Ordre des Illuminés, sollicitant lui-même son admission[254]. Que Knigge fût particulièrement intéressé à prendre dans ses filets ce chef important de la Stricte Observance, ne saurait surprendre. Il ne s'agissait pas tant pour lui de convertir un prince, aussi bienveillant fût-il, aux principes de l'Ordre, que de dominer, à travers lui, le système dont celui-ci était l'un des chefs. A cela s'ajoutaient pour Knigge d'autres considérations. D'abord, Charles de Hesse possédait sur toutes les branches de la maçonnerie des connaissances qui pouvaient s'avérer fort utiles lorsque Knigge rédigerait les grades des Grands Mystères, d'autant plus que ceux-ci serviraient, par leur contenu essentiellement "mystique", d'appât pour gonfler encore les effectifs de l'Ordre des Illuminés, tout en reléguant, nous l'avons vu, ceux qui les auraient obtenus dans une classe dont les travaux n'empêcheraient pas l'Ordre de poursuivre ses objectifs réels, étrangers à toute préoccupation d'ordre mystique ou hermétiste. D'autre part, Charles de Hesse jouissait d'une position en vue au Danemark (il avait épousé une princesse danoise), et son aide pouvait être précieuse au cas où les Illuminés envisageraient d'établir dans ce pays, ainsi que dans le Holstein, des comptoirs dont les activités rapporteraient de l'argent[255].

On comprend moins pourquoi Charles des Hesse désirait tant, de son côté, devenir Illuminé. Dans ses *Mémoires*, il affirme que Bode lui avait parlé de l'Ordre en des termes faits d'abord pour soulever son enthousiasme. Mais ayant pris connaissance du contenu des grades, il prétend avoir été effrayé par leur caractère subversif et n'avoir accepté de prendre la tête des loges illuminées "du nord" que pour mieux empêcher la réalisation de projets contraires à la religion et aux Etats[256]! La réalité est pourtant très différente. Le 10 mars 1783, Charles délivrait à Bode pleins pouvoirs pour informer les Illuminés des décisions prises à Wilhelmsbad et des travaux de mise en place du système des Chevaliers Bienfaisants. Il justifiait la confiance qu'il accordait à Bode en remarquant que la Société au nom de laquelle il agissait lui semblait poursuivre "un but visant au bonheur du genre humain"[257]. Le texte de la lettre ne révèle aucune réserve de la part du prince. En 1816, année où il

---

254 *Ibid.*, 312. Sur Charles de Hesse et les Illuminés, voir F. KNEISNER, *Landgraf Carl zu Hessen und seine Wirksamkeit in der deutschen Freimaurerei*, Berlin, 1917, 54 - 57.
255 KNEISNER, *op. cit.*, 54. Ces intentions restèrent à l'état de projet.
256 K. von HESSEN, *Denkwürdigkeiten, op. cit.*, 149.
257 *Copey einer Vollmacht des Prinzen Carl von Hessen an den Br[uder] Bode*, 10 mars 1783, cité in: ENGEL, *op. cit.*, 144 sq.

rédigea ses *Mémoires*, il lui était facile d'insinuer qu'on l'avait trompé. En fait, il s'était surtout laissé séduire par l'attirail de symboles et de cérémonies dont Knigge avait entouré l'édifice de la franc-maçonnerie illuminée.

L'exemple de Charles de Hesse montre le succès de la tactique qui consistait à cacher derrière un appareil de rites plus ou moins mystérieux une entreprise dont les buts étaient en réalité conformes à l'idéal rationaliste des Lumières. Toute la signification de la nouvelle religion est dans la réunion de ces deux aspects apparemment contradictoires. Knigge utilisait au profit de ses idées les hommes et les structures tels qu'il les rencontrait. Contrairement à Ditfurth, qui était un idéologue, Knigge était un pragmatique. Il ne faudra pas l'oublier lorsqu'il sera question de son attitude face à la Révolution française.

Si le Convent de Wilhelmsbad n'avait pu réformer la Stricte Observance, il avait été pour Knigge l'occasion d'une magistrale tentative de subversion au sein de cette Société. Le résultat en fut une extension rapide de l'Ordre des Illuminés, en Allemagne du Nord surtout[258]. Pourtant, la roche tarpéienne n'était pas loin. Au lieu de détruire la Stricte Observance, Knigge était sur le point de l'intégrer à son projet d'une nouvelle Eglise porteuse du message d'une nouvelle religion. Mais deux dangers menaçaient cette magnifique opération. Le premier venait de la façon même dont il procédait. A force de vouloir concilier des contraires – et c'est ce qu'il faisait en recrutant, à côté des rationalistes, des "mystiques" comme Charles de Hesse –, on provoque des tensions génératrices de destruction. D'autre part, il allait devoir affronter Weishaupt qui aurait voulu que la Stricte Observance fût éliminée et non régénérée.

C. Le projet d'une Confédération des Loges maçonniques

Knigge était secondé dans ses efforts en direction de la franc-maçonnerie par un certain nombre d'Illuminés que séduisait son projet. C'est ainsi que dès le mois de janvier 1782, le baron de Bassus, podestat de Tirano, dans les Grisons, et seigneur de la terre de Sandersdorf en Bavière[259], écrivait aux Aréopagites que, grâce au Frère Philo, les affaires de l'Ordre lui semblaient suffisamment "en ordre" pour qu'il se mît, de son côté, à recruter de nouveaux membres[260].

Ses efforts portèrent sur la loge maçonnique d'Innsbruck, qui comptait 50 membres, dont plusieurs passèrent à l'Illuminisme. Parmi eux figuraient de nombreux nobles et des fonctionnaires, grâce auxquels il espérait nouer des contacts avec les maçons viennois, désemparés par les querelles divisant les multiples systèmes. Optimiste, Bassus ajoutait qu'il espérait, sous deux ans,

---

258 Voir *infra*, 4: *Résultats*.
259 C'est dans son château de Sandersdorf que furent saisis les documents publiés dans NOS.
260 14 janvier 1782, NOS I, 134.

avoir établi dans ces régions "différents temples de la Sagesse"[261]. Zwack, satisfait du zèle de Bassus, notait en marge de la lettre: "A[nnibal] [= Bassus] serait bien l'homme qu'il faut pour réformer le monde par notre système"[262]. Knigge lui-même entreprit, à partir de Francfort, plusieurs voyages dans les régions rhénanes et en Allemagne centrale: à Mayence[263], à Spire[264], à Neuwied[265], à Wetzlar[266], à Eisenach[267]. Il se rendit aussi à Cassel et à Hanovre[268]. Il rencontra également des maçons de passage à Francfort. C'est ainsi qu'il recruta Friedrich Nicolai[269]. D'autres entrèrent en correspondance avec lui, ainsi Johannes Müller, prédécesseur de Forster comme bibliothécaire à Mayence, auquel Knigge avait affirmé sans rire que l'Ordre avait "une expérience de trois mille ans"[270]!

Mais ses efforts rencontrèrent aussi des résistances. C'est ainsi que Nicolai, après avoir accepté de figurer sur les listes des Illuminés, refusa de servir un Ordre dont les Supérieurs exigeaient une obéissance absolue, et qui, par son grade de "Prêtre", évoquait par trop une Eglise seule détentrice de la Vérité. Nicolai rejetait expressément l'idée d'un sacerdoce, surtout dès lors que celle-ci devait s'appliquer à des protestants[271]. En d'autres termes, il croyait déceler dans l'Ordre une sorte de néo-cléricature qui lui paraissait tout aussi dangereuse que celle du papisme. Enfin, l'importance que l'Ordre attachait au secret lui rappelait trop les pratiques en vigueur dans la Compagnie de Jésus.

Knigge eut encore moins de succès avec le représentant d'une tendance complètement contraire à celle de Nicolai, Johann Caspar Lavater. Désireux de séduire un homme dont l'audience était grande, en particulier dans les milieux piétistes, qui pouvaient s'intéresser au projet de nouvelle religion, Knigge lui écrivit le 3 février 1783 une très longue lettre dans laquelle, après avoir fait de son correspondant un éloge teinté de flagornerie, il exposait ses intentions. Il soulignait l'inadaptation des institutions civiles aux buts

---

261 *Ibid.*, 136.
262 *Ibid.*, 137.
263 Knigge à Grossmann, 15 mai 1782, ms. à la BU de Leipzig, KAW.
264 Knigge à Nicolai, 23 novembre 1781, ms au Nachlass Nicolai, Stift. Preuss. Kulturbes. Berlin, KAW.
265 Knigge à Greve, 29 [juillet] 1782, ASTRÄA, XXI, 293.
266 *Ibid.*, 295.
267 Knigge à J. C. Lavater, 3 février 1783, ms. à la Zentralbibliothek de Zurich, KAW.
268 Knigge à Richers, 14 février 1783, ASTRÄA, XXI, 298 sq.
269 F. NICOLAI, *Oeffentliche Erklärung über seine geheime Verbindung mit den Illuminaten*, Berlin u. Stettin, 1788, 33. Knigge l'invita à signer son revers d'admission en mars 1782 (Knigge à Nicolai, 23 mars 1782, *ibid.*, 36).
270 *"dreytausendjährige Erfahrung"*, J. Müller à Knigge, 2 juillet 1782, ms. bibl. munic. de Schaffouse, KAW. La réponse de Knigge, non datée, est conservée au même endroit.
271 NICOLAI, *Erklärung*, 79 - 82 et 123 sq.

qu'elles étaient censées poursuivre. Puis il évoquait ses efforts pour entrer dans "une alliance avec les meilleurs"[272] et constatait avec amertume que la franc-maçonnerie n'avait pas été à la hauteur de son idéal. Il informait ensuite le pasteur suisse de l'existence d'une société "hautement intéressante pour toute l'humanité et pour le christianisme", à laquelle il cherchait à agréger "les meilleurs parmi les francs-maçons et les autres hommes". Décrivant ses objectifs, il insistait sur l'enseignement de l'Ordre qui, selon lui, devait concilier la "nostalgie du coeur vers Dieu" et "les vraies Lumières". Il ne faisait pas mystère des efforts de l'Ordre pour éduquer de nouvelles élites et leur procurer en ce monde la récompense due à leurs talents. Il insistait sur le projet moral de l'Ordre. Enfin, il expliquait que la "vraie maçonnerie" visait à restaurer la religion dans sa pureté primitive, ce qui, disait-il, remplissait de confusion à la fois les libres-penseurs et les tenants d'une orthodoxie déformante.

Mais Lavater refusa de participer à l'entreprise. Il répondit le 19 février que "comme chrétien et comme psychologue", il ne pensait rien de bon "de telles manigances humaines, visant des buts lointains, projets de réforme et machines artificielles, craignant la lumière, destinées à améliorer le genre humain"[273]. Condescendant, il déclarait: "Vous retenir, je ne le veux pas". Pompeux, il ajoutait: "Ce qui n'est pas, d'une manière prouvée, divin, ne subsistera pas. Et tout ce qui vise à dominer l'esprit humain est contraire au divin". Seul Dieu, concluait Lavater, peut réformer le genre humain. Une société secrète ne saurait usurper la place de Dieu.

Knigge ne se tint pas pour battu. Il écrivit une nouvelle fois à Lavater le 26 mars. Très habilement, il exposait que c'était Dieu, précisément, qui lui demandait d'agir sur cette terre, lui ayant donné l'usage de la raison pour cela. Il soulignait que le projet qu'il avait décrit dans sa lettre précédente n'émanait pas de lui (!), mais d' "une légion d'hommes excellents"[274]. Lavater s'obstina pourtant dans son refus, essayant même, cette fois, de détourner Knigge de poursuivre sa tâche[275]. Les relations entre les deux hommes se refroidirent alors sensiblement.

Ces différentes tentatives illustrent l'une des causes de la décomposition de l'Ordre à partir des années 1784 - 1785. En raison même de la stratégie qu'il adoptait, qui visait à attirer dans l'Ordre les transfuges de tous les systèmes maçonniques et les représentants de tendances spirituelles aussi opposées que celles d'un Nicolai et d'un Lavater, Knigge devait être prêt à des compromis qui s'exprimaient dans un discours trop souvent contradictoire. Aux uns, il fallait montrer que l'Ordre ne s'opposait ni à la religion ni à l'Etat, aux autres il

---

272 "ein Bündnis mit den Bessern", Knigge à Lavater, 3 février 1783, KAW, orig. (ainsi que toute la correspondance Knigge/Lavater) à la Bibl. Centrale de Zurich. Une partie est reproduite in KLENCKE, *op. cit.*, 43 - 49.
273 Lavater à Knigge, 19 février 1783, KAW.
274 "eine Legion besserer Menschen", Knigge à Lavater, 26 mars 1783, KAW.
275 Lavater à Knigge, 13 juin 1783, KAW.

fallait au contraire le présenter comme une machine permettant de livrer l'assaut aux orthodoxies ou aux institutions absolutistes. Le danger était grand, dès lors, de faire entrer dans l'Ordre des hommes qui, en réalité, se révéleraient être ses ennemis: c'est ainsi que Knigge recruta l'un des participants au Convent, le comte Léopold de Kollowrat [276], chancelier des affaires de Bohême à la cour de Vienne, qui était en réalité un Rose-Croix actif.

Les résistances auxquelles Knigge se heurtait n'étaient pas uniquement individuelles. Le 11 novembre 1783, la loge berlinoise Aux Trois Globes, qui avait rompu en 1779 avec la Stricte Observance [277], envoyait une circulaire à toutes les loges de son obédience, allemandes et étrangères. Après avoir évoqué les dangers de la doctrine des Illuminés, qui, selon elle, visait à détruire la religion et à faire de la maçonnerie un système politique, elle se terminait par ces mots: "Eloignons de tels malfaiteurs!"[278]. La loge francfortoise L'Union restait d'une fidélité indéfectible à la maçonnerie johannite traditionnelle, même si certains de ses membres adhéraient, à titre personnel, à l'Ordre des Illuminés: ce fut le cas du libraire-éditeur Carl Brönner, du marchand Johann Noë du Fay, tous deux Maîtres en Chaire, et du médecin Christian Ehrmann [279]. A partir de 1785 (mais avant le début des persécutions en Bavière), la loge refusa de procéder à l'initiation en son sein d'hommes qui, par ailleurs, étaient Illuminés [280].

Knigge essaya d'entrer en relations avec un autre système. En octobre 1782, il s'adressait à Andreas von Rüdinger, secrétaire de la Grande Loge Provinciale d'Allemagne, qui était la plus importante du système mystique de Zinnendorf. Mais cette fois, il ne s'agissait pas seulement pour lui d'attirer un autre système maçonnique à l'Illuminisme. Knigge jouait carrément double jeu.

Sa lettre témoigne de l'existence dès cette époque d'un malaise réel entre lui et ses collègues. Il soulignait que nul n'était mieux habilité que lui à parler de l'Ordre. Celui-ci s'est fixé comme buts

---

276 *Philos Bericht vom Monat Merdemeh 1152, op. cit.*, NOS, II, 199.
277 LENNHOFF-POSNER, *op. cit.*, art. Berlin, Sp. 167.
278 "Hinweg mit solchen Uebelthätern!", cité par F. A. von ETZEL, *Geschichte der Grossen National-Mutterloge in den preussischen Staaten genannt zu den drei Weltkugeln*, 6. Ausg., Berlin, 1903, 85.
279 DEMETER, *op. cit.*, 89. Heinrich Boos prétend que Brönner se méfiait de Knigge et l'aurait empêché de fonder une loge illuminée en France. Nous n'avons pu trouver confirmation ni infirmation de cette assertion. A notre connaissance, aucune *loge* illuminée n'exista en France. D'autre part, Knigge conseillait aux Aréopagites de n'y rien tenter (NOS, I, 195). Mais beaucoup de gens pensaient à l'époque que les Illuminés avaient des contacts avec les principales cours européennes. Kröber, précepteur des fils du comte Stolberg à Neuwied, écrit dans un rapport: "Es vergeht fast keine Woche, wo nicht jemand uns um unsere Connexionen am Französich, Berliner und Wiener Hofe fragt", NOS, I, 184.
280 KLOSS, *op. cit.*, p. 136.

la formation de la jeunesse, la promotion de ces élèves aux emplois civils, le rêve magnifique de libérer les hommes de toute espèce de joug, la diffusion des Lumières dans la science et la religion, et l'intention de mieux avoir la puissance nécessaire à ce but en utilisant le vêtement du mysticisme[281] :

la dernière phrase était une *captatio benevolentiae* envers les Zinnendorfiens. Mais perfidement, Knigge suggérait qu'une telle "machine" (*Maschine*), très complexe, pouvait être détournée de ses fins et "en pratique être rabaissée au jésuitisme". Ce qu'il ne pouvait dire, ajoutait-il, son correspondant le devinerait aisément.

En réalité, Knigge, qui visait ici l'attitude autoritaire de Weishaupt, venait d'accomplir le premier pas sur la voie de la trahison. Le 22 octobre, il envoyait une nouvelle lettre à Rüdinger pour l'informer de l'échec du Convent de Wilhelmsbad[282]. Et il lui proposait, sans plus de façons, ses services. Mais Rüdinger se méfiait sans doute de ce remuant "faiseur de projets". En tous cas, il répondit évasivement. Knigge essaya de se faire valoir en faisant un portrait féroce des participants au Convent[283]. Enfin, le 28 mars 1783, il se prétendait persécuté par les Rose-Croix. Evoquant les milieux maçonniques de Francfort, il précisait aussi : "Dans la loge L'Union de Francfort règne si peu de vrai esprit maçonnique, que cette loge n'est ni à gagner ni à craindre"[284].

Pourtant, Rüdinger et ses amis ne surent pas gré à Knigge des renseignements qu'il leur transmettait. Pour une raison que nous ignorons, ils ne donnèrent pas suite à ses propositions. La démarche de Knigge montre cependant qu'il était prêt à quitter Weishaupt et ses collègues, en livrant, s'il le fallait, les secrets de l'Ordre.

L'occasion de la rupture sera fournie un peu plus tard, lorsque se posera le problème de la diffusion des grades élaborés par Knigge. Mais la raison profonde du différend qui l'opposa à Weishaupt se manifesta dès le lendemain du Convent de Wilhelmsbad. La question que posait la fin sans gloire de la Stricte Observance était de savoir si les Illuminés seraient en mesure de prendre sa place à la tête de la franc-maçonnerie allemande. Knigge et Weishaupt avaient, sur ce problème, des opinions inconciliables.

Weishaupt n'entendait pas abandonner à Knigge l'exclusivité du véritable travail de sape que les Illuminés menaient en direction de la maçonnerie allemande. Mais en même temps, il mettait à profit certaines des idées que Knigge lui avait suggérées. Le 11 janvier 1783, il écrivait à Zwack qu'il avait l'intention de fonder "un système de loges confédérées[285]. Les conditions

---

281 Citée dans NETTELBLADT, *op. cit.*, 751 sq.
282 Cité *ibid.*, 738.
283 Knigge à Rüdinger, le 13 décembre 1782, *ibid.*.
284 Knigge à Rüdinger, 28 mars 1783, cité *ibid.*, 474. Les extraits des lettres de Knigge à Rüdinger que nous citons prouvent que Knigge, contrairement à ce que pense LE FORESTIER, *Illuminés*, 371, n'agissait pas pour le compte des Illuminés, mais pour le sien propre.
285 Weishaupt à Zwack, 11 janvier 1783, NOS, I, 84.

qu'il posait à l'adhésion des loges maçonniques à ce nouveau système rappelaient les instructions que Knigge avait données à Ditfurth pour le Convent de Wilhelmsbad: seuls les trois grades bleus seraient reconnus, sans qu'il fût toutefois interdit aux loges confédérées de cultiver, en quelque sorte à titre privé, les hauts grades. Mais Weishaupt ne concevait pas cette fédération comme un instrument idéologique destiné à permettre l'unification de la maçonnerie, mais comme une sorte de cheval de Troie grâce auquel la Stricte Observance pourrait être définitivement détruite[286]. Alors que Knigge avait ce que nous appellerions aujourd'hui un projet idéologique, Weishaupt ne parvenait pas à quitter le terrain des luttes tactiques, qui reflétaient d'ailleurs en partie ses querelles personnelles. Pour lui, l'Ordre était avant tout une machine de guerre, contre les jésuites d'abord, contre les systèmes maçonniques rivaux ensuite, et singulièrement la Stricte Observance. La débâcle du système à Wilhelmsbad n'était pas suffisamment évidente à ses yeux. Il entendait lutter contre lui jusqu'à sa disparition totale, qui entraînerait celle des autres systèmes maçonniques, moins puissants. Il avouait lui-même, avec une espèce de fierté triomphante: "La confédération deviendra certainement importante. Voyez comme je sais utiliser les circonstances et cherche à en tirer profit"[287]. Homme autoritaire et à l'esprit étroit, il semblait au faîte de la félicité, dès lors qu'il avait à combattre des ennemis dans lesquels il voyait d'abord des concurrents. Les jésuites avaient été ses adversaires à l'Université d'Ingolstadt. C'était maintenant au tour des maçons d'être considérés par lui comme tels dans l'univers des sociétés secrètes.

Knigge accepta pourtant de soutenir l'initiative du Général. Les Illuminés ayant conquis la loge maçonnique munichoise Saint-Théodore[288], celle-ci adressa à la fin du mois de janvier 1783 aux loges allemandes une circulaire inspirée, sinon rédigée entièrement par Knigge[289]. Ce texte est un réquisitoire d'une extraordinaire violence contre les charlatans qui, depuis tant d'années, se sont emparés de la maçonnerie, non seulement allemande, mais européenne. Les hauts grades font l'objet d'une critique particulièrement détaillée, qui aboutit à une contestation radicale de la légende templière et de ceux qui, de près ou de loin, étaient mêlés à sa diffusion: les Stuarts, Hund, Johnson, Starck et les Clercs, mais aussi les jésuites (c'était reprendre la thèse de Bode) et surtout les Rose-Croix. La Stricte Observance, en l'adoptant, s'était déconsidérée et disqualifiée. Elle ne pouvait plus prétendre représenter l'authentique idéal maçonnique.

Cet idéal était défini de deux manières. Directement, d'abord: la "vraie maçonnerie" devait regrouper "un cercle des hommes les meilleurs, les mieux

---

286 Voir aussi une lettre non datée de Weishaupt à Zwack, dans laquelle cette intention est longuement justifiée (citée par LE FORESTIER, *op. cit.*, 374).
287 NOS, I, 85.
288 LE FORESTIER, *Illuminés*, 198 sqq.
289 *Circulare an die Logen*, NOS, II, 135 - 159. Ce texte reproduit un manuscrit de la main "de Philo et d'autres". Voir LE FORESTIER, *op. cit.*, 377, n. 1.

choisis, les plus éprouvés. La vocation véritable de la maçonnerie était de communiquer à l'humanité d'anciennes vérités dont, fondée dans la plus haute Antiquité, elle avait été la gardienne: c'était un des thèmes de l'*Allocution*. Elle devait travailler à "proclamer les droits de l'humanité opprimée, de la vertu persécutée et de la sagesse souillée"[290]. En d'autres termes, la Circulaire identifiait l'idéal maçonnique à celui des Lumières rationalistes et humanitaires. La fonction d'une société maçonnique devait être d'éduquer le genre humain selon cet idéal. Or la maçonnerie s'en était complètement détournée en adhérant aux "chimères" et aux théories hermétistes qui étaient celles de la plupart des systèmes de l'époque, en particulier des Rose-Croix. Ici apparaissait le second support de la définition que la Circulaire proposait de l'idéal maçonnique: en rejetant les systèmes fondés sur l'irrationalisme, Knigge rejetait aussi tout ce que, à ses yeux, l'irrationalisme entraînait en fait de "corruption des moeurs, préjugé et intérêt mal compris". La "vraie maçonnerie", éducatrice d'une élite, devait se détourner de l'irrationalisme et mener contre lui un combat sans pitié. Les francs-maçons n'étaient pas seulement des éducateurs, ils étaient aussi des soldats.

La Circulaire était particulièrement dure à l'égard de la Stricte Observance, qu'elle accusait d'être asservie aux basses ambitions et à la cupidité des princes[291]. En revanche, le Système de Zinnendorf était relativement ménagé, ce qui s'explique par les contacts que Knigge avait, quelques semaines auparavant, noués avec ses chefs. Mais c'était en direction des Rose-Croix qu'étaient lancées les attaques les plus violentes. Aucun reproche ne leur était épargné, ni celui de la collusion avec les jésuites, ni celui de prétendre possible l'évocation des esprits. Le texte dénonçait leur appétit de pouvoir, leurs intrigues et, surtout, le danger qu'ils constituaient pour la maçonnerie qu'ils cherchaient à investir sournoisement[292]. Knigge restait ainsi fidèle à la ligne des pamphlets qu'il avait rédigés en 1781.

Ensuite étaient présentés les résultats négatifs du Convent de Wilhelmsbad. La Circulaire décrivait les alliances étranges qui, parfois, s'étaient constituées au fil des séances; l'incapacité des deux princes à prouver la filiation templière de l'Ordre; les assauts menés par les représentants des tendances "mystiques" et, finalement, l'incapacité dans laquelle s'était trouvé le Convent de "réaliser pour le monde quelque chose de grand qu'on n'eût encore jamais tenté, de chasser de la maçonnerie les mauvaises gens, de connaître exactement les bons, de les tirer de la médiocrité et de les protéger contre les méchants"[293]. Ainsi les destinataires se trouvaient-ils adroitement ramenés à l'idéal proclamé au début de la Circulaire. Mais cette fois, il était dit qu'une société existait qui, consciente des réformes à faire, avait entrepris

---

290 *Circulare*, 136.
291 *Ibid.*, 144. Une nouvelle fois, cela rappelle Lessing.
292 *Ibid.*, 147 sqq.
293 *Ibid.*, 154.

d'unifier la maçonnerie sur des bases claires et conformes à l'idéal qu'elle se devait de poursuivre.

Des propositions concrètes étaient formulées, qui rappellent celles que Knigge avait demandé à Ditfurth de défendre à Wilhelmsbad: les loges travailleraient d'après les trois grades symboliques; elles éliraient chaque année leur Maître en Chaire; plusieurs loges éliraient un Directoire écossais qui serait chargé des problèmes financiers; des Directoires provinciaux, élus par les Directoires écossais, recevraient les rapports sur l'état économique, moral et "politique" des loges; il y aurait un Inspecteur veillant sur trois Directions provinciales et une Direction nationale pour chaque Etat.

La Circulaire concluait par une déclaration destinée à souligner le travail déjà effectué:

> Nous avons, çà et là, établi des pépinières pour l'éducation de jeunes gens que nous introduirons prochainement dans l'Ordre, afin de travailler pour la génération à venir et de lui donner des jours meilleurs et plus tranquilles[294].

Cette formulation des buts de l'Ordre se voulait rassurante, mais elle tenait compte aussi des objectifs, plus pédagogiques que politiques, qui étaient ceux de Weishaupt plus que de Knigge. Mais qu'importait à ce dernier la formulation ? L'essentiel n'était-il pas de créer la structure d'unification nécessaire à la réalisation de son projet ? Knigge se sentait très certainement assez fort pour résister ensuite aux tentatives que Weishaupt pourrait entreprendre en vue de détruire la Stricte Observance. D'ailleurs, ce maçon chevronné ne devait pas craindre qu'il fût aussi aisé que l'imaginait le Général de détruire un Ordre aussi bien implanté et fortement structuré que l'était la Stricte Observance. C'est pourquoi Knigge pouvait donner son accord au projet de Confédération des Loges, même si le nouveau système n'était pas destiné, à ses yeux, à devenir l'instrument par lequel la Stricte Observance serait enfin mise à mort. Le fait même que Weishaupt parle, en janvier 1783, de "détruire la Stricte Observance" prouve bien qu'il n'avait rien compris aux débats et aux conséquences de Wilhelmsbad. Knigge, lui, avait vu clairement le parti qu'il pouvait tirer de la nouvelle situation. Le vide idéologique dans lequel se trouvait la Stricte Observance devait, pensait-il, lui permettre d'occuper la place et de profiter de l'infrastructure maçonnique de l'Ordre décadent.

D. L'Alliance Eclectique

Encore eût-il fallu, pour que l'entreprise se réalisât, qu'elle fût bien accueillie par les intéressés, c'est-à-dire par les loges maçonniques. Weishaupt avait chargé Knigge de travailler les loges de Rhénanie et de Basse-Saxe en ce sens. Lui-même s'adressait au Grand Orient de Varsovie. Il espérait enfin que les maçons de Vienne se rallieraient au projet[295].

---

294 *Ibid.*, 157.
295 Weishaupt à Zwack, 11 janvier 1783, NOS, I, 84 sq.

Mais le succès ne répondit pas à l'attente des deux hommes. Seules acceptèrent d'adhérer à la Fédération la Grande Loge de Varsovie, une loge de Linz, des loges de Mannheim, Lautern et Cassel, ainsi qu'une loge de Freising et une loge de Vienne[296]. Sept loges: c'était bien peu, en vérité!

La raison essentielle de cet échec fut qu'au moment où Knigge et Weishaupt lançaient leur Circulaire, une tentative analogue avait lieu, menée par des maçons appartenant à une loge autrement prestigieuse que ne l'était l'obscure loge munichoise Saint Théodore. L'initiateur semble en avoir été Ditfurth.

Ditfurth avait rencontré à Francfort des maçons appartenant à la loge L'Union, dont nous savons que plusieurs membres avaient, à titre personnel, adhéré à l'Illuminisme. Or la situation de cette loge venait de changer. La Grande Loge d'Angleterre avait, une dizaine d'années auparavant, reconnu à la Grande Loge Nationale de Zinnendorf l'autorité maçonnique sur toute l'Allemagne. Ulcérée, L'Union, tout en restant fidèle au rite anglais, s'était, après la mort de son Maître en Chaire Gogel, déclarée indépendante de Londres, le 29 novembre 1782, en même temps qu'elle s'attribuait le titre de Loge Provinciale de Francfort[297]. Mais les maçons de Francfort comprenaient parfaitement que, pour résister aux assauts des autres systèmes, en particulier de l'Ordre des Illuminés, L'Union devait tenter, elle aussi, de constituer un groupement efficace de loges bleues, sur la base de quelques principes simples dont la reconnaissance témoignerait de la vitalité que pouvait présenter une maçonnerie rénovée.

Ditfurth, que Knigge, en raison de son attitude maladroite à Wilhelmsbad, tenait quelque peu à l'écart de ses projets, sut saisir l'occasion qui lui était offerte de jouer un rôle important en soutenant le projet des maçons francfortois[298]. Il leur proposa l'élaboration d'un rituel qui tenait compte des propositions qu'il avait avancées au Convent. En même temps, la loge de Stricte Observance Saint Joseph aux Trois Casques, de Wetzlar, dont il était le Maître en Chaire, adressait en février 1783 à Ferdinand de Brunswick une lettre insultante qui amena le duc à rompre ses relations avec elle. La loge provinciale de Wetzlar, Saint Joseph à l'Aigle Impérial, se détacha, de le même manière, de la Stricte Observance le 11 mars 1783[299]. Après avoir signé un contrat avec la loge L'Union, elle accepta de participer au nouveau système, et les propositions de Ditfurth, remaniées par Brönner, aboutirent au lancement, le 18 mars, de la circulaire qui fondait une fédération des "Loges de l'ancienne maçonnerie purifiée alliées pour rétablir l'Art Royal", qui prit le nom d'Alliance éclectique[300].

---

296 LE FORESTIER, *op. cit.*, 380 sq.
297 LENNHOFF-POSNER, *op. cit.*, art. *Zinnendorf*, Sp. 1752.
298 W. KELLER, *op. cit.*, 87 sqq.
299 *Ibid.*, 87 - 90.
300 *Die zur Aufrechterhaltung der königlichen Kunst verbundenen Logen der gereinigten alten Freimaurerei oder Eklektischer Bund, ibid.*, 90. Voir aussi LE FORESTIER, *op. cit.*, 383.

Il n'entre pas dans le cadre de ce travail de décrire l'histoire de l'Alliance éclectique. En effet, Knigge ne put jamais y adhérer, et il semble même, d'après sa correspondance, qu'il affectât d'en parler avec quelque mépris[301]. Pourtant, sa fondation marque une étape décisive dans l'histoire de la franc-maçonnerie allemande, dont l'importance ne peut être mesurée que si on compare les objectifs qu'elle poursuivait avec ceux que s'étaient fixés les Illuminés, du moins ceux qui partageaient l'idéal de Knigge.

En premier lieu, les principes énoncés dans la circulaire du 18 mars 1783 étaient tout à fait conformes aux vues de Knigge sur la nature et la fonction d'une société maçonnique[302]. C'étaient ceux qu'avait déjà développés la Circulaire aux Loges: la pratique des grades bleus formait la base de l'alliance, tout en laissant les loges adhérentes libres de cultiver des hauts grades, à condition de ne pas s'en prévaloir pour modifier la nature du système ni prétendre à sa direction; l'élection des responsables et l'autonomie financière des loges constituaient les deux ressorts de son organisation administrative, plus simple dans le détail que ne l'était celle que prévoyait la Circulaire. L'Alliance éclectique réalisait donc l'un des plus anciens désirs de Knigge, celui d'une réunification des systèmes maçonniques sur la base d'une adhésion à l'idéal servi par la franc-maçonnerie symbolique, c'est-à-dire l'humanitarisme et la tolérance rationalistes. L'autonomie financière permettait en outre de se défaire de la tutelle des loges écossaises à hauts grades, donc d'échapper à la mainmise des représentants de théories hermétistes.

Mais c'était précisément sur la question des rapports du nouveau système aux autres sociétés maçonniques que les fondateurs de l'Alliance éclectique prenaient leurs distances avec les Illuminés.

Si leur circulaire laissait clairement entendre que la franc-maçonnerie, en adoptant les hauts grades et en livrant les loges à la domination des princes et des nobles, avait trahi l'idéal originel de liberté, d'égalité et de tolérance, à aucun moment ils n'attaquaient nommément tel ou tel système. Contrairement à la Circulaire adressée par les Illuminés aux loges maçonniques, celle de Brönner n'était pas un texte de combat, mais une invitation à la réconciliation, qui proclamait en termes mesurés un idéal philosophique[303]. Le rationalisme

---

301 Voir par exemple la lettre de Knigge à Rüdinger, du 23 mars 1783, in: NETTELBLADT, *op. cit.*, 474.

302 Cette circulaire est reproduite in extenso dans KELLER, *op. cit.*, 94 - 101. Elle est accompagnée d'une lettre d'envoi (Begleitschreiben), également reproduite *ibid.*, 101 sq.

303 Il est intéressant de rappeler comment Diderot définissait l'éclectique: "L'éclectique est un philosophe qui, foulant aux pieds les préjugés, la tradition, l'ancienneté, le consentement universel, l'autorité, en un mot tout ce qui subjugue la foule des esprits, ose penser de lui-même, remonter aux principes généraux les plus clairs, n'admettre rien que sur le témoignage des sens et de la raison", *Encyclopédie*, art. Eclectisme (*Oeuvres complètes*, Paris, 1972, XIV, 94). L'appellation *Alliance éclectique* ne ramène pas seulement à l'idée d'unification, elle est aussi

de Ditfurth et la volonté unificatrice de Knigge étaient tempérés par la prudence du maçon francfortois, membre d'une loge qui, au milieu des égarements de l'époque, avait su conserver intacte sa fidélité à des principes clairs.

D'autre part, les maçons de Francfort, des personnages pour la plupart très honorablement connus et intégrés à la vie économique, sociale, politique et culturelle de la grande cité commerçante, étaient certainement beaucoup moins effrayants que les obscurs intellectuels anticléricaux d'Ingolstadt ou le remuant baron du Hanovre. Et si Knigge ne voulut pas adhérer à cette Alliance éclectique qui doit pourtant sa naissance à tant d'idées qui lui étaient chères, c'était peut-être parce que personne ne s'était soucié de s'assurer sa collaboration active – à commencer par son ancien compagnon Ditfurth, qui pouvait avoir eu vent des critiques que Knigge avait formulées sur son comportement à Wilhelmsbad. Il est vrai que beaucoup de membres de L'Union étaient des Illuminés, mais il est vrai aussi qu'ils prirent vite du recul par rapport aux doctrines de l'Ordre. En réalité, l'illuminisme ne s'implanta pas en tant que tel à Francfort[304]. Il n'y eut pas dans cette ville de loge illuminée, il n'y eut que *des* Illuminés. Mais une partie de l'objectif des Illuminés, la réunification de la maçonnerie allemande autour d'un idéal conforme aux Lumières, se trouvait réalisé à Francfort par la création de l'Alliance éclectique. Il y a là très certainement une des causes qui entraînèrent, deux ans plus tard, l'effondrement de l'Ordre, auquel échappait la fraction modérée de sa clientèle.

Les maçons allemands du dix-neuvième et du vingtième siècles évoquent toujours avec une grande sympathie cette première tentative de la maçonnerie allemande pour retourner aux sources de son engagement[305]. De fait, elle connut un succès qui explique l'échec des efforts de Weishaupt et de Knigge pour fédérer les loges maçonniques sous l'hégémonie des Illuminés.

---

l'expression d'un idéal philosophique. Le raprochement avec les "philosophes éclectiques" de l'antiquité est expressément formulé dans la *Circulaire*: "Lassen Sie uns endlich jenen berühmten Männern des Altertums, den eklektischen Philosophen nachahmen, die, ohne sich an ein besonderes Lehrsystem zu binden, aus allen das Beste und Ueberzeugendste heraus nahmen, so wird auch künftig unsere eklektische Maurerei sicherlich die beste sein", cité in: KELLER, *op. cit.*, 97. LE FORESTIER avance l'hypothèse que c'est Knigge qui suggéra à Ditfurth le nom d'"Alliance éclectique", *op. cit.*, 383, n. 2. Weishaupt lui-même avait, deux mois auparavant, déclaré qu'il voulait organiser une "Eclectic" (Weishaupt à Zwack, 11 janvier 1783, NOS, I, 84).

304 Voir KLOSS, *op. cit.*, 135 sq.
305 Le *Préface* du livre de KELLER est très significative à cet égard. Voir aussi le *Handbuch der Fraimaurerei*, 1900 (art. *Frankfurt*) et LENNHOFF-POSNER, *op. cit.*, art. *Eklektischer Bund*, Sp. 412 sq. Egalement KLOSS, *op. cit.*, 163 sqq; NETTELBLADT, *op. cit.*; A. WOLFSTIEG, *Ursprung und Entwicklung der Freimaurerei*, Bd. 1: *Die Allgemeine Entwicklung der Politischen, Geistigen, Sozialen und Wirtschaftlichen Verhältnisse*, Berlin, 1921, 132 sq.

En quelques semaines, 53 loges avaient adhéré à l'Alliance[306]. Parmi elles, la loge Théodore de Munich: c'était tout ce que les Illuminés avaient imaginé pour essayer de limiter l'importance de la défaite que constituait pour eux le peu de succès qu'avait rencontré leur propre tentative.

L'année 1783 marque donc une césure capitale dans l'histoire de la franc-maçonnerie allemande. Si le Convent de Wilhelmsbad avait signifié la fin de la Stricte Observance, la naissance de l'Alliance éclectique, qui est une réponse à la débâcle du système chevaleresque, traduit une rupture à l'intérieur même du camp qui en regroupait les adversaires. Knigge avait espéré, grâce à l'Ordre des Illuminés, rénover la maçonnerie pour en faire cette nouvelle Eglise qu'il appelait de ses voeux. Mais cette entreprise ne pouvait réussir que si la maçonnerie acceptait de défendre, sur les plans politique et religieux, des idées hardies, sinon véritablement révolutionnaires. Pour les maçons pondérés de Francfort, il ne fallait pas aller trop loin dans cette direction. L'idéal humanitaire de la maçonnerie symbolique leur suffisait. Politiquement, ils restaient fidèles à l'autorité civile (que d'ailleurs, dans cette "république" qu'était toute ville impériale libre, ils exerçaient eux-mêmes); religieusement, ils s'en tenaient à une tolérance de fait, sans remettre en cause aucun dogme du christianisme. Ainsi, en même temps qu'elle était, selon Lennhoff-Posner, le "fruit des tendances réformatrices à l'époque de l'apogée des égarements maçonniques en Allemagne", la naissance de l'Alliance éclectique marquait, dans un remarquable paradoxe, la sclérose d'un système qui, refusant de s'engager activement dans la lutte pour les idées nouvelles et contre ceux qui tenaient aux idées anciennes, pourra être, quelques années plus tard, associé à des projets de réforme politique et sociale opérés dans le cadre monarchique et par voie administrative, et, surtout, dans l'ordre[307]. Quant à Knigge, incapable de faire adopter par les Illuminés son projet de nouvelle religion, mais considéré comme un indésirable parmi les maçons "éclectiques", il allait bientôt devoir tirer les conséquences de cette situation et rompre avec les sociétés secrètes.

---

306 LENNHOFF-POSNER, *op. cit.*, Sp. 412.
307 Sur le souci constant des dirigeants de l'Alliance Eclectique de prendre leurs distances à la fois par rapport aux Illuminés et par rapport aux tenants de l'hermétisme (Rose-Croix) ou du papisme (jésuites), voir KELLER, *op. cit.*, 107 sqq. L'Alliance Eclectique ne fut pas la seule tentative d'une réforme "modérée" de la franc-maçonnerie allemande. Elle fut suivie par la création à Hambourg en 1790 du "Système de Schröder" (*Schröderches System*), du nom de son fondateur, l'acteur Friedrich Ludwig Schröder, un des plus fidèles amis de Knigge. En 1796, Ignaz Fessler réforma la maçonnerie berlinoise. Schröder et Fessler s'inspirèrent en partie des principes de l'Alliance Eclectique. C'est de ces différents systèmes que procède la réforme définitive de la maçonnerie allemande au XIXè siècle.

E. La rupture entre Knigge et les Illuminés

Les rapports entre Knigge et Weishaupt s'étaient dégradés peu de temps après le voyage que Knigge avait effectué en Bavière, au cours duquel il avait pu constater de ses propres yeux le tempérament autoritaire du Général. Le prétexte de la rupture définitive entre les deux hommes, qui aboutit au retrait de Knigge, avait été la rédaction et la diffusion des grades supérieurs. Weishaupt s'était offusqué des cérémonies que Knigge avait introduites dans les rituels, et il avait expédié dans diverses provinces illuminées des cahiers dont il avait modifié le texte sans informer son collaborateur de ces corrections[308]. Mais ces questions ne constituent en réalité que des causes externes du différend entre les deux hommes.

Tout en soulignant longuement, dans la *Déclaration de Philo*, le caractère personnel de la querelle, Knigge fait valoir deux arguments qui, selon lui, traduisent une opposition de fond entre lui et le Général quant aux objectifs que devait poursuivre l'Ordre.

Le premier se réfère très habilement aux origines mêmes de l'horizon intellectuel, voire mental, de son fondateur. Ancien élève des jésuites, Weishaupt n'imaginait pas qu'on pût agir sur les hommes par d'autres moyens que ceux auxquels il avait lui-même été soumis, la seule différence étant que lui, il les emploierait "en vue du bien" et non du "mal"[309]. Cette constatation est loin d'être dénuée de fondement. La structure de l'Ordre, qui peut se résumer par les termes de "hiérarchie" et de "subordination", est tout à fait comparable à celle de la Compagnie de Jésus... qui, elle aussi, avait à sa tête un "Général". La pratique des *quibus licet*, qui étaient de véritables examens de conscience écrits, évoquait la confession. Enfin le secret n'avait pas pour seule fonction la protection contre la police: il constituait aussi un formidable instrument de pouvoir, tant à l'intérieur de l'Ordre lui-même, où les membres étaient expressément chargés de s'espionner mutuellement, qu'en direction des institutions de l'Etat que l'on cherchait à conquérir[310]. Il est donc indéniable qu'il existe une parenté structurelle et fonctionnelle entre la Compagnie de Jésus et l'Ordre des Illuminés, qui a, d'ailleurs, été mise en évidence il y a une trentaine d'années[311]. Knigge constate à juste raison qu'une

---

308 *Philo*, 126 - 136.
309 *Philo*, 60 sq.
310 Sur la fonction du secret et l'importance du contrôle à l'intérieur de l'Ordre, voir WEISHAUPT, *Das verbesserte System der Illuminaten mit allen seinen Einrichtungen und Graden*, Frankfurt und Leipzig, 1787, 296 - 301. Voir aussi à propos de la nécessaire hiérarchisation de l'Ordre les *Statuten der Illuminaten*, in: OS, 22 - 26; sur le rôle des quibus licet *Reform der Statuten der 1. Klasse, ibid.*, 42 sq. Voir aussi la lettre de Weishaupt aux Aréopagites, s. d., OS, 339 sq. A Zwack, il écrivait sans rougir le 10 mars 1778: "In specie mache ich darinnen [= in der 2. Klasse] jeden zum Spion des andern", OS, 216. Voir encore NOS, I, 176.
311 W. HOFTER, *Das System des Illuminatenordens und seine soziologische Bedeutung*, Diss. dactyl., Köln, 1956. Hofter aboutit à la conclusion que la "conspiration" est

telle machine devait, à la longue, développer un pouvoir qui, pour peu qu'il vînt à être exercé par des personnages intrigants et sans scrupules, deviendrait redoutable. C'est pourquoi, dit-il, il avait essayé de donner à l'Ordre une organisation qui mît obstacle à une telle évolution, ce qui impliquait la limitation des prérogatives de Weishaupt[312]. Malheureusement pour la sincérité de Knigge, de tels scrupules, qui sont tout à son honneur, n'apparaissent pas dans les lettres qu'il échangea avec Weishaupt entre 1780 et 1783. La distance qu'il prend, en 1788, avec l'Ordre, en essayant de faire croire qu'il a tout fait pour que celui-ci ne devienne pas dangereux, notamment pour l'Etat et la religion, n'est pas innocente.

La même remarque peut s'appliquer au deuxième argument que Knigge, toujours dans *Philo*, donne pour expliquer son opposition à Weishaupt. Il s'articule autour de la question de l'âge optimum requis pour adhérer à l'Ordre. Nous savons que Weishaupt préférait recruter de très jeunes gens, dont l'esprit était plus malléable que celui d'hommes mûrs[313]. Knigge pensait au contraire que l'Ordre, surtout tant qu'il en était à la phase d'édification, devait s'assurer la collaboration d'hommes faits, moins prompts à l'enthousiasme, mais de convictions plus stables et mieux ancrées dans l'expérience et le savoir[314].

En réalité, ni le tempérament autoritaire de Weishaupt, ni le danger possible d'une extension trop forte du pouvoir occulte de l'Ordre, ni le problème de l'âge des Illuminés ne suffisent à expliquer le retrait de Knigge. Qu'il ait, dans la *Déclaration de Philo*, mis ces aspects en valeur, se comprend facilement: il n'avait pas intérêt, en 1788, à donner des éclaircissements trop précis sur l'action qu'il avait menée au sein de l'Ordre en direction de la franc-maçonnerie allemande tout entière. Il eût été en effet très maladroit de donner prise ainsi aux accusations de complot maçonnique qui, parties de Bavière, commençaient à se répandre un peu partout en Allemagne. Pourtant, c'est bien autour du problème des rapports entre Illuminisme et franc-maçonnerie que se cristallisa l'opposition entre Knigge et les Aréopagites bavarois.

L'inquiétude que provoquait chez Weishaupt l'action de Knigge en direction de la maçonnerie se manifesta très tôt, avant même le voyage que celui-ci entreprit en Bavière à la fin de 1781. Dès que Weishaupt lui donna, en quelque sorte, carte blanche pour établir des Eglises minervales en Allemagne du Nord, Knigge recruta les maçons auxquels il avait, quelques années auparavant, pensé s'adresser pour réformer la maçonnerie allemande[315]. Nous avons

---

une des formes particulières de l'"alliance" impliquée dans la structure d'une société secrète. Il faut tout de même souligner que les Iluminés n'ont jamais "conspiré" au sens policier du terme.
312 *Philo*, 47 sq.
313 Voir *supra*, 1, C.
314 *Philo*, 67. Voir *supra*, n. 87.
315 *Ibid.*, 41. Knigge précise qu'il lui suffirait de les nommer pour convaincre le lecteur

dit ce qu'il fallait penser du chiffre, certainement exagéré, de "plusieurs centaines" de recrues qu'il indique dans *Philo*[316]. Mais il est certain que son activité aboutit à un gonflement rapide des effectifs de l'Ordre, ce qui ne fut pas sans inquiéter Weishaupt: "Que ferai-je de tant de gens, s'ils ne sont ni bons ni utilisables", écrivait-il le 26 mai 1781[317]. En fait, l'afflux massif de nouveaux Illuminés était en contradiction avec la volonté, qu'il ne perdait aucune occasion de rappeler, de former lui-même, comme le plus attentionné des pédagogues, l'homme nouveau que devait devenir l'Illuminé[318].

Mais cela, c'est la raison avouée. Le fond du problème se situait ailleurs. Nous avons déjà souligné que Knigge et Weishaupt n'étaient pas d'accord sur les motivations qui devaient déterminer l'attitude de l'Ordre à l'égard de la Stricte Observance. La question se pose sur le plan général de la maçonnerie tout entière.

Le document le plus précis dont nous disposons à ce sujet est l'*Instruction en ce qui concerne les loges maçonniques*, qui constitue l'un des chapitres du cahier du grade d'Illuminatus Dirigens ou Chevalier Ecossais[319]. Ce grade était le dernier de la deuxième classe du système illuminé, appelée "franc-maçonnerie". Knigge le considère comme un grade de transition vers la "maçonnerie sublime", entendons la maçonnerie illuminée telle qu'elle devait être présentée dans les Mystères[320]. La rédaction du rituel fut l'occasion de négociations serrées entre lui et le Général, qui trouvait notamment les cérémonies qui y étaient prévues "ridicules". L'*Instruction* est un texte capital, qui éclaire à la fois la stratégie et la tactique développée par Knigge en direction de la franc-maçonnerie.

Les seize paragraphes qui le composent précisent dans le détail la ligne de conduite que les Illuminati Dirigentes, formant le "Saint Chapitre Secret des Chevaliers Ecossais", devaient adopter à l'égard de la franc-maçonnerie. L'objectif était d'amener les Illuminés qui avaient obtenu les grades de la classe inférieure ("pépinière", *Pflanzschule*) à désirer devenir maçons et à croire que leur admission dans la deuxième classe leur conférait l'initiation maçonnique (§ 6). Bien entendu, ils devaient ignorer que cette deuxième classe n'avait de réellement *maçonnique* que le nom qu'elle se donnait et qu'elle n'était qu'un des échelons dans la hiérarchie *illuminée*. Le Chapitre Secret avait pour tâche d'établir, dans les principales villes de sa circonscrip-

---

    du désintéressement de ceux qui rallièrent l'Ordre ..., mais il se garde bien de le faire.
316 Voir *supra*, 1, A.
317 Weishaupt à Zwack, 25 mai 1781, OS, 375.
318 *Ibid.*, 376. Voir aussi la lettre à Zwack du 28 janvier 1783, NOS, I, 87.
319 *Instruction in Ansehung der Freimaurerlogen*, in: [...] *Illuminatus Dirigens oder Schottischer Ritter*, o. O., 1794.
320 *Philo*, 96. En le qualifiant de grade "purement administratif", LE FORESTIER, *op. cit.*, 279, ne l'intègre pas dans la conception d'ensemble de la "nouvelle Eglise" que Knigge voulait fonder.

tion, des loges bleues qui recevraient les nouveaux promus. Dans ce but, il délivrait une patente de constitution rédigée "dans la langue locale"[321], ce qui laisse entendre que l'Ordre des Illuminés avait des visées dépassant les frontières de l'Empire: il y a là manifestement une allusion à la conquête possible des provinces françaises et italiennes de la Stricte Observance (§ 1 et 2). Dans le cas où, dans les villes concernées, d'authentiques loges maçonniques existeraient, qui seraient assez puissantes pour empêcher la création de loges rivales, il fallait s'y faire admettre et essayer d'y conquérir la majorité des voix (§ 3).

Le texte disait aussi comment procéder avec les Frères qui étaient entrés dans l'Ordre parce qu'ils n'avaient pas trouvé dans la maçonnerie traditionnelle la satisfaction de leurs espérances. Il suffisait de leur expliquer que ces loges maçonniques n'étaient pas authentiques, même si elles pouvaient se prévaloir de constitutions parfaitement régulières (§ 7). Knigge avait même prévu la réponse à apporter à ceux des Frères qui auraient entendu parler d'une loge restée fidèle à la "source authentique" de la maçonnerie, allusion évidente à la loge L'Union de Francfort: on dirait que cette loge avait cessé ses travaux (§ 5). Et si certains Frères, dominés par l'esprit de contradiction ou par un entêtement de mauvais aloi, s'avisaient de mettre en doute le droit des Supérieurs Illuminés à délivrer des patentes de constitution, on les laisserait libres de penser ce qu'ils voudraient, en leur demandant simplement s'ils avaient trouvé mieux ailleurs (§ 4).

Les autres paragraphes réglaient les questions relatives aux finances des loges et au contrôle de l'emploi qui serait fait des sommes qu'elles recueilleraient. Nous savons que ce problème préoccupait Knigge déjà en 1780.

Cette description du travail maçonnique exigé des Illuminati Dirigentes était complétée par le texte d'un nouveau revers, qui remplaçait celui que l'Illuminé avait signé avant d'être admis dans la première classe. Le candidat devait s'engager à ne pas appartenir à d'autres sociétés secrètes, maçonniques ou non, et ceci même dans le cas où il se retirerait de l'Ordre des Illuminés, comme il lui était permis de le faire[322]. Le signataire reconnaissait également les Supérieurs de l'Ordre comme "les authentiques Supérieurs Inconnus de la franc-maçonnerie"[323].

Ces deux textes montrent donc comment Knigge envisageait l'absorption de la franc-maçonnerie allemande par l'Ordre des Illuminés, et non sa destruction, objectif poursuivi par Weishaupt.

Une lettre de recrutement signée K., publiée par la revue contre-révolutionnaire *Eudämonia* en 1796[324] confirme cette hypothèse. L'auteur en est très certainement Knigge, reconnaissable à travers les événements de sa vie qu'il décrit. Il affirme sans détour que la franc-maçonnerie forme la "pépinière"

---

321 *Instruction, op. cit.*, 27.
322 Le texte du revers in: *Illuminatus Dirigens, op. cit.*, 36 sqq.
323 *Ibid.*, 37.
324 *Eudämonia*, II, 1796, 172 - 176.

(*Pflanzschule*) de l'Ordre dans lequel il invite son correspondant à entrer, et dont les grades supérieurs seront conférés après une sélection rigoureuse. Ainsi la maçonnerie, loin d'être détruite, devait être intégrée au projet de l'éducation de nouvelles élites, qui constituait la finalité de la nouvelle religion.

On comprend que Weishaupt ait été au moins très réticent devant les projets de son collaborateur. Certes, Knigge ne reculait pas formellement devant l'idée de détruire telle ou telle loge maçonnique, si la tactique exposée dans l'*Instruction* échouait[325]. Mais il devait s'agir d'une décision extrême, à laquelle on n'aurait recours que si la conquête rampante que préconisait Knigge butait contre des obstacles insurmontables. En réalité, il avait besoin, pour constituer solidement sa nouvelle Eglise, du nombre et de l'expérience de la "grande armée des francs-maçons", répandue dans toute l'Allemagne. Son projet de nouvelle religion ne pouvait se réduire à mener une guerre entre des systèmes différents, et il savait bien aussi que si l'Ordre des Illuminés n'était pas capable de faire autre chose que de combattre la Stricte Observance, il risquait soit de se briser dans cette lutte, soit, au cas où il en sortirait victorieux, de se retrouver exsangue, sans personnel suffisant et sans expérience. Il est important de noter à cet égard le jugement qu'il porte sur les Aréopagites qu'il rencontra à Munich en 1781, dont la gentillesse et l'humeur hospitalière ne pouvaient tenir lieu de brevet de capacité en matière de direction d'une société secrète[326].

Nous ne possédons pas beaucoup de documents qui permettraient d'éclairer avec précision les conceptions de Weishaupt quant aux rapports entre Illuminisme et franc-maçonnerie. Nous devons nous contenter des remarques éparses qui émaillent ses lettres depuis 1778, et encore étaient-elles souvent contradictoires, comme si le Général n'arrivait pas à tracer sur cette question de véritable ligne directrice[327]. Il existe pourtant une lettre, écrite le 16 février 1782 à Zwack, dans laquelle il évoque le rôle de l'Illuminatus Dirigens et du Chapitre Secret[328]. Weishaupt admet la tactique de conquête du monde maçonnique développée par Knigge. Mais il souligne que les maçons ainsi attirés vers l'Ordre ne doivent pas être de simples "bouche-trous" (*Lückenfüller*), mais "des gens bien choisis, qui travaillent en fonction de notre objectif". On sent là plus qu'une réticence devant l'afflux possible de maçons plus expérimentés que lui. Il est significatif que la fin de la même lettre comporte un long développement sur la nécessité de sauvegarder ses propres prérogatives, qu'il justifie en soulignant que lui seul est en mesure

---

325 Cette éventualité est évoquée dans le § 3 de l'*Instruction*.
326 *Philo*, p. 70 sq.; 73 sq.
327 Une lettre écrite à Zwack le 10 mars 1780 montre qu'il hésitait entre plusieurs attitudes: réformer la franc-maçonnerie, créer un système maçonnique particulier, ou former un système unissant l'Ordre et la maçonnerie (OS, 366). Mais en 1783, il entend détruire la Stricte Observance, comme nous l'avons vu.
328 Weishaupt à Zwack, 16 février 1782, NOS, I, 28 - 35.

d'avoir une vue d'ensemble d'une "machine" dont il reconnaît le caractère artificiel: argument d'autorité, le seul que Weishaupt sût parfaitement manier. Que le conflit de fond entre les deux hommes est devenu un conflit de pouvoir, c'est une évidence.

Mais l'afflux de francs-maçons dans le système illuminés éveillait chez Weishaupt une crainte d'une autre nature, liée à l'hostilité que, dès la fondation de l'Ordre, les Illuminés avaient manifestée à l'égard de l'aristocratie, et en particulier envers les princes. Certes, Knigge, nous le savons, était, lui aussi, l'ennemi de cette caste nobiliaire qui l'avait rejeté. Lui aussi, il se méfiait des princes, que ses séjours à Cassel et à Hanau lui avaient appris à connaître. Mais Knigge, avant la Révolution française, n'envisageait pas la destruction de l'aristocratie. Lorsqu'il publiera, en 1788, son ouvrage *Du Commerce avec les Hommes*, il s'agira d'une invitation à la fusion entre l'aristocratie et la bourgeoisie. Son projet maçonnique de nouvelle religion ayant échoué, il en imaginera une forme "sécularisée", laïcisée, qui sera celle d'un consensus social obtenu par le rapprochement de l'élite titrée avec l'élite du savoir et de la culture, et opéré par le rapprochement des manières. En 1782, il est déjà, comme nous l'avons expliqué dans le détail, hostile à l'idée même de lutte ouverte entre les tendances religieuses ou spirituelles, mais aussi sociales, opposées. Pour lui, l'irrationalisme et l'aristocratisme, tendances dont il a compris qu'elles étaient hostiles à l'esprit de progrès, ne doivent pas êtres éliminés par la violence, mais absorbés dans un système qui les détourne de leurs fins contraires aux Lumières. C'est dans le contexte de cette attitude intellectuelle que se définit la fonction des cérémonies qu'il avait introduites dans les rituels des grades. C'est aussi ce qui l'amène à ne pas s'opposer à l'entrée dans l'Ordre de tel ou tel prince, pourvu qu'il ait apporté la preuve de ses bonnes dispostions envers les Lumières – à moins que n'aient joué des considérations purement tactiques: c'est ainsi qu'il recruta, au lendemain du Convent de Wilhelmsbad, Ferdinand de Brunswick lui-même, ce qui mit Weishaupt dans une violente colère[329].

Les grades d'Illuminatus Dirigens et de Prêtre furent mal accueillis et peu pratiqués en Bavière, en particulier à cause des cérémonies que Knigge avait introduites dans les rituels[330]. Lorsque Weishaupt commença à expédier des cahiers remaniés, les Aréopagites, dûment morigénés par lui, ne soutinrent pas les protestations que Knigge adressa au Général. R. Le Forestier a raconté dans ses moindres détails le déroulement de la dernière phase du conflit entre les deux hommes[331]. Aucun document nouveau ne permet de projeter sur cette période, qui couvre à peu près une année et demie (février 1783 – juillet 1784), un éclairage nouveau. Après avoir adressé à Weishaupt des lettres d'une violence inouïe, dans lesquelles il usait du chantage sous toutes ses formes (menaces de révéler les secrets de l'Ordre, promesse concernant des com-

---

329 OS, 385.
330 LE FORESTIER, *op. cit.*, 416.
331 *Ibid.*, 413 - 429.

munications de la plus haute importance que lui aurait faites Charles de Hesse, etc.), Knigge rompait toute relation épistolaire avec le Général. En septembre 1783, secondé par le chanoine Schröckenstein, un Illuminé d'Eichstätt, Knigge convoquait un congrès extraordinaire de l'Ordre, auquel personne ne se se rendit. Mais Weishaupt craignait que Knigge n'ameutât contre lui les Illuminés des provinces du centre et du nord. Aussi accepta-t-il avec soulagement la proposition que Knigge, après avoir eu à Heidelberg une entrevue avec Bode, lui fit de se retirer de l'Ordre, à condition que les Supérieurs Illuminés reconnussent qu'il l'avait loyalement servi. Knigge signa le 12 juin 1784 un revers dans lequel il s'engageait à rendre les papiers en sa possession et à ne rien révéler des secrets de l'Ordre[332]. En échange, il recevait un document signé par le duc de Saxe-Gotha (Gotha, 1er juillet 1784) et le comte Johann Martin von Stolberg-Rossla (Neuwied, 10 juillet) attestant que "le très respectable Frère Philo" avait "donné maintes preuves du zèle le plus désintéressé et déployé une grande activité" au service de l'Ordre, et qu'en particulier il n'avait pas falsifié les grades de l'Ordre, ainsi que "par suite d'un malentendu le bruit s' [en] était répandu"[333].

Knigge ne rompait pas seulement avec les Illuminés. Il entendait ne plus avoir affaire avec aucune société secrète quelle qu'elle fût. C'est du moins ce qu'il affirme à la fin de la *Déclaration de Philo*: "J'ai renoncé à toute activité dans des sociétés secrètes"[334]. Pourtant, la réalité allait le soumettre à bien des tentations.

4. Résultats. Implantation de l'Ordre. Esquisse de sa structure sociale. Illuminisme et politique

Avant que Knigge n'en fût devenu l'un des chefs, l'Ordre des Illuminés n'avait guère réussi, malgré les efforts de Zwack et de Constanzo, à s'implanter hors de la Bavière. Mais le recrutement de Knigge lui avait permis de franchir les frontières du cadre territorial, en particulier grâce à l'afflux de franc-maçons venus de la Stricte Observance. Celle-ci était particulièrement forte dans les régions rhénanes et en Allemagne moyenne, et c'est là aussi que se développèrent les colonies illuminées les plus importantes. Mais, toujours grâce à Knigge, l'Ordre allait aussi essaimer en Allemagne du Nord et dans les pays autrichiens, et même compter des adeptes à l'extérieur du Saint Empire. Les rapports que Knigge adressa à Weishaupt montrent que c'est lui qui établit la plupart des Supérieurs locaux nommés à la tête des différentes provinces[335].

---

332 Le texte de ce document dans C. LENNINGs *Encyclopädie für Freimaurerei, op. cit.*, II, 188 sq.
333 Texte dans LENNING, *op. cit.*, 187 sq. La traduction est donnée par LE FORESTIER, *op. cit.*, 428 sq.
334 "Ich habe aller Würksamkeit für geheime Verbindungen entsagt", *Philo*, 140.
335 NOS, I, 192 - 220, ainsi que la National-DirectionsTabelle, *ibid, in fine*.

En même temps, l'irruption de l'Illuminisme dans le monde maçonnique entraînait une évolution sociologique de l'Ordre qui devenait ainsi beaucoup plus représentatif de la diversité des Lumières allemandes que la société d'étudiants et d'intellectuels bavarois anticléricaux qui avait vu le jour en 1776. Cette évolution ne fut pas sans conséquence sur le destin final de l'Ordre. Les recrutements massifs qui eurent lieu à partir de 1781 - 1782 brisèrent son homogénéité sociale et intellectuelle. Une étude sociologique, opérée à partir de la confrontation des différentes sources dont nous disposons, fera ressortir mieux que cela n'a été fait jusqu'à présent, le caractère multiple et souvent contradictoire des intérêts représentés dans l'Ordre.

Mais il faut insister sur le caractère nécessairement provisoire des conclusions auxquelles cette analyse aboutira, lié au problème des sources actuellement accessibles. Certains fonds d'archives, exploités au dix-neuvième et dans la première moitié du vingtième siècle, ont été détruits ou dispersés lors de la seconde guerre mondiale. D'autres se trouvaient sous scellés lorsque nous avons rédigé ce travail. Les ouvrages existants fournissent des listes qu'on ne peut plus espérer compléter que par des recherches consacrées à l'histoire locale, menées en équipe. Aussi notre enquête s'appuiera-t-elle sur les indications d'affiliation fournies par divers témoignages antérieurs[336], qui

---

[336] Nous avons exploité et regroupé, après les avoir contrôlés, les renseignements (notamment les listes ou indications d'affiliation, de nomen, de profession etc.) fournis par les ouvrages suivants:
- Ludwig WOLFRAM, *op. cit.*, II, 79, n. 1.
- Leopold ENGEL, *op. cit.*, *passim*.
- LE FORESTIER, *op. cit.*, *passim*.
- DÜLMEN, *op. cit.*, *passim* (corrigé d'après FEHN, *Zur Wiederentdeckung ...*, *op. cit.*).
- Max LINGG, *Zur Geschichte des Illuminaten-Ordens*, in: *Historisch-politische Blätter für das katholische Deutschland*, 103/1889, 926 - 941.
- Richard DU MOULIN ECKART, *Aus den Papieren eines Illuminaten*, in: *Forschungen zur Kultur und Literaturgeschichte Bayerns*, 3/1895, 186 - 219.
- H. GRASSL, *op. cit.*, 173 - 293.
- A. ROSSBERG, *Freimaurer und Politik im Zeitalter der Französischen Revolution*, Berlin, 1942, 32 - 134. Cet ouvrage, rédigé pour justifier la persécution des francs-maçons par les nazis, s'appuie sur les archives maçonniques saisies par la Gestapo.
- J. HANSEN, *Quellen zur Geschichte des Rheinlandes im Zeitalter der Französischen Revolution 1789 - 1804*, 4 Bde, Bonn, 1931 - 1938, I, 41 - 51.
- A. PAULS, *Geschichte der Aachener Freimaurerei*, 2 Bde, Clausthal-Zellerfeld, 1928, I, 4426 - 443 et 525 sq.
- A. KALLWEIT, *op. cit.*, 64.
- B. BEYER, *Geschichte der Münchener Freimaurer des 18. Jahrhunderts*, Hamburg, 1973, 71 sqq. et 359 sqq.
- L. HAMMERMAYER, *Der Geheimbund der Illuminaten und Regensburg*, art. cité, 61 - 92
- O. ANDREASEN, Hg, *Aus den Tagebüchern Friedrich Münters. Wander- und Lehrjahre eines dänischen Gelehrten*, Kopenhagen und Leipzig, 1937, *passim*.

n'ont jamais fait, même dans les études les plus récentes, l'objet d'une synthèse satisfaisante. La liste la plus importante publiée jusqu'à maintenant[337] recense 455 noms de personnes ayant appartenu à l'Ordre: nous en avons compté près de 700.

A. Implantation de l'Ordre

Jusqu'en 1781, c'est à Munich (qui portait en Illuminisme le nom d' "Athènes"), que se regroupa l'esentiel de la colonie illuminée du Cercle de Bavière ("Grèce"). Zwack mentionne dans un tableau qu'il adressa aux Aréopagites l'existence dans cette ville d'une Assemblée "importante", d'une autre "plus petite", d'une "loge considérable" et de "deux Eglises minervales considérables"[338]. Par "considérable", il faut entendre une dizaine de membres au grand maximum. Seule la loge Saint Théodore comptait, après avoir été conquise par les Illuminés, 49 frères membres de l'Ordre[339]. Mais au total, il n'y avait à Munich qu'environ 70 Illuminés[340].

A partir de 1782, des Eglises minervales s'établirent à Freising ("Thèbes", 8 membres), ainsi que dans le Cercle de Franconie ("Illyrie"), à Eichstätt ("Erzeroum", 8 membres), Burghausen ("Chalios"), Ingolstadt ("Ephèse", puis "Eleusis", environ 10 membres), Landsberg ("Mégare"), Straubing ("Thessalonique") et Ratisbonne ("Corinthe"), également à Amberg, Erding, Aichach et Neuburg. Le Cercle de Souabe ("Panonie") comptait 7 Illuminés à Oettingen ("Tybur"), 4 à Stuttgart ("Damiette"), 2 à Frankenthal ("Paramaribo")[341].

- O. ANDREASEN, *Aus dem Briefwechsel Friedrich Münters. Europäische Beziehungen eines dänischen Gelehrten*, 3 Bde, Kopenhagen und Leipzig, 1944, *passim*.
- P. M. SATTLER, *Ein Mönchsleben aus der zweiten Hälfte des achtzehnten Jahrhunderts. Nach dem Tagebuche des P. Placidus Scharl, O. S. B. von Andechs*, Regensburg, 1868, 343 - 358.
- A. OTT, *Goethe und der Illuminatenorden*, in: Wilhelm BODE, Hg, *Stunden mit Goethe. Für die Freunde seiner Kunst*, VI, Berlin, 1910.
- W. VOLKERT, *Thomas von Bassus (1742 - 1815). Ein Graubündener Edelmann in Bayern*, in: *Verhandlungen des Historischen Vereins für Oberpfalz und Regensburg*, 101/1960 - 1961, 121 - 145.
- M. AGETHEN, *Geheimbund und Utopie. Illuminaten, Freimaurer und deutsche Spätaufklärung*, München, 1984. Nous n'avons eu connaissance de ce dernier ouvrage qu'après avoir rédigé le présent chapitre. Les pourcentages concernant la structure sociale de l'Ordre qui y sont calculés (p. 295 - 303) sont voisins de ceux que nous établissons, à quelques variantes près qui ne semblent pas remettre en cause les conclusions que nous proposons.

337 C'est celle qu'a établie DÜLMEN, avec quelques erreurs (voir FEHN, *art. cité*).
338 *Progressen der B.B. [= Brüder] in Athen im* ☉ *[= Ordens-]System*, o. D., OS, 7.
339 Voir tableau dans OS, *in fine*, complété par LE FORESTIER, *op. cit.*, 392 n. 5.
340 DÜLMEN, *op. cit.*, 54.
341 DÜLMEN, *op. cit.*, 53; LE FORESTIER, *op. cit.*, 346 et 394. Sur l'activité des

La ville badoise de Fribourg-en-Brisgau ("Olympe"), où existait une colonie illuminée de 8 membres, était bizarrement rattachée aux Pays autrichiens ("Egypte") qui comprenaient Innsbruck ("Samos", au moins 2 membres), Vienne ("Rome", au moins 18 membres), Prague (23 membres) et Milan (1 membre). L'Ordre s'était également implanté en Hongrie (Presbourg) et en Suisse (Mulhouse, 6 membres)[342].

Mais c'est en Allemagne rhénane et du Nord que l'activité de Knigge avait entraîné les progrès les plus spectaculaires de l'Ordre. Avant 1781, il n'existait dans ces régions aucune colonie illuminée organisée. Lorsque Knigge quitta l'Ordre, le tableau était bien différent.

Le Cercle du Bas-Rhin ("Macédoine") comptait au moins 146 membres. La colonie la plus importante était celle de Mayence ("Epidamme"), avec 51 membres. Venait ensuite Lautern ("Patara", 20 membres), suivi par Mannheim ("Surinam", 18 membres) et Heidelberg ("Utique", 18 membres), Cologne ("Amphipolis", 12 membres), Bonn ("Stagyra", au moins 11 membres), Sinzheim (7 membres), Bruchsal (7 membres), Coblence ("Antigonia", au moins 2 membres) et Weilburg[343].

Le Cercle du Haut-Rhin ("Dacie") comptait au moins 108 Illuminés, répartis dans les villes de Wetzlar ("Sebaste", 28 membres), Cassel ("Gordium", 16 membres), Spire ("Issus", 12 membres), Rothenburg ("Desium", 6 membres), Hanau ("Abassum", 5 membres), Marbourg ("Luceium", 5 membres), Worms ("Elis", 5 membres) Giessen ("Eudoxias", 3 membres), Homburg ("Antium", 2 membres), Assenheim ("Nicosia", 2 membres), Darmstadt ("Lystra", 1 membre) et Fulda ("Lacédémone", 1 membre)[344].

Knigge dirigeait personnellement les affaires de l'Ordre dans le Cercle de Westphalie ("Thessalie"). On y a recensé pour 1784 79 Illuminés, mais il est probable qu'il en comptait davantage. C'est Neuwied ("Claudiopolis") qui en constituait le centre, avec 36 membres. C'est peu, si l'on compare cet effectif avec celui de Mayence, mais les Illuminés de Neuwied étaient très actifs. Ils avaient réussi un double coup de maître: d'abord, ils avaient gagné à leur cause tout l'entourage du prince héritier, dont l'Illuminé Kroeber était le précep-

---

Illuminés à Eichstätt, voir F. X. BRONNER, *Leben, von ihm selbst beschrieben*, 3 Bde, Zürich, 1795 - 1797, en particulier 453 - 480, et II, 21 - 35 qui évoque aussi la pénétration de l'illuminisme dans les couvents bavarois.

342 LE FORESTIER, *op. cit.*, 346 et 398 sq.; ROSSBERG, *op. cit.*, 69 (sur Prague et sur la Hongrie).

343 LE FORESTIER, *op. cit.*, 344 et 396; HANSEN, *op. cit.*, I, 43 - 49. Dans plusieurs de ces villes, il n'existait pas d'Eglise illuminée proprement dite. Les membres de l'Ordre dépendaient alors de l'Eglise d'une autre ville (par exemple, les Illuminés de Cologne étaient rattachés à l'Eglise minervale de Bonn).

344 LE FORESTIER, *op. cit.*, 344 sq. et 396. Rappelons que les Illuminés de Francfort ne constituèrent pas une "Eglise", mais qu'ils s'affilièrent à titre individuel. Ils durent quitter l'Ordre en 1784 s'ils voulaient rester membres de la loge maçonnique l'Union. Voir KALLWEIT, *op. cit.*, 64 sur les Illuminés de Cassel.

teur[345]. D'autre part, ils avaient "illuminé" la totalité de la loge Caroline aux Trois Paons (*Caroline zu den Drei Pfauen*): ce brillant résultat était dû aux efforts personnels de Knigge[346].

A Aix-la-Chapelle ("Gaza"), l'Eglise minervale comptait 18 membres. Il y avait aussi plus de 5 Illuminés à Haschenburg ("Pinna"), 6 à Osnabrück ("Trinacria"), 5 à Münster ("Smyrna"), 3 à Düsseldorf ("Triconium"), 1 à "Banascium" (?), ainsi qu'à Melle ("Umbella", près d'Osnabrück), à Duisbourg ("Pelopia"), à Kettwig-Ruhr ("Nemeta"), à Pelkum ("Drebanum", près de Emden), et à Rotheburg dans le duché de Verden[347].

Le Cercle de Basse-Saxe ("Eolie") était également une région importante pour l'Ordre, avec au moins 74 membres, dans les villes suivantes: Göttingen ("Andrus", 26 membres), Hanovre ("Tarse", 22 membres), Brunswick ("Capoue", 6 membres). A ces villes s'étaient ajoutées à partir de 1782 celles de Brême ("Tamarina", 5 membres), Stade ("Arbona", 3 membres), Hambourg ("Constantinopolis", 3 membres), Celle ("Trebia", 3 membres), Pethum, près de Emden ("Drebonum", 3 membres), enfin la très catholique Hildesheim ("Erix", 3 membres)[348].

En Haute-Saxe, les Illuminés n'avaient d'abord pu prendre pied. Mais l'affiliation de Bode en 1782 introduisit l'Ordre à Weimar ("Hieropolis"), où l'on compta dès lors 11 Illuminés (parmi eux, Bode, Carl-August, Goethe, Herder, Musaeus)[349]. A Gotha ("Syracuse"), l'affiliation du duc Ernest II entraîna celle de plusieurs de ses familiers, et la colonie illuminée atteignit au moins le chiffre de 12 membres. A Rudolstadt ("Aquinum"), on comtait 17 Illuminés. Il y en avait aussi quelques-uns à Leipzig ("Sinope") et à Erfurt ("Lycopolis"). Au total, la Haute-Saxe comptait plus de 40 Illuminés[350].

Répétons que ces chiffres sont certainement en-dessous de la réalité. Les listes publiées ici ou là, qui reproduisent des documents d'archives au hasard de leur découverte, sont souvent imprécises, voire muettes, sur la colonie à

---

345 Rapport anonyme de novembre 1782, NOS, I, 189. Johann Martin zu STOLBERG-ROSSLA, gendre du comte régnant, était Illuminé depuis 1782. En 1784, Weishaupt lui confia la direction de l'Ordre en Allemagne.
346 HANSEN, *op. cit.*, I, 49, n. 5. Cf. Knigge à Zwack, 20 janvier 1783: "Von meinen Kolonien ist Claudiopolis [= Neuwied] die herrlichste", NOS, I, 109.
347 LE FORESTIER, *op. cit.*, 346 et 395, dont les chiffres ont été corrigés d'après A. PAULS, *op. cit.*, 438.
348 LE FORESTIER, *op. cit.*, 346 et 396.
349 *Ibid.*, 396. L'affiliation de Carl August et de Goethe, que DÜLMEN met en doute (*op. cit.*, 66), est connue avec certitude, ainsi que celle de Herder, authentifiée depuis le début du XXè siècle par la publication des revers d'admission signés par eux le 11 février 1783 (H. WERNEKKE, *Goethe und die königliche Kunst*, Leipzig, 1905, 24 sq.) Les originaux trouvaient aux archives de la loge maçonnique Ernest Au Compas, à Gotha, où LE FORESTIER les a eus entre les mains (*op. cit.*, 396, n. 2).
350 LE FORESTIER, *op. cit.*, 396.

laquelle étaient rattachés bien des adeptes, exception faite de celles qu'a établies, un peu avant la dernière guerre, Joseph Hansen.

Mais ce tableau, même incomplet, de l'extension de l'Ordre, permet de formuler une conclusion capitale, déjà proposée par Le Forestier, mais dont il ne dégage pas les implications hors du seul cadre de la franc-maçonnerie: c'est grâce à Knigge que l'Illuminisme, à l'origine expression de l'anticléricalisme bavarois, est devenu un phénomène *allemand* représentatif de la structure profonde de l'*Aufklärung*. C'est par rapport aux Lumières allemandes, et non par rapport à la seule maçonnerie, qu'il faut comprendre l'Illuminisme, comme d'ailleurs la maçonnerie dans son ensemble: c'est elle en effet qui a été le moteur de ce processus qui donne à l'Illuminisme une signification allemande et non plus seulement bavaroise. Il est remarquable qu'à partir de 1782, les colonies illuminées s'implantèrent dans les villes où la maçonnerie disposait de loges importantes, ainsi à Neuwied, à Aix-la-Chapelle, à Hanovre, à Weimar, à Wetzlar, à Giessen. L'investissement des milieux maçonniques pouvait se faire de deux manières. Ou bien les Illuminés établissaient une Eglise minervale concurrente des loges maçonniques existantes, dont elle recueillait les transfuges, à moins que, comme ce fut le cas à Francfort, les maçons s'y fissent recevoir tout en restant membres de leur loge. Ou bien l'ensemble d'une loge maçonnique passait à l'Illuminisme, par exemple à Neuwied ou à Aix-la-Chapelle. Le résultat était le même: la maçonnerie allemande donnait en 1782 - 1783 l'impression d'être sur le point de basculer dans l'Illuminisme.

En prenant pied dans le monde maçonnique, l'Illuminisme entrait par ailleurs en contact avec des milieux qui, à des titres très divers, se réclamaient des Lumières: écrivains, acteurs, pasteurs, fonctionnaires, voire princes qui se piquaient d'être "éclairés". On doit se demander ce que signifie l'adhésion de tous ces personnages à des doctrines qui allaient bientôt être présentées à l'univers comme subversives ou perverses. Mais il ne faut pas oublier que les colonies illuminées que nous avons dénombrées étaient constituées le plus souvent des seules Eglises minervales. Or le processus rigoureux de sélection que l'Ordre avait mis en oeuvre limitait fortement le nombre de ceux qui étaient initiés au secret de ses véritables objectifs par l'accession aux grades supérieurs. Le travail des Assemblées minervales se bornait à l'étude de problèmes moraux d'ordre général, ce qui n'avait rien d'effrayant pour personne. On a tendance aujourd'hui à négliger cet aspect de la question, qui ne concerne pas la doctrine de l'Ordre, mais sa diffusion. Combien d'Illuminés ont-ils été promus au grade de Prêtre ou de Régent? On ne le saura sans doute jamais, mais il est certain que ces grades n'ont pas été massivement conférés[351]. Or c'est à ce niveau que les doctrines de l'Ordre prennent un

---

351 Il n'est même pas sûr qu'ils l'aient jamais été. En tout cas, aucun document connu ne l'établit. Le grade d'Illuminatus Dirigens a été conféré deux fois à Neuwied (HANSEN, *op. cit.*, p. 50) et une fois à Aix-la-Chapelle (PAULS, *op. cit.*, p. 525).

caractère plus radical que les tendances politiques générales de l'*Aufklärung*. Nous verrons que beaucoup d'Illuminés s'engageront à partir de 1789 dans une lutte visant à faire triompher les idées révolutionnaires. Mais s'ils ont puisé leur idéal aux sources de l'Illuminisme, l'Ordre en tant que tel n'avait pas choisi la voie de la confrontation ouverte avec l'Etat absolutiste.

Pourtant, l'implantation de l'Ordre en Allemagne ne doit pas masquer sa fragilité. Dès 1783, la loge Aux Trois Paons de Neuwied adhérait en bloc à l' Alliance Eclectique, bientôt imitée par les loges d'Aix-la-Chapelle, de Wetzlar et de Giessen[352]. Ces défections prouvent que, malgré l'ampleur des recrutements dont il avait bénéficié, l'Ordre témoignait d'une solidité plus apparente que réelle. Une analyse de sa structure sociale nous permettra de comprendre pourquoi.

B. Structure sociale de l'ordre

Aucune des études consacrées jusqu'à présent à l'Ordre des Illuminés ne propose un recensement satisfaisant de ses effectifs ni une analyse précise de sa structure sociale. Un certain nombre d'obstacles rendent, il est vrai, un travail de ce genre difficile à réaliser.

Il ne sera sans doute jamais possible de savoir avec une précision totale qui fut ou ne fut pas membre de l'Ordre. Aux difficultés liées à la localisation des sources, s'en ajoutent d'autres qui tiennent aux sources elles-mêmes, en particulier à la manière dont furent établies et rédigées les listes dont nous disposons. Un premier problème est celui de l'orthographe des noms, qui peut amener à voir deux, ou même trois personnes là où il n'y en a qu'une[353]. Dans d'autres cas, l'existence de plusieurs *nomina* ne concerne qu'un seul

---

[352] LE FORESTIER, *op. cit.*, 388, n. 3.
[353] Exemples de confusions relevées par FEHN, *op. cit.*, 251 sq., dans l'ouvrage de DÜLMEN: *von Ow* et *von Au*; *Babel von Babelsberg* et *Bebl*; *Mayer* et *Beda Mayr*; *Effner* et *Oeffner*. Autre exemple, constaté par nous: L'Illuminé Cleomedes désigne un personnage dont le nom apparait tantôt sous la forme *Stückred*, tantôt sous la forme *Stiggrod* (LINGG, *op. cit.*, 397, DÜLMEN, *op. cit.*, 451). Ou encore: *Mieland* et *Wieland* (BEYER, *op. cit.*, 72). Nous avons relevé une incertitude d'orthographe, et quelquefois quant à l'identité même du personnage pour les Illuminés suivants: Achille (Resco, Rapo, Rasso); Amphion (Hampel, Kampel); Anacréon (Kröpp, von Groppen, Gropper); Antisthenes (Pernat, Bernat); Arcadius (Prenner, Brönner); Aristippe (Vollmar, Vollmayr, Vollmajer); Astiages (Woschika, Woszycki, Wodizka); Demaratus (v. Peglioni, v.Bellioni, v. Beglioni); Democritus (Bauer, Paur); Epictet (Mieg, Mirsch); Learcus (Bonsek, Busek, B. v. Koweck); Lepidus (Kammerlocher, Kammerlohr, Cammerlocher); Musonius (Finne, Firmer, Finner); Nearcus (Schuech, Schuch, Schuh); Pericles (Ecker, Egker); Perseus (Petronius Graf Savioli, Graf Petronius); Philemon (Pibinger, Bibinger, Sibringer); Philoctetes (v. Füll, v. Tihl); Pylades (Rettenhofen, Pettenkosen); Valentinus (Staar, Steer); Zeno (Sauter, Sulzer); Zoppirus (Edler v. Seb. Handler, d'Hautel, de Handl, de Jlande); Hector (Graf von Spaur, Graf von Spaner).

individu: ainsi Zwack s'appela-t-il successivement Danaus, Philipp Strozzi, et enfin Cato. Il arrivait enfin que le *nomen* abandonné fût attribué à un autre Illuminé, mais il arrivait aussi qu'on ne l'utilisât plus[354]. Lorsqu'il était attribué une nouvelle fois, il y a lieu de se demander si le premier titulaire était décédé, ou s'il s'était retiré de l'Ordre, ou bien s'il en avait été exclu, ou même s'il n'avait été qu' "insinué", c'est-à-dire sollicité d'entrer dans la société, sans que cette "insinuation" ne fît par la suite l'objet d'une confirmation. Chacune de ces hypothèse entraîne évidemment des conclusions fort différentes.

Les listes portent la date de leur établissement. Mais il est souvent difficile de savoir quand un membre a été recruté, à moins que cela ne soit précisé dans les rapports qui nous restent: or nous savons qu'ils ne sont pas nombreux.

Enfin, certaines listes donnent seulement le *nomen* des membres, d'autres seulement le nom profane. Ici encore, il n'est pas toujours possible d'opérer les recoupements qui permettraient de voir si les *nomina* correspondent aux noms profanes ou désignent des personnes différentes.

Comme il est infiniment probable que ces difficultés ne pourront jamais être totalement résolues, nous ne saurons jamais exactement combien de membres l'Ordre a compté. Aussi travaillerons-nous sur des ordres de grandeur et des pourcentages effectués à partir de relevés que nous pouvons considérer comme fiables. L'application de cette méthode statistique, bien connue des historiens, permet, pensons-nous, d'aboutir à quelques conclusions solides.

L'exploitation des listes recensées jusqu'à présent[355] nous amène à constituer plusieurs groupes d'Illuminés: ceux dont nous connaissons avec certitude le nom profane et le *nomen* (472 au total); ceux dont seul le *nomen* nous est parvenu (84 au total); ceux dont nous savons le nom profane, mais ignorons le *nomen*: l'affiliation peut être considérée comme certaine pour 90 d'entre eux. Pour les autres (une soixantaine), l'appartenance n'est que supposée, sans que les preuves de l'affiliation aient pu être véritablement apportées. Nous les laisserons de côté[356].

Si on additionne les trois premiers groupes, on obtient un total de 646 noms. Il s'agit là évidemment d'un nombre approximatif, duquel il conviendrait de retrancher ceux qui figureraient à la fois dans les listes des *nomina* seuls et dans celles de noms profanes seuls sans que le rapprochement ait pu

---

354 Les OS mentionnent la présence d'un *Minos* dès 1778. Or Ditfurth, qui portait ce nomen, ne fut recruté que plus tard (OS, 263).
355 Voir *supra*, n. 336.
356 La plupart des noms dans ce cas proviennement des indications figurant dans ROSSBERG, *op. cit.*. Il y en a environ 60 au total. Beaucoup d'affiliations supposées incertaines par DÜLMEN sont sûres (en particulier celles de Goethe et de Herder, mais aussi celles de nombreux personnages obscurs dont on retrouve les noms dans les listes de Lingg, Sattler, Bayer etc.).

être opéré. Mais nous admettrons l'hypothèse que ce cas n'est pas très fréquent.

R. Van Dülmen avait établi une liste de 455 noms, et il en déduisait raisonnablement que l'Ordre devait avoir un effectif global de 600 à 700 personnes. Si on applique un calcul analogue aux 646 noms que nous avons trouvés, nous pouvons admettre que l'Ordre a compté entre 840 et 970 membres, soit, si l'on fait la moyenne de ces deux chiffres, environ 900[357]. Ce nombre, rapporté au nombre moyen d'habitants que pouvait compter à cette époque une ville allemande[358], est donc suffisamment important pour que l'Illuminisme ne soit pas considéré comme un phénomène marginal, ce que personne ne se risque d'ailleurs à faire aujourd'hui.

Comment se répartissaient les membres de l'Ordre quant à l'appartenance sociale? Nous travaillerons sur le chiffre de 646 noms, en essayant de dégager quelques pourcentages significatifs.

Nous avons compté 215 nobles, soit un peu plus de 32 %. Cette proportion est nettement inférieure à celle qu'on peut constater pour la Stricte Observance, qui dépassait 50 %[359]. Mais elle reste tout de même trop importante pour qu'il soit possible de considérer l'Ordre des Illuminés comme le lieu où ne s'exprimaient que les aspirations de la bourgeoisie. S'il est vrai que l'idéologie de l'Ordre – hostilité au despotisme, volonté de diffuser le savoir moderne, importance de la morale – caractérise le désir de la bourgeoisie de frayer aux élites nouvelles le chemin du pouvoir, la présence de nombreux nobles montre que cette classe sociale n'était pas, elle non plus, satisfaite des structures traditionnelles.

Mais une différence capitale existe entre la Stricte Observance et l'Ordre des Illuminés: alors que dans la première, les bourgeois étaient tolérés, dans le second, c'étaient les nobles qui l'étaient. On peut en inférer que les *nobles* Illuminés étaient plus sincèrement favorables à la promotion des élites bourgeoises, vers lesquelles ils allaient, que les *bourgeois* de la Stricte Observance eux-mêmes, qui, eux, devaient plutôt rechercher une certaine ascension sociale.

En ce sens, l'Ordre des Illuminés traduit beaucoup mieux que la Stricte Observance (et, d'une façon générale, que les systèmes maçonniques traditionnels) la prise de conscience, par une fraction "éclairée" de la société, des mutations sociales qui étaient en train de s'opérer. Si l'on ajoute à cela que beaucoup de ces nobles ont été recrutés à partir de 1781, donc en partie grâce à l'activité de Knigge, on peut en conclure que Knigge avait compris que la

---

357 LE FORESTIER, s'appuyant sur les chiffres fournis au XIXè siècle par le fils de Weishaupt, ainsi que sur ceux qu'indiqua en prison le chanoine Hertl, estime que l'Ordre comptait environ 2500 membres. Ce chiffre semble très exagéré, et DÜLMEN le conteste à juste titre.
358 En 1793, Munich comptait 48000 habitants, Weimar 6000, Hanovre 16000 (REICHARD, *op. cit.*).
359 Voir MERZDORF, *op. cit.*.

société de son temps devait évoluer, que la noblesse devait accepter de se mêler à la bourgeoisie.

La nouvelle religion, dont Knigge veut que l'Ordre apporte le message, a donc aussi des implications sociales: la fraternité universelle passe par le mélange des classes, et c'est aux classes dites "supérieures" d'accepter d'aller vers celles qu'elles avaient jusqu'alors méprisées. Progressiste, cette démarche est aussi le contraire de celle qu'implique la "lutte des classes". Ni Knigge, ni l'Ordre des Illuminés, ni la bourgeoisie allemande en tant que classe n'ont eu comme objectif l'élimination d'une autre classe par la violence. On ne peut appliquer à l'Allemagne un schéma qui vaut, d'ailleurs en partie seulement, pour l'explication des événements en France de 1789 à 1830. Lorsque Lessing rêve de supprimer les nations et les classes sociales, il ne formule pas une revendication de pouvoir économique, mais une revendication idéaliste, on pourrait dire religieuse, liée à sa foi dans la fraternité universelle. Bien des nobles, à commencer par Knigge, pouvaient le suivre dans cette voie, et le pourcentage élevé de nobles Illuminés confirme cette affirmation. L'Allemagne ne disposait pas, si l'on excepte quelques villes comme Hambourg ou Francfort, d'une bourgeoisie dont le rôle eût été comparable à celui de la bourgeoisie française. Il existait en revanche une couche importante constituée par cette "bourgeoisie de culture" (*Bildungsbürgertum*) sans laquelle il n'y aurait pas eu d'*Aufklärung*. La bourgeoisie allemande ne réclamait donc pas un pouvoir économique, mais un pouvoir "culturel". C'est de cette dernière catégorie que relevait le gouvernement des Etats, puisque, pour les *Aufklärer*, et en particulier pour les Illuminés, il consistait à mettre en application des idées et des constructions abstraites plus juridiques qu'économiques.

La structure sociale de l'Ordre permet donc de vérifier ce que l'étude idéologique du message de Knigge nous avait appris.

Sur deux problèmes, les données sont insuffisantes pour établir des statistiques révélatrices.

Le premier concerne l'âge des Illuminés, question qui, on le sait, contribuait à diviser Knigge et Weishaupt. La date de naissance n'a pu être retrouvée que pour 90 Illuminés, soit à peine plus de 13 %, ce qui n'est pas suffisant.

Livrons, à titre de simple curiosité, le résultat de ces recherches: 27 (soit 30 %) sont nés avant 1744, c'est-à-dire sont âgés de plus de quarante ans en 1784, lorsque Knigge quitte l'Ordre[360]. Dix Illuminés (11 %) sont nés après 1758, le plus jeune en 1768. C'est la tranche d'âge située entre 25 ans (naissance en 1759) et 40 ans (naissance en 1744) qui fournit le plus gros contingent d'Illuminés: 53, soit près de 59 %. Il semble donc que Knigge ait eu mal à recruter des hommes âgés de plus de quarante ans, ce qui n'était pas pour déplaire à Weishaupt. Mais il faut néanmoins rappeler que Knigge était né en

---

360 Le plus âgé est né en 1721. A partir de 1725, chaque année voit naître un futur Illuminé.

1752, et qu'il devait considérer comme "mûre" toute recrue âgée de plus de trente ans. On compte 36 Illuminés (soit 40 % des 90 noms envisagés) nés entre 1744 et 1752.

L'autre lacune a trait à la religion des Illuminés. Pour beaucoup d'entre eux, elle se déduit aisément de leur profession et de leur origine géographique: il est clair qu'un "curé à Munich" ou un "chanoine à Mayence" ne peuvent être que catholiques, et qu'il était inutile de le préciser par une mention spéciale. De même, "conseiller de consistoire à Hanovre" implique nécessairement la confession luthérienne. Mais quelle peut être la religion d'un "maître d'école à Neuwied", où régnait en ce domaine une tolérance tout à fait remarquable? Et les réformés? La différence entre le luthéranisme et le calvinisme est pourtant, précisément sur le problème de l'Etat et de la politique, considérable.

La religion est indiquée, soit directement, soit par le biais de la profession, pour 145 Illuminés: 97 catholiques (67 %), 39 luthériens (27 %) et 9 réformés (6 %). La proportion des catholiques est donc énorme.

Elle reste très grande si on fait pour ceux dont la confession n'est pas, indiquée, un calcul appuyé sur des données géographiques: pour cent personnes, par exemple, habitant Eichstätt ou Ingolstadt, on peut penser que le risque d'erreur, si on les suppose catholiques, est inférieur à 1 %. Comme l'origine géographique des Illuminés est connue, nous en déduisons donc avec une relative certitude leur confession. Sur cette base, nous trouvons 257 Illuminés présumés catholiques, 35 présumés luthériens et 2 présumés réformés. Au total, sur 646 Illuminés, nous aurions donc 354 catholiques (soit près de 55 %), 74 luthériens (un peu plus de 11 %) et 11 réformés (moins de 2 %), soit 68 % pour lesquels l'appartenance confessionnelle peut être considérée comme certaine.

La conclusion que nous sommes en droit de formuler est que l'Illuminisme, et ce malgré les efforts de Knigge, est resté quantitativement un phénomène représentatif de l'Allemagne catholique, celle du Sud, de la Bavière notamment. En ce sens, Knigge a subi un échec: il a certes implanté l'Ordre en Allemagne du Nord, mais la greffe n'a pas donné une plante très vigoureuse.

Plus assurées sont les conclusions que nous permettent de formuler des analyses portant sur les professions, bien mieux connues que la religion.

Sur les 646 Illuminés que nous prenons pour base de notre étude, nous savons quelle profession ont exercée 460 d'entre eux, soit plus de 71 %. Aussi les quelques hypothèses que ce chiffre relativement élevé nous permettra d'avancer quant à la structure idéologique de l'Ordre, s'appuieront-elles sur une base solide.

R. Van Dülmen afirme que ce sont "presque exclusivement des juristes" qui se sentirent attirés par l'Illuminisme[361]. Mais une cinquantaine de pages plus

---

361 DÜLMEN, *op. cit.*, 20.

loin, il écrit que l'Ordre "se composait principalement de fonctionnaires, de professeurs et de prêtres séculiers"[362]. De ces deux assertions contradictoires, la seconde est plus proche de la réalité que la première. Mais elle offre le défaut de considérer comme un ensemble homogène deux catégories radicalement différentes, les ecclésiastiques (principalement catholiques) et les fonctionnaires. Or la coexistence dans le gros des troupes illuminées de ces deux catégories, qu'il faut au demeurant définir avec davantage de précision, est précisément révélatrice de ce que fut l'Ordre, mais aussi de ce qu'il ne fut pas.

Examinons les chiffres, avant de procéder à des regroupements.

Nous éliminerons d'abord les cinq princes (dont deux régnants), dont nous savons que Knigge les avait recrutés, et pour quelles raisons.

En tête, nous trouvons effectivement l'un des groupes de professions mentionnés par Dülmen: 111 fonctionnaires, soit plus de 17 % du total. Ils appartiennent en majorité aux cadres subalternes des bureaucraties territoriales, conseillers de toutes sortes (dans les cours de justice, de finance, dans les chancelleries etc.), diplomates de bas rang, et même un commissaire de police, et aussi des directeurs d'école.

Viennent ensuite les ecclésiastiques (74, soit plus de 11 %): curés, chanoines, quelques conseillers ecclésiastiques, un official, quelques moines, quelques titulaires de bénéfices, des prévôts de chapitre, originaires surtout de Bavière et de Rhénanie. Il faut leur ajouter trois évêques.

A elles deux, ces catégories représentent donc près de 30 % des effectifs de l'Ordre.

Elles sont suivies par les militaires (de sous-lieutenant à général), qui sont au nombre de 59 (soit un peu plus de 9 %) – encore des "serviteurs de l'Etat".

Viennent ensuite les "juristes" (57, soit un peu moins de 9 %). Par "juristes", il faut entendre tous ceux que leur profession amenait à se spécialiser dans les problèmes du droit: avocats, "praticiens"[363], juges, mais aussi assesseurs au Tribunal de Wetzlar, sans oublier plusieurs étudiants en droit.

Loin derrière, nous trouvons 37 "négociants", auxquels nous pouvons ajouter 4 pharmaciens, 1 hôtelier, 2 libraires et 1 "artisan" (pauvre ou riche? Nous l'ignorons). Au total 45 personnes, soit moins de 7 %.

Puis ceux que nous pouvons appeler "petits employés", qui ne sont pas au service d'un prince ou d'une bureaucratie étatique, mais d'un particulier: scribes, copistes, secrétaires particuliers, caissiers etc.: 30 personnes, soit moins de 5 %.

Ensuite, un groupe relativement important de professeurs d'université (Ingolstadt, Marbourg, Göttingen, Heidelberg, Iéna...): 27 (un peu au-dessus

---

362 *Ibid.*, 73.
363 "Praktikanten": ce sont des juristes que l'on consultait en cas de litige entre particuliers.

de 4 %). Si on lui ajoute 12 "pédagogues" (*Pädagogen*), on obtient un total supérieur à celui de la catégorie précédente: 39 personnes, soit 6 %.

L'Ordre comptait aussi un nombre relativement élevé de personnages occupant des postes à haute responsabilité. Nous comptons 16 hauts fonctionnaires (finances, administration générale, par exemple *Regierungspräsidenten*, 5 gouverneurs de province, 5 membres du Conseil de Censure de Munich, 5 hauts dignitaires luthériens, dont Herder...), au total 31 personnes, soit près de 5 %.

Les médecins sont au nombre de 16 (2,5 %).

On trouve aussi 16 "courtisans" (chambellans, gentilshommes de la Cour etc.), soit 2,5 %; 6 maires ou sénateurs (moins de 1 %), et 4 précepteurs de princes héritiers (0,9 %).

Ce tableau rend bien compte de la multiplicité des professions et des intérêts représentés au sein de l'Ordre. Mais cette variété ne doit pas masquer un fait essentiel: les fonctionnaires, les ecclésiastiques, les militaires et les juristes constituent à eux seuls plus de 45 % des effectifs de l'Ordre.

Si on considère les deux premiers groupes, celui des fonctionnaires et celui des ecclésiastiques, nous constatons que ce sont les deux plus importants. Or ils représentent deux aspects différents du contexte social des Lumières. On peut penser que les ecclésiastiques, dont beaucoup étaient bavarois et avaient été recrutés par Weishaupt et les Aréopagites munichois, constituaient une fraction "éclairée" du catholicisme: l'hostilité aux jésuites fournissait la ligne de force de leur engagement au service des Lumières. Ce groupe serait donc représentatif d'une *Aufklärung* à la fois régionale (parce que bavaroise) et catholique. Des travaux récents ont montré que ce type d'*Aufklärung*, mal connu et même souvent volontairement ignoré, existait[364]. La ligne de partage entre partisans et adversaires des Lumières en Bavière était bien dessinée par le problème religieux. Mais celui-ci revêtait deux aspects: bien souvent, les questions métaphysiques liées à la nature de la foi et au problème du péché étaient reléguées au second plan par celles que posait la lutte entre les jésuites (ou anciens jésuites) et leurs adversaires, qui était une lutte pour le pouvoir avant d'être une lutte pour des croyances. La fondation de l'Ordre n'était pas sans rapports avec ces oppositions. Pourtant, certains ecclésiastiques "éclairés" n'entendaient pas devenir infidèles à leur foi ou à leur Eglise. Leur adhésion aux Lumières n'était pas liée au désir de supplanter les jésuites dans les domaines que ceux-ci continuaient à dominer après la dissolution de la Compagnie. Ils n'en faisaient pas non plus une question de pouvoir, peut-être parce que, appartenant à l'Eglise, ils le détenaient déjà. Le cas du prêtre munichois Lorenz Westenrieder est à cet égard significatif. Weishaupt

---

364 Par exemple VAN DÜLMEN, *Antijesuitismus und katholische Aufklärung in Deutschland*, in: *Historisches Jahrbuch*, 89/1969, 52 - 80. Voir aussi L. HAMMERMAYER, *Geschichte der bayerischen Akademie der Wissenschaften 1759 - 1807*, 2 vol. parus, München, 1983. Hammermayer montre en particulier que les Illuminés avaient réussi à infiltrer l'Académie.

avait un moment espéré le recruter, et il avait même prévu le *nomen* qu'il lui donnerait[365]. Après avoir longuement hésité, Westenrieder refusa d'adhérer à l'Ordre, précisément parce qu'il ne pouvait se résoudre à adopter ses positions anticléricales. Pour Westenrieder, être "éclairé" ne signifiait pas être hostile au catholicisme, mais uniquement le soumettre à une sorte d'aggiornamento, en somme le libéraliser et le moderniser. Il ne pouvait s'agir pour lui de fonder une "nouvelle religion", mais de dépoussiérer la religion traditionnelle[366]. Or il lui apparaissait à juste titre que ce n'était pas là exactement le projet de l'Ordre.

L'autre groupe, celui des fonctionnaires, était porteur d'aspirations orientées autour de préoccupations fort différentes. A leurs yeux, ainsi d'ailleurs qu'à ceux des officiers et des juristes, l'Ordre ne pouvait que représenter ce que nous appellerions aujourd'hui la "modernité". Il ne faut pas oublier que l'écrasante majorité des Illuminés n'ont accédé qu'aux grades de la première et de la deuxième classe. Pour eux, l'Ordre était d'abord un institut d'enseignement avant d'être une organisation politique[367]. Il offrait la possibilité de lire des ouvrages interdits ou peu diffusés, il prétendait recueillir les fruits de la science la plus récente, et les appliquer au bonheur de l'homme et à l'organisation de la société. Modernité et efficacité: que fallait-il de plus pour tenter bien des *Aufklärer*, pour qui les Lumières, essentiellement pédagogiques et pratiques, devaient aboutir à une meilleure administration de l'Etat? Dans bien des cas, les Lumières se confondaient avec l'absolutisme éclairé, et non avec une révolution et la destruction de la religion.

De même que les deux principaux chefs de l'Ordre, Knigge et Weishaupt, n'étaient pas d'accord sur leur projet, de même, les Illuminés ne cherchaient pas tous la satisfaction des mêmes aspirations. A cet égard, la comparaison entre la composition socio-professionnelle des différents groupes est éclairante. L'Ordre des Illuminés, à l'origine bavarois et conçu comme une machine de guerre contre les jésuites, devenait avec Knigge une sorte d'officine où les membres apprendraient à mettre leur raison et leurs talents au service de l'Etat. Que Knigge lui-même ait rêvé qu'un jour, l'Etat disparaîtrait, ne doit pas faire illusion: la majorité des Illuminés ne s'en doutait même pas!

La composition sociologique de l'Ordre permet de comprendre les deux obstacles qui, finalement, causèrent sa perte. D'une part le centralisme imposé par Weishaupt et repris en grande partie par Knigge lorsqu'il réorganisa l'Ordre ne pouvait fonctionner de manière satisfaisante. Les Allemands n'avaient pas été habitués par leur histoire à suivre aveuglément les directives d'un pouvoir central auquel tout ramenait. On comprend dès lors

---

365 Pythagoras (OS, 231).
366 Sur Westenrieder, Voir A. GRASSL, *Westenrieders Briefwechsel mit einer Darstellung seiner inneren Entwicklung*, München, 1934.
367 C'est très bien montré par LE FORESTIER, *op. cit.*, 73 - 82 et 198 - 304.

que l'Ordre n'était guère gouvernable: les lettres de Spartacus sont remplies de doléances nombreuses à ce sujet.

Mais l'ordre ne parvint jamais non plus à l'unification idéologique qui aurait pu faire de lui une association de combat efficace. Les négociants étaient tournés avant tout vers l'activité pratique. Les autres catégories, ecclésiastiques, fonctionnaires, juristes, professeurs, médecins etc., étaient habitués aux débats d'idées, mais cela ne constituait pas nécessairement une force pour l'Ordre: on sait, par exemple, que les professeurs de Göttingen s'offusquaient du déisme de Ditfurth[368]. On se rappelle aussi les scrupules de Nicolai, qui se refusa à toute propagande en faveur de l'Ordre[369].

Tel qu'il était, l'Ordre était donc promis au même destin que les systèmes maçonniques rivaux, en particulier la Stricte Observance, et pour les mêmes raisons: les deux chefs n'allaient pas dans la même direction, et les membres obéissaient à des motivations trop variées. Il n'en reste pas moins que, grâce à Knigge, il acquit une place importante parmi les mouvements qui tentèrent de prendre en charge les revendications de l'*Aufklärung*.

Or dans le domaine des réalisations concrètes aussi, les résultats obtenus par l'Ordre n'ont pas été à la hauteur de ce qu'en attendaient ceux qui le dirigeaient.

C. Illuminisme et politique

Les Illuminés ne se sont pas contentés d'envisager abstraitement la conquête des institutions de l'Etat. Ils ont essayé, durant les brèves années de l'existence de l'Ordre, de la réaliser. C'est d'ailleurs ce qui a nourri la thèse de la "conspiration" contre les monarchies, qui allait englober avec les Illuminés l'ensemble des sociétés maçonniques, lorsque les partisans de la monarchie entreprirent, surtout à partir de 1792, de rechercher et de dénoncer ceux qu'ils tenaient pour responsables du progrès des idées révolutionnaires[370].

La tactique des Illuminés est exposée dans plusieurs documents, en particulier dans la correspondance échangée entre Weishaupt et les membres de l'Ordre, ainsi que dans les rapports que certains d'entre eux rédigeaient à l'intention de leurs supérieurs. Ainsi, nous apprenons par un tableau des *Progrès de l'Ordre dans le domaine politique depuis un an en Grèce*, dressé par Zwack[371], que c'est "grâce à l'Ordre" que les jésuites ont été chassés de l'Université d'Ingolstadt; que la duchesse de Bavière, mère de l'Electeur, a organisé l'Institut des Cadets d'après un plan fourni par l'Ordre, et y a fait nommer des professeurs et accepter des élèves proposés par lui; que le Frère

---

368 Voir *supra*, 3, B.
369 Voir *supra*, 3, C.
370 Voir BIEBERSTEIN, *op. cit.*, en particulier 70 - 119. Sur la "conspiration" comme moyen d'action politique de l'Ordre des Illuminés, voir HOFTER, *op. cit.*, 194 - 222. Hofter établit un parallèle entre l'Ordre et la Compagnie de Jésus.
371 *Progressen b) des O [= Ordens] im politischen Fache seit einem Jahr in Griechenland [= Bayern]*, o. D., OS, 8 - 11.

Pylade[372] est devenu conseiller fiscal ecclésiastique et "que grâce à cela l'Ordre dispose des ressources financières de l'Eglise"[373]; que l'Ordre a su procurer à ceux de ses membres qui étaient des ecclésiastiques de bons bénéfices, des cures ou des places de précepteur; que les "écoles allemandes sont sous la domination de l'Ordre"[374]; que l'Ordre dirige la société de bienfaisance de Munich; que quatre chaires de prédicateurs ont été pourvues de membres de l'Ordre. Et Zwack d'exposer avec complaisance l'espoir de poursuivre un travail aussi bien commencé[375]. Le 17 avril 1779, Weishaupt évoquait dans une lettre au chanoine Hertl le projet d'une "société littéraire" qui, peuplée d'Illuminés, servirait les projets de l'Ordre[376]. Le 1er janvier 1783, Epictète[377] mande à Knigge qu'une place de conseiller est à pourvoir dans la petite ville bavaroise de Türckheim[378]. Le Frère Chabrias[379] est parti pour Bonn, où il vient d'être nommé à un "emploi dans l'Etat"[380]. Archelaus[381] est sur le point d'obtenir "un poste de précepteur auprès du prince héritier d'une ancienne principauté"[382]. Dans la petite ville de Hachenburg, "le comte n'est entouré que d'Illuminés. Secrétaire intime, médecin, aumônier, conseillers, tous sont des nôtres"[383]. Le comte de Neuwied demande à l'Ordre de lui procurer un Directeur pour la Chancellerie[384].

---

372 Joseph Carl von PETTENHOFEN, 1754 (?) - 1784, procureur fiscal ecclésiastique à Munich (DÜLMEN, *op. cit.*, 448).
373 OS, 9.
374 *Ibid.*, 10.
375 Sur l'infiltration des institutions étatiques bavaroises par les Illuminés, voir L. HAMMERMAYER, *Der Geheimbund der Illuminaten*, art. cité, 68 sq., et *Geschichte der bayerischen Akademie*, II, *op. cit.*. Voir aussi H. GRASSL, *Aufbruch und Romantik*, *op. cit.*, 222 sqq., et DÜLMEN, *op. cit.*, 54 et 74 n. 11. Les Illuminés avaient des hommes à eux dans l'administration, dans l'armée, dans les écoles, et jusque dans le Collège de Censure et dans l'entourage de l'Electeur. Ils occupaient également une place importante au sein de l'Académie bavaroise des Sciences. A Augsburg et à Ratisbonne, ils étaient aussi placés à des postes importants, dans les institutions ecclésiastiques notamment.
376 Spartacus [= Weishaupt] à Marius [= Hertl], 17 avril 1779, OS, 333.
377 Il s'agit du conseiller ecclésiastique à Heidelberg Johann Friedrich MIEG (1744 - 1811) chez qui Knigge habita peut-être lorsqu'il s'établit à Heidelberg en 1783. Knigge l'évoque dans *Roman meines Lebens*, IV, 293.
378 Mieg à Knigge, 1er janvier 1783, NOS, I, 133.
379 Clemens August der Jüngere, Freyherr von SCHALL, Conseiller de gouvernement et chambellan à Bonn (Voir HANSEN, *op. cit.*, I, 45).
380 *Rapport mensuel de Minos* [=Ditfurth], 7 août 1783, NOS, I, 167.
381 Karl DES BARRES (ou DESBARRES?), Major à Neuwied.
382 *Rapport d'Agis* [= Kröber], o. D., NOS, I, 183. Karl KRÖBER a lui-même été le précepteur des fils du comte Johann Martin zu Stolberg-Rossla, à Neuwied. Voir A. PAULS, *op. cit.*, I, 432.
383 Fragment d'un rapport incomplet cité dans NOS, I, 189.
384 *Rapport de Knigge*, août 1782, NOS, I, 202.

Les Illuminés tentèrent aussi de se glisser auprès de souverains plus influents sinon en raison de l'importance de leur territoire, du moins par les liens qu'ils entretenaient avec les grandes familles régnantes. C'est ainsi qu'ils réussirent à faire surveiller par l'un des leurs le précepteur du prince héritier de la cour de Deux-Ponts, un Wittelsbach[385].

Cette tactique est justifiée dans un texte que Zwack rédigea le 20 mai 1787 et qui fut publié en appendice aux *Ecrits Originaux*[386]. Zwack y souligne que les efforts des Illuminés pour chasser les anciens jésuites des postes qu'ils occupaient dans l'enseignement ne choquèrent pas les autorités électorales, qui au contraire n'étaient pas hostiles, au début des années quatre-vingts, à des efforts visant à leur retirer le monopole qu'ils prétendaient exercer[387].

Mais surtout, Zwack met en lumière les domaines auxquels s'appliqua la tactique politique de l'Ordre. Le premier relève de la philanthropie. L'Ordre s'intéressa en effet beaucoup, partout où il s'implanta, aux institutions charitables, soit qu'il en créât de nouvelles, soit qu'il plaçât des hommes à lui dans celles qui existaient déjà. Dans sa lettre, Zwack évoque la "société de bienfaisance"[388] de Munich, et souligne qu'elle doit d'avoir vu le jour en grande partie aux membres de l'Ordre. Un rapport de Mahomet[389] s'informe de l'état d'avancement d'un projet ayant pour objet la fondation d'une Caisse d'entraide pour les veuves à Neuwied[390]. Qu'il y eût là pour les Illuminés un champ d'action privilégié ne saurait surprendre: la bienfaisance est un thème important dans l'engagement maçonnique[391]. Des recherches plus poussées feraient certainement apparaître la place que les francs-maçons occupent dans ce secteur de l'histoire sociale[392].

Mais le refus qu'opposaient les Illuminés à l'utilisation de la violence pour réformer le système politique s'exprime encore plus nettement dans la

---

385 *Rapport de Mieg*, septembre 1782, *ibid.*, 173.
386 *Anhang zu den Originalschriften des Illuminatenordens*, Frankfurt und Leipzig, 1787. Il s'agit d'une lettre adressée sans doute à Weishaupt qui, de son côté, cherchait des matériaux pour rédiger sa propre défense, qu'il publia sous le titre *Kurze Rechtfertigung meiner Absichten. Zur Beleuchtung der neuesten Originalschriften*, Frankfurt und Leipzig, 1787.
387 *Anhang*, 13. Sur la lutte entre les anciens jésuites et les représentants des Lumières, notamment dans le domaine de l'enseignement, en Bavière, voir DÜLMEN, *Antijesuitismus ...*, art. cité, 69 sqq.
388 "mildthätige Gesellschaft", *Anhang*, 15.
389 Friedrich Freiherr von SCHRÖCKENSTEIN, chanoine à Eichstätt.
390 *Rapport de Mahomet*, 1782 NOS, I, 160.
391 Avant d'initier Tamino, Sarastro demande: "Ist er wohltätig?" (*Zauberflöte*, acte II, sc. 1). L'étude la plus complète et la plus pertinente du caractère maçonnique de l'opéra de Mozart reste celle de Jacques CHAILLEY, *La Flûte enchantée, opéra maçonnique*, Paris, 1968, 2è éd. revue, 1983.
392 Voir le compte rendu l'ouvrage de L. HAMMERMAYER sur le Convent de Wilhelmsbad par F. KOPITZSCH in: *Jahrbuch des Instituts für Deutsche Geschichte*, vol. XII, Tel-Aviv, 1983, 463.

priorité qu'ils donnaient à la conquête des institutions d'enseignement. Ils ne se contentaient pas d'évincer les jésuites de l'Université d'Ingolstadt ou de l'enseignement primaire. Ils voulaient que les membres de l'Ordre fussent présents dans tous les établissements qui, publics ou non, s'occupaient d'éducation. Peser sur les organes dirigeants de l'Etat ne suffisait pas. Ils entendaient aussi exercer leur influence sur de larges couches de la population, envisageant même une éducation véritablement populaire. L'*Instruction générale pour le grade de Régent*[393] formule cet objectif sans ambiguïté: "Il faut aussi, partout, gagner à l'Ordre le petit peuple. Ceci sera réalisé de la meilleure manière en influençant les écoles"[394]. Et une *Instruction* destinée aux Supérieurs provinciaux précise:

> Le Provincial doit donc, dans chaque pays, se préoccuper en premier lieu de l'enseignement scolaire de la jeunesse et de ses maîtres. Entre autres choses, il doit chercher, si possible, à recruter ces derniers ou à faire que, lorsqu'on pourvoit aux fonctions de l'enseignement, celles-ci soient dévolues à des membres de l'Ordre.

Le but à atteindre est clairement défini:

> En s'implantant dans la jeunesse, l'Ordre se développe et occupe avec le temps toutes les classes sociales et tous les emplois[395].

Les Illuminés établissaient même une hiérarchie entre les deux formes d'action que constituaient d'une part l'infiltration dans les organes d'Etat, de l'autre la mainmise sur l'enseignement. La première, disait l'*Instruction*, permettait à l'Ordre de s'implanter partout sans avoir à craindre la répression. Mais le texte ajoutait aussitôt:

> Il est toujours mieux de s'emparer de la population et de s'étendre grâce aux écoles. On ne saurait trop recommander ce moyen d'extension[396].

Un exemple de l'application de cette tactique est fourni par le Philanthropinum que Basedow avait créé à Dessau en 1774. Parmi les maîtres qui y enseignèrent, on trouve Christian Gotthilf Salzmann qui, en 1785 devait fonder à Schnepfenthal, en Thuringe, son propre institut[397]. Salzmann, qui

---

393 *Instruction für den ganzen Regentengrad*, in: *Neueste Arbeiten*, 135 - 145.
394 *Ibid.*, 139.
395 *Instruction für Provincialen*, NOS, II, 25.
396 *Ibid.*, 30 sq.
397 Sur cet institut, voir la préface de G. HÄNTSCHEL à l'édition en *reprint* du roman de SALZMANN *Carl von Carlsberg oder über das menschliche Elend*, 3 Theile, 1783 - 1785, Bern/Frankfurt a. M./Las Vegas, 1977. Voir aussi G. BURGGRAF, *Christian Gotthilf Salzmann im Vorfeld der Französischen Revolution*, Germering bei München, 1966, 66 - 108. Salzmann rédigea la première notice biographique de Knigge: *Adolph Franz Friedrich Ludwig Freyherr von Knigge*, in: *Denkwürdigkeiten aus dem Leben ausgezeichneter Teutschen des achtzehnten Jahrhunderts*, Schnepfenthal, 1802, 756 - 759.

était devenu Illuminé, avait été appelé en Saxe-Gotha par le duc Ernest II[398].

A Dessau enseigna également, en 1775, Johann Friedrich Simon, avant de devenir en 1777 directeur d'une filiale de cet établissement à Strasbourg, puis de prendre, en 1783, la tête d'un institut d'éducation à Neuwied. En 1784, il alla habiter à Coblence et entra comme précepteur dans la maison du comte Franz Georg von Metternich-Winneburg, où il eut comme élève le futur père de la Sainte-Alliance. Il l'accompagna même à Strasbourg, où le jeune homme alla poursuivre ses études en 1788. La mère du futur prince de Metternich fut même la marraine de la fille de Simon. Simon fut, à partir de 1789, un partisan enthousiaste de la Révolution française, et il le resta au moment de la Terreur. Sans doute fut-il un piètre pédagogue...[399].

Les Illuminés furent aussi les créateurs ou les inspirateurs de nombreuses organisations qui tentèrent d'agir concrètement pour diffuser l'idéal des Lumières. Des recherches récentes ont montré que beaucoup de sociétés de lecture leur devaient le jour. Le baron Clemens August von Schall, chambellan du prince-électeur de Cologne, fut l'un des fondateurs de celle de Bonn en 1787[400], et on peut se demander s'il n'essaya pas d'y redonner vie à des idées que les persécutions qui s'abattirent sur l'Ordre à partir de 1785 visaient à étouffer[401]. En 1784, il avait publié dans une revue de Bonn des *Pensées sur la politique*, qu'il signait de l'abréviation Anxgr. stgrs., ce qui signifiait Anaxagoras (son nomen dans l'Ordre) Stagirites (Stagira était le nom de Bonn dans la géographie illuminée). Il y développait l'idée que les citoyens devaient participer eux-mêmes à l'élaboration des lois, et non se laisser gouverner passivement par des chefs entre les mains desquels ils auraient abdiqué toute responsabilité[402].

L'action des Illuminés prit encore d'autres formes. C'est ainsi que Joseph von Sonnenfels (qui reçut en Illuminisme le nom de Fabius, puis de Numa Pompilius)[403], développa le plan d'une Académie des Sciences, dont le contenu aurait, avant d'être publié, été soumis aux Illuminés de Vienne, qui

---

398 C'est également à Gotha que Weishaupt se réfugia après l'interdiction de l'Ordre en Bavière. Il y resta jusqu'à sa mort en 1830.
399 Voir HANSEN, *op. cit.*, I, 50, n. 2.
400 *Ibid.*, 43, n. 4.
401 Le rôle joué par les franc-maçons et les Illuminés dans la création des sociétés de lecture n'a pas encore été étudié avec suffisamment de détails. La recherche commence à s'y intéresser. Voir O. DANN, Hg, *Lesegesellschaften und bürgerliche Emanzipation. Ein europäischer Vergleich*, München 1891. Voir aussi L. HAMMERMAYER, *Zur Geschichte der europäischen Freimaurerei ...*, *op. cit.*, in: BALASZ u. a., *op. cit.*, 59, n. 196. Voir aussi l'étude de M. PRÜSENER, *Lesegesellschaften im 18. Jahrhundert. Ein Beitrag zur Lesergeschichte*, in: *Archiv für Geschichte des Buchwesens*, Bd. XIII, Frankfurt a. M., 1973, Sp. 369 - 594.
402 Cl. A. von SCHALL, *Gedanken über Politik*, in: *Beiträge zur Ausbreitung nützlicher Kenntnisse*, 1784, cité par HANSEN, *op. cit.*, I, 79 - 83.
403 LE FORESTIER, *op. cit.*, 397.

l'approuvèrent[404]. D'autres Illuminés utilisèrent le pouvoir que leur donnait leur profession de libraire-éditeur. Ce fut le cas de Brönner, qui, à Francfort, édita nombre de textes maçonniques. On peut citer aussi J.L. Gehra, de Neuwied, qui finit par s'attirer les critiques de Max-Franz, Electeur de Cologne[405]. D'autres enfin tentèrent de réaliser concrètement l'idéal de tolérance religieuse. Ainsi le pasteur Friedrich Carl Peletier, de Cologne, qui réussit à obtenir de l'Electeur l'ouverture d'une maison de prière pour les protestants, luthériens et réformés, de la ville, ce qui fut d'ailleurs très mal accueilli par la presse catholique[406]. A Vienne, l'Illuminé Ignaz von Born, qui aurait fourni le modèle de Sarastro[407], se livrait à une intense activité de "publiciste" dirigée contre le clergé catholique, mais aussi contre la franc-maçonnerie traditionnelle, qu'il accusait de s'être livrée à la superstition et au mysticisme[408].

Enfin, nous ne saurions oublier de citer le rôle important que plusieurs Illuminés joueront dans le mouvement jacobin allemand. Beaucoup de clubistes mayençais étaient d'anciens Illuminés[409]. D'autres s'engagèrent dans la lutte pour le triomphe des idéaux de la Révolution française, sans pour autant participer à quelque "complot" que ce soit: ce fut le cas de Knigge. Nous aurons à revenir sur la question de l'engagement révolutionnaire d'anciens Illuminés[410]. Mais il importe de souligner dès maintenant qu'ils n'agirent pas en tant que membres de l'Ordre: celui-ci était dissous, et les tentatives pour le ressusciter, sous une forme ou sous une autre, avaient toutes échoué. La participation d'anciens Illuminés à la lutte révolutionnaire est un fait individuel. Il ne résulte pas d'une volonté subversive mise en oeuvre par un groupe organisé. Il exprime seulement la fidélité à un idéal dont, à un moment donné de leur existence, ils avaient cru trouver la réalisation dans l'Ordre. Mais l'appréciation de la portée des idées de l'Ordre n'a pas été la même chez tous les Illuminés. Leur origine sociale, géographique, intellectuelle, était trop variée pour que l'unité fût possible, et les chefs de l'Ordre trop divisés pour en imposer une.

---

404 LE FORESTIER, *op. cit.*, 398.
405 HANSEN, *op. cit.*, I, 51, n. 1.
406 *Ibid.*, 46, n. 4 et 212 sq.
407 Voir CHAILLEY, *op. cit.*, 24 sq. Il est peut-êre, dit Chailley, exagéré d'aller jusque-là. Mais le livret de la *Flûte* s'inspire de près des écrits de Born, en particulier d'un article publié dans le *Journal für Freimaurer* en 1784 sur les mystères de l'ancienne Egypte. Cette source, moins connue que le *Séthos* de l'abbé Terrasson, est néanmoins très intéressante.
408 LE FORESTIER, *op. cit.*, 398.
409 C'est le cas de Mathias Metternich, Franz Conrad Macke, Adam Umpfenbach, Johann Adam Caprano, Anton Joseph Dorsch. Cf. HANSEN, *op. cit.*, I, 46 - 49.
410 Cf. *infra*, IIIè partie.

A la différence des organisations maçonniques, les Illuminés ont voulu agir pour modifier les rapports sociaux et politiques. Leur discours débouche sur une pratique, et cela constitue un phénomène original dans l'Allemagne de l'époque. Tandis que les francs-maçons se contentaient, sauf dans le domaine de la bienfaisance, du travail "en loge", c'est-à-dire en vase clos, les Illuminés se voulaient les précepeurs de couches plus larges de la population. En cela, ils étaient plus fidèles à l'héritage légué par Lessing que ne l'était la maçonnerie proprement dite. Pour eux, l'engagement dans une société secrète ne se limitait pas à une certaine pratique de la convivialité entre aristocrates et riches bourgeois, il n'était pas non plus seulement un prétexte à nouer d'utiles relations, politiques ou commerciales. Les Illuminés voulaient faire coïncider un idéal avec des actes, et ils en attendaient un changement réel des structures de la société, en particulier par le brassage des classes sociales, ces corps étroitement cloisonnés que l'allemand désigne par le terme de *Stände*, et que le luthéranisme avait si fort contribué à rendre étanches les uns par rapport aux autres.

Le succès de l'Ordre en Allemagne du Nord ne se conçoit pas sans cette référence à tout un système culturel dominé par la doctrine de la "fonction et de la vocation-profession" (comment traduire *Lehre von Amt und Beruf*?). C'est elle qui, au moins autant que les conditions économiques, avait entraîné la séparation de milieux sociaux repliés sur eux-mêmes, dont non seulement les intérêts, mais aussi les modes de vie et les structures mentales, ne s'opposaient pas, mais, ce qui était infiniment plus grave, s'ignoraient. Plus encore que la domination d'un groupe sur un autre, c'est l'indifférence qui constitue le signe de la division de l'humanité. L'absence de fraternité, c'est d'abord le refus de parler ensemble, de se connaître. Or il semblait que l'Ordre des Illuminés, contrairement à la franc-maçonnerie dont la décadence devenait de jour en jour plus évidente, entendît agir pour rapprocher les hommes. En remettant en question les deux formes du "despotisme", le religieux et le politique, les Illuminés ne faisaient qu'affirmer qu'ils savaient où se situait la source du mal. Le despotisme, les privilèges de la noblesse, le statut de l'Eglise officielle, tout cela concourait à rendre impossible toute véritable communication sociale. Qui pouvait ressentir cela plus profondément que Knigge, l'aristocrate luthérien rejeté par sa caste? D'ailleurs, le thème des différences entre les classe sociales n'était-il pas à la mode en ces années-là? Knigge avait suivi à Göttingen les cours de Christoph Meiners, que la question intéressait particulièrement[411]. Et l'Ordre ne devait-il pas sa création, indirectement, à Johann Heinrich Feder, lui aussi professeur à Göttingen, dont les traités de philosophie pratique avaient enthousiasmé

---

411 Il composa notamment une *Geschichte der Ungleichheit der Stände unter den vornehmsten europäischen Völkern*, 2 Bde, Hannover, 1792. Meiners fut Illuminé sous le nom de Dicearch. Se "écrits philosophiques" faisaient partie des lectures recommandées aux membres de l'Ordre (OS, 33).

Weishaupt[412]? Le même Feder se montra particulièrement enchanté du contenu du grade de Prêtre, tout en souhaitant que certaines formules fussent adoucies[413].

La pensée politique des Illuminés impliquait la disparition de l'Etat arbitraire, sinon réellement, et encore moins immédiatement, de l'Etat en soi. Si l'*Allocution* formule une hostilité évidente au principe même de l'Etat, celui-ci se trouve réhabilité dès lors que les Illuminés visent non à le détruire, mais à s'emparer de ses institutions. Au reste, il n'y a pas là absolument de contradiction. C'est surtout sous la forme de la nation, repliée sur elle-même, mais aussi agressive et conquérante, que l'Etat est rejeté par les Illuminés. C'est donc en réalité le nationalisme qui est condamné, auquel s'oppose le cosmopolitisme. D'autre part, les Illuminés n'ont jamais prétendu que les sociétés ne devaient pas être organisées. Simplement, la raison devait remplacer la force. Les fonctionnaires qui furent membres de l'Ordre ne purent jamais être convaincus de trahison envers leur souverain. Et cela non parce qu'ils auraient été particulièrement habiles à brouiller les pistes, mais, parce que, réellement, ils n'ont pas trahi. Certes, nous l'avons relevé, d'autres Illuminés ont parfois adhéré aux positions des représentants les plus avancés du jacobinisme allemand. Mais cela ne suffit pas pour que ces positions soient confondues avec celles de l'Ordre. Knigge lui-même, qui fut un de ceux que la Terreur ne fit pas renoncer à son admiration pour la Révolution française, ne travailla jamais contre les princes. Il finit même par devenir un fonctionnaire exemplaire de l'Etat hanovrien, et nous verrons que le paradoxe n'est qu'apparent.

En réalité, les Illuminés, refusant la violence, ne pouvaient envisager qu'une révolution de l'esprit, non une révolution politique[414]. La conviction

---

412 DÜLMEN, *op. cit.*, 27. Il adhéra à l'Ordre, où il prit le nom de Marc-Aurèle. C'est Knigge qui le recruta (Knigge à Nicolai, 7 janvier 1788, ms., KAW, orig. Nicolai Nachlass, Berlin). Feder a composé une autobiographie que son fils August publia sous le titre *J. G. H. Feders Leben, Natur und Grundsätze*, Leipzig, Hannover und Darmstadt, 1825. Des extraits en sont reproduits dans le volume de M. BEYER-FRÖHLICH, Hg., *Höhe und Krise der Aufklärung*, coll. "Deutsche Literatur in Entwicklungsreihen", Reihe Deutsche Selbstzeugnisse, Leipzig, 1934 (*reprint* Darmstadt, Wissenschaftliche Buchgesellschaft, 1970). Les pp. 123 - 130 concernent ses activités dans la franc-maçonnerie et l'Ordre des Illuminés.
413 Weishaupt à Zwack, o. D., NOS, I, 82.
414 Il est intéressant de comparer la "révolution de l'esprit" à laquelle appelle l'*Allocution* à ce que Voltaire écrivait à Helvétius le 18 juin 1765 (quinze ans plus tôt!): "Il s'est fait depuis douze ans une révolution dans les esprits qui est sensible [...]. D'assez bons livres paraissent coup sur coup. La lumière s'étend certainement de tous côtés". Au reste, Voltaire n'avait pas plus que Knigge envie de faire tomber les trônes: "Je sais bien qu'on ne détruira pas la hiérarchie établie puisqu'il en faut une au peuple. On n'abolira pas la secte dominante; mais certainement on la rendra moins dominante et moins dangereuse. Le christianisme déviendra plus raisonnable et par conséquent moins persécuteur. On traitera la religion en

que c'est l'éducation qui est le ressort du changement poltitique est constitutive de la structure des Lumières allemandes. Les Illuminés se croyaient très hardis: il était rappelé au Provincial qu'en aucun cas l'*Instruction* ne devait être mise sous les yeux d'un prince[415]. Mais leur projet, en réalité, ne relevait pas tant de la politique que de la morale. Leur désir d'atteindre, par le biais de l'enseignement, le "petit peuple" ne signifiait nullement qu'ils jugeaient celui-ci capable d'exercer des droits politiques, mais qu'il devait d'abord être "éclairé" et formé par les Lumières. Le caractère démocratique de l'idéologie illuminée se résumait à l'intention de diffuser l'instruction pour en faire profiter des couches sociales qui jusqu'alors n'y avaient pas eu accès – et ce n'était déjà pas si mal! L'instruction, enlevée à l'Eglise, devenait par là même "laïque": au dix-huitième siècle, en Allemagne surtout, c'est une révolution.

D'autre part, l'instruction telle que les Illuminés la concevaient devait former des citoyens utiles à la société. Cette exigence, qui, elle aussi, était au centre des préoccupations de tous les *Aufklärer*, n'impliquait pas tant un changement des institutions politiques qu'une meilleure administration de l'Etat. C'était en quelque sorte la mise en application d'exigences déjà formulées par les rois de Prusse quant au service de l'Etat. Ce n'est pas un hasard si, au début du dix-neuvième siècle, de grands réformateurs comme Hardenberg en Prusse, mais aussi Montgelas en Bavière, furent aussi d'excellents serviteurs de la couronne, bien qu'ayant été Illuminés[416]. Et nous verrons que Knigge déploya à Brême, de 1790 à 1796, de grands talents d'administrateur.

Ce n'est, finalement, pas dans le domaine politique que les Illuminés faisaient preuve d'une véritable audace. C'était dans celui de la religion. Les critiques qu'ils formulaient contre l'orthodoxie religieuse étaient nourries de Mably, d'Helvétius et d'Holbach. Si Knigge refuse d'adopter sur ces questions un langage aussi brutal que celui des Aréopagites bavarois, c'est surtout par esprit de tolérance. Cette attitude répond à une conviction profonde, mais elle est également tactique. Sa "nouvelle religion" se voulant être celle d'un rassemblement, il importait qu'elle fût avant tout tolérante, y compris à l'égard de ceux qui ne voulaient pas rompre avec la foi traditionnelle. Mais la

---

France comme en Angleterre et en Hollande, où elle fait le moin de mal qu'il soit possible [...]. Nous avons à la vérité des livres qui démontrent la fausseté et l'horreur des dogmes chrétiens; nous aurions besoin d'un ouvrage qui fît voir combien la morale des vrais philosophes l'emporte sur celle du christianisme" (*Oeuvres complètes des Voltaire*, éd. Voltaire Foundation, CXIII, 139 sq.). Les Illuminés n'auraient désavoué aucune de ces lignes.

415 *Instruction für Provincialen*, NOS, II, 32.
416 Karl August von HARDENBERG avait été récruté par Knigge, qui souligne qu'il constituait "une très importante acquisition" (rapport d'août 1782, NOS, I, 208). Max Freiherr von MONTGELAS portait dans l'Ordre le nom de Musäus. On ignore le nomen de Hardenberg.

religion de Knigge est plus une religion de l'homme qu'une religion transcendante. Elle ne pose pas le problème du mal. Elle ignore le péché. Dieu n'en est pas l'acteur. Au mieux, il joue le rôle d'un père bienveillant à qui l'on rend grâces pour le bien accompli ici-bas. Mais ce n'est pas lui qu'on sert. C'est l'homme et la société. Le sentiment de l'unité avec le divin, c'est-à-dire, en fait, la nature, n'est possible que si cette unité se réalise au niveau de l'humanité, dans une alliance non de Dieu et des hommes, mais d'abord des hommes entre eux.

L'alliance (*Bund*) est un mot très important pour les francs-maçons. Il est souvent associé au mot "frère"[417]. Le thème de l'alliance fraternelle connaîtra une immense fortune au moment de la Révolution française. On le retrouve chez Knigge, mais aussi chez Forster, chez Rebmann et tant d'autres. Le ciment de cette alliance, c'est l'amitié. L'amitié maçonnique tient lieu de révolution, elle entend à la fois la réaliser quant à ses objectifs et en faire l'économie quant à ses formes violentes[418]. Si Knigge la hisse au niveau d'une nouvelle foi, n'est-ce pas parce que la religion traditionnelle a montré qu'elle était incapable de la faire vivre? Au dix-huitième siècle, il n'y avait peut-être plus de bûchers – et encore: la dernière "sorcière" fut, en Allemagne, brûlée en 1775 –, mais on emprisonnait encore les gens au nom de la religion, ou bien on les enfermait dans un cloître[419]. A Hambourg, où on était moins sévère, c'est le pasteur Götze qui fulminait contre Lessing. Toute la presse du temps est remplie de tonitruantes querelles à propos des "livres symboliques". Protestants et catholiques ne vivaient pas toujours en bonne intelligence[420]. En somme, le christianisme n'était plus une religion de l'amour, mais de la haine, qui trop souvent semblait vivre d'anathèmes et d'excommunications.

---

417 Voir D'HONDT, *op. cit.*, 238 sqq. qui étudie les rapports unissant les concepts d'amitié fraternelle (*Bruderliebe*), alliance (*Bund*) et cosmopolitisme (*Weltbürgertum*).

418 D'HONDT relève, *op. cit.*, 239, que l'amitié maçonnique est "idéologique", au sens qu'elle a sa source dans l'adhésion à un idéal commun.

419 Dans le *Roman meines Lebens*, Knigge met en scène la vie et la mort d'un personnage victime d'une incarcération arbitraire das un couvent. La presse de l'époque abondait en exemples de ce genre. Un récit particulièrement poignant des tortures auxquelles étaient soumis les moines récalcitrants est fourni par Ignaz FESSLER dans ses mémoires (cf. *Dr Fessler's Rückblicke auf seine siebzigjährige Pilgerschaft. Ein Nachlass*, hg. von Fr. BÜLAU, 2. Aufl., Leipzig, 1851, 93 sqq.). Fessler réussit à amener Joseph II à ouvrir une enquête sur ce phénomène. La "sorcière" brûlée en Bavière en 1775 était en réalité une jeune fille catholique qui s'était convertie au luthéranisme. Cela se passait sur le territoire de l'abbaye de Kempten (cité par B. ENGELMANN, *Preussen. Ein Land der unbegrenzten Möglichkeiten*, München, 1979, 111).

420 Voir par exemple divers incidents survenus Allemagne rhénane ou à Francfort même, raconté dans le *Pfalzbaierisches Museum*, I, (1783 - 1784), 50 sqq. et 483 - 496; II, (1784 - 1785), 664 - 689; 711 - 716. Knigge évoque des incidents analogues dans *Zauberschloss*, 226.

C'est de cette fausse religion que Knigge ne voulait plus. A sa place, il voulait instituer cette fédération de Frères qui travailleraient à rendre le bonheur au genre humain. La franc-maçonnerie illuminée aurait dû, à ses yeux, devenir la nouvelle Eglise au sein de laquelle se serait organisée cette fédération. L'échec de Knigge dans l'Ordre des Illuminés de Bavière ne signifie pas la ruine d'un projet politique, mais la constatation qu'une société secrète ne pouvait être l'Eglise de la "nouvelle religion" qui manquait aux hommes. Pour leur en délivrer le message, il faudrait trouver d'autres voies. Ou renoncer.

III

Knigge et les sociétés secrètes après 1784

1. Knigge historien et juge des sociétés secrètes. 2. Knigge et l'Union allemande de Karl Friedrich Bahrdt. 3. L'oeuvre de Knigge reflète dans son ensemble l'idéal et les thèmes de l'Illuminisme.

Que Knigge appartînt à l'Ordre des Illuminés, c'était un fait connu en Allemagne, en particulier dans les milieux rose-croix. Dès 1782, un ouvrage anonyme le dénonçait comme l'auteur du pamphlet qu'il avait, un an auparavant, publié sous le pseudonyme de Joseph Aloisius Maier[1]. L'avant-propos dévoilait son identité et se terminait par un avertissement menaçant: "Monsieur le Bar[on] de Kn[igge], vous êtes prévenu". Et diverses allusions des plus précises montrent que les rose-croix étaient au courant de l'existence de l'Ordre des Illuminés.

Cependant, personne ne savait exactement quelle fonction Knigge y avait remplie. A aucun moment, les *Ecrits Originaux* ni le *Supplément aux Ecrits Originaux* ne trahissaient la véritable identité du Frère Philo. Celle-ci fut révélée à l'opinion publique allemande par le baron de Bassus, qui fit paraître en 1788 une volumineuse justification adressée aux autorités du canton suisse des Grisons, désireuses de connaître le rôle que le podestat avait joué dans l'Ordre bavarois[2]. Bassus y parlait de Knigge, en termes d'ailleurs très élogieux. Mais celui-ci se vit alors contraint d'éclairer ses compatriotes sur les intentions qui l'avaient poussé à adhérer à l'illuminisme. C'est ce qui l'amena à publier, la même année, la *Déclaration de Philo*, qui constitue un résumé clair, mais parfois partial, de son activité au sein de l'Ordre.

Knigge affirmait à la fin de la *Déclaration* qu'il avait à jamais renoncé à s'occuper de sociétés secrètes. Mais les faits obligent à relever l'absence de sincérité du baron hanovrien. Entre 1784 et 1788, il fit paraître un certain nombre d'ouvrages qui le placent au rang d'historien des sociétés secrètes, en même temps qu'ils nous permettent de dire qu'il n'avait pas, en quittant l'Ordre des Illuminés, abandonné l'espoir de poursuivre des activités maçonniques. Mais surtout, alors même que la *Déclaration de Philo* venait de paraître, alors que, dans L'*Histoire de Ludwig von Seelberg*, publiée un an plus

---

1 J.F. GÖHRING], *Pflichten...*, op. cit. (voir *supra*, IIe partie, II, n. 65).
2 BASSUS, *Vorstellungen...*, op. cit.

tôt, il condamnait l'action secrète[3], alors que, dès la première édition, en 1788, du *Commerce*, il prenait formellement ses distances par rapport à ce type d'action[4] – il nouait la même année des contacts avec Karl Friedrich Bahrdt, qui lui demandait d'entrer dans une association qu'il était en train de créer, l'*Union allemande*.

Certes, ni par ses ouvrages, ni par son adhésion à l'Union allemande, qui fut d'ailleurs assortie de certaines réserves, Knigge ne put reprendre dans le monde maçonnique la place qu'il avait quittée. D'autre part, son hostilité aux sociétés secrètes sera, à partir de 1789, bien réelle. Mais il semble bien que cette séparation ne fut pas facile et qu'elle lui coûta beaucoup. Il ne faut sans doute pas tant juger les tergiversations de Knigge d'un point de vue moral que les considérer comme un témoignage particulièrement révélateur du désarroi d'un *Aufklärer* qui n'arrivait pas à admettre la défaite de l'idéal auquel il s'était dévoué.

1. Knigge historien et juge des sociétés secrètes

A. Le traducteur de Beyerlé

Le 2 juin 1784, Jakob Mauvillon écrivait de Brunswick, où il résidait alors, à Knigge pour lui faire part de ses doutes quant à l'avenir de l'illuminisme. Il se disait tenté de renoncer "à tout ce qui s'appelle l'O[rdre] et la maçonnerie"[5], car il était convaincu que rien d'utile n'en pouvait sortir. Mais la suite de sa lettre indique que cet accès de pessimisme pourrait bien n'avoir été en réalité que de la *captatio benevolentiae*: Knigge, qui était sur le point de signer le revers qui le libérerait de ses obligations envers l'Ordre, ne pouvait qu'enregistrer avec satisfaction les états d'âme plus ou moins dépressifs d'un Frère qu'il connaissait depuis de longues années.

En réalité, Mauvillon se faisait, en prenant la plume, le messager du duc Ferdinand, l'ancien Magnus Superior Ordinis de la Stricte Observance. Celui-ci avait été fort mécontent de la manière dont un membre français de cet Ordre, Jean Pierre Louis de Beyerlé[6], avait rendu compte des travaux du

---

3 Voir *infra*, II, 1, C.
4 *Umgang*, éd. 1788, II, chap. VIII. Knigge déclarait les sociétés secrètes "inutiles" et "nuisibles".
5 Agesilaus [Mauvillon] à Knigge, Braunschweig, 2 juin 1784, ms. inédit au Niedersächsisches Staatsarchiv à Wolfenbüttel, VI Hs 11, Nr. 137, Bl. 42 - 43, Sur Jakob Mauvillon, l'étude la plus récente est celle de J. HOFFMANN, *Jakob Mauvillon. Ein Offizier und Schriftsteller im Zeitalter der bürgerlichen Emanzipationsbewegung*, Berlin, 1981. Voir en partic. 139 - 150.
6 Jean-Pierre Louis de BEYERLÉ naquit à Metz vers 1740. Il devint Conseiller au Parlement de Metz, puis il passa à celui de Nancy. Haut dignitaire de la Stricte Observance (où il était le Eques a Fascia), il fut présent à Wilhelmsbad. Sous la Terreur, il fut emprisonné quelque temps. Libéré, il se fit imprimeur. Il mourut dans les premières années du XIXè siècle. Sur lui, voir *Allg. Handb. der Freim.*, I, 106; Ch. BERNARDIN, *Notes pour servir à l'histoire de la Franc-Maçonnerie à Nancy jusqu'en 1805*, 2 vol., I, Nancy, 1910, 122 sq.; II, 218 sq; C.A. THORY, *op. cit.*, II, 289 sq.

Convent de Wilhelmsbad, dans un mémoire rédigé à la hâte en octobre ou en novembre 1782, intitulé *De Conventu generali Latomorum*[7]. Il s'agissait en fait d'un véritable réquisitoire contre la décision prise à Wilhelmsbad d'abandonner la légende templière. Beyerlé n'hésitait pas à s'en prendre à Ferdinand de Brunswick, qu'il accusait de despotisme, mais auquel il reprochait surtout d'avoir cédé aux intrigues menées par Willermoz, qui devaient aboutir à l'introduction en Allemagne du système des Chevaliers Bienfaisants de la Cité Sainte[8]. Le ton général de la brochure était par ailleurs d'une extrême violence.

Une réfutation de Beyerlé avait paru anonymement en janvier 1784, sous le titre *Réponse aux assertions contenues dans [...] De Conventu generali Latomorum*[9]. Ce texte exposait dans le détail le système des Chevaliers Bienfaisants. En outre, il prenait nettement la défense de l'attitude de Ferdinand de Brunswick lors du Convent. C'est pourquoi Mauvillon, très lié au duc, demandait à Knigge s'il acceptait de le traduire.

Mais celui-ci ne se souciait probablement pas de rendre accessibles à l'opinion maçonnique allemande la structure, l'organisation et les rituels d'un système dont l'adoption avait entériné l'effondrement de la Stricte Observance. Il y avait à cela une raison fort simple: s'apprêtant à quitter l'Ordre des Illuminés, Knigge ne pouvait plus espérer jouer un rôler dans la maçonnerie s'il ne bénéficiait pas de la sympathie active de puissants protecteurs. Le duc de Brunswick était tout désigné pour ce rôle, et il ne semblait pas qu'il suffît, pour le flatter, de traduire les remarques d'un Frère français, pour favorables qu'elles fussent. Knigge décida de s'engager plus nettement aux côtés de Ferdinand. Il choisit de traduire non la *Réponse aux assertions*, mais la brochure même de Beyerlé, et d'en neutraliser totalement l'effet par l'adjonction de notes en bas de pages, qui constituaient une éloquente réfutation des propositions formulées par le maçon nancéen. Pour mieux marquer son adhésion à l'idéal maçonnique qui avait été celui de la Stricte Observance, et singulièrement du duc Ferdinand, Knigge signait son travail du pseudonyme

---

[7] R[espectabilis] F[ratris] L[udovici] a Fas[cia] de conventu latomorum apud Aquas Wilhelminas propre Hanauviam oratio. L'impression du mémoire fut décidée par la Grande Loge Ecossaise de Nancy. Des exemplaires de cette forte brochure de 256 pages furent adressés à toutes les loges françaises de la Stricte Observance et aux Préfectures Templières allemandes – plusieurs centaines en tout (LE FORESTIER, *Franc-Maçonnerie*, 728).

[8] LE FORESTIER, *op. cit.*, 728 - 733.

[9] [Anonyme], *Réponse aux assertions contenues dans l'ouvrage [...] De conventu generali latomorum apud Aquas Wilhelminas etc., [...]* Lyon, 1784. Cette brochure (111 pages) avait pour auteurs Willermoz et un certain Jacques Millanois, premier avocat du roi à la sénéchaussée de Lyon, membre du système des Chevaliers Bienfaisants. LE FORESTIER en fait l'étude *op. cit.*, 739-750.

qu'il avait eu dans l'Ordre, Chevalier du Cygne (R[itter] v[om] S[chwan])¹⁰.

Ces notes visaient d'abord à présenter Beyerlé comme un simple bavard, dont les propos, marqués d'un caractère déclamatoire commun, soulignait Knigge, à ceux de sa nation, ne méritaient pas d'être pris en considération par un Allemand habitué à condenser en peu de mots une réflexion qui se distinguait par sa profondeur[11].

Mais surtout, Knigge rendait systématiquement hommage à l'attitude du duc Ferdinand à Wilhelmsbad et, à travers lui, à la Stricte Obervance, oubliant un peu vite les coups qu'il lui avait lui-même portés. C'est ainsi qu'il affirmait que le duc avait su préserver la pureté originelle de la maçonnerie qui, sans lui, serait en Allemagne devenue ce qu'elle était en Angleterre, une "joyeuse société de personnages jeunes ou paraissant jeunes", dilapidant leur fortune en banquets et en aumônes stupides[12].

Dans son désir de flagornerie, Knigge n'hésitait pas à créditer la Stricte Oservance d'une fermeté idéologique et d'une aptitude gestionnaire dont son mémorandum de 1780 avait pourtant si durement critiqué l'absence. Il reprochait aux Frères français le mépris dans lequel ils avaient tenu les circulaires envoyées par le duc Ferdinand avant la convocation du Convent[13]. Il s'élevait violemment contre ceux qui, comme Beyerlé, mettaient en doute les bonnes intentions de celui-ci[14]. En particulier, il lavait le duc de toute accusation de "despotisme", oubliant la hargne avec laquelle il avait, dans ses lettres à Rüdinger, évoqué la "maçonnerie de princes". Il affirmait qu'il était plaisant de demander des comptes à un prince auquel on avait imposé de s'occuper d'affaires qu'il n'avait pu traiter qu'en négligeant les siennes propres, réussissant néanmoins à redonner à la maçonnerie la considération qu'elle avait perdue. Il mettait en doute le désintéressement de ceux qui, aujourd'hui, critiquaient Ferdinand, mais qui avaient espéré que le succès du Convent dont on lui avait donné la charge retomberait sur eux[15].

Beyerlé ayant déploré qu'on eût abandonné la légende templière, Knigge s'écriait: "Juste ciel! on n'a rien abandonné, car il n'y avait rien. L'ensemble du système sur lequel on fondait l'existence de la maçonnerie reposait sur une légende dont on ne pouvait apporter plus de preuves que pour les contes de

---

10 *Des Hochw[würdigen] Br[uders] L[udovici] a Fas[cia] [...] Abhandlung über die allgemeine Zusammenkunft der Freymaurer, [...] [...] in Wilhelmsbad [...]. Ins Teutsche übersetzt, mit Anmerkungen und Erläuterungen, von R[itter] v[om] S[chwan], d. i. Knigge]*, o.O. [Frankfurt], 1784 (cité *Zusammenkunft*).

11 Ainsi, Beyerlé ayant entrepris de définir l'idéal maçonnique, Knigge note: "Herrliche französische Declamation! Es ist nicht möglich, mit mehr Worten weniger Sachen zu sagen, als hier geschehen ist!", *ibid.*, 25.

12 *Ibid.*, 57.
13 *Ibid.*, 71.
14 *Ibid.*, 78 sq.
15 *Ibid.*, 123.

ma mère l'oie"¹⁶. Knigge suggérait ainsi habilement que ce n'était ni par ruse ni par mauvaise volonté que le duc Ferdinand avait été incapable de produire des documents "prouvant" la filiation templière de la Stricte Observance[17] : la réalité était qu'il n'y avait rien à produire.

Knigge avait donc cherché à réhabiliter l'honneur maçonnique de Ferdinand de Brunswick, gravement mis en cause par les attaques de Beyerlé. Mais son travail constituait également une ouverture en direction du système des Chevaliers Bienfaisants, dont le quatrième grade, que devaient élaborer les Frères de Lyon, n'avait toujours pas vu le jour[18]. Dans ses notes, Knigge ne faisait aucune allusion à l'inachèvement du nouveau système. Mais il pouvait se dire que le Frère Bode, qui faisait partie de la commission chargée de mettre le système au point, saurait, en cas de besoin, se souvenir de ses talents, attestés par les quatre années durant lesquelles il avait voué à l'Ordre des Illuminés son temps, son énergie et son imagination.

Pourtant, au moment où Knigge publiait sa traduction commentée du compte rendu de Beyerlé, celui-ci faisait amende honorable devant le Convent provincial réuni par les Chevaliers Bienfaisants de "Bourgogne" du 30 août au 9 septembre 1784[19]. Il dénonçait avec l'humilité apparemment la plus extrême les propos désobligeants qu'il avait tenus à l'égard du Frère a Victoria (Ferdinand de Brunswick) et affirmait que son livre n'était que "l'effet d'une imagination peu surveillée".

Cette scène émouvante avait été soigneusement préparée. Afin de faciliter à Beyerlé une confession pleine et sincère, le président de séance avait déposé sur le bureau de l'assemblée le deuxième tome d'un ouvrage que le Frère repentant venait de publier. Il s'agissait d'un *Essai sur la Franc-Maçonnerie*[20], dans lequel Beyerlé proposait un projet de code pour le système adopté à Wilhelmsbad. Le Forestier considère l'ouvrage comme "aussi insipide que prétentieux"[21].

Tel ne fut pas, apparemment, l'avis de Knigge, puisqu'il en publia en 1785 une traduction[22]. Cette fois, il ne s'agissait plus pour lui de réfuter Beyerlé. Dans un avant-propos d'une dizaine de pages, il soulignait "l'amour de la vérité, la modestie, l'esprit conciliant, la tolérance, la mesure, l'impartialité"[23]

---

16 *Ibid.*, 187.
17 Cf. *supra*, II, 3, B.
18 LE FORESTIER, *Franc-Maçonnerie*, 692.
19 LE FORESTIER, *op. cit.*, 754 - 761.
20 J.L. de BEYERLÉ, *Essai sur la Franc- Maçonnerie [...]*, 2 vol., Latomopolis [= Nancy], 5784 [= 1784].
21 LE FORESTIER, *op. cit.*, 759, n. 70.
22 *Versuch über die Freymaurerey [...]. Aus dem Französischen des Br[uders] B*** [= Beyerlé] übersetzt, durch den Br[uder] A[dolph] R[itter] v[om] S[chwan]*, 2 vol., [Frankfurt a. M.], 5785 [1785].
23 *Versuch*, I, *Vorrede des Uebersetzers*, V.

du maçon français, toutes qualités, précisait-il, qu'il avait regretté de ne point trouver dans le *De Conventu latomorum*.

En réalité, Knigge, en traduisant l'ouvrage de Beyerlé, proposait sans le dire ses services à qui voudrait bien les accepter. Ceux qui croyaient encore possible l'unification des systèmes maçonniques lui sauraient gré d'avoir fait connaître en Allemagne les propositions de Beyerlé dans ce sens. Knigge leur apparaîtrait comme un brave et honnête maçon désireux d'appuyer comme il le pouvait la mise en oeuvre des décisions de Wilhelmsbad[24].

Mais Knigge prenait soin, dans l'avant-propos, de prendre lui-même quelques distances par rapport à cette espérance d'unification. Il expliquait que la diversité des objectifs poursuivis par les différents systèmes maçonniques – politiques pour les uns, pédagogiques pour les autres, ou bien humanitaires etc. –, la différence de leurs positions en matière religieuse – les uns voulant la religion naturelle, d'autres s'en tenant à l'orthodoxie –, leurs désaccords enfin quant à l'attitude à observer envers l'Etat, étaient autant d'obstacles à l'unification de la franc-maçonnerie. D'ailleurs, ajoutait-il, l'expérience montrait bien que, lorsque des sectes aussi hétérogènes parvenaient à s'unir, l'ambition et l'appétit de lucre avaient vite fait de les séparer de nouveau. La vérité avait, disait-il, toujours aimé prendre les chemins les plus divers pour se manifester[25]. Aussi concluait-il qu'on devait laisser "chaque système suivre sa route, sans vouloir travailler à réunir ce qui ne va pas ensemble"[26].

Knigge attirait donc sur lui, très subtilement, l'attention des créateurs du nouveau système et celle de ceux que les résultats de Wilhelmsbad avaient laissés dans le désarroi. Les premiers verraient en lui le vulgarisateur en Allemagne des propositions de Beyerlé, ils pourraient, le cas échéant, faire appel aux services de ce Frère de bonne volonté qui, après avoir donné dans des égarements somme toute pardonnables, revenait au bercail maçonnique. Les seconds, plus fins, sauraient se rappeler le scepticisme du baron devant une entreprise au succès de laquelle beaucoup de maçons allemands ne croyaient pas. Knigge jouait donc sur les deux tableaux. Ce n'était pas la première fois. Ni la dernière.

B. La *Contribution à l'Histoire de l'Ordre des Franc-Maçons* (1786)

Dans sa livraison du dernier trimestre de l'année 1786, le *Journal pour Franc-Maçons* rendait compte, en une dizaine de lignes, de la parution d'un ouvrage anonyme publié la même année à Berlin, *Contribution à l'Histoire la*

---

24 Voir par exemple le jugement porté dans un compte rendu publié par le *Journal für Freymaurer. Als Manuskript gedruckt für Brüder und Meister des Ordens*, herausgegeben von den Brüdern der □ [= Loge] Zur wahren Eintracht im Orient von Wien, III, Wien, 1786, 201 - 210. La seule partie utile, selon l'auteur du compte rendu, est celle qui traite d'un "gouvernement de l'ensemble de la maçonnerie" (309).
25 *Versuch*, VI sqq.
26 *Ibid.*, VIII.

plus récente de l'Ordre des Franc-Maçons, en neuf Dialogues[27]. Le critique soulignait non seulement l'excellence du style, mais aussi le courage et l'impartialité de l'auteur, en particulier à propos de l'image qu'il donnait de la Stricte Observance. Venant d'une revue dont l'audience au sein du monde maçonnique était grande[28], cet éloge revêtait, malgré sa brièveté, une importance particulière. Il fut dans les mois qui suivirent, amplifié par l'approbation quasi générale qui s'exprima non seulement à travers les comptes rendus dont le livre fut l'objet, mais aussi dans nombre de traités, parfois volumineux, qui prétendaient éclairer le public allemand sur les mystères d'une société qui, décidément, était de moins en moins secrète. Citons, parmi bien d'autres exemple, les *Fragments pour servir à l'Histoire de la Franc-Maçonnerie allemande* de Heinrich Sautier, par ailleurs hostile à l'Ordre[29], et les *Eclaircissements sur d'importants objets concernant la franc-maçonnerie*, de Jakob Mauvillon[30]. Encore de nos jours, la *Contribution* est considérée par les spécialistes comme "une des études les plus impartiales et les plus raisonnables qui aient été publiées sur ce sujet"[31].

C'est Knigge qui en était l'auteur. L'ouvrage se distinguait de la plupart des productions de l'époque traitant du même sujet par un certain nombre de qualités essentielles. La brièveté d'abord (moins de deux cents pages), assortie d'une grande clarté dans l'exposition d'une histoire somme toute fort confuse. Rien n'était pour autant laissé dans l'ombre, ni les origines controversées de la maçonnerie, ni l'irruption des hauts grades, ni les querelles entre les différents systèmes, dont aucun n'était omis, qu'il s'agît des systèmes réellement maçonniques (*free-masonry*, maçonnerie "écossaise", Zinnendorf), ou des excroissances apparues au dix-huitième siècle en Allemagne (Rose-Croix d'Or, Stricte Observance, Illuminés). Knigge ne cachait pas une certaine sympathie pour la Stricte Observance. Nous pouvons d'ailleurs, après ce que nous avons dit précédemment, nous demander si elle était vraiment sincère... Mais il ne se laissait à aucun moment emporter par la passion ou l'esprit de parti. La polémique était totalement absente de son livre. Même les Rose-

---

27 [Knigge], *Beytrag zur neuesten Geschichte des Freymaurerordens in neun Gesprächen, mit Erlaubniss meiner Obern herausgegeben*, Berlin, 1786. Le compte rendu cité se trouve dans: *Journal für Freymaurer, op. cit.*, III, 193.
28 Voir en particulier l'étude de E. ROSENSTRAUCH-KÖNIGSBERG, *Ausstrahlungen des "Journals für Freimaurer"*, in: BALAZS u. a., *Beförderer der Aufklärung..., op. cit.*, 103 - 117.
29 E. SERVATI [= Heinrich SAUTIER], *Bruchstücke zur Geschichte der deutschen Freymäurerey*, Basel, 1787. Heinrich Sautier, un jésuite, consacra sa plume à lutter contre la franc-maçonnerie, en particulier en défendant les bulles pontificales qui l'interdisaient (LENNHOFF-POSNER, *op. cit.*, art. *Sautier*, Sp. 1384).
30 [J. Mauvillon], *Aufklärung über wichtige Gegenstände in der Freymaurerey, besonders über die Entstehung derselben, ohne alle Schwärmerey eigentlich nur für Freymaurer, doch wird auch der, der Menschenkenntniss schätzt, viel Interessantes darinnen finden*, o. O., 1787.
31 LE FORESTIER, *Illuminés*, 637, n. 1.

Croix n'y étaient pas attaqués avec la vigueur qui avait nourri les pamphlets de 1781.

Mais l'intérêt de l'opuscule se situe aujourd'hui sur un autre plan. Il révèle la permanence de l'idéal qui animait Knigge et qui, après les amères déconvenues qu'il venait de vivre successivement dans la Stricte Observance et dans l'Ordre des Illuminés, était toujours présent en lui.

Le livre est présenté sous la forme, usuelle alors, de "dialogues" entre Weller, un franc-maçon, et Brink, un jeune homme qui frappe à la porte du Temple. Ce qui, d'abord, frappe le lecteur, est la référence implicite à Lessing, qui n'est jamais nommé, mais dont Knigge a retenu essentiellement la leçon de tolérance, fondée sur la conviction que l'erreur est nécessaire à la manifestation de la vérité:

> Le sage analyste [...] voit partout, même dans l'erreur, de la vérité, et ceci est alors la source la plus douce de la tolérance, et le fil conducteur le plus sûr pour parvenir à la lumière, à la conviction, à la connaissance de soi et à l'explication de la Révélation[32].

La fanc-maçonnerie devrait être l' "Eglise invisible" rassemblant les hommes "sages" et "vertueux", qui, par-delà les divisions opposant les classes, les familles, les nations et les religions, sauront recréer le "lien fraternel" (*Bruderband*) sans lequel il n'est ni harmonie sociale ni bonheur[33].

Plus encore qu'une histoire de la franc-maçonnerie allemande, la *Contribution* est une sorte de testament maçonnique, dans lequel Knigge fait le point. Il veut voir clair en lui-même, essayer de comprendre pourquoi la maçonnerie, dont l'idéal humanitaire est si conforme aux Lumières, s'est révélée incapable de le faire passer dans la réalité.

Une des raisons de son impuissance est la multiplicité des sectes, résultat du choc d'ambitions personnelles qui se sont camouflées dans des "plans secrets", non seulement "philosophiques", mais aussi "politiques"[34]. Cette critique implique une position idéologique doublement précise. D'une part, elle repose sur la conviction que la maçonnerie, théoriquement ouverte à tous, doit, dans la pratique, choisir avec le plus grand soin ceux qu'elle accepte de recevoir. Knigge consacre plus d'une page à l'énumération des sujets qu'il considère comme dangereux et indignes d'entrer dans l'Ordre: "malcontents", envieux, "aventuriers", "individus sans condition ni éducation","oisifs" etc.[35]. L'idée que l'éducation est une condition indispensable à qui veut prétendre servir les autres suffirait, si on ne le savait déjà, à souligner le caractère "élitiste" de l'*Aufklärung*.

La maçonnerie ne doit pas non plus chercher à constituer un Etat dans l'Etat (*status in statu*)[36]. Knigge semble viser ici plutôt les Rose-Croix que les

---

32 *Beytrag*, 175.
33 *Ibid.*, *passim*; en partic. 162 - 165.
34 *Ibid.*, 167 sq.
35 *Ibid.*, 168 sq.
36 *Ibid.*, 167.

Illuminés. A propos de ces derniers, il observe une réserve remarquable, constatant seulement que les persécutions dont ils sont l'objet en Bavière et dans le Palatinat ont pour initiateurs "de stupides curaillons, auxquels ils se sont naturellement parfois opposés"[37]. Mais les Rose-Croix, eux, sont dangereux parce qu'ils s'emparent des esprits et, au-delà, des institutions, en flattant le besoin de surnaturel qui domine l'époque[38].

Mais la *Contribution* marque également une étape capitale dans l'itinéraire spirituel de Knigge. En retraçant l'histoire de la maçonnerie allemande, il ne cherchait pas seulement à stigmatiser les querelles qui l'avaient divisée ni à redire, après tant d'autres, ce que devait être la "vraie" maçonnerie. Son livre n'était pas non plus une offre indirecte de services adressée à ses anciens amis de la Stricte Observance.

Le dernier dialogue s'ouvre sur un avertissement solennel et se termine par une recommandation dont le pessimisme peut, à première vue, paraître stupéfiant. Weller sollicite de Brink une attention particulière, parce que, dit-il, ce qu'il va maintenant lui dire au sujet de la franc-maçonnerie est plus important que "les petites anecdotes tirées de l'histoire récente" dont il l'a entretenu jusqu'à maintenant[39].

. Viennent alors une vingtaine de pages dans lesquelles Weller répond à trois questions:

> Quelle sorte de mystères, quelle sorte de vérités enseigne la franc-maçonnerie, et comment les enseigne-t-elle? Deuxièmement: Quelle est son action dans le monde, et comment agit-elle? Troisièmement: Quel âge a-t-elle? Quelle est la véritable histoire de son origine?[40].

La réponse à ces questions constitue un exposé de la doctrine maçonnique telle qu'elle transparaît dans les *Dialogues* de Lessing. C'est une sorte de catéchisme de la "nouvelle religion", dans lequel la quête apparaît toutefois comme plus importante que son résultat. Comme Lessing, Knigge pense que peu de maçons sont initiés aux vrais mystères, parce que le symbolisme du langage qui les exprime les rend "obscurs" dès qu'il est traduit "en langues humaines ordinaires"[41]. En fait, pour accéder aux "vérités fondamentales"[42] qu'elles manifestent, il faut avoir une âme simple, c'est-à-dire proche de la nature: "C'est dans la nature que tout est vrai et exact"[43]. Knigge n'oublie pas non plus Rousseau.

---

37 *Ibid.*, 154.
38 *Ibid.*, 120 sqq.
39 *Ibid.*, 159.
40 "Was für Geheimnisse, was für Wahrheiten lehrt die Freymaurerey, und wie lehrt sie dieselben? Zweytens: was würkt sie in der Welt, und wie würkt sie es? Drittens: Wie alt ist sie? Welches ist die wahre Geschichte ihrer Entstehung?", *ibid.*, 160.
41 *Ibid.*, 163.
42 "Grundwahrheiten", *ibid.*, 173.
43 *Ibid.*, 175.

Or ces vérités, Knigge se demande si elles ne sont pas dangereuses. Essayer de les transmettre, c'est prendre le risque de les livrer à des "esprits faux"(*schiefe Köpfe*) qui en feront un mauvais usage. A la question de Brink: "Peut-on faire aussi de la vérité un mauvais usage, peut-elle faire du mal?", Weller répond: "Oui! De même que l'art de fabriquer de l'or dans la main d'un jouisseur"[44]. Et le dialogue se termine par cette mise en garde:

> Si par hasard vous ne m'aviez absolument pas compris, ne vous faites pas initier! Vous ne comprendriez après l'initiation rien de plus que maintenant, et vous êtes trop âgé, trop raisonnable pour vous satisfaire des objectifs et des résultats extérieurs de l'Ordre, qui d'ailleurs semblent avoir ces derniers temps passablement dégénéré[45].

Ce sont les derniers mots du livre. En vérité, ils sont étonnants: Knigge affirme que l'initiation maçonnique n'apporte rien au sage qui, soutenu par son expérience et l'usage de sa raison, a réfléchi sur les mêmes objets que ceux sur lesquels porte l'enseignement occulte de l'Ordre. Il n'y a donc pas de "mystères" maçonniques. C'était sous-entendre que la franc-maçonnerie, du moins telle qu'elle apparaissait en cette fin du dix-huitième siècle, reposait sur une imposture: elle prétendait faire accéder l'initié à des connaissances qui n'existaient pas. Quant à celles qui permettraient d'entretenir une relation purifiée avec la nature ou de servir utilement son prochain, il suffisait d'y appliquer sa raison, et elles pouvaient alors se révéler de la manière la plus simple. Une nouvelle fois nous sommes ramenés à Lessing: Ernst devenait, après le troisième *Dialogue*, franc-maçon. Dès le quatrième *Dialogue*, il doit reconnaître sa déception: entre la *réalité* de la maçonnerie et l'*idéal* qu'elle poursuit, existe un abîme.

La conséquence la plus immédiate de ce ralliement sans réserve à un rationalisme pratique devait être l'abandon par Knigge de tout projet concret de "nouvelle religion", puisque la franc-maçonnerie n'avait pas été en mesure de la proclamer. En même temps, il semblait se détourner de tout espoir d'action collective en vue de régénérer l'humanité. L'idéal d'une communauté humaine unie par la fraternité était toujours vivant en lui. Mais ce n'était plus dans le cadre d'un utopique rassemblement autour d'un message transmis sous les espèces symboliques qu'il en attendait la réalisation. Il était devenu plus modeste, plus réaliste peut-être. Il pensait qu'avant d'éduquer l'humanité, il fallait former l'homme, et que c'était d'abord dans la sphère individuelle que se trouvait le ressort qui permet d'agir sur la société. Knigge rejoignait ainsi, à l'issue d'un parcours maçonnique qui l'avait profondément déçu, la conviction partagée par l'immense majorité des *Aufklärer*: c'est en s'améliorant soi-même que l'individu servirait le mieux la société.

En 1786, Knigge s'est donc totalement replié sur lui-même, du moins en apparence. La position d'historien qu'il vient d'adopter avec la *Contribution*

---
44 *Ibid.*, 180.
45 *Ibid.*, 182.

lui permet de prendre ses distances avec l'action secrète, dont il va s'attacher maintenant à montrer les dangers, d'abord dans un roman, puis dans un ouvrage documentaire et autojustificatif.

C. La condamnation de l'action secrète: *L'histoire de Ludwig von Seelberg*

En 1787, Knigge publiait *Les égarements du philosophe ou l'histoire de Ludwig von Seelberg*[46], poursuivant ainsi une carrière de romancier populaire qu'il avait commencée en 1781 avec le *Roman de ma vie* et continuée avec *L'histoire de Peter Claus*.

Dans le *Roman de ma vie*, il donnait de la franc-maçonnerie une image positive. Les loges étaient présentées comme les lieux privilégiés où se vivait la fraternité. L'accent était mis aussi sur la pratique de la bienfaisance, par exemple à travers les secours accordés à des individus dans la gêne, à condition bien sûr qu'ils fussent "méritants", c'est-à-dire, essentiellement, vertueux, et travailleurs[47]. Knigge notait aussi cependant que les francmaçons étaient souvent divisés, qu'ils écrivaient trop "d'ouvrages inutiles", ne recrutaient pas avec une suffisante circonspection. Il ajoutait toutefois que ces défauts ne diminuaient pas la bonne opinion qu'il avait de l'Ordre[48]. Mais il attendait de celui-ci des actes, et non de simples paroles. Et surtout, il insistait sur la nécessité pour le franc-maçon de rejeter ce qui était en opposition avec la "saine raison"[49]. Il attirait l'attention sur l'usage redoutable que pouvaient faire du secret les "enthousiastes chimériques" (*Schwärmer*), et citait pour exemple... Mahomet, Cromwell, et... Christian Rosencreutz[50]! La quatrième partie, publiée en 1783, portait la trace de la rencontre entre Knigge et Weishaupt, auquel était rendu un vibrant hommage. Sans le nommer, Knigge évoquait "le grand homme [...] digne de modifier le destin des pays et des peuples et de répandre la Lumière sur terre, [...] et dont la lampe nocturne illumine le monde"[51]. Mais il n'en disait pas davantage sur l'illuminisme. Son roman, s'il était en partie autobiographique, n'était d'ailleurs pas destiné à traiter le thème des sociétés secrètes. Elles n'y étaient mentionnées que comme une des formes normales de la sociabilité pratiquée dans la noblesse et la bourgeoisie cultivée.

---

46 *Die Verirrungen des Philosophen oder Geschichte Ludwigs von Seelberg*, op. cit.
47 *Roman meines Lebens*, I, 94. Cet ouvrage, dans lequel la franc-maçonnerie tient à vrai dire une place très réduite (quelques pages dans la première partie) avait été publié sans nom d'auteur à Riga, chez Hartknoch (communication orale de M. Henrik Rietz, Professeur à l'Université de Torun, Pologne). Hartknoch était un libraire-éditeur très lié aux milieux maçonniques, et sans doute membre de la Stricte Observance.
48 *Ibid.*, I, 258; II, 52.
49 *Ibid.*, II, 53.
50 *Ibid.*, II, 176.
51 *Ibid.*, IV, 275 sq.

Dans l'*Histoire de Peter Claus*, Knigge se livrait à une critique des hauts grades, n'oubliant pas de rappeler que ceux-ci étaient d'origine française et qu'ils constituaient en réalité une vaste escroquerie dont étaient victimes les honnêtes, mais naïfs Allemands[52].

Mais il se demandait aussi si les sociétés secrètes étaient aptes à servir d'instruments pour la régénération de la société. La réponse est donnée dans la deuxième partie du roman, publiée en 1784: lorsqu'il la compose, la rupture de Knigge avec l'Ordre des Iluminée n'est pas encore consommée, mais elle est proche. Aussi ses propos[53] sont-ils quelque peu ambigus. Les sociétés secrètes, dit-il, ne restent pas longtemps telles, ce qui les rend inutiles sous cette forme. D'autre part, les bonnes actions n'ont pas à craindre la lumière. Mais surtout, ces associations sont au fur et à mesure de leur croissance dominées par des intérês égoïstes et partisans, et les bonnes intentions qui avaient suscité leur création sont ainsi paralysées. Il est d'autre part dangereux de vouloir former la jeunesse dans le cadre d'une institution secrète: Knigge visait ici particulièrement Weishaupt.

Pourtant, il admettait trois types de sociétés secrètes – mais selon une définition qui renvoyait soit à une maçonnerie inoffensive, soit au rêve utopique qu'il avait décrit dans le *Système Universel*: 1) ou bien une société réunissant les adeptes de "sciences particulières", à l'exclusion de toute visée politique; 2) ou bien une société plus proche des "clubs" de la société anglaise que de véritables association secrètes; 3) ou bien une société regroupant ceux que le "despotisme" avait déçus ou lésés – mais ils devaient alors se retirer dans un endroit isolé et fonder une colonie menant une vie parfaitement autarcique.

En fait, lorsqu'il publie *Peter Claus*, Knigge ne sait pas très bien s'il croit encore, ou non, aux sociétés secrètes. Mais quand il aura quitté l'Ordre, il exposera plus librement ses idées.

Les égarements du philosophe ou l'histoire de Ludwig von Seeberg, roman dominé par la problématique de la formation et de l'éducation de l'individu en fonction des tâches qu'il sera appelé à remplir dans la société, pose la question de l'efficacité et de la légitimité de l'action secrète. Le titre de l'oeuvre indique clairement que ce type d'action est une des tentations révélatrices des "égarements" d'un siècle en proie aux contradictions les plus profondes.

L'éducation que Ludwig a reçue de sa mère fixe en lui à jamais des dispositions morales qui, après avoir été mises à rude épreuve lors d'une adolescence exposée à de néfastes influences, se révéleront assez fortes pour l'aider à vaincre le pessimisme et l'égoïsme qui menacent un moment de s'emparer de lui. Knigge doit ici autant aux moralistes français du dix-septième siècle qu'aux pédagogues de son temps. C'est en effet au terme d'un

---

52 *Peter Claus*, I, 125.
53 *Ibid.*, II, 157 - 169.

processus intérieur, déterminé par l'étude et la connaissance de soi, que Ludwig accèdera au bonheur, après avoir trouvé un équilibre entre raison et passion. Très présente est aussi l'influence d'*Agathon*, roman "inimitable", dont "quatre pages valent mieux que tout un Collegium juris naturae"[54]. Comme le jeune Grec, comme aussi le Tom Jones de Fielding[55], Ludwig est à l'origine un "rêveur" dont l' "enthousiasme chimérique" est destiné à se briser au contact d'une réalité hostile. Ce n'est qu'après avoir cheminé de désillusion en désillusion qu'il finira par trouver une règle de vie harmonieuse, devenant à la fois un modèle de vertu familiale et un citoyen utile. Certes, on cherchera en vain chez le Hanovrien la distance ironique de l'auteur d'*Agathon*. Mais de tous les romans de Knigge, l'*Histoire de Ludwig von Seelberg* est celui qui reflète le mieux les interrogations et les inquiétudes de l'époque. La critique ne s'y est pas trompée qui, fait rare, fut unanime dans l'éloge qu'elle fit de l'oeuvre[56]. En particulier, elle sut gré à Knigge d'avoir montré que "le temps des génies" était passé et que l'époque ne réclamait plus "des Catons, des héros et des hommes croyant à la force", que leur "imagination exaltée" finissait par mener à un "égoïsme nuisible", faisant d'eux des créatures "inutilisables et insupportables pour l'Etat et la société civile"[57].

L'évolution de Ludwig n'est pas sans faire penser à celle qui sera décrite dans le roman que Goethe publiera exactement dix années plus tard, *Les années d'apprentissage de Wilhelm Meister*. Les deux oeuvres n'ont pas seulement en commun d'être des "romans de formation". Dans chacune d'elles, le thème des sociétés secrètes constitue l'un des éléments de la matière narrative. On sait que la source des motifs initiatiques des *Années d'apprentissage* avait été fournie à Goethe par le *Séthos* de l'abbé Terrasson. Mais le roman formulait par ailleurs des préoccupations qui avaient leur origine dans la réalité maçonnique de l'époque. Dans le huitième Livre, Goethe faisait condamner par Jarno les abus de l'occultisme qui sert de masque à des aspirations purement égoïstes, et dans lequel il voyait une dégénérescence du véritable idéal maçonnique.

La même réserve était déjà exprimée par Knigge dans *Seelberg*. Etudiant à Leipzig, Ludwig se fait recevoir maçon. Cette démarche est décrite avec une ironie sarcastique. Knigge voit maintenant la maçonnerie comme un "champ de bataille pour un esprit oisif et désordonné". Il ne trouve pas de termes assez

---

54 *Seelberg*, I, 88. Cf. aussi I, 64.
55 *Tom Jones* est mentionné *ibid.*, 165 et 273.
56 La réception des oeuvres littéraires (théâtre, romans, essais poétiques etc.) de Knigge a été étudiée par M. PLANETH, *Die Aufnahme von Knigges poetischen Werken*, Arb. f. d. Hauptseminar "Adolph Freiherr von Knigge. Quellenkunde und Wirkungsgeschichte", bei Dr. P. Raabe, Göttingen, 1972. Ce travail inédit, qui indique de très nombreuses sources, nous a été aimablement communiqué par la KAW.
57 *Allgemeine Literatur-Zeitung vom Jahre 1788*, I, Nr. 58, Jena, Leipzig und Wien, 1788, Sp. 632, cité in: PLANETH, *op. cit.*, 13 sq.

durs pour railler cette "foule turbulente de gens qui couraient dans tous les sens, que la société civile avait exclus pour leur paresse ou leur inutilité", dans laquelle il n'aperçoit que "des fainéants rejetés de tous, des rêveurs malades, des coupe-bourses, des débauchés, des vagabonds, des fous échappés de l'asile et des banqueroutiers en fuite à la recherche de protection"[58].

Knigge s'en prenait aussi aux Rose-Croix qui, par leurs "écrits mytho-herméto-cabalistico-magico-théosophico-alchimistes"[59], répandaient une "fausse exaltation religieuse", qui était "pour des esprits faux et des cœurs égarés un délicieux opium" (*ein köstliches Opiat*)[60]. L'occultisme est à ses yeux une perversion de l'idéal maçonnique.

Mais *Ludwig von Seelberg* est avant tout un règlement de compte avec l'Ordre des Illuminés, et plus particulièrement avec Weishaupt, qui apparaît sous les traits d'un personnage nommé Alwerth.

Devenu l'ami de Ludwig, Alwerth réussit à le persuader qu'il est possible de changer le monde. Le journal de Ludwig, présenté sous la forme d'extraits totalisant une quinzaine de pages, décrit ses dispositions intérieures au moment où il rencontre Alwerth. Alors qu'il est envahi par le doute et le pessimisme, Alwerth lui apparaît comme un homme animé d'un idéal, un de ces "amis à la flamme desquels on peut allumer sa propre lumière" après avoir erré si longtemps dans "un monde peuplé de gens ordinaires"[61]. Knigge se souvient ici manifestement de sa rencontre avec Weishaupt.

Cet enthousiasme détermine un violent besoin d'agir pour faire échec "aux solennels prédicateurs de vertu, aux peureux disciples du préjugé" qui "s'affublent de tous les oripeaux de la morale"[62], en fait ces chrétiens qui, sous couleur de charité, prêchent l'intolérance et bafouent la raison, à laquelle ils opposent les dogmes figés d'une théologie autoritaire. Quelques semaines auparavant, Ludwig avait lu "l'*Emile* de Rousseau, et trouvait la Profession de foi du Vicaire Savoyard si belle, trouvait que douter comme Rousseau doute, avait plus de valeur que croire comme les hommes croient"[63]. Ludwig a besoin d'une croyance, d'une foi, mais il refuse celle que les théologiens transmettent sous le nom de Révélation. Il refuse aussi les comportements hypocrites qui enseignent une vertu désincarnée, exprimée dans des commandements qui nient la nature.

Il n'est pas étonnant, dès lors, que des jeunes gens à l'âme de feu, comme Ludwig, aient la tentation de rejeter toutes les conventions sociales:

---

58 *Seelberg*, I, 94 sq.
59 "mytho-hermetisch-cabalistisch-magisch-theosophisch- alchymische Schriften", *ibid.*, II, 154.
60 *Ibid.*, 155.
61 *ibid.*, I, 188.
62 *Ibid.*, 189.
63 *Ibid.*, 93.

> Qui me contraindra à reconnaître ces conventions, si je ne veux pas ? Qui peut voir dans mon coeur s'il n'y a pas quelque chose en moi qui supprime toutes ces causes sur lesquelles reposent ces belles conventions ?[64].

On reconnait ici la révolte des "génies" qui, au nom de la liberté, veulent s'affranchir de toutes les contraintes sociales, et portent leur admiration vers les personnalités exceptionnelles de l'Histoire, "Alcibiade, Alexandre le Grand, Charles XII, Lovelace, Richelieu, Masianello"[65]. C'est ce que Knigge appelle "connaître des moments de Sturm und Drang"[66], qui sont en réalité un appel à la pureté, à la révolte contre l'hypocrisie.

Le refus des conventions sociales conduit Ludwig à rejeter les liens, qu'il juge artificiels, unissant l'individu à la famille ou à l'Etat: "Il considérait le monde entier comme sa patrie, et l'attachement à l'Etat dans lequel on est né, à été éduqué et élevé, comme un préjugé et une faiblesse"[67]. Mais, avant qu'il ne rencontre Alwerth, sa révolte contre les contraintes sociales était purement négative, elle ne visait qu'à la destruction de l'ordre existant. Alwerth va lui enseigner qu'on peut aussi envisager de construire un monde nouveau.

Après de nombreuses aventures, Ludwig surmonte à la fois son pessimisme et le mépris dans lequel il tenait l'Etat. Devenu ministre dans une cour d'Allemagne, il rêve de bousculer la routine dans laquelle s'endort le petit royaume. Il réussit à faire nommer Alwerth médecin personnel du roi. Avec l'aide de son ami, il espère réaliser de vastes "projets politiques", "montrer ce que quelques individus plus éclairés peuvent faire de la misérable populace humaine", et il termine ainsi l'exposé de ses ambitions:

> A partir d'ici, nous donnerons des lois à l'Europe; les princes et les vieux hommes d'Etat seront à nos pieds, recevront de nous leurs ordres, gouverneront leur pays d'après les avis que leur donneront deux personnes qu'ils considèrent à peine comme des hommes[68].

Dans cette phrase sont condensées les aspirations de ces jeunes réformateurs enthousiastes au nombre desquels Knigge s'était lui-même rangé un moment: il s'agissait de briser les cadres anciens, mais aussi de peser sur la vie politique tout en restant dans l'ombre. Cette action apparaissait à la fois comme une victoire de l'élite sur les médiocres et comme le triomphe des humiliés.

Knigge laissait ainsi entendre en 1787 que l'engagement politique, qui effrayait tant d'Allemands, était lié à une phase du développement de l'individu, celle qui avait été exaltée par l'explosion du Sturm und Drang, témoignage de l'emportement généreux mais brouillon d'un âge qui aime

---

64 *Ibid.*, 192.
65 *Ibid.*, 193.
66 "in Augenblicken des Sturm und Drang", *ibid.*, 188. Knigge se livre un peu plus loin à une critique acerbe des "genies privilégiés", *ibid.*, 205 - 210, ajoutant qu'ils finissent en général "accrochés à une potence ou internés dans les très honorables maisons de force ou de fous".
67 *Ibid.*, 199.
68 *Ibid.*, II, 114 sq.

voir "comment tous doivent ployer le genou devant le génie supérieur". Habilement, il admettait des visées politiques chez ceux qui, bientôt, allaient s'engager dans l'action secrète, mais elles étaient ramenées à des proportions parfaitement innocentes. C'est du moins ce que Knigge tenait à faire comprendre à ses lecteurs. Son roman ne se voulait pas une contribution à la persécution qui, à la même époque, s'abattait sur l'Ordre des Illuminés. Tout en condamnant la doctrine de l'Ordre, Knigge s'arrangeait pour suggérer qu'elle n'avait pu germer que dans le cerveau de jeunes gens exaltés qui, la maturité venue, ne pouvaient que s'en détourner.

Knigge consacre une partie important du second tome de son roman à la description des entreprises d'Alwerth et de Ludwig[69]. Avec un art consommé, il s'attache à dissocier, dans l'image qu'il donne de la société secrète qu'Alwerth va fonder, et qui est une réplique de l'Ordre des Illuminés, ce qui est acceptable de ce qui ne l'est pas. Si les objectifs de l'Ordre sont conformes aux Lumières, il n'est nullement nécessaire d'emprunter, pour les réaliser, la voie de l'action secrète. Mais surtout, il faut que cette réalisation s'organise à partir du possible, c'est-à-dire de la réalité, abandonnant les tentations de l'utopie.

Ludwig ayant, par suite d'intrigues menées contre lui par des courtisans envieux, perdu son poste de ministre, il est emprisonné en forteresse pendant six ans. Après sa libération, il retrouve Alwerth, qui lui rappelle les humiliations subies. Ludwig est toujours dévoré du besoin d'agir, mais il sait que son échec est dû en grande partie à l'isolement dans lequel Alwerth et lui se trouvaient à la cour. C'est alors qu'Alwerth lui révèle qu'il existe une société de cinq ou six hommes unis "dans une indissoluble alliance contre les méchants". C'est en fait lui qui l'a fondée, mais il ne l'avouera à Ludwig que plus tard.

L'Ordre s'est donné pour but d'établir

> sans violence, sans danger [...] le règne de la liberté et de la vérité, de lier les mains au vice et d'assurer à chaque hommes de bien et d'esprit avisé un infaillible bonheur terrestre et la paix de l'âme[70].

C'est bien ce que Knigge avait cru trouver dans l'Ordre des Illuminés. Il transpose même dans son roman les propos de Constanzo à Francfort en 1780: et si la Société, disait Alwerth, était à l'origine des progrès accomplis depuis quelque temps en Allemagne par les Lumières[71]? Knigge reprend aussi des termes qui se trouvaient dans l'*Allocution aux Illuminatos Dirigentes*, notamment celui de "révolutions" opérées par l'Ordre mais qu'on attribuait à

---

69 En particulier les chapitres 11 et 12.
70 *Ibid.*, II, 224.
71 *Ibid.*; cf. la même question, appliquée à la Bavière, posée par Constanzo (*Philo*, p. 34).

"d'autres causes". Comme dans l'*Allocution*, ce terme s'applique ici non au domaine politique, mais aux manières de penser[72].

Le système d'Alwerth, à la mise au point duquel Ludwig contribue activement, est très exactement celui de l'Ordre des Illuminés[73]. Agir en vue du bonheur de l'humanité, lutter contre l'influence des jésuites, combattre tous les préjugés, "encourager les Lumières en tout lieu"[74], pratiquer la vertu, éduquer les jeunes générations, placer des membres de l'Ordre aux principaux postes de l'Etat, développer la solidarité et l'entraide, tels sont les buts de la Société. Tels étaient ceux de l'Ordre des Illuminés, du moins Knigge les présente-t-il ainsi, insistant sur le temps qu'il faut pour que de tels efforts portent leurs fruits[75]: c'était une manière de suggérer que l'Ordre n'avait jamais songé à renverser les trônes ni à fomenter des révolutions.

Comme les Illuminés, Alwerth et ses amis veulent détruire les obstacles qui s'opposent à la "promotion des Lumières universelles"[76]. Pour cela, il faut, certes, lutter contre "l'importance prépondérante que jusqu'ici les méchants et les imbéciles ont eue sur les bon et les sages", mais en aucun cas en utilisant la violence ni des méthodes de subversion:

> Cela ne doit pas se faire par des moyens violents; nous ne devons nous permettre aucune rébellion, en aucune manière nous ne devons intervenir dans les droits des Etats[77].

L'Ordre veut former "de bons citoyens", mais cette notion n'implique pas encore, comme cela sera le cas après 1789, une modification du statut politique du gouverné par rapport au gouvernant. Le "bon citoyen" est l'individu que sa formation a rendu utile à la "société civile", qui par ses connaissances et ses vertus est digne de trouver une place "à la tête des affaires de l'Etat" afin de "répandre le bonheur". Cette idéologie n'est rien d'autre que celle de l'absolutisme éclairé, pour lequel Knigge éprouvera jusqu'à la fin de sa vie un attachement certain. Cet absolutisme ne lui apparaissait pas comme tout à fait "despotique", dans la mesure où sa mise en oeuvre était liée aux conseils émanant de personnages "éclairés" dont l'action bienfaisante sera capable, le cas échéant, de neutraliser l'insuffisance d'un souverain trop peu soucieux de l'intérêt général. C'est dans cette perspective que la Société fondée par Alwerth entend également, comme le faisait l'ordre des Illuminés, développer les sciences, qui sont, en ce siècle, plus que jamais nécessaires au développement des sociétés. Au terme de ce long exposé de la doctrine de l'Ordre, la formulation de l'idéal utopique d'une humanité qui ne serait plus divisée en Etats, d'où auraient disparu le "despotisme", l'égoïsme individuel, le luxe inutile, la superstition et la supercherie, ne pouvait guère apparaître

---

72 Voir *supra*, II, 4, C (la "révolution de l'esprit").
73 *Seelberg*, II, 229 - 246.
74 *Ibid.*, 232.
75 *Ibid.*, 245.
76 "Beförderung allgemeiner Aufklärung", *ibid.*, 242.
77 *Ibid.*, 243.

comme dangereuse. Il ne s'agissait pas d'autre chose que du retour à une sorte d'âge d'or, dans lequel l'harmonie sociale donnait de l'humanité l'image d'une grande famille gouvernée par la sagesse et la vertu: "les hommes ne formeront plus qu'une seule famille heureuse", vivant dans une paix et un ordre universels, lieu d'élection du véritable christianisme, puisque celui-ci "enseigne à tous les hommes à se considérer comme frères". Sera alors réalisé sur la terre entière "l'âge d'or promis, le royaume éternel"[78]. On reconnaît là à la fois l'idéal de "nouvelle religion" et certaines formulations qui se trouvaient déjà dans l'*Allocution*.

Certes, Knigge tenait à proclamer que l'idéal et les objectifs de l'Ordre des Illuminés ne menaçaient pas l'ordre public. A la lecture du programme d'Alwerth, on a aussi l'impression qu'il désire leur rendre un dernier hommage, faire savoir que, s'il s'est détourné de l'action secrète, ce n'est pas parce qu'il a changé de croyance. Il souligne avec une sorte de nostalgie que "si une chimère mérite l'indulgence, et même peut-être l'admiration, c'est bien cette chimère politico-morale qui vise à réformer le monde"[79]. Simplement, il ne croit plus que cet idéal puisse trouver sa réalisation à travers l'action d'une société secrète. Le chapitre 12 du roman analyse le processus d'une déception et d'un échec, celui de Knigge lui-même dans l'Ordre des Illuminés.

La cause de cet échec est d'abord d'ordre matériel. Pour que le système d'Alwerth puisse fonctionner, il faudrait qu'il soit appliqué par "une douzaine d'hommes purs comme des anges", qu'ils puissent vivre cent ans, aient une parfaite santé physique et morale, et aussi une fortune leur permettant de ne se consacrer qu'aux buts poursuivis par l'Ordre. L'utopie se heurte donc à la réalité. Knigge avait lui-même usé une partie de ses forces à servir l'Ordre des Illuminés, et les lettres qu'il écrit à partir de 1787 commencent à contenir des allusions à des défaillances de santé, alors qu'il n'a encore que trente-cinq ans. La correspondance qu'il avait entretenue pour le compte de l'Ordre, ainsi que ses nombreux voyages, lui avaient d'autre part coûté très cher, et ce n'est pas sans amertume qu'il constatait que de nombreux Frères n'avaient pas apporté à la Cause le même désintéressement que lui[80].

Mais d'autres facteurs amènent Knigge à condamner l'action secrète. Ici, ce sont des individus qui sont visés, et en premier lieu Alwerth-Weishaupt.

Knigge dresse d'Alwerth un portrait admirablement ambigu. Il loue en lui son amour de la science, sa sociabilité, son esprit, ses dons d'observateur, sa puissance de travail. Mais il note aussi l'attraction "magnétique" qu'il exerce sur des caractères faibles, comme celui de Ludwig. D'autre part, ses principes moraux et religieux manquent absolument de fermeté[81]. Alwerth a, comme Weishaupt, été élevé par les jésuites, et il a conservé de cette éducation l'art de feindre, de prendre les gens par leurs petits côtés, de les dominer, de les faire

---

78 *Ibid.*, 246.
79 *Ibid.*, 247.
80 Voir *Philo*, 69. On trouve l'écho de ces plaintes dans *Sellberg*, II, 248 - 251.
81 *Seelberg*, I, 184 sq.

agir à sa guise, d'éveiller en eux l'enthousiasme afin, ensuite, de s'en servir à ses propres fins – en un mot, il a gardé "cet esprit authentique du jésuitisme" qui, selon Knigge, marque pour toujours les élèves de l'ancienne Compagnie de Jésus[82]. Sous la direction d'un tel chef, la société secrète à laquelle appartenait Ludwig ne pouvait pas fonctionner autrement que celle que l'on entendait combattre. Les mêmes pratiques y sévissaient, l'espionnage mutuel des membres, le modelage des esprits, et surtout la volonté de puissance, l'exercice du pouvoir par la crainte[83]. En fin de compte, le comportement d'Alwerth consistait à imiter, à son propre profit, celui des jésuites[84]. L'idéal était devenu l'alibi d'une volonté de puissance.

Les membres recrutés par la Société n'étaient pas en mesure de peser sur les orientations que voulait lui donner Alwerth. Unis autour du même idéal, mais paresseux lorsqu'il s'agissait de travailler à sa réalisation, divisés sur les démarches à entreprendre, très tolérants en paroles mais beaucoup moins dans les comportements, ils donnaient un piètre exemple de cet "amour fraternel" que l'Ordre voulait faire triompher[85]. D'autre part, au fur et à mesure que la Société prenait de l'importance, on recrutait une foule de gens animés d'intérêts purement égoïstes, des mécontents de toute sorte, des individus à la moralité douteuse, des bavards qui risquaient de trahir l'Ordre : bref, la société perdait de jour en jour son unité interne et son efficacité[86].

En un mot, Knigge transcrivait dans son roman ce qui avait été sa propre expérience dans l'Ordre des Illuminés. Il avait l'habileté de dresser d'Alwerth un portrait assez nuancé pour qu'on ne l'accusât pas de caricaturer le modèle, Weishaupt. Tout ce qu'il reproche aux compagnons d'Alwerth, il l'avait constaté lui-même. L'orgueil et le "despotisme" du chef, l'indolence et, parfois, l'intolérance des membres de la Société, l'hétérogénéité des intérêts, tout cela avait bien existé dans l'Ordre des Illuminés. La critique de Knigge était donc parfaitement objective.

Knigge donne de l'impuissance de la Société d'Alwerth une seconde explication, qui ne se réfère plus, comme la première, à la faiblesse de la nature humaine, mais à la structure même de l'Allemagne : ce qui, dit-il, pouvait être pensé et dit sans danger sur les bords de la Spree, pouvait mener en prison sur les bords du Rhin ; telle vérité, populaire dans la région de Hanovre, semblait nouvelle à Francfort[87]. Knigge met ici l'accent sur une des causes profondes de l'échec de l'Ordre des Illuminés : conçu pour diffuser l'*Aufklärung* en Bavière, ses entreprises pouvaient paraître inutiles, voire dangereuses, en Allemagne du Nord, où la lutte contre les jésuites n'apparaissait pas comme une priorité.

---

82 *Ibid.*, II, 118 sq.
83 *Ibid.*, 121 sqq.
84 *Ibid.*, 126.
85 *Ibid.*, 252 sq.
86 *Ibid.*, 256.
87 *Ibid.*, 257.

Knigge complète sa critique par une condamnation qu'il fait porter par un nouveau personnage, le capitaine Oberschirm, au franc-parler tout militaire. Oberschirm qualifie crûment le plan d'Alwerth de "billevesée romanesque"[88]. Selon lui, des sociétés de ce genre ont toujours existé, et toujours elles ont échoué. Les excellentes intentions qui, dans la plupart des cas, ont présidé à leur fondation, ont toujours été plus ou moins rapidement dénaturées, les passions se révélant toujours plus fortes que l'idéal. Mais surtout, Oberschirm se déclare convaincu "que les bonnes oeuvres n'ont point besoin de craindre la lumière". L'action secrète "conduit avec certitude à des tours tordus"[89]: Oberschirm posait, dans un langage fleuri, le problème du contrôle des actes commis par un pouvoir occulte.

Puis il entreprend de réfuter l'aspect théorique du système illuminé. Les paroles que Knigge lui prête sont d'une grande dureté, mais elles visent avant tout Weishaupt.

Le raisonnement d'Oberschirm s'articule autour d'une idée simple: le monde n'est pas aussi mal fait que beaucoup le pensent, et le sage y jouit toujours de la liberté s'il est maître de soi-même et sait dominer ses désirs[90].

Cette constatation est capitale, car elle marque un tournant dans la manière dont Knigge conçoit son engagement. Si, en quittant l'Ordre des Illuminés, il n'a pas abandonné son idéal de société fraternelle, il restreint maintenant singulièrement le champ de son action. Les rêves de l'utopie semblent avoir laissé la place à une appréciation réaliste des possibilités de changer le monde. Les sages, dit Oberschirm, "opèrent, avec l'aide de la raison, sur ce qui est proche". Eduquer l'humanité est un beau, mais trop vaste projet. C'est d'abord à sa famille que se doit l'éducateur, ainsi qu'à l'Etat dans lequel il vit, qu'il peut servir même dans un modeste emploi[91].

Ce resserrement du champ d'action signifie l'abandon, au moins pour un temps, du projet de "nouvelle religion": vouloir convertir l'humanité entière relève de l'utopie, généreuse certes, mais destinée à se briser contre la réalité: "Lumières universelles, bonheur universel sur terre, gouvernement universel de la morale (*allgemeines Sittenregiment*): pays de Cocagne!"[92]: les sages, dit Oberschirm, y ont renoncé depuis presque deux mille ans.

Knigge est ainsi conduit à accepter les institutions de l'Etat telles qu'elles existent: "Si l'on a de saines notions de la liberté, tout homme raisonnable peut être libre dans des républiques, comme dans des monarchies, dans des oligarchies etc."[93]. On croirait lire une page tirée de Luther: la liberté n'est plus que le sentiment intérieur qu'on en a. A l'idéal d'une éducation de

---

88 *Ibid.*, 266.
89 *Ibid.*, 267 sq.
90 *Seelberg*, II, 269.
91 *Ibid.*, 270 sqq.
92 *Ibid.*, 273. L'expression "allgemeines Sittenregiment" est tirée de l'*Allocution*.
93 *Ibid.*, 272 sq.

l'humanité s'est substitué celui de la formation de l'individu, processus très lent, aboutissant à transformer l'égoïsme naturel en une force mise au service de la société. Knigge revient ainsi à ce qui constitue l'une des revendications essentielles de l'*Aufklärung*: l'application d'une raison avant tout pratique à un fonctionnement harmonieux de la société. La révolte de type Sturm und Drang est rejetée, rejetée aussi toute tentation de peser par la violence sur un ordre politique et social considéré comme amendable sans qu'il soit nécessaire de le bouleverser. Cela s'exprime par une formule simple: la réforme dans l'ordre. L'entreprise illuminée risquait de vouer l'humanité au désordre, en cela elle apparaissait maintenant à Knigge comme condamnable.

Knigge se déclare résolument hostile à toute tentative qui viserait à placer les membres d'une société secrète dans l'entourage des princes. Il y voit non seulement une intolérable entorse aux "droits de l'Etat", mais surtout une atteinte à un principe qui, à partir de ce moment, va se substituer chez lui à celui de l'action secrète: la "publicité": "Personne plus que moi ne peut être un défenseur de la publicité", proclame Oberschirm[94].

Par "publicité", il faut entendre la possibilité d'un débat public sur tous les actes qui déterminent la vie politique. Ce débat se déroule dans deux directions: non seulement le prince est comptable de sa gestion devant l'opinion publique, mais aussi toute critique de cette gestion doit être signée. Knigge s'oriente ici vers une forme nouvelle du combat pour les Lumières: celle que lui donne l'essor de la presse. Nous verrons que la liberté de la presse restera pour lui une des revendications essentielles de la lutte contre l'absolutisme. C'est dans *Ludwig von Seelberg* qu'elle est formulée pour la première fois, et elle apparaît bien comme une forme de lutte destinée à prendre le relais de l'action secrète. Knigge comprendra très vite qu'elle implique beaucoup plus que l'exercice d'une liberté: elle constitue aussi un pouvoir. Dans *Seelberg*, il ne l'analyse pas, mais déjà il lui reconnaît un rôle essentiel dans le fonctionnement d'une société "éclairée". L'action secrète présente maintenant à ses yeux ce vice, qui la condamne radicalement, d'interdire le contrôle public des actes du prince, et aussi de la dénonciation de ces actes par des censeurs que personne ne voit. Ce n'est pas un hasard, dit le capitaine, si la "publicité" est étrangère à l'action d'un ordre dont le fondateur, ancien élève des jésuites, prétendait utiliser "pour le bien" les moyens que ceux-ci étaient censés mettre au service du "mal": il y a là une contradiction absolue[95]. L'espionnage restera toujours une forme de persécution et ne servira jamais que des ambitions personnelles.

Certes, ce n'est pas sans une certaine nostalgie que Seelberg se sépare d'Alwerth et de sa Société: s'il sentait "bien vivement combien il y avait peu d'espoirs de changer le monde", il renonçait en même temps "avec douleur à des rêves si beaux, si attirants", il "sentait un certain vide en lui", se

---

94 *Ibid.*, 280.
95 *Ibid.*, 276.

demandant comment il devait s'y prendre pour "agir pour ses semblables" en fonction d'un idéal qu'il ne reniait pas[96].

C'est une accorte jeune veuve qui saura le lui indiquer. La grande leçon qu'elle va, à la fin du roman, enseigner à Ludwig, sera qu'il faut composer avec le monde et avec ses faiblesses. Non accepter celles-ci, mais donner l'exemple de la tolérance et de la sagesse, agir dans la sphère étroite où le hasard a placé l'individu, pratiquer une piété exempte de superstition. Surtout, il faut se garder de vouloir briser le lien social: chaque classe occupe une place utile dans la société[97]. En fait, Knigge se fait ici le porte-parole d'une sagesse pratique proche de la "philosophie populaire", conservatrice dans son esprit, mais dont il saura, un an plus tard, avec le *Commerce*, dépoussiérer les éléments pour les adapter aux aspirations émancipatrices de la bourgeoisie.

Dans le *Commerce*, précisément, il insère dès la première édition (1788) un chapitre traitant "Des sociétés secrètes et de la fréquentation de leurs membres". Il y condense les idées qu'il avait développées dans *Seelberg*, en les déclarant "inutiles" et "nuisibles". Il répète encore une fois que les Lumières ne peuvent se satisfaire d'un enseignement ésotérique, notamment lorsqu'il s'agit d'expliquer le christianisme. Les associations secrètes s'occupent trop souvent de "misérables bagatelles" (*elenden Kleinigkeiten*), et elles peuvent en outre être le lieu où des "Supérieurs inconnus" se servent de leur anonymat pour diriger des entreprises illicites sur lesquelles l'autorité publique a le droit de chercher à s'informer. Knigge conseille, comme Oberschirm l'avait fait, de se détourner de ces "extravagances à la mode" (*Mode-Thorheit*) pour faire le bien au grand jour et se rendre utile à la collectivité. Et si un malheureux s'est laissé égarer par les tentations de l'action secrète, qu'il n'hésite pas, le cas échéant, à informer l'opinion publique des risques que de telles entreprises font courir au naïf.

En se séparant des Illuminés, Knigge n'avait pas abandonné l'idéal de société fraternelle qui, depuis sa lecture de Lessing, était le sien. Mais il avait compris que les voies de sa réalisation n'étaient pas celles qui niaient la rélité humaine et sociale. L'élitisme prôné par l'Ordre ne résistait pas à la médiocrité de trop de ses membres. Le "gouvernement universel de la morale" n'était pas possible dans un monde divisé depuis des millénaires en Etats et en classes sociales. La grande découverte de Knigge, à partir de 1787, c'est que, si l'on refuse la violence pour modifier des structures mentales aussi profondément enracinées, il fallait s'orienter vers une nouvelle voie, celle du *compromis* entre des tendances, des intérêts, des égoïsmes opposés. Cette attitude nouvelle restait ouverte aux progrès de l'esprit humain, et le contexte allemand devait bientôt lui donner, malgré son caractère "réformiste", une valeur révolutionnaire. Simplement, il ne s'agissait pas d'une révolution par

---

96 *Ibid.*, 283.
97 *Ibid.*, 308.

l'insurrection, mais d'une révolution par la littérature. Mais avant d'engager sa plume dans le combat pour "les idées de 1789", Knigge allait devoir, une nouvelle fois, s'expliquer sur son activité dans l'Ordre des Illuminés, et, une nouvelle fois, résister à la tentation de l'action secrète.

D. La *Déclaration de Philo*

Avec *L'Histoire de Ludwig von Seelberg*, Knigge avait formulé une position de principe sur le caractère irréaliste d'une utopie visant à la réforme universelle d'un monde considéré comme radicalement mauvais. Mais à partir du moment où l'ouvrage publié par le baron de Bassus l'avait publiquement désigné comme l'un des chefs de l'Ordre qui avait tenté de réaliser cette utopie, il se voyait contraint d'expliquer, publiquement aussi, le rôle exact qu'il y avait joué. Et dans la mesure où l'Ordre était présenté par le gouvernement bavarois comme une association criminelle, il y allait d'abord de son honneur. Dans *Seelberg*, Knigge avait adopté la position d'un juge impartial, et même indulgent. Maintenant, il faisait figure d'accusé. Pour se défendre, il allait se transformer lui-même en accusateur, portant sa cause devant ce tribunal de l'opinion publique qu'il avait, dans *Seelberg*, invoqué comme le seul contrepoids efficace à l'arbitraire.

Aussi commence-t-il par faire le procès de l'instruction menée par le gouvernement bavarois contre les Illuminés, dont la publication des *Ecrits Originaux* et du *Supplément aux Ecrits Originaux* était censée démontrer le bien-fondé. Il pose quatre questions préalables: 1) ces documents sont-ils authentiques? Reproduisent-ils la doctrine officielle de l'Ordre ou de simples opinions privées? 2) Sont-ils complets, ou ont-ils été tronqués? 3) Quelle fonction remplit leur publication? 4) Les accusés ont-ils été entendus et confrontés à ces textes[98]?

En plaçant les agissements du gouvernement bavarois sur un terrain juridique, Knigge montrait qu'en se séparant de l'Ordre, il n'avait pas abandonné le camp des Lumières pour rejoindre celui des "obscurantistes". Les questions formulées sont essentielles dans la perspective qui est celle où il se situe: les droits de l'homme. Ce qui est en cause, ce n'est pas seulement l'honneur personnel des membres de l'Ordre, mais la justice. En défendant sa propre cause, Knigge a donc le sentiment qu'il sert le droit. Il récuse le principe absolutiste identifiant le droit et la raison d'Etat.

Pourtant, il se garde bien de poursuivre l'analyse ainsi suggérée des défauts inhérents à l'Etat "despotique". Très vite, il ramène la question de son rôle dans l'Ordre à des proportions purement personnelles. Il y avait à cela une raison majeure. En effet, on ne l'accusait pas seulement d'avoir été le principal chef de l'Ordre. Ses ennemis suggéraient également que son retrait n'avait été qu'une feinte, et qu'il continuait, dans l'ombre, à inspirer les actes de ceux qui,

---

98 *Philo*, 9 sq.

ayant pu échapper aux sbires de l'Electeur, essayaient tant bien que mal d'assurer sa survie[99].

A vrai dire, Knigge ne se sentait pas parfaitement à l'aise, et ses propos ne sont pas exempts de contradictions. Après avoir affirmé que, pendant les quatre années qui suivirent son retrait, il n'avait "presque plus entendu parler" de la Société[100], il indique qu'il a toujours suivi "avec attention les écrits publiés sur ce sujet"[101]. A la fin de la *Déclaration*, il s'écrie avec un parfait accent de sincérité: "J'ai renoncé à toute activité en faveur de sociétés secrètes"[102]. Or, quelques lettres conservées aux Archives d'Etat de Basse-Saxe (dépôt de Wolfenbüttel) prouvent le contraire[103]. Sans compter les tractations qu'il va bientôt engager avec K. F. Bahrdt à propos de l'Union allemande...

Aussi Knigge s'attache-t-il avant tout à donner de son activité dans l'Ordre, et de l'Ordre lui-même, une image rassurante. On a l'impression de relire

---

99 Dissous en Bavière, l'Ordre poursuivit ses activités pendant quelques années en Allemagne du Nord et du Centre. Bode, qui en assumait la direction, procéda à des recrutements jusqu'en 1789. En 1790, il lança le projet d'une *Alliance maçonnique allemande*, qui constitue la dernière tentative de sauver l'Ordre (cf. E.O. FEHN, *Zur Wiederentdeckung des Illuminatenordens*, art. cit., 235).

100 *Philo*, 8.

101 *Ibid.*, 15.

102 *Ibid.*, 140.

103 Ces lettres très incomplètes sont difficilement exploitables. Si elles ne traitent pas de l'Ordre des Illuminés, elles concernent en revanche des projets d'action secrète soumis à Knigge par ses correspondants, mais qu'il ne semble pas avoir pris très au sérieux. C'est le cas, par exemple, d'une lettre datée du 4 mars 1786, dans laquelle le signataire (un certain Friedrich Gottlieb von Strunsky, de Grünstadt près de Heidelberg), évoque le projet de création d'une association destinée à restaurer "l'amour fraternel et la concorde" *(Bruderliebe und Eintracht)*, en posant "la première pierre du temple spirituel invisible" *(Grundstein des unsichtbaren geistigen Tempels)*, Nieders. Staatsarchiv Wolfenbüttel, ms, VI, Hs nr 137, Bl. 40 - 45 (incomplet). Nous n'avons pu trouver d'autres précisions sur ce projet. Mais dans une lettre à Nicolai, datée du 1er mai 1786, Knigge écrit de Heidelberg: "Es hat sich hier in der Nachbarschaft, in Grünstadt wieder eine neue schwärmerische Freymaurer-Secte hervorgethan, die auch an mich Hirtenbriefe hat abgehenlassen, welche von mir ohnbeantwortet geblieben sind. Der Prinz Ludwig von Darmstadt in Heilbronn, ein gewisser ziemlich berüchtigter H[err] v[on] Assum, ein Stallmeister Strunsky, der ehemals bey mir auf das Handwerk gebettelt hat, stehen an der Spitze und zu meiner Verwunderung auch der H[err] v[on] Ecker von Eckhofen, den ich als Canzler des Ordens à l'honneur de la providence suprême und nun als Provincial-Grossmeister dieses neuen Systems, in Niedersachsen kenne", KAW, orig. Nicolai-Nachlass, Berlin. En prétendant avoir laissé sans réponse ces "lettres pastorales", Knigge ne dit sans doute pas la vérité, car quelques feuillets d'une autre lettre, à laquelle manque la page portant la signature, mentionnent précisément une réponse de Knigge. Mais ces lettres n'ont pu être retrouvées jusqu'a présent.

Ludwig von Seelberg, mais cette fois, c'est sa propre histoire qu'il raconte, remontant à sa propre enfance, baignée dans l'atmosphère maçonnique. L'engouement pour les sociétés secrètes était, dit-il, une maladie de l'époque[104]. Il offrait à ce jeune homme inquiet, avide d'absolu, l'occasion d'accéder à des connaissances surnaturelles et à une "illumination" qui pourrait se substituer à une religion officielle devenue sclérosée[105]. Puis peu à peu se dégage l'idée que la maçonnerie, si elle savait se réformer, pourrait se mettre au service d'une libération du genre humain, contribuant à faire revivre le "lien fraternel" brisé par les divisions politiques, sociales et religieuses[106]. Cette réforme, c'est l'Ordre des Illuminés qui devait l'opérer, par le plan qu'il avait élaboré à la demande de Weishaupt et des Aréopagites, et qu'il expose dans tous ses détails.

Les reproches qu'il formule contre l'entreprise illuminée reprennent en partie ceux qu'il avait énoncés dans Seelberg: l'absence de réalisme d'un projet qui n'était réalisable qu'à très long terme et visait à convertir à l'utopie une humanité dominée par la contradiction entre raison et passions[107]; égoïsme des membres de l'Ordre; désunion entre les chefs[108]. Mais Knigge ramène principalement l'échec de l'Ordre au tempérament et aux visées personnelles de Weishaupt.

Tout au long de la *Déclaration*, il souligne avec une sorte de jubilation les défauts du "Général": sa vanité, son caractère autoritaire, sa versatilité, son "despotisme", son injustice, sa sensibilité à la flatterie etc.[109]. Cette tactique, qui consiste à se référer à des problèmes de personnes, permet à Knigge de suggérer que, si l'Ordre pouvait être considéré comme dangereux, ce n'était pas en raison de ses intentions, mais uniquement de l'orientation que pouvait lui donner Weishaupt. Il ne cesse de souligner cette distinction entre l'idéal de la Société et l'ambition de son chef. Après avoir décrit l'ensemble du système, il s'écrie avec emphase:

> Voilà quel était tout l'édifice de l'Ordre! Et qu'il se dresse maintenant, celui qui peut y trouver quelque chose qui aurait menacé la vraie religion, le bonheur public et les bonnes moeurs![110].

Mais la théorie propre à Weishaupt, l'ancien élève des jésuites, qui voudrait faire croire qu'on peut utiliser "pour le bien" des moyens conçus "pour le mal", est condamnable. Elle contient en germe la justification de tous les abus[111]. Une machine construite selon de tels principes peut devenir dangereuse dès qu'elle est manipulée par des ambitieux peu scrupuleux. Et Knigge

---

104 *Philo*, 19.
105 *Ibid.*, 21 sqq.
106 *Ibid.*, 109 sq.
107 *Ibid.*, 70 sq.
108 *Ibid.*, 75 sq; 87 sq.
109 *Ibid.*, 77 sq.
110 *Ibid.*, p. 119.
111 *Ibid.*, 64.

peut se donner le beau rôle en affirmant que tous ses efforts avaient tendu à empêcher qu'un tel système ne vît le jour[112].

Paradoxalement, la *Déclaration de Philo* est donc moins sévère à l'égard des tentations de l'action secrète que *L'Histoire de Ludwig von Seelberg*. La perspective, au moins, n'est pas tout à fait la même. La *Déclaration* est avant tout une autojustification, elle ne s'adresse pas tant aux lecteurs "éclairés" qu'à ceux qui, dans l'ombre, cherchaient à nuire à la réputation du baron hanovrien, à un moment où il songeait à offrir ses services au gouvernement de l'Electorat, ainsi que l'atteste une lettre adressée directement au ministre hanovrien à Londres, Alvensleben[113]. Le 14 septembre 1788, il constatait, dans une lettre à son ami l'acteur Grossmann, que l'ouvrage, qui venait de paraître, avait fait "bonne impression"[114].

Et pourtant, Knigge, lorsqu'il affirmait avoir rompu toute attache avec le monde des sociétés secrètes, ne disait pas la vérité.

2. Knigge et l'Union allemande de Karl-Friedrich Bahrdt

A. L'Union allemande

Parmi les associations secrètes qui, à la fin du dix-huitième siècle, s'engagèrent dans le combat pour la diffusion d'un idéal d'émancipation et de progrès, il en est une, encore mal connue, qui sollicite de plus en plus l'attention des chercheurs. Sous le nom d'Union allemande (*Deutsche Union*) ou Union des Vingt-Deux (*Union der Zweiundzwanziger*), elle essaya de regrouper notamment tous ceux que la débâcle de la franc-maçonnerie et de l'illuminisme avait déçus dans leur espoir de faire triompher la cause des Lumières[115].

---

112 *Ibid.*, 47 sq.
113 Knigge à Alvensleben, [...] 1788, KAW, ms. Kestner Museum, Hanovre.
114 Knigge à à Grossmann, 14 septembre 1788, KAW, ms. UB Leipzig.
115 Les pages que LE FORESTIER, *Illuminés*, 624 - 631, consacre à l'Union allemande sont aujourd'hui dépassées. Cette société n'a pas encore fait l'objet d'une véritable monographie scientifique détaillée, en particulier à cause de l'insuffisance des sources. Parmi les études récentes, les meilleures sont celles de A. KOBUCH, *Die Deutsche Union. Radikale Spätaufklärung und Illuminatismus am Vorabend der Französischen Revolution*, in: *Beiträge zur Archivwissenschaft und Geschichtsforschung*, hg. von R. GROSS und A. KOBUCH, Weimar, 1977, pp. 277 - 289; G. MÜHLPFORDT, *Radikale Aufklärung und nationale Leserorganisation. Die Deutsche Union von Karl Friedrich Bardt*, in: O. DANN (Hg): *Lesegesellschaften und bürgerliche Emanzipation, op. cit.*, 103 - 122; G. MÜHLPFORDT, *Europarepublik im Duodezformat. Die internationale Geheimgesellschaft "Union" – Ein radikalaufklärerischer Bund der Intelligenz (1786 - 1796)*, in: H. REINALTER (Hg), *Freimaurer und Geheimbünde, op. cit.*. 319 - 364. Dès la fin du XVIIIè siècle parut un ouvrage hostile à l'Union allemande, qui reste utilisable en raison des documents qu'il publie, que la recherche n'a pas encore suffisamment exploités: L.A. HOFFMANN, *Actenmässige Darstellung der Deutschen Union und ihrer Verbindung mit dem Illuminaten- Freimaurer- und Rosenkreutzer-Orden. Ein nöthiger*

Son fondateur était le théologien luthérien Karl Friedrich Bahrdt[116]. Chassé des villes de Leipzig, Erfurt et Giessen, où son rationalisme teinté d'athéisme le désignait comme hérétique, il s'était réfugié en Suisse, où il avait dirigé une maison d'éducation. Puis il était allé s'établir à Halle, où, après avoir enseigné à l'Université, il s'était attiré de nouvelles persécutions à cause, cette fois, de pamphlets politiques dans lesquels il dénonçait en particulier le rôle de l'Eglise au sein d l'Etat. Chassé de l'Université, il ouvrit en 1787 un café près de Halle, qui lui permit de subsister.

En 1769, il avait publié une *Profession de foi*[117] qui lui avait valu l'hostilité de l'orthodoxie religieuse, parce qu'il affirmait qu'en tant que protestant, il avait le droit d'examiner, et même de rejeter tous les dogmes qui lui sembleraient en contradiction avec la raison. En 1781, il récidivait en faisant paraître un *Almanach des hérétiques*[118].

Anhang zu den höchst wichtigen Erinnerungen zur rechten Zeit, Wien, 1796. Des documents concernant l'Union allemande sont reproduits par Karl Friedrich BAHRDT, *Geschichte und Tagebuch meines Gefängnisses nebst geheimen Urkunden und Aufschlüssen über die Deutsche Union*, Berlin, *1790*, et dans D. POTT, *Briefe angesehener Gelehrten, Staatsmänner und anderer an den berühmten Märtyrer D. Karl Friedrich Bahrdt, op. cit.*

116 Sur Karl Friedrich Bahrdt (1741 - 1792), voir B. SCHYRA, *Karl Friedrich Bahrdt. Sein Leben und Werk, seine Bedeutung. Ein Beitrag zur deutschen Kulturgeschichte im 18. Jahrhundert*, Diss. masch., Leipzig, 1962. Les pages 346 - 382 traitent de l'Union allemande. Voir aussi G. MÜHLPFORDT, *Bahrdt und die radikale Aufklärung*, in:*Jahrbuch des Instituts für Deutsche Geschichte*, 5, Tel-Aviv, 1976, 49 - 100 (avec une bibliographie); du même: *Karl F. Bahrdt als radikaler Aufklärer*, in: *Jahrbuch für Geschichte des Feudalismus*, 1, Berlin, 1977, 402 - 440; du même: *Deutsche Präjakobiner. K.F. Bahrdt und die beiden Forster*, in: *Zeitschrift für Geschichtswissenschaft*, 10, 1980, 970 - 989; J. GARBER, H. SCHMITT: *Utilitarismus als Jakobinismus? Anmerkungen zur neueren Bahrdt-Forschung*, in: *Jahrbuch des Instituts für deutsche Geschichte*, Tel-Aviv, 12/1983, 437 - 449. Voir aussi M. GILLI, *Pensée et pratique révolutionnaires à la fin du XVIIIè siècle en Allemagne*, Paris 1983, 51 - 54. Deux oeuvres de Bahrdt ont été récement rééditées: *Geschichte seines Lebens, seiner Meinungen und Schicksale*, neu hg., kommentiert und mit einem Nachwort versehen von G. MÜHLPFORDT, Teil 1 und 2 ("Deutsche Autobiographien" 2/1,2), Fromann-Holzboog, Stuttgart/Bad Cannstatt, 1983 (à paraître: Teil 3 und 4, Kommentar und Nachwort des Hg.) et: *Handbuch der Moral für den Bürgerstand*. Mit einer Einleitung von G. KONEFFKE, Topos Verlag, Vaduz, 1979. Des extraits de *Geschichte seines Lebens* ont été publiés aussi par M. BEYER-FRÖHLICH (Hg.), *Höhe und Krise der Aufklärung, op. cit.* Mentionnons enfin une étude ancienne, mais toujours utilisable en raison des documents qu'elle donne en appendice, de M. von GEISMAR, *Carl Friedrich Bahrdt*, in: Bibliothek deutscher Aufklärer des 18. Jahrhunderts, I, Leipzig, 1846, réimpr. Darmstadt,1963.
117 K.F. BAHRDT, *Glaubenbekenntnis*, Berlin, 1769. L'ouvrage fut réédité cinq fois jusqu'en 1779.
118 [K.F. BAHRDT], *Kirchen- und Ketzer-Almanach*, 2 Bde, Berlin, 1781.

L'avènement de Frédéric-Guillaume II et la politique rétrograde qui l'accompagnait, notamment en matière religieuse, l'orienta vers une réflexion sur les rapports entre politique et religion. Il condamna violemment l'Edit de religion de 1788, dans un pamphlet qu'il publia sous un nom d'emprunt[119]. Mais surtout, il proclamait son attachement à la religion naturelle, qu'il opposait à la religion d'Etat, en publiant une *Défense de la religion naturelle et du naturalisme en rapport avec l'Etat et les droits de l'homme*[120]. En 1792, il s'interrogeait sur les *Droits et devoirs des souverains et des sujets en ce qui concerne l'Etat et la religion*[121], et concluait à la nécessité d'une séparation absolue de l'Eglise et de l'Etat.

A l'automne de 1787, plusieurs intellectuels allemands reçurent un prospectus anonyme intitulé *Aux amis de la raison, de la vérité et de la vertu!*[122]. Rapidement, les idées développées, mais, plus encore, le style rhétorique dans lequel elles étaient formulées, permirent de reconnaître en Bahrdt l'auteur de ce texte[123].

Il s'agissait d'un appel dans lequel il invitait ceux qui voulaient lutter contre l' "exaltation délirante" (*Schwärmerei*) et la "superstition" (*Aberglauben*), et travailler à promouvoir "la vérité et les lumières de l'esprit" à entrer en contact avec lui, en vue de créer une association capable d'empêcher "que l'humanité ne retombe dans la barbarie et que la raison et la vertu ne soient subjuguées par la toute-puissance de la contrainte en matière de croyances"[124]. Le prospectus était donc, en même temps qu'un acte de foi en faveur des Lumières, une véritable déclaration de guerre aux ennemis qui, depuis quelques années, s'opposaient à leur extension. Il était facile de reconnaître, dans les lignes que nous avons citées, une allusion assez précise aux menées de Wöllner en Prusse, ainsi qu'à la persécution des Illuminés en Bavière. Mais le texte visait aussi la secte qui, en Prusse, dirigeait par l'intermédiaire de Wöllner la répression contre la liberté des croyances: les Rose-Croix, auxquels les franc-maçons rationalistes reprochaient, précisément, leur "exaltation délirante" et leur "superstition". En invitant ses lecteurs à rejoindre, afin de lui donner consistance et puissance, une "confrérie" (le texte disait *Verbrüderung*) décidée à s'opposer à ce qu'il appelait le "retour à la barbarie",

---

119 F. NICOLAI der Jüngere [= K.F. BAHRDT], *Das Religionsedikt. Ein Lustspiel in fünf Aufzügen*, Thenakel [= Wien], 1789. Sur cette pièce, voir G. STEINER, *Jakobinerschauspiel und Jakobinertheater*, Stuttgart, 1973 ("Deutsche revolutionäre Demokraten", hg. von Walter GRAB, IV).
120 K.F. BAHRDT, *Würdigung der natürlichen Religion und des Naturalismus in Bezug auf Staat und Menschenrechte*, Halle, 1791.
121 K.F. BAHRDT, *Rechte und Obliegenheiten der Regenten und Untertanen in Beziehung auf Staat und Religion*, Riga, 1792.
122 *An die Freunde der Vernunft, Wahrheit und Tugend!*, texte in: POTT, *op. cit.*, IV, 17 sqq., et HOFFMANN, *op. cit.*, 6 - 14.
123 G. MÜHLPFORDT, *Europarepublik*, art. cit., 323.
124 HOFFMANN, *op. cit.*, 8.

Bahrdt ouvrait une offensive sur deux fronts: contre des institutions étatiques absolutistes, et contre des sociétés secrètes qui leur fournissait l'appui de leurs théories hostiles au rationalisme.

Bahrdt entendait constituer un front uni de tous ceux qui adhéraient à l'idéal des Lumières. Il était prêt à recruter des hommes de toutes classes sociales, "excepté des princes et des ministres", précisait-il dans un *Projet provisoire de l'Union allemande*[125].

Pour l'histoire de cette association, nous renvoyons aux études récentes d'A. Kobuch et de G. Mühlpfordt[126]. Mais il convient cependant de souligner, dans le cadre de notre travail, un aspect particulier de l'Union allemande: c'est l'identité de ses objectifs, et aussi de sa structure, avec l'objectif et la structure de l'Ordre des Illuminés.

Bahrdt connaissait non seulement la franc-maçonnerie, à laquelle il avait été initié à Londres en 1777, mais aussi l'Ordre des Illuminés, dont Ditfurth lui avait, dès 1781, révélé les rituels et les buts. Le déisme militant de Ditfurth ne pouvait que lui plaire. Il raconte lui-même, dans *Histoire et journal de ma prison*, que Ditfurth lui avait communiqué des documents maçonniques et, surtout, des informations au sujet du Convent de Wilhelmsbad[127]. C'est précisément en 1782 que Bahrdt eut pour la première fois l'idée de créer, à son tour, un système maçonnique unifant les diverses tendances autour de l'idéal rationaliste[128].

Que Bahrdt ait envisagé, en créant l'Union allemande, de poursuivre l'oeuvre entreprise par les Illuminés, ressort d'une lettre qu'il adressa le 2 septembre 1787 à Weishaupt pour remercier celui-ci de lui avoir envoyé des documents sur l'Ordre. Après avoir exprimé sa conviction quant à l'impuissance de la maçonnerie traditionnelle, Bahrdt insistait sur la communauté d'idéal qui l'unissait à Weishaupt et lui faisait part de son intention de travailler, à son tour, à une réforme profonde de la maçonnerie. Il ajoutait:

> Je suis maintenant si plein de ces dernières pensées et si enthousiasmé par elles, que j'oublie tout, pauvreté, soucis, travail, et que je ne ressens plus que le désir de collaborer à vos intentions. Aussi devez-vous me pardonner d'avoir dès maintenant la hardiesse de me manifester moi-même activement par des propositions[129].

---

125 *Vorläufiger Plan der Deutschen Union*, texte in: POTT, *op. cit.*, V, 21 - 24, et HOFFMANN, *op. cit.*, 26 - 35.
126 Voir *supra*, n. 115.
127 K.F.BAHRDT, *Geschichte und Tagebuch meines Gefängnisses, op. cit.*, 4 sq. Ditfurth est désigné par des initiales: H[err] v[on] D[itfurth] zu W[etzlar]. Voir aussi 9.
128 MÜHLPFORDT, *op. cit.*, 325 sq.
129 Bahrdt à Weishaupt, 2 septembre 1787, cité par ROSSBERG, *op. cit.*, 89, d'après un document saisi par la Gestapo dans les archives de la Grande Loge de Hambourg. Les liens étroits entre l'Union allemande, l'illuminisme et la franc-maçonnerie ont été relevés dè 1788: deux articles parus dans les *Religions Begebenheiten* dénon-

Effectivement, Bahrdt envoyait bientôt à ceux qu'il espérait recruter un *Plan secret* dont le second point, intitulé *Buts principaux de l'Union*, reprend plusieurs des objectifs chers aux Illuminés. L'Union, dit-il, entend promouvoir le "perfectionnement des sciences, des arts, du commerce etc., en particulier de la religion populaire"[130]. Ainsi réapparaissait ce terme de "religion populaire" (*Volksreligion*) si familier à Knigge, aux Illuminés et, plus généralement, a tous ceux qui, à cette époque, espéraient régénérer l'Humanité.

Pour parvenir à ce but, Bahrdt entendait, comme les Illuminés, "améliorer l'éducation et accorder son soutien à de bons instituts d'éducation"[131]. Le mérite devait être récompensé et les talents encouragés. Enfin, comme les Illuminés, l'Union allemande prévoyait de secourir, lorsqu'elles étaient dans le besoin, les familles des membres décédés.

Mais l'Union allemande présente aussi deux aspects qui la rendent plus hardie que n'était l'Ordre des Illuminés.

Le premier concerne la conseption que Bahrdt et ses amis se faisaient du christianisme. Certes, nous avons vu que les Illuminés envisageaient le christianisme essentiellement du point de vue de la morale pratique. Bahrdt est fidèle à cet enseignement. La religion naturelle est, pour lui, comme pour Knigge et tant d'autres, une religion de la raison et du coeur qui a sa fin dans la pratique du "bien", et non une religion de dogmes transmis par les gardiens autoritaires d'une Révélation s'imposant par la seule foi. Cette conviction, qu'il développera en détail en 1791 dans *Défense de la religion naturelle*, il l'exprime déjà deux ans plus tôt dans un essai *Sur les Lumières et les moyens de les promouvoir*[132]. Les Vraies Lumières, dit-il, se caractérisent de trois manières: 1) par la clarté des concepts qui expriment leurs représentations; 2) par la possibilité de les appuyer sur des preuves tirées de la raison; 3) par l'autorité absolue que leur confère, seul, l' "entendement" (*Verstand*)[133]. Il semble donc que le rationalisme de Bahrdt soit encore plus affirmé que celui des Illuminés.

çaient l'Union allemande comme une continuation de l'Ordre des Illuminés (cités par LE FORESTIER, *Illuminés*, 629). En 1789 paraissait à Berlin *X.Y.Z. oder neue Aufschluesse ueber die Deutsche Union u[nd] Schottische Maurerei. Ein Blick in den inneren Gang geheimer Gesellschaften*, qui soulignait la collusion idéologique entre Bahrdt et Weishaupt. En 1796, L.A. Hoffmann portait la même accusation, dans *Actenmässige Darstellung, op. cit.*, 11, 146 sq., 271. A. KOBUCH parle à ce propos de "diffammation" (*op. cit.*, 283). Le caractère calomniateur des propos de Hoffmann ne résidait pas dans la constatation de ce qui était une réalité, mais dans les conclusions qu'il en tirait quant à l'existence d'une conspiration contre les trônes, et qui, en France, aurait eu dans la Révolution sa conséquence voulue et préparée de longue date.

130 *Geheimer Plan der deutschen Union,2: Hauptzwecke der Union*, in: BAHRDT, *Gefängnisse*, II. 57, et HOFFMANN, *Darstellung*, 180.
131 *Ibid.*, in: BAHRDT, *op. cit., loc. cit.*, et HOFFMANN, *op. cit.*, 181.
132 *Ueber die Aufklärung und deren Beförderungsmittel*, Leipzig, 1788.
133 Voir l'analyse de cette oeuvre in: SCHYRA, *op. cit.*, 359 - 362.

Mais surtout, il ne recule pas devant deux conséquences essentielles que les Illuminés avaient, eux aussi, entrevues, mais qu'ils n'avaient jamais osé formuler avec autant de netteté: l'athéisme, et la séparation radicale de l'Eglise et de l'Etat.

Certes, Bahrdt se garde bien de faire ouvertement profession de foi d'athéisme. Il préfère parler de "religion naturelle". Mais on sait que l'orthodoxie religieuse confondait ces deux notions. Etait-ce à tort? Il est écrit dans le *Plan secret*, au paragraphe concernant les *Obligation de tous les membres*, que l'Union, tout en interdisant de railler le Christ et le christianisme, "tolère et honore par ailleurs tout individu, même le naturaliste et l'athée déclaré, s'il est honnête"[134]: ce n'est plus l'orthodoxie qui, ici, identifie "naturalistes" (c'est-à-dire partisans de la religion naturelle) et athées, c'est Bahrdt lui-même.

Quant à la séparation de l'Eglise et de l'Etat, Bahrdt la considère comme une application naturelle de l'idéal des Lumières. Un chapitre de son essai *Sur les Lumières* est intitulé *Lumières pour le peuple contre l'Église*[135]. On y lit des phrases qui, pour l'époque, et, singulièrement, pour l'Allemagne, ont une résonance nettement révolutionnaire:

> Aucune Eglise n'a, en tant qu'Eglise, de droit dans l'Etat[136].

Et ce théologien luthérien ajoutait:

> Mais si pourtant une Eglise a des privilèges dans la société, par exemple de l'influence sur des instituts, des biens ruraux, la nomination aux emplois de fonctionnaires, les établissements de bienfaisance etc., cela signifierait qu'on défavorise les membres de la société qui ont une autre croyance, et de tels droits devraient être considérés comme des droits usurpés et, comme tels, abolis[137].

Ni Weishaupt, ne même Knigge, pourtant plus prudent, n'auraient désavoué ces affirmations. Mais Bahrdt les proclamait à la face des princes, dans un *livre*, alors que les Illuminés les avaient confinées dans le secret de leurs rituels.

Plus hardi qu'eux en matière de religion, Bahrdt allait également plus loin lorsqu'il s'agissait de préciser qui devait bénéficier de la diffusion des Lumières. On sait que le vrai débat de l'*Aufklärung* est là. Au fond, tous les esprits modernes admettaient l'existence et la nécessité des Lumières[138]. Mais ils s'affrontaient sur deux questions connexes, et sans lesquelles, pourtant,

---

134 *Geheimer Plan, IV: Verpflichtungen aller Mitglieder*, in: HOFFMANN, *op. cit.*, 189, et BAHRDT, *Gefängnisse*, II, 60.
135 *Volksaufklärung gegen Kirche*
136 "Keine Kirche, als Kirche, hat ein Recht im Staat", BAHRDT, *Ueber Aufklärung*, 111.
137 *Ibid.*, 122 sq.
138 C'est ainsi qu'en 1790 un partisan de Wöllner écrira: "Aufklärung heisst freilich von einem Dinge gründliche Begriffe geben und diesem nach erstreckt sich Aufklärung über alles menschliche Wissen und will nicht anders sagen, als Belehrung", *Braunschweigisches Journal*, I, 1790, 85.

une réflexion sur les Lumières perdait pratiquement tout son sens: quels domaines les Lumières pouvaient-elles aborder? à qui devaient-elles s'adresser? C'est de la réponse à ces deux questions que naissait le débat interne de l'*Aufklärung*, entre ceux qui défendaient les tabous imposés par les traditions et ceux qui pensaient que

> l'*Aufklärung* est une affaire qui concerne les droits de l'humanité tout entière; à laquelle donc tous peuvent prétendre, même ceux qui sont issus des couches inférieures du peuple[139].

Bahrdt avait montré que l'*Aufklärung* pouvait s'en prendre à la position de l'Eglise dans l'Etat. Il pensait aussi qu'elle devait s'adresser à tous.

Le *Plan secret* établissait deux moyens propres, selon Bahrdt, à "diffuser la lecture, afin de répandre universellement les connaissances utiles et les Lumières, jusque dans les chaumières du peuple"[140]: les sociétés de lecture et la maîtrise de la distribution des livres. Ainsi serait atteint l'objectif principal que Bahrdt assignait à l'Union allemande: "L'Union est une association secrète du public qui écrit et qui lit"[141]. G. Mühlpfordt a montré le rôle que l'Union allemande a joué dans la création de nombreuses sociétés de lecture en Allemagne à partir de 1788[142]. C'était l'application des consignes données dans le Plan secret, qui consacrait un numéro entier à ce type d'action[143].

Bahrdt eut moins de succès avec son projet de maîtriser la distribution des livres en fondant sa propre maison d'édition. Son intention était de créer une sorte de monopole de presse afin de mieux diffuser l'idéal de tolérance et... celui de la liberté de la presse: cette contradiction fit échouer l'entreprise, qui rencontra par ailleurs l'hostilité active des éditeurs concurrents[144]. Mais ici encore, il est intéressant de rappeler que Weishaupt avait déjà eu la même idée[145].

Enfin, la structure même de l'Union allemande n'était pas sans évoquer celle l'Ordre des Illuminés, encore que Bahrdt, assez piètre organisateur, fût rapidement dépassé par les problèmes que posa très tôt l'extension de sa

---

139 "Aufklärung ist eine Sache, die die Rechte der ganzen Menschheit angeht; worauf also alle, auch die aus dem niedrigsten Volke, Anspruch machen können", H.G. ZERRENNER, *Volksaufklärung. Uebersicht und freymüthige Darstellung über die Hindernisse, nebst einigen Vorschlägen, denselben wirksam abzuhelfen*, Magdeburg, 1786, 16. Zerrenner était un pédagogue prussien assez connu.
140 *Geheimer Plan, 4. Verpflichtungen aller Mitglieder*, 32, in BAHRDT, *Gefängnisse*, II, 59, et HOFFMANN, *op. cit.*, 187 sq.
141 *Geheimer Plan, I. Übersicht*, in BAHRDT, *op. cit.*, 55, et HOFFMANN, *op. cit.*, 178.
142 G. MÜHLPFORDT, *Radikale Aufklärung und nationale Leserorganisation*, in: O. DANN, *op. cit.*, 102 - 122.
143 *Geheimer Plan, 10: Lesegesellschaften*, in: BAHRDT, *op. cit.*, 71 - 74, et HOFFMANN, *op. cit.*, 213 - 219.
144 SCHYRA, *op. cit.*, 374.
145 Voir *Originalschriften*, 221.

société¹⁴⁶. L'élément commun essentiel est le rôle que devait jouer le recrutement de maçons expérimentés¹⁴⁷, pour les mêmes raisons que celles qui avaient poussé Weishaupt et Knigge à procéder ainsi: outre qu'on débauchait aux loges concurrentes des éléments de valeur, on pouvait aussi espérer, en cas de succès, absorber un jour l'ensemble de la franc-maçonnerie. Et en s'adressant à Knigge, Bahrdt pouvait croire qu'il avait trouvé l'homme qu'il lui fallait pour réaliser se projet.

B. Knigge membre de l'Union allemande

Les documents concernant le rôle que Knigge a joué dans l'Union allemande ne sont pas nombreux. Il est possible que des fonds d'archives encore inexploités contiennent des pièces intéressantes à ce sujet. Mais une autre raison peut expliquer l'absence de traces de son passage dans cette société.

Knigge avait été l'un des intellectuels en vue à qui Bahrdt avait adressé son appel anonyme *Aux Amis de la Raison*: c'est ce qui ressort d'une lettre qu'il écrivit, sans doute au début de juillet 1788, à l'Union allemande¹⁴⁸. Il se déclarait très intéressé par le projet qu'exposait le prospectus et prêt à collaborer à sa réalisation, mais à la condition absolue que son nom ne fût pas prononcé¹⁴⁹. Il réitérait cette prière dans une lettre envoyée le 11 janvier 1789, adressée cette fois personnellement à Bahrdt¹⁵⁰.

Ces réserves tenaient peut-être pour une part au mépris que Knigge nourrissait pour la personnalité morale de Bahrdt, qui était dans toute l'Allemagne un objet de scandale. Déjà dans le rapport d'août 1782 qu'il adressait à Weishaupt sur la situation de l'Ordre des Illuminés, il signalait, documents à l'appui, que Minos (= Ditfurth) avait eu tort d'intercéder auprès de l'Ordre pour que Bahrdt obtînt un emploi. Il jugeait ainsi le théologien de Halle: "B[ahrdt] est un homme dont les mauvaises moeurs sont notoires et la façon de penser basse"¹⁵¹.

Mais ce ne fut certainement pas la raison pricipale de son souci de conserver l'anonymat. D'ailleurs, il ignorait encore en juillet 1788 que Bahrdt était fondateur de l'Union allemande, et les termes dans lesquels il s'adresse à lui à

---

146 MÜHLPFORDT estime que l'Union allemande a compté environ 500 membres (*Karl F. Bahrdt als Aufklärer*, 424 sq, avec un aperçu sociologique de l'Ordre, mais surtout: *Europarepublik im Duodezformat, op. cit.*, 343 - 352). Des listes se trouvent in: HOFFMANN, *op. cit.*, 91 - 104, et POTT, *op. cit.*, V. 229 sqq.
147 C'est peut-être Ditfurth qui avait soufflé cette idée à Bahrdt (voir KOBUCH, *art. cité*, 288)
148 Knigge à l'Union allemande, 1788 (texte in: POTT, *op. cit.*, V, 238 - 245).
149 *Ibid.*, 239.
150 Knigge à Bahrdt, 11 janvier 1789, in: POTT, *op. cit.*, 183.
151 Philos Bericht vom Monat Merdemeh 1152 [= August 1782], NOS, I, 206. LE FORESTIER pense, *op. cit.*, 626, n. 2, que Bahrdt a fait partie de l'Ordre, mais il n'apporte aucune preuve satisfaisante de cette affirmation. La démarche de Bahrdt auprès de l'Ordre n'eut, semble-t-il, aucune suite.

partir de janvier 1789 ne permettent pas de supposer qu'il lui ait tenu rigueur de sa réputation. On peut aussi se demander si l'accusation d'immoralité n'était pas une conséquence obligatoire de celle d'athéisme. Or nous savons que Knigge admettait parfaitement que l'on ne crût pas en Dieu.

Sa prudence a des causes plus profondes, liées au rôle qu'il avait joué dans l'Ordre des Illuminés. Plusieurs facteurs se rejoignent ici pour prouver qu'il n'avait pas intérêt à ce que fût connue son affiliation à une nouvelle société secrète.

C'était d'abord la notoriété que lui avait conférée la publication en 1787 des archives de l'Ordre, d'où il ressortait très clairement que c'était "Philo" (et, depuis l'ouvrage de Bassus, on savait que c'était lui) qui avait donné à la société bavaroise sa dimension allemande. Aussi suffisait-il de prononcer son nom à propos d'association secrète pour que se dressât le spectre d'une résurrection de l'Ordre des Illuminés, et qu'il devînt la cible d'adversaires de plus en plus dangereux, soutenus qu'ils étaient par des gouvernements de plus en plus hostiles aux Lumières[152].

. Knigge ne pouvait pas non plus, au moment où, dans la *Déclaration de Philo*, il proclamait solennellement et publiquement sa rupture avec toute idée d'action secrète, s'infliger à lui-même un démenti aussi radical. Il était d'ailleurs parfaitement conscient de l'ambiguïté de son attitude, et insistait auprès de Bahrdt sur le fait qu'en travaillant pour l'Union allemande, il ne reniait nullement les positions de principe qu'il avait développées dans la *Déclaration*. Nous verrons que son argumentation n'est peut-être pas aussi spécieuse qu'on pourrait le penser.

Mais il est probable qu'à ces deux raisons venait s'en ajouter une troisième. En 1787, Knigge essayait d'intéresser la justice hanovrienne au règlement de ses affaires matérielles. Il avait même fini par en appeler à Georges III[153]. Malgré tout l'intérêt que présentait pour lui l'entreprise de Bahrdt, il est évident que le souci de sa situation matérielle devait l'emporter. Georges III n'avait rien d'un souverain libéral, et il eût été fort imprudent de le solliciter en faveur d'un "ennemi des trônes et de la religion".

En même temps qu'il tentait de se débarrasser de ses créanciers, Knigge poursuivait la quête, que ses activités dans l'Ordre des Illuminés avait interrompue pendant plus de trois années, d'un emploi stable. Entre 1787 et 1790, il frappa à plusieurs portes, y compris à celles des bureaux de la Régence[154]. Ce n'est qu'en 1790 qu'il obtint enfin un poste de haut fonctionnaire, mais quels efforts ne lui avait-il pas fallu déployer! On comprend mieux pourquoi l'anonymat, loin d'être une simple précaution, constituait pour lui un impératif absolu.

---

152 Knigge à l'Union allemande, 31 juillet 1788, in: POTT, *op. cit.*, 240.
153 Knigge à Nicolai, 8 mars 1788, lettre citée
154 Knigge à Alvensleben, 1788, à von Hinüber, à Rudlof, 27 octobre 1788 (KAW, ms. Kestner Museum, Hannover).

Tout cela explique sans doute aussi pourquoi il ne joua jamais dans l'Union allemande un rôle comparable par son importance à celui qui avait été le sien dans l'Ordre des Illuminés. Pourtant, on retrouve en 1788 - 1789 l'écho de ses préoccupations entre 1781 et 1784, et aussi une conception de l'action proche de celle qui l'avait animé à l'époque. Les quatre lettres de Knigge à Bahrdt et à l'Union allemande qui nous sont parvenues, auxquelles s'ajoutent une lettre à l'acteur Grossmann et une lettre que lui écrivit Beneken[155] nous permettent de décrire avec suffisamment de précision ce qu'il attendait de la société fondée par Bahrdt, et l'aide qu'il lui apporta.

Il importe de souligner que Knigge ne semble pas avoir été heurté par les positions de Bahrdt en matière religieuse: après avoir reçu communication du *Plan secret*, il lui écrit qu'il n'y trouve "pas un seul mot choquant" et que ce document lui paraît tout à fait propre à constituer la base du nouveau système[156]. Knigge adhérait donc non seulement au projet pédagogique du théologien de Halle, mais aussi à l'idéal d'une tolérance qui devait s'appliquer *même à l'athéisme* et à ce que Bahrdt appelait le "naturalisme". Quant au terme de "religion populaire" employé par Bahrdt, et qui était si manifestement dirigé contre les prétentions des représentants de l'orthodoxie religieuse, il ne pouvait que rappeler à Knigge les efforts qu'il avait lui-même déployés dans ce sens. A plusieurs reprises, il qualifie l'entreprise de Bahrdt de "bonne cause" (*gute Sache*), soulignant ainsi que la lutte pour faire triompher les Lumières était plus que jamais à l'ordre du jour[157].

C'est sur les moyens de la lutte que Knigge manifeste, dès le début, des réserves qu'il expose à Bahrdt dans le détail, en s'appuyant sur une argumentation nourrie de sa propre expérience.

Il commence par mettre en doute non seulement l'utilité, mais aussi le caractère inoffensif de l'action secrète. Dans la mesure où les objectifs de la nouvelle société sont au service de l'humanité, il n'y a, affirme-t-il, aucune raison de les tenir secrets: qui pourrait ne pas vouloir

---

155 Knigge à l'Union allemande, 1788 (sans doute début juillet); 31 juillet 1788; Knigge à Bahrdt, 11 janvier 1789 et 8 février 1789 (textes in: POTT, *op. cit., loc. cit.*); Knigge à Grossmann, 7 août 1788 (KAW, ms. BU Leipzig); Beneken à Knigge, 29 juillet 1788 (texte in: POTT, *op. cit.*, 165 sqq.). Friedrich Burchard BENEKEN (1760 - 1818) était le rédacteur du *Jahrbuch für die Menschheit oder Beyträge zur Beförderung häuslicher Glückseligkeit und praktischer Menschenkenntnis*, qui parut de 1788 à 1790. Knigge y publia des articles relatifs à l'éducation, qui prenaient position contre les idées de Campe (voir IIIe partie).
156 Knigge à Bahrdt, 8 février 1789, in: POTT, *op. cit.*, 185. Knigge avait sans doute reçu communication du *Plan secret* au début du mois d'août 1788, ainsi qu'il ressort de sa lettre du 7 août 1788 à Grossmann.
157 Knigge désigne expressément, parmi les ennemis potentiels de l'Union allemande, "die Rosenkreuzer, die mich eben nicht sehr lieben", in: POTT, *op. cit.*, 240. Le 31 juillet, il écoque "die Feinde der Aufklärung", *Ibid.*, 162.

la recherche de la vérité, la victoire de la vertu et de l'honnêteté, l'encouragement de la moralité, la liberté, la simplicité et la mesure, la prospérité des sciences, l'encouragement du talent méconnu?

Et il proclame, dans une formule que l'on trouvait déjà dans *Seelberg*:

Nos moyens ne doivent pas craindre la lumière![158].

Il voit aussi dans l'action secrète un danger redoutable. Mais ce n'était pas celui qui inquiétait si fort les gouvernements monarchiques, qui reprochaient aux Illuminés d'avoir tramé des conspirations contre le trône et l'autel. Lorsqu'il ajoute: [nos moyens] "doivent être éloignés de tout despotisme", il ne pense pas aux princes, mais aux Supérieurs des sociétés maçonniques qui, profitant de leur anonymat, utilisent leur pouvoir pour s'emparer totalement de l'esprit des Frères. Il se rappelle aussi le comportement de Weishaupt.

En réalité, il a complètement abandonné l'idée de créer l'Eglise de sa "nouvelle religion". La lettre qu'il adresse à l'Union allemande au début de juillet 1788 contient une critique radicale de toute tentative visant à substituer à l'Eglise traditionnelle une société qui, à son tour, deviendrait quasi naturellement une assemblée prétendant détenir le monopole de la vérité et le transmettre à l'aide d'un langage mystérieux, tout aussi inaccessible à la raison que celui de l'orthodoxie religieuse. La vérité ne peut pas faire l'objet d'un monopole – ou alors, elle devient pire que l'erreur. C'est "en entraînant la conviction de ceux qui en ont le sens" qu'elle doit s'imposer. Un "monopole" (*Monopolium*) de la vérité se retourne contre elle, car il laisse le champ libre aux "préjugés", aux "opinions privées" et à l'"ambition". Et n'est-ce pas aussi "le moyen le plus sûr de pérenniser l'erreur" que de "transformer la grande Eglise-mère de l'extravagance en *ecclesiam pressam*"[159]?

C'est bien la franc-maçonnerie qui est visée ici, en même temps que l'utopie d'une Eglise illuminée, à laquelle Knigge avait jadis cru pouvoir donner corps. La franc-maçonnerie, dit-il, est "usée" (*abgenutzt*). Ses hiéroglyphes et ses rituels sont connus de tous et n'ont plus aucun attrait[160]. Mais surtout, il ne faut plus songer à "fonder sur elle un édifice diffusant les Lumières"[161]. Et Knigge conclut, avec une résignation teintée d'amertume: "J'ai voulu faire une tentative de ce genre avec les grades supérieurs de l'Ordre des Illuminés, mais je me suis ensuite retiré, pour des raisons importantes. C'est une chose pour très peu de gens"[162].

Knigge pense pourtant que cette franc-maçonnerie "usée" peut encore être utile, en donnant à la société de Bahrdt ce que nous appellerions aujourd'hui une "couverture": il est possible "d'imposer sous ce camouflage nos objectifs les meilleurs". Fonction purement tactique, et qui n'exprime plus les espoirs

---

158 Knigge à l'Union allemande, lettre cité, in: POTT, *op. cit.*, 240.
159 *Ibid.*, 241 sq.
160 *Ibid.*, 242.
161 Knigge à l'Union allemande, 31 juillet 1789, in: POTT, *op. cit.*, 164.
162 *Ibid.*, voir aussi Knigge à Bahrdt, 8 février 1789, *ibid.*, 187.

que Knigge avait mis en elle lorsqu'il rêvait de sa nouvelle Eglise. Mais fonction capitale pourtant, car elle permettait à l'Union allemande de se protéger sous les apparences de ce que beaucoup considéraient encore comme une simple mode, tout en s'introduisant dans un monde relationnel très dense qui ne pouvait que l'aider à déborder très rapidement le seul cadre local ou régional.

Knigge croit donc toujours à la "nouvelle religion". Mais il ne croit plus à la possibilité de fonder une "nouvelle Eglise". Le message a conservé sa valeur et son actualité, mais il faut trouver d'autres moyens pour le transmettre. Parmi ceux que proposait Bahrdt, il en était un qui souleva immédiatement son enthousiasme: se servir des sociétés de lecture "et des sociétés de ce genre" pour diffuser "les principes de la raison et de l'honnêteté"[163]. L'ancien Illuminé recommandait tout simplement de leur appliquer la tactique qui avait si bien réussi avec les loges maçonniques, mais aussi avec un certain nombre d'institutions officielles: s'emparer d'elles en y faisant entrer des membres de l'Union allemande qui y occuperaient les emplois importants, notamment en ce qui concernait le choix des ouvrages à faire connaître aux lecteurs.

C'est donc son expérience d'Illuminé que Knigge mettait au service de l'Union allemande. Dans un domaine particulier, celui du recrutement, il conseillait à Bahrdt d'employer les mêmes méthodes que celles qu'il avait jadis utilisées avec Weishaupt. Il répète à plusieurs reprises qu'il importe de choisir les membres de la société avec beaucoup de circonspection, afin d'être sûr de leurs dispositions et de la fermeté de leur caractère. Avant de pousser quelqu'un à s'affilier à l'Union, il faut le faire longuement espionner[164]. Il recommande aussi de s'inspirer, pour l'organisation générale de la société, des textes publiés dans les *Ecrits originaux* (en particulier l'*Instruction pour les Provinciaux*) et dans *L'authentique Illuminé*[165]. Il renvoyait enfin à la *Déclaration de Philo*.

En même temps, il s'employait à recruter lui-même des membres pour l'Union allemande. Nous en connaissons deux: Friedrich Burchard Beneken, le rédacteur du *Jahrbuch für die Menschheit*, et un certain Philippson[166]. L'affiliation de ce dernier est intéressante à noter. En effet, Philippson était juif: or on sait que les sociétés maçonniques n'étaient pas ouvertes aux Israélites. Il faudra attendre la création, en 1792 à Hambourg, de la loge Unité et Tolérance, pour qu'ils soient admis à recevoir l'initiation maçonnique[167].

---

163 Knigge à l'Union allemande, *ibid.*, 243.
164 Knigge à l'Union allemande, 31 juillet 1788, *ibid.*, 162.
165 [FABER], *Der ächte Illuminat, op. cit.* L'*Instruction für Provincialen* se trouve dans NOS, II, 17 - 43.
166 Knigge à l'Union allemande, in: POTT, *op. cit.*, 163 sq.
167 Sur cette loge, voir W. GRAB, *Demokratische Strömungen in Hamburg und Schleswig-Holstein zur Zeit der ersten Französischen Republik*, Hamburg, 1966,

Enfin, Knigge suggérait d'ouvrir des négociations avec deux princes parés, selon lui, des plus éminentes vertus, le landgrave de Hesse-Hombourg et le prince de Nassau-Sarrebruck.

Il mettait donc à la disposition de l'Union allemande son expérience des sociétés secrètes, ses talents d'organisateur et le réseau de ses relations personnelles. La lettre qu'il écrivit à Bahrdt le 8 février 1789 ne marque certainement pas le terme de cette collaboration, puisqu'il demande à Bahrdt de lui adresser de nouveaux documents sur la Société. Malheureusement, nous ne possédons plus le reste de la correspondance que les deux hommes ont sans doute échangée jusqu'à l'arrestation de Bahrdt en avril 1789. D'autre part, il ne subsiste actuellement aucune trace, directe ou indirecte, de démarches réellement entreprises par Knigge en faveur de l'Union allemande, à part le passage où il évoque le recrutement de Beneken et de Philippson. Force est donc de limiter notre analyse du rôle qu'il joua dans la Société aux quelques témoignages que nous venons de présenter, et aux conseils qu'il donna à Bahrdt.

Mais il n'est pas possible de dire si c'est à Knigge que l'Union allemande doit le succès que, selon G. Mühlpfordt, elle connut non seulement en Allemagne, mais aussi à l'étranger, faisant d'elle une sorte de "république européenne format in-douze"[168]. Que Bahrdt ait emprunté bien des éléments de son idéologie à l'illuminisme ne signifie pas qu'il le dût uniquement à Knigge. Les idées de Ditfurth, en particulier, furent pour l'Union allemande certainement au moins aussi déterminantes que celles de Knigge.

Plutôt que de se demander ce que l'Union allemande doit à Knigge, question qui, en l'état actuel de la documentation, ne peut que prêter à des hypothèses, il est plus intéressant de constater que Knigge se sentait, malgré les dangers réels que représentait pour lui une affiliation qui ne pouvait rester longtemps secrète, attiré par une tentative visant à regrouper et à organiser les partisans des Lumières rationalistes et humanitaires. Ses contacts avec l'Union allemande sont peut-être en contradiction avec l'attitude qu'il dit avoir observée à partir de 1784 à l'égard des sociétés secrètes. Il n'en fournissent pas moins la preuve qu'au moment où éclate la Révolution française, Knigge n'était pas disposé à rejoindre le camp où se retrouvaient ceux de sa caste. Il avait, dès 1788, définitivement opté pour l'idéal d'émancipation dont la

---

95 - 101, et, du même, *Norddeutsche Jakobiner, Demokratische Bestrebungen zur Zeit der Französischen Revolution*, Hamburg, 1967, 35 - 39. L'un des membres les plus influents de la loge était Friedrich Wilhelm von Schütz, que Knigge avait recruté dans l'Ordre des Illuminés. Il publia une *Apologie, Lessings dramaturgisches Gedicht Nathan den Weisen betreffend, nebst einem Anhang über einige Vorurtheile und nöthige Toleranz*, 1781. Il prit aussi la défense de Bahrdt. Lessing, Knigge, Schütz, Bahrdt – et Nathan: idéal maçonnique, tolérance, émancipation des juifs: il y a là un ensemble de connexions très intéressantes.

168 "Europarepublik im Duodezformat", G. MÜHLPFORDT, *Europarepublik*, art. cit..

bourgeoisie portait les valeurs. En considérant que rien, dans les positions défendues par Bahrdt, n'était "choquant", il en acceptait toutes les implications, religieuses ou politiques. Il était prêt à souscrire aussi bien à une tolérance religieuse qui ne serait réelle que si l'Eglise était séparée de l'Etat, qu'à une remise en cause de l'absolutisme aboutissant à une nouvelle définition de la légitimation du pouvoir politique.

Voilà dans quel sens il fallait agir. Le combat ne pouvait être mené par l'intermédiaire de la franc-maçonnerie, puisque celle-ci n'avait pas réussi à surmonter les particularismes tant géographiques que sociaux: Lessing, déjà, l'avait laissé entendre dans le quatrième *Dialogue maçonnique*. D'autre part, il semblait qu'elle continuât de prendre plaisir au jeu des querelles intestines et aux rêveries exprimées dans des rituels de plus en plus compliqués, fort peu en rapport avec la réalité concrète. Quant à l'utiliser pour servir de "camouflage" à une entreprise aux visées "philosophiques", voire politiques, l'arrestation de Bahrdt à Halle et l'échec de l'Union allemande montraient qu'il ne pouvait s'agir là que d'une illusion dans une Allemagne où les pouvoirs étatiques commençaient à organiser une répression méthodique contre toute opinion hostile aux trônes ou à la religion.

L'action secrète ne pouvait donc avoir de sens désormais que si ceux qui s'y engageaient acceptaient de prendre les voies de la conspiration. Dès lors, elle devenait assimilable à la haute trahison. Or si Knigge ne se sentait plus solidaire de sa caste, il n'avait en revanche nulle intention d'être un sujet déloyal. Rares étaient d'ailleurs les maçons prêts à franchir ce pas, et lorsqu'ils le faisaient, ce n'était pas dans le cadre maçonnique.

Pour faire évoluer la société allemande, Knigge allait tenter de se servir des deux canaux qu'offrait le développement de la lecture en Allemagne: la presse et la littérature, qu'une censure rendue malaisée par l'émiettement territorial n'arrivait pas encore à bâillonner efficacement. En même temps, il allait montrer dans l'exercice des fonctions que le gouvernement hanovrien lui confia en 1790 et qu'il remplit jusqu'à sa mort, les qualité de sérieux, de ponctualité et de fidélité qui caractérisaient le fonctionnaire hanovrien de l'époque, en ce point tout à fait semblable à son homologue prussien.

Mais jamais il n'oublierait son rêve d'une "nouvelle religion", et nous retrouvons dans l'ensemble de son oeuvre, même (et peut-être surtout) après 1784, les traces profondes laissées par l'illuminisme qui, avait-il cru, en proclamerait l'Evangile.

3. L'œuvre de Knigge reflète dans son ensemble l'idéal et les thèmes de l'illuminisme

En rompant avec les sociétés secrètes, Knigge n'avait donc pas rompu avec son idéal. Ce à quoi il avait cru lorsqu'il était devenu Illuminé, le message qu'il avait en vain essayé de transmettre sous la forme d'initiations, de rituels, de cérémonies, il allait maintenant le diffuser sans relâche sous une forme beaucoup plus simple et accessible à un public beaucoup plus vaste : la littérature, en particulier le roman, puisque ce genre littéraire connaissait, depuis 1780, un essor prodigieux.

Il ne faut pas étudier l'oeuvre de Knigge en fonction de théories esthétiques[169]. Pour lui, leur application n'existe que pour lui permettre de s'adapter à un mode d'expression capable de séduire un public déterminé. Ce public, ce n'étaient plus les gentilshommes, les bourgeois fortunés ou les fonctionnaires "éclairés" qui peuplaient les loges maçonniques et illuminées. Ou plutôt, c'étaient encore eux pour une part, mais revêtus de leurs habits profanes : Knigge ne cherchait plus à flatter leur goût pour les mystères et les symboles, mais à solliciter leur intelligence de lecteurs cultivés. Après avoir exploité l'engouement de ses contemporains pour les sociétés secrètes, il tentait maintenant de répondre à la "fureur de lire" (*Lesewut*) qui s'était abattue sur l'Allemagne. Mais ce qu'il avait à dire n'avait pas changé. Le message était toujours celui de sa "nouvelle religion". Une fois de plus il suivait son maître Lessing, qui déjà avait souligné qu'on peut être maçon sans en porter le nom. Simplement les mots de l'idéal restaient dans les oeuvres profanes ceux qu'utilisait le langage maçonnique, les thèmes ceux que la fréquentation des loges lui avait rendus familiers ou auxquels il avait essayé lui-même de donner une forme symbolique en les incluant dans les rituels des Illuminés.

A. Les mots de l'idéal

En 1778 paraissait à Berlin le premier numéro d'une revue périodique, la *Bibliothèque des francs-maçons* [170], dédiée au duc Ferdinand de Brunswick en tant que Grand Maître des Loges unies d'Allemagne. Le but de la revue, exposé dans une brève note liminaire, était de faire connaître l'histoire de la maçonnerie sans trahir les "vérités fondamentales" (*Grundwahrheiten*) qui relevaient du secret, et aussi de proposer au lecteur une bibliographie critique de toutes les parutions (et elles étaient nombreuses !) qui traitaient de l'Ordre.

Idéologiquement, la *Bibliothèque* reflétait les positions de la Stricte Observance, ainsi que l'attestait l'hommage à Ferdinand de Brunswick. Mais la lecture de la revue montre que ses rédacteurs avaient une haute idée de l'idéal maçonnique et étaient fort éloignés des chimères dont se repaissaient les différentes sectes, y compris celle dans les rangs de laquelle ils se comptaient.

L'une des contributions de ce premier numéro revêt pour notre sujet une importance particulière. Il s'agit de la traduction allemande d'un très court

---

169 La première histoire moderne de la littérature qui, à notre connaissance, cite Knigge pour d'autres oeuvres que l'*Umgang*, est celle de R. GRIMMINGER, Hg., *Sozialgeschichte der deutschen Literatur vom 16. Jahrhundert bis zur Gegenwart*, Bd. 3, *Deutsche Aufklärung bis zur Französischen Revolution 1680 - 1789*, München/Wien, 1980.

170 *Freymäurer-Bibliothek*, Berlin, à partir de 1778.

ouvrage paru anonymement à Amsterdam en 1776, intitulé *Essai sur les mystères et le véritable objet de la Confrérie des Francs-Maçons*[171]. En vingt-cinq pages sont formulés les grands thèmes de l'idéal maçonnique, à l'aide des mots fondamentaux qui les expriment, ceux que nous retrouvons dans tous les écrits maçonniques ou illuminés, mais qui reviennent aussi constamment sous la plume de Knigge, dans ses romans comme dans ses écrits politiques. Mieux que de longs exposés, leur répétition traduit la permanence de son engagement au service d'une certaine idée de l'homme et de la société.

Le texte s'ouvre sur un diagnostic portant sur la condition de l'homme et l'état de la société. Pour le formuler, l'auteur utilise un mot qui, dans le langage maçonnique, occupe une place tout à fait singulière, le mot "corrompu" (*verdorben*):

> Les lumières de notre siècle nous enseignent suffisamment que l'homme est corrompu, et qu'il faut en chercher la raison dans l'état de la société. Des fautes dans notre première éducation, l'énorme différence des biens de fortune, à quoi s'ajoutent les passions produites par la violence et les airs que nous nous donnons, ont corrompu dans le coeur humain les sensations originelles de la nature; ils l'ont par là rendu malheureux et pitoyable[172].

"Verdorben": le mot revient deux fois. Or c'est autour de lui que s'organise et se structure la vision du monde qui définit l'idéal maçonnique.

Si, dans le texte que nous venons de citer, l'influence de Rousseau est indéniable, l'auteur maçonnique n'en reste pas au pessimisme du citoyen de Genève. En effet, la *corruption* est à l'origine de la décomposition du tissu social et du malheur de l'homme, mais elle implique aussi, dès lors qu'on en a pris conscience, l'impératif moral absolu de travailler à la *régénération*. L'engagement du franc-maçon n'est au fond pas autre chose que la volonté de faire tourner au profit de l'homme ce processus de corruption qui menace de le détruire, et les sociétés avec lui. Il y a là l'amorce d'un raisonnement dialectique dont Hegel, par exemple, grand lecteur de brochures maçonniques, saura se souvenir.

Pour le franc-maçon, c'est par le retour à la nature, démarche essentiellement religieuse dans ses motivations, que se fera la régénération:

> Les fondateurs de la maçonnerie se sont donné pour objectif principal de ramener les hommes à leur bonté naturelle d'origine, et de faire de nouveau germer dans leur coeur les lois de la nature sous leur forme la plus parfaite. Cela était aussi le but de la religion[173].

Mais seuls les francs-maçons connaissent les moyens de recréer le lien fraternel qui doit unir les hommes. Le terme qui revient le plus souvent dans

---

171 [Anonyme], *Essai sur les mystères et le véritable objet de la confrérie des Francs-Maçons*, Amsterdam, 1776 (attesté par THORY, *op. cit.*, I, 564), traduit sous le titre *Versuch über Geheimnisse und den eigentlichen Gegenstand der Frey-Mäurerey*, in: *Freymäurer-Bibliothek*, *op. cit.*, 1. St., 99 - 124.
172 *Ibid.*, 103 sq.
173 *Ibid.*, 104.

ce texte est celui de "frère", associé fréquemment à celui d' "amour". Alors que les chrétiens parlent d' "amour du prochain" (*Nächstenliebe*), les francs-maçons font de l' "amour fraternel" (*Bruderliebe*) l'expression achevée de leur idéal. Ce terme sera utilisé par eux, et par Knigge, dans toutes ses variations, directes ou indirectes: on trouvera sous leur plume aussi bien les mots "brüderlich", "Bruder", "Bruderliebe", que des mots qui, sans leur être apparentés étymologiquement, relèvent du même engagement: "helfen", "wohltätig", "unterstützen", "Mitleid", "Wohltat", "lindern", et tant d'autres qu'il serait fastidieux d'énumérer.

L'idéal d'amour fraternel implique celui de l'égalité (*Gleichheit*), autre terme capital. Dans le texte que nous analysons, il revient aussi plusieurs fois, pour deux raisons: l'auteur veut informer le lecteur de l'importance qu'a l'égalité pour un maçon (puisque, dans les loges, il n'existe pas de distinctions fondées sur l'appartenance sociale), mais il veut aussi délimiter très précisément ce concept. L'égalité dont il est question est certes la "première loi" de la franc-maçonnerie, mais elle n'est que "d'état[174], de rang et de genre de vie"[175], et non de fortune ni de pouvoir.

Tous ces termes: "Gleichheit", "Brüder", "Wohltätigkeit", "Mitleid", nous les trouvons réunis d'une manière significative un peu plus loin:

> L'égalité des franc-maçons consiste en ceci qu'entre eux, ils se considèrent comme des frères et exercent les devoirs de la bienfaisance et de la compassion. La pure morale se fonde sur cette égalité[176].

Cette "pure morale" des francs-maçons est austère: elle se méfie des débordements de la passion et répudie une *liberté* qui ne serait que licence:

> Le système des franc-maçons est totalement opposé au dérèglement et à la licence et ne permet d'autre liberté que la liberté morale[177].

Le but de la maçonnerie, c'est d'*éduquer* l'homme à la *vertu* et à la *maîtrise de ses passions*, car c'est à ce prix que la société retrouvera l'état d'*harmonie* qui jadis fut le sien[178]. Il ne s'agit pas de nier, comme le fait l'Eglise traditionnelle, la légitimité des passions. Il s'agit de les dompter et de les utiliser pour le "bien":

> Ni le jugement ni les lumières de la modeste et sage philosophie ne sont les ressorts des actions humaines: ce sont les passions qui mettent tout en mouvement[179].

---

174 Au sens de ce terme dans la société d'ancien régime, par exemple dans l'expression "tiers état".
175 *Ibid.*, 110. Remarquons que le dernier mot introduit une limitation du concept aux classes aisées.
176 *Ibid.*, 11.
177 *Ibid.*, 112.
178 *Ibid.*, p. 105.
179 *Ibid.*, 113.

Ce thème, Knigge le mettra au centre de sa conception de l'homme.

Aux concepts d'*égalité*, d'*amour fraternel* et d'*harmonie* sociale fondée sur une commune pratique de la *vertu*, est associé, en quelque sorte les englobant, celui de "république". Il est évident qu'il ne s'agit pas ici de la forme précise adoptée par les institutions d'un Etat. Ce terme doit être compris comme l'expression du cosmopolitisme philanthropique dans lequel s'exprime le patriotisme maçonnique :

> Tous les membres de cette société sont frères, et ni les langues, ni les vêtements, ni les opinions, ni les dignités, ni l'état ni les biens, n'établissent entre eux la moindre différence. L'égalité est leur première loi. D'après ce système, le monde entier est considéré comme une sorte de république, et chacun de ses membres en est le fils.

Et le texte poursuit, offrant une suite ininterrompue de termes dont chacun est un élément essentiel du patrimoine langagier de l'Ordre :

> Mais comme tous les membres de cette société sont des frères, des frères qui se sont donné pour tâche d'agir raisonnablement et vertueusement, il est de leur devoir de s'aimer et de s'aider mutuellement; de se conduire honnêtement et comme il faut envers les autres hommes et d'être de bons et loyaux citoyens de l'Etat[180].

"République", "citoyens" : ces deux mots sont l'expression d'un idéal de fraternité universelle, et c'est cela qui importe. Les francs-maçons n'ont nullement préparé la Révolution. Mais lorsqu'elle essaiera de réaliser cet idéal, beaucoup de maçons, qui auront constaté que l'Ordre avait su trouver les mots, mais n'avait pas été capable de passer aux actes, croiront le revivre en elle. Ce sera le cas de Knigge. La Fête de la Fédération à Paris le 14 juillet 1790, donnera l'image de cette grande famille où tous sont "frères" parce que chacun peut s'en dire le "fils". Bien des maçons se rappelleront alors que le mot "citoyen" n'était pas, pour eux, un mot nouveau. Et deux ans après, le mot "république" ne leur sera pas non plus inconnu.

On objectera qu'il n'est pas besoin d'être franc-maçon pour aimer et aider son prochain, pratiquer la vertu ou se sentir républicain. Qui le nierait ? Il n'en est pas moins vrai que les termes que nous avons cités forment la trame langagière de tout texte maçonnique, ainsi que le révèle l'étude des chants ou poèmes maçonniques qui marquaient (et sans doute marquent encore) le déroulement de la vie des loges, ainsi que celui de l'existence des Frères[181]. Ils reviennent constamment sous la plume de Knigge lorsque, dans la *Contribution à l'Histoire de l'Ordre des Franc-Maçons*, il essaie de montrer que l'idéal

---

180 *Ibid.*, 194 sq.
181 Une étude de ces questions a été faite à partir de la poésie lyrique d'inspiration maçonnique au XVIIIè siècle, par O. ANTONI, *Der Wortschatz der deutschen Freimaurerlyrik des 18. Jahrhunderts in seiner geistesgeschichtlichen Bedeutung*, Diss., München, 1968. La source principale de ce travail est constituée par une soixantaine de recueils de "Chants maçonniques" (*Freimaurer-Lieder*), publiés entre 1745 et 1845. Sur le mot "Bruder" et ses dérivés ou composés, voir 333 - 338.

maçonnique est celui des Lumières [182]. Nous sommes en présence d'un *langage spécifique* qui structure des représentations précises, même si elles ne sont pas absolument originales. Ce qui importe n'est d'ailleurs pas tant que ce langage ait été ou non original, mais qu'il ait été utilisé par une fraction considérable de l'élite cultivée, celle qui lisait et qui écrivait. Et quand il intéresse hautement un Lessing, un Goethe, un Herder, un Mozart, qui le jugent digne de formuler quelques-unes de leurs pensées les plus secrètes, il est bon de remonter à la source d'où il a jailli, à cette franc-maçonnerie si mystérieuse, encore plus souvent méprisée que redoutée.

La franc-maçonnerie n'a sans doute rien *inventé*. Mais elle a *transmis* beaucoup. Elle a été un canal (on dirait aujourd'hui un "média"...) d'une importance capitale, se servant certes de symboles mystérieux que seul l'initié pouvait comprendre, mais utilisant aussi à l'usage du public profane auquel elle ne cessa jamais de s'adresser, un langage simple, des termes concrets, quotidiens, accessibles à tous. Les francs-maçons constituaient le noyau d'une élite, et la fonction du langage symbolique, codé, était d' en préserver l'accès. Mais cette élite n'était pas repliée sur elle-même, au contraire. Lorsqu'ils composaient romans, poésies, opéras, les écrivains et les musiciens maçons vulgarisaient des idées, des formes de pensée ou d'expression, des idéaux que pouvait s'approprier le public le plus varié: aussi bien le lecteur ou l'amateur de musique qui cherchait avant tout à se délasser, que le philosophe, le "penseur" qui, à sa façon, saurait ensuite faire son miel de tel ou tel symbole.

Si l'on ordonne autour de quelques thèmes fondamentaux les concepts qu'expriment les mots que nous avons examinés, on constate que l'oeuvre "profane" de Knigge reflète un triple legs maçonnique: une conception de l'homme, une conception de la société, une conception de l'histoire. Les deux premiers éléments constituent une sorte de fonds commun à tous les systèmes maçonniques; l'homme étant corrompu, il faut travailler à sa régénération. Comme il est un être social, il sera apte, ayant été régénéré, à travailler en vue du bonheur commun. Le troisième élément, qui concerne les conditions dans lesquelle est possible une action sur une société déterminée par son histoire, est hérité essentiellement de l'illuminisme.

B. Une conception de l'homme

L'un des mots que Knigge utilise le plus souvent lorsqu'il s'interroge sur l'individu, est "connaissance de l'homme" (*Menschenkenntnis*). Il serait d'ailleurs plus exact de traduire le terme allemand par "connaissance *des* hommes", car ce n'est pas seulement le moi qui, selon Knigge, est intéressant, mais, davantage encore, l'homme dans l'exercice de sa fonction sociale. Dans le *Roman de ma vie*, il fait écrire par un jeune noble à son tuteur: "Je vous dois,

---

[182] *Beytrag, op. cit., passim,* en part. *Vorerinnerung,* 2 (*Licht*), 26 sq. (*Tugend, Weisheit*), 68 (*Freyheit, Gleichheit, Bruderband*), 96 (*brüderliches Band*), 163 sq. (*Wahrheit, Bruderband*), 175 sqq. (*Wahrheit, Toleranz*), 182 (*Wahrheit*).

mon excellent père, d'avoir été très tôt attentif aux hommes, et cela restera certainement mon objet d'étude principal"[183]. Et le héros de l'*Histoire de Peter Claus* affirme: "Mes remarques concernaient pour la plupart l'observation des moeurs et des caractères des hommes. Ceci a toujours éte mon objet d'étude préféré"[184]. Tous les romans de Knigge racontent invariablement l' "histoire" d'un individu confronté au fonctionnement de la société, mais qui n'arrive à s'y intégrer harmonieusement que s'il se connaît et connaît autrui.

Il est intéressant de noter que l'expression "connaissance de l'homme", qui appartient au vocabulaire psychologique, se trouve aussi dans le Rousseau des *Discours*, donc dans des textes politiques. Dans la *Préface* au *Discours sur l'origine de l'inégalité*, Rousseau écrit: "La plus utile et la moins avancée de toutes les connaissances humaines me paraît être celle de l'homme".

Le thème de l'homme comme être social intéressait particulièrement les "philosophes populaires", qui voyaient dans une organisation équilibrée de la "sociabilité" (*Geselligkeit*) la promesse d'une réalisation de l'utopie du bonheur universel. En ce sens, Knigge doit être rangé parmi eux: le *Commerce* est indéniablement, entre autres aspects, un produit de la "philosophie populaire", et ses romans davantage encore.

Ce bonheur universel, c'était dans la vertu qu'il devait s'épanouir, c'était la vertu aussi qui en devait être le moteur[185]. Mais pour pratiquer la vertu, l'homme devait apprendre à maîtriser ses passions, ce qui impliquait qu'il se connût lui-même. La "philosophie populaire" comptait parmi ses représentants une foule de psychologues et de pédagogues qui développaient des théories visant à expliquer le mécanisme des actes humains et à tirer de ces lumières des conséquences pratiques[186]. Knigge lui-même souligne dans le *Roman de ma Vie* l'importance des actes dans la connaissance de l'homme: "Si je tiens [...] à savoir à quel homme j'ai affaire, je le juge d'abord d'après ses actes"[187].

Comme tous les écrivains allemands une fois révolue la période du Sturm und Drang, Knigge pense que les passions doivent être bridées. Non qu'elles soient mauvaises en soi: elles sont en effet le ressort même de nos actes[188]. Mais c'est la raison qui donne à l'acte instinctif un sens, le dirige vers un objet

---

183 *Roman meines Lebens*, II, 104.
184 *Peter Claus*, III, 80 sq.
185 Voir R. GRIMMINGER, *Aufklärung und bürgerliche Individuen. Über den notwendigen Zusammenhang von Literatur, Gesellschaft und Staat in der Geschichte des 18. Jahrhunderts*, in: *Sozialgeschichte..., op. cit.*, 15 - 99.
186 Voir G. UEDING, *Popularphilosophie*, in: *ibid.*, 605 - 634, en part. 626 - 629.
187 *Roman meines Lebens*, I, 2.
188 Dans *Ueber Eigennutz und Undank*, paru peu après sa mort (1796), Knigge écrit: "Der Natur-Mensch hat mit den übrigen Thieren das gemein, dass er durch körperliche Anreizung, durch Gefühl, durch Instinkt, zu gewissen Handlungen hingezogen wird", *Ueber Eigennutz und Undank*, Leipzig, 1796, 13 sq.

précis[189]. L'harmonie entre sentiment et raison, source de l'harmonie sociale, sera le résultat d'une éducation appropriée qui aura révélé à l'individu que son intérêt coïncide avec celui de la société, que le bonheur de l'un n'est pas possible sans le bonheur de l'autre. Seule la pratique de la morale (donc de la vertu) peut garantir cette harmonie. C'est dans l'*Histoire du bailli Gutmann* que Knigge formule cela le plus clairement:

> La plus grande perfection morale se manifeste donc dans nos actes lorsque les mobiles qui animent notre raison sont en parfaite harmonie avec les instincts que nos sentiments éveillent en nous et les équilibrent[190].

Cette théorie des passions conduit Knigge à développer une sorte de typologie de l'individu. Il distingue trois types d'hommes: le "méchant" (*Bösewicht*), le "rêveur enthousiaste" (*Schwärmer*) et le "sage" (*Weise*):

> Nous appellerons s a g e celui qui n'affirmerait rien avec assurance que ce qu'il aurait compris clairement, mais qui cependant ne douterait de rien de ce qu'il ne comprendrait pas, et qui dans ses actes n'agirait d'une manière cohérente que selon le critère de sa connaissance; il faudrait appeler r ê v e u r e n t h o u - s i a s t e et fou celui qui déterminerait ses actes d'après des vérités possibles qu'il ne comprendrait pas; mais un m é c h a n t seulement celui qui agirait contre l'avis de son intelligence" [191].

C'est par rapport aux actes de l'individu que se définit la catégorie à laquelle il appartient, et l'oeuvre de Knigge offre d'infinies variations à partir des affirmations théoriques que nous avons citées.

Le "méchant" est celui qui place l'intérêt particulier au-dessus de l'intérêt général et qui, pour satisfaire ses passions, n'hésite pas à empêcher le fonctionnement de la société, à enfreindre ses lois les plus sacrées comme l'honnêteté, la pudeur, l'application au travail[192].

Le "rêveur enthousiaste" est, lui, animé par un idéal désintéressé. Mais c'est un être qui ne tient pas compte des réalités et s'adonne exclusivement aux chimères que lui montre son imagination. En fait Knigge voit en lui un

---

189 *Ibid.*, 14.
190 *Gutmann*, 283.
191 *Peter Claus*, II, 55 sq. (note de "Peter Claus").
192 Exemples: "Ein Bösewicht und ein Thor [...] werden alles thun, wozu sie Lust, Muth und Macht haben", *Allgemeines System*, 22; "Er ist ein heimlicher Jesuit, und, so jung er ist, schon von einem andern schlauen Bösewichte, der an dem nemlichen Orte wohnt, und das System der Bosheit theoretisch und practisch einem kleinen Circul um ihn versammleter Jünger docirt, in ihre schändlichen Grundsätze eingewehet", *Roman meines Lebens*, IV, 90; "der Bösewicht lebt im Überflusse, der Redliche von Noth und Armuth zu Boden gedrückt", *Peter Claus*, I, 48; "schlaue Bösewichte, eminente Zerstöhrer und Verführer", *Seelberg*, I, 185; "Bösewichte, denen Tugend, Redlichkeit und die Ruhe ihrer Nebenmenschen so wenig heilig sind", *Umgang*, II, éd. 1796, 112; "ein untreuer Freund, ein bestechbarer Richter, ein schlechter Vater, ein unkeuscher Ehemann – kurz! [...] ein Bösewicht", *Journal aus Urfstädt*, Frankfurt a. M., 1. St., 1785, 21... On devrait citer l'oeuvre entière de Knigge.

individu immature, encore marqué par les extravagances qui caractérisent normalement l'adolescence[193]. Mais, se souvenant de sa propre jeunesse qui coïncidait avec le "temps des génies" du Sturm und Drang, il condamne sévèrement ce qu'il considère comme une "maladie de l'âme"[194]. Pourtant, elle marque une étape obligatoire du développement de l'individu. Tous les héros de Knigge sont d'abord des "rêveurs enthousiastes", avant de devenir des "sages".

C'est surtout dans le domaine religieux que l'extravagance de l'enthousiaste se donne libre cours:

> L'engouement rêveur et faussement enthousiaste pour la religion [...] est pour des esprits faux et des coeurs égarés un opium délicieux[195].

Le recours aux sollicitations de l'imagination pour dominer une réalité qu'on ne comprend pas est d'ailleurs, paradoxalement, un des éléments des Lumières allemandes, comme le montre l'histoire des systèmes maçonniques et de leurs recherches dans le domaine de l'ésotérisme. Knigge lui-même savait bien de quoi il parlait! Mais finalement, la "rêverie enthousiaste" est une fuite devant la réalité, une fuite devant les hommes.

C'est au "sage" qu'il incombe de donner l'exemple d'une vie utile à la société, en définissant un mode de vie équilibré, dans lequel les exigences de la raison sont satisfaites et les passions non point étouffées, mais dominées et mises au service de l'action pratique. L'homme lucide, dit Knigge, ne demande qu'à agir avec sagesse, c'est ainsi qu'il trouvera le bonheur[196].

En apparence, cette classification n'offre aujourd'hui guère d'autre intérêt que de confirmer ce qui est connu depuis longtemps: la place essentielle de la morale dans l'utopie de la raison pratique. De ce point de vue, l'oeuvre de Knigge s'inscrit dans un courant d'idées important de l'*Aufklärung*, mais ne lui donne aucune coloration particulière. Comme les "philosophes populaires" de son temps, il retourne sous toutes ses faces le concept de "connaissance de l'homme", expression qu'il n'a d'ailleurs pas inventée: on la trouve dans presque tous les écrits du temps, elle leur sert même parfois de titre[197].

Pourtant, en faisant de la connaissance de l'homme une exigence fondamentale du comportement de l'individu "éclairé", Knigge ne se référait pas uniquement aux courants intellectuels et littéraires de son temps. Plus exactement, il retrouvait en eux un thème qui était au centre de la pédagogie illuminée, et auquel il avait essayé de donner, alors qu'il était membre de l'Ordre, une portée dépassant de beaucoup le petit univers de la "philosophie populaire".

---

193 Voir *Roman meines Lebens*, I, 88.
194 Il développe ce thème dans *Roman meines Lebens*, II, 173 - 178: [Die Schwärmer] "glauben, dass Schwärmerey Stärke des Geistes sey, da sie doch Krankheit der Seele ist", *ibid.*, 175.
195 *Seelberg*, II, 155.
196 *Seelberg*, II, 15 sq.
197 Citons par exemple A.G. Meissner, *Menschenkenntnis*, 1787.

Les premiers statuts de l'Ordre insistaient déjà sur l'importance de la connaissance de soi pour qui voulait travailler à la diffusion des Lumières:

> Combattre autant que nous pouvons l'erreur, le préjugé, les intentions méchantes, est notre devoir, et chacun doit chercher à atteindre un degré élevé dans la connaissance de soi, l'examen de ses faiblesses et de ses tendances irréfléchies[198].

Déjà le 22 décembre 1777, Weishaupt avait écrit à Zwack:

> Que la philosophie et la connaissance de l'homme, et la vertu pratique et non spéculative, soient ce qui vous intéresse[199].

Dans le rituel définitif de l'Ordre, tel que Knigge l'avait établi, il était demandé à l'Illuminatus minor d'observer les candidats qu'il avait à instruire: "à leur contact, il doit s'exercer à la connaissance des hommes"[200]. On peut d'ailleurs affirmer que Knigge et Weishaupt avaient trouvé un moyen efficace de mettre leur précepte en pratique, en contraignant le candidat illuminé à répondre à un volumineux questionnaire sur ses origines, ses goûts, son caractère, ses fréquentations, sa situation de fortune etc.[201], puis, une fois admis, à livrer cette espèce de confession mensuelle appelée "quibus licet" [202].

Mais ce que Weishaupt avait, en 1777 et 1778, conçu comme un objet normal de méditation "philosophique", Knigge l'avait appliqué beaucoup plus nettement aux visées pratiques de l'Ordre et en avait fait le point de départ d'un comportement social. L'un des textes les plus révélateurs à cet égard se trouve dans le rituel du grade d'Illuminatus major, et est intitulé *Questionnaire par lequel est examiné le caractère du candidat à ce grade*[203]. Rien n'est oublié. Le recruteur doit décrire dans les moindres détails le candidat qui lui est confié: son aspect physique, son niveau d'études, ses dispositions intellectuelles et spirituelles, ses qualités et ses défauts, ses habitudes, bonnes et mauvaises, son tempérament, ses goûts et dégouts, son mode de vie, l'état de sa fortune, les vêtements qu'il aime ou non porter, ses fréquentations – près

---

198 OS, 16.
199 Weishaupt à Zwack, 22 décembre 1777, OS, 194.
200 *Instruktion für den Obern der kleinen Illuminaten*, in: *Der ächte Illuminat, op. cit.*, 84. Déjà le 20 octobre 1776, Weishaupt recommandait à Massenhausen de faire lire à Zwack, qu'il venait de recruter, *L'art de connoître les hommes*, de Bellegarde, un autre ouvrage portant le même titre, par La Chambre, et *L'art de se connoître soi-même*, par Abbadie (Weishaupt à Massenhausen, 20 octobre 1776, OS, 180.
201 Dès 1778, il était fait obligation à l'Illuminé de se livrer à une étude approfondie de son caractère, mais aussi de la nature humaine en général, ainsi que des systèmes philosohiques qui depuis l'Antiquité l'avaient prise pour objet de réflexion. Voir *Statuten der Illumination*, OS, 14 - 19.
202 Voir *supra*, II, 2, D.
203 *Fragepunkte, nach welchen der Charakter eines in diesen Grad Aufzunehmenden geprüft wird*, in: *Der ächte Illuminat, op. cit.*, 150 - 178.

de trente pages de questions souvent formulées sous la forme d'un simple mot suivi d'un point d'interrogation[204]. Un résumé de ce questionnaire porte le titre: "Nosce te ipsum"[205].

De telles pratiques paraîtront soit inquisitoriales, soit naïves. Sans doute sont-elles les deux à la fois. Mais il faut les replacer dans leur contexte. D'une part, elles constituent une tentative de protection de l'Ordre contre des élements indésirables. La "biographie" peut non seulement permettre de savoir si le candidat est ou non digne de faire partie du groupe, mais aussi, éventuellement, servir de moyen de pression sur lui s'il s'avise de ne plus servir la Cause comme il le doit. Et on se rappelle que Knigge avait essayé d'utiliser cette arme contre Weishaupt, le menaçant de révéler ce qu'il savait non seulement sur l'Ordre en tant que tel, mais aussi sur ses membres[206].

Mais on aurait tort d'oublier que nous sommes au dix-huitième siècle, et que les *Aufklärer* n'étaient pas exempts d'une certaine naïveté dont de tels textes fournissent un témoignage évident. Pour Knigge, la "connaissance des hommes" est un moyen d'action en vue du bonheur universel. Les questions posées sur les candidats à l'affiliation ne sont pas toutes de nature inquisitoriale. Elles recouvrent en réalité le champ d'action potentiel de la raison pratique. Mieux: elles procèdent d'une conception de la fonction sociale visant à donner à l'élite la place qui, selon les Illuminés, lui revient. Le questionnaire procède par oppositions radicales, mais très simples, voire simplistes: beau/laid, bon/méchant, capable/incapable, sensé/insensé, riche/pauvre etc.[207]. La réponse doit permettre de classer le candidat dans l'une des deux seules catégories possibles: les "bons" ou les "méchants", ceux que l'on admettra dans l'Ordre, qui pourront en gravir les échelons hiérarchiques,

---

204 Exemple: "Spricht er zu allem Ja? Aus Furcht, Schmeicheley, Politik? Andre auszuforschen? aus Dummheit? Wovon spricht er am liebsten? Von sich selbst? Von verderbten Zeiten? Geld, Zinsen, Wucher, von seinem Handwerk, von Hauswirtschaft, Staatssachen, Religionshändeln, Freigeisterey, Gottesfurcht, Gebet, Wissenschaften, Fehlern und Mängeln anderer, Neuigkeiten, Kleinigkeiten, Mode, Puz, Kleidern, von der Gunst der Grossen, von Ehre, Unterscheidung, Briefwechsel, den er mit Höhern führt?", *ibid.*, 161.

205 *Nosce te ipsum, ibid.*, 178 - 181. Ce point est divisé en trois parties: *Politischer Charakter* (en fait, l'état civil du candidat), *Physischer Zustand* (son aspect physique), *moralischer Charakter*.

206 Voir *supra*, II, 3, E.

207 Exemples: à propos de l'aspect physique, un paragraphe de 18 lignes, contenant 49 possibilités, est consacré à la *Physiognomonie* – dont on sait quelles conséquences Lavater en tirait. A propos de la voix: était-elle "männlich, lieblich, kindisch"? l'aspect extérieur: "edel oder gemein?"; le caractère: "sucht er sich von andern zu unterscheiden, und Wie? [...] Im Guten oder Bösen, oder beyden?"; ses actes (10 pages de 28 lignes chacune!): "Ueber was wird er aufgebracht? [...] Durch was wird er versöhnt? Ist die Versöhnung ernstlich oder verstellt?"; "wie erzieht er seine Kinder?"; "Speisst(!) er schnell oder langsam?" etc. (*Fragepunkte, op. cit., loc. cit., passim*).

et les autres, ceux que l'on n'admettra pas, ou que l'on cantonnera dans les grades inférieurs, en bref qui retourneront aux ténèbres extérieures, parce qu'il n'y a rien à attendre d'eux. Une *Instruction secrète* remise à ceux qui veulent recruter de nouveaux Illuminés précise: "Les meilleurs ne sont faibles que parce qu'ils ne se connaissent pas ou sont divisés"[208]. L'obligation de "se connaître" n'est au fond que l'examen de conscience des chrétiens, mais sécularisé: L'Illuminé ne s'interroge pas devant Dieu, mais devant lui-même et devant ses semblables, et sa propre conscience ne lui présente que le reflet des actes qu'il a commis en tant qu'être social. L'étude de soi n'a de sens que si elle s'élargit à l'étude des hommes en général, permettant de reconnaître et sélectionner ceux qui seront appelés à faire fonctionner la société en vue du bonheur commun.

En se fixant pour préoccupation essentielle la "connaissance des hommes", Knigge ne fait donc que reprendre dans ses romans une exigence qu'il avait placée, d'accord en cela avec Weishaupt, au centre de la pédagogie illuminée. Se connaître et connaître les autres permet d'acquérir en quelque sorte une compétence qui, en faisant d'un individu l'un des "meilleurs", le qualifiera pour le combat contre les "méchants". Lors de la cérémonie d'initiation au grade d'Illuminatus major, le candidat doit écouter la lecture d'un texte exposant longuement les buts de l'Ordre, et il s'entend ainsi interpeller:

> Les hommes devraient devenir sages et bons, devraient se laisser conduire par les plus sages et les meilleurs, dans leur propre intérêt.

Et il apprend "que chacun satisfait ses passions, dont la première source était pure, lorsqu'il le fait dans les limites de la vertu, et que l'Ordre lui en donne les moyens" [209].

Mais après 1784, ce n'est plus une société secrète qui doit assumer cette tâche pédagogique. La littérature prend le relais. Pourtant, l'objectif est le même – parce que l'idéal de l'ancien Illuminé devenu homme de lettres est, lui aussi, resté le même. Simplement, son engagement dans les sociétés secrètes lui a appris que la connaissance de l'homme n'était pas un but en soi, mais qu'elle devait être au service de la collectivité, permettre de démasquer les coquins, et surtout de se "former" (*bilden*) pour servir utilement autrui.

C. Une conception de la société

Dans un ouvrage qui parut peu de temps après sa mort, *De l'égoïsme et de l'ingratitude*, Knigge constate que l'homme

> agit conformément à la raison, d'une manière appropriée, comme il faut, bien, vertueusement et en accord avec son devoir, lorsque ses actes [...] font progresser son bonheur comme être isolé et comme partie du tout [210].

---

208 *Geheime Instruktion zum Unterricht derer, welche neue Mitglieder zum O[rden] anwerben wollen*, in: *Aechter Illuminat, op. cit.*, 147.
209 *Allgemeine Uebersicht des ganzen Ordensystems* (*Ritual für die Logen zur Aufnahme in diesen Grad*), in: *Aechter Illluminat, op. cit.*, 206 sq.
210 *Eigennutz*, 21.

Ce thème, qui fournit ici la matière d'une réflexion sur "quelques objets de morale"[211], Knigge l'a en fait illustré par toutes ses oeuvres. Qu'il s'agisse des romans, des essais, des "sermons" (réels ou fictifs) ou des traités politiques, partout est posée la question du rapport de l'individu à la société.

C'est un rapport complexe, à double sens: la société agit sur l'individu, et l'individu agit sur la société. Il y a en quelque sorte éducation mutuelle. Knigge met en oeuvre un schéma dialectique, qui se déroule en trois étapes dont chacune suppose la précédente, mais la modifie dans le sens d'un progrès.

La première étape est celle d'une désillusion qui est bien près d'aboutir à la destruction de l'individu. En effet, dans sa jeunesse, il est très malléable, et ses passions, qu'il ne sait pas encore maîtriser, sont sensibles à toutes les sollicitations extérieures. Celles-ci n'ont pour fin que la jouissance égoïste, qui mène à la ruine matérielle, physique et morale. Tous les romans de Knigge décrivent de ces jeunes gens qui, issus de "bonnes familles", finissent au bout d'une corde ou dans un cachot parce qu'ils n'ont pas su lutter contre de mauvaises influences. Ou bien de ces jeunes filles d'honorable maison qui terminent dans de "mauvais lieux" une existence écourtée par la maladie et la déchéance physique et morale, parce qu'elles n'ont pas su rester sourdes aux appels du luxe et de la vie facile.

Mais il est des êtres d'élite auxquels leur nature et leur éducation ont donné la force et l'intelligence nécessaires pour tirer les leçons de leurs tribulations. Un Seelberg ou un Peter Claus, un Gutmann, et aussi les nombreux personnages qu'ils rencontrent au cours de leurs aventures, ont tous été à la rude école de la vie avant d'accéder à une existence paisible. Ils ont été les victimes des voleurs, des menteurs, des faux amis, des despotes, en un mot des "méchants" qui constituent, d'une manière assez paradoxale étant donné l'optimisme des Lumières, la majorité de la société. Mais au lieu de devenir tels à leur tour, ces "héros" ont été transformés, purifiés, par leur existence agitée.

Ce n'est pas à leur seul milieu social qu'ils le doivent, mais au contact avec toutes les classes de la société, qui leur procure une connaissance profonde de toutes les situations dans lesquelles l'homme peut être amené à se trouver. Il y a là comme une amorce du thème du *Commerce*: on ne peut devenir un homme raisonnable, utile et vertueux que par le mélange des classes. Les personnages de Knigge fréquentent tous les milieux sociaux – du moins les milieux qui, en cette fin du dix-huitième siècle, se disputent la première place: la noblesse et la bourgeoisie. Et ils constatent que les hommes y sont les mêmes: ce ne sont pas les critères sociaux qui permettent de distinguer entre les "bons" et les "méchants". Si les genres de vie sont différents, si les codes qui manifestent la place de chacun sont encore scrupuleusement observés, la nature humaine est partout la même. Elle tire son unité de ce combat

---

211 *Ibid.*, Vorrede.

incessant entre raison et passion qui détermine les situations particulières. Ce n'est qu'en se frottant à cette variété que l'individu acquiert la formation (*Bildung*) qui fera de lui un être utile à la collectivité. L'éducation donnée par la société aux personnages de Knigge se révèle positive, elle nourrit leur expérience:

> Les circonstances forment le caractère, les coups du destin rendent meilleurs, le malheur rend doux, l'expérience sage, les déconvenues rabattent notre superbe, la souffrance entraîne la patience, les difficultés éveillent notre esprit, la connaissance du monde nous rend prudents[212],

tel est, formulé par le baron de Leidthal dans le *Roman de ma vie*, le *credo* moral de Knigge.

Mais il ne s'applique, il faut le souligner avec force, qu'à des êtres d'*élite*. Il peut s'agir d'une élite "naturelle", celle de l'intelligence et du coeur, mais il peut aussi s'agir d'une élite que seule l'éducation saura faire naître. C'est le cas, par exemple, de Seelberg, qui doit à l'éducation qu'il a reçue de sa mère d'avoir conservé, malgré les circonstances les plus défavorables, un sens moral qui lui permettra de ne pas rester dans le camp des "méchants". Mais la mère de Ludwig ne représente pas dans le roman un milieu social, elle symbolise le rôle que Knigge reconnaît à la famille, et ses vertus sont, malgré la caste à laquelle elle appartient, essentiellement bourgeoises.

Après avoir échappé à la corruption morale et, souvent, physique, qui le menaçait, l'individu est donc devenu le représentant d'une élite, de ces "meilleurs" (*die Besseren*) qui, instruits par l'expérience, "savent" de quels écueils ils doivent préserver les autres, ceux qui "ne savent pas".

Servir la société en éduquant ses membres, c'est en effet la troisième étape du schéma sous lequel Knigge se représente le rapport entre individu et société. Pour lui, il s'agit d'un impératif de la morale. Il écrit dans *De l'égoïsme et de l'ingratitude*:

> Je ne reconnais aucun mobile pour raisonnable, authentique et pur que celui-ci: faire le bien, pour être autant que possible utile à la société humaine, à laquelle j'appartiens[213].

La raison est le principe d'ordre qui met les passions au service du bien, elle a donc une fonction morale et sociale. La "sagesse", qui est fille de la raison, n'est donc pas repliement sur soi, mais service de la collectivité.

Dans les premiers romans, cette activité s'exerce dans le cadre limité d'un domaine seigneurial ou d'un environnement familial. Mais peu à peu, Knigge élargira ce concept pour lui donner une signification politique: c'est le bonheur d'une nation entière qui devra constituer la finalité morale d'un système raisonnable de gouvernement. Le baron de Leidthal dans le *Roman de ma vie* et Peter Claus se retirent sur leurs terres, Ludwig von Seelberg dans une douillette maison bourgeoise. Mais déjà en 1783 Knigge posait dans une

---

212 *Roman meines Lebens*, III, 60.
213 *Eigennutz*, 271.

série de *Sermons contre le despotisme, la bêtise, la superstition, l'injustice, l'infidélité et l'oisiveté*, la question des devoirs du prince dans la nation. Il prenait un ton solennel:

> Seul celui qui acquiert pour lui-même une grande force par son activité et sa sagesse, a droit à la considération et à la puissance[214].

Cette phrase, qui concluait un passage dans lequel Knigge adjurait, timidement encore, les princes de ne pas agir en "despotes", établissait nettement le lien entre sagesse, activité au service de la collectivité et légitimité du pouvoir. Le dernier de ces six sermons était dirigé contre l' oisiveté, "source des plus graves manquements"[215]. Un gros paragraphe du *Commerce* est consacré aux "imprudents, oisifs, parasites, flatteurs et importuns"[216]. Et dans la *Profession de foi politique de Joseph Wurmbrand*, publiée en 1792 et qui devait valoir à Knigge sa réputation de "prédicateur de révolution", il écrit:

> Si les gouvernements remplissent leurs devoirs si fidèlement [...] que les citoyens dans l'Etat se sentent heureux, alors ne naîtra aucun mécontentement, aucun besoin, et par conséquent aucune volonté, de changer l'ordre des choses[217].

L'une des causes de la Révolution française, Knigge la verra dans la faillite d'un système politique qui n'a pas été en mesure d'appliquer les commandements de la raison pratique. La bonne volonté d'un Louis XVI, à laquelle il rend hommage, se révélera impuissante devant "la misère, la pauvreté et le désespoir"[218] d'un peuple dont les rois n'ont pas su faire le bonheur. Goethe ne dira-t-il pas lui-même, un peu plus tard, qu'à côté de l' "oisiveté", l' "égoïsme" fut l'une des causes de la Révolution[219]?

En faisant de l'individu un être voué à servir la collectivité, Knigge montrait qu'il avait assimilé l'idéal de l'utilité qui, dans les Lumières, constitue le corollaire de la raison pratique. Georges Gusdorf, reprenant une idée de Gustave Lanson, parle à juste titre d'une "socialisation de la vertu"[220] au dix-huitième siècle, qui assigne à la morale comme fonction première la pratique de la bienfaisance à l'échelle de la société entière.

Mais la bienfaisance est aussi un thème maçonnique essentiel. Il avait même donné son nom au système issu des débats de Wilhelmsbad, les Chevaliers Bienfaisants. Certes, pas plus que la vertu, la sagesse ou l'amour de la vérité, la fraternité ni la bienfaisance ne sont des valeurs inventées par la franc-maçonnerie. Nous ne saurions trop répéter cette vérité d'évidence. Mais il se trouve que, chaque fois que nous rencontrons ces valeurs, en particulier au dix-huitième siècle, nous sommes ramenés à la maçonnerie, soit

---

214 *Sechs Predigten gegen Despotismus [...], op. cit.*, 29 sq.
215 *Ibid.*, 170.
216 *Umgang*, éd. 1796, Chap. III, § 18, 176 - 179.
217 *Wurmbrand, op. cit.*, 150.
218 *Ibid.*, 42.
219 *Hermann und Dorothea*, Chant VI, v. 13.
220 GUSDORF, *op. cit.*, 13 et 430 sq.

qu'elles constituent l'objet d'un écrit maçonnique, soit qu'elles transcrivent l'idéal d'un écrivain qui, par ailleurs, était maçon, soit qu'elles trouvent une réalisation concrète dans des entreprises conduites par des maçons ou d'anciens maçons. Combien d'hopitaux, de caisses pour ceux que le sort avait maltraités, d'institutions de bienfaisance ou d'enseignement ont été l'oeuvre de maçons ou d'Illuminés? Comment oublier que les grands réformateurs de l'Etat prussien au dix-neuvième siècle étaient d'anciens maçons, voire, comme Hardenberg ("l'acquisition importante" évoquée par Knigge dans une lettre à Weishaupt[221]), d'anciens Illuminés? Comme l'était Montgelas en Bavière, qui, s'il refusa toujours de favoriser ses anciens compagnons, n'en mit pas moins au service de l'Etat des principes qu'il avait appris, quinze ans plus tôt, dans l'Ordre[222]?

Dans la *Contribution à l'histoire récente de l'Ordre des Franc-Maçons*, Knigge avait défini l'idéal maçonnique comme un service rendu "à la chose publique comme société"[223]. La "vraie maçonnerie", c'était cela. Elle pouvait se pratiquer sans que l'on appartînt formellement à l'Ordre. Lessing l'avait déjà dit.

En revanche, seule pouvait assumer cette fonction une élite, dont Knigge cherche tout au long de son oeuvre à définir les traits qui la constituent. En fait, il avait bien cru un moment qu'il en rencontrerait les représentants au sein de cette "grande armée des francs-maçons" qu'il décrivait au début de la *Déclaration de Philo*[224], et à laquelle il avait proposé ses lumières par son mémorandum de 1780. Mais il avait dû constater que les francs-maçons préféraient se livrer aux délices de la médiocrité, s'amuser de légendes absurdes, s'envier, se disputer les premières places au sein de l'Ordre. En un mot, ils montraient qu'ils ne constituaient pas cette élite. Pour cette raison, Knigge ne pouvait plus croire en eux. En abandonnant les sociétés secrètes, il se trouvera *de facto* conduit à élargir la base sociale de l'élite telle qu'il la concevait: elle sera formée de tous les représentants de la classe cultivée, qu'ils soient ou non maçons, c'est-à-dire en gros de la fraction "éclairée" de la noblesse et de la "bourgeoisie de la culture" (*Bildungsbürgertum*). Base élargie, puisqu'elle dépassait le seul cadre maçonnique, mais base qui, cependant, restait assez étoite pour exclure la "populace" (*Pöbel*), que les *Aufklärer* haïssaient ou méprisaient: les réactions aux événements de l'an II en France seront à cet égard suffisamment instructives.

L'importance attachée par Knigge et les Illuminés à la "connaissance" des hommes vise donc à susciter l'émergence d'une élite du caractère, et, par extension, de l'instruction, de la culture, des capacités et des talents. Exiger

---

221 Rapport de Knigge aux Aréopagites, août 1782, NOS, I, 208.
222 Voir HAMMERMAYER, *Illuminaten in Bayern*, in *Krone und Verfassung, op. cit.*, 153 - 156.
223 *Beytrag*, 167.
224 *Philo*, 28.

d'elle qu'elle se mette au service du bien commun, c'est d'abord lui assigner une place qui n'appartient qu'à elle, c'est reconnaître qu'elle est une élite parce qu'elle a le vrai mérite. Quand Knigge aura traduit sa vision du monde en termes politiques, il expliquera que le mérite doit substituer à la noblesse héréditaire une noblesse du savoir pouvant jouer un rôle de médiation entre le prince et la nation.

Car c'est bien là le point capital: la fonction essentielle de l'élite, c'est de prévenir une révolution violente. Non que la notion d' "élite" soit, par elle-même, antirévolutionnaire, puisqu'elle implique la destruction de l'ordre ancien fondé sur les privilèges héréditaires, pour le remplacer par un ordre fondé sur la reconnaissance du talent: il y a là une mutation sociale fondamentale, et révolutionnaire dans son esprit, en ce qu'elle postule qu'une classe nouvelle se substitue à celle qui détenait jusqu'alors le pouvoir. Appeler à la formation d'une "élite", ce n'est donc pas être hostile à la *révolution* – et, au début, les Allemands ne seront pas hostiles à la *Révolution*. C'est être hostile au désordre – et c'est bien à partir de 1792 que l'admiration de nombreux Allemands pour la Révolution tournera en exécration. Ce que l'abolition de la noblesse, en 1791, n'avait pas provoqué, les massacres de septembre et l'exécution de Louis XVI le susciteront: le dégoût d'un système politique qui ne fonctionne que par la terreur et semble constamment céder à la pression de la rue, de la "populace". L'un des reproches majeurs que beaucoup d'Allemands adresseront à la Convention Nationale sera qu'elle se détourne de sa tâche, qui était de voter une nouvelle Constitution, c'est-à-dire de résoudre le seul problème qui, à leurs yeux, était important, celui des institutions. Car ce n'est que dans le cadre d'institutions stables que l'élite peut être assurée de se voir reconnaître la place qui lui revient.

Le mérite doit devenir la qualité constitutive de cette élite à laquelle Knigge, comme déjà les Illuminés, confie le soin d'agir en vue du bonheur commun. Le mérite en politique est comparé par Louis Blanc, dans son *Histoire de la Révolution française*, à la grâce en théologie[225]. Et il concluait: "à l'orgueil social succèdera l'orgueil individuel, à la souveraineté du rang celle de la personne", remarque qu'il appliquait aux conséquences sociales de la Réforme luthérienne[226]. Mais l'*Aufklärung* n'est-elle pas, essentiellement, un fait de l'Allemagne protestante, même si, on le sait aujourd'hui, l'Allemagne catholique a, elle aussi, connu un certain développement des Lumières? La glorification du mérite apparaît au fond comme la forme allemande et

---

[225] "Ce qu'on nomme la grâce en théologie, en politique on l'appellera le mérite", L. BLANC, *Histoire de la Révolution française*, Paris, 1847, I, 57.

[226] Le parallèle entre la Réforme luthérienne et la Révolution française à ses débuts était familier aux esprits du XVIIIè siècle. Voir par exemple un article du *Braunschweigisches Journal*, intitulé *Einige Aehnlichkeit der Reformation und Revolution*, in: Bd. 2, 5. St. (mai 1792), 173 - 198: la Réforme, en abattant la hiérarchie ecclésiastique, a fondé la liberté religieuse, de même que les révolutions américaine et française, en détruisant l'absolutisme, ont fondé la liberté civile.

protestante de la révolution. Réunir "les meilleurs esprits dans un lien indestructible", comme le proclamait l'officiant lors de la cérémonie d'initiation au grade d'Illuminatus major[227], c'était essayer de modifier la société sans lui faire vivre le désordre. C'était témoigner à l'égard de ce qu'on appelle aujourd'hui "les masses" une distance où se mêlaient le mépris et la crainte. L'engagement maçonnique était, dans sa nature, une démarche "élitiste". C'est parce que les sociétés secrètes ne lui avaient pas semblé être à la hauteur de cette démarche que Knigge s'en était éloigné. Mais il se servait de la littérature pour diffuser le même message. Le *livre* deviendra ainsi en Allemagne l'équivalent de la Révolution. Des ouvrages comme *Hyperion*, *Wilhelm Meister* ou le *Commerce* ont la même valeur symbolique qu'en France la proclamation de l'Assemblée Nationale Constituante ou la Déclaration des droits de l'homme et du citoyen.

D'abord corrompu, puis éduqué par la société, l'individu finit à son tour par agir sur elle. C'est le schéma du progrès que Knigge suggère ainsi. En réalité, c'est l'application aux rapports entre l'homme et la société d'une conception de l'Histoire qui, elle, comparée à l'idéologie de l'ensemble des sociétés secrètes, appartient en propre à l'Ordre des Illuminés.

D. Le "mouvement circulaire de la culture humaine"

Cette conception de l'Histoire, nous en avons traité en détail lorsque nous avons analysé l'*Allocution aux Illuminatos Dirigentes*[228]. Nous avons vu qu'elle définit l'Histoire comme le déroulement d'un processus de progrès, mais qu'il ne s'agit pas d'une évolution continue: son cours est marqué de moments de régression, aussi nécessaires que les moments de progression. Chaque phase entraîne la destruction de la phase précédente, sans laquelle il lui serait cependant impossible d'être. Ce mouvement dialectique s'articule autour de deux notions: la nécessité et le progrès. La marche de l'Histoire est une marche nécessaire vers le progrès.

Nous avons dit la part que Knigge avait prise à la rédaction de l'*Allocution*, tout en soulignant d'ailleurs qu'ici encore, la pensée des Illuminés s'inscrivait dans un courant général de la réflexion historique au dix-huitième siècle. Montesquieu avait déjà dit, dans les *Considérations*, que l'Histoire n'était pas dominée par le hasard, mais par des "causes générales". De même que la "nouvelle religion" doit beaucoup, sinon tout, à la *Profession de foi du vicaire savoyard* et à Lessing, de même la pensée historique des Illuminés, et singulièrement celle de Knigge, est éminemment "moderne". Elle puise aux sources les plus sulfureuses de l'époque. A Vico, elle empruntait l'idée d'une

---

227 *Aechter Illuminat*, 203; Dans *Noldmann*, Knigge proposera un modèle de constitution devant permettre l'établissement d'un régime politique s'appuyant sur les "meilleurs", les "plus dignes" (*Noldmann*, II, 152 sq.). Voir *infra*, IIIe partie, II, 2.
228 Voir *supra*, II, 2, A.

division de l'histoire de l'humanité en trois âges. Mais il faut citer un autre ouvrage, dont la lecture par Knigge est attestée dans *L'Histoire de Ludwig von Seelberg: L'Antiquité dévoilée*, de Nicolas-Antoine Boulanger[229]. Une traduction allemande du livre avait été publiée à Greifswald en 1767, un an après la parution de l'édition française à Amsterdam[230].

Boulanger désirait montrer la relativité des coutumes religieuses, dans lesquelles il voyait des produits de l'évolution des sociétés humaines et non les manifestations visibles de divinités cachées. Le Quatrième Livre de l'ouvrage était consacré à l'étude des "cycles" dans l'Antiquité.

L'importance de la "théorie des cycles" dans la constitution en France, au dix-huitième siècle, d'une réflexion historique, a été montrée récemment par Jochen Schlobach dans une magistrale étude [231]. Selon cette théorie, développée par les humanistes de la Renaissance qui, eux-mêmes, s'inspiraient de l'Antiquité, c'était l'alternance sans fin de la naissance et de la mort, de la vieillesse et de la régénération, qui définissait le cours de la nature et de l'Histoire. Schlobach établit le caractère matérialiste de la "théorie des cycles" et montre que sa dialectique interne inspirera au dix-neuvième siècle la conception marxiste de l'Histoire. Il souligne aussi que non seulement Boulanger, mais aussi le vieux Voltaire, Diderot, Grimm, Raynal, et même des théoriciens de la revolution, ont appliqué cette théorie à la réalité sociale[232]. Or Boulanger était l'un des auteurs dont la lecture était recommandée aux Illuminés les plus avancés dans la hiérarchie de l'Ordre[233]. Lire Boulanger, c'était lire aussi d'Holbach, véritable auteur de l'*Histoire du despotisme oriental*, attribuée à Boulanger et qui, primitivement, devait être incluse dans *L'Antiquité dévoilée*. Knigge en publiera la traduction en 1794[234].

L'Ordre des Illuminés apparaît donc comme l'un des canaux qui permit de faire circuler en Allemagne les idées les plus hardies des Lumières françaises. Il s'agit là d'une fonction capitale, qu'oublient un peu vite les historiens récents de l'Ordre.

La conception de l'Histoire développée dans l'*Allocution* se retrouve dans trois oeuvres majeures de Knigge. La première, l'*Histoire de Peter Claus*, publiée de 1783 à 1785, est contemporaine de son activité au service de l'Ordre des Illuminés. Les deux autres sont directement issues du choc causé en lui par

---

229 *Seelberg*, I, 93.
230 *Das durch seine Gebräuche Aufgedeckte Alterthum. [...] Aus dem Französischen des Herrn Nicol[as] Ant[oine] Boulanger übersetzt, und mit Anmerkungen von J.C. DÄHNERT, Greifswald, 1767. Le titre français du livre était: L'Antiquité dévoilée par ses usages ou Examen critique des principales opinions, cérémonies, & institutions, religieuses & politiques des différents peuples de la terre*, Amsterdam, 1766.
231 J. SCHLOBACH, *Zyklentheorie und Epochenmetaphorik. op. cit.*
232 *Ibid.*, 24.
233 Knigge à Zwack, janvier 1783, NOS, I, 115.
234 *Ueber den Ursprung des Despotismus, besonders in dem Morgenlande*, [übersetzt und] herausgegeben von [Adolph] Freiherr von Knigge, *Altona, 1794*.

la Révolution française. Ce sont l'*Histoire des Lumières en Abyssinie* et la *Profession de foi politique de Joseph Wurmbrand*.

L'*Histoire de Peter Claus* n'est pas, à première vue, une oeuvre politique. Elle raconte, à la manière d'un roman picaresque[235], les aventures vécues par le fils d'un "honnête cordonnier", qui, après avoir été successivement soldat, déserteur, puis brigand, devient laquais, acteur, et enfin favori d'un petit prince allemand qui fait de lui un ministre. Mais Claus, victime des intrigues de courtisans envieux, est destitué. Il se retire "à l'étranger", sur des terres que sa fortune passée lui avait permis d'acquérir. Le genre n'a donc rien d'original, il fournit une bonne partie de la littérature du temps. Peut-être le roman de Knigge est-il moins ennuyeux que beaucoup d'autres. C'est affaire de style.

Pourtant, il s'agit d'une oeuvre importante pour comprendre la genèse d'une pensée politique chez Knigge.

Elle contient en effet, en sa deuxième partie, une longue digression, présentée sous le titre "Manuscrit du sieur Brick" (*Manuscript des Herrn Brick* [236]), qui rattache le roman aussi bien au *Système universel pour le peuple*, dont nous avons dit l'intérêt pour comprendre l'idéal de "nouvelle religion" chez Knigge, qu'aux oeuvres politiques composées à partir de 1790. Knigge décrit trois pays imaginaires, situés "sous le pôle Sud"[237], qui symbolisent trois étapes de la décadence et de la régénération de l'humanité, le passage de l'"état de nature" (*der natürliche Zustand*) à l'"état despotique" (*der despotische Zustand*) qui, à son tour, est détruit pour faire place à un état idéal pour lequel Knigge n'a pas encore trouvé de nom, mais qui permet l'existence d'une république insulaire autarcique, inaccessible des autres pays du monde.

Le schéma suggéré par ces trois tableaux est donc en réalité une illustration de la théorie des l'Histoire développée dans l'*Allocution*. Il s'agit de l'histoire de l'Humanité, prise à partir de ses origines: Knigge fait parler aux habitants du premier Etat un "idiome hébraïque"[238] et les désigne comme des "fils d'Adam"[239].

Le *Manuscrit du sieur Brick* est, comme l'Allocution, imprégné de la pensée politique de Rousseau. Il emprunte aussi une partie de sa mythologie du "bon

---

235 Elle fut d'ailleurs traduite en français sous le titre *Le Gil Blas Allemand ou Aventures de Pierre Claus*, Paris, 1789, et en anglais sous le titre *The German Gil Blas, or Adventures of Peter Claus*, translated from the German, London, 1793. Malgré cette dernière précision, le titre semblerait suggérer que la traduction anglaise a peut-être été faite à partir du texte français.
236 Cette partie du roman a été rééditée dans une anthologie dont le titre lui est emprunté: Adolph Freiherr Knigge: *Traum des Herrn Brick. Essays. Satiren. Utopien*, hg. von H. VOEGT, Berlin/DDR, 1968, 45 - 108.
237 "Unter dem Südpol". Le "manuscrit" occupe, dans la IIè partie, les pages 27 - 219.
238 *Ibid.*, 61.
239 *Ibid.*, 66.

sauvage" aux récits de Diderot, de Cook, de Forster, qui avaient présenté Tahiti comme le paradis de l'innocence primitive.

C'est d'ailleurs à Tahiti que Brick compare le premier des trois pays inconnus qu'il visite. C'est un "Etat fondé sur la nature" (*Naturstaat*). L'homme n'y est pas encore corrompu par la civilisation. La nature suffit à le nourrir, à le vêtir et à le réjouir[240]. Point de luxe ni de vice, de Révélation ni de théologie, de princes ni de prêtres, de lois ni de contraintes. "Ce n'est pas un pays pour les tyrans européens", note Brick[241]. Il y règne une liberté totale. Mais un Européen n'a pas le droit de s'y établir: "Tu ne peux rester plus longtemps dans nos régions", dit à Brick un bon vieillard[242]. Brick comprend lui-même qu'il est trop corrompu pour vivre heureux dans l'État de nature. Autrement dit, Knigge ne pense pas que l'Histoire puisse jamais revenir en arrière. Elle peut progresser et conduire l'Humanité à redevenir aussi heureuse qu'elle l'était à l'origine, mais ce n'est pas, justement, un retour à l'origine. L'Histoire ne tourne pas en rond.

Le second pays est un Etat dont les structures sont indentiques à celles des pays européens contemporains. Brick y a été transporté pendant son sommeil. Lorsqu'il se réveille, il a faim et tend la main vers un arbre chargé de fruits appétissants. Il est arrêté par un cri: "Eh! maudit voleur!"[243]. Ainsi est brutalement introduit le thème de la propriété qui domine l'Etat despotique et qui constitue le ressort de l'oppression politique et sociale. Knigge se souvient de Rousseau.

Le despotisme est décrit ici sous tous ses aspects. Les abus dénoncés par Brick sont ceux que Knigge condamne dans l'Allemagne de son temps: impôts écrasants, misère paysanne, exploitation du faible par le fort, du pauvre par le riche, arbitraire princier soutenu par l'Eglise, guerres désastreuses déclarées pour des motifs futiles, parties de chasse qui ravagent les récoltes, enrôlements forcés, vente de soldats, maîtres d'école ignares au service d'une orthodoxie religieuse oppressive, persécution des croyances, criminalité, usure, arrogance nobiliaire, absence de sentiment national et admiration béate des manières étrangères, encouragement du luxe pour faire oublier l'oppression, multiplicité des unités de compte, de mesure, de paiement qui paralyse le commerce, loterie et jeux de hasard, justice vénale[244]: cinquante pages de critique violente, à travers laquelle transparaissent les aspirations de la classe cultivée en Allemagne, non seulement une limitation de l'absolutisme, mais aussi l'unité nationale. Il n'est pas indifférent que Knigge associe l'émiettement territorial à la pratique de l'absolutisme. Nous verrons ce que signifiera pour lui, de ce point de vue, le 14 juillet 1790.

---

240 *Ibid.*, 37.
241 *Ibid.*, 75.
242 *Ibid.*, 71.
243 *Ibid.*, 99.
244 *Ibid.*, 100 - 149.

Mais au-delà d'une dénonciation des abus, il y a ici chez Knigge la volonté évidente d'illustrer sa théorie de l'Histoire. C'est en effet d'une part l'apparition de la propriété, d'autre part le développement de la civilisation qui sont à l'origine de l' "état despotique". En d'autres termes, cette phase de régression morale que signifie la substitution de la domination d'un seul à la liberté naturelle des origines, est une conséquence d'un progrès intellectuel. L'Etat organisé est une rationalisation de la société naturelle par la fixation de lois, de règles, qui permettront son meilleur fonctionnement technique, en attendant sa destruction. Elles iront dans le sens d'un plus grand rendement (davantage de produits, meilleures conditions de logement, de circulation etc.), mais au profit d'une minorité exploitant la majorité.

Mais les progrès de la raison n'entraînent pas seulement le développement d'une civilisation technique favorisant l'oppression politique, ils font aussi naître la concience de l'oppression, et avec elle la condition de sa suppression. Knigge reprend ici mot pour mot une formule de l'*Allocution*: "Le despotisme se détruit lui-même" [245]. Il ajoute : le "malade saute de douleur", indiquant par là qu'il prend conscience de son état.

Pourtant, Knigge pense qu'il ne convient pas que l'homme entreprenne de changer prématurément le cours des choses, réglé qu'il est par une Histoire qui doit se développer selon son cycle naturel. L'homme "n'est pas maître de la grande loi qui régit cette terre, à savoir le mouvement circulaire constant des choses terrestres"[246]. Et il ajoute un peu plus loin: "Ainsi tout sur cette terre poursuit son mouvement circulaire"[247].

En même temps, il rejette comme "chimères" tous "les plans de réforme qui visent à ébaucher un autre projet d'éducation du genre humain" et qui ne sont que le produit de "la fornication de la saine raison avec l'imagination".

Il est vrai que ceci est écrit en 1784, et qu'il est en train de se séparer de Weishaupt, ce qui explique la violence de la formulation. Il condamne ici d'abord l'action des sociétés secrètes. Mais au-delà, il condamne le principe même d'une révolution provoquée par un agent extérieur. Knigge ne propose donc pas, dans *Peter Claus*, d'agir pour changer la société. Il se contente de dénoncer les abus de l' "état despotique".

Le troisième Etat que visite Brick décrit une utopie pure et simple, celle d'une "colonie" où les rapports politiques et sociaux ont été complètement réorganisés, mais qui, pour se protéger d'une corruption possible, doit "se couper totalement du monde"[248] et n'autorise pas les étrangers à y séjourner plus de trois jours. On retrouve ici la fiction de l'Etat insulaire décrit dans le *Système universel*.

Knigge ne nous dit pas comment s'est effectué le passage du deuxième au troisième "état". Ayant pris soin, pour illustrer chacune des étapes du

---
245 "Der Despotismus zerstört sich selbst", *ibid.*, 154.
246 *Ibid.*, 152.
247 "So geht alles auf dieser Erde seinen Circul fort", *ibid.*, 155.
248 *Ibid.*, 168 sq.

développement historique, de les situer dans des pays différents, il peut se contenter de les décrire, sans dire comment elles se réalisent. En fait, il a pris la précaution de nous dire, dans l'*Avertissement* qui ouvre la deuxième partie du roman, qu'il s'agissait d'un "rêve"[249].

La littérature française avait, quelques années plus tôt, produit un "rêve" du même genre: en 1770, Louis-Sébastien Mercier avait publié L'*An Deux Mille Quatre Cent Quarante,* auquel il avait donné le sous-titre *Rêve s'il en fut jamais* [250]. Knigge connaissait l'oeuvre de Mercier, dont il avait adapté à Hanau *Le Juge. L'An 2440* fut rapidement connu et apprécié en Allemagne. Les *Göttingische Anzeigen von Gelehrten Sachen* avaient, dès le 7 décembre 1771, salué en Mercier "un grand admirateur de Rousseau, de Beccaria et de tous ceux qui croient à la bonté humaine"[251]. En décembre 1771, Knigge était étudiant à Göttingen. Et il lisait Rousseau. Pourquoi n'aurait-il pas lu Mercier, dont le roman fut traduit dès 1772?

Il existe apparemment une différence essentielle entre l'utopie de Mercier et celle de Knigge. Le premier projette son rêve dans l'avenir, tandis que le second la rattache au genre traditionnel de l'utopie insulaire. Celle-ci offrait souvent le tableau d'une vie redevenue supportable par le retour à un âge d'or disparu, que préservait justement l'insularité. Or Knigge, tout en reprenant aussi la fiction de l'insularité, dit en même temps qu'il propose un "rêve". C'est bien une société *de l'avenir* qu'il décrit dans tous ses détails, et s'il la situe dans une île, c'est parce qu'il ne croit pas en 1784 sa réalisation proche. Mais il laisse entendre qu'elle est possible pour un avenir encore lointain.

D'ailleurs, l'utopie de Mercier et celle de Knigge offrent des caractères communs qu'il n'est pas inintéressant de relever.

C'est d'abord la foi naïve que nourrissait le siècle des Lumières dans un avenir radieux qui offrirait à l'homme "éclairé" par la "philosophie" une société juste et pacifique, dans laquelle chacun jouirait des fruits de son travail dans une sorte d'Etat autarcique où le commerce extérieur serait réduit à l'exportation de quelques produits et les importations interdites. Pas de luxe. Pas de distinctions sociales. Des fortunes modestes et égales. C'est la raison qui règle le cours de l'existence, et la vertu qui détermine les moindres actes.

Mais à côté de cet optimisme, que nous rencontrons chez Mercier et chez Knigge parce qu'il constitue le fonds commun de l'humanitarisme du dix-

---

249 "Es ist ein Traum und weiter nichts", *ibid., An die Leser.* Le troisième pays est décrit pages 204 - 218.
250 [L.S. MERCIER], *L'An Deux Mille Quatre Cent Quarante. Rêve s'il en fut jamais,* Amsterdam, 1770. Une édition moderne, avec introduction et notes, a été procurée par R. TROUSSON, Bordeaux, 1971. R. Trousson étudie par ailleurs ce roman dans *Utopie, Geschichte, Fortschritt: Das Jahr 2440,* in: W. VOSSKAMP (Hg), *Utopieforschung. Interdisziplinäre Studien zur neuzeitlichen Utopie,* 3 Bde, Stuttgart, 1982, III, 15 - 23.
251 Voir l'introduction de R. Trousson à l'éd. de 1971, *op. cit.,* 66 - 69.

huitième siècle, deux traits particuliers unissent l'utopie de l'un et de l'autre.

Le premier, c'est la contradiction qui, à première lecture, se dégage du contraste entre l'utopie du bonheur universel et l'image qui en est donnée. Le "paradis" décrit par Mercier et Knigge est d'une très grande austérité. Chez Mercier, par exemple, des arbres fruitiers, utiles, remplacent la végétation d'agrément. Les arts ne devant plus "mentir", les édifices qui, tels le château des Versailles, ont abrité la gloire des "despotes" sont voués à la destruction. L'appareil répressif frappe avec la plus impitoyable majesté ceux qui, tels les assassins, ont brisé le lien social. De même, chez Knigge, la littérature n'existe plus: tout savoir est transmis oralement [252]. Les habitants de son paradis sont végétariens [253]. La vie est totalement communautaire, de la naissance à la mort, en passant par l'éducation, l'exercice d'une profession, la retraite. Le luxe est prohibé. L'enseignement dispensé dans les écoles se limite à la transmission de connaissances pratiques élémentaires [254]. La sexualité (cette grande ennemie des *Aufklärer*...) est soumise à une surveillance étroite: nulle conversation privée n'est tolérée entre une femme et un homme. "Une activité et une surveillance constante empêchaient la naissance de désirs coupables"[255]. La liberté est totale – à condition qu'elle ne consiste pas à mal faire: "Chacun avait le droit de faire tout ce qui est bien". Mais le cadre dans lequel s'exerce cette "liberté de bien faire" est singulièrement étroit: "Tout était fixé" [256] – les horaires de travail, de repas, de loisir; le niveau de fortune autorisé; la structure de la vie économique; la nature des métiers et la manière de les exercer; les normes de la production agricole et artisanale. Les voyages sont interdits[257].

Il serait facile d'ironiser sur ce que nous pourrions appeler, en termes actuels, le caractère "totalitaire" de l'utopie. Pourtant, il faut y regarder de plus près. C'est ici qu'intervient un deuxième élément de comparaison possible entre Mercier et Knigge. L'image qu'ils donnent de la société future est, certes, singulièrement étroite et figée. Elle est même, pour une part, tributaire des tabous qui pèsent encore sur l'époque, notamment en matière de relations entre hommes et femmes. Mais le tableau qu'ils présentent doit aussi être compris comme une accusation portée contre la réalité qu'ils avaient sous les yeux. Pour Mercier et pour Knigge, l'Etat n'est pas encore ce "monstre froid" que Nietzsche évoquera cent ans plus tard. Dans leur naïveté d'hommes des Lumières, l'Etat représentait le garant du bonheur public: il exerçait au fond, dans la nation, les fonctions dévolues au père dans la famille.

---

252 *Peter Claus*, II, 205.
253 *Ibid.*, 207.
254 *Ibid.*, 241 sq.
255 *Ibid.*, 214.
256 *Ibid.*, 208.
257 *Ibid.*, 211.

Ils ne réfléchissent en fait pas tant sur l'Etat que sur l'homme, sur l'individu.

L'important, ce n'est donc pas d'abord la forme que prend, dans l'utopie, la vie sociale, mais le fait que l'homme, par les lumières de la raison, doit être capable de modifier les formes existantes. Mercier définit l'homme comme un "être perfectible"[258]. Et il admet que le siècle qu'il voit en rêve ne représente pas le stade définitif de l'évolution de l'humanité. Knigge, qui n'oublie pas son idéal de "nouvelle religion", fait du "perfectionnement" l'objectif de l'éducation religieuse donnée dans l'Etat qu'il décrit [259].

Si l'utopie doit être jugée au tableau final qu'elle imagine, elle peut avoir de quoi rebuter. Mais si on la comprend comme la volonté de sortir l'humanité de ce que le rude adversaire des Lumières, l'orthodoxie religieuse, présentait depuis des siècles comme une fatalité ayant sa source dans un péché transmis de génération en génération, alors elle est véritablement l'expression de cette croyance en un progrès continu, infini. Elle est la forme romanesque de l'idéal de régénération. Mais que la régénération soit inscrite dans le cours de l'Histoire, résulte d'une réflexion théorique qu'il faut appeler scientifique, car elle construit un système à partir d'une hypothèse et d'un raisonnement. Déjà l'évocation dans *Peter Claus* du "mouvement circulaire constant des choses terrestres" laissait entendre que l'Histoire n'est pas le produit du hasard, mais qu'elle obéissait à une loi. Cette loi, Knigge la formulera avec netteté dans l'*Histoire des Lumières en Abyssinie*: c'est celle du "mouvement circulaire de la culture[260] humaine".

L'*Histoire des Lumières en Abyssinie*, par Benjamin Noldmann[261] a été composée sous le coup de l'enthousiasme que la Révolution française avait provoqué en Knigge. Une lettre que lui écrivit Bürger le 27 mai 1790 montre qu'il semble avoir eu l'idée de son roman dès le printemps 1790[262]. Le 17 juin, le libraire-éditeur Dieterich, de Göttingen, lui adresse le contrat pour la publication du livre[263]. Le 24 juillet, Knigge écrit en français à sa fille: "Je compose mon livre sur l'Abyssinie, j'y déclame contre le despotisme et je m'y moque de nos institutions civiles"[264]. Le *Noldmann* est donc, cette fois, un roman authentiquement politique, et l'utopie y est directement rattachée à

---

258 MERCIER, *op. cit.*, éd. cit., II, 178. La même idée sera développée par Condorcet dans *Esquisse d'un tableau de l'esprit humain* (1795, posth.).
259 *Peter Claus*, II, 216.
260 Knigge dit: "Kreisbewegung der menschlichen *Cultur*": nous rendons ce terme par "culture". Mais pour Knigge, la *Cultur* englobe la civilisation, l'histoire, et la culture à tous les sens du mot.
261 *Benjamin Noldmanns Geschichte der Aufklärung in Abyssinien, op. cit.* H. VOEGT en a procuré une édition moderne in : Adolph Freiherr Knigge, *Der Traum des Herrn Brick, op. cit.*, 109 - 456.
262 Bürger à Knigge, 27 mai 1790, in:KLENCKE, *op. cit.*, 38.
263 J.C. Dieterich à Knigge, 17 juin 1790, *ibid.*, 40 sq.
264 Knigge à sa fille, 24 juillet 1790, KAW, orig. au Kestner Museum de Hanovre.

une réalité concrète. La Révolution française est pour Knigge l'occasion d'appliquer sa théorie de l'Histoire, et d'en tirer des conséquences valables pour l'Allemagne.

Noldmann, un bourgeois de Goslar, visite l'Abyssinie. Reçu à la cour du Grand Négus, il lui parle de l'Europe et des progrès qu'y ont accomplis les Lumières. Le Négus, désireux de moderniser son pays, accepte de prendre pour Premier Ministre le cousin de Noldmann, Joseph Wurmbrand. Ce dernier tente un essai de despotisme éclairé qui, finalement, échouera dès que le Négus aura disparu: un tel système ne peut fonctionner tant qu'il est lié à la personnalité d'un monarque qui reste "de droit divin". Le fils aîné du Négus a effectué, en compagnie de Noldmann, un voyage en Allemagne, afin de se pénétrer de l'esprit des Lumières. Mais il rentre en Abyssinie plus corrompu encore qu'il n'en était parti. Succédant à son père, il fait retomber le pays dans le despotisme le plus rétrograde. Une révolution éclate dans l'Etat voisin, la Nubie. Les souverains de ce pays font appel à l'Abyssinie pour mater les hordes populaires. Mais les Nubiens savent pourquoi ils se battent: ils veulent conquérir leur liberté. Les soldats abyssins, eux, ne sont que des mercenaires marchant sous les coups, au service d'un despote qu'ils détestent. Ils sont vaincus. Refusant de poursuivre la lutte, ils rentrent chez eux et se révoltent à leur tour. Le Négus est chassé et meurt misérablement, usé par la débauche. La couronne passe à son frère qui, lui, a été élevé par des maîtres pleins de sagesse. Le nouveau Négus propose alors au pays, de sa propre initiative, une Constitution dont la dernière partie du roman présente le détail.

Ce roman a déjà fait l'objet de plusieurs études [265]. Leurs auteurs soulignent à juste titre que l' "Abyssinie" est en réalité l'Allemagne, et certains en tirent la conclusion que Knigge se prononce pour une révolution qui permettrait de changer radicalement les institutions allemandes, selon un processus tout à fait identique à celui qu'il décrit pour l'Abyssinie. Nous verrons que ce point de vue doit être très fortement nuancé, dès lors qu'on ne considère plus ce roman comme une oeuvre isolée, mais qu'on le replace dans l'ensemble de la pensée politique de Knigge.

---

[265] J.P. BARBE, *Fingierte Reiseberichte und revolutionäre Propädeutik. Zu Knigges Geschichte der Aufklärung in Abyssinien*, in: *Beiträge zur romanischen Philologie*, 8. Jg., 1969, H. 1, 5 - 9; J. WALTER, *Adolph Freiherr Knigges Roman "Benjamin Noldmanns Geschichte der Aufklärung in Abyssinien". Kritischer Rationalismus als Satire und Utopie im Zeitalter der deutschen Klassik*, in: *Germanisch-Romanische Monatsschrift*, Neue Folge, Bd. 21, Heidelberg, 1971, 153 - 180; J.D. KOGEL, *Knigges ungewöhnliche Empfehlungen zu Aufklärung und Revolution*, Berlin, s. d. [1979]; P.A. BOIS, *Le roman de Knigge L'Histoire des Lumières en Abyssinie ou l'Allemagne éclairée par la Révolution française*, in: *De Lessing à Heine. Un siècle de relations littéraires et intellectuelles entre la France et l'Allemagne*, actes du Colloque de Pont-à-Mousson, offerts à Pierre Grappin, publiés sous la direction de Jean MOES et de Jean-Marie VALENTIN, Metz/Paris, 1985, 190 - 204.

Nous n'analyserons ici que la partie du livre dans laquelle Knigge décrit l'histoire ancienne et moderne de l'Abyssinie qui est, dit-il, "l'histoire du despotisme" [266].

Le décor extérieur lui avait été fourni par les *Voyages à la découverte de la source du Nil*, de James Bruce, dont de copieux extraits, traduits par Ernst Wilhelm Cuhn, étaient en cours de publication [267]. Knigge mentionne expressément cette source[268]. Mais en réalité, il se souciait peu de couleur locale, et ce n'est pas chez Bruce ni chez Cuhn qu'il avait pu lire le récit de l'histoire de l'Abyssinie, pour la simple raison qu'il ne s'y trouve pas. Knigge ne visite pas l'Abyssinie, il en construit une, à travers laquelle il décrit l'Europe, et singulièrement l'Allemagne. Un tel procédé était familier aux lecteurs du temps. L'abbé Raynal avait donné l'exemple avec son *Histoire philosophique des établissements et du commerce des Européens dans les Deux Indes* (1770). Dans le *Supplément au Voyage de Bougainville* (1773), Diderot l'utilisait pour remettre en question les valeurs morales de l'Europe. Quelques années après le *Noldmann*, Rebmann utilisera une fiction du même genre avec *Hans Kiek in die Welt's Reisen in alle 4 Weltteile und in den Mond* (1794). Dans tous les cas, c'est l'Europe contemporaine qui est le sujet de la réflexion.

Knigge prend d'ailleurs grand soin d'avertir le lecteur: il lui présente "un ouvrage extrêmement intéressant", mais qui n'a rien de commun avec les récits de voyage auxquels il est habitué[269]. Et il glisse, parmi des remarques concernant apparemment le seul genre du récit de voyage, qu'il va "raconter une bien remarquable révolution" [270]. Le mot devait bien suffire, à lui seul, à solliciter en 1790 l'attention du public.

Le schéma qui détermine l'évolution du despotisme en "Abyssinie" est très exactement emprunté à celui que propose l'*Allocution aux Illuminatos Dirigentes*. Knigge réunit dans l'histoire d'un Etat unique les trois étapes qu'il avait présentées dans le *Manuscrit de Brick*. Ces trois étapes sont également celles que décrivait l'*Allocution*. A l' "état de nature" succède l' "état despotique". Celui-ci est à son tour détruit pour faire place à ce que Knigge appellera "l'état social" (*der gesellschaftliche Zustand*), et que Rousseau appelait l' "état civil".

L'"état de nature" est dominé par le "gouvernement familial" (*Familienregiment*[271]). Les besoins, peu développées, sont aisément couverts par l'agriculture. La propriété n'existe pas, une égalité absolue règne. Absence de propriété et égalité des conditions sociales réduites à leur aspect élémentaire

---

266 *Noldmann*, I, p. 96.
267 E.W. CUHN, *Sammlung merkwürdiger Reisen in das Innere Afrikas*, 3 Bde, Leipzig, 1790 - 1791. Le livre de James BRUCE portait le titre *Travells to discover the Source of the Nile*.
268 *Noldmann*, I, 163.
269 *Ibid.*, 3.
270 *Ibid.*, 5.
271 *Ibid.*, 96.

qui est la vie en familles indépendantes les unes des autres, ainsi se définit le bonheur de l'humanité à l'origine des temps.

De nouveau s'impose un parallèle avec la pensée politique de Rousseau. Il est justifié, non seulement parce que Knigge avait été, nous l'avons dit, un lecteur enthousiaste de Rousseau, mais aussi parce que celui-ci avait, à partir des années quatre-vingts, pénétré profondément les milieux intellectuels allemands[272]. Les Illuminés n'échappaient pas à cette influence. Le 31 décembre 1778, Weishaupt avait informé Zwack que Marius (le chanoine Hertel, de Munich) lui ferait parvenir par Tamerlan (le conseiller Franz Georg Lang, de Eichstätt) "le mémoire de Rousseau sur l'inégalité des hommes", et il ajoutait: "j'ai besoin d'ouvrages de ce genre"[273]. Nous remarquons les tortueux détours par lesquels un professeur d'Université bavarois pouvait, à la fin du dix-huitième siècle, se procurer une "mauvaise lecture"...

Knigge insiste, comme Rousseau, sur le rôle essentiel de la propriété dans le processus de décadence qui va conduire la société de l' "état de nature" à l'"état despotique".

Pour Rousseau, c'était l'apparition de l'agriculture et de la métallurgie, en somme le progrès technique, qui avait entraîné l'inégalité. Tandis qu'une partie des hommes, occupés à "fondre et forger le fer", devaient s'en remettre à d'autres du soin de les nourrir, la nécessité de cultiver les terres avait eu pour conséquence leur partage. La propriété était née, et avec elle l'inégalité sociale, effet cependant aussi d'une inégalité des "talents" qui permettait au "plus fort" ou au "plus adroit" de tirer meilleur parti de son ouvrage. "En travaillant également, l'un gagnoit beaucoup, tandis que l'autre avoit peine à vivre. C'est ainsi que l'inégalité naturelle se déploye insensiblement avec celle de combinaison"[274].

Knigge semble s'être inspiré de ce passage dans sa description:

> Dès que dans les affaires des membres de la famille apparut, précisément sous l'effet de la multiplication des sortes de travail, une différence, la part que chacun prenait à l'entretien de toute la société ne fut plus aussi facile à embrasser d'un seul regard [...]; la différence des tempéraments ajouta à cela ses effets, et il y eut bientôt des individus paresseux et des individus travailleurs". [Ceux-ci eurent alors] "plus de terres qu'il ne leur en fallait. – Quelle fut la conséquence de cela? Non seulement l'apparition de la différence entre riches et pauvres, mais aussi de la différence entre maître et esclave[275].

Chez Knigge et chez Rousseau, la conséquence de l'apparition de la propriété est la même: elle produit des rapports de domination, qui deviennent rapidement des rapports d'esclavage. Un premier contrat social s'éta-

---

272 Voir J. MOUNIER, *La fortune des écrits de J.-J. Rousseau dans les pays de langue allemande de 1782 à 1813*, Paris, 1980, en particulier 175 - 217.
273 Weishaupt à Zwack, 31 décembre 1778, OS, 309.
274 J.-J. ROUSSEAU, *Discours sur l'origine et les fondements de l'inégalité parmi les hommes*, Paris, Gallimard, 1965 (coll. "Idées"), 99 sq.
275 *Noldmann*, I, 98 sq.

blissait, mais il avait pour base le droit du plus fort et la nécessité du plus faible.

Si le schéma général – bonheur universel, apparition de la propriété, disparition de l'égalité, création de la société civile – est identique chez Rousseau et chez Knigge, il convient pourtant de souligner que l'*Aufklärer* n'épouse pas dans tous ses aspects la pensée du Citoyen de Genève. Rousseau avait parlé de l'inégalité des "talents", Knigge évoque une inégalité des "tempéraments", et attribue à ce terme des connotations visiblement morales. Au fond, la démarche de Rousseau est plus scientifique, celle de Knigge reste tributaire d'une vision du monde marquée par le caractère moral rigide non seulement de l'éducation qu'il avait reçue, mais du milieu intellectuel allemand dans son ensemble. En évoquant la paresse, Knigge semble dire qu'il y a là un défaut contre lequel un homme peut lutter, si l'éducation l'y aide. Chez Rousseau, l'éducation n'aura, avec l'*Emile*, nullement pour fonction de "corriger" l'homme, mais de l'arracher aux méfaits de la "civilisation".

Il y a là une différence capitale entre Knigge et Rousseau. Rousseau déteste les "arts" et pense que la socialisation de l'homme, si elle est inéluctable, n'est pas en elle-même le principe du bonheur. La société idéale qu'il imagine veut être juste avant d'être heureuse. Les peines prévues pour ceux qui la refuseront seront terribles, puisque Rousseau pense que la société a le droit de retrancher de son sein celui qui refuse ses lois. Rousseau n'était pas hostile à la peine de mort, et il définit la vie du citoyen comme "un don conditionnel de l'Etat"[276]. Knigge aura, nous le verrons, sur cette question un avis radicalement différent. Pour lui, le lien social est un lien naturel, et il est la condition du bonheur:

> L'homme cherche en ce monde le bonheur, il le cherche en particulier lorsqu'il entre en contact avec d'autres hommes; seul il se sent désemparé et malheureux; pour augmenter la somme de son bonheur, il se joint à ses semblables [277].

Knigge, c'est la pensée de Rousseau corrigée par celle de l'*Aufklärung*. Il ne fait pas du progrès le seul facteur de la corruption des sociétés. Il le combine à des causes qu'il va chercher dans le tempérament humain, qui sont les passions[278]. C'est cette combinaison qui détermine le mouvement de ce qu'il appelle "Cultur".

---

276 ROUSSEAU, *Du Contrat social*, Livre II, chap. 5.
277 *Noldmann*, II, 171.
278 Il est vrai que Rousseau s'éloignera peu à peu de la haine que, dans son premier *Discours*, il avait exprimée à l'égard des "arts et des sciences". Il écrit au roi de Pologne en 1751: "Je n'avais pas dit [...] que le luxe fût né des sciences, mais qu'ils étaient nés ensemble et que l'un n'allait guère sans l'autre", cité par B. de Jouvenel, *Essai sur la politique de Rousseau*, 1947, in: *Du Contrat social*, éd. Livre de Poche, coll. "Pluriel", 131. Mais les trois *Discours* mettaient trop nettement en cause le progrès dans le processus de décadence pour que ce ne fût pas là ce qu'en retinrent les lecteurs allemands.

L'évolution de la "culture" se présente sous deux aspects à première vue contradictoires. En un sens, elle accompagne un processus de décadence, mais en même temps elle se développe dans le sens d'un progrès. La décadence frappe la situation politique et morale du citoyen. Le progrès, c'est celui de l'esprit et du savoir humain – celui de ces "sciences" que Rousseau condamnait si violemment.

Lorsque l'apparition de la propriété eut pour conséquence la division de la société entre riches et pauvres, "une sorte de contrat fut conclu entre eux"[279]: le pauvre céda au riche son travail, en échange de sa nourriture. Le *contrat social* est donc la conséquence de l'inégalité. En même temps est "choisi en commun un chef pour toute la tribu", afin d'éviter qu'un "esprit agité" (*ein unruhiger Kopf*) ne puisse troubler la paix et l'ordre, et surtout afin que puissent être réglés les premiers litiges relatifs à la propriété[280]. C'est donc la fin du "gouvernement familial", et le début de l'Etat. Knigge montre comment la fonction suprême, à l'origine une fonction de justice, devient peu à peu une fonction guerrière, en même temps qu'elle cesse d'être élective pour devenir héréditaire. Deux causes agissent constamment dans ce processus: d'une part la nécessité de défendre la propriété, en particulier contre des incursions venues de l'extérieur (d'où la guerre), d'autre part la passion qui, faisant de chaque vertu un défaut, transforme la vaillance militaire en amour immodéré de la gloire. La violence s'est donc peu à peu substituée au droit dans le fonctionnement de la société[281].

Mais Knigge admet que la violence n'est pas un phénomène permanent, du moins cette violence ouverte qu'est la guerre. En même temps que se développe la structure politique dont la fonction est de préserver la propriété, l'esprit humain, sollicité par l'accroissement des besoins, progresse, lui aussi. Les Abyssins et leurs voisins, les Nubiens, échangent leurs produits:

> Ce fut l'apparition du commerce, avec lequel, à son tour, la culture abyssinienne, l'état d'esprit et les institutions du pays changèrent d'aspect[282].

Déjà on lisait dans l'*Allocution* que c'étaient les besoins qui déterminaient l'histoire des sociétés[283].

Avec l'apparition du commerce se termine ce que Knigge appelle "l'histoire ancienne" de l'Abyssinie. L'apparition de la monnaie, l'exploitation des métaux précieux, la diversification des échanges, entraînent une complexité grandissante dans le fonctionnement du corps social. Le chef de l'Etat, appelé maintenant "prince", dispose bientôt non seulement de sa fortune personnelle, mais de celle de la nation, avec laquelle il doit en principe rémunérer ceux qui extraient les minerais précieux. Knigge montre que le passage au

---

[279] "so wurde eine Art von Vertrag unter ihnen abgeschlossen", *Noldmann*, I, 99.
[280] *Ibid.*, 102.
[281] *Ibid.*, 108 - 114.
[282] *Ibid.*, 114.
[283] Voir *supra*, II, 2, D.

despotisme se fait lentement, d'une manière quasi insidieuse: le prince se considère "peu à peu" (*nach und nach*) comme le propriétaire de la nation, l'esprit public "s'attiédit", la nation devient "indolente"[284]. C'est ainsi que le pouvoir devient absolu. Le prince prend le nom de "roi", crée une armée permanente, entreprend des guerres d'agression, réprime les révoltes de la misère. En même temps que grandit l'inégalité, l' "oisiveté engendrait de nouveaux vices et de nouvelles extravagances"[285].

L'absolutisme politique s'appuie sur le despotisme religieux, dont l'unique fonction est de soutenir le pouvoir du prince, qui en échange abandonne aux prêtres le monopole de l'interprétation d'une tradition inventée pour la circonstance et appelée "révélation". Bien entendu, les guerres de religion sont évoquées comme une des formes les plus atroces de la violence qui domine maintenant les rapports politiques et sociaux[286].

Afin d'actualiser le tableau qu'il dresse de l' "état despotique", Knigge imagine la fiction d'un voyage du prince héritier d'Abyssinie en Allemagne. Cela lui permet de décrire les abus qui y règnent: futilité de la vie de cour, gaspillage des finances publiques, arbitraire politique, pauvreté des campagnes et mendicité dans les villes, vénalité de la justice, corruption des classes dirigeantes, arrogance de la noblesse[287].

Pourtant, en même temps que l'ancien contrat social achève de se dissoudre, et qu'ainsi est consacrée la décadence qui, d'une société égalitaire et libre, a fait un Etat arbitraire et injuste, l'évolution de la "culture" est aussi marquée par un progrès constant, auquel Knigge donne le nom d'*Aufklärung*, qu'il faut comprendre ici comme "mouvement vers les Lumières". Il s'agit en effet d'un processus à la fois lent et continu, qui aboutit à une prise de conscience et à une remise en question du despotisme.

Au fur et à mesure que se développe le progrès technique, de nouvelles inventions favorisent celui des idés, ainsi que leur circulation. Knigge est tout à fait conscient de l'importance capitale qu'eut dans le passage du monde ancien au monde moderne l'invention de l'imprimerie: par elle, dit-il, de "nouvelles vérités" sont diffusées, qui, grâce à l'étude des langues, deviennent des objets d'échange, se fécondent mutuellement et produisent "une révolution dans notre manière de penser et d'agir" [288].

C'est cette révolution par les idées que Knigge appelle "Lumières" (*Aufklärung*). Il évoque "le courant universel de la Lumière"[289], qui emporte sur son passage le préjugé et incite à soumettre à l'examen de la raison toutes les croyances. C'est, évidemment, à la religion qu'il pense d'abord. Ou plutôt, à

---

284 *Noldmann*, I, 119 - 122.
285 *Ibid.*, 126.
286 *Ibid.*, 156 - 176 – vingt pages sur la religion et le "despotisme" de l'orthodoxie, mais rien d'original par rapport aux positions de l'*Aufklärung* en la matière.
287 *Ibid.*, II, 1 - 91.
288 *Ibid.*, I, 186 sq.
289 *Ibid.*, II, 123.

ce qu'il appelle les "systèmes religieux" (*Kirchensysteme*), qui permettent à une caste de prêtres d'imposer croyances et idées[290]. Mais l'aspiration à la liberté de penser a pour conséquence aussi une remise en cause du despotisme politique:

> Après avoir assez longtemps parlé et écrit librement et hardiment sur la morale, la religion et les affaires privées, on commença à raisonner tout aussi librement sur les droits de l'homme et les droits des peuples, sur les prétentions des princes et leurs droits, sur l'esclavage et la liberté[291].

Les "droits de l'homme" sont au bout de cette longue chaîne de la "culture". Peu à peu, les Abyssins comprennent que leur souverain est "tyrannique et déraisonnable"[292]. Une tentative de gouvernement conçue d'après les principes de l'absolutisme éclairé tel qu'il existe en Europe est menée par Wurmbrand, le cousin de Noldmann. Elle échoue: "on ne convertit pas les despotes"[293]. Au contraire, le despotisme se fait de nouveau plus dur, plus arbitraire[294].

En fait, le progrès des Lumières a allumé une flamme que rien ne pourra jamais plus étouffer: la "liberté de penser et de parler"[295] entraîne une fermentation générale, et il suffira d'une étincelle, jaillie de l'exemple donné par le peuple voisin des Nubiens, pour provoquer l'explosion d'une révolution qui met fin à l'"état despotique".

C'est donc bien la "culture" qui a été le moteur de ce bouleversement. L'"état despotique", qui a engendré un plus grand degré de conscience, est à l'origine de sa propre destruction. Au premier contrat social va pouvoir s'en substituer un second, qui ramènera l'humanité au bonheur universel. C'est en cela qu'il s'agit d'un "mouvement circulaire" (*Kreisbewegung*). Knigge emploie l'expression dès la première partie de son livre, pour introduire le tableau qu'il dresse de l'histoire d'Abyssinie. Dans un passage assez long, mais saisissant, il explique comment, périodiquement, une catastrophe s'abat sur l'humanité, détruisant aussi bien le cadre naturel que les institutions qu'elle s'est données. A la prospérité succède la misère, à la liberté l'oppression, aux Lumières les ténèbres. Il se produit donc une "revolution principale de la nature" (*Haupt-Revolution der Natur*), mais qui n'est que l'image d'une "révolution de la culture" (*Cirkel der Cultur*), elle-même produit de l'évolution de l'esprit humain:

> L'oeil de la Providence, qui voit tout, semble provoquer cette catastrophe chaque fois que les connaissances et les expériences humaines ont juste atteint le but au-delà duquel elles ne doivent pas aller, lorsque la culture intellectuelle et

---

290 *Ibid.*, 121.
291 *Ibid.*, 127.
292 *Ibid.*, 139.
293 "Man bekehrt die Despoten nicht", *ibid.*, 12.
294 *Ibid.*, 132 - 137.
295 *Ibid.*, 145.

morale a gravi tous les degrés qu'il était possible et utile de gravir –, utile, oui, pour l'éducation des générations en vue d'une sphère plus élevée [296].

Herder venait de montrer, dans ses deux ouvrages sur la philosophie de l'Histoire, qu'une civilisation naît, vit et meurt. Ce processus organique devient pour Knigge le résultat d'un projet éducatif conduit par la Providence: mais celle-ci, pour agir, requiert l'aide de l'homme. L'histoire de l'humanité, c'est l'histoire des progrès issus de la pensée agissante de l'esprit humain. Il procède par une succession de marches en avant et de régressions, que Knigge exprime dans l'image du "mouvement circulaire". Le devoir de l'intellectuel, c'est de saisir la signification exacte de la phase qui se déroule sous ses yeux, et de savoir reconnaître, au-delà d'une régression apparente, la réalité d'une progression. La Révolution française fournira à Knigge l'occasion d'affirmer qu'il est essentiel à l'avenir de l'humanité que les idées dont elle est porteuse triomphent, malgré le caractère tragique de la Terreur.

C'est dans la *Profession de foi politique de Joseph Wurmbrand*, publiée en 1792, qu'il va le dire à la face des souverains allemands. Dès le début de ce petit livre, dont il ose signer de son nom la *Préface*, il rappelle que Noldmann, dans "son" ouvrage sur l'Abyssinie, a peint "le tableau de la dégénérescence des sociétés civiles et de la contradiction qu'elles présentent avec les premiers buts du contrat social". Plus clairement encore, il proclame que la révolution éclate lorsque

> les peuples longtemps maltraités [...] allument leur lumière à la propre torche du despotisme, à savoir aux Lumières qu'a fait naître le raffinnement de la culture, et avec elles éclairent enfin leur état misérable[297].

Et après avoir analysé les causes de la Révolution française, il conclut:

> La Révolution française fut provoquée d'une manière inévitable par un enchaînement d'événements et par les progrès de la culture et de Lumières[298].

Nécessité, progrès: ce sont les deux lois qui font de l'Histoire non le produit du hasard, mais d'un enchaînement logique de causes, qui ont leur origine dans ce que Knigge appelle "le flux et le reflux de la culture" [299].

Que Knigge ait comparé l'évolution de l'histoire humaine à celle de la nature, n'a rien d'étonnant. Le dix-huitième siècle était à la recherche d'une explication globale du monde, et l'histoire de l'homme ne devait pas être dissociée de celle de la nature, puisque l'unité de la Création apparaissait encore à cette époque comme une évidence.

La réflexion de Knigge sur l'Histoire reflète donc la pensée de son siècle. Nous y avons retrouvé Vico, Montesquieu, Rousseau, Lessing, Herder. Mais

---

296 *Ibid.*, I, 92 sq.
297 *Wurmbrand*, 4 sq.
298 "Die französische Revolution wurde unvermeidlich herbeigeführt durch eine Kettenreihe von Begenheiten und durch die Fortschritte der Cultur und Aufklärung", *ibid.*, 68.
299 "Die Ebben und Fluthen der Cultur", *ibid.*, 29.

bien des éléments qui la constituent lui ont été transmis aussi par ce canal essentiel qu'ont été les sociétés secrètes. La cohérence de la théorie du "mouvement circulaire de la culture humaine" vient de ce que, grâce à l'enseignement des Illuminés, elle pouvait être prise comme point d'appui pour nourrir une action. Certes, Knigge avait dû constater que l'Ordre en restait à la théorie et n'agissait point. Dans *Noldmann*, il analyse, une fois de plus, les fonctions qu'exercent les associations secrètes dans une société à la fois despotique et éclairée. Il les considère expressément comme un facteur de la "fermentation générale" de l'époque[300]. S'il raille la quête des "connaissances sublimes", les rituels et leurs signes mystérieux, leur langage chiffré et leurs phrases creuses, il reconnaît que la franc-maçonnerie a été, à un certain moment, le seul pôle de sociabilité possible dans une société que ses cloisonnements sociaux vouaient à la non-communication, alors que se relâchaient en même temps tous les liens "naturels"[301]. Elle assumait donc une fonction sociale en occupant une place que l'absence d'institutions adéquates laissait libre. Il admet aussi que certaines associations secrètes ont "sous le sceau du silence, prêché des principes politiques hardis" et que leurs membres "étaient remplis d'un chaud enthousiasme pour la liberté"[302], ce qui est en 1791 une sorte d'hommage courageux, sinon opportun, aux Illuminés. Mais la plupart se sont jetés dans les bras d' "extravagants et d'escrocs en tout genre, visionnaires, faiseurs d'or, voleurs, réformateurs politiques, fondateurs de nouvelles sectes religieuses", ce qui détourna les "penseurs débiles et les esprits agités de se consacrer à une activité utile"[303]: on voit comment la rupture avec les sociétés secrètes est pour Knigge non l'abandon d'un idéal, mais celui d'un certain type d'action, en même temps que le champ de celle-ci est restreint aux dimensions de l'environnement immédiat.

Mais lorsque la Révolution française éclatera, il sera prêt à vivre son engagement maçonnique. Il l'analysera comme la confirmation des théories développées dans l'enseignement de l'Ordre, et qui, cette fois, étaient en train de passer dans les faits et de réaliser précisément cet idéal que les Illuminés n'avaient pas su réaliser eux-mêmes.

C'est d'ailleurs ici le lieu de souligner une nouvelle fois combien est absurde la thèse du "complot maçonnique" contre les trônes, préparant méthodiquement la Révolution. Knigge avait compris que, précisément, *jamais* une révolution ne sortirait de la maçonnerie. La maçonnerie n'a nullement fomenté la Révolution. La réalité est toute autre: les francs-maçons qui, comme Knigge, avaient quitté l'Ordre parce qu'ils restaient fidèles à leur idéal, voyaient surgir soudain un événement dont la cause n'avait rien à voir avec leurs entreprises, mais qui semblait devoir leur permettre de vivre publiquement ce que la vie secrète ne leur avait pas offert.

---

300 *Noldmann*, II, 127.
301 *Ibid.*, 129.
302 *Ibid.*, 147.
303 *Ibid.*, 131.

Pourtant les sociétés secrètes n'avaient pas été inutiles. Elles ont été, à côté des "philosophes" (qui, eux non plus, ne furent pas la *cause* de la Révolution), l'un des canaux qui ont charrié les grands idéaux de l'époque, ceux d'harmonie sociale et de fraternité universelle, l'espoir d'une régénération de l'humanité, la foi dans une éducation possible du genre humain.

Conclusion: Franc-maçonnerie et Lumières

Le moment est venu de tenter de mesurer la place que tient l'engagement maçonnique dans la diffusion des Lumières, en formulant à partir de l'exemple de Knigge quelques remarques de portée générale.

Une très grande rigueur est ici requise. Nous avons eu l'occasion de souligner à plusieurs reprises que l'analyse du rôle des Illuminés, et de Knigge en particulier, dans le processus de la prise de conscience allemande à la fin du dix-huitième siècle, corroborait totalement la thèse de ceux qui rejettent l'idée du "complot maçonnique".

Mais nour rejetons tout aussi résolument l'opinion de ceux qui ne voient, dans l'engouement de l'époque pour les sociétés secrètes, que l'effet d'une mode trop vite qualifiée de ridicule. L'étude des modes devrait être un des objectifs essentiels de toute enquête qui cherche à comprendre comment se constituent en profondeur les mentalités d'une époque et d'une société. Bien souvent, elles en expriment, dans une combinaison certes déroutante, les désarrois et les espérances. Cela vaut, en tout cas, pour l'engouement des dernières années du dix-huitième siècle pour les sociétés secrètes. Il est juste de dire ici que les spécialistes de toutes disciplines qui se penchent sur le dix-huitième siècle reconnaissent aujourd'hui l'importance du fait maçonnique[304].

La principale difficulté d'une appréciation exacte du rôle de la maçonnerie vient peut-être des maçons eux-mêmes. Citons à cet égard le livre qu'August Wolfstieg, l'auteur de la monumentale et très précieuse *Bibliographie de la littérature maçonnique*, a consacré à l'étude *de La philosophie de la franc-maçonnerie*[305]. L'appartenance de l'auteur à la maçonnerie le conduit, malgré son souci évident d'objectivité, à prendre parti dans les oppositions qui séparent les différents systèmes (en l'occurrence, ici, en faveur de la maçonnerie anglaise). Néanmoins son ouvrage, dont le premier tome est intitulé *Travail et symbolique maçonniques* (*Freimaurerische Arbeit und Symbolik*), est un guide précieux pour le profane qui essaie de se frayer un chemin à travers la

---

304 Aux titres mentionnés dans le corps de notre étude, ajoutons encore un numéro spécial des *Annales Historiques de la Révolution Française* consacré à la franc-maçonnerie au XVIIIè siècle (N° 197, juillet-septembre 1969).

305 Cet ouvrage fait partie d'une somme immense, portant le titre général *Werden und Wesen der Freimaurerei*, divisée en deux parties: Erste Abteilung: *Ursprung und Entwicklung der Freimaurerei*, 3 Bde, *op. cit.*; Zweite Abteilung: *Die Philosophie der Freimaurerei*, 2 Bde, Leipzig, 1922.

foule des symboles, des images, des grades qui constituent le cadre initiatique nécessaire de la vie de l'Ordre. Mais le second volume, qui veut présenter *Les valeurs spirituelles, morales et esthétiques de la franc-maçonnerie* (*Die geistigen, sittlichen und ästhetischen Werte der Freimaurerei*), ne l'aborde pas sous l'angle d'un fait de civilisation, mais propose plutôt un catalogue de principes définissant un idéal d'humanité, auquel celui qui n'est pas maçon peut, évidemment, aussi adhérer: sagesse, beauté, liberté, morale, tolérance, amour de la vérité, et même, immortalité de l'âme. Malheureusement, Wolfstieg donne trop souvent l'impression que ces valeurs, selon lui, n'existent sous leur forme parfaite que dans la maçonnerie. En définitive, un tel ouvrage présente aujourd'hui, pour le profane, l'intérêt de lui indiquer quels sont les thèmes maçonniques et les mots qui les expriment. Cela peut être d'un grand secours lorsqu'on veut les retrouver dans la littérature, l'art ou la musique.

Un ouvrage très différent est celui de Ferdinand Josef Schneider, qui, à notre connaissance, n'était pas maçon, mais qui était en revanche un historien de la littérature. Son livre étudie *La franc-maçonnerie et son influence sur la culture intellectuelle allemande à la fin du XVIIIè siècle*[306]. Mais c'est le sous-titre qui en définit exactement le propos: *Prolégomènes à une histoire du romantisme allemand*. Il dresse d'abord le tableau de la maçonnerie allemande à la fin du dix-huitième siècle et essaie de déceler les causes de la crise qu'elle traversait. Il en voit essentiellement deux: l'irruption de la maçonnerie "écossaise" en Allemagne, et les rivalités de personnes qui opposaient les membres des différents systèmes, et qui les empêchèrent de retourner aux véritables sources de la maçonnerie. Pour Schneider, la source essentielle est la philosophie médiévale. C'est cette semence qui germera plus tard, au début du dix-neuvième siècle, à l'époque du romantisme. Ainsi était ouverte la voie qui devait conduire Auguste Viatte à étudier *Les sources occultes du romantisme allemand*.

Ces études, qui ont leur prolongement dans les travaux d'Antoine Faivre, orientent la curiosité que doit soulever le phénomène maçonnique vers son apport à la pensée ésotérique et irrationnelle. Il était important que cet aspect fût mis en évidence sur la base de recherches scientifiques. Une réhabilitation était en effet nécessaire, elle a été opérée.

Pourtant, il est permis de se demander si ce n'est pas l'irrationalisme qui a été la cause de la sclérose à laquelle est vouée, à partir des années quatre-vingts, la maçonnerie allemande. Un article de Pierre Grappin, examinant les rapports entre *Lumières et franc-maçonnerie en Allemagne au XVIIIè siecle*[307] propose cette conclusion, après avoir rappelé que jusque vers 1770, les loges maçonniques s'étaient multipliées en même temps que se développait le rationalis-

---

306 F.J. SCHNEIDER, *Die Freimaurerei und ihr Einfluss...*, op. cit.
307 P. GRAPPIN, *Lumières et franc-maçonnerie en Allemagne au XVIIIè siècle*, in: *Utopie et Institutions au XVIIIè siècles. Le pragmatisme des Lumières*. Textes recueillis par Pierre Francastel et suivis d'un esai sur l'Esthétique des Lumières, Paris/La Haye, 1963, 219 - 227.

me "éclairé": à ce titre, la maçonnerie était engagée au premier chef dans le courant visant à l' "éducation du genre humain". Nous avons essayé de montrer combien Knigge avait cru au rôle majeur qui, selon lui, était assigné, dans cette perspective, à la maçonnerie.

Enfin l'étude des associations secrètes s'est, depuis une vingtaine d'années, orientée vers un autre aspect, essentiel lui aussi, celui de leur fonction dans le processus de mutation qui caractérise la société de l'époque. Cette approche intègre dans leur multiplicité tous les facteurs qui jalonnent la naissance de la conscience allemande moderne, et qui peuvent se résumer dans la conviction, profonde chez beaucoup d'Allemands, que les cadres désuets d'une époque révolue devaient être remplacés par des structures de sociabilité plus conformes à l'évolution des mentalités. Il s'agit, si l'on veut, d'une variante de la thèse qui voit dans l'engagement maçonnique la volonté de réaliser un idéal d'éducation. Cette fois, ce n'est plus seulement l'individu qui en est l'objet, mais une société tout entière. Mais au lieu de se limiter à l'étude abstraite de l'idéal, on cherche maintenant à déterminer le jeu des forces sociales dans lesquelles il s'incarne ou qui le refusent, afin d'évaluer le rapport des forces qui opposaient les partisans du progrès à ceux qui le rejetaient. Pour notre part, nous avons voulu contribuer à cette recherche en évoquant la structure sociale de l'Ordre des Illuminés, les intentions de ses membres et ce qu'ils avaient réellement fait – ou n'avaient pas fait.

Pourtant, il ne nous semble pas que les approches que nous venons d'énoncer suffisent à rendre compte de la nature exacte de la relation étroite qui unit la franc-maçonnerie aux Lumières. La raison en est qu'elles sont sans doute trop systématiques, alors que l'histoire de la maçonnerie allemande au dix-huitième siècle se dérobe en réalité à toute systématisation, même si, pour les commodités de l'exposé, on est amené à utiliser le terme de "systèmes" maçonniques.

L'histoire de la maçonnerie est complexe, pour ne pas dire confuse, et il serait aisé de faire ressortir comment s'imbriquait dans chaque "secte" rationalisme et préoccupations philosophiques élevées et croyances naïves à la possiblité de fabriquer de l'or, etc. Surtout, nous avons constaté que ces tendances éminemment contraires se rencontraient souvent chez les mêmes hommes, et Knigge nous a fourni une illustration frappante de cette évidence. Au fond, sa "nouvelle religion" constituait une tentative pour concilier la volonté d'une explication rationnelle de l'histoire et le besoin irrationnel de symboles propres à mettre en mouvement les forces qui en modifieraient le cours. Elle était aussi l'ébauche d'une "religion laïque", c'est-à-dire d'un engagement au service de l'homme, mais qui supposerait chez celui qui y souscrivait un enthousiasme analogue à celui qui peut animer la foi. La "nouvelle religion", avec ses rites et sa liturgie, était la forme concrète dans laquelle se réalisait le triple idéal de la maçonnerie: laïciser le christianisme, faire cohabiter la bourgeoisie et la noblesse en imposant l'idée d'une égalité juridique, et faire de l'entraide le moteur d'une société fraternelle.

Il nous semble donc trop simple de dire que la maçonnerie allemande se serait divisée en deux courants opposés: l'un, rationaliste, qui se serait plus facilement tourné vers l'action politique, l'autre, ésotérique et irrationel, qui aurait poussé le maçon vers un repliement sur soi, l'éloignant ainsi de la participation active à la vie du citoyen.

La réalité est plus complexe. Avant d'être des laboratoires de pensée, les loges étaient des lieux de rencontre, et, en conséquence, des relais pour la transmission de tout ce qui se laisse transmettre. D'abord, très certainement, des renseignements concrets: pourquoi les commerçants n'auraient-ils pas cherché à savoir, grâce à tel Frère lui-même négociant, si des échanges étaient possibles? Mais aussi des informations, des "nouvelles", politiques, militaires, scientifiques: que disait-on dans tel milieu de tel projet d'alliance, de tel procès, de telle disgrâce etc.? Evidemment, il nous serait difficile d'apporter la preuve de tels entretiens qui, par définition, ont lieu à bâtons rompus et ne laissent pas de trace. Mais il ne nous semble pas le moins du monde illégitime d'imaginer qu'ils aient eu lieu. Qu'un négociant parle de son négoce, un officier de son régiment, un diplomate de diplomatie, quoi de plus naturel dans des cercles où chacun était considéré comme l'égal de l'autre et qui, de surcroît, étaient, par le secret, protégés contre les oreilles indiscrètes?

Mais il est un autre terrain, sur lequel nous pouvons nous avancer plus solidement: c'est celui de la transmission des idées.

La franc-maçonnerie a été un immense instrument de diffusion des idées. Nous l'avons déjà constaté à propos de la pensée de Rousseau, dont les Illuminés (il est évident qu'ils ne furent pas les seuls!) ont contribué à répandre en Allemagne les aspects les plus hardis. Nous avons vu qu'en devenant Illuminé, on pouvait avoir accès à d'Holbach, Helvétius, Boulanger, Raynal.

Des coïncidences frappantes conduisent à se demander si ce n'est pas à la franc-maçonnerie, et en particulier à l'Ordre des Illuminés, que certains des esprits les plus profonds du temps doivent quelques-unes de leurs intuitions les plus fécondes. Nous avons évoqué le cas de Herder qui, précisément à l'époque où il devient Illuminé, admet que le cours de l'Histoire est en partie déterminé par la liberté humaine[308].

Plus nette encore semble avoir été l'influence sur Hegel des idées développées dans l'*Allocution aux Illuminatos Dirigentes*. D'une manière générale, on pourrait, afin de jalonner les étapes d'une pensée qui revivra dans le matérialisme dialectique, tracer une ligne qui partirait de Rousseau et aboutirait à Marx, en passant par les Illuminés, Hölderlin et Hegel. J. D'Hondt a montré que Hegel avait puisé dans *Les Ruines, ou Méditations sur la Révolution des Empires*, de Volney, l'idée que l'Histoire progresse par destructions successives[309]. Mais il pouvait déjà avoir tiré cette idée de la lecture de

---

308 Voir *supra*, II, 2, A.
309 D'HONDT, *op. cit.*, 98.

l'*Allocution*, dont le texte faisait partie des documents illuminés publiés par le gouvernement bavarois. Que Hegel ait, d'autre part, lu des textes accessibles à l'Allemagne grâce à des Illuminés, est établi pour deux d'entre eux, traduits précisément par Knigge: l'*Essai sur la Franc-Maçonnerie* de Beyerlé[310] et le *Relation de la peste dont la ville de Toulon fut affligée en 1721*, par Jean d'Antrechaux[311]. J. D'Hondt signale aussi la lecture par Hegel d'une pièce de Louis-Sébastien Mercier, *Montesquieu à Marseille*[312]. Or nons savons que Knigge avait été été l'un des introducteurs de Mercier en Allemagne. La connexion établie par J. D'Hondt entre Hegel et la franc-maçonnerie nous paraît donc rattacher, au moins par l'un de ses fils, Hegel à l'illuminisme et à Knigge. Et puisque D'Hondt signale la lecture probable par Hegel des *Ruines* de Volney, il n'est pas inintéressant de rappeler que cet ouvrage parut la même année que le *Noldmann*, en 1791. Or le caractère inéluctable d'une revolution n'apparaissait-il pas à Knigge sous les espèces d'une "catastrophe" de la nature dont il s'attardait à décrire les destructions qu'elle entraînait[313]? Knigge ne pouvait avoir déjà lu Volney, puisque la période de rédaction du *Noldmann* est antérieure de quelques mois à la publication des *Ruines*. Sa correspondance ne laisse pas non plus supposer qu'il ait connu le savant angevin. C'est, paradoxalement, en cela que réside l'intérêt d'un tel rapprochement: il suggère tout simplement que des idées essentielles étaient véhiculées, par-delà les frontières nationales ou linguistiques, par d'autres canaux que ceux des relations littéraires. Un des canaux de ces échanges était la maçonnerie: Volney était étroitement lié avec les membres de la loge parisienne *Les Neuf Soeurs*, à laquelle il appartenait lui-,ême[314]. Il méditait sur des objets qui paraissaient essentiels aux esprits de l'époque, et Knigge réfléchissait sur les mêmes questions. L'un et l'autre fréquentaient les mêmes milieux. Et la même année, chacun publiait le résultat de ces réflexions. Volney ou Knigge?

---

310 *Ibid.*, 54, n. 1.
311 *Ibid.*, 184 - 203. La traduction de Knigge s'intitule *Herrn von Antrechau's [...] merkwürdige Nachrichten von der Pest in Toulon, [...]. Aus dem Französischen übersetzt von Adolph Freyherrn Knigge. Nebst einer Vorrede von D. Joh[ann] Alb[recht] Heinr[ich] Reimarus, Hamburg, 1794.* Voir *infra*, IIIe partie, I, 2.
312 D'HONDT, *op. cit.*, 154 - 182.
313 *Noldmann*, I, 99 sqq. Knigge écrit par exemple: "Die Bewohner dieses Theils des Erdbodens kommen um, und mit ihnen gehen ihre Kunstwerke, ihre Anlagen, die Monumente und Resultate ihres Fleisses und ihrer Nachforschungen verloren; blühende Staaten werden vernichtet..."
314 D'HONDT, *op. cit.*, 87. Sur cette loge, voir L. AMIABLE, *Une loge maçonnique d'avant 1789: la R∴ L∴ les Neuf Soeurs*, Paris, 1897, réimpr. Paris, 1989. Elle avait été fondée par l'astronome Lalande, qui fréquenta le salon de Mme Helvétius après la mort de son mari. La loge se proposait de cultiver les vertus maçonniques, mais d'y ajouter "la culture des sciences, des lettres et des arts [...]. Les arts ont eu, comme la Maçonnerie, l'avantage inappréciable de rapprocher les hommes" (Règlements de 1779, cités p. 32). Le mathématicien Romme fut membre de la loge. Rappelons enfin que Lalande fut fortement suspecté d'athéisme.

Pourquoi pas Volney *et* Knigge? Hegel lisait la revue *Minerva*, qui publia une traduction du second chapitre du livre de Volney, et il lisait, traduits par Knigge, des écrits français, maçonniques et autres, qui lui semblaient contenir les interrogations essentielles de l'époque. Hegel a-t-il lu le *Noldmann*? Il est en tout das intéressant de retrouver chez lui la conviction, qui est fondamentale dans le roman de Knigge, que la destruction de ce qui est périmé est la condition indispensable du progrès.

Il n'est pas jusqu'à sa réflexion sur l'Etat qui n'ait pu être, au moins indirectement, suggérée à Hegel par les Illuminés. Le fragment écrit de la main de Hegel, mais dont on ignore exactement l'auteur, et que l'on a publié sous le titre de "plus ancien programme systématique de l'idéalisme allemand", semble devoir l'essentiel de son inspiration à Hölderlin[315]. Ce texte contient une critique particulièrement violente de l'Etat et de ses institutions. Or c'était l'époque où Hölderlin fréquentait des associations secrètes nourries d'idéal révolutionnaire. On retrouve dans *Hyperion* l'écho du débat sur la nécessité et la fonction de l'Etat[316]. Hölderlin, comme Hegel, pouvait bien avoir lu l'*Allocution* et quelques autres textes rédigés par des Illuminés. En quoi cela serait-il étonnant chez des jeunes gens vivant aussi intensément les aspirations de leur siècle?

De Hölderlin, nous voici ramenés à Fichte qui, lui aussi, était lié aux milieux maçonniques[317]. Et lorsqu'il était professeur à Iéna, il était nécessairement au courant des discussions qui agitaient les milieux estudiantins à propos du rôle politique des associations secrètes. Il consacra à la franc-maçonnerie des *Conférences* qui furent publiées en 1802[318].

Une part importante de la réflexion de Fichte porte sur le problème de l'Etat. On sait que sa position est extrêmement complexe, au point qu'il existe entre les idées qui étaient les siennes vers 1793 et celles qu'il défendra dans la dernière partie de sa vie des contradictions qui peuvent lui valoir l'accusation de reniement. Il n'entre pas dans le cadre de ce travail de les analyser. Mais il nous faut évoquer deux textes de Fichte, datés de 1793, dans lesquels il exprime une hostilité radicale envers l'Etat: *Demande en restitution, aux princes de l'Europe qui l'ont opprimée jusqu'ici, de la liberté de penser*[319] et

---

315 BERTAUX, *op. cit.*, 108 sq.
316 Sur Hölderlin et l'illuminisme, voir H. GRASSL, *Hölderlin und die Illuminaten. Die zeitgeschichtlichen Hintergründe des Verschwörermotivs im "Hyperion"*, in: *Sprache und Bekenntnis*, Sonderband des Literaturwissenschaftlichen Jahrbuchs, H. Kunisch zum 70. Geburtstag, Berlin, 1971, 137 - 160; K. SCHUFFELS, *op. cit.*, 325 - 382.
317 LENNHOFF-POSNER, *op. cit.*, art. *Fichte*, Sp. 474.
318 J.G. FICHTE, *Vorlesungen über die Freimaurerei*, parues d'abord sous le titre *Briefe an Konstant*, dans les *Eleusinischen des 19. Jahrhunderts, oder Resultate vereinigter Denker über Philosophie und Geschichte der Freimaurerei*, I, Berlin, 1802, 1 - 43 et II, Berlin, 1803, 1 - 60.
319 [J.G. FICHTE], *Zurückforderung der Denkfreiheit von den Fürsten Europens, die sie*

Contributions destinées à rectifier le jugement du public sur la Révolution française[320]. On pourrait y ajouter aussi *Respect de l'Etat pour la vérité*[321], rédigé dès 1792, mais qui ne fut publié que plus tard.

L'idée maîtresse de Fichte à cette époque, c'est que le bonheur de l'homme ne peut être réalisé dans l'Etat. Certes, il faut toujours se mouvoir avec une grande prudence sur le terrain dangereux des influences en matières de pensée. Mais on ne saurait trop répéter que la maçonnerie n'agit pas, précisément, à la façon d'une école de pensée. Elle est trop diverse pour cela. Elle agit à la façon de ce que nous appelons aujourd'hui un "média". Au fond, ce qui nous importe, plus encore que l'idée elle-même développée, transposée par tel ou tel penseur, tel ou tel artiste, c'est l'endroit où il se trouvait lorsque cette idée lui est venue. Et nous sommes bien obligés de constater que Fichte rejette l'Etat à l'époque où il fréquentait des milieux marqués par l'Illuminisme, lequel rejette aussi, théoriquement du moins, l'Etat. Même si tous les Illuminés sont loin d'avoir, dans la pratique, observé cette méfiance à l'égard des institutions étatiques, qu'ils ont parfois, au contraire, aidées à mieux fonctionner, il n'en reste pas moins que l'*Allocution*, comme nous l'avons vu, évoque la venue d'un âge de bonheur pour l'humanité qui se cractériserait par l'absence d'Etat. Et lorsqu'en 1794, Fichte déclare devant ses étudiants: "C'est le but de tout gouvernement de rendre le gouvernement superflu"[322], il est difficile de ne pas opérer un rapprochement avec l'*Allocution aux Illuminatos Dirigentes* ou avec les *Dialogues maçonniques*.

A travers Hegel, Hölderlin et Fichte, ce sont deux idées majeures pour la constitution des idéologies modernes qui ont été véhiculées par l'illuminisme: le schéma dialectique du développement de l'Histoire, et la mise en question de l'Etat.

Ces idées, ni la franc-maçonnerie ni l'illuminisme ne les ont inventées. La franc-maçonnerie, encore une fois, n'a rien *inventé*. Elle a *transmis*, par la voie de l'*initiation*. Par elle, les uns ont été initiés à l'hermétisme ou à l'ésotérisme. D'autres ont été initiés à l'idéal d'une nouvelle religion, à l'espérance de la régénération d'un monde corrompu. La franc-maçonnerie leur a mis dans les mains les outils intellectuels avec lesquels ils allaient, eux-mêmes, faire oeuvre de créateurs. Il serait donc très inexact de parler de l' "influence" de la maçonnerie ou de l'illuminisme sur Hegel, ou Hölderlin, ou Goethe, Fichte, Herder... Pour eux, l'initiation maçonnique a été l'une des voies par lesquelles ils ont eu accès aux secrets de la nature, de la connaissance, des hommes. Cela

---

  bisher unterdrückten, Heliopolis, im letzten Jahre der alten Finsternis [= 1793].
320 J.G. FICHTE, *Beitrag zur Berichtigung der Urteile des Publikums über die Französische Revolution*, 1793.
321 J.G. FICHTE, *Über die Achtung des Staates für die Wahrheit*, 1792. Sur les idées de Fichte sur l'Etat à cette époque, voir SCHUFFELS, *op. cit.*, 368 - 380.
322 J.G. FICHTE, *Einige Vorlesungen über die Bestimmung des Gelehrten*, Jena/Leipzig, 1794, 33.

suffirait à montrer à quel point la franc-maçonnerie était engagée dans le mouvement des Lumières, dont elle reflète avant tout la diversité et les contradictions. Mais aussi certains aspects plus spécifiques: l'un d'eux est l'attente d'une nouvelle élite.

La franc-maçonnerie et l'illuminisme ont en effet contribué à la diffusion de l'idée, essentielle pour l'*Aufklärung*, que de nouvelles élites devaient être formées par la science et l'éducation. Tel était bien le projet essentiel de l'Ordre des Illuminés, et nous avons vu avec quel soin le rédacteur du grade de Prêtre, c'est-à-dire Knigge, avait défini les différents domaines du savoir que devait maîtriser le nouvel élu, afin de le transmettre aux générations futures. En ce sens, les "prêtres" n'étaient plus les serviteurs d'une caste ecclésiastique, mais, pour reprendre l'expression utilisée par Knigge dans le *Système universel*, les "nobles amis de l'humanité"[323]. Les instituteurs du peuple, en somme. Une centaine d'années plus tard allait naître dans un pays auquel ses dirigeants (souvent des maçons...) travaillaient à donner l'instruction obligatoire, gratuite et laïque, l'image du "saint laïc", dont la tâche était de fournir à un pays humilié les élites qui assureraient son redressement. Un phénomène analogue s'était déroulé en Allemagne au lendemain des défaites que lui avait infligées Napoléon. En Prusse, c'est l'ancien Illuminé Hardenberg qui réorganise l'administration, réalisant en particulier l'égalité de la perception fiscale et proclamant l'émancipation civile des juifs, tandis que l'enseignement était, lui aussi, adapté à l'évolution du temps. Non seulement l'enseignement supérieur, mais, on l'oublie souvent, l'enseignement primaire et secondaire, qui se voyait appliquer des principes développés par l'aucien Illuminé Pestalozzi[324]. En Bavière, c'était Montgelas, lui aussi ancien membre de l'Ordre, qui, à partir de 1799, confiait à l'ex-Illuminé Seinsheim la surveillance de l'Eglise et de l'enseignement[325]. L'ancien lieutenant de Weishaupt, le baron de Zwack, victime des persécutions de 1785, était réhabilité et entrait au printemps de 1799 dans l'administration du Palatinat. En même temps, Montgelas faisait interdire toutes les sociétés secrètes: sa politique ne visait pas à distribuer à ses anciens amis de grasses prébendes, mais à régénérer l'Etat bavarois. C'est surtout dans l'administration scolaire et universitaire qu'il utilisa les compétences des ex-Illuminés[326].

---

323 *Allgemeines System*, 45.
324 On trouvera une étude détaillée de l'influence exercée sur les réformateurs prussiens, en particulier Hardenberg, par l'Illuminé Jakob Mauvillon dans HOFFMANN, *op. cit.*, 300 - 317.
325 HAMMERMAYER, *Illuminaten in Bayern*, in: *Krone und Verfassung, op. cit.*, III/1, 153.
326 *Ibid.*, 154 sq. Sur l'oeuvre religieuse de Montgelas, voir G. SCHWAIGER, *Die kirchlich-religiöse Entwicklung in Bayern zwischen Aufklärung und katholischer Erneuerung, ibid.*, 125 sq. Voir, pour une vue d'ensemble, WEIS, *Montgelas, op. cit.*

Pourtant, il n'autorisa pas Weishaupt, qui vivait en exil à Gotha, à rentrer en Bavière. Ce fait, en apparence anodin, est en réalité d'une très grande importance: il révèle en effet la nature exacte de la direction dans laquelle s'engagea politiquement la maçonnerie allemande à partir de la Revvolution française.

La franc-maçonnerie allemande a été, jusqu'en 1789, l'un des champs du combat entre l'esprit de progrès et l'obscurantisme. Lorsqu'éclata la Révolution française, aucune des deux tendances n'avait remporté de victoire decisive. Une fracture s'était dessinée depuis longtemps, et le Convent de Wilhemsbad n'avait pu que la constater. La Révolution allait achever de rendre infranchissable le fossé qui sépare les partisans des Lumières de ceux qui s'abandonnaient aux tentations de l'irrationalisme.

Mais à ce clivage allait s'en superposer un second, qui diviserait, devant la tournure violente que prendrait la Révolution à partir de la fin de 1791, les partisans du progrès rationaliste eux-mêmes. La maçonnerie allemande allait voir s'affronter deux tendances nouvelles, qui aboutiraient à deux idéologies inconciliables. D'un côté, ceux qui pensaient que le changement des institutions politiques et sociales devait se faire par des réformes progressives et "éclairées": ce fut le cas de Hardenberg et de Montgelas. De l'autre, ceux qui voyaient dans les événements de France une autre manière de vivre l'idéal maçonnique. Un certain nombre d'Illuminés qui s'engagèrent, par exemple, aux côtés de Forster dans la tentative de créer à Mayence la première République allemande, représentent cette seconce orientation. Mais les premiers réussirent, dans la dernière décennie du dix-huitième siècle, à dominer définitivement la maçonnerie allemande et à en faire l'instrument d'un pouvoir monarchique restauré et modernisé. Les seconds furent, pendant près de deux siècles, condamnés à l'oubli, non sans avoir d'abord été voués à l'exécration de leurs contemporains.

Il existe aussi un troisième groupe: celui de maçons, ou d'anciens maçons, ballottés entre la conviction qu'une défaite des idéaux de 1789 serait une régression de la conscience universelle, et l'horreur qu'ils ressentaient devant dans la réalité. Knigge fut de ceux-là. Avec eux, il se demanda si un compromis n'était pas possible entre une révolution qui emportait tout sur son passage, mais était porteuse d'avenir, et une réforme qui, tout en préservant les possibilités d'un changement durable, parce qu'accepté, courait le risque d'être confisquée par ceux qui, au fond d'eux-mêmes, lui étaient hostiles. L'attitude de Knigge devant la Révolution française constitue une partie de l'histoire de la franc-maçonnerie allemande. C'est celle d'un homme qui chercha dans la politique une autre manière de vivre un engagement maçonnique qui l'avait déçu.

TROISIEME PARTIE

KNIGGE ET LA REVOLUTION FRANÇAISE

En 1844 paraissait à Hanovre une biographie de Knigge. Elle avait pour auteur celui que sa monumentale *Esquisse de l'histoire de la littérature allemande* (*Grundriss zur Geschichte der deutschen Dichtung*) allait désigner pour plus d'un siècle comme l'un des maîtres de la recherche littéraire en Allemagne, Karl Gödeke[1]. En 1830 avait paru la *Brève biographie* anonyme qui sert d'introduction à une réédition du *Commerce*[2], mais c'était la première fois que, par le canal d'une de ses figures dominantes, la critique scientifique allemande s'intéressait à un personnage qui, à la fin du dix-huitième siècle, avait, avec quelques autres (Forster, par exemple), incarné le prétendu "complot maçonnique et jacobin" contre les monarchies allemandes.

On lit dans l'ouvrage de Gödeke un passage qui, malgré sa longueur, mérite d'être cité:

> La personnalité de Knigge n'est pas assez remarquable pour qu'on puisse en faire le prototype de cette époque. Il n'était pas au-dessus de son temps, il ne lui a pas donné d'impulsions nouvelles, pas d'idées qui puissent nourrir les générations qui le suivent. [...] Il serait injuste et absurde de demander à un homme qui s'engage dans une carrière publique qu'il donne à ses contemporains des thèmes absolument nouveaux destinés à peser sur leur manière de penser, de ressentir et d'agir, afin de mériter une place parmi les noms historiques [...]. La culture qu'il avait pu s'approprier ne fut jamais puisée aux sources profondes et ne reposait pas sur des bases solides et éternelles, au contraire, elle était hésitante, parce qu'il lui manquait le centre de gravité inamovible d'une autonomie respectable[3].

Ce jugement, dont l'absurdité nous stupéfie aujourd'hui, allait déterminer pendant des décennies celui que porterait sur Knigge la totalité, ou presque, de la critique allemande.

Pourquoi Gödeke publiait-il, dans ces conditions, la même année, une nouvelle édition du *Commerce*[4]? Il fournit lui-même la réponse: le texte qu'il propose a été "revu et introduit" par ses soins. En réalité, il faut dire "falsifié". Nous donnerons des exemples précis des modifications apportées par Gödeke au texte original, qui en inversent complètement le sens[5]. Bornons-nous ici à relever, dans l'*Introduction* qu'il place en tête de cette édition, le principe qui l'a guidé:

> J'ai [...] laissé intacts les points de vue et les préceptes de Knigge, dans la mesure où ils n'avaient pas été déjà réfutés par les expériences incontestables vécues au cours d'un demi-siècle ou lorsqu'ils ne commencent pas à être réfutés maintenant avec un succès incontestable par l'époque présente[...].

---

1 K. GÖDEKE, *Adolph Freiherr Knigge, op. cit.*
2 *Kurze Biographie des Freiherrn Knigge, op. cit.*
3 *GÖDEKE, op. cit.*, 188 sq.
4 *Ueber den Umgang mit Menschen, von Adolph Freiherrn Knigge. Zwölfte Originalausgabe in Einem Bande. Durchgesehen und eingeleitet von Karl GÖDEKE, Hannover, 1844.*
5 Voir *infra*, I, 3, D.

Le résultat, Gödeke l'énonce sans aucune hésitation: "Il n'est pas une page qui n'ait été remaniée"⁶.

Un examen attentif des falsifications opérées par Gödeke, ainsi que la lecture de sa biographie de Knigge, nous indique ce qui, à l'évidence, le choquait avec suffisamment de force pour qu'il se crût appelé à récrire le *Commerce*: Gödeke agit comme s'il voulait faire oublier l'engagement révolutionnaire de Knigge. Dans sa biographie, il ne mentinonne pas les écrits politiques postérieurs au *Wurmbrand*, dans lesquels Knigge exprime non seulement un accord total avec les principes de la Révolution française, mais aussi son intention d'agir concrètement pour que ces principes pénètrent en Allemagne et y conduisent à un changement radical de l'état politique.

Il faudra attendre le lendemain de la seconde guerre mondiale, et, plus précisément, la création d'un Etat allemand se réclamant de l'héritage révolutionnaire, pour que Knigge soit présenté comme un "jacobin" allemand. Actuellement, il ne se trouverait personne pour nier que c'est précisément cet aspect de l'engagement de Knigge qui mérite que son nom soit retenu parmi ceux qui attestent l'existence en Allemagne d'esprits authentiquement libéraux, dignes de figurer parmi les précurseurs d'une pensée démocratique.

Ce revirement dans les jugements portés sur Knigge pose pourtant un problème. On qualifie Knigge de "révolutionnaire allemand" alors qu'il serait plus exact de parler d'"admirateur allemand de la Révolution".

En effet, Knigge n'a pas essayé de renverser les régimes en place, il n'a pas "comploté" contre eux. Au contraire: devenu en 1790 Inspecteur des Ecoles à Brême, il est resté jusqu'à sa mort, en 1796, un fonctionnaire hanovrien exemplaire. En 1792, il n'hésite pas à intenter, devant les tribunaux de Hanovre, un procès à Johann Georg Zimmermann, qui l'avait traité de "prédicateur de la révolution" (*Revolutionsprediger*) et d'"agitateur du peuple" (*Volksaufwiegler*). Et ce procès, il le gagne. En 1795, le général en chef des armées hanovriennes, Freytag, ne réussira pas à obtenir de la Régence sa destitution. En fait, Knigge est un intellectuel, et il se sert de l'arme qui, en cette fin du dix-huitième siècle, lui paraît redoutable entre toutes: la liberté d'écrire et son corollaire, l'appel à l'opinion publique. C'est par des livres et des articles de presse qu'il espère faire parvenir aux princes le message qu'il considère comme décisif: pour éviter que 'Allemagne ne soit, comme la France, en proie aux horreurs d'une révolution, il faut procéder à temps à des réformes radicales qui changent les structures institutionnelles elles-mêmes. Et ce n'est que lorsqu'il sera bien assuré que son message n'a pas été entendu qu'il se rappellera, quelques semaines avant sa mort, qu'il avait été membre de sociétés secrètes: il essaiera alors d'imaginer une forme d'action nouvelle, conciliant ce que ces associations offraient de positif (en particulier l'existence d'une structure organisée) et le refus, auquel il reste fidèle, des agissements souterrains. La mort viendra interrompre brutalement ses projets.

---

6 *Umgang*, 12. Ausg., *Einleitung*, XVIII sq.

Si nous préférons qualifier Knigge d'"admirateur allemand de Révolution" plutôt que de "révolutionnaire allemand", c'est parce qu'il nous paraît impossible de parler de lui comme on parle de Mirabeau, de Saint-Just ou de Babeuf, de Forster, de Wedekind ou d'Euloge Schneider. La nature de l'engagement de Knigge est différente, tout simplement parce que les conditions dans lesquelles il était placé n'étaient pas les mêmes en Hanovre et en Allemagne du Nord qu'en France ou à Mayence.

En France, une classe, la bourgeoisie, qui possédait le pouvoir économique, aspirait à détenir aussi le pouvoir politique. A Mayence, l'occupation de la rive gauche du Rhin par la République offrait à un territoire allemand une chance historique de se débarrasser du régime féodal. On pourrait aussi citer d'autres régions d'Allemagne, le Wurtemberg et la Saxe en particulier, où se développèrent des associations véritablement révolutionnaires: mais il s'agissait de milieux, les universités, qui ne ressemblaient pas à ceux que Knigge fréquentait. Depuis qu'il avait terminé ses études, Knigge n'avait plus de contacts avec l'Université de Göttingen, sinon avec les quelques professeurs qui, comme Feder ou Meiners, étaient devenus Illuminés. Encore cela était-il loin, en 1792!

L'engagement révolutionnaire de Knigge est celui d'un intellectuel d'origine aristocratique qui, au moment où éclate la Révolution en France, a réussi, après des années de démarches, à devenir fonctionnaire dans l'Etat où il est né, et qui, de surcroît, n'a jamais renoncé à recouvrer les biens qu'il a hérités et que pillent toujours les créanciers de son père. Il ne faut jamais perdre de vue cet aspect personnel de la situation de Knigge si l'on veut comprendre la nature exacte de son engagement. Il était tenu à une certaine prudence s'il ne voulait pas se voir à jamais dépouillé de ses biens et privé de toute ressource, et sa fille avec lui[7]. En même temps, il ne se pose pas la question de savoir comment renverser le trône qu'il sert, mais il veut faire comprendre aux despotes que l'Allemagne doit changer.

Or ce qui, pour Knigge, devait changer en Allemagne n'était pas nécessairement identique à ce qui devait changer en France. L'expression "hostilité au despotisme" ne rend pas compte par elle-même de la différence de nature entre la révolution telle qu'elle se déroule en France et ce qui, en Allemagne, pourrait constituer une révolution.

La raison en est que, en France et en Allemagne, ce ne sont pas les mêmes facteurs qui déterminent la situation historique. Si la Révolution française est incontestablement, au moins en partie, le résultat d'une lutte de classes, celle-ci avait été rendue inévitable par le fait que la bourgeoisie était suffisamment mêlée à la noblesse pour que l'injustice que constituait sa situation dans l'Etat féodal lui apparût d'une manière flagrante, En Allemagne régnait au contraire une absence totale de communication entre les classes. La conscience révolutionnaire, si elle existait, ne pouvait avoir ses racines dans

---

7 Voir *supra*, I re partie, I, 2, A.

une donnée économique. Il est remarquable que les soulèvements qui se produisirent ici et là en Allemagne, entre 1791 et 1796, qu'il s'agisse des grèves de Hambourg ou des insurrections de tisserands silésiens, sont des émeutes de la misère, et non des révolutions. Elles ressemblent plus à celles que connut la France aux périodes de grande famine ou de conditions climatiques détestables qu'à la Révolution française. Ce n'est pas tant pour se procurer du pain que le peuple de Paris s'empara de la Bastille, que parce qu'il croyait que les "aristocrates" voulaient écraser par les armes l'espérance née de la proclamation, quelques jours plus tôt, d'une Assemblée Nationale Constituante. Le peuple de Paris prenait en charge, en lui offrant le soutien des piques, la revendication fondamentale de la bourgeoisie. A ce stade de la révolution, ces deux classes se trouvaient dans le même camp. La Révolution française est donc bien pour une part la traduction politique d'un fait qui a sa source dans une réalité économique. Pour Knigge, une révolution a sa justification dans la morale, et son origine dans une évolution des esprits.

C'est ici qu'il faut faire intervenir le fait majeur qui, depuis le seizième siècle, pesait d'une manière spécifique sur la situation de l'Allemagne: le luthéranisme. Il n'est pas question ici de faire ressurgir la thèse de "la faute à Luther", qui voit dans le Réformateur le responsable de tous les aspects négatifs de l'histoire allemande. Mais on a peut-être tendance aujourd'hui à ne plus accorder au luthéranisme la place qui fut la sienne dans l'évolution de cette histoire, qu'il s'agisse des mentalités, des structures politiques, économiques ou sociales. Pourtant, l'attitude de certains révolutionnaires allemands ne s'explique pas d'une manière satisfaisante si l'on oublie cette référence essentielle.

Le luthéranisme est à l'origine issu d'un débat religieux. Avec la guerre de 1525, il s'est trouvé relayé par un mouvement où les antagonismes sociaux jouent un rôle capital. Mais la défaite et le massacre des paysans a ramené le luthéranisme à sa donnée première, le statut du chrétien dans un monde voulu par Dieu. Si bien que c'est la parole de Luther, ses mandements enflammés en faveur de l'obéissance du sujet au prince, sa vision d'une société divisée en corps (*Stände*) étanches et voulus par Dieu, sa doctrine du service et de la "fonction-vocation", qui, plus encore que des facteurs économiques, ont donné son visage à l'Allemagne des dix-septième et dix-huitième siècles. Le problème des mentalités devenait ainsi plus important que celui des structures économiques. En fait, ce n'étaient pas les premières qui reflétaient les secondes, mais l'inverse. Luther enseignait que dans la société, l'homme occupe la place et exerce la fonction que Dieu lui assigne. La guerre de Trente ans, qui avait été une conséquence indirecte de la Réforme, avait parachevé ce que Luther avait commencé: la division allemande. Et le principe *cujus regio, ejus religio* fut au redressement économique de l'Allemagne un obstacle aussi grand que les ravages qui l'avaient affectée entre 1618 et 1648.

Etre révolutionnaire en Allemagne, c'était dénoncer la mentalité théologique qui faisait de la séparation des corps sociaux et de l'affectation des fonctions l'expression d'une volonté divine. Luther réservait la politique à ceux que Dieu avait désignés pour cela. Knigge dira que la politique est l'affaire de chacun. Luther faisait de la fonction politique une généralisation de la fonction paternelle. Knigge dira que la souveraineté réside dans le peuple, et que le prince l'exerce par délégation.

Les grands problèmes ont le même nom en France et en Allemagne: souveraineté populaire, société de citoyens, et, bientôt, patrie. Mais derrière ces mots se cachent dans les deux pays des réalités différentes, parce qu'il s'agit d'une histoire différente. Le problème du pouvoir est devenu, en France et à cette époque, un problème économique. En Allemagne, c'est encore un problème de mentalité: il implique un débat autour d'une question fondamentale, qui est celle des rapports de l'Eglise et de l'Etat, c'est-à-dire de la relation entre religion et société. En France, cette question a été tranchée en 1905 seulement. Mais les rois avaient, au moins depuis Philippe le Bel, réussi à assurer leur indépendance par rapport à l'Eglise. En Allemagne, ce ne fut jamais le cas. Si Luther réussit à arracher une partie de l'Empire à l'influence de la Papauté, l'évolution de la Réforme conduisit à resserrer encore davantage l'union du trône et de l'autel, en faisant des chefs temporels les chefs de l'administration ecclésiastique. Un courant comparable à ce qu'était en France le gallicanisme n'avait pas de sens dans des territoires où l'autorité civile se confondait avec l'autorité religieuse, et où la menace que constituait une autorité extérieure, la Papauté romaine, avait été définitivement écartée. Les historiens ont toujours souligné cet aspect essentiel de la Réforme que constituait ce qu'on appelle le processus de "sécularisation". Mais en même temps, la religion avait pénétré des domaines auxquels elle était, en pays catholique, restée étrangère. Le "pasteur" occupait dans la vie du sujet protestant une place que le "curé" n'avait jamais eue pour le sujet catholique. En réalité, la sécularisation allait de pair avec une conception théologique de la réalité politique et sociale.

Aussi l'aspiration à un changement politique et social ne pouvait-il s'exprimer en Allemagne que sous les espèces d'une "fondation de religion" (*Religionsstiftung*), et seuls des *Aufklärer* protestants pouvaient se dire eux-mêmes les fondateurs de cette religion (*Religionsstifter*). Mais il devait s'agir d'une "religion laïque", qui redéfinirait non seulement la source d'où procède le pouvoir, mais aussi les modalités selon lesquelles il fonctionne. Etre révolutionnaire en Allemagne, c'était essayer de soustraire la société civile aux pesanteurs qu'exerçait sur elle une orthodoxie religieuse faisant de l'existence terrestre du sujet une sorte de marche permanente vers le salut. Certes, la doctrine du "droit divin" n'était pas réservée aux seuls pays protestants! Mais plus encore qu'en pays catholique, la rébellion n'était pas seulement un crime contre le prince, c'était un péché puni par Dieu et qui, comme tel, impliquait directement la conscience chrétienne du sujet. Il était peut-être, de ce point de vue, plus difficile d'être révolutionnaire en Allemagne que de l'être en France. Séparer le politique et le religieux, c'était lutter contre des mentalités inscrites depuis plus de deux siècles et demi au plus profond de la conscience d'un peuple, et dont même la fraction qui était restée catholique s'était imprégnée.

Ces considérations générales étaient nécessaires, car il s'en dégage une série de questions précises quant à l'attitude de Knigge face à la Révolution française et à sa signification pour l'Allemagne.

La première concerne la définition du concept de souveraineté, c'est-à-dire de la légitimation du pouvoir politique. En affirmant qu'elle a sa source non en Dieu, mais dans le peuple, Knigge met en cause l'absolutisme: on comprend que le *Wurmbrand*, livre politique, lui ait valu de la part des autorités hanovriennes le reproche de combattre "la religion".

Le second problème est celui de l'éducation et des fins qu'elle doit poursuivre: doit-elle former des sujets au sens où l'entendait Luther, ou des "citoyens"? Une question connexe est celle de l'Etat: ses structures doivent-elles être patriarcales ou "libérales"?

Enfin, la laïcisation de la société, avec la conséquence que cet objectif devait avoir pour un luthérien, la fin du cloisonnement social, n'était-elle pas la condition absolue qui seule permettrait la naissance d'une véritable patrie allemande, c'est-à-dire la fin de la division territoriale renforcée par le luthéranisme?

Mais Knigge n'est pas seulement un théoricien, et cela surtout le distingue de la majorité des intellectuels allemands de son temps. A partir de 1792, la Révolution franchit les frontières de la France et une partie de l'Allemagne devient le théâtre de la lutte que se livrent l'ordre ancien et les principes nouveaux. D'autre part, elle prend en France même un aspect que personne, même parmi ses partisans les plus ardents, n'avait imaginé trois ans tôt: c'est la Terreur qui devient l'instrument de la "régénération". Knigge est ainsi confronté au problème d'une double violence: celle des moyens par lesquels tente de se réaliser l'utopie, et celle qui met en contact, par un enchaînement inéluctable de circonstances, deux peuples voisins aux systèmes politiques et sociaux maintenant opposés. Contrairement à beaucoup de ses compatriotes, Knigge n'essaiera pas de fuir ce problème en se réfugiant dans un jugement moral. Le déroulement des événements de France, et la guerre qui en était la conséquence, ne pouvaient manquer d'épouvanter un homme qui, depuis si longtemps, rêvait d'une société humaine unie, fraternelle et paisible. Mais il essaiera de soumettre les réactions du sentiment à un effort rationnel de compréhension. Il ne cessera de scruter les contingences cruelles de l'époque pour y découvrir les promesses d'un progrès. En même temps il agira pour que l'Allemagne soit, en quelque sorte, irrémédiablement "contaminée" par l'esprit nouveau, pour qu'elle tire la leçon historique de l'immense phénomène qui se déroule en partie sur son sol: cette Révolution, qui proclame l'Evangile de la liberté, qui célèbre cette fête d'alliance qu'est la Fédération, n'est-ce pas un peu la "nouvelle religion" dont il avait rêvé jadis? Mais l'ancien franc-maçon, qui croyait toujours à l'amour fraternel, l'intellectuel aussi, pour qui la marche de l'Histoire était déterminée par l'évolution des esprits, n'aimait pas le sang: Knigge refusera toujours d'agir par la violence. Entre la possibilité du recours à un trop lent processus d'éducation et la rébellion ouverte, il essaiera d'imaginer d'autres voies. Et seule sa mort prématurée fera qu'elles se trouvèrent, pour lui, dépourvues de danger.

I

Knigge, écrivain politique

1. L'écrivain et son public. 2. La littérature au service des Lumières. 3. Un livre connu et méconnu: *Du Commerce avec les Hommes*. 4. Knigge en 1790, ou les ambiguïtés du libéralisme.

Knigge s'est engagé très tôt dans une carrière d'homme de lettres, puisqu'il n'avait pas trente ans lorsqu'il publia son premier ouvrage, le *Système universel pour le peuple*. Dès cette époque, la littérature n'est pas à ses yeux une activité gratuite. Elle doit transmettre un message, et nous avons vu que le *Système Universel* était le premier manifeste de la "nouvelle religion". De 1779 à 1796, Knigge publie une cinquantaine d'oeuvres appartenant aux genres les plus variés, du théâtre au roman, de la poésie à l'essai en prose, de la satire aux traités philosophiques ou politiques, sans compter des articles de journaux et de revues. Si une partie de cette production répond à des besoins matériels et doit lui permettre de compléter ses maigres revenus, certaines de ces oeuvres sont aussi dès les premières années l'expression fondamentale de son idéal, en particulier l'*Histoire de Peter Claus* et l'*Histoire de Ludwig von Seelberg*. De même, sa *Contribution à l'histoire de l'Ordre des francs-maçons* et la *Déclaration de Philo* sont des témoignages directs de son engagement dans les sociétés secrètes.

A partir de 1788-1789, l'engagement par la littérature prend totalement le relais de l'engagement maçonnique. Il s'en distingue par un trait essentiel: il est public, et s'adresse donc à des milieux beaucoup plus larges que l'action au sein des associations secrètes, encore que sociologiquement, le "public des lecteurs" (*Lesepublikum*) se recrute dans les mêmes couches que les membres de ces associations: une fraction de la noblesse et de la bourgeoisie, celle que sa culture poussait à la lecture et à laquelle ses moyens permettaient de se procurer des livres, qui restaient encore assez chers[8].

---

[8] Sur l'histoire du livre en Allemagne, voir la revue *Archiv für Geschichte des Buchwesens*, publiée depuis 1926 (*Börsenblatt für den deutschen Buchhandel*, Frankfurt a. M.), en particulier H. T. HAFERKORN, *Der freie Schriftsteller: eine literatursoziologische Studie über seine Entstehung und Lage in Deutschland zwischen 1750 und 1800*, XXVII/1963, 125-219. Toujours utile est l'ouvrage de H. J. GOLFRIEDRICH, *Geschichte des deutschen Buchhandels*, Bd. 3: *Vom Beginn der klassischen Literaturepoche bis zum Beginn der Fremdherrschaft 1740 - 1804*, Leipzig, 1909. Parmi les ouvrages

353

Mais en même temps que change la nature de son engagement, Knigge assigne à la littérature une fonction qui reflète l'évolution de sa conception de l'action. La littérature devient pour lui un moyen de l'action politique. Elle ne cesse pas pour autant d'être considérée comme un divertissement: jusqu'à la fin de sa vie, Knigge composera des ouvrages destinés à procurer quelques heures du plaisir gratuit que le lecteur peut éprouver à lire une satire bien troussée ou un roman amusant. Mais ses "grandes" oeuvres, d'ailleurs en général assez courtes, sauf le *Commerce* et le *Noldmann*, constitueront des prises de position dans le débat qui va opposer partisans et adversaires de la Révolution française. Knigge ne se contentera plus de servir l'idéal des Lumières; il prendra part à la lutte, et ses livres seront aussi des actes. Ils seront autant d'appels, à ceux d'abord qui partagent ses idées, mais, encore davantage, à ceux qui les combattent ou les ignorent. Et Knigge sera amené à proposer quelques réflexions théoriques et pratiques sur le statut de l'homme de lettres dans la société en mutation dont il vit les affrontements. Ce débat était devenu inévitable dès lors que, depuis 1792, on reprochait aux écrivains d'être responsables de la Révolution en France et de vouloir la propager en Allemagne.

1. *L'écrivain et son public*

A. Quelques aspects du développement de la lecture dans la seconde moitié du dix-huitième siècle

Né en 1752, Knigge appartient à cette génération qui s'ouvrit à l'immense plaisir de lire que suscitait une plus grande liberté d'expression, associée à une nouvelle organisation du marché de livre[9]. L'essor de la production est lié à celui de la consommation, et si l'on estime qu'en 1791 l'Allemagne comptait environ 7000 écrivains[10], ceux-ci semblaient assurés de pouvoir écouler facilement leur production. Déjà en 1779, Lessing avait pu trouver assez rapidement 2000 souscripteurs pour *Nathan le Sage*[11]. Des études récentes évaluent le nombre des lecteurs potentiels en Allemagne à environ 15 % de la

---

récents, voir R. ENGELSING, *Der Bürger als Leser. Lesergeschichte in Deutschland 1500 - 1800*, Stuttgart, 1974; H. GÖPFERT, *Vom Autor zum Leser*, Beiträge zur Geschichte des Buchwesens, München, 1977; H. J. HAFERKORN, *Zur Entstehung der bürgerlich-literarischen Intelligenz und des Schriftstellers in Deutschland zwischen 1750 und 1800*, in: B. LUTZ (Hg), *Deutsches Bürgertum und literarische Intelligenz*, Stuttgart, 1974.

9 Voir GUSDORF, *op. cit.*, 509 - 515; Hansers *Sozialgeschichte der deutschen Literatur*, *op. cit.*, passim, en particulier W. von UNGERN-STERNBERG, *Schriftsteller und literarischer Markt*, 183 - 185; ENGELSING, *op. cit.*, en partic 163 - 276.
10 UNGERN-STERNBERG, *op. cit.*, 135. Voir aussi F. KOPITZSCH, *Aufklärung, Absolutismus und Bürgertum in Deutschland*, München, 1976, 60 sqq.
11 Chiffre cité par GUSDORF, *op. cit.*, 510.

population totale en 1770, et 25 % en 1800, soit cinq à six millions de personnes[12].

La lecture bénéficiait d'une infrastructure considérable, constituée en premier lieu par les revues de critique littéraire. Parmi celles-ci, l'*Allgemeine Deutsche Bibliothek* de Nicolai tenait la première place. Le poids que pouvait avoir un jugement porté par cette revue est confirmé, d'une manière un peu naïve, par Knigge lui-même qui, devenu collaborateur de Nicolai en 1779, lui demande dans une lettre du 15 avril 1780 de ne pas y accepter de comptes rendus qui seraient défavorables à un recueil de pièces de théâtre qu'il venait de faire paraître, ni au *Système universel*[13]. Lorsqu'il publie l'*Histoire de Ludwig von Seelberg*, en 1787, il prie un certain Wilhelm Ludwig Storr, conseiller et grand-bailli dans une petite localité près de Tübingen, de s'entremettre auprès "d'une feuille quelconque" pour que l'ouvrage y soit commenté d'une manière flatteuse[14].

Grâce aux revues, qu'elles fussent, comme l'*Allgemeine Bibliothek*, spécialisées dans la critique littéraire, ou qu'elles n'y consacrassent qu'une partie de leurs articles, la production littéraire ne devenait pas seulement un objet de consommation pour l'ensemble de l'Allemagne: il conviendrait ici de rappeler que les livres circulaient bien avant le dix-huitième siècle, et que, même au dix-huitième siècle, la censure pouvait en interdire l'accès à certains territoires. Mais le développement de la critique littéraire faisait de la littérature un objet de débat et l'impliquait dans la constitution d'une opinion publique. Ce n'est pas un hasard si c'est le *Wurmbrand*, donc la publication d'un livre et l'écho qu'il trouvera dans la presse, qui sera à l'origine de la controverse qui, de Vienne à Hambourg, opposera ceux qui voyaient en Knigge un "noble ami de l'humanité" à ceux qui le présentaient comme l'un des chefs du complot maçonnique, et, au-delà de la personne même de Knigge, ceux qui défendaient l'idéal révolutionnaire à ceux qui le rejetaient. Le débat fut ouvert par un compte rendu indigné de l'ouvrage que donna, sous le voile de l'anonymat, le fonctionnaire hanovrien August Wilhelm Rehberg dans la *Allgemeine Literaturzeitung* de Iéna[15]. La *Neue Allgemeine Deutsche Bibliothek* prit la défense de Knigge, mais l'article, bien que rédigé au présent, ne parut qu'en 1797[16]. Entre 1792 et 1797, la presse avait pourtant pris parti. Citons, en faveur

---

12 UNGERN-STERNBERG, *op. cit.*, 136.
13 Knigge à Nicolai, 15 avril 1780, KAW, ms. Nicolai Nachlass, Berlin.
14 Knigge à Storr, 7 juin 1787, in: H. M. MALTEN (Hg), *Merkwürdige Autographen*. Aarau, 1840, II, 32. L'original, conservé à Marbach, montre que le texte imprimé n'est pas absolument conforme au manuscrit. En particulier, le texte imprimé porte, avant "in irgend einem Blatte", l'indication: "im Pfälzischen Museo", absente du manuscrit. Il est cependant exact que le *Pfälzisches Museum* publia un compte rendu élogieux de *Seelberg* (*Pflazbaierisches* [*Pfälzisches*] *Museum*, hg. von Anton KLEIN, 1786 - 1787, 330 - 336).
15 *Allgemeine Literatur-Zeitung*, Jena, 1792, IV, Nr 261, 3 octobre 1792, 17 - 22.
16 *Neue allgemeine deutsche Bibliothek*, Jg 1797, XXVIII, 529 - 538.

de Knigge, la *Oberdeutsche Allgemeine Litteraturzeitung* de Salzbourg[17], contre lui, la *Wiener Zeitschrift*[18], dont deux articles, signés par Johann-Georg Zimmermann, devaient valoir à celui-ci d'être cité par Knigge devant les tribunaux hanovriens.

Il existait par ailleurs des structures qui jouèrent à partir du milieu du dix-huitième siècle un rôle considérable dans l'orientation de la demande de lecture: c'étaient les sociétés de lecture[19]. On se rappelle que les Illuminés, puis l'Union allemande de Bahrdt, attachaient une grande importance à la conquête de ces formes d'organisation par lesquelles devait être surmontée la coupure culturelle entre aristocratie et bourgeoisie. Grâce à elles, certains genres littéraires connurent un essor immense, en particulier le roman, dont la production fut décuplée entre 1773 et 1796[20]. Knigge sut mettre à profit cet engouement pour le roman.

A partir de 1789, les sociétés de lecture allaient contribuer à engager la littérature dans le débat politique. Pendant des siècles, le sermon dominical avait été la seule source d'information dont disposait le sujet sur les affaires publiques. Le développement de la communication écrite, dont le livre et la presse sont les instruments, entraîna une réception différente des faits marquant l'évolution des mentalités, des structures et des événements. Les sociétés de lecture ont fortement aidé à transformer le "sujet", qui reçoit tout de ses maîtres, politiques et religieux, en "citoyen", qui pense que rien ne peut se faire sans lui. Si on ne peut dire que les sociétés de lecture se sont toutes ralliées aux idéaux révolutionnaires[21], certaines d'entre elles ont joué un rôle important dans la constitution d'une conscience politique ou nationale, et pas seulement en Allemagne[22]. Les conservateurs l'avaient d'ailleurs parfaitement compris: en 1790, Ernst Brandes écrivait dans les *Annales des Etats Electoraux de Brunswick-Lunebourg* que les "sociétés de lecture nuisent non seulement au commerce du livre, mais à une réflexion personnelle et à l'acquisition approfondie de connaissances, du fait que presque toutes se limitent seulement à des livres nouveaux et même, pour la plupart d'entre elles, aux revues et journaux périodiques, et qu'ainsi elles font obstacle à la lecture d'ouvrages

---

17 *Oberdeutsche Allgemeine Litteraturzeitung*, Jg 1792, II, 690.
18 *Wiener Zeitschrift*, Jg 1792, III, 55 sqq.
19 Voir DANN (Hg), *Lesegesellschaften, op. cit.*; également ENGELSING, *op. cit.*, 216 - 244.
20 ENGELSING, *op. cit.*, 232.
21 Beaucoup de sociétés de lecture sont restées indifférentes en matière politique. D'autres se sont même mises au service d'idéaux hostiles aux Lumières. Voir G. BIART, *Lesegesellschaften im Dienste der Gegenaufklärung. Ein belgisches Beispiel*, in DANN, *op. cit.*, 197 - 212.
22 Voir DANN, *op. cit.*, les contributions de F. KOPITZSCH (*Lesegesellschaften im Rahmen einer Bürgerrepublik. Zur Aufklärung in Lübeck*, 87 - 102); P. J. BUIJNSTERS (*Lesegesellschaften in den Niederlanden*, 143 - 158); L. SZIKLAY (*Lesegesellschaften und Akademien im Rahmen des nationalen Erwachens der Völker Ostmittel- und Südosteuropas*, 213 - 220).

plus importants". Et faisant preuve d'une absence étonnante de compréhension pour l'évolution de son temps, il leur reprochait de "contribuer à éloigner l'homme de l'homme et à l'isoler"[23]. En fait, c'était l'inverse qui était vrai: elles offraient de nouvelles formes d'organisation sociale, dont le ciment était constitué par un intérêt grandissant pour les problèmes d'actualité et le mouvement général des idées. C'était sans doute cela qui déplaisait à Brandes, très hostile aux intellectuels.

En faisant de la littérature son activité principale, Knigge rompait avec l'isolement social dans lequel auraient dû le confiner ses origines. Il se commettait littéralement avec la bourgeoisie, écrivant pour elle, traitant les sujets qui l'intéressaient, dans les genres qu'elle aimait. Certes, des nobles avaient déjà pris la plume avant lui. Mais aucun n'était devenu un écrivain populaire. Knigge, lui, allait à la bourgeoisie. Celle-ci retrouvait dans l'oeuvre de l'aristocrate hostile à sa caste l'écho de sa volonté d'émancipation. Lorsque, par exemple, les administrateurs de la toute jeune République Cisrhénane proposèrent, le 11 octobre 1797, la création à Cologne d'une société de lecture sur le modèle de celles qui avaient existé entre 1782 et 1787 à Mayence, à Coblence, à Trèves ou à Bonn, ils recommandèrent qu'elle se procurât, à côté des oeuvres de Fichte, de Wieland, de Forster, de Häberlin, de Justi, de Meiners, de Posselt, celles de Knigge, qui devaient voisiner avec celles de Bayle, de Paine, de Rousseau, de Voltaire, de Raynal, de Montesquieu, de Mirabeau et, bien sûr, avec l'*Encyclopédie*[24].

Knigge écrivait pour divertir ses lecteurs, et aussi, en partie, pour vivre. Mais il avait également pris conscience du pouvoir du livre dans la société moderne. En 1793, il consacrera un traité de 300 pages à l'écrivain et à la littérature dans la société de son temps[25]: ses propos pourront s'appuyer sur une expérience de quinze années.

Entre l'écrivain et son public existait d'autre part une puissance commerciale dont le rôle prit, au dix-huitième siècle, une importance considérable: l'éditeur. Knigge avait parfaitement compris qu'un écrivain dont la production ne laissait pas espérer à celui qui la publiait un gain suffisant, n'avait aucune chance d'atteindre le public. En 1789, il écrit au Conseiller hanovrien Arnswaldt qu'il craint de ne plus être en mesure "de satisfaire des lecteurs qui ont des loisirs et des éditeurs qui veulent gagner de l'argent"[26]. On ne pouvait

---

23 E. BRANDES, *Ueber die gesellschaftlichen Vergnügen in den vornehmsten Städten des Churfürstentums*, in: *Annalen der Braunschweigisch-Lüneburgischen Churlande*, Jg 1, 1789/1790, 165 sqq.
24 HANSEN, *Quellen, op. cit.*, IV, A. 1. Voir aussi C. HAASE, *Leihbüchereien und Lesegesellschaften im Elbe-Weser-Winkel zu Ausgang des 18. Jahrhunderts*, in: *Stader Jahrbuch*, 1977, 7 - 30. Haase indique que neuf oeuvres de Knigge figuraient dans les listes de livres lus dans cet établissement (p. 17).
25 *Ueber Schriftsteller und Schriftstellerey*, Hannover, 1793.
26 Knigge à Arnswaldt, 5 octobre 1789, *lettre citée*.

définir en termes plus modernes les conditions de la diffusion du livre et la position de l'écrivain.

Le rôle de l'éditeur s'était accru en même temps que la lecture, d'intensive qu'elle avait été jusqu'alors, était devenue extensive: à la lecture répétée d'un petit nombre d'ouvrages avait succédé la lecture d'un grand nombre de livres que, sauf exception, on ne relisait point[27]. Il fallait satisfaire à la demande qui s'était, en quelques dizaines d'années, fortement accrue, d'autant plus que l'offre s'était, elle aussi, diversifiée: on lisait davantage, mais on lisait aussi autre chose. La "littérature" n'était plus produite par les seuls "savants" (*Gelehrte*), c'est-à-dire par des hommes qui, souvent des professeurs d'université, proposaient les résultats d'une réflexion nourrie par l'étude, l'observation, la méditation. A côté des ouvrages que l'on pourrait qualifier de "sérieux", non seulement par leur objet, mais aussi par leur forme, la littérature de divertissement, qui s'adressait à un public plus large, cultivé peut-être, mais pas nécéssairement érudit, faisait une entrée en force dans les bibliothèques, privées ou publiques. Que les éditeurs y aient trouvé leur compte est montré par le fait qu'ils sont souvent à l'origine de la création de bibliothèques de prêt[28].

Par sa position d'intermédiaire indispensable entre l'écrivain et son public, l'éditeur devient au dix-huitième siècle le détenteur d'un pouvoir non seulement économique, mais aussi intellectuel[29]. L'idéal des Lumières n'a pu être diffusé, en Allemagne comme dans les autres pays, d'ailleurs, que parce que des éditeurs ont pris le risque de le faire. Lorsque Knigge proposa le *Nodldmann* à Johann Christian Dieterich, de Göttingen, celui-ci accepta de le publier parce que le contenu répondait à son propre idéal: "La matière me plaît", écrit-il à Knigge le 17 juin 1790. Il est vrai qu'il ajoutait, en homme d'affaires avisé: "d'après ce que chacun sait de votre humeur d'écrivain, je crois que ce petit ouvrage sera bien accueilli; mais pourquoi ne voulez-vous pas le signer de votre nom, qui est connu?"[30]

Pourtant, le marché du livre en Allemagne souffrait d'une grave absence d'organisation, qui nuisait en premier lieu au public. Si les professions d'imprimeur et de relieur étaient reconnues par l'existence de corporations,

---

27 Ces deux notions, empruntées à Engelsing, sont expliquées par UNGERN-STERNBERG, *op. cit.*, 136 - 147.
28 Sur le rôle capital joué par les bibliothèques de prêt dans le développement de la lecture au dix-huitième siècle, voir A. MARTINO, *Die deutsche Leihbibliothek und ihr Publikum*, in: *Literatur in der sozialen Bewegung. Aufsätze und Forschungsberichte zum 18. Jahrhundert*, hg. von A. MARTINO, G. HÄNSCHEL und G. JÄGER, Tübingen, 1977, 1 - 26.
29 "In der Macht der Verleger konzentriert sich, in Personen greifbar, die Macht der Literatur", écrit très justement P. MICHELSEN, *Der unruhige Bürger. Der Bürger und die Literatur im 18. Jahrhundert*, in: R. VIERHAUS (Hg), *Bürger und Bürgerlichkeit im Zeitalter der Aufklärung*, Heidelberg, 1981, 110.
30 J. C. Dieterich à Knigge, 17 juin 1790, in: KLENCKE, *op. cit.*, 40.

ce n'était pas le cas de celle de libraire[31]. Dans ce domaine comme dans tant d'autres, la division territoriale rendait impossible l'édiction de règlements valables pour l'ensemble de l'Allemagne, qui auraient pu, en particulier, codifier une déontologie de la profession. A côté de maisons solides, comme celles de Nicolai, de Voss, de Metzler, de Cotta, de Göschen, de Unger, de Breitkopf, de Kanter, de Hartknoch et de quelques autres encore, existaient de nombreuses officines qui vivotaient de la publication d'ouvrages spécialisés dans un genre unique, allant du droit canon aux oraisons funèbres, des chants maçonniques aux polémiques parfois futiles. Nicolai s'était moqué d'elles dans *Sebaldus Nothanker*. Ainsi le public se voyait-il offrir une production d'une immense variété, mais qui n'allait pas toujours dans le sens d'un véritable enrichissement culturel.

Mais c'est surtout entre l'éditeur et l'écrivain que les relations, faute d'une codification, étaient difficiles. L'écrivain ne pouvait défendre ses droits à une juste rémunération de son travail, et ce fait était particulièrement gênant pour celui qui voulait essayer de vivre de sa plume. Les lettres de Knigge nous le montrent négociant pour chacun de ses livres ses honoraires, compte tenu de sa notoriété, du nombre de pages fournies, des délais de rédaction etc.[32]. D'autre part, on ignorait absolument à l'époque la notion de "droits d'auteurs", et les oeuvres n'étaient protégées ni contre les plagiaires, ni contre les contrefacteurs[33].

B. Vivre de sa plume?

La situation matérielle de Knigge, la séquestration de ses biens et l'impossibilité de trouver un emploi, expliquent qu'il ait, dès 1779, cherché à tirer de sa plume un revenu complémentaire. Il ne le cache pas lorsqu'il offre sa collaboration à Nicolai: il serait heureux, dit-il, "de pouvoir nourrir l'espoir [...] de ne pas travailler complètement sans rémunération"[34]. Et en 1780, il propose au libraire-éditeur berlinois d'assurer la publication de son premier roman, et même, éventuellement, celle de ses oeuvres à venir[35]. Nicolai ne donna pas suite à cette requête, on ne sait pourquoi. Mais il accepta de confier

---

31 UNGERN-STERNBERG, *op. cit.*, 148.
32 Voir par exemple sa correspondance avec Dieterich à propos du *Noldmann, op. cit., loc. cit.*. Dieterich offre 10 reichsthalers par "placard imprimé" (*gedruckter Bogen*), ce qui, semble-t-il, est convenable. Vers 1780, un écrivain recevait 5 rthlrs par placard, mais les honoraires pouvaient atteindre 15 rthlrs si le livre était aussuré de se vendre très vite (GOLDFRIEDRICH, *op. cit.*, III, 119 sq.)
33 Sur ces problèmes, voir P. KLUCKHOHN, *Dichterberuf und bürgerliche Existenz*, Tübingen, 1949, et H.J. HAFERKORN, *Zur Entstehung der bürgerlich-literarischen Intelligenz, op. cit.* Le cas de Knigge est étudié par W. BERGMANN, *Adolph Freiherr von Knigges Verhältnis zum literarischen Leben seiner Zeit. Freies Schriftstellertum, Zensur, Nachdruck* (Hausarbeit zur Erlangung des Magistergrades, München, 1981, inédit, dactylogr., KAW).
34 Knigge à Nicolai, 10 avril 1779, KAW, ms. Nicolai Nachlass, Berlin.
35 Knigge à Nicolai, 6 juin 1780, KAW, ms. Nicolai Nachlass.

à Knigge la rédaction régulière de comptes rendus pour l'*Allgemeine Deutsche Bibliothek*: de 1779 à 1796, Knigge en rédigea plus de 1200 dont les brouillons se trouvent aujourd'hui au dépôt des Archives de Basse-Saxe à Wolfenbüttel. Il fit preuve dans l'exécution de sa tâche d'une ponctualité exemplaire dont rendent compte les lettres qui accompagnaient l'envoi de ses articles, qui évoquent irrésistiblement le rapport d'un subordonné à son supérieur: ceci est également un aspect des relations nouvelles qui s'établissaient entre un noble et un bourgeois, où les propos échangés ne reflétaient plus une distance sociale, mais le caractère technique des relations à l'intérieur d'une entreprise[36].

Le succès de Knigge comme écrivain ne se fit pas attendre. Le *Roman de ma vie* fut édité quatre fois entre 1781 et 1787, sans compter au moins une contrefaçon. *Peter Claus*, dont l'*Allgemeine Literatur Zeitung* de Iéna publia une critique très élogieuse[37] fut édité deux fois et eut au moins deux contrefaçons[38]. En 1784, Knigge publia sous le titre *Gesammlete Schriften* un premier volume d'écrits mineurs (poésies, essais sur l'éducation, le théâtre etc., aecdotes), que suivit un second en 1785[39].

En 1785, il commençait à faire paraître le *Journal d'Urfstädt*[40]. Dans un article liminaire, il raillait "la plupart de ceux qui annoncent des écrits périodiques nouveaux" et les justifient par une prétendue originalité de la matière et de la forme,

> tandis que les rédacteurs avouent rarement que le véritable mobile qui les anime est l'*auri fames*, ou la *res angusta domi* ou *furor scribendi*, alors que l'intérêt du public n'est que la parure dans laquelle s'enveloppe le malade affligé de l'un de ces trois maux ou des trois à la fois, pour atteindre honorablement le public[41].

Si l'amour de l'or n'était pas à proprement parler à l'origine de cette revue, ni la fureur d'écrire, il est évident qu'elle devait aider Knigge à surmonter sa gêne matérielle. Dans la troisième livraison, parue en 1786, il demande l'indulgence des critiques pour le pauvre diable qui n'embrasse l'état d'écrivain que "poussé par la misère ou la maladie"[42]. A Storr, il écrit le 7 juin 1787 qu'il s'agissait "d'une opération financière, et rien d'autre", qui devait d'ailleurs profiter non seulement à lui-même, mais aussi à l'éditeur: il ajoute en effet

---

36 Voir par exemple lettre à Nicolai du 27 janvier 1781: "Ew. Wohlgebohren melde ich noch gehorsamst...". On pourrait multiplier les exemples.
37 *Allgemeine Literatur Zeitung*, Iena, IV/1785, Nr. 255, 92.
38 Tous les renseignements concernant les éditions des oeuvres de Knigge jusqu'à nos jours sont empruntés à la KAW, qui a établi un fichier à partir de toutes les bibliothèques allemandes (RFA et RDA) et des principales bibliothèques occidentales.
39 *Gesammlete poetische und proaische kleinere Schriften, op. cit.*
40 *Journal aus Urfstädt, op. cit.*
41 *Ibid.*, 1. St., 1 sq.
42 *Ibid.*, 3. St., 72.

qu'il l'a lancée "à la demande du libraire"⁴³. Il s'agissait d'Andreae, à Francfort, qui avait déjà publié les *Gesammelte Schriften*.

Pourtant, Knigge soumet la littérature, fût-elle alimentaire, à un certain nombre conditions précises. A son lecteur, l'écrivain doit d'abord une entière sincérité, et Knigge constate sèchement que cela suffirait déjà à le distinguer de ses confrères⁴⁴. Pour mieux souligner cette intention, il fait du *Journal d'Urfstädt* la suite du *Roman de ma vie*, où il avait accumulé les traits autobiographiques. C'est d'ailleurs au petit village fictif d'Urfstädt que le héros du roman, le baron de Leidthal, s'était retiré. Knigge évoque également, par le biais de correspondances imaginaires le domaine de Ruhethal, où il avait envoyé son autre héros, Peter Claus, vivre son idéal de gentilhomme vertueux. Ce procédé est, néanmoins, en lui-même, ambigu. En effet, il rattache le message "philosophique" du *Journal* à l'idéal qu'il proposait dans ses deux romans, celui d'une vie simple et tranquille, "menée dans le calme campagnard, consacrée aux devoirs domestiques et à la sociabilité, à l'aimable commerce avec ses amis, à la lecture, à la correspondance"⁴⁵. Mais en même temps, Knige invitait ainsi ceux qui n'avaient pas encore lu ces oeuvres à les acheter. Pour vivre de sa plume, l'écrivain a besoin, aussi, de publicité.

Knigge pose pourtant le problème de la moralisation de deux professions qui, dans la société moderne, sont devenues complémentaires: celle d'écrivain et celle d'éditeur.

Pour justifier son *Journal*, il imagine une fiction chargée de sens. Il explique que vivent à Urfstädt quelques personnages très estimables, mais dépourvus des moyens financiers qui leur permettraient d'accomplir leurs rêves. L'un, directeur d'école, voudrait faire un voyage dans toute l'Allemagne afin de connaître Vienne, capitale des Lumières, Heidelberg et sa bibliothèque universitaire, Fulda et ses théologiens préoccupés de l'unité des Eglises chrétiennes, Francfort, Nuremberg et leurs revues savantes, Munich et son Académie. Un autre a huit enfants à nourrir, et son métier de maître d'école n'y suffit pas. Les deux hommes constatent qu' "actuellement en Allemagne, aucun état ne rapporte autant et n'est aussi bien considéré que celui qui consiste à fabriquer des livres"⁴⁶. Aussi décident-ils fonder une revue. Knigge juge cette intention légitime: pourquoi "ces deux braves pédagogues" n'auraient-ils pas le droit de proposer au public les produits de leur plume, alors que celui-ci est chaque jour inondé de "tant de maigres périodiques"? Knigge revendique une littérature utile, qui contribue "à l'instruction, à l'amélioration, ou même seulement au plaisir" du lecteur⁴⁷. La littérature est un produit, une "marchandise" (Knigge emploie le terme de *Waare*), et doit être de qualité.

---

43 Knigge à Storr, 7 juin 1787, *Beilage*, lettre citée.
44 *Urfstädt*, 1. St., 2.
45 *Ibid.*, 3.
46 *Ibid.*, 9.
47 *Ibid.*, 18.

Mais celui qui fabrique le produit ne doit pas être, lui non plus, grugé. Knigge vise ici les éditeurs. Il ne traite pas encore le problème au fond. Mais déjà il insiste sur le fait que les rédacteurs du *Journal* ont fait affaire avec un "honnête libraire", qu'ils ont signé avec lui un "arrangement équitable" assurant à chaque partie "quelque gain".

Ainsi, le *Journal d'Urfstädt* soulève un certain nombre des problèmes essentiels entraînés par le développement de la lecture à la fin du dix-huitième siècle : celui de la qualité de la littérature, celui des motivations de l'écrivain, et celui du rapport avec les éditeurs.

En fait, c'est la question de savoir si la littérature pouvait devenir un "métier" qui était posée. On admet aujourd'hui que c'est dans la seconde moitié du dix-huitième siècle qu'apparaît en Allemagne ce type nouveau d'écrivain, celui qui cherche à vivre exclusivement de ses oeuvres (*freier Schriftsteller*). Mais aucun écrivain de l'époque, Knigge pas plus que Lessing, ne put être totalement indépendant. L'existence de la censure entravait sa liberté d'expression. L'absence de statut économique et professionnel le livrait aux éditeurs.

Le premier obstacle ne fut pas très gênant tant que Knigge se bornait à cultiver les genres à la mode, s'adaptant à la demande d'un public dont il attendait avant tout qu'il achetât ses oeuvres. Non qu'il n'eût, déjà, un message spécifique à délivrer : mais c'était par l'intermédiaire des sociétés secrètes qu'il croyait pouvoir contribuer à la naissance d'une nouvelle religion. Jusqu'en 1784, et même encore en 1785 et 1786, la littérature n'était pas pour lui le canal principal destiné à proclamer son idéal. S'il entendait, en bon *Aufklärer*, écrire en toute liberté, ce qu'il avait à dire ne menaçait personne.

Knigge put vivre presque exclusivement de sa plume entre 1783 et 1786 : ses oeuvres se vendirent assez bien pour que les éditeurs consentissent, de son propre aveu, à le rémunérer correctement. Dans la lettre à Storr que nous avons citée, il avoue : "Mon éditeur me priait d'écrire, m'assurait que ma marchandise se vendait bien, me payait bien, j'avais des loisirs, et ainsi, j'écrivais". On ne sait à combien se montèrent les honoraires qu'il toucha[48], mais il est vrai que ces trois années, qu'il passa près de Heidelberg, comptèrent parmi les plus heureuses de sa vie, et il les évoque dans sa correspondance avec une certaine nostalgie[49].

---

48 Dans le traité *De la contrefaçon* (*Ueber den Bücher-Nachdruck*) qu'il publiera en 1792, Knigge érit qu'un honoraire de 5 à 15 thalers par placard imprimé, selon la notoriété de l'auteur, lui paraît équitable (p. 15), et il ajoute : "Ich bin weit entfernt, mich unter die vorzüglichsten Schriftsteller zählen zu wollen, und dennoch habe ich bis jetzt, obgleich einige meiner Schriften nachgedruckt sind, noch immer Verleger gefunden, die mir eine, mit meiner Arbeit in billigem Verhältnisse stehende Summe für meine Manuscripte bezahlt haben" (p. 15 sq.). Voir note 32 ci-dessus.

49 Voir par exemple sa lettre à Nicolai du 8 mars 1788. Dans le *Commerce*, il évoque aussi avec émotion sa vie dans le Palatinat (*Umgang*, II, 5. Aufl., 260 sq.).

Pourtant, il reconnaît assez vite qu'il ne peut envisager de vivre exclusivement de sa plume. Et très curieusement, ce n'est pas la dépendance économique dans laquelle il se trouvait par rapport à ses éditeurs qui entraîne cette conviction. Knigge prend en 1787 conscience d'une autre dépendance, celle de l'écrivain par rapport avec son environnement social. Pour plaire à un large public, il faut accepter de flatter ses goûts, qui ne sont pas toujours très élevés. Mais surtout, il faut éviter d'être dénoncé par ceux qui contribuent à orienter les modes, les critiques littéraires. Knigge s'en ouvre à Storr, en des termes qui traduisent bien le dilemme qui pèse sur la condition d'écrivain: ou bien il plaît au plus grand nombre, mais renonce à dire tout ce qu'il a à dire, ou bien il est sincère, et il accepte le risque de déplaire:

> Comme je n'écrivais que ce que je pensais et ne me souciais pas des opinions d'autrui; comme je n'étais pas un faiseur de livres professionnel, ne me joignais à aucun parti dominant, mais qu'au contraire, lorsque je jugeais que c'était conforme à la vérité, je parlais hardiment contre les opinions dominantes de plus d'un parti dominant, et n'avais de mon côté ni journaliste ni éditeur qui prît des voies obliques pour faire annoncer à son trompe tout son assortiment, ni ne sût se rendre terrible par de l'impudence ou par d'autres moyens; il ne pouvait manquer d'arriver que mes oeuvres fussent souvent blâmées, même celles qui le méritaient le moins. J'en riais, laissais les critiques pester et ne leur en voulais pas, d'autant moins que ma situation, totalement libre et indépendante [...] m'avait rendu indifférent à l'opinion du plus grand nombre.

Or Knigge se trouve, en 1787, placé dans des conditions nouvelles. Il va en effet s'établir à Hanovre, afin de pouvoir solliciter directement l'appui de la justice hanovrienne dans le règlement de sa situation de fortune. A partir de ce moment, il ne se sent plus libre:

> Je dois là-bas observer une réserve dans la conduite de ma vie et en matière politique, me soucier de la voix du peuple, et un compte rendu grossier de ma dernière oeuvrette, écrit sur le ton habituel maintenant aux critiques, celui des matelots et des poissardes, pourrait facilement faire mauvaise impression sur le peuple de toute condition[50].

L' "oeuvrette" en question, c'est l'*Histoire de Ludwig von Seelberg*, qui venait de paraître. Ce que Knigge appelle ici le "peuple", ce n'est pas celui auquel il s'adressera en en 1790. C'est le "public", qu'il avait, dans la même lettre, quelques lignes plus haut, appelé "le plus grand nombre".

Dans cette lettre à Storr, Knigge fait une peinture plutôt noire de l'accueil que le public lui avait réservé jusqu'alors. En général, la critique n'avait pourtant pas été sévère à son égard, au contraire[51]. Mais cette question importe peu ici. Ce qui est intéressant, c'est que les propos de Knigge montrent qu'il est conscient des limites assignées à la liberté de l'écrivain. Elles sont économiques, mais elles sont aussi "politiques", au sens très large qu'il donne alors à ce terme: l'écrivain ne peut se permettre d'offenser ni

---
50 Knigge à Storr, 7 juin 1787, *lettre citée*.
51 Voir PLANETH, *op. cit.*

l'Etat, ni l'Eglise, ni le public. Il résume sa pensée dans une formule qui réunit ces différents aspects:

> Je n'écrivis pas de chefs d'oeuvre, rien pour la postérité, mais rien non plus – de cela, je suis conscient – qui fût contraire au goût, à la morale et à la religion[52].

Knigge a donc, en 1788, définitivement renoncé à faire de la littérature un métier. C'est à partir de cette époque qu'il recommence à frapper aux portes de personnages influents afin de solliciter un emploi. Il demande, par exemple, à Nicolai de s'entremettre pour lui faire obtenir le poste de Résident prussien à Hambourg. Il justifie ainsi sa requête: "Je soupire après une existence stable"[53]. Il lui faudra attendre jusqu'en 1790 avant qu'il n'entre au service de la Régence de Hanovre. D'ici là, qu'il le voulût ou non, il était obligé de continuer à écrire.

Il le fait en gémissant, car même si ses livres se vendent bien, les éditeurs lui imposent parfois des conditions bien dures: il fallait, notamment, que les oeuvres parussent à un moment commercialement favorable, et l'écrivain n'avait guère le loisir de trop souvent "sur le métier remettre son ouvrage". Le 15 Mars 1789, Knigge écrit à son ami l'acteur Grossmann: "La foire approche, et mon nouveau roman n'en est pas encore à la moitié. Je travaille depuis les premières heures jusqu'à tard dans dans la nuit"[54]. Et le 20 du même mois, il lui donne des précisions sur le travail harassant que l'éditeur exige de lui: "Je me suis engagé sur l'honneur à terminer et à recopier chaque jour, de mon nouveau roman, la valeur d'un-demi placard imprimé"[55]. C'était reconnaître que l'éditeur était le maître des conditions matérielles imposées à l'écrivain et que la "valeur marchande" de celui-ci variait selon qu'il était ou non disposé à s'y plier.

La seule manière de réduire le poids de cette contrainte était de ne pas se lier toujours au même éditeur. Ainsi les oeuvres de Knigge parurent-elles principalement chez Andreä (Francfort-sur-le-Main), chez Ritscher et chez Schmitt (Hanovre), mais aussi chez Schulze (Hanau), chez Hartknoch (Riga), chez Jacobäer (Leipzig), chez Dieterich (Göttingen) et chez Hoffmann (Hambourg) – du moins celles dont nous connaissons l'éditeur de façon certaine.

Si Knigge se refusait donc à devenir un écrivain professionnel par respect pour un public auquel il ne sentait pas libre de dire tout ce qu'il voulait, il n'en était pas moins condamné, sous la pression des circonstances, à demander à la littérature des ressources qui lui faisaient défaut. Il est probable que la publication, en 1788 et 1789, des *Feuilles dramaturgiques*[56], dont il fut le seul

---

52 Knigge à Storr, 7 juin 1787, *lettre citée*.
53 Knigge à Nicolai, 8 mars 1788, KAW, ms. Nicolai Nachlass.
54 Knigge à Grossmann, 15 mars 1789, KAW, ms. Bibli. Univ. de Leipzig. Le nouveau roman en question est sans doute l'*Histoire du pauvre sire de Mildenburg*.
55 Knigge à Grossmann, 20 mars 1789, KAW, ms. Bibl. Univ. de Leipzig.
56 *Dramaturgische Blätter*, 36 Stücke, Hannover, octobre 1788-juillet 1789.

rédacteur, fut également une entreprise financière, même si elle était destinée par ailleurs à soutenir la troupe théâtrale de Grossmann à Hanovre.

Knigge vivait donc, bon gré mal gré, la condition de l'écrivain qui voulait essayer de rester totalement indépendant. Mais il sentait de plus en plus peser sur lui les deux pouvoirs qui déterminaient la société dans laquelle il vivait; le pouvoir incarné par les structures sociales et politiques, et le pouvoir économique. Knigge comprend peu à peu que, face à eux, il est nécessaire de définir le statut de l'écrivain, ainsi que celui de la littérature.

C. Contrefaçon et diffusion des Lumières

Au début de 1792, Johann Gottwerth Müller, dont le roman *Siegfried von Lindenberg* venait, en 1790, d'être édité pour la cinquième fois, publiait, sous le titre énergique *Du brigandage dans l'édition*[57], un petit ouvrage dans lequel il condamnait avec indignation la pratique de la contrefaçon, qui sévissait alors en Allemagne à l'état endémique[58].

Si l'on excepte le *Mandement concernant le commerce du livre* (*Buchhandelsmandat*), édicté par le gouvernement de la Saxe électorale le 18 décembre 1773, qui interdisait la vente de contrefaçons à la Foire du livre de Leipzig, il n'existait pratiquement aucun texte récent qui mît fin à ce que beaucoup d'écrivains considéraient comme un scandale.

En 1769, à la fin de la *Dramaturgie de Hambourg*, Lessing avait condamné la contrefaçon. En 1774, le célèbre juriste de Göttingen Johann Stephan Pütter avait longuement développé les arguments qui, selon lui, faisaient ce de procédé de diffusion du livre un délit: juridiquement, il l'assimilait à la fabrication de fausse monnaie, théologiquement (*theologisch betrachtet*), à un vol[59]. Mais surtout, Pütter orientait la discussion sur le problème de la contrefaçon, qui passionnait depuis longtemps l'Allemagne du Nord[60], vers

---

57 J. G. MÜLLER, *Ueber den Verlagsraub*, [...] Leipzig, 1792.
58 Voir l'excellente introduction à ce problème dans UNGERN-STERNBERG, *op. cit.*, 147 - 158. Pour plus de détails, voir A. SCHÜRMANN, *Die Rechtsverhältnisse der Autoren und Verleger sachlich-historisch*, Halle, 1889; GOLDFRIEDRICH, *op. cit.*; L. GIESEKE, *Die geschichtliche Entwicklung des deutschen Urheberrechts*, Göttingen, 1957. La position de Knigge sur le problème de la contrefaçon fait l'objet d'un examen très documenté dans BERGMANN, *op. cit.*, 103 - 145. Voir aussi P. MÜNCH, *Nachdruck und literarischer Markt im späten 18. Jahrhundert. J. C. Müller, J. A. H. Reimarus, A. v. Knigge und die "Schmiederey"*, in: A. RITTER (Hg), *Müller von Itzehoe und die deutsche Spätaufklärung*, Heide, 1978.
59 J. S. PÜTTER, *Der Büchnachdruck nach ächten Grundsätzen des Rechts geprüft*, Göttingen, 1774, 65 - 69.
60 La contrefaçon était pour ainsi dire une spécialité de l'Allemagne du Sud, Autriche comprise. Les deux plus célèbres contrefacteurs étaient Johann Thomas Edler von Trattner et Christian Gottlieb Schmieder. Sur eux, voir U. GIESE, *Johann Thomas Edler von Trattner. Seine Bedeutung als Buchdrucker, Buchhändler und Herausgeber*, in: *Archiv für Geschichte des Buchhandels*, 3/1961, Sp. 1013 sqq.; G. BREITENBRUCH, *Der Karlsruher Buchhändler Christian Gottlieb Schmieder und der Nach-*

une voie nouvelle: il posait en principe le droit de l'écrivain à la propriété de son oeuvre, d'où il déduisait que seul l'auteur était habilité à en confier l'impression et la vente à un éditeur de son choix⁶¹.

L'ouvrage de Pütter avait sucité une série de prises de position d'où s'était peu à peu dégagé le concept nouveau de propriété sur les droits d'auteur. C'est ainsi que Johann Jakob Cella établit en 1784 une distinction entre l'oeuvre, qui reste la propriété exclusive de l'auteur, et les idées et vérités qu'elle expose, qui, elles, ne sont pas susceptibles d'être considérées comme une propriété particulière⁶². Il en concluait toutefois que la contrefaçon était illicite parce qu'elle constituait une atteinte au droit de nue-propriété que l'auteur avait par contrat cédé à l'éditeur.

Il est remarquable que c'étaient les auteurs, beaucoup plus que les éditeurs, qui s'affrontaient sur ce problème. La raison en est très simple: c'est qu'ils étaient les principales vitimes de la contrefaçon, tandis que les éditeurs pouvaient toujours se faire eux-mêmes contrefacteurs, à moins qu'ils ne préférassent, par des arrangements conclus entre eux, limiter les effets de cette pratique⁶³.

Knigge avait personnellement souffert de la concurrence déloyale que les contrefacteurs faisaient à ses éditeurs. Il informe le lecteur de la troisième partie de l'*Histoire de Peter Claus*, publiée en 1785, que la première partie, parue deux ans plus tôt, a fait l'objet d'une contrefaçon⁶⁴. Dans la *Préface* au premier tome du *Noldmann*, il écrit: "Je ne doute pas que l'on s'arrachera mon livre et que messieurs les contrefacteurs ne plaindront pas leur peine pour accélérer son débit"⁶⁵. Le *Roman de ma vie* eut au moins une contrefaçon, l'*Histoire de Peter Claus* deux, l'*Histoire du pauvre sire de Mildenburg* une, le *Commerce* quatre avant 1796, sept dans les années suivantes. Une édition tronquée de la *Profession de foi de Joseph Wurmbrand* fut publiée la même anné que l'édition originale (1792). Enfin, le *Voyage à Brunswick* et les *Papiers de M. de la Crétinière* furent probablement aussi édités en contrefaçons⁶⁶. Lorsque Knigge écrit qu'il a souffert des contrefacteurs⁶⁷, il exprime, une fois de plus, une expérience vécue. Si les éditions non autorisées du *Commerce* ne l'ont pas

---

    druck in Süddeutschland im letzten Viertel des 18. Jahrhunderts, ibid., 9/1967 - 1969. Sp. 643 sqq. Voir aussi sur Trattner *Allg. Deutsche Biographie*, XXXVIII, 499 - 501.
61 PÜTTER, *op. cit.*, 25.
62 J. J. CELLA, *Vom Büchernachdruck*, in: CELLAs *Freimüthige Aufsätze*, Ansbach, 1784, I, 73 sqq. (cité par BERGMANN, *op. cit.*, 111).
63 UNGERN-STERNBERG, *op. cit.*, 156 sqq. montre que les éditeurs étaient juridiquement démunis devant les contrefacteurs.
64 *Peter Claus*, III, *Nachricht an das Publicum*, s. p.
65 *Noldmann*, I, 6.
66 Tous ces renseignements sont tirés du fichier de la KAW. Voir note 38 ci-dessus.
67 *Ueber den Bücher-Nachdruck*, Hamburg, 1792, 55.

empêché de vendre ce livre que le public s'arrachait (il y eut cinq éditions autorisées de son vivant), il est probable que les deux contrefaçons de *Peter Claus*, qui parurent à intervalles rapprochés, empêchèrent une nouvelle édition de l'oeuvre.

Knigge n'a jamais caché le dégoût que provoquait en lui cette pratique. Il l'exprime tantôt en termes ironiques, tantôt gravement. Dans *Peter Claus*, il propose de confectionner une *Chronique du vol, ou Recueil des biographies et portraits des plus célèbres contrefacteurs allemands*, à laquelle il joindra, s'il reste de la place, "les biographies de quelques autres coquins, dont la spécialité n'est pas à proprement parler la contrefaçon, mais le brigandage de grands chemins, l'effraction et autres choses de même nature"[68]. Dans *Noldmann*, il invite ses "vénérés amis à Carlsruhe, Reutlingen, Vienne, Frankenthal etc."[69] à éditer des contrefaçons de son livre, s'ils pensent pouvoir en tirer quelque argent. Mais à Grossmann, il écrivait le 3 janvier 1779 qu'il était révolté à l'idée qu'un libraire pût "paralyser" un concurrent par une contrefaçon[70]. En 1792, il continuera "d'exécrer" cet abus "de tout coeur"[71].

Knigge est donc parfaitement conscient du tort économique que la contrefaçon constitue pour les écrivains et pour leurs éditeurs. Pourtant, il va adopter à l'égard de cette question une attitude qui, au premier abord, paraît être en totale contradiction avec cette conviction. Le 7 novembre 1791, il annonçait à Johann Gottwerth Müller qu'il se proposait d'expliquer publiquement "les raisons qui (le) poussent à considérer la contrefaçon comme une friponnerie, mais pas comme un crime que l'Etat doit punir"[72]. Quelques semaines plus tard, il publiait un opuscule d'une soixantaine de pages, intitulé *De la Contrefaçon*[73].

Cet ouvrage paraissait à un moment où la discussion sur le problème de la contrefaçon avait atteint un de ses sommets. A ce débat prenaient part quelques-uns de hommes les plus respectés dans les milieux "éclairés", et son intérêt réside dans les oppositions qu'il révèle au sein de ces milieux. Sa genèse permet d'en saisir les principales implications[74].

Dans la cinquième édition de *Siegfried von Lindenberg*, Müller avait inséré un long chapitre destiné à prouver l'immoralité de la contrefaçon[75]. L'éditeur Schmieder, de Karlsruhe, en avait publié une... contrefaçon, où ce chapitre figurait en bonne place[76]. Mais, sous le voile de l'anonymat, Schmieder faisait

---

68 *Peter Claus*, III, *Nachricht an das Publicum*. s. p.
69 *Noldmann*, I, 8. Carlsruhe était la ville de Schmieder, Vienne celle de Trattner.
70 Knigge à Grossmann, 3 janvier 1779, KAW, ms. Bibl. Univers. de Leipzig.
71 *Bücher-Nachdruck*, 55.
72 Knigge à Johann Gottwerth Müller, 7 novembre 1791, in: H. SCHRÖDER, *J. G. Müller, Verfasser des Siegfried von Lindenberg*, Itzehoe, 1843, 112 sq.
73 *Bücher-Nachdruck, op. cit.*
74 Elle a été minutieusement établie par BERGMANN, *op. cit.*, 114 - 121.
75 J. G. MÜLLER, *Siegfried von Lindenberg*, 5. Aufl., Leipzig, 1790, 402 - 460.
76 BERGMANN, *op. cit.*, 114.

paraître la même année une brochure *Contre et pour la Contrefaçon*[77], dans laquelle il essayait de prouver que rien ne s'opposait, juridiquement, à cette pratique. Très peu de temps après paraissait dans le *Deutsches Magazin* un article de Johann Albrecht Heinrich Reimarus, intitulé *L'édition, examinée d'une façon nouvelle du point de vue des écrivains, des libraires et du public*[78]. Le titre de cet article introduisait dans le débat un aspect radicalement nouveau: Reimarus n'abordait pas seulement la question sous le rapport économique du dommage matériel causé à l'écrivain ou à l'éditeur, mais il proclamait aussi qu'elle concernait le public, et, à travers lui, la mission de la littérature. Et de ce point de vue, la pratique de la contrefaçon lui semblait comporter des avantages, parce qu'elle permettait une plus large diffusion de la littérature.

C'est pour répondre à ce qu'il avait compris comme une alliance entre Reimarus et Schmieder que Müller composa son ouvrage sur le *Brigandage dans l'édition*. En même temps, il invitait Knigge à préciser ses propres positions sur ce problème. Il avait en effet été surpris par un passage du *Noldmann*, dans lequel Knigge, semblant renier les condamnations répétées qu'il avait formulées contre la contrefaçon, expliquait que dans le nouvel Etat qu'il imaginait "en Abyssinie", cette pratique ne serait pas interdite par la loi, tout en constituant un acte contraire à la morale[79]. Müller adressait aussi à Knigge un exemplaire de son livre. Dans sa réponse, datée du 7 novembre 1791, Knigge fit savoir à Müller qu'il ne partageait pas ses idées sur cette question et, un mois plus tard, il lui envoyait le premier exemplaire de sa brochure *Sur la contrefaçon*, qu'il lui avait dédiée comme le témoignage d'un débat ouvert entre deux hommes qui, tout en menant le même combat en faveur des Lumières, pouvaient être d'un avis différent sur un point particulier. Nous devons souligner que la polémique entre eux resta courtoise, ce qui n'était pas toujours le cas à l'époque dans des affaires de ce genre.

Knigge avait également adressé un exemplaire de son livre à Reimarus, auquel le liait une solide amitié. En décembre 1791, Reimarus avait, dans le *Deutsches Magazin*, une nouvelle fois défendu ses thèses contre Müller[80] et encore une fois en 1792[81]. Le 27 décembre 1791, il écrivait à Knigge qu'il était heureux de constater que celui-ci avait, dans sa brochure, soutenu les mêmes principes que ceux qu'il développait de son côté dans son article du mois de décembre 1791, dont Knigge n'avait pas encore eu connaissance lorsqu'il

---

77 [Ch. G. SCHMIEDER], *Wider und Für den Bücher-Nachdruck* [...], Carlsruhe, 1790.
78 J. A. H. REIMARUS, *Der Bücherverlag in Betrachthung der Schriftsteller, der Buchhändler und des Publicums abermals erwogen*, in: *Deutsches Magazin*, I, 1791, 384 - 414.
79 *Noldmann*, II, 281.
80 Dans un article sans titre publié par le *Deutsches Magazin*, 12/1791, 564 - 596.
81 J. A. H. REIMARUS, *Erwägung des Verlags-Rechts in Ansehung des Nachdrucks* [...], Hamburg, 1792.

écrivait son livre[82]. Cette constatation est intéressante, car elle fait apparaître que Knigge et Reimarus, deux grands noms des Lumières en Allemagne du Nord, envisageaient la contrefaçon dans une réflexion globale, qui ne se limitait pas aux problèmes économiques et juridiques, mais qui posait aussi la question des rapports entre les conditions économiques de la production littéraire et la diffusion des idées qu'elle véhiculait. Ainsi Knigge et Reimarus faisaient-ils apparaître une composante essentielle du problème de la contrafaçon, qui avait jusqu'alors échappé totalement à des hommes comme Pütter ou Müller.

Après 1792, Knigge n'intervint plus dans le débat, sinon par une ou deux réflexions dispersées dans des ouvrages traitant de questions bien différentes[83]. La controverse se poursuivit néanmoins entre Reimarus et Müller, et, en 1793, il s'y joignit une nouvelle voix, celle de Fichte, qui fit paraître dans la *Berlinische Monatsschrift* un article qu'il avait rédigé deux ans plus tôt, intitulé *Preuve du caractère illégitime de la contrefaçon*[84]. Fichte s'opposait explicitement à la thèse de Reimarus et développait l'idée de la propriété intellectuelle des oeuvres littéraires. La réflexion de Fichte, qui amplifiait des idées déjà suggérées par Pütter, et qu'on trouvait aussi exprimées chez Lessing et chez Wieland, devait constituer la base d'une législation moderne sur les droits d'auteur en Allemagne[85]. Avec lui, c'est l'aspect juridique de la question qui était mis au premier plan. Knigge et Reimarus, eux, avaient cru que l'intérêt des Lumières ne se laissait pas réduire à de simples problèmes de droit.

Pourtant, l'ouvrage de Knigge repose sur de solides connaissances juridiques, qu'il avait acquises à Göttingen (il avait été l'élève, entre autres, de Pütter), mais aussi lorsqu'il était au service du landgrave de Hesse-Cassel et, enfin, par ses lectures. S'il se borne à citer dans son ouvrage quelques-unes des prises de position essentielles sur la contrefaçon[86], il donne à son raisonnement la forme d'un rapport d'expert en matière juridique.

Il examine successivement trois questions: 1°) quels sont les inconvénients de la contrefaçon? 2°) La contrefaçon est-elle admissible du point de vue moral? 3°) L'Etat a-t-il le droit de l'interdire et de poursuivre le contrefacteur? A la manière des juristes, Knigge procède sur la base de définitions d'une

---

82 Reimarus à Knigge, 27 décembre 1791, in: KLENCKE, *op. cit.*, 89 sq. Knigge indique lui-même qu'il n'eut connaissance de l'article de Reimarus qu'alors qu'il avait pratiquement terminé son livre (*Bücher-Nachdruck*, 50 sq.).
83 Par exemple dans *Ueber Schriftsteller und Schriftstellerey, op. cit.*
84 J G. FICHTE, *Beweis der Unregelmässigkeit des Büchernachdrucks* [...], in: *Berlinische Monatsschrift*, 5/1793, 443 - 483.
85 BERGMANN, *op. cit.*, 116 sq.
86 Knigge se réfère au livre de Pütter, ainsi qu'à des avis émis sur la question par les Facultés de droit de Iéna, Giessen, Helmstedt et Erfurt, et à des brochures signées par Johann Peter LUDEWIG, 1720 (qu'il cite en latin, 52 sqq.) et Friedrich BEHEMER, 1771.

extrême précision, saisissant chaque concept dans ses rapports avec les situations qu'il exprime, et qui sont, par nature, très variables.

C'est ainsi qu'il commence par déterminer les quatre partenaires impliqués par la pratique de la contrefaçon: l'écrivain, le libraire et l'éditeur, le lecteur, l'Etat.

Si l'écrivain semble, à première vue, être la principale victime de la contrefaçon, qui lui fait perdre une partie du bénéfice auquel son travail lui donne droit, la réalité apparaît différente dès que l'on examine la question non sous l'angle du gain, mais sous celui de la motivation qui le pousse à écrire. Nous avons vu qu'à partir de 1787, il avait compris que l'écrivain ne pouvait se considérer comme totalement indépendant face à son public ni face au pouvoir. Il en tire la conséquence que l'écrivain qui veut vivre exclusivement de ses oeuvres est contraint de faire des concessions qui nuisent à la sincérité de son message, et que la littérature ne saurait donc constituer le fondement moral d'une profession:

> Il est très mauvais qu'à notre époque la littérature soit pratiquée comme un métier dont on veut vivre. Et c'est justement parce que, malheureusement, si l'on a quelque talent ou quelque savoir-faire, on peut réellement vivre de la littérature, qu'on écrit tant de méchantes oeuvres, que tant d'oisifs se promènent de par le monde, se soustrayant à toute activité utile à la société, et, sans avoir ni le talent nécessaire ni besoin de le faire, fabriquent des livres pour de l'argent [...]; c'est ainsi que même des têtes bien faites se façonnent d'après le goût corrompu du plus grand nombre, au lieu d'essayer de le modifier, parce que la vente rapide du livre, donc le gain, dépend de l'approbation de l'époque présente[87].

La position morale de l'écrivain qui n'écrit que pour vendre n'est donc pas meilleure que celle du contrefacteur. Sa plainte n'est pas recevable. Quant aux bons écrivains, la contrefaçon n'empêchera jamais qu'ils reçoivent des honoraires équitables.

L'intérêt de cette argumentation est qu'elle fait sortir le débat du cadre du seul droit positif, pour le situer sur un autre terrain, celui de la fonction de la littérature. Knigge essaie d'ailleurs de donner à cet aspect un fondement également juridique. Selon lui, on ne peut déterminer par des textes la valeur marchande de la pensée: "Qui a fixé le prix d'un produit de l'esprit?", demande-t-il[88]. Il s'ensuit qu'il n'existe, précisément en droit, aucune base juridique pour l'évaluation du dommage que la contrefaçon ferait subir à l'écrivain. D'ailleurs, ajoute Knigge, l'écrivain trouve une partie de sa récompense dans le plaisir qu'il prend à son travail et dans le sentiment de son utilité:

---

87 *Bücher-Nachdruck*, 10 sqw.
88 "Wer hat einen Preis auf Geistes-Producte gesetzt?", *ibid.*, 10.

Comment ? Est-ce que le plaisir de composer, l'approbation d'hommes sensés, la conscience de se rendre utile, tout cela n'est-il rien ? Vraiment, dans la balance où ce prix est pesé, un louis d'or joue un rôle humiliant[89].

Ce dernier argument vaut ce qu'il vaut : c'est celui d'un moraliste. Et il n'est pas nouveau.

Knigge reconnaît que les éditeurs et les libraires ont juridiquement davantage de raisons de s'opposer aux contrefacteurs. Mais de même qu'il lie la question de la littérature à celle de sa finalité, il replace la profession de libraire et celle d'éditeur dans leur véritable contexte, hors duquel aucune position de droit ne se laisse définir. Les éditeurs et les libraires sont avant tout des hommes d'affaires. Pour eux, il s'agit d'un problème économique, et en tant que tel, la contrefaçon n'est qu'un des aspects de l'ensemble de la question. Elle n'est pas la seule, ni même la principale cause de la diminution du revenu des libraires et des éditeurs. Knigge met en cause l'organisation globale du marché du livre. Il explique qu'il y a trop de libraires, trop de mauvais livres, trop de crédit, et trop de luxe dans la fabrication des livres[90]. Un bon éditeur, dit-il, gagnera toujours bien sa vie, s'il s'attache à publier de bons livres pour lesquels il aura donné à l'auteur un honoraire raisonnable, en un mot, s'il connaît son métier, du point de vue non seulement technique, mais aussi commercial.

Mais c'est lorsqu'il aborde le problème des conséquences de la contrefaçon pour le public que Knigge donne la vraie mesure de son engagement au service des Lumières.

Si l'écrivain, le libraire et l'éditeur ont, au moins en apparence, quelques raisons de se plaindre de la contrefaçon, le public, lui, ne peut en aucune manière être considéré comme une victime de ce procédé. C'est au nom de la sauvegarde d'intérêts économiques que Schmieder avait pris la défense des contrefacteurs et que Müller s'était attaqué à eux. Mais l'un et l'autre n'envisageaient la question que du point de vue de la vente de ce produit qu'est le livre. Knigge, lui, rappelle que le livre a aussi un acheteur, et que c'est même lui qui donne à la littérature sa raison d'être. La littérature étant une production d'ordre culturel, il faut qu'elle serve non seulement à enrichir ceux qui la fabriquent ou la diffusent, mais aussi à cultiver celui l'achète. Encore faut-il que le prix du produit soit abordable. En d'autres termes, il y a un lien étroit entre le prix du produit et l'usage qu'il peut faire. Or l'existence de contrefacteurs empêche la constitution de monopoles qui, une fois solidement établis, seraient en mesure de fixer le prix des livres de manière telle que leur diffusion serait réservée aux classes les plus aisées. La contrefaçon garantit la possibilité d'une concurrence, permet donc de maintenir le prix des livres à un niveau raisonnable, ce qui, pour Knigge, est une condition essentielle à une large diffusion :

---

89 *Ibid.*, 14.
90 *Ibid.*, 23.

Les contrefaçons, très bon marché, mettent des livres, qui sinon seraient achetés et lus par des gens riches, entre les mains de classes modestes, et favorisent donc la culture[91].

Knigge n'est pas le premier à avoir développé cet argument. Il constituait déjà l'idée centrale de l'article que son ami Reimarus avait publié dans le *Deutsches Magazin*. On le trouvait aussi exposé par Wieland dans une lettre à son gendre Reinhold, écrite le 12 décembre 1789[92]. Il ne faudrait pas commettre ici l'erreur de penser que Knigge se fait le porte-parole des classes populaires contre les classes aisées. Nous verrons qu'il n'identifie jamais le "peuple" (*Volk*) à ce qu'il appelle la "populace" (*Pöbel*). Mais il existait dans les villes une couche quantitativement importante constituée de petits commerçants, de petits fonctionnaires ou employés, mais aussi de médecins, de pasteurs, très ouverts aux idées nouvelles, et que l'on retrouvait souvent dans les sociétés de lecture[93]. C'est eux que les Lumières devaient atteindre, mais il fallait pour cela que le prix des livres fût raisonnable. Or ceux-ci restaient chers. La *Allgemeine Literaturzeitung* de Iéna donne le prix des livres dont elle publie les comptes rendus: il oscille entre 4 groschen (c'est-à-dire 1/6 de thaler) et 1, voire 1,5 thalers, parfois davantage. Rappelons-nous que Knigge recevait de ses créanciers une pension de 650 thalers par an, avec laquelle il était censé tenir son rang de gentilhomme hanovrien. Quant aux petites gens, nous avons déjà dit qu'une servante en Hanovre gagnait au plus huit thalers par an[94].

La contrefaçon permet la diffusion des Lumières également d'une autre manière. C'est grâce à elle, dit Knigge, que pénètrent en Allemagne catholique les oeuvres d'écrivains "éclairés" du Nord, même si les contrefacteurs, par prudence, les expurgent de "certains passages"[95].

La position de Knigge est donc nette: l'intérêt des Lumières passe avant les droits matériels des écrivains, des libraires et des éditeurs. La contrefaçon n'est plus seulement tolérée par lui: il la juge positive et lui assigne une fonction sociale et culturelle qui ne pourrait être remplie si le commerce du livre devenait un monopole.

En fait, elle contribue à éduquer des élites nouvelles qui, le moment venu, seront en mesure de prendre la relève des pouvoirs de l'ordre féodal. Pour Knigge, comme pour l'*Aufklärung* en général, ce n'est pas la violence qui doit accompagner les mutations politiques et sociales, mais l'éducation qui, en entraînant le développement de l'instruction, permettra de remplacer l'ancienne élite de la naissance par celle du savoir et du mérite. La position de Knigge face au problème de la contrefaçon s'inscrit donc dans son attitude générale depuis 1778, celle d'un aristocrate qui a compris que sa caste devait

---

91 *Ibid.*, 24 sq.
92 Cité par UNGERN-STERNBERG, *op. cit.*, 157.
93 Voir PRÜSNER, *Lesegesellschaften, op. cit.*
94 Voir *supra*, Ire partie, I, 2, A.
95 *Bücher-Nachdruck*, 25.

accepter de partager un pouvoir que, jusqu'alors, elle prétendait exercer seule. En cela, Knigge prend ses distances avec ceux qui, parmi les *Aufklärer*, limitent leur combat pour les idées nouvelles à la simple défense d'intérêts corporatifs.

Quant à l'Etat, il ne souffre en rien de l'existence des contrefacteurs, sauf si la balance du commerce autorisé du livre est positive, c'est-à-dire si, dans un territoire, sont édités beaucoup de bons livres qui, ensuite, sont exportés. Dans ce cas, l'existence de contrefaçons constitue une concurrence gênante. Mais lorsque, dans un Etat territorial, il existe beaucoup de lecteurs potentiels et peu d'écrivains importants, les contrefacteurs permettent de faire rentrer beaucoup d'argent en éditant les écrivains "étrangers". Ce cas est, dit Knigge, plus fréquent que le premier. En tout cas, la différence de situation dans les Etats allemands constitue un obstacle majeur à l'édiction d'une règlementation générale en matière de contrefaçon[96].

En examinant les avantages et les inconvénients de la contrefaçon pour les différents partenaires impliqués dans cette pratique, Knigge en arrive donc à la conclusion que la contrefaçon est beaucoup plus utile que nuisible. Non seulement elle ne cause pas de tort qui ne puisse être, d'une autre façon, réparé, mais elle est l'un des moteurs de la diffusion des Lumières. Encore fallait-il trouver une argumentation juridique suffisamment solide pour pouvoir démontrer que l'Etat ne doit pas poursuivre les contrefacteurs. C'est, une fois de plus, en homme des Lumières que Knigge aborde et traite ce problème. Il passe rapidement sur la question de savoir si la contrefaçon est une pratique morale et tranche par la négative: le contrefacteur n'empoche pas seulement le produit de son travail, mais aussi celui du travail des libraires-éditeurs autorisés, qui sont seuls à supporter les charges liées à l'édition du livre: honoraires de l'auteur, composition du texte etc. Mais, dit Knigge, il n'existe aucun moyen juridique de poursuivre cette pratique – et il se garde bien d'en proposer un[97].

En effet, une bonne législation doit s'appuyer sur le principe du droit naturel et ne peut viser à interdire que ce qui est contraire à la raison. Pour le démontrer, il renvoie à l'Etat modèle qu'il conçoit pour l' "Abyssinie", "où n'existent pas d'autres lois que celles qui ne limitent la liberté naturelle que d'après des principes qui se laissent justifier par les purs concepts du contrat social". Or la contrefaçon ne saurait relever d'une sanction prise au nom du droit naturel, car "les concepts de propriété, de vente de la propriété et de vol de la propriété ne sont pas applicables à l'édition"[98]. L'Etat ne peut donc interdire la reproduction libre d'un texte acquis légalement par celui qui le détient.

Mais le contrefacteur a-t-il, précisément, acquis légalement le livre qu'il reproduit? Knigge établit une distinction entre le manuscrit et son contenu. Si

---
96 *Ibid.*, 27.
97 *Ibid.*, 28 - 32.
98 *Bücher-Nachdruck*, 34.

le premier est la propriété soit de l'auteur, soit de l'éditeur avec lequel il a signé un contrat, le second devient, à partir du moment où il est public, la propriété de tous :

> L'auteur d'un ouvrage ne peut vendre le contenu à personne. Achat et vente supposent une *rem certam*, et une pensée, ou même l'arrangement d'une pensée, n'est pas une *res certa*, ni par sa nature, ni par sa valeur[99].

Par l'emploi de l'expression *res certa* (objet concret), Knigge donne à son raisonnement la valeur d'une démonstration juridique. Cela est important, car il entend ainsi se placer sur le même terrain que tous ceux qui, au moins depuis Pütter, voulaient démontrer l'incompatibilité de la contrefaçon avec le droit. Mais Pütter se référait au droit positif, c'est-à-dire qu'il déterminait sa position par rapport aux lois existantes. Knigge, lui, raisonne selon une logique différente: son propos n'est pas d'examiner si la contrefaçon est ou non licite dans un Etat dont il condamne précisément les structures, mais si elle peut être l'objet de poursuites dans l'Etat idéal dont il rêve, l'Etat de raison. Pütter pensait en sujet de l'Etat absolutiste, Knigge pense en homme des Lumières. Simplement, il se sert de l'outil que constitue le raisonnement juridique afin de transmettre sa pensée. Son ouvrage sur la contrefaçon constitue donc un témoignage de sa conception de l'action.

Knigge développe enfin les conséquences qu'il tire de cette position de principe. Il considère que l'acte d'imprimer ne consiste qu'à reproduire publiquement des pensées dont l'auteur n'a pas exigé qu'elles demeurent secrètes[100]. Il nie donc le concept de propriété littéraire. Un éditeur n'a, par le par le contrat qui le lie à un auteur, reçu que le droit d'être le premier à publier un livre. Mais il ne peut prétendre être le seul, à moins qu'il ne bénéficie d'un privilège imperial[101]. Mais un tel privilège ne saurait engager tous les Etats allemands[102].

Il faut souligner ici que, si Knigge construit son raisonnement sur le droit naturel, certains de ses contemporains se servaient, eux aussi, du droit naturel pour condamner la contrefaçon. C'est ainsi que Wieland, qui admettait que cette pratique était utile à la diffusion des Lumières, la rejetait cependant au nom du tort causé à l'auteur et à l'éditeur, qui se voyaient frustrés des fruits légitimes d'un travail utile à tous. Et même Pütter, très fidèle sujet de l'Electeur-roi, n'était pas insensible à la possibilité d'un compromis entre le droit naturel et le droit positif, qui eût permis l'élaboration d'une législation limitant la contrefaçon[103]. Mais la référence implicite de Knigge à la théorie du droit naturel n'est pas le résultat d'une concession qui permettrait de moderniser, en les adaptant à l'esprit du siècle, les structures de l'Etat absolutiste,

---

99 *Ibid.*, 38.
100 *Ibid.*, 43.
101 *Ibid.*, 45 sqq.
102 *Ibid.*, 47.
103 Voir BERGMANN, *op. cit.*, 123 sq.

fût-ce pour mieux garantir les intérêts d'une profession en plein essor. Pour Knigge, l'Etat de raison doit se substituer totalement à l'Etat absolutiste. La tolérance de fait dont il fait preuve à l'égard de la contrefaçon est pour lui une arme dirigée contre l'Etat absolutiste. La seule concession qu'il fait réside dans la forme qu'il donne à son combat, en acceptant de traiter la question comme le ferait un juriste. Mais le fond de son combat, c'est bien le progrès des Lumières. Et pour lui, il s'agit d'un combat politique, car les intérêts qu'il défend sont à l'opposé de ceux que représente l'Etat absolutiste. En aidant à la diffusion des Lumières, la contrefaçon prépare la voie à un contrôle du pouvoir par une élite nouvelle.

2. La littérature au service des Lumières

A. La variété des genres

Ce qui fait de Knigge un représentant exemplaire de l'*Aufklärung*, c'est d'abord que son oeuvre, par la variété des genres qu'elle aborde, révèle toutes les influences, les espérances, les oppositions aussi, qui marquent la prise de conscience allemande à la fin du dix-huitième siècle. On sait à quels obstacles se heurte le problème d'une définition pertinente de l'unité de l'Aufklärung, dont les tendances profondes oscillent entre des pôles contradictoires, le rationalisme et l'irrationalisme, l'audace et le respect de l'ordre, l'athéisme et le déisme. L'histoire de la franc-maçonnerie allemande reflétait bien toutes ces incompatibilités, et Knigge les avait vécues dès 1773, lorsqu'il s'était affilié à la Stricte Observance. S'il s'était séparé des sociétés secrètes, c'est que, précisément, il avait dû constater que celles-ci n'étaient pas le lieu où il fût possible de les dominer.

Mais tous les *Aufklärer* ont en commun la conviction que la littérature, si elle veut atteindre le public, ne doit mépriser aucun des genres susceptibles de lui plaire. La variété des genres est une des conditions essentielles à l'efficacité de cette immense entreprise pédagogique dont le terme même d'*Aufklärung* traduit le caractère consciemment didactique[104]. Par la multiplicité des genres qu'il a illustrés, Knigge est déjà un authentique *Aufklärer*, même si d'autres aspects s'ajoutent à celui-là pour faire de lui une figure caractéristique de son époque.

Les ouvrages politiques ne constituent pas, et de loin, la part quantitativement la plus importante de sa production littéraire et, si l'on fait exception du *Commerce*, qui est un cas particulier, ils ne couvrent qu'à peine sept années d'une carrière d'écrivain s'étendant sur près de vingt ans. A côté des romans, des écrits maçonniques et des essais politiques, l'oeuvre de Knigge comprend des recueils de "sermons", des pièces de théâtre, un récit de voyage, des satires ou parodies, des poésies, des articles de critique littéraire, des articles sur l'éducation, des écrits théoriques sur l'homme, la littérature, la contrefaçon,

---

104 On lit par exemple dans le *Braunschweigisches Journal*: "Aufklärung [...] will nichts anders sagen, als Belehrung", I, 1790, 85.

des traductions, des mélanges, des préfaces. Knigge a aussi, nous l'avons vu, fondé deux revues, le *Journal d'Urfstädt* et les *Feuilles dramaturgiques*. A cela il faut ajouter la traduction de deux livrets d'opéra, *Il Talismano*, de Lorenzo da Ponte (musique de Salieri) et surtout, en collaboration avec sa fille Philippine, les *Nozze di Figaro*. Knigge s'intéressait d'ailleurs à la musique, puisqu'il composa un concerto en fa majeur pour basson, deux violons, alto, violoncelle et contrebasse, et six sonates pour clavecin[105].

Cette abondante production est évidemment d'une qualité très inégale, et Knigge était le premier à le savoir[106]. Bien que notre étude porte essentiellement sur l'engagement de Knigge dans les sociétés secrètes, puis dans la politique, il nous faut pourtant évoquer l'ensemble de son oeuvre. A ne vouloir considérer que les écrits maçonniques et politiques, on prendrait le risque de fausser l'image qu'il convient de retenir de cet *Aufklärer*, qui ne saurait être enfermé dans les limites étroites d'une définition péremptoire: de même que Knigge n'est pas ce "professeur de bonnes manières" que la critique a longtemps voulu voir en lui, il ne peut non plus être réduit au seul aspect de l'écrivain politique. Dès les premières oeuvres, en particulier le *Système universel* et *Peter Claus*, Knigge a un message à transmettre. Mais ce n'est que peu à peu que naît chez lui la conviction que par la littérature, il est peut-être possible aussi de changer la société. Il faut tenter de saisir le cheminement qui, progressivement, l'amène à passer d'une simple littérature de divertissement à une littérature au service des Lumières qui, à son tour, devient une littérature politique. Cette évolution ne sera possible que parce que Knigge deviendra, en particulier grâce à ses romans, un écrivain dont l'audience, en Allemagne, mais aussi dans quelques autres pays de l'Europe du Nord (Hollande et Danemark notamment), était grande.

Lorsqu'il résidait à Hanau, entre 1777 et 1780, Knigge avait dirigé un théâtre d'amateurs, qu'il avait créé à la cour du comte Guillaume. Il semble qu'il fut toute sa vie fasciné par le théâtre. En 1786, il publie (anonymement) dans la revue *Pfalzbaierisches Museum* une série d'articles sur le théâtre de Heidelberg[107]. En 1788 et 1789, il suit de fort près les efforts de l'acteur Grossmann pour faire vivre à Hanovre un théâtre "allemand", et la publication des *Feuilles dramaturgiques* est destinée à soutenir cette entreprise[108]. En

---

105 Les *six Sonates pour clavecin* furent imprimées en 1781. Le *Concerto en fa majeur* (1776) est resté inédit (original ms. au Kestner Museum de Knigge, daté de mai 1789 à Hanovre).

106 Il l'avoue dans une lettre à Arnswaldt, le 5 octobre 1789 (KAW, brouillon ms. au Kestner-Museum de Hanovre). Voir aussi *Aufrichtiges Geständnis meiner Poligraphie, op. cit.*

107 Lettres simplement datés "Heidelberg, 14 mai 1786" et "Heidelberg, 2 juin 1786", in: *Pfalzbaierisches Museum*, III, 1785 - 1786, 419 - 435 et 516 - 526.

108 Gustav Friedrich Wilhelm Grossmann (1746 - 1796) fut très intéressé par les efforts de Lessing pour créer un théâtre national allemand. En 1791, il lança l'idée d'une souscription destinée à ériger un monument à Lessing (*lessing-Denkmal, eine*

1791, Inspecteur des Ecoles à Brême, il dirige une nouvelle fois un théâtre d'amateurs, que venait de fonder le Conseiller d'Empire Theobald Johann von Vrintz zu Treuenfeld, Résident Impérial dans la ville, et qui fonctionna jusqu'à la fin de juillet 1792, donnant au total 22 représentations [109]. Outre Grossmann, Knigge comptait parmi ses amis un autre grand acteur de l'époque, Friedrich Ludwig Schröder, dont il avait fait la connaissance alors qu'il était à Hanau[110].

En 1793, dans un traité intitulé *Des écrivains et de la littérature*, Knigge propose quelques réflexions théoriques sur les différents genres littéraires. C'est dans cet ouvrage qu'il faut chercher ce qu'il pense véritablement du théâtre, plus que dans les articles des *Feuilles dramaturgiques*. Convaincu de l'intérêt du théâtre comme instrument de divertissement, il pensait que ce genre pouvait, par la peinture de situations et de caractères empruntés à la vie

---

vaterländische Geschichte, dem deutschen Publikum zur Urkunde vorgelegt). L'idée, soutenue par Knigge, ne put aboutir. En 1795, il fut jeté en prison pour avoir prononcé sur scène des paroles irrévérencieuses envers l'Electeur. Relâché, il se vit interdire de remonter sur les planches. Il mourut un an après, désespéré. Knigge le connaissait depuis 1787. Une amitié solide les lia jusqu'à leur mort, survenue la même année (1796). Voir A. SOHR, *Deutsches Bühnenleben im vorigen Jahrhundert. Cultur und Literaturgeschichtliches aus Kestners Handschriften-Archiv*, Hannover, 266 - 294, et J. WOLTER, *Gustav Friedrich Wilhelm Grossmann. Ein Beitrag zur deutschen Literatur- und Theatergeschichte*, Diss. Köln, 1901. Sur l'incident qui mit fin à sa carrière, voir H. BUTZMANN, *Lessings Denkmal in Wolfenbüttel. Ein Vorspiel zur Geschichte der Lessingverehrung*, Wolfenbüttel, 1982, et G. STEINER, *Jakobinerschauspiel, op. cit.*, 123 - 135.

109 Dès 20 janvier 1791, le *Journal des Luxus und der Mode* de F. J. BERTUCH et G. M. KRAUS publiait une lettre de Brême relatant la création de ce théâtre d'amateurs, "constitué des personnes les plus distinguées de la ville". L'auteur de la lettre ajoutait une précision: "Der hierher als Königlicher Oberhauptmann versetzte Freyhr. von Knigge übernimmt zuweilen auch eine Rolle und giebt bey der Wahl der Stücke und Austheilung derselben seinen guten Rath". Les recettes étaient, après déduction des charges, distribuées aux pauvres. Les pièces étaient jouées dans le grand auditorium de l'Ecole cathédrale, qui pouvait accueillir 230 à 240 personnes. L'orchestre était également composé d'amateurs (Bd. 6, Jg 1791, Weimar, 140 sq.). Voir aussi H. TARDEL, *Zur bremischen Theatergeschichte 1783 - 1791, in: Bremisches Jahrbuch*, 39/1940, 169 - 204, en particulier *Knigges Gesellschaftstheater*, 193 - 204. Voir la liste des pièces jouées dans TARDEL, *op. cit.*, 200 sq. Il s'agit presque uniquement de pièces allemandes, composées par Brandes, Kotzbue, Iffland, Schröder, Bretzner, Schink, Golter etc. Des "affichettes" (*Theaterzettel*) sont conservées aux Archives d'Etat de Brême et aux Archives municipales de Brunswick.

110 Friedrich Luwig Schröder (1744 - 1816) était né à Schwerin. Il fut l'un des plus grands acteurs de son temps et dirigea à plusieurs reprises le théâtre de Hambourg. Il fut aussi un des réorganisateurs de la maçonnerie allemande (voir *infra*, III, 4, A). Sur lui, voir W. HINTZE, *Friedrich Ludwig Schröder. Der Schauspieler. Der Freimaurerer*, Hamburg, 1974.

bourgeoise, servir à la diffusion des Lumières dans "toutes les classes du peuple". Mais il ne croyait pas que le théâtre pût faire évoluer, dans un sens ou dans un autre, l'esprit des nations. Il en est au contraire le reflet et, comme tel, il est un témoignage de leur développement culturel. Knigge en conclut que le rôle des souverains doit se borner à éviter que ce divertissement public ne donne lieu à des excès, mais que l'Etat n'a pas à prendre d'initiatives destinées à faire du théâtre l'instrument de la moralité et des Lumières[111]. C'était une manière de proclamer que la liberté de création, qu'il s'agît de littérature ou de théâtre, n'était pas l'affaire de l'Etat, mais des écrivains ou des auteurs dramatiques eux-mêmes.

Knigge ne croit pas non plus à la possibilité d'implanter en Allemagne un véritable théâtre national[112]. Il salue les efforts de Lessing et de quelques autres, notamment Iffland, pour soustraire le théâtre allemand aux influences étrangères. Mais la diversité allemande, en particulier politique et sociale, ne permet pas, par exemple, la naissance d'une véritable comédie allemande, qui puisse divertir en même temps des spectateurs issus de toutes les classes ou de toutes les régions de l'Allemagne :

> Parmi les Anglais, mais singulièrement parmi les Français, la disposition d'esprit et le degré de culture, dans les différentes classes et dans les diverses provinces, ne sont pas aussi contrastés que chez nous. Il y a donc chez eux davantage d'extravagances nationales [...]. Chez nous au contraire, où l'éducation, l'instruction, la forme de gouvernement, le ton de la société et le goût, dans les différents petits Etats allemands et dans les innombrables règlements de préséance, se ressemblent si peu, la même image a pour maint spectateur beaucoup de charme, tandis qu'un autre n'y trouve aucun trait qui lui paraîtrait connu et naturel[113].

C'était reconnaître qu'un Molière ne pouvait exister que dans une nation unifiée, et que tant que la patrie allemande ne serait pas née, il n'y aurait pas de comédie allemande, Ce que Knigge dit pour la comédie vaut pour l'idée générale de théâtre national. Le mérite d'hommes comme Leisewitz, Bock ou Schröder est d'avoir, "sur la base d'oeuvres étrangères, enrichi notre scène de pièces qui s'accordent aux dispositions d'esprit du public allemand" [114]. Mais ils ne pouvaient faire davantage. Parmi les pièces que Knigge publia, deux seulement sont des créations originales: *Warder*[115] et *Louise*[116]. Les autres sont

---

111 *Schriftsteller*, 211 sq.
112 En 1793, l'idée de théâtre national avait quelque peu perdu de son actualité, et le scepticisme de Knigge était partagé par beaucoup de contemporains. Voir R. KREBS, *L'Idée de "Théâtre National" dans l'Allemagne des Lumières*, Wiesbaden, 1985.
113 *Schriftsteller*, 246 sq.
114 *Ibid.*, 238.
115 *Warder*, in: *Theaterstücke*, I., *op. cit.*
116 *Louise*, in: *Theaterstücke*, II., *op. cit.*

des adaptations ou des traductions de pièces françaises: *Le Juge*, d'après Louis-Sébastien Mercier[117]; *Les deux Avares*, d'après Falbaire de Quingey[118]; *L'Etourdi*, d'après Molière[119], auxquels il faut ajouter *Le Complaisant*[120], *Les dangers du grand monde* [121] et *Le Tableau de la Cour*[122].

Warder et *Louise* sont de médiocres drames sentimentaux, qui peignent des situations dans lesquelles les conflits intérieurs, qui ont leur origine dans les défauts de la société, sont résolus grâce au bon coeur des personnages. On peut penser qu'en adaptant *Le Juge* et en se faisant ainsi l'un des introducteurs de Mercier en Allemagne, Knigge a mieux servi le théâtre que par les pièces dont il est l'auteur.

Mais surtout, c'est lui qui établit, pour un siècle et demi, le texte allemand "officiel" des *Nozze di Figaro*. La traduction qu'il en proposa fut publiée en 1791[123]. En réalité, c'était la fille de Knigge qui avait traduit les dialogues, en se servant non seulement du texte italien de da Ponte, mais aussi du texte français de Beaumarchais. Knigge s'était réservé les arias. La première fut donnée le 18 mai 1789 à Lübeck par la troupe de Grossmann, et le lendemain à Hanovre. La traduction de Knigge n'était pas la première: il en existait notamment une de Vulpius, le futur beau-père de Goethe. Mais en se servant du texte français, Philippine Knigge avait, manifestement sur les conseils de son père (elle avait quinze ans!) réintroduit dans l'oeuvre "maint passage divertissant qui avait disparu dans le texte italien"[124]. Knigge n'en dit pas davantage sur le sens du texte, mais il est permis du supposer que l'aspect irrévérencieux, et même révolutionnaire, de l'oeuvre de Beaumarchais ne lui déplaisait pas, et qu'il profitait de l'occasion qui lui était offerte de rappeler, sans trop de risque, les véritables intentions du Français.

Le genre le mieux représenté, c'est-à-dire le plus constamment et par les oeuvres les plus volumineuses, est incontestablement le roman. Si l'on excepte *L'Histoire des Lumières en Abyssinie*, qui constitue un cas particulier, Knigge en composa sept de 1789 à 1794: le *Roman de ma vie* (1781 - 1784), l'*Histoire de Peter Claus* (1783 - 1785), l'*Histoire de Ludwig von Seelberg* (1787), l'*Histoire du pauvre sire de Mildenburg* (1789 - 1790), *Le Château enchanté ou Histoire du comte Tunger* (1791), *Le Voyage à Brunswick* (1792)[125] et l'*Histoire*

---

117 *Der Richter*, in: *Theaterstücke*, I.,
118 *Die beyden Geizigen*, in: *Theaterstücke*, II., *op. cit.*
119 *Der Unbesonnene*, Heidelberg, 1785.
120 *Der Gefällige*, o. O., 1784.
121 *Die Gefahren der grossen Welt*, Heidelberg, 1785.
122 *Das Gemählde vom Hof*, München, 1786.
123 *Gesänge aus dem Singspiele Figaros Heirat in 4 Aufzügen*, aus dem Italienischen übersetzt vom Freiherrn Knigge; in Musik gesetzt von Mozart, Hamburg, 1791.
124 Voir l'article publié par Knigge dans *Dramaturgische Blätter*, 23 mai 1789, 492 sqq.
125 *Die Reise nach Braunschweig. Ein comischer Roman*, Hannover, 1792.

du bailli Gutmann[126]. Ce sont ces oeuvres qui firent de lui un écrivain véritablement populaire. Tandis que ses pièces de théâtre ne rencontraient guère d'écho (elles ne furent éditées qu'une fois, et ne firent l'objet d'aucun compte rendu[127]), les romans furent tous édités au moins deux fois, sauf *Seelberg*. Le *Roman de ma vie* eut 4 éditions (plus une contrefaçon); *Le Voyage à Brunswick* fut édité 7 fois du vivant de Knigge. Ils furent également tous traduits en néerlandais. Cinq furent traduits en danois (*Peter Claus, Mildenburg, Tunger, Gutmann* et *Le Voyage à Brunswick*); *Peter Claus* fut traduit aussi en anglais, en français, en suédois et en polonais; *Gutmann* en anglais[128].

La critique accueillit les deux premiers romans assez froidement. Mais l'*Histoire de Ludwig von Seelberg* fut saluée avec enthousiasme dans cinq revues différentes [129]. L'auteur du compte rendu publié par les *Tübingische Gelehrte Anzeigen* comprend que le "roman n'est qu'un vêtement voulu par la mode, pour dire avec chaleur et en y insistant des vérités intéressantes" [130]. Dès lors, les nouveaux romans de Knigge furent en général très bien accueillis. Les qualités qu'on lui reconnaît le plus facilement sont une "rare connaissance du monde et des hommes", l'art de peindre "avec feu et vérité les moeurs de notre temps" et de construire ses romans selon "un plan soigneusement pensé et éprouvé". Mais surtout, on félicite Knigge de proposer "une vérité utile et instructive", et d'avoir "établi tant de vraies et importantes règles de vie que chaque classe peut en tirer des enseignements utiles" [131]. Ainsi, la critique et le public se rejoignaient dans l'éloge et l'accueil favorable qu'ils réservaient à un écrivain dont ils appréciaient non seulement le talent, mais l'utilité.

Etre utile: c'était bien l'intention de Knigge. Il le dit dans sa lettre du 7 juin 1787 à Storr: s'il a conscience de n'avoir pas écrit vraiment des chefs-d'oeuvre, il a tout de même le sentiment de n'avoir pas été complètement inutile[132]. Il le répète en 1793 dans son traité *Des écrivains et de la littérature*: "Aucun genre littéraire ne paraît plus apte à associer l'utile et le plaisant et à envelopper des

---

126 *Geschichte des Amtsrats Gutmann, op. cit.*
127 Voir PLANETH, *op. cit.*, 7. Les pièces étrangères que Knigge adapta firent l'objet de comptes rendus dans l'*Allgemeine Literatur Zeitung* de Iéna, le *Allgemeines Verzeichnis neuer Bücher* d'Adelung et l'*Allgemeine deutsche Bibliothek* de Nicolai (*ibid.*, 8).
128 PLANETH, *op. cit.*
129 Dans les *Tübingische Gelehrte Anzeigen* (1787, 53. St., 417 sqq.); l'*Allgemeine deutsche Bibliothek* (97/1790, 1. St., 167 sqq); l'*Allgemeine Literatur Zeitung* de Iéna (1/58, Sp. 630 sqq.); le *Pfalzbaierisches Museum* (4/1786 - 1787, 330 - 336); enfin, les *Gothaische Gelehrte Zeitungen* (14. Jg, 3. Quart., 64. St., 1787, 523 sqq.) Voir PLANETH, *op. cit.*, 11 - 16.
130 *Tübingische Gelehrte Anzeigen, op. cit.*, 418.
131 Cité par PLANETH, *op. cit.*, 29.
132 Knigge à Storr, 7 juin 1787, lettre citée.

vérités graves et importantes dans une parure agréable"[133]. Les romans "augmentent la connaissance plus fine du monde et des hommes" [134].

Le modèle du genre est, selon Knigge, *Gil Blas de Santillane*. Lesage a su en effet allier "la pénétration d'esprit et l'humour", en évitant les épisodes scabreux qui, par exemple, rendent la lecture "du chef-d'oeuvre de Rousseau, Julie ou la Nouvelle Héloïse, extrêmement dangereuse pour des jeunes gens ou des jeunes filles à l'imagination impressionnable ou au coeur chaud". Quant aux *Liaisons dangereuses*, elles sont "un livre abominable, mais écrit avec une grande connaissance de l'homme", dont l'intérêt principal est de montrer la corruption des moeurs en France, en particulier dans les classes supérieures[135]. La moralité reste l'exigence première des Lumières allemandes, quel que soit le domaine auquel elles s'appliquent. Knigge ne fait pas exception à cette constatation.

Rares sont, parmi les écrivains allemands, ceux qui, selon lui, ont écrit de bons romans. Il cite Wieland pour *Agathon*, Goethe pour *Werther* (encore que "ce chef-d'oeuvre, dans son genre, [ait] entraîné une inondation d'histoires d'amour pleines de Sturm und Drang et, pendant un temps, fait régner chez nos jeunes gens un langage et une terminologie qui devraient dégoûter tout homme doué de bon sens"[136], Müller pour ses romans comiques.

Pourtant, dans *Des écrivains et de la littérature*, Knigge ne dévoile certainement pas le fond de sa pensée quant à la manière dont un roman peut être "utile". Il se borne à remarquer que les propos des personnages ont leur propre logique et qu'on ne saurait tenir l'auteur pour responsable des opinions hardies que ceux-ci peuvent éventuellement proférer[137]. Les amis de Knigge savaient parfaitement à quoi il faisait allusion ici: la publication de *Wurmbrand* lui avait valu un blâme de la Régence, assorti de l'interdiction de rien publier qui n'ait, auparavant, reçu le visa de la censure. Knigge souligne donc ici, discrètement, mais d'une manière assez claire pour le lecteur initié, que la liberté de l'écrivain est limitée et que le roman ne peut, dans la société où il vit, devenir un genre politique. En même temps, il laisse entendre que cette contrainte qui pèse sur l'écrivain constitue un abus de pouvoir. D'ailleurs, il lui était arrivé, nous l'avons vu, de transmettre à travers ses propres romans un message politique. C'était en particulier le cas dans l'*Histoire de Peter Claus*, avec le *Manuscrit du sieur Brick*. Et l'*Histoire des Lumières en Abyssinie par Benjamin Noldmann*, oeuvre uniquement politique, a bien la forme d'un roman. Mais elle en est si peu un, que Knigge lui-même, dans un catalogue qu'il dressa de ses oeuvres et que Klencke a retrouvé, ne la range pas sous la même rubrique que les sept romans que nous avons cités, mais sous

---
133 *Schriftsteller*, 256.
134 *Ibid.*, 259.
135 *Ibid.*, p. 264 sq.
136 *Ibid.*, 266.
137 *Ibid.*, p. 257.

celle des "écrits moraux, philosophiques et politiques"[138]. La forme romanesque n'est, ici, qu'un habillage. Le sujet n'est plus l'évolution intérieure d'un personnage ni la description d'un milieu social. C'est l'attitude des princes face à cet événement majeur de l'histoire contemporaine qu'est la Révolution française.

Avant d'aborder franchement la question du rapport entre Lumières et politique, c'est-à-dire avant de montrer que les Lumières doivent trouver leur pleine réalisation dans une modification des structures mêmes de l'Etat, Knigge les applique à l'évolution de l'individu. C'est dans la *Préface* à la troisième partie de l'*Histoire du pauvre sire de Mildenburg* qu'il s'en explique le plus clairement. Ses trois romans, *Peter Claus*, *Seelberg* et *Mildenburg* sont, dit-il, trois approches différentes d'un même problème, qui est de déterminer les "trois obstacles qui empêchent même l'homme le plus sensé de parvenir assez tôt, pour son bonheur et celui des autres, à ce degré de formation, ce perfectionnement qui seul mérite le nom de Lumières"[139]. Ces obstacles sont "la légèreté, l'esprit de sophisme et les passions". Chacun des trois grands romans cités dénonce l'un de ces défauts: Peter Claus doit apprendre à devenir sérieux, Seelberg renoncer à s'enfermer dans un "système" rigide, et Mildenburg meurt pour n'avoir pas su trouver l'équilibre nécessaire entre passions et raison.

Alors que le théâtre était surtout un genre de divertissement, le roman doit donc contribuer à éduquer l'individu, à lui enseigner cette "vertu" que l'*Aufklärung* considère comme le degré supérieur de la sagesse. L'utopie du bonheur universel ne peut se réaliser que si l'individu accepte de se perfectionner lui-même. Knigge, homme des Lumières, entend apporter sa contribution à ce processus, qui relève de la pédagogie avant d'impliquer une attitude politique.

Pour transmettre le message des Lumières, Knigge s'est servi d'un autre canal: le sermon. Entre 1783 et 1788, il en publia trois recueils, de six pièces chacun[140]. Dans l'*Avant-Propos* au second recueil, il affirme avoir prononcé effectivement deux de ces sermons. Mais pour le reste, il s'agissait, selon lui, d'un "vêtement" particulièrement bien adapté à la mission de l'*Aufklärer*, qui est de diffuser "de bons principes"[141]. Aussi commettrait-on une erreur d'interprétation si l'on voulait classer ces trois recueils parmi les produits de la "littérature d'édification" (*Erbauungsliteratur*). Le propos de Knigge n'est pas de faire connaître Dieu en dehors des seuls murs de l'Eglise, comme le

---

138 KLENCKE, *op. cit.*, 31.
139 *Mildenburg*, III, *Vorrede*, s.p.
140 *Sechs Predigten gegen Despotismus, op. cit.* (abrév. *Predigten I*); *Sechs Predigten über Demuth, Sanftmuth, Seelen-Frieden, Gebeth, Wohlthätigkeit und Toleranz*, Heidelberg, 1785 (abrév. *Predigten II*); *Sechs Predigten über Trost im Leiden, Bezähmung der Leidenschaften, Gute Werke, Verläumdung, Bibelstudium und Schmeicheley*, Frankfurt a. M., 1788 (abrév. *Predigten III*).
141 *Predigten II*, An die Leser, s. p.

voulaient, par exemple, les piétistes. La religion n'est ici que la référence permettant de faire passer dans le public les thèmes favoris des Lumières, chacun d'entre eux faisant l'objet d'un "sermon" particulier, introduit par une citation de l'Ecriture. Knigge entend tout simplement montrer que la morale des Lumières est conforme à celle dont se réclame l'orthodoxie religieuse, ce qui était une manière de dire d'une part que l'orthodoxie menait contre les Lumières un combat injustifié, mais aussi que la vraie religion était celle qui se manifestait dans un christianisme pratique et non par d'interminables querelles théologiques. A cet égard, le sermon *Contre la superstition* est très révélateur. A la religion telle que les théologiens en transmettent l'image déformée par la superstition, Knigge oppose la religion de Jésus, qui vient du coeur, s'exprime en actes visant au bonheur de tous. Jésus, dit-il, a rejeté toute adoration superstitieuse de sa personne. Il n'a pas interdit le travail dominical s'il est utile au prochain. Il n'a pas demandé que le chrétien passe la totalité de son temps en prières. Il a condamné les pharisiens, précisément parce que ceux-ci avaient une conception superstitieuse de la religion[142]. Il n'est pas nécessaire d'analyser le détail de ce texte. Il reflète très exactement la conviction profonde de la plupart des *Aufklärer*: la religion doit être pratique avant d'être spéculative, elle soit servir l'homme et non l'Eglise.

La plupart des thèmes abordés dans les *Sermons* sont ceux que traitent déjà les romans: la bêtise, l'infidélité, l'oisiveté, l'humilité, la douceur, la paix de l'âme, la bienfaisance, la consolation dans la douleur, la maîtrise des passions, la flatterie. Très peu sont empruntés à la religion proprement dite: un sermon traite de la prière[143], un autre de l'étude de la Bible[144] – deux sur dix-huit. Au reste, ils proposent les mêmes conclusions que le sermon contre la superstition: la vraie prière, c'est celle qui rend grâces pour le bien accompli effectivement, et la lecture de la Bible ne peut que pousser le chrétien à agir dans ce sens.

Deux thèmes, qui ne sont d'ailleurs pas à proprement parler nouveaux dans l'oeuvre de Knigge, apparaissent dans les sermons, où ils sont mis en évidence sous la forme d'un titre: *Contre le despotisme*[145] et *Sur la Tolérance*[146]. Knigge avait déjà condamné dans ses romans l'intolérance et le despotisme. Mais ils n'en constituaient pas la matière. Cette fois, ces deux attitudes sont dénoncées comme spécifiquement contraires aux Lumières. Non que Knigge mette en cause la monarchie, voire l'absolutisme. Le premier recueil de *Sermons* est même dédié à Joseph II, qualifié de "grand et bon".

Knigge condamne l'arbitraire des "mauvais souverains" (*böse Regenten*). Il demande à Dieu de rappeler aux souverains que le sujet n'est par leur

---

142 *Gegen Aberglauben, Predigten I*, 71 - 98.
143 *Über das Gebeth, Predigten II*, 85 - 116.
144 *Über Bibelstudium, Predigten III*, 137 - 162.
145 *Gegen Despotismus, Predigten I*, 8 - 39.
146 *Über Toleranz, Predigten II*, 143 - 166.

propriété[147]. Mais c'est Dieu qui châtiera le mauvais prince: le droit divin n'est pas encore mis en cause – du moins pas par la littérature. En fait, en 1783, la réfutation idéologique du "despotisme" s'opère sur la base du secret, à l'intérieur de l'Ordre des Illuminés. Mais publiquement, Knigge se borne à montrer qu'il est moralement incompatible avec la doctrine d'amour du christianisme. Il ne s'adresse aux princes que pour les placer face à leur conscience de chrétiens. Et si l'on trouve, dans le *Sermon contre le despotisme*, l'écho de la théorie de l'histoire développée dans les cahiers illuminés (le processus de décadence qui mène de l'état de nature à l'état despotique), Knigge déclare encore possible une conversion des princes, il l'appelle de ses voeux:

> Oh! que [...] nos rois, nos princes, nos juges, ne soient pas sourds à cet appel divin ni à la voix de leur conscience! [148].

Mais il voit toujours en eux "les pères et les amis de leurs sujets". A aucun moment, il ne se fait le porte-parole d'une révolution contre les despotes. Comme déjà Luther, il se contente de dire que si un prince exige du sujet des actes contraires au bien public, celui-ci doit se rappeler que, selon les paroles de l'apôtre Paul, on doit obéir à Dieu avant d'obéir aux hommes[149].

On pourrait objecter qu'il s'agit là d'un phénomène d'autocensure, attitude compréhensible dans l'environnement de l'époque. Pourtant, il ne faut pas oublier qu'il existait alors en Allemagne deux princes qui passaient pour être le contraire de "despotes", et auxquels les *Aufklärer*, dans leur presque totalité, vouaient une admiration à peu près sans réserve: c'étaient Frédéric II, que beaucoup, dont Knigge, appelaient "Frédéric l'Unique" (*Friedrich der Einzige*), et Joseph II. Jamais, même au coeur de la période révolutionnaire, Knigge ne reniera cette vénération qui l'attachait à des princes qui, en se proclamant les "premiers serviteurs de l'Etat", semblaient mettre l'intérêt public au-dessus de celui de leur personne.

Dans un passage du *Sermon contre le despotisme*, Knigge définit la nature du pouvoir des princes en termes qui ne laissent pas de nous stupéfier:

> Les princes et les juges sont les lieutenants de Dieu, et non des despotes exerçant un pouvoir absolu sur leurs sujets, non! mais des représentants élus, élus et confirmés par le consentement du peuple et la permission divine; les premiers serviteurs de l'Etat, placés à sa tête pour manier le droit et la justice [...], non pour considérer arbitrairement le pays comme leur propriété, les habitants comme leurs esclaves, faire de leur propre autorité des ordonnances contraires à la liberté et à l'égalité naturelles et comprises raisonnablement, [...] qui ne visent qu'à promouvoir leur intérêt personnel mal compris, la satisfaction de leurs passions et l'éclat de leur dynastie, et contre lesquelles crie la voix de la raison, de la nature, de la religion et de tout le peuple[150].

---

147 *Gegen Despotismus, op. cit.*, 13.
148 *Ibid.*, 11.
149 *Ibid.*, 35.
150 "Fürsten und Richter sind Statthalter Gottes, nicht unumschränkte Despoten

Et la suite du propos s'enfle en une violente amplification qui, par endroits, frise la lèse-majesté:
> Il serait ridicule et peu avisé d'affirmer que le Créateur voudrait savoir des milliers d'hommes honnêtes, intelligents et forts gouvernés par une demi-portion vile, bête et faible, qui ne sait pas se gouverner elle-même, ou bien qu'une armée d'individus décidés courbent leur nuque sous le joug d'un fou indigne d'âme et de corps. L'ordre de la nature veut que le fort conduise le faible. Un enfant ne peut être père de famille, et un moucheron ne peut avaler un lion[151].

Cette violence ne doit pas nous faire illusion. D'abord, elle n'était nullement accompagnée d'actes concrets de rébellion. A l'époque, Knigge appartenait encore à l'Ordre des Illuminés, et la tactique de ceux-ci n'était pas fondée sur la confrontation ouverte. D'autre part, si le principe de la souveraineté populaire opposée au droit divin transparaît dans l'expression "consentement du peuple", la citation de l'ensemble de ce passage, qu'il faut se garder de tronquer si on veut le comprendre, montre que Knigge conçoit encore le souverain comme une sorte de père de famille. Cela correspond tout à fait à la définition que donnait Luther de l'autorité civile, dans laquelle il voyait une généralisation de la fonction paternelle. Enfin la référence à l'expression célèbre: "premier serviteur de l'Etat" indique que Knigge est plus proche de l'absolutisme éclairé que du principe de la souveraineté populaire. Il ne demande pas l'abolition de l'absolutisme, mais celle du despotisme, ce qui est tout à fait différent. Le despotisme, c'est l'arbitraire, l'absence de codification raisonnable des fondements du pouvoir. Il évoque surtout les débauches et les cruautés qui accompagnaient souvent à l'époque la description des cours orientales. L'absolutisme est un terme moderne, que Knigge n'utilise pas. Il apparaît en France vers 1798. Plus qu'une pratique, il désigne un ensemble de structures qui font du souverain l'élément principal d'un système complexe, doté d'une logique interne. C'est peut-être là que réside la différence entre les

---

über die Unterthanen, nein! gewählte, durch Beystimmung des Volks und göttliche Zulassung gewählte und bestättigte Repräsentanten; die ersten Diener des Staats, angesetzt Recht und Gerechtigkeit zu handhaben [...]; Nicht nach Willkühr das Land als ihr Eigenthum, die Einwohner als Sclaven anzusehn, eigenmächtig Verordnungen zu machen, die der natürlichen, vernünftig verstandenen Gleicheit und Freyheit entgegen sind [...], nur darauf abzielen, ihr persönliches übelverstandenes Interesse, die Befriedigung ihrer Leidenschaften, und den Glanz ihres Hauses zu befördern, und gegen welche die Stimme der Vernunft, der Natur, der Religion und des ganzen Volks schreyet", *ibid.*, 28.

151 "Lächerlich und unklug wäre es zu behaupten, dass der Schöpfer tausend redliche, kluge, starke Männer durch einen niederträchtigen, dummen und schwachen Halbmenschen wollte regiert wissen, der sich selbst nicht regieren kann, oder dass ein Heer entschlossener Leute ihre Hälse unter das Joch eines an Leibe und Seele unwürdigen Thoren beugen sollte. Die Ordnung der Natur will, dass der Stärkere den Schwächeren leite; Ein Kind kann nicht Hausvater seyn, und eine Mücke keinen Löwen verschlucken", *ibid.*, 28 sq.

deux termes. Le despotisme n'est qu'un comportement qui, parce qu'il est arbitraire, échappe à l'emprise de la raison. Un despote est avant tout un individu imprévisible, un être de passions. L'absolutisme est au contraire cohérent. Il n'est despotique que s'il se renie en devenant arbitraire, du moins aux yeux de Knigge, à qui le pouvoir d'un Frédéric II, modèle pourtant de souverain absolutiste, ne semblait nullement "despotique". Sans doute parce que ses actes apparaissaient comme raisonnables et voués au service de la collectivité.

Mais Knigge ne réclame pas encore véritablement le contrôle du pouvoir exécutif par la nation. Dès lors que le peuple a délégué ses pouvoirs au prince, celui-ci n'est comptable de sa gestion que devant Dieu:

> Que l'héritier du trône cherche à acquérir sagesse et humilité. Qu'il n'oublie pas qu'au-dessus de lui vit quelqu'un de plus élevé, à qui il doit rendre des comptes[152].

L'abus du pouvoir est immoral, mais le peuple ne peut que "crier", il n'a pas le droit de renverser le prince. L'instance qui juge est morale, et non politique. La seule résistance que le sujet puisse et doive opposer à l'arbitraire, c'est de ne pas y "prêter la main":

> Mais vous que Dieu a faits pour être conduits et gouvernés par d'autres, soyez obéissants envers l'autorité en toutes choses quand elles sont bonnes, mais n'oubliez pas qu'on doit obéir à Dieu avant d'obéir aux hommes. Ne prêtez pas la main à l'oppression de l'innocence! Ne flattez pas ceux qui méritent le mépris et ne soyez pas esclaves de vos passions et de celles des autres! [153]

Knigge pose donc expressément le problème des limites de l'obéissance, mais il ne va pas au-delà d'un droit à la seule résistance passive déjà admise par Luther. Et en dédiant ce premier recueil de sermons à Joseph II, il laisse clairement entendre qu'il ne met pas en question le principe monarchique ni, au fond, l'absolutisme pourvu qu'il soit "éclairé".

Lorsqu'il condamne le despotisme, Knigge reste donc dans le cadre d'une revendication caractéristique des Lumières, par laquelle est exigée une administration de l'Etat conforme à la raison. Simplement, Knigge est peut-être un peu plus hardi dans le ton que la majorité des *Aufklärer*. Mais sa pensée politique n'a pas encore complètement mûri. C'est la Révolution française qui créera le choc nécessaire à l'évolution d'une pensée seulement "éclairée" vers un engagement politique.

La revendication de tolérance, à laquelle il consacre le dernier sermon du recueil, est, elle aussi, le reflet de la pensée des Lumières. Il n'y a pas lieu de

---

152 *Ibid.*, 38.
153 "Euch aber, die Gott bestimmte, vom Andern geleitet und regirt zu werden! Seyd gehorsam der Obrigkeit in allen guten Dingen, aber vergesst nicht, dass man Gott mehr gehorchen müsse, als den Menschen! Schmeichelt nicht denen, die Verachtung verdienen, und seyd nicht Sclaven Eurer und fremder Leidenschaften!", *ibid.*

développer la manière dont Knigge l'aborde, car elle n'offre aucun trait spécifique, ni dans le contenu, ni dans la forme. Dans la mesure où elle vise non les structures politiques, mais la pratique religieuse, elle pouvait, au moins en Allemagne protestante, s'exprimer plus librement que l'hostilité au despotisme, et elle s'adressait plus à l'opinion publique qu'aux princes eux-mêmes. Un Goeze était sans doute plus difficile à convaincre qu'un Frédéric II, mais il n'avait pas la même possibilité d'interdire le débat. Le seul aspect du problème qui pouvait provoquer la méfiance du pouvoir civil protestant, était la question des rapports de l'Eglise et de l'Etat. Knigge ne l'abordera publiquement que plus tard, dans le cadre d'une réflexion sur les enseignements que l'Allemagne doit tirer de la Révolution française. A ce moment-là, la littérature aura pour lui une fonction politique.

On ne trouve jamais non plus, dans ses livres, une défense de l'athéisme, alors qu'il avait, en 1780, écrit à l'officier hanovrien Richers que la "nouvelle religion" devait pouvoir satisfaire même ceux qui ne croyaient pas au Christ [154]. En fait, Knigge ne sera jamais choqué par l'athéisme. Mais jamais non plus il n'osera s'en faire le chantre. Même les Illuminés n'étaient pas, tant s'en faut, tous athées. Knigge, nous le savons, oscilla (sans doute toute sa vie) entre croyance et incroyance[155]. Mais nous avons vu qu'il avait essayé, lorsqu'il était membre de l'Ordre, de refroidir les ardeurs anticléricales de Weishaupt et des Aréopagites bavarois. Dans le projet de constitution qu'il expose dans *Noldmann*, il fera une place importante à la religion. Ce ne sera pas la religion des théologiens, mais une religion populaire fondée sur l'action de grâces rendues pour le bien accompli ici-bas. Mais Knigge se refuse à concevoir une société sans religion. Nous aurons à revenir sur ce problème[156].

Une autre façon de servir les Lumières fut l'emploi d'un genre dans lequel Knigge excella: la parodie. Il en composa deux: *Sur Frédéric-Guillaume l'Affable* [157] et le *Voyage à Fritzlar*[158].

Dans ces deux brochures, c'est en quelque sorte *a contrario* que Knigge, utilisant l'arme de l'humour, se fait le porte-parole des Lumières.

Avec la première, il vise le médecin suisse Johann-Georg Zimmermann, qui vivait depuis longtemps à Hanovre et qui, après avoir été l'un des représentants des Lumières, en était devenu l'adversaire acharné [159]. Zim-

---

154 Voir *supra*, IIe partie, I, 2, B.
155 Voir *Philo*, 21.
156 Voir *infra*, II, 1, E.
157 *Ueber Friedrich Wilhelm den Liebreichen, op. cit.*
158 *Reise nach Fritzlar im Sommer 1794, op. cit.*
159 Johan-Georg ZIMMERMANN (1728 - 1795) avait composé un essai intitulé *Versuch über die Einsamkeit* (1756), qui fut traduit en français par L. S. Mercier en 1790. Sur lui, voir A. BOUVIER, *Johann-Georg Zimmermann, un représentant suisse du cosmopolitisme littéraire au XVIIIè siècle*, Genève, 1925, et, plus ancien mais encore intéressant en attendant une étude moderne: E. BODEMANN, *Johann-Georg Zimmermann. Sein Leben und bisher ungedruckte Brief an denselben*, Hannover, 1878.

mermann avait été, en 1786, appelé au chevet de Frédéric II mourant. Il avait cru devoir immortaliser deux ans plus tard, dans un ouvrage d'une incroyable naïveté intitulé *Sur Frédéric le Grand et mon entrevue avec lui*[160], les deux semaines qu'il avait passées auprès du souverain prussien. Knigge, toujours facétieux, avait saisi l'occasion de ridiculiser cet hypocondriaque qui haïssait les Illuminés. Il donna à sa parodie un titre calqué sur celui de l'opuscule de Zimmermann, et la signa du nom de "J.C. Meywerk, Fabricant de chausses privilégié de Son Altesse Electorale de Hanovre". Il prêtait au tailleur, incapable d'adapter des chausses à un souverain trop gras, les paroles par lesquelles Zimmermann retraçait ses entretiens avec Frédéric II. Zimmermann avait d'autre part profité de l'occasion pour s'en prendre aux *Aufklärer* berlinois et aux Illuminés. Knigge prit leur défense, et réussit à mettre les rieurs de son côté: selon Lichtenberg, cette satire est une des meilleures qui eût paru en Allemagne[161]. En tous cas, Zimmermann ne la pardonna pas à Knigge, et cette innocente plaisanterie eut des conséquences auxquelles le baron hanovrien était loin de s'attendre[162].

Le *Voyage à Fritzlar* visait un autre adversaire du rationalisme, Johann Kaspar Lavater, auquel Knigge ne pardonnait sans doute pas les propos qu'il avait tenus sur l'entreprise des Illuminés[163]. En 1794, Lavater avait publié un

---

160 J. G. ZIMMERMANN, *Ueber Friedrich den Grossen und meine Unterredung mit Ihm kurz vor seinem Tode*, Leipzig, 1788. Il suffit de lire ce livre pour comprendre qu'en fait, Zimmermann l'a écrit pour se venger de ceux qui s'étaient moqués d'un ouvrage du même genre qu'il avait publié en 1771, dans lequel il relatait également un entretien qu'il avait eu avec Frédéric. C'est ainsi qu'il écrit en 1788; "Ich erinnerte mir (!) noch gar zu lebhaft, welche äusserste und auch welche comische Empfindlichkeit, meine Unterredung mit Friedrich dem Grossen im Jahre 1771 erregt hatte!" (p. 9). BOUVIER, *op. cit.*, a remarquablement décrit le caractère hypersensible de cet hypocondriaque qui n'avait au fond glorifié la solitude que parce qu'il en souffrait profondément.

161 R. KLEINEIBST, *Lichtenberg in seiner Stellung zur deutschen Literatur*, Strasbourg, 1915, 78. Knigge n'était pas le seul à avoir ridiculisé le malheureux Zimmermann. En 1788 paraissait une espèce de poème de vingt-deux pages, intitulé *Doctor Luther an den Ritter Zimmermann*, o. O., qui ironisait sur la médecine, une décoction à base de pissenlit, que Zimmermann avait administrée (en vain...) à Frédéric: Dieu, lit-on, a envoyé le christianisme pour le bonheur des hommes, "Gleichwie er werden liess Löwenzahn,/ Womit man Könige heilen kann" (p. 20). Plus méchamment que Knigge, l'auteur de ce factum (peut-être le pédagogue "éclairé" de Wolfenbüttel Ernst Christian Trapp) visait l'hostilité de Zimmermann à l'*Aufklärung*. C'était à l'ennemi des Lumières que s'en prenait un article anonyme, *Ueber des Ritter von Zimmermann (!) Fragmente über Friedrich den Grossen*, paru dans le *Braunschweigisches Journal*, 2/1790, 5. St., 29 - 66. L'auteur reprochait surtout à Zimmermann ses attaques contre la presse des Lumières et son approbation de l'Edit prussien de religion du 9 juillet 1788.

162 Voir *infra*, III, 2, B.

163 On se rappelle que Lavater avait refusé d'entrer dans l'Ordre, malgré les pressantes invites de Knigge.

récit de son *Voyage à Copenhague en été 1793*[164]. Dans cet ouvrage, il décrivait avec minutie les différentes étapes de cette sorte de pélerinage, au cours duquel il avait notamment pris l'habitude de graver des pensées de son cru sur les piliers des églises dans lesquelles il allait se recueillir ou des auberges dans lesquelles il prenait logis. Knigge évoque ironiquement ces détails dans une lettre à Nicolaï[165]. Sophie Reimarus, après avoir lu l'ouvrage, décrit Lavater comme "un rêveur, quelqu'un qui compose de petites sentences etc., en répétant éternellement son moi; avec cela tolérant, mais demandant aussi à être toléré"[166].

En fait, Lavater était considéré par les partisans rationalistes des Lumières avec une certaine méfiance. En 1786 déjà avait paru à Berlin une *Lettre du Comte de Mirabeau à *** sur MM. de Cagliostro et Lavater*[167]. Le rapprochement suggéré entre le pasteur suisse et le charlatan italien était significatif. Mirabeau soulignait plaisamment que Lavater essayait de faire des miracles, qu'il avait pris la défense du cafetier Schroepfer[168], qu'il était disciple de Mesmer, qu'il était originaire du même pays qu'un certain Weisleder, un fabricant de bas de laine qui, vers 1780, prétendait guérir tous les maux en faisant intervenir l'influence des rayons de la lune [169]. Au nom de Lavater était associé celui d'un certain Marcard[170], un médecin qui pratiquait, lui aussi, le magnétisme et auquel Lavater avait longuement rendu compte d'une expérience de ce genre pratiquée sur sa propre épouse. Mirabeau fustigeait ce qu'il appelait le "fanatisme démonographique" de Lavater[171]. Il en faisait un des chefs de l'illuminisme mystique, dont il rejetait absolument les théories, qu'il plaçait sur le même plan que celles des rose-croix, des "cabalistes" et des "Alchimistes"[172].

---

164 J. K. LAVATER, *Reise nach Copenhagen im Sommer 1793. Auszug aus dem Tagebuch. Durchaus nur für Freunde*, o. O., 1794.
165 Knigge à Nicolaï, lettre cité.
166 Sophie Reimarus à Knigge, 13 mai 1794, in: KLENCKE, *op. cit.*, 119.
167 *Lettre du Comte de Miabeau à *** sur MM. de Cagliostro et Lavater*, Berlin, 1786.
168 Ancien hussard prussien, Schroepfer, devenu cafetier à Leipzig, organisait des séances au cours desquelles il évoquait les esprits, et qui impressionnèrent fort Bischoffswerder. Il finit par se suicider. Voir LENNHOFF-POSNER, *op. cit.*, Sp. 1415 sqq.
169 MIRABEAU, *op. cit.*, 30 sqq.
170 Heinrich Mathias MARCARD (1747 - 1817) était le médecin personnel du duc Peter Friedrich Ludwig d'Oldenbourg. Adversaire acharné des Lumières, il faisait tous ses efforts pour dresser le duc contre les Illuminés. Ce fut un des nombreux ennemis de Knigge. Marcard connaissait bien Zimmermann. Sur lui, voir B. STRAHLMANN, *Heinrich Mathias Marcard, Leibmedicus des Herzogs Peter Friedrich Ludwig von Oldenburg*, in: *Oldenburger Jahrbuch*, 60/1961, 57 - 120.
171 MIRABEAU, *op. cit.*, 39.
172 *Ibid.*, 47. Mirabeau décrit longuement les milieux "illuminés" de Berlin dans *De la monarchie prussienne*, Londres, 1788, tome V (volume 6), 58 - 110.

En un mot, les milieux "éclairés" n'aimaient guère Lavater. Knigge avait en outre une grave raison d'en vouloir au pasteur de Zurich: il accusait celui-ci d'avoir fait courir le bruit de sa conversion (à lui Knigge) au catholicisme! Cet incident donna lieu à un échange de lettres contenant les justifications les plus circonstanciées, et Knigge voulut bien accepter de considérer que Lavater n'était pas l'auteur de cette "calomnie". Mais il est probable qu'il lui gardait rancune d'avoir contribué à la répandre[173].

L'ouvrage de Lavater contenait des allusions désobligeantes envers les Illuminés, et Knigge y était même nommé. Aussitôt, le sang du baron hanovrien ne fit qu'un tour. Il écrit le 31 août à Nicolai qu'il a lu "avec la plus grande indignation la très remarquable relation de voyage de M. Lavater" et qu'il lui est "impossible de ne pas dire à ce propos quelque chose de public"[174]. Ce fut le *Voyage à Fritzlar*, dans lequel Knigge, comme il l'avait déjà fait dans sa parodie de Zimmermann, reprend mot à mot certaines formules de Lavater, en général les plus ampoulées et les plus ridicules. Le pèlerin est, de son métier, "preneur de rats titulaire à Hameln". Knigge est plus méchant envers Lavater qu'envers Zimmermann. Il essaie de faire ressortir ce qu'il considère (à tort ou à raison) comme l'hypocrisie du pasteur suisse. Sa parodie est une manière de lutter contre l' "obscurantisme" et l'irrationalisme. Au reste, il semble ici se donner pour plus rationaliste qu'il ne l'était vraiment: il lui arrive de tourner en dérision des sentiments et des réactions qu'il présente par ailleurs, par exemple dans ses romans, comme tout à fait légitimes[175].

Si les deux parodies composées par Knigge ont donc pour point de départ des motifs de querelle assez futiles, elles s'intègrent dans une conception militante de la littérature. Au même titre que les oeuvres austères (les *Sermons*) ou divertissantes (les romans), elles servent l'idéal des Lumières, dénoncent leurs adversaires et diffusent leurs valeurs.

Mais la satire pouvait prendre d'autres formes. En 1792, Knigge publiait *Les papiers de M. de la Crétinière* [176], brochure dans laquelle il prenait vigoureusement à parti "l'Ordre des Jocrisses" (*der Pinselorden*), une sorte de société secrète regroupant non plus les seuls adversaires des Lumières rationalistes, mais les ennemis les plus irréductibles de la Révolution française. Nous reparlerons de cet ouvrage lorsque nous évoquerons les réactions de Knigge à cet événement. Si nous signalons ici son existence, c'est pour montrer que

---

173 Voir Knigge à Lavater, 14 septembre 1787, Lavater à Knigge, 26 septembre 1787 et Knigge à Lavater, 13 décembre 1787, KAW, orig. Zentralbibliothek de Zurich.
174 Knigge à Nicolai, 31 août 1794, KAW, ms. Nicolai Nachlass, Berlin.
175 En particulier il refuse toute attitude qui ne serait pas fondée uniquement sur un engagement de la raison, alors que ses romans, comme d'ailleurs son projet de "nouvelle religion", essaient d'instituer un équilibre entre la raison et le coeur, c'est-à-dire admettent une part d'irrationnel sentimental.
176 *Des seligen Herrn Etathsrats Samuel Conrad von Schaafskopf hinterlassene Papiere*. Une édition moderne avec une postface a été procurée par I. FETSCHER, Frankfurt a. M., 1965.

chez Knigge, parodie et satire ne sont pas des genres gratuits. Elles sont une des formes que prend, chez cet *Aufklärer*, le discours "philosophique", au sens que ce terme avait dans les Lumières françaises.

Mais la parodie et la satire contiennent aussi des éléments qui, dans les deux dernières décennies du dix-huitième siècle, vont caractériser la naissance d'un discours politique en Allemagne. Le plus important n'est pas tant le contenu du message que sa forme: il s'appuie sur une dénonciation *ad personam*: les parodies de Knigge visent Zimmermann et Lavater, *Les papiers de M. de la Crétinière*, comme nous le verrons, citent également des noms. L'habitude de nommer ses adversaires, de se moquer d'eux, de tourner leurs idées en dérision, va devenir un élément fondamental du discours politique. La Révolution française va en renforcer l'aspect provocateur et dénonciateur. En particulier, les adversaires des idées libérales sauront faire de l'accusation personnelle une arme efficace. Mais la pratique mêlant au débat d'idées les allusions de personnes est représentée aussi bien dans le camp des partisans des Lumières que chez leurs adversaires. Il y a là un problème que n'a jamais pu résoudre une réflexion sur la tolérance. Peut-être est-ce simplement une contradiction de plus de cette *Aufklärung* qui en compte tellement. Il est vrai qu'elle se rencontre aussi dans les Lumières françaises, Voltaire en est un bon exemple. Mais elle ne pouvait qu'être renforcée par le luthéranisme qui, en séparant les "bons" et les "mauvais" chrétiens-sujets, a rendu difficile le véritable échange intellectuel. Quoi qu'il en soit, l'humour peut parfois servir de masque à l'intolérance, et celle-ci se rencontre dans les deux camps. Knigge, pourtant admirateur de l'authentique représentant de la tolérance que fut Thomas Paine, n'échappe pas à cette contradiction.

Il ne faudrait pas toutefois l'enfermer dans un jugement moralisateur. Les Lumières sont l'enjeu d'un combat, et chacun se sert des armes qu'il peut trouver. A aucun moment, Knigge ne calomnie ses adversaires. Il n'invente aucun détail désobligeant, encore moins diffammatoire, à leur propos. Il se contente de les tourner en dérision. Ses ennemis n'observeront pas à son égard la même réserve. Les parodies de Knigge ne visent pas à détruire les positions de Zimmermann et de Lavater dans l'univers qui est le leur, celui des milieux antirationalistes de Münster ou de Zurich. Elles ne cherchent pas à attirer sur leur tête les foudres de l'autorité, civile ou ecclésiastique. Knigge se sert d'eux comme de symboles: ce n'est pas eux qu'il combat, mais ce qu'ils représentent.

Le roman, le sermon, la parodie: ces trois genres ne sont pas les seuls dont Knigge s'est servi pour transmettre le message des Lumières. En 1784 et en 1785, il publiait deux volumes d'*Ecrits mineurs en prose et poétiques*[177], où sont regroupés des poésies, des articles sur le théâtre et sur l'éducation, des anecdotes, publiés dans d'autres revues. Ses poésies sont des compositions massives, moralisantes, dont les thèmes sont incontestablement ceux des

---

177 *Gesammelte poetische und prosaische kleinere Schriften*, 2 vol., *op. cit.*

Lumières: la tolérance, la superstition, la vertu etc.[178]. Mais elles ne présentent par ailleurs aucun intérêt, et Knigge se détourna assez vite de ce genre pour lequel il n'avait aucun talent.

En 1793, il publiait des *Lettres rédigées lors d'un voyage de Lorraine en Basse-Saxe*[179]. Il ne s'agit pas d'un "récit de voyage" à proprement parler, mais d'un recueil d'observations provenant de multiples voyages, randonnées et excursions que Knigge fit au cours de sa vie, en particulier lorsqu'il habitait Heidelberg. La première lettre est datée de "Metz, 2 mai 1792". Knigge constate que

> de tous côtés la guerre menace; la fermentation est générale; et si des puissances étrangères se mêlent activement de ces affaires, comme cela semble être le cas, l'Alsace et la Lorraine pourraient bien devenir le théâtre d'une guerre dont l'exaspération mutuelle et l'humeur dans laquelle est maintenant la nation française pourraient faire l'une des plus sanglantes de notre siècle[180].

Mais Knigge n'en dit pas davantage sur les événements de France. Cet ouvrage est le premier qu'il publie après le blâme que lui a infligé la Régence pour le *Wurmbrand*. Aussi n'aborde-t-il pratiquement jamais le problème politique. Il se contente de sourire de quelques abus de cour[181]. Mais il fait un éloge appuyé du Hanovre, de son gouvernement, de son université et de son armée[182]. On a l'impression que le message que Knigge délivre est enveloppé d'assez de rubans pour que le censeur le plus malveillant soit obligé de le laisser passer. Et pourtant: c'est pour l'Amérique que s'embarque le narrateur, quittant définitivement une Europe incapable de vivre sans princes[183]. L'Amérique, qui avait arraché par les armes sa liberté à Georges III, roi d'Angleterre et Electeur de Hanovre...

Même lorsqu'il écrit pour des raisons alimentaires ("*ums Brod*"), Knigge met sa plume au service des Lumières. La variété des genres n'est que le moyen de diversifier son public. Son message se présente sous des formes multiples. Mais le sens général est toujours le même: il s'agit de diffuser les idéaux des Lumières, en allant au devant de son public. En cela, Knigge illustre le fait majeur de l'*Aufklärung*.

Servir les Lumières allemandes, c'était aussi faire connaître celles des œuvres de la littérature étrangère qui en reflétaient les préoccupations, posaient les mêmes problèmes, évoquaient les mêmes réactions de la sensibilité. Knigge, déjà traducteur du maçon Beyerlé, ce qui ne touchait qu'un public restreint, et de L.S. Mercier, élargit le champ de son activité en

---

178 Par exemple: *Aechte Toleranz, ibid.*, I, 9 sq.; *Falsche Toleranz, ibid.*, 11 sq.; *Ein Gespensterhistörchen, ibid.*, I, 21 sqq. (sur la *vertu*).
179 *Briefe, auf einer Reise aus Lothringen..., op. cit.*
180 *Ibid.*, 3 sq.
181 Par exemple la lettre datée de "Nenndorf, den 18ten Julius [1792]", *ibid.*, 162 sq.
182 *Ibid.*, 119 - 130.
183 *Ibid.*, 228.

publiant, entre 1790 et 1794, la traduction d'oeuvres qui, toutes, présentent une signification particulière pour l'*Aufklärung*.

Ce fut d'abord, en 1790, celle des six derniers livres des *Confessions*, dont l'original français venait de paraître en octobre 1789. L'Allemagne attendait avec impatience cette "suite" des *Confessions*. Elle connaissait la première partie de l'oeuvre depuis la traduction qu'en avait donnée, anonymement, Helene Unger, la femme de l'éditeur berlinois Johann Friedrich Unger [184]. C'est également chez Unger que Knigge publia la traduction des six derniers livres, tandis que l'éditeur Cotta en faisait paraître une, de son côté, à Tübingen [185]. Il est facile de comprendre qu'en 1790, l'intérêt pour Rousseau

---

184 Sur l'accueil fait en Allemagne à la "suite" des *Confessions*, voir J. MOUNIER, *La fortune des écrits de J.-J. Rousseau en pays de langue allemande de 1782 à 1813, op. cit.*, 69 - 91.

185 J.-J. ROUSSEAU, *Fortsetzung der Bekenntnisse*, übersetzt von Adolph Freiherrn Knigge. Th. 3 - 4, Berlin, bey Johann Friedrich Unger, 1790 (se trouve à la Herzog August Bibliothek de Wolfenbüttel, cote Bibl. Töpfer 730). J. Mounier (*op. cit.*, 74) cite à tort comme étant de Knigge la traduction parue chez Cotta à Tübingen. La correspondance inédite de Knigge avec Grossmann et Nicolai nous renseigne très précisément sur les tractations entre Knigge et Unger. Elle éclaire d'un jour curieux certaines pratiques de librairie à l'époque. A Grossmann, Knigge écrit le 4 avril 1790: "Unger schreibt mir: Er wolle den Druck meiner Uebersetzung zurückhalten, weil man in Genf eine Ausgabe der Confessions angekündigt habe, worin alle Namen genannt werden und noch Anmerkungen hinzugefügt werden sollten, worin man dann die Uebersetzung noch bereichern könne. Dies hat weiter nichts auf sich, als dass ich das Honorarium *später* erhalte" (KAW, ms à la Bibl. Universitaire de Leipzig). Autrement dit, Unger veut mettre à profit le parfum de scandale qui s'attachait aux Confessions (on veut des noms...), et essaie de gruger le traducteur. A Nicolai, Knigge retrace en détail toute l'affaire trois semaines plus tard: il écrit à Unger le 29 janvier pour proposer de traduire les *Confessions*; Unger accepte le 9 février et propose à Knigge de fixer lui-même ses honoraires; le 14, Knigge demande 4 Rthlr par placard imprimé. Il a déjà commencé le travail. Ne recevant aucune réponse, il relance Unger le 27 février. Le 8 mars, réponse de Unger, vexé que Knigge ait pu supposer que son offre ne lui convenait pas. Le 9, Knigge envoie une partie du manuscrit et travaille à la suite ("in acht Wochen 71 französische Bogen"). Aucune réponse de Unger. Ce n'est que le 28 mars qu' Unger l'informe de la parution d'une édition des *Confessions* "plus authentique" encore à Genève, "avec des noms". Il suggère à Knigge d'attendre pour continuer son travail. Knigge répond que l'édition sur laquelle il travaille est également parfaitement authentique, et qu'on peut toujours rajouter les noms au dernier moment. Unger ne répond pas. Dans le catalogue de la foire de Pâques, Knigge découvre que *sa* traduction est annoncée chez Unger, en même temps qu'une autre à Tübingen. Knigge écrit à Unger pour le forcer à se décider. Unger lui répond que l'impression n'est pas commencée et lui envoie 10 Rthlr pour le travail déjà exécuté par Knigge (au lieu des 15 que Knigge escomptait.). Pour comble, le libraire chez qui Unger avait assigné son billet refuse de payer. Knigge demande à Nicolai d'intervenir auprès de Unger pour régler l'affaire (Knigge à Nicolai, 29 mai 1790, KAW, ms. au Nicolai-Nachlass à Berlin). Le 11

était devenu immense en Allemagne. Et il est de fait que, de 1790 à 1792, la discussion sur Rousseau s'amplifia à partir des *Confessions*, dont l'éloge était considéré comme une adhésion à ses idées politiques[186].

La même année, Knigge publiait la traduction d'un livre hollandais *Sur l'état actuel de la vie en société dans les Provinces Unies*[187], avec en sous-titre : *En guise d'appendice à l'ouvrage : Du Commerce avec les hommes*. Ce rapprochement entre le livre traduit par Knigge et le *Commerce* est expliqué et commenté dans l'*Avant-propos*, mais surtout dans des notes très instructives, sur lesquelles nous reviendrons lorsque nous analyserons comment s'opère, avec le *Commerce*, le passage d'une pensée simplement "éclairée" à une pensée politique.

En 1794, c'est un ouvrage tout différent que Knigge faisait connaître au public allemand : il s'agissait d'un livre de Jean d'Antrechaux publié à Paris en 1756 sous le titre *La relation de la peste dont la ville de Toulon fut affligée en 1721*. La traduction de Knigge était précédée d'une copieuse *Préface* rédigée par son ami, le médecin hambourgeois Johann Albrecht Heinrich Reimarus[188]. Jacques D'Hondt a démontré qu'Hegel avait lu très attentivement ce texte[189].

Reimarus était particulièrement qualifié pour appuyer de son autorité, qui était grande en Allemagne, une démarche invitant les Allemands à réfléchir sur la catastrophe qui, en 1721, avait ravagé Toulon et une partie de la Provence. Le récit d'Antrechaux pose en effet une série de questions qui ne pouvaient laisser indifférent un médecin partisan des Lumières : non seulement celles que soulève l'épidémie elle-même (les ruines matérielles et morales qu'elle entraîne, l'arrêt de l'activité commerciale, le désastre démographique), mais aussi le problème scientifique des conditions de la contagion, le problème administratif des mesures à prendre pour l'enrayer, enfin le problème moral des conditions ayant permis son extension.

---

    juin, Knigge remercie Nicolai, dont l'intervention a eu le meilleur succès. L'affaire s'arrête là. Il n'existe dans la correspondance de Knigge connue jusqu'à ce jour aucune trace de tractations parallèles qu'il aurait engagées avec Cotta. Mais sait-on jamais...

186 MOUNIER, *op. cit.*, 91.
187 *Ueber den gegenwärtigen Zustand des gesellschaftlichen Lebens in den vereinigten Niederlanden. Als ein Anhang zu dem Werke : Ueber den Umgang mit Menschen, aus dem Holländischen übersetzt*, Hannover, 1790. L'ouvrage avait pour auteur un certain Ysbarnd van Hamelsveld. La traduction est d'un certain "Cordes in Zwoll", avec qui Knigge était en correspondance (cf. Knigge à Nicolai, 22 mars 1989, KAW). Cordes a traduit d'autres œuvres de Knigge en néerlandais (*Mildenburg*, peut-être *Peter Claus, Wurmbrand, Schaafskopf, Reise nach Braunschweig, Lothringen*).
188 *Herrn von Antrechau's (sic) [...] merkwürdige Nachrichten von der Pest in Toulon [...]*, *op. cit.*
189 D'HONDT, *op. cit.*, 184 - 203.

La *Préface* de Reimarus peut être considérée comme le modèle d'un traité de médecine sociale au sens le plus moderne du terme. Dès le début, il se place non seulement sur le terrain de la thérapeutique à appliquer au mal lorsqu'il s'est manifesté, mais aussi sur celui de la prévention. Pour lui, la prévention d'une catastrophe comme la peste implique une double action: médicale et sociale. Il rend hommage à l'action d'Antrechaux, qui, "en tant que premier représentant de l'autorité"[190], a su tirer pour l'avenir, sur le plan administratif et social, les conséquences du mal après l'avoir combattu. Antrechaux avait en effet souligné que la peste n'avait pu s'installer que parce que des voleurs, s'étant emparés de marchandises contaminées en provenance du Levant, les avaient, par l'intermédiaire de contrebandiers et de fripiers, mises en circulation en les soustrayant à la quarantaine à laquelle on les avait soumises. La peste est donc, au moins indirectement, la conséquence de structures sociales et administratives défectueuses qui permettent à la canaille de tourner facilement les règlements sanitaires, puis de bénéficier d'un réseau de complicités au sein de milieux encore inaccessibles à la puissance publique. La prévention de la peste n'est donc pas seulement d'ordre médical, elle exige aussi des solutions administratives et sociales.

Reimarus développe ensuite une théorie de la contagion extrêmement avancée pour l'époque, puisqu'il a l'intuition que des maladies comme la peste ne sont pas dues, contrairement au préjugé de l'époque, à un "poison", mais à des corps vivants. Dans son *Autobiographie* parue en 1814, Reimarus reviendra sur ce problème:

> Le signe particulier qui distingue la matière contagieuse des poisons proprement dits, je le trouve dans la propriété suivante: c'est que la maladie provoquée par elle se transmet dans le corps vivant, de l'un à l'autre. C'est pourquoi je supposai qu'il s'agissait d'une sorte d'être ténu, vivant, et qui se multiplie[191].

Reimarus avait, tout simplement, l'intuition de l'existence de ces microorganismes infectieux dont on allait, une centaine d'années plus tard, démontrer l'existence et prouver le rôle dans le développement des maladies contagieuses.

Reimarus conclut sa *Préface* en insistant encore une fois sur le rôle que doit assumer l'autorité dans la lutte contre la contagion. Il rejoint d'ailleurs la recommandation formulée par d'Antrechaux lui-même, qui affirme que dans des temps d'extrême détresse, l'intérêt général doit primer sur les prescriptions édictées par des corps particuliers, s'agit-il de l'Eglise elle-même [192].

La publication d'un tel ouvrage revêt une importance singulière lorsqu'on essaie de comprendre ce qu'est exactement l'*Aufklärung*. Le texte que Knigge, à la demande de Reimarus[193], fait connaître à l'Allemagne, est un témoignage

---

190 "Als erste obrigkeitliche Person", *ibid.*, III. Antrechaux était premier consul de la ville de Toulon.
191 J. A. H. REIMARUS, *Lebensbeschreibung*, Hamburg, 1814, 32.
192 Cité d'après la traduction de Knigge, 104.
193 REIMARUS, *op. cit.*, 32. Voir aussi Reimarus à Knigge, 27 août 1793, in: KLENCKE, *op. cit.*, 107 sq.

remarquable de la mise en oeuvre des leçons dictées par la raison pratique pour servir au bonheur de la collectivité. Scientifiquement, il est, grâce à la *Préface*, d'une grande valeur. Mais il constitue aussi le rappel exemplaire d'une valeur fondamentale du siècle des Lumières: la science n'est pas à elle-même sa propre fin. Elle est au service de la société.

A cela s'ajoute un aspect caractéristique de l'*Aufklärung*, celui de la démarche suggérée par Reimarus: les conclusions de la science, donc, d'une certaine façon, les résultats de la raison pratique, doivent être pris en relais par l'autorité chargée d'administrer la vie publique. Il s'agit ici d'une attitude qui, appliquée au domaine politique, n'est pas révolutionnaire, mais réformiste. Que Knigge ait accepté de traduire l'ouvrage d'Antrechaux à la demande de Reimarus, montre qu'il y adhère, alors même que dans d'autres écrits, il prend la défense des révolutionnaires français. On ne peut enfermer la pensée politique de Knigge dans les seuls ouvrages consacrés à la Révolution française. Avant d'être un révolutionnaire, Knigge est un *Aufklärer*. Ce n'est que par une analyse globale de ses écrits que de cette contradiction peut se dégager une cohérence.

B. Knigge et l'*Allgemeine deutsche Bibliothek*

On ne peut négliger la collaboration que Knigge, militant des Lumières, apporta pendant dix-sept ans à cet organe exemplaire de l*Aufklärung* que fut l'*Allgemeine deutsche Bibliothek*, devenue en 1793 la *Neue allgemeine deutsche Bibliothek*[194].

Que Knigge ait offert ses services à Nicolai parce qu'il avait besoin d'argent, nous le savons[195]. Mais sa démarche ne s'explique pas seulement par les honoraires que pouvait lui faire espérer la grande diffusion de la revue[196].

---

194 Il existe très peu d'études sur l'*Allgemeine deutsche Bibliothek*: M. KUPFER, *Die literarische Kritik in Nicolais Allgemeiner Deutscher Bibliothek 1765 - 1794*, Diss., Leipzig, 1912, mais surtout G. OST, *Friedrich Nicolais Allgemeine deutsche Bibliothek*, Berlin, 1923. Une étude très détaillée de l'activité de Knigge comme collaborateur de cette revue est celle de B. SCHMUTZLER, *Adolph Freiherr von Knigge als Rezensent der Allgemeinen Deutschen Bibliothek*, schriftl. Hausarbeit im Rahmen der Akademischen Abschlußprüfung, masch., Göttingen, 1975, KAW, avec un Appendice contenant l'index complet des 1216 comptes rendus rédigés par Knigge. Le brouillon de ces comptes rendus se trouve aux Archives de Basse-Saxe, dépôt de Wolfenbüttel. Leur identification est cependant possible aussi grâce à l'ouvrage de G. PARTHEY, *Die Mitarbeiter an Friedr. Nicolai's Allgemeiner deutscher Bibliothek nach ihren Namen und Zeichen in 2 Registern geordnet. Ein Beitrag zur deutschen Literaturgeschichte*, Berlin, 1842, 14. Parthey était le petit-fils de Nicolai.

195 Voir *supra*, I, 1, B.

196 Ce n'était pas non plus l'espoir de se constituer à peu de frais une bibliothèque: une fois le compte rendu rédigé, les ouvrages devaient être renvoyés à Nicolai, ainsi que l'attestent de très nombreuses lettres de Knigge au libraire berlinois, dans lesquelles il l'informe de ces retours.

Nous savons par une lettre qu'il écrivit au libraire berlinois le 15 mai 1788 qu'il s'y était personellement abonné, ce qu'il n'était nullement obligé de faire. Il explique ainsi ses raisons:

> Cette oeuvre a pour moi une grande valeur [...] non seulement parce qu'elle contient l'histoire la plus complète de la littérature allemande [...], mais aussi parce que chaque fois, elle a dénoncé et combattu, courageusement et avec succès, les extravagances et les impostures en vogue, et le mauvais goût[197].

Knigge ne se pose donc pas seulement en "consommateur de littérature", il souligne aussi sa volonté de participer au combat mené par Nicolai.

A sa demande, Nicolai lui assigna pour spécialité le compte rendu d'ouvrages appartenant aux "belles-lettres" (*schöne Wissenschaften*). Sur les 1216 comptes rendus que Knigge rédigea, 430 concernent des romans, 386 des pièces ou recueils de pièces de théâtre, 61 des oeuvres lyriques et des poèmes, 92 des essais en prose, 119 des traductions, 56 des oeuvres musicales (opéras, opérettes, *Singspiele*, *Lieder* ou compositions instrumentales), 29 des traités politiques ou "philosophiques" au sens très large du terme, 16 des périodiques, 4 des recueils de lettres, le reste, soit 23 contributions, étant consacré à des oeuvres inclassables[198]. L'expression "schöne Wissenschaften" recouvre donc une multiplicité des genres qui confirme ce que nous avons constaté à propos de l'importance qu'attache l'*Aufklärer* à la variété des formes dans lesquelles il enveloppe son message.

Les jugements que Knigge porte sur la littérature de son temps reflètent parfaitement les vues théoriques qu'il expose dans ses écrits sur le théâtre ou sur la littérature. C'est ainsi qu'il condamne les drames dont les personnages et les situations sont trop éloignés de la réalité[199]. Des *Brigands* de Schiller, il écrit: "Les caractères des brigands sont, à notre sentiment, magistralement travaillés", mais il ajoute: "Franz, en revanche (nous voulons l'espérer à l'honneur de l'humanité) est une créature comme il n'en a jamais existé"[200]. La même exigence de réalisme, que Knigge exprime par les concepts de "nature" ou de "vérité", est formulée pour le roman.

Mais il émet une réserve majeure: le réalisme ne doit pas devenir de l'immoralité. Sie Knigge admet, par exemple, que l'auteur des *Liaisons dangereuses* témoigne "d'une connaissance extrêmement fine du coeur humain, singulièrement féminin, et d'une exacte information sur les moeurs du temps, en particulier en France", il s'écrie, horrifié:

---

197 Knigge à Nicolai, 15 mai 1788, KAW, ms. au Nicolai Nachlass à Berlin.
198 Chiffres indiqués par SCHMUTZLER, *op. cit.*, 20 sq.
199 C'est en particulier le cas des innombrables "drames de chevalerie" (*Ritterdramen*), dont l'époque était friande: voir, par exemple, le compte rendu sévère qu'il donne du drame d'Anton KLEIN *Kaiser Rudolph von Habsburg*, o. O., 1788: "Von allem, was zu einem guten Trauerspiel gehört, von lebendiger Darstellung, ächter Karakteristik und unverfälschtem Ausdruck der Natur findet man in diesem ganzen Rudolph kaum eine Spur", *Allg. deutsche Bibliothek*, 85/1789, 436.
200 *Ibid.*, 49/1782, 127.

Mais malheur au pays dans lequel l'humanité est tombée aussi bas! Il ne peut absolument pas être salutaire à des jeunes gens et à des jeunes filles d'Allemagne de voir de tels tableaux, dans lesquels en vérité des Virtuosi du vice et de la plus subtile méchanceté sont si magnifiquement représentés qu'on serait tenté d'admirer ces monstres[201].

Le jugement esthétique est parfaitement sûr, mais l'*Aufklärer* n'oublie pas que les Lumières sont au service de la vertu.

Knigge attache d'autre part une importance particulière à la correction de la langue et à la pureté du style. Cette exigence revient dans de très nombreux comptes rendus, en général d'ailleurs sous la forme de regrets devant l'abus des néologismes inutiles, des termes étrangers, des provincialismes, ou, plus simplement, des barbarismes et des fautes de syntaxe ou de morphologie[202].

Mais surtout, Knigge se fait le porte-parole d'une unification de la langue allemande. Il rejoint ainsi une revendication chère à l'*Aufklärung*. On connaît l'*Essai d'un dictionnaire grammatical critique du haut-allemand* qu'Adelung publia de 1776 à 1786[203], qui visait à présenter une référence linguistique unique aux écrivains de l'Allemagne entière, leur permettant ainsi de créer une sorte de "patrie de la langue" à défaut de la patrie politique. Campe, qui fut l'ami de Knigge après s'être opposé à lui dans une polémique sur l'éducation dont nous reparlerons[204], faisait paraître en 1794 un essai *Sur la purification et l'enrichissement de la langue allemande*[205], tandis que Nicolai lui-même réclamait que syntaxe et orthographe fussent soumises à des règles

---

201 *Ibid.*, 56/1783, 101. La traduction de l'oeuvre avait paru sous le titre *Die gefährlichen Bekannschaften, oder Briefe, gesammelt in Einer Gesellschaft und zur Belehrung einiger andern bekannt gemacht*, 4 Theile, aus dem Französischen übersetzt von B[one]n, Leipzig, 1783.

202 Parmi des centaines d'exemples, citons les comptes rendus des ouvrages suivants: F. N. CRAUER, *Kaiser Albrechts Tod*, Basel, 1780 (abus des mots empruntés à l'alémanique), *ibid.*, 46/1781, 431; C. von ECKARTSHAUSEN, *Arthello, oder der Hofnarr*, München, 1789 (barbarismes), *ibid.*, 96/1790, 424; [S. G. BÜRDE], *Die Entführung, oder: Alte Liebe rostet nicht*, Breslau, 1778 (abus de mots formés à partir de termes étrangers), *ibid.*, 41/1780, 159 sq.; C. F. TIMME, *Wilhelm von Raschnitz, oder Stufenleiter von Unbesonnenheit zur Ausschweifung, und von dieser zum Verbrechen und Elend*, 1. Theil, Gotha, 1787 (orthographe), *ibid.* 84/1788, 448 sq.; [J. C. F. SCHILLER, Hg.], *Taschenbuch zum Nutzen und Vergnügen fürs Jahr 1782*, Göttingen, 1782 (style), *ibid.*, 53/1783, 300 sq.

203 J. Ch. ADELUNG, *Versuch eines vollständigen grammatisch-kritischen Wörterbuchs der hochdeutschen Mundart*, Leipzig, 1774 - 1786. B. SCHMUTZLER insiste à juste titre sur l'importance d'Adelung comme référence stylistique et linguistique à cette époque (*op. cit.*, 38 sq.)

204 Voir *infra*, 4, B.

205 J. H. CAMPE, *Ueber die Reinigung und Bereicherung der deutschen Sprache*, Braunschweig, 1794.

précises et non laissées à l'arbitraire de l'usage qu'en faisait tel ou tel auteur[206].
La fixation d'une langue littéraire allemande de qualité est donc une des grandes batailles de l'*Aufklärung*, et Knigge ne pouvait manquer d'y prendre part. Il le faisait en tant que critique, mais aussi en tant qu'auteur: la plupart de ses oeuvres, même les plus médiocres, sont remarquablement écrites. Et quelle n'eût pas été sa fierté s'il avait pu voir, dans l'*Index des sources* placé en tête du *Dictionnaire* de Grimm, son nom figurer en bonne place, suivi des titres de 9 de ses oeuvres[207] !

Knigge collabora jusqu'à sa mort à l'entreprise de Nicolai. Pourtant, il n'utilisa jamais l'*Allgemeine deutsche Bibliothek* comme une tribune politique. Nicolai ne le lui eût d'ailleurs pas permis. A partir de 1789 - 1790, il arrive que Knigge ait à rendre compte de livres tirant leur sujet des événements révolutionnaires. Il porte sur eux des jugements esthétiques, voire moraux, mais jamais il ne laisse deviner ses propres positions. Tout au plus déclare-t-il, à deux ou trois reprises, qu'on ne doit pas rire de cet événement, et il condamne les farces qui mettent en scène d'une façon burlesque les acteurs du drame qui se joue à Paris:

> On peut persifler les extravagances et les vices d'individus; mais ce ton ne convient pas lorsqu'il est question d'aussi importantes démarches de nations entières et de grandes révolutions; il n'y a là rien de risible[208].

Il est vrai que la farce dont il rendait compte était hostile à la Révolution. Knigge ne s'était pas gêné, deux ans plus tôt, pour mettre en scène son "Monsieur de la Crétinière", membre de l' "Ordre des Jocrisses" et partisan de la monarchie absolue.

Il s'étonne aussi qu'on accorde en Allemagne de l'attention à Charlotte Corday:

> On ne voit pas quel intérêt nous pourrions avoir, nous Allemands, à chanter cette cantate funèbre à une jeune fille qui, vraisemblablement, ne valait pas beaucoup plus que le coquin qu'elle a assassiné[209].

Un autre compte rendu laisse penser que Knigge, qui n'était pourtant certainement pas un chaud partisan des idées de Marat, condamne, dans son assassinat, l'acte d'une royaliste. Mais il dit tout cela à mots couverts et se borne à conclure que la pièce qu'il juge est mauvaise, parce que la décision de

---

206 SCHMUTZLER, *op. cit.*, 39 sq.
207 *Gutmann, Mildenburg, Schaafskopf, Reise nach Braunschweig, Reise nach Fritzlar, Roman meines Lebens, Schriftsteller, Umgang, Zauberschloss*, J. und W. GRIMM, Deutsches Wörterbuch, éd. Leipzig, 1971, *Quellenverzeichnis*, Sp. 475.
208 *Allg. deutsche Bibliothek*, 116/1794, 104 (à propos de H. v. HEDEMANN, *Die grosse Revolution, eine Posse in einem Aufzuge*, Hamburg, 1791).
209 *Neue allg. deutsche Bibliothek*, 13/1794, 328 (à propos de *Gesang bey Charlotte Corda'ys Urne fürs Clavier oder Pianoforte mit willkührlicher Begleitung einer Flöte, Violine und Violoncello*, o. O., 1793).

Charlotte Corday est présentée d'une manière parfaitement invraisemblable[210].

Une autre fois, il déclare "pleines d'emphases" des *Lettres originales du Marquis de Th***, un Franc régénéré tombé à la bataille de Neerwinden*[211]. Le fait que ce ci-devant ait pris le parti de la Révolution ne rachète pas l'ennui que dégage "cette opération financière menée par un Allemand besogneux".

Une seule fois, Knigge a profité de l'occasion qui lui était offerte de faire connaître une revue lancée par un de ses amis: il s'agissait des *Annalen der leidenden Menschheit*, puliées par August Hennings à Altona, dont le premier numéro parut en 1795[212]. Le projet de Hennings, qui était de recenser le plus grand nombre possible de personnes victimes soit de l'absolutisme, soit des guerres qui se déroulaient depuis trois ans sur le sol allemand, avait été salué par Knigge dans la correspondance qu'il échangeait régulièrement avec Sophie Reimarus, la soeur de Hennings. Il avait même promis de collaborer à l'entreprise en envoyant quelques articles [213]. Mais il n'aurait pu rendre compte de cette revue si Nicolai ne lui en avait expressément adressé un exemplaire dans ce but[214]. Il ne s'agit donc pas d'un travail de complaisance envers Hennings ou envers lui-même.

Pourtant, l'analyse que Knigge propose des *Annalen der leidenden Menschheit* s'apparente à une promotion publicitaire de la revue[215]. Par sa longueur, d'abord: neuf pages, ce qui est, parmi les 1216 textes rédigés par Knigge, un exemple unique. Mais plus encore par le fait que Knigge donne le titre de chaque article contenu dans chacune des deux livraisons qu'il étudie, et qu'il l'accompagne d'un commentaire bref, mais complet, traitant du fond et de la

---

210 *Ibid.*, 17/1795, 339 sqq. (compte rendu de [J. H. D. ZSCHOKKE], *Charlotte Corday, oder die Rebellion von Calvados. Ein republikanisches Trauerspiel in vier Acten*, Stettin, 1794).

211 *Ibid.*, 13/1794, 387 (compte rendu de [...], *Originalbriefwechsel des Marquis von Th^{xxx}, eines in der Schlacht bey Neerwirden gefallenen Neufranken*, Frankfurt/Leipzig, 1794.

212 [A. HENNINGS, Hg.), *Annalen der leidenden Menschheit. In zwanglosen Heften*, Altona, à partir de 1795.

213 Il affirme même qu'il en aurait envoyé un, si nous en croyons ce que dit Sophie Reimarus dans une lettre du 16 août 1795 à Knigge, in: KLENCKE, *op. cit.*, 143. Mais il ne le publia pas, et aucune trace de cet article, qui avait pour objet la suspension d'un officier hanovrien, von Bülow, n'a pu être retrouvée. Sur l'affaire Bülow, voir *infra*, III, 2, A.

214 La correspondance entre Knigge et Nicolai montre comment s'effectuait la collaboration entre les deux hommes. Knigge recevait (en général par l'intermédiaire d'un libraire, ce qui diminuait les frais de poste) les livres à juger deux fois par an, après chaque foire (septembre et Pâques). Une fois les comptes rendus rédigés, il renvoyait *tous* les livres à Berlin. S'il voulait en garder un, il devait l'acheter, à moins que Nicolai n'acceptât de le lui offrir, ce qui ne se produisit qu'une ou deux fois.

215 *Neue allgemeine deutsche Bibliothek*, Anhang zum 1 - 28. Bd, I. Abt., 609 - 617.

forme. Ainsi souligne-t-il, en gardant l'apparence d'une parfaite neutralité, les qualités qu'il reconnaît, en fait, à la revue entière. En même temps, il se fait en quelque sorte l'auxiliaire des rédacteurs des *Annalen*, en faisant connaître à son tour, simplement en les citant, les abus que ceux-ci veulent dénoncer. Un exemple: à propos d'un article intitulé *Quelques remarques au sujet d'une nouvelle revue qui paraît sous le nom de Feuilles volantes*, il écrit:

> Ici, on rend sensible l'esprit de persécution déchaîné que respirent ces feuilles maintenant oubliées, en même temps qu'on ajoute quelque chose sur le fantôme de la propagande et sur les principes subversifs dont on accuse les Illuminés[216].

En une phrase, Knigge a retracé l'atmosphère de 1795 en Allemagne: persécutions contre les "jacobins", chasse aux Illuminés, accusations de propagande portée contre ceux qui essaient de comprendre les événements de leur temps. Cette phrase, aucun censeur ne peut la faire disparaître, à moins de jeter bas le masque de libéralisme dont les monarchies continuaient à se parer. Aparemment, Knigge "cite", il rapporte des propos qu'il a lus, il ne prend pas parti. Pour le faire taire, il faudrait interdire à la fois la *Neue allgemeine deutsche Bibliothek* et les *Annalen der leidenden Menschheit*, c'est-à-dire prendre une mesure d'une ampleur sans rapport avec le "délit".

Ainsi, le glissement par lequel Knigge, d'abord homme de lettres au service des Lumières, est devenu un écrivain politique, est sensible non seulement dans sa propre production littéraire, mais également à travers son activité de critique. Il faut souligner que Knigge ne dissocie pas l'engagement au service des Lumières et le combat pour le développement d'une pensée politique. Ces deux aspects sont pour lui complémentaires, le second n'étant au fond que le prolongement du premier dans une époque où nul ne peut rester neutre. Et le critique Knigge, même s'il est plus prudent que, parfois, l'écrivain Knigge, ne renie pas la conviction profonde, que la littérature n'a pas pour seule vocation

---

216 *"Einige Bemerkungen über eine neue Zeitschrift, die unter dem Namen der fliegenden Blätter herauskömmt. Ibid.*, 610. Il s'agissait d'une revue dont le titre exact était *Fliegende Blätter dem französischen Krieg und dem Revolutionswesen unsrer Zeiten gewidmet*, 1794 (21 numéros). Dans le cahier de janvier se trouvait une très violente attaque contre la traduction de la Marseillaise publiée dans le *Schleswigsches Journal*, "indigne d'un Allemand". L'auteur (anonyme) de l'article proposait un *Chant de combat des Allemands (Schlachtlied der Deutschen, ein Gegenstück zum Schlachtliede der Marseiller)*. Les six strophes, imitées de la vraie Marseillaise, appelaient à une sorte de "guerre sainte" contre la France révolutionnaire. Chaque numéro de la revue donnait une abondante bibliographie des écrits antirévolutionnaires. Un article consacré à Forster, mort selon l'auteur, qui se trompe, le 2 nivôse an II (22 décembre 1793), exprimait l'espoir qu'un jour seraient oubliés ses "égarements politiques momentanés". Une place abondante était, naturellement, réservée aux horreurs de la Terreur, à Paris, mais aussi à Lyon et en Vendée. Les Français étaient dépeints comme l'ennemi de toujours et les souverains allemands étaient invités à intensifier la lutte contre "l'ennemi intérieur", "jacobins" allemands, anciens Illuminés, presse libérale etc.

le divertissement du lecteur. Elle est aussi l'un des aspects que prend la vie publique, elle concerne l'Etat et la société, voire l'Humanité entière. L'homme de lettres est en quelque sorte un médiateur entre le public et le pouvoir. Ce statut, Knigge devait le définir en théorie, après l'avoir mis en pratique comme écrivain et comme critique.

C. Qu'est-ce que la littérature?

Knigge se situe à la charnière entre deux types d'écrivains: celui qui écrit indépendamment d'une profession dont il tire ses moyens d'existence, et celui qui demande précisément à la littérature ces moyens d'existence. Il n'appartient pas tout à fait à l'une ni à l'autre de ces catégories, et nous avons vu qu'il n'avait pas voulu faire de la littérature un métier [217].

Devenu en 1790 haut fonctionnaire hanovrien alors qu'il s'enthousiasmait pour des idéaux absolument opposés à ceux dont se prévalait le gouvernement qu'il servait, entendant d'autre part rester un loyal sujet de son prince tout en faisant connaître à l'Allemagne entière ses sympathies pour la Révolution, il se trouvait placé dans une situation éminemment conflictuelle. Indépendamment des moyens, parfois comparables à de véritables expédients, qu'il utilisa pour préserver sa liberté de penser et de dire dans un cadre où cela lui devenait de plus en plus difficile, Knigge consigna dans son traité *Des écrivain et de la littérature* quelques remarques qui constituent les bases d'un véritable statut de l'écrivain dans une société qui, par ses structures, ne lui offrait pas une totale garantie de liberté. Le terme de "statut" n'implique pas ici une situation définie par un contrat juridique liant l'écrivain à la société dans laquelle il travaille, mais une position à conquérir, par laquelle il lui est possible de concilier la liberté qui doit être la sienne face à tous les pouvoirs et l'efficacité qu'il entend donner à son message.

Knigge donne de la littérature une définition dont la sèche objectivité pourrait, au premier abord, nous surprendre:

> La littérature est [...] communication publique des pensées; entretien imprimé; discours adressé, à voix haute, à toute personne dans le public qui veut l'entendre; dialogue avec les lecteurs[218].

En quelques mots, il a défini les différents facteurs qui déterminent la littérature, et qu'il n'est pas au pouvoir de l'écrivain de nier: la littérature doit transmettre à un public des pensées sur lesquelles celui-ci est invité à réfléchir, et, du moins théoriquement, à communiquer son avis. C'est ce que Knigge appelle un "dialogue", ou un "entretien":

> La littérature [...] est un entretien volontaire avec les lecteurs[219].

---

217 Voir *supra*, I, 1, B.
218 *Schriftsteller*, 9 (en gras dans le texte).
219 *Ibid.*, 50 sq. Déjà dans le *Commerce*, il écrivait: "Es ist in der Vorrede zum ersten Theil gesagt worden, dass ich Schriftstellerey in unsern Zeiten für nichts mehr, als für schriftliche Unterredung mit der Leserwelt halte", *Umgang*, 1. Aufl., II, 308.

Knigge refuse donc une conception qui ferait de la littérature l'expression d'un pouvoir exercé au nom d'un monopole du savoir ou de la vérité: l'écrivain, dit-il, a le droit de se tromper et doit être prêt à reconnaître ses erreurs[220]. La littérature n'est pas la simple transmission, s'effectuant de "celui qui sait" vers "celui qui ne sait pas", de connaissances ou de rélexions. Certes, elle est cela aussi: pour traiter de politique, par exemple, il est bon "d'avoir, par l'exercice de fonctions dans l'Etat et l'intime commerce des grands, appris à connaître les rouages minuscules et cachés du mécanisme politique"[221]. Mais elle n'est pas que cela. L'écrivain doit être "engagé" au sens où ce qu'il écrit est destiné à être jugé par le lecteur.

L'instance suprême à laquelle, seule, Knigge reconnaît le droit de juger l'écrivain, ce n'est pas l'Etat. Ce ne sont pas davantage ses collègues en littérature. C'est l'opinion publique. La "publicité" (*Publicität*) est la condition indispensable à l'exercice de la fonction littéraire. Il est vrai qu'à cette époque, l'appel au public est une pratique courante, en particulier lorsque se développent des polémiques sur des problèmes brûlants: lorsque Knigge et Campe, en 1789, opposent leurs thèses à propos de l'éducation, ils le font par l'intermédiaire de deux grandes revues, le *Jahrbuch für die Menscheit* (Knigge) et le *Braunschweigisches Journal* (Campe).

L'insistance avec laquelle Knigge défend le principe de la "publicité" est d'abord une conséquence naturelle de sa rupture avec les sociétés secrètes. Lorsqu'il avait élaboré sa nouvelle religion, il en avait fait l'objet d'une initiation progressive qui, en différentes étapes, sélectionnait ceux qui devaient être jugés dignes d'en devenir les prêtres, ou plutôt, au sens étymologique, les prophètes, ceux qui "portaient la parole". Mais il avait compris à partir de 1783 - 1784 que le secret favorisait aussi la falsification de la vérité. La publicité lui apparaît au contraire comme une garantie contre l'erreur. Il développe cet aspect en partant du rôle qu'a joué l'invention de l'imprimerie. Si la diffusion massive de l'écrit a contribué à répandre des erreurs, dit-il, elle a aussi mis à la disposition de l'homme une arme efficace dans la lutte contre les préjugés, les escroqueries, les mensonges que l'erreur utilise[222]. De ce point de vue, une place particulière est, en cette fin du dix-huitième siècle, occupée par la presse, qui devient le véhicule privilégié de la communication intellectuelle.

Il faut souligner que Knigge n'est pas le premier à défendre cette position. En 1783, l'Académie des Sciences de Berlin avait mis au concours la question suivante: "Quelle est la meileure manière de ramener à la saine raison aussi bien les nations barbares que les nations déjà cultivées qui sont la proie de toutes sortes d'erreurs et de superstitions?"[223]. Le *Braunschweigisches Journal*

---

220 *Schriftsteller*, 24.
221 *Ibid.*, 25.
222 *Ibid.*, 7 sq.
223 *Welches ist die beste Art, sowol rohe, als schon cultivirte Nationen, die sich in mancherlei Irrthümern und Aberglauben befinden, zur gesunden Vernunft zurück zu führen?*

publia – cinq ans plus tard... – la dissertation qu'avait rédigée sur le sujet un "chanoine von Rochow"[224]. Rochow insiste sur la fonction essentielle de l'imprimé dans la lutte contre le "despotisme". Aussi longtemps que les hommes n'ont pas su écrire, dit-il, l'interprétation des lois, nécessaires pour la vie en société, a été orale et confiée à un seul personnage ou, au mieux, à une caste. L'imprimerie (qui, avec le calcul, l'écriture et "une correcte connaissance de Dieu" [225], détermine le caractère "cultivé" d'une nation) a permis le contrôle de l'arbitraire par la raison. Cela ne signifiait-il pas que c'est par l'instruction, dont l'imprimerie est par excellence l'instrument, que s'opérerait l'émancipation politique ? Mais l'instruction ne pouvait se concevoir en dehors de la liberté.

Or la liberté de la presse et de la littérature est inséparable de la "publicité". C'est pour qu'elle soit absolument garantie que Knigge, après avoir hésité longtemps, finit par refuser que les écrivains forment un corps (*Stand*) particulier dans la société. Deux ans plus tôt, dans le modèle utopique de constitution qu'il proposait dans *Noldmann*, il avait déjà été très net à ce sujet:

> Dans notre Etat, on ne tolère personne qui ne pratique une activité utile à la société [...]. Nous ne tolérons pas non plus des gens de lettres qui ne se livrent qu'à des spéculations; nous savons fort bien que les plus grands efforts de l'esprit et l'étude la plus zélée se concilient excellemment avec quelque activité utile dans la vie civile. C'est aussi le cas d'hommes qui s'occupent de beaux-arts; être peintre, musicien, poète, cela n'est pas, chez nous, admis comme un état [226].

Dans *Des écrivains...*, il écrit:

> La littérature n'est pas un état particulier, une fonction dans la société civile[227].

Ces deux citations, isolées de leur contexte, peuvent facilement prêter à un contresens. Elles n'impliquent pas une contradiction avec l'exigence d'utilité que Knigge ne cesse de revendiquer pour la littérature. Simplement, cette utilité n'a pas à être stipendiée par l'Etat. On peut vendre le produit d'un travail (y compris un manuscrit), mais on ne peut vendre les idées. C'est ce que Knigge avait déjà dit dans son traité *Sur la contrefaçon*[228]. Le bonheur de la société n'est réalisable que dans l'activité pratique de chacun de ses membres. Mais l'utilité de l'écrivain ne se situe pas à ce niveau. Elle consiste à informer, plus encore, à éduquer le jugement intellectuel et moral:

---

224 Il s'agit sans doute de Friedrich Eberhard von ROCHOW (1734 - 1805), auteur d'un célèbre *Livre de lecture pour les écoles de campagne* en deux parties, publié en 1776 - 1777 à Dessau sous le titre *Der Kinderfreund*. La réponse à la question posée par l'Académie des Sciences de Berlin est publiée dans le *Braunschweigisches Journal*, 1788, Bd. 1, St. 1, 45 - 76.

225 ROCHOW, *op. cit.*, in: *Braunschweigisches Journal, op. cit.*, 49.

226 *Noldmann*, II, 253.

227 *Schriftsteller*, 51.

228 Voir *supra*, I, 1, C.

> Vocation à écrire a tout homme qui a quelque chose à dire qui sort de l'ordinaire, qui n'est pas communément connu, quelque chose qui soit conforme aux besoins de l'époque [...], tout homme qui sait dire quelque chose de profitable, qui encourage la vertu et la sagesse, éveille et entretienne l'enthousiasme pour le bien[229].

Mais Knigge va plus loin, et l'on peut se demander si la signification profonde de son traité ne réside pas dans une proposition qui, noyée dans les trois cents pages d'un ouvrage dont les deux-tiers vont se borner à dresser un tableau de la littérature du temps, avait de fortes chances d'échapper à la vigilance des censeurs, et que nous devons citer entièrement:

> Il peut même être du devoir du citoyen, ou du citoyen du monde, de donner à haute voix son avis sur des objets qui concernent le bien du pays dans lequel il vit ou même de l'humanité entière. Ceux qui ont pour cela les connaissances, le talents et la bonne volonté ne sont pas tous, de par leur position dans la société civile, placés de telle sorte qu'ils soient entendus d'une autre façon, qu'ils soient d'une autre façon en mesure d'agir pour le bien général; mais comme écrivains, ils se feront peut-être entendre par ceux qui peuvent aider; sans puissance apparente, ils feront peut-être échouer les cabales des puissants ennemis et de ceux qui dissimulent la vérité[230].

Etrange définition en vérité du rôle politique possible de l'écrivain, et qui était bien celle que pouvait donner un *Aufklärer* ayant grandi en milieu luthérien. Elle rappelle le conseil que, dans son traité sur l'*Autorité civile*, le Réformateur donne au chrétien: il lui appartient d'éclairer le prince de ses avis. Knigge ne fait ici que séculariser le propos de Luther. Mais en le sécularisant, il en fait précisément une revendication qui, en pays luthérien, est révolutionnaire: ce n'est plus en effet l'élection divine qui donne au sujet le droit de parler de politique après l'avoir placé dans un "corps" déterminé. Ce sont "les connaissances, le talent et la bonne volonté" qui imposent au "citoyen" et au "citoyen du monde" le devoir de s'occuper de politique. Le terme de "citoyen du monde" n'implique-t-il pas la rupture radicale avec la conception d'un sujet enfermé dans un "corps" où Dieu l'aurait placé? Et affirmer que tous ceux qui ont quelque chose d'utile ou d'intéressant à dire ont "vocation" (Knigge emploie le mot *Beruf*) à écrire, n'est-ce pas, en Allemagne, l'équivalent d'une remise en cause de structure mentales, politiques et sociales séculaires? En France, un tel message aurait paru, en 1793, singulièrement dépassé. En Allemagne, il était d'actualité.

La publication par Knigge, en 1792, de la *Profession de foi politique de Joseph Wurmbrand*, avait en effet porté à son paroxysme un débat ouvert par le caractère de plus en plus violent que, depuis 1791, prenait la Révolution française: les écrivains étaient-ils responsables de l'échauffement des esprits, voire du bouleversement des institutions politiques et sociales, ou n'étaient-ils au contraire que les témoins objectifs d'une situation arrivée d'elle-

---

[229] *Schriftsteller*, 62.
[230] *Ibid.*, 62 sq.

même à maturité? La publication, en 1791, de l'*Histoire des Lumières en Abyssinie par Benjamin Noldmann*, puis des *Papiers de M. de la Crétinière*, dont l'anonymat avait vite été percé, avait placé Knigge, aux yeux de la presse monarchiste, dans la position de chef de file des partisans allemands de la Révolution, auxquels on reprochait de vouloir, par leurs écrits, saper les institutions séculaires du Reich. Nous aurons à revenir sur le détail de la campagne de presse qui s'abattit alors sur lui, accompagnée d'une odieuse guerre de pamphlets qui trouva même un écho devant la justice hanovrienne[231]. Ce qui doit ici retenir notre attention est l'une des questions de fond que posait cette polémique, qui est celle de la fonction de la littérature.

Dans les *Papiers de M. de la Crétinière*, Knigge tournait en dérision les partisans de l'ordre ancien, regroupés dans l' "Ordre des Jocrisses" afin de

> lutter contre la vogue de la confiance dans la trompeuse raison humaine et l'emprise de celle-ci; de rétablir l'ancienne dignité d'une foi fondée sur l'autorité et la tradition; de s'opposer au fâcheux et inquiétant esprit d'examen et d'investigation; de détruire pour toujours l'empire des partisans des soi-disantes Lumières [...]; de combattre le vice abominable de la tolérance, et mener courageusement campagne contre ces choses maudites que sont la publicité, la liberté de pensée, de parole et de presse[232].

C'est "grâce" à l'Ordre des Jocrisses, dont l'existence remonte aux origines de l'Histoire, qu'ont pu se développer

> l'Inquisiton, la torture, le servage, la censure des livres, les lettres de cachet, la fondations d'ordres chevaleresques et religieux, les Saint-Barthélémy, les guerres de religion et autres choses du même genre[233].

Knigge, on le voit, considère la censure comme l'une des manifestations les plus graves du "despotisme".

Johann-Georg Zimmermann, qui n'avait pas pardonné à Knigge la brochure *Sur Frédéric-Guillaume l'Affable*, fit aussitôt paraître dans la *Wiener Zeitschrift*[234], organe viennois des idées monarchistes, un article très violent, affirmant que

> ce baron Knigge [était] actuellement l'un des plus rusés agitateurs du peuple qui [fût] en Allemange, et que personne ne [prêchait] le système de rébellion avec plus de zèle et de perfidie que le noble baron de Knigge[235].

---

231 Voir *infra*, III, 2.
232 *Schaafskopf*, 21 sq.
233 *Ibid.*, 34 sq.
234 Sur cette revue, voir F. SOMMER, *Die Wiener Zeitschrift (1792 - 1793). Die Geschichte eines antirevolutionären Journals*, Diss., Zeulenroda/Leipzig, 1932. Voir en particulier la position de la revue à l'égard de la censure, considérée comme une arme capitale contre les idées révolutionnaires, 91 - 94.
235 J. G. ZIMMERMANN, *Adolph Freiherr Knigge dargestellt als deutscher Revolutionsprediger und Demokrat*, in: *Wiener Zeitschrift*, 2/1792, 318.

Plus loin, il le qualifiait d' "agitateur" et d' "Inspecteur révolutionnaire des Ecoles"[236]. Il terminait son article, composé pour la plus grande part de citations tirées des *Papiers*, en fustigeant ce qu'il appelait "la philosophie démocratique allemande" (*deutsche Demokratenphilosophie*), dont les représentants étaient "ces messieurs les pédagogues et professeurs du peuple bas-saxons" (*die niedersächsischen Herren Volkspädagogen und Professoren*), et réclamait que les "jacobins allemands" (*die deutschen Jakobiner*) fussent mis à la raison par une lutte énergique contre "la propagande des Lumières" (*Aufklärer-Propaganda*). Son article était une condamnation radicale des intellectuels, en particulier des écrivains, considérés comme les uniques responsables du "jacobinisme":

> Tous les nids de démocrates en Allemagne reflètent les principes de Knigge, et Knigge reflète le rêveur américain Paine et toute la propagande allemande en faveur des Lumières[237].

Et Zimmermann désignait ceux contre qui devaient, en premier lieu, s'exercer les foudres de la répression, les pédagogues et la presse. Il accusait les maîtres des instituts d'éducation conçus sur le modèle du Philanthropinum de Basedow, et aussi les Universités, de se servir de la "pédagogie populaire" pour déformer l'esprit des jeunes Allemands. Quant à la presse, en parlant trop de politique, elle contribuait à aigrir les esprits et à dresser le peuple allemand contre ses maîtres légitimes.

Ainsi apparaissait dans le discours politique allemand un thème nouveau: celui du pouvoir de l'écrit sur le déroulement des événements politiques. Les intellectuels quittaient leur "tour d'ivoire" et prenaient parti.

Zimmermann n'était pas isolé. Il représentait un courant important dans le discours hostile aux intellectuels, en particulier aux écrivains. La furie de ses assauts contre Knigge pouvait bien avoir des causes d'origine personnelle, elle n'en reprenait pas moins un des thèmes favoris que développa la presse monarchiste pendant des années. Encore en 1796, paraissait dans la revue contre-révolutionnaire *Eudämonia*[238] un long article anonyme intitulé *Des*

---

236 "Volksaufwiegler und Revolutionsscholarch", *ibid.*, 323. Egalement 328: "den Volksaufwiegler Knigge".
237 *Ibid.*, 328.
238 *Eudämonia, oder deutsches Volksglück, op. cit.*. Sur cette revue, voir M. BRAUBACH, *Die "Eudämonia" (1795 - 1798). Ein Beitrag zur deutschen Publizistik im Zeitalter der Aufklärung und der Revolution*, in: *Historisches Jahrbuch*, 47/1927, 309 - 339, et G. KRÜGER, *Die Eudämonisten. Ein Beitrag zur Publizistik des ausgehenden 18. Jahrhunderts*, in: *Historische Zeitschrift*, 143/1931, 467 - 500. Le discours politique de l'*Eudämonia* est analysé dans un article d'A. OPITZ, *Das Gallische Pandemonium. Frankreich und die französische Literatur in der konterrevolutionären Presse des ausgehenden 18. Jahrhunderts*, in: *L'Allemagne des Lumières. op. cit.*, 379 - 410. Voir enfin J.DROZ, *Les Anti-Jacobins en Allemagne (Autour de la revue "Eudämonia")*, in: J. VOSS (Hg), *Deutschland und die Französische Revolution*, München, 1983, 149 - 153.

dommages que causent par leur autorité des écrivains considérés[239]. D'emblée, l'auteur déclarait que

> la question de savoir si les écrivains peuvent entraîner le peuple à des révoltes ne fait pas partie des spéculations oiseuses,

et qu'il entendait réfuter une opinion opposée émise par Kästner dans un opuscule paru en 1793, *Pensées sur l'impossibilité pour des écrivains de provoquer des rébellions*[240]. Knigge est cité comme l'un de ceux qui ont osé prendre la défense de Robespierre[241].

Dans *Wurmbrand*, Knigge avait répondu à Zimmermann et à ceux qui contestaient à l'écrivain le droit de traiter de politique. La question lui tenait tellement à coeur qu'il lui avait consacré la presque totalité d'un des huit chapitres de l'ouvrage[242]. Après avoir expliqué que ce n'était pas la Révolution française qui était à l'origine du mécontentement des autres peuples de l'Europe, mais que c'est en France que le mécontentement, devenu général, s'était d'abord manifesté, il ajoutait:

> Ce ne sont pas non plus les écrivains, ceux que l'on appelle les partisans des Lumières et les Apôtres de la Vérité [...] qui provoquent l'agitation; c'est au contraire la voix universelle du peuple qui parle à travers les écrivains[243].

Il imagine un dialogue entre "le craintif" (*der Furchtsame*) et lui. Le craintif demande:

> Mais quelle vocation avez-vous, les écrivains, à vous mêler de ces choses? Que vous importent les gouvernements du monde?

Knigge répond:

> Tout citoyen dans l'Etat n'a-t-il pas vocation à se mêler d'affaires dont dépend le bien-être de tous?[244].

Et devant quelle instance, poursuit le craintif, les écrivains entendent-ils porter leurs plaintes? Knigge répond:

> Devant le tribunal du public, du peuple dans son entier [...]. Cette publicité est seule en mesure de prévenir les les rébellions secrètes et les menées souterraines de bandes agissant en cachette[245].

Knigge insiste sur les deux aspects, selon lui complémentaires, de la fonction assignée à la littérature: d'une part elle doit éclairer le prince, "convaincre la raison, qui gouverne la volonté", c'est-à-dire expliquer qu'un

---

239 [Anonyme], *Von dem Schaden, den angesehene Schriftsteller durch ihre Autorität stiften*, in: *Eudämonia*, 3/1796, 1. St., 17 - 33.
240 A. G. KÄSTNER, *Gedanken über das Unvermögen der Schriftsteller, Empörungen zu bewirken*, Göttingen, 1793. Kästner (1719 - 1800) fut professeur de mathématiques à Leipzig, puis à Göttingen. C'était un ami de Knigge.
241 *Von dem Schaden...*, art. cit., 26 sq. Sous cette forme, c'était d'ailleurs faux.
242 *Wurmbrand*, Siebenter Abschnitt, 139 - 151.
243 *Ibid.*, 141 sq.
244 *Ibid.*, 144 sq.
245 *Ibid.*, 145.

système politique doit être en accord avec l'évolution des esprits. Mais elle doit aussi, en développant

> les authentiques principes [...] sur lesquels reposent les droits de tous les hommes et leurs obligation mutuelles; les avantages de la société civile et les devoirs qui en résultent; la nécessité d'un certain ordre et de la soumission aux lois[246],

contribuer au maintien de la paix publique. C'est en cachant la vérité à un peuple qu'on le rend dangereux. Mais il faut aussi lui parler de ses devoirs, et non seulement de ses droits[247]. Toute l'oeuvre de Knigge atteste qu'il n'a jamais manqué à cette obligation qui, pour l'*Aufklärer* qu'il était, allait d'ailleurs de soi.

Les positions que Knigge défend dans son traité *Des écrivains* – tout citoyen, et en premier lieu l'homme de lettres, a vocation à s'exprimer sur la politique; la littérature remplit sa double fonction lorsqu'elle contribue à éclairer la raison du prince et le peuple; l'opinion publique est le seul tribunal devant lequel l'écrivain accepte de comparaître – ne sont donc pas fondamentalement différentes de celles qu'il exprimait un an plus tôt dans *Wurmbrand*. Le blâme que lui a infligé la Régence ne l'a pas conduit à se renier.

Ces positions sont celles de la bourgeoisie cultivée et de la fraction "éclairée" de la noblesse. Elles traduisent l'aspiration à une émancipation intellectuelle. Il ne faut pas s'y tromper: Knigge ne prend pas la défense du "peuple" au nom d'une perception socio-économique de l'Histoire. La Révolution est pour lui avant tout un fait culturel, le résultat d'une évolution des esprits. Elle condamne d'abord une pratique: le despotisme. Knigge demande aux souverains de suivre le courant "culturel"[248], de changer "leurs systèmes". Et quels sont les meilleurs témoins de l'évolution culturelle, sinon les écrivains? Il s'écrie à l'adresse des princes:

> Lisez les oeuvres des historiens et des philosophes, afin que n'entrent pas en circulation, d'une manière inattendue, des vérités auxquelles vous n'êtes pas préparés [249].

Les écrivains sont les médiateurs naturels entre le peuple et l'autorité: la liberté de la presse est

> le meilleur moyen pour le souverain d'être informé des dispositions d'esprit du peuple et des opinions qui gagnent du terrain[250].

Aussi la littérature ne saurait-elle s'accommoder de la censure.

---

246 *Ibid.*, 150.
247 *Ibid.*, 150 sq.
248 "Rükkt mit fort in der Cultur!", *ibid.*, 169.
249 *Ibid.*, 169 sq.
250 *Schriftsteller*, 67.

D. Knigge et le problème de la censure

Pourtant, la position de Knigge à l'égard de la censure n'est pas exempte de quelques contradictions.

On sait que les conditions dans lesquelles s'exerçait la censure étaient très différentes selon les Etats allemands[251]. Pour le Saint-Empire Romain Germanique restait valable un édit de 1715, complété par un rescrit de 1746, qui autorisait les princes territoriaux à s'opposer à la diffusion d'écrits hostiles à l'Etat et à la religion[252]. L'Empereur Léopold II en avait encore aggravé les dispositions le 3 décembre 1791. Mais chaque Etat restait responsable de leur mise en oeuvre, ce qui donnait lieu à une très grande variété, en particulier lorsqu'il s'agissait d'apprécier le danger, politique ou religieux, que présentait tel ou tel ouvrage. Si la censure bavaroise était, même avant 1785, plus sévère que celle de autres territoires[253], la Prusse avait connu, au contraire, une période d'assez grand libéralisme jusqu'en 1786. Mais en 1788, Frédéric-Guillaume II avait promulgué le fameux "Edit de religion", qui visait les écrits philosophiques et théologiques, et qui scandalisa l'ensemble de la presse "éclairée". En 1789 suivit un "Edit de censure". Deux ans plus tard, Wöllner instaurait une "Commission immédiate d'enquête" (*Immediat-Examinats-Kommission*), qui était chargée d'examiner le comportement des fonctionnaires. A partir de cette date, la censure prussienne s'exerça très durement aussi en matière politique, et les revues *Allgemeine deutsche Bibliothek* et *Berlinische Monatsschrift* durent être imprimées à l' "étranger"[254].

La Révolution française avait donc entraîné une aggravation de la censure même dans les Etats où, auparavant, elle avait été libérale. Ce fut le cas du Hanovre. L'édit du 6 mai 1705 avait institué dans l'Electorat le principe de la censure préalable de tous les écrits composés par un sujet hanovrien, qu'ils y fussent ou non publiés. Ces dispositions avaient été rappelées dans un édit du 31 mai 1731 [255] – celui auquel renvoyait le blâme infligé par la Régence à Knigge en 1792. Contrairement à ce qui se passait en Bavière, il n'existait cependant pas de commission spéciale chargée de la censure. C'étaient les

---

251 Sur la censure en Allemagne au dix-huitième siècle, voir F. SCHNEIDER, *Pressefreiheit und politische Öffentlichkeit*, Neuwied, 1966; H. KIESEL/P. MÜNCH, *Gesellschaft und Literatur im 18. Jahrhundert*, München, 1977, 104 - 122.
252 KIESEL/MÜNCH, *op. cit.*, 112 sq.
253 Voir W. FICHTL, *Aufklärung und Zensur*, in: *Krone und Verfassung, op. cit.*, III/1, 174 - 185.
254 Sur l'Edit de religion en Prusse, voir: F. VALJAVEC, *Das Wöllersche Religionsedikt und seine geschichtliche Bedeutung*, in: *Historisches Jahrbuch*, 72/1953, 386 - 400. Sur la censure en Prusse à l'époque de la Révolution française, voir J. DROZ, *art. cit.*, 79 sqq.
255 Le texte de l'édit de 1705 se trouve aux Archives de Basse-Saxe à Hanovre, cote Cal. Br.23b B II Nr 240; celui de l'édit de 1731 à la cote Cal. Br. 23b B II Nr 21. Voir BERGMANN, *op. cit.*, 156.

bureaux de la Régence qui devaient veiller à son application, et jusqu'en 1792, ils le firent sans zèle particulier. D'autre part, l'Université de Göttingen jouissait du privilège d'être elle-même responsable de la censure des écrits que publiaient ses professeurs, ce qui permit, par exemple, à Schlözer de faire paraître dans ses *Staatsanzeigen* des articles souvent plus hardis que ceux que l'on pouvait lire dans d'autres revues politiques[256]. L'une des raisons du libéralisme hanovrien en matière de censure jusqu'en 1792 est sans doute l'influence anglaise. Une étude récente en évoque une seconde, qui est le haut niveau intellectuel des fonctionnaires, nobles et bourgeois, chargés de l'exercer[257]. Cette affirmation peut être confirmée par ce que nous savons de l'éducation que recevait le jeune noble hanovrien. Enfin, on ne saurait méconnaître les conséquences d'une indolence de la bureaucratie hanovrienne que toute l'Allemagne tournait en dérision: Frédéric II n'aimait-il pas railler "les perruques d'Hanovre"?

Mais lorsque la Révolution prit en France un cours violent, les autorités hanovriennes agirent de la même façon que les autorités prussiennes. La publication par Knigge de la *Profession de foi de Joseph Wurmbrand* ne fut certainement pas étrangère au durcissement qui se manifesta. Knigge n'avait pas respecté les dispositions de l'édit de 1731, puisqu'il n'avait pas soumis le livre, non plus d'ailleurs que les *Papiers de M. de la Crétinière*, à la censure préalable. Un certain nombre de textes vinrent aggraver la répression contre les écrits "hostiles à la religion et à l'Etat", en particulier une ordonnance du 24 novembre 1792 "contre la diffusion et le débit de journaux, écrits périodiques et feuilles volantes provocantes", que le publiciste conservateur Girtanner se fit un devoir de reproduire dans les *Politische Annalen*[258]. Sous la signature de Georges III figurait celle de Kielmannsegge (le "tuteur" de Knigge pour le règlement de ses problèmes financiers[259]) et d'Arnswaldt, qui avait aussi signé le blâme adressé au baron hanovrien. Ces mesures expliquent pourquoi Knigge s'abstint, entre juillet 1792 et la fin de 1795, de publier des ouvrages politiques, mis à part quelques articles anonymes dont nous reparlerons, mais qui sont très mesurés de ton.

Knigge avait donc été personnellement victime de la censure. L'essai *Des écrivains* est d'ailleurs en partie une réponse aux accusations qui avaient été lancées contre lui après la publication de *Wurmbrand*. Zimmermann n'avait pas été le seul à traiter Knigge d' "agitateur du peuple". Le Hanovrien

---

256 Sur la censure dans l'Electorat de Hanovre, voir G. WRICKE, *Die Aufsicht über das Bücher- und Pressewesen im Kurfürstentum und Königsreich Hannover von den Anfängen bis 1848*, Diss., Bonn, 1973, et C. HAASE, *Obrigkeit und öffentliche Meinung in Kurhannover 1789 - 1803*, art. cit., passim.
257 WRICKE, op. cit., 36 sq.
258 *Verordnung gegen die Ausbreitung und Vertreibung anstössiger Zeitungen periodischer Schriften und fliegender Blätter*, 24. November 1792, in: Ch. GIRTANNER (Hg), *Politische Annalen*, 1/1793, 89 sqq.
259 Voir supra, Ire partie, I, 2, A.

Rehberg lui avait également reproché, dans un long compte rendu de *Wurmbrand* paru dans la *Allgemeine Literatur Zeitung* de Iéna, d'avoir composé une "recommandation mal déguisée de la Révolution"[260]. C'est à eux que s'adresse Knigge lorsqu'il écrit dans *Des écrivains*:

> D'une manière générale, le patriote sincère doit se distinguer de l'agitateur du peuple en ceci que, lorsqu'il exprime son opinion ou ses doutes sur une mesure publique ou sur une loi de son pays, il doit le faire en prenant le ton d'un examen pratiqué avec modestie et sang-froid; deuxièmement il doit obéir ponctuellement à la loi dont il met en doute le bien-fondé, tant qu'elle n'a pas été abrogée, et troisièmement, il ne doit pas chercher à amener les autres à lui désobéir[261].

On peut se demander si Knigge est sincère lorsqu'il écrit ces lignes. A cette époque, la justice hanovrienne était saisie d'une plainte qu'il avait déposée contre Zimmermann, justement à cause de l'utilisation par le médecin suisse du terme d' "agitateur du peuple". En fait, les propos de Knigge sont une adroite *captatio benevolentiae*. Ils se trouvent au centre du passage que, dans son livre, il consacre à la censure. Ils n'éclairent qu'en partie l'attitude qui est la sienne face à ce problème. S'il se déclare résolument hostile à la censure [262], il imagine et propose un système qui permet une censure *a posteriori* dans des cas très précis, et qui s'appuie sur l'abandon partiel de l'anonymat de l'écrivain.

Celui-ci, dit-il, doit informer l'autorité de son intention de publier un livre, et lui communiquer le manuscrit. Mais le censeur (Knigge conserve explicitement la fontion) n'a ni le droit d'empêcher la publication, ni celui de modifier le texte du manuscrit. Si un particulier (ou même l'Etat) porte plainte contre l'ouvrage, une commission composée de savants (*Gelehrte*) et de fonctionnaires doit l'examiner, et elle a alors le devoir "d'instruire avec la plus grande rigueur contre le trublion"[263]. Mais si l'auteur s'est borné à examiner des vérités théoriques, ni l'Etat ni les particuliers n'ont le droit d'intervenir..., sauf dans des cas exceptionnels: Knigge utilise la formule "selon le temps et les circonstances"[264]. Suit la profession d'obéissance que nous avons citée. Mais il poursuit aussitôt son plaidoyer, dont on ne sait plus s'il est pour ou contre la censure, en expliquant que la littérature, qui est maniement des idées, ne saurait causer de troubles, et que la vérité est toujours bonne à dire, le seul risque étant qu'elle ne soit pas comprise[265].

---

260 *Allgemeine Literatur Zeitung*, Nr. 261, 3. October 1792, Sp. 17 - 22.
261 *Schriftsteller*, 69.
262 Il qualifie les censeurs de "sous-tyrans" (*Unter-Tyrannen, ibid.*, 65) qui, en jugeant des idées d'autrui, s'arrogent le droit de juger des opinions privées qui ne les concernent pas. D'autre part, l'interdiction d'un livre est plus nuisible qu'utile à l'Etat, car elle lui donne l'attrait du fruit défendu (*ibid.*, 64 sqq.).
263 *Ibid.*, 69.
264 "nach Zeit und Umständen".
265 *Ibid.*, 69 - 73.

On sent que la question de la censure embarrasse beaucoup Knigge. Alors qu'en 1791 encore, il en rejetait jusqu'à l'idée[266], il semble, en 1793, l'accepter, au risque de laisser la voie libre aux abus d'interprétation que sa position pouvait suggérer aux princes.

Mais il faut peut-être entendre les propos de Knigge d'une autre façon. La réaction de la Régence à la *Profession de foi politique de Joseph Wurmbrand* lui avait fait comprendre qu'il ne pouvait, du moins dans l'immédiat, écrire un nouvel ouvrage du même genre. Devait-il donc se taire? Au contraire, il accepte de publier, sous son nom et selon la procédure légale, *Des écrivains*. La censure hanovrienne n'allait pas refuser un livre où il était question surtout de littérature pure, et où le chapitre consacré aux droits et aux devoirs de l'écrivain approuvait l'institution d'un collège de censure! Donc, le livre serait lu. N'était-il pas naturel que Knigge, doté d'un tempérament extrêmement combatif, profitât de l'occasion pour faire comprendre à ceux à qui il s'adressait, les lecteurs "éclairés", qu'il ne se reniait pas? que sa proposition d'instituer un collège de censure n'était pas sérieuse? En effet, cette position, outre qu'elle est en contradiction avec tout ce qu'il avait dit auparavant, est formulée d'une manière telle qu'elle se détruit elle-même. Knigge ne suggère-t-il pas que le collège de censure dont il feint de soutenir la création, n'aura en fait rien à faire, puisque de simples idées, selon lui, ne sauraient troubler l'ordre public? Ne dit-il pas, avec une ironie que tous ses supérieurs hanovriens ne percevaient peut-être pas, qu'il se trouvait précisément dans la position de l'écrivain cité devant un tribunal, et que cette situation ne l'effrayait pas, sous-entendu: parce que rien, dans ce qu'il avait publié jusqu'alors, n'était de nature à entraîner sa condamnation? Et même si les censeurs hanovriens savaient lire entre les lignes (l'un d'eux était alors Ernst Brandes, homme de grande culture), les propos de Knigge étaient si bien «enveloppés» que, de toute façon, ils ne pouvaient plus être considérés comme dangereux. Mais il sortait en tout cas vainqueur de ce duel sournois avec l'autorité: il avait dit ce qu'il avait à dire, il avait fait son devoir d'écrivain.

Cette interprétation est confirmée par un article qu'il publia anonymement en 1795 dans le *Genius der Zeit*, sous le titre *Quelques mots à propos d'un article paru dans le Deutsches Magazin*[267]. Il y développe l'idée qu'on ne peut séparer le citoyen de l'écrivain, dès lors que celui-ci traite de questions intéressant "l'humanité entière" – parmi elles "la sûreté de la propriété, les droits naturels et civils de l'homme, l'existence religieuse et politique de tous les citoyens". Mais surtout, Knigge affirmait nettement que lorsqu'il était question de

---

266 *Noldmann*, I, 187 sq.
267 *Einige Worte über einen Aufsatz im deutschen Magazine*, in: *Genius der Zeit*, 4/1795, 3. St., 263 - 269. L'article en question traitait une question mise au concours par l'Académie d'Erfurt: *Über die würksamsten Mittel, gewaltsamen Revolutionen in Deutschland vorzubeugen*. Son auteur n'avait pas obtenu le prix et, dépité, l'avait adressé au *Deutsches Magazin* avec un commentaire de son cru.

liberté de la presse, deux attitudes seulement étaient possibles: ou bien on interdisait de publier quoi que ce ce soit en dehors de la censure, ou bien il n'y avait pas de censure du tout. La seule condition qu'il imposait alors à l'exercice de cette liberté était que l'écrivain signât de son nom (il ne prêchait pas d'exemple...) ce qu'il publiait, quitte à supporter ensuite les conséquences d'un "abus" éventuel de la liberté. Encore Knigge limitait-il cette notion à de véritables appels à la révolte, alors qu'il ne considérait pas qu'il y eût atteinte à l'ordre public "lorsqu'un écrivain dénonce des abus surannés, considérés par certains comme sacrés, et qu'il montre la nécessité d'y mettre fin". Libre à l'autorité d'intenter alors un procès: mais dans ce cas, elle agirait arbitrairement. De toutes manières, la liberté de la presse ne s'accommodait ni de la censure, ni d'une voie moyenne entre censure et non-censure: "Toute voie moyenne ouvre la porte au despotisme intellectuel". Les censeurs ne pouvant être élus par l'ensemble du peuple, ils seraient peut-être choisis par le pouvoir politique: "ainsi tout examen libre d'objets politiques sera freiné". Si ce sont les "corporations savantes" (*gelehrte Innungen*) qui les désignent, ils seront dominés par l' "esprit de système" (*Sistemgeist*). "Et si la censure est abandonnée à la surveillance exercée par l'Eglise, alors c'en est fait à jamais de la liberté de pensée". Ce sont les derniers mots de l'article.

On ne pouvait être plus net: Knigge refuse la censure. La position qu'il développe dans le traité *Des écrivains* est donc purement tactique. Elle témoigne seulement de l'attachement de Knigge à une certaine loyauté à l'égard de son souverain. Mais le fond de sa pensée, il l'a livré dans *Noldmann*, dans *Wurmbrand* et dans l'article que nous venons de citer.

Le point de vue de Knigge sur la censure reflète bien, finalement, ce qu'il attend de la littérature et de l'homme de lettres.

L'écrivain n'est pas un agitateur politique, c'est un sujet loyal. Mais ce qu'il a à dire concerne l'humanité, et la liberté de le dire est un droit naturel imprescriptible. L'Etat ne saurait la restreindre. Au fond, c'est la situation de Knigge lui-même qui est ici définie: il n'est pas un véritable "jacobin" au sens que de nos jours la recherche donne à ce terme. Son engagement n'est pas de même nature que celui de Forster. Mais il est l'un de ces partisans allemands de la liberté qui entendent faire parvenir coûte que coûte leur message à ceux auxquels il s'adresse, en fait à des citoyens, et non plus à des sujets.

Pas tout à fait à tous les citoyens, pourtant: dans *Des écrivains*, Knigge consacre un paragraphe aux "écrits pour le peuple" (*Volksschriften*). Il note avec satisfaction que les Lumières pénètrent "ce qu'on nomme les basses classes du peuple". Mais quelles Lumières?

> On fait paraître maintenant des catéchismes, des livres de piété, des calendriers, des ouvrages sur toutes les parties de l'agriculture, de l'économie domestique, des instructions pour les artisans et les artistes, des recettes pour améliorer le style ordinaire de la correspondance; des écrivains de pays étrangers, et autres livres du même genre dans lesquels on cherche à réprimer la superstition et les préjugés surannés et à donner, dans un style accessible aux bourgeois et aux

paysans autrefois si négligés, des connaissances qui peuvent leur être utiles pour mener leur ménage, conserver la santé, une humeur joyeuse et la tranquillité de leur coeur.

Et il ajoutait:

> Il n'est pas aussi facile qu'on le croit de trouver en ces matières le ton juste et de ne pas aller, dans l'encouragement de ces Lumières tant vantées et tant décriées, plus loin que ne le réclame un sage jugement sur les besoins, la faculté de réception et les conséquences. Beaucoup d'écrivains perdent de vue ces précautions; et comme la fureur de lire n'importe quelle sorte de livres grandit aussi chaque jour parmi toutes les classes, l'*Aufklärung* populaire va en réalité sans doute plus vite qu'on ne le désirerait[268].

Cette restriction quant à la portée des Lumières et à la responsabilité des écrivains dans leur diffusion progressive vers les couches populaires n'était nullement réclamée par la censure, et Knigge n'était donc pas obligée de la faire. Simplement, elle exprime, elle aussi, cet aspect fondamental des Lumières allemandes qu'est l'"élitisme". Non seulement l'*Aufklärer* ne parle pas au nom du peuple dès lors que cette notion embrasse ce qu'on appelle aujourd'hui les "masses", mais il témoigne quelque réticence à aller vers lui. Knigge n'est pas le porte-parole des masses populaires. Il ne le sera jamais. L'émancipation pour laquelle il combat, et au service de laquelle il engage la littérature, c'est celle de la bourgeoisie cultivée. Et c'est un livre qui en formule les modalités: en 1788, *Du Commerce avec les Hommes* faisait de lui l'un des écrivains les plus lus d'Allemagne.

3. Un livre connu et méconnu: Du Commerce avec les Hommes

A. Knigge et le problème de la communication sociale avant 1788

Dans les trois romans qu'il avait publiés jusqu'en 1787, Knigge posait, à travers la description de destins individuels, le problème de l'adaptation de l'homme à une société dont les structures faisaient obstacle à l'épanouissement de ses aspirations morales. Les lieux privilégiés de la communication sociale, ceux où la moralité pouvait faire éclore les fruits de la vertu, elle-même condition du bonheur, étaient situés en dehors des concentrations

---

268 *Schriftsteller*, 284 sq. Mieux que tout ce qu'il a pu écrire à propos des sociétés secrètes ou de la Révolution française, cette page reflète ce qu'était Knigge au plus profond de lui-même: tout simplement un *Aufklärer* exemplaire. Des réticences analogues concernant le "degré de Lumières" approprié aux "basses classes" sont exprimées dans le *Commerce*, et Knigge ne les a jamais supprimées dans aucune des cinq éditions qu'eut l'ouvrage de son vivant. Il écrit par exemple: "dass man die Bauern [...] durch zu viel Aufklärung unzufrieden mit ihrer Lage, sie zu Philosophen zu machen, die über ungleiche Austheilung der Glücksgüter declamiren; ihren Sitten Geschmeidigkeit und den Anstrich der feinen Höflichkeit zu geben – das taugt wahrlich nicht, obgleich es auch grausam und ungerecht ist, die natürlichen Fortschritte einer solchen Aufklärung vorsetzlich hindern zu wollen", *Umgang*, 5. Aufl., III, 175 sq.

humaines telles que les cours ou les villes. C'est au sein de cercles restreints, où se retrouvaient quelques amis unis par un idéal commun de tolérance et de sagesse et dont la vie avait été traversée des mêmes épreuves, que se pratiquait cette "sociabilité" (*Geselligkeit*) que, dans *Ludwig von Seelberg*, Knigge définit comme un "besoin"[269]. Parvenus au terme de leurs tribulations, les héros menaient, certes, une existence vouée à l'utilité sociale. Mais celle-ci prenait principalement la forme d'une bienfaisance conçue comme l'aide que se devaient, un peu en voisins, des personnages qui se connaissaient, s'étaient soupesés et estimés, et qu'une identique dureté de leur destin avait amenés à se retirer plus ou moins du monde. Pour Peter Claus, le bonheur réside dans la liberté, la paix domestique et l'aisance que donne la possession d'une terre[270]. Pour Seelberg, est heureux celui qui veille à ce que les domestiques qui le servent soient "occupés utilement" et deviennent "moralement meilleurs"[271]. Le baron de Leidthal, l'un des personnages principaux du premier roman de Knigge, insiste surtout sur la condition essentielle du bonheur, la moralité[272]. Il sait aussi qu'il est de son devoir de "travailler au bien-être de [ses] frères"[273]. Mais dans les trois romans, la sociabilité s'arrête, sans les franchir, aux bornes fixées par l'horizon étroit d'un cercle d'amis. Elle n'embrasse pas l'ensemble de la société, et s'il est vrai qu'au sein de ces petits cercles il n'existe pas de barrière entre la noblesse et la bourgeoisie, le "mélange des classes sociales" ne s'opère pas par des mariages, mais simplement par la fréquentation amicale de personnages d'origines différentes.

La conception de la sociabilité qui se dégageait des premiers romans de Knigge impliquait donc, paradoxalement, plus une sorte de renoncement au monde que le véritable désir de surmonter les cloisonnements de la société féodale. Elle apparaissait comme une fuite devant les épreuves et les conflits de l'existence, et s'accompagnait d'un repliement de l'individu sur soi-même. La pratique de toutes sortes de vertus, comme la bienfaisance, l'amitié, la tolérance, devait procurer à celui-ci avant tout la paix intérieure. Mais elle ne suffisait pas à l'arracher au statut de sujet acceptant passivement l'ordre politique et social. Elle ne faisait pas de lui ce qu'on commençait à appeler en français un "citoyen", un terme d'ailleurs que l'impossibilité de lui trouver en allemand un équivalent spécifique vouait à toutes les interprétations et manipulations suggérées par la conjoncture: le mot "Bürger", dont le droit naturel faisait, certes, l'antonyme du mot "Untertan", ne connotait-il pas une certaine adaptation à un ordre social harmonieux, défini par les occupations de chacun, elles-mêmes codifiées dans une hiérarchie de corps étrangers les uns aux autres, dont la cohésion au sein de la société civile était assurée par une instance supérieure, individuelle (le prince) ou collective (l'Etat)? A partir de

---

269 *Seelberg*, I, 230.
270 *Peter Claus*, III, 224 sq.
271 *Seelberg*, II, 317.
272 *Roman meines Lebens*, I, 10; 104; 117; II, 23; 85.
273 *Ibid*, I, 252.

1790 allait s'opérer un glissement qui ferait du "citoyen" (Bürger) un simple "national" défini par son appartenance à un Etat déterminé (Staatsbürger), dont des textes juridiques, par exemple le Code général des Etats prussiens (*Allgemeines Landrecht für die preussischen Staaten*, 1794) ou, près de deux décennies plus tard, le Code civil général des Etats d'Autriche (*Allgemeines bürgerliches Gesetzbuch für die österreichischen Staaten*, 1811) fixeraient le statut de "sujet moderne" plus que de véritable "citoyen" doté de droits politiques [274]. D'autre part, si le mot "Bürger" peut traduire celui de "citoyen", il sert aussi à rendre le terme de "bourgeois": en ce sens, il exprime une différenciation structurelle fondamentale de la société, puisqu'il renvoie à la prise de conscience d'une coupure qui a son origine dans le hasard de la naissance.

Or, étrangement, Knigge utilise rarement le mot "Bürger" avant 1790. Pourtant il était dès 1778 préoccupé du problème de la "division des classes sociales" (*Unterschied der Stände*). Ses lettres aux officiers hanovriens Greve et Richers, de 1778 à 1780, en témoignent. N'avait-il pas précisé aussi que le *Système universel* s'adressait à "toutes les classes"? Dans ses romans, le thème de la division sociale est mainte fois illustré par la peinture de situations ou de caractères qui font ressortir son aspect anachronique. Les nobles sont attachés aux préjugés liés à leur conscience de caste et que combat l'*Aufklärung*. Knigge leur prête tous les défauts qui témoignent de leur incapacité à s'adapter à l'esprit du siècle: ils sont arrogants [275], ils s'ennuient [276], leur éducation est tournée vers le passé [277], leur coeur est endurci [278], mais, surtout, ils s'arrogent les premières places dans l'Etat alors qu'ils n'ont ni les talents ni le mérite justifiant leurs prétentions [279]. Ceux qui, comme le baron de Leidthal ou Ludwig von Seelberg, échappent à cette condamnation, appartiennent au petit nombre d'aristocrates "éclairés" qui ont su, en général sous la pression de circonstances malheureuses, intégrer les valeurs bourgeoises à leur mode de vie et à leur univers mental, à moins que, comme Peter Claus, leur anoblissement n'ait été qu'une péripétie parmi d'autres dans leur aventureuse existence. Au contraire, les bourgeois sont parés des qualités qui font d'eux des membres utiles de la société: ils sont plus doués que les nobles, mais

---

274 Sur tous ces problèmes, voir M. RIEDEL, *Bürger, Staatsbürger, Bürgertum*, in: *Geschichtliche Grundbegriffe, op. cit.*, 672 sqq. (en particulier 683 - 706), et M. STOLLEIS, *Untertan – Bürger – Staatsbürger. Bemerkungen zur juristischen Terminologie im späten 18. Jahrhundert*, in: VIERHAUS (Hg), *Bürger und Bürgerlichkeit, op. cit.*, 65 - 99.
275 *Roman meines Lebens*, I, 113; III, 24 sqq.; *Peter Claus*, III, 42; *Seelberg*, I, 231.
276 *Roman meines Lebens*, I, 209; *Peter Claus*, III, 83.
277 *Roman meines Lebens*, I, 210; *Seelberg*, I, 42.
278 *Peter Claus*, I, 194.
279 *Sellberg*, I, 228.

surtout plus travailleurs[280]. Knigge suggère même qu'ils aspirent à occuper une place au sein des institutions de l'Etat[281].

Dès les premiers romans de Knigge, le problème de l'émancipation politique et sociale de la bourgeoisie est donc posé. En même temps, Knigge en fixe très exactement les limites. Il n'envisage pas que la noblesse doive disparaître, et il n'assigne nullement à la bourgeoisie la tâche de la détruire. Ce qu'il regrette, c'est la séparation des classes. Ce qu'il souhaite, c'est qu'elles aient un jour entre elles un "commerce agréable"[282]. Pour lui, il s'agit avant tout d'un problème de communication sociale. On retrouve là l'aspiration de l'*Aufklärung* à une organisation des sociétés humaines fondée sur l'harmonie, aspiration qui soutenait aussi l'idéal de la "nouvelle religion "dont Knigge avait rêvé. Tirer de la pensée politique de Knigge telle qu'elle s'exprime en 1792 la conclusion qu'il souhaitait une révolution violente en Allemagne[283] n'est possible que si on s'abstient de le replacer dans le contexte global de son attitude face au problème de la division sociale. Knigge n'a jamais envisagé que le processus qui dût y mettre fin fût celui de la violence. Pour lui, la noblesse disparaîtrait d'elle-même dès lors qu'elle aurait renoncé à constituer une caste dans la société et accepterait de se mêler à la bourgeoisie. C'est ce que, dans le *Commerce*, il va tenter de lui faire comprendre. Jamais il ne reniera ce livre.

A cette limitation de l'émancipation bourgeoise quant aux voies par lesquelles elle doit s'opérer, Knigge ajoute une définitaion restrictive du concept même de bourgeoisie. Il est remarquable que, pour en parler, Il n'utilise pas le mot "Bürgerstand", pourtant connu à l'époque[284], mais qu'il lui préfère l'expression "personnes bourgeoises" (*bürgerliche Personen*). En réalité, il ne se la représente pas comme une classe bien définie, mais comme un ensemble de personnes dont la détermination est fournie, outre par leur naissance roturière, par les professions qu'elles exercent. Dans *Peter Claus*, l'énumération de quelques-unes d'entre elles précise l'image qu'il s'en fait: "de gros négociants, des fabricants, des artistes et autres". Que ces personnages constituent pour lui une élite sociale est souligné par le qualificatif qu'il

---

280 *Roman meines Lebens*, I, 112 sq.
281 *Ibid.*, 122.
282 Voir par exemple dans *Peter Claus*: "Wir bemerkten, dass auch in den kleinsten Provinzial-Städten, sich die Stände auf eine so lächerliche Weise absonderten, und drey Häuser von der sogenannten Noblesse lieber täglich zusammen gähnten und spielten, als dass sie sich in dem angenehmen Umgange schätzbarer bürgerlichen Personen unterrichtet hätten", III, 83.
283 C'est la thèse défendue notamment par J. D. KOGEL dans son étude sur *Noldmann, op. cit.*
284 Il ne se trouve pas dans le *Dictionnaire* de F. ROUX, *op. cit.* (1780), mais il est attesté dans celui de F[...] C[...] H[...], *Neues vollständiges deutsch-französiches und französisch-deutsches Wörterbuch*, Augsburg, 1783. Knigge n'emploie que rarement, avant 1790, le mot *Bürger*, et toujours dans le sens de "membre de la société civile".

leur attribue: ce sont des "hommes pleins de mérite"[285]. Knigge propose ensuite un éloge des marchands qui font la prospéritédes villes d'Empire: ils possèdent non seulement "la richesse", mais aussi "la culture la plus raffinée", "le goût le meilleur" et pratiquent "la plus noble hospitalité" – ce qui rend l'isolement volontaire dans lequel vivent les familles nobles encore plus absurde: ce sont elles qui refusent d'aller – de "descendre" – vers la bourgeoisie[286].

Cette page de *Peter Claus* suggérait donc, trois ans avant le *Commerce*, l'idéal social que Knigge allait développer en 1788. Lorsqu'il parlera du "peuple", c'est à cette classe riche et cultivée qu'il pensera, celle dont le talent n'attendait plus pour être reconnu et honoré que d'être servi par des manières jusqu'alors réservées à une seule caste. Il lui oppose la populace (*Pöbel*), qu'à ses yeux condamne précisément son incapacité à s'approprier les manières qui, avec la fortune et le mérite, doivent fonder la légitimité de la nouvelle élite. Knigge ne sera jamais, même en 1792, le porte-parole des masses populaires. Ce n'est pas pour elles qu'il a écrit le *Commerce*.

Dans un petit essai intitulé, non sans quelque ironie, *Ma propre apologie*, qu'il inséra en 1784 dans le premier volume des *Ecrits mineurs*[287], Knigge exposait les principes qui, selon lui, doivent guider la conduite de l'homme dans la société. Ces quelques pages formulent, en les appliquant à lui-même, les fondements d'une morale esssentiellement bourgeoise, dont le *Commerce* proposera un exposé de portée universelle. Ils se construisent autour de trois données simples qui, dès lors, définiront, sans échapper parfois aux contradictions, l'orientation de son engagement politique.

La première exprime une rupture idéologique avec la caste d'où il est issu:

> Je répète donc encore une fois: 1) que je n'ai besoin de personne; 2) que je suis prêt à servir quiconque, où je le peux; 3) que je veux garder la liberté de dire de chacun ce que je pense de lui[288].

Knigge contestait donc cette solidarité qui unissait entre eux les membres de la noblesse, mais qui s'accompagnait du rejet de tout corps social étranger, telle que la pratiquait en particulier la noblesse hanovrienne. Il quittait de son propre mouvement ce milieu "exclusif et fermé" dans lequel il avait été élevé, pour se mettre au service de tous. Il s'agit là d'une démarche encore purement personelle, mais pourtant capitale: avec le *Commerce*, il la transformera en injonction à la noblesse entière. En même temps, il rompait publiquement avec l'un des interdits essentiels au maintien de cette cohésion de caste qu'il voulait briser: celui qui se traduisait par l'usage de codes transmis de génération en génération en milieu fermé. La "liberté de dire à chacun ce qu'il

---

285 *Peter Claus*, III, 83.
286 *Ibid.*, 83 sq.
287 *Meine eigene Apologie*, in: *Gesammlete [...] kleinere Schriften*, op. cit., I, 67 - 85.
288 *Ibid.*, 73.

pense de lui", ce n'est pas ici celle de traiter d'objets intéressant la religion ou l'Etat. C'est celle de dénoncer un comportement, un préjugé, un mode de vie, s'ils lui paraissent anachroniques. Quelques lignes plus loin, Knigge désigne nommément les personnages dont il entend, si tel est son désir, dire du mal: les gens de cour, dans lesquels il ne voit que des "hommes mauvais et bas". Il vise donc un milieu précis: l'aristocratie.

La deuxième donnée forme une sorte de contrepoint à la première: à la fausse solidarité de caste par laquelle la noblesse s'isole du reste de la société, Knigge oppose l'alliance des "gens de bien", en fait une solidarité des élites, ces "hommes meilleurs" (*bessere Menschen*) dont l'*Aufklärung* cherchait à faire entendre la voix et à affirmer les droits. Avoir le sentiment de ne pas appartenir au monde des "méchants" ne suffit pas: il ne faut pas, dit Knigge, s'agréger "au tas des gens de bien par négation, inefficaces"[289]. Il pose en principe que les "gens de bien" ne sont pas nombreux. Mais ils doivent eesayer de "lutter ensemble contre le vice" [290]. Cette alliance des élites est essentiellement dirigée vers le triomphe de la moralité, car c'est la vertu qui garantit la possibilité du bonheur. "Vérité et vertu"[291], ce sont les deux valeurs sur lesquelles peut s'édifier une nouvelle solidarité sociale, permettant aux conquêtes de la raison pratique de servir utilement le bonheur commun.

Si les deux premières données traduisent une continuité certaine dans l'idéal qui animait Knigge depuis qu'il avait essayé de réformer la Stricte Observance, la troisième marque au contraire une sorte de résignation quant aux formes d'action devant servir sa mise en oeuvre. Knigge vient de quitter l'Ordre des Illuminés, et ce n'est pas sans quelque désenchantement qu'il avoue: "Je commence à revenir de ces grands idéaux de jeunesse qui veulent améliorer le monde"[292]. Certes la Révolution française l'arrachera, au moins un moment, au pessimisme de ses désillusions, mais fondamentalement, il restera toujours convaincu que ce n'est pas en se combattant, mais en acceptant de se mélanger que les classes sociales sauront dominer la distance qui les sépare. Ce message avait toutefois une portée révolutionnaire dans un pays où la division sociale était inscrite non seulement dans les comportements, mais dans les croyances. L'*Apologie* apporte le témoignage d'une nouvelle approche du problème de la communication sociale. Le *Commerce* va en fixer les règles.

B. *Du Commerce avec les Hommes*: un livre neuf ?

Dans l'avant-propos de la première édition du *Commerce*, Knigge soulignait que "l'idée de réunir dans un seul et même ouvrage des maximes disant comment se comporter avec toutes les classes de la société est encore neuve" et qu'il n'avait "jamais eu de devanciers en Europe".

---

289 *Ibid.*, 74.
290 *Ibid.*, 75.
291 *Ibid.*, 77.
292 *Ibid.*, 85. *Umgang*, 1. Aufl., I sq.

Pourtant, il n'était pas le premier à réfléchir sur la différence entre les conditions sociales. Dans ses romans, cette différence apparaissait comme un élément aggravant les difficultés résultant d'une situation que cependant elles n'avaient pas créée. Mais d'autres en avaient fait le thème même de leur récit, par exepmple Christian Gotthilf Salzmann, dans *Carl von Carlsberg* [293], ou Johann Karl Wezel dans *Hermann et Ulrike* [294]. Surtout, elle faisait depuis longtemps l'objet d'études théoriques où était examiné, en particulier, le statut de la noblesse face au reste de la société. C'était en effet à l'opposition entre noblesse et roture qu'était en général réduit le problème de l'inégalité sociale. Lorsque Johann Michael von Loen déclarait: "Aucune société civile ne peut subsister sans distinction des classes"[295], il ne pensait pas seulement à l'opposition des situations de fortune, mais bien à celle qui résultait de la naissance. Déjà, certes, il formulait plus de trente ans avant le *Commerce*, la nécessité du rapprochement entre noblesse et bourgeoisie. Mais c'était la bourgeoisie qui devait, en achetant des lettres de noblesse ou en s'agrégeant à la noblesse de robe (*Amtsadel*) par l'exercice d'une fonction élevée dans l'Etat, aller vers la noblesse, et non l'inverse. Et Loen ne franchissait pas l'étape décisive de ce rapprochement qu'eût constitué le mariage entre nobles et roturiers. Au contraire, il affirmait que "la dignité, l'éclat et la grandeur de la noblesse exigent qu'elle s'allie avec d'autres familles nobles et assure la pérennité de sa lignée à l'aide de sang noble"[296].

Loen écrivait en 1752. Jusqu'à la fin du siècle, et même au-delà, allaient se succéder les ouvrages ou les articles de revues posant le problème du statut de la noblesse dans la société[297]. Le clivage qui, dans les milieux cultivés, séparait partisans et adversaires de la noblesse, ne reproduisait d'ailleurs pas nécessairement la division sociale. C'est ainsi qu'en 1775, Johann Octavian Salver étudiait dans leurs moindres détails les différentes origines de la noblesse allemande, pour établir que

> si jamais un peuple [...] a eu des raisons et le droit d'immortaliser ses actes, son histoire et ses aspects remarquables par des colonnes et des monuments, c'est bien le peuple des Allemands, et sa fine fleur, la libre noblesse allemande d'Empire[298].

L'exemple le plus révélateur de l'admiration et de la soumission qui pouvaient caractériser l'attitude bourgeoise face à la noblesse est celui de Johann

---

293 Ch. G. SALZMANN, *Carl von Carlsberg, op. cit.*.
294 J. K. WEZEL, *Hermann und Ulrike. Ein comischer Roman*, 4 Bde, Leipzig, 1780.
295 LOEN, *Der Adel, op. cit.*, 287.
296 *Ibid.*, 307.
297 Voir l'étude encore utile par les références qu'elle fournit d'A. BUES, *Adelskritik – Adelsreform. Ein Versuch zur Kritik der öffentlichen Meinung in den letzten beiden Jahrzehnten des 18. Jahrh[underts]*, Diss. dactyl., Göttingen, 1948. Les exemples sont en général tirés d'articles postérieurs à 1789.
298 SALVER, *Proben des hohen teutschen Reichs-Adels, op. cit.*, Vorerinnerung, s.p.

Stephan Pütter: l'*Autobiographie* qu'il publia en 1798 à l'occasion du cinquantenaire de ses fonctions à l'Université de Göttingen[299] abonde en témoignages du respect, pour ne pas dire de la vénération, que ce juriste connu et respecté de l'Allemagne entière vouait à une classe dont il ne mit jamais en doute la prééminence. Pütter avait longuement réfléchi au problème de la division sociale. En 1795, il se décidait à publier un ouvrage sur la question, qu'il intitulait *De la différence entre les classes*. Mais la suite du titre précisait immédiatement qu'il s'aggissait d'établir les distinctions juridiques convenables entre "haute" et "basse" noblesse, afin d'éviter "les mésalliances chez les princes et les comtes allemands" [300]. Pütter soulignait dans l'*Avant-Propos* qu' "une population aussi nombreuse que celle que comptent des Etats comme le nôtre ne peut exister sans distinction de classes"[301].

Au contraire, il pouvait arriver que des nobles fussent hostiles à la noblesse. Knigge n'en était pas le seul exemple. C'est ainsi que le rédacteur du *Journal von und für Deutschland*, un baron de Bibra, acceptait en 1786 de faire paraître un article où il était dit que si les différences de naissance étaient légitimes, celles qui résultaient du mérite étaient beaucoup plus honorables[302]. Mais c'était cependant la bourgeoisie qui, lorsqu'elle l'osait, exprimait l'hostilité la plus franche au maintien des privilèges issus de la naissance. En 1787, Christoph Meiners, lui aussi professeur à l'Université de Göttingen, publiait dans le *Göttingisches Historisches Magazin*, qu'il dirigeait avec Ludwig Timothäus Spittler, une *Brève Histoire de la noblesse allemande*[303]. A plusieurs reprises, il qualifiait l'existence d'une noblesse de "contradictoire avec la saine raison"[304]. Mais, effrayé sans doute par la hardiesse de ses propos, il se reprenait, et soulignait que la noblesse devait néanmoins être tolérée en raison des services qu'elle avait rendus dans le passé! On pouvait même lui laisser certains de ses privilèges, lorsque ceux-ci, ajoutait-il timidement, devaient "rémunérer de grands mérites qu'on ne pourrait récompenser autrement"[305].

Mais peu importe, au fond, le détail de l'argumentation que développaient tant les partisans que les adversaires de la noblesse. Ce qui frappe aujourd'hui, c'est qu'elle s'appuie en général sur l'Histoire. C'est dans le passé que l'on va

---

299 PÜTTER, *Selbstbiographie, op. cit.*
300 J.S.PÜTTER, *Ueber den Unterschied der Stände, besonders des hohen und niedern Adels in Teutschland, zur Grundlage einer Abhandlung von Missheirathen Teutscher Fürsten und Grafen*, Göttingen, 1795.
301 *Ibid., Vorrede.*
302 *Noch ein Wort über Vorurtheile des Adels*, in: *Journal von und für Deutschland*, hg. von S. Freiherrn von BIBRA, 3/1786, 208.
303 [C.] M[EINERS], *Kurze Geschichte des Teutschen Adels*, in: *Göttingisches Historisches Magazin*, hg. von Ch. MEINERS und L. T. SPITTLER, 1787, 3. St., 385 - 441 et 4. St., 577 - 648.
304 *Ibid.*, 3. St., 385.
305 *Ibid.*, 4. St., 648.

chercher les "preuves" qui doivent faire accepter le maintien de la division sociale, ou au contraire la condamner. Les ouvrages et les articles qui traitent de cette question sont bourrés de référence qui renvoient parfois jusqu'aux débuts du moyen âge, examinent les conditions dans lesquelles les souverains ont été amenés à distinguer certains de ceux les servaient, et se demandent si ces conditions existent encore. Cette démarche n'était pas dépourvue d'intérêt ni d'utilité. Elle permettait de mettre en évidence le caractère anachronique du maintien de privilèges qui ne correspondaient plus à la structure de la société.

Pourtant, ce n'est pas celle de Knigge dans le *Commerce*. Il ne se demande pas d'où vient l'inégalité des conditions, il dit comment elle peut être surmontée. Il ne se place pas dans une perspective théorique tirée d'une analyse de l'histoire. Il part d'une réalité concrète, qu'il connaît parce qu'il est lui-même issu de cette classe aristocratique maintenant contestée, et qu'il a l'expérience personnelle des difficultés de la communication sociale entre cette classe, tournée vers le passé, et celle dont les temps modernes appellent l'émancipation. Dès l'*Avant-Propos* du *Commerce*, il soulignait que la véritable source de son livre était autobiographique: "Il contient les résultats que je tire de la vie assez agitée que j'ai menée parmi des hommes de toute sorte"[306]. Et dans l'*Introduction*, il constatait combien la société allemande, plus qu'aucune autre en Europe, était figée dans des particularismes anachroniques qui empêchaient "même les hommes les plus sages et les plus avisés" d'acquérir "la considération des autres, ainsi que les avantages de la vie en société" [307].

Le *Commerce* n'est donc pas une contribution théorique de plus à un débat déjà ancien en Allemagne. C'est un acte politique: Knigge se propose d'amener la noblesse à se rapprocher de la bourgeoisie.

Knigge avait pu mainte fois constater, au cours de sa carrière de courtisan, que le moindre coquin, pourvu qu'il fût titré et eût de bonnes manières, avait facilement le pas sur l'homme de mérite. Il était normal que le partisan des Lumières s'interrogeât sur un phénomène aussi contraire à la raison. Il en voit les causes dans l'ignorance par les "meilleurs" des règles du comportement en société, l'absence chez eux de ce qu'il apelle de l' "aisance" (*Gewandtheit*). Trop fin pour dénoncer directement les intrigues qui permettent à des médiocres bien nés de se pousser dans le monde, il évoque la situation difficile de ceux qui n'ont pour eux que leurs qualités intellectuelles:

> Toutes ces remarques semblent nous dire que les hommes les plus savants, sans être, comme c'est parfois le cas, les plus inaptes à toutes les affaires, sont cependant assez malheureux pour rester à l'écart, faute d'une certaine aisance, et que les êtres les plus spirituels, dotés par la nature de toutes les qualités

---

306 *Umgang*, 1. Aufl., I, *Vorrede*, III.
307 *Ibid.*, 6 sq.

intérieures et extérieures, sont souvent ceux qui savent le moins plaire et briller[308].

Un peu plus loin, il précise sa pensée:

> Ce que les Français appellent l' 'esprit de conduite', voilà ce qui leur manque, l'art du commerce avec les hommes, un art que souvent une tête creuse, sans l'avoir étudié, a acquis en épiant, beaucoup mieux que l'homme d'esprit, sage, intelligent; l'art [...] de s'accommoder sans raideur au ton de chaque type de société[309].

Ce qu'on appelle la "littérature de comportement" n'était pas inconnue en Allemagne. Déjà, en 1776, Weishaupt recommandait la lecture d'un certain nombre de livres qui devaient instruire le futur Illuminé dans l'art de se conduire en société. Il s'agissait d'ouvrages français[310], mais l'Allemagne possédait ses propres traités de bonnes manières. En 1719, Julius Bernhard von Rohr publiait une sorte de manuel de "sagesse sociale" intitulé *Klugheitslehre*, puis, en 1730, des *Directives pour enseigner aux personnes privées la science de se bien conduire (Anleitungen zur Ceremonial-Wissenschaft für Privatpersonen)*. Un ouvrage à succès avait été un petit traité de Gesenius qui, en 1722, proposait quelques "salutaires règles de comportement pour toutes les classes sociales"[311], auquel Knigge fait une allusion dans la *Préface* à la seconde édition du *Commerce*, qui ne sera pas reproduite dans les éditions suivantes[312]. Une imitation en avait paru en 1787, un an avant le *Commerce*[313].

Gesenius et von Rohr enseignaient, au sens strict de l'expression, les "bonnes manières", et ils le faisaient dans le souci de les intégrer à la vision traditionnelle en Allemagne d'un corps social fractionné en groupes repliés sur eux-mêmes. Ce n'est pas un hasard si le traité de Gesenius avait été joint au catéchisme publié par ce savant théologien luthérien.

---

308 *Ibid.*, 3.
309 *Ibid.*, 9.
310 Par exemple: "Bellegarde" :*Réflections (!) sur ce qui peut plaire ou déplaire dans le commerce du monde; L'art de connoitre les hommes*; La Chambre: *l'art de connoitre les hommes*; Le Noble: *Ecole du monde*", Weishaupt à Massenhausen, 20 octobre 1776, in: OS, 180. En 1778 avait paru à Erlangen, sous le titre *Von Caillères Lehrgebäude der Erziehung, oder das kluge Betragen der Personen vom Stande*, une traduction de l'ouvrage de CAILLERE, *Véritable Politique des Personnes de Qualité*. Cette traduction faisait suite à une adaption publiée deux aus plus tôt sous le titre *Wahre Maximen des Lebens für Personen vom Stand* (cf. *Hanauisches Magazin vom Jahr 1778*, 4. St., 30 sq., Hanau, 1779).
311 *Die Haus-Tafel. Darinnen heilsame Lebens-Regeln für allerley Stände der Christenheit zusammengezogen sind*, in: J. Gesenii *Kurtze Katechismus-Fragen über den kleinen Katechismus D.M. Lutheri [...]*, Hannover, 1722, 57 sqq. J. GESENIUS (1601 - 1673) était un théologien. Sur lui, voir *Allg. deut. Biographie*, IX, 87sqq. Son catéchisme avait paru pour la première fois en 1631.
312 *Umgang*, 2. Aufl., 1788, *Vorrede*, I, note.
313 *Christliche Haustafel für alle Stände*. Von einem [...] Pfarrer schriftlich hinterlassen und [...] von einem seiner Erben dem Druck übergeben, Leipzig, 1787.

Deux ouvrages sont cependant, par la matière et par la forme, plus proches des thèmes abordés par Knigge dans le *Commerce*. En 1783, le pédagogue Joachim Heinrich Campe publiait *Theophron, ou Guide pour la jeunesse*[314]. La seconde partie du livre, "le bon conseil de Theophron, concernant le commerce de son fils avec les hommes", nous introduit, déjà par son titre, mais aussi par le sujet, dans quelques-un des thèmes qui seront ceux du *Commerce*: comment se comporter avec les hommes selon leur âge, leur condition, leur sexe et leurs dispositions, intellectuelles et affectives. Le second ouvrage, dont le "philosophe populaire" Johann Gottlieb Meissner commença la publication en 1785, porte le titre de *Connaissance des Hommes*[315]. Il examine également des situations qui font l'objet du livre de Knigge: les passions, le mariage, l'éducation de la jeunesse.

Pourtant, aucun des auteurs que nous avons cités ne peut être à proprement parler considéré comme un "devancier" de Knigge. Pour Meissner, la chronologie même s'y oppose, puisque le dernier tome de *Connaissance des Hommes* parut la même année que le *Commerce*. Mais surtout, cet ouvrage et celui de Campe procèdent d'une intention très différente de celle qui avait guidé Knigge. L'identité des thèmes qu'ils traitent avec ceux que nous rencontrons dans le *Commerce* prouve seulement que ce n'est pas dans la matière qu'il faut chercher l'originalité du *Commerce*. De même, si l'on considère l'ouvrage comme un traité de bonnes manières, il s'inscrit alors dans la longue tradition d'un genre bien défini[316].

Mais une différence majeure sépare le *Commerce* des ouvrages que nous avons cités. Gesenius et von Rohr disaient comment chaque sujet doit se comporter dans la classe à laquelle il appartient. Campe et Meissner essayaient de fixer un idéal de conduite qui reflétât les aspirations de la classe bourgeoise, leur classe. Mais il ne leur venait pas à l'idée d'en faire une arme contre la noblesse, qu'ils ne cherchaient pas à supplanter, mais seulement à imiter. Au contraire, Knigge s'adresse dans le *Commerce* à la bourgeoisie et à la noblesse. A la première, il décrit après d'autres, les secrets du comportement aristocratique que lui a transmis sa caste. A la seconde, il délivre une sorte d'avertissement, la suppliant de sortir de l'isolement social où elle se maintient volontairement et en dépit des mutations de l'époque moderne.

Et c'est précisément parce qu'il s'adresse à la fois à la noblesse et à la bourgeoisie que le *Commerce* est un livre neuf. De même qu'il n'est pas une

---

314 CAMPE, *Theophron oder der erfahrene Rathgeber für unerfahrene Jugend*, 1783.
315 J. G. MEISSNER, *Menschenkenntnis*, op. cit.
316 Voir ZAEHLE, *Knigges Umgang mit Menschen und seine Vorläufer*, op. cit.; A. STEINHAGEN, *Knigges "Umgang mit Menschen" in seiner literarischen und gesellschaftlichen Bedeutung und seiner zeitgenössischen Wirkung*, schriftl. Hausarbeit i. Rahmen d. wissenschaftl. Prüfung f.d. Lehramt an Gymnasien, ms. dactyl., Göttingen, 1795, KAW; E.BONFATTI, *La "civil conversazione" in Germania*, op. cit. Voir aussi la postface de G. UEDING à la réédition de la 3è édition (1790) du *Commerce*, Frankfurt a. M., 1977, 423 - 454.

étude théorique sur le problème de la noblesse, le *Commerce* n'est pas non plus un traité des bonnes manières. Dans la *Préface* à la seconde édition, Knigge avait violemment réagi à l'opinion d'un critique qui prétendait que le *Commerce* n'était pas en soi original. Il répondait:

> Le brave homme a raison; on trouve même de telles règles chez Gesenius. Seulement, je pense que réunir de telles règles [...] pour toutes les situations et conditions, cela n'a peut-être pas été fait tellement souvent[317].

Et il précise comme suit son intention:

> Lorsque je parle de cet esprit de conduite qui doit nous guider dans le commerce avec les hommes les plus divers, je ne veux pas écrire quelque chose comme un manuel de bonnes manières, mais tirer les résultats de quelques expériences que j'ai rassemblées, pendant un nombre non négligeable d'années, en fréquentant de hommes de toutes sortes et de toutes conditions, que j'ai souvent observés en silence[318].

En réalité, Knigge combine le motif de la division sociale et celui du comportement, de sorte que s'en dégage une problématique inscrite dans l'actualité. Aux historiens de la division sociale, qui réfléchissaient en théoriciens sur la place de la noblesse, souvent sans la connaître réellement de l'intérieur, il oppose un livre qui part d'une expérience concrète, vécue. Aux auteurs de manuels de bonnes manières, Knigge tente de faire comprendre que les manières sont le reflet d'une conscience sociale et peuvent constituer une arme dans l'émancipation d'une classe.

C. Le *Commerce*: un livre au service de l'émancipation bourgeoise

L'ouvrage coûtait 1 reichsthaler 16 groschen[319]. A titre de comparaison, *Des écrivains et de la littérature* coûtait, en 1793, 20 groschen[320]. Il est vrai que le Commerce était deux fois plus volumineux. Pourtant, comparé au prix moyen des livres à la même époque, il reste assez cher. Cela tient peut-être d'abord à la notoriété de l'auteur. L'*Ardinghello* de Heinse se vendait 2 rthlr 4 gr.[321]. En revanche, on pouvait se procurer un traité sur la manière de soigner la phtisie, la coqueluche et l'asthme pour 7 groschen[322], et un traité de grammaire pour 9

---

317 *Umgang*, 2. Aufl., I, *Vorrede*, I, note.
318 *Umgang*, 1. Aufl., 9.
319 Le prix est indiqué dans le compte rendu que donne du livre l'*Allgemeine Literatur-Zeitung* de Iéna, Nr 117, 15 mai 1788, Sp. 321. En 1812, le Commerce coûtait 1Rthlr 12 gr. (W. HEINSIUS, *Allgemeines Bücher-lexikon*, 4 Bde, Leipzig, 1812, II, Sp. 611). Rappelons que dans 1 Reichsthaler, il y avait 24 Groschen.
320 *Allgemeine Literatur Zeitung*, Nr 67, mars 1795, Sp. 531.
321 *Ibid.*, Nr 11[b], 12 janvier 1788, Sp. 113.
322 T. HAYEs *Ernstliche Warnung vor den gefährlichen Folgen vernachlässigter Katarrhe, nebst einem Unterricht von der Kur der Lungenschwindsucht, des Keuchhustens und der Engbrüstigkeit*, nach der dritten Londner vermehrten Ausgabe aus dem Englischen übersetzt von D. Christ[ian] Friedr[ich] Michaelis, Leipzig, 1787, *ibid.*, Nr 12, 14 janvier 1788, Sp. 121.

groschen³²³. Les *Ecrits originaux* dénonçant les Illuminés comme de dangereux ennemis de l'Etat coûtaient 20 groschen³²⁴. La différence de prix entre ces ouvrages est sans doute liée aux débouchés. Cela confirme la conclusion que nous pouvons formuler: le *Commerce* n'est pas destiné à tout le monde. Ecrit pour le "peuple" (*Volk*), il ne s'adresse pas à la "populace" (*Pöbel*).

Le *Commerce* est parcouru de réflexions désobligeantes à l'égard de la "populace". Knigge dénonce la joie avec laquelle elle accueille les calomnies³²⁵, son penchant à l'aigreur³²⁶, la médiocrité de son jugement³²⁷. Mais ce qui distingue la "populace" des "honnêtes gens", ce sont avant tout les manières. Tous les défauts que Knigge qualifie de "populaciers" (*pöbelhaft*) sont empruntés au registre du comportement en société. C'est ainsi que, traitant de l' "esprit de conduite" qui doit guider les relations d'un ménage lorsqu'il vit à la campagne, il lance cette mise en garde: "Qu'avant tout, lorsqu'on vit à la campagne, on ne s'empaysanne pas!", et il précise ce que signifie pour lui "s'empaysanner" (*verbauern*): "qu'on n'adopte pas des moeurs populacières, qu'on n'utilise pas en parlant des expressions basses et grossières, qu'on ne soit ni sale ni négligé"³²⁸. Lorsqu'un mari ouvre les lettres destinées à sa femme ou fouille dans ses armoires, il "pense comme la populace"³²⁹. La familiarité est "populacière"³³⁰. Lorsqu'un gentilhomme campagnard s'entretient avec des villageois, il n'est pas de bon ton qu'il "s'abaisse à la vulgarité et à des manières populacières"³³¹

On pourrait penser que s'exprime ici toute la morgue de l'aristocratie hanovrienne et que Knigge donne libre cours à des préjugés de caste. Pourtant, ces jugements s'intègrent, malgré les apparences, dans une vision conforme à l'esprit des lumières et formulent des rapports sociaux tels que les concevait la réalité qu'il voyait. Le terme de *Pöbel* ne qualifie en effet nullement une classe sociale précise. Appartient à la "populace" celui qui "pense et sent bassement". Lorsque Knigge demande qu'on ne "s'empaysanne pas", il ne fait pas allusion à un groupe défini par sa position économique, mais à des manières qui s'expriment dans des habitudes de langage, la façon de se vêtir, les soins du corps etc. Ces manières ne reflètent pas nécessairement le rang social. Un prince, dit-il, peut, lui aussi, faire partie du *Pöbel*, s'il n'est pas capable de réprimer ses "désirs vulgaires" et de "basses dispositions

---

323 J. F. SIMON, *Erster Versuch einer deutschen Sprachlehre mit lauter deutschen Kunstwörtern an statt der unverständlichen lateinischen und griechischen*, Salzburg, 1787, *ibid.*, Nr 171ª, 18 juillet 1787, Sp. 151.
324 *Ibid.*, Nr 161, 6 juillet 1787, Sp. 41.
325 *Umgang*, 5. Aufl., I, 163.
326 *Ibid.*, III, 104.
327 *Ibid.*, II, 206.
328 *Ibid.*, II, 40 sq.
329 *Ibid.*, 56.
330 *Ibid.*, 153
331 *Ibid.*, III, 176.

d'esprit". Au contraire, un mendiant "s'élève au rang d'un homme de condition" dès lors qu'il montre "une éducation soignée, de la mesure dans ses désirs, de la liberté dans sa manière de penser, et de l'indépendance"[332]. La situation de fortune ne saurait définir le *Pöbel*. Knigge évoque "la populace riche et de haute condition"[333] qui écrase de son mépris le maheureux qu'accablent les dettes. En un mot, c'est l'éducation qui arrache l'individu à la "populace" – et non la naissance.

En proclamant que, par une éducation appropriée, chacun, quelle que fût sa naissance, pouvait acquérir les manières qui feraient de lui un être sociable, Knigge mettait en accusation les structures mêmes de la société féodale, qui réservaient à la noblesse le monopole de la représentativité sociale, elle-même traduction de la domination politique qu'elle exerçait. Le *Commerce* ne propose pas une analyse théorique de la position de la noblesse dans la société. Ouvrage pratique avant tout, composé à partir d'expériences vécues par un homme qui a fréquenté les milieux les plus divers[334], il présente, classés par chapitres, des conseils permettant à l'individu d'apprendre la sociabilité qui l'intégrera dans une collectivité émancipée de la tutelle de la noblesse. Ces conseils donnent une image *a contrario* de la société de son temps et, dans la mesure où ils définissent une sociabilité bourgeoise, ils expriment une critique contre la noblesse.

En 1788, l'ouvrage comportait deux parties. Dans la première, après un chapitre de *Remarques générales et préceptes sur le commerce avec les hommes (Allgemeine Bemerkungen und Vorschriften über den Umgang mit Menschen)*, Knigge traitait de l'homme dans son environnement quotidien et immédiat: selon les différences d'âge et de parenté, dans le mariage et les fiançailles, à l'égard des voisins, des maîtres et des serviteurs, à l'auberge, entre amis, enfin envers les bienfaiteurs, les maîtres et les élèves, les créanciers et les débiteurs. Dans la seconde partie, il abordait le problème de l'homme en société, évoquant successivement "le commerce avec les grands de la terre" (*Ueber den Umgang mit den Grossen der Erde*), avec les "inférieurs" (*mit Geringern*), les gens de cour, les savants et les artistes, les ecclésiastiques, les représentants des diverses professions (médecins, juristes, militaires, marchands, libraires, maîtres de langue ou de musique, artistes, artisans, paysans, et... les juifs[335]);

---

332 *Ibid.*, II, 131.
333 "der vornehme und reiche Pöbel", *ibid.*, 61.
334 Le mot *Erfahrung* est l'un de ceux qui reviennement le plus souvent dans le *Commerce*, lorsque Knigge veut expliquer comment on doit se comporter dans telle ou telle situation (à la cour, en famille, en société etc.) ou avec telle ou telle persssonne exerçant telle ou telle profession. Il forme une espèce de *leitmotiv* dès le premier chapitre de la première partie, intitulé *Allgemeine Bemerkungen und Vorschriften über den Umgang mit Menschen* (1. Aufl., I, 34 - 86). Voir aussi *ibid.*, Einleitung, 9: ce sont ses *expériences* qui habilitent Knigge à donner des préceptes pour le commerce avec les hommes.
335 Knigge n'était pas hostile aux juifs. Il avait été l'un des rares maçons à les admettre

puis avec les aventuriers (joueurs, escrocs, faiseurs d'or etc.), les sociétés secrètes, les "gens qui se trouvent dans des situations singulières" (*Ueber das Betragen gegen Leute, in allerley besondern Verhältnissen und Lagen*), c'est-à-dire les ennemis, les malades, les pauvres, les fous, "ceux qui se sont égarés et sont tombés" (*Verirrte und Gefallene*); avec les personnnes selon leur tempérament et les disposition de leur coeur ou de leur esprit; lorsqu'on est en voyage; avec les animaux, avec soi-même. Il concluait par un chapitre sur la relation entre écrivain et lecteur, suivi d'un autre qui formulait de nouveau quelques préceptes généraux.

Knigge a donc le souci de n'oublier aucune des situations dans lesquelles peut se trouver n'importe quel individu, quel que soit son rang ou sa profession. Mais la structure de la première édition reste un peu confuse et prête même à des répétitions: par exemple, le chapitre 2 de la deuxième partie (*Ueber den Umgang mit Geringern*) commence par un renvoi au chapitre 8 de la première partie (*Ueber die Verhältnisse zwischen Herren und Diener*), dont il constitue une sorte d'élargissement. De même, il consacre deux chapitres à des "remarques générales", un dans chaque partie.

A partir de la troisième édition 1790, le plan du livre, qui comporte désormais trois parties, est beaucoup plus rigoureux. Tous les thèmes traités dans l'édition de 1788 s'y retrouvent, mais ils sont organisés différemment, certains d'entre eux sont amplifiés, d'autres y sont ajoutés.

La première partie pourrait être intitulée "l'homme tel qu'en lui-même...". Après avoir noté dans l'introduction le déséquilibre entre les qualités individuelles et la position sociale, Knigge expose jusque dans ses moindres détails le travail que l'individu qui veut être heureux en société doit d'abord accomplir sur lui-même[336]. Nous retrouvons ici l'un des thèmes présents dans tous ses romans: il faut que l'homme apprenne à dominer ses passions afin de les rendre utiles à tous. Cela n'est possible que s'il s'observe, se connaît, se juge. Le *Commerce*, dans la lignée des moralistes français depuis Montaigne et des *Hebdomadaires moraux* (*moralische Wochenschriften*) du dix-huitième siècle allemand, développe un "idéal d'éducation" (*Bildungsideal*) dont le

---

dans les loges. Mais il voyait en eux essentiellement des usuriers et des commerçants, comme tout le monde à son époque. Il était partisan de leur assimilation, tout en les accusant de s'y dérober eux-mêmes, au moins en Allemagne (*Umgang*, 1. Aufl., II, 140 - 146). En fait, la position de Knigge à l'égard des juifs est un mélange de tolérance et de préjugés, et elle reflète en cela assez bien celle de la plupart des *Aufklärer*, à quelques exceptions près.

336 Exemples tirés de la première partie: être rigoureux, ordonné, travailleur, ponctuel dans l'exercice de sa profession (I, § 12); ne pas abuser du "persiflage" (I, § 17); ne pas questionner constamment ses interlocuteurs (I, § 28); ne pas railler la religion (I, § 31); s'habiller conformément à l'usage de sa classe sociale (I, § 44); rester fidèle à ses principes (I, § 61); avoir soin de sa santé (II, § 4); lutter contre l'esprit de domination (II § 2), d'ambition (II, § 3), de vanité (II § 4), d'orgueil (II, § 5), d'entêtement (II, § 7).

classicisme allemand devait proposer la forme achevée. Mais au lieu de constituer un refuge dans l'intériorité, cet idéal devient normatif et formule en quelque sorte la loi fondamentale de l'existence sociale. Il reflète la prise de conscience bourgeoise qui est le fait majeur de l'époque, en même temps qu'il affirme la légitimité du rôle qu'elle aspire à jouer. "Rendre plus facile la vie en société" [337], c'est-à-dire rendre possible la sociabilité dans un pays où elle se heurte à de si grandes difficultés, c'est proclamer aussi les droits du mérite et du talent: dans l'*Introduction* à cette partie, Knigge avait dressé le tableau d'une injustice, celle qui reléguait l'homme de mérite dans une obscurité indigne de lui. Le *Commerce* entend donner à l'homme les moyens de contourner, sinon de briser, les deux obstacles majeurs à la communication sociale en Allemagne: la division territoriale et la séparation des classes. Il illustre son propos de nombreux exemples tirés de cette double réalité[338]. La maîtrise des comportements sociaux permettra à l'homme d'occuper dans la société une place conforme à sa valeur. Cela, Knigge le dit dès le début du livre:

> Chaque homme ne vaut dans ce monde qu'autant qu'il se fait valoir lui-même[339].

La deuxième partie présente l'homme dans son entourage proche, selon ses liens naturels. Nous y retrouvons les thèmes déjà présents dans l'édition de 1788. Knigge les a simplement amplifiés, ajoutant d'innombrables détails et exemples tirés des situations les plus diverses. Cette partie est la moins nouvelle par rapport à la première édition. Elle constitue une application pratique des maximes développées dans la première partie. Mais surtout, elle définit exactement le public auquel le *Commerce* est destiné: ce que Knigge appelle "les gens de condition moyenne" (*der mittlere Stand*), selon une expression qui revient souvent dans le livre. La société qu'il décrit à travers l'évocation des genres de vie, des métiers, des distractions, des liens qui la définissent, est une société bourgeoise, dont l'idéal est constitué par les valeurs et les vertus que ne pratique plus la noblesse. Knigge attache, par exemple, une grande importance à la vie de famille, dont Diderot avait déjà fixé le modèle dans un drame souvent traduit en allemand. C'est dans la famille que se réalise le bonheur, c'est la famille qui donne la première image, et la plus solide, du lien fraternel. En elle s'abolit toute différence fondée sur le rang. C'est elle aussi qui, par les vertus de travail, d'ordre, d'économie, transmet à l'homme les valeurs qui doivent guider son comportement social.

---

337 "das gesellige Leben [...] erleichtern", *Umgang*, 3. Aufl., II, I § 62.
338 Par exemple, il note la différence de tempérament entre les Bavarois ("der treuherzige, naive, zuweilen ein wenig barbarische materielle Bayer") et le Westphalien ("dem schwerfälligen Wesfälinger"), *ibid.*, I, *Einleitung*, § 2); le contraste dans les vêtements, la manière de se tenir à table, de s'exprimer, mais aussi la diversité des attitudes en matière de religion, de politique etc. (*ibid.*).
339 "Jeder Mensch gilt in dieser Welt nur so viel, als er sich selbst gelten macht", *ibid.*, 35.

Elle est le cadre dans lequel se fait l'apprentissage de la "perfection" (*Vollkommenheit*), non de celle qui viserait seulement à donner une forme esthétique à des comportements parfois douteux, mais de celle qui cultive dans leur plénitude toutes les vertus qui feront de l'homme un citoyen utile. Et si, par ailleurs, Knigge dévelope une conception du rôle de l'homme et du père de famille qui nous paraît aujourd'hui bien conservatrice[340], il ne faut pas oublier que, là encore, il reflète totalement la conscience bourgeoise de son époque. De même, il entend le terme de "famille" au sens large: elle regroupe non seulement les personnes apparentées, mais ausssi les domestiques, les précepteurs etc.[341]. Ce trait prouve que Knigge intègre dans sa vision de la communication sociale des éléments qui lui viennent aussi de son propre milieu.

La troisième partie fait du *Commerce*, à partir de 1790, un livre dans lequel se reflète l'intention qui, à la même époque, présidait au formidable travail de réorganisation politique et sociale qu'effectuait en France l'Assemblée Constituante. Lorsque la Révolution éclata, ceux qui alors commencèrent à transformer un pays de sujets en nation de citoyens ne rêvaient nullement d'éliminer physiquement la noblesse. Ils entendaient seulement la contraindre à n'être qu'une partie du corps social et polique, jouissant des mêmes droits, mais ayant aussi les mêmes devoirs que ce qu'on avait jusqu'alors appelé le tiers état. Il est remarquable que l'abolition, au moins théorique, des privilèges intervint dès le 4 août 1789, tandis que la suppression de la noblesse en tant qu'"ordre" ne fut acquise qu'après plusieurs mois de débats houleux, le 19 juin 1790. Il est intéressant de se rappeler aussi que Mirabeau et Condorcet furent opposés à cette mesure. C'est à la suite d'un enchaînement de circonstances dans lequel l'émigration et la guerre occupent une place majeure, que la noblesse devint en tant que telle l'objet de mesures qui conduisirent certains de ses représentants à l'échafaud pour le seul motif de leur naissance. En 1790. l'atmosphère n'est pas en France à la haine, mais à l'enthousiasme et à la fraternité, dont la Fête de la Fédération devait donner au monde, et singulièrement à l'Allemagne, le spectacle exaltant.

Knigge partage l'enthousiasme général de la plupart des *Aufklärer* pour les événements de France. Il participe, le 14 juillet 1790, à une grande fête organisée par Sieveking à Harvestehude, près de Hambourg, en l'honneur de la Révolution[342]. A la même époque, il compose le *Noldmann* où, selon les termes d'une lettre à sa fille que nous avons citée, il "déclame contre le

---

340 Par exemple: "Der Mann, der doch von der Natur und bürgerlichen Verfassung bestimmt ist, das Haupt, der Regent der Familie zu seyn ...", *ibid.*, II, 163; "noch habe ich nie eine glückliche und weise geordnete Haushaltung gesehn, in welcher die Frau die entschiedene Alleinherrschaft gehabt hätte", *ibid.* 171; "der Mann muss Herr seyn in seinem Hause, so wollen es Natur und Vernunft", *ibid.*, III, 177.
341 *Ibid.*, III, VII, § 5.
342 Voir *infra*, II, Introduction.

despotisme"³⁴³. Il n'est donc pas étonnant que cette nouvelle édition du *Commerce* porte la marque de l'impression que font sur l'auteur les événements de France.

Le premier témoignage, indubitable, de cette influence, se révèle dans la nouvelle structure que Knigge donne à son livre. Aucun des chapitres de la troisième partie n'est nouveau, tous figuraient déjà dans les deux éditions précédentes. Mais dans la seconde partie, où ils se trouvaient alors, ils voisinaient avec des chapitres sur l'individu, sur les tempéraments et les passions etc. En regroupant dans une partie spéciale les chapitres traitant de l'homme dans la société civile, il faisait plus nettement ressortir que le *Commerce* était un livre au service de l'émancipation du tiers état.

Dans l'*Introduction* à la deuxième partie, Knigge avait annoncé que la troisième développerait "les devoirs que nous imposent notre condition sociale, le lien civil, les conventions et tous les autres rapports qui nous rapprochent de quelque autre façon"³⁴⁴. L'introduction à la troisième partie souligne le caractère logique de la distribution de ces chapitres, qui d'ailleurs était à peu de choses près la même en 1788: partant du contraste existant entre la situation des "grands de la terre" et des "petits", il descend du prince aux courtisans, puis passe en revue les différents groupes sociaux, allant des plus en vue (les ecclésiastiques, puis les savants et les artistes) aux sociétés secrètes.

Dès 1788, le *Commerce* était dirigé contre la domination de la société par la noblesse. Knigge ne modifie donc pas, en 1790, le tableau que propose déjà la première édition d'une société dans laquelle s'opposent l'inutilité et l'arrogance d'une classe qui n'a pour elle que les mérites supposés de ses ancêtres et que, par un préjugé contraire à la raison, cherchent à imiter tant de personnages qui se piquent de vivre avec raffinement³⁴⁵. Les grands, dit-il, reçoivent une mauvaise éducation. Leur position ne doit rien au mérite: ce sont des "enfants gâtés de la fortune"³⁴⁶. La description qu'il donne des milieux aristocratiques et des cours est d'un réalisme auquel ne pouvaient atteindre les écrivains bourgeois qui devaient évoquer un monde qu'ils ne connaissaient pas. Knigge souligne les deux principaux défauts de la société féodale: ce n'est pas le mérite, mais la faveur et l'aplomb qui déterminent l'accès aux emplois ³⁴⁷, d'autre part, elle est froide et ne permet pas l'établissement de liens

---

343 Voir *supra*, IIe partie, III, 3, D.
344 *Umgang*, 3. Aufl., II, *Einleitung*.
345 *Ibid.*, 3. Aufl., III, III, § 1.
346 *Ibid.*, 298.
347 Parlant du ton qui règne dans les cours, il écrit: "Da, wo dieser Ton herrscht, wird das wahre Verdienst nicht nur blos übersehen, sondern so viel wie möglich mit Füssen getreten, unterdrückt, von leeren Köpfen zurückgedrängt, verdunkelt, verspottet", *ibid.*, 314. Il écrit aussi: "Was hat ein müssiger Hofschranze, was hat ein reicher Tagedieb, der um sein baares Geld sich Titel und Rang erkauft hat, vor dem fleissigen Bürger voraus, der seinen Unterhalt auf erlaubte Weise durch seiner Hände Arbeit erwirbt?", *ibid.*., 375.

fraternels³⁴⁸. Ces deux défauts, n'étaient-ce pas ceux auxquels il s'était heurté lui-même à Cassel et à Hanau, et qu'il avait cru pouvoir combattre par l'intermédiaire des sociétés secrètes ?

Il va de soi qu'il ne donne pas au lecteur le conseil d'imiter la fourberie, la légèreté, l'arrogance des courtisans! L'honnête homme auquel il s'adresse doit, s'il est contraint de fréquenter une cour, rester lui-même, il ne doit renier ni sa condition ni son éducation: "Sois sérieux, modeste, poli, tranquille, véridique! [...] Comporte-toi avec dignité et droiture³⁴⁹.

Rien ne montre mieux que ce chapitre consacré au commerce avec les courtisans que Knigge formule un idéal de sociabilité bourgeoise destiné à prendre le relais de l'ancienne sociabilité aristocratique, devenue incapable de cultiver les valeurs qui autrefois avaient fait du *cortegiano* le type même de l'honnête homme³⁵⁰.

Un paragraphe de ce chapitre présente un "tableau des moeurs qui règnent" à la cour (*Bild der dort herrschenden Sitten*): c'est avec une véritable délectation qui, sans doute, le vengeait des humiliations subies dix ans plus tôt, que Knigge énumère les défauts des courtisans. Leur dénombrement occupe plus d'une page ³⁵¹. A le lire, on ne peut s'empêcher de penser aux "vautours affamés de carnage", aux "singes malfaisants" et aux "loups pleins de rage" auxquels Philinte compare l'"homme fourbe, injuste, intéressé" qui fait tant souffrir son ami. Le courtisan selon Knigge offre l'image négative des valeurs bourgeoises: il n'est pas vertueux il n'est pas naturel, il n'est pas fidèle, son jugement est soumis au préjugé, ses manières sont ridicules, et, par une injustice qui n'est plus supportable, "là où règne ce ton, non seulement le vrai mérite passe inaperçu, mais autant qu'on le peut on le foule aux pieds, on l'opprime, des têtes vides le refoulent, le noircissent, le raillent"³⁵². Là est le sens véritable du *Commerce*: la moralité, la vertu, l'application définissent le mérite, cette valeur qui doit servir de fondement à une société nouvelle, conforme à l'esprit des Lumières. En proclamant les droits du mérite, Knigge condamne la société féodale.

L'intention politique est donc présente dès l'édition de 1788. Knigge s'adresse à la classe bourgeoise, qu'il appelle "classe moyenne" (*mittlerer Stand*), et à laquelle il revient d'occuper dans la société une place conforme au "degré de culture" qu'elle atteint³⁵³. Les paysans, dont il condamne d'ailleurs vigoureusement la misère dans laquelle ils vivent souvent³⁵⁴, doivent aussi bénéficier d'une éducation, mais à un niveau tout à fait élémentaire, leur permettant seulement "de revenir de plus d'un préjugé dans la manière de

---

348 *Ibid.*, 208.
349 *Ibid.*, 318.
350 Voir la postface à l'édition de l'*Umgang* par G.UEDING, *op. cit.*, 426 sqq.
351 *Umgang*, 1. Aufl., II, 42 sq.
352 *Ibid.*, 43 sq.
353 *Ibid.*, 5. Ausg., II, 245. Voir aussi 79, 133, 187.
354 *Ibid.*, 1. Ausg., II, 146.

cultiver les champs ou de conduire leur ménage": pour eux, point de bonnes manières. Ou, peut-être, plus tard. Pourtant, le principe du mérite reste également déterminant dans les jugements qu'il porte sur ces "basses classes": "qu'on honore le vrai mérite, l'authentique valeur de l'homme, même lorsqu'il est de basse condition"[355]. Et il affirme qu' "un artisan ou un artiste honnête, travailleur et habile, est l'une des personnes les plus utiles dans l'Etat" [356].

Mais à partir de la troisième édition, Knigge s'en prend à la légitimation même du pouvoir politique. Dans un passage qui ne figurait pas dans les éditions antérieures, il lance à son lecteur une mise en garde solennelle:

> Ne leur donne pas ton adhésion, s'ils [= les princes] veulent jamais oublier qu'ils ne sont ce qu'ils sont et n'ont ce qu'ils ont que par le consentement du peuple; qu'on peut leur retirer ces privilèges lorsqu'ils en abusent; que nos biens et notre existence ne sont pas leur propriété, mais qu'au contraire, tout ce qu'ils possèdent est notre propriété, parce qu'en échange nous satisfaisons tous leurs besoins et ceux de leurs proches [...]; enfin qu'en cette époque éclairée, il ne se trouvera bientôt plus personne pour croire qu'un seul individu, fût-il le plus débile de toute la nation, puisse avoir hérité le droit de rançonner des centaines de milliers d'êtres plus sages et meilleurs que lui; mais qu'ils peuvent dormir sans gardes du corps ni sentinelles si le peuple reconnaissant, dont ils sont les serviteurs, les aime.

Et il ajoute ironiquement:

> Il va de soi que ces vérités ont besoin de quelque forme si l'on veut qu'elles sonnent harmonieusement aux oreilles difficiles des grands[357].

Du vivant de Knigge, le *Commerce* sera encore édité deux fois, avec de nouvelles modifications [358], mais ce passage continuera d'y figurer, en caractères gras, sans qu'on n'en retranche un seul mot.

En ramenant Louis XVI à Paris le 6 octobre 1789, le peuple n'avait-il pas voulu affirmer qu'il était le véritable souverain, et que le roi était "la propriété" de la nation, et non l'inverse ? Dans ce passage, Knigge donne au mot "peuple" un sens nouveau chez lui: ce n'est plus la seule fraction constituée par ceux qui sont instruits et ont de bonnes manières, c'est la "nation" souveraine tout entière, de laquelle procède le seul pouvoir légitime, et dont le chef n'a pour rôle que d'exécuter le mandat qu'elle lui a librement confié. Knigge justifie donc, indirectement mais néanmoins sans aucune

---

355 *Ibid.*, II, 34.
356 *Ibid.*, II, 137.
357 *Ibid.*, 3. Ausg., III, 31 sq.
358 Ces modifications sont mineures. Knigge ne supprimera pas, il ajoutera: par exemple, on trouve dans la 5è édition des conseils sur l'organisation de théâtres d'amateurs, ou sur la façon de se comporter lorsqu'on danse. C'est-à-dire qu'il refuse de se renier et accepte tout au plus d'atténuer la portée politique du livre en faisant davantage ressortir les passages concernant certaines mondanités. Voir STEINHAGEN, *op. cit.*, 14.

ambiguïté, les actes sucessifs par lesquels la nation française avait peu à peu dépouillé de ses pouvoirs un homme qui ne les tenait que de privilèges légués par une longue tradition.

Il n'est pas sûr que Knigge se soit, en 1790, rendu compte de tout ce qu'impliquait sa position. Certes, il excuse tacitement l'intervention directe du peuple de Paris dans le cours de la Révolution. Mais en 1790, l'Assemblée Constituante donnait encore aux observateurs l'impression qu'elle restait maîtresse du jeu. D'une part, les actes essentiels de la Révolution – les 17 et 20 juin, la nuit du 4 août, la Déclaration du 26 août 1789 – avaient été accomplis non par le peuple, directement, mais par ses représentants. D'autre part, l'année 1790 pouvait laisser espérer que la Révolution s'était stabilisée, et la journée du 14 juillet 1790 n'avait rien qui pût effrayer un intellectuel allemand. Au contraire, elle acheva de convaincre ceux qui, comme par exemple Forster, avaient jusqu'alors été assez tièdes face à la Révolution. Le *credo* politique de Knigge est, à cette époque, celui des Constituants français mais il est, on le sait, partagé par la presque totalité de la classe intellectuelle allemande. Quant aux souverains, ils n'y ont jusqu'à présent pas compris grand-chose. En tous cas, ils n'ont guère eu encore le temps d'avoir peur. Ils seraient même plutôt assez satisfaits de voir le puissant royaume empêché, pour un temps, de se mêler des affaires européennes. Ce n'est qu'après l'échec de la "fuite à Varennes", en juin 1791, qu'ils vont commencer à redouter sérieusement la "contagion française".

La troisième édition du *Commerce* s'enrichissait aussi d'un Appendice (*Anhang*) constitué par la traduction d'un ouvrage néerlandais anonyme, *De l'état actuel de la vie de société dans les Provinces-Unies*[359]. Il s'agissait d'un tableau assez sombre de la société hollandaise, affectée depuis la fin du seizième sièle par une série de "révolutions" qui n'étaient que les étapes d'un processus de décadence. En fait, c'était un livre uniquement politique, dans lequel il n'était à aucun moment question de "bonnes manières", mais uniquement des rapports entre les différentes classes socialees.

Knigge faisait précéder cette traduction d'un *Avant-Propos*[360], dans lequel il établissait un parallèle entre "les querelles politiques aux Pays-Bas et des événements de même nature dans d'autres pays", riches d'enseignement par "toutes leurs conséquences actuelles ou futures". Ainsi était opéré un rapprochement significatif entre l'ouvrage et le *Commerce*, mais aussi avec les événements de France. Par l'adjonction de ce traité en appendice au *Commerce*, Knigge indiquait l'éclairage qu'il convenait de projeter sur son livre.

De son côté, l'auteur du traité expliquait que le *Commerce* pouvait aider la société hollandaise, dominée depuis fort longtemps par les haines parti-

---

359 [Anonyme], *Ueber den gegenwärtigen Zustand des gesellschaftlichen Lebens, op. cit.*
360 *Ibid., Vorbericht*, dans lequel il avoue d'ailleurs ne pas connaître le néederlandais ...

sanes, "à se débarrasser de ces égarements"[361]. Les "moyens" par lesquels ce but devait être atteint étaient, entre autres, la tolérance (notamment en matière religieuse), la paix domestique, l'amour de la nature et l'exacte observation des devoirs imposés par la situation de père de famille, de maître d'école ou de maître artisan[362].

Le *Commerce* reflète donc les idéaux de l'*Aufklärung* bourgeoise. Il apparaît même comme un livre révolutionnaire dans la mesure où il formule le programme d'émancipation d'une classe à laquelle les structures traditionnelles de la société allemande ne donnent pas la place qui lui revient. Mais lorsque, dans l'édition de 1790, Knigge rappelait que les princes étaient les "serviteurs" de la nation, il introduisait une référence à un système politique qui n'était pas précisément démocratique, celui de l'absolutisme éclairé. Cette référence semblait lui échapper, comme noyée dans un acte de foi dans les principes nouveaux. Pourtant, elle témoigne d'une certaine ambiguïté, dont sa pensée politique continuera d'être marquée même lorsqu'il prendra ouvertement parti pour la Révolution française. Les positions qu'il défendra à partir de 1791 offriront un curieux mélange de libéralisme et de conservatisme. Et si, pendant plus de cent cinquante ans, la signification politique du *Commerce* a été délibérément ignorée en Allemagne, il faut en rechercher les causes non seulement dans les falsifications dont le livre a fait l'objet au dix-neuvième siècle, mais peut-être aussi dans certains aspects du message de Knigge qui, une fois isolés de leur contexte, ont pu nourrir l'immense besoin d'identification sociale qui poussait la bourgeoisie allemande à imiter la noblesse, au lieu de prendre sa place.

D. La fortune de l'œuvre

Dés le début du dix-neuvième siècle, une critique littéraire politiquement bien-pensante (au sens où on pouvait l'entendre dans l'Allemagne du système de Metternich) s'empara d'un ouvrage dont le succès commercial, prouvé par les huit éditions que le livre avait eues entre 1788 et 1804[363], semblait ne pas devoir se démentir.

Mais la situation n'était plus la même en 1817, lorsque parut la neuvième édition, qu'en 1790. La bourgeoisie allemande avait pris conscience d'elle-même, en partie parce qu'elle avait appris, justement, à s'assimiler le comportement de la caste supérieure. L'intermède napoléonien avait eu pour l'Allemagne deux conséquences contradictoires. Le vétuste Saint-Empire avait été balayé, les 350 Etats allemands avaient été réduits à moins de quarante. Les structures administratives et politiques avaient, souvent grâce à l'action d'anciens francs-maçons, voire, comme en Bavière, d'anciens Illuminés, été considérablement modernisées: le servage avait disparu presque partout; le Code Napoléon, introduit dans les Etats rhénans annexés à

---

361 *Ibid.*, 144.
362 *Ibid.*, pp. 97 - 115.
363 Voir la bibliographie de ce travail.

l'Empire, y fut, après 1815, maintenu dans ses dispositions essentielles, concernant la liberté religieuse, l'égalité civile, le régime de la propriété. Il ne pouvait être question de rétablir les droits féodaux. De grandes administrations avaient été créées, qui ne disparurent pas: des corps des ponts et chaussées, une administration fiscale moderne, l'état-civil etc. Napoléon semblait avoir réalisé l'idéal des *Aufklärer*, ainsi qu'en témoigne cette lettre qu'il écrivit à son frère Jérôme, roi de Westphalie: "Ce que désirent avec impatience les peuples d'Allemagne, c'est que les individus qui ne sont point nobles et ont des talents aient un droit égal à votre considération et à des emplois"[364].

Mais toutes ces réformes, qui modifiaient profondément la structure sociale de l'Allemagne et avaient permis à la bourgeoisie d'accéder à la place qu'elle convoitait, avaient été apportées dans les fourgons de l'étranger, et la défaite définitive de Napoléon aurait pu les mettre en question si la bourgeoisie allemande, qui n'avait pas su les imposer par ses propres forces, n'avait pas été, en revanche, fort avisée d'accepter un compromis qui caractérisera sa position jusqu'en 1918: tandis que la victoire des forces de restauration redonnait aux princes et à leur alliée, l'aristocratie, le pouvoir politique qu'ils avaient perdu, la bourgeoisie se cantonna dans la gestion de l'économie. Ainsi la bourgeoisie allemande se trouvait-elle, après 1815, engagée dans un processus de détournement de son idéal d'émancipation, qu'elle mettait maintenant au service d'une caste qu'elle n'avait pas su évincer et à laquelle elle était prête à se vendre. Les exemples ne manquent pas de ces industriels, issus d'humbles origines, qui, en épousant une demoiselle bien née, pouvaient exhiber une particule et un titre pleinement reconnu ensuite par l'état-civil.

Cette bourgeoisie avide d'imiter les moeurs aristocratiques pouvait d'autant mieux trouver sa pâture dans le *Commerce*, que celui-ci était l'objet de manipulations et de falsifications qui visaient à en éliminer tout message politique.

Déjà du vivant de Knigge, certains s'étaient émus de la portée politique du livre. En 1794 paraissait une contrefaçon de la troisième édition, suivie d'un *Supplément* rédigé par un auteur anonyme, qui se dit assuré que "si la populace se familiarise d'un peu plus près avec les principes du sieur Knigge", elle ne rêvera plus que gibets pour les princes et échelles à dresser contre les châteaux[365]. Mais au dix-neuvième siècle, il allait se trouver quelques loyaux sujets qui eurent à coeur d'expurger soigneusement le livre de tout ce qui pouvait choquer d'autres loyaux sujets.

Le premier à entreprendre cette besogne fut le pasteur luthérien berlinois Friedrich Philipp Wilmsen [366] qui, de 1817 à 1830, fit paraître trois nouvelles éditions du *Commerce*. Après avoir assuré, dans sa *Préface*, qu'il considérait

---

364 Cité par VOX, *Correspondance de Napoléon*, Paris, 1943 (lettre 543).
365 *Umgang*, Nachdruck der 3. Aufl., III, 154.
366 Sur lui, voir *Allg. deutsche Biographie*, XLIII, 309 sqq.

comme son devoir de "laisser parler Knigge lui-même", il ajoute cependant: "Seulement là où il s'est permis une tournure manifestement incorrecte ou négligée, je me suis permis une modification ou une transposition, et j'ai intégré au texte des remarques trop brèves pour faire l'objet d'une note sous le texte"[367].

Wilmsen avoue également avoir supprimé les passages qui lui paraissaient exprimer "une exagération manifeste" ou qui racontaient "une anecdote sans signification". Selon lui, Knigge a voulu faire l'éloge des manières mondaines françaises, en condamnant le ton de la société allemande – ce qui fournit au pasteur "l'occasion de corriger les remarques de l'auteur sur cette question, et d'atténuer son jugement" [368].

Emporté par son zèle, Wilmsen ajoute à ces éditions des *Appendices* et des *Suppléments* destinés à compléter certains aperçus que, selon lui, Knigge a traités "trop brièvement", par exemple ceux qui indiquent "comment se comporter avec les enfants et avec les malheureux". Enfin, pour faire bonne mesure, il compose lui-même pour la onzième édition (1830) une quatrième partie, qu'il intitule *Ton mondain et usages mondains*[369]. Pour cette édition, il rédige une nouvelle *Préface*, dans laquelle il résume ainsi l'intention de Knigge telle qu'il la comprend: "l'idéal d'un homme du monde, voilà ce que l'auteur voulait donner et établir"[370].

Knigge revu par le Consistoire: on aboutissait à un contresens qui faisait de lui le continuateur d'un Gesenius, ce contre quoi il s'était si vigoureusement élevé en 1788.

Malgré tout, Wilmsen reproduisait fidèlement le texte de Knigge, du moins lorsqu'il ne le tronquait pas. C'est à Gödeke que devait revenir l'honneur douteux de faire connaître à l'Allemagne, par neuf éditions successives[371], un Knigge radicalement différent de l'authentique auteur du *Commerce*. Nous avons signalé les principes qui l'avaient guidé lorsqu'il avait entrepris de procurer une nouvelle édition du *Commerce*, en même temps qu'il faisait paraître la première biographie importante du baron hanovrien. Il ne voit dans l'ouvrage qu' "un code [...], un manuel de sagesse pratique, dans lequel il est permis, et même conforme au devoir de remplacer des préceptes tombés en désuétude par d'autres qui sont en vogue"[372].

Gödeke applique le principe ainsi énoncé jusque dans ses conséquences les plus radicales: "Bref, tout ce qui portait la marque du vieillissement ou était hors du sujet devait disparaître"[373].

---

367 *Umgang*, 10. Aufl., V, cité in: STEINHAGEN, *op. cit.*, 119.
368 *Umgang*, 10. Aufl., 17, cité in: STEINHAGEN, *op. cit.*, *loc. cit.*
369 Cité dans STEINHAGEN, *op. cit.*, 120.
370 *Umgang*, 11. Aufl., 1830, IV, cité par STEINHAGEN, *op. cit.*, 120 sq.
371 Voir la bibliographie de ce travail.
372 *Umgang*, 12. Originalausgabe in Einem Bande, durchgesehen und eingeleitet von Karl Gödeke, Hannover, 1844, *Einleitung*, XII.
373 *Ibid.*, XV.

Une simple comparaison entre le texte de Knigge et celui que propose Gödeke révèle ce qui, en 1844, pouvait paraître "vieilli". Nous avons cité la page dans laquelle Knigge souligne que le pouvoir du prince n'est légitimé que par "le consentement du peuple"[374]. Gödeke la réduit à ceci:

> Ne leur donne pas ton adhésion, s'ils [= les princes] veulent jamais oublier qu'ils ne sont ce qu'ils sont et n'ont ce qu'ils ont qu'*en vertu des lois, auxquelles, tout comme le moindre des sujets, ils doivent respect sacré et obéissance constante*[375].

La "modernisation" de la forme n'est en réalité rien d'autre qu'une actualisation du contenu, qui reflète l'ensemble du contexte politique de l'époque, tandis que le message authentique du livre est littéralement dévoyé: le *Commerce*, livre de combat au service de l'émancipation du tiers état, a été soigneusement expurgé de ce qu'une bourgeoisie riche, mais éprise d'ordre, pouvait considérer comme subversif.

En 1844, il subsistait pourtant encore en Allemagne quelques espérances de libéralisme: le sursaut de 1848 n'est plus très éloigné. La référence à la volonté du peuple ne paraissait pas convenable à Gödeke, mais il admettait que le sujet se réclamât de la loi. En 1888, l'édition du centenaire, procurée par un certain Berend, témoignera de la défaite radicale de toute pensée démocratique dans l'Allemagne enfin unifiée. Le passage que nous avons cité est transcrit ainsi:

> Ne leur donne pas ton adhésion s'ils veulent jamais oublier qu'ils ne sont ce qu'ils sont et n'ont ce qu'ils ont qu' *en vertu de la grâce de Dieu*[376].

Dès lors, on faisait dire au *Commerce* exactement l'inverse de ce que Knigge avait voulu dire: le message d'émancipation était devenu un hommage à ce pouvoir de droit divin contre lequel Knigge avait lutté si constamment. Nietzsche aurait pu à bon droit appliquer à l'édition Berend du *Commerce* sa formule "extirpation de l'esprit allemand au profit de l'Empire allemand"[377]. Mais peut-être le *Commerce* devait-il trop aussi à l'"esprit français" pour que le dix-neuvième siècle nationaliste l'acceptât tel qu'il était.

La caution de Gödeke autorisa dès lors les éditeurs à faire de ce que bientôt on n'appelle plus que "le Knigge" le manifeste d'une bourgeoisie essentiellement apolitique.

Un exemple en est fourni par la transcription dans l'édition de 1922 du passage que Knigge consacrait dès 1788 aux sociétés secrètes, et qui, étrangement, avait été à peu près respecté dans les éditions précédentes. Knigge

---

374 Voir *supra*, p. 434.
375 *Umgang*, 12. Ausg., 282 sq. Souligné par nous.
376 Cité par I. FETSCHER, *Über den Umgang mit Menschen*, nach der 3. Auflage von 1790 ausgewählt, Frankfurt a. M., 1962, 20. Souligné par nous.
377 "Exstirpation des deutschen Geistes zugunsten des deutschen Reichs", F. NIETZSCHE, *Unzeitgemäße Betrachtungen*, 1. St. (*David Strauss der Bekenner und der Schriftsteller*), in: *Werke* in 3 Bden, hg. von K. SCHLECHTA, München, 1966, I, 137.

formulait en une dizaine de pages un jugement qui reflétait ce qu'il écrivait d'autre part dans la *Déclaration de Philo*: les sociétés secrètes sont animées des meilleures intentions, mais à l'ère des Lumières, le secret est d'autant plus condamnable qu'il peut être utilisé à des fins plus néfastes. Knigge les considérait donc comme "dangereuses pour le monde" et il conseillait au lecteur de s'en détourner ou, à la rigueur, de ne voir en elles que "le moyen de promouvoir la sociabilité"[378]. L'éditeur de 1922, qui par ailleurs suit Gödeke, croit bon d'ajouter au passage sur les sociétés secrètes le commentaire suivant:

> Ce qui est dit des sociétés secrètes vaut aussi presque sans exception pour les sociétés publiques, derrière lesquelles se cachent en général quelques meneurs peu nombreux qui utilisent le nom des masses, lesquelles sont en soi sans importance, ainsi que leurs cotisations, afin de poursuivre des objectifs qui ne sont pas exprimés précisément dans leurs statuts [379].

C'étaient évidemment les syndicats et, peut-être, certains partis politiques de gauche, qui étaient visés ici: en les assimilant aux sociétés secrètes du dix-huitième siècle, qui avaient été accusées d'avoir fomenté la Révolution, l'éditeur savait certainement ce qu'il faisait. Heureusement ignorait-il sans doute que Philo avait été un moment l'ami d'un Spartacus... On imagine tous les rapprochements que cela n'eût pas manqué de lui suggérer!

La falsification systématique du texte écrit par Knigge n'aurait peut-être pas atteint l'ensemble du public allemand si elle n'avait été relayée au tournant du dix-neuvième et du vingtième siècles par des éditeurs dépourvus de tout scrupule littéraire, qui utilisèrent son nom pour vendre un nombre incalculable de vade-mecum adaptés à toutes les situations de l'existence. Nul n'a jamais réussi à les compter, et l'énumération de ceux dont nous avons pu prendre connaissance n'aurait guère de sens. Si l'on résume la tendance générale de ces ouvrages parfois volumineux, on peut les ramener essentiellement à deux. Tantôt il s'agit de codes modernes de bonnes manières, dont l'un a même été rédigé avec la collaboration de l'ancien chef du protocole de la Chancellerie de Bonn [380]. Il ne se passe guère de mois sans qu'un quotidien ou un hebdomadaire de grande diffusion ne recommande un nouveau "Knigge" à une catégorie socio-professionnelle précise: fonctionnaires, médecins, prêtres etc.[381]. Mais la société actuelle ne connaît plus les pudeurs d'antan, et c'est

---

378 *Umgang*, 5. Aufl. III, 193 - 202.
379 *Umgang*, 20. Auflage, 280, cité d'après le travail inédit de M. GRÄZ, *Untersuchung zur Wirkungsgeschichte des "Umgang mit Menschen" von Adolf (sic) Freiherrn Knigge*, Göttingen, 1972, 8, KAW. M. Grätz cite d'autres exemples de falsifications du *Commerce*, qui tous vont dans le sens que nous indiquons.
380 K. GRAUDENZ/E. PAPPRITZ, *Etikette neu*, 1969. Voir STEINHAGEN, *op. cit.*, 140 sqq., qui donne plusieurs titres.
381 Les exemples qu'on pourrait citer constitueraient un épais volume. Donnons-en un seul, à titre de curiosité: "Die gnädige Frau liess sich bisher nicht abschaffen. Seit 30 Jahren regelt der "Knigge-Rat" Fragen des Benimms", *Kölnische Rundschau*,

ainsi qu'on trouve aussi, par exemple, un "Knigge pour les plaisirs du lit"[382]. Il arrive même que le nom de Knigge soit utilisé pour accompagner le lancement commercial d'un produit[383]. Ainsi Knigge est-il entré dans la société de consommation.

Faut-il reprocher à Wilmsen et à Gödeke le procédé qu'ils utilisèrent ? La question paraît incongrue, tant est manifeste l'intention qui, à leurs yeux, le justifiait. Pourtant, nous pouvons poser la question autrement: pourquoi Knigge ? Le dix-huitième et le dix-neuvième siècles n'ont pas été avares d'ouvrages prétendant enseigner les règles de la sociabilité bourgeoise. Or ce ne sont pas leurs auteurs qui furent choisis, mais Knigge. Est-ce parce qu'il était le plus connu, son nom devenant ainsi presque naturellement une référence, presque un nom commun ? Ou s'agissait-il d'exorciser le démon du libéralisme politique en donnant de celui qui en avait été le symbole en Allemagne dans une période troublée l'image d'un pacifique sujet en même temps que d'un aristocrate somme toute assez fréquentable ? Sans doute ces raisons ont-elles toutes joué.

Mais le *Commerce* n'est pas dépourvu de certaines ambiguïtés, qui reflètent en réalité les contradictions auxquelles ne pouvait manquer de se heurter un aristocrate libéral dès lors qu'il entendait à la fois dénoncer l'inutilité de la caste d'où il était issu tout en continuant à servir avec une scrupuleuse fidélité l'Etat qu'elle dominait. En 1790, alors qu'il publie la troisième édition du *Commerce*, qu'il s'apprête à fêter la Révolution française et qu'il travaille au *Noldmann*, Knigge est devenu un écrivain politique. Il a choisi son camp: celui du progrès. Pourtant, il est des matières où il exprime une attitude singulièrement en retrait sur celle de nombre d'*Aufklärer* que, par ailleurs, il admire. La conclusion de ce chapitre sur l'engagement de Knigge par la littérature ne pouvait manquer de les évoquer.

4. Knigge en 1790 ou les ambiguïtés du libéralisme

A. Les "équivoques de Knigge" dans le *Commerce*

Dans un article publié en 1974, Henri Plard analyse ce qu'il appelle "les équivoques de Knigge" telles que les fait apparaître une lecture critique des principes sur lesquels s'établit, dans le *Commerce*, une authentique sociabilité bourgeoise[384]. Il souligne à juste titre que le *Commerce* reflète en partie les

---

Nr. 57, 8 mars 1986. Ce "Knigge-Rat" est un organisme appelé "Fachausschuß für Umgangsformen", créé en 1956 par le "Allgemeiner deutscher Tanzlehrerverband". En 30 ans, il a répondu à 25 000 questions ...

382 D. BERGER, *Knigge für Bettfreuden. Mit 19 Zeichnungen von Anatole Rumpf*, Wien 1971.
383 Voir l'article de J. D. KOGEL, *Der Freiherr Knigge*, in: *Frankfurter Allgemeine Zeitung, Magazin*, 1er novembre 1985, Heft 296, 58 - 63 (ici 59).
384 H. PLARD, *Les équivoques de Knigge. Notes sur "Über den Umgang mit Menschen"*, in: *Etudes sur le XVIIIè siècle*, éd. par l'Université Libre de Bruxelles, Bruxelles, 1974, 69 - 83.

déceptions que Knigge avait connues dans l'Ordre des Illuminés: Knigge ne croit plus, en 1788, à la possibilité de réformer le monde, et c'est précisément dans le chapitre consacré aux sociétés secrètes qu'il met le lecteur en garde contre la tentation "d'accélérer le mouvement périodique des Lumières"[385], indiquant par cette expression qu'il ne renie pas la philosophie de l'histoire développée dans l'*Allocution aux Iluminatos dirigentes*, mais qu'il conteste uniquement la possibilité de peser sur sa marche telle qu'elle est déterminée par "le mouvement circulaire de la culture humaine".

La mise en garde qu'il lançait aux princes dans l'édition de 1790 indiquait cependant une nouvelle orientation dans sa conception de l'action. S'il n'appelait pas ouvertement à une révolution, il avertissait les partisans de la monarchie de droit divin que l'avenir de celle-ci n'était plus assuré et que l'intervention du peuple pouvait légitimement rappeler au souverain que c'est de son consentement que procédait le pouvoir. Pourtant, ce passage ne se rattache organiquement ni à ce qui précède, ni à ce qui suit. Il a été rajouté par Knigge comme sous le coup d'un choc, d'une sorte de révélation, et il est clair que ces lignes reflètent l'enthousiasme provoqué en lui par les événements de France. Mais Knigge n'a pas cru bon de supprimer le blâme qu'il formulait contre les "auteurs modernes [qui] se donnent pour tâche d'injurier les classes supérieures"[386]. Il brosse même avec complaisance le portrait des grands qui, ayant eu le bénéfice d'une éducation soignée et vertueuse, ont su "former leur esprit, acquérir des talents, apprendre à connaître le monde et les hommes", devenant ainsi capables "de faire le bien et goûter les joies de la bienfaisance"[387].

Il ne le fait pas seulement par prudence, mais parce qu'il est convaincu que de tels personnages existent réellement, et que "c'est une chance de vivre aux côté d'un prince et d'avoir sur lui une influence, lorsqu'il connaît la dignité de son état et se montre digne de sa haute vocation". Et lorsque Knigge ajoute: "J'en connais quelques-uns qui ne m'en voudront certes pas de leur montrer les écueils sur lesquels tant d'autres viennent s'échouer"[388], il ne faut pas voir ici de la flagornerie, mais un hommage implicite aux deux souverains qu'il admirera toute sa vie, Joseph II (à qui il avait dédié ses *Sermons contre le despotisme...*) et, plus encore, Frédéric II, "l'Unique".

Ce passage se trouvait déjà dans l'édition de 1788[389], et Knigge ne l'a pas supprimé dans les éditions postérieures. H. Plard le rapproche justement d'un texte dans lequel Frédéric II définissait en 1781 le rapport du souverain au sujet:

> Nous avons remarqué que les citoyens n'ont accordé la prééminence à un de leurs semblables qu'en faveur des services qu'ils attendaient de lui; ces services

---

385 *Umgang*, 5. Aufl., III, 195.
386 *Ibid.*, 37.
387 *Ibid.*, 39.
388 *Ibid.*, 39 sq.
389 *Umgang*, 1. Aufl., II, 30 sq.

consistent à maintenir les lois, à faire exactement observer la justice, à s'opposer de toutes ses forces à la corruption des moeurs, à défendre l'Etat contre ses ennemis [...]. Il n'y a qu'un bien, qui est celui de l'Etat en général [...]. Si l'on veut que le gouvernement monarchique l'emporte sur le républicain, l'arrêt du souverain est prononcé; il doit être actif et intègre, et rassembler toutes ses forces pour remplir la carrière qui lui est prescrite[390].

C'est bien à cet idéal de l'absolutisme éclairé tel que le concevait le souverain prussien que Knigge se référait en 1788. Le fait que, dans l'édition de 1790, l'éloge des princes "éclairés" coexiste avec le passage dans lequel il juge légitime l'intervention du peuple pour défendre le principe de la souveraineté populaire révèle, à côté de l'enthousiasme du moment, l'existence d'une contradiction, qui ne sera jamais totalement levée, entre un idéal politique de plus en plus avancé et les illusions inhérentes à son admiration pour l'absolutisme éclairé.

En faisant du *Commerce* le manifeste de l'émancipation bourgeoise, Knigge assumait les valeurs qui exprimaient la conscience que prenait d'elle-même une classe dont l'épanouissement, plus lent Allemagne qu'en Angleterre ou en France, s'appuyait sur la pratique de solides vertus dont les riches cités commerçantes, telles Francfort ou Hambourg, donnaient l'exemple. Knigge connaissait bien les milieux aisés de Francfort, qu'il avait fréquentés de 1780 à 1784. En 1790, il passe quelques semaines à Hambourg, où il se lie d'amitié avec quelques-uns des personnages les plus considérables et les plus "éclairés" de la ville.

Ce cercle libéral se réunissait autour du docteur Johann Albrecht Heinrich Reimarus (qui sera le préfacier de la traduction que Knigge donnera de la *Relation de la peste* par Antrechaux) et de sa seconde femme, Sophie[391]. Sophie

---

390 FREDERIC II, *Essai sur les formes de gouvernement et sur les devoirs des souverains*, cité par H. PLARD, *op. cit.*, 78.
391 Sur les "libéraux de Hambourg", voir DROZ, *L'Allemagne et la Révolution française*, 139 sq.; F. KOPITZSCH, *Grundzüge einer Sozialgeschichte der Aufklärung in Hamburg und Altona*, 2 Teile, Hamburg, 1982, 610 sqq. J. H. REIMARUS (1729 - 1814) était le fils d'Hermann Samuel Reimarus, l'"anonyme" dont Lessing avait publié les *Fragments*. Médecin de profession, il écrivait également beaucoup. Sa maison fut un des foyers de l'*Aufklärung* hambourgeoise. Elle attirait de nombreux visiteurs venus de l'Allemagne entière. Reimarus consacra une partie de son énergie à faire adopter par Hambourg les conquêtes du progrès, par exemple le paratonnerre et la vaccination contre la variole. Il lutta aussi pour la liberté de circulation des marchandises. Dans un ouvrage *Ueber die Gründe der menschlichen Erkenntniss und der natürlichen Religion*, Hamburg, 1787, il expliquait qu'il ne pouvait y avoir de progrès de la connaissance sans tolérance. Sa seconde femme, Sophie (1742 - 1815), était une personne remarquable par son intelligence, sa culture et son ouverture d'esprit. Elle correspondait avec toute l'Allemagne cultivée. Les lettres qu'elle écrivit à Knigge entre 1790 et 1796 sont publiées dans KLENCKE, *op. cit.*. Sur Reimarus, voir *Allg. deutsche Biographie*, XXVII, 704 - 709; KOPITZSCH, *op. cit.*, *passim*, en partic. 528 sqq.

Reimarus était la soeur d'August Hennings, un des *Aufklärer* les plus engagés dans la lutte pour la tolérance[392], et qui, à partir de 1793, allait publier le *Schleswigsches Journal*, puis un peu plus tard le *Genius der Zeit*. La soeur de Reimarus, Elise, avait épousé le négociant Georg Heinrich Sieveking[393], sur la propriété duquel eut lieu la fête de Harvestehude en l'honneur de la Révolution Française. La fille de Reimarus, Christine, épousera le 12 octobre 1796 un Souabe devenu ministre de France à Hambourg, Karl Friedrich Reinhard[394]. L'un des "héros" de la fête de Harvestehude fut Karl Friedrich Cramer – "Cramer le Franc" qui, chassé de Kiel où il enseignait à l'Université, viendra habiter Hambourg avant de quitter l'Allemagne pour la France. Cramer devint un des plus fidèles amis de Knigge[395]. Il faut enfin citer un dernier membre important de ce cercle, le négociant Caspar Voght[396].

---

392 August HENNINGS (1746 - 1826) fut un infatigable lutteur de la cause des Lumières, en particulier en faveur de la tolérance religieuse. Sur lui, voir J. WILD, *August Hennings. Ein Schleswig-holsteinischer Publizist um die Wende des 18. Jahrhunderts*, Erlangen, 1882 et H. W. RITSCHL, *August Adolph Friedrich von Hennings 1746 - 1826. Ein Lebensbild aus Holstein, Kopenhagen und Hamburg in bewegten Zeiten*, Hamburg, 1978.

393 Georg SIEVEKING (1751 - 1791) était un riche négociant. Ecrivant plusieurs langues, il entretenait dans l'Europe entière une correspondance à la fois commerciale et intellectuelle. En 1796, il accomplit une mission à Paris auprès du Directoire, à la demande du Sénat de Hambourg. Il avait été l'un de ceux qui (pour des raisons à la fois d'idéalisme et d'intérêt) avaient plaidé pour le maintien des relations diplomatiques entre Hambourg et la République. Sur lui, voir H. SIEVEKING, *G. H. Sieveking. op. cit.* Heinrich Sieveking affirme que Georg Heinrich aurait fait partie de l'Ordre des Illuminés (p. 27).

394 Sur Karl Friedrich REINHARD (1761 - 1837), voir Else R. GROSS, *Karl Friedrich Reinhard*, Bonn, 1961, et J. DELINIERE, *Karl Friedrich Reinhard (1761 - 1837). Un intellectuel allemand au service de la France*, Thèse d'Etat dactyl., Paris IV, 1983, trad. all. *Karl Friedrich Reinhard (1761–1837). Ein deutscher Aufklärer im Dienste Frankreichs*, Stuttgart, 1989.

395 Karl Friedrich CRAMER (1752 - 1807) eut un destin étonnant. Surnommé "Cramer le Franc" en raison de son admiration pour la Révolution française, il fut exclu de l'Université de Kiel où il était professeur. Après avoir séjourné à Hambourg, il alla s'établir comme libraire à Paris sous le Directoire. Sur lui, voir A. RUIZ, *Le destin franco-allemand de Karl Friedrich Cramer (1752 - 1807). Contribution à l'étude du cosmopolitisme européen à l'époque de la Révolution française*, Thèse d'Etat dactyl., 3 vol., Paris III, 1979. Sur les relations entre Cramer et Knigge, voir I, 34 sqq et 320 - 324.

396 Caspar VOGHT (1752 - 1839), riche négociant, s'intéressait aussi aux sciences naturelles et à l'application de la chimie à l'agriculture. Après un voyage autour du monde (1792 - 1794), il créa à Hambourg un des plus magnifiques jardins d'Europe. Sur lui, voir Baron Kaspar von VOGHT, *Lebensgeschichte*, Hamburg, 1917, et KOPITZSCH, *op. cit., passim*, en particulier 388 - 398.

Il ne semble pas que Knigge les ait connus tous personnellement[397]. En fait, ce milieu libéral de Hambourg, auquel il restera fortement attaché jusqu'à sa mort, représente d'une manière exemplaire ce qu'est le libéralisme bourgeois de la fin du dix-huitième siècle. Reimarus est médecin, Hennings journaliste, Cramer professeur d'Université, Sieveking et Voght sont de très riches négociants, Reinhard va bientôt devenir diplomate et entrer au service de la République française bourgeoise. Chacun d'entre eux détient une parcelle de ce qui, par opposition au privilège féodal de la naissance, constitue le pouvoir dans la société nouvelle: la science, la presse, l'argent, la fonction publique. Les liens de famille qui unissent souvent ces hommes et ces femmes substituent à l'endogamie biologique des milieux aristocratiques une endogamie sociale fondée sur des intérêts, intellectuels et économiques, communs. Une société nouvelle est en train de naître. Contrairement à l'ancienne société aristocratique, elle ne doit rien à la tradition ni aux privilèges. Elles doit tout à elle-même, c'est de son travail, de son savoir et de son talent qu'elle tire sa position. Quant à l'argent, s'il s'hérite, il faut d'abord savoir le gagner, puis le conserver. Seuls le travail et l'application le permettent. C'est sur ces valeurs que la bourgeoisie libérale entend désormais asseoir sa position sociale.

Cette société ne pouvait que se reconnaître dans le tableau que le *Commerce* proposait des vertus que devait cultiver l'homme de mérite. Et d'abord, elle ne pouvait qu'approuver Knigge lorsque, avec une parfaite bonne conscience, il affirmait:

> Trop de lumières ne convient pas aux gens de basse condition[398].

Et il ajoutait:

> Ne contribue pas non plus à [...] les enrichir de connaissances qui leur donnent de la répulsion pour leur condition et leur ôtent le goût d'exécuter les travaux auxquels les appellent leur état et leurs besoins. On fait souvent à notre époque un très mauvais usage du mot "Lumières"[...]. Les meilleures Lumières de l'esprit sont celles qui nous enseignent à être satisfaits de notre situation et à être, selon notre situation, capables, utiles et actifs en fonction d'un objectif pratique[399].

Ce passage figurera dans toutes les éditions du *Commerce*. Il nous ramène à ce que sont, essentiellement, les Lumières allemandes: une pédagogie de la

---

[397] Seules ont été retrouvées des lettres que lui écrivit Sophie Reimarus entre 1790 et 1796, auxquelles s'ajoutent deux lettres de Johann Albrecht Reimarus, ainsi que quelques lettres échangées entre Knigge et Cramer (KLENCKE, *op. cit., passim*). En 1796, Hennings affirmera dans le *Genius der Zeit* qu'il n'a jamais rencontré Knigge. Mais cette affirmation, difficilement acceptable, était peut-être purement tactique (A. HENNINGS, *Noch etwas aus Journalen*, in: *Genius der Zeit*, Juli 1797, 369). En tout cas, Knigge était régulièrement informé par Sophie Reimarus de ce qui se disait, s'écrivait et se faisait dans le cercle de Hambourg.

[398] "Zu viel Aufklärung taugt nicht für niedre Stände", *Umgang*, 1. Aufl., *Inhalt des zweyten Theils*, 2. Kapitel, § 8 (5. Aufl., *ibid.*).

[399] *Umgang*, 1. Aufl., II, 40 sq.; 5. Aufl., III, 51.

raison pratique, à laquelle Knigge donnera toujours son adhésion, même lorsque, entre 1790 et 1796, il ne cessera de défendre, malgré la Terreur et la guerre, les conquêtes de la Révolution française.

Il apparaît donc à l'évidence que la bourgeoisie allemande a pu, indépendamment des falsifications opérées par Wilmsen, Gödeke et leurs successeurs, trouver dans le *Commerce* des éléments qui la confortaient dans ce qui, au dix-neuvième siècle, allait constituer le fond de son idéologie: l'image d'une société respectueuse de la morale, tournée vers l'action pratique, l'accomplissement de la tâche quotidienne, le refuge dans une vie familiale faite de travail et de vertu et seule apte à constituer le cadre du bonheur, l'épanouissement individuel lié au sentiment que le mérite personnel, enfin reconnu, pouvait, lorsqu'il était soutenu par une bonne éducation, donner accès à des milieux que la tradition avait amenés à se replier totalement sur eux-mêmes. Il suffisait de ne voir en Knigge que l'auteur du *Commerce* pour en tirer un message d'où était gommée toute contradiction. Knigge avait voulu briser les cloisonnements sociaux hérités en partie du luthéranisme. Mais il ne s'en prenait qu'à la coupure qui séparait la bourgeoisie de la noblesse. En revanche, il maintenait, et même renforçait, celle qui résultait d'occupations professionnelles déterminées, en décrivant en détail un comportement spécifique pour le "commerce" avec les repésentants de chacune d'entre elles. Ainsi l'intention politique, le désir de combler le fossé qui séparait les classes dirigeantes, se doublait-elle d'une intention pédagogique visant à enseigner comment chaque individu pouvait, selon le métier qu'il exerçait, être le plus utile possible. La postérité, ignorant volontairement les implications révolutionnaires du message politique, ne voulut retenir que la pédagogie du comportement social.

B. La polémique entre Knigge et Campe

Il est remarquable qu'à l'époque où Knigge, avec le *Commerce*, se rangeait aux côtés de la classe qui essayait de se débarrasser de la vieille tutelle sociale exercée par la noblesse, il se montrait particulièrement réticent à suivre les novateurs dans un domaine où, pourtant, se déroulait, sous les espèces d'une lutte acharnée entre les partisans de la tradition et ceux du progrès, une des grandes batailles de l'*Aufklärung*: l'ambiguïté du libéralisme de Knigge se révèle avec l'évidence la plus manifeste dans ses positions sur l'éducation. C'est dans ce domaine aussi que se révèle le mieux l'attachement que, malgré tout ce qui l'en séparait et malgré son engagement délibéré, il continuait de nourrir pour son milieu d'origine.

Ici, les témoignages abondent, et ils ne se contredisent pas. Ce que nous lisons dans le *Commerce* (où, d'ailleurs, la place consacrée à l'éducation n'est pas considérable, ce qui n'est peut-être pas un hasard), nous le trouvons déjà dans les œuvres précédentes, soit sous la forme de conseils pratiques, comme dans les romans, soit sous une forme théorique, dans des articles de revue[400].

---

400 *Ein Brief über Erziehung*, in: *Magazin für Frauenzimmer*, I, 1783, 80 - 93; *Zweiter*

Une controverse l'opposa, en 1788 et en 1789, aux partisans de Basedow[401]. Knigge se rangeait résolument aux côtés de ceux qui refusaient les méthodes nouvelles d'éducation. Qu'il ait, en cette matière, livré le fond de sa pensée, est confirmé par sa corresponddance. Les lettres qu'il adressait à sa fille permettent de se représenter concrètement ce qu'il entendait par "bonne éducation"[402]. Knigge eut d'ailleurs l'occasion d'appliquer pratiquement ses idées: pendant près de quinze ans, il compléta ses ressources en assurant l'éducation de demoiselles de bonne famille. Elles logeaient chez lui en tant que pensionnaires, ce qui ne fut pas sans conséquences pour le calme de son ménage[403].

Brief über Erziehung, ibid., II, 1784, 158 - 162; *Dritter Brief über Erziehung, ibid.*, 162 - 173. Ces trois lettres sont reproduites in: *Gesammlete Schriften, op. cit.*, II, 31 - 64. Dans le second tome se trouvent deux nouvelles lettres: *Briefe über Erziehung, op. cit.*, II, 31 - 44. Dans le *Journal aus Urfstädt*, Knigge prête à M. de Hohenau, pupille du baron de Leidthal (voir *Roman meines Lebens*) une correspondance sur l'éducation: *Ueber Erziehung. Brief des Herrn von Hohenau an den jüngern Herrn Müller in Dresden*, in: *Journal aus Urfstädt*, 1. St., 1785, 42 - 64; *Ueber Erziehung, Fortsetzung, ibid.*, 2. St., 1786, 15 - 44; *Ueber Erziehung, Fortsetzung, ibid.*, 3. St., 1786, 21 - 44.

401 *Briefe über die neuere Erziehungsart. Erster Brief*, in: *Jahrbuch für die Menschheit*, 2/1788, 3. St., 229 - 240; *Fortsetzung der Briefe über die neuern Erziehungs-Methoden. Zweyter Brief, ibid.*, 4. St., 343 - 364; *Ueber die neuern Erziehungs-Methoden, Dritter Brief, ibid.*, 5. St., 385 - 395; *Etwas über Pedanterey, ibid.*, 1/1789, 2. St., 120 - 143; *Nachricht an das Publicum, von den Folgen, welche die Einrückung meiner drey Briefe über die neuere Erziehungs-Methode in dies Jahrbuch gehabt hat, ibid.*, 2. St., 169 - 185; *Noch etwas, als Anhang zu den Briefen, in welchen ich Zweifel gegen die Grundsätze e i n i g e r Erzieher der jetzigen Zeit äusserte, mit Beziehung auf des Herrn Rath Campe a l l g e m e i n e Vertheydigung der neuern Erziehungs-Methoden, im zweyten und dritten Stücke des Braunschweig'schen Journals vom Jahre 1789, ibid.*, 3. St., 221-234; *Fortsetzung der Nachrichten von den Folgen, die durch Herausgabe meiner Briefe über die neuere Erziehung entstanden sind, ibid.*, 5. St., 409 - 442.
402 Voir les lettres de Knigge à sa fille entre le 18 juin 1789 et le 24 juillet 1790 (une quinzaine au total sont parvenues jusqu'à nous).
403 On ne connaît que très peu de ces pensionnaires. Knigge les évoque, en général sans les nommer, dans ses lettres à Nicolai (29 décembre 1779; 3 mars 1787), à J. C. Lavater (3 février 1783), à Grossmann (17 février et 2 mars 1789), à J. G. Müller (26 décembre 1791 et 14 septembre 1795) et au comte de Schmettow (17 avril 1794). L'une de ces jeunes filles fut la duchesse Louise de Dillingen; une autre la fille du prince régnant de Sarrebrück. Enfin, il eut chez lui, en 1788 et en 1789, une certaine Franziska Zollikofer, qui faillit être à l'origine d'une rupture entre Knigge et sa femme (voir les lettres de Knigge à Grossmann, 4, 7, 22 - 24 et 25 août 1788, 14 septembre 1788, 19 janvier, 17 et 22 février, 2, 20 et 22 mars 1789). Il semble que Philippine Knigge ait été dans le secret des relations tumultueuses qui s'étaient établies entre son père et Franziska (Knigge à sa fille, 17 et 19 juillet, 3 et 5 septembre, 13 octobre 1789).

On ne trouve dans le *Commerce* aucun chapitre qui soit exclusivement consacré à l'éducation. S'agit-il d'une lacune? Knigge formulait dans un article publié par le *Jahrbuch für die Menschheit* un principe qui peut aussi s'appliquer au Commerce:

> La meilleure éducation est certes celle qui forme des hommes appelés à devenir des citoyens utiles et heureux pour les temps présents et pour ceux dont, vraisemblablement, nous pouvons espérer la venue[404].

En ce sens, le *Commerce* est dans son entier un ouvrage pédagogique. Mais on peut aussi penser que Knigge hésitait à aborder directement un domaine dans lequel il professait des vues qu'on a parfois de la peine à considérer comme "éclairées".

Malgré l'admiration qu'il portait à Rousseau, Knigge est loin d'adopter dans leur totalité les préceptes de l'*Emile*. Il pensait, comme le citoyen de Genève, que l'homme est naturellement bon, et que c'est le milieu social qui le pervertit[405]. Comme lui il admettait que l'éducation que reçoit l'individu détermine d'une manière décisive son aptitude à résister ou non aux influences négatives de ce milieu: n'est-ce pas grâce aux "impressions qu'il avait reçues dès sa tendre enfance" que Ludwig von Seelberg avait eu suffisamment de force pour ne pas se laisser séduire par les projets d'Alwerth[406]? Knigge croit donc à la possibilité d'orienter par l'éducation la personnalité de l'individu.

Mais s'il considère l'éducation comme "un art"[407], il se refuse à faire de la pédagogie ce que, dans le *Noldmann*, il appellera une "science positive"[408]. Dans le *Roman de ma vie*, il procamait déjà:

> Heureux est le peuple qui ne connaît pas de système d'éducation![409].

L'argumentation de Knigge s'articule autour de l'idée que l'éducation doit être adaptée à l'époque. S'il rend hommage à Rousseau pour avoir proposé, avec l'*Emile*, l'*idéal* d'une "noble simplicité", il ajoute aussitôt que la *réalité sociale* dans laquelle serait condamné à vivre l'individu élevé selon les principes développés dans ce livre ne lui permettrait guère d'être heureux[410]. Knigge feint d'ailleurs de croire que Rousseau lui-même avait recommandé que ses préceptes fussent soumis aux contraintes de la relativité historique et sociale, et que son idéal "d'homme naturel" (*Natur-Mensch*) ne valait pas pour l'individu obligé de vivre "dans des sociétés civiles"[411]. Or, dans la *Préface* de

---

404 *Ueber die neueren Erziehungs-Methoden, Dritter Brief*, in: *Jahrbuch f. d. M.*, op. cit., 1788, Bd 2, p. 286.
405 Voir par exemple *Roman meines Lebens*, I, 22 sqq.
406 *Seelberg*, II, 126 sq.
407 *Roman meines Lebens* I, 26.
408 *Noldmann*, II, 21.
409 *Roman meines Lebens*, III, 59.
410 *Briefe über Erziehung, Erster Brief*, in: *Gesammlete Schriften*, I, 33.
411 *Briefe über die neuere Erziehungsart, Erster Brief*, in: *Jahrbuch f. d. Menschheit*, II, 1788, 3. St., 231.

l'*Emile*, Rousseau avait dit exactement le contraire: il reconnaissait que "telle éducation peut être praticable en Suisse, et ne l'être pas en France; telle autre peut l'être chez les bourgeois, et telle autre chez les grands". Mais il ne voyait là qu'un problème "d'application particulière de la méthode à tel ou tel pays, à telle ou telle condition", et il ajoutait:

> Il me suffit que, partout où naîtront des hommes, on puisse en faire ce que je propose; et qu'ayant fait d'eux ce que je propose, on ait fait d'eux ce qu'il y a de meilleur et pour eux-mêmes et pour autrui[412].

En réalité, l'éducation n'a pas pour Knigge les mêmes fins que pour Rousseau. Tandis que le propos de ce dernier est de "former un homme libre, capable de se défendre contre toutes les contraintes"[413], Knigge veut au contraire que l'individu sache s'adapter à la société dans laquelle il est appelé à vivre. Tel était l'un des objectifs qu'il poursuivait avec le Commerce.

Cette conception allait l'opposer à l'un des principaux pédagogues de l'Allemagne du Nord, Joachim Heinrich Campe, ainsi qu'à Ernst Christian Trapp, qui fut, à l'Université de Halle, le premier titulaire en Allemagne d'une chaire de pédagogie[414]. Campe et Trapp s'étaient un moment succédé à la direction du Philanthropinum de Dessau, avant de s'établir, le premier à Hambourg, puis à Brunswick, le second à Halle, puis à Wolfenbüttel.

On sait que Basedow, lecteur de l'*Emile*, avait voulu faire de l'établissement qu'il avait fondé à Dessau une institution modèle s'inspirant de deux principes majeurs: le respect, de la liberté de l'enfant et le caractère concret de l'enseignement.

Selon lui, l'éducation devait "viser à préparer l'enfant à une existence utile à la collectivité, patriotique et heureuse"[415]. Knigge, en bon *Aufklärer*, ne

412 J. J. ROUSSEAU, *Emile ou de l'éducation*, éd. par M. Launay, Paris, 1966, 33.
413 *Ibid.*, Introduction de M. Launay, 23.
414 Joachim Heinrich CAMPE (1747 - 1818) avait dirigé le Philanthropinum de Dessau. Ernst Christian TRAPP (1745 - 1815) lui avait succédé de 1777 à 1779. En 1779, il avait publié à Halle *Von der Notwendigkeit, Erziehen und Unterrichten als eine eigene Kunst zu studieren*, ouvrage dans lequel il réclamait, l'un des premiers en Allemagne, que les maîtres reçussent une formation systématique dans le domaine de la pédagogie. Ses vues très modernes sur cette matière lui attirèrent l'hostilité des milieux religieux de Halle, qu'il dut quitter en 1783. Selon ROSSBERG, *op. cit.*, 60, Trapp aurait été Illuminé. La polémique entre Knigge, d'une part, Campe, Trapp et les "philanthropinistes" d'autre part, est décrite dans le travail très informé de M. GRÄTZ, *Knigge und die pädagogische Bewegung des 18. Jahrhunderts*, schriftl. Hausarbeit i. Rahmen d. fachwissensch. Prüfung f. d. Lehramt an Gymnasien, ms. dactyl., Göttingen, 1976, KAW, 82 - 108. Sur Campe, voir J. LEYSER, *Joachim Heinrich Campe. Ein Lebensbild aus dem Zeitalter der Aufklärung*, Braunschweig, 1877. Sur Trapp, voir Th. FRITZSCH, *Ernst Christian Trapp. Sein Leben und seine Lehre*, Dresden, 1900. Sur le Philanthropinum, voir K. SCHRADER, *Die Erziehungstheorie des Philanthropinums. Versuch eines Systems*, Langensalza, 1928.
415 J. B. BASEDOW, *Das Methodenbuch für Väter und Mütter der Familien und Völker*, Altona/Bremen, 1770, cit. par GRÄTZ, *op. cit.*, 83.

pouvait être fondamentalement hostile à cette affirmation. De même, il rejoignait Basedow dans la revendication d'un enseignement surveillé non par l'Eglise, mais par l'Etat[416]. Mais il s'oposait aux "philanthropistes" sur les méthodes que ceux-ci préconisaient, en particulier sur deux points fondamentaux: l'importance du jeu dans la pédagogie, et la part aussi réduite que possible faite à l'autorité dans la pratique éducative.

Knigge ne se lasse pas de semer dans ses romans des remarques satiriques, parfois très désobligeantes, contre les "philanthropistes". Dans *Le Château enchanté*, il raille "le gentil livre d'images de Badedow", qui répand les nouveaux principes comme une "infection"[417]. Dans les *Papiers de M. de la Crétinière*, il définit ainsi la méthode éducative de l'Ordre des Jocrisses:

> Le garçon ne doit être contraint à travailler que s'il en ressent l'envie; [...] une règle d'or dans l'enseignement de la jeunesse est la méthode, que seuls nous avons inventée, qui consiste à enseigner par le jeu; celui qui est habitué tôt à passer aussi utilement son temps à jouer, celui-là ne nous sera certainement jamais enlevé[418].

Basedow et ses amis accordaient une grande importance à la pratique des exercices physiques. Ceux-ci deviennent, selon les "recommandations" de M. de la Crétinière, de véritables tortures: le nouveau-né doit être plongé dans l'eau froide; le bébé doit s'habituer à se cogner contre les meubles; le jeune garçon doit s'accoutumer aux fractures des os et autres blessures reçues en se battant contre ses camarades, et ainsi de suite.

En réalité, Knigge condamnait radicalement ce qu'il considérait, selon une expression d'aujourd'hui, comme une éducation "anti-autoritaire". Les lettres qu'il adressa à sa fille alors que celle-ci passait quelques mois chez des amis à Detmold, sont farcies de recommandations comminatoires: "Suis ponctuellement mes instructions", lui écrit-il le 18 juin 1789[419]. Celles-ci consistent en des conseils sur la "modestie" de l'attitude, la manière de s'adresser à une duchesse, les toilettes, le maintien ("les épaules et la position des pieds", précise-t-il), l'usage parcimonieux de son argent. Et Knigge ajoutait fièrement, très baron hanovrien: "Ce que tu as appris jusqu'à maintenant, c'est mon oeuvre". Le 22 juin, il insiste sur l'importance pour une jeune fille de bonne famille de cultiver des "manières conformes aux conventions" et il lui enjoint de parler assidûment français et de baigner ses yeux[420].

---

416 Voir l'étude de l'utopie développée dans *Noldmann*, infra, II, 2.
417 *Zauberschloss*, 107 sq.
418 *Schaafskopf*, 66 sqq. Knigge accuse aussi les promoteurs des Instituts d'éducation d'avoir voulu monter des opérations financières: voir *Eigennutz*, 108 sq. D'autres allusions se trouvent aussi dans *Reise nach Braunschweig*, 145 et 155.
419 Knigge à sa fille, 18 juin 1789, in: KLENCKE, *op. cit.*, 213.
420 Knigge à sa fille, 22 juin 1789, in: KLENCKE, *op. cit.*, 215. La recommandation s'adresse à Philippine et à Franziska Zollikofer. Le 11 novembre, Knigge écrivait encore: "So viel [...] fordre ich bestimmt erst von Dir, dass Du nur zweymal in der Woche in Gesellschaft gehest, und nie, unter keinerley Vorwande, ausser in die

Le 28, il lui recommande de se méfier des hommes. Le 5 septembre, il lui interdit de lire des romans. Le 22 novembre 1793, il pourra lire avec fierté ces lignes de Sophie Reimarus qui, à sa demande, s'efforçait de placer Philippine comme "dame" dans une cour d'Allemagne du Nord: "Heureusement, votre fille est élevée de telle sorte que [...] son éducation constitue son meilleur capital"[421].

Le terme allemand, *Ausbildung*, précise la nature de l'éducation que Knigge avait donnée à sa fille. Il n'avait pas voulu en faire seulement une femme capable de tenir son rang dans une société aristocratique[422]. Il avait tenu également à ce qu'elle fût instruite. Plusieurs des lettres qu'il lui écrit sont rédigées en français ou en italien[423]. Et il exigeait que Philippine lui répondît en ces langues[424]. Il se servit même d'elle comme de traductrice: le 18 novembre 1789, il lui reproche des contresens dans une traduction du livret d'opéra italien *Il talismano*. En 1789, Philippine publiait un *Essai de logique à l'intention des femmes*. La correspondance entre Philippine et son père montre cependant qu'elle s'est bornée à recopier les chapitres que son père lui envoyait, et que seule la postface est de sa plume[425]. Mais il ne s'agit sans doute pas, comme on pourrait le penser, d'une escroquerie: la vente du livre devait aider à la constitution d'un petit capital pour Philippine au cas où son père disparaîtrait sans avoir pu régler les dettes qu'il avait reçues en héritage. Ce fut sans aucun doute le même souci qui le poussa à faire publier par Philippine une traduction de la *Vie de Swift* par Thomas Sheridan, à laquelle, affirme-t-il dans la *Préface*, il n'a "aucune part"[426]...

Ce qui frappe aussi dans toutes ces lettres, c'est l'extrême brutalité à laquelle Knigge se laissait aller lorsqu'il avait l'impression que ses "instructions" n'étaient pas correctement suivies. Le 20 novembre 1789, il signe "ton père offensé" une lettre dans laquelle il lui reproche de lui avoir écrit en

---

Kirche, des Morgens einen Fuss vor die Thür setzest; dass Du nie eine Malzeit ausser Hause haltest und überhaupt nie ausgehst, ohne es der Frau Rectorinn zu melden. Fränzel [= Franziska ?] gebe ich hiervon Nachricht und Anweisung, Dich in meinem Namen zu Deiner Pflicht anzuhalten" (KAW, ms. au Kestner Museum de Hanovre).
421 Sophie Reimarus à Knigge, 22 novembre 1793, in: KLENCKE, *op. cit.*, 112.
422 En particulier: Knigge à Philippine Knigge, 31 août 1789 (en français, KAW ms au Kestner-Museum de Hanovre); 5 septembre 1789 (en français, KAW, ms *ibid.*); le 27 septembre 1789 (en français et en italien, KAW, ms *ibid.*).
423 Knigge à sa fille, 5 septembre 1789, *lettre citée*
424 Knigge à sa fille, 18 novembre 1989, KLENCKE *op.cit.*, 218 sq.
425 Ph. KNIGGE, *Versuch einer Logic für Frauenzimmer*, Hannover, 1789. Voir la lettre de Knigge à Philippine du 13 juillet 1789, KAW, ms à la Bibliothèque municipale de Hanovre, et du 19 juillet 1789, in: HOLTEI, *op. cit.*, I/2, 107 sq.
426 Th. SHERIDAN, *Jonathan Swifts Leben*. Abgekürzt aus dem Englischen übersetzt von Philippine, Freyin Knigge, herausgegeben von ihrem Vater, Hannover, 1795.

allemand, et il se dit même, de ce fait, "proche de la tombe"[427]. Le 3 août, il avait, en quatre longues pages, déversé sur la malheureuse enfant un torrent de récriminations dont certaines frisaient l'injure, parce qu'elle ne lui avait pas écrit depuis plusieurs jours. Il la menaçait : "C'est plus que de la négligence, et cela exige une autre sorte de traitement que celui que je t'ai appliqué jusqu'à présent"[428]. Il ressassait des termes et des expressions comme "devoir", "obéissance", "'ai ordonné"... et s'étonnait qu'elle "manquât de matière" pour écrire à son "père et ami". Le 18 novembre, il n'hésitait pas, par une allusion transparente, à faire comprendre à Philippine les sentiments peu amènes qu'il éprouvait envers sa propre épouse :

> Mais tout cela ne me fâcherait pas autant si cela ne laissait pas apparaître cette Hesse maudite, exécrée, sibérienne, ce pays des coquins et des imbéciles, à laquelle je suis redevable de toutes mes souffrances domestiques, et de ce que je ne ferai rien de toi[429].

Et encore le 20 novembre : "Ta désobéissance établit une frontière entre toi et mon coeur"[430].

Etre née Knigge était un honneur, ce n'était pas un plaisir! Ces lettres montrent une sorte d'attachement, inconscient peut-être, irrationnel en tout cas, du baron hanovrien à son milieu d'origine. Son état de santé, qui commence à se dégrader précisément à cette époque, peut, d'autre part, expliquer ses accès de colère. On ne doit pas non plus oublier le caractère autoritaire de son tempérament, qui déjà en 1783, l'avait amené à se heurter violemment à Weishaupt. Mais toutes ces raisons ne sauraient à elles seules fournir une interprétation satisfaisante des positions de Knigge en matière d'éducation.

D'abord, elles sont l'expression d'une conviction qu'il exprime aussi dans les articles qu'il publiait dès 1783. Les *Lettres sur l'éducation* qu'il avait reproduites dans les *Ecrits mineurs* avaient paru pour la première fois dans le *Magazin für Frauenzimmer*[431]. La troisième *Lettre* avait précisément pour objet l'éducation des filles.

Knigge commençait par proclamer :

> Une jeune fille, le destin la destinât-il à devenir l'épouse de l'homme le plus distingué, le plus riche, le plus puissant, reste soumise à cette loi de nature, qui

---

427 Knigge à sa fille, 20 novembre 1789, KAW, ms au Kestner Museum à Hanovre. Même reproche le 29 novembre.
428 Knigge à sa fille, 3 août 1789, *loc. cit.*.
429 Knigge à sa fille, 18 novembre 1789, in: KLENCKE, *op. cit.*, 218. L'épouse de Knigge, Henriette née Baumbach, était originaire de Hesse. Knigge fait ici allusion à des "scènes de ménage" qu'il raconte, en termes plus ou moins voilés, à Grossmann, et qui ont pour origine ses liens avec Franziska Zollikofer. Knigge avait failli devoir se battre en duel avec deux frères d'Henriette à ce propos.
430 Knigge à sa fille, 20 novembre 1789, *loc. cit.*.
431 Voir note 400 ci-dessus.

veut (je n'y puis rien, Madame!) qu'une femme reconnaisse son mari pour son maître.

Aussi donnait-il aux parents le conseil suivant:

> Habituez [vos filles] à la souplesse de caractère, à la douceur, à la soumission[432].

En matière d'études, il préconisait pour elles, "outre un enseignement religieux raisonnable, d'abord toutes les sortes de travail féminin, la connaissance de la cuisine et du ménage, et du talent en écriture et en calcul"[433].

Mais elles devaient aussi savoir quelques langues, en particulier le français et l'italien, ainsi que l'histoire, la géographie, l'histoire naturelle, "un peu de physique etc.". La pratique de la danse était utile à la "formation du corps". La musique était un passe-temps plaisant, mais à déconseiller dès que la femme devenait mère:

> La raison essentielle de ce conseil est que je sais par expérience que des créatures trop excitables sont souvent amenées, sous l'effet de la musique, à faire preuve d'une sentimentalité dangereuse pour elles et leurs époux.

Aussi était-il préférable de cultiver le dessin. Il fallait aussi choisir soigneusement ses lectures, en particulier les romans. Quant aux théâtres, une jeune fille ne pouvait les fréquenter qu'avec d'infinies précautions... Comme on le voit, Knigge appliquait en 1789 à l'éducation de Philippine des principes qu'il avait énoncés dès 1783 – alors qu'il était encore Illuminé.

En fait, il est dans ce domaine représentatif d'une tendance profonde de l'*Aufklärung*, dont l'entreprise de Basedow (qui, comme on l'oublie trop souvent, se solda par un échec[434]) masque la réalité: l'émancipation bourgeoise impliquait que l'individu se libérât des interdits imposés par l'orthodoxie religieuse, y compris en matière politique et sociale. Mais émancipation ne signifiait pas désordre, de même que réforme ne signifiait pas révolution. Les positions de Knigge en matière d'éducation sont significatives des limites que l'*Aufklärung* assignait à l'émancipation sociale: non seulement celle-ci ne déliait pas l'individu des contraintes qui l'unissaient à une société bien ordonnée, mais une certaine hiérarchie de la structure sociale devait être préservée. Dans le *Commerce*, Knigge condamne le cloisonnement corporatif de la société allemande. Mais il ne peut se dégager de la vision d'une société hiérarchisée, dont la famille reproduit l'image et dans laquelle l'obéissance reste une vertu indispensable. Cette contradiction n'est pas la sienne, c'est celle de l'*Aufklärung*. Même Christian Gotthilf Salzmann, pourtant un par-

---

432 *Dritter Brief über Erziehung*, in: *Gesammlete Schriften*, I, 53.
433 *Ibid.*, 63.
434 Le Philanthropinum de Dessau dut fermer ses portes en 1793. Beaucoup d'établissements du même genre n'eurent qu'une existence éphémère. Le seul qui fonctionna longtemps (jusqu'en 1941) fut celui qu'avait créé Salzmann à Schnepfenthal en Saxe. Mais les principes de Basedow n'y étaient guère appliqués sous leur forme première.

tisan des principes de Basedow, qu'il mettait en application dans son établissement de Schnepfentahl, considérait que, dans une société ordonnée, "la fillette est destinée à devenir une épouse, et l'épouse une mère"[435]: la famille reste pour les *Aufklärer* le noyau fondamental de la société, et son fonctionnement implique le maintien des hiérarchies qui la structurent, la puissance du mari sur l'épouse, celle des parents (et singulièrement du père) sur les enfants. Le principe d'obéissance fait place, au niveau politique, à celui du libre consentement. Dans la famille, il reste intact.

Etrangement, Knigge qui à partir de 1792 portera sur la Révolution française des jugements beaucoup plus hardis que la majorité des *Aufklärer*, semble se montrer, en matière d'éducation, encore plus conservateur qu'eux. En 1788, il va publier dans le *Jahrbuch für die Menschheit* une série de *Lettres sur les méthodes d'education*[436], dans lesquelles il accuse certains instituts d'éducation (pas tous, précise-t-il) de favoriser chez leurs jeunes pensionnaires "la frivolité, la cuistrerie, le laisser-aller, la suffisance et touts les défauts qui sont nés du rejet exagéré de l'ancienne pédanterie"[437]. De tels principes, dit-il, "faussent" (*verschrauben*) l'esprit des jeunes générations. La deuxième *Lettre* s'en prenait avec une violence extrême au principe, essentiel dans la pédagogie de Basedow, du respect total de la liberté de l'enfant. Knigge n'y voyait que du "pédantisme" (*Pedanterie*)[438]. Il allait jusqu'à affirmer que les coups ("la noble virgula Magistri") pouvaient être nécessaires, lorsque l'enfant était à un âge où les "impressions des sens" étaient plus accessibles à son intelligence que des arguments tirés de la raison[439]. Il insistait sur l'importance de la mémoire, que l'enfant ne peut exercer que s'il apprend par coeur, "mécaniquement", un certain nombre de choses[440]. Il condamnait expressément la pédagogie du jeu, en particulier lorsqu'elle s'appliquait à l'enseignement des langues et prétendait remplacer l'étude de la grammaire[441]. Enfin, dans la troisième lettre, il s'attachait à montrer que les théories modernes n'étaient pas applicables dans la société réelle, qui offrirait à l'enfant devenu adulte des résistances que celui-ci n'aurait pas été préparé à vaincre[442]. Il reprochait même, non sans ironie, aux pédagogues "modernes" des vues rétrogrades quant à l'éducation des filles, puisque certains d'entre eux n'admettaient pas

---

435 Ch. G. SALZMANN, *Nöthigkeit und Wichtigkeit auch der weiblichen Erziehung*, in: *Pfalzbaierisches Museum*, V/1786, 266 - 281. Voir P.-A. BOIS, *Une revue "éclairée": le Pfalzbaierisches Museum (1786 - 1790)*, in: *L'Allemagne des Lumières, op. cit*, 345 sq.
436 Voir note 401 ci-dessus.
437 *Briefe über eine neuere Erziehungsart, Erster Brief*, in: *Jahrbuch für die Menschheit*, II, 1788, 3. St., 238.
438 *Briefe über die neuere Erziehungsart, Zweyter Brief, ibid.*, II, 1788, 4. St., 347.
439 *Ibid.*, 348 sq.
440 *Ibid.*, 352 sq.
441 *Ibid.*, 357 sq.
442 *Ibid., Dritter Brief*, II, 1778, 5. St., 385 - 395.

que celles-ci dussent apprendre autre chose qu'à manier la baratte, alors que lui, Knigge, disait qu'elles devaient aussi recevoir une certaine éducation intellectuelle. Si l'on pense à ce que proposait Salzmann en ce domaine, Knigge n'avait pas tort. Mais ce libéralisme très relatif ne saurait masquer l'importance qu'il attache à des méthodes que les plus avancés récusaient, et qui reposaient sur l'usage de la contrainte, l'apprentissage mécanique et la discipline.

Il faut pourtant souligner que ce qui séparait Knigge de pédagogues comme Campe et Trapp avait trait aux seules méthodes et non aux objectifs de l'éducation. Dans *Theophron*, Campe avait voulu montrer que l'individu devait apprendre à mettre ses actes en accord avec sa raison, afin de devenir un membre utile de la collectivité sociale. Knigge n'a jamais dit autre chose.

Il avait soigneusement évité, dans ses articles, de désigner par leur nom tant les "néopédagogues" que leurs instituts. Pourtant, Campe ressentit les attaques de Knigge comme une offense personnelle. Les deux hommes s'étaient rencontrés à Brunswick en août 1788, et Knigge avait même demandé à "Madame la Conseillère Campe" des avis à propos de l'éducation de Philippine[443]. Il avait par ailleurs fait à Wolfenbüttel la connaissance personnelle de Trapp, et lui avait confié pour quelque temps une de ses pensionnaires, Franziska Zollikofer, dont la présence chez lui à Hanovre était source de scènes orageuses avec Madame Knigge. Trapp avait apprécié les vues de Knigge en matière d'éducation et lui avait demandé de rédiger un article qu'il se proposait de publier dans le *Braunschweigisches Journal*, dont il était avec Campe et Stuve l'un des rédacteurs. Mais Campe avait lu, entre temps, les *Lettres sur les méthodes modernes d'éducation*. Piqué au vif, il avait refusé le texte que Knigge lui avait envoyé[444]. La querelle s'envenima alors, et les deux hommes, l'un et l'autre orgueilleux et susceptibles, en vinrent aux personnalités. A vrai dire, aucun argument nouveau ne fut mis en avant, ni par Campe, qui se servait du *Braunschweigisches Journal*[445], ni par Knigge, qui utilisait le *Jahrbuch für die Menschheit*[446].

Bientôt, Trapp vint faire entendre sa voix, soutenant son ami Campe en mettant à son service ses talents satiriques. Il faisait paraître, dans une revue

---

443 Knigge retrace l'Histoire de la polémique qui l'opposa à Campe dans *Nachricht an das Publicum [...], op. cit.*, et *Fortsetzung der Nachrichten von den Folgen, [...] op. cit.*. Voir aussi ses lettres à Grossmann entre août 1788 et mars 1789.
444 Cet article, que Knigge évoque dans *Nachricht an das Publikum...*, n'a pas été retrouvé. Voir M. GRÄTZ, *op. cit.*, 99, n. 2.
445 *Ueber die Hauptsünden der sogenannten neuern Pädagogik [...], in Hrn. Benekens Jahrbuch für die Menschheit*, von J. H. CAMPE, in: *Braunschweigisches Journal*, 1/1789, 2. St., 193 - 213 et 3. St., 339 - 359.
446 *Etwas über Pedanterey*, in: *Jahrbuch f. d. Menschheit*, 1/1789, 2. St., 120 - 143, et: *Noch Etwas, als Anhang zu den Briefen, in welchen ich Zweifel gegen die Grundsätze e i n i g e r Erzieher der jetzigen Zeit äusserte, [...],* in: *Jahrb. f. d. Menschheit*, 1/1789, 3. St., 221 - 234. Voir aussi articles cités n. 443 ci-dessus.

qu'il dirigeait, une *Reponse aux lettres du baron Knigge*[447], dans lesquelles, à son tour, il proclamait que la pédagogie devait reposer sur une théorie et non seulement sur la pratique mise en oeuvre par chaque père de famille.

Knigge ne répondit plus. Mais les lettres qu'il écrivit à la même époque à Grossmann montrent combien il était ulcéré d'avoir été considéré, par des hommes que peu de temps auparavant il honorait de son estime, comme un "esprit faux"[448]. Peut-être est-ce lui qui suscita deux écrits anonymes qui reprenaient sa défense, publiés sous la forme de deux lettres, l'une à Knigge, l'autre à Trapp[449]. Le procédé n'était pas rare à l'époque.

Contrairement à ce qui s'était passé à propos de la contrefaçon, il n'y avait pas eu entre Knigge et les "philanthropistes" de véritable débat. Au fond, la manière dont Knigge et Campe conduisirent cette polémique rappelle davantage les amabilités qu'échangeaient, en se servant de la presse, les Illuminés et les rose-croix. Mais cette fois, Knigge semblait se retrancher dans des positions qui ne reflétaient pas le combat qu'il menait par ailleurs en faveur des Lumières.

Pourtant, cette contradiction est peut-être plus apparente que réelle. Si l'éducation telle que Knigge la concevait paraît reproduire, quant aux méthodes, celle qu'il avait lui-même reçue de son milieu, les objectifs qu'il lui assigne s'inscrivent dans la perspective annoncée par le *Commerce*: la bourgeoisie doit apprendre à assimiler les manières de la classe supérieure, tandis que celle-ci, de son côté, doit accepter de lui reconnaître la place à laquelle elle a droit. La position de Knigge en 1790 est celle d'un *Aufklärer* réaliste qui, après l'écroulement de son rêve d'une "nouvelle religion", cherche une voie moyenne entre l'utopie et le conformisme. Le *Commerce* proposait, par d'autres moyens, la réalisation de ce qui, dans l'utopie de la "nouvelle religion", pouvait être appliqué dans une société dont Knigge refusait que les structures fussent bouleversées par la violence. Le conservatisme de Knigge en matière d'éducation n'est que le signe des limites que l'*Aufklärung* assignait à l'émancipation bourgeoise. Entre Knigge et Trapp, la différence n'est pas aussi grande que le laisse supposer leur polémique: Trapp, devenu recteur d'une école d'Itzehoe, ne reconnaissait-il pas lui-même, dans l'allocution qu'il prononça en entrant en fonctions, que les maîtres ont "le devoir d'organiser leur enseignement selon les besoins et les exigences de l'époque"[450]? Les

---

447 E. Ch. TRAPP, *Beantwortung der Briefe des Freiherrn von Knigge über die neuere Erziehungsart [...]*. In: *Debatten, Beobachtungen und Versuche*, 1789, I, 1. St., 13 - 75.

448 Knigge à Grossmann, lettres des 17 et 22 février, 2 et 20 mars 1789, KAW, ms. à la Bibl. Universitaire de Leipzig.

449 *Zwei Briefe, einer an Trapp, der andere an Knigge*, Leipzig, 1789. C'est M. GRÄTZ qui avance l'hypothèse que Knigge en serait l'auteur, *op. cit.*, 103 sq.

450 Le discours était intitulé: "Von der Pflicht der Schullehrer, den Unterricht der Jugend nach den Bedürfnissen und Forderungen der Zeit einzurichten", cité par M. GRÄTZ, *op. cit.*, 102.

disciples de Basedow avaient souvent corrigé les "erreurs" du maître, et la "pédagogie moderne" était loin d'être, en 1788, aussi hostile à la discipline qu'affectait de le croire le baron hanovrien. En tout cas, si l'on veut parler de "contradiction", ce n'est pas chez Knigge seul qu'il faut s'attacher à la déceler: elle est inhérente à toute l'*Aufklärung*.

En cela aussi, Knigge est, en 1790, un représentant exemplaire des Lumières allemandes. Mais en même temps, il est ce que beaucoup d'*Aufklärer* n'étaient pas: un écrivain politique. Georg Forster ne s'y était pas trompé qui, dans une lettre à Sömmering, écrivait à propos du *Commerce*: "C'est l'un des rares livres que l'on doive absolument posséder"[451].

---

451 "Es gehört zu den wenigen Büchern, die man besitzen muss", Forster à Sömmering, 16 mars 1788, in: H. HETTNER (Hg), *Georg Forsters Briefwechsel mit S. Th. Sömmering*, Braunschweig, 1877, 495.

II

L'utopie de la Raison pratique au service des Droits de l'homme

1. Révolution française et régénération allemande. 2. Le nouveau contrat social: l'utopie du *Noldmann*. 3. Knigge à Brême: l'Administration au service des Lumières.

Harvestehude, un joli village près de Hambourg. C'est là qu'habite l'un des hommes les plus riches et les plus considérés de la grande ville hanséatique, le négociant Georg Heinrich Sieveking[1]. La matinée s'achève. Quatre-vingts personnes environ sont réunies dans le parc qui entoure la propriété. A côté du maître de maison, on remarque le commerçant Conrad Johann Matthiesen[2], le médecin Johann Albrecht Heinrich Reimarus et sa femme Sophie, accompagnés de leur fille Christine, un autre médecin, d'Altona celui-là, Johann Christoph Unzer[3]. Le négociant Caspar Voght est venu. Et aussi des hommes de lettres: le vieux Klopstock, Piter Poel[4], Cramer. Et Knigge, qui attend la signature, imminente, par l'Electeur-roi de sa nomination au service de la Régence de Hanovre. Deux autres nobles sont présents: le comte Dohna et Ramdohr[5], de Celle. Un Américain, et quelques autres étrangers, ont été invités.

A midi 32 minutes, un coup de canon retentit: c'est l'instant précis où le soleil passe au-dessus du méridien de Paris. Nous sommes le 14 juillet 1790.

---

1 Voir I, n.393.
2 Conrad Johann MATTHIESEN (1751 - 1822), commerçant hambourgeois, fit un séjour à Paris en 1789. Il se détachera plus tard de la Révolution. Sur lui, voir W. STILLEM, *Conrad Johann Matthiesen*, in: *Mitteilungen des Vereins für Hamburgische Geschichte*, Jg 14, 1891, 303 - 312.
3 Johann Christoph UNZER (1774 - 1809), professeur de physique au gymnase d'Altona, médecin et homme de lettres. Voir DROZ, *op. cit.*, 139, n. 3.
4 Piter POEL (1760 - 1837) représente assez exactement le type du cosmopolite éclairé. Sa famille, d'origine hollandaise, s'était établie en Russie pendant trois générations. Lui-même était né à Archangelsk. Il étudia les affaires à Bordeaux, le droit à Genève et à Göttingen. Etabli à Hambourg, il resta fidèle à son enthousiasme pour la Révolution française. Sur lui, voir *Allg. deutsche Biographie*, LIII, 87 - 93. Sur VOGHT, voir I, n. 396.
5 Friedrich Wilhelm von RAMDOHR (1757 - 1822), haut magistrat hanovrien, se détournera vite de la Révolution française. Il condamnera dès 1791 l'abolition de la noblesse, dans un article publié dans la *Berlinische Monatsschrift*.

Tandis que se déroule, à quatre cents lieues de là, la Fête de la Fédération générale, l'assistance entonne un chant solennel en l'honneur de la liberté, dont le texte a été composé par Sieveking. Klopstock lit deux odes – qui ne seront imprimées que beaucoup plus tard. Des jeunes filles, vêtues de blanc, avec des ceintures et des cocardes aux couleurs de la nation française, en distribuent des morceaux aux assistants. Knigge, qui avait ceint pour la circonstance le cordon qui témoignait de sa future dignité de fonctionnaire hanovrien, l'enlève et le remplace par la cocarde, aux applaudissements de tous.

> Au son des pétards et de la musique, et dans la liesse générale, furent portés des toasts, en particulier pour souhaiter que l'Allemagne suive bientôt l'exemple de la France, que le despotisme y soit aboli etc[6].

On boit à la France, au 14 juillet, à l'Assemblée Nationale, à Bailly, à La Fayette, à Mirabeau, à Klopstock. Puis on reprend en choeur le chant de Sieveking. L'Américain, un combattant de la guerre d'Indépendance, serre les mains autour de lui, évoque le 4 juillet 1776. Une quête pour les pauvres rapporte 200 marks. On danse. On rit. On pleure. On s'embrasse[7].

C'est Sieveking qui avait eu l'idée de cette célébration. Les autorités hambourgeoises n'avaient pas été invitées: on savait que, malgré leur sympathie pour la Constituante, elles tenaient à garder une certaine distance face aux événements de France, afin de ne pas indisposer la Prusse et l'Autriche[8]. Il s'agissait d'une manifestation privée qui réunissait des personnages dont les professions avaient valeur de symboles: riches négociants, hommes de science, intellectuels "éclairés", comment auraient-ils pu rester indifférents devant les efforts d'un peuple autrefois asservi pour jeter les bases d'une société nouvelle, dans laquelle le mérite et le savoir (et la fortune), se substituant au privilège suranné de la naissance, donneraient emplois et pouvoir? Et voilà que Knigge avait une vision: ce chant de la liberté que Sieveking avait composé[9], n'était-ce pas le cantique de sa "nouvelle religion", dont il avait

---

6 Knigge à sa fille, 15 juillet 1790, in: KLENCKE, *op. cit.*, 221.
7 Sur la fête de Harvestehude, voir outre la lettre de Knigge citée dans la note 6, la lettre de Sophie Reimarus à son frère August Hennings, 5 août 1790, in: Nachlass August Hennings, Staats- und Universitätsbibliothek Hamburg, LVII, Briefe von Sophie Reimarus; F. W. von RAMDOHR, *Studien zur Kenntnis der schönen Natur, der schönen Künste, der Sitten und der Staatsverfassung auf einer Reise nach Dänemark*, Hannover, 1792, 45; G. POEL, *Bilder aus vergangener Zeit*, Hamburg, 1844, 48 sqq.; H. SIEVEKING, *Georg Heinrich Sieveking*, *op. cit.*, 48 - 53; J. DROZ, *op. cit.*, 139 sq.; F. KOPITZSCH, *op. cit.*, Teil 2, 615 sq.
8 J. DROZ, *op. cit.*, 140 sq. Sur les courants libéraux et démocratiques en Allemagne du Nord à l'époque de la Révolution française, voir les trois ouvrages de W.GRAB, *Demokratische Strömungen in Hamburg und Schleswig-Holstein, op. cit.; Norddeutsche Jakobiner, op. cit.;* et *Leben und Werke norddeutscher Jakobiner*, Stuttgart, 1973.
9 Le texte en est joint par Knigge dans une lettre à Gerhard Anton von Halem du 13 janvier 1793, KAW, ms. à la Landesbibl. d'Oldenburg, Nachlass Halem, Briefe, II,

trop trop tôt abandonné le rêve? Les Français n'étaient-ils pas en train de célébrer le grand rassemblement de l'humanité, cette "alliance" qui signifiait la fin des divisions et l'aube d'un bonheur nouveau?

Et tout cela se passait dans la liesse générale. Un député nommé Robespierre n'avait-il pas proposé que l'on supprimât la peine de mort? Qui osait parler de violence, sinon ceux qui, au nom de misérables intérêts, craignaient pour leurs privilèges? Est-ce que lui, l'aristocrate issu d'une des plus anciennes familles du Hanovre, devait, par solidarité de caste, hurler avec les ennemis du genre humain? Il saurait bien montrer que l'on pouvait à la fois s'enthousiasmer pour les principes nouveaux et rester fidèle à son prince.

Le 10 août était signée à St. James sa nomination comme "Inspecteur de Ecoles et Grand Bailli" du duché de Brême, avec le rang d'*Oberhauptmann*. Il devait prendre ses fonctions le 1er septembre. L'Electeur-roi n'y avait mis qu'une condition: qu'il rendît les clefs de chambellan reçues jadis à Weimar. Knigge était chargé des affaires scolaires et religieuses du duché, ainsi que des problèmes concernant le chapitre cathédral de Hambourg, qui relevaient, eux aussi, de la souveraineté hanovrienne. Ce poste, auquel s'attachaient des attributions importantes[10], lui offrait l'occasion de contribuer, par voie administrative, à appliquer l'esprit des Lumières à la gestion de ces deux domaines d'une importance capitale qu'étaient l'Eglise et l'enseignement. Knigge, qui rejetait la violence, allait pouvoir montrer à l'Allemagne qu'il existait une "voie moyenne" entre le bouleversement radical et le maintien d'un passé révolu.

Mais bientôt, il dut affronter de nouveau le choc entre la réalité et l'utopie. Une fois encore, l'assaut ne venait pas seulement de ceux qui refusaient obstinément de comprendre que les temps avaient changé. Les "Francs régénérés" donnaient eux-mêmes à l'Europe épouvantée le spectacle de luttes menées avec une cruauté inouïe. Robespierre, l'adversaire de la peine de mort, envoyait ses ennemis à la guillotine dressée en permanence, avant d'y être

---

Nr 120. Il est reproduit dans H. SIEVEKING, *op. cit.*, 50 sqq., et dans le catalogue de l'exposition consacrée à Knigge par la Herzog August Bibliothek de Wolfenbüttel en 1977, *Katalog, op. cit.*, 103 sq.

10 La date de la nomination est indiquée dans *Tagebuch über meine Amtsverrichtungen [...], op. cit.*, désormais cité *Tagebuch*. Le ms se trouve au Archives de Basse-Saxe, dépôt de Stade. Il en existe une copie dactylographiée à la KAW, où nous l'avons consulté. Il couvre une période allant de septembre 1790 au 24 avril 1796 (moins de deux semaines avant la mort de Knigge) et fournit un témoignage de premier ordre sur ses activités au service de la Régence. Le terme *Oberhauptmann* est purement honorifique et indique seulement que Knigge appartenait à une très ancienne noblesse (voir 1re partie, II, n. 124). Sa fonction était désignée par les termes de *Scholarch* et de *Landdrost*. Nous avons rendu *Scholarch* par "Inspecteur des Ecoles"; au moyen âge, l'"écolâtre" était l'ecclésiastique dirigeant l'école attachée à une église cathédrale, mais nous avons hésité à utiliser ce terme pour un pays protestant. Le terme de *Landdrost*, que nous rendons par "grand-bailli", désignait un grade élevé dans la hiérarchie administrative.

traîné à son tour. Comment s'y reconnaître? La période qui va de 1790 à 1796 est, pour Knigge, dominée par cette question effrayante. Il exècre la Terreur, comme tous les *Aufklärer*. Mais il en comprend les causes. Il sera l'un des seuls à proclamer avec courage que la défaite de la Révolution signifierait une régression de la conscience universelle. Plutôt que de condamner la Révolution, il préférera expliquer aux Allemands comment ils peuvent éviter que des horreurs semblables n'aient lieu chez eux. Homme des Lumières, il conservera assez de droiture dans son jugement pour penser que cela n'est possible que s'ils acceptent de se laisser "éclairer" par la Révolution. Au jugement sentimental issu de réactions irrationnelles, il préférera substituer l'inventaire rationnel des causes et des remèdes.

1. Révolution française et régénération allemande

A. Knigge et la France avant 1789

Comme beaucoup d'*Aufklärer*, Knigge était, avant 1789, fasciné par la Frace, mais il ne l'aimait pas. Il en écrivait parfaitement la langue, il en connaissait à fond la littérature, il goûtait l'élégance des manières françaises[11]. Mais dès qu'il s'agissait de peindre un aventurier, de dénoncer la frivolité et la corruption des moeurs, de trouver des types de charlatans, de souteneurs, de courtisanes, de petits maîtres ou de marquis ridicules, c'est la France qui lui fournissait ses modèles[12]. L'ancien franc-maçon n'oubliait pas non plus que c'étaient des militaires français qui avaient introduit en Allemagne les hauts grades, en partie à l'origine du chaos des systèmes maçonniques[13]. Pas plus que les autres intellectuels allemands de son époque, Knigge n'admettait qu'un Français prétendît à une supériorité culturelle sur l'Allemagne: en 1786, il raille l'*Impertinence d'un écrivain français*[14] qui a eu l'insolence de trouver injouables les pièces de théâtre allemandes, et de regretter que Lessing ne fût pas né à... Paris. Knigge, qui faisait du théâtre une affaire personnelle et, par ailleurs, admirait tant Lessing, donne sur plus de quinze pages libre cours à une indignation grandissante. Bien entendu, il n'oublie pas de souligner que "la meilleure partie de la nation" se distingue – "Dieu merci!" (*Gottlob!*) – de la France par ses moeurs, son sérieux, ses vertus etc. Que les Français se fassent gloire de leur ignorance en littérature allemande, passe encore! Mais puisqu'ils rendent le nom de l'auteur de *Minna von Barnhelm* par "Le Singe", croient que le "Canonicus Gleim" est un fleuve prussien et traduisent:

---

11 Dans *Roman meines Lebens*, il fait l'éloge de la vie mondaine à Celle, qui, grâce aux huguenots français, se distingue par une "magnifique élégance" (*herrliche Politur*) que ne gâtent ni la laideur ni la frivolité (*Roman meines Lebens*, IV, 149).
12 Voir par exemple *Roman meines Lebens*, II, 63 sq.; III, 62; IV, 9, 67, 187 sq.; *Peter Claus*, I, 32 sq., 81 - 91, 148, 154 sq., 249; II, 78; *Noldmann*, I, 248; II, 47, 97.
13 *Peter Claus*, I, 123.
14 *Impertinenz eines französischen Schriftstellers*, in: *Pfalzbaierisches Museum*, III, 1785 - 1786, 494 - 509.

Versuch über die Philosophie par "Sur la philosophie de Mr. le Versuch"[15], Knigge se croit autorisé à qualifier le "Franzmann" de "bavard" [16].

Les sentiments que Knigge nourrissait à l'égard de la France s'inscrivaient aussi, comme ceux de tous ses compatriotes, dans la mémoire historique allemande. Les nombreux voyages qu'il avait faits, souvent à pied, dans les régions rhénanes et le Palatinat lui avaient rappelé les tristes exploits des troupes de Turenne. Il note dans le *Roman de ma vie* que les paysans du Palatinat donnent encore, près d'un siècle après la dévastation du pays, le nom du général Mélac à leurs chiens[17]. Il n'oublie pas de rappeler la destruction du château de Heidelberg[18]. Les Français ont aussi ravagé la Hesse pendant la guerre de Sept ans [19]. Tout cela, dit-il, est l'oeuvre d'un peuple soumis à des despotes, dont Louis XIV est pour lui, comme pour la majorité des intellectuels allemands, le sinistre modèle. Au roi-soleil dont Voltaire avait peint la grandeur, Knigge opposera encore en 1791, dans *Noldmann*, le portrait d'un "gaillard misérable, petit, vaniteux"[20], dont la gloire se nourrit de la misère des hommes.

Pourtant, l'hostilité de Knigge à la France dans les années précédant la Révolution n'est pas l'expression d'un patriotisme allemand politique. L'article dans lequel il dénonce l'*Impertinence d'un écrivain français* témoigne, certes, de l'existence chez lui d'un sentiment national, mais celui-ci est, comme pour la plupart des *Aufklärer*, d'abord d'ordre culturel. Knigge déplore que "tant de riches seigneurs reviennent de la sale capitale du monde trop souvent francisés de corps, d'âme et de goût, pour la honte de notre patrie; [...] et dans les provinces d'Allemagne proches de la frontière, et dans lesquelles la barbarie française s'oppose aux vraies et authentiques Lumières, on prend encore trop goût à ces brouets étrangers qui écoeurent la meilleure partie de la nation"[21]. Les termes de "patrie" et de "nation" renvoient ici à la seule réalité nationale existant à cette époque en Allemagne, celle qui s'exprime par une langue et une culture communes.

L'emploi par Knigge du mot *Vaterland* dans les oeuvres antérieures à 1790 confirme cette remarque. Ce qui frappe d'abord, c'est qu'il n'est pas fréquent: dans le *Roman de ma vie*, il est utilisé 18 fois; dans *Peter Claus*, 17 fois; dans *Seelberg* 12 fois; dans le *Commerce* (édition de 1790), 13 fois. Si l'on compare la fréquence d'utilisation de ce mot avec celle des termes qui structurent l'idéal des Lumières telles que Knigge se les représente (*Vernunft, Moral, Weisheit* etc.), qui reviennent des centaines de fois, il faut bien constater qu'il n'avait guère, avant 1790, réfléchi au problème d'une "patrie allemande".

---
15 *Ibid.*, 497.
16 *Ibid.*, 507.
17 *Roman meines Lebens*, IV, 215.
18 *Ibid.*, 293.
19 *Ibid.*, 160.
20 "ein elender, kleiner, eitler Kerl", *Noldmann*, I, 241.
21 *Ibid.*, 499 sq.

On peut classer le sens de *Vaterland* selon trois champs sémantiques: le Territoire, le Saint-Empire, et un champ que nous qualifierons d' "indéterminé". Si l'on compte le nombre d'emplois dans chacun de ces champs, on obtient le tableau suivant:

	Territoire	Saint-Empire	Indéterminé
Roman de ma vie	six[22]	sept[23]	cinq[24]
Peter Claus	sept[25]	trois[26]	sept[27]
Seelberg	huit[28]		quatre[29]
Commerce	cinq[30]	un[31]	sept[32]

Les variations qui renvoient le mot *Vaterland* tantôt à la réalité territoriale, tantôt à celle du Saint-Empire sont fonction des nécessités du récit: c'est le Territoire qui constitue le cadre du destin politique et social des personnages, et le Saint-Empire n'est qualifié de "patrie" que lorsque sont abordées des questions de littérature, d'art, de langage ou de moeurs [33]. Dans quelques cas, rares, un "patriotisme d'Empire" est opposé à l'absolutisme des princes territoriaux [34]: mais ce motif était, lui aussi, cher aux *Aufklärer*.

Quant au troisième champ sémantique, il englobe des significations très diverses, qu'il est impossible de rapporter à un nombre limité de concepts. Knigge emploie alors le mot *Vaterland* pour désigner le lieu d'un attachement avant tout affectif, auquel l'homme doit être prêt à consacrer ses forces et son talent. C'est ainsi que l'esprit d'aventure fait oublier, s'il est trop développé, "parents et patrie"[35], à moins que la distance et le temps écoulés n'éveillent cette nostalgie[36]. La patrie peut être aussi la figure d'un objet de désir: Seelberg rêve "d'une meilleure patrie"[37]. Mais il ne pense pas à l'Allemagne particulièrement: sa patrie, dit-il, c'est "le monde"[38]. Déjà, on trouvait la

---

22 *Roman meines Lebens*, I, 73; III, 32, 87, 120, 198; IV, 48.
23 *Ibid.*, 80; III, 168; IV, VII, 61, 66, 96, 211.
24 *Ibid.*, I, 80; II, 126; III, 3, 60, 97.
25 *Peter Claus*, I, 24, 25, 54; II, 72, 105; III, 68, 76.
26 *Ibid.*, I, 32, 221; II, 131.
27 *Ibid.*, I, 226; II, 36, 42, 49, 150, 236; III, 182.
28 *Seelberg*, I, 10, 61, 232, 240, 283; II, 113, 291, 301.
29 *Ibid.*, I, 199, 207, 249; II, 148.
30 *Umgang*, éd. 1795, I, 14, 15, 17, 20, 27.
31 *Ibid.*, I, 10.
32 *Ibid.*, I, 11, 48; II, 19, 20; III, 142, 147, 179.
33 Par exemple dans *Roman meines Lebens*, III, 168: "Man schmeichelt dem mitelmässigen Talente zu leicht in unserm Vaterlande"; IV, 211: "Jedem Teutschen [...], der sich seines Vaterlandes schämt, und mit fremden Sitten prahlt".
34 Par exemple *ibid.*, IV, 96.
35 *Roman meines Lebens*, II, 126; *Seelberg*, I, 207.
36 *Ibid.*, III, 3; *Peter Claus*, II, 36, 42, 150.
37 *Seelberg*, II, 148.
38 *Ibid.*, I, 199.

même idée dans le *Roman de ma vie*[39]. C'est l'idéal cosmopolite des Lumières qui s'exprime alors, lié à l'intention de régénérer une humanité divisée.

L'attachement à la patrie impose le devoir de la servir: sans préciser s'il s'agit d'un Territoire, du Saint-Empire ou d'un pays étranger, Knigge souligne que tout homme doit à sa "patrie" d'y devenir un citoyen utile. C'est surtout à partir du *Commerce* qu'il formule cette idée[40]. Mais même encore, il ne fait pas du "patriotisme" (*Vaterlands-Liebe*), auquel il consacre quelques lignes suivies dans la deuxième partie du livre[41], l'objet d'une nostalgie qui viserait à créer une nation allemande dont il avait, dans l'*Introduction* à la première partie, montré qu'elle n'existait pas. Le "patriotisme", qu'il décrit comme un sentiment "qui reste plus fervent, plus chaleureux que l'esprit de citoyen du monde"[42], est, au même titre que la "propriété" et le "sens des devoirs civils", le lien naturel et sentimental qui unit l'homme à un environnement familier, dont la permanence, source de stabilité psychologique et morale, est garantie par la présence de souvenirs et de lieux évoquant "les heureuses années de la jeunesse".

Lorsqu'éclate la Révolution française, Knigge est un *Aufklärer* et un écrivain politique. Mais jamais il n'avait imaginé que l'idéal de sa nouvelle religion allait revivre dans les actes d'un peuple qui, pensait-il, méprisait aussi profondément ses compatriotes. Et voici que ce peuple devenait, en quelques mois, un exemple dont, pendant six années, il n'allait pas se lasser de proposer l'imitation à l'Allemagne...

B. Régénération et rassemblement

La célébration de Harvestehude était "une fête de la liberté en l'honneur de la Révolution française" – ce sont les propres termes employés par Knigge pour la décrire[43]. Georg Forster, qui avait assisté à Paris aux préparatifs de la Fédération générale, évoque dans ses *Souvenirs de l'année 1790* cette "première fête d'alliance célébrant la liberté reconquise"[44]. A Paris et à Hambourg, c'était la nature qui offrait son cadre. A Paris, une messe était dite, à Hambourg des hymnes étaient chantées. Dans les deux villes, des rubans tricolores étaient distribués. Dans les deux villes, on dansait[45]. Il semblait qu'à

---

39 *Roman meines Lebens*, III, 60.
40 *Umgang*, éd. 1795, I, 48 (il faut être utile à sa patrie); III, 142 (on peut la servir comme soldat); 147 (les marchands pèsent sur la prospérité de leur patrie).
41 *Ibid.*, II, 19 sq.
42 *Ibid.*, 19.
43 Knigge à sa fille, 15 juillet 1790, *op. cit.*, 220.
44 "Hier feierte man jetzt das erste Bundesfest der wiedererrungenen Freiheit", G. FORSTER, *Erinnerungen aus dem Jahre 1790*, 1793, in: *Sämtliche Werke*, hg. von G. G. GERVINUS, Leipzig, 1843, VI, 181,
45 Pour la description de la fête parisienne, voir, bien sûr, MICHELET, *Histoire de la Révolution française*, rééd. Paris, 1979, I, 338 - 340, mais aussi Ph. SAGNAC, *La*

Paris et à Hambourg, on accomplissait spontanément les mêmes gestes, on prononçait les mêmes paroles. Et en vérité, c'est bien d'une même voix que le peuple de France et, en Allemagne, quelques hommes acquis à l'idéal nouveau, fêtaient l'aube de ce que Michelet, dans le titre même des deux chapitres de son *Histoire de la Révolution française* consacrés à la Fédération, appelle "la religion nouvelle"[46].

Un chapitre du *Système universel pour le peuple* de Knigge était intitulé "Service divin sur l'île" [47]. Sa lecture évoque irrésistiblement les témoignages dont Michelet s'est servi pour décrire la célébration des fédérations dans les départements, qui précédèrent en 1790 celle de Paris. Michelet s'appuie sur les lettres envoyées par les fédérés à l'Assemblée Nationale Constituante, et constate:

> Il y a dans ces immenses réunions où le peuple *de toute classe et de toute communion* ne fait plus qu'un même coeur, une chose plus sacrée qu'un autel. Aucun culte spécial ne prête de sainteté à la chose sainte entre toutes: *l'homme fraternisant devant Dieu*[48].

Knigge, certes, avait imaginé un "culte spécial": mais ne s'adressait-il pas, lui aussi, aux hommes "de toutes classes et de toutes religions"? Et le prêtre – "noble ami de l'humanité" – qui le préside, "exhorte le peuple à l'amour de Dieu et de ses frères"[49]. Dans l'utopie du "manuscrit de Brick", il réduisait ce culte à une cérémonie annuelle, pur "épanchement du coeur" (*Herzensergießung*) destiné à "unir plus étroitement les coeurs des habitants, à leur faire éprouver un degré d'enthousiasme qui émeuve les sens sans les stupéfier, et qui en même temps donne à tout le peuple l'occasion de se voir rassemblé comme une seule et heureuse famille, pour se réjouir en commun"[50].

Ce culte par lequel est célébrée la fraternité universelle, c'est la "fête d'alliance" dont parle Forster, et que chante aussi Sieveking à Harvestehude:

> Vingt-cinq millions d'hommes célèbrent aujourd'hui la Fête de l'Alliance, qui ne fait trembler que le trône des despotes et les esclaves[51].

Cette unique et heureuse famille qui "se réjouit en commun", elle a, en 1790, un nom: c'est la Patrie. Non plus la patrie méchante, repliée sur elle-même,

---

Révolution française (1789 - 1792), Paris, 1920, 235 sqq. (in: E. LAVISSE, *Histoire de France contemporaine jusqu'à la paix de 1919*, I).

46 MICHELET, *op. cit.*, livre III, chap. XI et XII. Le chapitre I du livre IV est intitulé: "Pourquoi la religion nouvelle ne put se formuler". Sur la Révolution comme "nouvelle religion", voir BERTAUX, *op. cit.*, 114 - 123.
47 "Gottesdienst auf der Insel", *Allgemeines System*, 44 - 47.
48 MICHELET, *op. cit.*, I, 326 sq. Souligné par nous.
49 *Allgem. System*, 46.
50 *Peter Claus*, II, 217 sq.
51 "Fünfundzwanzig Millionen / Feiern heute das Bundesfest, / Das nur der Despoten Thronen / Und die Sklaven zittern lässt", cité in: SIEVEKING, *op. cit.*, 50.

orgueilleuse et agressive, issue des hasards de l'histoire, c'est-à-dire des entreprises guerrières de souverains absolus régnant sur des sujets – mais un rassemblement d'hommes libres, oubliant volontairement la diversité de leurs origines géographiques ou sociales, de leurs langues on de leurs religions. En 1648, les Alsaciens étaient devenus sujets du roi de France : un traité signé par des princes avait disposé d'eux. Le 14 juillet 1790, ils pouvaient se proclamer Français parce qu'ils le faisaient librement. "Seules des nations libres ont une patrie", écrit Forster[52]. Rebmann dira la même chose quelques années plus tard : "Sans liberté ne se développe aucun patriotisme"[53]. C'était reprendre, avec plus de trente années de retard, la relation entre "patriotisme" et "liberté" établie par l'*Encyclopédie* et les Lumières françaises.

Ici se pose une question difficile : de quelle "patrie" s'agissait-il ? L'exemple offert par les Français rattachait ce concept à une réalité nationale, même si certains révolutionnaires (en particulier ceux qu'on appellerait bientôt les Girondins) rêvaient de la régénération de toute l'Europe. On sait que beaucoup d'intellectuels allemands crurent à la possibilité que s'institue une "patrie allemande" si l'Allemagne acceptait de faire siens les principes de 1789 et de 1790. Quelques-uns iront même plus loin : pour que naquît une patrie allemande, il fallait d'abord établir des institutions républicaines. Ce fut le rêve d'un Hölderlin, d'un Forster, d'un Rebmann.

Pourtant, un *Aufklärer* pouvait opposer à la conception absolutiste d'un patriotisme qu'il rejetait, surtout depuis la guerre de Sept ans, une autre valeur, cultivée notamment dans les loges maçonniques, le cosmopolitisme. De 1724 à 1726 avait paru, à Hambourg justement, un journal appelé *Der Patriot* : pour ses rédacteurs, le "patriote", c'était l'ami du bien commun[54], et le patriotisme ne débouchait nullement sur la revendication politique d'une "patrie allemande". Simplement, le "patriote" développait une conception de l'humanité fondée sur l'unité du genre humain. Au fond, c'était celle de Lessing, et aussi de Knigge.

Le cosmopolitisme n'était pourtant pas inconciliable avec la référence à une patrie nationale dès lors que celle-ci mettait en avant les valeurs qui, au-delà d'une nouvelle organisation de l'Etat, devaient désormais instituer le bonheur universel.

Décrivant la Fête de la Fédération, dont il avait observé les préparatifs et dont il avait pu lire les récits exaltés qu'en donnèrent les témoins, singuliè-

---

52 G. FORSTER, *op. cit.*, 182.
53 In : *Das Neueste Graue Ungeheuer*, von einem deutschen Manne, Strasbourg, 2. Aufl., 1800, cité par N. von WRASKY, *A.G.F. Rebmann. Leben und Werke eines Publizisten zur Zeit der grossen französischen Revolution*, Diss., Heidelberg, 1907, 98. Au début de son règne, Carl Eugen de Wurtemberg avait lancé à un de ses ministres : "Was, Vaterland ? Ich bin das Vaterland !", cité par K. BIEDERMANN, *op. cit.*, I, 77.
54 Voir *Der Patriot*, kritisch hg. von Wolfgang MARTENS ; 4 Bde, Berlin, à partir de 1969.

rement allemands, Forster énumère les articles du nouveau symbole: ce sont l'égalité civile, le mérite personnel et la souveraineté du peuple qui fondent la "patrie", cimentée par un "serment de fraternelle fidélité", bientôt suivi de "ce cri formidable et enthousiasmant: 'Vive la Nation!'"[55]. Marita Gilli, dans sa thèse sur Forster, note que c'est à partir de juillet 1790 qu'il est devenu véritablement révolutionnaire et qu'il a compris ce que signifie la souveraineté populaire[56]. Comment ces lecteurs de Rousseau, celui du *Contrat social*, mais aussi celui de *La Nouvelle Héloïse*, auraient-ils pu rester froids devant un spectacle aussi grandiose qui, dans l'exaltation du sentiment, chantait si bien les conquêtes de la raison?

Mais l'instauration de la souveraineté populaire, la reconnaissance de l'égalité et du mérite, n'était-ce pas d'abord la fin de toutes ces divisions, dont la plus apparente, et la plus insupportable à des "amis du genre humain", était celle qui se traduisait par des guerres et des conquêtes continuelles? Le 22 mai 1790, l'Assemblée Constituante avait voté le fameux décret proclamant que "la nation française renonce à entreprendre aucune guerre dans le but de faire des conquêtes et n'emploiera jamais la force contre la liberté d'aucun peuple". Mais elle admettait aussi qu'au nom de la liberté, un peuple veuille se séparer de son souverain séculaire. Il pouvait y avoir là de quoi inquiéter les rois: la volonté des habitants d'un territoire se substituait à celle des princes pour décider de l'appartenance du sol à telle ou telle nation. Les habitants d'Avignon l'avaient compris ainsi: le 12 juin 1790, ils votaient leur rattachement à la France[57]. Le peuple pouvait-il s'effrayer de cette nouvelle conception du droit international? Quant aux *Aufklärer* cosmopolites, la question importante n'était pas pour eux celle de la nationalité des habitants, mais celle des institutions qui déterminaient le cadre de leur vie. "Ubi bene, ibi patria": cette devise, qui était celle du cosmopolitisme[58], était en contradiction avec la conception absolutiste du patriotisme, mais elle ne pouvait choquer ceux qui assistaient à la naissance de la patrie française et souhaitaient celle d'une patrie allemande. Les adversaires allemands de la Révolution française ne s'y sont pas trompés, qui utilisèrent le mot *Weltbürger* comme une injure adressée à ceux que, par ailleurs, ils fustigeaient du nom de *Jakobiner* ou d'*Illuminat*. L'auteur d'un article publié en 1794 dans le *Genius der Zeit*, pourtant d'habitude assez favorable à la France, explique que la maxime "Ubi bene, ibi patria" est "non seulement contraire au devoir, mais aussi tout à fait contraire à l'intérêt de l'Etat où elle est mise en application"[59].

---

55 G. FORSTER, *op. cit.* 181.
56 M. GILLI, *Georg Forster, op. cit.*, 569 sq.
57 Pour des raisons diplomatiques, l'Assemblée n'accèdera à ce voeu qu'en septembre 1791.
58 Sur *patriotisme* et *cosmopolitisme*, voir GUSDORF, *op. cit.*, 369 sqq.
59 *Ueber den Spruch: ubi bene, ibi patria, wo es dir wohlgeht, da ist dein Vaterland*, in: *Genius der Zeit*, 1794, III, Sept. bis Dezember 1794, 40.

Le patriotisme révolutionnaire, et, avec lui, le rêve d'une patrie allemande, ne sont pas cependant une simple excroissance de l'idéal cosmopolite des Lumières. Le cosmopolitisme se désintéressait, au fond, des problèmes politiques. Le patriotisme révolutionnaire exprime au contraire l'espérance concrète d'un idéal politique. Mais on ne peut comprendre l'enthousiasme soulevé chez certains intellectuels allemands par l'idéal patriotique tel qu'il s'exprime à Paris en 1790, et tel que le reflète aussi la fête de Harvestehude, si l'on oublie que ce sont les mêmes hommes qui, après avoir fait du cosmopolitisme un idéal des Lumières, croient maintenant retrouver cet idéal dans la Fédération. Le patriotisme de 1790 n'est pas guerrier, il est religieux. C'est la forme que prend en France le rêve d'une société régénérée et rassemblée, devenue enfin le lieu du bonheur, et dont l'exemple doit être, précisément pour cette raison, proposé au monde. Le chant de Sieveking traduit exactement le double caractère de l'espérance patriotique qui secoua une partie de l'Allemagne à partir de 1790. Il s'adresse à la fois à l'Allemagne et à l'Humanité.

La première strophe s'ouvre sur un appel aux "libres Allemands", qui fait écho à la question posée par Klopstock: pourquoi *Eux, et pas nous*! Mais la cinquième strophe formule, dans une large amplification lyrique, l'idéal d'une régénération de l'humanité entière:

> Elevez le regard! C'est pour la terre entière que fut mené le combat et que le sang coula, afin qu'elle devienne libre et heureuse, éclairée et sage et bonne![60]

L'arrière-petit-fils de Sieveking note dans le gros ouvrage qu'il consacre à la mémoire de son aïeul que ces vers expriment une "disposition d'esprit" (*Gesinnung*) encore partagée en 1913... Sans doute avait-il raison en ce qui concerne la bourgeoisie hambourgeoise, la seule peut-être en Allemagne qui fût vraiment "libérale" à tous les sens du terme, intellectuel, religieux, politique et économique. En 1798, alors que le cours qu'avait pris la Révolution avait déçu bien des Allemands (et bien des Français aussi...), la fille de Reimarus, Christine, qui avait épousé celui qui allait devenir le comte Reinhard, écrivait de Florence:

> C'est aujourd'hui le 14 juillet. Célébrez-vous encore ce jour à Hambourg? Avec quelle joie, quelle félicité l'avons-nous fêté ensemble, à Hambourg et à Flottbeck!

Et elle ajoutait:

> Ce n'est que plus tard que vint l'époque de la Terreur, le temps des larmes et des soupirs! Lorsque je me rappelle tout ce qui vint ensuite, j'ai du mal à retrouver le chemin qui mène à ces premiers beaux jours. Je pense à la belle strophe de notre chant: Elevez les regard...![61]

Et son oncle, le publiciste August Hennings, se souvient, lui aussi: le 16 août 1821, il relit la lettre que Sophie, sa soeur, lui avait écrite trente et un ans plus

---

60 Cité in: H. SIEVEKING, *op. cit.*, 51.
61 *Ibid.*, 52 sq.

tôt. Tristement, le vieux lutteur y ajoute quelques mots d'une plume désabusée:

> Si l'on compare cet épanouissement vivant de l'espérance nourrie par les plus nobles de l'humanité à la moribonde désespérance de notre époque [...], qui ne donnerait pas la vérité actuelle contre l'illusion d'autrefois?[62].

En 1821 fonctionnait en Allemagne une seule administration centrale: la police de Metternich. L'ancien élève du précepteur Illuminé Simon avait sans doute "tué le père"...en tout cas, les princes étaient en train de tuer la "patrie allemande".

Le chant de Sieveking était connu de tous les libéraux allemands. En 1791, Friederike Brun, une femme de lettres qui tenait salon à Copenhague, écrivait à Sieveking: "Nous chantons souvent le chant de la liberté"[63]. Et en 1794, Hennings se trouvait chez Sieveking, en compagnie du professeur Reinhold[64], de Reinhard et d'Overbeck: "Au repas, on chanta le chant d'alliance de Sieveking"[65]. Certains journaux allemands avaient fait de longs "papiers" sur la journée de Harvestehude, allant même jusqu'à puiser leur information dans la presse parisienne – preuve que la manifestation avait eu un certain retentissement[66].

Le riche négociant avait été très dur envers les "despotes". Il félicitait "notre soeur la France" d'avoir "brisé les chaînes de l'esclavage". Et même si certaines paroles restaient plus proches de l'idéalisme vertueux des Lumières ("C'est la vertu qui donne sa valeur à la liberté") que de la subversion politique, on pouvait lire aussi que "c'est la liberté qui donne sa force à la vertu". Les Français étaient chantés comme les "combattants des droits de l'humanité". Et le refrain, répété six fois, témoignait de dispositions bien inquiétantes pour la tranquillité des "despotes":

> Chantons notre joie, chantons la grande action, soyons libres, libres, libres et le coeur pur!

Sieveking n'était pas le seul Allemand à frémir d'espérance. Le professeur Christoph Daniel Ebeling, directeur de la biliothèque municipale de Hambourg, avait inséré dans les *Hamburgische Address-Comtoir Nachrichten* une cantate célébrant "le peuple de la liberté" qui avait "brisé les liens du despotisme"[67]. N'oublions pas non plus ces jeunes gens du Tübinger Stift,

---

62 Cité in: KOPITZSCH, *op. cit.*, Teil 2, 616.
63 Cité in: H. SIEVEKING, *op. cit.*, 52.
64 Sur Karl Leonhard REINHOLD (1758 - 1825), voir *Allg. deut. Biographie*, XXVIII, 82 sq.
65 H. SIEVEKING, *op. cit.*, p. 52.
66 Ainsi le *Braunschweigisches Journal*, 1791, I, 1. St., 110 sqq., qui donne même la traduction française d'une des odes de Klopstock, intitulée *Dialogue: Le Despote et la Sultane*. *Le Moniteur* avait rendu compte de la fête, mais aussi le *Patriote*, de Brissot, et le *Journal de Paris*.
67 *Hamburgisches Address-Comtoir-Nachrichten*, Adressblatt, 1790, XXIV, 54. St., 15 juillet 1790, 249.

Schelling, Hegel, Höderlin surtout, qui, eux aussi, rêvaient de la "patrie allemande". Et les "clubistes" de Mayence. Et Rebmann. Et tant d'autres qui, comme le Prussien "Anacharsis" (en réalité Jean-Baptiste) Cloots, l' "orateur du genre humain" ou "l'Universel", faisaient partie de la délégation d'étrangers qui s'était rendue à Paris pour participer à la Fédération et qui, comme lui, payèrent parfois de leur vie l'enthousiasme qui les avait animés[68]. D'autres iront en France un peu plus tard, mais leur engagement n'en sera pas moins total, ainsi le baron prussien Friedrich von der Trenck, qui mourut aussi sur l'échafaud[69].

Ce n'est pas la France en tant que telle qui fascinait ces Allemands. Certains, comme Klopstock ou Knigge, l'avaient même jadis méprisée, sinon détestée. Ce que, maintenant, ils admiraient en elle, c'est qu'elle traduisait en actes ce qui, avec eux, n'avait été qu'un idéal. Dans la Révolution, ils voyaient le fruit de cette philosophie des Lumières qui, à l'autorité traditionnelle représentée par l'absolutisme politique et l'orthodoxie religieuse, opposait le rêve d'une société fondée sur le droit naturel et gouvernée par la raison pratique. Mais surtout, ils découvraient qu'on pouvait construire sur cet idéal une société fraternelle et rassemblée, une patrie qui ne serait plus formée de sujets, mais de citoyens, *libres*, *vertueux*, honorés par leur *mérite* et non par leur naissance: les trois mots se trouvaient dans le chant de Sieveking. On les rencontre des centaines de fois sous la plume de Knigge. Dans l'Etat "despotique" ne vivent que des sujets, la liberté n'existe pas, ni la vertu, la naissance est tout, le mérite n'est rien: l'Allemagne des princes ne saurait être la patrie des "libres Allemands". A partir de 1790, Knigge allait répéter sans relâche qu'il était possible d'imaginer une autre Allemagne, une Allemagne de la liberté, dans laquelle la raison serait au service des droits de l'homme, une Allemagne de citoyens dans laquelle le principe de la souveraineté populaire se substituerait au droit divin, le mérite au privilège de la naissance.

2. *Le nouveau contrat social: l'utopie du* Noldmann

Le 20 septembre 1792, le jour même de la bataille de Valmy, l'Assemblée Législative avait cédé la place à une assemblée élue pratiquement au suffrage universel, chargée de donner à la France une nouvelle constitution. Le

---

68 Sur les étrangers à Paris pendant la Révolution, il existe maintenant un certain nombre d'études particulières, notamment A. RUIZ, *Le destin franco-allemand de Karl-Friedrich Cramer*, op. cit. Voir aussi la thèse d'Etat de J. DELINIERE sur Reinhard, op. cit. Le livre, ancien, d'A. MATHIEZ, *La Révolution et les étrangers. Cosmopolitisme et défense nationale*, Paris, 1918, se recommande toujours par l'abondance des renseignements qu'il propose sur beaucoup d'entre eux, qui n'ont encore jusqu'ici fait l'objet d'aucune monographie.
69 W. GRAB, *Friedrich von der Trenck, Hochstapler und Freiheitsmärtyrer und andere Studien zur Revolutions- und Literaturgeschichte*, Kronberg/Ts, 1977.

premier acte de la Convention Nationale était de proclamer que la royauté avait cessé d'exister en France, et, quelques jours plus tard, sur la proposition de Robespierre et de Danton, la République était décrétée "une et indivisible". La Gironde, qui devait dominer l'Assemblée pendant un peu plus de huit mois, engageait la Révolution dans une voie nouvelle. A côté des deux problèmes intérieurs qu'il fallait résoudre, le sort de Louis XVI et l'élaboration d'une nouvelle constitution, se posait la question des rapports entre la République et l'Europe. Le 19 novembre, un décret accordait "secours et fraternité à tous les peuples qui voudront recouvrer leur liberté". Le décret "de paix au monde" de 1790 était bien loin. La Révolution devenait une "croisade de la liberté" contre les monarchies. Bientôt était appliqué en Belgique le décret du 15 décembre 1792, "Guerre aux châteaux, paix aux chaumières", qui abolissait la féodalité dans les territoires occupés par les troupes françaises. Puis la Rhénanie était envahie, et à Mayence se constituait la première république allemande moderne.

De très nombreux Allemands, déjà épouvantés par l'insurrection populaire du 10 août, les massacres de septembre et le procès intenté à Louis XVI, bientôt suivi de sa condamnation et de son exécution[70], voyaient avec terreur la guerre se dérouler maintenant sur le territoire de l'Empire – une guerre qui, malgré ce que prétendaient les Jacobins, ne détruisait pas seulement les "châteaux", mais, sous la pression des généraux et des clubs, devenait aussi une guerre d'exploitation. En quelques mois, beaucoup parmi ceux qui avaient applaudi les actes de la Constituante et, le 14 juillet 1790, bu à la "nouvelle alliance", exécrèrent ce qu'ils avaient adoré.

Knigge ne fut pas de ceux-là. Le 3 novembre 1792, il écrivait à Campe, avec lequel l'avait réconcilié leur commune adhésion aux principes nouveaux, une longue lettre dans laquelle il évoquait "la noble nation à laquelle (ils portent) une admiration qui (leur) vaut les railleries des gamins". Il louait l' "attitude si généreuse et si ferme" de la France et exprimait sa "joie et (son) allégresse à voir que le destin favorise la bonne cause de l'humanité". Il se disait soulagé que "la grande oeuvre" n'ait pas tourné à la "farce" (*Possenspiel*), et il déclarait: "J'ai maintenant retrouvé l'envie de vivre et d'agir et de lutter, car je sais avec certitude que tout se terminera bien". Mais, ajoutait-il, "de même que Dieu endurcit le coeur de Pharaon, il semble maintenant frapper de cécité tous les princes et les gouvernements allemands"[71]. Il en donnait pour témoignage la décision du Hanovre de se joindre à l'Empire et de déclarer la guerre à la France. Et déjà il désignait celui qui, selon lui, était responsable de l'agressivité de la Régence envers la République: le général Freytag[72] qui, bientôt, allait, devenir un de ses ennemis personnels les plus acharnés.

---

70 Reimarus adressa à la Convention un mémoire pour la défense de Louis XVI.
71 Knigge à Campe, 3 novembre 1792, ms à la Herzog August Bibliothek de Wolfenbüttel, reproduit in: J. LEYSER, *Joachim Heinrich Campe*, op. cit., II, 163 - 167.
72 Heinrich Wilhelm von FREYTAG (1720 - 1798) assuma en 1792 le commandement

Cette lettre est parfaitement claire: Knigge ne considère pas que l'Allemagne ait été délibérément attaquée par la France. Il accepte la progression des troupes françaises comme une "punition" méritée par les princes et souhaite que ceux-ci tirent des événements la leçon qu'ils comportent, que le "vieil attelage" cesse d'entraîner les peuples "dans la boue". C'est là qu'il situe très précisément le champ d'action de l'écrivain: celui-ci doit "mettre en garde" les princes allemands, afin que soient faites les réformes nécessaires et que soit évitée à l'Allemagne une révolution[73].

Comprendre la révolution afin qu'elle n'ait pas lieu: cela ne voulait pas dire, pour Knigge maintenir l'ordre ancien. Au contraire: il fallait établir de nouvelles institutions, conformes à l'esprit du temps, et au voeu des peuples. C'est ce qu'il avait proposé, un an plus tôt, avec l'*Histoire des Lumières en Abyssinie par Benjamin Noldmann*. Dans cette même lettre à Campe, Knigge se réfère expressément à cette oeuvre.

Il avoue qu'il a émaillé la première partie ("à cause de la vente") de trop de détails burlesques, mais pourtant, dit-il, "ma pauvre tête n'a jamais rien produit de meilleur". Il rappelle que la première partie du livre et le début de la seconde proposaient une théorie de l'histoire destinée à expliquer comment les sociétés humaines sont passées de l'"état de nature" à l'"état despotique". A partir du 13è chapitre de la seconde partie, Knigge expose "le système sur lequel doit s'établir une constitution entièrement nouvelle". Le sujet n'était-il pas d'une brûlante actualité? Il indique que "deux personnes" (*"zwey leute"*, il ne précise pas devantage) à Strasbourg et à Hanau lui ont proposé de traduire le livre en français. Et, ayant appris que la Convention avait invité les écrivains de toutes les nations à lui communiquer des idées pour la constitution qu'elle était chargée d'élaborer, il se demande s'il ne devrait pas lui envoyer un exemplaire du *Noldmann*[74]. Il ajoute aussi qu'un chargé d'affaires représentant à Londres le Congrès américain lui a fait de l'oeuvre l'éloge le plus flatteur.

La constitution que Knigge propose dans *Noldmann* (pour l'"Abyssinie"...) reflète les principes énoncés dans la *Déclaration des droits de l'homme et du*

---

d'un corps auxiliaire hanovrien qui marcha sur les Flandres. Blessé, il reçut cependant le commandement des troupes anglo-hanovriennes en Allemagne du Nord. Sur lui, voir *Allg. Deutsche Biographie*, VII, 374 sqq.

73 Knigge à Campe, 3 novembre 1792, lettre citée.

74 Dans sa lettre à Campe, il justifie son intention en disant du *Noldmann*: "Nun glaube ich, es stünde doch wohl manches drin, das einem Gesetzgeber Stoff zum Nachdenken liefern könnte". Nous avons vainement essayé de savoir si Knigge avait mis ce projet à exécution, nous n'en avons retrouvé aucune trace ni aux Archives Nationales ni aux Archives du Ministère des Affaires Etrangères. C'est le 19 octobre 1792 que la Convention Nationale, sur la proposition de Barère, avait invité tous les "amis de la liberté et de l'égalité" dispersés dans le monde à lui faire part de leurs idées pour la rédaction de la nouvelle constitution (voir GODECHOT, *Les Constitutions de la France depuis 1789, op. cit.*, 70).

citoyen du 26 août 1789 et leur mise en oeuvre dans la série de décrets qui, réunis, forment la Constitution de 1791. Mais il s'agit d'un reflet partiel. Les principes français se voulaient, certes, universels, et Knigge pense qu'ils sont applicables à tous les pays, donc aussi à l'Allemagne. Mais la réalité allemande n'est pas la même que la réalité française, et surtout, Knigge est un *Aufklärer*, et non un "philosophe" au sens français. L'analyse de la constitution du *Noldmann* révèle des aspects qui s'expliquent en fonction de la manière dont Knigge concevait le lien entre *Aufklärung* et politique. L'Allemagne doit être "éclairée" par la Révolution française, mais les principes français ne pourront être concevables pour l'Allemagne que s'ils sont, à leur tour, "éclairés" par les Lumières allemandes

L'utopie proposée par Knigge dans son roman est une application du principe de la raison pratique. Or c'était ce principe qui avait guidé aussi les réformes introduites dans quelques Etats allemands, en particulier en Prusse et en Autriche, par l'absolutisme éclairé, dont les deux grandes figures, Frédéric II et Joseph II, ne cesseront d'être l'objet pour Knigge d'une admiration dépourvue de toute réserve, pour ne pas dire d'esprit critique.

Utopique et révolutionnaire, la constitution du *Noldmann* propose une sorte de "monarchie républicaine". Mais Knigge y assigne à l'Etat un rôle que ne lui reconnaissait pas la Constitution de 1791, et qui en revanche est très proche des conceptions développées par Frédéric II dans ses *Testaments politiques* ou certains de ses essais.

Toutes ces références font, à la fois par leur richesse et leurs contradictions, de la deuxième partie du *Noldmann* un des textes les plus intéressants de la littérature politique allemande de l'époque.

A. Raison, liberté et souveraineté populaire

Le serment civique de la Constitution de 1791: "Je jure d'être fidèle à la Nation, à la loi et au Roi", établissait une "hiérarchie décisive"[75] entre trois termes dont les deux premiers seuls fondaient la légitimité du pouvoir reconnu par le troisième. Depuis le 17 juin 1789, c'est la Nation qui détenait le principe de la souveraineté. Celle-ci s'exerçait sous les espèces de la loi, selon la formule de Rousseau reprise dans l'article 6 de la *Déclaration des droits de l'homme et du citoyen* "expression de la volonté générale". Par l'intermédiaire de représentants élus s'opérait ainsi le transfert des pouvoirs jadis dévolus à l'"Etat despotique" vers ce que les Constituants n'appelaient plus que "l'Etat", devenu grâce à la loi la "personnification juridique"[76] de la nation. La loi garantissait, sous la forme des droits politiques, l'exercice des quatre "droits naturels, inaliénables et sacrés", la "liberté", la "propriété", la "sûreté" et la "résistance à l'oppression", auxquels s'ajoutait l'égalité civile. Ainsi était organisée, autour de la loi, la vie de l'homme dans la société, selon des principes, disait le Préambule de la *Déclaration*, qui "tournent toujours [...] au

---

75 AYRAULT, *op. cit.*, I, 93.
76 *Ibid., loc.cit.*

bonheur de tous". La constitution de 1793, qui posera beaucoup plus nettement que celle de 1791 le problème de la justice sociale, est précédée d'une nouvelle *Déclaration des droits* dans laquelle la référence au bonheur, valeur constitutive de l'idéal des Lumières, est formulée avec une concision qui en exprime toute la force: "le but de la société est le bonheur commun".

C'est également l'idéal du bonheur qui, dans *Noldmann*, établit la nécessité naturelle de la constitution qui doit organiser la vie politique en "Abyssinie". Nous avons vu que Knigge, à la différence de Rousseau, fait du lien social la condition du bonheur, alors que le citoyen de Genève se demandait comment l'homme peut être heureux malgré la société[77]. Pour Rousseau, la socialisation de l'homme n'est qu'un fait inéluctable. Pour Knigge, elle est un des aspects du bonheur. Serait-il devenu franc-maçon s'il avait pensé autrement?

Mais il n'est pas de bonheur en dehors de la liberté: "Le bonheur est jouissance de la vie, et pour jouir de la vie, il faut être libre"[78]. Knigge se trouvait ainsi amené à poser le problème des rapports entre la liberté et la vie en société. Il le fait dans l'esprit qui avait guidé les rédacteurs de la *Déclaration des droits*. Tandis que ceux-ci avaient posé que "la liberté consiste à faire tout ce qui ne nuit pas à autrui" (article 4), Knigge écrivait que

> l'homme dans l'état social s'abstient de plus d'une action arbitraire, se refuse plus d'une possession et plus d'une jouissance, afin de les laisser à d'autres[79].

Cette liberté, qui est au service de l'intérêt commun, et que Knigge oppose à la liberté incontrôlée qui règne dans l' "état naturel, barbare, sauvage" (*im natürlichen rohen, wilden Zustand*), seule la loi peut en déterminer les limites et en fixer le cadre:

> Dans la vie en société civile, les hommes traduisent ces règles de la sociabilité et du sacrifice mutuel en systèmes, établissant avec le consentement de tous des prescriptions qu'on appelle des lois[80].

Cette phrase est comme la transcription des articles 4 ("les bornes de la liberté ne peuvent être déterminées que par la loi") et 6 ("la loi est l'expression de la volonté générale") de la *Déclaration des droits* de 1789.

Pour Knigge comme pour les Constituants, la loi garantit, sous la forme des droits politiques, l'exercice des droits naturels. Dans la première partie du *Noldmann*, Knigge avait montré que l'Etat arbitraire qu'était l'Abyssinie avant la révolution qui avait déposé l'ancien Négus, bafouait les droits de l'humanité, outrageant la dignité de l'homme, violant les consciences, accaparant les propriétés, emprisonnant qui bon lui semblait. Il montrait aussi que, alors que la société n'avait pas encore évolué vers l'arbitraire absolutiste de droit divin, les hommes étaient prêts à se soumettre à la loi dès lors que

---

77 Voir *supra*, IIe partie, III, 3, A.
78 *Noldmann*, II, 171.
79 *Ibid.*, 173.
80 *Ibid. loc.cit.*

celle-ci était librement acceptée par eux[81]. C'est ce principe du consentement général qui établit le fondement juridique de la constitution que se donne l'Abyssinie après la révolution. Knigge, comme les Constituants, l'emprunte à la théorie de la "volonté générale, développée par Rousseau:

> Le pouvoir défini par une constitution raisonnable [...] repose sur le droit qu'a le corps des citoyens dans son entier de fixer entre eux, à la majorité des voix, des règles auxquelles chaque citoyen doit accorder ses actes tant qu'il veut vivre dans le pays[82].

La *Déclaration des droits* s'était exprimée plus brièvement: "Le principe de toute souveraineté réside dans la nation" (article 3). En "Abyssinie", le pouvoir législatif sera désormais exercé par une assemblés de représentants élus par le peuple, dont les décisions seront prises à la majorité des voix.

Pourtant, l'accord entre Knigge et la pensée des Constituants français ne s'établit pas exactement sur les mêmes données idéologiques. Un terme utilisé par Knigge pour qualifier la constitution qu'il présente dans *Noldmann* semble avoir été soigneusement évité par les hommes de la Constituante: celui de "raisonnable". Non que les révolutionnaires français ne fussent, eux aussi, des adeptes de la raison – quelques années plus tard, ils allaient même lui donner les traits d'une déesse. Mais ils avaient préféré placer leur oeuvre sous les auspices de "l'Etre Suprême", ce qui était une manière de souligner que personne, sur la terre, n'était au-dessus de l'Assemblée[83]. Les Constituants raisonnaient et agissaient en hommes politiques: la question était pour eux celle du pouvoir.

Knigge, lui, pense et écrit en *Aufklärer*, en "philosophe" plus qu'en politique. Il assigne à la raison une fonction essentielle, qui est de garantir l'ordre. De même que la raison est, pour lui, le principe qui donne à l'homme le pouvoir de maîtriser ses passions et de les transformer en une force utile à la société, elle doit aussi guider le fonctionnement du corps social, afin que celui-ci ne devienne pas la proie de l'anarchie. La presque totalité de la presse allemande de l'époque s'était en effet montrée très réservée devant les dispositions votées entre 1789 et 1791, qu'elle considérait comme menaçantes pour l'ordre public [84]. Knigge a le courage de dire aux Allemands que les principes français doivent être adoptés en Allemagne, mais il les intègre à la pensée politique de l'*Aufklärung*, essentiellement soucieuse d'ordre.

C'est ainsi qu'il limite le nombre des députés. L'Assemblée ne doit comprendre que 24 représentants, désignés selon un système de suffrage à deux degrés: le peuple élit une "Assemblée provinciale", celle-ci choisit ensuite

---

81 *Ibid.*, I, 80.
82 *Ibid.*, II, 174.
83 AYRAULT, *op. cit.*, 93.
84 Voir l'étude de G.L. FINK, *Des privilès nobiliaires aux privilèges bourgeois. Le débat sur l'égalité et son écho en Allemagne*, in: Recherches Germaniques, 3/1973, 30 - 101.

deux délégués pour chacune des 12 divisions du pays, "juste assez pour débattre de tous les sujets dans l'ordre et le calme"[85]. De ce point de vue aussi, la Révolution française doit "éclairer" l'Allemagne... Que Knigge, par ailleurs, se refuse à faire une distinction entre "citoyens actifs" et "citoyens passifs", rappelle seulement le mode de suffrage retenu pour l'élection aux Etats généraux, qui avait été pratiquement le suffrage universel.

Les Constituants avaient apporté le plus grand soin à la définition de la liberté. Mais ils lui avaient fixé des limites très précises, celles qu'établissait la nécessité de l' "ordre public", par exemple en matière de tolérance religieuse et de "communication des pensées et des opinions". Knigge aurait dû, en principe, reprendre ces dispositions qui opéraient la distinction la plus nette entre liberté et licence. Or il se montre sur le dernier point plus libéral que les Constituants:

> Les paroles orales et écrites, quelle que soit leur nature, ne sauraient être l'objet d'une restriction fixée par la loi[86].

Kant l'avait déjà dit lorsqu'il avait loué Frédéric II d'accepter qu'on "raisonnât" sur les actes des princes. Il est vrai que Knigge prévoit aussi l'édition et la distribution de "journaux d'Etat" (*Staats-Zeitungen*) qui "servent à diffuser et à faire connaître dans le pays ce qui se passe dans les différentes provinces et peut intéresser tous les citoyens"[87]. La seule limitation qu'il impose à la liberté de la presse concerne l'anonymat, qui est interdit, sauf si un article ne traite que de faits confirmés par des "documents publics"[88].

La constitution d' "Abyssinie" est donc le nouveau "contrat social" qui, sous les auspices d'une raison établissant les modalités selon lesquelles s'exercent les droits naturels, doit créer une société de liberté. Le nouveau Négus, soumettant son projet à l'Assemblée qui devra le ratifier, souligne que "les principales propositions de (son) système sont empruntés à la droite, naturelle et saine raison" [89].

La raison ne fonde pas seulement le principe de la souveraineté populaire. Elle détermine aussi le fonctionnement même de l'Etat qui, désormais, personnifie la nation, l'utopie des Lumières étant ainsi mise en oeuvre dans la pratique de l'absolutisme éclairé.

B. L'utopie entre Lumières et absolutisme

Si Knigge, malgré les quelques différences que nous avons signalées, reste très proche des Constituants quant à la légitimation d'un pouvoir que, comme eux, il établit en raison sur la souveraineté populaire, et auquel, comme eux, il assigne pour tâche essentielle de garantir les droits naturels, il s'en éloigne dès qu'il entreprend de décrire comment ce pouvoir fonctionne dans la pratique.

---

85 *Noldmann*, II, 167.
86 *Ibid.*, 180.
87 *Ibid.*, 250.
88 *Ibid.*, 258 sq.
89 *Ibid.*, 285.

L'originalité du projet présenté dans le *Noldmann* repose sur ce qui, d'abord, apparaît comme une contradiction.

Il témoigne en effet au pouvoir exécutif plus de méfiance que, finalement (et malgré l'épisode de Varennes), la Constituante n'en manifestait, et imagine une sorte de "roi-citoyen" qui n'est au fond rien d'autre que le premier des chefs de bureau. Mais les prérogatives enlevées au souverain sont reportées sur un Etat dont il est appelé à "diriger les mouvements mécaniques"[90]. A l'absolutisme princier de droit divin, Knigge substitue l'absolutisme d'un mécanisme auquel la loi, expression de la volonté génerale, donne le branle, mais qui, une fois mis en route, fonctionne par lui-même, et embrasse tous les domaines de la vie publique et même privée.

Le chef de cet Etat porte le titre de "roi", mais ce n'est là qu'une simple concession de vocabulaire[91] : il est en effet élu pour six ans au suffrage universel. Il est rééligible. Le principe de la séparation des pouvoirs est respecté, dans la mesure où le "roi" ne peut appartenir à l'Assemblée. Il ne dispose pas du droit de suspendre, ne serait-ce que pour un temps, les lois que vote l'Assemblée. Il ne nomme pas les fonctionnaires, n'est pas le chef des armées, ne peut déclarer la guerre ni conclure la paix. Son rôle se borne à appliquer les lois, assisté d'un conseil consultatif de six membres[92]. Enfin, "sa personne n'est pas plus sacrée que celle de tout autre citoyen utile [...]. Il n'est pas l'oint du Seigneur ni son lieutenant"[93]. Le peuple peut lui demander compte de sa gestion, mais seulement à l'expiration de son mandat.

C'est l'Etat qui est investi des fonctions jadis dévolues au souverain absolu. Il dispose des personnes et des biens, surveille l'éducation, prend en charge la protection sociale du citoyen, fixe les limites (rigoureuses) du droit de propriété, dirige l'activité industrielle et en perçoit les profits, organise le commerce. La réalité du pouvoir est ainsi transférée du prince vers l'Etat dont il n'est, selon la célèbre formule, que "le premier serviteur". Mais l'Etat ainsi conçu n'est ni une anticipation de ce que Hegel devait en faire, ni une transcription exacte des idées de Frédéric II, encore que cette dernière référence, comme nous le verrons, demeure essentielle.

Knigge donne au mot *Staat* un sens plus proche de la Πολιτεία de Platon que de l'instance objective décrite par Helgel. Si le titre de l'ouvrage de Platon est rendu en allemand par *Der Staat*, c'est en français *La République*, au sens que ce mot avait sous sa forme latine *res publica*. Il ne désigne pas seulement une structure de pouvoir, mais l'ensemble de la collectivité nationale. L'Etat du *Noldmann* ne représente pas le roi, mais le peuple. Il en exerce par délégation les pouvoirs. Knigge n'imagine évidemment pas un instant que l'Etat puisse en arriver à se considérer comme sa propre fin. Il ne voit en lui que l'émanation de la volonté générale de la nation, et le pouvoir total qui est

---

90 *Ibid.*, 184.
91 "Nennt ihn König, oder wie Ihr wollt!", *ibid.*
92 *Ibid.*, 186.
93 *Ibid.*, 187.

le sien est, de ce fait, légitime. Ainsi, tout en faisant du roi le premier serviteur de l'Etat, il prend, au moins sur ce point, ses distances avec la conception frédéricienne, qui faisait de l'Etat la personnification juridique du prince.

Pourtant, la pensée politique de Knigge n'est pas totalement compréhensible sans la référence à l'absolutisme éclairé.

En définissant l'Etat comme un "mécanisme", Knigge ne faisait qu'appliquer des théories qui déterminent pour une bonne part la pensée philosophique et politique de son siècle. Frédéric II lui-même n'avait-il pas rédigé un *Eloge de La Mettrie*? Du souverain prussien, Knigge retient non seulement la conception de la fonction politique, toute de travail et de service, mais aussi l'idée qu'un Etat ne peut être correctement gouverné si les responsabilités sont partagées. Curieusement, c'est sur son "roi-citoyen" dépourvu de tout pouvoir réel que doit retomber "la honte et la responsabilité" des désordres qui, éventuellement, pourraient se produire dans le fonctionnement de l'Etat[94]. Cette contradiction ne s'explique que si l'on n'oublie pas que Knigge, avant d'être un admirateur des Constituants, est un *Aufklärer*. Garant des droits de l'homme, l'Etat l'est aussi de l'ordre. Et c'est dans la figure d'un roi que l'ordre s'incarne de la manière la plus visible.

La même ambiguïté marque le processus qui fait passer l'Abyssinie de l' "état despotique" à l' "état civil". Certes, il y a fallu une révolution violente, seul moyen de chasser un Négus paresseux, cruel et débauché. Mais la constitution du *Noldmann*, ce n'est pas le peuple qui la rédige ni la conçoit, ni même l'exige. Le peuple révolté n'agit que pour chasser le Négus. Mais c'est un frère du Négus déchu qui, de lui-même, propose une constitution, c'est lui qui en établit les moindres détails. L'Assemblée n'a plus qu'à la ratifier, certes après l'avoir discutée, mais elle n'a pas été associée à son élaboration.

C'est la pensée politique de l'*Aufklärung* qui s'exprime ici. Ce n'est pas seulement parce qu'il est "instruit" que le Prince rédige lui-même, et seul, la Constitution, mais, plus encore, parce qu'il est "éclairé". Il a en effet reçu, loin de la cour d'où l'avait exilé à sa naissance la loi de succession dynastique, une éducation pénétrée des principes des Lumières. La constitution qu'il propose en est le fruit, et nul dès lors ne conteste l'excellence de ses dispositions. Le lecteur comprend que la ratification par l'Assemblée ne sera qu'une simple formalité. Le peuple révolté se calme dès que le nouveau Négus prend le pouvoir, parce qu'il voit en lui un homme "sage"[95]: cette conviction n'a nullement besoin d'être contrôlée, vérifiée à l'épreuve des faits. Elle s'impose d'elle-même. Pour l'*Aufklärer* Knigge, elle constitue une vérité d'évidence. Eduqué dans dans les principes du droit naturel, le roi ne sera jamais tenté de leur porter atteinte. La constitution du Noldmann est placée sous le signe de l'harmonie universelle. Les institutions issues des Lumières sont devenues si parfaites que tous sont prêts à concourir à leur fonctionnement.

---

94 *Ibid.*, 184.
95 *Ibid.*, 187.

L'optimisme de Knigge va au-delà de celui des Constituants. Instruits par les événements des 5 et 6 octobre 1789, ceux-ci avaient doté l'exécutif de prérogatives aussi importantes que celles qui étaient dévolues au législatif. Leur erreur fut de ne pas prévoir que cet équilibre était factice qui, face au droit naturel, redonnait au droit historique une place que la *Déclaration des droits* lui avait enlevée, créant ainsi en réalité une rivalité entre les deux pouvoirs, et qu'il ne pouvait être préservé dès lors qu'une crise majeure affecterait le fonctionnement de l'Etat: la guerre allait être fatale à la Constitution de 1791.

Ayant dépouillé le pouvoir exécutif de toute réalité, Knigge éliminait au contraire la possibilité d'un conflit enre le roi et l'Assemblée. Le texte qu'il élabore ressemble en ce sens à ce que sera, deux ans plus tard, la Constitution de l'an I, qui prévoyait, elle aussi, un pouvoir exécutif extrêmement faible. Jean Jaurès a cru qu'en temps de paix, celle-ci eût été applicable. Les historiens d'aujourd'hui en doutent: ils soulignent qu'elle supposait une éducation politique des citoyens qu'ils étaient loin d'avoir[96]. Mais plus encore que le texte qui la précéda ou ceux qui lui succédèrent, elle traduit la volonté de transformer en réalité l'utopie des Lumières. Dans son esprit, et dans plusieurs de ses dispositions, Knigge anticipe sur la Constitution de l'an I. Commes les Conventionnels, il fait "du passé table rase": on ne peut, dit-il, se contenter de "palliatifs" là où une opération chirurgicale est nécessaire[97]. Comme eux, il considère l' "insurrection" comme la sanction inévitable du despotisme. Il n'est pas question, comme en 1789, de simple "résistance à l'oppression":

> Il serait tout à fait salutaire que de temps à autre, on rappelât [aux princes] par la voix peuple que ce peuple a un droit à les inviter à faire leur devoir, et que s'ils ferment leurs oreilles à cette voix, chacune de ces gueules qui crient vers eux a aussi deux bras avec lesquels on peut faire sauter des rochers, donc aussi renverser les trônes[98]

Comme les Conventionnels, Knigge pense aussi qu' "une génération ne peut assujettir à ses lois les générations futures" (article 28 de la *Declaration des droits* de 1793) et que celles-ci doivent donc être régulièrement revisées [99].

---

96 GODECHOT, *op. cit.*, 76.
97 *Noldmann*, II, 183.
98 "Da würde es dann ganz heilsam seyn, wenn man sie [= die Fürsten] zuweilen durch die laute Volksstimme daran erinnerte, dass dies volk ein Recht hat, sie zu ihrer Pflicht aufzufordern, und dass, wenn sie auch vor dieser lauten Stimme ihre Ohren verschlössen, jeder dieser schreiender Mäuler auch zwei Arme hat, womit man Felsen sprengen, also auch Throne umstürzen kann", *ibid.*, I, 219. Cf. l'article 35 de la *Déclaration des droits* précédant la Constitution de l'an I: "Quand le gouvernement viole les droits du peuple, l'insurrection est, pour le peuple et pour chaque portion du peuple, le plus sacré des droits et le plus indispensable des devoirs".
99 *Ibid.*, II, 179. Cette idée était aussi développée par Condorcet.

Comme eux, il pense que le peuple ne doit pas seulement élire le corps législatif, mais également intervenir directement dans l'élaboration des lois: l'article 58 de la Constitution de l'an I disposait que tout projet de loi devait être "imprimé et envoyé à toutes les communes de la République, sous ce titre: loi proposée". Knigge propose que les lois – dont il laisse, curieusement, l'initiative au roi, "non dans l'orgueilleuse intention d'être jamais le législateur de son peuple", mais parce qu'étant "éclairé", il ne peut être que de "bon conseil" –, après avoir été discutées par l'Assemblée, soient renvoyées devant le peuple, puis remontent à l'Assemblée, qui alors les vote à la majorité[100]. Comme eux, il intègre dans le texte constitutionnel le droit à l'éducation et au travail[101]. Enfin, il témoigne à l'égard du parlementarisme la même méfiance que les rédacteurs de 1793: son Assemblée, élue pour six ans, ne se réunit qu'une fois. Mais surtout, il traite en détail des droits sociaux: cela, les Constituants ne l'avaient pas fait, tandis qu'ils occupent une place importante dans le texte de 1793.

L'enthousiasme avec lequel Knigge avait célébré la "fête d'alliance" trouvait donc son prolongement naturel dans un texte idéologiquement très proche des travaux des révolutionnaires français, comme lui fils des Lumières. Et en ce sens, la Révolution française "éclairait" l'Allemagne: elle lui traçait la voie à suivre, celle des droits de l'homme.

Mais il avait été, comme tous ceux de son siècle, trop marqué par le rayonnement de ce "roi-philosophe" que prétendait être Frédéric II, pour qu'on ne retrouvât pas dans sa pensée politique quelques-unes des illusions inhérentes à l'admiration qu'il lui portait. Soucieux de montrer qu'une constitution qui garantit les droits de l'homme ne conduit pas nécessairement à l'anarchie, Knigge va être amené à établir le fonctionnement de la machine étatique avec une précision telle que l'individu se trouve dépouillé de toute initiative au profit d'un Etat rationalisé à l'extrême et auquel il ne peut échapper que par l'exil[102]. Mais seul cet Etat régulateur est en mesure de créer, puis de maintenir, les conditions assurant l'exercice des droits politiques sans que ceux-ci soient fonction de la situation de fortune. Knigge est l'un des rares écrivains politiques en Allemagne à poser le problème de l'égalité non seulement dans ses aspects juridiques ou politiques, mais aussi sociaux.

---

100 *Ibid.*, 168.
101 *Ibid.*, 175, 207 sq., 223, 252; Constitution de l'an I, art. 21 et 22.
102 Knigge affirme que le citoyen est si heureux en "Abyssinie" qu'il n'a pas envie d'émigrer (*Noldmann*, I, 236). Mais il souligne avec force qu'un Etat qui interdit à ses citoyens de le quitter est un Etat despotique: "Es muss jedermann erlaubt seyn, wenn ihm diese Gesetze nicht gefallen, das Land zu verlassen, in welchem man gezwungen wird, nach denselben zu handeln. Ein Gesetz also, welches den Bürgern im Staate das Auswandern verbiethet, ist ein tyrannisches Gesetz", *ibid.*, 176.

C. Le problème de l'égalité

Appliquant à la lettre la formule limitative qui, dans l'article 1 de la *Déclaration des droits* de 1789, proclamait les hommes "égaux en droits", le préambule de la Constitution de 1791 disposait: "Il n'y a plus ni noblesse ni pairie, ni distinctions héréditaires, ni distinctions d'ordre...". Ainsi était établie l'égalité civile, indispensable à la bourgeoisie pour assurer ce à quoi elle tenait le plus, la relève du privilège de la naissance par les droits du mérite. Les Constituants ajoutaient: "Il n'y a plus ni vénalité, ni hérédité d'aucun office public", formule qui trouvait son prolongement naturel dans l'affirmation "que tous les citoyens sont admissibles aux places et aux emplois, sans autre distinction que celle des vertus et des talents" (titre premier).

Le débat sur l'égalité était ouvert depuis la Révolution américaine. Mais les événements de France lui avaient donné une tournure polémique, due en partie à la prétention à l'universalité impliquée par les actes des Constituants. On admettait que l'Amérique, pays sans tradition politique, et dont la vie économique et sociale avait été forgée de toutes pièces par des colons, eût opposé à la couronne et au Parlament britanniques leur droit à se donner les institutions de leur choix. Mais les Constituants, eux, remettaient en cause un édifice politique et social séculaire, et leur exemple risquait d'être suivi hors de France. C'est ce que redoutait, en particulier, Edmund Burke qui, en 1776, avait pourtant défendu les *Insurgents. Dans ses Réflexions sur la Révolution de France*[103], il développait une critique qui, bientôt, allait fournir leurs arguments à tous ceux qui, en Europe, et singulièrement en Allemagne, rejetaient les principes révolutionnaires[104]. Il trouva un contradicteur en Thomas Paine qui, à partir de 1791 publiait ses *Droits de l'homme, en réponse aux attaques de M. Burke contre la Révolution française* [105].

Knigge lira très tôt cet ouvrage: dans la *Profession de foi politique de Joseph Wurmbrand*, il évoque à plusieurs reprises "le noble Paine". Or Paine posait non seulement le problème de l'égalité civile, mais aussi celui de l'égalité sociale[106].

Les *Aufklärer* auraient dû, en principe, accepter facilement l'idée de la suppression de la noblesse, ne fût-ce que parce que, roturiers pour la plupart, ils étaient particulièrement sensibles à son arrogance. Et de fait, les exemples ne manquent pas, de romans qui décrivent les humiliations que les bourgeois ont à subir de la part des aristocrates[107]. Le noble Knigge lui-même avait fait de ce thème la matière de la plupart de ses romans depuis 1781.

---

103 E. BURKE, *Reflections on the Revolution in France*, 1790.
104 Les critiques de Burke sont analysées en détail par FINK, *art. cit.*, 60 sqq.
105 Th. PAINE, *Rights of Man, op. cit.*
106 FINK, *art. cit.*, 63.
107 Voir L. FERTIG, *Der Adel im deutschen Roman des 18. und 19. Jahrhunderts*, Diss., Heidelberg, 1965.

Pourtant, la lecture de la presse révèle que les *Aufklärer* étaient, dans leur majorité, hostiles à la suppression de la noblesse[108]. Une des polémiques les plus révélatrices fut celle qui opposa, dans la *Berlinische Monatsschrift*, Ramdohr (un des participants de la fête de Harvestehude) à Ernst Brandes[109]. Ramdohr, bien que noble, défendait dans ce débat les positions de l'*Aufklärung*. Il reprochait à Brandes de vouloir maintenir en faveur de la noblesse l'exclusivité du droit d'occuper les emplois de l'Etat et soutenait que ceux-ci devaient être aussi accessibles aux hommes de mérite, fussent-ils roturiers. Cependant, il n'envisageait nullement la disparition de la noblesse, qu'il ne jugeait ni souhaitable ni possible. Cela fit dire, dans la même revue, à un auteur anonyme que Ramdohr, admirateur de l' "esprit de corps" et défenseur "d'une division des classes en castes", donnait des arguments aux révolutionnaires[110].

En écrivant dans le *Noldmann*:

> Supprimons les rangs et les titres! [...] Encore plus sotte que l'idée de rang et de titre est [...] celle d'une noblesse héréditaire ou conférée [...]. Donc, plus de noblesse ni de titres entre nous![111],

Knigge faisait preuve de courage à un double point de vue: d'abord parce que lui-même devait à sa naissance d'avoir été nommé à Brême par la Régence. Mais aussi parce qu'il s'engageait dans une position qui allait à l'encontre du sentiment général. Si la Régence s'était, dès cette époque, avisée de le tracasser, il aurait pu difficilement se réclamer de la *vox populi*, ne serait-ce que de celle de l'opinion cultivée. Mais MM. les Conseillers n'agissaient, on le sait, qu'avec la plus sage lenteur. Du moins avant 1792.

Conséquence logique de la suppression des titres et des privilèges, les emplois dans l' "Abyssinie régénérée" sont déclarés accessibles à tous. Comme la Constituante, Knigge fait de l'élection le principe majeur qui préside à l'occupation des emplois subalternes, civils, militaires et judiciaires[112]. Mais les hauts fonctionnaires, les présidents des cours de justice, les

---

108 Plus de 60 articles de presse sont étudiés par A. BUES, *Adelskritik...*, op. cit..
109 F.W. von RAMDOHR, *Ueber das Verhältnis des anerkannten Geburtsadels deutscher monarchischer Staaten zu den übrigen Klassen ihrer Bürger, in Rücksicht des Anspruchs auf die ersten Staatsbedingungen*, in: Berlinische Monatsschrift, 17/1791, 124 - 174 et 250 - 284. Brandes avait quatre ans plus tôt posé la question suivante: *Ist es den deutschen Staaten vortheilhaft, dass der Adel die ersten Staatsbedienungen besitzt?*, ibid., 10/1787, 395 - 439.
110 K[...], *Anmerkungen eines Bürgerlichen über die Abhandlung des Herrn Oberappellationsraths von Ramdohr, die Ansprüche der Adelichen an die ersten Staatsbedienungen betreffend*, ibid, 17/1791, 460 - 474. Il ne semble pas que ce "K" ait été Knigge.
111 "Fort mit Rang und Titeln! [...]]Noch viel alberner als die Idee von Rang und Titel ist [...] der Begriff von erblichem und erteiltem Adel [...] Also kein Adel und kein Titel mehr unter uns!", *Noldmann*, II, 195 sqq.
112 *Ibid.*, 187 (fonctionnaires), 192 (juges de paix), 267 (sous-officiers).

officiers et les chefs suprêmes de l'armée ne sont pas nommés par le roi, mais par l'Assemblée: ainsi le pouvoir législatif contrôle étroitement le pouvoir exécutif, et la totalité de l'appareil administratif, militaire et judiciaire est, directement ou indirectement, issu du suffrage universel. Le roi-citoyen imaginé par Knigge n'est pas en mesure de corriger par l'exercice d'un pouvoir personnel les effets de la décision qui supprime noblesse et privilèges. L'armée d'Abyssinie, en particulier, est constituée de citoyens en uniforme, ce n'est pas une armée de coup d'Etat. Ce n'est pas non plus une force au service d'ambitions territoriales: reprenant le "décret de paix au monde" de la Constituante, Knigge précise qu'elle renonce solennellement à toute guerre de conquête.

L'égalité juridique entraîne nécessairement, pour Knigge, l'égalité politique. C'est le suffrage universel au sens étroit du terme qui désigne aussi bien l'Assemblée que le roi-citoyen.

Mais l'égalité politique ne pouvait exister que si, aux anciens privilèges de la naissance, ne venaient pas s'en substituer de nouveaux, établis sur la fortune. Le principe de la souveraineté populaire ne saurait concevoir deux sortes de citoyens, les "citoyens actifs" et les citoyens passifs".

Le problème de l'égalité sociale était celui qui, en Allemagne, soulevait le plus grand nombre de prises de positions hostiles, voire haineuses, non seulement dans la presse, mais aussi chez les écrivains[113]. Knigge apporte avec le *Noldmann* une contribution au débat qui, si elle n'a pas la solidité théorique qui caractérise sa conception de la souveraineté populaire, n'en est pas moins originale à cette époque en Allemagne.

Cette question est dominée chez lui par une double interrogation: quel rôle doit jouer la fortune dans le processus de décision politique? quelle doit être la place de la propriété dans un Etat qui se donne pour tâche l'épanouissement matériel des citoyens? Knigge a répondu à la première question en imaginant l'application radicale du principe de la souveraineté populaire. A la seconde, il répond en faisant de l'Etat le garant du bonheur du peuple. Si la première réponse renvoie à Rousseau, la seconde, elle, ramène à Frédéric II.

Les Constituants avaient fait de la "propriété" l'un des quatre "droits naturels et imprescriptibles" garantis par la loi. L'article 17 de la *Déclaration de 1789* le proclamait même "inviolable et sacré". La Constitution de l'An I ne reprendra pas entièrement cette formule. L'article 16 de la nouvelle *Déclaration des droits* le définit simplement comme "celui qui appartient à tout citoyen de jouir et de disposer à son gré de ses biens, de ses revenus, du fruit de son travail et de son industrie". C'est d'ailleurs surtout à partir de l'hiver 1793-1794, alors que la guerre entraînera des problèmes de ravitaillement et de ressources financières, que la question de la propriété, soulevée par le peuple de Paris, mais aussi, depuis le début de la Révolution, par des hommes comme Marat, Babeuf ou Jacques Roux, s'imposera à la Convention. Elle

---

113 Voir FINK, *art. cit.*, 63-fin.

n'aura pas le temps d'y répondre autrement que par les "lois de ventôse", inspirées par Saint-Just.

C'est dans un contexte tout à fait différent que se situe la réflexion de Knigge. Décrivant le processus qui faisait passer l'Abyssinie de l'"état de nature" à l'"état despotique", il avait, en disciple de Rousseau, insisté sur le rôle qu'y jouait l'apparition de la propriété[114]. Il critiquait notamment l'institution de l'héritage[115]. En proposant, dans la seconde partie du livre, une solution au problème de la propriété, Knigge ne faisait que poursuivre le développement de sa réflexion sur l'"état de raison" qui devait se substituer à l'"état despotique". Mais alors qu'il avait pu rattacher son idéal politique à la réalité révolutionnaire française, il ne pouvait, en 1790, trouver en elle aucun point d'appui pour l'illustration d'une utopie sociale. Aussi ses conceptions sont-elles marquées d'une contradiction entre un idéal très avancé et des références inavouées, mais pourtant reconnaissables, inspirées de la pratique de l'absolutisme éclairé.

L'idéal, ce serait une égalité absolue. Il déclare l'héritage une idée "aussi contraire à la raison que celle de l'hérédité des conditions, des titres et des dignités"[116]. Il évoque même une "répartition égale des biens de fortune"[117], affirmant que, si elle est "difficile", elle "n'est certainement pas totalement impossible".

Déjà dans l'*Histoire de Peter Claus*, il avait proposé un modèle de société parfaitement égalitaire[118]. Il s'agissait, comme il le disait lui-même, d'un "rêve situé hors du temps et de l'espace"[119]. L'île qui constituait le refuge d'individus restés purs s'était organisée en une société totalement autarcique. Le luxe, et même les lettres et les arts, en étaient bannis. Dans le livre qu'il consacré au *Noldmann*, J.D. Kogel rapproche cette conception de celles des "communistes utopistes français"[120]. Il se peut, comme il le remarque, que Knigge ait été à cette époque influencé par l'hostilité de Dom Deschamps à la "civilisation"[121], bien que la lecture de Deschamps par Knigge ne soit pas attestée formellement. Il est vrai que Deschamps développe une critique de l'Etat qui n'est pas sans rappeler celle que les Illuminés avaient proposée dans l'*Allocution aux Illuminatos dirigentes*[122]. Mais y a-t-il véritablement emprunt

---

114 *Noldmann*, I, 120 sq.
115 *Ibid.*, 123.
116 *Ibid.*, 216.
117 *Ibid.*, 219.
118 *Peter Claus, Das Manuscript des Herrn Brick*, II. Cf supra, IIe partie, III, 3, D.
119 L'Etat utopique est situé "unter dem Sudpol" et peuplé d'individus ayant échappé aux cataclysmes décrits dans l'Ancien Testament.
120 KOGEL, *Knigges ungewöhnliche Empfehlungen...*, op. cit., 74.
121 *Ibid.*, 105, n. 24. Cette remarque est reprise de l'introduction d'H. VOEGT, *Der Traum des Herrn Brick*, op. cit., 24.
122 Voir G. BARTHEL, *Dom Deschamps et la fin du politique*, in: *Dix-huitième siècle*, 9/1977, 329 - 342.

ou, comme c'est tout aussi vraisemblable, simplement imprégnation des penseurs de l'*Aufklärung* par une philosophie qui traverse tout le dix-huitième siècle?

Plus intéressante à examiner, si l'on veut voir dans l'idéal social de Knigge une anticipation du "communisme", serait une référence aux théories de Babeuf et des Egaux, dont le *Manifeste*, rédigé par Sylvain Maréchal, proclamait que "l'excellence d'une constitution" se reconnaît en ceci, que "tout entière [elle] repose sur l'égalité de fait"[123].

En fait, la hardiesse du propos de Knigge est peut-être plus apparente que réelle. En rêvant, en 1790, d'une "répartition égale des biens de fortune", il ne s'abandonnait certes pas à un enthousiasme passager suscité par l'euphorie que provoquait en lui un événement qui le ramenait à l'idéal de sa "nouvelle religion": plusieurs dispositions reprises dans la constitution du *Noldmann* se trouvaient déjà dans la description de l' Etat utopique dans *Peter Claus* six ans auparavant. En 1790, il se range, après avoir évoqué la société égalitaire idéale, à ce qu'il appelle une "voie moyenne"[124]. Ce n'est pas seulement parce que, lucide et réaliste, il sait que ce n'est pas la bourgeoisie qui procédera à une réforme radicale des conditions de propriété, singulièrement en Allemagne, où elle n'a même pas encore commencé à détruire l'ordre féodal. C'est aussi parce qu'il n'est pas hostile à la propriété en soi. Ce qu'il condamne, c'est une richesse acquise par héritage, sans travail. Mais il s'empresse d'ajouter: "Il est équitable que celui qui a acquis du bien par son travail soit protégé dans la tranquille possession de ce bien" [125]. Sa critique n'est pas tant économique ni sociale que morale. Ce qui lui importe avant tout, c'est que le privilège de la naissance ne soit pas remplacé par celui de la fortune. Mais il s'agit pour lui autant d'un problème d'administration que de justice.

Aussi fait-il de l'Etat le garant non seulement d'une équitable répartition de la propriété, mais également du maintien rigoureux de cette répartition.

La celulle fondamentale du nouvel Etat est la famille [126]. C'est à partir d'elle, de sa composition, de ses besoins, de sa capacité de production, que tout s'organise.

Knigge réserve l'exploitation foncière aux habitants de la campagne: "C'est aux villages seuls qu'il appartient de pratiquer l'agriculture"[127]. Les citadins n'ont droit qu'à des jardins. Les terres cultivables sont divisées en portions de valeur égale, distribuées à chaque famille, auxquelles s'ajoutent le bétail, l'outillage et les dépendances nécessaires à l'exploitation. Une réserve est également constituée par l'Etat et destinée à pourvoir aux besoins de nou-

---

123 S. MARECHAL, *Manifeste des Egaux*, cité par M. DOMMANGET, *Babeuf et la Conjuration des Egaux*, in: *Spartacus*, Cahiers mensuels, 2è série, N.º 29, octobre-novembre 1969,, 79.
124 "eine Mittelstrasse", *Noldmann*, II, 219.
125 *Ibid.*, 216.
126 *Ibid.*, 199.
127 *Ibid.*, 220.

veaux couples¹²⁸. Les prairies et les forêts sont propriété collective. Le bois est distribué par l'Etat en parts égales.

Les cultivateurs ne sont pas propriétaires, au sens plein du terme, de leur exploitation. Ils en jouissent par usufruit. A leur décès, elle retourne à l'Etat: "Aucune propriété foncière ne peut donc être vendue ni transmise par héritage". Les terres ne peuvent pas non plus être hypothéquées. En revanche, "ce qu'on gagne par son travail, par conséquent ce qu'on acquiert en vendant les fruits produits par ces exploitations, l'argent liquide, les enfants en héritent leur part"¹²⁹. Seuls les descendants en ligne directe peuvent hériter¹³⁰.

Ainsi est réalisée cette "voie moyenne" qui tente de concilier idéal et réalisme: les exploitants sont intéressés à une gestion productive de leur portion, mais la différence entre riches et pauvres, si elle subsiste, ne peut plus être la source d'une domination:

> les riches ne peuvent plus utiliser le pouvoir de l'argent pour opprimer leurs concitoyens, acheter un grand nombre de propriétés, devenir dans le pays de grands et puissants seigneurs et transformer beaucoup d'hommes en esclaves et en valets¹³¹.

Knigge ne s'interroge pas sur les aspects économiques d'un tel système, dont le fonctionnement lui semble suffisamment assuré par une simple concession au désir, qu'il juge légitime, qu'a chacun d'acquérir une modeste aisance. Il précise que lorsqu'un exploitant aura augmenté la valeur du bien qui lui a été confié, l'Etat concèdera aux hériters une "indemnité" (*Vergütung*). Mais il percevra aussi un droit de 10 % sur l'argent transmis par succession. Quant au reste, il devra être partagé également entre tous les héritiers. D'autre part, la confiscation punit ceux qui seraient tentés, "par des donations frauduleuses effectuées de leur vivant, de soustraire à l'Etat ce qui lui revient et qu'il utilise pour approvisionner ses concitoyens"¹³².

Cette réforme agraire crée donc une démocratie de petits propriétaires, qui évoque un peu celle que se représentait Saint-Just¹³³. Mais la pensée sociale

---

128 *Ibid.*, 221. Cette mesure rappelle étrangement la pratique des "magasins à blé" en usage en Prusse sous Frédéric II, grâce auxquels le gouvernement prussien était en mesure, en période de famine, d'approvisionner le marché à des prix convenables.
129 *Ibid.*, 221 sq.
130 *Ibid.*, 228.
131 "Es fällt also nicht aller Unterschied zwischen armen und reichen Leuten weg; aber die Reichen können nun nicht mehr die Gewalt des Geldes zu Unterdrükkung ihrer Mitbürger anwenden, viel Grundstücke zusammenkaufen, grosse, mächtige Herren im Lande werden und viel Menschen zu Sclaven und Knechten machen", *ibid.*, 222.
132 *Ibid.*. 228.
133 Tandis que Robespierre déclarera à la Convention, le 24 avril 1793, que "l'égalité des biens est une chimère", Saint-Just dira: "Il ne faut ni riches ni pauvres.

qu'elle exprime s'épuise dans l'idée qu'il faut empêcher une reconstitution de la noblesse. C'est en jouant des privilèges de la naissance que celle-ci avait réussi à établir sa domination sur les personnes et sur les biens. Cette vision n'est cohérente que lorsqu'elle s'applique à une société aux structures essentiellement agraires. La contradiction éclate dès que Knigge aborde les deux secteurs qui, à la fin du dix-huitième siècle, ouvraient la voie aux transformations décisives qui s'opèreront au dix-neuvième: le commerce et l'industrie. Il n'imagine pas un instant que, s'appuyant sur ces deux domaines, une classe nouvelle puisse établir un empire aussi vaste, et beaucoup plus puissant, que celui qu'il vient de détruire. Il lui suffit de préciser que le prêt à intérêt est interdit pour qu'ainsi soit fait obstacle "à toute usure, à toute domination capitaliste". Mais "l'homme riche conserve un champ d'action, en ayant, par exemple, le droit, avec son argent, de pratiquer le commerce, de fonder des manufactures etc."[134]. La justice sociale est pour lui affaire de morale. Elle a sa source dans des institutions qui visent à brider les passions, et non à établir des rapports sociaux fondés sur de nouveaux rapports de production.

Ainsi l'Etat conçu par Knigge est-il en fait une image de l'Etat plus ou moins autarcique qu'avait tenté de réaliser, par exemple, Frédéric II: "Si notre pays [...] nous fournit tout ce qui est nécessaire aux besoins et à l'agrément de la vie, nous nous contentons volontiers de cette richesse intérieure véritable"[135]. Le commerce extérieur n'autorise que l'exportation, et c'est l'Etat qui en est le maître. D'ailleurs, affirme Knigge, la prohibition des importations est le meilleur moyen d'empêcher que ne s'introduise dans le pays "l'intempérance, la corruption des moeurs, le dérèglement du caractère, la perte de l'originalité, les maladies et les extravagances étrangères, l'esprit d'usure, la déloyauté et d'innombrables autres dépravations"[136]. L'*Aufklärer* n'oublie pas, semble-t-il, la France d'avant 1789...

L'Etat domine également le système de la distribution. Le ravitaillement de la population urbaine est assuré par l'intermédiaire de magasins d'Etat. L'Etat possède en outre les mines, les chasses, les pêcheries, et les usines ou manufactures dès que leur taille dépasse les possibilité d'un entrepreneur privé[137]. Il dispose des profits qui en résultent. Le financement des services publics est assuré par l'impôt, direct ou indirect: aux taxes sur l'héritage et aux droits de douane (qui subsistent alors que les importations sont prohibées...)

L'opulence est une infamie". Dans ses *Fragments d'institutions républicaines*, il maintenait la propriété, mais il supprimait l'héritage pour les biens de ceux qui mouraient sans parenté directe. Leurs biens revenaient alors à l'Etat. Le 3 juin 1793, la Convention décrétait le partage des biens des émigrés en petits lots, qui pouvaient être acquis avec un paiement échelonné sur dix ans. Voir A. SOBOUL, *Histoire de la Révolution française*, 2 vol., Paris, 1962, II, 104 sqq.

134 *Noldmann*, II, 223.
135 *Ibid.*, 270.
136 *Ibid.*
137 *Ibid.*, 231.

s'ajoute un impôt proportionnel aux revenus: 10 % du produit net de l'exploitation foncière ou du gain réalisé par le citadin. En outre, un impôt est prélevé sur le bétail et sur les "domestiques" (qui reçoivent le nom de "travailleurs" ou d' "aides" [*Arbeiter, Gehülfe*]), dès lors qu'est dépassé le nombre de bêtes autorisé ou que le citadin emploie à son service plus d'une personne: "Ainsi le riche, ou celui qui mène plus grand train qu'il n'est nécessaire, contribue en proportion plus que le pauvre, et nul n'a lieu de se plaindre"[138]. Celui qui désire quitter le pays est libre de le faire, mais il abandonne alors la moitié de sa fortune à l'Etat[139].

Ainsi est réalisé un modèle de société dans laquelle "l'homme travailleur ne peut s'appauvrir"[140], où la propriété ne peut plus devenir un facteur de domination ni, peut-être plus encore, servir de soutien à ce mal moral que fustigent tous les *Aufklärer*: l'oisiveté. Plus proche de Sparte que d'Athènes, cette espèce de république de la vertu garantit à ceux qui y vivent l'égalité des chances. Et si Knigge assigne à l'Etat la fonction de maintenir intact ce cadre contraignant, faute de quoi la collectivité humaine retournerait aux désordres issus du jeu des passions, c'est qu'il est lui-même dirigé par des hommes sages et vertueux. Combien de Conventionnels, à commencer par Robespierre l' "Incorruptible", n'ont-ils pas fait le même rêve?

Knigge est l'un des rares qui, en Allemagne, aient osé aborder le problème de l'égalité sociale dès le début de la Révolution. Tandis que l'immense majorité des *Aufklärer* avaient esquivé ce débat au profit d'une réflexion sur la liberté et l'égalité civile, il posait la question à laquelle ne pouvaient échapper ceux qui refusaient de considérer en 1790 que la Révolution était terminée. L'originalité de la position de Knigge consiste à montrer que ni l'égalité civile ni l'égalité sociale ne sont porteuses d'anarchie. Mais elles ne se conçoivent selon lui que dans le cadre d'un Etat autoritaire rationalisé à l'extrême et voué strictement aux tâches utilitaires.

D. L'Etat utilitaire

Il est remarquable que le principe autour duquel s'articule la nouvelle constitution d'Abyssinie n'est pas la justice, mais l'utilité. Certes, Knigge avait, décrivant l'Abyssinie d'avant l'âge despotique, affirmé que le devoir du prince était alors de "pratiquer la justice". Mais cette fonction se résorbait dans le devoir de veiller à l'application des lois, encore peu nombreuses, de rendre des jugements équitables, d' "administrer l'Etat"[141].

En réalité, la constitution imaginée par Knigge pour l'Abbyssinie nouvelle est destinée à fixer le cadre institutionnel permettant d'assurer au peuple l'amélioration de sa situation matérielle. Pas plus que les autres *Aufklärer*, il n'a jamais défini avec précision ce qu'il entendait par "bonheur". Mais le

---

138 *Ibid.*, 232.
139 *Ibid.*, 236.
140 *Ibid.*, 223.
141 *Ibid.*, I, 108.

contexte dans lequel il emploie le terme de *Glückseligkeit*, non seulement dans *Noldmann*, mais dans l'ensemble de son oeuvre, ramène toujours à une réalité matérielle et au droit de pouvoir vivre paisiblement dans une société sans conflits. Dans le *Roman de ma vie*, Leidthal pouvait enfin cultiver ses terres. Peter Claus et Ludwig von Seelberg sont heureux dès lors qu'ils deviennent propriétaires d'un petit bien qu'ils font fructifier. Au contraire, le malheur est presque toujours synonyme de misère, en particulier pour les paysans, dont Knigge décrit dans le *Roman de ma vie* le sort avec des accents qui rappellent ceux de La Bruyère[142]

Aussi la morale sociale de Knigge fait-elle du progrès matériel, lié au développement des techniques, la tâche primordiale de l'Etat. A plusieurs reprises, il proclame que l' "artisan" est le personnage le plus "utile" dans l'Etat[143]. Et lorsqu'il déclare les "sciences" et les "arts" indispensables "à l'établissement du bonheur civil", il prend soin de distinguer ceux "qui exercent une influence avantageuse directe sur le bien de la société humaine" et les "sciences spéculatives" qui, avec les arts d'agrément, "ne servent qu'à entretenir ou à occuper l'imagination". Seuls les premiers sont l'objet de la protection de l'Etat[144]. Les sciences utiles sont donc les sciences pratiques, celles qui aboutissent à des inventions techniques, mais aussi celles qui instruisent la jeunesse dans ses devoirs civiques. Les universités, qui ne servent qu'à bourrer la mémoire d'humanités jugées inutiles (quelle injustice dans cette affirmation, du moins envers les universités allemandes) sont supprimées d'un trait de plume[145]

L'éducation, dont la tâche est de former des citoyens[146], reste pourtant confiée d'abord aux familles. Knigge se dit soucieux d'éviter que "tous les habitants du pays soient modelés d'une manière pédantesque d'après une norme et un moule unique"[147]. Il concède même que seule la famille peut être le lieu où s'épanouissent "les différences et les diversités qui donnent à la vie sociale tant de charme", et admet "qu'une éducation raisonnable au sein de la famille a indéniablement plus d'un avantage sur l'éducation publique". Mais la famille n'est rien que la première image de la socialisation de l'homme, et l'Etat n'est en quelque sorte que son extension, Knigge le définissant comme "le père commun de tous ses jeunes concitoyens". L'éducation familiale aura donc pour objet de préparer l'enfant à satisfaire aux exigences utilitaires de

---

142 *Roman meines Lebens*, II, 86 sq. Knigge a toujours exprimé une vive admiration pour Henri IV, le roi de la "poule au pot".
143 *Umgang*, 5è éd., III, 162; cf. aussi *Noldmann*, I, 147: "Der nützlichste Mann im Staate, der Handwerker".
144 *Noldmann*, II, 273 sq.
145 *Ibid.*, 277. La Convention Nationale agira de même en 1793... et personne ne s'en apercevra! On imagine les conséquences qu'aurait eues en Allemagne une mesure analogue!
146 *Ibid.*, p. 175 et 206.
147 *Ibid.*, 206 sq.

l'Etat, auquel il est déclaré "appartenir plus qu'à ses parents lorsqu'il a atteint l'âge de 15 ans"[148]. A vingt ans, l'enfant est totalement délié de la puissance parternelle.

Aussi Knigge propose-t-il de n'envoyer les enfants à l'école qu'à partir de dix ans. Chaque village est doté d'une école publique, et les programmes sont déterminés en fonction des intérêts de l'Etat "éclairé". Ici se retrouve une revendication essentielle de l'*Aufklärung*: c'est par l'éducation que l'individu sera arraché à la "populace", que sera supprimée la "distinction des conditions" et que chaque citoyen sera suffisamment "éclairé" pour servir utilement la collectivité. Aussi est-elle orientée vers l'acquisition de connaissances concrètes (lire, écrire et compter, mais aussi des notions d'histoire, de géographie, de technologie, de biologie, d'agriculture, d'arpentage, de droit), et des principes de la morale[149]. Le "bon citoyen" sera celui qui peut exercer un métier productif, dans l'agriculture, l'artisanat ou l'industrie, mais qui, aussi, aura appris à respecter les institutions nouvelles, celles qui sont issues de "claires notions sur les rapports entre les hommes". L'enseignement est gratuit.

Les filles reçoivent (évidemment) une éducation ménagère. Les garçons apprennent, dans une "école industrielle" (*Instustrie-Schule*) à fabriquer des objets utilitaires qui sont écoulés dans des magasins d'Etat[150]. A quinze ans, l'adolescent doit se destiner à un métier, tandis que les filles attendent, dans leur famille, la venue de l'âme soeur. La formation professionnelle est à la charge des parents, sauf si leur situation de fortune ne leur permet pas d'en assurer les frais: dans ce cas, elle incombe à l'Etat. Enfin, les connaissances sont contrôlées par des examens d'Etat annuels et publics. C'est l'Etat qui nomme les professeurs. Ceux-ci doivent être mariés. Ils constituent, précise Knigge,

> une des classes les plus considérées par leurs concitoyens...[151].

Ainsi l'Etat abyssinien est-il peuplé de citoyens qui, par leur travail, concourent au bien-être général. Le travail est élevé au rang de vertu majeure, il constitue même la condition absolue à la reconnaissance non seulement du droit de cité, mais aussi de la citoyenneté: les oisifs sont envoyés dans des "ateliers de travail" (*Werkhäuser*) ou expulsés[152]. C'est une des fonctions, et même la principale, de l'éducation que de convaincre l'individu de se soumettre aux exigences requises par le bien commun, et de lui donner les moyens matériels de le réaliser.

---

148 *Ibid.*, 214.
149 *Ibid.*, 207.
150 *Ibid.*, 212.
151 "Es gehören aber diese Personen zu der geachtesten Classe unsrer Mitbürger, und wenn wir nicht alle Rang-Ordnungen abgeschafft hätten, so würden sie gewiss zu dem ersten Range gerechnet werden müssen", *ibid.*, 211.
152 *Ibid.*, 224 et 252.

Si cette conception de l'éducation reflète les idées véhiculées depuis longtemps par l'*Aufklärung* en cette matière, Knigge pousse cependant son raisonnement jusqu'à son extrême conséquence: l'éducation doit aussi permettre le rachat des fautes commises contre la collectivité. Il ne se contente pas de refuser la peine de mort et, à plus forte raison, les tortures et les mutilations encore si souvent en usage de son temps. Il considère le crime, y compris le crime de sang, avant tout comme un désordre social, et non une faute morale. Aussi est-il du devoir de l'Etat d'aider le criminel à réparer le tort commis lorsque c'est possible, et, encore plus, à s'amender[153]. Dans les cas les plus graves, le bannissement est prononcé[154], mais la peine la plus fréquente est la prison, à perpétuité en cas de meurtre ou de tentative de meurtre, à temps sinon. Mais la prison n'est pas à proprement parler une punition: elle est conçue comme l'occasion offerte par l'Etat au criminel de rentrer en lui-même. C'est évidemment le travail qui constitue la meilleure thérapeutique: les détenus sont envoyés dans des prisons qui sont "en même temps des ateliers" [155]. La nature du travail dépend de la gravité du crime, mais tous les détenus ont droit à des heures de détente, et, surtout, ils ne doivent jamais être privés de nourriture ou de soins médicaux. Enfin, lorsqu'une peine a été purgée, elle n'entraîne aucune infamie postérieure. Certes, Knigge n'imagine pas que l'Etat puisse un jour utiliser un arsenal pénal à d'autres fins que celles qu'il décrit. Ses propositions ne sont en somme que l'application cohérente du principe de la raison pratique. Face au dérèglement social, l'Etat agit comme en l'homme la raison face au dérèglement des passions.

Ainsi conçu, l'Etat utilitaire assume plusieurs des fonctions dévolues à ce que nous appelons aujourd'hui l'Etat-Providence. Knigge n'imagine pas un système de redistribution directe des richesses créées par la production et l'échange, puisque chaque citoyen vit librement des fruits de son travail et a même le droit de se procurer une petite aisance. Mais l'Etat se donne, par un aménagement rationnel et égalitaire de la fiscalité, les moyens de créer et de faire fonctionner un certain nombre de services publics considérés comme essentiels à la vie de la nation. A ceux qui, déjà au dix-huitième siècle, existaient dans de nombreux Etats européens (administration générale, armée, postes), Knigge en ajoute un certain nombre d'autres permettant la satisfaction de besoins sociaux conçus comme inséparables du bonheur général: médecine, assurance (obligatoire) contre les calamités naturelles, justice, caisses et maisons de retraite pour les travailleurs âgés de plus de soixante ans, orphelinats, hopitaux. L'ancien franc-maçon ne pouvait être indifférent aux problèmes de la "bienfaisance". Knigge prévoit aussi l'aménagement de maisons spéciales destinées aux savants, dans lesquelles sont envoyés également les boursiers de l'Etat: l'étude et la recherche doivent naturellement être soutenues par l'Etat, puisque leur objet est le service de la

---

153 *Ibid.*, 243 sq.
154 *Ibid.*, 246.
155 *Ibid.*, 249.

collectivité. Au contraire, les théâtres, lieux qui représentent "des actions [...] qui exigent une sorte d'enivrement", sont interdits. Evoquant ce domaine, Knigge écrit:

> Notre enthousiasme ne doit point provenir du bouillonnement de notre sang et de l'échauffement de notre imagination, mais d'une admiration irrésistible et d'une ferme conviction provoquées par la beauté de la vertu et de la sagesse[156].

Cette condamnation du théâtre est, depuis Platon, un "topos" commun à la plupart des utopies.

Quel est le sens exact de ces réformes, replacées dans les intentions réelles de Knigge? La question n'est pas simple, ainsi que le prouve le caractère contradictoire des réponses qui lui ont été apportées.

Dans une étude sur la pensée politique de Knigge, Wolf Kaiser considère le *Noldmann* comme une rupture par rapport aux états antérieurs de cette pensée. Le roman serait l'oeuvre d'un "défenseur cohérent" (*konsequenter Verteidiger*) des idéaux de la Révolution française, poursuivant l'objectif d'une société "petite bourgeoise, égalitaire et démocratique"[157]. Cette thèse est, à quelques variantes près, celle de J. Walter et de J.D. Kogel. G.L. Fink souligne au contraire que Knigge, "réformiste convaincu, conjurait [...] les potentats allemands de faire l'économie d'une révolution". En ce sens, le *Noldmann* serait le premier des "avertissements" délivrés par Knigge aux princes allemands[158]. Si l'on replace le *Noldmann* dans l'ensemble de l'oeuvre politique de Knigge, antérieure ou postérieure, on ne peut que souscrire à ce jugement, que confirme d'ailleurs une lecture globale du *Noldmann* même: on ne saurait en effet isoler la constitution qui y est proposée des conditions dans lesquelles elle l'est, un acte auquel le peuple n'a eu d'autre part que de créer, en renversant l'ancien Négus, la situation de vide institutionnel que le nouveau Négus comble par un texte qui ne doit rien à la "populace".

Il reste que cette constitution, en elle-même, va beaucoup plus loin que ce que les Constituants français étaient en train de réaliser au même moment. Knigge imagine un Etat égalitaire organisé en démocratie de petits propriétaires, et en même temps un Etat utilitaire qui assure le bien-être matériel des citoyens par la répartition, elle aussi égalitaire, d'une charge de travail destinée non à créer de la richesse (toujours soupçonnée de pourvoir le vice), mais à permettre la satisfaction des besoins élémentaires, en nourriture, en

---

156 *Ibid.*, 284. Que le théâtre dût enseigner la vertu est une des grandes convictions de l'*Aufklärung* (voir KREBS, *op. cit., passim*).
157 W. KAISER, "*Welche Art von Revolution in den Staatsverfassungen zu erwarten, zu befürchten, oder zu hoffen sey?*" *Zur politischen Publizistik Adolphs Freiherrn Knigge*, in: G. MATTENKLOTT und K.R. SCHERPE (Hg), *Demokratisch-revolutionäre Literatur in Deutschland: Jakobinismus*, Kronberg/Ts, 1975, 209.
158 G.L. FINK, *La littérature allemande face à la Révolution française (1789 - 1800). Littérature et politique, libertés et contraintes*, in: VOSS (Hg), *Deutschland und die Französische Revolution, op. cit.*

logement, en habillement, en protection sociale. Mais ces buts sont-ils réellement bien nouveaux?

Il est curieux de constater qu'on les trouve exposés dans les écrits politiques d'un homme qui n'avait rien d'un "démocrate", et que pourtant bien des *Aufklärer* admiraient comme tel: il suffit de lire quelques-uns des innombrables éloges de Frédéric II qui parurent entre sa mort et 1789 pour voir qu'il était crédité de toutes les vertus requises du souverain désireux de travailler uniquement au bonheur de ses sujets: tolérance, justice, reconnaissance du mérite, protection des humbles[159]. Quant à la société prussienne, n'offrait-elle pas, elle aussi, cette image de rationalisation extrême qui faisait que toute impulsion économique, qui déterminait la vie sociale, partait de l'Etat et y ramenait? Non que Knigge ait voulu faire de l'Abyssinie régénérée une résurrection de la Prusse frédéricienne. Sa conception d'une nouvelle légitimité du pouvoir politique, établi sur la souveraineté populaire, déjà s'y oppose. Mais il semble qu'il ne puisse se dégager des illusions inhérentes à l'admiration qu'il portait, comme beaucoup d'*Aufklärer*, à l'absolutisme éclairé. Sans l'Etat-mécanisme qu'il décrit en détail dans le *Noldmann*, toute son utopie sociale s'écroule. Egalitaire et froidement utilitaire, elle ne fait pas réellement confiance à l'homme. Le suffrage universel se résorbe dans un simple acte de foi posé par un peuple confiant, appelé régulièrement à le renouveler sur la base de réalisations matérielles. Le bonheur octroyé par l'Etat, tel que la tradition utopiste en transmettait l'image: était-ce vraiment de cela que les révolutionnaires français rêvaient? Si la constitution du *Noldmann* pose un problème que la grande majorité des intellectuels allemands préféraient ignorer, celui de l'égalité sociale, elle le fait dans un cadre plus rétrospectif que prospectif: celui de la réalisation possible de l'utopie dans le cadre d'un Etat "éclairé" et tout-puissant, de l'utopie de la raison pratique.

Est social ce qui est utile: cette pensée n'est pas aussi neuve qu'on veut parfois le dire. Si Knigge doit, indéniablement être considéré comme un écriain politique partisan des idéaux de la Révolution française, ce n'est pas tant en raison de l'utopie qu'il décrit dans *Noldmann*. Tout aussi importante était pour lui la question de savoir ce que l'Allemagne devait retenir des événements de France. Cette question impliquait une interrogation sur le processus révolutionnaire en soi.

E. La religion des Droits de l'Homme dans un Etat laïc

La constitution du *Noldmann* posait enfin un dernier problème, que Knigge ne pouvait, pour plusieurs raisons, éviter d'aborder: celui des rapports entre l'Eglise et l'Etat.

Opposant la souveraineté populaire au droit divin, il mettait en cause la légitimation séculaire du pouvoir exécutif dans tous les Etats du monde de

---

159 Voir par exemple G. N. FISCHER, *Friedrich Der Schutz der Freiheit. Ein Hymnus; zur Feyer des Siebzehnten Augusts 1788*, Berlin, 1788.

l'époque, exception faite des Etats-Unis d'Amérique. Par ailleurs, l'*Aufklärer* qu'il était savait que non seulement l'émancipation politique, mais, sur un plan plus général, celle de toute la vie intellectuelle, n'étaient concevables que dans une rupture avec les positions défendues par l'orthodoxie religieuse, qui visaient à maintenir l'histoire des hommes dans une économie du salut, faisant ainsi du pouvoir temporel le simple auxiliaire du pouvoir spirituel. L'édit de juillet 1788, que Frédéric-Guillaume II avait signé sous la pression du rose-croix Wöllner, avait montré à l'Allemagne entière qu'en ce domaine, un Etat protestant pouvait se montrer aussi hostile aux Lumières qu'un Etat catholique.

Mais Knigge n'avait, nous le savons, jamais voulu faire profession d'athéisme. Et surtout, il était convaincu que l'humanité ne pouvait être régénérée que par l'adhésion à un idéal commun, une croyance fondée sur la raison, mais qui entraînât aussi l'adhésion du sentiment. La déception qui l'avait amené à quitter l'Ordre des Illuminés en 1784 n'avait pas définitivement brisé son espérance de voir un jour l'humanité ralliée à une "nouvelle religion" qui rassemblerait les hommes au lieu de les séparer. L'enthousiasme avec lequel il participa à la fête de Harvestehude indique suffisamment que, derrière les événements de France, il voyait enfin poindre l'aube de cette "nouvelle religion" qu'il avait si impatiemment attendue, et qui maintenant, portait un nom: c'est la religion des Droits de l'Homme.

C'est elle qui constitue le fondement à la fois politique et moral de la nouvelle société abyssinienne. Aussi Knigge essaie-t-il de concilier une totale neutralité de l'Etat quant aux dogmes et aux croyances religieuses, et le maintien d'un culte communautaire qui, associant les citoyens à la régénération sociale, leur offrirait le cadre dans lequel un cérémonial patriotique cimenterait le lien fraternel les unisssant désormais. Ainsi serait réalisé le compromis entre une véritable "laïcité" et le besoin religieux que le disciple de Rousseau et de Lessing considérait comme essentiel à l'homme.

Knigge ne reproduit pas dans la constitution du *Noldmann* l'ensemble des dispositions adoptées par la Constituante. Il adhère évidemment sans réserve au principe de la liberté religieuse, en spécifiant, comme le faisait la *Déclaration des droits* de 1789 dans l'article 10, que "l'Etat doit seulement veiller à ce que ne soit tolérée aucune action qui contreviendrait aux règles morales sur lesquelles repose la législation"[160]. Comme les Constituants, il condamne les pratiques religieuses qui "détournent les citoyens d'une activité utile"[161], ce qui évidemment, vise les communautés conventuelles, auxquelles d'ailleurs, en bon protestant, il a toujours été hostile[162].

Mais Knigge est en déssaccord avec les Constituants sur un point essentiel. Le 12 juillet 1790, l'Assemblée avait voté la Constitution civile du clergé,

---

160 *Noldmann*, II, 237.
161 *Ibid.*, 238.
162 Voir en particulier *Roman meines Lebens*, I, 264; II, 90 sqq.; *Mildenburg*, III, 277 sqq.

faisant de celui-ci un corps de fonctionnaires élus, et rétribués par l'Etat. On sait que cette décision allait ouvrir une crise qui devait marquer, pendant plus d'un siècle et demi, les rapports entre catholiques et partisans de la Révolution française. Knigge introduit au contraire une séparation radicale entre l'Etat et l'Eglise. Non seulement il refuse l'idée même d'une "religion dominante"[163], alors que la Constituante considéra d'abord comme officiel le seul culte catholique, n'accordant même le droit de citoyenneté aux israélites que progressivement –, mais il déclare nettement, que "la religion ne saurait en aucun cas être un objet de législation"[164]. L'Etat ne subventionne aucun culte, ne salarie aucun prêtre. C'est aux familles d'assumer la charge de ce que nous appelons aujourd'hui le "denier du clergé". Les prêtres ne bénéficient d'aucun privilège, fiscal, militaire ou autre. Knigge fait d'ailleurs remarquer que "les fondateurs du christianisme n'avaient jamais réclamé de statut particulier dans l'Etat"[165].

La tolérance de Knigge en matière religieuse est donc totale, dans la mesure où la liberté de croyance n'est pour lui qu'un des aspects de la liberté de pensée. Les citoyens abyssiniens ont le droit de dire et d'écrire publiquement ce qu'il pensent ou croient, de se réunir, publiquement aussi, pour célébrer leur culte, enfin de faire des adeptes. Cette liberté s'étend également aux sectes, à condition qu'elles ne soient pas secrètes.

Pourtant, Knigge ne s'en tient pas là. Si l'Etat laïc se refuse le droit d'ingérence dans les affaires religieuses, il entend lier le citoyen aux idéaux et aux valeurs qui constituent le fondement de la nouvelle société abyssinienne: le sens du devoir et de la sociabilité. Il faut ici citer dans son entier le passage que Knigge consacre à ce sujet:

> Mais pour encourager de temps en temps le peuple à honorer Dieu en commun et, par des sentiments nobles et religieux, disposer les coeurs à l'amour, à la reconnaissance, à la bienveillance et à la concorde fraternelle, est organisée chaque année à jour fixe, dans la plus belle contrée de chaque province, une grande fête populaire, à laquelle chacun a le droit de participer, sans contrainte, avec sa famille. En plein air, on chante de belles hymnes qui élèvent le coeur, que les enfants ont appris dans les écoles à interpréter en choeur, accompagnés d'instruments de musique. De bons orateurs, auxquels cette charge est confiée par les autorités, prononcent de brèves et touchantes allocutions et rappellent le peuple à l'accomplissement de ses devoirs; la seconde moitié de la journée se déroule dans les joies de la sociabilité, de l'hospitalité et de la civilité. Les autorités veillent à ce que soient observés l'ordre et la bienséance.

Cette description évoque celle de la fête de Harvestehude: la nature en fournit le cadre, des hymnes sont chantées. L'Etat laïc n'est pas un Etat athée: le

---

163 Il dit "Landes-Religion", ce qui n'est pas tout à fait la même chose que "Staats-Religion", *Noldmann*, II, 238.
164 *Ibid.*, 237.
165 *Ibid.*, 239.

peuple est invité à se rapprocher d'une sorte d'Etre Suprême auquel il rend grâces de son propre bonheur.

Mais ce bonheur, ce n'est pas Dieu qui en est l'artisan, c'est le peuple seul. La fonction du "sermon laïc" qu'il est invité à écouter est de lui rappeler que dans la nouvelle société, il a d'abord des devoirs. En associant les enfants des écoles à la cérémonie, Knigge suggère que c'est par l'éducation qu'est formé le citoyen utile à la société. On pourra sourire de la dernière phrase de son récit, qui rappelle que la moralité est considérée comme une valeur essentielle. C'est évidemment un legs de l'*Aufklärung*[166]. Mais ce texte reflète surtout ce qui constituait le noyau même de la "nouvelle religion": l'idéal d'une société rassemblée communiant dans l'adhésion à des valeurs tirées de la raison et mises au service du bonheur terrestre. "Honorer Dieu", c'est ouvrir son coeur à la "concorde fraternelle", c'est, en somme, donner au mot "religion" son sens plein, celui que suggère l'étymologie, puisque "religere" signifie en latin "rassembler". Il s'agit donc bien d'une "religion laïque", qui ne connaît ni anathèmes ni excommunications, mais consacre l'union du genre humain. Quelques années plus tard, la fête de l'Etre Suprême du 20 prairial an II, puis la théophilanthropie et le culte décadaire à partir de 1796, allaient essayer, selon la belle expression d'Albert Mathiez, de "fonder la République dans les âmes"[167].

Ainsi Knigge se trouvait-il, sous l'effet du choc causé en lui par la Révolution française, ramené à l'idéal qu'il avait jadis tenté de transmettre par les voies de l'Illuminisme. Pour lui, comme pour beaucoup d'autres, en Allemagne et en France, l'engagement révolutionnaire est une manière de vivre l'engagement maçonnique. C'est à ce niveau, et non à celui d'un enchaînement causal suggéré par la thèse du "complot maçonnique", que se situe le rapport entre les deux types d'engagement. Les francs-maçons n'ont nullement "préparé" la Révolution, il faut le dire et le redire toujours. La plupart d'entre eux n'ont même pas souhaité la destruction violente de l'ordre ancien. Il se trouve seulement que, par sa portée universelle, le message des Droits de l'Homme leur apparut comme la réalisation de cette aspiration qu'ils portaient en eux comme un nouvel Evangile. Ce que Lessing avait, dans les *Dialogues maçonniques*, posé comme la fin de l'engagement maçonnique, travailler à la suppression des divisions entre les hommes, le message du 26 août 1789 le traduisait en réalité politique, et le proclamait valable pour tous les hommes. Comment un franc-maçon sincère n'aurait-il pas adhéré aux promesses qu'il portait?

Pourtant, l'utopie du Noldmann n'est pas la simple description d'un monde imaginaire, situé hors de l'espace et du temps, telle que l'avait proposée, par exemple, le "manuscrit de Brick" dans *Peter Claus*. Dans *Noldmann*, Knigge

---

166 *Ibid.*, 239 sq.
167 A. MATHIEZ, *La théophilanthropie et le culte décadaire, 1796 - 1801*, Paris, 1903, 16. Voir aussi, du même: *Les origines des cultes révolutionnaires (1789 - 1792)*, Paris, 1904.

crée une communauté qu'il organise selon des principes tirés de deux réalités politiques: l'oeuvre des Constituants français et celle de l'absolutisme éclairé. Il n'est pas sensible à la contradiction que doivent impliquer ces deux références, parce qu'elles puisent à la même source, qui est l'application des possibilités de la raison pratique. La question essentielle n'est pas de savoir si le modèle de société décrit par Knigge anticipe sur des constructions postérieures, dont certaines connaîtront un début de réalisation. La fonction de l'utopie n'est pas seulement de proposer un rêve de l'avenir, mais de montrer que la société réelle n'est plus adaptée aux mentalités de l'époque, et qu'elle peut être changée[168].

En "Abyssinie", le changement s'est opéré par la violence: cela ne suffit pourtant pas à prouver que Knigge souhaitait un processus identique pour l'Allemagne. A partir de 1792, il prendra directement position sur le déroulement de la Révolution française et sur l'attitude des princes allemands: jamais il n'appellera au renversement de leurs trônes. Jamais non plus il ne sera affilié à des organisations liées, de près on de loin, aux républicains de Mayence ou du Wurtemberg. Le cercle de ses relations sera constitué, certes, par des partisans sincères de la Révolution, mais il s'agira essentiellement d'hommes (et de femmes) qui *jugeaient* les événements sans pour autant y prendre part. Lui-même, enfin, restera jusqu'à sa mort un serviteur exemplaire de l'Etat hanovrien, tout en essayant, par la voie du compromis, de faire passer dans la réalité administrative certains principes auxquels il tenait. L'homme d'action modéré ne reniera jamais ses convictions profondes. Mais cette position ne sera pas facile à tenir.

3. Knigge à Brême: l'Administration au service des Lumières

A. Le défenseur des intérêts hanovriens

On peut s'étonner que Knigge, au moment même où il rédigeait le *Noldmann*, assistait à la fête de Harvestehude et buvait "à la fin du despotisme", sollicitât (et obtînt) d'entrer au service de la très conservatrice Régence de Hanovre. Cette contradiction entre le discours et le comportement pourrait évidemment provoquer le doute quant à la nature de son engagement politique. Mais il ne faut pas oublier que Knigge était obsédé par l'idée qu'il pût disparaître avant d'avoir assuré l'avenir de sa fille et que la recherche d'une situation stable était l'une de ses préoccupations depuis qu'il avait quitté la cour de Hanau. C'est le 27 février 1790 qu'il pose auprès du Gouvernement de Stade sa candidature à la succession du "bailli"(*Landdrost*) Hake qui venait de mourir. La lettre de deux pages dans laquelle il justifie sa demande ne contient ni

---

168 Sur les problèmes posés par une définition de l'utopie, voir L. STOCKINGER, *Aspekte und Probleme der neueren Utopiediskussion in der deutschen Literaturwissenschaft*, in: VOSSKAMP (Hg), *Utopieforschung...*, op. cit., I, 120 - 142, utilement complété par H. G. FUNKE, *Aspekte und Probleme der neueren Utopiediskussion in der französischen Literaturwissenschaft*, ibid., 192 - 220.

considérations de talent ni protestations de fidélité à l'Electeur, mais une description minutieuse de sa situation de fortune, à laquelle ne manque même pas le récit des démarches entreprises auprès de la justice hanovrienne pour accélérer le règlement de la succession paternelle[169]. Le 28, il écrit personnellement à trois Conseillers de Stade et développe les mêmes arguments[170]. Le ton général de ces lettres n'est plus le même que celui des requêtes qu'il envoyait, une dizaine d'années plus tôt, aux puissants personnages de Weimar ou de Darmstadt. Knigge n'est plus un courtisan, même lorsqu'il sollicite la bienveillance du prince.

N'eût-il pas été conscient lui-même de la contradiction qu'il y avait à entrer au service du "despotisme" au moment même où il le condamnait, que les avertissements formulés par certains de ses amis eussent suffi à la lui rendre sensible. C'est ainsi que Cramer lui écrivait le 26 mai 1790 qu'il ne pouvait se "faire à l'idée" que Knigge accepte un statut de "servitude"[171]. Il se disait convaincu que son ami avait toutes les chances de se voir restituer ses biens, et qu'il était inutile qu'il cherchât à compléter ses ressources par les émoluments liés à une fonction dans l'Etat. Mais il se plaçait sur le terrain du droit, et Knigge avait compris, au moins depuis 1788, à ses propres dépens, que l'Etat féodal ne garantissait plus le droit. On ne connaît pas la réponse qu'il fit à Cramer. En tout cas, le "blâme" de celui-ci ne le détourna pas de son projet.

Si l'on sait pourquoi Knigge s'est résolu à cette démarche, l'accueil positif qu'elle reçut de la part de la Régence peut surprendre également. Certes, Georges III avait personnellement recommandé aux Conseillers de faire quelque chose pour Knigge. Mais c'était avant la fête de Harvestehude, à laquelle tout le monde savait qu'il avait participé. D'ailleurs, les Conseillers avaient fait la sourde oreille, ce qui suggère que ceux qui, au nom de ses créanciers, pillaient ses biens disposaient d'appuis efficaces au sein de la Régence.

En fait, c'est peut-être, paradoxalement, l'enthousiasme de Knigge pour la Révolution qui amena la Régence à essayer, comme Knigge le suggère dans une lettre à Johann Gottwerth Müller, de lui "clore la bouche"[172] en le liant par son serment de fidélité. Mais aucune preuve ne permet de l'affirmer.

La nomination définitive intervint en août 1790. Knigge occupa ses fonctions jusqu'à sa mort, le 6 mai 1796. Il n'est pas sans intérêt de décrire

---

169 Knigge au Gouvernement de Stade, 27 février 1790, KAW, d'après un brouillon se trouvant au Kestner Museum à Hanovre, cote 1914.70.
170 Knigge au Conseiller von Ende, 28 février 1790, et aux Conseillers von Decken et von Uslar, même date, KAW, ms. au Kestner Museum à Hanovre, 1914.70(28).
171 Cramer à Knigge, 26 mai 1790, in KLENCKE, *op. cit.*, 64, ms. au Freies deutsches Hochstift, Frankfurt a. M.
172 Knigge à J.G. Müller, 14 septembre 1795, in: SCHRÖDER, J.G. Müller, *op. cit.*, p. 122.

brièvement ce que furent ses activités au service de la Régence : elles offrent un témoignage révélateur de la manière dont un *Aufklärer*, acquis de surcroît aux idéaux dont la mise en oeuvre soulevait en France des tempêtes imprévues et terribles, agissait dans le cadre de la plus scrupuleuse légalité pour traduire dans la réalité l'impératif de la raison pratique. On ne saurait mesurer la portée exacte de l'engagement politique de Knigge si on fait abstraction de son comportement en tant que fonctionnaire.

Il décrit ainsi, dans une lettre à Nicolai, ses responsabilités : L'*Oberhauptmann* est le "chef des affaires hanovriennes en cette ville et doit préserver les droits du roi contre la ville, y compris en matière frontalière et douanière etc. [...] J'ai en même temps la surveillance de la cathédrale, de l'Ecole cathédrale, du séminaire etc."[173]. Dans la même lettre, il indique son traitement : environ 1 000 reichsthalers, auxquels s'ajoutent des indemnités de tournée, ainsi que la gratuité du logement dans le Pallatio, l'ancien Palais épiscopal.

Knigge fut un fonctionnaire exemplaire, ainsi que nous le révèle le *Journal de service* dans lequel il consigne au jour le jour, du 14 septembre 1790 au 24 avril 1796, tout ce qui a trait à l'exercice de sa charge[174]. Ce document fournit un témoignage de premier ordre sur son travail et, encore plus, sur le sérieux et la méticulosité qu'il apporta à son accomplissement. Il note les visites qu'il fait ou qu'il reçoit, les documents qui lui sont adressés, les sommes qu'il encaisse ou qu'il dépense, les congés qu'il sollicite, les rapports qu'il rédige, les autorisations qu'il accorde, même pour des requêtes futiles[175], les bonnes oeuvres auxquelles il préside. Il indique les inspections qu'il effectue (à l'improviste, par exemple pour vérifier que les diacres dont il a la charge sont bien nourris... et se tiennent correctement[176]). Il entend que ses subordonnés exécutent les instructions venues de Hanovre ou de Stade, et le leur rappelle[177]. Il suit l'enterrement d'un enfant pensionnaire de l'orphelinat[178]. Il veille à ce que les salaires dûs soient ponctuellement versés. Il s'occupe personnellement des nominations intervenant dans les secteurs qui lui sont confiés, se renseigne, informe son gouvernement, prend langue avec ses collègues, convoque les candidats etc. En un mot, Knigge n'a pas conçu la position qu'il occupait comme un moyen de détruire de l'intérieur l'Etat qu'il servait, mais au contraire comme l'occasion qui lui était offerte de le faire fonctionner corectement et, comme nous le verrons, d'y introduire des réformes modérées.

---

173 Knigge à Nicolai, 22 octobre 1790, KAW, orig. au Nicolai Nachlass à Berlin.
174 *Tagebuch...*, op. cit. Voir *supra*, note 10.
175 Par exemple : "Am 28. [September 1790] bath mich meine Nachbarin, um die Erlaubniss, Wasser aus dem Domhof-Brunnen zu holen, welches ich ihr ad tempus erlaubt habe", *Tagebuch*, 2. Le 3 décembre, il autorise "l'abbé Vogler" à utiliser l'orgue de la cathédrale... etc.
176 *Ibid.*, 16 janvier 1791.
177 *Ibid.*, 24 décembre 1791.
178 *Ibid.*, 2 août 1791.

Un incident qui l'opposa en 1793 au Magistrat de la Ville libre montre la détermination avec laquelle il savait défendre les intérêts de l'Etat hanovrien. La Ville libre de Brême appartenait à la confession réformée. Mais un certain nombre de ses habitants étaient restés luthériens. Lorsque, en 1719, les Suédois se furent définitivement retirés de la région, c'est le Hanovre qui prit en charge leur protection. C'est ainsi que non seulement "l'Ecole cathédrale" (*Domschule*) formait, avec la cathédrale elle-même, une enclave hanovrienne dans la Ville libre[179], mais la Régence disposait d'un "droit de présentation" (*Präsentationsrecht*) lorsqu'il fallait pourvoir à la nomination de maîtres pour les écoles luthériennes situées hors de l'enclave. Le Magistrat de Brême supportait difficilement cette tutelle, mais les prédécesseurs de Knigge, est-ce souplesse, est-ce plutôt indolence? s'étaient contentés de "recommander" (et non de "présenter") leurs candidats, ce qui ménageait la susceptibilité du Magistrat.

Mais Knigge n'entendait pas laisser grignoter les prérogatives de l'Etat qu'il servait. Une vacance étant intervenue dans une école luthérienne de la ville, il recruta lui-même un nouvel instituteur, un certain Cordes, qu'il adressa au Président du Consistoire de la Ville libre. Cordes était porteur d'un bref message de Knigge, dans lequel celui-ci demandait au Consistoire de le soumettre à l'examen destiné à vérifier ses capacités[180]. Mais le Consistoire transmit le dossier au Sénat, qui refusa d'entériner le choix fait par Knigge. Il s'ensuivit un échange de correspondance entre le Sénat et Knigge, qui dura jusqu'en avril 1794. D'autre part, Knigge en référa aussitôt au Gouvernement de Stade, auquel il exposa l'affaire dans ses moindres détails. Ce qui frappe, c'est que les capacités de Cordes ne constituent nullement le fond du débat, ni pour les magistrats de Brême, ni pour Knigge. Le seul point qui les oppose est l'interprétation du terme "présenter". Knigge écrit à ses supérieurs: "[Le Magistrat] n'a encore jamais eu l'impudence de faire ce qu'il a fait il y a quelques jours, à savoir de *rejeter purement et simplement un sujet présenté par les Inspecteurs des Ecoles et de nier notre jus praesentendi*"[181]. Et il conclut son rapport en invitant la Régence à "remettre ces messieurs à leur place".

Pour faire plier le Magistrat de Brême, qui fit intentionnellement traîner l'affaire, les autorités hanovriennes durent lui envoyer trois lettres, entre le 25 octobre 1793 et le 3 mars 1794. Finalement, Cordes fut autorisé à exercer ses fonctions, la seule condition étant qu'il postule par écrit le "droit de bourgeoisie" (*Bürgerrecht*). Knigge constate, dans un dernier rapport adressé au

---

179 Il en fut ainsi jusqu'en 1803. Sur l'histoire de l'Ecole cathédrale de Brême, voir U. WEGENER, *Die lutherische Schule und das Athenaeum am Dom in Bremen in ihrer politischen und kulturellen Bedeutung*, Bremen, 1941, et, ancien, mais détaillé, H. W. ROTERMUND, *Geschichte der Domkirche St. Petri zu Bremen*, Bremen, 1829.
180 7 octobre 1793, KAW, ainsi que les autres pièces de ce dossier, dont l'original se trouve aux Archives de Basse-Saxe, dépôt de Stade.
181 Knigge au Gouvernement de Stade, 21 octobre 1793, *ibid.* souligné par Knigge.

Gouvernement de Stade, que Cordes a commis la maladresse de demander, dans sa supplique au Magistrat, que la place qu'il sollicitait lui fût "accordée" (*erteilt*), mais il précise que ce terme, employé "en toute ignorance", ne porte pas "préjudice aux privilèges" du Hanovre à Brême[182]. La "patrie allemande" n'est pas pour demain...

Knigge n'hésitait donc pas à soutenir les privilèges qu'un Etat engagé à l'époque aux côtés des monarchies dans la croisade contre-révolutionnaire faisait valoir contre une petite république qui, au contraire, essayait de préserver sa neutralité[183]. Il chicanait sur des mots, exactement comme les principicules qu'il tournait en dérision dans ses romans. Comment interpréter ce qui ne peut manquer d'apparaître comme un "double langage"? Il se peut que Knigge, offensé dans son orgueil par l'attitude du Magistrat de Brême, ait tenu à ne pas être désavoué par son gouvernement, ce qui exigeait qu'il en défendît sans ambiguïté les intérêts. Il est possible aussi qu'il agît de la sorte afin de parer les coups éventuels que cherchaient à lui porter les ennemis qu'il avait au sein de la Régence même, et dont le plus redoutable était le général Freytag, commandant en chef des troupes hanovriennes. Freytag ne cessait d'intriguer pour obtenir sa destitution, et Knigge le savait[184].

Mais peut-être existe-t-il une explication plus simple. Knigge est certes un partisan sincère (et courageux) des idéaux de la Révolution française. Mais il reste, fondamentalement, un *Aufklärer*. Or ce n'est pas dans la révolte ouverte que l'*Aufklärung* voit la possibilité d'une émancipation politique, mais dans le respect du droit. Au fond, Knigge agissait à Brême selon ses convictions les plus profondes: dès lors que le droit n'était pas respecté, il fallait essayer de le rétablir. Cela n'était à ses yeux nullement contradictoire avec son engagement politique.

Knigge se sentait d'autant plus à l'aise dans sa charge qu'elle lui permettait de transcrire en réalité une conception "éclairée" de l'administration. Deux domaines, sur lesquels il avait la haute main, s'y prêtaient tout particulièrement: l'enseignement et la pratique religieuse.

B. Les Lumières au service du bien public: Knigge et les affaires scolaires

Lorsqu'il prit ses fonctions, Knigge, avec la tatillonne méticulosité qui est un des traits de son tempérament, s'informa de l'état des affaires relevant de son autorité. Le 10 janvier 1791, il adressait au Gouvernement de Stade un long rapport concernant les affaires scolaires et religieuses[185].

---

182 Knigge au Gouvernement de Stade, s. d., (après avril 1794).
183 Dans son rapport du 21 octobre au Gouvernement de Stade, Knigge souligne la mauvaise volonté dont, selon lui, les autorités de Brême ont fait preuve lors du passage dans la ville des troupes hanovriennes. Il précise qu'il n'a cependant pas jugé utile d'en informer ses supérieurs plus tôt...
184 Voir *infra*, 2, A.
185 Knigge au Gouvernement de Stade, 10 janvier 1791. Une grave maladie l'avait empêché d'écrire plus tôt.

Après avoir, dit-il, assisté à quelques cours de l'Ecole cathédrale, il a pu se convaincre de l'excellence des maîtres et de leurs méthodes, ainsi que des progrès et des connaissances des élèves. Il constate avec fierté que cet établissement est un des meilleurs en Allemagne. Une étude très documentée a d'ailleurs montré que cela était parfaitement faux [186], mais Knigge espérait par cette affirmation disposer ses supérieurs à accéder à deux requêtes qu'il leur soumettait.

La première concernait les locaux – ou plutôt le local réservé à l'Athenaeum, une annexe de l'Ecole cathédrale créée en 1681, et qui dispensait un enseignement postscolaire complémentaire [187]. Knigge souligne que cette salle est, été comme hiver, "malsaine, fraîche, sombre, humide" et qu'il n'est pas convenable que le maître soit contraint de s'asseoir "devant la porte du cachot". Il demande que cette classe soit transférée dans un autre bâtiment, où se trouve une salle libre. Ainsi, ajoute-t-il, cesseraient les "plaintes fondées" adressées au recteur de l'établissement[188].

Mais surtout, il soumettait à ses supérieurs un projet concernant la bibliothèque de l'Ecole cathédrale. Celle-ci était constituée principalement "d'anciennes et parfois précieuses éditions d'écrivains classiques". Or aucune somme n'était prévue pour acheter des livres, ce qui empêchait l'acquisition d'ouvrages modernes. "En conséquence, la bibliothèque est de peu d'utilité pour l'Ecole". Et Knigge appuyait l'idée toute simple du subrecteur Bredenkamp: que le fonds de livres anciens fût vendu aux enchères en Hollande, où il existait un débouché pour les éditions rares, et qu'avec l'argent ainsi recueilli, on achetât alors "des oeuvres très importantes et utiles".

Quelle proposition pouvait-elle, mieux que celle-ci, porter la marque de l'utilitarisme des Lumières? Il est clair que les "ouvrages utiles" auxquels songe Knigge sont ceux des *Aufklärer*. En réalité, lorsqu'il tente de renouveler le fonds de la bibliothèque de l'Ecole cathédrale, c'est l'enseignement dispensé dans l'établissement qu'il cherche à réformer. Et c'est à cette tâche qu'il va, jusqu'à sa mort, consacrer une partie de ses efforts.

En octobre 1792, il adresse une circulaire aux professeurs afin d'avoir leur avis sur les raisons de la désaffection dont semble souffrir l'établissement. La diminution des effectifs, sensible depuis plusieurs années, s'était accentuée: en 1792, l'Ecole cathédrale ne comptait plus que 60 élèves[189]. Knigge voulait

---

186 WEGENER, *op. cit*, 136 sqq.
187 *Ibid.*, 104.
188 Les termes dans lesquels Knigge formule sa requête valent d'être notés: "Ich würde es für Vernachlässigung meiner Pflicht halten, wenn ich mich nicht erdreistete, Ew. pp. ganz gehorsamst und angelegentlichst vorzustellen, ob es Hochdenenselben nicht gnädig gefällig seyn mögte, die Verfügung zu treffen, das dem Athenäo ein anständigerer und gesünderer Platz angewiesen werde", Knigge au Gouvernement de Stade, 10 janvier 1791.
189 WEGENER, *op. cit*, 138 - 149, ainsi que, pour les renseignements qui suivent, des documents se trouvant aux Archives d'Etat de Brême, en copie à la KAW.

savoir si cette situation résultait de la concurrence des écoles privées. En même temps, il invitait les professeurs à formuler des propositions visant à améliorer l'enseignement, mais aussi l'évaluation des connaissances, l'emploi du temps, le système des punitions, la censure et la surveillance de la conduite. En décembre, il condensait ces propositions dans un rapport qu'il envoya, contresigné par le second Inspecteur, à ses supérieurs à Stade.

L'idée centrale de ce texte est que l'enseignement dispensé dans l'Ecole cathédrale et à l'Athenaeum n'est pas adapté à l'époque, ni, ce qui est complémentaire, à l'environnement spécifique de la ville de Brême. L'Ecole doit, affirme Knigge, préparer les élèves à des carrières du négoce, et elle doit, pour le faire efficacement, être divisée en classes réunissant dans chaque matière les élèves d'un même niveau, comme cela se pratique à Halle depuis le début du siècle. Knigge soumet aux autorités hanovriennes un plan visant à créer deux sections: la première, appelée "école bourgeoise" (*Bürgerschule*), s'adresserait aux futurs négociants; la seconde, "école savante" (*Gelehrtenschule*) serait ouverte à ceux qui envisagent de poursuivre leurs études. L' "école bourgeoise" dispenserait un enseignement pratique comprenant de la comptabilité, des langues vivantes, du calcul, de l'écriture, et quelque teinture d'enseignement artistique.

Mais Knigge ne devait pas seulement persuader les autorités hanovriennes. Il devait aussi compter avec le Sénat de Brême qui, en particulier, subventionnait largement les écoles privées situées sur le territoire de la Ville libre, et que fréquentait un nombre toujours croissant d'enfants luthériens. Knigge ouvrit des pourparlers avec le Magistrat, mais ce fut un échec. Il pensa alors que le meilleur moyen d'attirer des élèves était de convaincre les parents eux-mêmes de l'excellence de l'Ecole cathédrale.

Cette politique supposait une révision de certaines pratiques qui nuisaient à l'enseignement public. En particulier, les professeurs étaient autorisés à donner, dans les locaux de l'Ecole, des cours particuliers, en général bien rémunérés. La conséquence était qu'ils négligeaient parfois la partie publique de leur tâche. Knigge demande que cette pratique soit interdite, mais qu'en contrepartie les maîtres reçoivent une substantielle augmentation de salaire. En même temps, il réclame que soient engagés des professeurs d'anglais, de français, d'italien, d'espagnol, de dessin, de comptabilité et d'harmonie. Des conseils de classe mensuels devaient être institués. Les examens ne se dérouleraient plus en latin, mais en allemand. Quant à l'Athenaeum, il proposait soit de le supprimer, soit d'en faire une sorte de "classe préparatoire" à l'Université, réservée aux meilleurs élèves (il proposait de lui donner l'appellation de "Selekta"). Enfin, il réclamait de l'argent, en particulier pour l'achat d'ouvrages de grammaire et de mathématiques. Il passa même commande avant d'avoir reçu la réponse de ses supérieurs, prêt à les régler éventuellement de ses deniers.

On sait que les autorités hanovriennes ne se hâtaient jamais. Knigge demanda que ses propositions fussent examinées rapidement, mais le Gouvernement de Stade, sans doute effrayé par l'effort financier qu'exigeait leur réalisation, lui adressa une réponse dilatoire, se contentant d'autoriser les maîtres à enseigner "ce qui leur semblerait le plus utile". Mais il ne voulait pas entendre parler de classes organisées par matière et par niveau.

Knigge, avec un sens du compromis qui lui était particulier, rédigea un nouveau projet, moins ambitieux. Il ne réclamait plus l'engagement de nouveaux professeurs. En revanche, il maintenait ses propositions quant au contenu de l'enseignement.

Le Gouvernement donna son accord, et Knigge en profita pour supprimer les "classes privées", qu'il remplaça par des "classes publiques", c'est-à-dire par des cours que les professeurs donnaient dans le cadre de leurs obligations. Il établit également un emploi du temps précis, qui comprenait des horaires minutés et deux demi-journées de liberté (le mercredi et le samedi). L'enseignement des langues modernes fut rendu obligatoire dans toutes les classes, ainsi que celui des mathématiques, des sciences physiques et de l'histoire. Les élèves destinés à la "Selekta" (qui, du reste, conserva le nom d'Athenaeum), étudiaient le grec, tandis que les autres, destinés à la profession de négociant, s'instruisaient en géographie et en français. Knigge fit en outre mettre au programme la lecture de la *National-Zeitung der Teutschen*, afin que les élèves pussent s'informer de l'actualité. Ce journal n'était pas à proprement parler "révolutionnaire" (sinon, il eût, à cette époque, été interdit), mais il était l'un de ceux qui essayaient de porter sur les événements un jugement honnête et dépourvu de passion. Enfin, Knigge fit réduire l'enseignement de la religion à quatre heures en 5è et en 4è, à deux heures en 3è. Encore était-il permis de s'en faire dispenser. Des bulletins semestriels tenaient les familles informées des résultats obtenus par les élèves.

Knigge mourut avant d'avoir récolté le fruit de ses efforts. Le nombre des élèves de l'Ecole cathédrale et de l'Athenaeum augmenta régulièrement. La possibilité qui leur était offerte de se faire dispenser des cours de religion permit aux élèves de confession réformée de fréquenter l'Ecole, ce qui constituait une ouverture en direction de la bourgeoisie de Brême. Rapidement, l'Ecole cathédrale fit concurrence au gymnase de la Ville libre.

Ainsi Knigge essayait-il, par voie administrative et dans le cadre des institutions existantes, de réaliser une réforme scolaire qui constituait, du moins à Brême, très en retard sur de nombreuses villes allemandes en ce domaine, une petite révolution. Il entendait rompre avec la tradition d'un enseignement fondé sur les humanités et la connaissance des langues anciennes, afin de lui substituer un système scolaire ouvert sur la vie professionnelle et orienté vers les débouchés proposés par la région dans laquelle vivaient les élèves. Mais Knigge ne rompait pas seulement avec la tradition. Il s'engageait également dans un type d'action qui restait à l'égard des débats théoriques sur la pédagogie menés depuis près de vingt ans en Allemagne. Ce qui le préoccupait était un problème concret, à savoir la réponse qu'il fallait donner à la désaffection des habitants d'une région donnée envers un type d'école donné. Pour lui, la solution ne résidait pas dans des idées, mais dans des actes, et ces actes ne pouvaient être efficaces que s'ils s'inscrivaient dans le cadre des possibilités offertes par la réalité. Et Knigge mettait à profit l'autorité que lui donnait sa position de haut fonctionnaire pour faire aboutir une réforme qui, incontestablement, allait dans le sens des aspirations et des besoins de l'époque.

Certes, il existait dans d'autres villes allemandes, en particulier à Cassel et à Brunswick, des établissements qui s'inspiraient depuis longtemps des principes mis en œuvre par Knigge. Mais en ce domaine, les écoles luthériennes isolées dans la ville calviniste de Brême, avaient eu tendance à se replier sur elles-mêmes et avaient cru sauvegarder leur identité en restant fidèles à des conceptions pédagogiques dépassées. En imposant cette réforme scolaire, Knigge visait d'abord à adapter une institution à son époque.

L'utopie du *Noldmann* avait montré qu'il n'hésitait pas à penser jusque dans ses extrêmes conséquences la relève de l'ordre féodal par des institutions reposant sur la souveraineté populaire. Mais il savait aussi que l'Allemagne n'était pas encore engagée dans le processus qui l'arracherait à l' "ordre féodal". Il considérait seulement que cela n'était pas une raison suffisante pour renoncer à l'action. Prudente dans ses modalités, sa réforme n'était nullement conservatrice dans son esprit. Knigge visait simplement à l'efficacité. Celle n'était possible, à ses yeux, que sur la base d'un compromis entre les aspirations et les institutions de l'époque. Ce compromis porte, en allemand, un nom: c'est la "révolution par en haut" (*Revolution von oben*). En 1793, Knigge la croit encore possible. Ses écrits politiques le confirmeront.

C. Les lumières au service de la tolérance: Knigge et les affaires religieuses

Si la bourgeoisie de Brême, ainsi que la majorité des professeurs de l'Ecole cathédrale, accueillit favorablement la réforme introduite par Knigge, il n'en alla pas de même des prédicateurs et des professeurs de théologie. Knigge s'était d'ailleurs bien gardé de les y associer. D'autre part, sa réputation de libre-penseur lui avait aliéné leurs sympathies[190].

Dès le premier rapport qu'il adressa à ses supérieurs, il soulignait que les affaires ecclésiastiques, elles aussi, exigeaient que fussent prises des mesures d'amélioration. Les plaintes, dit-ils, affluent de toute part. Certaines ne sont pas fondées. Mais d'autres révèlent l'existence d'usages intolérables: le culte est troublé par les bavardages, les allées et venues incessantes nuisent au recueillement de la confession.

Plus graves sont les désordres (*Unfug*) accompagnant les jeux auxquels se livrent quelques galopins lorsque la cathédrale est vide, entre la confession du matin et celle du soir: Knigge informe ses supérieurs que désormais, elle sera fermée à clef jusqu'à une heure de l'après-midi.

---

190 WEGENER, *op. cit.*, 151.

Mais ce qui horrifie l'homme d'ordre, c'est que "la populace n'a aucune considération pour le caractère sacré du lieu"[191]. Pendant le culte, on "mouille et on souille" (*benässt und beschmutzt*) l'espace séparant les portes; les coins sombres sont particulièrement utilisés pour cette "double saleté" (*doppelte Unfläterei*)... Et Knigge d'énumérer les mesures qu'il a prises pour mettre fin à ces "malhonnêtetés" (*Unanständigkeiten*). Il propose aussi que les abords de la cathédrale soient fermés dès la nuit tombante, car ils sont, eux aussi, le théâtre d'autres "malhonnêtetés"...

Ces détails quelque peu triviaux montrent non seulement le sérieux avec lequel Knigge s'acquittait de sa tâche, mais aussi combien cet *Aufklärer*, pourtant indifférent, sinon hostile, aux manifestations de la religion officielle, entendait que fussent respectés ceux qui en observaient les pratiques. La tolérance ne s'accommode ni du désordre, ni de l'immoralité, mais elle exclut aussi la provocation qu'aurait constituée l'indifférence de l'*Oberhauptmann* à l'égard des questions vulgairement matérielles soulevées par les fidèles.

Une occasion allait lui être offerte de faire aboutir une revendication qui, depuis 1786, opposait les milieux "éclairés" de Brême aux représentants de l'orthodoxie religieuse. A la fin de cette année-là, un négociant, Arnold Grovermann, avait fait insérer dans la *Deutsche Zeitung* une pétition, signée par un grand nombre de ses concitoyens luthériens, dans laquelle il réclamait que le fidèle pût choisir entre la "confession privée" (*Privatbeichte*) et la "confession publique" (*öffentliche Beichte*), ainsi que c'était le cas, parfois depuis le début du siècle, dans plusieurs villes protestantes d'Allemagne, notamment à Halle[192]. L'obligation de la confession auriculaire privée était d'autant plus ressentie comme un abus que Luther l'avait seulement "recommandée", mais s'était refusé à l'imposer. Les prédicateurs la justifiaient en disant qu'elle seule leur permettait de connaître personnellement les fidèles, ce qui leur paraissait particulièrement nécessaire (et difficile aussi) dans une ville où les luthériens vivaient disséminés parmi une population en majorité réformée. En réalité jouaient aussi des considérations financières, l'usage voulant que chaque fidèle, une fois confessé, fît une offrande à son directeur. C'est ainsi que les prédicateurs les plus âgés, qui avaient "les confessionnaux les plus fréquentés"[193], étaient particulièrement hostiles à la "confession publique", sorte de cérémonie pénitentielle suivie d'une absolution collective. Ne pouvant, au contraire des catholiques, prétendre que la confession privée était obligatoire, les prédicateurs éludèrent la question en prétendant que leur service ne comprenait que l'obligation d'entendre les confessions privées, mais non de présider des cérémonies pénitentielles.

Les choses en étaient là lorsque Knigge arriva. Connu pour sa tolérance en matière religieuse, il fut aussitôt prié de soutenir les partisans de la réforme.

---

191 Knigge au Gouvernement de Stade, 10 janvier 1791.
192 ROTERMUND, *op. cit.*, 137 - 140, sur lequel s'appuie la description que nous donnons de cette affaire.
193 *Ibid.*, 140.

L'un d'eux lui dédia même un opuscule intitulé *La confession chez les luthériens*[194]. Arnold Grovermann conduisit une délégation auprès de Knigge afin de lui demander d'intervenir auprès des autorités hanovriennes[195], ce qu'il fit. Cette fois, le Gouvernement répondit rapidement, sans toutefois encore trancher: le 24 mars 1791, Knigge recevait des "instructions provisoires". Rien n'était vraiment réglé. La délégation effectua le 1er juin une nouvelle démarche, et ce n'est que le 7 août que le Gouvernement de Stade autorisa l'introduction de la "confession publique", sans abolir toutefois la confession privée[196].

Knigge entreprit alors de faire accepter cette réforme par l'ensemble des parties intéressées. La façon dont il procéda révèle d'une manière exemplaire son sens du compromis et son réalisme. Le 8 août, il adressait une circulaire à tous les prédicateurs de la cathédrale, les invitant à le rencontrer, accompagnés de tous les délégués de la communauté luthérienne. Ceux-ci se firent tirer l'oreille, puisque Knigge dut leur envoyer une nouvelle circulaire le 14. En même temps, il tenait ses supérieurs au courant de l'affaire, par un rapport au Conseiller secret von Ende. Il exerçait également une pression sur la communauté elle-même, en nommant autoritairement les représentants avec lesquels il entendait négocier. C'était habile, car beaucoup de luthériens attendaient cette réforme. Les prédicateurs se soumirent, et une entrevue eut lien le 20, réunissant autour de Knigge quatre prédicateurs de la cathédrale et "cinq personnages bien considérés de la communauté". Une circulaire générale fut mise au point, qui fut publiées sous la forme d'affiche[197]. Le 29, six délégués de la communauté luthérienne vinrent adresser les remerciements de celle-ci à Knigge. Le 31, il envoyait un dernier rapport à ses supérieurs, et la réforme entra en vigueur dès le premier septembre.

La confession privée restait autorisée pour tous ceux qui le désiraient. D'autre part, des dispositions étaient prises pour que les prédicateurs auxquels la confession publique enlèverait des pénitents n'eussent pas à en souffrir financièrement. Ainsi Knigge avait-il réussi en quelques mois à vaincre la résistance de l'orthodoxie religieuse sur un point certes mineur, et qui ne soulevait pas de difficulté de doctrine, mais qui touchait à l'existence concrète des fidèles. Dans la circulaire rédigée en commun avec les prédicateurs et les représentants de la communauté luthérienne, il souligne que cette réforme esst justifiée par le désir exprimé par un grand nombre de fidèles. Mais pour la réaliser, il sut jouer à la fois de la persuasion et de l'autorité que

---

194 *Die Beichte der Lutheraner*, cité in: ROTERMUND, *op. cit.*, 139.
195 *Tagebuch*, 12 mars 1791.
196 *Ibid.*, 24 mars et 1er juin 1791, ainsi que tout le mois d'août.
197 *Nachricht, wie es künftighin mit der Vorbereitung zur Feyer des heiligen Abendmahls in der Königl. Domkirche in Bremen gehalten werden wird*. L'original, déposé aux Archives d'Etat de Brême, a été retrouvé par Claus Ritterhoff (Wolfenbüttel) qui m'a autorisé à le consulter. Qu'il en soit remercié ici.

lui conférait sa position officielle, en soulignant que l'acceptation du projet par les autorités hanovriennes donnait à celui-ci la valeur d'un "ordre"[198].

Ce n'est pas tant la réforme elle-même qui est intéressante. Elle n'est même pas bien hardie, comparée à tant d'autres qui restaient à faire. Ce qui doit retenir notre attention est la manière dont Knigge s'y prit pour faire passer dans les faits une revendication qui se heurtait à l'inertie, sinon à la résistance active, des partisans de la tradition. Une fois encore, une réforme de l'*Aufklärung*, la simple adaptation de la réalité à l'évolution des esprits, s'opérait "par en haut", dans l'ordre. Ce Knigge-là existe aussi, et il est bien différent, au moins en apparence, du Knigge qui, à la même époque, fait dans *Noldmann* l'éloge de la révolution qui abat un négus.

Cette confrontation entre le théoricien qui écrit une utopie et l'homme d'action qui essaie de traduire dans la réalité quelques-uns des objectifs, parfois bien modestes, des Lumières, permet de comprendre pourquoi Knigge n'a pas, entre 1792 et 1796, participé à des actions révolutionnaires ouvertes. On pourra dire qu'il n'en avait peut-être pas le courage. Mais nous verrons que sa sécurité matérielle, ces années-là, a été souvent menacée, et qu'il fut à plusieurs reprises sur le point non seulement d'être chassé de son poste, mais arrêté.

La modération de Knigge dans l'action a des raisons à la fois plus honorables et plus profondes. D'abord, elle est conforme à la position politique de la majorité des *Aufklärer*, qui refusaient de mettre en cause la loyauté envers leur souverain. Peut-être Knigge, qui avait, intellectuellement, rejeté son milieu, lui gardait-il, sentimentalement, un attachement que rien ne pouvait briser. Mais surtout, son action à Brême s'inscrit parfaitement dans les efforts déjà poursuivis par les Illuminés lorsqu'ils se glissaient dans les organismes d'Etat: non pas détruire, mais changer progressivement la réalité, c'est ce que la plupart d'entre eux voulaient. H. Voegt et J.-D. Kogel ont noté à juste titre le caractère révolutionnaire de l'utopie du *Noldmann*, et souligné qu'elle anticipait sur certaines conquêtes particulièrement progressistes du dix-neuvième, voire du vingtième siècle. Mais l'action menée par Knigge à Brême anticipe sur un autre débat, lui aussi fondamental: l'émancipation doit-elle obligatoirement passer par la voie révolutionnaire? Une "politique du possible" n'est-elle pas préférable, qui modifie la réalité certes plus lentement, mais d'une manière mieux acceptée et, finalement, peut-être plus efficace? On sait que, au moins depuis Lassalle, ce sera l'un des débats fondamentaux du socialisme allemand. Peut-être l'exemple de Knigge nous permet-il de constater que la question avait été posée dès la fin du dix-huitième siècle.

L'action de Knigge à Brême montre que, pour certains de ses admirateurs allemands, la Révolution française ne fournissait pas à proprement parler un "modèle", mais indiquait la voie d'un idéal. Le refus de la violence ne signifiait pas que l'Allemagne dût se dispenser de comprendre le phénomène révolu-

---

198 *Tagebuch*, 7 août 1791.

tionnaire et d'en tirer des leçons applicables à sa réalité spécifique. Au fond, il s'agissait, pour Knigge, d' "éclairer" l'Allemagne avant de la transformer. C'est à cette tâche qu'il va consacrer les quelques années qui lui restent à vivre. Elle ne sera guère moins dangereuse, et en tout cas pas moins facile, que la participation active à des entreprises révolutionnaires.

III

Le problème de la violence

1. L'analyse du processus révolutionnaire. 2. La campagne contre Knigge. 3. Le problème de la guerre et de la paix. 4. A la recherche de nouvelles formes d'action.

Le 7 janvier 1793, Knigge exprimait, dans une lettre à Heinrich Wilhelm von Gerstenberg, sa déception de constater que la Convention Nationale ne se consacrait pas à la tâche pour laquelle elle avait été élue, donner une constitution à la France. Amèrement, il ajoutait:

> Malheureusement, la Convention est actuellement détournée [de cette tâche] par tant d'objets secondaires, elle est sous l'affreuse tutelle de la populace parisienne, qui est gouvernée par des coquins; et ainsi se dessinent de très tristes perspectives, à un moment où l'on était raisonnablement en droit d'attendre le plus magnifique triomphe de la bonne cause[1].

Ces propos ne formulent pas seulement une condamnation des troubles et des violences qui avaient accompagné la chute de Louis XVI, en particulier les massacres de septembre, qui horrifièrent les *Aufklärer* et précipitèrent leur revirement à l'égard de la Révolution française, déjà amorcé depuis le début de la guerre. Knigge laisse aussi nettement entendre que le problème essentiel que soulèvent les événements révolutionnaires (et ceci depuis 1789) est celui des institutions. Le sort de Louis XVI n'est pas à ses yeux une priorité, non plus que l'attitude de la France dans les régions qu'elle occupe maintenant sur le Rhin. Le processus de régénération engagé en 1789 ne pouvait selon lui être mené à son terme dans l'anarchie, et ce n'était pas à ce qu'il appelait une nouvelle fois la "populace" de le prendre en charge.

Il ne variera jamais sur ce point. De 1790 à sa mort, il fréquente les "libéraux de Hambourg"[2] qui, autour de Johann Heinrich Albert Reimarus et de sa femme Sophie, animaient la vie intellectuelle et sociale de la grande cité hanséatique. A côté de Klopstock, de Hennings, du médecin Johann Christoph Unzer, de Voght, de Sieveking, de Matthiesen, de Karl-Friedrich Cramer (qui bientôt, devait se rendre à Paris), on trouvait Johann Heinrich Voss, le célèbre traducteur d'Homère; Johann Heinrich Büsch, président de l'Académie de Commerce de Hambourg; l'écrivain Ludwig von Hess. Aucun

---
1 Knigge à Gerstenberg, 7 janvier 1793, KAW, ms. à la Landesbibliothek de Kiel.
2 Voir *supra*, I, 4, A.

de ces personnages n'approuvait la violence. Le 1er février 1793, Reimarus déclare que les Français gaspillent le capital de sympathie dont ils disposent[3]. Sophie Reimarus, qui entretiendra avec Knigge une correspondance régulière[4], ne manquera jamais de réprouver sans la moindre ambiguïté les actes de violence commis à Paris. Les Français sont des "monstres", écrit-elle le 12 mars de la même année, et ce n'est "certes pas" chez eux qu' "habite la liberté"[5]. Le 9 juin 1795, elle souligne que les jacobins de Toulon font, par leur propagande, le jeu de l'Angleterre et elle se demande s'ils ne sont pas, ainsi que les royalistes, stipendiés par les Anglais afin d'empêcher la conclusion d'une paix[6].

Knigge correspondait aussi avec d'autres admirateurs de la Révolution française, qu'il s'agît de ses vieux amis Nicolai, l'acteur Grossmann, Campe, ou d'autres personnages en vue, comme l'*Aufklärer* d'Oldenburg Gerhard Anton von Halem[7], le médecin Bernhard Christoph Faust[8], le médecin Joachim Dietrich Brandis[9], le libraire Michaelis[10], le comte Woldemar Friedrich von Schmettow[11] ou Gottfried Bürger.

3 "O weh! aber, dass die Franzosen alle gute Hoffnung, die man von ihnen hatte, so zurichten, allen guten Willen anderer Völker von sich abwenden", Reimarus à Knigge, 1er février 1793, in: KLENCKE, *op. cit.*, 102.
4 Une partie de cette correspondance est publiée par KLENCKE, *op. cit.*, 102 - 161.
5 Sophie Reimarus à Knigge, 12 mars 1793, in: KLENCKE, *op. cit.*, 104.
6 Sophie Reimarus à Knigge, 9 juin 1795, in: KLENCKE, *op. cit.*, 140.
7 Gerhard Anton von HALEM (1752 - 1819), juriste de profession, se fit aussi un nom dans la littérature. Il fréquenta Klopstock, Bürger, le comte Friedrich Leopold von Stolberg etc. Après s'être intéressé à l'histoire locale du duché d'Oldenbourg, il s'enthousiasma pour la Révolution française, dont il alla observer le déroulement sur place. Voir Gerhard Anton von HALEMs *Selbstbiographie nebst einer Sammlung von Briefen an ihn*, zum Druck bearb. von Ludwig Wilhelm Christian v. Halem und hg. von C.F. Strackerjahn, Oldenburg, 1840, réimpr. Bern, 1970.
8 Bernhard Christoph FAUST (1755 - 1842), médecin, s'intéressa particulièrement aux problèmes de diététique et d'hygiène. Lecteur de Rousseau, il fut aussi un admirateur de la Révolution française. Sur lui, voir *Neue Deutsche Biographie*, V, 33 sq., et H. DIHLE, *Bernhard Christoph Faust und seine Zeit*, in: *Sudhoffs Archiv für Geschichte der Medizin*, Leipzig, 1931, XXIV, 283 - 311.
9 Joachim BRANDIS (1762 - 1846), né à Hildesheim, où il exerça la charge de médecin du baillage (*Landphysikus*) avant de recevoir le titre de docteur à Brunswick en 1791. En 1803, il fut nommé professeur à l'Université de Kiel. Il mourut à Copenhague, où il était le médecin personnel du roi de Danemark. Il jouissait d'un grand prestige, comme praticien, mais aussi comme philosophe. Voir ROTERMUND, *Gelehrtes Hannover*, I, 248 sq.
10 Salomon Heinrich Karl August MICHAELIS (1768 - 1844), "libraire de la Cour" dans le duché de Neustrelitz, édita des oeuvres de Schiller. Il put, grâce à l'appui du duc, fonder à Neustrelitz sa propre entreprise. Il publia un *Philosophisches Journal einer Gesellschaft deutscher Gelehrten*, auquel collaborèrent W. von Humboldt et Niethammer. Il entra en relations avec Knigge en 1795, lui demandant des articles

Enfin, la correspondance de Knigge actuellement retrouvée révèle des relations suivies avec le duc d'Oldenburg, un prince "éclairé" chez qui, sans doute, il rencontra Halem pour la première fois[12].

Mais (et ceci mérite d'être souligné) il n'existe aucune trace de contacts, personnels ou épistolaires, avec ceux des jacobins qui s'engagèrent directement dans l'action révolutionnaire.

Knigge avait connu Forster à Cassel, et nous savons que celui-ci avait fait l'éloge du *Commerce*[13]. Mais aucune lettre de l'un à l'autre n'a été retrouvée, de même que Knigge ne semble pas avoir été en relations avec Rebmann. Cela ne nous autorise pas pas à conclure que Knigge condamnait l'action des deux hommes, et encore moins qu'il l'ignorait, ni que Forster ou Rebmann se défiaient de Knigge. Si le jugement porté par Forster sur le *Commerce* est le dernier témoignage que nous possédons dans lequel il évoque Knigge, Rebmann fit paraître en 1796 dans la *Schildwache* un *Adieu* émouvant à l'ami de la liberté qui venait de mourir, "l'ami persecuté du droit, de la vérité, l'ennemi de toute superstition honteuse et de toute chimère, l'infatigable travailleur au service du bonheur humain". Il louait aussi son "mâle courage", et, rappelant que Knigge avait été un des chefs de l'Ordre des Illuminés, il proclame: "Leur but était sublime, céleste, noble"[14].

On ne trouve pas non plus de traces indiquant des contacts entre Knigge et les révolutionnaires mayençais ou wurtembergeois.

En revanche, il existe deux lettres de Knigge à Heinrich Christoph Albrecht[15] qui, à Hambourg, représentait à côté de Henrich Würzer une tendance politique plus avancée que celle du cercle des Reimarus. Mais le ton des lettres de Knigge indique que les relations entre les deux hommes

---

pour une nouvelle revue, *Die Flüchtlinge*. En 1798, il se rend à Paris. Voir J.H. ECKARDT, *Schillers Verleger Michaelis*, in: *Zeitschrift für Bücherfreunde*, Nr 7, Jg 1, Leipzig, 1910, II, 287 - 296.

11 Woldemar Friedrich Graf von SCHMETTOW (1749 - 1794) était un officier issu d'une famille de Silésie. Il collabora aux *Staatsanzeigen* de Schlözer. Voir Mathias Graf von SCHMETTOW; *Schmettau und Schmettow. Geschichte eines Geschlechts aus Schlesien*, Büderich bei Düsseldorf, 1961, et, du même, *Schlözers Staatsanzeigen und ihr norddeutscher Mitarbeiter W.F. Schmettow*, in: *Festschrift Percy Ernst Schramm zu seinem siebzigsten Geburtstage* von Schülern und Freunden zugeeignet, II, Wiesbaden, 1964, 83 - 89.

12 Un voyage à Oldenbourg est évoqué, ainsi que le projet d'un second séjour, par Cramer dans sa lettre à Knigge du 26 mai 1790. Le 15 janvier 1791, Klopstock demande à Knigge: "Comment s'est passé votre séjour à Oldenbourg?", cité in: KLENCKE, *op. cit.*, 49.

13 Voir *supra*, p. 457.

14 A.G.F. REBMANN, *Knigge*, in: *Die Schildwache*, 1796, 61.

15 31 décembre 1792, in: W. GRAB, *Leben und Werke norddeutscher Jakobiner, op. cit.*, 41 sq, original ms. à la Staatsbibliothek de Hambourg, et 19 août 1793, KAW, ms. *ibid*. Sur Heinrich Christoph ALBRECHT, voir GRAB, *op. cit.*, 31 - 47.

n'étaient pas très étroites. Aucune lettre de Knigge à Würzer n'a été retrouvée, et Knigge mentionne son nom une seule fois, dans une lettre à Halem[16].

Mais ceux qui, en Allemagne, s'engagèrent dans l'action politique concrète pour faire triompher les idéaux de la Révolution française alors que la majorité de la classe intellectuelle allemande s'en détournait, reconnurent en Knigge l'un des leurs. Lorsque la presse monarchiste, en particulier par la plume de Zimmermann et d'Aloys Hoffmann, se déchaînera contre Knigge, Albrecht prendra publiquement sa défense[17]. Simplement, l'action de Knigge se situa sur un autre terrain.

Refusant au fond, bien qu'il la comprît et, souvent, l'excusât, la violence et ayant une horreur pour ainsi dire viscérale de l'anarchie, il tenta de peser sur les mécanismes mêmes de la réception en Allemagne du phénomène révolutionnaire. Jusqu'à sa mort, dans des conditions devenant chaque jour plus difficiles, il essaya de faire comprendre à ses compatriotes qu'au-delà des modalités de l'événement, il y a le sens que cet événement a pour l'Histoire. Si Knigge n'a jamais voulu agir en rebelle, il est l'un de ceux qui ont compris que "les conquêtes de 1789" étaient irréversibles, qu'elles allaient dans le sens d'un progrès de l'humanité et que l'Allemagne se condamnait, en les combattant, à un retard considérable quant au développement d'une pensée politique. L'originalité de la place que Knigge occupe dans le "jacobinisme" allemand résulte peut-être du caractère inédit de cette attitude, située entre l'observation passive et ce qu'en termes de droit on appelle "l'action à force ouverte". Visant à comprendre l'événement au-delà de ses apparences immédiates, Knigge voulait le faire accepter en pesant sur lui plus par les idées que par les actes. Avant d'agir, il faut comprendre. Pour faire comprendre, il faut expliquer. C'est le rôle des intellectuels. Knigge affirme cette vocation des intellectuels à s'engager dans l'événement avec les armes qui sont les leurs, en premier lieu la faculté de comprendre et d'expliquer.

Ceux qui seraient tentés de faire remarquer, non sans condescendance, que cette position était, apparemment, assez confortable, oublient que le prix que Knigge dut payer, déjà de son vivant, fut une falsification radicale et intentionnelle de son engagement, qui fut considéré comme une inconvenante trahison envers sa caste. Et nous verrons aussi qu'il avait à craindre des attentats plus immédiats.

1. L'analyse du processus révolutionnaire

A. Les *Papiers de M. de la Crétinière*

C'est au début de 1792 que parut la violente satire à laquelle Knigge avait donné le titre révélateur de *Papiers laissés par feu M. le Conseiller d'Etat Samuel*

---

16 Knigge à Halem, 13 février 1796, in: HALEMs *Selbstbiographie, op. cit.*, 179 sq. Sur Heinrich WÜRZER, voir GRAB, *op. cit.*, 48 - 65.
17 Voir *infra*, 2, B.

Conrad de la Crétinière[18]. M. de la Crétinière (*von Schaafskopf*), membre éminent de l'Ordre des Jocrisses (*Pinsel-Orden*), est un zélé partisan de l'orthodoxie religieuse et de l'absolutisme de droit divin. Il a voué ses forces au combat contre la liberté et les progrès de la raison et professe le respect le plus absolu des traditions autoritaires appuyées sur une foi qui ne se discute pas[19].

Ce pamphlet, dans lequel Knigge se révèle un maître de l'ironie, est une oeuvre de combat qui tire son efficacité d'abord de la forme même. Au lieu de présenter un système de valeurs construit à partir d'une argumentation ou développé dans le cadre d'une utopie, il met en évidence le caractère irrationnel des réactions opposées par les "Jocrisses" au progrès moral, intellectuel et politique.

La famille La Crétinière, "comme on sait l'une des plus anciennes, des mieux considérées et des plus répandues de notre patrie"[20], doit son ascension sociale uniquement à la protection des grands et à l'aptitude de ses membres à n'exprimer aucune idée qui ne soit conforme à l'opinion des puissants. Elle s'est illustrée dans la chasse aux "infâmes Illuminés" et rêve avec nostalgie des oubliettes de Louis XI et des lettres de cachet de Louis XIV[21]. Samuel Conrad est décidé à "apporter sa contribution courageuse à la lutte contre cette abomination qu'est la tolérance, et contre la malédiction que sont la publicité (*Publicität*), et la liberté de penser, d'écrire et de publier"[22]. Il est décidé à détruire "le royaume des prétendues Lumières"[23]. "Croire plutôt que penser par soi-même"[24], tel est le principe qui est, dès l'enfance, inculqué aux "Jocrisses". Ils apprennent aussi que "le pouvoir et la dignité des rois et des princes ne procèdent pas d'un contrat ou de la libre volonté des nations", mais que c'est Dieu qui donna lui-même des rois au peuple juif[25]; que les paysans sont destinés "à fournir les revenus de l'Etat", et qu'il faut donc les accabler d'impôts et de travail[26]. Bien entendu, les événements "malheureux" que vient de vivre la France ont "complètement privé de pain" (*ganz ausser Brod gesetzt*)[27] les infortunés "Jocrisses". Leur seule consolation est qu'ils "entretiennent une loge à Coblence", et qu'il reste encore en Europe suffisamment

---

18 *Schaafskopf, op. cit.* Une lettre d'Albrecht WITTENBERG (1728 - 1807) à Knigge, datée du 17 décembre 1791, évoque la *lecture* de *Schaafskopf*. Mais l'édition originale indique 1792 (Wittenberg à Knigge, 17 décembre 1791, in: KLENCKE, *op. cit.*, 162).
19 *Schaafskopf*, 123.
20 *Ibid.*, 3.
21 *Ibid.*, 32. Ces deux souverains sont considérés au dix-huitième siècle comme les deux figures les plus repoussantes du despotisme. Knigge les évoque souvent.
22 *Ibid.*, 22. Voir aussi 55 sq.
23 "das Reich der so genannten Aufklärer auf immer zu zerstöhren", *ibid. loc. cit.*
24 "mehr glauben, als selbst denken", *ibid.*, 14.
25 *Ibid.*, 128.
26 *Ibid.*, 133.
27 *Ibid.*, 124.

"de noblesse héréditaire, de courtisans, de moines, de chanoines et de chevaliers" pour les nourrir, de princes hostiles au mérite pour les protéger, de souverains qui préfèrent opprimer leurs sujets plutôt que de régner sur eux en vertu de la loi [28]. L'Ordre a donc encore de beaux jours devant soi en Europe, en particulier en Allemagne.

Il est possible que ce soit cet humour acide, dont la littérature allemande, même satirique, offre assez peu d'exemples, qui ait provoqué la fureur des adversaires des Lumières. Les traits de Knigge portaient, et ils étaient acérés.

Mais deux aspects particuliers du pamphlet ne pouvaient manquer de le faire apparaître comme particulièrement odieux aux adversaires des Lumières.

Le premier, c'était l'esprit même dans lequel il était rédigé. Knigge liait étroitement l'histoire de "l'Ordre des Jocrisses" à celle de la Création telle qu'elle était transmise par l'orthodoxie religieuse. Le premier "Jocrisse", dit-il, a été Adam[29], suivi d'Abraham, de Loth, d'Isaac, de Jacob-Israël. Ismaël, lui, est un "Illuminé de cette époque", ainsi que le prouve son tempérament moqueur. Esaü est qualifié de "cosmopolite agité" (*unruhiger Weltbürger*). Joseph s'est révolté contre l'Ordre après le retour d'Egypte. L'Ordre a joué son rôle dans les affaires du veau d'or et de la prise de Jéricho, ainsi que dans les entreprises de Josué contre la marche du soleil. La plupart des Juges, ainsi que les Rois, appartenaient à l'Ordre. Celui-ci s'étendit au gré des pérégrinations du peuple juif, à Babylone, à Ninive, à Sardes. Il recruta Nabuchodonosor et Sardanapale. S'installa en Perse. Puis gagna la Grèce, où il eut des débuts difficiles. Puis Rome, la Turquie, la Russie (perdue pour lui depuis Pierre le Grand), le Portugal, l'Espagne, la France, l'Angleterre, le Danemark, l'Europe du Nord et la Scandinavie. Et dans chacun de ces pays, à chaque période de l'histoire, la progression de l'Ordre entraîna l'établissement d'Eglises toutes puissantes qui soutinrent son action.

Knigge ne pouvait dire plus nettement, un peu à la manière de Voltaire, que l'histoire des hommes avait été confisquée par l'orthodoxie religieuse, et que la Révélation avait été détournée par elle à des fins de pouvoir politique. L'histoire du "despotisme" et l'histoire de l'Eglise se trouvaient ainsi réunies, et la haine avec laquelle les "Jocrisses" s'en prenaient à la raison avait pour fonction de rendre impossible l'émancipation non seulement religieuse, mais politique. Knigge laissait clairement entendre que la seconde était liée à la première.

D'autre part, il désignait par leur noms quelques-uns des adversaires les plus irréductibles de l'*Aufklärung*, et aussi de la Révolution française. Ainsi nommait-il deux des principaux responsables de la persécution qui s'était abattue en Bavière sur les Illuminés, le Père Frank et Kraitmayer[30]. Il poussait

---
28 *Ibid.*, 125.
29 *Ibid.*, 25.
30 Ignaz FRANK (1742 - 1795), jésuite, était le confesseur de l'Electeur de Bavière;

l'insolence jusqu'à leur adjoindre la compagnie d'un "monsieur de la Bêtise" (*Herr von Dummkopf*)[31]. Il laissait entendre que les "Jocrisses" étaient particulièrement actifs à la cour de Danemark[32], et chacun comprenait qu'il visait son ancien compagnon dans la Stricte Observance, Charles de Hesse. Il évoquait les menées des rose-croix dans l'entourage de Frédéric-Guillaume II[33] et suggérait que la Fraternité était alliée aux jésuites. Il citait aussi le pasteur Goeze, l'ancien adversaire de son maître Lessing[34], l'écrivain Kotzebue[35], et "un général" particulièrement acharné à lever la piste d'ennemis du trône: nous verrons qu'il s'agit du général Freytag, le commandant en chef de l'armée hanovrienne[36].

Mais surtout, il dénonçait l'un des journalistes les plus engagés dans la campagne que la presse monarchiste menait contre les admirateurs allemands de la Révolution française, Gottlob Benedikt von Schirach[37]. Celui-ci, qui avait d'abord été un partisan de l'*Aufklärung*, publiait à Altona le *Politisches Journal*, qui avait pris dès 1789 des positions contre-révolutionnaires[38]. Knigge en faisait un "Procurateur général de l'Ordre" et l'accusait de "fausser les faits, de mutiler les informations, de porter des jugements partiaux, de flatter les princes, de maintenir les faibles dans la crainte"[39]. Et il suggérait que les princes, soucieux d'équité, le récompenseraient en "augmentant (sa) pension et (ses) titres"[40].

Alois KRAITMAYER (ou KREITMAYER) (1705 - 1790) était le chef de la Chancellerie d'Etat bavaroise.
31 *Schaafskopf*, 13.
32 *Ibid.*, 3 et 18.
33 *Ibid.*, 36.
34 *Ibid.*, 42.
35 *Ibid.*, 125.
36 *Ibid.*, 117. Sur Knigge et Freytag, voir *infra*, 2, A.
37 Gottlob Benedik von SCHIRACH (1743 - 1804), d'abord acquis aux idéaux de l'*Aufklärung*, devint l'un des ennemis les plus violents de la Révolution française. La biographie de Schirach a été retracée par son fils dans une nécrologie publiée dans *Politisches Journal*, 1804, II, H. 12, 1237 - 1247. Voir aussi *Allg. dt. Biographie*, XXXI, 307 sq. Voir surtout H. BOULAY, *La chute de la monarchie vue par trois périodiques de Hambourg (Politisches Journal, Minerva, Niedersächsischer Merkur)*, in: *Annales Historiques de la Révolution Française*, N° 255 - 256, janvier - juin 1984, 206 - 215.
38 Cette revue n'a jamais fait l'objet d'une étude particulière. Selon l'un de ses collaborateurs, Johann Hermann Stoever, elle tirait en 1789 à 7.000 exemplaires, et elle était lue jusqu'aux Etats-Unis et aux Indes (cité par KOPITZSCH, *op. cit.*, II, 643).
39 *Schaafskopf*, 57.
40 Il ne se trompait pas. Le 17 décembre 1791, Wittenberg lui écrit (lettre citée, voir n. 18 ci-dessus) que le comte de Lüttichau lui a fait savoir que Schirach venait d'obtenir une "augmentation" de 400 thalers, ce qui portait sa pension à 1200 thalers.

Enfin, un autre adversaire de l'*Aufklärung* était loué par La Crétinière: en évoquant "un grand et célèbre médecin qui, après avoir été longtemps notre adversaire irréductible, s'était tout à coup converti, écrivait sur la politique, repoussait avec fougue tous ses anciens amis, les disciples de la dangereuse raison, et s'était rallié à notre bannière"[41], il désignait sans ambiguïté Johann-Georg Zimmermann, qui avait trahi la cause des Lumières depuis qu'il ne cessait de dénoncer les Illuminés comme de dangereux révolutionnaires.

Zimmermann n'avait pas oublié la satire que Knigge avait publiée contre lui en 1788 sous le titre *Sur Frédéric-Guillaume l'Affable*[42]. Souffrant depuis plusieurs années d'hypocondrie chronique, il ne put supporter l'allusion contenue dans les *Papiers*. En accusant Knigge d'être le chef des partisans allemands de la Révolution française et de prêcher le "système de la rébellion", il prenait la tête d'une formidable campagne de presse contre l'*Aufklärung*, dont il dénonçait la "propagande" et l'influence destructrice qui, selon lui, visait à "empoisonner tout le peuple allemand"[43]. Si l'on n'y prenait garde, ajoutait-il, les "jacobins allemands", "ces p a t r i o t e s, qui ne craignent plus que la troupe et le canon" réussiraient bientôt à détourner de leur devoir les armées elles-mêmes: "et si cette partie la plus noble de la nation allemande devenait infidèle[...], oh! alors, certes, plus rien ne pourrait résister à l'*Aufklärung*"[44]. Etrange prémonition d'une unité allemande bâtie sur la force militaire et allergique à une pensée politique libérale! Zimmermann laissait clairement entendre que c'était à l'armée que revenait la fonction de maintenir l'ordre public, et que la monarchie de droit divin ne serait plus assurée de son existence dès lors que les idées nouvelles auraient pénétré dans les régiments.

Il n'avait d'ailleurs pas tort. C'est bien Valmy qui a sauvé la République. C'est l'armée qui, un peu plus tard, allait noyer dans le sang l'insurrection vendéenne ... avant de finir par écraser la Révolution. Knigge lui-même avait déjà montré dans *Noldmann* que c'était l'armée qui avait rendu possible la révolution en Abyssinie.

Knigge ressentit l'article de Zimmermann comme une provocation. Il venait de se mettre à la rédaction d'un nouvel ouvrage sur la Révolution française, et la campagne lancée par la *Wiener Zeitschrift*, dont l'article de Zimmermann n'était qu'une des multiples manifestations, était doublement dangereuse: pour lui-même d'abord, mais aussi pour l'ensemble des écrivains et "publicistes" libéraux, qui étaient plus que jamais menacés non seulement d'une censure renforcée, mais aussi de poursuites judiciaires. Lorsque Léopold II avait succédé à son frère à l'automne 1790, il avait dû promettre de surveiller plus étroitement la presse. En 1791, il signait un décret concernant

---

41 *Schaafskopf*, 43.
42 *Ueber Friedrich Wilhelm den Liebreichen*, op. cit.
43 *Adolph Freiherr Knigge dargestellt als deutscher Revolutionsprediger*, art. cit.
44 *Ibid.*, 329.

les écrits séditieux⁴⁵. Si la division territoriale en rendait l'exécution difficile, plusieurs Etats, en particulier la Bavière, mais aussi la Prusse, la Hesse-Cassel, le Hanovre, prenaient des dispositions analogues.

A cela s'ajoutait la surveillance des sociétés secrètes et, par voie de conséquence, de ceux qui en avaient fait partie même plusieurs années auparavant. L'ancien Frère Philo se savait donc aussi menacé de ce côté.

Enfin, l'irruption des Français dans les Etats de la rive gauche du Rhin, en particulier la prise du pouvoir par les révolutionnaires mayençais, entraîna une persécution ouverte contre les rédacteurs de revues ou d'écrits trop favorables à la France. Certains, comme Rebmann, devront quitter leur pays. D'autres essayèrent de sauvegarder leur liberté en imprimant leur revue à l'étranger: ainsi Campe, dont le *Braunschweigisches Journal* fut, à partir de 1792, imprimé à Altona sous le titre *Schleswigsches Journal*, en même temps que la direction en était assurée dès lors par Hennings.

En publiant les *Papiers de M. de la Crétinière*, Knigge avait donc pris des risques. Il n'avait pas fallu longtemps à ses adversaires pour deviner qu'il en était l'auteur⁴⁶. Ce n'était pas en le niant qu'il pouvait répliquer à Zimmermann. Il comprit aussitôt que sa seule chance de ne pas être compté dans les rangs des écrivains "séditieux" était d'abattre au moins une partie de son jeu: il fit précéder son nouvel ouvrage, la *Profession de foi politique de Joseph von Wurmbrand*, d'une *Préface* qu'il signa de son nom⁴⁷.

Le coup était particulièrement habile. Qui oserait dès lors affirmer que ce haut fonctionnaire de l'Electeur-roi, qui remplissait avec la plus scrupuleuse conscience les devoirs de sa charge, était un conspirateur? Il ne se cachait même pas! Mais surtout, Knigge, à la manière d'un tacticien consommé, tirait aussitôt avantage de la position qu'il venait de conquérir. En effet, il affectait de croire que seule était en cause "la liberté [...] de dire en toute objectivité, mais avec modestie, son opinion sur des objets importants pour l'humanité entière"⁴⁸. Il soulignait hypocritement que l'Etat dans lequel il vivait était gouverné par "le plus bénin des monarques" (*der gütigste Monarch*), et que ceux auxquels ce souverain avait confié les affaires publiques n'avaient pas besoin d'user de la coercition pour éviter les rébellions.

Il se cantonnait dans la position de l'écrivain témoin objectif d'une réalité qu'il n'avait pas créée. Il s'y tiendra jusqu'à sa mort. Mais cette position n'impliquait pas la passivité. Elle lui commandait d'agir. Simplement, ce n'est pas aux masses populaires qu'il s'adressait, mais aux princes eux-mêmes. Il

---

45 Voir VALJAVEC, *op. cit.*, 315 sqq. Le 17 mai, un édit de la Régence renforça la censure à laquelle étaient soumises les sociétés de lecture hanovriennes (Niedersächsisches Staatsarchiv Hannover, Hann. Des. 74 Hannover VIII H 2, Nr 4. Voir aussi KIESEL/MÜNCH, *op. cit.*, 104 - 123).
46 Voir Wittenberg à Knigge, 17 décembre 1791, lettre citée.
47 "Adolph Freiherr Knigge". Sur la signification de l'absence du "von", cf. *supra*, Iʳᵉ partie, II, 2, A.
48 *Wurmbrand*, V.

n'appelait pas le peuple à renverser les trônes, mais les souverains à essayer de *comprendre* la Révolution française afin de pouvoir, en Allemagne, l'*éviter*.

B. Comprendre la Révolution française

Dans sa *Préface* à *Wurmbrand*, Knigge admettait qu'il était partisan d'une constitution "démocratique", mais il ajoutait aussitôt qu'il ne faisait pas partie des "enragés"[49].

Il ne s'agissait pas d'une précaution tactique: l'utilisation du mot "démocratique" renvoyait, comme une sorte de provocation, à l'accusation lancée par Zimmermann contre lui. Mais l'opposition entre les termes "démocratique" et "enragés" définissait aussi très précisément sa position politique.

En revendiquant l'idéal d'une constitution "démocratique", il ne laissait planer aucun doute sur son engagement. Si le *Dictionnaire* d'Adelung ne reçoit le mot *Demokratie* que dans sa seconde édition (1793), il apparaît dès 1789 dans celui de Schwan, avec la définition suivante: "une forme de gouvernement dans laquelle le pouvoir suprême est entre les mains du peuple"[50]. Knigge était trop nourri de la pensée de Rousseau, et aussi de Montesquieu, pour ne pas donner à ce mot son sens précis. Il ajoute d'ailleurs un peu plus loin que la "forme de gouvernement", républicaine ou monarchique, importe moins qu'une "sage législation". La question n'est pas de savoir si le pouvoir exécutif se trouve dans les mains d'un monarque héréditaire ou d'un organe, unique ou collectif, soumis à une réélection régulière, mais de savoir si le pouvoir ainsi exercé procède du peuple ou se prétend de droit divin. Quelques années plus tard, Kant allait développer l'idée qu'une "monarchie" peut être, dans sa réalité, "républicaine". Knigge ne fait donc, dans *Wurmbrand*, aucune concession sur son idéal de la souveraineté populaire. Sa condamnation de l'absolutisme de droit divin est aussi radicale qu'elle l'avait été dans *Noldmann*.

Mais en refusant de se compter parmi les "enragés", il se référait aussi à la réalité politique la plus actuelle. Le terme commençait à être utilisé, en France mais également en Allemagne, pour désigner les partisans les plus actifs de la Révolution, en particulier ceux qui, comme Marat ou Jacques Roux, souhaitaient qu'au changement des institutions politiques fût associée une révolution sociale. Mais le mot avait rapidement servi à qualifier aussi les émeutiers qui, à Paris, étaient à l'origine des "journées" révolutionnaires, associés au "septembriseurs", terme qui ne désignait pas seulement les auteurs des massacres qui avaient suivi la chute de Louis XVI, mais tous les partisans de la violence populaire. Par extension, on dénonçait en Allemagne comme "enragés" tous ceux qui continuaient à manifester leur sympathie pour la Révolution[51]. Placé dans un contexte dont les limites s'étendaient sans cesse,

---

49 *Ibid.*, VII. Knigge utilise le terme français.
50 "eine Regierungsform, wo die höchste Gewalt in den Händen des Volkes ist", cité in: *Geschichtliche Grundbegriffe*, I, 845.
51 On pourrait citer des témoignages tirés de l'ensemble de la presse du temps, qu'elle

le mot recevait ainsi une charge d'agressivité qui en faisait une arme redoutable. Mais Knigge, qui faisait de la raison la mesure du jugement, ne pouvait accepter le caractère irrationnel de confusions lexicales qui substituaient au débat d'idées le refus aveugle et haineux. A ceux qui l'accusaient de faire partie des "enragés", il va répondre par une réflexion rigoureuse sur les processus qui déclenchent la violence populaire.

Dans *Noldmann*, il avait appliqué la théorie de l'Histoire développée dans l'*Allocution aux Illuminatos dirigentes*, et qui se résumait dans la formule du "mouvement circulaire de la culture humaine". La révolution y apparaissait comme l'étape inévitable qui marquait le passage de la décomposition à la régénération. Dans *Wurmbrand*, il rappelle qu'aucun événement n'est le fruit du hasard, mais qu'il est au contraire le résultat d'un enchaînement de causes et d'effets[52]. La Révolution française est inscrite dans le "flux et le reflux de la culture"[53]. Knigge reste donc fidèle au schéma dialectique qui, déjà dans l'*Allocution*, définissait le cours de l'histoire.

Le *Wurmbrand* n'est pas, au contraire du *Noldmann*, le tableau d'une utopie. Knigge ne se sert pas de la Révolution française pour proposer l'image d'un Etat idéal. Son ouvrage a pour objet une actualité en train de se construire. La question de savoir à quoi ressemblera le monde nouveau qui sortira de la Révolution est occultée par celle des voies qui doivent conduire à ce monde nouveau. Et ce que doit d'abord se demander l'observateur, c'est précisément si la Révolution est une étape dans un processus de régénération, ou une simple révolte sans lendemain. La violence en elle-même, dit Knigge, n'est qu'une manifestation, un signe qui accompagne le phénomène. Elle n'est pas le phénomène lui-même.

D'abord, il note à plusieurs reprises que la Révolution est "un grand événement", et qu'indépendamment de son issue et de son caratère légal ou illégal, elle concerne l'humanité entière[54]. Cette grandeur vient de ce qu'elle n'est pas l'oeuvre d'un individu, mais d'un peuple entier[55]. Pour glorifier ce mouvement qui soulève une nation unanime, Knigge trouve des accents lyriques:

> Prescris donc à la mer les limites de son déferlement, lorsqu'elle brise la digue que des siècles entiers ont minée![56].

---

soit ou non favorable à Révolution, car souvent, à quelques exceptions près, même les partisans de la France tenaient à se démarquer de ceux qui approuvaient la violence populaire.
52 *Wurmbrand*, 25.
53 "die Ebben und Fluthen der Cultur", *ibid.*, 29.
54 "Diese Revolution ist eine grosse, beyspiellose und, sie falle aus, wie sie wolle, sie sey rechtmässig oder widerrechtlich unternommen worden, der ganzen Menschheit wichtige Begebenheit", *ibid.*, 69. Voir aussi 11, 23, 25, 68.
55 *Ibid.*, 25.
56 *Ibid.*, 26.

On ne peut manquer de penser ici aux orateurs de la Gironde, par exemple Vergniaud:

> Je sais [...] que, dans ces temps révolutionnaires, il y aurait autant de folie à prétendre calmer à volonté l'effervescence du peuple qu'à commander aux flots de la mer d'être tranquilles quand ils sont battus par les vents [57].

En tant qu'agent de la Révolution, le peuple constitue une force irrésistible: en le proclamant, Knigge se montrait plus réaliste que ses adversaires qui poussaient les princes à s'opposer au peuple.

Mais surtout, Knigge s'interroge sur la responsabilité de la violence. Il n'aborde plus le problème de la révolution dans le seul cadre d'une théorie abstraite, il part de faits concrets et montre que ces faits sont autant de causes nécessaires qui expliquent la réaction violente de ceux qui les subissent. C'est ainsi qu'il évoque les actes arbitraires commis par Louis XI, les Valois ou Louis XIV, l'influence néfaste de Mme de Maintenon sur le roi-soleil ou de la Pompadour sur Louis XV, la corruption de la cour, la gabegie financière etc.[58]. Par ces rappels historiques, il entend montrer que la situation des Français était arrivée au point où elle ne pouvait plus être supportée. Knigge s'engage même dans une comptabilité qui, aujourd'hui, paraît macabre, mais que l'on retrouve chez beaucoup d'observateurs de l'époque: une guerre de Louis XIV, dit-il, faisait beaucoup plus de victimes qu'une émeute de rue à Paris[59]. Il va même jusqu'à soutenir que la violence peut être une forme de justice, celle qui, par exemple, accroche à la lanterne "des coquins [...] qui méritaient mille fois la corde" [60]. Enfin, il décrit la situation matérielle de la paysannerie, qui ne pouvait plus longtemps supporter de voir la noblesse et le clergé s'engraisser des fruits qu'elle produisait[61]. On retrouve dans *Wurmbrand* l'idée exprimée dans *Noldmann*, que seul celui qui travaille a le droit de consommer.

Si le processus révolutionnaire est donc inscrit en théorie dans l'histoire, il faut, pour qu'il se déclenche, un concours de circonstances matérielles. D'ailleurs, ce sont aussi des intérêts matériels qui guident les ennemis de la Révolution. Knigge en dresse une liste qui s'étend sur plus de quatre pages[62]: on y trouve tous ceux à qui la perspective d'élections libres ferait craindre d'être privés des avantages que leur donnent leurs privilèges, les "princes et les nobles" dont le titre constitue la seule preuve de mérite, les ecclésiastiques

---

57 Discours de Vergniaud devant la Convention le 10 avril 1793, in: *Les grands orateurs républicains*, III: *Vergniaud*, préfacé et commenté par M. LHERITIER, Monaco, 1949 - 1950, 210.
58 On ne saurait reprocher à Knigge d'avoir sur ces personnages l'opinion des personnes de son temps! Les historiens ont, depuis, procédé à quelques utiles révisions...
59 *Wurmbrand*, 35. Forster utilise le même argument dans son discours du 15 novembre 1792 aux Mayençais.
60 *Ibid.*, 43.
61 *Ibid.*
62 *Ibid.*, 57 - 61.

de toute confession, les journalistes à la solde des monarchies, enfin tous ceux que les récits d'atrocités font trembler. Knigge y ajoute ceux qui sont de parti pris contre toute nouveauté.

En insistant sur le rôle que jouent les besoins matériels dans le déclenchement des révolutions, Knigge répondait à ceux qui y voyaient le résultat d'un complot fomenté par quelques intellectuels, de préférence francs-maçons. Pour lui, la violence révolutionnaire ne se ramène pas au simple aspect, par définition illégal, d'une rébellion immorale contre des chefs désignés par Dieu. C'est au contraire la réponse à une autre violence qui, en refusant de satisfaire les besoins élémentaires du peuple, finit par menacer son existence même.

Condamner la violence ne sert donc à rien si on se refuse à en comprendre les causes. La question de savoir "si un peuple a le droit de changer les institutions qui le gouvernent" est, dit-il, une mauvaise question[63]. Le vrai problème, c'est de chercher qui a "poussé le peuple aux extrémités" qu'on lui reproche. Ceux sur qui "repose le péché", ce sont les "despotes", qui, les premiers, font des "institutions de l'Etat une guerre de tous contre tous" et ne respectent même pas eux-mêmes les lois qu'ils édictent[64].

L'analyse des responsabilités dans le déclenchement des révolutions constituait une tentative pour substituer le raisonnement rationnel aux prises de position d'un Zimmermann, d'un Schirach ou d'un Hoffmann, qui, elles, s'appuyaient sur la tradition d'une obéissance absolue à un pouvoir de droit divin.

Mais Knigge sait que ses adversaires, ennemis des Lumières, sont peu susceptibles de se rallier à une argumentation tirée de la raison. Habilement, il ajoute une mise en garde tirée de la réalité contemporaine, en évoquant longuement la révolution américaine[65]. Ce passage n'est pas une simple digression. Il reflète un type d'argumentation nouveau face au phénomène révolutionnaire: tandis que la quasi totalité de la presse de l'époque s'interrogeait sur le bien-fondé des objectifs et des moyens du changement intervenu en France, Knigge pose la question du succès ou de l'insuccès auquel est voué ce changement. Ces colons ingrats que la presse avait jadis présentés comme des coquins ou des bandits, "dépourvus d'armées disciplinées, de lois, d'alliés, d'argent, de crédit"[66], ces vagabonds dépenaillés qui devaient s'égailler à la première salve tirée par des troupes régulières et expérimentées, que sont-ils devenus aujourd'hui?

> Dans toute sa dignité, respecté et craint de tous les peuples de la terre, le nouvel Etat est là, après avoir courageusement conquis sa liberté et s'être assuré une paix dans l'honneur – Un étrange phénomène politique!

---

63 *Ibid.*, 28.
64 *Ibid.*, 27 sq.
65 *Ibid.*, 17 - 21.
66 *Ibid.*, 17.

Mais surtout:

> Des hommes nés sous les cieux les plus divers, fondus en une seule nation. Des provinces, dont chacune s'est donné ses propres lois, unies en un grand corps politique [...], sans noblesse, sans religion dominante [...], en alliance fraternelle avec ses tuteurs d'antan, un modèle que veulent suivre d'autres peuples![67].

Le *credo* politique de Wurmbrand-Knigge est là : liberté, nation rassemblée, pas de noblesse, pas de religion dominante. C'était celui qu'il avait chanté à Harvestehude. La Révolution française faisait naître une patrie, et celle-ci était bonne parce que ni les nobles ni les prêtres ne pouvaient y prétendre au premier rôle. Ainsi Knigge arrivait-il à concilier dans la même page l'expression sans concession de son idéal et l'intention de faire comprendre aux princes allemands qu'il était inutile de songer à écraser la Révolution. Et en insistant sur l'image d'une Amérique libre, prospère et pacifique, il suggérait que les princes n'avaient pas à craindre cette France révolutionnaire dont les troubles, pensait-il, s'apaiseraient dès qu'elle ne se sentirait plus menacée. C'était la réponse qu'il opposait à la Déclaration de Pillnitz et à l'alliance austro-prussienne qui se précisait à la fin de 1791, encouragée par la presse viennoise. Une croisade contre-révolutionnaire était, selon lui, vouée à la défaite.

La Révolution est un fait irréversible:

> Il est impossible de prédire s'il y a espoir de voir bientôt l'ordre rétabli; mais une chose peut être affirmée sans outrecuidance: que même si, par une contre-révolution ou de quelque autre manière, tout ce que l'Assemblée Nationale a édifié devait être détruit, les institutions ne peuvent être rétablies sur leur base ancienne[68].

Au terme de cette analyse du processus révolutionnaire, Knigge résume une dernière fois l'essentiel de son argumentation: la Révolution française est un phénomène irréversible, le résultat d'un enchaînement de causes; l'ancien régime ne pouvait plus se maintenir; les violences qui ont accompagné le déroulement de la Révolution sont dues aux maladresses, voire aux provocations, de la Cour et des émigrés, et elles ne peuvent être comparées aux violences commises par le "despotisme"[69].

En tentant de faire comprendre le processus révolutionnaire, Knigge remplissait pleinement se fonction d'écrivain politique. Les écrivains, dit-il, n'ont pas poussé le peuple à la révolte, ils l'ont éclairé sur sa condition. Il reprend ici l'analyse qu'il avait déjà proposée dans *Noldmann*, elle-même calquée sur la théorie exposée dans l'*Allocution*: les Lumières conduisent à une prise de conscience de la réalité, mais elles ne la créent pas: la "philosophie [...] ouvrit au peuple les yeux sur sa situation désespérée, éveilla en lui le sentiment

---
67 *Ibid.*, 20.
68 *Ibid.*, 82.
69 *Ibid.*, 68 - 71.

de ne pouvoir supporter plus longtemps ces honteux mauvais traitements"[70].
L'écrivain est "la voix universelle du peuple"[71].

Dans sa *Postface* à une réédition de *Wurmbrand*, G. Steiner met longuement en lumière cette fonction politique de l'écrivain. Il montre que Knigge se fait le porte-parole des valeurs d'émancipation bourgeoises dont la Révolution française est l'expression. Ainsi, l'écrivain politique est-il l'organe par lequel se transmet la "conscience démocratique du peuple"[72]. Cette fonction doit en effet être d'autant plus soulignée qu'elle est, à cette époque, neuve en Allemagne. Knigge ne raisonnait pas dans l'abstrait. Il proclamait que le peuple qui avait pris en charge la réalisation directe de ses aspirations était dans le droit, et que ceux qui s'apprêtaient à engager contre lui une croisade contre-révolutionnaire ne défendaient en réalité que les intérêts d'une minorité privilégiée qui avait détourné de son sens le contrat originel par lequel le peuple avait accepté de se laisser gouverner par elle. La Révolution française n'est pas tant un idéal qu'un *fait*, qui montre "les terribles conséquences qui ne peuvent manquer d'apparaître nécessairement lorsqu'on s'éloigne de plus en plus des droits primitifs et sacrés de la nature" [73]. La Révolution ne peut être comprise que comme un phénomène objectif, et le rôle de l'écrivain n'est pas de lui appliquer des critères de jugement tirés de la morale, mais de mettre en lumière, à l'aide de la raison, l'enchaînement des causes qui l'ont provoquée.

C. Eviter la révolution en Allemagne

Les partisans de la monarchie ne pouvaient évidemment accepter cette tentative d'explication rationnelle du phénomène révolutionnaire, dans laquelle ils voyaient un appel à la subversion.

Dans un compte rendu publié anonymement dans la *Allgemeine Literatur-Zeitung* de Iéna, August-Wilhelm Rehberg affirmait que le *Wurmbrand* était une "recommandation mal camouflée de la révolution"[74]. Le ton général de l'ouvrage en faisait à ses yeux, bien que Knigge prît la précaution de le clore par un appel aux princes d'une dizaine de pages, un manifeste en réalité adressé au peuple. L'acteur Grossmann, qui, lui, était un partisan de la Révolution française, partageait cette opinion: "Si quelque chose est dangereux dans cet écrit, la manière populaire et facilement compréhensible dont vous l'exposez le rend encore plus dangereux"[75].

---

70 *Ibid.*, 44 sq.
71 "Die allgemeine Stimme des Volkes ist es, die durch diese Schriftsteller redet", *ibid.*, 142.
72 STEINER, *Nachwort*, in: *Wurmbrand*, Frankfurt a. M., 1968, 135.
73 *Wurmbrand*, 4 sq.
74 "eine schlecht maskierte Empfehlung der Revolution", *Allgemeine Literatur Zeitung*, Nr 261, 3 octobre 1792, Sp. 21 (l'ensemble du compte rendu: Sp. 17 - 22).
75 Grosmann à Knigge, 8 juin 1792, in: KLENCKE, *op. cit.*, 176.

Pourtant, la question se pose de savoir si Knigge s'adressait seulement au peuple. Il prend, certes, comme le remarque Wolf Kaiser, ses distances avec la tradition politique de l'*Aufklärung*, qui préférait éclairer le prince sur ses devoirs plutôt que le peuple sur ses droits[76]. Le *Wurmbrand* est incontestablement écrit pour le peuple, à condition toutefois de réduire celui-ci à la fraction constituée par la classe cultivée et "éclairée" à laquelle il s'adressait déjà avec le *Commerce*. Or Knigge savait bien que cette fraction, à laquelle appartenaient tous ses amis, et en particulier le cercle de Hambourg autour des Reimarus, ne souhaitait pas une révolution violente. Et si, dans le *Noldmann*, c'est le peuple, et même la "populace", qui impose par la révolte le passage à l'"état civil", ce n'est pas lui qui rédige la constitution, ni même qui la propose: c'est le frère du Négus déchu, parce que, précisément, il est lui-même un pur produit des Lumières. Ainsi donne-t-il l'exemple que Knigge souhaiterait voir suivi par les princes d'Allemagne: il renonce de lui-même aux privilièges du droit divin et de l'ordre féodal.

Le *Wurmbrand* n'est pas un *appel* à la révolution violente, il est une *mise en garde argumentée* contre elle. En cela, il ne s'adresse pas seulement au peuple, mais aussi aux princes. Simplement, Knigge ne fait aucune concession à son propre idéal. Le peuple a des droits, il est bon qu'il les connaisse. Mais il est bon aussi que les princes comprennent qu'il arrive nécessairement un moment où ces droits doivent être reconnus. La Révolution française est à cet égard plus un témoignage qu'un modèle. Ce que Knigge veut faire comprendre aux adversaires de la Révolution (donc aussi aux princes), c'est que le principe de la souveraineté populaire, qui doit entraîner la disparition de l'ordre féodal, est conforme au "degré de Lumières" atteint par l'Europe. Il donne à l'un des chapitres du *Wurmbrand* un titre caractéristique:

> Est-ce que les constitutions que nous avons aujourd'hui reposent sur d'authentiques principes et sont adaptées à l'atmosphère de notre époque?[77].

Il conclut par une réponse négative et pense pouvoir prédire "que toutes les institutions européennes sont menacées d'un proche bouleversement"[78]. La France est seulement le premier pays dans lequel l'insatisfaction a explosé[79].

Mais Knigge continue à espérer des princes eux-mêmes la prise de conscience qui permettra d'éviter une révolution. Il est remarquable que tous ceux qu'il cite en exemple pour avoir su se faire obéir "librement" de leurs sujets, furent des souverains connus pour avoir régné d'une main de fer: Pierre le Grand, Charles XII, Frédéric II [80]. Et ce n'est pas par hasard que Knigge les

---

76 KAISER, *Zur politischen Publizistik Adolph Freiherrn Knigge*, art. cité, 219.
77 "Ob unsre heutigen Verfassungen auf ächten Grundsätzen beruhen und der Stimmung des Zeitalters angemessen sind", *Wurmbrand*, 6. Abschnitt, 116.
78 *Ibid.*, 138.
79 *Ibid.*, 141.
80 *Ibid.*, 156 sqq.

évoque dans le chapitre intitulé "Comment il serait possible d'éviter toutes les révolutions violentes"[81]. L'appel aux princes, il est dans ces pages, autant que dans celles par lesquelles s'achève le livre.

A première vue, la contradiction est grande entre cet éloge de souverains absolutistes et la glorification du principe de souveraineté populaire. Comment Knigge peut-il concilier la revendication d'une constitution faite de telle sorte "que le gouvernement [...] n'exige jamais l'obéissance au nom d'individus isolés, mais en s'appuyant sur l'autorité du tout"[82] avec l'éloge enthousiaste du "modèle de tous les rois, la merveille de tous les siècles, Frédéric l'Unique", dont il souligne qu'il régnait "d'une façon plus absolue, plus arbitraire" que quiconque [83]? Noter que seuls les "étrangers" s'indignaient du "despotisme et de la tyrannie" de ce roi ne suffit pas à lever la contradiction qu'exprime cette position. Mais Knigge énonce un peu plus loin les raisons de l'admiration profonde que, comme tous les *Aufklärer*, il nourrit pour feu le souverain prussien:

> Il respectait ce que l'homme a de plus sacré, à la tranquille possession de quoi il sacrifie volontiers tout le reste: la liberté de penser, de dire, d'écrire, de croire et de confesser ce qui est dans sa tête ou dans son coeur[84].

Frédéric n'avait ainsi à craindre ni "émeutes", ni "fauteurs de troubles", ni "*Aufklärer*", ni "séducteurs de peuples". C'est ici l'homme des Lumières qui s'exprime, celui qui, avec Kant, se satisfait de la liberté de "raisonner"[85], la première des libertés à ses yeux. Dès lors qu'un souverain admet que ses actes soient l'objet d'un débat public, il n'est plus absolu. Peu importe qu'il exige (Kant l'avait déjà signalé, en l'acceptant) l'obéissance avec la même rigueur qu'un Louis XIV. Et lorsque ce souverain consacre ses forces et ses ressources au bien commun, au lieu de "dilapider la propriété de ses sujets avec des courtisanes, des violoneux et des joueurs de flûte"[86], il représente l'image du prince "éclairé", qui traite les affaires de l'Etat selon les impératifs de la raison pratique. Un tel souverain n'est pas menacé de révolution. Tout au plus court-il, comme "l'excellent Henri IV", le risque de l'assassinat: mais il s'agit alors d'un "crime sacrilège" dicté par le fanatisme religieux[87]. La Révolution française ne se réclame pas des mobiles qui inspirent de tels actes.

Plutôt que d'essayer de lever la contradiction impliquée par la position de Knigge[88], il vaut mieux la constater comme inhérente à la pensée politique de

---

81 "Wie allen gewaltsamen Revolutionen vorgebeugt werden könnte", *ibid.*, 152.
82 *Ibid.*, 94.
83 *Ibid.*, 158.
84 *Ibid.*, 159.
85 Knigge utilise le même mot que Kant: "raisonniren".
86 *Ibid.*, 160.
87 *Ibid.*, 164.
88 C'est ce que tente de faire W. Kaiser, qui pense que tout ce que Knigge dit en faveur des princes n'est qu'une ruse pour pouvoir appeler ouvertement le peuple à conquérir ses droits, art. cit., 220.

l'*Aufklärung*, dont il ne se détachera jamais complètement. Il a, certes, des mots très durs contre les princes. Il les connaît assez pour n'avoir guère d'illusions à leur sujet. Pourtant, c'est d'eux qu'il attend les réformes susceptibles, pense-t-il, d'éviter une révolution à l'Allemagne.

L'appel qu'à la fin de son livre il lance dans leur direction n'a rien d'ironique, il s'inscrit dans la fonction de médiation qu'il reconnaît à l'écrivain politique. C'est la seule qui soit cohérente lorsqu'on refuse la violence. L'explication rationnelle du processus révolutionnaire est avant tout une mise en garde adressée à l'intelligence des princes:

> Tenez [...] vous-mêmes la main à la nécessaire amélioration, princes! parce qu'il est temps encore!" [89].

Que les princes donnent l'exemple de la moralité, de l'application, du respect des lois; qu'ils honorent "le vrai mérite"; qu'ils renoncent aux guerres de conquête; qu'ils cessent de se retrancher dans leurs palais; qu'ils voyagent dans les provinces; qu'ils renoncent à "l'idée fausse que les mérites, les avantages personnels et le droit aux places d'honneur et aux emplois de l'Etat puissent se transmettre par héritage et être innés!"[90]. Qu'ils ne croient plus les flatteurs qui font d'eux les lieutenants de Dieu, "et même des demi-dieux"; qu'ils se considèrent comme "les premiers serviteurs de l'Etat" et reconnaissent qu'ils tiennent leur pouvoir "des mains du peuple"; qu'ils convoquent des "Etats" (*Landesstände*) composés de représentants élus afin de débattre loyalement avec eux des réformes à faire[91]... Pourquoi Knigge ne serait-il pas sincère, alors que ces revendications sont, précisément, celles de l'*Aufklärung*?

C'est en effet autour de cette conviction fondamentale que s'oriente tout le reste:

> Accompagnez les progrès de la culture,

lance-t-il aux princes[92]. Il les adjure de s'instruire en lisant "les oeuvres des historiens et des philosophes": n'est-ce pas sous le signe de l'histoire et de la "philosophie" que se situe le *Wurmbrand* lui-même? Ainsi "éclairés", les princes pourront jouer leur rôle d' "éducateurs-nés du peuple"[93]. Et lorsqu'il met les princes en garde contre la tentation de la répression, c'est à des mesures contre la diffusion des Lumières qu'il pense: il les invite à supprimer la censure, à ne plus persécuter les sociétés de lecture.

Que Knigge appelle les princes à prendre la tête du processus de la régénération nécessaire ne prouve évidemment pas qu'il les croit vraiment capables, voire désireux, de le faire. Mais au moins – et ce sont les derniers

---

89 *Wurmbrand*, 165.
90 *Ibid.*, 168.
91 *Ibid.*, 169.
92 "Rükket mit fort in der Cultur!", *ibid. loc. cit.*
93 "Ihr, berufene Erzieher des Volkes!", *ibid.*, 170.

mots du livre –, il aura "libéré (son) âme" ⁹⁴. Pourquoi affirmerait-il d'ailleurs que "le bon Empereur Joseph" reconnaissait lui-même tenir son pouvoir du peuple, s'il ne croyait pas possible une "révolution par en-haut", c'est-à-dire, en fait, une voie réformiste vers la transformation politique? En tout cas, c'est la seule façon d'éviter la violence et le désordre:

> Soyez sages et mettez-vous à la tête de ceux qui ramassent [les fruits des Lumières], afin que tout se passe dans l'ordre!⁹⁵.

Pour conjurer le danger de l'anarchie, il faut savoir faire à temps les concessions exigées par l'époque: c'est là le sens profond du *Wurmbrand*. Cette attitude est parfaitement en accord avec celle que Knigge observait en privé. Le cercle de ses amis était constitué de personnages hostiles, eux aussi, à la violence, mais qui pensaient que, pour la combattre, il valait mieux faire parler la raison que la poudre. C'est ainsi que Voght avait pu, selon un correspondant de Knigge, contribuer à rétablir l'ordre à Hambourg lors des troubles causés par la grève des compagnons artisans à la fin de 1791⁹⁶. Et lorsque Reimarus, après avoir lu le *Wurmbrand*, saluait en Knigge le "respectable et brave défenseur des droits de l'homme"⁹⁷, il ne pouvait oublier que, quelques mois plus tôt, il lui avait écrit que "l'on devrait remercier les écrivains qui, courageusement, donnent aux princes des conseils que ceux-ci, sinon, ne reçoivent pas souvent"⁹⁸.

Il est donc clair que le *Wurmbrand*, s'il s'adresse au peuple, est aussi écrit pour les princes, auxquels Knigge veut montrer que la révolution est un risque grave inhérent à l'"état despotique". En essayant de jouer ce rôle de médiateur entre le peuple et les princes, il ne trahissait ni son idéal ni son serment envers l'Electeur de Hanovre. Il était simplement fidèle à ce que, depuis des années, il affirmait être la vocation de l'écrivain politique: s'adresser au lecteur comme à un citoyen. Cela impliquait une liberté totale de la pensée et de l'expression: le peuple devait être informé de ses droits, les princes devaient savoir à quelles conditions ils pouvaient épargner à l'Allemagne les troubles accompagnant une révolution. Lorsque le *Wurmbrand* parut, au printemps de 1792, la situation diplomatique de l'Europe était certes tendue, mais la guerre pouvait encore être évitée: la Déclaration de Pillnitz n'avait-elle pas précisé qu'une intervention des puissances européennes contre la France était liée à l'accord préalable de tous les monarques – y compris le constitutionnel Georges III, que l'Empereur Léopold savait être hostile à une entreprise de ce genre? L'Electeur de Trêves, sommé le 29 novembre 1791 de disperser les émigrés, leur avait interdit au moins le séjour dans la ville. En mars 1792, le belliqueux

---

94 *Ibid.*, 173.
95 *Ibid.*, 171.
96 Wittenberg à Knigge, 17 décembre 1791, lettre citée.
97 Reimarus à Knigge, 9 juin 1792, in: KLENCKE, *op. cit.*, 94.
98 Reimarus à Knigge, 1 janvier 1792, in: *ibid.*, 93.

comte de Narbonne, ministre de la guerre à Paris, avait été renvoyé[99]. Knigge pouvait donc croire que les chances de sauvegarder la paix étaient maintenues, d'autant plus qu'en France même, le courant guerrier était combattu par Robespierre, qu'on ne pouvait soupçonner de tiédeur à l'égard de la Révolution. Il est vrai que les puissants du moment, Vergniaud et Brissot en particulier, parlaient ouvertement de "croisade de la Liberté universelle" et poussaient à la guerre. Mais Knigge ne faisait-il pas, par le *Wurmbrand*, entendre la voix de la raison, en suppliant les princes allemands de faire les réformes intérieures nécessaires au lieu de risquer de perdre leur trône dans une guerre injuste?

La position de Knigge est donc très complexe, et elle ne saurait être réduite à un seul aspect. Son éloge des principes révolutionnaires, qui tranchait si nettement sur l'attitude vers laquelle glissaient peu à peu, le premier moment d'enthousiasme passé, les grands noms de l'*Aufklärung*, faisait de lui un "démocrate". Mais il ne perçoit pas le phénomène révolutionnaire comme un affrontement de classes. Pour lui, il s'agit d'une étape dans le "mouvement circulaire de la culture", signalée par l'essor des Lumières. Le moment est venu d'une révision radicale des valeurs par lesquelles se légitime le pouvoir. C'est dans un cadre juridique nouveau que se matérialisera cette évolution des idées [100].

Si sa position implique la relève de l'ordre féodal par l'ordre bourgeois, il est convaincu que la transition peut s'effectuer sans heurt, dès lors que la raison en aura compris le caractère inéluctable. C'est ce que, par le *Wurmbrand*, il a voulu expliquer à ceux qui en doutaient encore. Mais les princes voudraient-ils comprendre? Le pouvaient-ils seulement?

2. La campagne contre Knigge

Le 10 juin 1792, Knigge écrivait à l'acteur Grossmann une longue lettre, dans laquelle il évoquait l'accueil qu'avait reçu la *Profession de foi de Joseph Wurmbrand*[101].

Il constate d'abord avec satisfaction, mais aussi avec ironie, que l'ouvrage a été, à sa grande surprise, salué avec enthousiasme "dans tous les Etats d'Allemagne, par des aristocrates comme par des démocrates". Il a même été déjà

---

99 Il est vrai que Vergniaud et Brissot faisaient aussitôt décréter d'accusation en Haute Cour le ministre des Affaires Etrangères de Lessart, responsable de ce renvoi.
100 Il note dans *Wurmbrand* qu'il faut cesser de s'appuyer sur le droit romain, "véritable alphabet du despotisme", 116.
101 Knigge à Grosmann, 10 juin 1792, KAW, ms à la Bibl. Universitaire de Leipzig. Cette lettre est publiée, avec quelques erreurs dans la graphie des noms propres, dans J. DUBOC, *Aus F.W. Grossmanns Leben und Nachlass*, in: *Im neuen Reich*, Wochenschrift [...] hg. von W. LANG, Jg 9, I, Leipzig, 1879, 691 sq.

traduit[102]. Deux princes ont daigné le trouver à leur goût: le duc de Weimar et le duc de Brunswick[103].

Mais son livre a aussi entraîné des réactions particulièrement hostiles de la part de deux milieux qu'il désigne avec précision: l'armée hanovrienne et la presse monarchiste allemande. Knigge souligne le conservatisme honovrien: "Veut-on clopiner avec vingt ans de retard derrière tout le reste de l'Allemagne?". Il accuse les militaires de se faire "soldats-policiers" pour "clore la bouche des écrivains qui aiment la vérité". Quant à la presse, il nomme ceux qui condamnent le *Wurmbrand*: Brandes, Rehberg, Aloys Hoffmann, Beneken, Schirach et Girtanner[104].

En répondant, par le *Wurmbrand*, aux attaques qu'avait commencé à lancer contre lui Zimmermann dans la *Wiener Zeitschrift*, Knigge s'était donc exposé aux coups redoublés de ses adversaires. Sa position de "serviteur de l'Etat" hanovrien était menacée, et il en était conscient. A Grossmann, il écrivait: "Serviteur ou pas serviteur! On sert l'Etat, et non un individu, et on sert l'Etat avec d'autant plus de loyauté qu'on cherche moins à cacher les dangers et à favoriser les abus"[105]. Et il précisait qu'il ne craignait rien "de Londres", c'est-à-dire de l'Electeur lui-même...auquel il avait envoyé un exemplaire de son livre!

Pourtant, il s'en fallut de peu que les attaques conjuguées des milieux militaires hanovriens et de la presse monarchiste allemande ne lui coûtent sa place.

A. La réaction de la Régence et de l'armée hanovrienne

Le 2 juillet 1792, Knigge recevait d' Arnswaldt, un des Conseillers de la Régence, le blâme dans lequel il lui était reproché d'avoir, avec le *Wurmbrand*, publié "un écrit extrêmement inconvenant" qui attaquait "l'ordre public et les institutions, ainsi que la religion" et "défendait et prêchait la rébellion"[106]. Arnswaldt lui rappelait le serment qui le liait à son souverain et qualifiait son

---

102 Il existe effectivement une traduction hollandaise du *Wurmbrand*, sous le titre *Staatskundige Geloofsbelijdenis, met betrekking tot de Fransche revolutie en haare gevolgen*, van de Vrijheer Adolph Knigge. Uit het Hoogduitsch, Dordrecht, 1792.
103 Sans doute l'ancien Magnus Superior Ordinis, Knigge ne le précise pas, mais il dit de lui: "der Herzog von Braunschweig, der doch auch ein bischen Soldat ist", Knigge à Grossmann, 10 juin 1792, lettre citée. Rappelons que dans la Stricte Observance, le duc était Eques a Victoria.
104 Christoph Girtanner, rédacteur des *Politische Annalen*, se fit une spécialité d'y publier tous les textes (édits, ordonnances, rescrits etc.) des mesures prises par les souverains allemands contre les écrits révolutionnaires.
105 Knigge à Grossmann, 10 juin 1792, lettre citée.
106 Arnswaldt à Knigge, 2 juillet 1792. Le texte complet in: KLENCKE, *op. cit.*, 195 - 198, ainsi que dans l'édition de *Wurmbrand* procurée par G. STEINER, *op. cit.*, 123 sq., et dans KIESEL/MÜNCH, *op. cit.*, 105. Ms au Kestner Museum à Hanovre, cote 1914.70(32).

comportement de "contraire au devoir et inconvenant" (*pflichtwidrig und anstößig*), l'attribuant soit à "la plus irritante légèreté" (*die ärgerlichste Unbesonnenheit*), soit à une "impudence punissable" (*strafbare Vermessenheit*). Il attirait enfin son attention sur l'édit de censure hanovrien de 1731 et l'invitait à ne rien publier désormais, sous son nom, sous un pseudonyme ou anonymement, en Hanovre même ou "à l'étranger", qui n'y ait été soumis[107].

Cette réaction provoqua la fureur de Knigge, comme le montrent les lignes qu'il griffonna au dos même de la lettre d'Arnswaldt. Il convient ici de les citer *in extenso*, parce qu'elles éclairent d'une lumière particulière la relation qu'entretenait Knigge avec ces milieux obstinément conservateurs qui dirigeaient le Hanovre:

> Ces coquins d'aristocrates me retournent donc le rappel à l'ordre qu'ils ont, sur ma plainte, reçu de Londres il y a quelques années à cause de leur négligence. Ils veulent me décourager afin que je prenne mon congé et qu'ils puissent dire ensuite que j'étais un agité. A propos d'un livre qui m'a acquis la considération des hommes les plus sages, en Allemagne et hors d'Allemagne, ils me tancent comme un écolier. Ils veulent me faire croire que cela est fait sur ordre venu de Londres, alors que la lettre de Hinüber ci-jointe écrite en même temps[108] établit le contraire. Pourtant, ce ne sont pas les ministres qui, dans cette affaire, sont le ressort principal, mais le misérable Rutlof et la crainte du général Freytag, qui croit se faire valoir en accusant le ministère, dans les lettres qu'il échange avec les soubrettes de la reine, d'être trop insouciant face à ceux qui ameutent le peuple. Ils veulent alors statuer un exemple en ma personne, parce que je ne suis protégé par personne d'autre que par moi-même.

Ces lignes reflètent sans ambiguïté une des raisons profondes qui ont amené Knigge à haïr son milieu d'origine. Elles contiennent en effet une allusion à peine voilée aux démarches qu'il avait entreprises en 1788, précisément par l'intermédiaire de Rutlof[109], pour que la Régence accélérât le règlement de la succession de son père. C'est parce qu'elles avaient échoué qu'il s'était adressé directement à Georges III, et nous savons que c'est le roi lui-même qui avait engagé la Régence à lui offrir un poste à son service[110]. Knigge est certes un *Aufklärer* sincère, mais s'il s'est éloigné de son milieu (ce qui ne fut que rarement le cas en Allemagne à cette époque), c'est d'abord

---

107 Une enquête de la Régence permit de découvrir que le *Wurmbrand* avait été publié en réalité à Hanovre par Helwing. Celui-ci fut frappé d'une forte amende (KIESEL/MÜNCH, *op. cit.*, 105). Il faut cependant noter que Knigge ne fut pas condamné à payer l'amende de 300 thalers prévue pour l'auteur en infraction avec la censure. Quant au *Wurmbrand*, il ne fut même pas saisi, ni sa vente interdite. Les sociétés de lecture purent même l'acquérir entre 1793 et 1796 (BERGMANN, *op. cit.*, 66). Mais il faut chercher la cause de cette mansuétude, encore une fois, plus dans l'indolence des autorités hanovriennes que dans une compréhension des idées de Knigge qui leur faisait assurément défaut.
108 Cette lettre n'a pas été retrouvée.
109 Rutlof ou Rudlof: on trouve les deux graphies.
110 Voir *supra*, p. 499.

parce que celui-ci le rejetait pour des raisons qui n'étaient, semble-t-il, guère honorables et n'avaient en tout cas rien à voir avec la politique: les créanciers de son père n'avaient-ils pas, eux aussi, des appuis dans la Régence? Knigge suggère qu'on le trouvait encombrant, et que son engagement au service des Lumières n'en était nullement la cause. Et c'est un fait que le *Wurmbrand* n'a pas entraîné sa destitution.

Mais au-delà des rancoeurs personnelles, il reste lucide et désigne l'un des milieux que la diffusion des idées révolutionnaires inquiétait particulièrement: l'armée[111].

On se rapelle que Zimmermann avait déjà, dans son article de la *Wiener Zeitschrift* contre les *Papiers de M. de la Crétinière*, appelé les chefs militaires à lutter contre la "contagion révolutionnaire".

Le général Freytag était fort hostile aux idées nouvelles. Bien qu'âgé (il était né en 1720), il avait tenu à prendre en 1792 le commandement d'un corps auxiliaire hanovrien envoyé en Flandres. Blessé, il reçut le commandement des troupes anglo-hanovriennes en Allemagne du Nord.

Le 5 décembre 1792, Freytag publiait un *Ordre général à tous les régiments et corps des troupes électorales de Brunswick-Lunebourg*[112], dans lequel il faisait état de "conversations ayant pour sujet les principes français qu'on connaît", tenues dans des réunions privées et contrevenant aux "devoirs d'un officier" et à son serment. Elles étaient selon lui de nature à "nuire à l'ordre public et à la tranquillité du pays". Aussi était-il désormais interdit à un officier d'exprimer quelque opinion que ce soit qui ne serait pas en accord avec "le respect et la fidélité" qu'il devait à son roi et qui risquerait d'entraîner "un mécontentement, voire une fermentation dans les esprits des populations". Les contrevenants étaient passibles du conseil de guerre et menacés d'être exclus de l'armée, et, le cas échéant, exilés[113].

En 1794, deux officiers hanovriens, les capitaines von Bülow et von Mecklenburg, se verront traduits en conseil de guerre pour avoir exprimé à propos des "principes du gouvernement révolutionnaire français" et "du caractère légitime ou illégitime de la guerre imposée par la France aux autres pays" des jugements "inconvenants"[114]. Le tribunal reconnut d'ailleurs que ces jugements étaient antérieurs à l'Ordre général du 5 décembre 1792 et conclut à la relaxe des accusés. Mais Georges III congédia néanmoins les deux

---

111 Déjà Grossmann lui avait écrit le 8 juin, "Es ist nicht zu leugnen, dass Ihr Politisches Glaubensbekenntnis Ihnen, besonders unter dem Militär, viele Widersacher erweckt hat", Grossmann à Knigge, 8 juin 1792, lettre citée.
112 *General-Ordre an die sämmtlichen Regimenter und Corps der Kur-Braunschweig-Lüneburgschen Truppen*, Hannover, 5. Dezember 1792, reproduit dans: SICHART, *op. cit.*, IV, 120 sq.
113 Knigge notait de son côté: "In Hannover ist nun allen Officieren verbothen, *über Politic zu reden*", Knigge à Halem, 15 novembre 1792, in: HALEMs *Selbstbiographie*, 149.
114 Jugement du 20 juin 1794, in: SICHART, *op. cit.*, 122.

officiers, qui se résolurent alors à porter l'affaire devant l'opinion publique. Il n'entre pas dans le cadre de notre travail de l'étudier, car elle se prolongea bien au-delà de 1796, année de la mort de Knigge. Celui-ci, trop surveillé, n'était d'ailleurs pas en mesure d'intervenir. Mais une lettre que lui écrivit Sophie Reimarus le 16 août 1795 montre qu'il n'était pas indifférent au sort des deux officiers[115].

Freytag ne put obtenir la destitution de Knigge. Celui-ci note, dans une lettre à Sophie Reimarus, que le général était détesté dans tout le pays, y compris au sein de la Régence. On ne l'appréciait guère non plus dans l'entourage de Georges III, et le prince de Galles et le duc d'York passaient pour être ses "ennemis jurés"[116]. Il dut se contenter d'interdire à ses officiers de fréquenter l'insolent baron.

Si l'attitude de Knigge face à la Révolution française marque l'entrée des intellectuels allemands dans la politique, on voit aussi se dessiner le rôle redoutable joué par une autre force sociale, en l'occurrence l'armée, dans la répression opposée à la montée des forces d'émancipation. Il est vrai que ce n'est pas en Allemagne, mais en France, que, quelques années plus tard, l'armée allait s'emparer de l'Etat. Mais le comportement de Freytag envers Knigge montre qu'au seuil du dix-neuvième siècle, une force sociale conservatrice nouvelle était en train de se substituer à celle qui, traditionnellement, soutenait le pouvoir de droit divin. Un demi-siècle plus tard, ce n'est pas l'Eglise qui brisera l'élan national et démocratique, c'est l'armée. Et jusqu'en 1918, ce n'est pas l'Eglise qui domine la société allemande, mais la caste militaire. Cette évolution n'est évidemment guère perceptible en 1792. Pourtant, elle commence à s'amorcer. Knigge en fut l'une des premières victimes, sans doute sans se rendre compte, d'ailleurs, de l'importance de ce fait.

Il avait pu en effet se garantir assez bien contre les coups que voulait lui porter Freytag. Beaucoup plus redoutable pour lui était la presse monarchiste qui, au fil des mois, s'employait à faire de lui le symbole du jacobinisme allemand et à le présenter comme le chef de file des conspirateurs qui travaillaient dans l'ombre au renversement des trônes.

---

115 Sophie Reimarus à Knigge, 16 août 1795, in: KLENCKE, *op. cit.*, 143. Si Knigge craignait de provoquer les chefs militaires hanovriens, il s'engageait plus nettement lorsqu'il s'agissait de réparer und injustice commise envers un civil, comme en témoigne l'ouvrage (anonyme cependant) qu'il publia en 1795, *Kurze Darstellung der Schicksale, die den Kaufmann, Herrn Arnold Delius in Bremen, als Folgen seiner nordamerikanischen Handlungs-Unternehmungen betroffen haben*, o. O., 1795. Delius avait été accusé de malversations qui avaient entraîné sa ruine et celle de ses associés. Knigge expose en détail les mécanismes de l'affaire et conclut à l'innocence du négociant. Son livre n'abordait ni les problèmes philosophiques ni les problèmes politiques. Mais il servait la cause de Délius comme l'eût fait l'excellente plaidoirie d'un avocat devant un tribunal de commerce.

116 Knigge à Sophie Reimarus, 7 mai 1795, KAW, ms. à la Staatsbiblikothek de Hambourg.

B. La campagne de presse contre Knigge à partir de 1792

Knigge ne se trompait pas lorsqu'il écrivait à Grossmann que le *Wurmbrand* avait été rapidement connu de l'Allemagne entière. Pourtant, peu de revues se risquèrent à en faire l'éloge. Même l'*Allgemeine deutsche Bibliothek* n'osa pas prendre la défense de son collaborateur. Il est vrai que Nicolai, lui-même soumis à des critiques de plus en plus violentes, devait bientôt modifier légèrement le titre de la revue et la faire imprimer dans la ville danoise d'Altona. Ce n'est qu'en 1797 que la *Neue allgemeine deutsche Bibliothek* fit paraître un compte rendu du *Wurmbrand*, dans lequel était réfutée la condamnation formulée par Rehberg, cinq ans plus tôt, dans l'*Allgemeine Literatur-Zeitung* [117].

Le seul compte rendu favorable au *Wurmbrand* publié lors de la parution de l'ouvrage fut celui de la *Oberdeutsche Allgemeine Litteraturzeitung* de Salzbourg. Encore était-il rédigé en termes soigneusement pesés:

> Presque partout, les jugements de la raison et de la liberté sont accordés à l'expérience [...]. L'auteur [...] penche vers ceux qui sont plutôt pour une constitution démocratique que pour d'autres institutions, bien qu'il rende aussi justice à toute autre forme de gouvernement. L'ensemble révèle qu'il a réfléchi sur la marche des choses et n'a rien écrit qui ne fût le résultat de sa réflexion sur les institutions étatiques [...]. Ce que l'auteur [...] dit sur le caractère exemplaire et digne d'imitation du système politique américain est sans doute exagéré[118].

Certaines revues, pourtant "éclairées", mais, encore davantage, prudentes, refusèrent d'informer le public de la parution du *Wurmbrand*: ainsi la *Hamburger Neue Zeitung*, à laquelle Sieveking avait proposé l'insertion d'une annonce[119]. Campe, que le *Wurmbrand* venait de réconcilier avec Knigge, constate: "Les Berlinois *n'ont pas le droit* d'accepter un article de ce genre; et le *Merkur*, ce caméléon, ne *voudra* pas accepter un tel article, si j'en juge par le ton qu'il se remet à prendre maintenant"[120]. Mais le même Campe trouve ce qu'il croit être une excellente raison pour ne pas annoncer l'ouvrage dans le *Schleswigsches Journal*: le lecteur, dit-il, devinerait que l'éloge vient de lui et l'interpréterait comme un remerciement adressé à Knigge, qui avait, dans *Wurmbrand*, cité ses *Lettres de Paris* comme un témoignage exemplaire sur la

---

117 *Neue allgemeine deutsche Bibliothek*, 1797, XXVIII, 538 sq.
118 *Oberdeutsche Allgemeine Litteratur Zeitung* de Salzbourg, Jg 1792, II, 690. La *Erfurtische Gelehrte Zeitung* fit paraître und courte annonce, dans laquelle était critiqué le "langage de poissarde" prétendument adopté par Knigge, mais ajoutant aussi: [Es] "ist doch auch manches reife und treffende Urtheil hier zu finden", en particulier le jugement porté sur Paine (Jg 1792, 264). Enfin, les *Tübingische Gelehrten Anzeigen* publièrent un compte rendu de deux pages, mais parfaitement insipide, concluant à l'"inutilité" du livre (Jg 1792, 100 sqq.).
119 Campe à Knigge, 24 mai 1792, ms. Herzog August Bibliothek Wolfenbüttel, Nr 934.
120 *Ibid*. Souligné par Campe.

Révolution[121]. En fait, Campe venait d'abandonner la rédaction du *Braunschweigisches Journal*, devenu le *Schleswigsches Journal*, à Hennings, qui le faisait imprimer à Altona. Mais il continuait à y publier des articles, et il est clair qu'il ne voulait pas provoquer la censure danoise, pourtant libérale.

Ainsi Knigge ne manquait-il, certes, pas d'amis, mais ceux-ci hésitaient à s'engager trop ouvertement sur les positions qu'il venait d'adopter. Les témoignages que nous venons de citer suggèrent que le revirement d'une partie des intellectuels allemands à l'égard de la Révolution est antérieur à l'insurrection du 10 août et aux massacres de septembre 1792. Ces événements jouent évidemment un rôle capital dans le passage de l'admiration à l'exécration qui caractérise les réactions de nombre d'entre eux (Klopstock, par exemple), mais il apparaît aussi que le tournant décisif dans l'attitude des intellectuels allemands envers la France est en relation avec la guerre que l'Assemblée Législative, reniant le "décret de paix au monde" de 1790, venait de déclarer au "roi de Bohême et de Hongrie". En cela, il faut peut-être voir dans la haine dont, bientôt, la France révolutionnaire va être l'objet, autant un sursaut national allemand rejoignant les vieilles rancoeurs latentes depuis au moins 1648, que le rejet d'un bouleversement politique radical. Quoi qu'il en soit, le patriotisme de Harvestehude est en train de se muer en nationalisme, terme qui devait apparaître juste à la fin du siècle.

Le témoignage de Knigge est original, dans la mesure où il restera, malgré les événements et jusqu'à sa mort, un admirateur de la France révolutionnaire. Et c'est précisément parce qu'il est, au sein des milieux qu'il continue de fréquenter, une figure originale, qu'il devient la cible sur laquelle se concentrent les assauts des adversaires de la Révolution.

Zimmermann avait porté les premiers coups contre Knigge avec sa critique des *Papiers de M. de la Crétinière*[122]. Ses attaques avaient, certes, leur origine dans l'incompatibilité idéologique de leurs engagements. Mais à cela s'ajoutaient aussi des rancunes personelles qui, pour l'hypocondriaque qu'il était devenu[123], jouèrent un rôle important dans la haine qu'il éprouvait depuis 1788 pour le baron hanovrien.

En 1788, il y avait eu la parodie *Sur Frédéric- Guillaume l'Affable*[124]. En 1790 était publiée une pièce de théâtre intitulée *Docteur Bahrdt au front de fer ou l'Union allemande contre Zimmermann*[125]. Il s'agissait d'un pamphlet ordurier qui, sous prétexte de défendre Zimmermann, le montrait sous un jour parfaitement ridicule. Les adversaires de Zimmermann, désignés par leur

---

121 *Ibid.* Le passsage auquel Campe fait allusion se trouve dans *Wurmbrand*, 52 sq.
122 Voir *supra*, I, 2, C.
123 Voir A. BOUVIER, *op. cit.*, *passim*.
124 Voir *supra*, I, 2, A.
125 [A. von KOTZEBUE], *Dr. Bahrdt mit der eisernen Stirn, oder Die deutsche Union gegen Zimmermann*, ein Schauspiel in fünf Aufzügen, [Leipzig], 1790. Suit l'indication: "von Freiherrn Knigge".

nom, y étaient présentés comme des ivrognes et des débauchés qui décidaient de le tuer au cours d'une orgie. Seule l'apparition de l'esprit de Luther les en empêchait.

L'auteur de ce factum était August von Kotzebue. Mais celui-ci avait signé la pièce du nom Knigge, et l'opinion publique ne connut la vérité qu'en 1792. L'affaire fit quelque bruit en Allemagne[126] et Knigge s'adressa même à la chancellerie de Hanovre afin que l'auteur fût démasqué rapidement[127]. Elle contribua à aigrir encore davantage Zimmermann, mais fut surtout l'occasion qu'attendait la presse monarchiste pour rappeler que Knigge connaissait le théologien de Halle qui, on s'en souvient, avait été accusé d'athéisme et de débauche, et avait été jeté en prison en 1789. Dans un de ses premiers numéros, la *Wiener Zeitschrift*, par la plume d'Aloys Hoffmann, qui en était le principal rédacteur[128], avait accusé Knigge d'être "l'allié fidèle du Dr. Bahrdt de Halle"[129]. Knigge publia aussitôt plusieurs démentis[130]. Nullement embar-

---

126 Knigge se défendit avec énergie d'avoir écrit ce texte. Le 10 janvier 1791, il informe Nicolai que la Régence met tout en oeuvre pour trouver l'auteur du "honteux factum qu'un coquin a baptisé de (son) nom". Il prie son ami de faire, de son côté, une enquête à Berlin. On suit aussi l'affaire chez le libraire Vieweg, de Hambourg (Knigge à Nicolai, 10 janvier 1791, KAW, ms. Nicolai Nachlass). L'acteur hambourgeois Schröder émet l'hypothèse que la pièce est l'oeuvre d'un rose-croix (Schröder à Knigge, 2 février 1791, in: KLENCKE, *op. cit.*, 180 sq., ms au Freies deutsches Hochstift à Francfort). Le 1er mars, il penche plutôt pour Mauvillon (Schröder à Knigge, 16 mars 1791, in: KLENCKE, *op. cit.*, 180). Enfin, le 2 mai 1791, Knigge écrit à Nicolai: "In hiesigen Gegenden herrscht allgemein der Glaube, dass Kotzebue der Verfasser von Barth (sic) mit der p. p. sey. Auch ist er bey der hannöverschen Justiz-Canceley als ein solcher denunciert; aber es fehlt an juristischen Beweisen" (Knigge à Nicolai, 2 mai 1791, ms. au Nicolai Nachlas). Pendant l'été, Kotzebue rendit visite à Knigge à Brême, et le "submergea de douces paroles". Knigge, qui n'avait aucune preuve réelle contre lui, souscrivit aux règles de la courtoisie et l'invita à diner (Knigge à Nicolai, 3 août 1791, KAW, ms. au Nicolai Nachlass). Le 28 septembre 1791, Nicolai lui écrit: "Ich wünschte, dass ich an die stinkende Sache von 'Barth (sic) mit der eisernen Stirn' weiter nicht denken dürfte [...]. Sie werden vermutlich von dem Schreiben gehört haben, welches Kotzebue von Pyrmont an Schulz nach Mitau geschrieben hat. Aus diesem Briefe erhellet unwidersprechlich, dass Kotzebue der Verfasser ist" (Nicolai à Knigge, 28 septembre 1791, in: KLENCKE, *op. cit.*, 81 sq.). Ce n'est que dans l'été 1792 que Kotzebue reconnut être l'auteur de la pièce.
127 Voir les documents publiés dans KLENCKE, *op. cit.*, 225 - 233.
128 Leopold Aloys HOFFMANN (1748 - 1806) fut le rédacteur de la *Wiener Zeitschrift* (voir SOMMER, *op. cit.*) et de l'*Eudömonia* (voir KRÜGER, *art. cit.*, BRAUBACH, *art. cit.* et OPITZ, *art. cit.*). Il avait lui-même essayé de se faire admettre dans l'Union allemande (SOMMER, *op. cit.*, 81 sq.). Sa haine contre les sociétés secrètes dépassait encore celle qu'il nourrissait contre les principes révolutionnaires.
129 Cité par SOMMER, *op. cit.*, 83.
130 Dans la *Oberdeutsche Allgemeine Litteraturzeitung* et dans la *Allgemeine Littera-*

rassé, il affirmait n'avoir jamais été en correspondance avec Bahrdt! Tout juste admettait-il avoir reçu, "comme des milliers d'autres", le prospectus de l'Union allemande. Mais il niait toute participation à cette société et qualifiait fièrement Hoffmann de "menteur".

On comprend que Knigge se crût obligé de démentir devant l'opinion publique ses contacts avec l'Union allemande. Ce qui est plus choquant, c'est qu'il racontait la même fable à son ami Nicolai: "Le professeur Hoffmann a eu l'impudence de faire de moi un allié de Bahrdt et l'un des fondateurs de l'Union allemande; n'ayant jamais été dans la même assocation que lui et ne sachant de celle-ci que ce qui a été imprimé publiquement à son sujet, cela m'a profondément irrité"[131]. Nicolai était-il dupe? Peu importe. Knigge savait que la correspondance était parfois ouverte [132]. Peut-être eût-il parlé à Nicolai autrement qu'il ne lui écrivait...

La publication de *Wurmbrand* donna à Zimmermann l'occasion de lancer un second aussaut contre Knigge. Reprenant la méthode qu'il avait utilisée contre les *Papiers de M. de la Crétinière*, qui consistait à présenter un ensemble de citations détachées de leur contexte, il fit paraître, toujours dans la *Wiener Zeitschrift*, une *Profession de foi politique de l'ex-ministre abyssinien [...] Adolph baron de Knigge, communiquée sous forme d'extraits*[133].

Affectant une parfaite objectivité, il se bornait à reproduire, sans les commenter, des passages dans lesquels Knigge, après avoir expliqué le processus révolutionnaire, faisait l'éloge de la Constitution française de 1791 et appelait les princes allemands à convoquer des Etats représentatifs, afin d'établir des institutions en accord avec les principes du droit naturel et de la souveraineté populaire, seuls capables de garantir les droits de l'homme. Non sans une certaine naïveté, Zimmermann semblait croire ainsi suffisamment démontrée la volonté subversive de Knigge. Mais l'intention de son propos était renforcée par une longue note qui constitue le seul commentaire personnel qu'il oppose à Knigge, et que lui suggérait l'expression "le noble Paine" que celui-ci avait utilisée en évoquant les *Rights of Man*:

> Si Paine était anglais, il y a longtemps que son livre *Sur les droits de l'homme* lui aurait valu d'être pendu. Paine est entre temps devenu, et il reste, l'idole de nos *Aufklärer* et maîtres d'école allemands. Toute la propagande "éclairée", tous les jacobins allemands portent aux nues son libelle sur les droits de l'homme. C'est

---

turzeitung, Intelligenzblatt Nr 23, 18 février 1792. Ce dernier est reproduit in: KLENCKE, *op. cit.*, 232 sq.

131 Knigge à Nicolai, 1er mars 1792, KAW, ms. au Nicolai Nachlass.
132 Le droit de l'Etat à ouvrir la correspondance privée confiée à la poste est un sujet souvent débattu dans la presse de l'époque.
133 *Politisches Glaubensbekenntnis des Kaiserlich Abissinischen Exministers, jetzigen Churbraunschweigischen Oberhauptmanns und Notarii caesarii publici in der Reichsstadt Bremen Adolphs, Freiherrn Knigge im Auszug mitgetheilt von dem Hofrath und Ritter von Zimmermann in Hannover*, in: *Wiener Zeitschrift*, III, H. 7, 1792, 55 - 65.

de ce libelle que sont tirés les arguments juridiques utilisés par l'*Oberhauptmann* hanovrien Knigge pour admonester amicalement tous les rois et princes de l'Europe sans exception, donc aussi son propre souverain territorial, et exiger d'eux qu'ils renoncent à tous leurs droits sur leurs pays, ou aient l'obligeance de se laisser précipiter de leurs trônes par leurs propres sujets[134].

Et Zimmermann rappelait que le gouvernement anglais, faute de pouvoir se saisir de Paine, s'en était pris à son éditeur, qu'il avait traduit devant les tribunaux: la menace était claire.

Ce deuxième article n'était en fait qu'un complément au premier et devait illustrer l'accusation de "prédicateur de la révolution" et d' "agitateur du peuple" lancée contre Knigge. Zimmermann ne s'engageait pas dans un débat, il dénonçait.

Il trouva un allié en la personne de Jean-André Deluc, lecteur de l'épouse de Georges III, la reine Charlotte[135].

Deluc publia une *Lettre à Zimmermann*, qu'il lui demandait de traduire en allemand et de diffuser afin, disait-il, d'amener Knigge à "réfléchir sur maints problèmes auxquels, (lui) semble-t-il, il n'a pas assez réfléchi"[136]. En réalité, Deluc ne proposait pas non plus un véritable débat. Il établissait objectivement l'identité des idées de Knigge et de Paine, mais il en tirait la conclusion que leur application ne pouvait que mener à une guerre généralisée entre les hommes. Mais surtout, il s'en prenait aux conceptions religieuses de Knigge, qu'il accusait de nier la Révélation, selon lui "source des vrais droits de l'homme"[137]. Il voyait en Knigge un disciple de "ce Voltaire" qu'il avait "personnellement et longtemps connu" et qu'il se vantait d'avoir réduit au silence lorsque le philosophe se permettait de "railler la religion" en sa présence[138]. Enfin, il émettait l'opinion que la société avait le droit de "rejeter" (*zurückstossen*) un homme qui, apparemment, pouvait imprimer impunément toutes les erreurs qui lui venaient à l'esprit[139]. Le reste de sa lettre était consacré à une défense de Burke contre Knigge, et aussi contre Paine. Il concluait en formulant le voeu que se forme "une coalition de tous les chrétiens de toutes obédiences, afin qu'ils approfondissent d'autant mieux les doctrines fondamentales de leur foi commune et réclament à leurs contemp-

---

134 *Ibid.*, 57.
135 Jean-André DELUC (1727 - 1817), né à Genève, était un géologue et météorologiste assez connu à l'époque. Il s'établit en Angleterre en 1763 et fut membre de la Royal Society. Devenu lecteur de la reine, il alla habiter à Windsor, où il mourut. Sur lui, voir *Neue Deutsche Biographie*, XIV, 1888, 328 sq.
136 *Deluc in Windsor an Zimmermann in Hannover*, aus dem Französischen übersetzt, Leipzig, 1792, 3 sq.
137 *Ibid.*, 17.
138 *Ibid.*, 31.
139 *Ibid.*, 37.

teurs des comptes à propos de leur mission parmi les hommes"[140]. Le romantisme politique n'était pas très éloigné [141].

Knigge comprit qu'il ne pouvait rester passif devant les accusations qui se concentraient sur lui. Le 18 juillet 1792, il chargeait un avocat de déposer en son nom une plainte contre Zimmermann auprès de la chancellerie de Hanovre[142]. Il adressait également une lettre personelle à Deluc, dans laquelle il lui reprochait d'avoir condamné ses idées sans avoir pris la peine de le lire. Il affectait de considérer que Deluc n'avait été que le prête-nom du "Chevalier-Docteur Zimmermann", dont il prétendait avoir reconnu le style. Il rappelait que, "bien loin d'imiter Voltaire", il avait "toujours méprisé ce vil flatteur des Grands", qui n'avait "jamais cru à la vertu, parce qu'elle n'était pas dans son coeur". Enfin, il se disait très respectueux des enseignements de la Bible, même si, par ailleurs, il s'en prenait aux "systèmes factices". Il soulignait son adhésion aux "principes de la morale chrétienne", mais ajoutait que chacun était libre de peser l'importance des raisons qui l'amenaient à rejeter ou à accepter les "doctrines dogmatiques de la trinité, de la nature divine de J[ésus] C[hrist] etc.". Prudemment, il refusait de s'expliquer sur ses "principes politiques" et soulignait qu'il remplissait avec exactitude tous les "devoirs d'un citoyen tranquille, d'un sujet fidèle et d'un serviteur zélé". Il ajoutait: "Au reste il est assez connu, avec quelle chaleur je me suis déclaré contre toute révolution violente"[143]. Le 21 janvier 1793, Deluc lui répondit qu'il n'était point besoin d'avoir lu les écrits de Knigge pour condamner son "adoption de la doctrine nouvelle des droits de l'homme" et que Burke avait porté là-dessus des jugements que la postérité se chargerait de ratifier[144].

Knigge jugea inutile de poursuivre la polémique avec un Deluc. Il lui suffisait d'avoir souligné qu'il était hostile à la violence et que son comportement était celui d'un loyal sujet.

Il avait d'ailleurs fini par trouver quelques défenseurs, que les attaques personnelles de Zimmermann avaient indignés. Le premier fut Heinrich Christoph Albrecht, qui publia anonymement dès 1792 une *Réhabilitation de l'honneur d'Adolph, baron de Knigge, que M. le Conseiller-Chevalier de Zimmermann à Hanovre a tenté de décrire comme un prédicateur de la révolution et un démocrate*[145]. Albrecht reproche à Zimmermann d'avoir, par des citations tronquées, faussé le sens du message de Knigge. Il le compare à un "lion de l'Inquisition d'Etat à la vénitienne" qui ouvre sa "gueule avide" pour recevoir l' "immonde pâtée" que son complice Hoffmann, "râlant d'impatience et

---

140 *Ibid.*, 48.
141 Voir J. DROZ, *Le romantisme politique en Allemagne*, Paris, 1963, 41 - 48.
142 Knigge à l'avocat Heise, 18 juillet 1792, in: KLENCKE, *ibid.*, 234.
143 Knigge à Deluc, 5 janvier 1793 (en français), in: KLENCKE, *op. cit.*, 69 - 73.
144 Deluc à Knigge, 21 janvier 1793 (en français), in: KLENCKE, *op. cit.*, 73 - 76.
145 [H.C. ALBRECHT], *Rettung der Ehre Adolphs, Freiherrn Knigge, welchen der Herr Hofrath und Ritter von Zimmermann in Hannover als deutschen Revolutionsprediger und Demokraten darzustellen versucht hat*, Hamburg, 1792 (cité *Rettung*).

frémissant de plaisir" y déverse. La cause monarchiste ne peut être servie par de tels auxiliaires, qui rêvent de remplir "les cartouchières des régiments" afin de "chercher l'honneur dans le sang et le meurtre"[146]. Au contraire, "de bons écrivains, animés de bonnes intentions, comme le baron de Knigge" ou comme Paine, servent la paix civile: "Est-ce qu'il prêche les révolutions et la rébellion, celui qui ne croit pas que la société humaine puisse être fondée sur la guerre de tous contre tous?"[147].

On relève dans cet écrit l'utilisation d'un terme auquel la Révolution française venait de donner un sens nouveau: celui de "patriote". Albrecht l'emploie dans l'acception révolutionnaire qu'il a depuis 1789, et qui traduit non la fidélité inconditionnelle à un souverain, mais l'amour d'un pays où règnent les droits de l'homme:

> Où est le patriote [...] qui pourrait jamais souhaiter à sa patrie une autre révolution qu'une révolution dans la tête de ses concitoyens, par laquelle leur manière de penser à été améliorée, par laquelle la raison n'écrase pas l'extravagance, mais l'instruit, ne punit pas les fautes, mais les corrige, et ne triomphe pas des préjugés, mais les fait cesser par le moyen de jugements vrais?[148].

Ce passage nous semble capital, car il atteste d'abord l'usage dans le vocabulaire allemand d'un terme auquel seule la référence révolutionnaire donne son sens exact pour les intellectuels qui souhaitaient voir évoluer les institutions allemandes. Ainsi était suggérée l'idée qu'une "patrie" allemande ne pourrait exister que si l'absolutisme était évincé par le principe de la souveraineté populaire. C'est ce qu'avaient déjà dit les participants de la fête de Harvestehude, lorsqu'ils avaient bu "à la suppression du despotisme" en Allemagne[149].

Mais les paroles d'Albrecht expriment aussi que le passage entre l'ordre féodal et le respect de la souveraineté populaire ne doit se faire, selon lui, que par la voie lente et pacifique de l'éducation des esprits. Son *credo* politique est donc parfaitement en accord avec celui de Knigge: l'un et l'autre rejettent la vieille idée de Hobbes, qui voyait dans l'homme "un loup pour l'homme"; ils ont tous les deux un attachement indéfectible pour le principe de la souveraineté populaire et pour un ordre politique édifié sur les bases d'un "contrat social"; l'un et l'autre enfin participent de l'optimisme des Lumières, qui voit dans l'éducation aboutissant sur le plan pratique à des réformes progressives et non à une destruction par la violence de l'ordre ancien, la seule voie possible de la "régénération".

---

146 *Rettung*, 43 sq.
147 *Ibid.*, 32.
148 *Ibid.*, 38 sq.
149 Albrecht publia l'année suivante un *Versuch über den Patriotismus*, Hamburg, 1793, qui constitue une contribution essentielle à l'émergence de l'idée de "patriotisme" chez les *Aufklärer* avancés. Sur ce texte, voir GRAB, *Norddeutsche Jakobiner, op. cit.*, 42 - 45 et 105 - 144.

Knigge tint à remercier Albrecht de son ouvrage. Dans la lettre qu'il lui adresse le 31 décembre 1792, il note avec quelque mélancolie que "les éternelles tracasseries" (*die ewigen Neckereyen*) auxquelles il est soumis, ajoutées au délabrement de sa santé (il ne peut plus quitter son lit que trois ou quatre heures par jour) mettent sa "philosophie" à rude épreuve[150].

Un autre "publiciste" lui offrit également le secours de sa plume: un certain J.H. Meyer, qui fit parataître une réfutation de la critique formulée par Rehberg dans son compte rendu de l'*Allgemeine Literatur-Zeitung*[151].

Mais le *Wurmbrand* fut aussi à l'origine d'une polémique qui dépassait la seule personne de Knigge, et qui soulevait la question de savoir si les écrivains avaient le droit de traiter de matières politiques.

Si des hommes comme Rehberg ou Brandes répondaient violemment par la négative[152], d'autres essayaient, malgré la censure, de défendre le droit des écrivains et des "publicistes" à prendre position sur les questions de l'actualité. Johann Stuve, qui avait été entre 1788 et 1792 avec Campe et Trapp l'un des rédacteurs du *Braunschweigisches Journal*, a formulé avec précision les difficultés que rencontraient les intellectuels soucieux de préserver leur liberté:

> On entend et on lit dans notre époque tant de choses sur la rébellion, les rebelles, les écrits séditieux etc., ainsi que sur les ordonnances, les interdictions et les édits que les souverains territoriaux publient contre eux, que toute personne qui lit des livres, des journaux et de gazettes, qui a l'habitude, lorsqu'elle se trouve en société, de parler d'autre chose que de la pluie et du beau temps et des nouveautés de la mode, et même, celui qui à l'occasion communique ses pensées au public, est extrêmement intéressé à savoir exactement ce qui est à proprement parler et à juste titre séditieux et ce qui ne l'est pas[153].

Dans une brochure intitulée *Le docteur Martin Luther*, August Hennings proclamait:

> C'est une calomnie que d'accuser les écrivains de vouloir répandre la sédition [...]. Prêchent-ils la sédition et l'anarchie? Crient-ils aux Allemands: imitez les Français? Non! ils disent: [...] Evitez le danger! Corrigez le mal, princes, soyez

---

150 Knigge à Albrecht, 31 décembre 1792, KAW, ms. à la Staats- und Universitätsbibliothek Hamburg.

151 J.H. MEYER, *Gerechtigkeit über die Ungerechtigkeiten gegen Knigge, in der allgemeinen Litteraturzeitung (sic) vom dritten October 1792. Ein Buch über eine Rezension*, Kiel, 1793.

152 Brandes publia un long essai *Ueber einige bisherigen Folgen der Französischen Revolution in Deutschland*, Hannover, 1792, dans lequel il réfutait les idées de Paine. Il accusait les écrivains favorables à la Révolution d'agir par "vanité", pour "briller": "Diese Eitelkeit hat sicher mitgewirkt, viele Schriftsteller gegen den Adel einzunehmen", 2è éd., 1793, 60 sq. Il en tirait la conclusion que l'on devait interdire certains sujets politiques aux écrivains.

153 [J. STUVE], *Ueber Aufruhr und aufrührerische Schriften*, Braunschweig, 1793, cité in: *Katalog Wolfenbüttel, op. cit.*, 120 sq.

heureux et rendez le peuple heureux! Les défenseurs de la liberté n'ont jamais parlé un autre langage[154].

Avec le *Wurmbrand*, Knigge avait donc atteint un double but: d'une part son livre est de ceux qui forcèrent un certain nombre d'Allemands à réfléchir sur le phénomène révolutionnaire en dépassant le stade de la réaction émotive et irrationnelle, qu'elle fût d'admiration ou d'exécration. D'autre part, la question était posée de la fonction politique de la littérature et du droit des écrivains et "publicistes" à traiter librement des problèmes liés à l'actualité. A lire Knigge ou ceux qui prennent parti pour lui, on peut avoir l'impression que le second aspect était encore plus important que le premier. Mais il faut bien comprendre qu'ils étaient tous les deux étroitement liés: traiter de l'actualité n'avait de sens que si celle-ci était analysée en toute liberté, éventuellement en opposition avec les pouvoirs du moment. Dans son traité *Des écrivains et de la littérature*, qui n'évoque pourtant pas la Révolution française, il répétera que la littérature a le droit de prendre l'actualité pour objet[155].

C'est à cette condition que l'écrivain peut remplir la fonction de médiation entre le peuple et le souverain qui est la sienne: "Comme écrivain, il saura peut-être se frayer un chemin vers les oreilles de ceux qui peuvent aider"[156]. Ces lignes sont écrites en 1793. Mais elles ne sauraient être interprétées comme un reniement des intentions présentes dans le *Wurmbrand*. Le *Wurmbrand* s'adresse au peuple, mais il est aussi écrit pour les princes. Le livre se substitue ainsi au traditionnel "confident" ou conseiller qui, à la cour et dans l'ombre du prince, ne cherche qu'à le flatter. Il se substitue aussi au peuple dès lors que celui-ci serait tenté de se servir de la violence.

Cette position n'était pas facile à tenir: elle comportait le risque d'être considérée comme une trahison par chacune des forces en présence. La campagne déclenchée par la *Wiener Zeitschrift* pouvait avoir pour Knigge les conséquences les plus graves, la plus immédiate étant son renvoi. Aussi Knigge se décida-t-il à défier publiquement celui dont les accusations avaient été à l'origine des dénonciations lancées par la presse contre-révolutionnaire: commencé en août 1792, le procès qui l'opposa à Zimmermann dura jusqu'en 1795.

C. Le procès Knigge-Zimmermann

Chargé par Knigge, le 18 juillet 1792, de déposer en son nom une plainte en diffamation contre Zimmermann auprès de la chancellerie de Hanovre, l'avocat Heise, après avoir répondu qu'il acceptait la cause et s'être fait

---

154 [A. HENNINGS], *Dr. Martin Luther! Deutsche gesunde Vernunft, von einem Freunde der Fürsten und des Volks, und einem Feinde der Betrüger der Einen und Verrather des Anderen. Nicht in Berlin, auch leider! nicht in Braunschweig, eher zu Wien!*, o. O., 1792 (voir GILLI, *op. cit.*, 280).
155 *Schriftsteller*, 62.
156 *Ibid.*, 63.

confirmer par Knigge que celui-ci était bien l'auteur des *Papiers de M. de la Crétinière*[157], rédigea le document qu'il allait soumettre aux tribunaux.

Le terrain sur lequel devait se dérouler le procès avait été soigneusement choisi: la plainte était déposée "in p[unc]to injuriarum". Knigge n'entendait pas utiliser les institutions de l'Etat absolutiste pour répondre de ses idées: dans ce domaine, le seul tribunal qu'il tînt pour légitime était celui de l'opinion publique. Il fondait sa plainte sur un passage précis tiré du premier article de Zimmermann, celui dans lequel le chevalier-docteur l'avait "appelé devant l'ensemble du public 'un démocrate et prédicateur allemand de la révolution, l'un des plus rusés agitateurs du peuple qui prêche chez nous, avec plus de perfidie et de zèle qu'aucun autre, le système de rébellion – un homme qui, pour gagner son pain, a écrit d'innombrables pasquinades' "[158]. Il insistait sur le caractère injurieux *(injuriae atrocis)* des termes utilisés par Zimmermann, démentis à la fois par son comportement et par ce qu'il avait mainte fois répété dans ses écrits, et il exigeait de lui un démenti public.

La démarche de Knigge est plus complexe qu'il n'y paraît d'abord. Il faut souligner qu'elle a été mûrement pesée, puisque six mois séparaient l'article incriminé de la plainte. En fait, elle visait trois objectifs. Les deux premiers sont indiqués dans le texte même de la plainte: Knigge voulait laver son honneur, et aussi faire admettre qu'il ne pouvait en même temps "prêcher la révolution" et continuer de servir avec le plus grand zèle un prince dont dépendait sa situation matérielle. Mais en soulignant ce qu'il présentait comme une contradiction, il servait aussi, de la façon la plus concrète, la liberté de la presse: en obtenant un jugement favorable, il aurait fait la preuve qu'il était possible de critiquer jusqu'à un certain point l'Etat absolutiste. En fait, la plainte qu'il déposait contre Zimmermann constituait sa réponse à la lettre d'Arnswaldt qui lui rappelait l'obligation de se soumettre à la censure. A un édit de censure qui s'en tenait à des généralités telles que "propos hostiles à l'Etat et à la religion", Knigge répondait en mettant l'Etat absolutiste en demeure de définir très précisément les limites du délit.

Aussi ne faut-il pas considérer ce procès comme une simple péripétie due à la susceptibilité d'un malade. L'action en justice intentée par Knigge est un acte politique conscient, qui s'inscrit dans une conception qui est la sienne depuis qu'il a renoncé aux voies de l'action secrète: se servir des institutions en essayant de peser sur elles. En ce sens, il n'existe pas de contradiction entre

---

157 Heise à Knigge, 3 août 1792, in: KLENCKE, *op. cit.*, 235. Les actes de ce procès sont publiés *ibid.*, 236 - 292. Il semble qu'il faille se contenter de ces textes, incomplets, les originaux n'ayant pu être jusqu'ici retrouvés. Logiquement, ils devaient se trouver dans les Archives d'Etat de Basse-Saxe à Hanovre, mais rappelons que ce dépôt a été incendié lors d'un bombardement en 1943 et que des milliers de cartons ont été anéantis.

158 *Gemässigte Klage und Bitte abseiten des Oberhauptmannes, Freiherr K n i g g e zu Bremen, Klägers wider den Hofrath und Ritter Z i m m e r m a n n, hierselbst in p[unc]to injurarum, ibid.*, 236 sq.

l'*Oberhauptmann* qui, à Brême, prend à coeur les intérêts hanovriens tout en essayant d'imposer quelques réformes dans les domaines relevant de sa compétence, et l'auteur du *Noldmann* et du *Wurmbrand* qui voit dans la Révolution française un fait historique irréversible et un progrès politique dont l'Allemagne doit tirer les leçons. Que le résultat final des transformations qu'il souhaite signifie une rupture avec le passé ne saurait être contesté. Mais la voie menant à ce résultat n'est ni violente ni rapide. Elle passe par l'éducation d'une opinion publique consciente de la nécessité historique de la Révolution. Et les éducateurs, ce sont les écrivains, journalistes et "publicistes" "éclairés". Agir, pour Knigge, c'est d'abord expliquer sans relâche, c'est faire appel à la réflexion, donc à la raison. Au fond, son refus de la violence a la même origine que son hostilité aux tendances hermétistes de la franc-maçonnerie: c'est un refus de l'irrationnel. En se défendant d'être un "agitateur du peuple", Knigge était absolument sincère. Ce n'est pas le déchaînement des forces élémentaires d'une "populace" en colère qui pouvait substituer à l'ancien régime un ordre rationnel, mais une élite informée objectivement du sens des événements de l'actualité.

La démarche de Knigge ne fut pas approuvée par ses amis. Le 21 août 1792, Reimarus lui écrivait: "Que vous ayez intenté à Zimmermann un procès en diffamation ne nous plaît guère"[159]. Il prévoyait que celui-ci serait long, car Zimmermann utiliserait tous les artifices que lui offrait la procédure. Il n'avait d'ailleurs pas tort sur ce point. Mais surtout, il soulignait que Zimmermann ne se servirait pas seulement des *Papiers de M. de la Crétinière*, mais aussi du *Wurmbrand*. Or ce dernier ouvrage contenait un éloge de Paine, "qui a effectivement attaqué le roi et le gouvernement, et à propos duquel il paraît presque impossible de nier qu'il ait voulu provoquer à la désobéissance"[160]. Et Reimarus conseillait à Knigge, sous prétexte de ménager ses nerfs, de ne plus penser aux événements de France! Campe, dans un article publié dans le *Schleswigsches Journal*, était d'avis que les injures d'un Zimmermann honoraient celui contre qui elles étaient proférées, et que la meilleure réponse était un silence méprisant.[161]

Ces réactions de deux personnages dont l'attachement sincère aux idéaux de la Révolution française est connu font ressortir le courage de Knigge. Malgré sa position de fonctionnaire au service d'un souverain particulièrement hostile aux idées libérales, il faisait preuve de moins de pusillanimité que ses deux amis, dont la situation était économiquement et politiquement beaucoup plus indépendante. Certes, ni Reimarus ni Campe ne se sont reniés, contrairement à ce que fera, par exemple, un Görres. Mais ils acceptaient de se taire. Knigge, lui, ne se taira jamais.

Zimmermann comprit facilement que le véritable enjeu du procès n'était pas l'utilisation de termes que Knigge considérait comme injurieux. Le 12

---

159 Reimarus à Knigge, 21 août 1792, in: KLENCKE, *op. cit.*, 98.
160 *Ibid., loc. cit.*
161 *Schleswigsches Journal*, 1792, II, 510.

novembre 1792, il signait une déclaration contradictoire[162], dans laquelle il développait l'identité des idées de Knigge et de Paine. Il soulignait que Knigge, dans les *Papiers* et dans *Wurmbrand*, rejetait le principe d'une obéissance du sujet déduite du droit divin, au profit d'une conception du pouvoir fondée sur la libre volonté du peuple. Il relevait la condamnation portée contre les institutions monarchiques européennes et la conviction exprimée sans détour qu'elles seraient balayées par une révolution si elles n'évoluaient pas. Il essayait donc de situer l'affaire sur le terrain des principes. Mais il ajoutait aussi qu'en publiant ses articles dans la *Wiener Zeitschrift*, il avait voulu dénoncer, dans un esprit "patriotique", le danger que constituaient ces principes lorsqu'ils apparaissaient sous la plume d'un écrivain dont le public s'arrachait les oeuvres depuis tant d'années. En cela, Zimmermann soulevait bien, au fond, la même question que Knigge, celle du rôle de la presse dans la formation d'une opinion publique.

Le 17 décembre, Knigge rédige une *Réplique*[163]. Dès la première phrase, il se montre conscient du caractère dangereux de la tactique de Zimmermann: il parle d'un "déplacement intentionnel et habile du véritable point de vue dans une querelle judiciaire". Tout d'abord, il feint de ne pas vouloir entrer dans le jeu de son adversaire et répète que les termes employés par lui sont injurieux par eux-mêmes, étant donné sa qualité de haut fonctionnaire: c'est encore plus grave, dit-il, que de "traiter un médecin d'empoisonneur intentionnel"[164]. Mais il sent bien que le tribunal sera amené à peser le sens des mots à partir de leur contexte. Aussi se livre-t-il à une contre-attaque qui, tout en évitant de discuter au fond la question de l'absolutisme et de la révolution, est destinée à effacer dans l'esprit des juges l'impression éventuelle que Knigge défendait des positions plus avancées que l'ensemble des *Aufklärer*. Habilement, il note que ses propos reprennent "littéralement" (*wörtlich*[165]) ceux qu'on peut lire sous la plume de Frédéric II et de Joseph II, ce qui n'est pas totalement inexact puisqu'il avait effectivement longuement expliqué qu'un souverain devait se considérer comme "le premier serviteur de l'Etat" et qu'il avait souvent évoqué ces deux grandes figures. C'était peut-être aussi un discret appel à leurs successeurs...Il renvoie aussi à ses oeuvres précédentes, les *Six sermons contre le despotisme* (dédiés à Joseph II, rappelle-t-il), le *Commerce*, *Noldmann* et l'*Histoire du pauvre sire de Mildenburg*, qui ont reçu sans difficulté le visa de la censure. Ainsi, il inscrit lui-même les *Papiers de M. de la Crétinière* et *Wurmbrand* dans une pensée d'ensemble dont il souligne la

---

162 *Rechtliche Begegnung mit Bitte des Hofrathes, Leibarztes und Ritters Zimmermann, Beklagten wider den Oberhauptmann, Freiherrn Knigge zu Bremen*, in: KLENCKE, op. cit., 239 - 250.

163 *Replizierende Gegenschrift abseiten des Oberhauptmanns Freiherrn Knigge zu Bremen wider den Hofrath, Leibmedicus und Ritter Zimmermann*, Hannover, 17 décembre 1792, *ibid.*, 250 - 267.

164 *Ibid.*, 262.

165 *Ibid.*, 252.

cohérence, cohérence que nous avons tenté de dégager. Ce point de son argumentation ne manque donc pas de force, d'autant plus qu'il n'a pas de mal à montrer que Zimmermann, tout en le citant littéralement, organise ses citations, par des coupures et des rapprochements arbitraires, selon un schéma qui dénature les intentions de Knigge. Puis il pousse son avantage en posant la question des objectifs poursuivis par son adversaire: "dénoncer", s'ériger en "fiscal" et en "délateur", faire de la *Wiener Zeitschrift* un "tribunal"[166]. Il rapppelle que Zimmermann lui-même, dans son *Essai sur la solitude* et son traité *De la fierté nationale* avait plaidé pour la liberté totale des écrivains, en particulier en matière d'opinions politiques[167]. Knigge tente donc de faire du procès qui l'oppose à Zimmermann l'occasion d'un débat non sur la Révolution française, mais sur la liberté de la presse et de la littérature, c'est-à-dire sur un problème posé depuis de nombreuses années, et sur lequel les souverains absolutistes s'étaient montrés assez tolérants. Sa bonne foi n'est évidemment pas totale: il feint d'ignorer que les princes ont peur de la contagion révolutionnaire, et que leur attitude ne saurait être comprise en dehors de ce contexte. Mais il savait bien que ceux-ci ne seraient pas dupes. Aussi termine-t-il son exposé en citant lui-même les passages de *Wurmbrand* dans lesquels il proteste de son refus de la violence[168]. Souvent interprétées comme une ruse tactique, ces lignes, nous l'avons dit, reflètent pourtant une conviction profonde.

Zimmermann se trouvait acculé à la défensive. Sa *Duplique*[169], qui se fit attendre près de quatre mois, essaie de ramener le débat à quelques points précis, que Knigge avait effectivement éludés: Knigge avait-il ou non soustrait le *Wurmbrand* à la censure? Avait-il ou non été blâmé par ses supérieurs? Frédéric II et Joseph II ont-ils jamais écrit que leurs droits de souverains résultaient d'une usurpation? Ont-ils jamais écrit que le peuple avait le droit, dans certaines circonstances, de se révolter[170]? Knigge avait eu l'imprudence de citer Forster comme un écrivain dont les doctrines politiques n'avaient jamais choqué personne: Zimmermann ne manque pas d'évoquer ce "jacobin" qui, à Mayence, "sous la protection du général Custine", est en train de mettre en pratique les idées du baron hanovrien qui, ajoute-t-il perfidement, sont puisées dans l'enseignement d'une certaine association secrète dont "on dit" qu'elle voulait rendre inutiles la religion et les princes[171]. Enfin Zimmermann souligne que la censure ne peut traiter en 1792 les écrivains avec la même mansuétude que dans la décennie antérieure. Aussi pouvait-il lui-

---

166 *Ibid.*, 253 sq.
167 *Ibid.*, 254 sqq.
168 *Ibid.*, 258 sqq.
169 *Dublik des Hofraths und Ritter Zimmermann, Beklagten, wider den Oberhauptmann Knigge*, 6 avril 1793, in: *ibid.*, 268 - 276.
170 *Ibid.*, 271 sqq.
171 *Ibid.*, 273 sqq.

même, vingt ans plus tôt, défendre des positions qui, aujourd'hui, sont "dangereuses":

> Depuis que notre liberté de la presse a dégénéré en extrême insolence, elle s'est mise à troubler la quiétude publique et l'ordre de l'Etat[172].

Zimmermann ramenait ainsi le procès à son véritable objet, le contenu politique de la liberté d'expression. Ses accusations confirment en outre l'importance des écrits de Knigge dans la réception de la Révolution française en Allemagne.

La *Triplique*[173] de Knigge résumait les trois points essentiels du procès: 1) les principes développés dans les *Papiers de M. de la Crétinière* étaient-ils dangereux? 2) Knigge a-t-il eu "l'intention mauvaise" de prêcher, à travers eux, la rébellion? 3) Zimmermann, qui n'était pas son "supérieur" et n'avait sur lui aucune autorité légale, était-il habilité à lui en demander compte? Si oui, dans quels termes?

Mais Knigge soulignait que seul le troisième point était l'objet de la "querelle juridique". Il voyait en Zimmermann un "délateur non autorisé" (*unbefugter Delator*) et un "diffamateur malveillant" (*böswilliger Injuriant*): "L'unique question est de savoir s'il avait qualité pour m'accuser, et pour le faire, de surcroît, d'une manière aussi indigne et en utilisant des expressions aussi hautement blessantes?" [174]. Et il affirmait que s'il avait, dans sa *Réplique*, accepté de rappeler ses "principes", c'était pour mieux faire ressortir le caractère injurieux des termes employés par Zimmermann. Avec une parfaite mauvaise foi, il prétendait qu'il avait négligé de soumettre le *Wurmbrand* à la censure parce que l'édit de 1731 lui était inconnu! L'allusion aux sociétés secrètes n'était qu' "une de ces flèches décochées par derrière, qui semblent procurer tant de plaisir à l'accusé"[175]. Et Knigge renvoyait à la *Déclaration de Philo*. Il se gardait bien, évidemment, de parler de l'Union allemande. Puis il essayait d'attirer son adversaire sur le terrain qu'il avait choisi, celui de la fonction de la littérature et des droits de l'écrivain. Il expliquait que la liberté revendiquée par celui-ci était indépendante de circonstances politiques qui pouvaient en modifier arbitrairement l'exercice[176]. Enfin, il se défendait d'avoir jamais attaqué "les saintes doctrines de la foi" (*die heiligen Glaubenslehren*): il avait seulement condamné ceux qui ne les pratiquaient qu'en paroles, sans les avoir dans leur coeur. Que les Patriarches eussent été de ceux-là n'était pas sa faute[177].

Zimmermann n'était évidemment pas dupe des efforts de Knigge pour éviter de faire dévier le procès vers une discussion de ses idées. Dans sa

---

172 *Ibid.*, 276.
173 *Triplik abseiten des Oberhauptmanns von Knigge in Bremen, wider den Hofrath und Leibmedicus, Ritter Zimmermann*, in: *ibid.*, 277 - 282 (non datée, extraits).
174 *Ibid.*, 278.
175 *Ibid.*, 280.
176 *Ibid.*, 280 sq.
177 *Ibid.*, 281.

Quadruplique[178], il l'accuse d'avoir "pris le masque de l'offensé" pour mieux continuer à diffuser ses doctrines séditieuses en toute impunité. Le procès que lui avait intenté le baron était d'une "malhonnêteté sans exemple", qui devait, ajoutait-il, le faire bien rire en secret, lui et "tous les jacobins allemands". Mais Zimmermann avait compris qu'il était inutile de poursuivre un échange de répliques qui durait maintenant depuis un an et demi. Il suppliait la chancellerie de mettre fin au procès. Il se disait incapable d'ajouter de nouveaux arguments à ceux qu'il avait déjà fait valoir.

Pourtant, il ajoutait une conclusion qui risquait de peser très lourd dans la sentence : il rapprochait toutes les accusations qu'il avait portées des formules contenues dans les grades de L'Ordre des Illuminés, dont une édition venait de paraître sous le titre *Les travaux les plus récents de Spartacus et de Philo dans l'Ordre des Illuminés* [179].

Cet ouvrage livrait au public des textes déjà connus de lui (en particulier l'*Allocution aux Illuminatos dirigentes*), mais aussi des inédits, en particulier les cahiers du grade de Prêtre. Zimmermann en proposait un commentaire dans lequel il lui était aisé de démontrer que Knigge avait soumis les conceptions traditionnelles en matière religieuse à une sévère critique, et qu'il avait lié l'histoire du "despotisme" à celle d'une Révélation confisquée par les prêtres. Knigge avait en outre, disait-il, préparé le terrain à une révolution politique en parlant de "droits de l'homme prétendument perdus" (*angeblich verlorener Menschenrechte*) et en élaborant une théorie du pouvoir politique qui était maintenant mise en pratique en France par les révolutionnaires. Et il formulait, un an avant les articles de l'*Eudämonia*, ce qui allait devenir la théorie du "complot maçonnique":

> Il est ainsi prouvé à l'évidence que tout ce que [Knigge] a enseigné dans *La Crétinière* procédait d'une source impure, de principes mauvais, d'une intention dangereuse, de l'attachement à un système destiné à renverser l'ordre du monde, qu'il reprenait secrètement ce plan monstrueux, astucieusement adapté à partir d'un modèle plus petit et plus simple, mais dans son fondement continuant et poursuivant avec empressement ce plan[180]

On comprend que l'abbé Barruel fît, quelques années plus tard, un chaleureux éloge de ce Zimmermann qui "avait dévoilé toute la trame" d'un complot aussi "infâme"[181]. Knigge est considéré déjà par Zimmermann, et dès 1792, comme l'un de ceux qui ont "contaminé l'Allemagne entière avec la peste révolutionnaire et le vertige de la liberté" et donné au peuple "des nourritures empoisonnées"[182].

---

178 *Quadruplik von Seiten des Hofrathes Zimmermann wider den Oberhauptmann von Knigge*, 4 janvier 1794, *ibid.*, 282 - 287.
179 [F.L.A. von GROLMANN], *Die Neuesten Arbeiten des Spartacus und Philo in dem Illuminatenorden, op. cit.*
180 *Quadruplik*, in: KLENCKE, *op. cit.*, 284 sq.
181 BARRUEL, *op. cit.*, II, 411.
182 *Quadruplik*, in: KLENCKE, *op. cit.*, 286.

La *Sentence* fut prononcée le 16 février 1795[183]. Les juges avaient soigneusement séparé le fond, sur lequel ils refusaient de se prononcer, de la forme: ils concluaient au caractère offensant des termes dont Zimmermann avait usé et lui reprochaient d'avoir attaqué "la personne" et non seulement les idées de Knigge. Mais ils admonestaient aussi les deux parties, les invitant l'une et l'autre à "se servir dans l'avenir, dans leurs requêtes en justice, d'un style plus modéré, et de s'abstenir totalement de tout propos à double entente et inconvenant"[184]

Satisfait, Knigge se contenta de demander que Zimmermann prît à sa charge les frais du procès, ce que celui-ci finit par accepter. Puis, grand seigneur, il renonça à cette petite vengeance.

Ce procès était exemplaire pour plusieurs raisons. D'abord, il avait soulevé la question de la liberté de l'écrit, et cela devant une instance judiciaire de l'Etat absolutiste. Elle était implicitement admise par le jugement, ce qui peut paraître étonnant. Mais celui-ci avait été rendu à Hanovre, et il n'est pas interdit de se demander si Knigge n'a pas bénéficié de protections maçonniques. Nous ne le saurons sans doute jamais, les actes originaux du procès n'ayant pu être retrouvés. Les copieux extraits qu'en publie H. Klencke sont évidemment muets sur ce point. Il est possible aussi que la Régence, au sein de laquelle Knigge comptait tout de même quelques amis[185], n'ait pas voulu livrer à la vindicte d'un roturier le représentant d'une des plus vieilles familles du Hanovre.

Mais surtout, ce procès marquait une étape nouvelle dans l'évolution du discours politique allemand

Jusque vers 1792-1793, la presse avait surtout débattu de problèmes théoriques: pouvait-on ou non supprimer la noblesse? les privilèges étaient-ils ou non justifiés? les droits des souverains devaient-ils procéder de la souveraineté populaire? A partir du *Wurmbrand*, une nouvelle question est posée: un peuple a-t-il le droit de se révolter et de chasser ses maîtres séculaires? Une révolution est-elle légitime? Sur cette question s'en greffait une autre, à laquelle la guerre donnait toute sa signification d'actualité: l'Allemagne était-elle menacée elle-même par une révolution?

Que Knigge ait réussi à faire reconnaître pour "injurieuse" l'expression "prédicateur de la révolution" ne changeait rien au fait que l'Allemagne entière savait maintenant qu'il avait écrit que, dans un contexte précis, elle était inévitable. En même temps, les jacobins allemands étaient présentés

---

183 *Sententia*, in: *ibid.*, 287 - 290.
184 *Ibid.*, 289.
185 En particulier le comte de Kielmannsegge, qui avait été son "tuteur" à la mort de son père. Kielmannsegge, qui remplissait à l'époque la fonction de ministre principal au sein de la Régence, avait averti Knigge en sous-main des conséquences que le *Wurmbrand* pourrait avoir pour lui (Knigge à Campe, 3 juin 1792, *lettre citée.*)

comme les héritiers des Illuminés, et ainsi commençait de prendre corps la légende du "complot maçonnique".

Dans une lettre à Knigge datée du 24 octobre 1794, Sophie Reimarus l'informe qu'on s'arrache à Hambourg un *Discours maçonnique*, en fait une parodie, qu'elle attribue précisément à Zimmermann, et qui accuse les Illuminés d'avoir fomenté la Révolution. Comme "preuve", l'auteur de ce factum cite le voyage que "Bode et un certain B." ont fait à Paris, "d'où tout serait sorti" [186]. Cette thèse allait nourrir dès lors les articles de la *Wiener Zeitschrift*, puis de l'*Eudämonia*. Elle était, dès cette année 1794, popularisée par Grolmann (celui même qui avait publié les *Travaux les plus récents de Spartacus et de Philo*) dans un ouvrage intitulé *Le destin final de l'Ordre des francs-maçons*[187]. Zimmermann avait donc, en quelque sorte, fait oeuvre de pionnier. Et c'était Knigge qui, avec les *Papiers de M. de la Crétinière* et le *Wurmbrand*, avait constitué le point de départ de la polémique.

Car il s'agissait bien d'une polémique, et non d'un débat. Le procès montre aussi que le discours politique devenait de plus en plus un discours de dénonciation, avant de devenir un discours de propagande. Dans *Wurmbrand*, Knigge était parti de théories, il les avait soumises à l'analyse conjuguée de la raison et des faits. Zimmermann, lui, n'avait pas étayé ses accusations par des arguments, mais par des affirmations ilustrées de métaphores. Il posait en principe en que le droit divin était intouchable, et il assimilait toute réfutation de ce principe à un "poison" (*Gift*) menaçant de "contaminer" (*anstecken*) le peuple allemand. Ainsi se constituait un vocabulaire politique qui, à partir de 1795, formera la toile de fond de la presse contre-révolutionnaire allemande, ainsi que cela a été montré récemment à propos de la revue*Eudämonia*[188].

Le véritable objectif qu'avait essayé d'atteindre Zimmermann était de réduire Knigge au silence. Celui-ci avait réussi à détourner le coup qui lui était porté, mais il avait compris aussi qu'il convenait d'être prudent s'il ne voulait pas perdre sa place, ou peut-être pis encore. Pourtant, il n'accepta pas de se taire complètement. Sous le voile de l'anonymat, il abordait de nouveau, et alors que son procès était loin d'être terminé, la question de savoir si l'Allemagne était menacée d'une révolution.

---

186 Sophie Reimarus à Knigge, 24 octobre 1794, in: KLENCKE, *op. cit.*, 129. Il s'agissait du voyage que Bode et le major von dem Busche avaient effectué à Paris en 1787, pour participier au Convent organisé par la loge des Philalètes, Les Amis réunis. Nos recherches dans les archives du fonds maçonnique de la Bibliothèque Nationale à Paris n'ont révélé aucun document prouvant une quelconque collusion entre les Illuminés et les Amis réunis à propos de ce voyage. Sur ce voyage, voir Cl. WERNER, *Le voyage de Bode à Paris en 1787 et le "complot maçonnique"*, in *Annales Historiques de la Révolution française*, N° 253, 1983, 432 - 445.
187 F.L.A. von GROLMANN, *Endliches Schicksal des Freimaurerordens*, [Giessen], 1794. Il faut noter qu'un an plus tôt avait paru l'ouvrage de M. ROBISON, *Proofs of a Conspiracy against all the religions and governments of Europe, carried on the secret meetings of Free-Masons, Illuminati and reading societies etc.*, London, 1793.
188 OPITZ, *Das Gallische Pandemonium*, art. cit.

D. Une révolution menace-t-elle l'Allemagne?

En juillet 1793, Knigge publiait dans le *Schleswigsches Journal* un article intitulé *Des raisons pour lesquelles nous n'avons sans doute pas lieu de nous attendre dans l'immédiat en Allemagne à une dangereuse révolution politique majeure*[189].

La tonalité générale de cet article ne saurait se comprendre en dehors du double contexte que constituait d'une part la situation personnelle de Knigge, de l'autre l'irruption des troupes françaises sur la rive gauche du Rhin, la création de l'Etat libre de Mayence, puis la reconquête de la ville par les Prussiens, mais aussi le jugement et l'exécution de Louis XVI et le début de la Terreur en France. Knigge n'a pas pris publiquement position sur ces questions. La correspondance qu'il échangeait avec Sophie Reimarus indique qu'il n'approuvait pas la Terreur, mais il ne la condamnait pas non plus. Si les lettres qui nous sont parvenues ne contiennent aucune notation en faveur de l'action des clubistes mayençais, elles ne formulent pas non plus la moindre hostilité à leur égard. Il est évident que Forster et ses amis n'avaient pas choisi la même voie que lui. Leur situation était d'ailleurs radicalement différente: Forster, bien que jadis bibliothécaire de l'Electeur de Mayence, ne s'était jamais senti lié à cette fausse patrie dans laquelle l'avait fait échouer le hasard de ses tribulations, pas plus d'ailleurs qu'il ne se sentait Prussien bien qu'il fût né près de Danzig[190]. Knigge avait, lui, décidé une fois pour toutes de servir son souverain territorial, ainsi que l'avaient fait ses pères depuis tant de générations. Mais surtout, les Français n'avaient pas encore envahi le Hanovre, et même, entre juillet 1793 et le printemps de 1794, ils ne pouvaient reprendre pied en Allemagne. Il semblait donc, au moins provisoirement, que celle-ci ne dût pas avoir à craindre un bouleversement de ses structures politiques opéré de l'extérieur.

Mais la violente campagne antirévolutionnaire menée par une partie de la presse allemande, les dénonciations de plus en plus précises qui s'abattaient soit sur des individus, comme Knigge, soit sur des milieux, comme les anciens Illuminés, avaient créé en Allemagne même une psychose de la subversion proche de l'hystérie. C'est à partir de 1793 que sont pourchassés par les autorités ceux dont l'engagement pour les idéaux de la Révolution est trop voyant: écrivains et "publicistes", comme Rebmann, professeurs d'université, comme Cramer, officiers, comme Bülow et Mecklenburg, fonctionnaires,

---

189 [A. von KNIGGE], *Ueber die Ursachen, warum wir vorerst in Teutschland wohl keine gefährliche politische Haupt-Revolution zu erwarten haben*, Schleswigsches Journal, 2, 1793, 273 - 290 (désormais cité *Ursachen*).
190 Voir la lettre que Forster écrivit au libraire berlinois Voss le 21 novembre 1792 (*Briefwechsel*, in: *Sämmtliche Schriften*, VIII, 273). Voss avait invité Forster à se montrer "bon Prussien". Forster lui répond que, cosmopolite par destinée, sa "patrie" ne peut être que la terre sur laquelle on vit libre.

comme le Hanovrien Berlepsch[191]. Knigge sait qu'il est menacé, et il prend doublement ses précautions.

D'abord, il ne publie plus aucun livre politique jusqu'en 1795. L'article du *Schlegwigsches Journal* est le seul écrit dans lequel il prenne à cette époque position sur l'actualité. Encore est-il anonyme, et publié dans une revue imprimée à Altona, au Danemark donc. Mais surtout, Knigge formule ses thèses avec une prudence qui tranche sur les jugements du *Wurmbrand*.

W. Kaiser, dans l'étude que nous avons citée, interprète cet article comme un recul dans l'attitude de Knigge envers les princes. Selon lui, Knigge est passé d'une forme "offensive" (celle de la "profession de foi politique") à une forme "défensive" (celle de l'analyse descriptive)[192]. Et il est vrai que Knigge souligne que les princes et les sujets ont un intérêt commun à "faire appel à tous les arguments de la raison"[193], afin de rétablir une harmonie que les événements des dernières années ont troublée. Il se plaît à évoquer le "petit pays tranquille et heureux [...] gouverné par un prince sage et bon", dans lequel "chacun peut penser, parler et écrire ce qui lui plaît"[194]. Mais cette revendication n'est-elle pas dans la ligne du *Wurmbrand*, où il affirmait qu'une révolution n'éclatait que dans les Etats où les souverains ne tenaient pas compte du "degré de Lumières" atteint par le pays? En fait, Knigge n'abandonne nullement son idéal. Simplement, il le formule autrement, usant cette fois d'une certaine ironie qui adoucit la forme de son propos, mais n'en atténue pas le sens:

> A la table du prince même, on soulève sans crainte la question de savoir si le peuple est plus heureux sous un régime républicain que sous un régime monarchique. Le prince donne son avis, comme un chacun, et il n'est pas rare qu'il soit mis en minorité; ici, les aristocrates lisent avec intérêt les oeuvres des révolutionnaires; les démocrates organisent une quête pour entretenir un pauvre ci-devant marquis français qui cherche protection dans le pays; et les

---

191 Friedrich Ludwig von BERLEPSCH (1749 - 1818), juge et *Landrat* hanovrien, avait publié le 20 novembre 1794 dans le *Genius der Zeit* un programme en 13 points destiné à réformer le fonctionnement des Etats de la principauté de Calenberg (*Votum des Herren Hofrichter Berlepsch, als Calenbergischen Land- und Schatzraths*, in: *Genius der Zeit*, 6/ 1794, H. 2, 159 - 170). Il fut en 1795 suspendu de toutes ses fonctions. Malgré l'intervention du *Reichskammergericht* qui enjoignit à la Régence de rétablir Berlepsch dans ses charges et dignités, avec en outre des indemnisations pécuniaires, Berlepsch fut exilé. Sur lui, voir *Allgem. deut. Biographie*, II, 403, et *Neue deut. Biogr.*, II, 95. Il n'existe aucune trace permettant d'affirmer que Knigge se soit intéressé à cette affaire. Mais il ne pouvait l'ignorer, d'autant plus qu'il estimait fort cette famille, comme le prouve la dédicace du *Commerce* en 1788 à "Der gnädigen Frau von Berlepsch, gebohrnen von Oppel".
192 KAISER, *art. cit.*, 223.
193 *Ursachen*, 277.
194 *Ibid.*, 275.

amis les plus zélés du peuple dans la théorie, sont dans la pratique les plus fidèles serviteurs du pouvoir monarchique[195].

Certes, au premier degré, on peut lire ces lignes comme l'expression d'une recherche de ce qu'on appelle aujourd'hui un "consensus". Mais Knigge a tout de même rapellé qu'un prince peut être "mis en minorité", qu'un marquis émigré n'est qu'un "ci-devant", et que pour comprendre les événements de France il faut "lire les écrits des révolutionnaires". En même temps, il reprend la thèse du *Wurmbrand*, en soulignant le rôle des écrivains et des "publicistes" qui essaient de faire comprendre aux princes le sens de l'actualité.

Il ne faut pas oublier d'autre part que cet article est publié en 1793, et non en 1792. Knigge n'aime pas, nous le savons, la "populace", et il déplore que la Convention cède aux pressions exercées par la rue[196]. Accusé de fournir aux partisans de la violence des armes idéologiques, ce n'est pas par simple prudence qu'il s'en défend. C'est aussi par conviction. Son article s'inscrit d'une manière parfaitement cohérente dans son engagement politique tel que nous le connaissons depuis toujours. Et dans la mesure où le *Wurmbrand*, si on le lit avec attention, laisse clairement apparaître une condamnation de la violence populaire, il ne faut pas parler de contradiction dans les positions politiques de Knigge. Tout au plus y a-t-il, au gré de l'impact émotionnel des événements sur un être qui avait depuis longtemps les nerfs à vif, un déplacement des accents.

L'article de Knigge n'est certes pas dépourvu d'une certaine flagornerie: il explique que les princes allemands avaient commencé, depuis plusieurs années, "à encourager une liberté raisonnable de la presse et de pensée"; que "les personnages titrés se convainquaient de la vanité de privilèges hérités et s'empressaient de former leur esprit et de se distinguer par une manière de penser noble et libérale"; que "les classes se rapprochaient les unes des autres, s'unissaient en vue réaliser sociabilité et bienfaisance"; que les nobles cherchaient à être populaires; les bourgeois à acquérir de bonnes manières afin de mettre en valeur le "vrai mérite". Et voilà que "tout à coup, l'exemple malheureux d'un peuple à la fois désespéré par le despotisme le plus honteux et totalement corrompu" provoque la rupture des "liens que la raison, l'amour fraternel et la confiance mutuelle avaient noués dans toutes les classes de citoyens". Chaque groupe social se replie sur lui-même, recherche les vieilles chartes dans lesquelles sont inscrits ses privilèges, "se cuirasse des principes les plus sévères". Le résultat risque d'être "l'échec de tout ce qui contribue à promouvoir le vrai bonheur que procure la sociabilité, et le retour à la barbarie la plus stupide". Et Knigge ajoute:

> On ne peut assez proclamer que nous ne devrions pas avoir à craindre en Allemagne, pour le présent, aucun des événements qui ont accompagné la

---

195 *Ibid.*, 275 sqq.
196 Voir note 1, ci-dessus.

Révolution française, si nos gouvernements territoriaux se conduisent avec douceur et sagesse [197].

W. Kaiser considère ce passage à juste titre comme le point central de l'argumentation que Knigge développe dans son article. Mais plutôt que de s'arrêter à la "description idéalisée" de l'Allemagne à la veille de la Révolution, il convient de souligner que ces lignes reprennent exactement le *credo* politique du *Commerce*, lui-même issu déjà de son engagement maçonnique : c'est par le rapprochement des classes sociales que la société allemande entrera dans l'âge moderne et s'adaptera au "degré de Lumières" qui le caractérise.

Mais cette fois, Knigge ne s'adresse plus à la bourgeoisie. Il tente de se faire comprendre des princes. Simplement, après leur avoir fait peur avec le *Wurmbrand*, il essaie, par l'éloge, de les mettre en garde contre la tentation de la répression. Que la campagne de presse dirigée contre lui, venant juste après le blâme que lui adressait Arnswaldt, ait amené Knigge à forcer la note, ne fait pas de doute. Mais on ne peut voir un reniement, ou même un simple recul, dans une pensée qui reflète aussi exactement un engagement constant depuis de quinze ans, et qui, en ce qui le concerne, s'accompagne d'une attitude pratique tout à fait en accord avec elle. Ce n'est pas par rapport au *Wurmbrand* qu'il faut apprécier le contenu idéologique de cet article, c'est au contraire le *Wurmbrand* qu'il convient de comprendre en fonction d'un engagement dont cet article, ainsi que les écrits qui précèdent le *Wurmbrand*, reflète la cohérence.

Au reste, Knigge savait bien qu'il existait un obstacle majeur à l'émergence d'un véritable mouvement révolutionnaire en Allemagne :

> A supposer qu'un peuple soit, en Allemagne, poussé à une telle extrémité, qu'il soit saisi par un esprit général de rébellion, peut-être ce petit peuple se sent-il seul, justement trop faible pour passer à l'exécution. Mais il est entouré de voisins qui n'ont aucune raison de faire cause commune avec lui, qui au contraire aiment leur prince et sont prêts au premier signal à marcher les armes à la main et à rétablir l'ordre[198].

C'était précisément cet émiettement territorial, dans lequel Rebmann, lui aussi, voyait l'obstacle principal à une révolution allemande [199], que Knigge avait voulu, dans le *Commerce*, contribuer à surmonter en même temps que la division sociale. Les deux facteurs étaient liés à ses yeux. En France, dit-il,

---

197 *Ibid.*, 227 sqq.
198 *Ibid.*, 282.
199 Rebmann écrivait : "Die Deutschen sind so verschiedenen Regierungen unterworfen, dass eine allgemeine Übereinstimmung zu einer Revolution unmöglich ist. Wenn eine bedrückte Provinz sich empörte, würde es die benachbarte, die unter einer milderen Regierung steht, auch thun? Das Feuer des Aufruhrs wird erstickt seyn, ehe es sich ausbreiten kann", cité dans : U. SONNEMANN, *Der kritische Wachtraum. Deutsche Revolutionsliteratur von den Jakobinern zu den Achtundvierzigern*, Icking/ München, 1971, 143.

existe un "point central" entouré d' "un petit cercle d'écorcheurs du peuple privilégiés". En Allemagne, il y a trop de petites cours, qui fournissent emplois et pensions; les "éternels serviteurs du pouvoir princier" sont dispersés dans un nombre incalculable de "petites capitales, villes moyennes, baillages et grands domaines", et tous contribuent, par intérêt, à maintenir l'ordre politique existant[200].

Knigge ne s'appuie pas sur des considérations telles que la "maturité" ou l' "immaturité" politique du peuple allemand. Il part d'une réalité simple: il n'y a pas de peuple allemand, mais *des* peuples allemands, ou, du moins, des Etats allemands. Ici est certainement perceptible une certaine désillusion par rapport à l'espoir exprimé à Harvestehude de voir le "despotisme" aboli "en Allemagne". La naissance d'une patrie allemande avait fait partie des rêves de 1790. En 1793, beaucoup pensaient qu'il fallait y renoncer. D'ailleurs, ce thème n'occupe jamais dans l'oeuvre de Knigge, ni dans ses lettres, une place centrale. Il continue d'utiliser le mot *Vaterland* au sens traditionnel de "patrie territoriale". Seul le terme *Patriot* revient, à partir de 1792, assez fréquemment sous sa plume, et il le prend dans l'acception révolutionnaire qu'avait le mot en France, mais sans le lier, contrairement aux jacobins français, à une réalité nationale. Le "patriote", c'est, pour Knigge, l'homme qui adhère à l'idée que les souverains ne sont pas les lieutenants de Dieu sur la terre. Mort en mai 1796, il n'aura pas le temps de voir dans l'annexion par la France, à la paix de Bâle (5 avril 1795), des territoires rhénans autre chose que le prix à payer pour que soit rétablie la paix en Allemagne.

La division territoriale entraîne l'absence en Allemagne d'une "grande bourgeoisie" définie par sa puissance économique. Là où elle existe, à Hambourg ou à Francfort, elle s'est constituée en "républiques" où le "despotisme", les privilèges nobiliaires et l' "opression princière" sont inconnus[201]. Knigge comprend donc le rôle capital de la bourgeoisie française dans le déclenchement de la Révolution. Mais il ne peut imaginer que se constitue un jour une bourgeoisie allemande qui assume une fonction analogue. D'ailleurs, il définit les tâches et le rôle de la bourgeoisie dans la société selon des critères familiers à l'*Aufklärung* politique, qui ressortissent plus aux capacité morales qu'à une fonction véritablement historique. La bourgeoisie des villes commerçantes de l'Allemagne du Nord, dit-il, doit d'abord chercher à se préserver du "luxe" et de la "corruption des moeurs" qui la menacent du fait de sa dépendance économique à l'égard de cours princières qui achètent ses productions:

> C'est précisément cette circonstance, d'ailleurs très triste, qui rend dans la plupart des Etats allemands les citoyens de quelque importance dépendants et avides des avantages futiles et des privilèges frivoles que les souverains qui

---

200 *Ursachen*, 283.
201 *Ibid.*, 284.

règnent par l'arbitraire et l'absolutisme peuvent dispenser sans égard pour le droit, l'application et le mérite [202].

Knigge a donc parfaitement compris que les conditions socio-économiques qui règnent en Allemagne ne sont pas favorables au déclenchement d'une révolution. Mais son analyse reste tout de même un peu courte. L'*Aufklärer* ne parvient pas à se dégager des catégories morales de la réflexion sociale. La Révolution est pour lui un phénomène lié à l'évolution de ce qu'il appelle la "culture", c'est-à-dire à la fois les idées et les moeurs. Si elle éclate sous l'effet d'un concours de circonstances matérielles qui ne sont en rien fortuites, elle reste pour lui d'autre part un problème d'institutions. Et même lorsqu'il aborde dans *Noldmann* le problème de la répartition des richesses, il ne s'interroge pas sur les conditions de leur production: il suffit que des institutions bien réglées empêchent que ne se créent de nouveaux rapports de domination fondés sur l'argent pour que la société fonctionne harmonieusement. Knigge s'est fait depuis longtemps le porte-parole des valeurs culturelles de la bourgeoisie, mais il ne conçoit pas la Révolution comme le résultat d'une évolution des rapports de production, et susceptible de se poursuivre par d'autres évolutions qui, à leur tour, marqueraient le déclin de la bourgeoisie.

Il a essayé de faire comprendre aux adversaires de la Révolution que le régime qu'ils défendaient était révolu, et qu'on ne pouvait s'accrocher au maintien de privilèges d'un autre âge, contraires à la raison et à l'évolution des mentalités. C'est pourquoi il termine son article par une condamnation sans équivoque de la guerre contre-révolutionnaire:

> Puisse la bénigne Providence mettre bientôt fin à l'affreuse guerre dans laquelle nous avons été entraînés d'une façon si inutile! [...] Heureux celui qui peut s'écrier: je suis innocent du sang versé![203].

Cette phrase suffirait à elle seule à montrer que Knigge n'a fait, dans son article, aucune concession sur son idéal: elle formule un thème central de la presse allemande favorable à la Révolution française[204]. La guerre est en effet une autre forme de la violence. Si Knigge refuse celle qu'exerce une "populace" en colère, il s'indigne encore davantage contre celle qui vise à priver un peuple entier du droit de se donner des institutions de son choix.

De 1793 à 1795, Knigge s'abstient de publier des écrits politiques. Nous savons que cette prudence s'explique par le choix qu'il a fait, de préserver à tout prix sa situation matérielle. Au fur et à mesure que les années passent, il est de plus en plus hanté par la mort, et il tremble à l'idée de laisser pour tout

---

202 *Ibid.*, 286.
203 *Ibid.*, 290.
204 Voir H. VOEGT, *Die deutsche jakobinische Literatur und Publizistik 1789 - 1800*, Berlin/DDR, 1955, 98 - 111; M. GILLI, *Pensée et pratique révolutionnaires...*, *op. cit.*, 170 - 182.

héritage à sa fille 100 000 thalers de dettes. Son orgueil se refuse à accepter que Philippine soit prise en charge par une belle-famille qu'il déteste[205].

Mais à cette raison s'en ajoute probalement une autre, qui ressort de sa correspondance avec Reimarus. Il semble que Knigge lui ait à plusieurs reprises proposé des articles pour le *Schleswigsches Journal*, que dirigeait son beau-frère August Hennings, et auquel Reimarus collaborait également. Or seul celui que nous avons analysé précédemment, et qui concluait que l'Allemagne n'était pas menacée par une révolution, a été effectivement publié. Pourtant, Sophie Reimarus lui écrit le 11 juin 1793 qu'elle a reçu *deux* articles de lui[206]. Mais elle lui fait savoir que le *Schleswigsches Journal* est interdit à Vienne et à Berlin, et que la vente s'en ressent de telle façon que l'avenir n'est plus assuré. Et de fait, cette revue dut cesser de paraître à la fin de l'année 1793. Le deuxième article de Knigge, dont nous ignorons l'objet, n'y fut pas publié.

Hennings fut également, à partir de 1793, le rédacteur de deux revues favorables à la Révolution, le *Genius der Zeit* et les *Annalen der leidenden Menschheit*, imprimés également à Altona[207]. Aucun article de Knigge ne se trouve dans la seconde. Dans le *Genius der Zeit*, il en fit paraître plusieurs [208]. Mais aucun ne traite des événements de l'actualité, sauf celui qui propose *Quelques mots à propos d'un article paru dans le "Deutsches Magazin"* en octobre 1794, intitulé *Des moyens les plus efficaces de prévenir en Allemagne les révolutions violentes*[209]. Encore Knigge se borne-t-il à réfuter quelques propositions concernant la liberté de la presse. L'auteur de l'article qu'il incrimine avait affirmé que "la liberté de la presse appartient au savant, et non à chaque citoyen", et que "ce qui est dit des formes de gouvernement, des systèmes religieux et autres sujets analogues peut toujours pénétrer dans le public sous la forme de savantes dissertations, mais non être traité sur un ton populaire"[210]

Knigge répond que tout homme possédant une raison saine et cultivée a le droit d'exprimer publiquement son opinion sur des objets intéressant toute l'humanité. Pourquoi seul "celui qui ramasse les déjections pour les réunir dans le *Politisches Journal*" (Schirach, donc), aurait-il un droit qui serait refusé à "l'imprimeur Franklin"? Parmi les "objets intéressant l'humanité entière",

205 Voir sa lettre à sa fille, 18 novembre 1792, *lettre citée*.
206 Sophie Reimarus à Knigge, 11 juin 1793, in: KLENCKE, *op. cit.*, 105 sq.
207 Voir M. GILLI, *op. cit.*, 281. Sur le *Genius der Zeit*, voir l'article de R. SCHEMPERSHOFF, *August Hennings und sein Journal "Der Genius der Zeit". Frühliberale Publizistik zur Zeit der französischen Revolution*, in: *Jahrbuch des Instituts für deutsche Geschichte*, Tel-Aviv, 1981.
208 Sept au total, selon un relevé que nous a aimablement communiqué en 1983 M. Manfred Grätz, de Wolfenbüttel.
209 [A. von KNIGGE], *Einige Worte über einen Aufsatz im deutschen Magazin*, art. cit. Voir I, n. 267.
210 *Ibid.*, 264 sq.

Knigge compte ceux qui concernent "la sûreté de la propriété, des droits naturels et civils de l'homme, de l'existence morale, religieuse et politique de tous les citoyen", et il ajoute ironiquement qu'il vaut mieux ne pas en parler en latin ni dans un "jargon surchargé de termes techniques étrangers" qui rebute toute tête bien faite. Il refuse que la censure détermine arbitrairement ce qu'elle range dans le domaine des "sciences" et laisse passer, et ce qui relève des propos du "citoyen", qu'elle s'arroge le droit de surveiller. L'écrivain, dit-il, est "toujours un citoyen", et lorsqu'il fait imprimer un texte, il le fait toujours "en cette double qualité"[211]. Il termine par un long plaidoyer en faveur de la liberté de la presse, qui ne contient rien de neuf par rapport aux lignes qu'il consacrait à ce sujet dans son traité *Sur les écrivains et sur la littérature*[212]. Il n'omet pas de souligner ironiquement que le droit de critiquer "des abus considérés comme sacrés par certaines castes" n'a jamais été contesté en Angleterre "avant la brillante époque de Pitt" ni en Prusse "tant que Le Roi vivait"[213]

Knigge se bornait donc à prendre, anonymement, une nouvelle fois position contre la censure. Il ne pouvait faire davantage sans s'exposer à de nouvelles tracasseries de la part de la Régence. Le combat pour la liberté de la presse restait d'ailleurs à ses yeux une priorité, et sa correspondance avec Reimarus et quelques autres indique que la lutte sur ce terrain était de plus en plus difficile[214].

C'est pourtant lorsque la presse est libre que peut se développer une pensée politique. Si l'engagement de Knigge ne l'a pas amené à se lancer dans l'action "à force ouverte", il est de ceux qui ont tenté d'éduquer l'Allemagne à la réflexion politique. Il a voulu que les intellectuels fassent entendre leur voix sur des sujets concrets, actuels, car il pensait que leur savoir leur en faisait un devoir. En ceci, il est plus proche des "philosophes" français ou anglais que des *Aufklärer*. C'est bien parce que les intellectuels allemands, dans leur majorité, se sont tus (quand ils n'ont pas fait pire) que n'a n'a pu être comblé ce que Rudolf Vierhaus appelle "le déficit en culture politique libérale-démocratique"[215].

---

211 *Ibid.*, 266.
212 Voir *supra*, I, 2, D.
213 *Einige Worte...*, 268.
214 Voir Knigge au comte Schmettow, 17 avril 1794, KAW; Sophie Reimarus à Knigge, 22 novembre 1793, 16 août 1795, 24 octobre 1795.
215 "Defizit an liberal-demokratischer, politischer Kultur", R. VIERHAUS, *Vom aufgeklärten Absolutismus zum monarchischen Konstitutionalismus. Der deutsche Adel im Spannungsfeld von Revolution, Reform und Restauration (1789 - 1848)*, in: P.U. HOHENDAHL und P.M. LÜTZELER (Hg), *Legitimationskrisen des deutschen Adels 1200 - 1900*, Stuttgart, 1979. R. Vierhaus en voit l'une des causes essentielles dans la distorsion entre la position de la noblesse et de l'armée dans l'Etat aux dix-neuvième et vingtième siècles et la faiblesse de leur rôle économique et intellectuel. Pour notre part, nous pensons que les intellectuels allemands ont également joué un rôle fondamental dans l'indifférence, pour ne pas dire plus, de la bourgeoisie allemande envers "la politique".

Il serait donc faux de considérer qu'en faisant de la liberté de la presse et de la littérature une revendication qui, parfois, est exprimée avec plus de force et, en apparence, plus de conviction que toute autre revendication politique, Knigge se réfugie dans une attitude déventive face à l'absolutisme, ou qu'il émousse à dessein les traits qu'il lance contre lui. Son procès contre Zimmermann n'est pas une simple parade: c'est aussi un assaut. Knigge voulait forcer les tribunaux de l'absolutisme à admettre qu'un écrivain parlât de politique n'importe où, n'importe quand, et comme il l'entendait. La liberté d'expression est préalable à toute autre, et à ses yeux d'une importance essentielle: il attend qu'elle mette le citoyen allemand en mesure d'obtenir de princes "éclairés" grâce à elle ce que le peuple français n'a pu obtenir que par la violence. Illusion d'un *Aufklärer* sur les princes? Sans aucun doute, et la suite le montrera. Mais bien des *Aufklärer* ne sont pas allés aussi loin dans la définition du nouvel idéal...

3. Le problème de la guerre et de la paix

Bientôt, une autre question le préoccupe de plus en en plus: celle de la guerre. On sait que l'année 1794 marque un tournant décisif dans les opérations militaires. Dirigées d'une main de fer par les représentants en mission, les armées révolutionnaires avaient partout repris l'initiative et de nouveau pénétré en Allemagne. La Prusse, inquiétée par la révolte polonaise de Kosciusko, laisse l'armée de Jourdan envahir la Belgique au début de l'été de 1794. Elle se dispose alors à traiter avec la France, tandis que Jourdan et Pichegru, qui occupent la Hollande, se préparent à déboucher en Allemagne du Nord.

La fin de l'année 1794 apporte donc à la fois une crainte et une espérance: tandis que la France apparaît en mesure de porter la guerre sur le sol allemand, existe l'espoir d'une paix entre la République et au moins l'une des principales monarchies européennes, dont l'exemple pourrait alors être suivi par les autres puissances. L'aspiration à la paix était générale en Allemagne, et Knigge la partageait évidemment.

Mais il était aussi de ceux qui comprenaient que cette guerre impliquait autre chose que la lutte entre deux puissances: elle était aussi une guerre idéologique, et la paix ne pourrait manquer de consacrer la victoire ou la défaite de l'idéal révolutionnaire. Il ne pouvait donc accepter de se taire sur cette question.

A. Caractères généraux de la guerre révolutionnaire

En 1790, l'Assemblée Constituante avait proclamé "la paix au monde", dans un décret qui fut intégré à la Constitution de 1791. Le 20 avril 1792, l'Assemblée Législative avait voté dans l'enthousiasme la guerre "au roi de Bohême et de Hongrie". Le 19 novembre 1792, la Convention Nationale avait promis "secours et fraternité à tous les peuples qui voudront recouvrer la liberté". Le 15 décembre, elle votait le décret "Guerre aux châteaux, paix aux chaumières".

De la déclaration de paix universelle, on était passé à une guerre "préventive" destinée à protéger les conquêtes de la Révolution et, bientôt, l'intégrité du territoire national. Mais la guerre était rapidement devenue une "croisade universelle pour la liberté", une guerre idéologique. Elle prenait par ailleurs aussi l'aspect d'une guerre de conquête, avec l'annexion de territoires et l'exploitation économique des pays occupés. Il semblait que la guerre ne pût éviter d'obéir à une sorte de tragique logique interne, à laquelle s'ajoutaient les vieux souvenirs, toujours bien vivants en Allemagne, des exactions commises par Mélac au dix-septième siècle dans le Palatinat, et des ravages causés par les Français pendant la guerre de Sept ans.

Pour un Allemand comme Knigge, qui s'obstinait à professer le plus total loyalisme envers son souverain territorial tout en ne faisant pas mystère de son admiration profonde pour la Révolution, la question n'était pas simple[216].

Ou bien les Français étaient chassés d'Allemagne par les armées coalisées, qui pouvaient alors envisager de faire subir à France rebelle le sort que lui promettait la Déclaration de Pillnitz en 1791: la Révolution était alors écrasée, et avec elle le beau rêve des droits de l'homme.

Ou bien c'étaient les monarchies qui, vaincues, devraient peut-être accepter le dépècement d'une partie de l'Allemagne, ou, pis encore, sa conquête et sa "républicanisation" forcée.

Knigge ne pouvait souhaiter la première solution, mais la seconde ne lui semblait pas envisageable non plus. A vrai dire, il ne semble pas avoir jamais cru à la possibilité immédiate d'un renversement des monarchies allemandes. Jamais ses lettres ne formulent d'ailleurs un tel voeu, et on sait que le cercle de Hambourg n'a pas essayé d'oeuvrer en faveur de la naissance d'une "patrie allemande" fondée sur les principes révolutionnaires[217].

La guerre lui apparaît d'abord sous son aspect le plus immédiatement visible: malheur des familles dont un père ou un fils est envoyé aux armées[218]; chemins peu sûrs, appauvrissement des Etats et des individus[219]. Mais surtout, la présence sur le sol allemand d'émigrés de toutes nations a des conséquences économiques et morales catastrophiques: renchérissement du coût de la vie, crise du logement, criminalité accrue[220]. Le 7 mai 1795, il écrit à Sophie

---
216 Voir P.-A. BOIS, *La guerre française en Allemagne: libération ou conquête?*, Actes du XIXe Congrès de l'AGES, Paris, 1987, 120 - 123.
217 Voir les conclusions de J. DROZ sur l'absence de sentiment national chez la plupart des révolutionnaires hambourgeois (mis à part, peut être, Schütz), *op. cit.*, 184 sq.
218 Sophie Reimarus à Knigge, 13 mai 1794, in: KLENCKE, *op. cit.*, 120.
219 Sophie Reimarus à Knigge, 13 octobre 1795, *ibid.*, 146.
220 Sophie Reimarus à Knigge, 24 octobre 1795; 16 août 1795; 13 octobre 1795. Sur l'influence des émigrés à Hambourg, voir Ph. RUDOLF, *Frankreich im Urteil der Hamburger Zeitschriften in den Jahren 1789 - 1810*, Hamburg, 1933, 4 - 16.

Reimarus que de nouvelles troupes sont levées dans le duché de Brême, et que la Prusse, qui vient de signer le traité de Bâle, s'apprête à rompre avec la Russie, tandis que cette dernière est sur le point de se joindre à l'Autriche et à l'Angleterre pour attaquer la Prusse. Il soupire: "Les pauvres peuples, qui sont ainsi obligés d'être le jouet des passions individuelles!"[221].

La presse de l'époque, qu'elle fût on non favorable à la Révolution, était remplie de lamentations sur les malheurs de la guerre[222]. Les considérations humanitaires avaient tout naturellement leur place dans l'expression de la lassitude générale. Mais certaines revues n'hésitaient pas à prendre ouvertement partie en faveur de la France révolutionnaire. Ce fut le cas, par exemple, de *Brutus*, pubié par Franz Theodor Biergans[223]. Citons aussi le *Neues graues Ungeheuer* de Rebmann[224], dans lequel les chefs militaires allemands étaient traités de "cannibales"[225], et la guerre contre la France qualifiée de "contraire à toute équité"[226].

Le thème de la guerre n'était pas réservé à la presse. En 1796, par exemple, paraissait un gros ouvrage anonyme qui traitait de *La guerre française de la liberté sur le Rhin supérieur, la Sarre et la Moselle en 1792, 1793 et 1794*[227]. L'auteur, tout en se défendant de prendre parti pour les jacobins, soulignait que les années 1792 - 1794 avaient donné le spectacle d' "une lutte dans laquelle les forces humaines avaient été tendues comme rarement auparavant, comme aucune époque n'en avait jamais vue"[228]. Faussement naïf, il se demandait si les Français avaient été vainqueurs parce qu'ils étaient poussés par un "intérêt général (que ce soit l'amour de la patrie ou de la liberté)", ou parce qu'ils avaient le nombre pour eux[229]. Il ne partageait pas les visées annexionnistes du Directoire, auxquelles il suppliait le "souverain du Reich" de s'opposer, mais il reconnaissait tout de même que l'Allemagne avait eu le tort de méconnaître un fait fondamental:

---

221 Knigge à Sophie Reimarus, 7 mai 1795, KAW, ms. à la Staatsbibliothek de Hambourg.

222 Il faudrait citer toute la presse du temps. Bornons-nous à mentionner le *Genius der Zeit* de Hennings, sur lequel nous nous appuierons pour décrire l'atmosphère à Brême au début de 1795.

223 F.TH. BIERGANS, (Hg), *Brutus oder der Tyrannenfeind, eine Zehntags-Schrift um Licht und Patriotism zu verbreiten*, Gedruckt unter dem Schutz der Freiheit und ohne Genehmigung der hohen Potentaten im 3ten [4ten] Jahre der einigen unzertheilbaren Republik, 1. Jg., 1. u. 2. St.: o. O.; 3, St. ff. u. 3. Jg.: Frei Köln, 1795–1796.

224 *Das neue graue Ungeheuer*, hg von einem Freund der Menschheit [= A.G.F. REBMANN], Upsala, à partir de 1796.

225 *Ibid.*, I, 2. St. (3. Ausgabe), 1797, 11.

226 *Ibid.*, 46.

227 [Anonyme], *Der französische Freiheitskrieg an dem Oberrhein, der Saar und der Mosel in den Jahren 1792 - 1793*, 2 Bde, Frankfurt a. M., 1796.

228 *Ibid.*, V.

229 *Ibid.*, VII.

> Les Français étaient attachés par-dessus tout et au-delà de tous les obstacles à la révolution de leur patrie, parce que des siècles d'oppression et de misère, et un siècle rempli du sentiment aigu de cette oppression et de cette misère les avaient préparés au projet hardi et gigantesque d'une révolution politique[230].

Ainsi, un auteur dont l'évolution avait été visiblement celle de la plupart des *Aufklärer*, le conduisant de l'admiration de 1789 à l'horreur de 1793, reconnaissait-il que la guerre qui opposait la France aux Etats européens n'était pas la guerre traditionnelle. Elle apparaissait comme légitime pour les Français (bien qu'ils fussent au fond les agresseurs, puisque c'étaient eux qui l'avaient déclarée), dès lors qu'elle avait pour objectif essentiel de défendre les conquêtes de la Révolution.

Knigge avait déjà posé la même thèse dans le *Noldmann*: si l'idée d'une "guerre d'agression" était à jamais rejetée[231], le nouvel Etat abyssinien avait maintenu le service militaire afin de pouvoir mobiliser immédiatement toutes les forces de la nation en cas d'invasion. Sa durée était de trois ans. En temps de paix, le jeune soldat était affecté à des travaux d'utilité générale. Après sa libération, il était soumis à des périodes annuelles de quinze jours. Knigge insiste sur le fait que l'armée est formée d' "hommes libres", et non de "mercenaires et d'étrangers", et qu'à cette condition, elle est "terrible"[232]. Les sous-officiers sont élus, les officiers nommés par l'Etat, et les commandants en chef désignés par l'Assemblée: c'était le système qui avait été aussi introduit en France.

Ainsi était posé le caractère essentiel qui différenciait la guerre opposant la France à l'Europe des guerres traditionnelles: ce n'étaient plus des intérêts dynastiques qui, du moins du côté français, étaient en cause, mais les conquêtes réalisées par l'exercice de la souveraineté populaire. Même si le qualificatif n'apparaissait nulle part, la guerre révolutionnaire était présentée comme une guerre "juste", et ceux qui la menaient étaient de ce fait invincibles.

Knigge, rassuré par l'issue favorable de son procès contre Zimmermann, crut que le moment était venu de peser une nouvelle fois sur les événements en en proposant une analyse rationnelle. Cette fois, ce n'est plus le problème de la "contagion" révolutionnaire en Allemagne qui va être au centre de sa réflexion, mais la question de savoir si une paix est possible entre la République et les Etats monarchiques.

B. *Considérations sur la fin prochaine [...] de la guerre pour l'Allemagne*

Au début de 1795, il publiait anonymement un petit ouvrage intitulé *Considérations sur la fin, prochaine si Dieu le veut, de la guerre pour l'Allemagne*[233]. Cet

---

230 *Ibid.*, VIII.
231 *Noldmann*, II, 260.
232 *Ibid.*, 262 sq.
233 [A. von KNIGGE], *Rückblicke auf den [...] nun bald geendigten Krieg.[...]*, op. cit.

opuscule se présente comme une sorte de rapport d'expert qui, après avoir résumé les arguments invoqués dans deux thèses contradictoires, formule une conclusion qui se veut équilibrée. Knigge souligne qu'il présente "preuves et principes" sous une forme volontairement resserrée afin d'atteindre un public que pourraient rebuter les gros ouvrages qui traitent de la guerre[234]. En fait, il a une fois de plus le souci de contribuer à une réflexion dont il espère qu'elle pourra peser sur l'événement, parce qu'elle se fonde sur la raison. C'est ce qui ressort d'une lettre de Sophie Reimarus: "Les vérités qui sont dites [dans cet ouvrage] pourraient, dans la mesure où elles sont irréfutables mêmes si elles sont amères, être un vigoureux remède prophylactique pour l'avenir"[235].

Plutôt que réellement objectif (il prend ouvertement parti pour la Révolution), Knigge se veut lucide et réaliste. Son texte contient quelques pointes contre ses vieux ennemis Schirach, Hoffmann et Zimmermann[236], mais on y chercherait en vain d'injurieuses dénonciations visant à exciter la haine de son lecteur contre ses adversaires de toujours. Le discours politique de Knigge ressortit au débat, non à la dénonciation

Dans *Wurmbrand*, il avait développé à partir des événements de France une réflexion sur le processus révolutionnaire en général, qui lui permettait de formuler des conclusions applicables à l'avenir de l'Allemaagne. Tirer de l'actualité des leçons permettant de diriger l'avenir est aussi la démarche qu'il adopte dans les *Considérations*. Mais cette fois, il ne s'agit pas de comprendre un événement qui s'inscrit dans le cycle de l'histoire, mais de prendre parti à propos d'une péripétie qui, elle, eût pu être évitée si l'événement historique qu'est la Révolution avait été compris.

Knigge se place tantôt au début de la Révolution, tantôt à la veille de la guerre, tantôt après la Terreur: il ne s'agit ici ni d'une négligence de composition, ni d'un jeu. Il veut simplement montrer que des erreurs ont été commises par les adversaires de la Révolution, que ces erreurs auraient pu être évitées, et qu'elles entraînaient nécessairement les événements postérieurs. Il reconstruit en quelque sorte le déroulement de la Révolution pour mieux le faire comprendre, mais aussi pour tenter de peser, encore une fois, sur l'attitude des princes à son égard. Il s'interroge sur la légitimité de la guerre contre-révolutionnaire et met en garde ceux qui refusent d'y mettre fin. En apparence, il veut répondre à deux questions: la guerre contre-révolution-

---

234 *Ibid.*, 66, note 1.
235 Sophie Reimarus à Knigge, 13 octobre 1795, in: KLENCKE, *op. cit.*, 146 sq.
236 Par exemple, *Rückblicke*, 92: "Gegen Einen Schriftsteller, der mit Kühnheit wider den Despotismus eifert, treten zehn Schreyer, Schirache, Hoffmänner, Zimmermänner u. d. gl."; 111 sq.: il les accuse, ainsi que Hoffstätter, de Vienne, et Göchhausen, de Gießen, de travestir la vérité. En réponse au *Wurmbrand*, Göchhausen avait publié une sorte d'"anti-Noldmann" sous le titre *Sultan Peter der Unaussprechliche und seine Veziere oder politisches A.BC. Büchlein zum Gebrauch der Königskinder von Habessinien*, 1794.

naire est-elle juste? Peut-elle être victorieuse? En réalité, il formule une conviction: la France révolutionnaire ne doit pas être vaincue.

Pour établir sa démonstration, il commence par expliquer que ceux qui parlent et écrivent sur la Révolution se divisent en deux partis: l'un cherche à mobiliser l'Europe contre une nation dont le peuple a entrepris une révolution; l'autre affirme que cette révolution est une affaire intérieure française, à laquelle il ne convient pas que se mêlent des Etats étrangers[237].

Cette façon de poser la question était en soi une prise de position: la France des Girondins n'avait-elle pas elle-même proclamé sa volonté de lancer l'idéal révolutionnaire à l'assaut des monarchies? Knigge, lui, interprète la guerre déclarée par la France uniquement comme une guerre défensive répondant aux menaces proférées dès 1791 par la Prusse et l'Autriche. Mais il se refuse à voir en elle une guerre de propagande révolutionnaire. Nous n'avons pas à examiner ici le bien-fondé de cette thèse. Nous devons seulement constater qu'elle s'inscrit dans une tactique, déjà présente le *Wurmbrand*, visant à faire porter aux monarchies la responsabilité de la violence, qu'il s'agisse de la Révolution ou de la guerre.

Il définit pour chaque parti en présence une thèse en 14 points dont chacun se présente comme une affirmation à laquelle est opposée une réfutation argumentée. Si nous regroupons ces points autour de quelques idées essentielles, nous pouvons dégager une nouvelle fois le *credo* politique de Knigge et constater qu'il s'inscrit très exactement dans la ligne développée par le *Wurmbrand*. Mais il est remarquable qu'en 1795, Knigge reste fidèle à ses convictions de 1792: ni la guerre, ni la Terreur ni la crainte de la censure hanovrienne ne l'ont amené à se renier, et cela est d'autant plus remarqable que Knigge restait le fonctionnaire modèle qu'il était devenu en 1790.

Knigge explique de nouveau que la Révolution était inévitable, qu'elle résulte d'un enchaînement de causes et d'effets[238], et qu'elle est également légitime. Les privilèges de la noblesse et du clergé[239] et les abus de toute sorte étaient devenus intolérables[240]. On ne peut reprocher aux Constituants d'avoir été des usurpateurs, alors que l'Histoire enseigne que la plupart des familles régnantes se sont établies à la suite d'une rébellion contre la dynastie précédente[241]. La Révolution n'est pas l'oeuvre de quelques factieux, sinon elle n'aurait pas été victorieuse[242].

Mais plus nettement encore que dans *Wurmbrand*, Knigge déclare que la violence est une réponse à la violence: c'est une "contre-pression" opposée à une "pression" intolérable[243]:

---

237 *Rückblicke*, 8.
238 *Ibid.*, 35 et 58.
239 *Ibid.*, 23.
240 *Ibid.*, 29.
241 *Ibid.*, 19.
242 *Ibid.*, 32.
243 *Ibid.*, 2 sqq.

> Lorsque la populace s'empare du glaive de la vengeance, il faut s'attendre au pire[244].

Mais les excès qui marquent tragiquement le cours de la Révolution ne sont que des conséquences, et non des causes. Knigge est l'un des rares écrivains en Allemagne qui ose proclamer que la Terreur, par laquelle, admet-il cependant, "une bande d'infâmes coquins a exercé envers la nation un despotisme qui dépassait en cruauté les brutalités commises par les tyrans précédents"[245], ne peut être identifiée à la Révolution elle-même:

> Des bouillonnements aussi terribles prouvent, certes, combien incertaine est l'issue de telles révolutions violentes, mais ils ne prouvent rien contre le droit des peuples à secouer le joug de l'esclavage[246].

Knigge pousse ici à l'extrême le caractère rationnel de son analyse, qui s'attache à distinguer les effets des causes. Pour lui, la Terreur ne saurait constituer le critère objectif à partir duquel doit être interprété un fait historiquement inévitable[247]. C'est en particulier cette attitude face au problème crucial de la Terreur qui a fait attribuer à Knigge le qualificatif de "jacobin".

Qu'il s'agisse de la Terreur légale, qui rendit la Révolution si terrible à ses ennemis, ou des massacres commis par la "populace", les responsabilités incombent toujours aux contre-révolutionnaires, à ceux "qui par de secrètes cabales, des intrigues et la corruption ont entretenu le feu de la discorde et se sont repus de cette infinie misère et ont avivé la soif de sang poussant les bandes meurtrières contre tant de malheureuses victimes à abattre"[248]. Knigge propose des images qui parlent d'elles-mêmes: la Terreur a fait moins de victimes que toutes les "guerres despotiques" qui ont ravagé l'Allemagne, la Turquie, la Pologne ou l'Amérique[249].

Et ce descendant d'une très ancienne famille aristocratique, *Oberhauptmann* hanovrien, ose écrire à propos de l'exécution de Louis XVI et de Marie-Antoinette:

> Ces têtes couronnées n'étaient, parmi les personnes qui furent victimes de la Révolution, ni les plus innocentes ni les plus punissables[250].

---

244 "Wenn der Pöbel das Rachschwert ergreift, ist das Aeusserste zu erwarten", *ibid.*, 68.
245 *Ibid.*, 51 sq., note.
246 *Ibid.*, 52, note.
247 *Ibid.*, 60.
248 *Ibid.*, 68 sq.
249 *Ibid.*, 60.
250 "Lasset uns darüber einig werden, dass jene gekrönte Häupter unter denen Personen, welche das Opfer der Revolution geworden, weder die unschuldigsten, noch die strafwürdigsten gewesen sind!", *ibid.*, 71.

Knigge frise ici le crime de lèse-majesté. Il ajoute que la Terreur a aussi puni d'authentiques coupables. Mais il répète également que, si elle a donné lieu à des excès, la faute ne peut reposer sur le peuple entier[251].

D'ailleurs, la Terreur ne saurait constituer un argument pour ceux qui, en 1795, refusent encore de reconnaître la République: "Ces bourreaux [...] ont pour la plupart déjà reçu le salaire de leurs actes." Insolemment, il ajoute, s'adressant aux princes: "Vous, il vous attend peut-être seulement au-delà de la tombe!"[252].

Pourtant, ces jugements, dont le caractère radical semble s'être accentué par rapport au *Wurmbrand*, ne doivent pas être interprétés comme un appel à la révolution en Allemagne. C'est, une fois de plus, aux princes que Knigge s'adresse: il utilise pratiquement à chaque page le pronom "Vous" (*Ihr, Euch*), comme s'il avait encore l'espoir d'être entendu. Comme, déjà, le *Wurmbrand*, les *Considérations* sont avant tout une tentative pour expliquer la Révolution, et faire comprendre à la fois ses causes et son caractère irréversible. Knigge veut remplir encore une fois cette fonction de médiation qui est selon lui celle de l'écrivain. Il lui consacre de nouveau un assez grand nombre de pages, il revient même à plusieurs reprises sur ce sujet qu'il considère comme central[253]: la Révolution étant, au fond, le résultat d'une évolution des mentalités et des idées[254], il revient aux écrivains et aux "publicistes" de la faire comprendre à ceux qui, alors, pourront l'éviter à l'Allemagne. Ces hommes, pour lui, ce sont les princes. L'engagement de Knigge est réel, mais il reste celui d'un intellectuel: agir, c'est d'abord expliquer. Et inversement: expliquer, c'est aussi agir.

Pour le présent, il voulait contribuer à convaincre les princes allemands de la nécessité de faire la paix. L'explication qu'il donne du processus révolutionnaire vise à présenter la guerre, déclarée par la France, comme un acte de "légitime défense" (*Notwehr*[255]). Proposer la paix est le meilleur moyen de savoir si les Français sont "avides de conquêtes"[256]. Knigge se prononce pour une paix de compromis: les Français devraient se retirer en-deçà de leurs frontières, mais les monarchies reconnaîtraient la République. Que les princes cessent aussi de protéger les émigrés, "qui ont quitté leur patrie pour y retourner les armes à la main" et constituent, à quelques exceptions près, selon lui "la lie de la société humaine"[257].

Au-delà de la nature objective de ces revendications, se révèle ici une prise de conscience fondamentale, que l'on retrouvera d'ailleurs chez beaucoup d'Allemands, favorables ou non à la Révolution française: la guerre contre-

---

251 "Die Sünde kann nicht auf dem ganzen Volke ruhen", *ibid*.
252 *Ibid*., 70.
253 *Ibid*., 33 sq.; 113 sqq.
254 *Ibid*., 34.
255 *Ibid*., 64.
256 *Ibid*., 66.
257 *Ibid*., 38 sq.

révolutionnaire est condamnée à l'échec parce que les Français se battent pour leur patrie et pour la liberté. A ceux qui affirment que les armées contre-révolutionnaires seront accueillies en France à bras ouverts, Knigge répond que les nombreux voyageurs qui ont parcouru la France révolutionnaire s'accordent à souligner la vigueur de l'élan national d'un peuple prêt à défendre chaque pied de son territoire[258]. Face à eux, les coalisés, que n'unissent que des intérêts, sont désunis[259].

Il est clair que pour Knigge, les Français luttent pour défendre l'intégrité de leur territoire national. Mais il comprend aussi qu'il y a davantage en jeu: cette guerre est, dit-il, une "guerre d'opinions" (*ein Meinungskrieg*[260]) – on dirait aujourd'hui une "guerre idéologique. C'est ce qui lui donne son caractère terrible. Elle est l'affaire de la nation entière, elle fait des Français des "héros"[261], comme l'avaient été leurs aînés américains quinze ans plus tôt. Les Français ne défendent pas seulement leur territoire, ils défendent aussi les conquêtes de la Révolution.

Or ces conquêtes appartiennent à l'humanité entière. Elles se résument par des mots simples: "droits de l'homme", "contrat social"[262]. Knigge ne va pas jusqu'à *souhaiter* la défaite des armées coalisées. Mais il la considère comme inscrite dans l'histoire, parce que leur cause est mauvaise, qu'elle va dans un sens contraire au "mouvement général de la culture". C'est bien là le sens profond de son ouvrage: une défaite des armées révolutionnaires signifierait un retour en arrière, une régression de l'Histoire.

Pas un instant, Knigge ne perçoit le passage de la guerre de libération à la guerre de conquête. Il est vrai que c'est surtout à partir de 1796 que la politique étrangère du Directoire donne au conflit entre la France et l'Europe une orientation nouvelle, liée pour une part au triomphe en France d'intérêts nouveaux. Knigge mourra avant d'avoir eu conscience de cette évolution. La guerre qu'il voit, c'est celle qui oppose une nation décidée à sauver à la fois son sol et son idéal à une coalition d'intérêts parfois contradictoires, que n'unit que leur haine commune envers un peuple qui a chassé ses maîtres séculaires. Jamais Knigge ne songe à peser les raisons, pourtant elles aussi contradictoires, qui ont pu amener l'Assemblée Législative à se lancer dans cette entreprise qui devait amener sa chute. Il réduit le problème de la guerre à un aspect simple, mais essentiel: la lutte qui oppose l'idéal des droits de l'homme à l'absolutisme.

Et il s'engage sans équivoque dans le camp de ceux qui représentent les droits de l'homme. Les "Francs régénérés" (*Neufranken*) portent, pense-t-il, l'espérance de l'humanité[263]. La Révolution a pris depuis la fin de 1794 un

---

258 *Ibid.*, 41 et 44.
259 *Ibid.*, 54 et 57.
260 *Ibid.*, 61.
261 *Ibid.*, 52.
262 *Ibid.*, 27 sqq.
263 *Ibid.*, 94.

cours plus calme. Des perspectives de paix se dessinent. Knigge, toujours porteur de l'optimisme de l'*Aufklärung*, peut espérer que les princes, éclairés par les écrivains lucides, mais aussi rendus prudents par la peur suscitée par la Révolution et la guerre, se montreront disposés à engager le processus d'une "révolution par en haut" à laquelle il reste malgré tout profondément attaché[264].

Une autre interprétation est-elle permise, alors qu'il n'entretient aucun lien avec ceux qui, à Mayence ou en Wurtemberg par exemple, essaient de traduire dans la réalité leur engagement aux côtés de la France? qu'il ne participe à aucune conspiration, ne diffuse aucun tract, n'est lié à aucun cercle en dehors de celui des Reimarus? et que, surtout, il méprise tant la "populace", sans laquelle aucune action efficace n'est envisageable?

Knigge reste un intellectuel. Son arme, c'est une plume au service de la raison. Les canaux dont il se servait, le livre ou la presse, avaient par définition une audience restreinte qui en limitait la portée. Il le savait, et c'était ce qu'il voulait. Pourtant, l'expérience allait lui démontrer définitivement que les princes ne croyaient pas à la raison, mais seulement à la force.

C. L'exil de Knigge à Stade

Le 23 février 1795, Knigge écrivait de Brême à Sophie Reimarus:

> Le nombre des étrangers qui cherchent refuge ici s'accroît à l'excès; le coût de la vie augmente et nous commençons à craindre une visite des Français. Que cela soit! Je ne bouge pas; où voudrait-on que je fuie? Mais ce serait un coup dur. Dieu veuille accorder la paix!"[265].

L'emploi de l'expression "nous commençons à craindre..." est-elle ironique et se rapporte-telle uniquement aux autorités et aux bourgeois de la ville? Ou Knigge se range-t-il aussi parmi ceux que la perspective d'une occupation de Brême par les troupes de Pichegru effraie? Le "coup dur" serait-il provoqué par l'irruption des principes révolutionnaires dans la Ville libre, ou par la perspective de combats entraînés par une éventuelle resistance des armées coalisées?

La situation à Brême n'était pas très claire. Le 24 février, la Régence sollicita du Magistrat de la Ville libre un droit de passage pour ses troupes, qui lui fut accordé à condition que seul l'état-major hanovrien fût logé dans les auberges situées *intra muros*, tandis que le gros de l'armée et le train des équipages prendraient quartier dans les villages environnants[266]. Le général Freytag réclama que 60 officiers et 2 700 soldats fussent autorisés à prendre un jour de

---

264 Il note que des changements d'institutions "ont un résultat plus heureux lorsqu'ils sont opérés d'en haut" ("wenn sie von oben herab geschehen, besser ausfallen"), *ibid.*, 22.
265 Knigge à Sophie Reimarus, 23 février 1795, KAW, ms. Staatsbibliothek de Hambourg.
266 Le détail de ces tractations est relaté dans le *Genius der Zeit*, 5/1796, 181 - 203.

569

repos dans la ville même. Le Magistrat accepta la présence de deux bataillons, mais les Hanovrien exigèrent d'envoyer deux régiments. A l'objection des autorités de la Ville libre qui firent valoir qu'elles ne dépendaient que de l'Empereur, il fut répondu sèchement: "Ceci est une raison de guerre"[267]. Le Magistrat dut céder. Le 28 février, le général Freytag exigea alors l'occupation de la ville par ses troupes et la remise des clefs de deux de ses portes. Le 9 mars, l'armée hanovrienne entrait à Brême, chassait les soldats brêmois des remparts et des postes de garde, occupait les fortins extérieurs et retirait à la Ville libre la disposition de ses clefs.

Les Anglais, à leur tour, imposèrent à la ville l'hébergement de leurs blessés et menacèrent de représailles, en cas de résistance, les familles des Conseillers. Trois mille soldats anglais vinrent s'ajouter aux soldats hanovriens. En même temps, la ville était envahie par une cohue d'émigrés français qui "se permirent des excès trop révoltants pour être racontés"[268].

Ce qui mécontenta le plus les habitants de la Ville libre fut l'intention manifestée par les gouvernements prussien et hanovrien de fortifier Brême et de se faire remettre tout l'armement et les munitions qui y étaient entreposés. Entre février et avril 1795, la Régence envoya de nouvelles troupes occuper la ville.

C'était un véritable coup de force, perpétré par ceux mêmes qui prétendaient défendre la liberté du Saint-Empire. La population, traité quasiment en ennemie, fut indignée. Au danger d'épidémie s'ajoutaient les réquisitions en argent et en fourrage, les risques d'incendie entraînés par une concentration énorme de poudre, de paille et de foin. Les autorités protestèrent auprès de la Régence, mais aussi des cours de Prusse, de Brunswick et d'Angleterre. En vain.

C'est dans ce contexte que se situe le "voyage" que Knigge dut, sur l'ordre de ses supérieurs, effectuer à Stade en mars 1795[269].

Dès le 7 février, la Régence avait invité le Gouvernement de Stade à éloigner Knigge de Brême, où sa présence était jugée indésirable. Mais il fallait trouver un prétexte, "car ce n'est pas chose facile que de choisir pour un homme de son rang et de son caractère des missions dont on ne doit pas lui laisser entrevoir le véritable mobile"[270]. Les autorités de Stade décidèrent de le convoquer afin de lui donner des instructions concernant le prochain séjour

---

[267] "Dies ist eine raison de guerre", *ibid.*, 182.
[268] *Ibid.*, 189.
[269] Gödeke ignore purement et simplement l'incident. Les premiers documents, tronqués, qui le relatent, se trouvent dans KLENCKE, *op. cit.*, 293 - 306. Mais l'affaire est exposée avec tous ses arrière-plans, par G. STEINER, *Neues vom alten Knigge. Freiherr von Knigge in der Verbannung. Authentisches Material über einen Vorgang zur Zeit der Französischen Revolution*, in: *Marginalien*, H. 58, Berlin/DDR, 1975, 40 - 56, d'après les archives d'Etat de Basse-Saxe, dépôt central (Hanovre), cote Hann. 9 f. nr 22.
[270] La Régence au Gouvernement de Stade, cité par STEINER, *ibid.*, 42.

de la future princesse de Galles en Hanovre[271]. En réalité, elles avaient l'intention de le retenir pour un temps indéterminé.

Knigge ne fut pas dupe. Il se rendit à Stade, car il ne pouvait évidemment faire autrement. Mais le 11 mars, il écrivit à ses supérieurs que sa santé ne lui permettait pas de quitter le lit plus de trois heures par jour (ce qui était exact) et qu'il serait un bien piètre courtisan. Le trajet de Brême à Stade, en ce pluvieux mois de mars, l'avait encore affaibli. Il toussait. Les soins d'un médecin inconnu étaient inefficaces. Mais il ajoutait aussi qu'il était au courant de "maint bavardage et de mainte supposition concernant (son) éloignement de Brême", et il demandait, respectueusement mais fermement, des éclaircissements sur le véritable objet de son séjour[272].

Entre temps, le Gouvernement de Stade avait reçu de Hanovre l'ordre de trouver un autre prétexte à la convocation de Knigge. En effet, la princesse venait d'être gravement insultée à Hanovre par Grossmann, l'ami de Knigge, qui avait, lors d'une représentation théâtrale, comparé son futur beau-père à un âne qui porte au moulin un froment dont on fait un mauvais pain[273]. Grossmann avait été jeté en prison. La Régence dut frémir à l'idée de faire accompagner la princesse par l'ami d'un aussi mauvais sujet!

Knigge reçut de nouvelles instructions: cette fois, il avait à se rendre à Hambourg, afin de régler des affaires concernant le chapitre de la Cathédrale, sur laquel la Régence de Hanovre exerçait également un droit de regard[274]. Il adressa aussitôt à ses supérieurs une deuxième lettre, dans laquelle il protestait de sa soumission, tout en faisant valoir une nouvelle fois sa situation matérielle. Mais il indiquait aussi très nettement qu'il avait percé à jour le motif de ce qui lui apparaissait maintenant, à juste titre, comme un exil. Il insistait sur les "rumeurs les plus infamantes" qui circulaient à son sujet, et qui laissaient même entendre qu'il avait été "arrêté pour avoir entretenu une correspondance interdite"[275].

La police hanovrienne avait en effet saisi chez Grossmann les lettres que Knigge lui adressait, et dans lesquelles il disait ouvertement ce qu'il pensait des princes[276]. Knigge émettait crûment l'hypothèse que son éloignement de

---

271 Caroline de Brunswick, fiancée au futur Georges IV, devait se rendre de Brunswick à Cuxhaven, afin de s'embarquer pour l'Angleterre, où les noces devaient être célébrées en avril.

272 Knigge au Gouvernement de Stade, 11 mars 1795, texte intégral in: STEINER, *art. cit.*, 42 sq.

273 L'incident est raconté en détail par STEINER, *Jakobinerschauspiel...*, *op. cit.*, 123 - 127.

274 Lettre du Gouvernement de Stade à Knigge, 13 mars 1795, in: KLENCKE, *op. cit.*, 296 sq.

275 STEINER, *Neues vom alten Knigge*, *art. cit.*, 45 sq.

276 Le 19 juillet 1795, Knigge adresse à Grossmann une lettre dont le ton très sec tranche avec l'amitié qu'il lui portait depuis si longtemps. Il nie avoir eu des "difficultés" (*Verdriesslichkeiten*) avec la Régence, et déclare que tous ceux qui, dans la presse, l'ont soutenu, ont attiré l'atention sur lui d'une façon inopportune

Brême était lié "à ce qui se passe actuellement là-bas". De fait, la Régence avait bien indiqué aux fonctionnaires de Stade que Knigge devait absolument être tenu dans l'ignorance des "préparatifs de défense" entrepris par le Hanovre et n'avoir aucun contact avec l'armée[277]. Il est en réalité plus que probable que Freytag avait enfin réussi à obtenir de la Régence une mesure contre Knigge. La suite de sa mésaventure devait en apporter à ce dernier la preuve.

Knigge n'était pas décidé à accepter son sort sans protester. Le 16 mars, il recevait du Conseiller von Ende l'avis qu'il était dispensé d'aller à Hambourg. On lui allouait en outre 100 thalers de "dédommagement". Mais il n'était pas autorisé à rentrer à Brême. Le 20 mars, il adressa une lettre à la Régence elle-même. Il rappelait qu'il avait toujours scrupuleusement rempli les devoirs de sa charge et ne pouvait accepter de voir "diffamer (son) nom honorable" (*[seinen] ehrlichen Namen verlästern*). Déjà, les journaux hanovriens répandaient le bruit de son "arrestation". Il répète qu'il a compris qu'on tenait à l'éloigner de Brême. Se souvenant de l'issue heureuse de son procès contre Zimmermann, qui venait de se terminer, il invite la Régence à lui faire son procès, "ce qui n'est même pas refusé au plus coupable des criminels". Il ne recule pas devant la menace: s'il a été dénoncé, qu'on fasse une enquête, et que les calomniateurs soient punis, "à quelque état qu'ils appartiennent" (*welches Standes sie auch seyn mögten*)[278]. Mais si la Régence n'a rien à lui reprocher, qu'elle l'autorise à retourner à Brême. La veille, sa femme avait adressé, de Brême, une lettre aux Conseillers hanovriens, dans laquelle elle soulignait la loyauté de son mari, l'affection dont il jouissait auprès de ses amis comme de ses subordonnés, son mauvais état de santé, bref tout ce qui pouvait émouvoir les supérieurs de Knigge. Mais elle niait aussi que son mari eût entretenu une correspondance interdite, et affirmait que le bruit de son arrestation entachait son nom de déshonneur et nuisait à la considération dont il était honoré "dans son service", ce qui était "une punition plus grave que s'il avait vraiment commis des crimes"[279].

Le 25 mars, Knigge rédigea une nouvelle lettre. Aux arguments précédents, il en ajoutait de nouveaux: Pâques approchait, et il devait effectuer des règlements et percevoir de l'argent (sans doute au nom de la Régence); les "hordes ennemies" approchaient de Brême, et tandis qu'à Hanovre les riches se préparent à fuir, les siens seront privés à Brême de son soutien. D'ailleurs, fait-il remarquer, il a en tant que haut fonctionnaire le droit de refuser des missions qui ne rentrent pas dans le cadre de ses obligations strictes. Il souligne enfin que sa requête s'appuie "sur la justice, l'équité et les règlements qui régissent (sa) fonction". Il assigne, de lui-même, une fin à son séjour: le 30

(Knigge à Grossmann, 19 juillet 1795, KAW, ms. à la Bibliothèque Universitaire de Leipzig).
277 STEINER, *art. cit.*, 46.
278 Knigge à la Régence, 20 mars 1795, cité par STEINER, *ibid.*, 49 sq.
279 Henriette Knigge au ministère à Hanovre, 19 mars 1795, *ibid.*, 50 sq.

mars[280] – et invite ses supérieurs à le renvoyer à Brême pour cette date. Ceux-ci, après avoir reçu l'avis d'un médecin qui attesta que Knigge ne pouvait rester plus lontemps à Stade sans dommages pour sa santé, intervinrent auprès de la Régence, tandis que Knigge les avisait le 29 mars que ses malles étaient prêtes et qu'il partirait le lendemain[281]. Ce qu'il fit: le 30, il était de retour à Brême. La Régence n'avait rien fait pour le retenir à Stade.

Mais le 16 avril, il recevait la visite du lieutenant-général Du Plat, adjoint de Freytag, qui lui fit savoir qu'on attendait de lui la plus parfaite réserve quant aux événements en cours. Il était menacé d'un nouvel exil au cas où il contribuerait à fomenter des troubles à Brême. L'instruction de Du Plat était signée de Freytag. Knigge répondit qu'il n'avait pas d'ordre à recevoir de Freytag, mais qu'il n'était pas non plus un fauteur de troubles[282].

Ce qui frappe dans cette affaire, c'est d'abord que Knigge représentait un symbole aussi bien pour les adversaires de la Révolution que pour ses partisans. Les premiers le jugeaient assez dangereux pour l'éloigner d'une ville qui risquait d'être en proie à l'effervescence et dont une partie de la population, indignée par le traitement que lui faisait subir l'armée anglo-hanovrienne, risquait d'accueillir avec sympathie les troupes françaises si celles-ci se présentaient. Les seconds faisaient de Knigge un martyr de l'absolutisme. Le bruit de son "arrestation" s'était répandu dans toute l'Allemagne, et même à l'étranger. Le 5 mai 1795, le *Moniteur Universel* publiait l'information suivante:

> L'armée anglaise s'est établie de vive force à Brême [...]. Les gueux anglais [...] exercent sur les habitants de cette ville les actes du despotisme le plus révoltant. Voici un fait qui caractérise leur vandalisme. Le baron de Knigge, demeurant à Brême, homme célèbre par ses talents, philosophe, dont les écrits recherchés du public, respirent l'amour de la liberté, de la justice et la haine des tyrans, a été arrêté par les Anglais. Ils l'ont contre tout droit des gens, fait saisir, mettre aux fers, et transférer dans les prisons d'Hannovre. L'attachement éláiré et vraiment philosophique que le baron de Knigge a montré pour les principes de la révolution Française cause sa ruine[283].

Cette information était fausse dans tous ses détails: Knigge n'avait été ni "mis aux fers" ni "transféré dans les prisons d'Hannovre". Il n'y avait même

---

280 Knigge au Gouvernement de Stade, le 25 mars 1795, *ibid.*, 52 sq.
281 Knigge au Gouvernement de Stade, le 29 mars 1795, *ibid.*, 54.
282 Voir un billet écrit par Knigge le 16 avril 1795, in: KLENCKE, *op. cit.*, 305.
283 Cité par FETSCHER, *Nachwort* à la réd. du *Schaafskopf*, 1965, 101 sq. Fetscher ajoute: "Die Haft währte freilich nicht lange...". En fait, Knigge n'avait jamais été mis en état d'arrestation. Il est vrai cependant que les actes contenant les pièces relatives à cette affaire aux Archives de Hanovre sont regroupées dans un carton portant la suscription: "Französischer Krieg – Staats-Gefangene" (ce qui indique que Knigge était bien considéré comme tel), mais elle est suivie de l'indication: "Die nöthig gefundene einstweilige Entfernung des Oberhauptmanns von Knigge aus Bremen betreffend". En somme, l'expression qui convient est celle d' "exil temporaire".

pas eu "arrestation", et les Anglais n'avaient, apparemment du moins, rien à voir avec cette affaire. Mais le rédacteur du *Moniteur* avait raison de rapprocher la mésaventure de Knigge de l'occupation de Brême par les troupes anglo-hanovriennes: l'exemple de Mayence hantait certainement les mémoires monarchistes.

Pourtant, ces articles mirent Knigge hors de lui, comme le confirme une lettre qu'il écrivit à Nicolai le 13 juin[284]. En effet, il craignait que ses supérieurs n'en prissent ombrage. Il demande à Sophie Reimarus d'intervenir auprès d'un de ses amis pour qu'il fasse publier des démentis dans des journaux rhénans. Le 12 mai, Sophie Reimarus lui répond que ce sera fait, et que d'autres démentis paraîtront dans un journal berlinois[285]. Le 14 mai, Knigge demande le même service à Nicolai[286].

Cette insistance à vouloir faire savoir qu'il n'a pas été arrêté, qu'il accompagne de remarques soulignant le bien que l'on pense de lui en haut lieu, pose un problème d'interprétation. Elle est pour une part tactique, mais pas autant, peut-être, qu'on pourrait être tenté de le penser. Knigge n'est certes pas parfaitement sincère lorsqu'il affirme qu'il n'entretenait aucune "correspondance secrète": ses lettres à Grossmann ou à Sophie Reimarus ne sont pas neutres politiquement.

Mais il est vrai aussi qu'à Brême, il n'a pas essayé de provoquer des troubles ni de fomenter un soulèvement contre son prince territorial. Son combat se situait sur le plan des idées, et jamais il n'avait jusqu'alors fait autre chose que d'expliquer, inlassablement, le sens de l'événement historique dont il percevait la grandeur.

Cela dit, on doit se demander si Knigge n'est pas parfois pourvu d'une sorte de "double conscience". Sa réaction à l'idée qu'on pourrait croire qu'il a été arrêté et incarcéré est bien celle d'un aristocrate soucieux de préserver l'honneur du nom qu'il porte. Jamais il ne s'est soustrait aux obligations impliquées par son statut social. Pourquoi aurait-il été fier de passer pour un rebelle qui avait fait de la prison, alors qu'à Brême, il était en quelque sorte, et avec quelle fierté!, l'Etat hanovrien.

Tactique? Trait de personnalité dont il ne peut se défaire? Ou bien, plus simplement, une sorte de louvoiement, mais sincère absolument, destiné à lui frayer un chemin entre les écueils de la rébellion ouverte et du comportement soumis du courtisan? Ses lettres à ses supérieurs ne maquent pas d'un certain courage – et il finit même par rentrer à Brême sans en avoir reçu l'autorisation formelle. Mais il faut bien constater aussi qu'on ne l'a, effectivement, pas arrêté, et qu'on l'a laissé partir. Dangereux, Knigge? La Régence le considérait certainement comme tel. Mais elle était peut-être trop indolente pour se

---

[284] Knigge à Nicolai, 13 juin 1795, ms. au Nachlass Nicolai à Berlin. Knigge évoque l'article du *Moniteur* et un article du *Neues Graues Ungeheuer*. Celui-ci rectifiera d'ailleurs l'information (voir 2. Aufl., 1797, 3. St., 80 - 84).
[285] Sophie Reimarus à Knigge, 12 mai 1795, in: KLENCKE, *op. cit.*, 137 sq.
[286] Knigge à Nicolai, 14 mai 1795, KAW, ms. Nicolai Nachlass à Berlin.

défendre vraiment? A moins, ce qui est plus probable, que Knigge n'y comptât, aussi quelques amis influents.

Pourtant, l'incident de Stade lui fit comprendre qu'il était inutile d'espérer convaincre les princes de modifier leur attitude. S'il voulait agir, il lui fallait trouver de nouvelles formes d'action. Il se souvint alors qu'il avait cru un temps à l'efficacité des sociétés secrètes. Rejetant le secret, devait-il aussi rejeter les possiblilités offertes par la création de "sociétés"? Dans les quelques mois qui lui restent à vivre, il allait tenter une synthèse originale entre l'engagement maçonnique et l'engagement public.

4. A la recherche de nouvelles formes d'action

Le 5 avril 1795, Knigge écrivait à un correspondant qui n'a pu malheureusement être indentifié: "Je ne jette plus rien sur le papier qui puisse intéresser d'authentiques lecteurs". Des mesures ont été prises par les autorités électorales pour renforcer la censure, et Knigge pense qu' "il est prudent, dans les temps actuels, de ne rien faire du tout qui contrevienne à une loi qu'à d'autres époques on observe avec moins de rigueur"[287].

Qu'aurait-il d'ailleurs à dire qu'il n'ait déjà cent fois répété? Et à qui pourrait-il maintenant s'adresser? Certainement pas aux princes: le traitement qu'ils viennent de lui faire subir montre qu'il est vain de faire appel à leur raison. Ils ne veulent pas comprendre la signification profonde des événements qu'ils vivent, et s'obstinent à croire que le passé peut être restauré. Sophie Reimarus, après avoir constaté que les *Considérations* contiennent des vérités qui pourraient servir de "remède prophylactique" pour l'avenir, ajoute d'une plume désabusée: "[...] s'il n' y avait pas des maladies princières incurables, de même qu'il y a des ivrognes qui ne redeviennent jamais sobres"[288].

De retour à Brême, Knigge est désemparé. Comment agir? Ses écrits politiques ont puissamment contribué à lancer en Allemagne le débat sur la Révolution. Mais ce débat, il le sait maintenant, ne débouchera pas sur un changement des institutions, parce que ceux qui auraient le pouvoir d'engager sans violence le processus de réformes se refusent à comprendre qu'elles sont nécessaires.

La franc-maçonnerie? Les sociétés secrètes n'ont pas su transmettre le message de sa "nouvelle religion". Et puis, elles sont l'objet d'une telle surveillance de la part des autorités monarchiques, la campagne qui se déchaîne contre elles dans la presse est si violente, son nom est si souvent prononcé par ceux qui voient dans l'illuminisme la cause de la Révolution,

---

287 Knigge à un inconnu, 5 avril 1795, KAW, ms. Bibliothèque Universitaire de Brême. Sophie Reimarus recommande à Knigge d'être prudent dans ses lettres, à cause des "mouchards" (*Schnüffler*), Sophie Reimarus à Knigge, 2 avril 1795, in: KLENCKE, *op. cit.*, 133.

288 Sophie Reimarus à Knigge, 13 octobre 1795, *ibid.*, p. 147.

qu'il ne peut, lui, le démocrate à la fois réaliste et prudent, se permettre de renouer trop étroitement avec ses anciens amis.

D'ailleurs, aurait-il été suivi? On peut en douter. Déjà avant 1789 (en fait depuis les persécutions engagées en Bavière contre les Illuminés), la presse même "éclairée" ne cessait de mettre en garde, et parfois depuis longtemps, ses lecteurs contre ce type d'action. C'est ainsi qu'une série d'articles de la *Berlinische Monatsschrift*, tout en condamnant la procédure engagée par les autorités bavaroises, dangereuse pour la "liberté de lecture", expriment les plus fortes réticences devant toute entreprise couverte par le secret[289]. Le *Braunschweigisches Journal* de Campe publie en 1788 un long article anonyme, *Quelques pensées sur l'influence des sociétés secrètes sur le bien de l'Humanité*, qui reprend toutes les objections que Knigge, à la même époque, soulevait contre l'action secrète: les objectifs poursuivis sont, certes, respectables, mais le secret rend possible la menée d'entreprises parallèles dirigées contre les Lumières; il rend possible le despotisme des "supérieurs inconnus"; les cérémonies de l'initiation ressemblent trop à des pratiques magiques; le secret permet que se glissent auprès des princes des personnages dont nul n'est en mesure de contrôler le pouvoir occulte. L'auteur concluait que celui qui voulait servir les Lumières devait le faire au grand jour.

Mais en même temps, il formulait une idée que Knigge, à la fin de 1795, allait reprendre à son compte: il proposait de rassembler les anciens membres des sociétés secrètes en une "société publique" qui utiliserait l'arme que constituait la "publicité" (*Publicität*) pour faire progresser la cause de l'*Aufklärung*[290].

Ce type d'action, qui tente de concilier une tâche d'éducation politique avec la nécessité de trouver des structures efficaces de diffusion, apparaît à Knigge comme le seul possible dès lors qu'il a une fois pour toutes renoncé à la violence, mais reste décidé à lutter de toutes ses forces pour faire entrer dans les consciences allemandes l'idéal de 1789. Dès lors aussi que la franc-maçonnerie, rompant définitivement avec l'idéal d'émancipation politique, s'était mise au service des monarchies.

A. La franc-maçonnerie allemande au service des monarchies

Après l'échec de l'Union allemande en 1791, Knigge n'a pas cherché à s'engager aux côté des quelques hommes qui essayèrent, sous une forme ou sous une autre, de faire revivre l'Illuminisme. Une de ces tentatives mérite d'être brièvement évoquée ici, car elle se situe à une charnière de l'évolution politique de la maçonnerie allemande.

---

289 *Berlinische Monatsschrift*, V - VI, 1785, en particulier: *Beitrag zur Geschichte der Illuminaten und der Lesefreiheit in Bayern*, VI, 1785, 555 - 561. Voir aussi le *Graues Ungeheuer* à partir de 1785.

290 [Anonyme], *Einige Gedanken über den Einfluss geheimer Gesellschaften auf das Wohl der Menschheit*, von einem Ungeweihten, in: *Braunschweigisches Journal*, 1788, I, 4. St., 428 - 449, ici 448 sq.

En 1791, Joseph Zerboni, assesseur à la Chambre de guerre prussienne, et originaire de la ville silésienne de Glogau, fondait avec deux amis, le lieutenant von Leipziger et le négociant Christian Jakob Contessa, une association secrète à laquelle ils donnèrent le nom d'Alliance des Evergètes (*Bund der Evergeten*)[291].

En avril 1792, l'Ordre comptait huit membres. L'intention de Zerboni était de rassembler l'élite des milieux maçonniques à l'intérieur d'un grade supérieur, dans lequel, "par la diffusion d'une morale pure et libre de tout mysticisme et d'une religion qui serait fondée sur elle, on travaillerait à faire obstacle aux intentions pernicieuses des ennemis de la raison"[292]. Cet objectif rappelle singulièrement celui que poursuivait l'Union allemande, tandis que plusieurs éléments de la structure de l'Ordre évoquent les Illuminés: principe de l'obéissance absolue aux Supérieurs; pratique du rapport mensuel remis par chaque membre; remise tous les trimestres d'une dissertation sur le sujet auquel l'Evergète avait déclaré vouloir se consacrer plus spécialement; et aussi espionnage de ceux qu'on voulait recruter. Comme les Illuminés, les Evergètes devaient choisir un pseudonyme emprunté à l'antiquité grecque ou latine.

L'Alliance des Evergètes, faute de membres, n'eut qu'une vie végétative, qui se traîna jusqu'en octobre 1796. Zerboni fut arrêté et jeté prison, puis relâché par Frédéric-Guillaume III. L'histoire exacte de cette association n'est pas encore très bien connue, et il n'existe à notre connaissance aucune étude moderne sur elle. Elle n'est sans doute pas le seul témoignage d'une survivance de l'Illuminisme en Allemagne à l'époque de la Révolution française. Mais elle nous intéresse particulièrement parce que l'un des rares membres qu'elle compta devait bientôt la quitter pour suivre une voie radicalement opposée aux objectifs qu'elle poursuivait: il s'agit d'Ignaz Fessler.

Ancien capucin originaire de l'ouest de la Hongrie, Fessler s'établit à Vienne en 1781[293]. Il adhéra aux idées de l'*Aufklärung* et soutint la politique libérale de Joseph II en matière religieuse. Il essaya de dénoncer les abus de la vie monastique, notamment la répression des manquements à la discipline. Il soumit à l'Empereur un projet de réforme des institutions ecclésiastiques dans lequel il réclamait que les prêtres fussent protégés par l'Etat contre les persécutions engagées contre eux par l'autorité ecclésiastique. Il était également partisan du mariage des prêtres, de la tolérance entre les différentes confessions chrétiennes et du libre examen des dogmes. Suspendu par l'archevêque de Vienne, il révéla l'existence de "cachots conventuels" (*Klo-*

---

291 Sur les Evergètes, voir *Allg. Handb. d. Freimaurerei*, art. *Evergeten*, I, 269 sq.; LENNHOFF-POSNER, *op. cit.*, art. *Euergeten*, Sp. 452 sq.
292 Cités in: *Allg. Handb. d. Freimaurerei*, I, 269.
293 Sur Ignaz Aurelius FESSLER (1756 - 1839), voir *Allg. Handb. d. Freimaurerei*, art. *Fessler*, I, 277 - 282; LENNHOFF-POSNER, *op. cit.*, art. *Fessler*, Sp. 453 sqq; F. BARTON, *Jesuiten, Jansenisten, Josephiner. Eine Fallstudie zur frühen Toleranzzeit: Der Fall Innocentiu Fessler*, Wien/Köln/Graz, 1978.

stergefängnisse), thème qui fut abondamment repris par la littérature du temps[294]. Ceux-ci furent supprimés. Nommé par Joseph II professeur de langues orientales et d'exégèse à l'Université de Lemberg., il fut autorisé par le Supérieur des capucins à quitter l'Ordre. En 1783, il devint franc-maçon et se consacra à la lutte contre l'influence des anciens jésuites. Craignant pour sa vie, il s'enfuit à Breslau et devint le précepteur des enfants du prince de Carolath. Il se fit luthérien.

En 1791, il accepta d'élaborer des statuts pour l'Alliance des Evergètes. Mais il s'éloigna rapidement de la société, dont il ne partageait pas l'intérêt pour les questions politiques. En 1796, il fut affilié à la loge berlinoise Royal York et entreprit de la réformer. Les rituels et la constitution qu'il élabora, qui permirent à Royal York de s'ériger en Grande Loge, reposent sur l'idée que la franc-maçonnerie a pour objectif l'éducation de la raison et de la moralité. Le système de Fessler rejetait les hauts grades. Fessler réussit à obtenir la protection de Frédéric-Guillaume II. Lorsque le successeur de celui-ci interdit les sociétés secrètes par l'édit de 1798, Royal York fut, avec la mère-loge Les Trois Globes et la Grande Loge Nationale, exemptée de cette mesure. L'édit de 1798 eut pour conséquence d'assurer le monopole maçonnique de ces trois loges et de mettre la maçonnerie prussienne, puis allemande, au service des Hohenzollern jusqu'en 1918. C'est Fessler qui fit admettre Fichte dans la loge Royal York en 1800. Mais deux ans plus tard, les deux hommes étaient complètement brouillés. Fessler dut quitter Royal York. Appelé à occuper une chaire de langues orientales et de philosophie à Saint-Pétersbourg, il fut l'un de ceux à qui la franc-maçonnerie dut sa reconnaissance officielle par les autorités tsaristes.

Ainsi, avec Fessler, la franc-maçonnerie allemande s'engageait dans la voie de la restauration. Alors que d'anciens Illuminés, comme Montgelas ou Hardenberg, mettaient leurs talents au service de leur monarque respectif, d'anciens *Aufklärer* comme Fessler travaillaient à intégrer la maçonnerie dans l'Etat monarchique autoritaire. C'est là un des phénomènes importants qui accompagnent, au lendemain de la Révolution française, l'entrée de l'Allemagne dans l'ère moderne. Fessler fournit un témoignage de cette évolution.

Néanmoins, l'importance de Fessler est purement individuelle. Ce n'est pas lui qui donna à la franc-maçonnerie allemande le visage qu'elle devait garder jusqu'en 1933, mais l'ami de Knigge, l'acteur hambourgeois Friedrich Ludwig Schröder.

Le Convent de Wilhelmsbad semblait devoir marquer la fin de la franc-maçonnerie allemande. Si le système des Chevaliers Bienfaisants put prendre facilement pied en France, il ne put, malgré quelques succès initiaux, s'imposer ni en Allemagne ni en Suisse. L'une des raisons qui expliquent cette faiblesse est le retour qui s'opéra, en particulier après la débâcle de l'Ordre des

---

294 Notamment par Knigge, *Roman meines Lebens* et *Mildenburg*.

Illuminés, à l'obédience anglaise. Celle-ci put reconquérir assez facilement des loges à Hambourg et à Hanovre, puis à Francfort et à Berlin[295].

L'un des francs-maçons les plus en vue de Hambourg était l'acteur Friedrich Ludwig Schröder[296]. Il avait été initié dans cette ville sur la recommandation de Bode. A partir de 1787, il travailla à une refonte des rituels, destinée notamment à éliminer les hauts grades, qu'il rendait responsables du chaos de la maçonnerie allemande. Le "rituel schröderien" (*Schröderische Lehrart*) fut utilisé dans de nombreuses loges allemandes jusqu'au milieu du dix-neuvième siècle.

Il s'appuie sur les trois grades johanniques, et consacre un retour à l'usage de symboles simples, fondés sur une transposition d'images empruntées à la nature et destinées à représenter le cycle de la vie, de la naissance à la mort. Schröder rejette non seulement l'abus que constitue à ses yeux une quête sans fin de connaissances occultes et de mystères surnaturels, mais aussi toute intention d'ordre politique. Si les préoccupations humanitaires qui, de tout temps, font partie de l'idéal maçonnique, occupent une place centrale dans son rituel et dans son catéchisme, elles ne débouchent pas sur une remise en cause des institutions étatiques, mais s'épuisent dans la pratique de la bienfaisance et de la sociabilité. Schröder donna l'exemple en suscitant la fondation à Hambourg d'une caisse de retraite pour les acteurs et d'un "Institut pour les domestiques malades" qui devait devenir l'Hopital Elisabeth[297].

Cette conception de l'idéal maçonnique se présente comme une sorte de retour aux sources qui avaient suscité la création de la Grande Loge de Londres en 1717. Mais elle marque aussi une césure dans l'histoire de la franc-maçonnerie allemande à une époque où un certain nombre de Frères ou d'anciens Frères croyaient pouvoir vivre dans l'engagement révolutionnaire l'idéal qui les avait amenés à entrer dans l'Ordre. Dans une allocution prononcée le 3 septembre 1789, Schröder souligne qu'il toujours été hostile aux déviations de toute sorte, qu'elles aient nom "rosicrucisme" ou "illuminisme"[298]. Pourtant, Schröder doit encore être considéré comme un authentique *Aufklärer*, épris d'un idéal d'"humanité" qui lui valut l'amitié de Herder[299]. Contrairement à Fessler, il n'a pas rejoint nettement le camp des monarchies. Simplement, il a rétabli la franc-maçonnerie sur des bases qui, rapidement, allaient rendre ce glissement possible, voire inévitable. La réorganisation opérée par Schröder faisait de la maçonnerie un instrument d'intégration, alors que Knigge avait rêvé d'en faire un instrument de contestation.

---

295 HAMMERMAYER, *Wilhelmsbader Convent*, op. cit., 80.
296 Sur Friedrich Ludwig Schröder, voir I, note 110. Voir en outre, à propos de ses activités maçonniques, LENNHOFF-POSNER, *op. cit.*, art. Schröder, Sp. 1417 - 1419.
297 HINTZE, *Friedrich Ludwig Schröder*, op. cit., 17.
298 *Ibid.*, 21.
299 Voir *ibid.*, 26 - 31, quelques lettres échangées par Schröder et Herder.

Malgé sa rupture avec les sociétés secrètes, Knigge suivait attentivement l'évolution de la franc-maçonnerie allemande. Le 20 janvier 1791, il mande à Grossmann qu'il a pris connaissance d'une circulaire des loges de Gotha visant à une "réunion générale de tous les systèmes". Mais il ajoute:

> Vous savez, très cher ami, que je n'ai plus de goût pour cette quincaillerie d'hiéroglyphes qui fait perdre du temps et que j'ai pris en aversion toutes les sociétés secrètes. Aussi ai-je cessé depuis cinq ans toute relation avec la noble franc-maçonnerie[300].

Il est vrai que cette circulaire avait été suggérée, sinon rédigée par Bode, ainsi que Schröder en informe Knigge le 2 février[301]. Or Knigge accusait Bode de ne pas lui avoir pardonné le passage de la *Délaration de Philo* dans lequel il dénonçait "les infamies secrètes de certaines personnes"[302], et de s'être vengé en prenant le parti de Campe et de Trapp dans la querelle qui l'avait opposé en 1789 aux deux pédagogues...

Knigge fut certainement tenu au courant des travaux maçonniques de Schröder: le 14 octobre 1793, celui-ci lui annonce qu'il charge un certain Otto von Axen, Vénérable d'une loge de Hambourg, de profiter de son passage à Brême pour faire connaître à Knigge "ses intentions sur la franc-maçonnerie"[303]. Mais il ne donne pas davantage de détails, et la correspondance actuellement retrouvée, limitée à quelques lettres, ne permet pas d'en dire plus. Nous pouvons en tirer cependant deux conclusions: d'abord que Knigge n'a jamais cessé d'observer l'évolution de la maçonnerie allemande, mais aussi qu'il ne se reconnaissait plus en elle, puisqu'aucun témoignage n'autorise à affirmer qu'il ait cherché à soutenir activement les efforts de son ami Schröder. Le projet qu'il va élaborer à la fin de 1795 confirmera cette analyse.

Fessler, en quittant l'Alliance des Evergètes pour rejoindre la Franc-maçonnerie traditionnelle, et Schröder en réformant celle-ci pour en faire une institution apolitique, expriment un refus qui est aussi celui de l'*Aufklärung*: désormais la raison pratique allait s'engager dans la réalisation de tâches concrètes, en particullier, après l'effondrement prussien à Iéna, la rénovation administrative d'Etats dont les fondements institutionnels resteraient, parfois pour longtemps, inchangés. La maçonnerie allemande a choisi, à partir de 1790, l'efficacité et l'ordre au service de l'Etat monarchique. Mais elle s'est détournée de l'idéal de régénération politique et sociale que tant de maçons

---

300 Knigge à Grossmann, 20 janvier 1791, KAW, ms. à la Bibliothèque Universitaire de Leipzig.
301 Schröder à Knigge, 2 février 1791, KAW, ms. au Freies Deutsches Hochstift à Francfort.
302 Knigge à Grossmann, 2 mars 1789, KAW, ms. à la Bibl. Universitaire de Leipzig. Le passage auquel Knigge fait allusion se trouve dans *Philo*, 131 sqq. Il y reproche à ses compagnons d'avoir soutenu Weishaupt en secret contre lui.
303 Schröder à Knigge, 14 octobre 1793, in: KLENCKE, *op. cit.*, 181.

avaient cru pouvoir vivre dans l'engagement révolutionnaire. Une maçonnerie nouvelle se constitue qui, au fil des années, va s'éloigner de plus en plus de la volonté de contestation qui avait nourri un Weishaupt ou un Knigge. Lorsque les Hohenzollern feront main basse sur l'Allemange, ils trouveront dans la franc-maçonnerie une alliée sûre[304]. Cette franc-maçonnerie n'était pas celle dont Knigge avait rêvé. Une dernière fois, il se demande pourtant s'il n'est pas possible de sauver les idéaux auxquels les meilleurs de ses membres avaient consacré tant de forces et d'enthousiasme.

B. Knigge et son projet de "société très publique":
le testament politique d'un "homme de la liberté"

Le procès que Knigge avait intenté à Zimmermann avait pour but de le laver de l'accusation, considérée par lui comme infamante, de "prêcher la révolution" et de "provoquer le peuple à la rébellion". Cette accusation était contenue dans l'emploi que faisait la presse monarchiste du terme *Jakobiner* et qui, enveloppant dans la même haine tous les partisans allemands de la Révolution française, servait à justifier la répression à laquelle elle ne cessait d'appeler. Mais à la qualité de "jacobin" était associée aussi celle d' "Illuminé", et Knigge, dont chacun connaissait en Allemagne les fonctions qu'il avait remplies dans l'Ordre, se trouvait tout naturellement désigné aussi de ce chef à la vindicte des adversaires de la Révolution. A cela s'ajoutait son éphémère participation à l'Union allemande, qu'il se crut obligé de démentir plusieurs fois à partir de 1792, tant auprès de certains de ses amis que par voie de presse[305]. Nous savons ce qu'il faut penser de ces dénégations. Leur valeur est purement tactique et défensive.

---

304 Sur la fidélité des francs-maçons allemands aux Hohenzollern, voir B. BECKER, qui la dénonce, dans *Der alte und der neue Jesuitismus oder: die Jesuiten und die Freimaurer. Eine Klostergefängniss-Arbeit*, Braunschweig, 1872, très polémique. On peut y lire: «Es gibt in Frankreich demokratische und sozialistische Logen, während man in Deutschland lauter krebsartig monarchistische findet» (23). Un exemple de l'attachement des maçons allemands aux valeurs nationales du Reich wilhelminien est fourni, pendant la première guerre mondiale, par un opuscule d'O. DREYER-WOLFENBÜTTEL, *Deutsches Logentum und weltbürgerliche Freimaurerei. Ein Mahnwort an deutschdenkende deutsche Brüder*, Wolfenbüttel, 1917. La conclusion en est: «Alle, die auch als Freimaurer in erster Linie deutsch gesinnt sind, bitte ich, jeder in seinem Kreise mitzuarbeiten, dass die vaterländische Idee innerhalb der Freimaurerei kräftig ausgebaut werde, auf dass unsere deutsche Bruderschaft ein treuer und starker Hort deutscher Frömmigkeit und Zucht, deutscher Sitte und Art bleibe immerdar! Das walte Gott!» (60 sq.). L'opuscule fait, il est vrai, écho à des tendances "internationalistes" au sein même de la maçonnerie allemande à cette époque.
305 Voir *supra*, notes 130 et 131.

La dénonciation du "complot illuministe"[306], lancée dès 1790 par Schirach dans le *Politisches Journal*, avait pris de la consistance depuis la publication à la fin de 1793 des *Derniers travaux de Spartacus et de Philo*, qui reproduisaient les grades de Prêtre et de Régent[307], et qu'avait suivie, au début de 1794, celle du grade d'*Illuminatus Dirigens ou Chevalier Ecossais*[308]. A la fin de 1793 paraissait aussi un pamphlet intitulé *Sort final de l'Ordre des francs-maçons*[309], suivi bientôt par un *Discours sur l'Ordre des Illuminés*[310]. En 1794, une *Histoire critique des grades des Illuminés*[311] essayait de démontrer, sous une objectivité de façade, le caractère séditieux des doctrines de l'Ordre. En même temps, la presse monarchiste se déchaînait, se contentant parfois de recopier les articles de la *Wiener Zeischrift*[312]. Les gouvernements n'étaient pas en reste: un ministre bavarois remettait à l'ambassadeur impérial à Munich une liste d'Illuminés ou prétendus tels, sur laquelle se trouvaient effectivement les noms d'anciens membres de l'Ordre (Weishaupt, le duc de Weimar, Sonnenfels, Mauvillon, Meiners, Feder...), mais aussi ceux du duc d'Orléans, de Pétion, de Barnave, de La Fayette, de Brissot, de Necker[313]. Le prince de Neuwied, qui avait été écarté du trône de la principauté, trahissait les anciens amis de son père et dénonçait la présence au Tribunal de Wetzlar de Ditfurth et de quelques autres[314]. Et souvent revenait le nom de Knigge, cet ancien chef de l'Ordre qui avait pris chaleureusement la défense de la Révolution française dans les *Papiers de M. de la Crétinière* et dans *Wurmbrand*.

Knigge comprenait que la prudence dont il faisait preuve depuis le blâme qu'il avait reçu ne suffirait pas à lui éviter les foudres de la Régence. Il décida d'aborder franchement le problème des liens entre l'illuminisme et la Révolution: sous le voile de l'anonymat, il publiait à la fin de 1794 un *Extrait d'une*

---

306 Sur la "Légende de l'Illuminisme", voir LE FORESTIER, *Illuminés*, 613 - 617, avec indication de nombreuses sources, mais surtout l'article cité de J. DROZ in: *Revue historique*, repris dans son ouvrage sur *Le Romantisme allemand et l'Etat*, également cité, et BIEBERSTEIN, *op. cit.*
307 [L.A. von GROLMANN], *Die Neuesten Arbeiten, op. cit.*
308 [Anonyme], *Illuminatus Dirigens oder Schottischer Ritter. Ein Pendant zu der nicht unwichtigen Schrift: Die Neuesten Arbeiten des Spartacus und Philo, op. cit.*
309 [Anonyme], *Endliches Schicksal des Freimaurerordens in einer Schlussrede gesprochen von Br[uder] X, vormals Redner der Loge zu X am Tage ihrer Auflösung*, o. O., 1794. Selon Schröder, c'est Göchhausen qui était l'auteur de ce factum (Schröder à Knigge, 14 novembre 1794, in: KLENCKE, *op. cit.*, 184.).
310 [Anonyme], *Eine Rede über den Illuminaten-Orden gehalten in einer Freimaurerloge im Dez[ember] 1793*, o. O., 1794.
311 [Anonyme], *Kritische Geschichte der Illuminaten-Grade*, o. O., o. D. [1794].
312 Par exemple le *Magazin für Kunst und Litteratur* de Hofstätter, à Vienne, reproduit en mai 1793 un article dirigé contre les Illuminés publié en février dans la *Wiener Zeitschrift*. Knigge y etait violemment attaqué, ainsi que Mauvillon et Campe (LE FORESTIER, *op. cit.*, 648 sq.).
313 Cité par LE FORESTIER, *op. cit.*, 654 sq.
314 *Ibid.*, 655.

*lettre concernant les Illuminés*³¹⁵, petite brochure de 24 pages dans laquelle il se référait expressément aux accusations portées par Hoffmann et Zimmermann, auxquels il adjoignait le rédacteur du *Politisches Journal*, Schirach, ainsi que deux personnalités viennoises particulièrement hostiles aux Lumières, le "versificateur Haschka" et l' "ex-jésuite Hofstätter"³¹⁶. Il dénonçait "ceux qui, par leurs éternelles accusations, leurs fausses interprétations et l'espionnage dirigé contre les jacobins et les Illuminés, continuent à affaiblir la confiance mutuelle entre princes et sujets, si nécessaire en ces temps malheureux, et à augmenter l'exaspération des partis, qui seule pourrait être en mesure d'apporter à l'Allemagne le malheur qui a précipité la France dans l'abîme"³¹⁷.

L'intérêt de cette brochure n'est pas dans l'interprétation que Knigge donne des intentions de l'Ordre des Illuminés: de ce point de vue, il ne fait que répéter ce qu'il a écrit dans *Philo* et dans *Seelberg*, et aussi dans le *Commerce*. Il n'est pas non plus dans les protestations de fidélité à l'égard de son souverain ni dans son refus, qu'il exprime une nouvelle fois avec force, de la violence. Knigge fait avant tout le procès d'un certain type de discours politique: celui qui remplace le débat par l'injure, la preuve par la dénonciation³¹⁸. En particulier, il exige que ceux qui lui reprochent d'avoir préparé, puis prêché la Révolution, examinent ses actes, enquêtent sur la manière dont il accomplit les devoirs de sa charge, interrogent les amis qu'il fréquente³¹⁹. Cette revendication était en soi une accusation: il met ses détracteurs et, à travers eux, ses supérieurs hiérachiques, en demeure de le soumettre à la procédure légale d'une instruction judiciaire.

Ce faisant, il agissait de la même manière qu'à travers le procès qu'il était en train de plaider contre Zimmermann: en se plaçant sur un terrain juridique, il évitait le débat de fond, au demeurant bien inutile avec des ennemis comme Hoffmann, Haschka ou Hofstätter. C'est encore la même tactique qui guidera l'inspiration des lettres qu'il adressera à ses supérieurs lors de son exil à Stade.

---

315 *Auszug eines Briefes die Illuminaten betreffend, ohne Einwilligung des Schreibers, aber gewiss in der redlichsten Absicht zum Druck befördert, von seinem Freunde*, Leipzig, 1794.
316 *Ibid.*, 4 sq. Haschka, lui aussi ancien jésuite, était devenu poète. Il était connu comme un obscurantiste notoire. Hofstätter publiait depuis 1793 le *Magazin für Kunst und Litteratur*. Hoffmann et Haschka ont été utilisés par la police viennoise comme mouchards. Voir FOURNIER, *Knigge und Blumauer*, in: *Historische Studien...*, art. cit., 22. Sur Aloys Hoffmann, voir SOMMER, *op. cit.*, passim, et EPSTEIN, *op. cit.*, Teil II, 599 - 632.
317 *Auszug*, 8 sq.
318 *Ibid.*, 18 et 27. Il dénonce en particulier l'utilisation abusive du mot "Jakobiner".
319 *Ibid.*, 29 sqq.

Knigge se contente de reconnaître que ses écrits reflètent les théories de l'Illuminisme, notamment en ce qui concerne l'Etat et la religion. Mais elles n'ont à ses yeux rien de dangereux, et la meilleure preuve en est, dit-il, qu'il sert son souverain avec la plus grande loyauté.

Il revient sur ce sujet dans les *Considérations*: où sont, demande-t-il, les preuves d'une conspiration[320]? Il réclame expressément l'ouverture d'une instruction contre les prétendus comploteurs[321]. D'ailleurs, n'y a-t-il pas eu des princes dans l'Ordre[322]? Weishaupt n'est-il pas protégé par le duc de Gotha[323]? Les Illuminés n'ont jamais cherché qu' "à prévenir les révolutions violentes par la diffusion générale des Lumières[324].

S'il y a complot, explique-t-il, c'est celui que les Illuminés se sont efforcés de mettre au jour: celui des jésuites et des rose-croix contre les Lumières. Il suggère cette thèse dans l'*Extrait d'une lettre...*[325] et la développe avec force dans les *Considérations*[326]. La publication des *Mémoires* de Barruel ne devait-elle pas lui donner raison? Et n'étaient-ce pas des anciens jésuites aussi que ce Haschka et ce Hofstätter qui se déchaînaient à la fois contre les Illuminés et les "jacobins"?

Knigge, en défendant les principes de la Révolution française, restait fidèle au camp qu'il avait choisi, celui des Lumières rationalistes. A la différence de tant d'autres *Aufklärer*, il comprenait que condamer les premiers, c'était aussi condamner les secondes. En cela, son attitude n'apparaît pas seulement comme lucide: elle est également courageuse, parce qu'elle heurtait à la fois les partisans de l'"obscurantisme" et le confort intellectuel et matériel de nombre d'esprits "éclairés".

Une dernière fois, il va essayer de rassembler les partisans de la raison et du bon sens: à la fin de 1795 paraît une brochure de 70 pages au titre étrange de *Manifeste d'une association non pas secrète, mais très publique, réunissant d'authentiques amis de la vérité, de la droiture et de l'ordre public, adressé à leurs contemporains*[327]. Knigge, qui en est l'auteur, en envoie un exemplaire aux Reimarus. Sophie lui en accuse réception le 4 décembre[328]. D'une manière quelque peu sybilline, elle ajoute que "seuls les initiés" peuvent comprendre de quoi il retourne.

---

320 *Rückblicke*, 91 et 98.
321 *Ibid.*, 100.
322 *Ibid.*, 96.
323 *Ibid.*, 101.
324 *Ibid.*, 107 sq.
325 *Auszug*, 14.
326 *Rückblicke*, 108 sq.
327 *Manifest einer nicht geheimen, sondern sehr öffentlichen Verbindung ächter Freunde der Wahrheit, Rechtschaffenheit und bürgerlichen Ordnung an ihre Zeitgenossen*, Wien [= Braunschweig], 1795.
328 Sophie Reimarus à Knigge, 4 décembre 1795, in: KLENCKE, *op. cit.*, 149.

Ce texte a été étudié récemment par Ernst-Otto Fehn[329] qui voit dans le projet de Knigge une tentative pour construire, en dépit du titre qu'il donne à son *Manifeste*, une nouvelle société secrète afin de permettre aux plus progressistes des *Aufklärer* de disposer d'une organisation apte à véhiculer leurs objectifs politiques, alors que tant de leurs amis succombaient à la crainte ou à la résignation.

La mort de Knigge, intervenue le 6 mai 1796, empêcha que le projet ne fût mené à son terme, et il est difficile de dire si le caractère "public" que Knigge affirmait vouloir donner à la société qu'il essayait de créer était uniquement destiné à tromper ses adversaires, ou s'il constituait une réponse nouvelle permettant de sortir du dilemme dans lequel s'était enfermée la réflexion politique de l'*Aufklärung*: réaliser l'idéal au risque de la trahison, ou rester loyal au prince, mais en se taisant. L'analyse du *Manifeste* et des documents d'archives qui nous sont parvenus montre en tout cas que Knigge ne s'était pas résigné à céder devant les menaces qui pesaient sur lui. Mais pas un instant il ne songe, comme le fait par exemple, précisément la même année, son ami Karl-Friedrich Cramer[330], à rejoindre le pays dont il défend si chaleureusement les conquêtes politiques. C'est en Allemagne qu'il veut agir, et selon des modalités qui, pense-t-il, doivent le préserver des persécutions. Nous verrons qu'il se faisait, une fois de plus, des illusions.

Le Manifeste s'ouvre par un résumé de ses positions politiques, dans lequel il condense ce qu'il a mainte fois répété depuis l'*Histoire de Peter Claus*, et surtout depuis le *Noldmann*: c'est le contrat social qui doit régir les rapports entre les citoyens et leur souverain; l'Etat moderne repose sur l'accord majoritaire, qui seul peut modifier les termes de ce contrat; il devient nul s'il est détourné de ses fins par un usurpateur; c'est la raison qui le détermine, et il doit être mis en oeuvre par la loi, expression de la majorité; enfin aucune souveraineté n'existe en dehors de celle du peuple tout entier[331].

Le *credo* politique de Knigge en 1795 est donc celui qu'il exposait dès 1790: c'est celui des constituants français, et la Déclaration des Droits de l'Homme et du Citoyen reste sa référence implicite.

Knigge analyse ensuite une nouvelle fois le processus qui donne naissance au "funeste despotisme"[332]. Celui-ci, "érigé peu à peu en système", permet à des millions d'êtres de travailler pour offrir à quelques-uns une vie de superflu et de jouissance, où les droits de l'homme n'ont plus leur place. Knigge reprend en partie le schéma développé dans l'*Allocution aux Illuminatos*

---

329 E.O. FEHN, *Knigges "Manifest". Geheimbundpläne im Zeichen der Französischen Revolution*, in: *Geheime Gesellschaften, op. cit.*, 369 - 398.
330 RUIZ, *op. cit.*, II, à partir de la p. 454. Sophie Reimarus, dans sa lettre du 4 décembre 1795, écrit à Knigge: "Freund Cramer ist so glücklich, wie er in seinem menschlichen Leben noch nicht gewesen ist. Er lebt in Paris...", in: KLENCKE, *op. cit.*, 151.
331 *Manifest*, 1 - 16.
332 *Ibid.*, 19.

dirigentes, qui voyait la clef de l'Histoire dans le rapport dialectique établi entre la "liberté et le despotisme", et dont le mouvement était déterminé par le progrès des Lumières. Mais l'*Allocution*, texte utopique, aboutissait à l'idée que l'Etat devrait disparaître. Or dans le *Noldmann*, Knigge avait réhabilité l'Etat, lui donnant toutefois sous les aspects d'une monarchie élective une nature républicaine. En 1795, il va plus loin dans la concession que lui dicte le réalisme: il décrit "l'idéal d'une constitution [...] qui satisferait toute revendication équitable". Elle doit reposer non sur l'"aveugle obéissance", mais sur la raison; "non sur l'arbitraire, mais sur des lois claires, approuvées par le peuple"[333]. Le principe majoritaire institue, par l'exercice du suffrage universel, un pouvoir soumis au contrôle régulier du peuple, à travers ses représentants. Knigge se rallie donc purement et simplement à l'idéal d'une monarchie constitutionnelle. Il ne propose même plus l'abolition de la noblesse: il se contente de réclamer qu' "on ne concède pas aux différentes classes et aux individus d'autres exemptions, monopoles et privilèges qu'au profit des plus vertueux et des plus travailleurs"[334] – formule bien en retrait sur celles du *Noldmann* ou du *Wurmbrand*!

Pourtant, l'enthousiasme de Knigge pour la Révolution française ne s'est nullement refroidi: la prudence de ses revendications politiques n'atténue en rien la condamnation qu'il porte sur les régimes dominés par l'aristocratie. Il dresse un réquisitoire terrible contre les systèmes politiques contemporains qui, tous "plus on moins", reposent sur "la soif de domination, l'égoïsme, le faux désir d'honneur et la vanité"; où "les liens les plus sacrés" sont détruits; où "les frères persécutent les frères"; où les hommes "s'égorgent mutuellement à propos d'opinions futiles"[335].

Mais en formulant des revendications modérées, destinées à garantir "l'ordre, le calme, une activité utile, la sûreté de la vie et de la propriété et la jouissance de joies innocentes"[336], il entend répondre à ceux qui lui reprochent d' "agiter le peuple". Il n'hésite pas à qualifier la Révolution de "terrible anarchie"[337], tout en expliquant encore une fois que ce sont "les curaillons et les princes" (*Pfaffen und Fürsten*) qui en sont responsables, et que "les excès et les aberrations" (*Ausschweifungen und Verwirrungen*) qui en ont marqué le cours sont le cours sont le résultat d'une opression séculaire devenue intolérable. Une fois encore, il pose la question:

> Mais est-il juste et équitable de combler les sources les plus bienfaisantes du salut parce que quelques coquins peuvent les empoisonner?[338].

---

333 *Ibid.*, 23.
334 *Ibid.*, 26.
335 *Ibid.*, 20.
336 *Ibid.*, 23.
337 *Ibid.*, 28.
338 *Ibid.*, 29.

Comprendre la Révolution en France pour éviter une révolution en Allemagne: cela reste le souci obsédant de Knigge. C'est l'exercice de la raison élairée qui doit conjurer le spectre de la violence. Le credo politique de Knigge est indissociable de sa foi dans les Lumières:

> N'est-ce pas pourtant le devoir de tout gouvernement, en favorisant une éducation raisonnable du peuple, de faire en sorte qu'à tous les citoyens soit offerte l'occasion d'être, au moins jusqu'à un certain point, également éclairés sur des vérités qui se rapportent directement à leur existence humaine et civile entière, à leur situation et à leurs devoirs? N'est-ce pas enfin une proposition compètement fausse que celle qui affirme que la vérité authentique peut causer des malheurs?[339].

Il est donc vain, et dangereux de surcroît, de réprimer les Lumières, car alors, la vengeance se substitue à elles, précipite les peuples dans le désespoir et la violence[340].

Mais insensiblement, Knigge laisse entendre que l'appel à la raison, qui avait constitué l'essentiel de son action jusqu'alors, a été insuffisant pour amener les princes à modifier leur comportement. Dans un raccourci saisissant, il évoque les mesures prises par les gouvernements monarchiques pour

> rétablir la barbarie des époques d'obscurantisme et le royaume de la superstition et de la bêtise. Limitation de la liberté de pensée et de la liberté de la presse, édits de censure, espions, mouchards surveillant d'innocentes conversations intimes, enquêtes contre d'inoffensifs bavards, humiliations, persécution, calomnies contre des hommes courageux – tout est mis en oeuvre, et les plaintes et les représentations des plus humbles qualifiées de sacrilèges, pour atteindre ce but infâme[341].

Le seul résultat de ces pratiques est de provoquer à la résistance.

C'est ainsi qu'il en vient à son nouveau projet:

> Pour peu de temps seulement, ces puissants aux idées fausses pourront continuer à prendre leurs mesures de contrainte, résultat d'un mauvais calcul; et dans plus d'un pays, nous verrons des scènes aussi abominables que celles auxquelles nous avons assisté en France récemment. Mais on ne peut, on ne doit pas en arriver là. Il est temps de prendre des mesures sérieuses contre ce danger, et c'est maintenant, comme on va le voir, chose faite grâce à l'association de personnages résolus, amis de la vérité, de la droiture et de l'ordre public[342].

Knigge décrit le fonctionnement de la société. Elle est constituée de "petits cercles" (*kleine Cirkel* – mot cher aux francs-maçons...)[343] présents déjà dans 24 villes d'Allemagne. Dans chaque cercle, les adhérents qui le composent chargent un des leurs d'assumer les fonctions de correspondant:

---

339 *Ibid.*, 31.
340 *Ibid.*, 34.
341 *Ibid.*, 37.
342 *Ibid.*, 39 sqq.
343 *Ibid.*, 45.

Ainsi nous avons 24 correspondants, dont chacun communique à un cercle d'amis et de connaissances qu'il peut choisir et élargir à son gré, les nouvelles qu'il reçoit, en même temps qu'il se charge de leur message[344]. Chaque correspondant note sur un feuillet "les informations, les questions, les requêtes, les propositions" qui lui paraissent intéressantes, et rédige, "s'il le veut, de petits mémoires sur des objets divers". Deux fois par mois, il envoie ce feuillet au correspondant qu'on lui a indiqué. "Ce petit travail est le seul auquel s'engage un adhérent. Toute autre forme d'efficacité est totalement laissée à son initiative, eu égard à la situation dans laquelle il se trouve"[345].

Si le mode de diffusion choisi pour faire connaître l'existence de l'association justifie le qualificatif de "publique" par lequel Knigge la définit, plus d'un élément, tant dans les objctifs qu'elle se fixe que dans sa structure même, rappelle l'Ordre des Illuminés, et aussi, dans une certaine mesure, l'Union allemande.

La pratique du *quibus licet* est ici abandonnée, mais les Illuminés exigeaient, eux aussi, que le Frère qu'ils voulaient faire avancer dans la hiérarchie de l'Ordre justifiât cette confiance par des travaux écrits. Autre principe de l'Ordre retenu par Knigge en 1795: un relatif cloisonnement des différents "cercles", le membre correspondant étant le seul à connaître deux autres membres correspondants, en aval et en amont. En 1795, cette mesure de prudence s'imposait évidemment plus que jamais.

De même, les objectifs assignés à cette association évoquent ceux que poursuivaient l'Ordre des Illuminés et l'Union allemande: faire connaître les "bons livres" et aider à leur diffusion; assurer la nomination dans une école d'un "honnête et habile instituteur;" faire connaître les édits d'un "bon prince"[346]. La lecture de cette énumération peut faire sourire et donner lieu à une appréciation condescendante de ce type d'action politique.

Pourtant, Knigge ajoute une suggestion qui, à notre sens, fait de cette association nouvelle un outil de combat plus efficace que les société secrètes qui l'avaient précédée. Les adhérents sont en effet invité à dénoncer dans un tract (*Flugschrift*) chaque "ordonnance qui pourrait avoir des conséquences malheureuses"[347]. Certes, Knigge invite aussitôt après à diffuser des réfutations opposées à ceux qui prêchent "les atrocités d'une anarchie provoquée par le gouvernement de la populace" (*Die Greuel einer, durch Pöbel-Regiment entstehenden Anarchie*) – toujours le même souci de prudence, et aussi la même répugnance devant la "populace". Mais aucune société secrète n'avait été conçue comme une sorte de "centrale" d'où partirait, *en direction du public*, une activité de propagande. La "société très publique" de Knigge vise cet objectif. En ce sens, elle assume une fonction normalement dévolue à la

---

344 *Ibid.*, 51.
345 *Ibid.*, 53.
346 *Ibid.*, 55 - 58.
347 *Ibid.*, 57.

presse. Knigge, en la créant, signifie que la presse "éclairée" ne remplit plus son rôle, parce que la presse n'est plus libre en Allemagne en 1796.

La nouvelle association n'est donc pas tout à fait "publique", mais ce n'est pas non plus une véritable société secrète. Le recrutement de ses membres doit être l'objet d'une sévère sélection (avait-il assez reproché aux Illuminés de n'être pas suffisamment rigoureux sur ce point!), sans que Knigge dise d'ailleurs qui doit la pratiquer[348]. Mais c'est un livre qui en constitue le manifeste. Un livre: déjà le *Commerce* avait été une tentative pour faire du livre un instrument de combat politique. L'Union allemande, elle, s'était adressée aux adhérents potentiels par un prospectus envoyé à quelques personnalités: en 1796, Knigge pense que toute l'opinion publique cultivée est concernée. Les membres de l'association doivent, pour des raisons faciles à comprendre, rester inconnus: mais les objectifs et les moyens par lesquels elle entend les réaliser ne relèvent plus du secret[349]. En ce sens, la "société très publique" constitue une forme intermédiaire entre les sociétes secrètes et les structures nouvelles qui se formeront au dix-neuvième siècle afin de prendre en charge les revendications politiques, sociales, voire religieuses. Knigge n'a sans doute pas l'intuition du rôle que pourrait jouer un "parti" au sens moderne du terme. Mais il a compris qu'en cette fin du dix-huitième siècle, alors que s'affrontent violemment ce que nous appelons aujourd'hui des "idéologies", une société secrète n'est plus l'instrument qui permet de participer au combat politique.

Si la franc-maçonnerie a échoué, c'est parce qu'elle formait un univers replié sur lui-même. Les temps modernes, qui connaissent d'une part l'essor considérable de la "publicité", et qui d'autre part voient s'affronter des idées "intéressant l'humanité entière", exigent d'autres formes d'engagement que celui qui permet à quelques "révérends coquins" de jouer les "Supérieurs" et de "manipuler comme des marionnettes un tas de disciples crédules"[350]. Le temps des "systèmes" imposés à des "élèves qui ne peuvent penser par eux-mêmes" est passé.

Le *Manifeste* se présente comme une sorte de profession de foi unissant des hommes convaincus que "le plus noble cadeau du ciel, la saine raison" doit être accessible à chaque "fils de la terre"[351].

Mais c'est aussi le testament politique d'un homme qui met ses dernières forces au service de la liberté, et qui tente d'imaginer des voies réalistes pour que le message lancé par ceux qui, les premiers en Europe, ont tenté de la traduire en système politique, soit entendu de l'opinion publique. Même si

---

348 *Ibid.*, 64.
349 *Ibid.*, 46.
350 *Ibid.*, 47 sq.
351 "solcher Männer, die nur über den einen Grundsatz ganz einig sind, *dass keinem Erdensohne der Weg versperrt werden dürfte, das edelste Geschenk des Himmels, die gesunde Vernunft, frey und ungehindert über alle Gegenstände zu Rathe zu ziehen*", *ibid.*, 48. Souligné par Knigge.

l'adhésion de Knigge à un régime de monarchie constitutionelle semble un recul par rapport aux positions qu'il défendait en 1792, la revendication essentielle reste la même: la monarchie de droit divin, appuyée sur l'Eglise et l'aristocratie, doit disparaître. En 1795, cette attitude reste, en Allemagne, révolutionnaire. Les concessions faites par Knigge ne mettent pas en cause son idéal. Elles traduisent seulement une volonté de réalisme[352]. Sa condamnation des excès de la Terreur, tout en correspondant à une conviction profonde, a aussi pour fonction de rendre son message crédible aux yeux de ceux qu'elle avait détournés de leur adhésion aux principes de 1789. Pourtant, le *Manifeste* fut, dès sa parution, considéré par les gouvernements monarchiques comme un livre dangereux.

L'ouvrage se présentait comme imprimé à Vienne[353]. Il n'en fallut pas davantage pour inciter la police autrichienne, après l'avoir inscrit sur la liste des livres interdits[354], à chercher qui en était l'auteur. Les dénonciations d'Hoffmann et de Zimmermann contre les Illuminés, et singulièrement contre Knigge, lui suggérèrent facilement que celui-ci pouvait bien être l'homme qu'ils cherchaient. Pour s'en assurer, ils imaginèrent un piège aussi simple qu'efficace: un collaborateur de la police proposa d'écrire à Knigge en empruntant le nom d'un *Aufklärer* viennois en vue, Aloys Blumauer[355].

A la fin du mois de décembre 1795, une lettre fut envoyée à Brême[356], dans laquelle le pseudo-Blumauer demandait des informations sur la "société très publique" et indiquait son désir d'y être admis. Knigge répondit le 21 janvier 1796. Il reconnaissait être l'auteur du *Manifeste* et précisait que l'association pouvait compter sur des correspondants à Hambourg, Brême, Hanovre, Celle, Brunswick, Hildesheim, Cassel et Francfort, et qu'elle espérait aussi en trouver à Berlin[357]. Mais il ne livrait aucun nom.

Déçu, l'indicateur viennois envoya une seconde lettre le 10 février, à laquelle Knigge ne répondit pas tout de suite[358]. Une troisième lettre partit le 16 avril[359]. Le 18 avril, Knigge répondait enfin à la lettre du 10 février, excusant

---

352 Voir sur ce point les remarques de FEHN, *op. cit.*, 382 sqq.
353 En réalité, il fut publié à Brunswick par Vieweg (cf. FEHN, *op. cit.*, 388, n. 1).
354 *Verzeichniss der in Wien vom Monate Oct. 1795 bis incl. Januar 1796 verbotenen Bücher*, Allgemeine Literatur Zeitung, Intelligenzblatt, Nr 39, 26 mars 1796, Sp. 314 - 318. On y relève aussi le *Voyage à Fritzlar*.
355 Aloys BLUMAUER (1755 - 1798) fut d'abord jésuite. Après l'interdiction de la Compagnie, il devint libraire et publia la *Wiener Zeitung*, favorable aux idées de l'Aufklärung. Blumauer avait été Illuminé. Sur lui, voir E. ROSENSTRAUCH-KÖNIGSBERG, *Freimaurerei im Josephinischen Wien. Aloys Blumauers Weg vom Jesuiten zum Jakobiner*, Wien/Stuttgart, 1975.
356 Toute cette affaire a été racontée en détail par FOURNIER, *Knigge und Blumauer*, *art. cit.*, auquel renvoient nos citations.
357 Knigge au pseudo-Blumauer, 16 janvier 1796, *ibid.*, 27.
358 Le texte se trouve dans KLENCKE, *op. cit.*, 82 - 87, qui a cru que l'auteur en était le véritable Blumauer.
359 Le texte *ibid.*, 87 sq.

son retard par une brusque aggravation de son état de santé[360]. Il ne donnait toujours pas de noms. Mais il informait son correspondant de son intention d'entreprendre en juillet un voyage qui le mènerait à Brunswick, Halberstadt, Gotha, Erfurt, Iéna, Weimar, Leipzig et Halle, où il espérait recruter des membres pour son association, de manière à lancer définitivement le projet le 1er octobre. Il n'en eut plus le temps: le 6 mai, il mourait.

La police viennoise refermait le dossier, en inscrivant sur une étiquette: "Correspondance avec le baron de Knigge, concernant le plan séditieux, annoncé par lui, visant à renverser les Etats monarchiques, en 1796. A conserver simplement, Knigge étant mort entre temps"[361].

La police viennoise avait-elle l'intention d'attirer Knigge en Autriche, afin de l'arrêter? Voulait-elle seulement communiquer les renseignements obtenus aux cours allemandes afin de "prouver" le danger résultant des "menées révolutionnaires" en Allemagne? Peu importe. Le piège qu'elle avait tendu à Knigge indique seulement qu'on considérait le baron hanovrien comme l'une des principales figures du mouvement favorable en Allemagne aux idéaux de la Révolution française, et qu'on avait peur de lui. Au fond, c'était un hommage à l'homme d'action!

Dans ce qui nous est parvenu de la correspondance de Knigge ne figure aucune allusion à son projet, sauf dans les lettres au pseudo-Blumauer. Il n'est pas possible, en particulier, de savoir s'il en eut l'idée seul ou si elle lui fut suggérée par quelques-uns de ses amis. Dans lettre du 21 janvier 1796, il affirme que le *Manifest* est la réponse qu'il opposa, après sa mésaventure de mars 1795, à "la bande des apôtres de la bêtise et des valets des despotes", qu'il était décidé à "fatiguer et à conduire au désespoir en menant contre eux une petite guerre". Le *Manifeste* devait "insuffler aux craintifs le courage d'entrer en scène lorsqu'ils verraient qu'un petit groupe d'hommes résolus était prêt à s'unir à eux pour la bonne cause"[362]. Il assure connaître "beaucoup de gens" prêts à l'aider, mais il ne les nomme pas. Son projet, dit-il, n'en est d'ailleurs qu'à ses débuts: le plan annoncé "n'est à vrai dire que proposé". Il suggère qu'avant que le projet ne soit définitivement lancé, ceux que son idée intéresse essaient de faire connaître aux journaux libéraux (il cite le *Genius der Zeit*, l'*Archiv der Zeit und ihres Geschmacks* et les *Annalen der leidenden Menschheit*) "les plaintes et les blâmes" auxquels donnent lieu les actes arbitraires portés à leur connaissance. Il signale que le libraire Michaelis, protégé par le duc de Mecklenbourg-Strelitz qui lui a accordé "la liberté de la presse la plus illimitée", envisage de publier une feuille intitulée *Die Flüchtlinge*, dans laquelle "il accueillera toute plainte concernant l'oppression et l'escroquerie", tout en garantissant l'anonymat de l'informateur[363].

---

360 Knigge au pseudo-Blumauer, 18 avril 1796, in FOURNIER, *art. cit.*, 29.
361 *Ibid.*, 29. Blumauer mourut deux ans plus tard, sans avoir jamais soupçonné le méchant rôle qu'on lui avait fait jouer.
362 Knigge au pseudo-Blumauer, 21 janvier 1796, *ibid.*, 25.
363 *Ibid., loc. cit.* Le 7 avril, Michaelis écrira à Knigge pour l'informer qu'il a rédigé une

Ces quelques indications précisent quelque peu dans quel esprit, et avec quels moyens, Knigge voulait agir. Il reste fidèle à l'idée que la "publicité" reste la meilleure arme contre le "despotisme": faire connaître les abus est un moyen d'éveiller la conscience politique, et de montrer qu'on n'a pas peur de ceux que l'on combat. Mais à aucun moment, Knigge ne "conspire". Du moins, aucun document ne permet de l'affirmer. Au Kestner-Museum de Hanovre et au dépôt des Archives de Basse-Saxe à Wolfenbüttel se trouvent quelques pièces concernant le voyage qu'il comptait entreprendre. Quelques feuillets sont couverts de calculs indiquant les distances, et le coût de chaque étape; les villes mentionnées sont celles que désigne sa lettre du 18 avril. Une feuille contient l'énumération des effets, provisions et médicaments dont il aura besoin. Mais la pièce la plus intéressante est celle où sont notés les noms des personnes qu'il espère rencontrer – 59 au total. Parmi elles, l'ancien chef de l'Ordre des Illuminés, Weishaupt. Mais aussi le prince d'Anhalt, le prince héritier de Hesse-Darmstadt, le duc August de Saxe-Gotha; le ministre Waitz à Cassel, Bertuch, Wieland et Herder à Weimar (mais pas Goethe...); Ramdohr, à Celle (il l'avait connu à Harvestehude); Campe et Leisewitz à Brunswick, Trapp à Wolfenbüttel; Göschen à Leipzig; Gleim et Rochow à Halberstadt. En face de quelques noms figure le mot *Manif.*, ce qui veut qu'il n'avait pas l'intention de communiquer le *Manifeste* à tous ceux qu'il rencontrerait. Parmi ceux qui recevraient l'ouvrage, on note les noms de Campe, de Trapp, de Rochow. Quelques noms sont suivis d'un point d'interrogation...[364].

Ces documents ne révèlent aucun complot, aucune conspiration. Ils nous montrent seulement que le projet annoncé dans le *Manifeste* avait reçu un commencement d'exécution. Mais ils confirment aussi qui c'est d'abord sur le plan intellectuel que Knigge entend agir. Les personnages qu'il desire rencontrer comptent souvent parmi les notables du monde des lettres – quand ce ne sont pas des têtes couronnées! La comparaison entre la réalité du projet de Knigge et l'inquiétude qu'il causait dans les milieux monarchistes reflète bien le caractère hystérique, irrationnel, qu'avait pris en Allemagne la haine contre les idées révolutionnaires. Comment Knigge, homme de raison, aurait-il pu se taire?

Le zèle de la police viennoise ne peut s'expliquer que par le fait que le projet de Knigge montre qu'il n'était pas seul à agir. Le 4 décembre 1795, Sophie Reimarus évoque à mots couverts "quelques chose du même genre" qui serait entre les mains de Reinhold, en fait un opuscule qui propose la réalisation d'un projet qu'elle ne décrit pas, mais dont elle précise seulement que son mari le juge "irréalisable"[365].

---

    brochure intitulée *Geist der Opposition*, et qu'il a essayé de traiter le sujet "dans l'esprit (de Knigge)". Il lui demande aussi s'il ne pourrait faire lire le *Manifeste* par le Prince Henri de Prusse (on sait que celui-ci passait pour libéral), Michaelis à Knigge, 7 avril 1796, in: KLENCKE, *op. cit.*, 206.
364 Ces pièces existent en copie à la KAW.
365 Sophie Reimarus à Knigge, 4 décembre 1795, in: KLENCKE, *op. cit.*, 149.

La même année que celle où parut le *Manifeste*, le duc Christian de Schleswig-Holstein s'adressait à Nicolai pour lui demander si des associations ne pourraient être créés, réunissant les hommes "les plus cultivés moralement et donc les meilleurs en vue d'une activité commune harmonieuse"[366]. Le duc n'inquiétait sans doute pas beaucoup la police autrichienne. Mais l'Union allemande de Bahrdt était restée dans les mémoires, au moins dans celle d'Aloys Hoffmann, qui ne cessait de l'évoquer dans l'*Eudämonia*. En Autriche même, existaient de nombreux cercles politiques, qui parfois conspiraient réellement[367]. En Hongrie s'était constituée la société secrète des Evergètes, dont nous avons parlé. Elle allait être interdite en 1796.

Tout cela explique la nervosité des sbires de François II. Mais une différence essentielle sépare ces tentatives de celle que Knigge essayait de réaliser: son association n'est pas un organisme secret travaillant à substituer un ordre politique à un autre ou à soutenir une lutte armée de type insurrectionnel. Elle est une sorte de canal destiné à assumer les fonctions de médiation inhérentes à la relation entre l'écrivain politique et l'opinion publique – canal devenu d'autant plus nécessaire que la presse n'est plus en mesure de remplir son rôle. Knigge n'est pas ce que nous appellerions aujourd'hui "un homme de terrain", il est avant tout un intellectuel. Convaincu du rôle de la raison dans l'Histoire, c'est par la raison qu'il agit. Dénoncer des abus et expliquer comment ils se sont établis, puis comment on peut les supprimer, c'est aussi faire appel à la raison.

Knigge n'a jamais oublié l'enseignement de son maître Lessing. Simplement, il pense que l' éducation du genre humain ne serait pas complète si la raison ne déterminait pas un ordre politique établi sur la liberté.

Aristocrate passionné de liberté, Knigge invite l'Allemagne à s'ouvrir à l'espérance dont la Révolution, au-delà de modalités déterminées par les circonstances, est porteuse: cet Evangile de la liberté qui avait pour titre "Déclaration des Droits de l'Homme et du Citoyen". Le *Manifeste*, qui constitue le testament politique de Knigge, exprime une fidélité absolue à ce qui, jusqu'à la fin, est resté pour lui la "bonne nouvelle".

---

366 FEHN, *art. cit.*, 384.
367 Voir A. KÖRNER, *Die Wiener Jakobiner*, Stutgart, 1972 (*Deutsche revolutionäre Demokraten*, hg von Walter GRAB, III).

CONCLUSION GENERALE

L'itinéraire politique du baron de Knigge fut singulier. Il fut aussi exemplaire.

Singulier, parce qu'il conduisit ce représentant d'une des plus anciennes familles aristocratiques d'Allemagne à prendre le parti de ceux qui avaient tué l'héritier d'une des plus vieilles monarchies d'Europe. Singulier encore, parce que cet aristocrate, qui écrivait que la noblesse devait disparaître, acceptait au même moment de servir, et avec quel zèle, un régime dominé entre tous par la noblesse. Mais contrairement à tant de timides bourgeois qui, dès que la Révolution commença à lutter pour les idéaux qu'ils disaient les leurs, se détournèrent d'elle avec épouvante, Knigge ne varia pas d'un pouce dans sa conviction qu'une défaite militaire de la République jacobine serait un mauvais coup porté à l'Europe, et en premier lieu à l'Allemagne. Lui qui avait tout à perdre en exprimant ouvertement ce qu'il pensait, eut le courage de ne pas se renier. Combien d'*Aufklärer* bourgeois purent en dire autant? Knigge fut un homme libre. Il y en eut quelques-uns en Allemagne, en particulier à cette époque. Knigge mérite de figurer parmi ceux qui ont été tirés de l'oubli.

Itinéraire exemplaire aussi, parce qu'il reflète à la fois les espérances et les contradictions d'une époque. Knigge n'a pas tout de suite rallié le camp rationaliste. Son enthousiasme pour la Révolution française n'éclate qu'en 1790. Lorsqu'il écrit qu'un roi doit être élu par le peuple pour un temps limité, il défend en même temps les intérêts du très conservateur Georges III à Brême. Et son parcours maçonnique nous apparaît parfois comme bien tortueux, et non dénué d'ambition personnelle, voire de vanité.

Mais au-delà de ces contradictions se dégagent quelques-unes des espérances qui ont nourri le dernier tiers du dix-huitième siècle allemand et qui, malgré tout, donnent une unité à l'*Aufklärung*.

C'est d'abord la conviction, vécue dans les loges maçonniques, que la place de l'homme dans la société civile ne se définissait plus dans le cadre théocratique d'une hiérarchie de corps superposés les uns aux autres et sans communication réciproque, mais à partir des talents et des mérites individuels. L'ancienne religion soumettait un peuple passif à la volonté toute puissante d'un Dieu jaloux. Annexée par une orthodoxie qui prétendait seule parler en son nom, elle divisait les hommes. La "nouvelle religion" entendait restaurer la fraternité, cette valeur chrétienne essentielle qui constituait la raison d'être de l'engagement maçonnique. L'égalité des dignités et des droits, qui en était la forme juridique, n'excluait pas les différenciations induites par la diversité des talents, mais celles-ci seraient constatées à partir du mérite, et non de la naissance. Les chefs Illuminés, Knigge en particulier, avaient intégré dans leur projet cette intention primordiale de l'*Aufklärung* visant à créer par l'éducation des élites nouvelles grâce auxquelles pourrait s'opérer le "décloisonnement" social. Une nouvelle sociabilité était en train de naître, qui préfigurait les conquêtes de la démocratie bourgeoise. En l'absence de structures institutionnalisées, telles que seront, à partir du dix-neuvième siècle, les partis politiques, les loges maçonniques assumaient cette fonction, devenue nécessaire dans l'ère moderne, de communication sociale, préalable à la prise de conscience qui devait entraîner une mutation politique.

La "nouvelle religion" dont Knigge a cru un moment pouvoir transmettre le message en se servant de l'Ordre des Illuminés est la forme que ne pouvait manquer de prendre, dans une époque avide de symboles, l'aspiration à l'émancipation d'une classe sociale dont les institutions politiques traditionnelles ne reconnaissaient pas le statut. En ce sens, la proclamation en 1789 des Droits de l'Homme et du Citoyen devait être perçue par Knigge comme la réalisation concrète de son idéal de "nouvelle religion".

Ainsi intégré dans le projet fondamental de l'*Aufklärung*, l'engagement maçonnique apparaît comme l'un des moyens qu'elle se donnait pour traduire en actes ses aspirations les plus profondes.

La maçonnerie n'a pas véritablement livré de thèmes spécifiques à la pensée philosophique ou politique de l'*Aufklärung*. Mais elle a été un lieu extraordinaire de rencontre et de débat. Les luttes féroces qui opposaient les Illuminés aux rose-croix étaient le reflet de l'opposition entre le rationalisme et l'irrationalisme, qui domine toute la vie intellectuelle du siècle. En Bavière, l'Illuminisme était l'outil même de l'anticléricalisme, et les anciens jésuites le comprirent bien, qui obtinrent la suppression de l'Ordre. Mais l'Allemagne du Nord était, elle aussi, livrée aux anathèmes réciproques que se lançaient partisans et adversaires de l'orthodoxie religieuse. Ce débat, d'abord intérieur au protestantisme luthérien, a été bientôt relayé, en particulier par l'intermédiaire des rose-croix, par des conflits à l'intérieur même de la maçonnerie, rendant impossible l'unité des systèmes, comme ce fut le cas pour la Stricte Observance. Il était d'autant plus intéressant de mettre en lumière ce fait que les ennemis de la maçonnerie donnaient de celle-ci l'image globale d'un Ordre voué à la défense du rationalisme, voire de l'athéisme, image réductrice qui ne reflétait pas la complexité des oppositions divisant les systèmes.

C'est précisément parce qu'elle était un lieu de débat que la maçonnerie fut aussi un lieu de rencontre. Essayer de retrouver des "thèmes maçonniques" dans la littérature, la philosophie, la musique, ne constitue pas une bonne manière de poser le problème des influences maçonniques. Il est plus exact de dire, comme l'avait déjà suggéré Jacques D'Hondt, que c'est par la maçonnerie que tant de penseurs, d'écrivains, de poètes, de philosophes, mais aussi de musiciens, d'hommes d'Etat, d'administrateurs, ont eu la révélation de thèmes, d'idées, d'images, auxquels leur réflexion a ensuite donné une tournure propre. Ces impulsions reçues par le contact maçonnique se rencontraient avec leurs préoccupations les plus profondes, qui étaient celles de leur époque. Qui oserait dire que la conception dialectique de l'Histoire est une invention maçonnique? Mais est-il vraiment absurde de penser que c'est la lecture de l'*Allocution* qui suggéra à Hegel tout ce qu'on pouvait en tirer? Nous avons donné d'autres exemples au cours de notre travail. Certes, la question des influences qui marquent une pensée et une oeuvre est toujours redoutable, car elle prête aux discours les plus approximatifs. Pourtant, nous avons essayé de montrer que la maçonnerie fut l'un des canaux majeurs de l'*Aufklärung*. Plus précisément, l'Illuminisme fut, grâce à Knigge, l'une des rares tentatives sérieuses pour diffuser en Allemagne, sous les espèces d'une "nouvelle religion", une vision du monde que nous n'hésitons pas, malgré le paradoxe apparent, à qualifier de "laïque".

La laïcité n'est pas l'athéisme. Il se peut que Knigge ait eu, plus qu'il n'osa l'avouer jamais, la tentation de l'athéisme. Mais ce n'est pas elle qui détermine sa position en matière religieuse. Ce qu'il a voulu avant tout, c'est séparer ce qui revenait à l'homme et ce qui revenait à Dieu. Il a voulu soustraire les institutions civiles à l'emprise de l'Eglise. Il a voulu faire de l'Histoire le récit des actes des hommes, et non la marche du peuple vers un salut qu'ils ne comprenaient pas. Rendre aux hommes leur Histoire, leurs institutions, leur morale, substituer à la traditionnelle éducation religieuse une véritable "instruction civique", vouée au service des hommes, voilà quel était le but de la "nouvelle religion". Il n'excluait nullement la foi en un Etre Suprême. Ce disciple de Rousseau n'imaginait pas un Etat sans Dieu. Mais il imaginait très bien un Etat dans lequel le pouvoir n'appartiendrait plus à l'Eglise. En Allemagne, une telle conception était authentiquement révolutionnaire.

Enfin, l'engagement maçonnique reflétait la position sociale de l'*Aufklärung*.

En ne transmettant ses vérités qu'aux seuls initiés, la maçonnerie préservait la distance que les *Aufklärer* entendaient maintenir à l'égard de ce qu'ils appelaient "la populace". Pourtant, les "actes" des francs-maçons que Lessing évoquait dans ses *Dialogues* devaient être exemplaires au point d'exprimer par eux-mêmes, indépendamment d'une initiation formelle, l'adhésion aux valeurs profondes de l'Ordre. Cette conviction de Lessing, Knigge la partageait. Elle formule sans ambiguïté le principe d'une ouverture vers un public plus large que les seuls membres des loges. Mais elle devait, pour trouver une expression adéquate, utiliser un nouveau canal, celui de la littérature.

Le *Commerce* assumera cette fonction de médiation entre l'écrivain engagé et une élite définie par l'instruction et la culture.

L'issue de l'itinéraire maçonnique de Knigge révèle en effet les limites d'un engagement qui ne s'exprime qu'au sein d'une société secrète. La structure sociale du groupe dirigeant de la Stricte Observance reflétait celle de la classe dirigeante allemande: l'Ordre était gouverné par des nobles auxquels s'alliait une partie de la bourgeoisie, qui cependant leur abandonnait la fonction suprême de décision, tandis qu'une autre fraction de la bourgeoisie, admise elle aussi auprès des *Equites*, ne demandait rien: elle se satisfaisait de l'honneur qui lui était fait. L'Ordre des Illuminés avait été la première société secrète dans laquelle le pouvoir fût partagé par les nobles et les bourgeois, les premiers étant même en minorité dans l'Aréopage.

Mais les Illuminés avaient échoué dans leur tentative pour s'emparer de la maçonnerie. Celle-ci restait au pouvoir d'une noblesse qui condescendait tout juste à accepter que certains bourgeois fussent admis dans son entourage. La rupture entre Knigge et Weishaupt montre que, à l'intérieur même de l'Ordre des Illuminés, la "cohabitation" de ces deux classes ne se faisait pas sans problème.

Or Knigge ne voulait pas que la bourgeoisie se contentât d'aller vers la noblesse: il fallait aussi que la noblesse descendît de son piédestal et allât vers la bourgeoisie. Ce que les sociétés secrètes ne parvenaient pas à réaliser, un ouvrage comme le *Commerce*, écrit *par un noble* pour "toutes les classes" (c'est-à-dire la noblesse *et* la bourgeoisie) devait l'obtenir. A elles seules, les sociétés secrètes ne pouvaient faire évoluer la structure sociale d'un pays aussi figé dans ses particularismes et ses traditions que l'était l'Allemagne. Le livre prend le relais de l'action secrète: à partir de 1784, avec l'*Histoire de Peter Claus*, mais surtout à partir de 1788 avec le *Commerce*, Knigge n'écrit plus seulement pour divertir. Sa plume est devenue un outil de la transformation sociale.

Un autre aspect de l'action secrète lui apparaît aussi peu à peu comme dépassé. La contradiction entre la pratique du secret et l'exigence de "publicité" impliquée par la volonté de communication ne pouvait manquer d'éclater, d'autant plus que les luttes intestines qui déchirèrent les loges jusqu'à la réforme de Schröder donnaient de l'idéal de fraternité une image dérisoire. On comprend dès lors que plus d'un maçon se soit détourné de l'Ordre à l'époque de la Révolution française: la fête de la Fédération n'offrait-elle pas l'image grandiose d'une fraternité autrement plus réelle, plus profonde, que celle dont se réclamaient des Frères incapables de se supporter entre eux?

La pire erreur serait de croire, avec Barruel, que les francs-maçons ont fêté leur triomphe dans une Révolution qu'ils avaient préparée. La fête révolutionnaire est, selon la belle expression de Mona Ozouf, un "transfert de sacralité". Elle essaie de saisir, dans la réconciliation du rationnel et du sensible, un grand moment de l'unité de l'homme, celui où est vécue cette fraternité que le christianisme n'avait pas su maintenir. Knigge, comme une partie des francs-maçons allemands, revivait dans la Révolution l' "alliance", expression de cette unité de l'humanité à la découverte de laquelle le dix-huitième siècle avait consacré tant d'efforts.

Le 14 juillet 1790, La France avait célébré la fête d'alliance comme la naissance de la "patrie". Si des hommes comme Forster ou Hölderlin ont rêvé de l'instauration d'une patrie allemande, il ne semble pas que Knigge ait poussé aussi loin sa réflexion dans ce sens.

Certes, il avait noté dans le *Commerce* que le particularisme allemand était l'obstacle majeur à la communication sociale. Mais si l'on perçoit parfois chez lui l'expression d'un sentiment national, celui-ci reste, comme chez la plupart des *Aufklärer*, culturel. Lorsqu'il utilise le mot *Vaterland*, c'est le plus souvent pour désigner l'Etat territorial, très rarement pour parler de l'Allemagne. En revanche, on rencontre sous sa plume à partir de 1792 assez fréquemment les termes *Patriot* ou *patriotisch*: mais ils ne renvoient pas essentiellement à l'espérance d'une "patrie allemande". Ils connotent plutôt une certaine qualité de l'attitude politique, celle qui témoigne de l'adhésion aux principes nouveaux. Toutefois, ces termes ont, précisément dans la mesure où ils ne s'appliquent qu'aux partisans des idéaux de 1789, une acception authentiquement révolutionnaire. En France aussi, "être patriote" signifiait "être pour la Révolution". A partir de 1792, la guerre allait pousser à l'identification du territoire national aux valeurs que défendaient ses fils sur les champs de bataille. Et bientôt, un Hölderlin allait envisager un combat de même nature sur le sol allemand. A Mayence, Forster donnait l'exemple. Knigge n'a jamais posé le problème en ces termes.

Il ne le pouvait pas, puisqu'il se refusait à "trahir" son prince. Son action est celle d'un intellectuel des Lumières, d'un pédagogue: sans relâche, il "explique". Même sa tentative pour créer une "société très publique" reste celle d'un homme qui croit plus au Verbe qu'à l'acte, ou, plus exactement, pour qui le Verbe est acte. Il ne conspire pas, comme Hölderlin. Il n'émigre pas, comme Cramer. Il ne crée pas un club jacobin, comme Forster. Il écrit, c'est tout. Et il le fait dans des conditions qui l'honorent: lorsqu'il traite de politique, la seule précaution qu'il prend est celle de l'anonymat, mais il ne retranche rien à ses convictions.

Pourtant, cette sociabilité nouvelle, qui brisait les barrières dans lesquelles s'enfermait l'ordre féodal, et dont le *Commerce* était le manifeste, a rendu possible la prise de conscience qui devait mener à l'unification de l'Allemagne. Mais le mouvement ne s'est pas fait dans le sens où Knigge le souhaitait. La noblesse n'est pas allée vers la bourgeoisie. C'est la bourgeoisie qui, ayant assimilé (le *Commerce* l'y aidait) les manières de la noblesse, est peu à peu entrée dans la caste "supérieure": faut-il citer le nom de toutes ces familles d'industriels ou de financiers qu'un "von" est venu récompenser de l'argent qu'elles mettaient à la disposition d'aristocrates qui n'avaient plus que leur nom pour richesse, mais auxquels elles ne songeaient pas à disputer la place que, au moins jusqu'en 1918, ils occupèrent dans la société et dans l'Etat? Si Knigge a jamais rêvé de l'instauration d'une "patrie allemande", on peut légitimement douter qu'il l'ait vue ainsi, lui qui écrivait que la seule idée d'un titre de noblesse était la plus "sotte" qui fût, et, plus encore, lui qui proclamait que la politique était l'affaire de chacun, qu'il soit titré ou non.

Jusqu'à sa mort, Knigge a continué à diffuser le message de sa "nouvelle religion". En fréquentant les loges, il avait appris que les temps étaient venus de supprimer la barrière qui séparait la noblesse de la bourgeoisie. La Fédération générale lui a révélé que la Révolution était un phénomène irréversible.

Mais sa situation matérielle, qu'il tenait à préserver, son tempérament aussi, naturellement porté à la conciliation, enfin une appréciation réaliste de la situation de l'Allemagne, lui ont imposé de chercher les voies d'un compromis entre l'idéal et le possible. D'autres, anciens maçons comme lui, iront plus loin, puisqu'ils "récupéreront" au profit de l'Etat monarchique autoritaire les enthousiasmes nés de la ferveur révolutionnaire. Knigge – peut-être mourut-il trop tôt pour qu'il en fût autrement – chercha à agir sur des attitudes de pensée révolues. Au risque de sa liberté, il voulut faire comprendre aux Allemands que c'est du conservatisme que naissent toujours les révolutions.

L'itinéraire de Knigge marque pour l'Allemagne l'entrée des intellectuels dans la politique. Leur arme, c'est l'écrit, qui devient l'instrument d'un pouvoir. Malheureusement, les falsifications auxquelles se prête un outil de ce genre, et dont la fortune des oeuvres de Knigge fournit l'illustration lamentable, permettent de l'utiliser à des fins opposées à celles qu'il entendait servir. Le vieil ami de Knigge, le "publiciste" August Hennings, l'avait bien compris qui, évoquant en 1821 la "claire aurore" qui avait illuminé la journée de Harvestehude, l'opposait à la "lugubre désespérance des temps présents", qui avaient sombré dans une "ténébreuse nuit"!

Mais est-il convenable de conclure ce travail sur une note pessimiste? Au moment où deux peuples qui se sont tant combattus essaient de se donner les moyens de construire un destin commun, il était bon de rappeler que l'Allemagne a eu, elle aussi, ses "hommes de la liberté". Et dans un monde où le rôle et la place des intellectuels sont de plus en plus contestés, il convenait sans doute de s'intéresser de près à cet Allemand qui avait compris que, devant les grandes mutations de l'Histoire, les intellectuels n'ont pas pour vocation de se taire.

SOURCES ET BIBLIOGRAPHIE

I

SOURCES ET OUVRAGES DE REFERENCE

1. Sources manuscrites

Niedersächsisches Hauptstaatsarchiv Hannover:
pièces concernant l'exil de Knigge à Stade, Hann. 9f. Nr. 22

Niedersächsisches Staatsarchiv Wolfenbüttel:
a) Briefwechsel meine Bewerbung um ein Etablissement in Berlin betreffend 1775, VI Hs 11, Nr. 137, Bl. 26 sq.
b) Jakob Mauvillon à Knigge, 2 juin 1784, VI Hs 11, Nr. 137, Bl. 42 - 43
c) Friedrich Gottlieb von Strunsky à Knigge, 4 mars 1786, VI Hs 11, Nr. 137, Bl. 40 - 45, incomplet.
d) Knigge à sa fille, 17 juillet 1789, 7 novembre 1789, 298 Nr. 723.
e) Knige: Rescripte, Resolutiones und Handbriefe, worinn Dienst, Beförderung und Abschied p. p. in Cassel betr., VI Hs 11, Nr. 137.
f) Knigge: Extract General Directorial Protocolli d. d. Cassell den 11. Febr. 1774, Nr. 46 et VI Hs 11, Nr. 137, Bl. 17 sqq.
g) pièces ayant trait au voyage projeté par Knigge au printemps 1796, VI Hs, Nr.103, Bl. 109.

Niedersächsisches Staatsarchiv Stade:
a) [Knigge], Tagebuch über meine Amtsverrichtungen als Oberhauptmann in Bremen, angefangen bey Antritt meines Dienstes, im September 1790
b) pièces sur le conflit entre Knigge et le Sénat de Brême à propos de la nomination de l'instituteur Cordes

Bremer Staatsarchiv:
Affiche intitulée *Nachricht, wie es künftighin mit der Vorbereitung zur Feyer des heiligen Abendmahls in der königl. Domkirche in Bremen gehalten werden wird*, s. d. (document retrouvé par M. Cl. Ritterhoff, qui nous a autorisé à le consulter).

Grande Loge Danoise, Copenhague:
[Knigge], *Entwurf derjenigen Vorschläge, welche auf dem hier zu veranstaltenden allgemeinen Freymaurer-Convent zum Vortrag gebracht werden könnten*, Frankfurt a. M., 18 November 1780 (ms. découvert par M. E. O. Fehn, qui nous a autorisé à le consulter avant sa publication dans l'édition procurée par Paul Raabe).

Berlin, Staatsbibliothek Preussischer Kulturbesitz:
Nachlass Nicolai: Briefwechsel Knigge - Nicolai.

Universitätsbibliothek Leipzig:
Briefwechsel Knigge - Grossmann, Handschriftenabteilung, Kestner-Sammlung, I C III, II A IV, III A IV.

Kestner Museum, Hannover (Alors que cet ouvrage était sous presse, les cinq documents indiqués ci-après ont été versés au Niedersächsisches Hauptstaatsarchiv Hannover).
  a) brouillons de lettres à Karl-August de Weimar, à von Kalb et à von Fritsch, 1914.70.
  b) Knigge à Franz Michael Leuchsenring, s. d. (7 juillet 1791), K.M.S.C. 1285.
  c) brouillons de lettres à Alvensleben (?), à von Hinüber, à Rutlof, à von Uslar et au Gouvernement de Stade, 1914.70.
  d) Knigge à sa fille, 3 août 1789, 31 août 1789, 5 septembre 1789, 27 septembre 1789, 20 novembre 1789, 29 novembre 1789, 29 novembre 1789, 24 juillet 1790.
  e) Concerto de basson principal avec l'accompagnement de deux Violons, d'une Taille, de la Basse-Continüe et de la Basse-Contre, compos[é] à Nentershausen, en Hesse, 1775, Nr. 40.3832.

Bibliothèque de la Ville de Hanovre:
  a) Aufrichtiges Geständnis meiner Poligraphie, Hamburg, 4. April 1790, Nr. 40.3903.
  b) lettre de Knigge à sa fille, 13 juillet 1789.

Zentralbibliothek de Zurich:
  Correspondance entre Knigge et Lavater

Landesbibliothek Oldenburg:
  Nachlass Halem, Briefe, Bd. 2, Nr. 120 (lettre de Knigge à Halem, 13 janvier 1793).

Herzog August Bibliothek Wolfenbüttel:
  a) Knigge à Campe, 3 juin 1792, 3 novembre 1792, Nr. 933 et 934
  b) Campe à Knigge, 24 mai 1792, Nr. 935.

Freies Deutsches Hochstift, Frankfurt a. M.:
  a) Karl Friedrich Cramer à Knigge, 26 mai 1790.
  b) Friedrich Ludwig Schröder à Knigge, 2 février 1791.

Landesbibliothek Kiel:
  Knigge à Gerstenberg, 7 janvier 1793.

Staats- und Universitätsbibliothek Hamburg:
  Nachlass A. Hennings, Bd. 57: lettre de Sophie Reimarus à August Hennings, 5 août 1790.

Niedersächsische Staats- und Universitäts-Bibliothek Göttingen:
  album avec une notation de la main de Knigge, Cod. Ms. hist. lit. 48^n.

Ministère des Affaires Etrangères, Paris:
  a) Mémoire sur le Pays d'Hanovre, an 4 de la République, Correspondance politique: Brunswick et Hanovre 1786 - 1808, pièces diverses, vol. 54, piece 33, pp. 1 - 10.
  b) Mémoire sur la direction qu'il importe à la France de donner à l'existence politique de l'Electorat de Hanovre, s.l.n.d. [1796], *ibid.*, pp. 38 - 48.

2. *Sources imprimées*

A. Recueils de lettres

Andreasen O., Hg. Aus dem Briefwechsel Friedrich Münters. Europäische Beziehungen eines dänischen Gelehrten, 3 Bde, Kopenhagen/Leipzig, 1944.

Hettner H., Hg. Georg Forsters Briefwechsel mit S. Th. Sömmering, Braunschweig, 1877.

Holtei K. v., Hg. Dreihundert Briefe aus zwei Jahrhunderten, Bd. 1, Hannover, 1872.

Klencke H., Hg. Aus einer alten Kiste. Originalbriefe, Handschriften und Documente aus dem Nachlass eines bekannten Mannes, Leipzig, 1853.

Lappenberg J.M., Hg. Briefe von und an Klopstock, Braunschweig, 1867.

Malten H. Merkwürdige Autographen. Bisher noch nicht veröffentlichte eigenhändige Schreiben der berühmtesten Männer des 18. und 19. Jahrhunderts. Buchstäblich abgedruckt, Bd. 2, Aarau, 1840.

[Pott D.]. Briefe angesehener Gelehrten, Staatsmänner und anderer an den berühmten Märtyrer D. Karl Friedrich Bahrdt seit seinem Hinweggange von Leipzig bis zu seiner Gefangenschaft 1789. Nebst einigen Urkunden, V. Th., enthält die Geschichte der Deutschen Union oder der Zweiundzwanziger, nebst dem vorzüglichsten Briefwechsel derselben, Leipzig, 1798.

Schulz H., Hg. Aus dem Briefwechsel des Herzogs Friedrich Christian zu Schleswig-Holstein, Stuttgart/Leipzig, 1913.

Strodtmann A., Hg. Briefe von und an Bürger, Bd. IV, Berlin, 1874.

Voigts F., Hg. Knigge und der Prinz Carl von Hessen, in: ASTRÄA, Taschenbuch für Freimaurer, 15. Jg, Sondershausen 1850, pp. 159 - 185; 16. Jg., *ibid.*, 1852, pp. 176 - 189.

Voigts F., Hg. aus Knigges Briefwechsel, in: *ibid.*, 17. Jg, 1853, pp. 294 - 316; 21. Jg, 1859 - 1860, pp. 253 - 299.

Wagner K., Hg. Briefe an J.H. Merck von Goethe, Herder, Wieland etc., Darmstadt, 1835.

Wyttenbach J.H., Hg. Auswahl von Briefen berühmter Personen, Trier, 1929.

B. Autres documents

[Anonyme]. Einige Originalschriften des Illuminaten-Ordens, welche bey dem gewesenen Regierungsrath Zwack durch vorgenommene Hausvisitation zu Landshut den 11. und 12. Oct[tober] 1786 vorgefunden worden. Auf höchsten Befehl Seiner Churfürstlichen Durchleucht zum Druck befördert, München, o.D. [1787]. Trad. française par H. Coston, Paris, 1979.

[Anonyme]. Nachtrag von weitern Originalschriften, welche die Illluminatensekte überhaupt, sonderbar aber den Stifter derselben Adam Weishaupt, gewesenen Professor zu Ingolstadt betreffen, und bey der auf dem Baron Bassusischen Schloss zu Sandersdorf, einem bekannten Illuminaten-Neste, vorgenommenen Visitation entdeckt, sofort auf Churfürstlich höchsten Befehl gedruckt, und zum geheimen Archiv genommen worden sind, um solche jedermann auf Verlangen vorlegen zu lassen, 2 Abtheilungen, München, 1787.

Mémoires de mon temps, dictés par le landgrave Charles de Hesse, Copenhague 1861. Trad. allemande: Denkwürdigkeiten des Landgrafen Karl von Hessen-Kassel. Von ihm selbst dictirt. Aus dem Französischen, als Manuscript gedruckten Original übersetzt. Mit einer Einleitung von Dr. St. Bernhardi, Kassel, 1866.

Dietrich R., Hg. Politische Testamente der Hohenzollern, München, 1981.

Ditfurth F.D. v. Bericht über den Wilhelmsbader Konvent, Wetzlar, août 1782, in: *Freimaurer Zeitung*, Leipzig, 1847, Nr. 5 und 6, pp. 33 - 48.

Drögereit R. Quellen zur Geschichte Kurhannovers im Zeitalter der Personalunion mit England 1714 - 1803, Hildesheim, 1949.

[Faber, J.H.]. Der ächte Illuminat oder die wahren, unverbesserten Rituale der Illuminaten. Enthaltend 1) die Vorbereitung, 2) das Noviziat, 3) den Minervalgrad, 4) den kleinen und grossen Illuminatengrad. Ohne Zusatz und ohne Hinweglassung, Edessa [=München], 1788.

Fournier A. Knigge und Blumauer, in: A. Fournier, Hg., Historische Studien und Skizzen, 3. Reihe, Wien/Leipzig, 1912, pp. 17 - 29.

Dr. Fessler's Rückblicke auf seine siebzigjährige Pilgerschaft. Ein Nachlass, hg. von Fr. Bülau, 2. Aufl., Leipzig, 1851.

Gewecke G. Reise in Kniggen-Land. Bredenbecker Chronik 1255 - 1950, Bredenbeck, 1970.

[Grolmann L.A.CH. von]. Die neuesten Arbeiten des Spartacus und Philo in dem Illuminaten-Orden jetzt zum erstenmal gedruckt und zur Beherzigung bey gegenwärtigen Zeitläuften herausgegeben, o.O. [Leipzig], 1793, rééd. 1794.

Grotenfeld C.L. / Fieler G.F., Hg. Urkundenbuch der Stadt Hannover, Hanover 1860.

Hansen J. Quellen zur Geschichte des Rheinlandes im Zeitalter der Französischen Revolution 1789 - 1801, 4 Bde, Bonn, 1931 - 1938.

Hessen-Kasselsche RangOrdnung vom 13. März 1762, in: Schlözers *Briefwechsel meist historischen und politischen Inhalts*, Göttingen, 1780, Heft XLII, pp. 364 - 370.

[Hoffmann L.A.]. Aktenmässige Darstellung der Deutschen Union und ihrer Verbindung mit dem Illuminaten-, Freimaurer- und Rosenkreutzer-Orden. Ein nöthiger Anhang zu der höchst wichtigen Erinnerung zur rechten Zeit, Wien, 1796.

[Merzdorf J.L.F.], Hg. Verzeichnis sämmtlicher innern Ordensbrüder der Strikten Observanz, zusammengestellt von Br[uder] v. Lindt, Oldenburg, 1846.

Müller W.C. Nachruf auf Knigge, 12. Mai 1796, Universitätsbibliothek Bremen.

Rachold J., Hg. Quellen und Texte zur Aufklärungsideologie des Illluminatenordens (1776 - 1785), Berlin/DDR, 1984.

Sudendorf H. Urkundenbuch zur Geschichte der Herzöge von Braunschweig und Lüneburg und ihrer Lande, 11 Bde, Hannover, 1859 – Göttingen, 1883.

Verordnung gegen die Ausbreitung anstössiger Schriften und fliegender Blätter, 24 novembre 1772, in: *Politische Annalen*, hg. von C. Girtanner, 1/1793, pp. 89 sqq.

Zwack F.X. v. Beurkundete Geschichte des Illuminatnordens, 1787, ms. perdu aujourd'hui, mais que L. Engel a eu entre les mains au début du XXè siècle et dont il a publié une partie dans *Geschichte des Illuminaten-Ordens,* München, 1906, *passim.*

3. Ouvrages de références

A. Bibliographies

Fromm H. Bibliographie deutscher Übersetzungen aus dem Französischen, 6 Bde, Baden-Baden, 1950 - 1953.

Gödeke K. Grundriss zur Geschichte der deutschen Dichtung. aus den Quellen, 3. neu bearb. Auflage, fortgeführt von Edmund Goetze, Dresden, 1916.

Heinsius W. Allgemeines Bücher-Lexikon oder vollständiges Alphabetisches Verzeichnis der von 1700 bis Ende 1810 erschienenen Bücher, welche in Deutschland und in den durch Sprache und Litteratur verwandten Ländern gedruckt worden sind, 4 Bde, Leipzig, 1812.

Kayser C.G. Vollstaendiges Buecher-Lexicon enthaltend alle von 1750 bis 1910 in Deutschland und in den angrenzenden Ländern gedruckten Büchern, 36 Teile, Leipzig, 1834 - 1912.

Kirchner J. Bibliographie der Zeitschriften des deutschen Sprachgebiets von den Anfängen bis 1830, Stutgart, 1969.

Kloss G. Bibliographie der Freimaurerei und der mit ihr in Verbindung gesetzten geheimen Gesellschaften, Frankfurt a. M., 1844 (unveränd. fotomechan. Nachdruck, Graz, 1970).

Reinalter H. (Hg). Aufklärung – Vormärz – Revolution. Mitteilungen der internationalen Forschungsgruppe "Demokratische Bewegungen in Mitteleuropa 1770 - 1850" an der Universität Innsbruck, à partir de 1981.

Sommervogel C. Bibliothèque de la Compagnie de Jésus, Paris, 1932, t.11.

Taute R. Maurerische Bücherkunde, Leipzig, 1886.

Taute R. Ordens- und Bundesromane. Ein Beitrag zur Bibliographie der Freimaurerei, Frankfurt a. M., 1907.

Wolfstieg A. Bibliographie der freimaurerischen Literatur, 4 Bde, Burg/Leipzig, 1911 - 1926 (réimpr. Hildesheim, 1964).

B. Dictionnaires et encyclopédies

Adelung J.C. Versuch eines vollständigen grammatisch-kritischen Wörterbuchs der hochdeutschen Mundart, Leipzig, 1774 - 1786.

Allgemeine Deutsche Biographie, hg. durch die Historische Commisssion bei der Königl. Academie der Wissenschaften, 56 Bde, Leipzig, 1875 - 1912.

Allgemeines Handbuch der Freimaurerei, dritte, völlig umgearb. und mit den neuen wissenschaftlichen Forschungen in Einklang gebrachte Auflage von Lennings Encyklopädie der Freimaurerei, hg. vom Verein deutscher Freimaurer, 2 Bde, Leipzig, 1900 - 1901.

Baylens Historisches und Kritisches Wörterbuch, nach der neuesten Auflage von 1740, ins Deutsche übersetzt; auch mit einer Vorrede und verschiedenen Anmerkungen sonderlich bey anstössigen Stellen versehen von Johann Christoph Gottscheden, 4 Bde, Leipzig, 1741 - 1744.

Biographie universelle, ancienne et moderne, 52 vol., Paris, 1811 - 1828.

Bouillet N. dictionnaire universel d'Histoire et de Géographie, 4è éd., Paris, 1847.

Deutsche Encyclopädie oder Allgemeines Real-Wörterbuch aller Künste und Wissenschaften, von einer Gesellschaft Gelehrten, Frankfurt A. M., à partir de 1778.

Genealogisches Handbuch des Adels: Freiherrliche Häuser, A, Bd. VIII, 1971.

Gothaisches Taschenbuch der Freiherrlichen Häuser, Limburg a. d. Lahn, 1966.

Grimm J. und W. Deutsches Wörterbuch, hg. von der Deutschen Akademie der Wissenschaften zu Berlin in Zusammenarbeit mit der Akademie der Wissenschaften zu Göttingen. Quellenverzeichnis, Leipzig, 1971.

H[.....] F.C. Neues vollständiges deutsch-französisches und französisch-deutsches Wörterbuch, Augsburg, 1783.

Holzmann M./ Bohatta H. Deutsches Anonymenlexikon 1501 - 1850, 7 Bde, Weimar, 1902 - 1928.

Holzmann M./ Bohatta H. Deutsches Pseudonymen-Lexikon, Wien, 1906.

Kneschke. Deutsches Adelslexikon, Bd. 5, 1864.

Knesebeck F.W.F.B. von dem. Historisches Taschenbuch des Adels im Königreich Hannover, Hannover, 1840.

Krünitz J.G./Floerke H.G./Hoffmann C.O. Oekonomische Enzyklopädie oder allgemeines System der Staats-Stadt-Haus- und Landwirtschaft in alphabetischer Ordnung, 242 Bde, Berlin, 1773 - 1858.

Lennhoff E./Posner O. Internationales Freimaurer Lexikon, unveränd. Nachdruck der Ausgabe 1932, Wien/München, 1975.

Lenning C. [= Mossdorf F.]. Enzyklopädie der Freimaurerei nebst Nachrichten über die damit in wirklicher oder vorgeblicher Beziehung stehenden Geheimen Verbindungen, 3 Bde, Leipzig, 1822 - 1828.

Meusel J.G. Das gelehrte Teutschland oder Lexikon der jetzt lebenden teutschen Schriftsteller, 5. Ausg., 23 Bde, Lemgo, 1796 - 1834.

Neue Deutsche Biographie, hg. von der Historischen Kommission der bayerischen Akademie der Wissenschaften, 12 volumes parus, München/Berlin, à partir de 1953.

Rössler H./Franz G. Biographisches Wörterbuch zur deutschen Geschichte (unter Mitarbeit von W. Hoppe), München, 1952.

Roux F. Neues Teutsches und Französisches Wörter-Buch, Halle, 1780.

Rotermund H.W. In Fortsetzung und Ergänzungen zu Christian Gottlieb Jöchers allgemeinem Gelehrten-Lexico worinn die Schriftsteller aller Stände nach ihren vornehmsten Lebensumständen und Schriften beschrieben werden. Angefangen von Johann Christoph Adelung und vom Buchstaben K fortgesetzt von Heinrich Wilhelm Rotermund, Delmenhorst 1784 - 1819.

Rothert W. Allgemeine hannoversche Biographie, 3 Bde. Bd. 3: Hannover unter dem Kurhut 1646 - 1815, hg. von A. Rothert und M. Peters, Hannover, 1916.

Strieder F.W. Grundlage zu einer hessischen Gelehrten- und Schriftstellergeschichte, 20 Bde, Cassel, 1781 - 1863.

Strodt J.C. Beyträge zur Historie der Gelehrtheit worinnen die Geschichte der Gelehrten unsrer Zeiten beschrieben werde, 5 Theile, Hamburg, 1748 - 1750.

Wander K.F.W. Deutsches Sprichwörter-Lexikon. Ein Hausschatz für das deutsche Volk, 5 Bde, Leipzig, 1862 - 1880, réimpr. Darmstadt. 1964.

Weidlich C. Geschichte der jetztlebenden Rechts-Gelehrten in Teutschland und zum Theil auch ausser demselben, als ein Rechts-Gelehrten Lexicon in Alphabetischer Ordnung, nebst einer hierzu dienlichen Vorrede, 2 Theile, Merseburg, 1748 - 1749.

II

ŒUVRES DE KNIGGE

NB. Une bibliographie exhaustive de tout ce que Knigge a écrit reste à établir. Nous mentionnons ici, dans leur ordre chronologique, les ouvrages que nous avons utilisés.
Une édition en fac-similé est en cours: Adolph Freiherr KNIGGE, *Sämtliche Werke*. In Zusammenarbeit mit Ernst-Otto Fehn, Manfred Grätz, Gisela von Hanstein und Claus Ritterhoff herausgegeben von Paul Raabe, 20 vol. parus, Nendeln/Liechtenstein, Kraus-Thomson Organization, 1978. Nous signalons entre parenthèses par le sigle KTO suivi d'un numéro le volume dans lequel se trouve éventuellement l'ouvrage indiqué.
Lorsque l'ouvrage a été publié anonymement, nous l'indiquons par des [...].

1. Bibliographie chronologique

A. Œuvres originales

a) éditions originales

Die beiden Geizigen, ein Lustspiel in 2 Aufzügen und ungebundener Rede mit Arietten, aus dem Französischen übersetzt. Die Musik ist von dem Herrn Gretri, Frankfurt a. M., 1771.

Concerto de Basson principal avec l'accompagnement de deux Violons, d'une Taille, de la Base-Continüe et de la Bassecontre, [en fa majeur], Nentershausen, en Hesse, août 1775 (ms).

[...]Wie unser Jahrhundert grossentheils Wissenschaften und Künste treibt, in: *Hanauisches Magazin*, 1/1778, pp. 313 - 318.

[...]Etwas über das Theater, in: *Hanauisches Magazin*, 1778, St. 27.

Warder, ein Drama in fünf Aufzügen, Hanau/Offenbach, 1779.

[...]Allgemeines System für das Volk zur Grundlage aller Erkenntnisse für Menschen aus allen Nationen, Ständen und Religionen in einem Auszug herausgegeben, Nicosia, 1873 [= Hanau, 1779?], (KTO 12).

Theaterstücke, von A[dolph] Fr[ei]h[e]r[r]n v[on] K[nigge], 2 Theile, Hanau/Offenbach, 1779 - 1780 (KTO 22). Bd. 1: Der Richter, ein Drama in drey Aufzügen aus dem Französischen des Herrn Mercier; Warder, ein Drama in fünf Aufzügen. Bd. 2: Etwas über vaterländische Schauspiele; Louise, ein Drama in fünf Aufzügen; Die beiden Geizigen, eine comische Oper aus dem Französischen.

Entwurf derjenigen Vorschläge, welche auf dem hier zu veranstaltenden allgemeinen Freymaurer Convent zum Vortrag gebracht werden könnten, Frankfurt a. M., 18. Nov[em]b[e]r: 1780, ms.

Six sonates de clavecin seul, 1781.

[...]Brief eines Reisenden, herausgegeben zur Warnung an die deutschen Fürsten, Jesuiten-Gift und Dolche betreffend, Amsterdam, 1781 (extraits in: *Schlözers Briefwechsel*, Th. 10, Göttingen, 1782, H. 60, pp. 341 - 344).

[...]Ex-jesuitische Versuche, die Barbarei in Deutschland wieder einzuführen, in: *Schlözers Briefwechsel*, Th. VIII, H. XLVI, 1781, pp. 218 - 270.

[...]Urtheil einiger katholischer Geistlicher über die Lehrsätze des Professors Wirl am Gymnasium zu Baden, in: *ibid.*, 1781.

[...]Herrn Ex-Jesuiten Gruber, Zaupser und Censur Collegium in München, *ibid.*, 1781, pp. 371 - 377.

[...]Wieder ein Ex-Jesuit, Hr. Franz Xaver Gruber, in München (aus den Berichten der allgemeinen Buchhandlung der Gelehrten in Dessau), in: *ibid.*, 1781, Th. VIII, pp. 52 - 58.

[...]Ueber Jesuiten, Freymaurer und deutsche Rosencreutzer, herausgegeben von Joseph Aloisius Maier der Gesellschaft Jesu ehemaligem Mitgliede, Leipzig, 1781 (KTO 12).

[...]Neueste Beyträge zu der Geschichte der Jesuiten aus wahrhaften Urkunden gezogen, Hamburg, 1781.

[...]Abermaliger Bericht der theologischen Facultät in Ingolstadt vom 20. August 1778: die dortigen ExJesuiten betreffend, in: *Schlözers Briefwechsel*, 1782.

[...] Ex-jesuitische Versuche, die Barbarei und den Jesuiter-Orden in Baiern wieder herzustellen. Eingelaufen den 11. Mai 1771, in: *ibid.*, Th. IX, H. XLIX, pp. 6 - 34.

[...]Ueber die Echtheit der deutschen Rosencreutzer, in: *Oberrheinische Mannigfaltigkeiten*, St. 3, Basel, 1782.

[...] Der Roman meines Lebens, 4 Theile, Riga, 1781 - 1783 (KTO 1 u. 2).

Sechs Predigten gegen Despotismus, Dummheit, Aberglauben, Ungerechtigkeit, Untreue und Müssiggang, herausgegeben von A[dolph] Freyherrn von K[nigge], Frankfurt a. M., 1783 (KTO 9).

Ein Brief über Erziehung, in: *Magazin für Frauenzimmer*, Bd. 1, 1783, pp. 80 - 93 (KTO 16).

Geschichte Peter Clausens. Von dem Verfasser des Romans meines Lebens, 3 Theile, Frankfurt a. M., 1783 - 1785 (KTO 3).

Der Gefällige. Ein Lustspiel in drey Aufzügen. Nach dem Französischen. Von A[dolph] Freiherrn von K[nigge], o. O., 1784 (KTO, 22).

Zweiter Brief über Erziehung, in: *Magazin für Frauenzimmer*, Bd. 2, 1784, pp. 158 - 162 (KTO 16).

Dritter Brief über Erziehung, in: *ibid.*, Bd. 2, 1784, pp. 162 - 173 (KTO 16).

Vertheidigung meines Betragens in Ansehung der Illuminaten, ms, 17784 (n'a pas été retrouvé. Extraits dans: F. KISTNER, *Aus dem Archiv der Loge Carl zur gekrönten Säule*, in: *Hamburger Logenblatt*, Bd. 37, 1904, pp. 280 - 285 et 306 - 310).

Gesammlete poetische und prosaische kleinere Schriften, von A[dolph] Fr[ei]h[er]rn v[on] K[nigge], 2 Bde, Frankfurt a. M., 1784 - 1785 (KTO 16).

Der Unbesonnene. Ein Lustspiel in fünf Aufzügen. Nach dem Französischen. Von A[dolph] Freiherrn von K[nigge], Heidelberg, 1785.

Die Gefahren der grossen Welt. Ein Schauspiel in drei Aufzügen. Nach dem Französischen umgearbeitet für die teutsche Bühne. Von A[dolph] Freiherrn von K[nigge], Heidelberg, 1785.

Sechs Predigten über Demuth, Sanftmuth, Seelen-Frieden, Gebeth, Wohlthätigkeit und Toleranz, herausgegeben von Adolph Freyherrn von K[nigge], Heidelberg, 1785 (KTO, 9).

[...] Journal aus Urfstädt, von dem Verfasser des Romans meines Lebens, 3 Stücke, Frankfurt a. M., 1785 - 1786 (KTO 17).

[...] Impertinenz eines französischen Schriftstellers, in: *Pfalzbaierisches Museum*, Bd. 3, 1785 - 1786, pp. 494 - 509.

[...] [Bericht über das Theater in Heidelberg]: den 14. Mai 1786, in *Pfalzbaierisches Museum*, Bd. 3, 1785 - 1786, pp. 419 - 435; den 2. Jun[ius] 1786, *ibid.*, pp. 516 - 526.

Das Gemälde vom Hof. Aus dem Französischen. Von Adolph Freiherr von K[nigge], München, 1786.

[...] Beitrag zur neuesten Geschichte des Freymaurerordens in neun Gesprächen, mit Erlaubnis meiner Obern herausgegeben, Berlin, 1786 (KTO 12).

Die Verirrungen des Philosophen oder Geschichte Ludwigs von Seelberg, herausgeben von A[dolph] Freiherrn von K[nigge], Frankfurt a. M., 1787 (KTO 4).

Sechs Predigten über Trost im Leiden, Bezähmung der Leidenschaften, Gute Werke, Verläumdung, Bibelstudium und Schmeicheley, herausgegeben von Adolph Freyherrn von K[nigge], Frankfurt a. M., 1788 (KTO 9).

[...] Philo's endliche Erklärung und Antwort, auf verschiedene Anforderungen und Fragen, die an ihn ergangen, seine Verbindung mit dem Orden der Illuminaten betreffend, Hannover, 1788 (KTO 12).

Ueber den Umgang mit Menschen, 2 Theile, Hanover, 1788 (KTO, 10: 5. verbesserte und vermehrte Auflage, 1796).

[...] Uber Friedrich Wilhelm den Liebreichen und meine Unterredung mit ihm, von J.C. Meywerk, Churf. Hannöverschen Hosenmacher, Frankfurt a. M./Leipzig, 1788 (KTO 19).

[...] Fragmente aus dem Leben des Majors von Biedersdorf, einem noch ungedruckten Roman, in: *Jahrbuch für die Menschheit*, Bd. 1, 1788, pp. 423 - 434.

Briefe über die neuere Erziehungsart. Erster Brief, in: *ibid.*, Bd. 2, 1788, pp. 229 - 240; Fortsetzung der Briefe über die neuere Erziehungsmethoden. Zweiter Brief, in: *ibid.*, pp. 343 - 364; Ueber die neuern Erziehungsmethoden. Dritter Brief, in: *ibid.*, pp. 385 - 395.

Dramaturgische Blätter, 36 Stücke, Hannover, Oktober 1788 - Juli 1789.

Nachricht an das Publicum, von den Folgen, welche die Einrückung meiner drey Briefe über die neuere Erziehungs-Methoden in dies Jahrbuch gehabt hat, in: *Jahrbuch für die Menschheit*, 1789, Bd. 1, pp. 169 - 185.

Noch etwas, als Anhang zu den Briefen, in welchen ich Zweifel gegen die Grundsätze e i n i g e r Erzieher der jetzigen Zeit äusserte, mit Beziehung auf den Herrn Rath Campe a l l g e m e i n e Vertheydigung der neuern Erziehung-Methoden, im zweyten Stücke des Braunschweig'schen Journals vom Jahre 1789, in: *ibid.*, pp. 221 - 234.

Fortsetzung der Nachrichten von den Folgen, die durch Herausgabe meiner Briefe über die neuere Erziehung entstanden sind, in: *ibid.*, pp. 409 - 442.

[...] (?) Zwei Briefe, einer an Trapp, der andere an Knigge, Leipzig, 1789.

Etwas über Pedanterey, in: *Jahrbuch für die Menschheit*, 1789, Bd. 1, pp. 120 - 143.

Geschichte des armen Herrn von Mildenburg. In Briefen herausgegeben, 3 Theile, Hannover, 1789 - 1790 (KTO 5 und 6).

Aufrichtiges Geständnis meiner Poligraphie, vom 4. April 1790, ms, reproduit in: *Kurze Biographie, op. cit.*, pp. XXIV - XXIX.

[...] Theater-Miscellanen., Auszüge aus Briefen, Bremen, den 20sten Jan[uar] 1791, in: *Journal des Luxus und der Moden*, Bd. 6, 1791, pp. 140 sqq.

[...] Benjamin Noldmann's Geschichte der Aufklärung in Abyssinien, oder Nachricht von seinem und seines Herrn Vetters Aufenthalte an dem Hofe des grossen Negus, oder Priester Johannes, 2 Theile, Göttingen, 1791 (KTO 14).

Das Zauberschloss oder Geschichte des Grafen Tunger, Hannover, 1791 (KTO 7).

Erklärung, in: *Hamburgischer unpartheyischer Correspondent*, 7. Februar 1792, Beilage zu Nr. 21.

[...] Des seligen Herrn Etatsraths Samuel Conrad von Schaafskopf hinterlassene Papiere, Breslau (= Hannover), 1792 (KTO 15).

Josephs von Wurmbrand, kaiserlich-abyssinischen Ex-Ministers, jetzigen Notarii caesarii publici in der Reichsstadt Bopfingen, politisches Glaubensbekenntnis, mit Hinsicht auf die französische Revolution und deren Folgen, Frankfurt und Leipzig (= Hannover), 1792 (KTO 15).

Die Reise nach Braunschweig. Ein comischer Roman, Hannover, 1792 (KTO 7: Zweite Auflage, Hannover, 1794).

Ueber den Bücher-Nachdruck, Hamburg, 1792 (KTO 19).

Briefe, auf einer Reise aus Lothringen nach Niedersachsen geschrieben, Hannover, 1793 (KTO 20).

Ueber Schriftsteller und Schriftstellerey, Hannover, 1793 (KTO 19).

[...] Ueber die Ursachen, warum wir vorerst in Teutschland wohl keine gefährliche politische Haupt-Revolution zu erwarten haben, in: *Schleswigsches Journal*, Bd. 2, 1793, pp. 273 - 290.

Geschichte des Amtsraths Gutmann, von ihm selbst geschrieben, Hannover, 1794 (KTO 8).

[...] Auszug eines Briefes die Illuminaten betreffend, ohne Einwilligung des Schreibers, aber gewiss in der redlichsten Absicht zum Druck befördert, von seinem Freunde, Leipzig, 1794 (KTO 12).

[...] Ueber Charakterlosigkeit, in: *Genius der Zeit*, Bd. 1, 1794, pp. 131 - 159.

[...] Allegorie. Nachricht von einem neu errichteten heimlichen Sitten-Tribunal. Ein Ding, das ist, und nicht seyn wird, in: *ibid.*, pp. 207 - 220.

[...] Fragmente über Auszeichnungen, *ibid.*, Bd. 2, 1794, pp. 284 - 295.

[...] Einige Worte über einen Aufsatz im deutschen Magazin, in: *ibid.*, Bd. 4, 1795, pp. 263 - 269.

[...] Reise nach Fritzlar im Sommer 1794. Auszug aus dem Tagebuch. Durchaus blos für Freunde. Von Joh. Melchior Spiessglas, hochfürstlicher Cammerjäger und Titular-Ratzenfänger in Peina, o. O., o. D. [1795] (KTO 20).

[...] Rückblicke auf den, wenn Gott will, für Teutschland nun bald geendigten Krieg. Nebst einigen Erläuterungen, die Propaganda, Jacobiner und Illuminaten betreffend, Coppenhagen, 1795 (KTO 15).

[...] Manifest einer nicht geheimen, sondern sehr öffentlichen Verbindung ächter Freunde der Wahrheit, Rechtschaffenheit und bürgerlichen Ordnung an ihre Zeitgenossen, Wien [= Braunschweig], 1795 k(KTO 15).

[...] Kurze Darstellung der Schicksale, die den Kaufmann, Herrn Arnold Delius in Bremen, als Folgen seiner nordamerikanischen Handlungs-Unternehmungen betroffen haben, o. O. 1795 (KTO 20).

[...] Beschreibung des Harmonicons, eines neuen musicalischen Instrumentes, von der Erfindung des Hrn. Mag. Müller, Lehrers an der königl. Domschule in Bremen. Brief eines Reisenden, in: *Genius der Zeit*, Bd. 7, 1796, pp. 277 - 296.

[...] Zweifel eines ungelehrten Landmanns, über einige Sätze der neueren Philosophie. In Briefen an einen Freund in *****, in: *ibid.*, pp. 345 - 360.

[...] Rüge, in: *ibid.*, pp. 382 sq.

Ueber Eigennutz und Undank. Ein Gegenstück zu dem Buche: Ueber den Umgang mit Menschen, Leipzig, 1796 (KTO 11).

b) réimpressions citées (sauf *Ueber den Umgang mit Menschen*: voir ci-dessous, 2).

Voegt H. (Hg). Traum des Herrn Brick. Essays. Satiren. Utopien, Berlin/DDR, 1968 (comprend: Der Traum des Herrn Brick, tiré de Peter Claus, 2è partie; Noldmann; Wurmbrand; Schaafskopf; Manifest).

Fetscher I. Des seligen Herrn Etatsraths [...] von Schaafskopf, Frankfurt a. M., 1965.

Steiner G. Josephs von Wurmbrand [...] politisches Glaubensbekenntnis [...], Frankfurt a. M., 1968.

B. Traductions

Des Hochw[ürdigen] Br[uders] L[udovici] a Fas[cia] Präfekt des Loth[ringer] ✚ (= Kapitels) Visit[ators] des Pr[iorats] von Anst [?] Abhandlung über die allgemeine Zusammenkunft der Freimaurer, bey dem Gesundbrunnen in Wilhelmsbad ohnweit Hanau. Ins Teutsche übersetzt, mit Anmerkungen und Erläuterungen, von R[itter] v[om] S[chwan] (= Knigge), [Frankfurt a. M.], 1784.

Versuch über die Freymaurerey oder Von dem wesentlichen Grundzwecke des Freymaurer-Ordens; von der Möglichkeit und Nothwendigkeit einer Vereinigung seiner verschiedenen Systeme und Zweige; von derjenigen Verfassung, welche diesen vereinigten Systemen die zuträglichste seyn würde; und von den Maurerischen Gesetzen. Aus dem Französischen des Br[uders] B*** (= Beyerlé) übersetzt durch den Br[uder] A[dolph] R[itter] v[om] S[chwan], 2 Bde, [Frankfurt a. M.], 5785 (= 1785).

Ueber den gegenwärtigen Zustand des gesellschaftlichen Lebens in den vereinigten Niederlanden. Als ein Anhang zu dem Werke: Ueber den Umgang mit Menschen, aus dem Holländischen übersetzt von Adolph Freiherrn Knigge, Hannover, 1790.

J.J. Rousseau: Fortsetzung der Bekenntnisse, übersetzt von Adolph Freiherrn Knigge, Th. 3 - 4, Berlin, 1790.

[Lorenzo Da Ponte]. Il talismano, Eine Oper, 1790.

[Lorenzo Da Ponte]. Gesänge aus dem Singspiele Figaros Heirat in vier Aufzügen, aus dem Italienischen übersetzt von Freiherrn von Knigge, in Musik gesetzt von Mozart, Hamburg, 1791.

Berchtoldts Anweisungen für Reisende. Aus dem Englischen, Braunschweig, 1791.

Hern von Antrechau's Ritter des Orden vom heil[igen] Michael und damaligen ersten Bürgermeister in Toulon merkwürdige Nachrichten von der Pest in Toulon, welche im Jahr 1721 daselbst gewüthet hat. Mit belehrenden Anmerkungen für die Nachkommenschaft. Aus dem Französischen übersetzt von Adolph Freyherrn Knigge. Nebst einer Vorrede von D. Joh[ann] Alb[recht] Heinr[ich] Reimarus, Hamburg, 1794.

Ueber den Ursprung des Despotismus. Aus dem Französischen des Nic. Ant. Boulanger, ?, 1794.

2. Editions et imitations citées de *Ueber den Umgang mit Menschen*

A. Editions citées

Erste Auflage, in zwei Theilen, Hannover, 1788. Reprint Darmstadt, Wissenschaftliche Buchgesellschaft, 1976.

Zweite verbesserte Auflage in zwei Theilen, Hannover, 1788.

Dritte verbesserte und vermehrte Auflage in drei Theilen, Hannover, 1790. Rééditions:

-Ausgewählt und eingeleitet von Iring Fetscher, Frankfurt a. M., 1962.

-Hg. von Gert Ueding. Mit Illustrationen von Chodowiecki und anderen, Frankfurt a. M., 1977.

Fünfte verbesserte und vermehrte Auflage, Hannover, 1796 (KTO 10).

Zehnte Original-Ausgabe. Durchgesehen und vermehrt von F[riedrich] P[hilipp] Wilmsen. Nebst einem Anhang, die Biographie des Verfassers enthaltend, Hannover, 1823.

Elfte Original-Ausgabe. Durchgesehen und aufs Neue stark vermehrt von F.P. Wilmsen, 4 Bde, Hannnover, 1830.

Zwölfte Originalausgagabe in einem Bande. Durchgesehen und eingeleitet von Karl Gödeke, Hannover, 1844.

Nach dem Originaltext herausgegeben von V. Berends, Gera, 1888.

Zwanzigste Original-Ausgabe und aufs neue verbessert von Karl Goedeke, Hannover, 1922.

B. Quelques vade-mecum tirés de *Ueber den Umgang mit Menschen*

Alexander N. Knigge modern, Freiburg, 1972.

Berger D. Knigge für Bettfreuden, Wien, 1971.

Eichen Y. Gräfin von. Der moderne Knigge. Der verlässliche Ratgeber für gesellschaftlichen und beruflichen Erfolg, München, 1969.

Gabler Dr. Knigges Brevier: ein ABC der Umgangsformen für Beruf und tägliches Leben, Wiesbaden, 1963.

Hennenhoffer G./Jaensch H.A. Knigge 2000. Befreiter Umgang mit den anderen, Köln, 1974.

Hughs S. Kleiner Reise-Knigge, Zürich, 1959.

Kerler R. Bayerischer Knigge, Pfaffenhofen, 1972.

Ogrizek D./Daninos P. Welt-Knigge. Woraus man ersehen kann, wo die einzelnen Völker empfindlich sind und wie man sich in der Welt benehmen muss. o. O., o. D.

Sommer S. Weissblauer Knigge, Ebersberg, 1972.

Tesarek A. Der Kinder-Knigge, Hamburg, 1948.

Troll T. Kleiner Autoknigge, 13. Aufl., Zürich, 1970.

Weilenmann G. Knigge für Manager und Sekretärinnen, 3. unver. Auflage, Glattbrugg, 1971.

Weissenfeld C. von. Der moderne Knigge. Die Beherrschung des guten Tons in allen Lebenslagen. Vollständige Neufassung des Buchs Frhr. von Knigges Über dem Umgang mit Menschen, 12. durchges. Auflage, Oranienburg, 1940.

III

OUVRAGES ET ARTICLES DE REVUES DES XVIIè ET XVIIIè SIECLES

1. Problèmes politiques, sociaux et culturels

A. Saint-Empire et Etats territoriaux

Berlepsch F. L. Votum des Herrren Hofrichter Berlepsch, als Calenbergischen Land- und Schatzraths, in: *Genius der Zeit*, 6/1791, H. 2, pp. 159 - 170.

Brandes E. Ueber die gesellschaftlichen Vergnügen in den vornhemsten Städten des Churfürstentums, in: *Annalen der Braunschweigisch-Lüneburgischen Churlande*, 1/1789 - 1790, p. 165 sqq.

Brandes E. Ueber den gegenwärtigen Zustand der Universität Göttingen, Göttingen, 1802.

Büsching A. Neue Erdbeschreibung, des dritten Teils dritter Band, 6. Aufl., Hamburg, 1779.

Fischer G. N. Friedrich der Schutz der Freiheit. Ein Hymnus; Zur Feyer des Siebzehnten Augusts 1788, Berlin, 1788.

[Grosschuf F.] Versuch einer genauen und umständlichen Beschreibung der Hochfürstlich-Hessischen Residenz- und Hauptstadt Cassel nebst den nahen gelegenen Lustschlössern, Gärten und anderen sehenwürdigen Sachen, Cassel, 1767.

Liebhaber E. D. v. Beiträge zur Erörterung der Staatsverfassung der Braunschweig-Lüneburgischen Chur-Lande, Gotha, 1794.

Mirabeau G. H. de, De la Monarchie Prussienne sous Frédéric Le Grand. Avec un appendice contenant des Recherches sur la situation actuelle des principales contrées de l'Allemagne, 11 vol., Londres, 1788.

Patje C. L. A. Kurzer Abriss des Fabriken-, Gewerbe- und Handlungszustandes in den Braunschweigisch-Lüneburgischen Landen, Göttingen, 1796.

Reichard R. O. Guide de l'Allemagne, 1793 (*reprint*, Paris 1971).

Spittler L. T. Geschichte des Fürstenthumes Calenberg seit den Zeiten der Reformation bis zum Ende des siebenzehnten Jahrhunderts, 2 Theile, Göttingen, 1786.

B. Structures et relations sociales

[...] Noch ein Wort über Vorurtheile des Adels, in: *Journal von und für Deutschland*, hg. von Siegmund Freiherrn von Bibra, 3/1786, p. 208 sqq.

[...] Christliche Haus-Tafel für alle Stände. Von einem Pfarrer schriftlich hinterlassen und von einem seiner Erben dem Druck übergeben, Leipzig, 1787.

Brandes E. Ist es den deutschen Staaten vortheilhaft, dass der Adel die ersten Staatsbedienungen besitzt? in: *Berlinische Monatsschrift*, 10/1787, p. 395 - 439.

Gesenius J. Die Haus-Tafel. Darinnen heilsame Lebens-Regeln für allerley Stände der Christenheit zusammengezogen sind, in: J. Gesenii Kurtze Katechismus-Fragen über den kleinen Katechismus D. M. Lutheri, Hannover, 1722.

K[...] Anmerkungen eines Bürgerlichen über die Abhandlung des Herrn Oberappellationsraths von Ramdohr, die Ansprüche der Adelichen an die ersten Staatsbedienungen betreffend, in: *Berlinische Monatsschrift*, 17/1791, pp. 460 - 474.

Loen J. M. v. Der Adel, Ulm/Stettin, 1752.

[Meiners C.] Kurze Geschichte des teutschen Adels, in: *Göttingisches Historisches Magazin*, 1787, pp. 385 - 441 et 577 - 648.

Meiners C. Geschichte der Ungleichheit der Stände unter den vornehmsten europäischen Völkern, 2 Bde, Hannover, 1792.

Pauli C. F. Einleitung in die Kenntnis des Deutschen Hohen und Niedern Adels, Halle, 1753.

Pütter J. S. Ueber den Unterschied der Stände, besonders des hohen und niedern Adels in Teutschland, zur Grundlage einer Abhandlung von Missheirathen Teutscher Fürsten und Grafen, Göttingen, 1795.

Pütter J. S. Ueber Misseirathen Teuscher Fürsten und Grafen, Göttingen, 1796.

Ramdohr F. W. v. Ueber das Verhältnis des anerkannten Geburtsadels deutscher monarchischer Staaten zu den übrigen Klassen ihrer Bürger, in Rücksicht des Anspruchs auf die ersten Staatsbedienungen, in: *Berlinische Monatsschrift*, 17/1791, pp. 124 - 174 et 250 - 284.

Rehberg A. W. Ueber den deutschen Adel, Göttingen, 1803.

Salver J. O. Proben des hohen teutschen Reichs-Adels, Würzburg, 1775.

Schmidt F. G. A. Beiträge zur Geschichte des Adels und zur Kenntnis der gegenwärtigen Verfassung desselben in Teutschland, Braunschweig, 1794.

[Spilcker B. C. v.] Ueber den Hannöverischen Adel und die Hannöverischen Secretarien, o. O., 1803.

C. Textes reflétant les débats intellectuels, spirituels, politiques et culturels

[...] Doctor Luther an den Ritter Zimmermann, o. O., 1788.

[...] Einige Aehnlichkeit der Reformation und Revolution, in: *Braunschweigisches Journal*, 2/1792, pp. 173 - 198.

[...] Ueber den Spruch: ubi bene, ibi patria, wo es dir wohlgeht, da ist dein Vaterland, in: *Genius der Zeit*, 3/1794, S. 40 sqq.

[...] Von dem Schaden, den angesehene Schriftsteller durch ihre Autorität stiften, in: *Eudämonia*, 3/1796, pp. 17 - 33.

[...] Der französische Freiheitskrieg am Oberrhein, der Saar und der Mosel in den Jahren 1792 - 1793, 2 Bde, Frankfurt a. M., 1796.

Bahrdt K. F. Glaubensbekenntnis, Berlin, 1769.

Bahrdt K. F. Kirchen- und Ketzeralmanach, 2 Bde, Berlin, 1781.

[Bahrdt K. F.] Ueber die Aufklärung und deren Beförderungsmittel, Leipzig, 1788.

Bahrdt K. F. Geschichte und Tagebuch meines Gefängnisses, nebst geheimen Urkunden und Aufschlüssen über die Deutsche Union, Berlin, 1790.

Bahrdt K. F. Würdigung der natürlichen Religion und des Nauralismus in Bezug auf Staat und Menschenrechte, Halle, 1791.

Bahrdt K. F. Rechte und Obliegenheiten der Regenten und Untertanen in Beziehung auf Staat und Religion, Riga, 1792.

Bahrdt K. F. Handbuch der Moral für den Bürgerstand, mit einer Einleitung von G. Koneffke, Vaduz, 1979.

Bahrdt K. F. Geschichte seines Lebens, seiner Meinungen und Schicksale, neu hg. von G. Mühlpfordt, Stuttgart/Bad Cannstatt, à partir de 1783.

Basedow J. B. Das Methodenbuch für Väter und Mütter der Familien und Völker, Altona/Bremen, 1770.

Batteux C. Les beaux arts réduits à un même principe, Paris, 1746, trad. all. Einschränkungen der schönen Künste auf Einem Grundsatz aus dem Französischen übersetzt von Johann Adolf Schlegel, Leipzig, 1751 (1759^2).

Brandes E. Ueber einige bisherigen Folgen der Französischen Revolution in Deutschland, Hannover, 1792.

Burke E. Reflections on the Revolution in France, and on the Proceedings in certain societies in London relative to that Event, London, 1790, trad. all. par Friedrich Gentz, Bemerkungen über die französische Revolution und das Betragen einiger Gesellschaften in London bey diesen Ereignissen, Wien, 1791, rééd. Zurich, 1987.

Campe J. H. Theophron oder der erfahrene Rathgeber für unerfahrene Jugend. Zur allgemeinen Schul-Encyklopädie gehörig, éd. Braunschweig, 1819.

Campe J. H. Ueber die Hauptsünden der sogenannten neuern Pädagogik nebst einer Anwendung auf den Aufsatz des Herrn Kammerherrn Freyherrn Knigge, in Hrn. Benekens Jahrbuch für die Menschheit, in: *Braunschweigisches Journal*, 1/1789, pp. 193 - 213 et 339 - 359.

Campe J. H. Ueber die Reinigung und Bereicherung der deutschen Sprache, Braunschweig, 1794.

Cella J. J. Cellas Freimüthige Aufsätze, Bd. 1, 1784.

Condorcet M. J. A. de, Esquisse d'un tableau de l'esprit humain, Paris, 1795 (posth.).

Fichte J. G. Beweis der Unregelmäßigkeit des Büchernachdrucks, ein Raisonnement und eine Parabel, geschrieben zu Königsberg im October 1791. Gegen den Herrn Reimarus, in: *Berlinische Monatsschrift*, 5/1793, pp. 443 - 483.

Fichte J. G. Über die Achtung des Staats für die Wahrheit, 1792.

Fichte J. G. Beitrag zur Berichtigung der Urteile des Publikums über die Französische Revolution, 1793.

[Fichte J. G.] Zurückforderung der Denkfreiheit von den Fürsten Europens, die sie bisher unterdrückten, Heliopolis, im letzten Jahre der alten Finsternis [=1793].

Fichte J. G. Einige Vorlesungen über die Bestimmung des Gelehrten, Jena/Leipzig, 1794.

Forster G. Erinnerungen aus dem Jahre 1790, 1793, in: Sämtliche Werke, hg. von G. G. Gervinus, Leipzig, 1843, Bd. VI.

[Frédéric II de Hesse-Cassel] Pensées sur les princes (1774), Lausanne, 1776.

Grossmann G. F. W. Lessings Denkmal, eine vaterländische Geschichte dem deutschen Publikum zur Urkunde vorgelegt, Hannover, 1791.

[Hennigs A.] Dr. Martin Luther! Deutsche gesunde Vernunft von einem Freunde der Fürsten und des Volks, und einem Feinde der Betrüger der Einen und Verräther des Andern. Nicht in Berlin, auch leider! nicht in Braunschweig, eher zu Wien, o. O., 1792.

Hennings A. Noch etwas aus Journalen, in: *Genius der Zeit*, Juli 1797, pp. 369 sqq.

Kästner A. G. Gedanken über das Unvermögen der Schriftsteller, Empörungen zu bewirken, Göttingen, 1793.

Lavater J. C. Reise nach Copenhagen im Sommer 1793. Auszug aus dem Tagebuch. Durchaus nur für Freunde, o. O., 1794.

Lessing G. E. Ernst und Falk. Gespräche für Freimäurer, éd. Lachmann/Muncker, Sämtliche Schriften, Bd. 13, Leipzig, 1897. Nouvelle éd. avec introd., trad. et notes par P. Grappin, Paris, 1976 (bilingue).

Lessing G. E. Die Erziehung des Menschengeschlechts, éd. bilingue, intr., trad. et notes par P. Grappin, Paris, 1976.

Meissner J. G. Menschenkenntnis, 1785 - 1788.

[Mercier L. S.] L'An Deux Mille Quatre Cent Quarante. Rêve s'il en fut jamais, Amsterdam, 1790 (éd. R. Trousson, Bordeaux, 1971).

Müller J. G. Über den Verlagsraub, oder Bemerkungen über des Herrn D. Reimarus Vertheidigung des Nachdrucks im April des deutschen Magazins 1791, Leipzig, 1792.

Nicolai der Jüngere F. [= K. F. Bahrdt] Das Religionsedikt. Ein Lustspiel in fünf Aufzügen. Thenakel [= Wien], 1789.

Paine T. Rights of Man, beeing an Answer to Mr. Burke's Attack on the French Revolution, 1791 - 1792, éd. London, 1842.

Pütter J. S. Der Büchernachdruck nach ächten Grundsätzen des Rechts geprüft, Göttingen, 1774.

Ramdohr F. W. v. Studien zur Kenntnis der schönen Natur, der schönen Künste, der Sitten und der Staatsverfassung auf einer Reise nach Dänemark, Hannover, 1792.

Reimarus J. A. H. Ueber die Gründe der menschlichen Erkenntnis und der natürlichen Religion, Hamburg, 1787.

Reimarus J. A. H., Der Bücherverlag in Betrachtung der Schriftsteller, der Buchhändler und des Publikums abermals erwogen, in: *Deutsches Magazin*, 1/1791, pp. 383 - 414.

Reimarus J. A. H. Erwägung des Verlags-Rechts in Ansehung des Nachdrucks. In Beziehung auf eine Abhandlung im deutschen Magazin und in Antwort auf J. G. Müllers dagegen herausgegebene Schrift, Hamburg, 1792.

Rochow F. E. v. Der Kinderfreund, Dessau, 1776/1777.

Rochow [F. E. v.?] Antwort auf die Preisfrage: Welches ist die beste Art, sowol rohe, als schon cultivirte Nationen, die sich in mancherlei Irrthümern und Aberglauben befinden, zur gesunden Vernunft zurück zu führen? in: *Braunschweigisches Journal*, 1/1788, pp. 45 - 76.

Rousseau J. J. Emile ou De l'Education (1762), éd. Paris, 1966.

Rousseau J. J. Discours sur l'origine et les fondements de l'inégalité parmi les hommes (1755), éd. Paris, 1965.

Rousseau J. J. Du Contrat social (1762), éd. Paris, 1978.

Salzmann C. G., Nöthigkeit auch der weiblichen Erziehung, in: *Pfalzbaierisches Museum*, 5/1786, pp. 266 - 281.

Schall C. A. v. Gedanken über Politik, in: *Beiträge zur Ausbreitung nützlicher Kenntnisse*, 1784.

[Schmieder C. G.] Wider und Für den Bücher-Nachdruck aus den Papieren des blauen Mannes bey Gelegenheit der zukünftigen Wahlkapitulation gedruckt im Reich und für das Reich, Carlsruhe, 1790.

Schütz F. W. v. Apologie, Lessings dramaturgisches Gedicht Nathan den Weisen betreffend, nebst einem Anhang über einige Vorurtheile und nöthige Thesen, 1781.

[Stuve J.] Ueber Aufruhr und aufrührerische Schriften, Braunschweig, 1793.

Trapp E. C. Beantwortung der Briefe des Freiherrn von Knigge über die neuere Erziehungsart; S. Jahrbuch für die Menschheit zweiten Bandes drittes Stück, in: Debatten, Beobachtungen, Versuche, 1789, Bd. 1, pp. 13 - 75.

Trapp E. C. Von der Nothwendigkeit, Erziehen und Unterrichten als eine eigene Kunst zu studieren, Halle, 1779.

Zerrener H. G. Volksaufklärung. Uebersicht und freymüthige Darstellung über die Hindernisse, nebst einigen Vorschlägen, denselben wirksam abzuhelfen, Magdeburg, 1786.

D. Autres textes

Bronner F. X. Leben, von ihm selbst geschrieben, 3 Bde, 1795 - 1797.

Cuhn E. W. Sammlung merkwürdiger Reisen in das innere Afrikas, 3 Bde, Leipzig, 1790 - 1791.

Feder A., Hg. J. G. H. Feders Leben, Natur und Grundsätze, Leipzig/Hannover/Darmstadt, 1825.

Fenouillot de Falbaire de Quingey C. G. Les deux avares, comédie en prose, mêlée d'ariettes, Paris 1770.

Goethe J. W. Wilhelm Meisters Lehrjahre (1795 - 1796), in Goethes Werke, Hamburger Ausgabe, 7. Aufl., Bd. VII, Hamburg, 1968.

Gorge H. [= Johann Schlegel] Vom Natürlichen in Schäfergedichten, Zürich, 1746.

Knigge Ph. C. v. Commentatio Academica de habitu religionis ad gentes, Göttingen, 1747.

Knigge Ph. C. v. De Natura et indole Castrorum in Germania, Göttingen, 1747.

Knigge Ph. C. v. Klagen eines gebeugten Wittwers, bey dem am 8ten Julius 1763 erfolgten Tode seiner geliebten Ehegattin Louisen Wilhelminen Freyin von Knigge, aus dem Hause Thale, Hannover, o. D. [1763].

Knigge Ph. v. Versuch einer Logic für Frauenzimmer, Hannover, 1789.

Mangourit A. M. Voyage en Hanovre fait dans les années 1803 et 1804, Paris, an XIII - 1805.

Müller J. G. Siegfried von Lindenberg, Leipzig, 1779.

Pütter J. S. Selbstbiographie zur dankbaren Jubilfeier seiner 50jährigen Professorstelle zu Göttingen, 2 Bde, Göttingen, 1798.

Reimarus J. A. H. Lebensbeschreibung, Hamburg, 1814.

Salzmann C. G. Carl von Carlsberg oder über das menschliche Elend, 3 Theile, 1783 - 1785, rééd. Bern/Frankfurt/Las Vegas, préf. de G. Häntschel, 1977.

Schlegel J. A. Sammlung geistlicher Lieder zur Beförderung der Erbauung, Leipzig, 1766 - 1772.

Schlichtegroll. Nekrolog auf das Jahr 1793, Gotha, 1794.

Sheridan T. Jonathan Swifts Leben. Abgekürzt und aus dem Englischen übersetzt von Philippine, Freyin Knigge, hg. von ihrem Vater, Hannover, 1795.

Wezel J. K. Hermann und Ulrike. Ein comischer Roman, 4 Bde, Leipzig, 1780.

Zimmermann J. G. Ueber Friedrich den Grossen und meine Unterredung mit ihm kurz vor seinem Tode, Leipzig, 1788.

2. Les sociétés secrètes

[...] Beitrag zur Geschichte der Illuminaten und der Lesefreiheit in Bayern, in: *Berlinische Monatsschrift*, 6/1785, pp. 555 - 561.

[...] Einige Gedanken über den Einfluss geheimer Gesellschaften auf das Wohl der Menschheit, von einem Ungeweihten, in: *Braunschweigisches Journal*, 1/1788, pp. 428 - 449.

[..] X. Y. Z. oder neue Aufschluesse ueber die Deutsche Union u[nd] Schottische Mauerei. Ein Blick in den inneren Gang geheimer Gesellschaften, Berlin, 1789.

[...] Kritische Geschichte der Illuminatengrade, o. O., 1794.

Anderson J. Anderson's Constitutions. Les Constitutions d'Anderson, éd. bilingue, trad. française de. D. Ligou, Paris, 1978.

Andreae J. V. Allgemeine und General Reformation der gantzen Welt, 1614.

Andreae J. V. Fama Fraternitatis: Des löblichen Ordens des Rosencreutzes an alle Gelehrte und Häupter Europas geschrieben, Cassel, 1614.

Andreae J. V. Confession oder Bekanntnis derselben Fraternitet an alle Gelehrte und Häupter in Europa geschreiben, Dantzig, 1614.

Andreae J. V. Chymische Hochzeit Christiani RosenCreutz, Strasbourg, 1616.

Babo J. M. Ueber Freimaurer. Erste Warnung, 1784.

Barruel A. Mémoires pour servir à l'histoire du jacobinisme, 1798, rééd. Chiré-en-Montreuil, 2 vol., 1973.

Bassus T. F. M. v. Vorstellungen denen hohen Standeshäuptern der Erlauchten Republik Graubünden in Ansehung des Illuminaten Ordens, o. O., 1788.

[Beyerlé J. P. L. de]. R[espectabilis] F[ratris] L[udovici] a Fas[cia] de conventu latomorum Apud Wilhelminas proper Hanauviam oratio, s. l. n. d.

Beyerlé J. P. L. de Essai sur la Franche-Maçonnerie ou du but essentiel et fondamental de la F.·. M.·.; de la possibilité et de la nécessité de la réunion des différents systèmes ou branches de la M.·.; du régime convenable à ces systèmes réunis et des lois Maç.·., 2 vol., Latomopolis [= Nancy], 5784 [= 1784].

Bode J. J. C. Anbefohlenes pflichtmässiges Bedenken über das höchst verehrlich-provisorische Circulare Sr. Herzogl. Durch. M. S. O. a Victoria, sub dato den 19. September, einen allgemeinen O. Convent betreffend, o. O., 1780.

Bode J. J. C. Ein paar Tröpflein aus dem Brunnen der Wahrheit. Ausgegossen vor dem neuen Thaumaturgen Cagliostro, Am Vorgebürge, 1781.

Boulanger N. A. L'Antiquité dévoilée par ses usages ou Examen critique des principales opinions, cérémonies, & institutions, religieuses & politiques des différents peuples de la terre, Amsterdam, 1766. Trad. allemande: Das durch seine Gebräuche Aufgedeckte Alterthum. Oder Kritische Untersuchung der vornehmsten Meynungen, Ceremonien und Einrichtungen der verschiedenen Völker des Erdbodens in Religions- und bürgerlichen Sachen. Aus dem Französischen des Herrn Nicol[as] Ant[oine] Boulanger übersetzt, und mit Anmerkungen von Johann Carl Dähnert, Greifswald, 1767.

Caradeuc de La Chalotais L. R. Compte rendu des Constitutions des Jésuites, Paris, 1762.

Ditfurth F. D. v. Vorstellungen an Sämmtliche Brüder des letzten Grades im Jahre 1779, worin das T[empel]H[errn]O[rdens]system an und für sich selbst nicht angefochten, o. O., 1780.

Ditfurth F. D. v. Meine, des altschottischen Obermeisters, Proposition an sämmtliche altschottischen Brüder, o. O., 5. 1. 1780.

Ditfurth F. D. v. Bericht über den Wilhelmsbader Konvent 1782, Wetzlar, 1782, in: *Freimaurer Zeitung*, Leipzig, 1847, Nr. 5/6, pp. 33 - 48.

Fichte J. G. Vorlesungen über die Freimaurerei, parues sous le titre Briefe an Konstant, in: *Eleusinische des 19. Jahrhunderts, oder Resultate vereinigter Denker über Philosophie und Geschichte der Freimaurerei*, Bd. 1, Berlin, 1802, pp. 1 - 43 et Bd. 2, Berlin, 1803, pp. 1 - 60.

[Grolmann L. A. C.] Eine Rede über den Illuminaten-Orden, gehalten in einer Freimaurer Loge im December 1793, Regensburg, 1794.

[Grolmann L. A. C. v.] Endliches Schicksal des Freimaurerordens in einer Schlussrede gesprochen von Br[uder] X., vormals Redner der Loge X. am Tage ihrer Auflösung, o. O. [= Gießen], 1794.

[Mauvillon J.] Aufklärung über wichtige Gegenstände in der Freymaurerei, besonders über die Entstehung derselben, ohne alle Schwärmerey eigentlich nur für die Freymaurer, doch wird auch der, der Menschenkenntniss schätzt, viel Interessantes darinn finden, o. O., 1787.

Mirabeau G. H. de Lettre du comte de Mirabeau à *** sur M. M. de Cagliostro et Lavater, Berlin, 1786.

Nicolai F. Oeffentliche Erklärung über seine geheime Verbindung mit den Illuminaten, Berlin/Stettin, 1788.

Robison J. Proofs of a Conspiracy against all the religions and Governments of Europe, carried on the secret meetings of Free-Masons, Illuminati and reading societes etc., London, 1793. Trad. allemande: Ueber geheime Gesellschaften und deren Gefährlichkeit für Staat und Religion. Von Joh. Robison. Aus der dritten verbesserten Auflage übersetzt und mit Anmerkungen versehen. Königslutter, 1800.

[Schröder F. J. W.], Hg. Neue Alchymistische Bibliothek für den Naturkundiger unsers Jahrhunderts, 2 Bde in vier Theilen, Frankfurt/Leipzig, 1771 - 1774.

Servati E. [= Sautier H.] Bruchstücke zur Geschichte der deutschen Freymäurerey, Basel, 1787.

[Starck J. A.?] Stein des Anstosses und Fels der Ärgerniss allen meinen teutschen Mitbürgern, in und ausser der siebenten Provinz, entdeckt von Ich weiss nicht, von wem, gedruckt in Teutschland [= Berlin], 1780.

Weishaupt A. Kurze Rechtfertigung meiner Absichten. Zur Beleuchtung der neuesten Originalschriften, Frankfurt/Leipzig, 1787.

Weishaupt A. Nachtrag zur Rechtfertigung meiner Absichten, Frankfurt/Leipzig [= Nürnberg], 1787.

[Willermoz J. B. ou Millanois J.] Réponse aux assertions contenues dans l'ouvrage du R[espectable] F[rère] a Fascia ayant pour titre: De conventu generali latomorum apud Aquas Wilhelminas etc., ou Nouveau Compte-Rendu à la IIè Province, dite l'Auvergne, des opérations du convent général de Wilhelmsbad de l'année 1782, en redressement des faits présentés dans le susdit ouvrage, Lyon, 1784.

3. Textes se rapportant à Knigge

[...] Blicke in Philo's früheres Leben, in: *Eudämonia oder deutsches Volksglück, ein Journal für Freunde von Wahrheit und Recht*, 3/1796, pp. 438 - 449.

[...] Ueber des Ritter von Zimmermann Fragmente über Friedrich den Grossen, in: *Braunschweigisches Journal*, 2/1790, pp. 29 - 66.

[...] Knigge, in: *Die Schildwache*, H. 1, 1796, pp. 59 - 66.

[...] Ob Baron Knigge auch wirklich todt ist? in: *Magazin der Kunst und Litteratur*, 4/1796, Bd. 3, pp. 100 - 106.

[Albrecht H. C.] Rettung der Ehre Adolphs, Freiherrn Knigge, welchen der Herr Hofrath und Ritter von Zimmermann in Hannover als deutschen Revolutionsprediger und Demokraten darzustellen versucht hat, Hamburg, 1792.

Deluc A. De Luc in Windsor an Zimmermann in Hannover, aus dem Französischen übersetzt, Leipzig, 1792.

Halem G. A. v. An Knigges Grab. Ein Gedicht, in: *Genius der Zeit*, 8/1796, p. 654 sqq.

[Kotzebue A. v.] Dr. Bahrdt mit der eisernen Stirn, oder Die Deutsche Union gegen Zimmermann, ein Schauspiel in fünf Aufzügen von Freiherrn Knigge, o. O. [= Leipzig], 1790.

Meyer J. H. Gerechtigkeit über die Ungerechtigkeit gegen Knigge, in der allgemeinen Litteraturzeitung vom dritten October 1792. Ein Buch über eine Rezension, Kiel, 1793.

Rebmann A. G. F. An Knigges Geist, in: *Niedersächsischer Merkur*, als Beylage zum Neuen Grauen Ungeheuer, H. 1, 1797, p. 105 sq.

Göchhausen E. A. A. v. Sultan Peter der Unaussprechliche und seine Veziere oder politisches A.B.C. Buechlein zum Gebrauch der Koenigskinder von Habessinien, 1794.

Zimmermann J. G. Adolph Freiherr Knigge dargestellt als deutscher Revolutionsprediger und Demokrat, in: *Wiener Zeitschrift*, 2/1792, pp. 317 - 329.

Zimmermann J. G. Politisches Glaubensbekenntnis des Kaiserlich Abissinischen Exministers, jetzigen Churbraunschweigischen Oberhauptmanns und Notarii Caesarii publici in der Reichsstadt Bremen Adolphs, Freiherrn Knigge im Auszug mitgeteilt von dem Hofrathe und Ritter von Zimmermann, in: *Wiener Zeitschrift*, 3/1792, p. 55 - 67.

IV

OUVRAGES MODERNES

1. Etudes sur Knigge

[...] Adolph Freiherr von Knigge, in: *Psychologische Monatshefte*, Zeitschrift für Menschenkenntnis und Persönlichkeitsbildung, Hannover, 1958, H. 11, p. 317 sq.

[...] Adolph Freiherr von Knigge und die Freimaurerei, in: *Die vereinigte Großloge*, Regensburg, 1958, p. 151 sq.

Barbe J. P. Fingierte Reiseberichte und revolutionäre Propädeutik. Zu Knigges Geschichte der Aufklärung in Abyssinien, in: *Beiträge zur romanischen Philologie*, Jg 8, 1969, H. 1, pp. 5 - 9.

Beck F. Die Wahrheit über Knigge, in: *Die Furche, die freie kulturpolitische Wochenschrift*, Wien, Jg 13, 1957, pp. 174 - 188.

Bergmann W. Adolph Freiherr von Knigges Verhältnis zum literarischen Leben seiner Zeit. Freies Schriftstellertum, Zensur, Nachdruck. Hausarb. zur Erlangung des Magistergrads, masch., München, 1981.

Bock A. Über Knigge. Ein Brief an den Herausgeber, in: *Literaturhistorisches Taschenbuch*, Bd. 3, 1845, pp. 185 - 204.

Bois P.-A. Franc-maçonnerie et jacobinisme en Allemagne: le baron de Knigge, 1752 - 1796, in: *Dix-huitième siècle*, 12/1980, pp. 427 - 442.

Bois P.-A. Le roman de Knigge *L'Histoire des Lumières en Abyssinie* ou l'Allemagne éclairée par la Révolution française, in: *De Lessing à Heine. Un siècle de relations littéraires et intellectuelles entre la France et l'Allemagne*. Actes du Colloque de Pont-à-Mousson (septembre 1984), offerts à Pierre Grappin pour son soixante-dixième anniversaire, publiés sous la direction de Jean Moes et Jean-Marie Valentin, Metz/Paris, 1985, pp. 190 - 204.

[...] Ein Verkannter: Adolph Freiherr von Knigge, in: *Pädagogische Welt*, Donauwörth, 1959, Jg. 13, p. 383 sq.

Eisenreich H. Adolph Freiherr von Knigge: über den Umgang mit Menschen, in: *Reaktionen*, Essays zur Literatur, Gütersloh, 1964, pp. 323 - 327.

Fehn E.-O. Knigges "Manifest". Geheimbundpläne im Zeichen der Französischen Revolution, in: Ludz P. C. (Hg), *Geheime Gesellschaften*, pp. 369-398.

Fetscher I. Der Freiherr von Knigge und seine Erben, in: *Der Monat,*, 13/1960, pp. 365 - 375.

Freschi M. Dall'occultismo alla politica. L'itinerario illuministico di Knigge (1752 - 1796), Napoli, 1779.

Gödecke K. Adolph Freiherr Knigge, Hannover, 1844.

Grabe R. T. [= Brenner H. G.]. Das Geheimnis des Adolph Freiherrn von Knigge. Die Wege eines Menschenkenners, Hamburg/Leipzig, 1936.

Grätz M. Untersuchung zur Wirkungsgeschichte des "Umgang mit Menschen" von Adolf Freiherrn Knigge, Referat f. d. Hauptseminar Dr. P. Raabe "Adolf Freiherr Knigge. Quellenkunde und Wirkungsgeschichte", Sommersemester 1972, masch. Göttingen, 1972.

Hutten K. Adolph Freiherr von Knigge und die Freidenker, in: *Deutsches Pfarrerblatt*, Essen, 1956, p. 81 sq.

Kaiser W. "Welche Art von Revolution in den Staats-Verfassungen zu erwarten, zu befürchten oder zu hoffen sey?". Zur politischen Publizistik Adolphs Freiherrn Knigge, in: Mattenklott G./ Scherpe K. R. (Hg); *Demokratische revolutionäre Literatur [...]*, pp. 205 - 242.

Kogel J. D. Knigges ungewöhnliche Empfehlungen zu Aufklärung und Revolution, Berlin o. D. [1979].

Kogel J. D. Über den Umgang mit Kindern. Wie Knigge in die Kinder- und Jugendliteratur einging, in: *Die Schiefertafel*, 4/1981, p. 54 - 71.

Kogel J. D. Der Freiherr Knigge, in: *Frankfurter Allgemeine Zeitung*, Magazin, 1. November 1985, H. 296, pp. 58 - 63.

Lampe W. Adolph Freiherr von Knigge, in: *Heimatland*, Zeitschrift für Heimatkunde, Naturschutz und Kulturpflege, Hannover, 1953, p. 93.

Losch P. Knigge in Hanau, in: *Hessische Blätter*, Kassel, Nr. 4252, 2. März 1918.

Maassen C. G. von. Von ein paar Eigentümlichkeiten des Freiherrn Knigge, in: *Kleinigkeiten. Die Bücherstube*, Blätter für Freunde des Buches und der zeichnenden Künste, München, Jg. 5, 1926/27, H. 1, Juli 1926, pp. 40 - 43.

Marenberg P. Ein Vorläufer der Relationsbewegung aus dem 18. Jahrhundert, in: *Mensch und Arbeit*, Internationale Zeitschrift für Arbeitspädagogik, Wien, 1953, H. 46, pp. 1 - 10.

Meister G. W. Adolph von Knigge. Das bewegte Leben des Präzeptors der guten Sitten, in: *Damals*, Zeitschrift für geschichtliches Wissen, 1974, H. 3, pp. 269 - 278.

Michels M. Bibliographie früher Ausgaben von Knigges 'Über den Umgang mit Menschen' und erster Bearbeitungen für die Jugend, in: *Die Schiefertafel*, 4/1981, pp. 72 sq.

Müller W. C. Nachruf auf Knigge. Einblattdruck, Bremen, den 12. Mai 1796.

Pilz Br[uder]. Freiherr Adolf Knigge, in: *Freimaurer-Zeitung*, Jg. 16, Leipzig, 1862, Nr. 6, 9, 12, 15, 18.

Planeth M. Die Aufnahme von Knigges poetischen Werken. Arbeit f. d. Hauptseminar Dr. P. Raabe "Adolf Freiherr Knigge. Quellenkunde und Wirkungsgeschichte", Sommersemester 1972, masch. Göttingen, 1972.

Plard H. Les équivoques de Knigge. Notes sur "Über den Umgang mit Menschen" in: *Etudes sur le XVIIIè siècle*, éd. par l'Université Libre de Bruxelles, Bruxelles, 1974, pp. 69 - 83.

Popp J. Weltanschauung und Hauptwerke des Freiherrn Adolph Knigge, Diss., Leipzig, 1931.

Popp J. Freiherr Adolph Knigge als Journalist, in: *Zeitungswissenschaft*, Zweimonatszeitschrift für Internationale Zeitungsforschung, Berlin, 1931, H. 4, pp. 214 - 217.

Raabe P. und andere. Ob Baron Knigge wirklich todt ist? Eine Ausstellung zum 225. Geburtstage des Adolph Freiherrn Knigge, Katalog, Braunschweig, 1977.

[Reden Ph. ?] Kurze Biographie des Freiherrn Adolph Knigge, [Hannover, 1823?],in: *Ueber den Umgang mit Menschen*, 11. Original-Ausgabe, Hannover, 1830.

Reimann P. Über den Umgang mit Knigge, in: *Neue Deutsche Literatur*, 1956, pp. 103 - 110.

Rychner M. Adolph von Knigge, Verfasser des Buches "Über den Umgang mit Menschen", in: *Zwischen Mitte und Rand*. Aufsätze zur Literatur, Zürich, 1964, pp. 185 - 221. Publié aussi in: *Schweizer Monatshefte für Politik, Wissenschaft, Kultur*, Jg. 44, 1964, pp. 155 - 163.

Sabathil G. Knigge in der Literaturgeschichtsschreibung des 19. und 20. Jahrhunderts. Referat i. R. des Hauptseminars Dr. Paul Raabe "Adolf Freiherr Knigge. Quellenkunde und Wirkungsgeschichte", Sommersemester 1972, masch., Göttingen, 1972.

Salzmann C. G. Adolph Friedrich Ludwig Freyherr von Knigge, in: *Denkwürdigkeiten aus dem Leben ausgezeichneter Teutschen des achtzehnten Jahrhunderts*, Schnepfenthal, 1802.

Schmidt E. Knigge, in: *Allgemeine Deutsche Biographie*, Bd. 16, pp. 288 - 291.

Schmutzler B. Adolph Freiherr von Knigge als Rezensent der "Allgemeinen Deutschen Bibliothek", Schrift. Hausarbeit i. R. der Akad. Abschlußprüfung für d. Lehramt an Gymnasien, masch., Göttingen, 1975.

Spengler K. Die publizistische Tätigkeit des Freiherrn Adolph von Knigge während der Französischen Revolution, Diss., Bonn 1931.

Sprengger H. Der Mann, der die Menschen kannte. Zum 200. Geburtstag des Freiherrn von Knigge, in: *Westermanns Beiträge*, Pädagogische Zeitschrift für die Volkshochschule, Braunschweig, 4/1952, H. 10, pp. 505 - 510.

Steiner G. Neues vom alten Knigge. Freiherr von Knigge in der Verbannung. Authentisches Material über einen Vorgang zur Zeit der Französischen Revolution, in: *Marginalien*, Berlin/DDR, 1975, H. 5, pp. 40 - 56.

Steinhagen A. Knigges "Umgang mit Menschen" in seiner literarischen und gesellschaftlichen Bedeutung und seiner zeitgenössischen Wirkung, schriftl. Hausarbeit i. R. der wissenschaftl. Prüfung f. d. Lehramt an Gymnasien, masch., Göttingen, 1975.

Stickelberg E. Adolph von Knigge und Dr. Bahrdt 1790, in: *Mitteilung der Schweizer bibliophilen Gesellschaft*, Basel, 1955, pp. 79 - 86.

Stille U. Ein Buch wird 175 Jahre alt. Adolph Freiherr Knigge: Über den Umgang mit Menschen, in: *Newmann Studien*, Nürnberg, 1963, pp. 457 - 644.

[...] Über den Umgang mit Menschen, in: *Das Volk*. Denkende Blätter für Selbstbildung, Organ der Volkshochschulbewegung, Berlin, 1948, pp. 333 - 335.

Victor W. Umgang mit Knigge. Zum 200. Geburtstag eines ungewöhnlichen Mannes, in: *Heute und Morgen*. Literarische Monatsschrift, hg. von W. Bredel, 1952, pp. 615 - 622.

Wald W. Adolph Freiherr Knigge, in: *Zirkel Correspondenz der großen Landesloge*, Berlin, 1906, pp. 301 sqq.

Walter J. Adolph Freiherrn Knigges Roman "Benjamin Noldmanns Geschichte der Aufklärung in Abyssinien". Kritischer Rationalismus als Satire und Utopie im Zeitalter der deutschen Klassik, in: *Germanisch-romanische Monatsschrift*, 1971, Bd. 21, pp. 153 - 180.

Yuill W. E. A Genteel Jacobin: Adolph Freiherr von Knigge, in: *Erfahrung und Überlegung*, Festschrift für C. P. Magill, hg. von H. Siefken und A. Robinson ("Trivium. Special Publication", vol. 1), Cardiff, 1974, pp. 42 - 46.

Zaehle B. Knigges "Umgang mit Menschen" und seine Vorläufer. Ein Beitrag zur Geschichte der Gesellschaftsethik, Heidelberg, 1933.

2. Autres ouvrages

[...] Geschichte der Freimaurerei i. O. Hanau. Festschrift der Loge Braunfels zur Beharrlichkeit zum 25jährigen Jubiläum 1872 - 1897, Hanau, 1897.

[...] Les grands orateurs républicains, t. III: Vergniaud, préfacé et commenté par M. Lhéritier, Monaco, 1949 - 1950.

Abafi L. Geschichte der Freimaurerei in Österreich-Ungarn, 5 Bde, Budapest, 1890 - 1893.

Achilles W. Die Lage der hannoverschen Landbevölkerung im späten 18. Jahrhundert, Hildesheim, 1982.

Agethen M. Geheimbund und Utopie. Illuminaten, Freimaurer und deutsche Spätaufklärung, München, 1984.

Amiable L. Une loge maçonnique d'avant 1789: la R. · . L. · . Les Neuf Soeurs, Paris, 1897.

Andreae F. W. Chronik der Residenzstadt Hannover von den ältesten Zeiten bis auf die Gegenwart, Hildesheim, 1859.

Antoni O. Der Wortschatz der deutschen Freimaurerlyrik des 18. Jahrhunderts in seiner geistesgeschichtlichen Bedeutung, Diss., München, 1968.

Aretin K. O. v. Heiliges Römisches Reich 1776 - 1806. Reichsverfassung und Staatssouveränität, 2 Bde, Wiesbaden, 1967.

[Ausstellungskatalog] Aufklärung und Klassizismus in Hessen-Kassel unter Landgraf Friedrich II. 1760 - 1785, Kassel, 1979.

Ayrault R. La genèse du romantisme allemand, 4 vol., Paris 1961 - 1976.

Balazs E./Hammermayer L./Wagner H./Wojtowicz J., Hg. Beförderung der Aufklärung in Mittel- und Osteuropa, Berlin, 1979.

Barthel G. Dom Deschamp et la fin du politique, in: *Dix-Huitième siècle*, 9/1977, pp. 329 - 342.

Barton F. Jesuiten, Jansenisten, Josephiner. Eine Fallstudie zur frühen Toleranzzeit: Der Fall Innocentius Fessler, Wien/Köln/Graz, 1978.

Becher H. Die Jesuiten. Gestalt und Geschichte des Ordens, München, 1951.

Becker B. Der alte und der neue Jesuitismus oder: die Jesuiten und die Freimauerer. Eine Klostergefängnis-Arbeit, Braunschweig, 1872.

Begemann W. Vorgeschichte und Anfänge der Freimaurerei in England, 2 Bde, Berlin, 1900.

Begemann W. Vorgeschichte der Freimaurerei in Schottland, Berlin, 1914.

Bernardin C. Notes pour servir à l'histoire de la franc-maçonnerie à Nancy jusqu'en 1805, 2 vol., Nancy, 1910.

Bertaux P. Hölderlin und die Französische Revolution, Frankfurt a. M., 1969.

Bertaux P. Hölderlin ou le temps d'un poète, Paris, 1983.

Beyer B. Geschichte der Münchener Freimaurerei des 18. Jahrhunderts, Hamburg, 1973.

Beyer-Fröhlich M., Hg. Höhe und Krise der Aufklärung, Leipzig, 1934 (*reprint* Darmstadt, 1970).

Biart G. Lesegesellschaften im Dienste der Gegenaufklärung. Ein belgisches Beispiel, in: O. Dann, Lesegesellschaften, pp. 197 - 212.

Bieberstein J. R. v. Die These der Verschwörung 1776 - 1945. Philosophen, Freimaurer, Juden, Liberale und Sozialisten als Verschwörer gegen die Sozialordnung, Bern/Frankfurt a. M., 1976.

Biedermann K. Deutschland im 18. Jahrhundert, 4 Bde, 2. Aufl., 1880.

Blanc L. Histoire de la Révolution française, 12 vol., Paris, 1847 - 1862.

Böhmer H. Die Jesuiten, Stuttgart, 1957.

Bodemann E. Johann Georg Zimmermann. Sein Leben und bisher ungedruckte Briefe an denselben, Hannover, 1878.

Bois P.-A. Une revue "éclairée": le Pfalzbaierisches Museum (1786 - 1790), in: P. Grappin, éd., L'Allemagne des Lumières, pp. 337 - 364.

Bois P.-A. La guerre française en Allemagne: libération ou conquête? in: La réception de la Révolution française dans les pays de langue allemande (Actes du XIXè Congrès de l'AGES, publiés dans les Annales Littéraires de l'Université de Besançon, n° 356, Paris, 1987, pp. 120 - 125).

Bolle F. Forscher und Freimaurer. Über die Möglichkeit der Zusammenarbeit von Wissenschaft und Freimaurerei, in: Ludz, Geheime Gesellschaften, pp. 25 - 41.

Bonfatti E. La "civil conversazione" in Germania. Letteratura del comportamento di Stefano Guazzo a Adolph Knigge 1574 - 1788, Udine, 1979.

Boos H. Geschichte der Freimaurerei. Ein Beitrag zur Kultur- und Literaturgeschichte des 18. Jahrhunderts, 2. Ausg., 1906, *reprint* 1979.

Borinski K. Geschichte der deutschen Literatur von den Anfängen bis zur Gegenwart, 2 Bde, Leipzig, 1921.

De Boor H./Newald R. Geschichte der deutschen Literatur von den Anfängen bis zur Gegenwart, München, 1959.

Boucher M. La Révolution de 1789 vue par les écrivains allemands ses contemporains, Paris, 1954.

Boulay H. La chute de la monarchie vue par trois périodiques de Hambourg (Politisches Journal, Minerva, Niedersächsischer Merkur), in: *Annales Historiques de la Révolution Française*, n° 255 - 256/1784, pp. 206 - 215.

Bouvier A. Johann Georg Zimmermann, un représentant suisse du cosmopolitisme littéraire au XVIIIè siècle, Genève, 1925.

Braubach M. Die "Eudämonia" (1795 - 1798). Ein Beitrag zur deutschen Publizistik im Zeitalter der Aufklärung und der Revolution, in: *Historisches Jahrbuch*, 47/1927, pp. 309 - 339.

Braubach M. Neue Funde und Beiträge zur Kulturgeschichte Kurkölns im ausgehenden 18. Jahrhundert, in: *Annalen des Historischen Vereins für Niederrhein*, 12/1970, pp. 155 - 177.

Breitenbach B. Der Karlsruher Buchhändler Christian Gottlieb Schmieder und der Nachdruck in Süddeutschland im letzten Viertel des 18. Jahrhunderts, in: *Archiv für Geschichte des Buchhandels*, 9/1967 - 1969, Sp. 643 sqq.

Bues A. Adelskritik – Adelsreform. Ein Versuch zur Kritik der öffentlichen Meinung in den letzten beiden Jahrzehnten des 18. Jahrh[underts] anhand der politischen Journale und der Aeusserungen des Freiherrn vom Stein, Diss., masch., Göttingen, 1948.

Buijnsters P. J. Lesegesellschaften in den Niederlanden, in: O. Dann, Lesegesellschaften, pp. 143 - 158.

Bülau F., Hg. Dr. Fessler's Rückblicke auf seine siebzigjährige Pilgerschaft. Ein Nachlass, 2. Aufl., Leipzig, 1851.

Burggraf G. Christian Gotthilf Salzmann im Vorfeld der Französischen Revolution, Germering bei München, 1966.

Butzmann H. Lessings Denkmal in Wolfenbüttel. Ein Vorspiel zur Geschichte der Lessingsverehrung, Wolfenbüttel, 1982.

Chailley J. La Flûte Enchantée, opéra maçonnique, Paris, 1968, 2è éd. revue, 1983.

Chevallier P. Histoire de la Franc-Maçonnerie française, 3 vol., Paris, 1974 - 1975.

Constant B. De l'état de l'Europe sous le point de vue constitutionnel, in: *La Minerve française*, 78è livr., t. VI, Paris, 1819.

Dann O., Hg., Lesegesellschaften und bürgerliche Emanzipation. Ein europäischer Vergleich, München, 1981.

Delinière J. Karl-Friedrich Reinhard (1761 - 1837). Un intellectuel allemand au service de la France, thèse d'Etat dactyl., Université de Paris IV, 1983, trad. all. Karl Friedrich Reinhard (1761–1837). Ein deutscher Aufklärer im Dienste Frankreichs, Stuttgart, 1989.

Demeter K. Die Frankfurter Loge zur Einigkeit 1742 - 1966. Ein Beitrag zur deutschen Geistes- und Sozialgeschichte, Frankfurt a. M., 1967.

Denecke O. Göttinger Studentenorden, Göttingen, 1928.

Deutsche Literatur und französische Revolution. Sieben Studien von R. Brinkmann, C. David, G. L. Fink, G. Kaiser, W. Müller-Seidel, L. Ryan, K. Wölfel, Göttingen, 1974.

D'Hondt J. Hegel secret, Paris, 1968. Trad. allemande: Verborgene Quellen des Hegelschen Denkens, Berlin, 1972.

Dihle H. Bernhard Christoph Faust und seine Zeit, in: *Sudhoffs Archiv für Geschichte der Medizin*, Leipzig, 1931, Bd. 24, pp. 283 - 311.

Dotzauer W. Mainzer Illuminaten und Freimaurerei vom Ende der kurfürstlichen Zeit bis zu den Freiheitskriegen, in: *Nassauischen Annalen*, 83/1972, pp. 74 - 82.

Dotzauer W. Freimaurergesellschaften am Rhein. Aufgeklärte Sozietäten auf dem linken Rheinufer vom Ausgang des Ancien Regime bis zum Ende der napoleonischen Herrschaft, Wiesbaden, 1977.

Dreyer-Wolfenbüttel O. Deutsches Logentum und weltbürgerliche Freimaurerei. Ein Mahnwort an deutschdenkende deutsche Brüder, Wolfenbüttel, 1917.

Droz J. L'Allemagne et la Révolution française, Paris 1949.

Droz J. La légende du complot illuministe et les origines du romantisme politique en Allemagne, in: *Revue Historique*, t. CCXVI, 1961, pp. 313 - 338.

Droz J. Le romantisme politique en Allemagne, Paris, 1963.

Droz J. Le romantisme politique et l'Etat, Paris, 1966.

Droz J. Les Anti-Jacobins en Allemagne. Autour de la revue "Eudämonia", in: J. Voss, Deutschland und die Französische Revolution, pp. 149 - 153.

Du Moulin Eckart R. Aus den Papieren eines Illuminaten, in: *Forschungen zur Kultur und Literaturgeschichte Bayerns*, 3/1895, pp. 186 - 239.

Eckardt J. H. Schillers Verleger Michaelis, in: *Zeitschrift für Bücherfreunde*, Nr. 7, Leipzig, 1910, II, pp. 287 - 296.

Edighoffer R. Rose-Croix et société idéale selon Johann Valentin Andreae, Paris, 1981.

Elias N. Etikette und Zeremoniell: Verhalten und Gesinnung von Menschen als Funktionen der Machtstrukturen ihrer Gesellschaft, in: Die höfische Gesellschaft. Untersuchungen zur Soziologie des Königstums und der höfischen Aristokratie mit einer Einleitung: Soziologie und Geschichtswissenschaft, Neuwied/Berlin, 1969.

Engel L. Geschichte des Illuminaten-Ordens. Ein Beitrag zur Geschichte Bayerns, München, 1906.

Engelmann B. Preußen. Ein Land der unbegrenzten Möglichkeiten, München, 1979.

Engels H. W. Geschichte und Lieder deutscher Jakobiner, Stuttgart, 1971.

Engelsing R. Der Bürger als Leser. Lesergeschichte in Deutschland 1500 - 1800, Stuttgart, 1974.

Epstein K. Die Ursprünge des Konservativismus in Deutschland. Der Ausgangspunkt: Die Herausforderung durch die Französische Revolution 1770 - 1806, aus dem Englischen von Johann Zischer, Frankfurt a. M./Berlin/Wien, 1973.

Fabricius W. Die Studentenorden des 18. Jahrhunderts und ihr Verhältnis zu den gleichzeitigen Landmannschaften, Jena, 1891.

Faivre A. L'ésotérisme au XVIIIè siècle en France et en Allemagne, Paris, 1973.

Faivre A. Mystiques, théosophes et Illuminés au siècle des Lumières, Hildesheim, 1977.

Fehn E. O. Zur Wiederentdeckung des Illuminatenordens. Ergänzende Bemerkungen zu Richard Van Dülmens Buch, in: P. C. Ludz, Geheime Gesellschaften, pp. 231 - 264.

Fehn E. O. Biographische Anmerkungen zur Funktion der Freimaurerei im letzten Drittel des 18. Jahrhunderts, in: *Tijdschrift voor de studie van de verlichting en van het vrije Denken*, 12/1984, Vrije Universiteit Brussel, pp. 311 - 323.

Fertig L. Der Adel im deutschen Roman des 18. und 19. Jahrhunderts, Diss., Heidelberg, 1965.

Fertig L. Campes politische Erziehung. Eine Einführung in die Pädagogik der Aufklärung, Darmstadt, 1977.

Fichtl W. Aufklärung und Zensur, in: H. Glaser, Krone und Verfassung, pp. 174 - 185.

Fink G. L. Wieland und die französische Revolution, in: Deutsche Literatur und französiche Revolution, pp. 5 - 38.

Fink G. L. Des privilèges nobiliaires aux privilèges bourgeois. Le débat sur l'égalité et son écho en Allemagne, in: *Recherches Germaniques*, 3/1973, pp. 30 - 101.

Fink G. L. Lessings Ernst und Falk. Das moralische Glaubensbekenntnis eines kosmopolitischen Individualisten, in: *Recherches Germaniques*, 10/1980, pp. 18 - 64.

Fink G. L. La littérature allemande face à la Révolution française (1789 - 1800). Littérature et politique, libertés et contraintes, in: J. Voss, Deutschland und die Französische Revolution, pp. 249 - 300.

Fink G. L./Fink-Langlois A. L'Allemagne face au classicisme et à la Révolution, Paris, 1972.

Fischer M. W. Die Aufklärung und ihr Gegenteil Die Rolle der Geheimbünde in Wissenschaft und Politik, Berlin, 1982.

Francovich C. Storia della Massoneria in Italia dalle origine alla Rivoluzione Francese, Firenze, 1974.

Frick K. R. H. Die Erleuchteten. Gnostisch-theosophische und alchemistisch-rosenkreuzerische Geheimgesellschaften bis zum Ende des 18. Jahrhunderts. Ein Beitrag zur Geistesgeschichte der Neuzeit, Graz, 1973.

Fritzsch T. Ernst Christian Trapp. Sein Leben und seine Lehre, Dresden, 1900.

Funke H. G. Aspekte und Probleme der neueren Utopiediskussion in der französischen Literaturwissenschaft, in: Vosskamp, Utopieforschung, Bd. 1, pp. 192 - 220.

Garber J./Schmitt H. Utilitarismus als Jakobinismus? Anmerkungen zur neueren Bahrdt-Forschung, in: *Jahrbuch des Instituts für deutsche Geschichte*, Tel-Aviv, 12/ 1983, pp. 437 - 449.

Geismar W. v. Bibliothek deutscher Aufklärer des achtzehnten Jahrhunderts, Bd. 1, Leipzig, 1846, réimpr. Darmstadt, 1963.

Geppert E. G. Die Herkunft, die Gründer, die Namen der Freimaurerlogen in Deutschland seit 1737, Bayreuth, 1976.

Gervinus G. G. Geschichte der deutschen Dichtung, 5 Bde, 5. Aufl., bearb. von K. Bartsch, Leipzig, 1871.

Giese U. Johann Thomas Edler von Trattner. Seine Bedeutung als Buchdrucker, Buchhändler und Herausgeber, in: *Archiv für Geschichte des Buchhandels*, 3/1961, Sp. 1013 sqq.

Gieseke L. Die geschichtliche Entwicklung des deutschen Urheberrechts, Göttingen, 1957.

Gilli M. Georg Forster. L'oeuvre d'un penseur allemand réaliste et révolutionnaire (1754 - 1794), Paris, 1975.

Gilli M. Pensée et pratique révolutionnaires à la fin du XVIIIè siècle en Allemagne, Paris, 1983.

Glaser H., Hg. Krone und Verfassung. König Max I. Joseph und der neue Staat, in: Wittelsbach und Bayern, Beiträge zur Bayerischen Geschichte und Kunst 1799 - 1825, München/Zürich, 1980, Bd. III/1.

Godechot J. Les Constitutions de la France depuis 1789, Paris, 1970.

Goldfriedrich J. Geschichte des deutschen Buchhandels, Bd. 3: Vom Beginn der klassischen Literaturepoche bis zum Beginn der Fremdherrschaft 1740 - 1804, Leipzig, 1909.

Göpfert H. G. Vom Autor zum Leser. Beiträge zur Geschichte des Buchwesens, München, 197.

Gorceix B. La Bible des Rose-Croix. Traduction et commentaire des trois premiers écrits rosi-cruciens (1614 - 1615 1616), Paris, 1970.

Goud R. F. The History of Freemasonry, Londres, 6 vol., 1882 - 1887 (3è éd. revue et complétée, Londres, 1951).

Grab W. Demokratische Strömungen in Hamburg und Schleswig-Holstein zur Zeit der ersten Französischen Republik, Hamburg, 1966.

Grab W. Norddeutsche Jakobiner. Demokratische Bestrebungen zur Zeit der Französichen Revolution, Frankfurt a. M., 1967.

Grab W. Leben und Werke norddeutscher Jakobiner, Stuttgart, 1973.

Grab W. Friedrich von der Trenck, Hochstapler und Freiheitsmärtyrer und andere Studien zur Revolutions- und Literaturgeschichte, Kronberg/Ts, 1977.

Grab W., Hg. Freyheit oder Mordt und Todt. Revolutionsaufrufe deutscher Jakobiner, Berlin, 1979.

Grab W. Ein Volk muß seine Freiheit erobern. Zur Geschichte der deutschen Jakobiner, Frankfurt a. M., 1985.

Grappin P. Le Dix-huitième siècle, in: Histoire de la littérature allemande, sous la direction de F. Mossé, Paris, 1959, pp. 329 - 495.

Grappin P. Lumières et franc-maçonnerie en Allemagne au XVIIIè siècle, in: Utopie et institutions au XVIIIè siècle. Le pragmatisme des Lumières. Textes recueillis par P. Francastel, Paris/La Haye, 1963, pp. 219 - 227.

Grappin P., éd. L'Allemagne des Lumières. Périodiques Correspondances Témoignages, Metz/Paris, 1982.

Grassl A. Westenrieders Briefwechsel mit einer Darstellung seiner inneren Entwicklung, München, 1934.

Grassl H. Aufbruch zur Romantik. Bayerns Beitrag zur deutschen Geistesgeschichte 1765 - 1785, München, 1968.

Grassl H. Hölderlin und die Illuminaten. Die zeitgeschichtlichen Hintergründe des Verschwörermotivs in "Hyperion", in: *Sprache und Bekenntnis*, Sonderband des *Literaturwissenschaftlichen Jahrbuchs*, H. Kuhnisch zum 70. Geburtstag, Berlin, 1971.

Grimminger R., Hg. Sozialgeschichte der deutschen Literatur vom 16. Jahrhundert bis zur Gegenwart, Bd. 3: Deutsche Aufklärung bis zur Französischen Revolution 1680 - 1789, München/Wien, 1980.

Grimminger R. Aufklärung und bürgerliche Individuen. Über den notwendigen Zusammenhang von Literatur und Staat in der Geschichte des 18. Jahrhunderts, in: Sozialgeschichte..., pp. 15 - 99.

Gross E. R. Karl Friedrich Reinhard, Bonn, 1961.

Günther H., Hg. Die Französische Revolution. Berichte und Deutungen deutscher Schriftsteller und Historiker, Frankfurt a. M., 1985.

Gusdorf G. Les principes de la pensée au siècle des Lumières, Paris, 1971.

Haase C. Obrigkeit und öffentliche Meinung in Kurhannover 1789 - 1803, in: *Niedersächsisches Jahrbuch*, 39/1967, pp. 192 - 294.

Haase C. Leihbüchereien und Lesegesellschaften im Elbe-Weser-Winkel zu Ausgang des 18. Jahrhunderts, in: *Stader Handbuch*, 1977, pp. 7 - 30.

Haferkorn H. J. Der freie Schriftsteller: eine literatur-soziologische Studie über seine Entstehung und Lage in Deutschland zwischen 1750 und 1800, in: *Archiv für Geschichte des Buchwesens*, (Börsenblatt für den deutschen Buchhandel), Frankfurt a. M., XXVII/1963, pp. 125 - 219.

Haferkorn H. J. Zur Entstehung der bürgerlich-literarischen Intelligenz und des Schriftstellers in Deutschland zwischen 1750 und 1800, in: B. Lutz, Deutsches Bürgertum.

Hammermayer L. Zur Geschichte der europäischen Freimaurerei und der Geheimgesellschaften im 18. Jahrhundert. Genese. Historiographie. Forschungsprobleme, in: Balazs u. a., Beförderung der Aufklärung..., pp. 9 - 68.

Hammermayer L. Das Ende des alten Bayern. Die Zeit des Kurfürsten Max III. Joseph (1745 - 1777) und des Kurfürsten Theodor (1777 - 1799), in: Handbuch der Bayerischen Geschichte, Bd. III, München, 1969, pp. 985 - 1102.

Hammermayer L. Der Geheimbund der Illuminaten und Regensburg, in: *Verhandlungen des Historischen Vereins für Oberpfalz und Regensburg*, 110/1970, pp. 61 - 92.

Hammermayer L. Illuminaten in Bayern. Zu Geschichte, Fortwirkung und Legende des Geheimbundes, in: Glaser, Krone und Verfassung, pp. 146 - 173.

Hammermayer L. Der Wilhelmsbader Freimaurer-Konvent von 1782. Ein Höhe- und Wendepunkt in der Geschichte der deutschen und europäischen Geheimgesellschaften, Heidelberg, 1980.

Hammermayer L. Geschichte der bayerischen Akademie der Wissenschaften 1759 - 1807, München, à partir de 1983.

Heinemann O. v. Geschichte von Braunschweig und Hannover, 3 Bde, Gotha, 1892, réimpr. New York/Hildesheim, 1976 - 1977.

Hermand J., Hg., Von deutscher Republik 1775 - 1795. Texte radikaler Demokraten, Frankfurt a. M., 1975.

Hettner H. Geschichte der deutschen Literatur im achtzehnten Jahrhundert, 2. Buch, 4. verb. Aufl., Braunschweig, 1893.

Hettner H. Geschichte der deutschen Literatur, hg. von G. Mitkowski, 4 Bde, Leipzig, 1928.

Hintze W. Friedrich Ludwig Schröder. Der Schauspieler. Der Freimaurer, Hamburg, 1974.

Hoffmann J. Jakob Mauvillon. Ein Offizier und Schriftsteller im Zeitalter der bürgerlichen Emanzipationsbewegung, Berlin, 1981.

Hofter W. Das System des Illuminatenordens und seine soziologische Bedeutung, Diss. masch., Köln, 1956.

Horn F. Die Poesie und Beredsamkeit der Deutschen von Luthers Zeit bis zur Gegenwart, 4 Bde, Berlin, à partir de 1822.

Kaiser G. Über den Umgang mit Republikanern, Jakobinern und Zitaten, in: *Deutsche Vierteljahrschrift für Literaturwissenschaft und Geistesgeschichte*, Sonderheft "18. Jahrhundert", Stuttgart, 49/1975, pp. 226 - 242.

Kallweit A. Die Freimaurerei in Hessen-Kassel. Königliche Kunst durch zwei Jahrhunderte von 1743 - 1965, Baden-Baden, 1966.

Katjar M. German Illuminati in Hungary, in: Szanczi M. J. and Ferenczi L., Ed., *Studies in eighteenth century Literature*, Budapest, 1974, pp. 325 - 346.

Kawa R. Georg Friedrich Rebmann (1768 - 1824). Studien zu Leben und Werk eines deutschen Jakobiners, Bonn, 1980.

Keller W. Geschichte des eklektischen Freimaurerbundes, mit einer Einleitung in die Allgemeingeschichte der Freimaurerei, Gießen, 1857.

Kiesel H./Münch P. Gesellschaft und Literatur im 18. Jahrhundert. Voraussetzungen und Entstehung des literarischen Markts in Deutschland, München, 1977.

Kistner F. Aus dem Archiv der Loge Carl zur gekrönten Säule zu Braunschweig, in: *Hamburger Logenblatt*, 37/1904, pp. 280 - 285 et 306 - 314.

Kleinschmidt A. Karl Theodor, Friedrich zu Salm und Freiherr Xaver von Zwack, in: *Neue Heidelberger Bücher*, 1897, pp. 199 - 216.

Kloss G. Annalen der Loge zur Einigkeit der Englischen Provincial-Loge so wie der Provincial- und Directorial-Loge des eclectischen Bundes zu Frankfurt am Main 1742 - 1811, Frankfurt A. M., *reprint* Graz, 1972.

Kluckhohn P. Dichterberuf und bürgerliche Existenz, Tübingen, 1949.

Kneisner F. Landgraf Carl zu Hessen und seine Wirksamkeit in der deutschen Freimaurerei, Berlin, 1917.

Kobuch A. Die Deutsche Union. Radikale Spätaufklärung und Illuminatismus am Vorabend der Französischen Revolution, in: *Beiträge zur Archivwissenschaft und Geschichtsforschung*, hg. von R. Gross und A. Kobuch, Weimar, 1977, pp. 277 - 289.

Kolbe W. Zur Geschichte der Freimaurerei in Kassel, 1766 - 1824, Berlin, 1883.

Körner A. Die Wiener Jakobiner, Stuttgart, 1972.

Kopp H. Die Alchemie in älterer und neuerer Zeit. Ein Beitrag zur Culturgeschichte, 2 Bde, Heidelberg, 1886.

Kopitzsch F. Aufklärung, Absolutismus und Bürgertum in Deutschland, München, 1976.

Kopitzsch F. Lesegesellschaften im Rahmen einer Bürgerrepublik. Zur Aufklärung in Lübeck, in: O. Dann, Lesegesellschaften, pp. 87 - 102.

Kopitzsch F. Grundsätze einer Sozialgeschichte der Aufklärung in Hamburg und Altona, 2 Teile, Hamburg, 1982.

Koselleck R. Kritik und Krise. Ein Beitrag zur Pathogenese der bürgerlichen Welt, Freiburg/München, 1959.

Krebs R. L'idée de "Théâtre National" dans l'Allemagne des Lumières, Wiesbaden, 1985.

Krüger G. Die Eudämonisten. Ein Beitrag zur Publizistik des ausgehenden 18. Jahrhunderts, in: *Historische Zeitschrift*, 143/1931, pp. 467 - 500.

Kupfer M. Die literarische Kritik in Nicolais Allgemeiner Deutscher Bibliothek 1765 - 1794, Diss., Leipzig, 1912.

Lampe J. Aristokratie, Hofadel und Staatspatriziat in Kurhannover, 2 Bde, Göttingen, 1963.

Lantoine A. La Franc-Maçonnerie Ecossaise en France, Paris, 1930.

Laube H. Geschichte der deutschen Literatur, 3 Bde, Stuttgart, à partir de 1839.

Leerhoff L. Fr. L. von Berlepsch, hannoverscher Hofrichter, Land- und Schatzrat und Publizist, 1749 - 1818, Hildesheim, 1970.

Lefebvre J. La Révolution française vue par les Allemands. Textes traduits et présentés par Joël Lefebvre, Lyon, 1987.

Le Forestier R. Les Illuminés de Bavière et la Franc-maçonnerie allemande, Paris, 1914, réimpr. Paris/Genève, 1974.

Le Forestier R. La franc-maçonnerie templière et occultiste aux XVIIIè et XIXè siècles, posth., publié par A. Faivre, Paris/Louvain, 1970.

Lennhoff E. Politische Geheimbünde, Zürich/Leipzig/Wien, 1931.

Leyser J. Joachim Heinrich Campe. Ein Lebensbild aus dem Zeitalter der Aufklärung, Braunschweig, 1877.

Ligou D. Sur l'Histoire de la Franc-Maçonnerie: une "maçonologie" scientifique est-elle possible? in: *Dix-Huitième sièle*, 4/1972, pp. 61 - 77.

Lingg M. Zur Geschichte des Illuminaten-Ordens, in: *Historisch-politische Blätter für das katholische Deutschland*, 103/1889, pp. 926 - 941.

Ludz P. C. Hg. Geheime Gesellschaften, Heidelberg, 1979.

Lutz B., Hg. Deutsches Bürgertum und literarische Intelligenz, Stuttgart, 1974.

Maenner L. Bayern vor und in der Französischen Revolution, Stuttgart, 1927.

Manecke U. F. C. Kur- und fürstlich Braunschweig- Lüneburgisches Staatsrecht, bearb. bis zum Jahr 1800, Celle, 1859.

Martino A. Die deutsche Leihbibliothek und ihr Publikum, in: Literatur in der sozialen Bewegung, pp. 1 - 26.

Martino A./Hänschel G/Jäger G., Hg. Literatur in der sozialen Bewegung. Aufsätze und Forschungsberichte zum 18. Jahrhundert, Tübingen, 1977.

Marx A. Die Gold- und Rosenkreuzer. Ein Mysterienbund des ausgehenden 18. Jahrhunderts in Deutschland, Diss. Berlin, Zeulenroda/Leipzig, 1929, rééd. Leipzig, 1930.

Mathiez A. La théophilanthropie et le culte décadaire, 1796 - 1801. Essai sur l'histoire regligieuse de la Révolution, Paris, 1903.

Mathiez A. Les origines des cultes révolutionnaires (1789 - 1792), Paris, 1904.

Mathiez A. La Révolution et les étrangers. Cosmopolitisme et défense nationale, Paris, 1918.

Mattenklott G./Scherpe K. R., Hg. Demokratisch-revolutionäre Literatur in Deutschland: Jakobinismus, Kronberg/Ts., 1975.

Meier E. v. Hannoversche Verfassungs- und Verwaltungsgeschichte 1680 - 1866, 2 Bde, Leipzig, 1898 - 1899, réimpr. New York/Hildesheim, 1973.

Meyer R. M. Geschichte der deutschen Literatur, 2 Bde, 2. Aufl., Berlin, 1920.

Michelet J. Histoire de la Révolution française, rééd. Paris, 1979, 2 vol.

Michelsen P. Der unruhige Bürger. Der Bürger und die Literatur im 18. Jahrhundert, in: R. Vierhaus, Hg., Bürger und Bürgerlichkeit, pp. 101 - 130.

Minder R. Allemagnes et Allemands, t. 1, Paris, 1948.

Möller H. Aufklärung in Preußen. Der Verleger, Publizist und Geschichtsschreiber Friedrich Nicolai, Berlin, 1974.

Möller H. Die Gold- und Rosenkreuzer. Struktur, Zielsetzung und Wirkung einer antiaufklärerischen Geheimgesellschaft, in: Ludz, Hg., Geheime Gesellschaften, pp. 153 - 202, et in: Reinalter, Hg., Freimaurer und Geheimbünde im 18. Jahrhundert in Mitteleuropa, pp. 199 - 239.

Mounier J. La fortune des écrits de J.-J. Rousseau dans les pays de langue allemande de 1782 à 1784, Paris, 1980.

Mühlpfordt G. Bahrdt und die radikale Aufklärung, in: *Jahrbuch des Instituts für deutsche Geschichte*, Tel-Aviv, 5/1976, pp. 49 - 100.

Mühlpfordt G. Karl Friedrich Bahrdt als radikaler Aufklärer, in: *Jahrbuch für Geschichte des Feudalismus*, Berlin, 1/1977, pp. 402 - 440.

Mühlpfordt G. Deutsche Präjakobiner. K. F. Bahrdt und die beiden Forster, in: *Zeitschrift für Geschichtswissenschaft*, 16/1980, pp. 970 - 989.

Mühlpfordt G. Europarepublik im Duodezformat. Die internationale Geheimgesellschaft "Union". Ein radikalaufklärerischer Bund der Intelligenz (1786 - 1796), in: H. Reinalter, Freimaurer und Geheimbünde im 18. Jahrhundert in Mitteleuropa, pp. 319 - 364.

Mühlpfordt G. Radikale Aufklärung und nationale Leseorganisation. Die Deutsche Union von Karl Friedrich Bahrdt, in: O. Dann, Lesegesellschaften, pp. 103 - 122.

Müller P. Untersuchungen zum Problem der Freimaurerei bei Lessing, Herder und Fichte, Bern, 1965.

Münch P. Nachdruck und literarischer Markt im späten 18. Jahrhundert. J. G. Müller, J. A. H. Reimarus, A. v. Knigge und die "Schmiederey", in: Alexander Ritter, Hg., Müller von Itzehoe.

Nettelbladt C. C. F. W. Geschichte Freimaurerischer Systeme in England, Frankreich und Deutschland, Berlin, 1879, réimpr. Wiesebaden, 1962.

Oberschelp R. Niedersachsen 1760-1820. Wirtschaft, Gesellschaft, Kultur im Land Hannover und Nachbargebieten, Hildesheim, 1982.

Opitz A. Das Gallische Pandemonium. Frankreich und die französische Literatur in der konterrevolutionären Presse des ausgehenden 18. Jahrhunderts, in: P. Grappin, éd., L'Allemagne des Lumières, pp. 379 - 410.

[Oppermann H. .A.] Die Studentenbewegungen auf deutschen Universitäten, in: *Deutsche Vierteljahrsschrift*, H. 1, 1841, pp. 191 - 244.

Ost G. Friedrich Nicolais Allgemeine deutsche Bibliothek, Berlin, 1923.

Ott A. Goethe und der Illuminatenorden, in: W. Bode, Hg., Stunden mit Goethe. Für die Freunde seiner Kunst, Bd. 6, Berlin, 1910.

Ozouf M. La Fête révolutionnaire 1789 - 1799, Paris, 1976.

Parthey G. Die Mitarbeiter an Friedr[ich] Nicolai's Allgemeiner deutscher Bibliothek nach ihren Namen und Zeichen in 2 Registern geordnet. Ein Beitrag zur deutschen Literaturgeschichte, Berlin, 1842.

Pauls A. Geschichte der Aachener Freimaurerei, 2 Bde, Clausthal-Zellerfeld, 1928.

Perthes C. T. Politische Zustände und Personen in Deutschland zur Zeit der französischen Herrschaft, 2. Aufl., Gotha, 1862.

Philippson M. Geschichte des Preußischen Staatswesens vom Tode Friedrich des Großen bis zu den Freiheitskriegen, 2 Bde, Leipzig, 1880 - 1882.

Poel G. Bilder aus vergangener Zeit, Hamburg, 1884.

Pons G. Gotthold Ephraim Lessing et le christianisme, Paris, 1964.

Prüsner M. Lesegesellschaften im 18. Jahrhundert. Ein Beitrag zur Lesegeschichte, in: *Archiv für Geschichte des Buchwesens*, Bd. XIII, Frankfurt a. M., 1973, Sp. 369 - 594.

Rathmann J. Zur Geschichtsphilosophie Johann Gottfried Herders, Budapest, 1978.

Reimann P. Hauptströmungen der deutschen Literatur 1750 - 1848, Berlin/DDR, 1956.

Reinalter H., Hg. Freimaurerei und Geheimbünde im 18. Jahrhundert in Mitteleuropa, Frankfurt a. M., 1983.

Riedel M. Bürger, Staatsbürger, Bürgertum, in: Geschichtliche Grundbegriffe, Bd. 1, pp. 672 sqq.

Ritschl H. W. August Adolph Friedrich von Hennings 1746 - 1826. Ein Lebensbild aus Holstein, Kopenhagen und Hamburg in bewegten Zeiten, Hamburg, 1978.

Ritter A. J. G. Müller von Itzehoe und die deutsche Spätaufklärung. Studien zur Literatur und Gesellschaft im 18. Jahrhundert, Heide i. Holstein, 1978.

Rob K. Karl-Theodor von Dahlberg (1744 - 1817). Eine politische Biographie für die Jahre 1744 - 1806, Bern, 1984.

Röhrbein W./Rohr A. v., Hg. Hannover im Glanz und Schatten des britischen Weltreiches. Die Auswirkungen der Personalunion auf Hannover 1714 - 1837, Hannover, 1977.

Rosenstrauch-Königsberg E. Ausstrahlung des "Journal für Freimaurer", in: Balazs u. a., Beförderer der Aufklärung, pp. 103 - 117.

Rosenstrauch-Königsberg E. Freimaurerei im Josephinischen Wien. Aloys Blumauers Weg vom Jesuiten zum Jakobiner, Wien/Stuttgart, 1975.

Rosenstrauch-Königsberg E. Freimaurer, Illuminat, Weltbürger: Friedrich Münters (1761 - 1830) Reisen und Briefe in ihren europäischen Bezügen, Berlin, 1984.

Rossberg A. Freimaurerei und Politik im Zeitalter der Französischen Revolution, Berlin, 1942.

Rotermund H. W. Geschichte der Domkirche St. Petri zu Bremen, Bremen, 1829.

Rudolf P. Frankreich im Urteil der Hamburger Zeitschriften in den Jahren 1789 - 1819, Hamburg, 1933.

Ruiz A. Le destin franco-allemand de Karl-Friedrich Cramer (1752 - 1807). Contribution à l'étude du cosmopolitisme européen à l'époque de la Révolution française, thèse d'Etat dactyl., 3 vol., Université de Paris III, 1979.

Runkel, F. Geschichte der Freimaurerei in Deutschland, 3 Bde, Berlin, 1931 - 1932.

Sagnac Ph. La Révolution française (1789 - 1792), Paris, 1920 (in: Ernest Lavisse, Histoire de la France contemporaine jusqu'à la paix de 1919, t. 1).

Sattler P. M. Ein Mönchsleben aus der zweiten Hälfte des achtzehnten Jahrhunderts. Nach dem Tagebuch des P. Placidus Scharl, O. S. V. von Andechs, Regensburg, 1868.

Scheel H. Süddeutsche Jakobiner. Klassenkämpfe und republikanische Bestrebungen im deutschen Süden Ende des 18. Jahrhunderts, Berlin/DDR, 1971.

Schempershoff R. August Hennings und sein Journal "Der Genius der Zeit". Frühliberale Publizistik zur Zeit der französischen Revolution, in: *Jahrbuch des Instituts für deutsche Geschichte*, Tel-Aviv, 1981.

Schlobach J. Zyklentheorie und Epochenmetaphorik. Studien zur bildlichen Sprache der Geschichtsreflexion in Frankreich von der Renaissance bis zur Frühaufklärung, München, 1980.

Schlosser F. Geschichte des achtzehnten Jahrhunderts und des neunzehnten bis zum Sturz des französischen Kaiserreichs, 3. Aufl., 6 Bde, Heidelberg, 1843 - 1844.

Schmettow M .v. Schmettau und Schmettow. Geschichte eines Geschlechts aus Schlesien, Büderich bei Düsseldorf, 1961.

Schmettow M. v. Schlözers Staatsanzeigen und ihr norddeutscher Mitarbeiter W. F. Schmettow, in: Festschrift Percy Ernst Schramm zu seinem siebzigsten Geburtstag, Bd. 2, Wiesbaden, 1964.

Schneider F. Pressefreiheit und politische Öffentlichkeit, Neuwied, 1966.

Schneider F. J. Die Freimaurerei und ihr Einfluß auf die geistige Kultur in Deutschland am Ende des XVIII. Jahrhunderts, Prag, 1909.

Schneiders W. Aufklärung und Vorurteilskritik. Studien zur Geschichte der Vorurteilstheorie, Stuttgart/Bad Cannstatt, 1983.

Schrader K. Die Erziehungstheorie des Philanthropinums. Versuch eines Systems, Langensalza, 1928.

Schröder H. J. G. Müller, Verfasser des Siegfried von Lindenberg, Itzehoe, 1843.

Schuffels K. Hyperion de Friedrich Hölderlin, reflet des aspirations révolutionnaires de son temps, thèse de 3è cycle, Paris III, dactyl., 1980.

Schwaiger G. Die kirlich-religiöse Entwicklung in Bayern zwischen Aufklärung und katholischer Erneuerung, in: Glaser, Hg., Krone und Verfassung, III/1, pp. 121 - 145.

Schyra B. Carl Friedrich Bahrdt. Sein Leben und Werk, seine Bedeutung, sein Beitrag zur deutschen Kulturgeschichte im 18. Jahrhundert, Diss., masch., Leipzig, 1962.

Selle G. v. Ein akademischer Orden in Göttingen um 1770, Göttingen, 1927.

Sichart H. L. Geschichte der Königlich-Hannoverschen Armee, 5 Bde, Hannover, 1866 - 1871.

Sieveking H. G. H. Sieveking, Lebensbild eines hamburgischen Kaufmanns aus dem Zeitalter der französischen Revolution, Berlin, 1913.

Sillem W. Conrad Johann Matthiessen, in: *Mitteilungen des Vereins für Hamburgische Geschichte*, 14/1891, pp. 303 - 312.

Soboul A. Histoire de la Révolution française, 2 vol., Paris 1962.

Sohr A. Deutsches Bühnenleben im vorigen Jahrhundert. Cultur und Literaturgeschichtliches aus Kestners Handschriften-Archiv, Hannover, in: *Lausitzer Magazin*, 59/1883, pp. 266 - 294.

Sommer F. Die Wiener Zeitschrift (1792 - 1793). Die Geschichte eines antirevolutionären Journals, Diss., Zeulenroda/Leipzig, 1932.

Sonnemann U. Der kristische Wachtraum. Deutsche Revolutionsliteratur von den Jakobinern zu den Achtundvierzigern, Icking/München, 1971.

Sonntag L. Der Einfluß des jungen Rousseau auf Adam Weishaupt und die Politik des Illuminaten-Ordens. Ein Beitrag zur Rezeption der Rousseauschen Geschichtsphilosophie in der deutschen Aufklärung, in: *Wissenschaftliche Zeitschrift der Humboldt- Universität zu Berlin*, Gesellschafts- und sprachwissenschaftliche Reihe, 28/1979, Nr. 6, pp. 795 - 800.

Stamford C. v. Geschichte von Hessen, vom Tode Landgraf Philipps des Grossmütigen an mit Ausschluß der abgetrennten Lande, Kassel, 1866.

Steiner G. Jakobinerschauspiel und Jakobinertheater, Stuttgart, 1973.

Steiner G. Freimaurer und Rosenkreuzer. Georg Forsters Weg durch Geheimbünde. Neue Forschungsergebnisse auf Grund bisher unbekannter Archivalien, Berlin/DDR, 1985.

Stephan I. Literarischer Jakobinismus in Deutschland, Stuttgart, 1976.

Stern, A. Der Einfluß der Französischen Revolution auf das deutsche Geistesleben, Stuttgart/Berlin, 1928.

Stockinger L. Aspekte und Probleme der neueren Utopiediskussion in der deutschen Literaturwissenschaft, in: Vosskampf, Utopieforschung, Bd. 1, pp. 120 - 142.

Stolleis M. Untertan – Bürger – Staatsbürger. Bemerkungen zur juristischen Terminologie im späten 18. Jahrhundert, in: R. Vierhaus, Hg., Bürger und Bürgerlichkeit, pp. 65 - 99.

Stolting-Eimbeckhausen G./Münchhausen-Moringen B. v. Die Rittergüter der Fürstentümer Calenberg, Göttingen und Grubenhagen. Beschreibung, Geschichte, Rechtsverhältnisse, 1912, réimpr. Osnabrück, 1980.

Strahlmann B. Heinrich Mathias Marcard, Leibmedicus des Herzogs Peter Friedrich Ludwig von Oldenburg, in: *Oldenburger Jahrbuch*, 60/1961, pp. 57 - 120.

Suratteau J. R. Cosmopolitisme et patriotisme au siècle des Lumières, in: *Annales Historiques de la Révolution Française*, 253/juillet-septembre 1983, pp. 364 - 389.

Suratteau J. R. Sur les travaux des historiens des deux Allemagnes intéressant la Révolution française. Essai d'historiographie comparée et tendances actuelles, in: *Annales Historiques de la Révolution Française*, 255 - 256/janvier-juin 1984, pp. 180 - 203.

Sziklay L. Lesegesellschaften und Akademien im Rahmen des nationalen Erwachens der Völker Ostmitte- und Südeuropas, in: O. Dann, Lesegesellschaften, pp. 213 - 220.

Tardel H. Zur bremischen Theatergeschichte 1783 - 1791, in: *Bremisches Jahrbuch*, 39/1940, pp. 169 - 204.

Thory C. A. Acta Latomorum ou Chronologie de l'Histoire de la Franche-Maçonnerie française et étrangère, Paris, 1815, *reprint* Genève/Paris, 1980.

Treue W. Niedersachsens Wirtschaft seit 1760. Von der Agrar- zur Industriegesellschaft, Hannover, 1964.

Trousson R. Utopie, Geschichte, Fortschritt. Das Jahr 2440, in: Vosskamp, Utopieforschung, Bd. 3, pp. 15 - 23.

Ueding G. Popularphilosophie, in: Sozialgeschichte der deutschen Literatur, Bd. 3, pp. 605 - 634.

Ulbricht O. Englische Landwirtschaft in Hannover in der zweiten Hälfte des 18. Jahrhunderts. Aufsätze zu historischer Diffusionsforschung, Berlin, 1980.

Ungern-Sternberg W. v. Schriftsteller und literarischer Markt, in: Sozialgeschichte der deutschen Literatur, Bd. 3, pp. 163 - 276.

Valjavec F. Die Entstehung der politischen Strömungen in Deutschland 1770 - 1815, unver. Nachdruck der Erstausg. 1951, Kronberg/Ts./Düsseldorf, 1978.

Valjavec F. Das Wöllnersche Religionsedikt und seine geschichtliche Bedeutung, in: *Historisches Jahrbuch*, 72/1953, pp. 386 - 400.

Van Dülmen R. Antijesuitismus und katholische Aufklärung in Deutschland, in: *Historisches Jahrbuch*, 89/1969, pp. 52 - 80.

Van Dülmen R. Der Geheimbund der Illuminaten. Darstellung. Analyse. Dokumentation, Stuttgart/Bad Cannstatt, 1975, 2. unver. Aufl. 1976.

Vehse E. Geschichte der deutschen Höfe seit der Reformation, Bd. 18, 3. Abtheilung: Geschichte der Höfe des Hauses Braunschweig in Deutschland und England, 5 Theile, Hamburg, 1853.

Vehse E. Geschichte der deutschen Höfe seit der Reformation, Bd. 23, 4. Abtheilung: Geschichte der Höfe der Häuser Baiern, Würtemberg, Baden und Hessen, 5 Theile in 2 Bden, s. l. n. d.

Viatte A. Les sources occultes du romantisme. Illuminisme, théosophie 1770 - 1820, réimpr. Paris, 1969.

Vierhaus R. Ständewesen und Staatsverwaltung in Deutschland im späten 18. Jahrhundert, in: Dauer und Wandel der Geschichte, Festschrift für Kurt Raumer, 1966.

Vierhaus R. Aufklärung und Freimaurerei in Deutschland, in: Das Vergangene und die Geschichte, Festschrift für R. Wittram zum 70. Geburtstag, hg. von R. von Thadden, G. von Pistholkor, H. Weiss, Göttingen, 1973, pp. 23 - 41.

Vierhaus R. Vom Aufgeklärten Absolutismus zum monarchischen Konstitutionalismus. Der deutsche Adel im Spannungsfeld von Revolution, Reform und Restauration (1789 - 1815), in: P. U. Hohendahl/P. M. Lützeler, Hg., Legitimationskrisen des deutschen Adels 1200 - 1900, Stuttgart, 1979, pp. 119 - 135.

Vierhaus R., Hg. Bürger und Bürgerlichkeit im Zeitalter der Aufklärung, Heidelberg, 1981.

Voegt H. Die deutsche jakobinische Literatur und Publizistik 1789 - 1800, Berlin/DDR, 1955.

Voght K. v. Lebensgeschichte, Hamburg, 1917.

Volkert W. Thomas von Bassus (1742 - 1815). Ein Graubündener Edelmann in Bayern, in: *Verhandlungen des Historischen Vereins für Oberpfalz und Regensburg*, 101/1960 - 1961, pp. 121 - 145.

Voss J., Hg. Deutschland und die französische Revolution, München, 183.

Vosskamp W., Hg. Utopieforschung. Interdisziplinäre Studien zur neuzeitlichen Utopie, 3 Bde, Stuttgart, 1982.

Wackernagel W. Geschichte der deutschen Literatur. Ein Handbuch, 2 Bde, 2. Aufl., Basel, 1884.

Wanner H. Geschichte der Freimaurerloge Friedrich zum weißen Pferde im Orient von Hannover, Hannover, 1896.

Ward W. Groß-Britannien und Hannover. Betrachtungen über die Personalunion. Vorlesungen gehalten an der Universität zu Oxford, aus dem Deutschen übersetzt von K. Woltebeck, Hannover/Leipzig, 1906.

Weber M. Wirtschaft und Gesellschaft, 5. rev. Aufl., Tübingen, 1972.

Wegener U. Die lutherische Schule und das Althenaeum am Dom in Bremen in ihrer politischen und kulturellen Bedeutung, Bremen, 1941.

Weis E. Montgelas 1750 - 1799. Zwischen Reform und Revolution, München, 1971.

Weis E. Absolute Monarchie und Reform im Deutschland des späten 18. und des frühen 19. Jahrhunderts, in: Kopitzsch, Aufklärung, Absolutismus und Bürgertum in Deutschland, pp. 192 - 219.

Werner C. Die französische und deutsche Freimaurerei des 18. Jahrhunderts und ihr Verhältnis zur Aufklärung, Diss. masch., Berlin, 1966.

Werner C. Le voyage de Bode à Paris en 1787 et le "complot maçonnique", in: *Annales Historiques de la Révolution française*, 253/1983, pp. 432 - 445.

Wernekke H. Goethe und die königliche Kunst, Leipzig, 1905.

Wertheim U. Der amerikanische Unabhängigkeitskrieg im Spiegel der zeitgenössischen deutschen Literatur, in: *Weimarer Beiträge*, 3/1957, pp. 429 - 470.

Wild J. August Hennings. Ein Schleswig-holsteinischer Publizist um die Wende des 18. Jahrhunderts, Erlangen, 1882.

Wolfram L. Die Illuminaten in Bayern und ihre Verfolgung. Auf Grund aktenmäßigen Befundes dargestellt, 2 Teile, Erlangen, 1899 - 1900.

Wolfstieg A. Werden und Wesen der Freimaurerei, 2 Abteilungen; 1. Ursprung und Entwicklung der Freimaurerei, 3 Bde, Leipzig, 1921. 2. Die Philosophie der Freimaurerei, 2 Bde, Leipzig, 1922.

Wolter J. Gustav Friedrich Wilhelm Grossmann. Ein Beitrag zur deutschen Literatur- und Theatergeschichte, Diss. Köln, 1901.

Wrasky N. v. A. G. F. Rebmann. Leben und Werke eines Publizisten zur Zeit der großen französischen Revolution, Diss., Heidelberg, 1907.

Wricke G. Die Aufsicht über das Bücher- und Pressewesen im Kurfürstentum und Königreiche Hannover von den Anfängen bis 1848, Diss., Bonn, 1973.

Zimmermann R. C. Das Weltbild des jungen Goethe. Studien zur hermetischen Tradition des deutschen 18. Jahrhunderts, 2 Bde, München, 1979.

INDEX DES NOMS DE PERSONNES

Adelung, Johann Christoph 398, 520
Adolf VII, comte de Holstein et Schaumburg 60
Albrecht, Heinrich Christoph 513 s., 540 ss.
Althaus, Moritz Wilhelm von 72
Alvensleben, Johann Friedrich Karl von 286
Anderson, James 115, 190
Andreä, Johann Benjamin 361, 364
Antrechaux, Jean d' 337, 394 ss., 443
Arnswaldt, C. L. A. von 37, 67, 357, 411, 531 s., 544, 555
Auguste, duc de Saxe - Gotha 592
Axen, Otto von 580

Baader, Ferdinand 159, 174
Babeuf, François-Noël 347, 484, 486
Bahrdt, Karl Friedrich 14, 39, 178, 262, 284, 286 - 295, 297 ss., 356, 536 ss., 593
Bailly, Jean-Sylvain 460
Barbe, Jean-Paul 20
Barnave, Antoine-Pierre-Joseph-Marie 582
Barruel, Abbé Augustin de 22, 549, 584, 600
Basedow, Johann Bernhard 253, 407, 447, 449 s., 453 s., 457
Bassus, Johann-Maria, Baron de 159, 218, 261, 283, 294
Bassus, Thomas Franz Maria von 39
Batteux, Charles 77
Bauer, Th. 211
Bayle, Pierre 357
Beaumarchais, Pierre-Augustin Caron de 379
Beccaria, Cesar Bonesana, Marquis de 321
Becker, Rudolf Zacharias 14
Beneken, Friedrich Burchard 295, 297 s., 531
Berend, Johann Andreas Albrecht 439
Berlepsch, Friedrich Ludwig von 553
Bertaux, Pierre 23

Bertuch, F. 592
Beyerlé, Jean Pierre Louis de 262 - 266, 337, 392
Bibra, Philipp Anton Freiherr von 422
Biergans, Franz Theodor 562
Blanc, Louis 315
Blumauer, Aloys 42, 99, 590 s.
Bock, Friedrich Samuel 378
Bode, Johann Joachim Christoph 14, 112, 206, 216 s., 223, 236, 240, 265, 551, 580
Böhmer, Georg Ludwig 31
Boie, Heinrich Christian 116
Bonfatti, Emilio 17
Boor, Helmut de 16
Borinski, Karl 16
Born, Ignaz von 255
Boulanger, Nicolas-Antoine 194, 317, 336
Brandes, Ernst 57, 67, 74, 356 s., 413, 483, 531, 542
Brandis, Joachim Dietrich 512
Bredenkamp, Hermann 503
Breitkopf, Bernhard Christoph 359
Brissot 530, 582
Brönner, Carl 142, 157, 221, 226 s., 255
Bruce, James 325
Brun, Friederike 470
Bucher, Johann Peter 159
Bülow, Georg Christian Ludwig von 533, 552
Bürger, Gottfried August 40, 323, 512
Büsching, A. F. 48
Burke, Edmund 482, 539 s.
Busche, Clamor Werner Otto von dem 120, 215

Cagliostro, Joseph Balsamo, dit comte Alexandre de 389
Campe, Joachim Heinrich 39, 337, 398, 403, 425, 446, 449, 455 s., 472 s., 512, 519, 535 s., 542, 545, 576, 580, 592
Cancrin, Franz Ludwig von 94
Canitz und Dallwitz, W. von 141 s.
Caroline, comtesse de Hanau 94 s.

Cella, Johann Jakob 366
Chappe de la Henrière 207, 211
Charles IV, empereur d'Allemagne 60
Charles XII, roi de Suède 526
Charles, prince de Hesse 34, 114, 124 s., 130, 132, 134, 137 s., 141 - 144, 147, 152, 164, 180, 206 s., 210, 213, 217 s., 236, 517
Charles II, duc de Mecklenbourg-Strelitz 591
Charles-Auguste, duc de Saxe-Weimar 32, 91, 240, 531, 582
Chefdebien d'Amand 207 s.
Chevallier, P. 110
Clément XIV 162
Cloots, Jean-Baptiste 471
Condorcet 431
Constanzo, marquis de 35, 153, 157, 236, 276
Contessa, Christian Jakob 577
Cook, J. 319
Corday, Charlotte 399 s.
Cordes 501 s.
Cotta 359, 393
Cramer, Karl-Friedrich 41, 444, 459, 499, 511, 552, 585, 601
Cuhn, Ernst Wilhelm 325
Custine, A. de 547

Danton, Georges Jacques 472
Deluc, Jean-André 539 s.
Diderot, Denis 197, 317, 319, 325, 430
Diede, von 78
Dieterich, Johann Christian 40, 116, 323, 358, 364
Ditfurth, Franz Dietrich von 112, 206 - 211, 213 s., 216 ss., 223, 225 s., 228, 250, 289, 293, 298, 582
Dohm, Christian Wilhelm von 84
Dohna, Friedrich Alexander comte de 459
Dülmen, Richard van 21, 155 s., 159, 177, 244, 246 s.
Du Plat, Georg Josua 573

Ebeling, Christoph Daniel 470
Ehrmann, Christian 142, 221

Ende, Ferdinand Adolf Freiherr von 508, 572
Engel, Johann Jakob 93
Engel, Leopold 155
Ernest II, duc de Saxe-Gotha 207, 236, 240, 254, 584
Ernest-August, duc de Brunswick 60
Faivre, Antoine 334
Falcke, Ernst Friedrich Hector 142, 214
Faust, Bernhard Christoph 512
Fay, Johann Noël du 221
Feder, August 257
Feder, Johann Heinrich 214, 256 s., 347, 582
Fehn, Ernst-Otto 21, 25, 585
Fenouillot, Ch.-G. de Falbaire de Quingey 93, 379
Ferdinand, duc de Brunswick 33, 125, 134, 144, 147, 152, 206 s., 210, 213, 226, 235, 262 - 265, 300, 531
Fessler, Ignaz 577 s., 580
Fetscher, Iring 12, 19
Fichte, Johann Gottlieb 338 s., 357, 369, 578
Fielding, Henry 31, 273
Fink, G. L. 493
Forster, Georg 20, 30, 84, 141 s., 219, 259, 319, 341, 345, 347, 357, 414, 435, 466 ss., 513, 547, 552, 600 s.
François II, empereur 593
Frank, Ignaz 516
Franklin, Benjamin 558
Frédéric II, roi de Prusse 32, 55, 69, 81, 83, 89, 99, 213, 384, 386 ss., 411, 442, 474, 477 ss., 481, 484, 488, 494, 526 s., 546 s.
Frédéric II, landgrave de Hesse-Cassel 31, 72, 80 s., 83, 91 s., 96, 142
Frédéric-Guillaume Ier, roi de Prusse 69, 82
Frédéric-Guillaume II, roi de Prusse 288, 410, 495, 517, 577 s.
Freschi, Marino 20, 23, 107
Freytag, Heinrich Wilhelm von 42, 346, 472, 502, 517, 532 s., 569 s., 572 s.
Fritsch, Jakob Friedrich Freiherr von 91
Fronhofer 159

Gärtner, Karl Christian 76
Gall, Madame von 93, 94
Gall, J. H. von 94
Gehra, J. L. 255
Georges II, roi d'Angleterre 53, 92
Georges III, roi d'Angleterre 37, 49, 65, 68, 83, 148, 294, 392, 411, 499, 529, 532 ss., 539, 597
Georg, duc de Brunswick 60
Gerstenberg, Heinrich Wilhelm von 511
Gervinus, Georg Gottfried 15
Gesenius, J. 424, 426, 438
Gilli, Marita 468
Giraud 211
Girtanner, Johann Joachim 411, 531
Gleim, Johann Ludwig 462, 592
Gödeke, Karl 17, 116, 345 s., 438 - 441, 446
Görres, Joseph 545
Göschen 359, 592
Goethe, Johann Wolfgang von 18, 67, 91, 196, 240, 273, 304, 313, 339, 381, 592
Goeze, Johann Melchior 259, 387, 517
Gogel 226
Gottsched, Johann Christoph 77
Grabe, Reinhold Th. 86, 94, 97
Grappin, Pierre 334
Greve 125, 127, 131 s., 134, 138 s., 141 s., 145, 148, 180, 417
Grimm 399
Grimm, Friedrich Melchior 317
Grolmamm 551
Grossmann, Gustav Friedrich Wilhelm 26, 29, 38, 40, 286, 295, 364 s., 367, 376 s., 379, 456, 512, 525, 530 s., 535, 571, 574, 580
Grovermann, Arnold 507 s.
Guazzo, Stefano 17
Guillaume IX, landgrave de Hesse 32 s., 91 - 96, 124 s., 376
Gusdorf, Georges 188, 190, 313

Häberlin 357
Halem, Gerhard Anton von 512, 514
Hansen, Joseph 241
Hardenberg, Karl August von 178, 258, 314, 340 s., 578

Hartknoch, Johann Friedrich 359, 364
Hartmann 93
Haschka, Lorenz Leopold 583
Hegel, Georg Wilhelm Friedrich 130, 184, 301, 336 - 339, 394, 471, 478, 598
Heinse, J. J. 426
Heise 543
Helvétius 258, 336
Hennings, August 13, 41, 400, 444, 469 s., 511, 519, 536, 542, 558, 602
Henri IV, roi de France 527
Herder, Johann Gottfried 178, 182 s., 248, 304, 331, 336, 339, 579, 592
Hertel 174, 326
Hertl 251
Hess, Ludwig von 511
Hettner, Hermann 15
Hinüber, Gerhard Friedrich von 120, 532
Hobbes, Thomas 541
Högel 471
Hölderlin, Friedrich 130, 336, 338 s., 467, 600 s.
Hoffmann, Leopold Aloys 13, 364, 514, 523, 531, 537 s., 540, 564, 583, 590, 593
Hofstätter 583 s.
Holbach, Paul Heinrich Dietrich Freiherr von 258, 317, 336
Hondt, Jacques d' 192, 336 s., 394, 598
Hund, Christian Gottlieb 223
Hund und Altengrotkau, Baron Karl Gotthelf von 112

Iffland, August Wilhelm 378

Jacobäer 364
Jaurès, Jean 480
Jérôme 437
Joachim, Johann 14
Johnson 223
Joseph II, empereur d'Allemagne 55, 213, 383 s., 386, 442, 474, 529, 547, 577 s.
Jourdan, J. B. 560
Justi 357

Kästner, Abraham Gotthelf 408
Kaiser, Gerhard 20
Kaiser, Wolf 493, 526, 553, 555
Kalb, von 91
Kant, Immanuel 103, 187, 477, 520, 527
Kanter 359
Khellner von Zennendorf, Wilhelm 141, 207 s., 221, 224, 226, 266
Kielmannsegge 411
Klencke, Hermann 17, 26, 381, 550
Klopstock, Friedrich Gottlieb 22, 41, 459 s., 469, 471, 511, 536
Knigge, Adam Christoph von 64, 71
Knigge, Friedrich Ulrich 61, 63 s., 75
Knigge, Heinrich von 58
Knigge, Henriette von 455
Knigge, Hermann von 58
Knigge, Jobst Hilmar von 61
Knigge, Philipp Carl von 30, 64, 70 s., 73, 76 ss., 114 s.
Kobuch, A. 289
Kogel, Jörg-Dieter 19, 21, 485, 493, 509
Kollowrat, Léopold de 221
Koppe 214
Kortum, Ernst Traugott von 207
Kosciusko, Th. 560
Kotzebue, August von 517, 537
Kraitmayer 516
Kroeber, Karl Gottfried 239

La Bruyère, Jean de 490
La Fayette, Marie-Jean-Paul-Roch-Yves-Gilbert de Motier, marquis de 460, 582
La Mettrie, Julian Offray de 479
Lampe, Joachim 68, 73
Lang, Franz Georg 326
Lanson, Gustave 313
Lassalle, Ferdinand 509
Laube, Heinrich 15
Lavater, Diethelm 211
Lavater, Johann Kaspar 219 s., 388, 390 s.
Le Forestier, René 21, 113, 155 s., 159, 175, 177, 189, 204 s., 208, 235, 241
Léopold II, empereur d'Allemagne 410, 518, 529
Leipziger, von 577

Leisewitz, Johann Anton 119, 378, 592
Lennhoff, Eugen 229
Lesage, Georges-Lomis 381
Lessing, Gotthold Ephraim 23 s., 34, 42, 79, 107, 117, 132 - 137, 143, 145, 148 s., 153, 173, 188, 190 ss., 214, 245, 256, 259, 266, 269 s., 282, 299 s., 304, 314, 316, 331, 354, 362, 365, 378, 462, 467, 495, 497, 517, 593, 599
Lichtenberg, Georg Christoph 388
Ligou, Daniel 109
Loen, Johann Michael von 67, 73, 421
Louis XI, roi de France 514 s., 522
Louis XIV, roi de France 55, 463, 514 s., 522, 527
Louis XV, roi de France 522
Louis XVI, roi de France 313, 315, 434, 472, 511, 520, 552, 566
Luchet de Laroche du Maine, Jean-Pierre-Louis, marquis de 82
Ludwig, duc de Brunswick 60
Luther, Martin 348 ss., 384 ss., 405, 507, 537

Mably, Gabriel Bonnot de 258
Maintenon, Françoise d'Aubigné, marquise de 522
Marat, Jean Paul 399, 484, 520
Marcard, Heinrich Matthias 389
Maréchal, Sylvain 486
Marie de Brunswick-Lunebourg 92, 95
Marie-Antoinette, reine de France 566
Marx, Karl 184, 336
Mathiez, Albert 497
Matthiesen, Conrad Johann 459, 511
Mauvillon, Jakob 84, 159, 262, 266, 582
Max-Franz, Electeur de Cologne 255
Mélac d'Auvergne, Vicomte de 463, 561
Mecklenburg, Karl von 533, 552
Meiners, Christoph 256, 347, 357, 422, 582
Meissner, Johann Gottlieb 425
Mercier, Louis-Sébastien 32, 92 s, 321 ss., 337, 379, 392
Mesmer, Frédéric-Antoine 389
Metternich, Klemens Fürst von 6, 470
Metternich-Winneburg, Franz Georg Herzog von 254

653

Metzler, Johann Benedikt 359
Meyer, Johann Heinrich 542
Michaelis, Salomon Heinrich Karl August 512, 591
Michelet, Jules 25, 466
Mirabeau, Gabriel-Honoré Riquetti, comte de 101, 347, 357, 389, 431, 460
Molay, Jacques 111 s.
Molière, François de 378 s.
Montaigne, Michel de 429
Montesquieu, Charles de Secondat de 194, 316, 331, 357, 520
Montgelas, Maximilian Josef Graf von 178, 258, 314, 340 s., 578
More, Thomas 132
Moritz, Richard 16
Moser, Friedrich Karl von 32, 90
Mozart, Wolfgang Amadeus 304
Mühlpfordt, Günther 289, 292, 298
Müller, Johann Gottwerth 79, 365, 367 ss., 371, 381, 499
Müller, Johannes 219
Müller, Johannes von, Ritter zu Sylvelden 84
Müller, Wilhelm Christian 13
Münchhausen, Gerlach Adolf Freiherr von 77

Nadler, Josef 16
Napoléon I, empereur 340, 437
Narbonne-Lara, Louis, comte de 530
Necker, Jacques 582
Nerciat, André de 82
Neuhaus, Charlotte Amalie 93
Newald, Richard 16
Nicolai, Friedrich 26, 29, 37 s., 40, 88, 94, 151, 159 s., 194, 216, 219, 250, 355, 359, 364, 389, 396 - 400, 500, 512, 535, 538, 574, 593
Nietzsche, Friedrich 322

Osten, Otto Carl von 141
Otto, duc de Brunswick-Lunebourg 58
Overbeck, Christian Adolph 470
Ozouf, Mona 600

Pain, Thomas 101, 357, 391, 407, 482, 538 s., 541, 545 s.
Pascal, Blaise 161
Pétion de Villeneuve, Jérôme 582
Peletier, Friedrich Carl 255
Pestalozzi, Johann Heinrich 340
Philippe IV le Bel, roi de France 349
Philippson, Moses 297 s.
Pichegru, Charles 13, 560, 569
Pierre le Grand, tsar de Russie 526
Pitt, William, comte de Chatham 559
Plard, Henri 441 s.
Platon 478, 493
Poel, Piter 459
Pompadour, Jeanne-Antoinette Poisson, marquise de 522
Ponte, Lorenzo da 376, 379
Popp, Joseph 18
Posner, Oskar 229
Posselt 357
Pütter, Johann Stephan 31, 365 s., 369, 374, 421 s

Raabe, Paul 12, 15, 25
Rachold, Jan 155
Ramdohr, Friedrich Wilhelm Basilius von 459, 483, 592
Raynal, Guillaume Thomas François 317, 325, 336, 357
Rebmann, A. G. F. 13, 259, 325, 467, 471, 513, 519, 552, 555, 562
Reden, Philippine von (née Knigge) 31, 88, 376, 379, 451 - 453, 455, 558
Rehberg, August Wilhelm 57, 66, 355, 411, 525, 531, 535, 542
Reiche, Ernst Carl von 120
Reimann, Paul 16, 19, 23 s
Reimarus 369, 372, 512, 513
Reimarus, Elise 444
Reimarus, Johann Albrecht Heinrich 17, 41, 368, 394, 443, 459, 511, 526, 529, 545, 558 s., 569
Reimarus, Sophie 17, 41, 389, 400, 443 s., 451, 459, 469, 511 s., 534, 551, 558, 561 s, 564, 569, 574 s., 584, 592
Reinhard, Christine 444, 459, 469 s.
Reinhard, Karl Friedrich 444

Reinhold, Christian Gottlieb 372, 470, 592
Richardson, Samuel 31
Richers 132, 134, 137 s., 141 - 144, 180, 387, 417
Ritscher 364
Robbespierre, Maximilian-Marie-Isidore 408, 461, 472, 489, 530
Robison, J. 22
Rochow, Friedrich Eberhard von 404, 592
Rohr, Julius Bernhard von 424
Rosencreutz, Christian 164, 271
Rosskampf, Henrich von 211
Rousseau, Jean Jacques 19, 21, 24, 31, 34, 39, 107, 116 s., 130, 136, 183 s., 190, 192, 214, 269, 274, 301, 305, 318 s., 321, 325 - 328, 331, 336, 357, 381, 393 s., 448 s., 468, 474 ss., 484 s., 495, 520, 599
Roux, Jacques 484, 520
Rudlof (ou Rutlof) 532
Rüdinger, Andreas von 152, 221 s., 264
Rüling, G. E. von 142
Runde 84

Sailer, Frank 161
Saint-Just, Louis Antoine Léon de 347, 485, 487
Salver, Johann Octavian 421
Salzmann, Christian Gotthilf 253, 421, 453, 455
Sattler 161
Sautier, Heinrich 267
Savioli Corbelli, Ludwig Alexander comte de 159
Schall, Clemens Auguste von 254
Schelling, Friedrich Wilhelm Joseph von 471
Schiller, Friedrich von 18, 39, 79, 397
Schirach, Gottlob Benedikt von 517, 523, 531, 558, 564, 582 s.
Schlözer, August Ludwig 35, 160, 185, 411
Schlegel, August Wilhelm 76
Schlegel, Friedrich 76
Schlegel, Johann Heinrich 78
Schlegel, Johann Adolf 76
Schlegel, Johann Elias 76
Schleswig-Holstein, Christian von 593
Schlieffen 80
Schlobach, Jochen 317
Schmettow, Woldemar Friedrich von 512
Schmieder, Christian G. 367 s., 371
Schmitt 364
Schneider, Euloge 347
Schneider, Ferdinand Josef 334
Schönaich-Carolath, August Heinrich Prince de 578
Schröckenstein 236
Schröder 580
Schröder, Friedrich Joseph Wilhelm 34, 130, 142
Schröder, Friedrich Ludwig 32, 92, 377 s., 578 s., 600
Schröder, Joseph Wilhelm 127
Schroepfer 389
Schulze 364
Schwan, C. F. 520
Schwarz, Carl Gerhard 208
Seinsheim 340
Sheridan, Thomas 451
Sieveking, Georg Heinrich 41, 431, 444, 459 s., 466, 469 ss., 511, 535
Simon 470
Simon, Johann Friedrich 254
Socher, Joseph 159
Sömmerring, Samuel Thomas von 84, 457
Sonnenfels, Joseph von 254, 582
Spittler, Ludwig Timothäus 422
Spörken 141
Stamford 82
Starck 223
Steiner, Gerhard 19, 24, 525
Sterne, Laurence 31
Stolberg-Rossla, Johann Martin von 159, 236
Storr, Wilhelm Ludwig 355, 360, 362 s., 380
Stuve, Johann 455, 542
Szapary, comte 211

Terrasson, J. 273
Tiedemann, D. 84

Trapp, Ernst Christian 39, 449, 455 s., 542, 580, 592
Trenck, Friedrich von der 471
Turenne, H. de la Tour 463

Unger, Helene 359, 393
Unger, Johann Friedrich 393
Unzer, Johann Christoph 459

Vehse, E. 82
Vergniaud 530
Vergniaud, P. V. 522
Viatte, Auguste 334
Vico, Giambattista 182, 316, 331
Vierhaus, Rudolf 559
Virieu, H. de 211
Voegt, Hedwig 19, 24, 509
Vogel, avocat 65
Voght, Caspar 444, 459, 511, 529
Volney, C. de 336
Voltaire, François Marie Aronet de 31, 82 s., 165, 187, 317, 357, 391, 463, 516, 539, 540
Voss, Johann Heinrich 359, 511
Vrintz zu Treuenfeld, Theobald Johann von 377
Vulpius 379

Waitz, Sigismund Jakob, Reichsfreiherr von Eschen 87 s.
Wakenitz 89
Walter, Jürgen 19, 493
Washington, Georg 150
Weber, Max 59
Wedekind, Georg Christian Gottlieb Freiherr von 347
Weishaupt, Adam 14, 21, 35 s., 108, 113, 122, 148, 156, 158 - 161, 167 s., 170 - 174, 176 - 180, 189 s., 202 ss., 208, 215, 218, 222 s., 225, 228, 230 - 236, 245, 248 - 251, 257, 271 s., 274, 278 ss., 285, 289, 291 ss., 296 s., 308 ss., 314, 320, 340 s., 387, 424, 452, 581 s., 584, 592, 600
Wendelstadt 127, 129 s., 142, 144
Westenrieder, Lorenz 248 s.
Wezel, Johann Karl 421

Wieland, Christoph Martin 357, 372, 374, 381, 592
Wilhelm, duc de Brunswick-Lunebourg 58
Willermoz 207, 211, 263
Wilmsen, Friedrich Philipp 437 s., 441, 446
Wittorff, von 87 s.
Wöllner, Ch. 111, 113, 288, 410, 495
Wolff, Christian 70
Wolfram, L. 155
Wolfstieg, August 333
Wüllen, von 74
Würzer 514
Würzer, Henrich 513 s.
Wurmb, von 207

Zaehle, Barbara 17
Zerboni, Joseph 577
Zimmermann, Johann Georg 13, 29, 39, 73, 346, 356, 387 s., 390 s., 406 ss., 411 s., 514, 518, 520, 523, 531, 533, 536 - 540, 543 - 551, 560, 563 s., 572, 581, 583, 590
Zollikofer, Franziska 455
Zwack, Franz Xaver von 158 s., 174, 190, 192 s., 202, 208, 219, 222, 234, 236, 238, 243, 250 ss., 308, 326, 340